제10판

사회복지개론

Introduction to SOCIAL WORK and SOCIAL WELFARE

Empowering People

Introduction to SOCIAL WORK and SOCIAL WELFARE Empowering People,
10th Edition

Charles Zastrow

Original edition © 2018 Brooks/Cole, a part of Cengage Learning.
Introduction to SOCKAL WORK and SOCIAL WELFARE Empowering People, 10th International Edition by Charles Zastrow
ISBN: 9780495809968

ISBN-13: 978-89-6218-351-1

Cengage Learning Korea Ltd.
14F YTN Newsquare 76 Sangamsan-ro
Mapo-gu Seoul 03926 Korea
Tel: (82) 2 330 7000
Fax: (82) 2 330 7001

Cengage Learning is a leading provider of customized learning solutions with office locations around the globe, including Singapore, the United Kingdom, Australia, Mexico, Brazil, and Japan. Locate your local office at: **www.cengage.com**

Cengage Learning products are represented in Canada by Nelson Education, Ltd.

To learn more about Cengage Learning Solutions, visit **www.cengageasia.com**

Printed in Korea
Print Number: 04 Print Year: 2020

사회복지개론

Introduction to
SOCIAL WORK and SOCIAL WELFARE
Empowering People

제 10 판

Charles Zastrow 지음

강흥구 · 김미옥 · 김순규 · 김신열 · 박현선
백종만 · 서혜경 · 신은주 · 윤명숙 · 윤홍식 옮김
이상록 · 정슬기 · 최옥채 · 최원규 · 한동우

CENGAGE

Andover • Melbourne • Mexico City • Stamford, CT • Toronto • Hong Kong • New Delhi • Seoul • Singapore • Tokyo

옮긴이 소개(가나다순)

강흥구 전주대학교 사회복지학과
김미옥 전북대학교 사회복지학과
김순규 전북대학교 사회복지학과
김신열 전북대학교 사회복지학과
박현선 세종대학교 정책과학대학원 사회복지학과
백종만 전북대학교 사회복지학과
서혜경 한림대학교 사회복지대학원
신은주 평택대학교 사회복지학과
윤명숙 전북대학교 사회복지학과
윤홍식 인하대학교 사회과학부 행정학과 사회복지전공
이상록 전북대학교 사회복지학과
정슬기 중앙대학교 사회복지학과
최옥채 전북대학교 사회복지학과
최원규 전북대학교 사회복지학과
한동우 강남대학교 사회복지전문대학원

사회복지개론 —제10판—

Introduction to SOCIAL WORK and SOCIAL WELFARE *Empowering People*, 10th Edition

제10판 1쇄 발행 | 2013년 8월 30일
제10판 4쇄 발행 | 2020년 2월 24일

지은이 | Charles Zastrow
옮긴이 | 강흥구 김미옥 김순규 김신열 박현선 백종만 서혜경 신은주 윤명숙 윤홍식 이상록 정슬기 최옥채 최원규 한동우
발행인 | 송성헌
발행처 | 센게이지러닝코리아㈜
등록번호 | 제313-2007-000074호(2007.3.19.)
이메일 | asia.infokorea@cengage.com
홈페이지 | www.cengage.co.kr

ISBN-13: 978-89-6218-351-1

공급처 | 박영사
주　소 | 서울특별시 종로구 새문안로 3길 36, 1601
도서안내 및 주문 | TEL 02) 733-6771-2 FAX 02) 736-4818
홈페이지 | www.pybook.co.kr

값 28,000원

편역자 서문

우리나라에 사회복지학이 소개되고 도입된 지 어느덧 반 세기가 훌쩍 넘었다. 1980년대까지만 해도 소수의 대학에서만 사회복지학 교육이 이루어졌으나, 현재에는 전국의 많은 대학들은 물론, 각종 평생교육기관에서도 사회복지 교육이 이루어질 정도로 사회복지학에 대한 관심과 공부하는 학생들의 수도 크게 증가하였다. 사회복지학 교육의 양적 성장과 함께 사회사업(social work)과 사회복지에 관한 좋은 입문서들도 많이 출판되었다. 우리나라에서 발간된 사회복지(사회사업)에 관한 입문서들은 대체로 사회복지 기초 이론, 사회복지 방법, 사회복지 실천 분야의 세 갈래로 나누어서 관련 이론과 제도 및 실천현장을 소개하고 있으며, 일부 저서들은 한국의 상황이나 현실을 기초로 하여 책의 내용을 구성하고 있다. 그러나 많은 입문서들이 저자들의 높은 의욕과 열정으로 너무나 많은 것들을 담고 있어서 사회복지 및 사회사업을 이제 막 공부하려는 학생들에게 오히려 혼란을 초래하기도 하였다는 생각이다.

지난 2006년, 국내 한 출판사의 요청으로 Charles Zastrow가 저술한 〈*Introduction to Social Work and Social Welfare*〉(8th edition)을 편역한 바 있다. 그 후 지난 2012년에 센게이지러닝으로부터 Charles Zastrow의 〈*Introduction to Social Work and Social Welfare: Empowering People*〉(10th edition, Brooks/Cole, Cengage Learning, 2010)을 번역해 줄 것을 요청받았다. Zastrow는 미국의 사회복지제도 서비스 및 사회사업을 소개함에 있어서 미국 사회가 직면하고 있는 사회문제들에 대하여 미국의 사회복지제도와 사회사업 전문직이 어떻게 대응하고 있는가를 기술하는 방식을 채택하고 있다. 이 책의 내용은 크게 2부로 나누어 구성되어 있다. 제1부에서는 사회복지의 내용, 역사, 미래의 모습을 개관하고, 전문직으로서 사회사업의 역사와 목표, 강점 관점과 권력 부여, 취업의 기회와 장(場)을 소개하고 있다. 또한 사회사업의 실천 모델들 중에서 널리 사용되고 있는 일반주의 사회사업 실천(generalist social work practice)을 소개하고 있다. 제2부에서는 여러 가지 사회문제들과 그에 대응하는 사회복지제도와 서비스들 그리고 전문 사회사업 접근을 소개하고 있다. 이 책에서 다루는 사회문제들은 그동안 사회복지학과 사회복지실천에서 관심을 가지고 논의되고 있는 것들이다. 구체적으로는 빈곤 문제, 정서적/행동적 문제, 가족 문제, 성적취향 문제, 약물남용 문제, 범죄와 청소년비행 문제, 교육 문제, 노동관련 문제, 인종·민족 문제, 성차별 문제, 노령 문제, 건강 문제, 장애 문제, 인구과잉과 환경, 가족계획 문제 등 14개 영역의 문제가 소개되고 논의되고 있다.

편역자들은 "사회복지와 사회사업을 소개하는 입문서들이 국내 저자들의 저작으로 출판되어 있음에도 불구하고, 미국의 현실에 바탕을 두고 미국의 사회복지제도와 사회사업 현장을 중심으로 설명하는 개론서를 번역할 필요성과 가치는 무엇인가?"라는 독자들이 품을 법한 질문에 다음과 같이 대답하고자 한다. 첫째, 우리나라의 사회복지 교육은 미국의 사회사업교육제도와 내용을 수입함으로써 출발하였고, 오늘 우리가 사용하고 있는 사회복지 실천이론과 기술들이 대체로 미국에서 개발된 사회사업 실천이론과 실천기술에 크게 의존하고 있다는 점에서 미국의 사회사업과 사회복지는 매우 중요하게 다루어질 필요가 있다는 점이다. 둘째는 사회복지와 사회사업은 현실의 사회문제에 대한 실천적인 대응과정에서 탄생하고 성장한 학문분과이고 전문적 실천 활동이라는 점이다. 다른 입문서와 달리 Zastrow의 저서는 사회문제를 중심으로 그 원인과 상황에 대한 풍부한 경험적 자료를 제공하고 있으며, 사회복지와 사회사업이 어떤 맥락에서 대응하고 있고 관련 쟁점이 무엇인가를 잘 정리하고 있다. 우리는 사회복지를 전공하는 대학 초년생들이 이 책을 교재로 학습함으로써 사회문제에 대한 감수성과 비판적 분석능력을 키워서 사회복지와 사회사업에 대하여 다양한 관점에서 이해하고 접근할 수 있는 역량을 키울 수 있을 것으로 판단하고 있다.

제1부에서 다루고 있는 사회복지와 사회사업의 기본개념, 가치와 윤리 및 일반주의 사회사업실천 방법과 과정은 우리나라의 사회복지교육에서도 그 기본적인 철학과 내용을 거의 대부분 공유하고 있다고 볼 수 있다. 따라서 제1부의 번역은 원전에 충실하게 번역하였다. 제2부의 경우, 미국과 한국이 직면하고 있는 사회문제의 구체적 내용이 다르고 그 해결을 위한 사회복지제도 및 사회사업실천 현장의 조건이 상이하지만 사회복지, 사회사업이 보편적으로 추구하는 가치나 문제해결의 접근 방법은 미국의 사례를 타산지석으로 삼아 볼 수도 있다는 점에서 1부와 마찬가지로 기본적으로 원전을 충실하게 번역하기로 결정하였다. 다만 각 사회문제 영역별로 한국의 상황을 반영할 것인가, 또 어느 정도의 양과 깊이로 반영할 것인가는 작업에 참여한 개별 교수들의 판단에 맡기기로 하였다. 욕심에도 불구하고 한국의 상황을 자세히 설명하기에는 책의 부피가 너무 커지게 되는 상황을 피해야만 하였기에 결과적으로는 각 사회문제들의 한국적 상황과 대응 제도들이 충분히 다루어지지 못한 것으로 판단한다. 이런 한계에도 불구하고 이 편역서를 우리나라에서 사회복지학개론서로 충분히 활용할 수 있을 것으로 기대한다. 제1부는 사회복지와 사회사업의 기본적 개념, 가치, 역사 등을 소개하고 있어서 그 자체로 간결한 교육 자료로 활용할 수 있다. 제2부는 미국의 상황을 다루고 있기 때문에, 교수과정에서 각 장별로 해당 사회문제의 상황과 그에 대한 대응책들을 한국과 미국과 비교하여 탐구하도록 과제를 부여하고 발표하는 형식으로 학습하도록 한다면 동기를 유발하고 학습효과를 높이는 방안이 될 것이다.

번역에 있어서 용어를 선택하는 문제는 쉽지 않은 결정이었다. 특히 social work와 social worker라는 용어를 번역하는 것은 신중한 판단을 요구하였다. 우리나라는 미국과는 달리 사회복지와 사회사업의 교육과정의 명칭이 대부분의 대학에서 사회사업학과가 아닌 사회복지학과로 개설되고 있다. 이런 외형상의 차이에도 불구하고 우리나라의 사회복지교육 교과과정이 미국의 그것과 매우 유사한 것은 우리나라의 사회복지교육이 미국의 social work 교육과정을 모태로 삼아 성장해 왔기 때문이다. 우리의 '사회복지실천이론', '사회복지실천기술론'에 해당하는 미국의 교과목은 '사회사업이론(theory of social work)', '사회사업실천(social work practice)'이라 할 수 있다.

지금 현재 우리나라의 사회복지교육 과정에서는 미국에서 사용되는 social work, social work practice를 '사회복지실천', '사회복지실천방법'이라는 용어로 공식적인 교과과정에 사용하고 있다. 우리는 한국에서 사회복지실천이 미국의 social work와 가치기반(value base), 지식기반(knowledge base), 기술기반(skill base)을 공유하면서 사용되고 있다는 점에 주목하고자 한다. 다만 우리가 미국 서적을 번역하기 때문에 용어 사용에서 영미권의 학문적 전통을 존중하는 것이 마땅하다고 생각하여 'social work'는 '사회사업'으로 번역하였고, 'social work practice'는 '사회사업실천'으로 번역하기로 결정하였다. 다만 social worker는 '사회복지사'로 번역하였음을 독자들이 참고하기 바란다.

이 번역 작업에는 사회복지(사회사업)학과에 재직 중인 여러 대학의 교수들이 참여하였다. 전북대학교 백종만·최원규·최옥채·윤명숙·김미옥·이상록·김신열·김순규 교수, 한림대학교 서혜경 교수, 평택대학교 신은주 교수, 전주대학교 강흥구 교수, 강남대학교 한동우 교수, 중앙대학교 정슬기 교수, 세종대학교 박현선 교수, 인하대학교 윤홍식 교수 등 15명의 교수가 참여하였다.

마지막으로, 지지부진했던 편역 작업을 인내와 끈기로서 묵묵히 기다려 주신 (주)센게이지러닝의 관계자 여러분께 감사의 말씀을 전한다.

2013년 8월
편역자 대표 백종만

저자 서문

사회사업은 개인, 가족, 집단, 조직, 지역사회를 도와서 그들 개인 또는 인간 상호 간의 사회경제적, 정치적 힘과 영향력을 증진시킴으로써 사람들의 권력을 강화하는 과정이다. 사회복지사는 클라이언트가 자신이 처한 환경을 이해하고, 선택하도록 하여 그에 대한 책임을 질 능력을 개발하도록 돕고, 조직화와 옹호를 통하여 그들의 삶의 조건에 영향을 미치고자 한다. 또한 사회복지사는 사회의 다양한 집단 간에 권력과 자원을 좀 더 형평성 있게 배분하고자 한다. 형평성과 사회정의를 강조하는 것은 사회사업 전문직의 상징이다. 최근에는 사회사업교육에서 인권개념이 강조되고 있는데, 이 개정판에서 인권개념을 논의할 것이다.

이 책은 학생들에게 사회사업에 대해 흥미를 가지도록 자극하고, 사회복지와 사회사업 실천분야가 무엇인지에 대해서 현실감 있고 생생하게 그 향기를 느낄 수 있도록 구성하였다. 이 책에서는 사회문제 접근법을 이용하여 사람들이 빈곤, 아동학대, 정서장애, 성차별, 알코올 중독, 범죄, AIDS, 신체장애와 정신장애, 인종차별, 성폭력, 인구과잉 등과 같은 문제로 어떤 영향을 받는가를 기술하고 있다. 저자는 여러 동료들과 사회사업 입문과정을 교육하면서, 학생들은 사람들이 경험하는 비극적인 사회적 조건을 구체적으로 알게 될 때 더 흥미를 가진다는 사실을 알게 되었다. 이 책은 독자들이 도움을 필요로 하는 사람들에 대하여 구체적으로 알 수 있도록 많은 사례를 제시하고 있다.

이 책은 다음과 같은 여러 가지 의도를 가지고 집필되었다.

- 현재 사회복지 분야에서 논쟁되고 있는 몇 가지 쟁점들에 관하여 독자들이 생각해 볼 수 있도록 자극한다. 학생들이 비판적으로 사고하는 능력을 개발하도록 하는 것이 시험에서 암기하여 기술할 수 있는 중요하지 않은 사실들을 교육하는 것보다 중요하다.
- 사람들에게 긍정적인 변화를 촉진하는 데 사용하도록 사회사업의 개입방법에 관한 자료를 제공한다.
- 미국이 직면하고 있는 중요한 사회적 쟁점에 관해서 논쟁이 되는 자료를 모두 제공하여 독자들이 관련 지식으로 잘 무장하는 데 사용하도록 한다.
- 사회복지사의 기능, 역할, 책임, 만족, 좌절에 관한 사례를 제공하여 사회사업을 전공할 것을 고려하고 있는 학생들에게 장래의 경력을 선택할 때 도움이 되고자 한다.
- 사회복지, 사회사업, 기타 다양한 사회서비스의 발달에 관한 역사를 간략하게 검토한다.
- 미국은 물론 그 외의 다른 국가들의 사회문제와 사회서비스에 대한 정보를 각 장마다 소개하여 독자들이 국제적인 관점을 가질 수 있도록 한다.
- 미국 사회사업교육협의회가 만든 교육정책과 인증 기준에 잘 묘사되어 있는 석사 수준 및 학사 수준의 사회사업교육에 관한 기본 개념을 소개한다.
- 독자들이 자신의 복지수급자들—한부모, 전과자, 정신질환자, 이혼한 사람, AIDS 감염자, 소수집단, 학대하는 부모 등—에 관해 자신들의 가치 구조를 정리해 볼 수 있도록 한다. 목적은 어떤 특정 가치구조를 일방적으로 선전하려는 것이 아니라, 자신들이 편안하게 느끼고 다른 사람들과 상호작용을 함에 있어서 기능적일 수 있는 가치 체계를 가질 수 있도록 돕기 위한 것이다.

이 책의 계획

제1부에서는 사회복지, 사회사업, 휴먼서비스 분야의 현장을 학생들에게 소개한다. 관련 용어들을 정의하고, 사회학·심리학 및 기타 학문들과의 관계를 설명한다. 사회복지와 사회사업의 역사를 설명하고, 사회복지와 사회사업의 미래에 대하여 조사한다. 더불어 직업으로서 그리고 전문직으로서 사회사업에 관한 토론을 통하여 독자들이 사회사업을 직업으로 선택할 것인지를 결정하는 데 도움이 되고자 한다.

또한 개인, 가족, 집단, 조직, 지역사회와 같은 모든 규모의 체계를 다루는 일반주의 사회사업실천에 대해서 설명한다. 또한 독자들이 사회사업실천을 효과적으로 수행하는 데 필요한 지식, 기술, 가치에 대해서 소개한다.

제2부에서는 사회복지분야에서 다루는 가장 공통적인 사회문제들에 초점을 두고 있다. 이 부분은 이 책에서 가장 강조하는 내용을 다루고 있는데, 다음과 같은 내용들을 서술한다.

- 미국이 직면한 사회문제들
- 이들 사회문제들을 처리하는 사회서비스들
- 현재 서비스가 채워주지 못한 서비스 갭(gap)
- 각 서비스 영역에서 논쟁이 되는 이슈
- 현존하는 서비스 갭을 충족시킬 새로운 프로그램의 제안

많은 사례들을 통하여 독자들은 사회문제들이 사람들에게 어떻게 영향을 주고, 사회복지사는 실제로 어떤 일을 하는가에 대해서 '감(感, feeling)'을 잡을 수 있게 될 것이다.

제10판에서는 각 장마다 정보를 새롭게 수록하였다. 새로운 주제가 추가로 포함되었다—2008년 미국의 교육정책과 인증기준(EPAS), 인권, TANF의 장단점에 대한 새로운 정보, 컴퓨터화된 영아 시뮬레이터(10대 임신예방 프로그램), 이라크 전쟁과 아프가니스탄 전쟁 참전자들의 정신 질환, 1997년 미국의 입양과 가족안전법, 주(州) 아동건강보험 프로그램, 야구에서 스테로이드 사용, 유명인들의 약물 관련 사망, 인신거래(human trafficking), 차터스쿨(charter school), 이민자의 지위, 아랍계 미국인과 미국 무슬림에 대한 차별, 모성의 벽(maternal wall), 치유적 생각과 질병유발 생각(healing thoughts versus disease-facilitating thoughts), 지구 온난화, 사회·경제 변화를 위한 Barack Obama의 아젠다 등이다.

미국사회사업교육협의회(CSWE)는 미국 사회사업교육에서 학사학위 및 석사학위 프로그램을 인증하는 전국 조직이다. 2008년에 CSWE는 미국 사회사업교육프로그램에서 학사학위 및 석사학위 프로그램 인증기준을 개정했는데, 개정된 인증기준은 교육정책인증기준(Educational Policy and Accredition Standards, EPAS)이다. 이 책의 내용을 조직적으로 구성하는 데 있어서 사회복지사의 '일상생활'에 대한 간단한 묘사, 일반주의 실천, 생태적 관점이라는 세 가지 테마가 추가되었다.

이 책은 사회복지와 사회사업의 입문서로 사용할 목적으로 준비되었다. 사회사업을 전공할 학생들에게 사회복지 분야를 소개하고, 장차 그들이 직업을 결정하고 사회사업 교육과정을 이수하는 데 도움이 될 수 있도록 구성되었으며, 비전공자들에게는 사회문제와 사회서비스에 대한 정보를 제공한다. 또한 이 책은 정책상의 쟁점을 분석하고 사회적 쟁점에 대하여 시민권에 입각하여 결정을 내릴 수 있는 개념 틀을 제공하고자 한다.

감사의 글

이 책의 출판을 도와준 여러 사람들에게 감사드린다. 좋은 사진을 찾는 데 도움을 준 Terri Wright에게 특별히 고마움을 전하고 싶다. 또한 이 개정판의 초고에 대해서 비평을 해주신 다음 동료들에게도 감사드린다.

Jan Peeler, Western Kentucky University

Patricia A. Hays, LISW-CP University of South Carolina

Fedder R. Williams, South Piedmont Community College

Theresa Johnson, Ohio University－Lancaster

Charlotte B. Herrin, University of Alabama School of Social Work

Dr. Maria A.S. Spence, The University of Akron

Natalie Grant, Wichita State University

Bruce D. Kennedy, Erie Community College—City Campus

Judy Hamilton, MSW, LMSW, C-DSW, Limestone College Extended Campus

LaShea Davis, Temple University

Griffin David Lockett, Shaw University

Kathy Elpers, University of Southern Indiana

기여 저자들 Mary Weeden, Debra Borquist, Donald Nolan, Michael Wallace에게 감사드린다.

용어에 대한 해설을 준비해주는 일을 포함해서 이 책을 저술하는 데 여러 가지로 도움을 준 Vicki Vogel에게 진심으로 감사드린다.

마지막으로 이 책의 출간에 전문적 도움을 주고 지원을 해 준 Cengage Learning/Brooks/Cole에 근무하는 직원 여러분들에게 감사드린다.

— ***Charles Zastrow***

요약 차례

차례

CHAPTER 8 약물남용과 치료 프로그램

CHAPTER 9 범죄 및 청소년비행과 교정 서비스

CHAPTER 10 교육문제와 학교사회복지

CHAPTER 11 노동문제와 직장에서의 사회사업

CHAPTER 12 인종차별, 민족우월주의, 사회적 및 경제적 정의를 제고하기 위한 전략들

CHAPTER 13 성차별과 평등추구전략

CHAPTER 14 노화와 노인복지 서비스

보기

사례

사회복지와 사회사업

PART 1

Introduction: Social Welfare and Social Work

CHAPTER 1

사회복지의 내용, 역사 그리고 미래

Social Welfare: Its Business, History, and Future

이 장의 개요

- 사회복지의 목적
- 제도로서의 사회복지와 학문분야로서의 사회복지
- 사회복지학과 사회학을 비롯한 여타 학문분야와의 관계
- 사회복지와 사회사업과의 관계
- 사회복지와 여타 사회제도와의 관계
- 사회복지와 인간서비스와의 관계
- 사회복지에 대한 잔여적 관점과 제도적 관점
- 리버럴리즘과 보수주의
- 사회복지의 개발적 관점
- 사회복지의 역사
- 미래
- 미국 가족에서 예견되는 극적인 변화들

학습목표

현재 우리가 살고 있는 산업사회, 복합사회 그리고 급변하는 사회에서 사회복지는 그것을 위해 지출된 비용이나 이를 통해 다루는 인간의 문제 그리고 수급자의 숫자 등의 측면에서 볼 때 중요한 기능을 수행하고 있다.[1] 이 장은 다음과 같은 내용으로 구성된다.

A. 사회복지의 정의와 목표 설명
B. 사회복지와 여타 분야, 즉 사회학, 심리학, 사회사업(social work) 및 인간서비스와의 관계 기술
C. 사회복지의 역사 고찰
D. 기술진보에 따라 사회복지의 미래가 어떤 방식으로 영향을 받을지 설명
E. 사회복지의 미래가 부분적으로는 미국가족제도 내에서의 변화들에 의해 영향을 받게 될 것이라는 점을 예시. 미국가족에서 일어나고 있는 여러 변화들에 관한 요약

1. 사회복지의 목적

사회복지의 목적은 사회구성원 각자가 지닌 사회적, 재정적, 건강 및 여가 욕구들을 충족하는 데 있다. 사회복지는 부유하든 가난하든 상관없이 모든 연령집단의 사회적 기능향상을 도모한다. 시장경제나 가족과 같은 우리 사회의 여타 제도들이 개인이나 집단의 기본 욕구를 충족하는데 실패할 때, 사회복지서비스가 필요하며 요구된다.

산업화가 뒤쳐진 사회에서 사람들의 기본욕구는 보다 직접적이고 비공식적인 방식으로 충족되었다. 심지어 미국과 같은 나라에서도, 150여 년 전만 하더라도 대부분의 미국인들은 농장이나 소도시에서 대가족 및 친척들과 이웃하여 살았다. 재정적 또는 기타 욕구가 발생하면, 친척이나 교회 또한 이웃들이 가까이에서 도움의 손길을 내밀었다. 사회문제들은 가시적이었고

또한 개인적인 차원의 것이었다. 공동체 내에서는 누구나 서로 알고 지냈다. 욕구가 발생하면, 자원을 가진 누군가가 그 곤경을 덜기 위해서 그들이 할 수 있는 무엇인가를 기꺼이 한다는 것이 당연하였다. 예를 들어 그 욕구가 재정적인 것이었다면 개인적으로 가게주인이나 은행가를 잘 알기 때문에 필요한 물품이나 돈을 얻을 수 있었다.

오늘날 우리는 분명히 그때와는 다른 시대에 살고 있다. 기술과 경제적 기초, 사회형태 및 생활양식은 엄청나게 변화해왔다. 현재 우리가 지닌 상업적, 산업적, 정치적, 교육적 그리고 종교 제도들은 상당히 대규모이고 보다 덜 인정적이다. 우리는 가족과 친척들로부터 멀리 떨어져 대도시에서 종종 이웃이 누구인지도 모른 채 살아가기도 한다. 살고 있는 지역에 뿌리내리지 못하며 살고 있는 지역에 대해 거의 알지 못할 정도로 이동성이 높아졌다. 직업에서도 우리는 전문화되었고, 보다 상호의존적으로 변모하여, 그 결과 우리 삶의 주요한 부분에 대한 통제력이 감소하고 있다. 빠르게 변화하는 사회에서는 이전부터 존재하던 사회문제들이 심화되고 있으며, 노숙자의 증가, 범죄율의 상승, 반복되는 에너지 위기, 테러 그리고 환경파괴 등의 새로운 문제들이 나타나고 있다. 확실히 사회복지욕구 충족을 위한 구식의 농촌-개척시대의 방식은 더 이상 유효하지 않게 되었다.

오늘날의 사회복지가 담당하는 기능은 다음과 같다.

- 고아들에게 가정을 찾아준다.
- 알코올중독자나 마약중독자를 재활시킨다.
- 정서적 문제를 지닌 사람들을 치료한다.
- 노인들의 삶을 보다 의미 있게 만든다.
- 신체장애나 정신장애를 지닌 사람들에게 직업재활서비스를 제공한다.
- 가난한 사람의 재정적 욕구를 충족시킨다.
- 범법행위를 저지른 청소년과 성인들을 재활시킨다.
- 모든 차별과 억압을 제거한다.
- 맞벌이 부부를 위해 아동보육서비스를 제공한다.
- 아동 학대와 배우자 학대를 포함한 가정 내 폭력에 대처한다.

- 재정적 욕구를 지닌 사람들의 의료 및 법률적 긴급사항들을 충족시켜준다.
- 여러 가지 개인적·사회적 곤경을 겪은 개인이나 집단을 대상으로 상담한다.
- AIDS 환자와 그 가족 및 친구들에게 서비스를 제공한다.
- 모든 연령층의 집단을 대상으로 오락 및 여가서비스를 제공한다.
- 인지장애나 정서장애를 지닌 아동들을 교육하고 사회화 경험을 제공한다.
- 화재나 토네이도와 같은 재난을 겪은 가족을 위해 서비스를 제공한다.
- 노숙자를 위해 적절한 주거지를 제공한다.
- 모든 아동과 성인들의 정상적인 성장과 발달을 지원하고 고양하기 위한 프로그램을 제공한다.
- 비숙련자나 실업자에게 직업훈련과 고용기회를 제공한다.
- 유색인종, 이주노동자, 기타 소수집단에 속한 사람들의 특수한 욕구를 충족시킨다.
- 개인, 집단, 가족, 조직 및 지역사회의 역량을 강화하여 그들의 환경을 개선하도록 한다.

2. 제도로서의 사회복지와 학문분야로서의 사회복지

사회복지는 제도와 학문분야를 모두 지칭하는 서로 다른 의미를 지닌 용어이다. 미국사회복지사협회(NASW)는 제도로서의 사회복지를 다음과 같이 정의하고 있다.

> 사회의 존속을 위해 필수적인 사회적, 경제적, 교육적 및 보건적 욕구를 충족할 수 있도록 사람들을 돕는 국가의 프로그램, 급여 및 서비스들의 체계[2)]

사회복지 프로그램과 서비스들의 예로서는 가정위탁보호, 입양, 탁아, 헤드 스타트(Head Start), 보호관찰 및 가석방, 저소득 부모와 자녀를 위한 재정지원 프로그램, 노숙자를 위한 서비스, 공공보건간호, 섹스 치료, 자살기도자 상담, 보이스카우트나 YWCA의 레크리에이션 서비스, 소수집단에 대한 서비스, 퇴직군인서비스, 학교사회사업, 빈민에 대한 의료 및 법률서비스, 가족계획서비스, 도시락배달, 요양원서비스, 학대받는 배우자를 위한 피난처, 아동학대나 방임에 대한 보호서비스, 자신감훈련 서비스, 대면집단 및 감수성 훈련, 공공주택사업, 가족상담, 알코올중독자 자조모임, 가출인 서비스, 발달장애인을 위한 서비스, 재활서비스 등이 있다.

사회복지 프로그램과 사회서비스 조직들은 종종 '사회복지제도'로 불린다. 사회복지제도의 목적은 사회문제를 예방하고 완화하거나 또는 문제해결에 기여함으로써 개인, 집단, 가족, 조직 및 지역사회의 복지를 직접적으로 향상시키는 것이다. 사회복지제도는 정책과 법률에 의해 수립되며, 자원(민간)기관 및 정부(공공)기관이 제공하는 서비스와 프로그램으로 이루어져 있다.

사회복지제도는 다양한 수준에서 복잡하고 추상적으로 나타난다. 그것은 단일 프로그램이나 조직을 의미하기도 하는데, 예를 들면 가정위탁보호나 가족계획 같은 것이 여기에 속한다. 반대로 이 용어는 일군의 서비스나 프로그램을 의미하기도 한다. 예를 들면 아동복지서비스는 하나의 사회복지제도로서 입양, 가정위탁보호, 청소년보호관찰, 보호서비스, 가출아동서비스, 보육서비스, 학교사회사업 그리고 시설입소조치 등을 포함한다. 최상의 종합적 차원에서 사회복지제도라는 용어는 사회문제를 예방하고 완화하거나 또는 문제해결에 기여하기 위해 고안된 모든 사회프로그램과 조직을 포함한다.

사회복지의 또 다른 의미는 학분문야로서의 역할에서 찾아볼 수 있다. 이러한 맥락에서 사회복지는"개인, 집단 및 지역사회에 대한 사회적 서비스 전달에 초점을 맞추고 있는 기관, 프로그램, 인력 및 정책들에 대한 연구"[3)]이다. 사회복지학의 기능 중 하나는 사회복지사(social worker)* 를 교육하고 훈련하는 데 있다. [몇몇 대학들은 사회사업을 위한 자신의 전문적인 준비프로그램을 '사회사업(social work)'으로 명명하기도 하고, 몇몇 대학은 자신들의 프로그램을 '사회복지(social welfare)'라고 부른다.]

* 역주: 'Social worker'는 social work를 실천하는 사람을 가리키는 말이다. Social work를 사회사업으로 번역한다면 '사회사업가'로 번역하는 것이 옳을 것이다. 그러나 우리나라에서는 미국의 social worker에 해당하는 직업을 공식적으로 '사회복지사'로 명명하고 있기 때문에 이 역서에서는 사회복지사로 번역한다.

3. 사회복지학과 사회학을 비롯한 여타 학문 분야와의 관계

사회복지는 종종 '사회학'이나 '인간서비스(human service)'와 혼동된다. 덧붙여 사람들은 사회복지와 사회사업이 심리학, 심리치료 그리고 기타 관련 분야들과 어떤 관련이 있는지에 대해서도 혼동한다.

몇몇 학문분야는 사회문제와 그 원인 그리고 그 해결에 대한 지식 기반을 개발하고자 한다. 대표적인 학문분야로는 사회복지학, 사회학, 심리학, 정치학, 경제학, 정신의학, 그리고 문화인류학이 있다. 그림 1.1은 이들 학문분야와 사회복지학과의 관계를 보여준다.

이들 각 학문분야는 다음과 같이 독특한 초점을 지니고 있다.

사회학: 인간행동, 특히 인간사회의 기원, 조직, 제도 그리고 발전에 관한 연구
심리학: 정신과정과 행동에 관한 연구
정신의학: 정신질환의 진단, 치료 및 예방
정치학: 정부와 정치제도의 과정, 원칙 및 구조
경제학: 상품의 생산, 분배 및 소비
문화인류학: 고고학적, 민족지적, 언어학적, 사회적 및 심리학적 자료와 분석방법을 기초로 하여 인간문화 연구[4)]

이들 학문분야의 이론과 연구결과는 그 내용의 성격에 따라 사회복지학의 지식 기반의 일부로 간주될 수도 있고, 그렇지 않을 수도 있다. 이론과 연구결과가 인간의 사회적 기능향상이라는 목적에 직접 적용할 수 있다면, 그러한 지식은 사회복지학의 지식 기반의 일부로 간주될 수 있다. 과거에 사회복지학은 순수과학이라기보다는 응용과학의 속성이 강한 것으로 여겨졌다. 즉 사회복지학은 일차적으로 다른 학문분야의 이론과 연구결과들로부터 그 지식 기반을 형성했고, 그러한 지식을 사회 프로그램을 통하여 적용하는 데 초점을 맞추어 왔다. 그러나 최근 사회복지라는 학문분야(여러 대학에서는 사회사업으로 불린다)는 연구사업과 이론개발에 적극적이다. 이처럼 증가된 연구 및 이론개발 활동들은 사회복지학이 그것의 고유한 지식 기반의 대부분을 자력으로 개발하고 있는, 성숙해가는 학문분야라는 것을 말해준다.

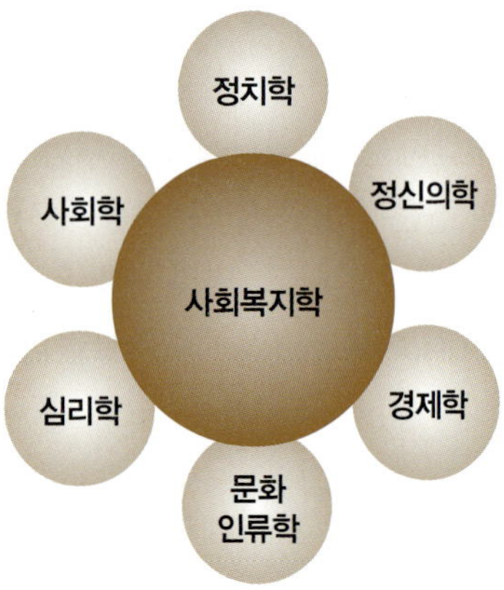

그림 1.1 사회복지학과 여타 학문분야 간 지식 기반의 중첩

다른 학문분야의 지식 기반과 사회복지학과 중첩 현상을 몇몇 예를 들어서 설명하면 다음과 같다. 사회문제의 원인에 대한 사회학적 조사와 개념화(예: 청소년 비행, 정신질환, 빈곤 및 인종차별)는 사회복지학의 지식 기반의 일부로 간주될 수 있다. 그러한 사회문제들에 대한 이해를 통해서만 사회복지학은 이들 문제를 효과적으로 예방하고 통제할 수 있다. 제도(예: 정신병원이나 감옥)가 개인에게 미치는 영향에 관한 사회학적 연구들은 오늘날 사회복지학에서 중요한 관심사항이며, 이들은 중요한 함의를 갖는다. 다른 주제들(예: 사회적 이동성, 도시화, 세속화, 집단형성, 인종관계, 편견 및 문화순응과정)에 대한 사회학적 탐구 또한 사회복지학의 지식 기반의 일부로 되어가고 있는데, 그 이유는 그러한 탐구를 사람들의 복지향상을 위해 즉각적으로 적용할 수 있기 때문이다. 그러나 다른 사회학적 영역에서의 연구(예: 미개부족들의 사회조직에 관한 연구)는 보통 사회복지학 지식 기반 밖에 있는 것으로 간주되는데, 그 이유는 그러한 연구가 사회복지의 목적에 직접적으로 적용되지 않기 때문이다.

이와 유사한 중첩현상이 사회복지학과 앞에서 언급한 학문분야 간에 발생한다. 심리학을 예로 들면, 인성 발달과 치료기법과 같은 영역에서의 연구와 이론개발은 사회복지학의 지식 기반의 일부로 간주될 수 있는데, 그 이유는 그것들이 직접 사회복지에 적용되기 때문이다. 반면에, 예컨대 동물의 인지와 사고과정에 대한 실험조사는 적어도 현재로서는 그렇게 적용될 수 없으므로 사회복지학의 지식 기반의 일부로 간주될 수 없을 것이다.

4. 사회복지와 사회사업과의 관계

앞에서 언급한 사회복지에 관한 제도적인 정의는 사회복지와 사회사업과의 관계를 검토할 때 그대로 적용할 수 있다. 사회복지는 사회사업에 비해 보다 포괄적인 용어이다. 사회복지는 사회사업을 포함하고 있다. 사회복지와 사회사업은 실천수준에서 일차적으로 관련된다. 미국사회복지사협회(NASW)에서는 사회사업을 다음과 같이 정의해 왔다.

> 사회사업은 개인, 집단 또는 지역사회로 하여금 그들의 사회적 기능발휘 능력을 향상하거나 보존하기 위해 그리고 그들의 목적달성에 우호적인 사회적 조건을 만들기 위해 원조하는 전문적 활동이다.
>
> 사회사업실천은 사회사업의 가치, 원칙 및 기술들을 하나 이상의 다음과 같은 목적들을 달성하기 위해 전문적으로 적용하는 것으로 이루어져 있다. 구체적인 서비스를 확보할 수 있도록 사람들을 돕는다. 개인, 가족 및 집단을 위해 상담과 심리치료를 제공한다. 지역사회나 집단을 도와 사회적 서비스나 보건서비스를 제공하거나 개선하도록 돕는다. 관련 입법과 정에 참여한다.
>
> 사회사업실천을 위해서는 인간발달과 인간행동에 관한 지식을 필요로 한다. 사회제도, 경제제도 및 문화 제도에 관한 지식을 필요로 하며, 이들 요소들의 상호작용에 관한 지식을 필요로 한다.[5)]

미국사회복지사협회(NASW)는 사회복지사라는 용어를 다음과 같이 정의하고 있다.

> 클라이언트(개인, 가족, 집단, 지역사회, 조직 또는 사회전체)를 위한 서비스를 제공하는 데 자신의 지식과 기술을 활용하는 사회사업대학 졸업자(학사학위 또는 석사학위). 사회복지사는 사람들을 도와서 문제해결 및 대처능력을 신장하도록 하며, 필요한 자원을 얻을 수 있도록 하며, 개인 간 또는 개인과 환경 사이의 상호작용을 촉진하도록 하며, 각종 조직들이 사람들에게 보다 책임 있도록 하며 사회정책에 영향을 행사하도록 한다.[6)]

거의 대부분의 사회복지사는 사회복지 현장에서 일하고 있다. 그러나 그림 1.2에서 보듯 이 현장에는 다양한 여타 전문집단과 직업집단이 일하고 있다. 사회복지서비스를 제공하는 전문가에는 빈민에게 법률서비스를 제공하는 변호사, 사회계획기관의 도시계획가, 공중보건기관의 의사들, 정서장애인을 위한 거주치료시설의 교사, 정신병원의 심리사와 간호사 및 레크리에이션 치료자, 정신보건 진료소의 정신과 의사가 포함된다.

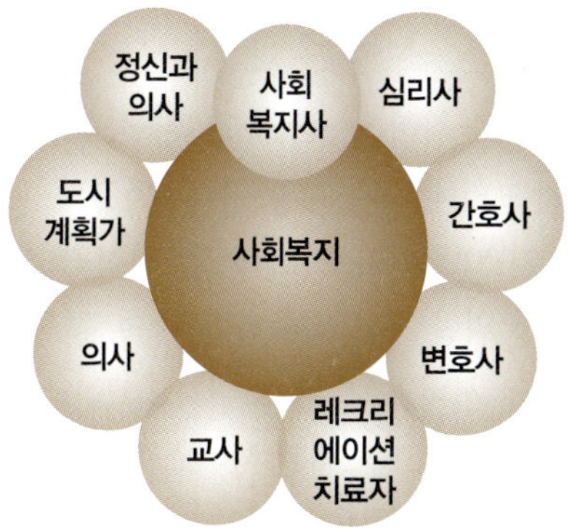

그림 1.2 사회복지 현장에서 일하는 전문가 집단의 예들

5. 사회복지와 여타 사회제도와의 관계

사회복지는 가족, 교육, 종교 그리고 정치와 같은 여타 사회제도들과 중첩된다. 가족의 기능 중의 하나는 아동양육과 보호이다. 사회복지는 상담, 보육, 위탁가정보호 그리고 입양과 같은 서비스 제공을 통해 가족을 지원한다. 어떤 교육과정은 교육 측면과 사회복지 측면을 동시에 지니고 있다. 예를 들면, 사회과학 과목과 체육 과목은 사회화 경험 제공과 청소년 발달에 있어서 중요하다. 구조화된 종교는 오래전부터 사람들의 사회적 복지에 관심을 기울여 왔고, 상담, 재정지원, 보육 및 레크리에이션과 같은 사회복지서비스를 제공해 왔다. 정치와 사회복지 사이의 중첩은 일차적으로 사회복지서비스 프로그램 재원조달과 관련하여 제기되는 정치적 과정들을 포함하고 있다. 어떤 사회복지 프로그램(예: 공적부조)들은 논쟁을 불러일으키는 정치적 주제이다. 필수적인 사회복지 프로그램에 필요한 재원을 안정적으로 조달하는 것은 어느 나라에서든지 사회복지체제가 안고 있는 중요한 요소이다.

6. 사회복지와 인간서비스와의 관계

인간서비스(human services)란 우리 사회의 개인, 집단 또는 지역사회의 심신건강과 전반적인 복지향상과 유지에 총력을 기울이는 서비스, 그리고 이와 관련된 직업 및 전문직들의 체계로 정의될 수 있다. Alfred Khan은 인간서비스가 다음과 같은 네 가지 범주로 구성되어 있는 것으로 개

념화하였다.[7)]

1. 개인을 위한 서비스(personal service; 개별사회사업, 상담, 레크리에이션, 재활, 종교, 치료)
2. 보호서비스(소비자보호, 교정, 법정, 화재예방/소방, 주택규정 위반단속, 법률위반 단속, 공중보건서비스)
3. 정보/조언 서비스(자문, 소비자정보, 교육, 재정상담, 위기전화, 그리고 도서관 서비스)
4. 유지 서비스(아동보호, 실업부조, 시설보호, 공공복지 프로그램, 은퇴계획, 그리고 사회보장 프로그램)

Khan에 따르면 과거에 사회복지로 불렀던 것들을 오늘날에는 인간서비스라는 용어로 부르는 경향이 있다고 한다.[8)] 실제, 인간서비스는 보통 사회복지서비스로 간주되지 않는 서비스들(예: 도서관 서비스, 법률위반 단속, 주택규정 단속, 소비자 보호, 그리고 화재예방 및 소방)을 포함하고 있기 때문에 사회복지에 비해 보다 광범위한 용어이다. 따라서 사회복지라는 용어는 사회문제를 개념화하고 그것을 해결하는 데 초점을 맞추고 있기 때문에 보다 한정적인 의미를 지닌 용어이다. 인간서비스는 사회복지 프로그램을 포괄하는 보다 폭넓은 개념이다. 이 두 용어는 프로그램 수준에서 서로 연관된다.

7. 사회복지에 대한 잔여적 관점과 제도적 관점

오늘날의 사회복지 현실은 실질적으로 과거로부터 영향을 받고 있다. 현재 우리 사회에서 사회복지가 수행하는 역할에 대해 두 가지 상충되는 관점이 있다.[9)] 이러한 기능 중 하나는 잔여적(*residual*)인 것으로 불리는데, 공백 채우기(gap-filling) 또는 응급조치(first-aid)의 역할이다. 이 견해에 따르면 사회복지서비스는 일차적으로 가족과 시장경제라는 사회제도를 통해 어떤 개인의 욕구가 충족되지 않을 때에만 제공되어야 한다는 것이다. 잔여적 관점에 따르면, 사회적 서비스와 금전적 원조는 개인과 그 가족의 자원을 포함한 여타의 모든 수단이나 노력으로 도저히 어쩔 수 없는 상황이 될 때까지는 제공되지 말아야 한다. 또한 이 관점에 따르면 금전이나 서비스는 단기간(일차적으로 위기상황) 동안만 제공되어야 하고 개인이나 가족이 다시 자립할 수 있게 되면 중단되어야 한다.

잔여적 관점은 '불행한 자에 대한 자선'이라는 속성을 지녀 왔다.[10)] 금전이나 서비스는 권리(그것에 대해 개인이 요구할 자격이 있는 어떤 것)로 간주되지 않고, 받는 자가 어떤 의무를 지는 선물로 간주된다. 예를 들면 금전적 원조를 받기 위해서 수급자는 어떤 비천한 노동을 수행할 것이 요구된다. 잔여적 관점과 관련하여 클라이언트가 어려움을 겪는 원인이 그들 자신의 잘못된 기능수행 때문이라는 믿음이 있는데, 즉 클라이언트는 개인의 부적격성, 그릇된 꾐에 빠진 행동, 또는 원죄(sins) 때문에 그의 곤경에 대해 비난을 받아야 한다는 것이다.

잔여적 관점에 따르면, 서비스나 금전을 받기 위해서는 거기에 항상 오명(*汚名*, stigma)이 부착되어야 한다. 잔여적 관점에서 비롯되는 오명이 얼마나 널리 퍼졌는가는 다음과 같은 질문을 통해 알 수 있다. "다른 사람들이 귀하를 어떻게 생각할까 하는 걱정 때문에 귀하가 당면한 개인적 혹은 정서적 상황에 대해 상담받는 것을 꺼려본 적이 있습니까?" 대부분의 사람들에게 있어서 이 물음에 대한 응답은 '그렇다'이다. 미국 사회에서 이 오명을 잘 보여주는 사례가 1968년에 발생했다. Thomas Eagleton 상원의원은 그가 한때 정신과 상담을 받은 적이 있다는 사실이 알려진 후 민주당 전당대회에서 부통령 후보직을 사퇴해야만 했다.

이와 정반대되는 관점은 제도적 관점(*institutional view*)으로 명명되었는데, 사회복지 프로그램을 현대 산업사회에서 개인들의 자아실현(self-fulfillment)을 돕는 적정한 기능을 수행하기 위한 것으로 본다.[11)] 이 관점에 따르면, 금전이나 서비스를 받는 데에는 오명이 수반되지 않으며, 수급자는 그러한 도움을 받을 자격이 있는 것으로 간주된다. 이 관점과 관련하여 개인의 곤궁은 대부분 그 자신의 통제 밖에 있는 원인들 때문에 발생한다는 믿음이 있다(예: 고용기회의 부족 때문에 어떤 개인이 실업상태에 있다). 문제가 발생하면 환경(사회)에서 그 원인을 찾아 그 개인이 기능하는 사회제도를 개선하는 데 노력이 집중된다.

잔여적 접근은 미국 사회복지 역사의 초기부터 1930년대의 대공황기까지의 사회복지 프로그램을 특징짓는다. 대공황 이래 두 가지 접근이 사회복지 프로그램에 적용되어 왔는데, 어떤 프로그램들은 그 성격상 대부분 잔여적

사례 1.1 희생자 비난하기(Blaming the Victim)

Jerry와 Joyce는 3년 동안의 연애 끝에 결혼하기로 결정했다. 두 사람 모두 성대한 결혼식과 행복한 미래를 기대하고 있었다. 그들은 대학에서 만났으며 Jerry가 자란 메이빌에서 직장생활을 하고 있다. Joyce는 유치원 교사이고 Jerry는 식품점 매니저이다. Jerry의 바람과 정반대로 Joyce는 어느 주말 오후 그녀의 여대 친구들과 함께 여성의 결혼 전 친구들이 선물을 들고 찾아오는 파티(bridal shower)에 참석하기 위해 인근도시에 차를 몰고 갔다. Joyce가 일요일 아침 일찍 메이빌로 돌아가기 위해서는 모텔로 갈 시간이라는 것을 안 때가 새벽 2시로 파티는 계속되고 있었다. 주차장에서 Joyce는 성폭행을 당했다. 그녀는 추행범을 떼어놓기 위해 몸부림쳤으며 여기저기 타박상과 찰과상을 입었다. 성폭행 뒤 어떤 행인이 경찰과 앰뷸런스를 요청하였다. Joyce는 다음날 Jerry에게 전화하였다. 처음에 그는 추행범에 대해 분노하였다. 그러나 그가 이 사건을 생각하면 할수록 그는 점점 Joyce에게 더 많은 비난을 가하게 되었다. 그녀는 자신의 바람을 거역하고 파티에 갔다. 그리고 그는 그녀가 추행범의 관심을 끌 수 있는 복장과 행동을 했을 것이라는 그릇된 생각을 하게 되었다(특히 그녀가 술에 취했을 것이라고 Jerry가 짐작한 뒤부터는).

이후 두 사람은 점점 감당하기 힘든 상황을 겪게 되었다. Joyce는 성추행 당한 것에 대해 Jerry가 자신에게 책임을 추궁하고 비난하는 것을 알게 되었다. 그녀는 Jerry와 솔직하게 이 문제에 대해 대화하고자 하였지만, 그들의 '대화'는 항상 큰소리가 나는 싸움이 되었다. Jerry는 자신의 '성적 권리'가 위반되었다고 생각하였고, 어쩌다 성관계를 시도할 때 그는 Joyce가 낯선 사람한테서 추행을 당하는 장면이 떠올랐기 때문에 결국 그들의 성관계도 실질적으로 사라졌다. 그들은 결혼을 연기하였다.

성폭행 소식을 들었을 때 마을 사람들 또한 Joyce가 큰 도시에서 파티를 가지면서 '그 짓을 원했을 것'이라고 생각했다. 결혼 연기소식은 마을 사람들의 이 믿음에 근거로 해석되었고, 그래서 사람들은 그녀를 외면하였다. 몇 달 동안 그런 일이 계속되자 Joyce는 자신이 잘못했다고 생각하기 시작하였고, 이런 곤경에 빠진 것을 점점 그녀 자신의 탓으로 여기게 되었다. 그녀는 점점 낙담하여 의지할 곳을 찾아 부모 곁으로 돌아갔다.

이 이야기는 희생자를 비난하는 미국 문화의 경향성에 대한 하나의 예에 불과하다. 다른 예들도 많다. 어떤 성인이 오랫동안 실직상태라면 종종 그 사람은 '게으르거나' '아직 일할 마음이 없는' 것으로 간주된다. 복지급여를 받는 부모는 문란하고, 무책임하며 게으른 사람이라는 잘못된 고정관념의 대상이 된다. 결혼이 파탄나면 그들 사이의 관계가 악화되었다고 간주되기보다는, 남편이나 아내 혹은 두 사람 모두 비난의 표적이 된다. 불행한 상황이 발생하면(예를 들어 낙뢰가 어떤 사람의 집에 떨어졌다면), 이것을 사악한 행위에 대한 징벌이라고 믿는 사람도 있다. 아내를 구타하는 것이 어떤 부류의 사람들에게는 '그녀를 고분고분하게 만들고', '누가 우두머리인지를 보여주기 위한' 방법으로 정당화된다. 빈곤한 사람들은 종종 개인적으로 부적절하고, 무능하고, 게으르거나 또는 그들을 빈곤상태에 묶어두는 문화를 지닌 것처럼 잘못 생각되고 있다. 도심 슬럼 지역의 문제는 종종 대도시 생활에 아직 '동화되지' 못한 '남부 농업지대로부터의 이주민'들의 특성 때문에 비롯된 것으로 간주된다. 슬프게도 희생자 비난하기는 종종 원래의 희생자 만들기를 일반 대중이 수용하게 만들어 그 결과 현재의 희생자를 돕거나 미래의 희생자 만들기를 예방하기 위한 노력을 거의 기울이지 않게 만든다.

그러나 아마도 희생자 비난하기가 지닌 가장 비극적인 측면은 그릇된 설명이 종종 자기성취적 예언(self-fulfilling prophecy)이 된다는 점이다. 어떤 아동이 학습능력이 저조한 아동이라는 말을 교사가 들었다면, 그 교사는 그 아동을 지진아로 보고 그 아동과 상호작용을 하게 될 것이다. 불행하게도 그 아동은 결국 교사가 옳았다고 믿게 될 것이고, 결과적으로 학업성취가 거의 없을 것이다. 어떤 사람을 게으른, 범죄자인, 부도덕한 또는 정신질환을 가진 것으로 낙인찍는 것은 그들에 대해 타인들이 갖는 기대에 강한 영향을 미치게 되며, 동시에 희생자의 기대와 자기규정에도 영향을 미치게 된다.

이었던 것에 비해 다른 프로그램들은 그 형태나 운영에서 보다 제도적이었다. 사회보험 프로그램들, 예컨대 노령·유족·장애·건강보험(OASDHI)(4장에서 설명)은 제도적 프로그램의 예들이다. 공공부조 프로그램(4장에서 설명)은 잔여적 프로그램의 예이다.

비판적 사고를 위한 질문 ?

당신은 사회복지에 대한 어떤 관점—잔여적 관점 또는 제도적 관점—을 선호하는가? 그 이유는 무엇인가?

8. 리버럴리즘과 보수주의

미국의 두 가지 뚜렷한 정치철학은 리버럴리즘(liberalism)*과 보수주의(conservatism)이다. 공화당은 상대적으로 보수적이라고 인정되며 민주당은 상대적으로 리버럴하다고 인정된다. (그러나 이념 면에서는 기본적으로 보수적인 일부 민주당원들이 있고, 이념 면에서 기본적으로 리버럴한 일부 공화당원들이 있다는 점에도 유의해야 한다.)

보수주의자(이 말은 '보존한다'는 동사에서 유래하였다)는 변화에 저항하는 경향이 있다. 그들은 전통을 강조하며 급격한 변화는 보통 긍정적인 결과보다는 부정적인 결과를 낳는다고 생각한다. 경제문제에 있어서 보수주의자들의 생각은 정부가 시장의 운영원리에 간섭하지 말아야 한다는 것이다. 그들은 정부로 하여금 기업과 산업을 규제하기보다는 지원(예를 들면 세금유인을 통해)하도록 촉구한다. 자유시장경제야말로 번영과 개인 욕구충족을 보장하는 최상의 방법이라고 생각한다. 보수주의자는 '가장 적게 통치하는 정부가 가장 잘 통치하는 정부'라는 오랜 경구를 신봉한다. 그들이 생각하기에 대부분의 정부활동은 개인의 자유와 자유시장의 순조로운 기능에 심각한 위협을 가하는 것이다.

보수주의자는 일반적으로 개인을 자율적인(즉 스스로를 규제하는) 존재로 본다. 어떤 사람이 처한 상황이 어떻든, 그리고 그가 안고 있는 문제가 무엇이든, 각자가 그 자신의 행위에 대해 책임을 져야 한다고 생각한다. 사람들은 그들의 행위를 선택할 수 있다고 생각되기에 그들의 선택으로부터 야기되는 이익이나 손해에 대해 책임을 져야 한다고 본다. 사람들은 자유의지를 가진 것으로 생각되기에, 그들에게 발전을 가져다 줄 근면한 노동과 같은 행위를 선택할 수도 있고, 실패(또는 빈곤)를 가져올 수 있는 과도한 여가와 같은 활동에 탐닉하는 쪽을 선택할 수도 있다. 빈곤과 기타 개인문제들은 게으름, 무책임 또는 자기통제의 결여 때문에 나타나는 것으로 본다. 보수주의자들이 생각하기에 사회복지 프로그램은 근면한 노동을 강조해야 한다고 믿는데, 그 이유는 생산적인 시민들이 사회복지서비스 수급자들의 무책임한 행동이 가져온 결과에 대해 비용을 지불하고 있기 때문이다.

보수주의자는 일반적으로 사회복지 프로그램에 대한 잔여적인 접근을 옹호한다. 그들은 의존상태는 개인적 실패의 결과이며 사람들 사이에 존재하는 불평등은 자연스러운 것이라고 본다. 그들은 가족과 교회 그리고 적정한 고용이야말로 의존상태에 대한 일차적인 방어책이 되어야 한다고 확신한다. 사회복지는 절제하면서 사용해야 할 일시적인 기능일 따름이다. 무한정한 사회복지 지원은 수급자를 영원히 의존상태에 빠뜨릴 수 있다. 보수주의자들은 자선이 도덕적 덕목이며 '행운아들'이 '덜 행운아들'을 도와 그들을 사회에서 생산적이고 기여하는 시민이 되도록 하는 의무를 지녔다고 생각한다. 정부의 재원이 보건과 사회복지서비스를 위해 제공된다고 하여도, 보수주의자들은 그러한 재원이 서비스 제공에서 공공기관에 비해 보다 효과적이고 효율적인 것으로 생각되는 민간조직으로 들어가야 한다고 주장한다.

비판적 사고를 위한 질문

당신은 일차적으로 어떤 정치 철학을 신봉하는가? 보수주의 또는 리버럴리즘? 그 이유는 무엇인가?

보수주의자는 전통적인 핵가족을 존중하며 그것을 보존하기 위한 정책들을 만들어내려고 노력한다. 그들이 보기에 가족은 개인의 힘의 원천이고 사회의 기초단위이다. 그들은 일반적으로 낙태, 학교에서의 성교육, 동성애자에 대한 동등한 권리의 인정, 보육시설에 대한 공공재정지원, 소수인종을 위한 산아제한상담 그리고 기타 부모의 권위를 해칠 가능성이 있는 조치들이나 한부모 가족과 같은 대안적인 가족형태에 대한 지원을 반대한다.

이에 반해 리버럴들은 변화가 보통 진보를 가져오기 때문에 일반적으로 좋은 것이라고 믿는다. 완만한 변화가 가장 좋다. 그들이 생각하기에 사회는 다양한 이해관계 속에서 공정한 경쟁을 보장하기 위한 규제장치를 필요로 한다. 특히 자유시장경제는 공정성을 보장하기 위한 규제를 필요로 하는 것으로 본다. 사회복지 프로그램을 포함한 정

* 역주: 리버럴리즘을 개혁주의로 번역하기에는 그 진보성이 약하고, 자유주의로 번역하기에는 보수주의와 혼동될 우려가 있다. 본서에서는 그냥 리버럴리즘으로 번역하는데, 그에 따라 liberal은 리버럴로 표현한다. 미국 사회사상에서 리버럴리즘은 19세기 말에는 한때 개혁주의와 동일시되었으나 오늘날에는 사회문제에 대한 정부개입을 지지하고, 시장의 불완전성을 보완하기 위한 개입을 찬성하는 다소 개혁적인 이념이다. 대체로 미국 민주당의 이념적 지향을 리버럴리즘으로 명명할 수 있다.

부 프로그램은 기본적인 인간욕구의 충족을 위해 필수적이다. 리버럴들은 사회문제를 해결하고 인간복지를 향상하기 위한 정부의 활동을 옹호한다. 그들은 정부의 규제와 개입이 인권을 보장하고 자본주의의 횡포를 통제하며 성공을 위한 동등한 기회제공을 위해 필요하다고 생각한다. 더불어 그들은 평등과 소수자의 권리를 강조한다.

리버럴들은 일반적으로 사회복지에 관해 제도적인 관점을 취한다. 현대사회는 매우 분화되어 있고 복잡하며 전통적인 제도들(예: 가족)이 새롭게 나타나는 인간욕구를 해결할 수 없기 때문에, 어떤 개인도 사회적 서비스(직업훈련, 직업알선서비스, 보육, 의료보호, 그리고 상담을 포함한)의 도움 없이 적절히 기능할 수 없다고 확신한다. 리버럴들은 사람들이 봉착하는 개인적인 문제들일지라도 대부분은 그 개인이 통제할 수 없는 원인으로부터 발생한다고 생각한다. 문제의 원인들은 보통 그 개인이 처한 환경에서 찾을 수 있다. 예를 들면 학습장애를 지닌 아동은 그 장애를 조절(accommodate)할 수 있도록 적절한 교육서비스를 받지 못한다면 위험한 상황에 처할 것이라고 생각할 수 있다. 그러한 상황에서 리버럴들은 아동의 학습욕구 충족을 위한 교육서비스 개발을 모색하게 된다.

리버벌들은 가족을 진화하는 제도로 보며, 따라서 편부모 가족이나 동성부부 가족과 같이 새롭게 등장하는 가족형태를 지원하는 프로그램에 지지를 보내고자 한다.

9. 사회복지의 개발적 관점

수년 동안 리버럴들은 사회복지에 대한 보수주의적 접근이 보건, 복지, 사회 및 레크리에이션 욕구를 지닌 사람들에게 장기간의 원조를 제공해야 할 사회의 의무와 조화롭지 못하다고 비판해 왔다. 반면에 보수주의자들은 제도적인 접근에 대해 매우 비판적이었다. 즉 제도적인 접근은 일하려고 시도하지도 않고 또한 사회의 복지향상을 위하여 어떤 방식으로도 기여하지 않으면서 자신의 보건, 복지, 사회적 및 레크리에이션 욕구를 충족하기 위해서 정부에 의존하기로 마음먹은 수많은 수급자를 둔 복지국가를 만들었다고 주장한다. 보수주의자들은 미국을 복지사회의 방향으로 이끄는 어떠한 주요한 새로운 사회 프로그램의 창출을 중단시키고 싶어 하는 것이 분명하다. 현재 상황에서 보수주의자들은 제도주의적 접근과 일치된 방향으로 사회에 맡겨진 프로그램들의 시행을 중단시킬 수 있을 만큼의 정치적 힘(즉 필요한 의회에서의 표결 수)을 지니고 있다.

그렇다면 리버럴들과 보수주의자 모두의 지지를 모을 수 있는 사회복지에 대한 관점은 없는가? Midgley는 개발적 관점(또는 시각)이 리버럴, 보수주의자 및 일반 대중들에게 호소력을 갖는 대안적인 접근을 제공한다고 주장한다.[12] 그는 이 접근을 "역동적인 경제개발 과정을 수반하여, 주민 전체의 복지를 증진하기 위해 고안된 계획된 사회변동 과정"[13]으로 정의한다.

이 시각은 필요한 사회복지 프로그램의 발전과 확장을 지지하기 때문에 리버럴들에게도 설득력을 지닌다. 또한 이 시각은 어떤 사회복지 프로그램의 발전이 경제에 긍정적인 영향을 가져올지 확실히 함으로써 보수주의자들에게도 설득력을 지닌다. (과거에는 보수주의적 정치인들은 많은 사회복지 프로그램의 발전에 반대해 왔는데, 그 이유는 그러한 프로그램들이 경제발전에 부정적인 영향을 준다는 점 때문이었다.) 일반대중 역시 개발적 관점을 지지하는 쪽으로 기울 것이다. 많은 유권자들은 복지주의(welfarism)가 경제문제(예: 수급자들은 노동을 통해 사회에 기여하는 것 대신에 정부의 지원에 기대는 쪽을 선택한다)를 야기한다고 믿기 때문에 이를 반대한다. 어떤 제안된 사회복지 프로그램들이 경제에 직접적으로 기여할 것이라는 점을 확신시키고 또 그 증거를 제시함으로써 유권자들의 호감을 살 수 있다.

Midgley와 Livermore는 개발적 관점이 현시점에서는 썩 정교하게 정의된 것은 아니라는 점을 밝히고 있다.[14] 그것의 뿌리는 개발도상(제3세계) 국가들의 사회프로그램들에 두고 있다. 개발도상국에서 사회복지 프로그램의 주창자들은 그러한 프로그램들이 해당 국가의 경제전반에 대해 좋은 영향을 미쳤다는 점을 확신시키고, 또 그 증거자료를 제시함으로써 특정의 사회복지 프로그램들이 실행될 수 있도록 하는 데 성공했다. Midgley와 Livermore는 "개발적 관점의 범세계적 유관성은 2차 세계대전 이후 탈식민지화 시기에 제3세계에서부터 시작되었다"[15]고 주장한다. 개발적 관점은 후일 개발도상국들에서 사회프로그램의 발전을 도모하기 위한 국제연합(UN)의 노력 속에서 활용되었는데,

국제연합은 그러한 프로그램들이 이들 제3세계 국가들의 전반적인 경제상황을 개선할 것임을 확신하였던 것이다.

개발적 관점의 특징은 무엇인가? 그것은 경제발전에 긍정적으로 기여하는 사회적 개입을 옹호한다는 점이다. 따라서 이것은 경제제도와 사회제도 사이의 조화를 조장한다. 이 접근에서는 경제적 진보를 사회 진보의 중요한 요소로 간주하며, 경제계획과 사회계획에서 정부의 적극적인 역할을 장려한다. 그런 점에서 이 관점은 정부가 사회복지 프로그램의 제공에서 그 역할을 최소화해야 한다고 주장하는 잔여적 접근과 극명하게 상반된다. 마지막으로 개발적 접근에서는 사회의 모든 구성원들의 복지를 위한 경제개발과 사회개발의 통합에 초점을 맞춘다.

개발적 관점은 광범위한 사회복지 프로그램의 확장을 옹호하기 위해 활용될 수 있다. 장차 취직이 가능하도록 개인을 돕는 어떤 사회프로그램은 사회의 경제적 복지에 기여한다고 말할 수 있다. 또한 장차 그 가족이나 그가 사는 지역사회를 위해 중요한 기여를 할 수 있도록 어떤 개인을 돕는 사회프로그램은 사회의 경제적 복지에 기여한다고 말할 수 있다. 기능적인 가족과 기능적인 지역사회는 기업에도 좋은 여건이 된다. 기능적인 가족의 구성원들은 보다 훌륭한 피고용자가 될 수 있으며, 기업들은 범죄나 기타 사회 문제들의 발생률이 낮은 전망 있는 지역사회에서 사업을 시작하고자 할 것이다.

개발적 관점이 어떻게 사회복지 프로그램의 확장을 옹호하는 데 활용될 수 있는지를 잘 보여주는 몇 가지 예들을 들어보자. 다음과 같은 프로그램들은 실업상태의 한부모로 하여금 일자리를 찾을 수 있도록 지원한다는 점 때문에 경제에 유익한 것이라고 할 수 있다. 직업훈련, 이들 부모의 자녀들에 대한 양질의 아동보호 프로그램, 이들 부모와 자녀들에 대한 적절한 의료보험은 그들이 건강하게 지낼 수 있도록 보호를 제공함으로써 궁극적으로 부모의 노동능력을 촉진한다. 학교제도 내의 멘토 프로그램과 기타 사회적 서비스들은 위기상황에 처한 아동들이 학교에 머물 수 있도록 돕고, 궁극적으로 그들이 사회에 기여할 수 있도록 돕는다. 성인이 되었을 때 이들 개인은 직장을 구할 것이고 그들의 가족과 지역사회를 위해 기여할 수 있을 것이다. 교정제도에서 재활프로그램들은 교정기관 클라이언트로 하여금 사회에 기여하는 구성원이 될 수 있도록 지원할 수 있다. 또한 어떤 프로그램들은 개인들로 하여금 어떤 문제들을 보다 잘 다룰 수 있도록 지원함으로써 그들이 경제와 사회의 복지에 기여하는 사람이 될 가능성을 높여줄 수 있다. 알코올 및 기타 약물남용 치료 프로그램, 정신보건 상담, 영양 프로그램, 섭식장애 개입 프로그램, 스트레스관리 프로그램, 그리고 슬픔관리 프로그램 등이 그 예이다.

10. 사회복지의 역사

초기 유럽역사

모든 사회는 고아, 시각장애인, 신체 및 정신장애인, 빈민, 그리고 환자와 같이 자급자족할 수 없는 구성원들의 욕구를 충족하는 방도들을 개발해 왔음에 틀림없다. 산업혁명 이전에는 이러한 책임이 대부분 가족과 교회와 그리고 이웃에 의해 이행되었다. 유태-기독교 전통이 역사상 지니는—그리고 사회복지에 상당한 중요성을 갖는—하나의 중요한 가치는 인도주의(humanitarianism)이다. 이것은 인간의 생명에 높은 가치를 두고 곤궁에 빠진 사람들을 자애롭게 돕는 것이다.

유럽에서 봉건제도의 발전에 따라 농노가족이 친척의 기본적 욕구를 충족할 수 없을 때에는 보통 봉건 영주가 필요한 모든 것들을 제공하였다.

엘리자베스 구빈법

중세사회에서 기근, 전쟁, 흉작, 페스트 그리고 봉건제도의 붕괴 등은 빈궁한 사람들의 수를 크게 증가시키는 데 기여하였다. 일차적으로 교회와 가족을 통한 지원이라는 전통적인 접근방식은 자급자족할 수 없게 된 많은 사람들의 욕구를 충족할 수 없었다. 그 결과 많은 사람들이 구걸에 의존할 수밖에 없었다. 이러한 사회문제를 해결하기 위한 시도로 영국에서는 1300년대부터 1800년대에 이르기까지 몇몇 구빈법을 통과시켰다. 이들 중 가장 중요한 법은 엘리자베스 I세 치하에서 입법화된 1601년의 엘리자베스 구빈법이다. 이 구빈법의 기본적인 조항들은 미국 식민지의 법들에 포함되어 오늘날 미국의 공적부조와 기타 사회입법에도 중요한 영향을 끼쳐 왔다. (이들 구빈법에서 해결하고자 했던 사회문제들이 빈곤으로 개념화되기보다는 오히려 구걸에 대한 지배계급의 성가심으로 개념화되었다는 점을 보면 흥미롭다.)

엘리자베스 구빈법은 구호대상자를 세 가지 범주로 구분하였다.

1. **노동가능 빈민**(*able-bodied poor*). 이 집단에게는 비천한 일자리를 주되, 시민들이 그들에게 금전적인 도움을 주는 것을 금지한다. 노동을 거부하는 자는 차꼬를 채우거나 감옥에 수감한다.
2. **노동불능 빈민**(*impotent poor*). 일할 능력이 없는 사람—즉 노인, 시각장애인, 청각장애인, 영아를 동반한 부인, 그리고 신체 혹은 정신장애인—들이 이 집단을 구성한다. 그들은 보통 구빈원(시설)에 함께 수용되었다. 노동불능 빈민이 거처가 있고, 그들이 자신의 거처에 머무는 것이 덜 비싸다면 그들은 구빈원 외부에 기거하는 것이 허용되었다. 그곳에서 이들은 보통 현물(음식, 의복 및 연료)로 제공되는 '원외구호(outdoor relief)'를 받을 수 있었다.
3. **요보호 아동**(*dependent children*). 부모나 조부모가 부양할 수 없는 아동들은 다른 시민에게 도제로 넘겨졌다. 소년들은 그들 장인(master)의 직업기술을 배웠는데, 24번째 생일을 맞기까지 도제 생활을 하였다. 소녀들은 하녀로 양육되어 21세까지 혹은 결혼할 때까지 주인집에 머물러야 했다.

구빈법에서는 어떤 사람의 부모나 배우자, 자녀 또는 기타 친척이 그 사람을 지원할 수 있을 때에는 그를 자선이 필요한 사람으로 등록시키지 않았다. 이 법이 영국 의회에서 통과되었지만, 교구(타운이나 지방)가 자선기부와 토지, 주택 및 십일조에 부과하는 세금으로 프로그램의 경비를 충당하는 것을 포함하여 그 규정들을 집행하는 책임을 떠맡았다. 구빈법에서는 교구의 책임이 오직 해당 교구의 법적인 거주(해당 교구에서 출생하였거나 해당교구에 3년 이상 거주한 것으로 정의되는)를 충족하는 사람들에게만 해당된다고 규정하였다. (거주 규정은 오늘날 여전히 공공부조프로그램의 한 부분으로 남아 있다.) 1601년의 구빈법은 영국과 미국에서 이후 300여 년간 정부책임하의 공적 구호방식을 결정하였다.

엘리자베스 구빈법의 대부분의 조항들이 식민지 미국의 사회복지정책에 도입되었다. 요구호자를 돕는 책임이 타운들에 할당되었고, 실업자를 위한 구빈원이 세워졌으며, 고아들은 도제로 들어갔다. 법적 거주규정체제가 수립되어 타운들은 빈궁한 외지인의 욕구를 충족할 책임이 없다는 것을 분명히 하였다. 구빈원의 상태는 믿을 수 없을 만큼 비참하였다는 점을 지적하지 않을 수 없다. 구빈원은 빈민뿐 아니라 환자, 정서장애인, 시각장애인, 알코올중독자, 그리고 요보호 아동들까지도 함께 수용하였다. 밀짚과 낡은 거적때기가 침구로 제공되었고, 아무런 위생시설도 없었으며, 낡은 건물은 한겨울에 거의 난방도 되지 않았다.

》 산업혁명

17~19세기에 걸쳐 유럽과 미국에서는 산업혁명이 만개하였다. 성장의 주된 이유는 증기기관의 개발과 같은 기술적 진보에 있었다. 그러나 산업혁명은 또한 청교도 윤리와 자유방임 경제사상에 의해서 가능한 것이었다. 이들 두 주제가 사회복지에 중요한 영향을 미쳤다. 청교도 윤리는 각자가 스스로의 운명을 책임지는 주인이라는 개인주의를 강조하였다. 근면과 의욕(self-ambition)이 칭송되었다. 청교도 윤리가 상정한 인간 지고의 목적은 물질적 상품을 획득하는 것이었다. 성격이나 기타 속성 대신 대부분 그들이 축적한 부의 크기로 사람들을 평가하였다. 빈민이 된다는 것은 자기 자신의 도덕적 결함으로 생각되었다.

자유방임 경제이론에서는 기업이나 산업이 이윤을 창출하기 위해 그들이 원하는 바를 무엇이든지 할 수 있도록 허용될 때 경제와 사회가 전반적으로 가장 잘 번영한다고 확신한다. 기업 활동에 대한 어떠한 정부의 규제(예를 들면 안전규정을 설정한다든가, 최저임금법을 통과시킨다든가, 아동노동을 금지하는 것)는 바람직하지 않은 것으로 간주된다. 자본주의 윤리와 자유방임주의가 결합하여 치열한 경쟁, 독점의 형성, 비참한 산업안전 및 노동조건 그리고 저임금과 장시간 노동 및 아동노동을 통한 노동계급에 대한 착취와 같은 기업의 활동이 정당화되었다.

사회복지에 대해 청교도 윤리가 갖는 함의는 Charles Darwin의 진화론에 기반을 둔 사회적 다윈주의(social Darwinism) 이론에서 가장 비인간적인 수준에 도달하였다. 다윈은 적자생존의 과정을 통해 고등생물은 하등생물로부터 진화한다는 이론을 정립하였다. 그는 동물세계에서 약자를 도태시키고 강자에게 보상을 줌으로써 진화론적 변화를 낳는 치열한 생존경쟁을 지켜보았던 것이다. Herbert Spencer는 이 이론을 인간사회에까지 확장하였다. 경쟁, 도태 그리고 적자생존은 인간사회의 진보를 위해서도 필수적인 것으로 생각되었다. 이 이론은 가장 비인간적인 형태로 다음과 같이 주장된다. 강자(부자)는 그들이 우세하기 때문에 살아남는 데 비해 약자(빈궁자)는 도태되어야 마땅하다. 따라서 약자가 생존할 수 있도록 돕는 것은 실수라는 것이다. 비록 약자의 도태에 대해 대대적으로 주장된 적은 없지만, 이 이론은 보다 창의적이고 보다 인간적인 사회복지 프로그램의 발전을 왜곡하는 데 실질적인 영향을 미쳤던 것이 분명하다.

산업혁명 이전에 유럽이나 미국에서 전체 인구가 수천 명 이상인 지역사회는 드물었다. 산업혁명이 남긴 여파 중 하나는 공장 인근에 나타난 대규모 도시지역의 발전이었다. 농촌지역에서는 고용기회가 적었기 때문에 사람들은 도시로 이주하였다. 이러한 이동과 함께 가족유대감이나 친족유대감이 파괴되었으며, 새로운 상황에 적응하지 못한 사람들은 소외, 사회적 고립, 그리고 지역사회 정체성의 상실을 경험하였다. 도시지역에 거주하는 사람들의 욕구를 충족하기 위한 하나의 노력으로 민간사회복지서비스들이 1800년대에 주로 성직자와 종교집단에 의해 싹트기 시작하였다. (공공사회복지기관은 주로 조세수입으로 재정을 충당하는 데 비해, 민간기관들은 보통 자선기부에서 대부분의 재원을 얻는다.) 공공사회복지서비스의 발전이 거의 없었기 때문에 민간기관들이 1930년대까지 요구호자에 대한 금전과 서비스를 대부분 제공하였다. 1800년대에 사회서비스와 금전은 '자선'을 종교적 훈계와 결합시킨 중상류계급의 자원봉사자들에 의해 제공되었다.

20세기 전환기

1880년경에 이르면 많은 사람들이 무한경쟁의 폐해와 경제력을 지닌 자들의 권력남용을 인식하기에 이르렀다. 몇몇 대표적 기업가들은 매우 부유하게 되었으나 대중의 생활수준은 그대로였고 겨우 생존수준을 넘는 정도라는 점이 분명해졌다. 사회적 다원주의에 반대했던 학자 중의 하나였던 Lester Ward는 그의 <역동사회학(*Dynamic Sociology*)>이라는 책에서 맹목적인 동물의 진화와 인간의 진화 사이에 분명한 차이가 있음을 역설하였다.[16] 그에 따르면 인간은 동물과는 달리 궁핍한 구성원을 돕기 위한 사회복지 프로그램을 가동할 수 있었고 또 그렇게 해온 것이 분명하며, 인간은 사회적, 경제적 통제를 통해 규제할 수 있는 능력을 가졌다는 것이다. Ward는 그러한 프로그램과 통제가 모두에게 이로운 것이었다고 주장하였다. 이처럼 새로운 사상은 사회적 다원주의와 자유방임 경제학과는 정반대되는 것이었다. 그것은 연방정부에 새로운 기능을 수행하기를 요구하였고, 기업 활동을 규제하고 사회복지 프로그램을 제공하기 위한 입법을 촉구하였다. 그 결과로 1900년경에 사회적 욕구에 대한 인식이 싹트게 되면서 중앙정부가 보건, 주거 및 슬럼 재개발과 같은 프로그램에 (비록 한정적이기는 했지만) 재원을 사용하게 되었다.

1900년대 초에 사회복지는 점점 전문화되어갔다. 이 시기 이전에 그러한 서비스는 좋은 의도를 지녔으나 훈련받지 않은 중·상류층의 자원봉사자들에 의해 제공되었다. 이 시기에 보다 공식적인 교육을 받은 사람들이 몇몇 중요한 자리에 고용되었으며, 클라이언트와 상담하는 데 있어 치료기법과 방법을 개발하는 데 대한 관심이 높아졌다. 이 시기에 가족서비스나 보호관찰 및 가석방과 같은 사회복지 프로그램에서 오늘날 볼 수 있는 몇몇 전문화 양상들이 또한 나타났다. 또한 이 시기에 최초의 사회사업대학원과 사회복지대학원이 몇몇 대학에 설치되었다.

대공황과 사회보장법

1930년 이전의 사회복지서비스는 궁핍한 사람들에 대한 금전적 지원의 경우에서도 그랬던 것처럼, 주로 교회와 민간조직들에 의해 제공되었다. 몇몇 도시와 카운티에는 지방정부가 조달한 공공조세재원을 분배하는 지방구호 담당관들이 있었다. 이 시기에 빈곤은 게으름과 부도덕한 것으로 간주되었다. 공공구호금은 '거지 돕기(pauper aid)'로 간주되었으며, 그것을 받는다는 것은 사회적으로 매우 불명예스러운 일이었다.

약동하는 1920년대는 대체로 번영과 축제의 시기였다. 그러다가 1929년 10월 뉴욕 주식시장이 붕괴되었다. 많은 투자자들은 그들의 사업과 가정, 그리고 삶의 피난처를 잃었다. 주식시장의 붕괴는 미국경제가(세계 전체 경제와 함께) 심각한 침체를 향하고 있다는 중요한 신호였다.

실업자의 수는 1929년 봄 3백만 명에서 1933년 1월에는 천오백만 명으로 증가하였다.[17] 1933년에는 20% 이상의 노동자가 실업상태에 있었다.[18] 많은 은행들이 문을 닫았고 많은 농부들과 기업주들이 파산하였다.

1931년 몇몇 주에서는 실업자와 그 가족들의 아사를 막기 위해 실업구호를 제공하기 시작하였다. 당시 대통령이던 Herbert Hoover는 오로지 민간자선으로만 실업자의 욕구를 충족해야 한다고 생각하였다. 그의 생각은, 공공구호는(그것이 주의 재정이든 연방재정이든) 사람들을 도덕적으로 타락시키고 그들을 영원히 주정부나 연방정부에 의존하게 만든다는 것이었다. 그의 태도는 1930년 12월에 아칸소의 굶주린 가축들을 먹이기 위한 4천5백만 달러의 예산안을 승인한 반면, 같은 주의 굶주린 농부들과 그 가족들을 먹이기 위한 2천5백만 달러의 예산안을 거부한 것에서 극명하게 나타났다.[19]

다른 민간조직들도 마찬가지였지만, 공동모금회 지부와 적십자사 지부 역시 1930년대 초의 금전적 지원 수요를 만족시킬 수 없었다. 수많은 사람들이 실직상태에 있었기 때문에 민간자선단체들 역시 실업자를 돕기 위한 기금모금에 곤란을 겪고 있었다.

지방 및 주의 기금들은 수백만 명의 실업자들을 굶주림과 추위 그리고 절망으로부터 보호하는 데 부적절한 것으로 밝혀졌다. 많은 환자들은 의료비를 지불할 수 없어 당연히 의료서비스를 받지 못하고 있었다. 자녀들은 이웃들이 돌아가며 보살펴 주었는데 그 이유는 부모들이 식량이 바닥났거나 일자리를 찾아 외출하였기 때문이었다. 자살자의 수가 증가하였고, 아동들의 결핵발병률과 영양실조도 늘어났다. 많은 중간계급이 파산하였고, 공장들은 쉬게 되었으며 상점을 찾는 고객은 거의 없었다.

1933년 Franklin Roosevelt가 대통령이 되었을 때, 몇몇 주에서는 40% 이상의 인구가 지방 및 주정부로부터 공공구호금을 받고 있었다.[20] 빈곤상태에서 살아가는 사람들을 위한 공공구호의 재원마련을 위해 연방정부가 주정부나 지방에 대해 자금지원을 해야 한다는 압력이 거세지기 시작하였다. 상황이 매우 절망적이었기 때문에 정치 지도자들의 관심은 혹시 사회주의 또는 공산주의 혁명이 발발하는 것은 아닌가 하는 데 있었다.

Roosevelt 대통령은 즉각 실업노동자들에게 유급의 일거리를 제공하기 위한 일시적인 응급프로그램을 제안했고, 의회는 이를 통과시켰다. 일자리를 얻을 수 없는 사람들에게는 연방정부가 금전적 지원을 제공했다.

1930년대의 공황은 사회복지에 엄청난 변화를 야기하였다. 그때까지 개인주의에 대한 신념—즉 각 개인은 각자 운명의 주인으로서의 책임이 있다는 믿음—이 여전히 널리 퍼져 있었다. 공황은 이러한 신화를 박살냈다. 개인이 통제할 수 없는 상황이나 사건들이 박탈과 비참함 그리고 빈곤을 가져올 수 있다는 것이 분명해졌다. 또한 연방정부가 금전적 지원과 사회적 서비스를 제공하는 데 있어서 어떤 역할을 수행해야 한다는 점도 분명해졌다.

대공황시기의 응급구호와 일자리 프로그램의 경험은 실업, 노령, 장애, 질병 그리고 요보호 아동과 같은 몇몇 중요한 문제를 처리하는 데 있어서 보다 항구적인 연방정부의 노력이 필요하다는 점을 보여주었다. 그 결과 1935년 사회보장법(Social Security Act)이 제정되었는데, 그것은 대부분의 미국 현행 공공사회복지 프로그램들의 기초를 이루었고, 다음과 같은 세 가지 주요 프로그램 범주들을 위한 연방입법이 시행되었다.

사회보험

이 범주는 제도적인 지향에 따라 설계되었으며 실업, 퇴직 또는 사망 시에 보험을 제공한다. (a) 실업보상보험은 실직한 노동자에게 한정된 기간 동안 매주 급여를 제공한다. (b) 노령·유족·장애·건강보험(OASDHI)은 노동자가 퇴직하거나 장애를 입거나 또는 사망할 경우 개인과 가족에게 월정 급여를 제공한다. 일상적인 대화에서 이 프로그램은 일반적으로 사회보장(social security)으로 지칭된다.

공적부조

이 범주는 많은 잔여적 측면을 간직하고 있다. 개인이 급여를 받기 위해서는 금전적 욕구가 있는지를 결정하기 위해 개인의 자산과 지출을 검사하는 '자산조사(means test)'를 반드시 거쳐야만 한다. 이 범주에는 네 개의 프로그램이 있는데, 각각의 명칭은 수급집단을 나타낸다. (a) 맹인부조(교정시력이 0.1 이하이면 연령에 상관없이 수급대상), (b) 장애부조(영구적인 장애를 입은 18~65세 사이의 사람), (c) 노령부조(65세 이상), (d) 요부양아동가정부조

보기 1.1 어떻게 '복지(welfare)'가 경멸적인 용어가 되었는가

Linda Gordon은 다음과 같이 기술하고 있다.

> 지난 반세기 동안 '복지'에 대한 미국의 정의는 반전되었다. 한때 번영, 건강, 선심 그리고 사회적 존중을 의미했던 한 용어는 이제는 빈곤, 악화된 건강, 절망 그리고 모멸을 담고 있다. 정치제도의 건강성을 기술하는 데 사용되었던 단어가 이제는 그것의 병든 이미지—슬럼, 낙담한 편모, 방임 아동, 범죄, 절망과 같은—를 불러일으키고 있다.[a]

어떻게 복지 개념의 반전이 발생했는가? 복지라는 용어는 논리적으로는 시민의 안녕을 증진하는 수많은 사회적 프로그램에 적용될 수 있다. 그러나 오늘날 미국의 일반 대중은 '복지'를 요부양아동가족부조(AFDC)로 간주한다. 지난 60여 년 동안 AFDC 프로그램과 그 수급자들은 오명을 벗지 못했었다.

AFDC는 1935년의 사회보장법에 의해 만들어진 프로그램 중 하나였다. 이 제도의 입안자들은 남편이 주소득원이고 부인은 가사를 책임지는 것이 표준이라는 가족모형을 생각했기 때문에 수급자 수가 적고 일시적인 지원책으로서 AFDC를 고안하였다. AFDC는 모든 요보호 집단 가운데 가장 보호받을 만한 가치가 있는 자들을—즉 무정한 남편으로부터 자식과 함께 버림받은 무기력한 부인들을—위해서 고안되었다. 1935년만 하더라도 사람들은 자녀를 양육하기 위해 부인이 가정에 머물러야 한다고 생각하였다. 미혼모나 버려진 부인이 자녀들의 복지(안녕)를 위해 가정에 머물 수 있도록 정부에 의해 도움을 받아야 한다고 생각되었다.

Linda Gordon에 따르면 AFDC 프로그램에 대한 오명 부여는 1950년대와 1960년대에 대규모로 시작되었다. 거기에는 세 가지 주요 이유가 있었다.

첫째, 1950년대와 1960년대에 여성의 역할에 대한 재정의가 시작되었다. 보다 많은 여성들이 노동시장에 진입하였다. 그래서 여성이 가정 밖에서 일할 것이 기대되기 시작했다. 그 결과 AFDC에 의존하는 편모들은 복지 명부에 올라있다는 이유로 창피를 당하기 시작하였다. '게으른', '도와줄 가치가 없는', 그리고 '자선 대상자'와 같은 부정적인 용어들이 그들에게 쏟아졌다.

복지 용어의 오명화에 기여한 두 번째 요인은 증가하는 이혼율이었는데, 그 결과 보다 많은 부인들이 그들의 자녀 양육 책임을 홀로 감당해야만 했다. AFDC 명부가 확대되면서 일반 대중은 납세자들이 낸 세금으로 편모와 그 자녀를 지원하는 것에 대해 보다 비판적으로 되었다.

1950년대에 복지 용어의 오명화에 기여한 세 번째 변화는 흑인여성들이 AFDC를 선거권처럼 그들이 시민으로서 받을 자격을 갖는 권리로 확신하기 시작했다는 점이다. 성공적으로 이러한 주장을 제기할 수 있게 되자 AFDC 수급자 수뿐만 아니라 수급자 가운데 흑인의 비중이 증가하게 되었다. 그 결과 복지에 부여되었던 오명이 이제는 인종차별주의자들의 적대감에 의해 보다 강화되었다.

AFDC 프로그램에 대한 대중들의 분노표출에 대응하여 Clinton 대통령(민주당)과 공화당 통제하의 의회는 1996년에 AFDC를 폐지하고 그것을 요보호 가족에 대한 임시지원(Temporary Assistance to Needy Families, TANF)으로 대체했다. TANF는 개인책임 및 노동기회조정법(Personal Responsibility and Work Opportunity Act)에 의해 만들어졌다.

[a] Linda Gordon, "How 'Welfare' Became a Dirty Word," *The Chronicle of Higher Education*, Jul. 20, 1994, p. B1.

(Aid to Families with Dependent Children, AFDC)(일차적으로는 남편이 없고 18세 미만의 자녀를 둔 부인). 공적부조 프로그램은 영국 구빈법의 여러 특징들을 담고 있다. 거주지 요건과 자산조사가 있으며, 일부 부조는 '현물(식량 같은)'이며, 급여는 대상자가 수급권리를 지닌 지원이라기보다는 '시혜(charity)'로 간주된다. 1974년 1월에 앞의 세 가지 프로그램, 즉 맹인부조와 장애부조 및 노령부조는 보충적 보장소득(Supplemental Security Income, SSI)이라는 한 개의 프로그램으로 통합되었다. SSI에 대해서는 4장에서 상세하게 설명할 것이다.

AFDC 프로그램은 1950년대부터 1990년대에 이르기까지 정치인들과 일반 대중으로부터 종종 비판받았고, 낙인찍히게 되었다. 이 프로그램은 1996년에 폐지되었으며, 요보호 가족에 대한 임시지원(Temporary Assistance to Needy Families, TANF) 프로그램으로 대체되었다.[21] TANF 프로그램은 4장에서 설명한다.

공중보건 및 복지서비스들

앞에서 설명한 두 프로그램이 금전적 급여를 제공했다면, 이 범주는 사회적 서비스(예: 입양, 위탁가정보호, 장애아동 서비스, 보호서비스, 한부모를 위한 서비스)의 제공에서 연방정부의 역할을 정립한 것이다.

사회보장법의 시행 이후 공공 사회복지서비스는 지출규모, 대상자 수, 그리고 인력의 측면에서 주된 프로그램이 되었다. 민간의 역할은 금전적 지원에서 어떤 전문화된 서비스 영역으로 변화되었다. 민간기관의 역할 중 하나는 새로운 서비스와 접근의 가치를 시험해보는 것이었다. 만약 그러한 새로운 서비스가 인간문제를 경감하는 데 있어 비용 측면에서 효과적이고 성공적이라는 것이 발견되면, 종종 해당 서비스를 큰 규모로 제공하기 위해 공공 재정이 요청된다.

사회보장법에 의해 만들어진 프로그램들은 논쟁거리가 되어 왔다. 어떤 사람들은 이 법이 미국에 경제적 안정을 가져왔으며 미국인이 경험했던 최악의 공황에서 벗어날 수 있도록 해주었다며 그 의의를 인정한다. 반면, 재정 측면에서 보수주의적인 사람들을 포함해서 어떤 사람들은 사회보장 지출이 사람들로 하여금 그들의 생계를 위해 정부에 의존하도록 만듦으로써 빈곤을 영속화했다고 본다. 사람들이 일하는 대신 복지에 의존하여 살아가는 편을 선택하게 될 것이라는 비판도 상당기간 동안 제기되었다. 또한 사회보장 지출은 미국 연방재정의 상당한 부분을 차지하게 될 만큼 팽창적인 것이라는 비판도 제기되었다.

사회보장법의 기본 의도는 모든 미국인들에게 적절한 생활수준을 제공하기 위한 것이었다. Roosevelt 대통령은 금전적 보장(공적부조 포함)은 시혜의 문제가 아니라 정의의 문제라는 믿음을 가졌다. 그는 모든 개인은 문명사회에서 최소한의 생활수준을 영위할 권리를 가졌다고 확신했다. 그의 생각에 자유와 안정은 동의어였다. 금전적 안정이 없다면 사람들은 궁극적으로 실의에 빠져 폭동을 일으키게 될 것이다. Roosevelt는 민주사회의 존속은 시민들의 건강과 복지에 의해 좌우된다는 신념을 지니고 있었다.[22)]

1930년대부터 1980년에 이르기까지 사회문제로 고통받고 있는 미국인을 위한 재정지원과 사회복지 프로그램 제공에서 연방정부는 점차 그 역할을 확장해갔다.

위대한 사회와 대빈곤전쟁

사회복지 프로그램 확장을 위한 중요한 추진계기는 Johnson 대통령이 대빈곤전쟁(War on Poverty)을 선포하고 자신이 명명한 '위대한 사회(Great Society)'를 건설하고자 시도했던 1960년대에 나타났다. 1964년에 Johnson은 연두교서에서, 미국 국민의 1/5이 빈곤한 생활을 하고 있고 거의 절반 가까운 흑인이 빈곤하다는 점을 지적하였다. 기존 사회복지 프로그램에 대한 재정지원이 급격히 증가하였고, 많은 새로운 프로그램들이 만들어졌다[예: 헤드 스타트, 메디케어(Medicare) 및 메디케이드(Medicaid)*].

1960년대 초반은 낙관주의로 특징지어진다. 빈곤이 점차 사라지고 인종통합이 이루어지며 여타 사회문제들이 원만하고 무리 없이 해결될 수 있는 그런 황금기를 향해 발전해가는 듯한 분위기가 조성되었다. 그렇게 볼 때 1960년대 후반은 하나의 충격이었다. Martin Luther King 목사와 Robert Kennedy가 암살되었다. 적지 않은 대도시의 도심이 인종차별에 대항하는 과정에서 방화되어 전소되었다. 범죄율도 실질적으로 증가하였다. 베트남 전쟁과 기타 이슈들에 대한 학생들의 항의와 소요가 있었다. 소수인종과 빈민들은 국가의 경제적 파이 가운데 자신들의 몫을 요구하기 위해 조직되었다. 성적인 가치와 행위에서 혁명적인 변화가 나타났다. 그리고 마약문제와 같은 여타 사회문제에 대한 인식이 싹텄고 환경보호의 필요성도 제기되었다.

사회복지 분야에서는 1960년대 후반에는 클라이언트로 하여금 그들의 생활조건에 보다 잘 순응하고 적응하도록 돕는 것(심리적 접근) 대신에, 클라이언트의 욕구를 보다 잘 충족하기 위해 환경 또는 '체제(system)'가 변해야 한다는 데 대해 새로운 관심이 싹텄다(사회적 접근). 또 다시 사회행동이 사회사업의 중요한 부분이 되었으며, 몇몇 사회복지사들은 클라이언트에 대한 옹호자로, 지역사회 조직가로 그리고 사회개혁을 위한 정치 조직가로 활발한 활동을 전개하였다.

1970년대와 1980년대의 보수주의

베트남 전쟁 종료 후인 1970년대에는 1960년대 후반의 격심한 혼란이 잠잠해져서 국제문제나 국내문제에 대해 상대적으로 평온한 시기가 몇 년 지속되었다. 정부 프로그램으로 사회문제들을 해결할 수 있다는 1960년대의 희망과는 대조적으로 많은 문제들은 정부의 해결 능력 밖에 있

* 메디케어와 메디케이드는 15장에서 자세히 설명한다.

보기 1.2 모두가 복지에 의존하고 있다

미국에서 복지에 의존하는 것에 대해 오명이 부여되지만, 실상을 보면 미국 국민 모두가 복지에 의존하고 있다. Mimi Abramovitz은 다음과 같이 설명했다.

> 사회복지시스템—무상 또는 시장가격 이하로 개인과 가족에게 제공되는 현금과 현물급여를 직접 공적으로 제공하는 것—은 빈민들을 위해서만 제공되는 것으로 대중에게 알려져 있다. 그러나 기록에 따르면 중·상류계급을 위해서 제공되는 사회복지 프로그램들이 빈민들을 위해서만 제공되는 프로그램들에 비해 보다 많은 정부지원을 받고, 보다 높은 수준의 급여를 제공하며, 예산삭감도 덜 이루어졌다고 한다.[a]

사회보험 프로그램[메디케어와 노령·유족·장애·건강보험(OASDHI) 같은]은 주로 중·상류계급을 위한 것이다. 이들 사회보험 프로그램은 빈민에 대한 공적 부조 프로그램에 비해 의미 있게 높은 급여를 제공한다.

Abramovitz에 따르면 중·상류계급을 위한 부가적인 복지급여가 있다고 한다.

> … 조세제도는 빈민들이 받을 수 없는 일련의 급여를 상류계급과 중류계급에게 제공하는 '부자를 위한(gilded)' 복지국가를 만들었다. 상층 소득집단에 대한 조세 급여에는 해안가 주택에 대한 저렴한 정부보험, 면세 투자, 삭감된 자본이득세 및 자선기부와 대규모 의료비지출 투자 손실 그리고 많은 여러 항목에 대한 조세감면이 포함되어 있다.[b]

회사도 역시 복지—정부 보조금, 조세감면, 연구개발비에 대한 지원, 조세납부연기, 저리의 융자, 면세기업지구, 인프라 구축 보조금, 면세 산업개발채권, 재산세와 소득세에 대한 감면과 공제, 그리고 교육기관을 통해 전달되는 훈련 보조금을 포함한—를 받고 있다. 비록 공공자금으로 사적인 이윤을 증가시키는 데 사용하는 것을 복지로 생각하는 사람이 거의 없기는 하지만, 대기업에 대한 정부 보조는 빈곤가족에 대한 정부 보조와 하등 다를 바 없다.

[a]Mimi Abramovitz, "Everyone is Still on Welfare : The Role of Redistribution in Social Policy," *Social Work*, 46, no. 4 (October 2001), p. 299.
[b]Ibid., p. 302.

다는 사상이 등장하였다. 그에 따라 새로운 사회 프로그램의 확장과 발전을 가져왔던 1960년대의 리버럴리즘은 1970년대와 1980년대의 보다 보수적인 접근으로 대체되었다. 실제 1970년대와 1980년대 또는 1990년대 초반에 시작된 새로운 대규모의 사회복지 프로그램은 없다. 불행하게도 여타의 위기들(베트남전, 워터게이트, 인플레, 경기침체, 이스라엘과 아랍 갈등, 콘트라 사건, 1991년의 이라크 전쟁, 아이티의 정치적 혼란, 그리고 대규모 연방재정 적자 등)이 1970년부터 1995년까지 미국의 지속적인 사회문제에 비해 보다 많은 관심을 끌게 되었다. 이들 사회문제 중에는 도심의 비참한 생활상태, AIDS 위기, 노숙자, 인종차별, 범죄, 교도소 상태, 가정폭력, 높은 이혼율, 인구과잉, 그리고 빈곤인구의 증가 등이 있었다.

Jimmy Carter 대통령 행정부 기간(1976~1980) 동안에는, 연방정부가 미국의 모든 사회문제를 해결할 수 있는 힘(이를 위해 얼마나 많은 예산을 지출할 수 있는가와는 무관하게)이 없는 것은 아닌가 하는 인식이 증대되었다. 연방정부가 이들 많은 문제들을 부분적으로나마 해결해야만 한다는 바람 대신에 완전히 다른 반전된 사상이 나타난 것처럼 보였다. 즉 많은 시민들과 기업 지도자들은 정부의 행태에 절망하면서 정부가 사회복지 프로그램에 사용해 온 세금의 규모를 현저하게 줄여야 한다고 요구하기 시작하였다.

1980년대에 미국 경제상황은 더욱 악화되었다. 실업률과 인플레 모두 높았고, 미국은 수년째 경기불황 상태였다. Ronald Reagan이 그 해에 대통령으로 선출되었고 그가 선거운동기간 중에 표방한 공약대로 경제를 재활성화하고 군사력을 증강하기 위한 일련의 변화들을 추진하였다. 다음과 같은 변화들이 추진되었다.

- 개인과 기업이 내는 세금을 대폭 삭감하였다. 조세삭감으로 기업과 소비자들은 보다 많은 지출이 가능했고, 그것은 동시에 경제를 활성화하여 실업률을 떨어뜨리는 결과를 가져왔다.
- 군사비를 대폭 증액했는데, 그로 인해 미국 군사력의 강화가 이루어졌다.
- 사회 프로그램 지출을 대폭 삭감하였다. 이처럼 대규모의 삭감은 미국 역사상 처음 있는 사회복지 지출에서의 대규모 연방지출삭감이었다.

1988년에 George Bush가 보수적인 기반 위에서 대통령으로 선출되었다. 그는 Reagan 행정부의 사회복지정책들을 지속하였다. Bush는 (Reagan이 그랬던 것처럼) 연방정부가 사회문제에 대한 해결책이 아니라 실상 문제의 부분이라고 생각했다. Reagan과 Bush는 연방지원 사회복지 프로그램들이 수급자들로 하여금 근면하고 생산적이 되는 대신 정부에 의존하게 되었다고 주장하였다. Reagan 정부와 Bush 정부에서는 조세와 정부지출을 삭감하고, 기업과 산업의 성장을 제한하는 번거로운 연방규제와 관료적 형식주의(red tape)를 제거하고, 성장과 보다 많은 고용을 위해 민간부문에 유인을 제공하는 경제 프로그램을 승인하였다. 이 프로그램의 표방된 목적은 가장 못 사는 계층에게까지 '파급(trickle down)'될 수 있도록 하여 누구나 혜택을 보도록 하는 번영의 시기를 창출하는 것이었다. 그러나 그 결과는 빈부격차의 확대였는데, 빈민들은 부자들의 증대된 재정상황으로부터 어떤 파급혜택을 입지 못하였다.[23] 연방정부 재정지원 사회복지 프로그램의 축소로 가장 타격을 많이 받은 사람들은 현재 그리고 과거의 복지대상자들이었다.

이러한 삭감의 보다 장기적 효과는 무엇인가? 그것은 많은 미국의 현재 사회문제들이 심화되었다는 점이다. 빈곤상태에서 생활하는 사람들의 비율이 증가하였고, 소득에서의 빈부격차가 확대되었으며, 인종차별 개선노력이 약화되었고, 교도소들은 과밀상태에 이르게 되었으며, 많은 만성 정신질환자들이 정신병원에서 퇴원조치되어 지원서비스를 받지 못하는 노숙자가 되었으며, 도심 빈곤지역에 사는 사람들의 곤궁이 심화되었고, 한부모 가족이 증가하였으며 환경문제(예를 들면 산성비와 유해쓰레기 문제)가 심각해졌고, 노숙자와 결식자의 숫자가 크게 증가하였다.[24]

1990년대의 리버럴리즘을 향한 움직임, 그리고 퇴보

통사적으로 볼 때 미국 사회에서 지배적인 사상은 리버럴리즘과 보수주의라는 양 기둥 사이에서 시계추처럼 왔다 갔다 하는 모습을 보여 왔다. Bill Clinton이 1992년에 대통령에 선출되었다. 사회문제해결에 관한 그의 견해는 중도(moderate)에서 리버럴 사이에 걸쳐 있었다. 그의 개혁적인 제안에는 모든 국민을 위한 보편적인 의료보험 프로그램이 포함되어 있었다. (이 제안은 널리 토론되었지만, 공화당이 통제하는 의회에서 최종적으로 거부되었다.)

1990년대 초 개혁주의를 향한 움직임은 단명하였다. 1994년 의회선거에서 공화당(대부분 보수 성향)이 상·하원 모두에서 다수당이 되었다. (공화당이 하원에 서 다수당이 된 것은 40년 만의 일이었다.) 이들 공화당 의원들은 보수적인 정치적 입장을 갖고 범죄예방을 위한 예산을 교도소 건립을 위한 예산으로 바꾸고, 자녀를 둔 십대 미혼모를 위한 복지급여를 없애고, AFDC 프로그램을 폐지하고, 자본이득세를 감면(주로 부자들에게 혜택이 되는 조세감면)하는 법안들을 성공적으로 통과시켰다.

분권혁명

오늘날 미국에서는 인간서비스 제공과 관련하여 '분권혁명'이 진행되고 있다. **분권혁명**(*devolution revolution*)이란 주요 사회복지 프로그램의 제공에 관한 정책결정이 연방정부로부터 주정부로 이전되는 것을 지칭한다. 분권혁명으로 영향을 받은 주요 프로그램의 하나는 AFDC이다.

1935년부터 1990년대 중반까지, 연방정부는 주정부들로 하여금 자격 있는 가족들에게 AFDC를 제공하도록 해 왔다. (이 프로그램은 1935년 사회보장법에 의해 만들어졌다.) 이것은 일차적으로 18세 미만의 자녀를 둔 저소득 모에게 매월 생활비를 제공하는 공적부조이다. AFDC 수급자격의 세부 기준은 주마다 다양하다. 생활비는 자격 있는 가족의 부모와 아동 모두를 위해 지급되었다. AFDC 프로그램의 재정과 행정은 연방정부와 주정부가 분담하였다. 많은 주들에서는 카운티들이 또한 재정과 행정에 참여하였다. 1996년에 AFDC를 폐지하는 연방입법이 제정되었다. 빈곤한 가족은 기본권으로서 의료서비스와 인간서비스를 받을 자격이 있다는 개념은, 실직자들이 직장을 찾고(그럼으로써 빈곤인구의 숫자를 줄인다)자선을 얻을 수 있도록 도움으로써 공공 서비스보다 더 저렴하게 지역의 사회문제들을 해결할 수 있을 것이라는 가정으로 후퇴하였다.

비판적 사고를 위한 질문 ?

당신은 분권혁명을 지지하는가 아니면 반대하는가? 그 이유는 무엇인가?

1996년의 복지개혁 입법으로 AFDC 프로그램이 폐지되었고, 요보호가족에 대한 임시부조(Temporary Assistance to Needy Families, TANF)가 만들어졌다. TANF 프로그램은 (a) 각 주는 자체의 수급자격에 관한 규칙과 재정지원 액수를 정한다. 연방정부는 개발된 프로그램을 위한 재정을 지원하기 위해 포괄보조금(block grants)을 제공한다. (b) 현금급여 수급자는 노동조건 없는 2년 이하 기간 동안 급여를 받되, 성인인 경우 그가 급여를 받을 수 있는 기간은 생애 중 5년 동안이다.

1935년 AFDC 프로그램이 만들어졌을 때, 자녀를 양육하기 위해 편모는 가정에 머무는 것이 최선으로 생각되었었다. 1996년의 복지개혁 입법에서는 그러한 편모(및 편부)도 생활비를 벌기 위해 노동할 의무가 있다는 것을 단언하였다. 오늘날 어린 자녀를 둔 빈곤가족을 위한 안전망에는 커다란 구멍들이 나 있다. 분명히 그 입법은 우리 사회가 잔여적 접근으로 전환했음을 보여주고 있다. 사회사업 전문직은 분권혁명에 맞서고 안전망의 뚫린 구멍 사이로 추락하는 사람들의 욕구에 반응해야 하는 도전에 처해 있다.

》 온정적 보수주의

George W. Bush(George Bush의 아들)가 2000년에 치러진 대통령 선거에서 근소한 차이로 대통령에 당선되었다. 사회복지정책에 대한 그의 선거구호는 '온정적 보수주의'였다. George W. Bush는 보수적 입장에 충실하면서 동시에 곤궁한 사람들에 대한 '온정(compassion)'을 옹호한다. 2004년에 치러진 대선에서는 더욱 근소한 차이로 당락이 갈렸는데, 그는 이 선거에서 재선되었다. 그는 여성의 낙태권과 동성결혼 합법화에 반대했다. 대신 저소득 학구와 장애아동 교육프로그램에 대한 연방재정지원의 증대와 빈곤학생들의 대학진학을 돕는 Pell 장학금과 실험적인 사립학교 바우처프로그램을 지지했다. Bush 집권 시 미국은 이라크와 아프가니스탄에서 전쟁을 치렀다. 미국의 교육과 사회복지를 위해 사용될 수 있었던 재원들이 대규모 전쟁수행비용으로 전환되었다.

George W. Bush 행정부의 마지막 수년 동안은 모기지(주택담보 대출) 위기를 포함한 경제문제들로 채워졌다. 1990년대 후반부터 21세기 초기 몇 년에 이르는 동안 저신용 주택담보 대출(subprime mortgage loans)이 크게 증가하였다. 부분적으로는 부동산 대출업자들 사이의 경쟁심화로 인해, 많은 대부업자들은 전적으로 서브프라임 모기지에만 초점을 맞추기 시작하였다. 그 이유는 그렇게 하는 것이 훨씬 높은 이자율을 실현할 수 있었기 때문이었다. 대출이 주택담보규모를 넘어서자 많은 미국인들은 고율의 모기지 상환금을 감당할 수 없게 되었다. 2007~2008년에 모기지 상환금 연체로 인한 주택압류가 대규모로 발생하였다.

곧이어 추가적이고 연관된 문제들이 터져 나왔다. 실물 부동산 시장에 너무 많은 주택들이 매물로 나왔다. 주택가격이 크게 하락하였다. 서브프라임 모기지 대출자들이 모기지 상환금을 갚지 못하게 되자 대부업자들은 엄청난 손실을 입게 되었다. 많은 대규모 금융기관 자체도 재정적 불안정성을 보이는 양상으로 금융위기가 촉발되었다. 이 위기는 미국 시장에 투자한 많은 외국인 투자자들과 외국시장으로까지 확대되었다. 세계증권시장이 대폭락을 경험했으며, 세계적으로 불경기가 가속화되었다. 세계금융위기는 원유가격의 급격한 상승과 같은 추가적인 요인들에 의해 심화되었다. 증권시장에서의 혼돈의 결과 많은 투자자들이 그들의 금융자산의 많은 부분을 잃었다. 사람들은 소비를 줄였다. 기업들도 어려움에 처하게 되었다. 그렇게 되자 또 다른 문제들이 발생했다. 노숙자들이 증가하고, 노동자들이 해고되었으며, 실업자들은 그들의 인적자본 수준에 턱없이 못 미치는 낮은 임금을 제시하는 일자리를 받아들일 수밖에 없었다.

》 Barrack Obama—변화는 도래할 것인가?

Barrack Obama는 "변화를 위한 시대"라는 구호를 내걸고 2008년 11월 선거에서 대통령에 당선되었다. 그리고 4년 후 치러진 2012년 대선에서 재선에 성공하였다. 그는 미국 최초의 흑인 혹은 혼혈 대통령이다. 이 사실이 유색인종에 대한 백인들의 존경심을 증대시키는 획기적인 계기가 될 것인가?

Obama의 경제·사회정책의 윤곽은 그의 선거캠페인 메시지에서 분명하게 드러난다(물론 이들 공약이 의회에서 입법화될지는 지켜볼 일이지만). Obama 대통령은 부유한 미국인에 대한 소득세 인상, 중산층 부모에 대한 1,000달러의 세금공제, 그리고 연소득 50,000달러 이하 노인에 대한 소득세 폐지를 통해 소득불평등을 감소시키고자 한다. 그는 미국정부가 일자리 창출을 위해 보다 많은 역할을 해야 한다고 믿는다. 그는 향후 10년간 600억 달러를 도로와 교량의 개선과 같은 사회간접자본 업그레이드를 위해 지출하자고 하는데, 그런 사업들이 중산층 노동자들을 위한 고임금 일자리를 만들어내 "밑으로부터" 경제성장을 이끌어낼 수 있을 것이라고 생각하기 때문이다.

이라크와 아프가니스탄과 관련하여 그는 아프가니스탄이 대테러전쟁의 중심 전선이기 때문에, 더 높은 전략적 우선순위를 갖는다고 생각한다. 그는 취임 16개월 이내에 이라크에서 미군철수를 요청하였지만, 지원업무를 위한 6만 명의 병력은 남겨두기로 했다.

Obama는 여성의 낙태권을 옹호한다. 그는 동성애 커플도 기혼부부가 갖는 모든 법적 급여를 지닌 채 동등한 시민의 삶을 영위해야 한다고 생각하지만, '결혼'은 남녀 사이에서 이루어지는 것이라고 믿고 있다. 건강보험과 관련하여 고용주 부담 건강보험이 없는 사람들을 위한 공공건강보험에 고용주가 노동자 봉급의 일정 비율만큼의 보험료를 납부하기를 요구하고 있다. 아울러 아동을 위한 건강보험제도도입을 원하고 있다.

》 오늘날 미국이 서 있는 지점은?

다른 나라에 비해 미국이 사회복지에 보다 많이 지출할 것이라고 많은 사람들이 생각하고 있으나 이는 전혀 사실이 아니다. 산업국가 가운데 국민총생산(GNP) 대비 사회복지지출의 비율면에서 미국은 매우 낮은 순위에 있다.[25] 예를 들어 스웨덴은 미국에 비해 이 부문에 두 배 이상 지출하고 있다.[26]

오늘날의 사회복지 상황은 해답보다는 많은 문제들을 제기한다. 다음과 같은 쟁점들이 해결될 필요가 있다.

세계적인 AIDS 위기에 맞서기 위해서는 어떤 새로운 서비스와 프로그램들이 개발되어야 하는가? 어떻게 하면 약물남용(예: 알코올남용 또는 코카인남용)이 보다 효과적으로 통제될 수 있는가? 노숙자를 위한 어떤 새로운 프로그램이 개발되어야 하는가? 만성 정신질환자, 특히 도시의 길거리에서 노숙하는 환자들에게 어떤 새로운 서비스가 제공되어야 하는가? 어떻게 하면 범죄를 보다 효과적으로 억제하고 교정체제를 재활에 좀 더 기여하도록 만들 수 있는가? 인종차별을 종식시키기 위해 어떤 조치가 취해져야만 하는가? 도시 내부의 문제들에 우리는 어떻게 대처해야 하는가?

인종을 초월한 입양이 장려되어야 하는가? 인디언에 대한 협정위반을 어떻게 치유할 것이며, 그들이 당면한 광범위한 사회문제를 경감하기 위해 어떤 종류의 서비스가 개발될 필요가 있는가? 낙태 관련법이 보다 엄격해져야 하는가 아니면 보다 완화되어야 하는가? 국민의료보험 프로그램이 도입되어야 하는가? 아동을 이용한 음란물을 어떻게 방지할 수 있는가? 어떻게 하면 사회보장제도(연금)가 파산하는 것을 예방할 수 있는가? 어떻게 의료부조, 의료보호, 그리고 기타 사회복지 프로그램에서의 사기를 방지할 수 있는가? 아동 학대, 성 학대 그리고 배우자 학대를 어떻게 억제할 수 있는가? 자살, 특히 증가하는 십대 자살을 어떻게 예방할 수 있는가? 성매매를 합법화해야 하는가? 십대 가출문제에 대해 무엇을 해야 하는가?

인종통합을 위한 버스 강제통학을 확장해야 하는가 아니면 줄여야 하는가? 일부 차별철폐 프로그램(affirmative action program)들이 백인남성에 대한 역차별을 담고 있는 것은 아닌가? 강간을 예방하기 위해 어떤 프로그램이 필요한가? 어떻게 하면 퇴직 후 생활이 보다 의미 있는 것이 될 수 있는가? 게이와 레즈비언의 시민권을 보호하기 위해 어떤 조치가 취해져야 하는가? 총기의 판매를 억제하기 위한 입법이 추진되어야 하는가? 우리는 빈곤의 악순환을 깨뜨리기 위해 필요한 자금과 서비스를 제공하고자 하는가, 아니면 많은 빈민들이 노동보다는 복지에 의존하고자 한다는 점에서 보호받을 가치가 없는(undeserving) 사람들이라고 계속 믿고 있는가?

11. 미래

사회복지서비스가 앞으로 나아갈 방향과 속성은 기술 발전에 의해 크게 좌우될 것이다. 지난 70년 동안 다음과 같은 발전들이 우리의 생활양식에 극적인 변화를 가져왔다. 자동차 및 비행기 여행, 원자력, 텔레비전, 산아제한기구, 자동화, 새로운 가전제품들, 쇼핑센터, 페니실린 그리고 기타 놀랄 만한 의약품들과 컴퓨터의 발견 등이다.

기술적인 도약과 사회복지 프로그램에서의 변화 간의 관계는 다음과 같은 방식을 따른다. 기술적 발전으로 생활양식이 변화되고, 생활양식의 변화는 미래의 사회적, 경제적, 건강 및 여가 욕구의 변화에 영향을 준다. 이런 욕구의 변화들이 사회복지서비스 프로그램에서 어떤 변화가 요구될지를 대체로 결정하게 된다.

어떤 기술적 도약이 발생할 것인가 그리고 그것이 어떻게 우리의 생활양식에 영향을 미칠 것인가를 예측하는 것은 고도로 사변적인 일이다. 일련의 발전이 예측되어 있다. 다른 행성으로의 우주여행, 사고능력을 지닌 컴퓨터, 지능을 증가시키기 위해 칩이 내장된 두뇌, 노화의 중단, 대부분의 암을 예방할 수 있는 백신, 인공심장과 신장, HIV 감염을 예방하는 백신, 심장(및 기타) 수술 로봇, 우울증과 발작치료를 위해 뇌에 미세전기 제공, 그리고 기상과 기후 통제 등이 그 예이다. 인류 문명사의 그 어느 때보다도 더 많은 과학자들이 기술연구와 개발에 참여하고 있기 때문에 과거에 비해 훨씬 빠르게 미래의 기술적 도약이 발생할 가능성이 있다. 급격한 생활양식 변화에 심리적으로 적응하는 것이 오늘날 주요한 당면 과제이며 미래에 사람들이 감당해야 하는 가장 어려운 적응과제의 하나가 되어갈 것이다.

동시에 환경보호주의자들은 인구과잉, 에너지 자원의 고갈, 유해 화학물질의 과용, 대규모 기근과 아사 가능성, 그리고 삶의 질의 급격한 저하 등으로 우리의 문명이 심각한 위험에 처해 있다고 전망한다.

미래가 어떻게 될지를 정확히 예측하는 것은 어렵다. 그러나 미래를 위해 계획하고 통제하기 위해 어떤 노력을 하지 않고 마치 모래 속에 머리만 감추면 자신의 모습이 보이지 않을 것이라고 생각하는 어리석은 타조처럼 행동하는 것은 가장 어리석은 실수이다.

미래 사회복지에 대한 주요한 관심은 가족의 변화이다.* 가족의 붕괴가 발생하면 대개 사회서비스가 필요하게 된다. 가족의 욕구가 변화함에 따라 그에 상응하는 사회서비스 변화에 대한 요구도 제기된다.

* 역주: 가족의 변화를 가져올 수 있는 기술적 발전으로는 인공수정, 대리모, 시험관 아기, 유전자검사, 인간복제, 유전자 지도 등이 있다. 이에 따른 사회적인 변화로 새로운 가족형태의 출현을 들 수 있는데, 여기에는 자녀 없는 부부, 중년 또는 그 이후에 자녀 갖기, 자녀양육 전담 부모전문가(professional parents), 연쇄결혼(serial marriage, 결혼과 이혼을 연속해서 반복하는 것)과 계약 결혼, 개방결혼(open marriage, 전통적인 결혼과 달리 결혼생활의 여러 영역에서 개인의 독립성이 보장되고 성생활에서의 개방성이 있는 결혼상태), 집단결혼, 게이가족이나 레즈비언가족 등이 있다. 그 외에도 인종을 뛰어넘는 입양, 스와핑(swaping), 독신부모(single parenthood, 결혼하지 않고 입양을 통해 부모가 됨), 혼합가족(자녀가 있는 배우자들끼리의 재혼으로 이루어진 가족), 독신가족 등이 있다. 이러한 주제들에 대해서는 원전의 1장을 참조하라.

11. 미국 가족에서 예견되는 극적인 변화들

미국 가족의 미래를 상상해보기 전에 그간 발생했던 몇몇 변화들을 잠시 살펴봄으로써 어떤 통찰력을 얻을 수 있을 것이다. 200년 전에 결혼은 부모가 주선하였다. 누가 누구와 결혼하느냐를 결정하는 데 있어서 경제적인 고려가 가장 중요하였다. 당시 이혼은 거의 들어볼 수 없었던 데 비해 오늘날 미국에서 2건의 결혼 중 1건은 이혼이나 혼인취소로 끝난다.[27] 200년 전에 여성은 가정 밖에서 일하지 않았고, 자녀는 경제적 자산이었던 데 비해, 오늘날에는 약 70%의 여성이 집 밖에서 일하며, 자녀는 재정적으로 책임을 져야 하는 존재이다.[28] 식민지 시대 이후 미국 가족은 몇몇 기능면에서 상실 혹은 급속한 쇠퇴를 경험했다: 교육, 경제적 생산, 종교, 보호 및 여가.[29] 오늘날 남아 있는 두 가지 주요 기능은 애정[혹은 반려(companionship)] 기능과 자녀양육 기능이다.

빠르게 발전하는 우리 사회에서, 가족은 미래에 훨씬 더 극적으로 변화할 것이다. 과거에도 그랬듯이, 가족은 기술변화에 크게 영향을 받을 것이다. 가정에서 노동력절감 도구들(예를 들면 전자제품들)은 부부 모두가 집 밖에서 일하는 것을 가능하게 해주는 중요한 요소였고, 지금도 그렇다. 피임도구 역시 혼전성관계와 혼외정사의 증가를 이끈 중요한 요인이다.

낙태의 증가는 입양 가능한 아동의 수를 급격히 줄인 요인이었다. 많은 입양기관들은 건강한 백인 영아를 원하는 부부의 입양신청서를 뒤로 미룬다. 자녀를 원하는 불임부부의 요구를 채우기 위해 여성이 돈을 받고 분만 후 아기를 넘겨주는, 윤리적으로 문제시되는 사업이 발전해왔다. 아기 매매가 미국에서 불법임에도 불구하고 정상적인 입양채널을 우회하고자 하는 여성은 자신이 분만한 '원치 않은' 영아를 2만 달러에 팔기도 한다.[30]

미래의 미국 가족은 생물학과 의학에서의 기술적 대혁신에 의해 실질적으로 영향을 받을 것이다. 이들 영역에서의 몇몇 발전들은 그 자체 흥미롭기는 하지만, 걱정스러운 면도 있다.

비판적 사고를 위한 질문

다음 열거하는 각각의 용어들에 대해 1) 정의, 2) 현황 및 사례, 3) 제기되는 쟁점들 순으로 정리해보라. 이 교재의 원전(Zastrow, 2010)이나 인터넷매체 등 다양한 자료들을 참고하라.

A. 생명의학(biomedical) 기술들

1. 인공수정(artificial insemination)
2. 대리모(surrogate motherhood)
3. 시험관 아기(test-tube baby)
4. 유전자 검사(genetic screening)
5. 인간복제(cloning)
6. 줄기세포(stem cells)
7. 유전자지도 작성(breaking the genetic code)

비판적 사고를 위한 질문

당신은 줄기세포연구 확대를 지지하는가 혹은 반대하는가? 그 이유는 무엇인가?

B. 새로운 가족 유형들

1. 무자녀부부(childless couples)
2. 중년 이후로 늦춘 부모시기(postponement of parenthood until middle age or later)
3. 전문부모들(professional parents)*
4. 연쇄결혼(serial marriages)** 및 계약결혼(contract marriages)
5. 개방결혼(open marriages)
6. 군혼(group marriages)
7. 동성결혼(same-sex marriages)

비판적 사고를 위한 질문

당신은 동성결혼합법화를 지지하는가 혹은 반대하는가? 그 이유는 무엇인가?

8. 타인종 입양(transracial adoptions)
9. 스와핑 혹은 코메리털 섹스(swapping or comarital sex)
10. 독신부모(single parenthood)
11. 혼합가족(blended families)***
12. 독신생활(the single life)

* 역주: Alvin Toffler가 예측한 우리 사회의 미래에, 자연(생물학적) 부모가 양육을 위탁하는 전문적이고 훈련되었으며, 자격증을 지닌 부모

** 역주: 일부 유명인사들의 예에서 보이는 것처럼 결혼–이혼–결혼–이혼을 반복하는 형태

*** 역주: 결혼, 이혼 경력이 있는 남녀가 결합함으로써 자녀 관계에서 그의 자녀, 그녀의 자녀, 그들의 자녀 등이 혼재하는 가족 형태

요약

다음은 이 장의 서두에서 제시한 학습목표와 관련된 내용을 요약한 것이다.

A. 사회복지의 정의와 목표 설명

사회복지는 사회의 존속을 위해 긴요한 사회적, 경제적, 교육적 및 건강 욕구들을 충족할 수 있도록 사람들을 돕기 위해 어떤 국가가 지닌 프로그램, 급부 및 서비스 체계이다.

사회복지의 목적은 사회구성원 각자가 지닌 사회적, 재정적, 건강 및 여가 욕구들을 충족하는 데 있다. 사회적 서비스의 제공은 현대사회에서 지출된 비용이나 이를 통해 다루는 인간의 문제 그리고 수급자의 숫자 등의 측면에서 가장 중요한 활동의 하나이다

B. 사회복지와 여타 분야, 즉 사회학, 심리학, 사회사업 및 인간서비스와의 관계 기술

사회복지학은 지식 기반 수준에서 사회학, 심리학 및 여타 학문분야들과 중첩된다. 다른 학문분야에서의 이론과 연구가 인간의 사회적 기능향상이라는 사회복지 목적에 직접 적용될 때, 이들 지식은 또한 사회복지학의 지식 기반의 한 부분이 된다.

사회복지는 실천(서비스) 수준에서 사회사업과 중첩된다. 대부분의 사회복지사는 사회복지분야에서 일하고 있다. 그러나 또한 이 분야에서 일하고 있는 많은 다른 전문집단과 직업집단들이 있다. 사회복지는 한때 공적부조와 동의어처럼 잘못 생각되기도 하였지만, 공적부조는 수백 가지 사회복지 프로그램 중 하나에 지나지 않는다.

사회복지제도는 사회적 서비스 프로그램들과 사회적 서비스 조직들로 구성된다. 사회복지제도의 목적은 확인된 사회문제를 예방하고, 완화하며, 그 해결에 기여함으로써 개인과 집단과 가족과 조직과 지역사회의 복지를 직접 향상시키는 데 있다.

C. 사회복지의 역사 고찰

오늘날 우리사회에서는 사회복지의 역할에 관해 상충되는 두 가지 관점이 있다. 그것은 잔여적 지향과 제도적 지향이다. 잔여적 접근은 사회복지의 초기 역사에서부터, 제도적인 지향을 지닌 프로그램들이 수행되기 시작한, 1930년대의 공황시기까지를 특징짓는다. 사회복지프로그램들은 과거에(그리고 어느 정도는 오늘날에도 여전히) 청교도 윤리, 자유방임주의 경제사상, 사회적 다원주의, 개인주의, 산업혁명 및 인도주의적 이상들의 영향을 받아 왔다. 미국에서 두 가지의 뚜렷한 정치철학은 리버럴리즘과 보수주의이다. 리버럴들은 일반적으로 제도적인 지향을 신봉하는 반면 보수주의자들은 잔여적 지향을 지지하는 경향이 있다.

D. 기술진보에 따라 사회복지의 미래가 어떤 방식으로 영향을 받을지 설명

예상되는 기술 발전에 따라 미래 사회복지 분야에서의 중요한 변화들이 발생할 것이다. 이를 요약하면, 기술의 진보는 생활양식상의 변화에 크게 영향을 미칠 것이며, 생활양식의 변화는 미래의 사회적, 재정적, 건강 및 여가 욕구의 변화에 큰 영향을 미칠 것이며, 후자의 변화가 욕구충족을 위해 필요한 사회적 서비스 프로그램의 변화에 대대적인 영향을 미칠 것이다.

E. 사회복지의 미래가 부분적으로는 미국가족제도 내에서의 변화들에 의해 영향을 받게 될 것이라는 점을 예시. 미국가족에서 일어나고 있는 여러 변화들에 관한 요약

생물학과 의학에서의 기술발전과 새로운 가족유형과 관련된 오늘날의 실험들 덕분에 극적인 변화들이 미래의 미국가족에 나타난 것으로 예상된다. 이들 일부 가족유형은 역기능적인 것으로 드러날 것이며 그래서 폐기될 것이다. 반면에 다른 가족유형은 만족스러운 것으로 드러나 아마도 미래의 '전형적인' 가족유형들에 포함될 것이다. 예상되는 기술적 발전과 새로운 가족유형의 채택으로 새로운 사회서비스 프로그램이 만들어지고 기존 프로그램의 확장이 나타날 것이다. 그러한 변화들이 세밀하게 검토되고 계획되지 못한다면, 우리 사회는 미래충격에 직면할 것이다.

인터넷 참고자료

CENGAGE**NOW**™ 각 장과 관련된 참고자료는 출판사 홈페이지(www.cengage.com/social_work/zastrow)를 참조하라.

주

1. Andrew W. Dobelstein, *Social Welfare: Policy and Analysis,* 2nd ed. (Chicago: Nelson-Hall, 1996).
2. Robert L. Barker, *The Social Work Dictionary*, 5th ed. (Washington, DC: NASW, 2003), p. 408.
3. *The American Heritage Dictionary*, 2nd college ed. (Boston: Houghton Mifflin, 1982).
4. Ibid.
5. National Association of Social Workers, *Standards for Social Service Manpower* (New York: NASW, 1983), pp. 4–5.

6. Barker, The Social Work Dictionary, p. 410.
7. Alfred Kahn, *Shaping the New Social Work* (New York: Columbia University Press, 1973), pp. 12–34.
8. Ibid., p. 10.
9. Harold Wilensky and Charles Lebeux, *Industrial Society & Social Welfare* (New York: Free Press, 1965).
10. Ibid., p. 138.
11. Ibid., p. 139.
12. James Midgley, *Social Development: The Developmental Perspective in Social Welfare (Thousand Oaks,* CA: Sage, 1995).
13. Ibid., p. 25.
14. James Midgley and Michelle Livermore, "The Developmental Perspective in Social Work: Educational Implications for a New Century," *Journal of Social Work Education*, 33, no. 3 (Fall 1997), pp. 573–585.
15. Ibid., p. 576.
16. Lester F. Ward, *Dynamic Sociology*; reprint of 1883 ed. (New York: Johnson Reprint, 1968).
17. Walter Trattner, From Poor Law to *Welfare State: A History of Social Welfare in America* (New York: Free Press, 1974).
18. Beulah Compton, *Introduction to Social Welfare & Social Work* (Homewood, IL: Dorsey Press, 1980).
19. Trattner, From Poor Law to *Welfare State.*
20. J. M. Romanyshyn, *Social Welfare: Charity to Justice* (New York: Random House, 1971).
21. William Kornblum and Joseph Julian, *Social Problems*, 11th ed. (Upper Saddle River, NJ: Prentice Hall, 2004), pp. 187–190.
22. Romanyshyn, *Social Welfare: Charity to Justice.*
23. "Poverty Gap Widens, Studies Reveal," *NASW News*, Jan. 1990, p. 19.
24. Linda A. Mooney, David Knox, and Caroline Schacht, *Understanding Social Problems*, 6th ed. (Belmont, CA: Wadsworth/Cengage Learning, 2009).
25. Ibid.
26. Ibid.
27. Ibid., pp. 164–172.
28. Ibid., p. 395.
29. Ibid., pp. 160–176.
30. Diane E. Papalia, Sally Wendkos Olds, and Ruth Duskin Feldman, *Human Development,* 10th ed. (New York: McGraw-Hill, 2007, pp. 364–365).

2 CHAPTER

전문직 및 직업으로서 사회사업

Social Work as a Profession and a Career

이 장의 개요

- 간략한 사회사업의 역사
- 다양한 기술을 갖춘 전문직
- 미시적·중범위적·거시적 실천방법
- 인간행동에 관한 의료 모델 대 체계 모델
- 인간행동에 관한 생태학 모델
- 사회사업실천의 목적
- 강점 관점과 임파워먼트
- 사회사업의 전형
- 사회사업의 취업 현장과 취업기회
- 사회사업 분야에서의 사설개업
- 국제 사회사업
- 자기인식과 정체성 발전

학습목표

사회사업은 사회복지서비스를 제공하는 기초 전문직 중 하나이다. 이 장에서는 다음과 같은 학습목표를 둔다.

A. 사회사업의 전문직에 관한 정의
B. 사회사업에 관한 간략한 역사
C. 개별사회사업, 사례관리, 집단사회사업, 집단치료, 가족치료, 지역사회조직과 같은 사회사업 활동
D. 사회사업실천을 위한 환경 속의 인간에 관한 개념화
E. 사회사업실천의 목표 정리
F. 강점 관점에 관한 설명
G. 사회복지사의 사회적 전형에 관한 요약
H. 사회사업의 취업 현장과 취업 기회에 관한 요약
I. 국제 사회사업에 관한 간략한 설명

1. 간략한 사회사업의 역사

전문직으로서의 사회사업이 대두하기 시작한 것은 최근의 일이다. 최초의 사회복지기관은 1800년대 초, 도시 주민의 욕구를 충족시키기 위해 설립되었다. 초기 발전 단계에서 이들 기관이나 서비스는 성직자 집단과 종교 집단의 주도 아래 민간에 의해 이루어졌다. 1900년대 초기까지 이들 서비스는 전적으로 공식 훈련 과정이나 인간행동에 관한 이해가 없는 성직자와 '좋은 일을 하는' 부자들이 제공하였다. 당시 서비스의 초점은 식사와 주거 같은 기본적인 신체적 욕구를 충족하는 것과 종교적 가르침으로 정서적·개인적 어려움을 치유하는 데 있었다.

초기 사회복지 조직의 한 실례로 John Griscom이 1820년에 세운 빈곤예방협회(Society for the Prevention of Pauperism)를 들 수 있다.[1] 이 협회의 목적은 가난한 자의 습관과 환경을 조사하고, 가난한 자들이 스스로 도울 수 있는 방안을 제안하며, 가난한 자들이 절약·저축하도록 격려하는 것이었다. 가난한 자들의 집을 방문하는 일은 사회사업의 기초 단계라고 할 수 있는데, 협회는 목적을 달성하기 위해 이 일에 착수했다.

1800년대 후반기에는 꽤 많은 수의 민간 구제기관들이 대도시에 설립되어 실업자, 가난한 자, 환자, 심신장애인, 고아를 도왔다. 이들 기관의 프로그램들은 체계적으로 조정되지 않아 겹치기도 하였다. 그래서 영국에서 도입된 자선조직협회(Charity Organization Society)에 상당수의 미국 도시들이 관심을 가졌다.[2] 1877년 뉴욕의 버펄로에서 시작한 자선조직협회는 급속도로 여러 시에 파급되었다. 자선조직협회에 민간 기관들이 참여하여 개인과 가족에게 직접 서비스를 제공함으로써 개별사회사업과 가족상담의 선두주자로 나서게 되었고, 도시의 사회문제에 대응하는 민간 기관의 노력을 기획·조정함으로써 지역사회조직과 사회계획의 선구자가 되었다. 자선조직들은 서비스와 재정을 신청한 자들에 대해 철저히 조사하였고, 중복을 피하기 위해 클라이언트 등록 중앙 시스템을 마련하였으며, 어려움에 처한 자들과 함께 일하며 '우애방문자'로 불렸던 자원봉사자를 활용하였다. 우애방문자는 원래 '좋은 일을 하는 자'로 돈보다는 공감하는 데 관심을 쏟았고, 가난한 자들이 절약하고 일자리를 찾도록 격려하는 데 중점을 두었으며, 가난은 개인이 갖는 결점의 결과로 간주했다. 대부분의 우애방문자들은 여성이었다.

1800년대 말 자선조직협회 운동과 함께 인보관들이 설립되었다. 최초의 인보관은 1884년에 세워진 영국의 토인비 홀(Toynbee Hall)이고, 뒤이어 많은 인보관들이 미국의 대도시에 들어섰다. 초기 인보관 직원 중 많은 사람들이 목사의 딸들로 중·상류층이었다. 이들은 우애방문자들과 달리 가난한 이웃들과 함께 살았고, 주민들에게 도덕적 삶과 환경을 개선하는 방법을 가르치기 위한 선교적 접근을 활용하였다. 이 직원들은 주거·건강·생활조건을 개선하고, 주민들의 일자리를 찾아주며, 영어·위생·직업기술을 가르치고, 협동을 통해 주변 환경을 개선하기 위해 노

력하였다. 인보관들은 지금의 집단사회사업, 사회행동, 지역사회조직과 같은 변화 기술을 활용하였다.

인보관들은 '환경 개선'을 강조함과 동시에 가난한 자들에게 성공의 열쇠로서 일에 대한 중간계층의 가치, 근면과 절제를 가르치기 위해 끊임없이 애를 썼다. 아울러 지역 문제를 해결하기 위해 조례를 만들고 사회정책과 입법에 영향을 줄 수 있는 조직을 만드는 데 중요한 역할을 수행하였다.[3] 인보관 운동에서 가장 크게 알려진 지도자는 시카고에 있는 헐 하우스(Hull House)의 Jane Addams였다.

최초의 유급 사회복지사(social worker)는 자선조직협회의 사무국장들로, 1800년대 말에 나타났으며,[4] 이때 일부 자선조직협회는 구제기금을 설립한 도시와 계약하기도 하였다. 그러면서 인보관은 우애방문자들을 조직·훈련하기 위해 지원받은 기금을 정산하는 데 필요한 회계 절차를 마련하기 위해 사무국장을 채용하였다. 사무국장들은 우애방문자들의 서비스를 향상시키기 위해 기준과 훈련 과정을 마련하였다. 최초의 훈련 과정은 1898년 뉴욕 자선조직협회가 협회 직원들을 위해 개설하였다. 1904년에는 뉴욕 박애학교가 1년 과정 프로그램을 운영하였다. 뒤따라 여러 대학들이 사회사업 훈련 과정을 개설하였다.

1905년 Richard Cabot은 매사추세츠병원에서 의료 사회사업을 소개하였다.[5] 점차 사회복지사들이 학교, 법원, 아동 지도센터, 기타 현장에 취업하였다. 초기의 사회사업 훈련 프로그램은 환경을 개선하려는 노력과 개인이 사회에 더욱 잘 적응하도록 돕는 노력에 중점을 두었다. Mary Richmond는 1917년에 사회사업 이론과 방법을 소개한 최초의 교과서로 《사회 진단(*Social Diagnosis*)》을 출간하였다.[6] 이 책은 사회복지사가 개인의 문제에 개입하는 방법에 중점을 두었다. 이 개입 과정은 오늘날에도 활용되고 있으며, 연구(정보 수집) → 진단(문제 서술) → 예후(개선 전망 서술) → 처우 계획(클라이언트를 변화시키는 데 필요한 사항 서술)으로 이루어졌다. 이 책은 개별사회사업의 기초 틀을 형성하고 있다는 점에서 중요하다.

1920년대에는 프로이트의 성격 발달과 치료 이론이 널리 적용되었다. 정신과 의사의 개념과 설명이, 특히 클라이언트와 일대일로 일하는 사회복지사에게 적합한 것으로 드러났다. 정신의학적 접근은 정신 내적 과정을 강조하고, 클라이언트가 사회 상황을 수용·적응하게 하는 데 초점을 두었다. 그리하여 이후 30년 동안 대부분의 사회복지사들이 강조하는 점은 '개선'에서 '치료'로 바뀌게 되었다.

그러나 1960년대에 들어서면서 사회복지사는 사회학적 접근으로 관심을 돌렸다. 이 변화는 몇 가지 이유로 설명할 수 있다. 사회적·경제적으로 긴박하게 압박을 받는 저소득 클라이언트를 접하면서 대화의 타당성과 적합성에 관한 의문이 생겼다. 게다가 여러 정신치료적 접근의 효과성이 의문시되었다.[7] 사회복지사가 관심을 돌린 다른 이유들로는 사회학의 지위 향상과 1960년대의 분위기를 들 수 있으며, 이 이유들은 클라이언트의 욕구를 섭하는 사회기관의 타당성에 의문을 갖게 하였다. 지금의 사회사업은 개혁과 치료를 모두 포함한 방안에 중점을 둔다.

1차 세계대전이 끝날 무렵에야 사회사업은 분명한 전문직으로 알려지기 시작하였다. 1930년대의 공황과 1935년에 실시한 사회보장법은 공공부조와 사회복지사의 취업 기회를 대대적으로 확대하였다. 20세기에는 사회서비스를 제대로 제공하기 위해 전문적으로 훈련된 사회복지사가 필요하다는 인식이 기관의 임원이나 대중들에 의해 확산되었다. 1955년 결성된 미국사회복지사협회(NASW)는 미국의 사회사업 전문직을 표명하였다. 미국사회복지사협회의 목적은 사회 내 조건들을 향상시키고, 사회사업의 질과 효과성을 증진하는 데 있다. 협회는 사회사업 백과사전을 출판하였고, 잘 알려진 사회사업을 비롯한 전문 학술지와 <미국사회복지사협회 소식>이라는 월간 소식지를 발행하고 있다. 이 소식지는 전국에 걸친 취업난뿐만 아니라 최근 사회복지 소식을 담고 있다.

최근에는 사회복지사 자격 제도를 발전시키려는 움직임이 진지하게 일고 있다. 이 제도는 자격을 갖춘 요원들이 사회복지서비스를 제공해야 한다는 공론화와 사회사업을 전문직으로 인정하는 것을 확실히 하는 계기가 되었다. 미국의 모든 주가 사회사업의 실천에 관한 자격을 제도화하고 있지만 아직 그 역사가 짧아 앞으로 사회사업에의 존경과 인정을 키워나가야 할 처지이다.

2. 다양한 기술을 갖춘 전문직

사회사업은 개인, 집단, 가족, 조직, 지역사회의 사회기능

수행 능력을 향상시키고 원하는 목표 달성에 우호적인 사회 조건을 만들어내기 위해 도움을 주는 전문적 활동이다.[8] 미국사회복지사협회는 **사회복지사**라는 용어를 다음과 같이 정의하고 있다.

> 사회사업 학사나 석사를 수여한 졸업생들은 클라이언트(개인, 가족, 집단, 지역사회, 조직, 사회 일반 등)를 위한 사회서비스를 제공하기 위해 전문 지식과 기술을 활용하는 사람들이다. 사회복지사는 개인이 자신의 문제를 해결·대처하는 능력을 높이고, 필요한 자원을 획득하도록 도우며, 개인·환경 간 상호작용을 촉진하고, 사람들에게 책임을 질 수 있는 조직을 만들며, 사회정책에 영향을 미치도록 돕는다.[9]

비판적 사고를 위한 질문

취업을 잘하기 위해 당신은 그 일을 사랑해야 한다. 당신은 클라이언트에게 서비스를 제공하고 그들의 생활을 증진시키기 위해 열정을 가지고 있는가? 가지고 있거나, 가지고 있지 않은 이유는 무엇인가?

사회사업은 사회서비스를 제공하도록 법적으로 위임받고 책임을 져야 하기 때문에 심리학과 정신의학과 같은 타 전문직과 다르다.

사회복지사는 개인, 집단, 가족, 조직, 지역사회가 직면하는 문제를 효과적으로 다루기 위해 폭넓은 훈련과 전문 기술을 필요로 한다. 한두 영역에 전문가가 되는 의사와 같은 대부분의 전문직들은 더욱 깊이 전문화하는 반면, 사회사업은 줄곧 폭넓은 종합적 접근을 강조하고 있다. 사회사업실천은 오래되었지만 이제는 쇠퇴해가는 일반의(general medicine)에 비유할 수 있다. 의학에서 일반의는 공통 의료 문제와 관련하는 넓은 영역을 다룰 수 있도록 훈련받고, 사회복지사는 넓은 범위의 사회·개인 문제를 해결할 수 있도록 훈련받는다. 예컨대, 사례를 성공적으로 이끌어가기 위해 사회복지사는 면접 기술, 성 문제와 우울증에 빠진 사람을 상담하는 지식, 타 기관과 효과적으로 일할 수 있는 능력, 결혼 전 상담 기술, 조사와 응모서류 작성 기술, 프로그램 개발과 모금 기술, 윤리·법적 쟁점을 다루는 지식 따위를 가져야 한다.

사회복지사가 필히 갖추어야 할 기초 기술은 클라이언트를 효과적으로 상담하는 능력이라고 할 수 있다. 클라이언트를 효과적으로 상담할 수 있는 기술이 없는 사회복지사는 특히 직접 서비스를 제공하는 사회사업에 관여할 수 없을 것이다. 다음으로 사회복지사가 갖추어야 할 기술은 타 집단이나 관련 전문가들과 효과적으로 상호작용하는 능력이다. 의료전문직에서 일반의와 같은 사회복지사는 클라이언트의 일상적인 개인적·정서적 문제와 집단, 조직, 지역사회가 직면한 문제에 효과적으로 개입할 수 있도록 폭넓은 기술을 갖추어야 한다. 아울러 사회복지사는 전문가로서 자신들의 강점과 약점을 정확히 꿰뚫어볼 수 있어야 한다. 예컨대, 한 노동자가 합당한 전문 지식과 기술을 미처 갖추지 못한 상황이라면 사회복지사가 '중개자'가 되어 적절한 서비스를 받을 수 있도록 연결해주어야 한다.

비판적 사고를 위한 질문

당신은 타인과 상담하거나 교류를 잘 할 수 있는 능력을 갖추었다고 생각하는가? 그 이유는 무엇인가?

문제해결 접근 방법

개인, 가족, 집단, 조직, 지역사회를 위해 활동하는 사회복지사는 문제해결 접근 방법을 사용한다. 문제해결 과정 단계는 다양하게 정리해볼 수 있는데 간략하게 소개하면 다음과 같다.

1. 가능한 한 문제를 최대로 정확하게 밝힌다.
2. 가능한 해결 방안들을 마련한다.
3. 해결 방안들을 평가한다.
4. 적용할 해결 방안을 선택하고 목표를 세운다.
5. 해결 방안을 실행한다.
6. 해결 방안의 실행을 평가한다.

(제3장에서는 또 다른 사회사업 문제해결 과정으로 사회사업실천에서의 변화과정을 소개한다.)

비판적 사고를 위한 질문

당신은 어떤 사람과 갈등하고 있을 때 문제해결접근 방법으로 해결하려고 하는가? 그런 이유나, 그렇지 않은 이유는 무엇인가?

사례 2.1 심각한 감정문제와 가정불화에 휩싸인 사례

Ken Bientos는 대규모 신용조합에서 사회복지사로 일하는 Philip Yang으로부터 의뢰되었다. 그는 이 회사의 인쇄업자였다. Bientos는 출근하지 않은 날이 많았고, 우울 증세를 보였다.

Bientos는 Yang과 만나면서 지난 14년간 결혼 생활을 서서히 드러냈다. 그는 결혼 생활에서의 갈등을 조금씩 이야기했다. Bientos는 아내 Francine가 조울의 양극성장애 진단을 받았다고 했다. Bientos는 자신 역시 양극성자애 진단을 받았고, 지난 11년간 항울제를 복용했다고 했다.

Bientos는 부부가 함께 살며 기분전환은 가끔 있었고, 결혼 생활이 폭력과 함께 심각한 긴장상태에 있었고, 평화로운 때는 거의 없었다고 했다. 부부는 12살 먹은 Roger라는 아들이 있었다. Roger는 부부간 문제에서나 학교에서 별 문제가 없이 잘 지낸다고 하였다.

Bientos는 부부상담에 Francine을 데리고 가기 위해 여러 전략을 구사했음을 밝혔다. 그는 두 번이나 우울증 치료를 위해 정신과병원에 갔고, 그가 받아야 하는 치료 중에는 부부가 참여해야 한다는 보고를 받았다. 그렇지만 두 번 모두 Francine은 상담 받는 것을 거부했고, Bientos는 며칠 병원에 머무르다 돌아왔다.

Bientos는 가끔 Francine와 신체적 다툼이 종종 있었다고 덧붙였다. 그는 Francine가 화가 나면 자기에게 소리를 지르거나 치는 습관이 있다고 했다. 그는 Francine을 뒤에서 몇 차례 밀친 적이 있다고 했다. 부인은 가끔 구급차를 부르는 것으로 대응하였다. Bientos는 결혼 생활에서 가족폭력으로 구치소에 세 차례 야간구금을 당했다고 했다.

Bientos는 부인과 종종 다툼을 하고 나면 부인은 Roger와 집을 나가 수 마일 떨어진 친정에서 지냈다고 했다. 그러면 부인은 남편이 빌고, 잘 대접해주어야 집으로 돌아왔다.

Yang은 이런 상황이 심각한 가정불화라고 하며, 왜 Bientos 부부가 결혼 생활을 끝내지 않은지 이해하지 못했다. Bientos는 이번이 재혼이라고 하였다. 그와 전 아내 사이에 한 아이가 있고, 22살인 아들 Larry를 가끔 볼 때면 좋은 아버지가 되기 힘들다는 것을 알았다. 그는 이 가정이 깨져 또 다른 아이를 양육하게 되는 것을 싫어한다고 했다. 한편 Bientos는 아내가 결혼 생활을 유지하고 있는 이유를 충분히 알지 못하겠다고 했다. 그는 아내가 부분적으로는 불안전하고, 혼자 있는 게 싫고, 자기에게 재정적으로 의지하고, 자기에게 고통을 주는 것을 심리적으로 즐기기 위해 함께 살고 있는 것이라고 했다.

Yang은 Bientos에게 앞으로 결혼 생활을 어떤 방향으로 이끌어가고 싶어 하는가를 물었다. Bientos는 잘 모르겠지만 결혼 생활을 끝내는 쪽으로 기울고 있다고 했다. Yang은 Francine가 부부상담에 참여하도록 하라고 요청했다. Bientos는 그렇게 하기 위해 열 번 이상 시도했다고 했으나 이제는 포기했다고 했다. Yang은 만남이 끝나갈 무렵이라며, 5일 후 다시 만나는 모임에 올 때는 결혼 생활이 필요한가, 그렇지 않은가에 관한 '찬-반 표'를 만들어 매일 작성해오는 숙제를 냈다.

5일 후, Bientos는 숙제를 한 표를 가지고 들어왔다. 실제로 그가 해온 숙제 표에는 모든 칸이 결혼 생활을 끝내는 쪽으로 기록되었다. 이혼으로 Roger가 받을 영향과 함께 신중히 논의한 후, Bientos는 이혼 관련 서류와 변호사를 알아보기로 결정했다.

Bientos가 이혼하기까지는 14개월이 걸렸다. 그와 Francine는 Roger가 관련된 보호문제와 방문계획에 관해 심각하게 대립하였다. 법원으로부터는 공동보호 명령을 받았다. Francine과 Bientos는 결혼에서 소유하게 된 것을 나누는 데도 역시 거칠게 대립하였다. 14개월 동안 Bientos는 Yang씨를 가끔 만나 감정을 환기시키고, 현재와 미래 문제에 관하여 문제해결 중심으로 대처했다. 아울러 Yang씨는 Bientos에게 지지집단을 다시 만들라고 하고, Bientos는 이혼하여 새로운 삶을 찾으려는 남성과 여성으로 구성된 집단과 함께 하면서 크게 도움 받았음을 알았다.

Bientos는 이혼 후, 넉 달이 지나 Yang의 사무실에 들렀다. Bientos는 Yang의 도움에 감사함을 전했다. 그는 정서적으로 한층 안정되었고, 데이트도 하고 있다고 했다. Roger도 자기와 Francine가 긴장과 갈등을 더 이상 보이지 않아 그런지 좋아진 것 같다고 했다. Bientos는 부정적인 감정으로 Francine가 갈수록 '씁쓸한 사람'이 되어가고 있다고 했다.

일반주의 사회복지사의 사회사업실천

미국사회사업교육협의회(사회사업 석사학위 및 학사 학위 프로그램을 인증하는 전국적 기관)는 모든 사회사업학과의 학부와 석사 과정에서 학생들이 일반주의 사회복지사로서 사회사업실천을 할 수 있도록 훈련할 것을 요구하고 있다. 아울러 대체로 석사 과정에서는 각자 전문 분야를 선택하여 연구하도록 하고 있다. 대부분의 석사 과정은 가족치료, 행정, 교정, 임상사회사업과 같은 몇 개의 전문 분야를 개설하고 있다.

일반주의 사회복지사는 개인, 가족, 집단, 조직, 지역사회가 안고 있는 문제를 평가하고 중재하기 위해 문제해결 과정을 적용하도록 훈련받는다. 일반주의 사회복지사로서의 실천이 중요하기 때문에 이에 관하여 3장에서 상세히 다룰 것이다.

3. 미시적·중범위적·거시적 실천방법

사회복지사는 일대일로 개인을 접하는 미시적 방법, 가족과 소집단을 접하는 중범위적 방법, 조직과 지역사회를 접하거나 법과 사회정책을 변화시키려는 거시적 방법의 세 차원에서 활동한다. 한정하여 강조하는 것은 아니지만, 사회복지사에 의한 전문 활동 방법은 다음과 같다.

》 개별사회사업

일대일로 개인·사회 문제를 해결하도록 개인을 돕는 데 목표를 둔 개별사회사업(social casework)은 클라이언트가 환경에 적응하거나 클라이언트에게 악영향을 미치는 특정 사회적·경제적 압박을 변화시키도록 돕는 활동이라 할 수 있다. 개별사회사업 서비스는 직접 대인 서비스를 제공하는 대부분의 사회복지기관에서 이루어지고 있다.

개별사회사업은 가출청소년 상담, 실업자를 위한 훈련이나 취업 지원, 자살시도자를 위한 상담, 집이 없는 아동을 입양·보호 가정에 보내는 일, 학대받는 아동과 그의 가족을 위한 보호서비스 제공, 입원이 더 이상 필요 없는 뇌졸중 환자를 위한 요양원 물색, 성기능장애인을 위한 상담, 알코올중독자들에게 알코올 문제를 인식하도록 돕는 일, 말기 환자를 위한 상담, 보호관찰 서비스, 한부모를 위한 서비스 제공, 재활팀의 일원으로서 병원에서의 활동과 같이 폭넓고 다양한 활동을 포함한다.

》 사례관리

최근 상당수의 사회서비스 기관들이 사회복지사를 **사례관리자**(*case manager*)로 부르고 있다. 사례관리자들이 하는 일은 개별 사회복지사와 비슷하고, 이들의 업무는 각 서비스 영역에서 다양하게 나타난다. 예를 들면, 청소년보호관찰 현장에서 사례관리자는 대상자를 지도·감독하는 데, 상담하는 데, 대상자가 법규를 제대로 이행하는가를 점검하는 데, 필요한 서비스를 대상자나 그의 가족에게 연결하는 데, 법원 보고서를 작성하는 데, 법정에서 증언하는 데 깊이 관여한다. 이뿐만 아니라 보호작업장의 사례관리자들은 대상자들의 직업훈련, 대상자 상담, 수송을 위한 연계, 잘못된 행동을 하는 클라이언트 훈련, 옹호자로서의 활동 등에 관여하고, 클라이언트가 가정이나 공동가정에 있으면서 일을 하지 않는 동안 이들을 감독하는 자에게 연계하는 활동에 관여한다. Hepworth, Rooney, Larsen은 사례관리자의 역할을 다음과 같이 설명하고 있다.

> 사례관리자는 클라이언트의 욕구를 사정하고, 다른 기관들이 제공하는 주요 물품과 서비스를 준비·조정하며, 물품과 서비스가 적기에 주어지도록 클라이언트와 함께 직접 활동하는 데 근본적인 책임을 가진다. 사례관리자는 가끔 직접 개별사회사업 서비스를 제공하는 것을 포함하여 클라이언트와 서비스 전달 계획이 적당하고 계획대로 순조롭게 이루어지게 하는 다른 서비스 제공자들과 긴밀히 접촉한다.[10)]

한편 Barker는 사례관리를 다음과 같이 정의하고 있다.

> 클라이언트를 대신하여 다양한 기관들과 직원들이 제공하는 서비스를 계획·물색·점검하는 과정이다. 대체로 기관은 클라이언트를 위해 근원적인 책임을 지면서 사례관리자를 지정한다. 사례관리자는 서비스를 조정하고 클라이언트를 옹호하며, 때때로 관련 기관들을 통제하고, 클라이언트를 위해 서비스를 구매한다. 이 과정은 많은 사회복지사가 기관에서 전문 팀워크를 통해 주어진 클라이언트에게 제공하는 노력을 조정함으로써 필요한 서비스의 범주를 확대시켜 나갈 수 있게 한다. 사례관리에서는 다양한 전문가, 기관, 건강보호 시설, 대인 서비스 프로그램들을 요구하는 클라이언트의 진전 과정을 점검하기도 한다.[11)]

》집단사회사업

집단사회사업(group work)은 집단 활동을 통해 개인의 지적·정서적·사회적 발달을 촉진한다. 넓은 의미에서 집단사회사업은 개별사회사업이나 집단치료와 달리 치료적인 것이 아니다.

사회화, 정보 교류, 비행 억제, 레크리에이션, 사회적으로 수용할 수 없는 가치의 변화, 문화·인종 집단에서의 원만한 관계 형성, 입양 절차 설명과 입양을 지원한 부모에게

Design Pics/Young peoples Bible study/Thinkstock

집단사회사업은 폭넓은 목표와 함께 다양한 기관에서 활용된다. 지역사회 센터에서는 집을 나온 십대 청소년들에게 응급 쉼터, 상담, 지지집단, 여가활동, 교육과 취업안내 서비스를 제공한다.

의 도움과 같이 집단은 각기 다른 목표를 갖는다. 집단의 활동과 초점은 예술과 기술, 춤, 게임, 드라마, 음악, 사진, 스포츠, 자연 연구, 목공일, 응급조치, 가정관리, 정보 교류, 정치·성·결혼·종교·직업 선택과 같은 주제 토의 등으로 매우 다양하다.

》 집단치료

집단치료(group therapy)는 집단 과정을 통해 개인의 사회적·행동적·정서적 적응을 촉진하는 데 목적이 있다. 보통 집단치료 참여자들은 정서적으로 상호작용하거나 행동하는 데 어려움을 가지고 있다. 집단치료는 누구든 집단에서 다른 구성원에게 도움이 되었다고 생각하는 도우미에게도 치료효과가 작동하는 '도우미 치료' 원칙이 작용하여 일대일 상담보다 몇 가지 이점을 갖는다.[12] 집단 압력은 개인의 부적응 행동을 변화시키는 데 일대일 상담보다 효과적이고, 치료자가 한 번에 여러 사람을 다루게 함으로써 시간을 절약할 수 있다. 특히 집단치료는 심각하게 억압된 사람, 음주 문제를 가진 사람, 성폭력 피해자, 심리적으로 약물에 의존된 사람, 말기 환자를 둔 친족, 임신한 미혼녀, 최근에 이혼한 사람, 섭식장애가 있는 사람에게 효과적이다.

》 가족치료

상호작용·행동·정서상에 문제를 가지고 있는 가족을 돕는 데 목적을 둔 일종의 집단치료인 가족치료는 부모–자녀의 상호작용 문제, 결혼 생활의 갈등, 조부모와의 갈등에 개입하는 데 활용될 수 있다. 가족치료나 가족상담에서 다루는 문제 중에는 친구 선택에 있어서의 부모와 청소년 간 의견 차이, 음주와 약물, 가사, 의사소통, 성 관련 가치와 행동, 공부 습관과 성적, 데이트 상대 선택 문제 등을 포함한다.

보기 2.1 Poor Hard Well 놀이: 위기아동 임파워링

최근 많은 성인들이 열악한 환경에서 행복과 생산적인 생활을 즐기고 있다. 이들은 범죄가 많고, 곤궁에 처한 동네에서 성장한 것으로 간주할 수 있다. 이들은 가족들로부터 신체적, 성적, 정서적 학대를 받았을 것이고, 일련의 양부모가정에서 양육되었을 것이다. 이들에게 심각한 신체적이거나 학습 장애가 있을 수 있다. 이들 중에는 심한 정서적 충격으로부터 피하기 위해 치료를 받기도 한다. 나머지 사람은 학교에 다니는 아동이나 10대 청소년으로서 몸부림을 쳤고, 정서 및 행동 장애가 있었으나 20대에 들어서면서 삶을 바꾸었다.

무엇이 그들의 삶을 바꾸었을까? 왜 그들은 다른 사람들처럼 절망적인 삶에 놓여있는 상황에서 poor hand well 놀이를 할 수 있었을까? Mark Katz가 『Poor Hand Well 놀이에 관하여』에서 어떤 사람 중에는 이 놀이를 해야 하는 이유를 밝힘으로써 역경을 경험하며 일어설 수 있는 전환점과 소중한 기회를 통해 이겨내는 방안을 배운다고 강조했다.

Katz는 보호의 다양함이 행복과 생산적 삶을 위한 방법을 알려는 젊은이들을 돕는 길임을 강조했다. 예컨대 고통 속의 이웃과 사는 가까운 인척이 보호받을 수 있는데, 아이들은 길에서 안전함을 느끼지 못하나 집에서는 안전할 수 있다. 아이들이 매일 아침 학교버스를 기다리며 안전을 우선으로 하는 곳의 노숙 어머니들은 이 자녀들을 위한 보호서비스를 받을 수 있다. 특별한 욕구를 지닌 아이와 이를 해결하기 위해 노력하는 부모들은 이 서비스를 받을 수 있다. 보호는 부모의 병을 이해하며 동생들을 돕는 형이나 누나가 한다. 그렇지 않고 만약 부모가 아이들을 양육할 수 없으면 이모나 삼촌이 하고, 혹은 조부모가 도울 수 있다. 작은 규모의 학급을 운영하는 학교는 아이들의 고유한 욕구를 다루고, 특별한 강점과 재능과 흥미에 중점을 둠으로써 보호할 수 있다. 이뿐만 아니라 보호는 아이들이 방과 후 학교나 몇 시간씩 대기해야 하는 곤란한 이웃에게 고급 여가 프로그램이 된다.

방과 후 활동이나 교회나 청소년 집단에서 아이들이 학교에서 알아야 하는 멘토와 특별 역할모델은 곧 보호의 일환이다. 어린 시절의 역경을 극복한 사람은 자신들의 삶에서 필요할 때 꼭 나타나는 교사, 사회복지사, 코치, 부모, 상담가 들과 같은 특별한 개인으로 드러난다.

아울러 보호는 내부에서 이루어진다. 아이들 중에는 필요에 따라 상대를 자기들에게 내치기도 한다. 그들은 활동적일 수 있고 자신들의 안전망을 개발하는 데 뛰어날 수 있으며, 역경에 처하면 그들의 안전망이 작동한다. 어떤 아이들은 학업에 강하거나 사회기술이 뛰어나 이웃이나 학교에서 쉽게 성공적으로 임하기도 한다. 적응유연성이 좋은 아이들은 노출된 위험요인을 이겨내는 능력을 지니기도 하는데, 예컨대 그들은 극복할 수 있는 능력이 있어 도전함으로써 역경의 상황을 바꾸려는 성향이 있다.

사회복지사는 개인, 집단, 가족과 일하면서 보호 능력을 지닌다.

출처: Mark Katz, *On Playing a Poor Hand Well* (New York: Norton, 1997).

》 지역사회조직

지역사회조직(community organization)은, 지역사회가 지역사회의 건강과 복지와 여가선용 욕구를 제공하려는 노력들을 평가·계획·조정하도록 자극하고 지원하는 목표를 갖는다. 지역사회조직가의 활동을 정확하게 정의할 수는 없지만 그 활동은 시민의 참여를 유도하고, 기관 간, 집단 간의 노력을 조정하며, 관계 형성, 조사, 계획, 인적 자원 개발 따위를 포함한다. 아울러 지역사회조직가는 지역사회행동을 자극하고 격려하는 촉진자로서 활동한다.

지역사회복지협의회, 사회계획기관, 건강계획협의회, 지역사회행동기관과 같은 기관은 지역사회조직 관련 전문가를 채용한다. 어떤 현장에서는 지역사회조직을 계획, 사회계획, 프로그램 개발, 정책 개발, 거시적 실천과 같은 용어로 대체하고 있다.

Barker는 지역사회조직을 다음과 같이 정의하고 있다.

> 지역사회조직은 공동 관심사를 갖는 사람들이나, 같은 동네에 살면서 사회문제를 다루고 계획된 집합행동을 통해 사회복지를 증진하려는 사람들을 돕는 사회복지사와 기타 전문가들에 의해 이루어진다. 지역사회조직의 활동 방법에는 문제가 되는 지역사회를 파악하고, 원인을 분석하며, 계획을 짜고, 전략을 개발하며, 필요한 자원을 동원하고, 지역사회 지도자를 파악·선발하며, 노력을 조직하기 위해 이들 간의 상호 관계를 강화하는 방법들이 있다.[13]

행정

행정(administration)은 사회서비스 기관의 모든 프로그램을 감독하는 것을 포함한다. 행정의 기능은 기관과 프로그램 목표를 설정하고, 지역사회의 사회 조건을 분석하며, 제공해야 할 서비스와 관련하여 의사를 결정하고, 직원을 채용·감독하며, 조직의 구조를 만들고, 재정 업무를 처리하며, 기관 운영을 위한 기금을 확보하는 것을 포함한다. 또한 행정은 설정한 목표를 달성하기 위한 노력을 조정하고, 효과성과 효율성을 높이기 위해 내부 과정을 점검·보완하며, 사회정책을 사회서비스로 바꾸는 데 필요한 모든 기능을 수행케 하는 것을 포함한다. 사회사업에서 행정은 가끔 경영과 비슷한 뜻으로 쓰인다. 규모가 작은 기관에서는 행정의 기능이 한 사람에 의해 수행될 수도 있고, 큰 기관에서는 여러 사람이 관여할 수도 있다.

사회사업에서 전문 활동의 기타 영역으로는 조사, 자문, 감독, 계획, 프로그램 개발, 정책 개발, 대학 수준에서의 교육 따위를 포함한다. 개별사회사업, 사례관리, 집단사회사업, 집단치료, 가족치료, 지역사회조직은 초보 사회복지사가 제공하게 되는 기본적인 전문 활동으로 구성된다. 이 모든 활동은 상담기술을 요한다. 상담은 관계를 발전시키고, 문제를 깊이 설명하며, 해결방안을 제시함으로써 사회·개인 문제를 해결하도록 개인이나 집단을 돕는 것을 포함한다(이 과정은 5장에서 설명한다). 개별사회복지사, 사례관리자, 집단사회복지사, 집단치료사, 가족치료사는 분명히 개인과 집단과 함께 활동하기 위해 고도의 상담기술을 갖추어야 한다. 지역사회조직가는 관계 기술, 지각 능력, 문제 사정과 해결 전략 개발이 상담기술에 버금갈 정도로 뛰어나야 한다.

덧붙여 개별사회복지사는 클라이언트의 사회사를 처리하고, 이들을 다른 대인 서비스에 연결할 수 있어야 한다. 일부 기관에서는 대중 연설, 법원과 타 기관에의 보고서 제출, 부모를 위한 양육기술 교육 따위를 요구하기도 한다. 자신의 효과성과 사회 프로그램의 효과성을 사정하기 위한 평가 관련 지식 역시 사회복지사에게 유익한 것이다. (사회사업실천에서 필요로 하는 주요 기술은 3장에서 더 자세히 다룰 것이다.)

4. 인간행동에 관한 의료 모델 대 체계 모델

1920년대부터 1960년대까지의 대부분의 사회사업 프로그램은 인간행동을 사정하고 변화시키기 위해 의료 모델을 활용하였다. 이 접근은 Sigmund Freud가 개발했고, 클라이언트를 '환자'로 간주한다. 서비스를 제공하는 과업은 먼저 환자의 문제 원인을 진단한 다음 치료를 수행하는 것이었고, 환자의 문제는 환자 내부에 있는 것으로 보았다.

정서나 행동 문제를 안고 있는 사람들은 정신분열, 정신병, 경계선상 성격, 정신이상과 같은 낙인을 받았다. 의료 모델을 지지하는 사람들은 장애가 있는 사람의 마음이 대체로 알려지지 않은 내부 조건에 의해 영향을 받는다고 믿었다. 알려지지 않은 내부 조건은 다양한 요인에 기인한다고 보았다. 그 요인으로 유전, 신진대사장애, 전염병, 내부 갈등, 화학적 불균형, 무의식적 방어기제 활용, 정서적 고착과 심리적 성장을 방해하는 어린 시절의 외상 경험을 들 수 있다.

의료 모델은 정서·행동 문제를 지닌 사람들에게 인정을 가지고 개입하는 데 초점을 맞춘다. Freud 이전에는 정서적으로 문제를 가지고 있는 사람들은 악마에게 홀렸거나 미친 것으로 간주되어 비난을 받았으며, 때로는 맞거나 감금되기도 하였다. 의료 모델은 정신 내부의 과정을 강조하였고, 환자가 사회 상황을 받아들이고 적응할 수 있도록 능력을 키우는 데 중점을 두었다.

1960년대에 들어서면서 사회사업은 의료 모델의 유용성을 의심하기 시작하였다. 내부 요소가 클라이언트의 문제를 일으키는 만큼이나 환경 요인들이 중요한 것으로 드러났다. 조사에서도 정신분석이 클라이언트의 문제에 아무 효과가 없는 것으로 나타났다.[14] 결국 사회사업은 접근방법을 개선하기 위해 의료 모델 중심에서 벗어났다.

개선 방안은 클라이언트에게 유익이 되는 체계를 변화시키는 데 주목하였다. Head Start와 같은 빈곤방지 프로그램들이 클라이언트를 이로운 체계로 변화시키려는 노력의 실례라고 할 수 있다.

1960년대 이후 사회사업은 인간행동을 사정하는 데 기본적으로 체계 접근을 활용하였다. 사회복지사는 개인, 집단, 가족, 조직, 지역사회와 일하는 데 체계 관점을 갖도록 훈련받았다. 체계 관점은 클라이언트 생활의 복잡함과 상호 관계를 사정하기 위해 클라이언트가 드러내는 문제를 총체적으로 보아야 함을 강조하였다. 체계 관점은 체계이론에 기초한다. 일반체계이론의 주요 개념으로 **전체성, 관계, 항상성**을 들 수 있다.

전체성은 체계 내 대상이나 요소가 분리된 부분을 합한 것보다 강한 존재를 만들어냄을 의미한다. 체계 이론은 반환원주의에 중점을 둠으로써 일단 체계가 구성요소들로 각기 분리되면 그 체계는 적합하게 이해되거나 완벽하게 설명될 수 없다는 점을 강조한다. 이는 부분만이 관찰되면, 중앙 신경체계는 제대로 작동하지 않은 사고 과정을 수행할 수밖에 없는 이치와 같다.

관계는 체계 내 요소들 간 유형화와 구조화가 자체 요소로서 중요함을 강조한다. 예컨대, Masters와 Johnson은 결혼 체계에서 배우자 사이에 기본적으로 성적 역기능은 상대의 심리적 상태보다는 두 사람 사이의 관계의 속성 때문에 일어난다는 것을 알아냈다.[15]

체계이론은 간단한 원인–결과 설명을 반대한다. 예컨대, 가족 내 아동 학대는 다양한 요인들에 의해 일어날 수 있고, 부모가 화를 억제할 수 있는 능력, 자녀–부모 관계, 부부 관계, 심리적 스트레스 정도, 아동의 개성, 부모가 화를 분출할 수 있는 사회적 허용 기회와 같은 요인들의 유형에 의해서도 일어날 수 있다.

항상성은 대부분의 생활 체계는 체계를 유지·보호하기 위해 균형을 추구하려고 노력한다는 점을 강조한다. 예컨대 Jackson은 가족 구성원들은 행동의 균형이나 안정을 유지하려고 하고, 예정된 안정성의 수준으로부터 어떤 변화도 거부한다는 사실을 알아냈다.[16] 결혼 안팎으로 형성된 불균형 상태는 최종적으로 가족의 항상성 균형을 복귀시키려고 대처한다. 한 아동이 학대받을 때, 학대받은 아동을 다른 곳으로 옮기면 다른 아동이 학대받을 수 있는 것처럼 그 학대 현상은 가족 안에서 새로운 상황을 만들어낸다. 혹은 한 가족 구성원이 상담을 통해 향상되었다면 그 향상은 다른 가족 구성원들로 하여금 향상된 가족 구성원의 새로운 행동에 적응 혹은 부적응하도록 변화를 초래함으로써 그 가족 안에서 균형을 역전시키기도 한다.

이제 사회사업실천에서 두드러지게 등장한 생태학이론으로 알려진 체계이론의 하위영역으로 넘어가 보자.

5. 인간행동에 관한 생태학 모델

최근 사회사업은 생태학 접근을 활용하는 데 중점을 두고 있다. 이 접근은 인간과 인간의 신체·사회 환경 간 역기능적 교류를 개념화하고 강조함으로써 치료와 개선을 모두 통합한다. 인간은 인간 환경의 모든 요소들과 교류를 통해 발전하고 적응한다고 간주된다. 생태학 모델은 내적 요인과 외적 요인 모두를 설명한다. 생태학 모델은 인간을 환경에 수동적으로 반응하는 자로 보지 않고 역동적이고 호혜적으로 환경과 상호작용하는 자로 본다.

생태학 모델은 대처 유형을 향상시킴으로써 한 개인의 욕구와 그가 처한 환경의 특성 사이에서 보다 나은 조화를 갖게 한다. 생태학 모델은 환경 속의 인간을 강조한다. 그림 2.1에 나타난 것처럼 인간은 많은 체계와 서로 작용한다. 이 개념화에 따라 사회사업은 세 영역에 초점을 둘 수 있다. 첫째, 개인에 초점을 두고 그의 문제해결과 대처와 발전적 능력을 찾을 수 있다. 둘째, 개인과 그가 작용하거나 자원·서비스·기회와 관련하는 체계와 관계에 초점을 둘 수 있다. 셋째, 체계에 중점을 두면서 한층 효과적으로 개인의 욕구를 충족할 수 있도록 체계의 개선을 모색할 수 있다.

생태학 모델에서는, 개인과 가족과 소집단이 생의 한 주기에서 다른 주기로 옮겨가면서 과도기적인 문제들과 욕구를 가진다고 본다. 개인은 성장하면서 많은 변화를 맞이한다. 그 변화의 예로 걷기 배우기, 입학, 사춘기 적응, 학교 졸업, 구직, 결혼, 자녀 출산, 자녀의 독립, 은퇴를 들 수 있다.

가족도 변화를 경험한다. 약혼, 결혼, 자녀 탄생, 양육, 자녀의 취학, 자녀의 분가, 사망이나 이혼으로 인한 부모 상실 등은 가족이 적응하면서 겪는 사건 중 일부분에 불과하다.

소집단 역시 변화하는 발전 단계를 갖는다. 소집단 구성원들은 익숙해지기 위해 시간을 보내고, 점차 서로 신뢰하며, 자기를 개방하고, 함께 작업하는 것을 배우며, 상호 갈등을 해결하는 방법을 개발하고, 최종적으로 종결을 짓든가 아니면 떠나든가 하면서 집단에 적응한다.

생태학 모델의 주요 관심사는 개인과 가족과 소집단의 변화하는 문제와 욕구를 규명하는 데 있다. 한번 이들 문제와 욕구를 규명하면 개입 방안을 선정하고 나서는 그들의 문제를 해결하고 욕구를 충족하기 위해 돕는 데 전력한다.

그림 2.1
환경 속의 인간 개념은 사회에서의 사람이 그림에 나타난 것처럼 여러 체계들과 지속적으로 상호작용한다.

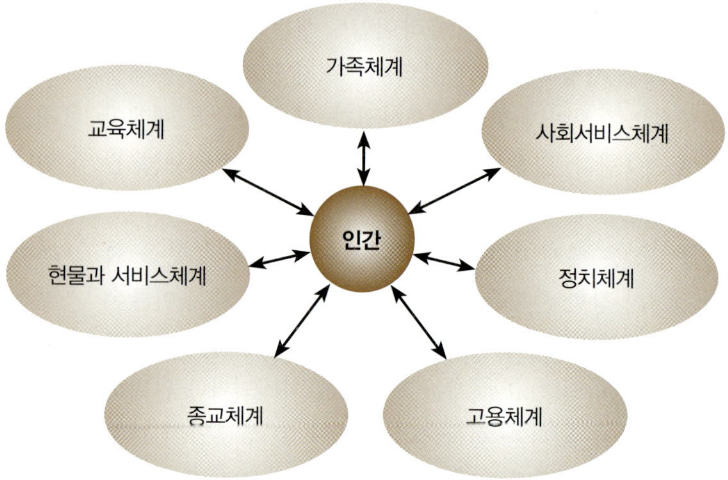

또한 생태학 모델은 상호작용 속의 문제나 욕구에 부적응하는 데도 초점을 둔다. 이 모델은 가족과 소집단이 의사를 표시하는 데 부적응하는 것이나 관계 유형에 역기능적인 것을 규명한다. 이런 부적응이나 역기능 상황은 상호갈등, 권력다툼, 이중구속*, 의사소통의 파괴, 희생, 차별 따위를 포함한다. 생태학 모델은 이와 같은 개인 간 장애물을 규명하고, 이에 따른 적당한 개입 전략을 적용한다.

비판적 사고를 위한 질문

사회복지사가 인간행동을 사정하거나 변화시키려고 할 때 어떤 모델(의료 모델 혹은 환경 속의 인간 모델)이 더 유익하다고 생각하는가? 그 이유는 무엇인가?

예컨대, 어떤 부모들은 자녀들에게 성실성을 지나치게 높게 요구한다. 자녀는 이런 가족들에게 특정 행동이나 생각을 숨기며, 심지어 거짓말까지 한다. 만약 부모가 자녀의 이런 불성실함을 발견하면 대체로 시끄러워진다. 이 같은 가족을 위한 적합한 개입은 의사소통 유형을 공개하고, 이런 상황을 부모가 이해하도록 돕는 것이다. 즉 부모가 자녀의 참된 성실함을 원한다면 부모가 자녀의 생각과 행동을 더욱 잘 받아들일 수 있는 방법을 배워야 한다.

200년 전 미국인들은 기본적으로 가족체계 안에서 서로 작용하였고, 가족은 거의 자급자족하였다. 당시 '가족 속의 인간'은 개인이 서로 작용하는 주요 체계를 이해하는 한 가지 방법이었다. 우리 사회는 한층 복잡해졌다. 오늘날 인간의 생활과 삶의 질은 그림 2.1에서 보는 것과 같이 여러 체계 위에서 서로 얽혀 의존하고 있다.

* 이중구속은 심리적 딜레마 상황을 묘사하는 말이다. 메시지의 수신자가 송신자와 갈등적인 의사소통상황에 빠진다거나, 그런 상황에 대한 수신자의 반응과는 아무런 상관없이 비난을 받게 되는 상황을 말한다.

6. 사회사업실천의 목적

미국사회복지사협회는 네 가지 주요 목적을 제시함으로써 사회사업실천을 개념화하고 있다.[17] 이를 정리하면 다음과 같다.

》 목적 1: 인간의 문제 해결·대처·발전 능력 강화

사회사업실천은 환경 속의 인간이라는 개념을 이용하여 '인간'에 초점을 둔다. 이와 함께 사회복지사는 먼저 **촉진자**(*facilitator*)로서 활동한다. 사회복지사는 이 촉진자 역할을 통해 자신의 문제나 욕구를 완전하게 해결하지 못하는 사람들에게 지지 서비스를 제공하는 상담가, 교사, 보호자, 특정 행동 변화자로서의 활동을 수행한다.

》 목적 2: 자원·서비스·기회를 제공하는 체계와 인간 연결

사회사업실천은 환경 속의 인간이라는 개념을 이용하여 개인과 서로 작용하는 체계 간 관계에 초점을 둔다. 이와 함께 사회복지사는 **중개자**(*broker*)로서 활동한다.

》목적 3: 자원과 서비스를 제공하는 체계의 효과적이고 인본주의적인 운영을 증진함

사회사업실천은 '환경 속의 인간'이라는 개념을 이용하여 인간이 서로 작용하는 체계에 초점을 둔다. 이와 관련하여 사회복지사는 **옹호자** 역할을 할 수 있고, 이 외에도 다음과 같은 역할이 가능하다.

- **프로그램개발자**: 사회복지사는 사회 욕구를 충족시키기 위해 프로그램이나 기술을 향상시키거나 설계할 필요가 있다.
- **지도감독자**: 사회복지사는 다른 직원을 지도·감독함으로써 서비스 전달의 효과성과 효율성을 향상시키는 방안을 모색한다.
- **조정자**: 사회복지사는 의사소통을 향상시키고 대인 서비스 자원 사이를 조정함으로써 전달 체계를 개선하는 방안을 모색한다.
- **조언자**: 사회복지사는 서비스의 효과성과 효율성을 개선할 수 있는 방안을 제시함으로써 기관과 조직을 안내할 수 있는 방안을 모색한다.

》목적 4: 사회정책의 개발과 향상

사회복지실천은 세 번째 목적에서와 같이 인간이 서로 작용하는 체계에 초점을 둔다. 세 번째 목적은 서비스를 받는 사람들을 위해 활용 가능한 자원에 초점을 두는 반면, 네 번째 목적은 자원의 기초가 되는 법규정과 폭넓은 사회정책에 초점을 둔다. 사회복지사는 **계획가**와 **정책개발가**가 되며, 이 역할을 통해 새로운 법규정이나 정책을 개발하고, 비효과적이거나 부적합한 것을 제거한다. 사회복지사는 이와 같은 계획과 정책 개발 과정에서 옹호자 역할을 수행하는가 하면 행동가 역할을 하기도 한다.

》목적 5: 인간과 지역사회의 복지 증진

사회사업 전문직은 모든 인간과 지역사회의 행복을 증진시킨다는 데 합의한다. 특별히 가난과 압박 그리고 사회적 불평등에서 탈피하는 것에 합의한다. 최근 미국 전체 인구의 약 13%가 빈곤선 이하의 소득을 벌고 있다.[18] 사회사업은 항상 가난을 탈피하기 위한 프로그램을 개발하는 데 옹호하여 왔고, 빈곤층에게 서비스를 제공하는 데 초점을 맞춰 왔다.

모든 사회에 가난한 사람이 있으므로 빈곤은 전 지구적인 현상이다. 어떤 사회에서는 빈곤층의 인구가 95%를 차지하기도 한다. 사회복지사는 미국뿐만 아니라 세계 전역의 빈곤을 퇴치하기 위해 최선을 다하고 있다. 확실히 빈곤 퇴치는 복잡하고 어려운 과제이다. 사회사업 전문직은 빈곤 퇴치에서 진전시킬 수 있는 다양한 체계와 함께 일해야 한다. 이들 체계는 교육 체계, 건강보호 체계, 정치 체계, 사업과 고용 체계, 종교 체계, 대인 서비스 체계를 포함한다.

억압은 권위나 권력을 정의롭지 않게 사용하거나, 잔인하게 사용하는 것이다. 미국 사회에서는 아프리카계 미국인, 라틴인, 중국계 미국인, 원주민, 여성, 장애를 가진 사람, 동성애자, 다양한 종교 집단, 가난한 사람을 포함하여 상당수의 집단이 억압을 받고 있다. (이와 같은 사례는 단지 예시에 불과한 것이지 정확한 근거를 두어 제시하는 것은 아니다.) 사회적 불평등은 사회 구성원이 보호 능력이 떨어질 때, 기본적인 권리와 기회가 부족할 때, 사회의 타 구성원보다 사회 이익이 적을 때 발생한다. 사회사업은 빈곤을 퇴치할 뿐만 아니라 억압과 사회적 불평등으로부터 탈피하는 데 중점을 두는 전문직이다.

사회 정의는 사회의 모든 구성원이 동등하게 기본적인 권리, 보호, 기회, 책임, 사회적 이익을 갖는 이상적인 조건을 일컫는다. 경제 정의 역시 사회의 모든 구성원이 물질과 소득 그리고 부를 획득하는 데 동등한 기회를 갖는 이상적 조건을 의미한다. 사회복지사는 개인적, 개인 간, 사회경제적, 정치적 강화와 환경의 향상을 통한 영향에 위기를 맞이한 집단을 돕는 데 책임을 진다. 임파워먼트(empowerment)에 중점을 둔 사회복지사는 사회의 다양한 집단 사이에서 평등하게 자원과 권력을 분배하는 것을 모색한다. 다양한 집단들이 나이, 계층, 피부색, 장애, 민족, 가족 구조, 성, 결혼 유무, 인종, 종교, 성적 성향 등에 의해 나누어질 위험에 처해 있다.[19]

Barker에 따르면, 인권이란 다음과 같다:

> … 삶, 자유, 개인의 안전과 같은 자유주의 헌법이 보장하는 기본 시민권을 포함한다. 즉 독재적 구금이나 추방으로부터의 자유, 공정한 재판에 의한 공청, 사상과 의식과 종교의 자유, 평화적 교섭의 자유를 보장한다. 아울러 이 권리는 노동, 교육, 사회 안전과 같은 경제적, 사회적, 문화적 권리를 포함한다. 즉 지역사회에서의 문화생활에 참여하고, 과학적 증진과 예술로부터 얻는 이익의 나눔을 강조한다.[20]

인권은 3장에서 자세히 설명한다.

> **비판적 사고를 위한 질문**
>
> 당신은 가난하거나 억압받는 자의 생활여건을 향상시키는 것을 바라고 있는가? 그렇다면 그 이유는 무엇인가? 그렇지 않은 이유는 무엇인가?

7. 강점 관점과 임파워먼트

대체로 지난 수십 년간 사회사업과 더불어 다른 도움을 주는 전문직은 클라이언트의 병리와 결핍 그리고 역기능을 진단하는 데 중점을 두었다. 그 이유 중 하나는 Freud 심리학이 인간 행동을 분석하는 데 중요하게 적용되었기 때문이다. Freud 심리학은 의료 모델에 기반을 두었고, 따라서 질병이나 병리를 규명하는 데 관련된 개념들을 중시했다. 이 모델은 강점을 규명하는 데는 거의 중점을 두지 않는다. 앞에서 언급한 것처럼 지금의 사회사업은 인간 행동을 사정하는 데 체계 모델로 바꾸어 적용하고 있다. 이 모델은 강점과 약점을 함께 규명하는 데 중점을 둔다.

사회복지사가 사정 과정에서 클라이언트의 강점을 고려하는 것은 기본이다. 사회복지사는 클라이언트와 함께 하면서 클라이언트가 어려움을 해결하는 데 도움이 될 만한 강점과 자원에 중점을 둔다. 따라서 사회복지사는 클라이언트의 강점을 효과적으로 활용하기 위해 먼저 강점을 파악해야 한다.

약점에 치중하다 보면 클라이언트의 성장 잠재력을 파악하는 데 사회복지사의 능력을 해칠 수 있다. 사회복지사는 클라이언트가 자신의 잠재력을 충분히 발전시킬 권리를 가지고 있고, 그렇게 하도록 격려를 받아야 한다고 굳게 믿고 있다. 가끔 병리에 중점을 두는 것은 이 같은 가치에 관한 합의를 해치는 것이다.

클라이언트의 강점에 주목하는 또 다른 이유는 많은 클라이언트가 자신들의 자존심을 증진하는 일에 도움을 필요로 한다는 점이다. 많은 클라이언트가 스스로를 무가치하고 부적격하다고 느끼며, 실패하리라고 느끼고, 자신을 신뢰하고 존경하는 마음이 부족하다고 여긴다. Glasser는 낮은 자존감은 종종 정서적 어려움이나 금단이나 범죄에 봉착하게 한다고 강조하였다.[21] 사회복지사는 클라이언트가 자신의 긍정적인 면을 볼 수 있도록 돕기 위해 먼저 클라이언트가 상당한 강점과 능력을 갖춘 것으로 보아야 한다.

이 같은 강점 관점은 '임파워먼트(empowerment)'와 밀접히 관련된다. Barker는 임파워먼트에 대해 '개인, 가족, 집단, 지역사회가 개인적으로, 개인들 간에, 사회경제적으로, 정치적으로 강점을 향상시키고, 환경을 개선하는 쪽으로 영향을 미치도록 개인, 가족, 집단, 지역사회를 돕는 과정'이라고 정의했다.[22] 강점 관점은 생애 주기 전반에 걸쳐 사정과 개입 그리고 지원 과정의 각 단계별 평가에도 유익하다. 이 관점은 인간의 능력, 가치, 관심사, 믿음, 자원, 성취, 소망을 강조한다.[23]

Saleebey에 의하면 강점 관점은 다음과 같은 다섯 가지 원칙을 중시한다:[24]

1. 모든 개인, 집단, 가족, 지역사회는 강점이 있다. 강점 관점은 이들이 지닌 자원들을 아주 소중하게 여기는 것과 관련이 있다. Saleebey는 강점 관점을 다음과 같이 강조한다.

> 결국 클라이언트들은 사회복지사가 그들을 진실로 보호하려 한다는 것을, 그들이 어떻게 중요한 의미를 가지게 되는가 하는 것을, 클라이언트의 말을 잘 들어주는 것을, 클라이언트의 이력을 불문하고 존중하는 것을, 클라이언트가 자신들의 주변 자원과 함께 가치 있는 것을 만 들어갈 수 있다고 믿는 것을 확인하고 싶어 한다. 특히 클라이언트들은 그들이 역경을 극복하고 변화와 성장을 위해 노력할 수 있는 존재라는 것을 사회복지사가 믿고 있다는 것을 알고 싶어 한다.[25]

2. 외상과 학대, 질병과 갈등은 해로우나 도전과 기회의 단초가 될 수도 있다. 피해를 입은 클라이언트는 외상을 통해서 앞으로의 갈등 상황에 대처하는 데 필요한 기술과 자질을 배우는 활동적이고 발전하는 존재로 간주된다. 클라이언트는 여러 가지 장애물을 극복할 수 있는 존엄성을 가지고 있다. 때때로 인간은 일상의 만족과 편안한 시기보다, 효과적으로 대처할 수 있는 위기의 시기에 더욱 성장할 수 있다.
3. 클라이언트들이 지니고 있는 성장하고 변화할 수 있는 능력의 최고 한계를 우리는 알 수 없다고 가정하며, 개인과 집단과 지역사회의 열망을 아주 진지하게 고려한다. 이 원칙은 사회복지사가 클라이언트에 대해서 기

©Myrleen Cate/Jupiterimages

모든 지역사회에는 나름대로 강점과 자원이 있다. 지역사회 행사는 곧 참여자들의 생활을 풍요롭게 하는 강점이다.

대 수준을 높게 가지고, 클라이언트가 지닌 비전과 희망, 가치에 대해서 사회복지사가 동맹 관계를 형성할 필요가 있다는 것을 의미한다. 개인과 가족과 지역사회는 회복과 대응을 위한 능력을 가지고 있다. 사회복지사가 클라이언트의 희망과 꿈에 관련하면 클라이언트는 자신을 더욱 신뢰하면서 자신의 희망과 꿈을 이룰 수 있는 노력을 이끌어낸다.

4. 사회복지사는 클라이언트와 함께 협력함으로써 클라이언트들에게 가장 잘 도움을 줄 수 있다. 이때 사회복지사는 전문가로 보이는 것보다 협력자나 조언자로 보일 때 더욱 효과적이다. 사회복지사의 협력적 자세는 온정주의, 피해자에 대한 비난, 클라이언트의 관점을 미리 규정하는 것과 같은 전문가-하급자 관계가 가져올 수 있는 역효과들을 억제한다.
5. 모든 환경은 자원으로 가득하다. 아무리 거친 환경일지라도 모든 환경에는 무엇인가를 줄 수 있는, 또 다른 사람이 꼭 필요로 하는 것을 가지고 있는 개인, 집단, 협회, 기관이 있기 마련이다. 강점 관점은 이 같은 자원을 파악하고, 이들 자원을 지역사회의 개인과 가족과 집단에 이득이 되도록 활용하고자 한다.

강점 관점은 개인, 집단, 가족, 조직, 지역사회가 문제나 어려움을 지니고 있음을 인정한다. 강점 관점의 주요 유익함 중 한 가지는 개인, 집단, 가족, 조직, 지역사회가 맞이한 역경을 대처하는 데 필요한 자원이나 자산에 주목하는 것이다.

8. 사회사업의 전형

사회복지사의 상(像)은 다른 전문직의 상보다 급변하고 있다. 60년 전에는 음식 바구니를 가지고 다니고, 자신이 도우려는 사람이 누구인지도 잘 모르는 도덕적인 중·상류층의 늙은 여성이 사회복지사의 전형이었다. 오늘날 사회복지사의 상은 훈련을 잘 받고 서비스를 제공하는 전문직의 상을 반영하여 긍정적으로 변화하고 있고, 더욱 다양한 모습으로 나타나고 있다.

Dolgoff, Feldstein, Skolnik은 최근의 사회사업의 전형을 다음과 같이 요약하고 있다:

'어떤 이름으로 불리는 일'을 하는가에 따라 사회복지사는 여러 가지 방식으로 이해될 수 있다. 사회복지사는 선행자, 약자를 동정하는 사람, 사회를 변화시키려는 급진주의자, 현존하는 체제의 포로 또는 변호자, 빈민 조직가, 중류층을 위한 봉사자와 같이 다양하게 불린다. 이처럼 사회복지사는 다양한 이름으로 불리는 활동을 하는 사람으로 사람들에게 각인되어 있고, 사회에서 그러한 기능을 수행하는 것으로 인식된다.[26)]

LeCroy와 Stinson은 2004년에 사회사업의 전문직에 관한 주민의 인식을 조사하여 발표했는데, 이 조사는 무작위로 386명을 선정하여 전화조사로 이루어졌다.[27)] 이 결과에서 가장 중요하게 드러난 것은 대다수가 사회사업의 전문직과 그 가치를 이해하고 있었다는 점이다. 응답자에게 질문한 설문 중 하나는 다른 전문직과 비교하여 사회사업 전문직에 대해 지역사회가 인식하는 가치였는데, 사회복지사가 다른 심리학자나 정신의학자 및 상담가에 비해 가치를 더 소중하게 받아들이고 있는 것으로 나타났고, 간호사와 성직자보다는 낮았다. 이들 연구자는 다음과 같이 결론을 내렸다:

전문직에 관한 주민의 지식과 의견을 향상시키는 데 사회복지사가 가장 적합한 것은 사실이다. 이 결과가 그럴듯하지만 그렇게 주의를 요하지는 않는다. 즉 관심을 두지 않으면 누구도 상관하지 않을 것임이 분명하다.[28)]

미국의 노동부 산하 노동통계국은 다음에 기술한 바와 같이 사회사업직에 관한 긍정적인 견해를 가지고 있다.

사회사업은 인간의 삶을 향상시키기 위해 돕는 것을 강렬히 원하는 전문직이다. 사회복지사는 인간이 삶을 잘 꾸려 나아가고, 인간관계를 잘 맺고, 개인과 가족 문제를 해결하도록 돕는다. 일부 사회복자사는 불량한 주거나 실업 및 약물남용과 같은 장애나 생명을 위협하는 질병이나 사회문제에 직면한 클라이언트를 돕는다. 또한 사회복지사는 심각한 가족갈등에 빠진 가족성원을 돕고, 아동 및 배우자 학대에 개입하기도 한다. 어떤 사회복지사는 조사사업을 수행하는가 하면 서비스의 개선을 위해 활동하고, 정책개발이나 제도계획에 관여하기도 한다. 많은 사회복지사들이 특정 계층이나 현장에서 일하는 사람들에게 서비스를 제공하는 데 전문화되어 있다.[29)]

9. 사회사업의 취업현장과 취업기회

최근 사회사업 분야의 취업은 다른 분야에 비해 기회가 많다. 사회서비스와 이들 서비스 전달의 통합이 급속도로 진행되고 있고 사격을 갖춘 인력을 요구하는 분위기가 확산되고있다. 사회적으로나 개인적으로 어려움을 가지고 있는 사람을 위해 일하려는 마음이 있다면 사회사업 분야를 신중히 생각해보아야 한다.

1960년부터 2006년까지 사회복지사의 취업자 수는 95,000명에서 595,000명으로 600% 증가하였다.[30)] 약 10개 일자리 중 5개 일자리가 건강관리와 사회부조 영역이고, 약 30%는 주와 지방정부 기관에 취업하고, 대부분 보건 및 인적 서비스과에 취업하였다. 대부분 사회복지사는 도시나 도시 주변에 취업하나 농촌지역에도 취업해 있었다.[31)]

노동통계국은 사회사업직의 취업 현황을 다음과 같이 발표하였다.

사회복지사의 취업은 2016년까지 다른 직종보다 빠른 속도로 증가할 것으로 예상한다. 일자리 전망은 긍정적인데, 특히 노인 분야에서 특수 자격을 갖춘 사회복지사들에게는 더욱 전망이 밝다 …

사회복지사의 10년간(2006~2016년) 취업은 다른 모든 업종의 **평균치보다 높은** 22%가 증가할 것으로 예상한다. 노인인구의 증가와 베이비부머 세대의 노화가 보건과 사회서비스에서 수요를 창출하고 있기 때문에 노인사회복지사들 사이에서 취업률이 급증하는 결과를 낼 것이다. 사적인 서비스 영역에서도 사회복지사의 취업은 역시 증가할 것으로 본다 …

정신건강과 약물남용 분야 사회복지사의 취업은 같은 기간(2006~2016년)에 30% 증가할 터인데, 이 역시 다른 업종의 **평균치보다 높은** 것이다. 특별히 약물남용 분야의 사회복지사 수요는 더욱 높게 나타날 것으로 본다. 이는 약물남용자들이 교도소에 구금되기보다는 치료 프로그램에 참여하는 사례가 늘고 있기 때문이다. 아울러 약물남용자들이 구금형이나 보호관찰을 받은 경우에도 치료를 부가시키는 사례가 늘고 있다. 이와 같은 증가 상황에서 약물남용자들이 치료 프로그램에 참여하여 회복을 보이고 있어 이들 전문 사회복지사의 수요는 늘 것이 분명하다.

의료와 공중보건 관련 사회복지사의 취업도 다른 직종의 **평균치보다 높은** 24%의 증가가 예상된다. 병원 측이 지속적으로 환자의 입원기간을 줄임으로써 다른 영역에 비해 이 분야의 사회복지사의 취업률은 다소 낮아질 전망이나 과거보다 조기 퇴원을 시키는 만큼 가정에서의 서비스가 증가하고 있다. 그렇지만 노인인구 증가가 이 분야의 취업률을 올리는 결정적인 요인이 되고 있다. 노인병과 같은 요인으로 도움을 받아야 할 노인인구를 고려하면 사회복지사의 취업 전망은 밝다. 즉 노인인구의 증가는 요양원이나 장기요양보호기관 및 호스피스기관에 근무하는 사회복지사의 수요가 증가할 것으로 본다.[32)]

사회복지사의 취업은 요양 보호, 입양, 보호관찰, 공공부조, 상담, 한부모 서비스, 주간보호서비스, 학교사회사업, 위기 서비스, 재향군인 서비스, 보이스카우트 또는 YWCA 프로그램 같은 여가 서비스, 의료 및 정신 병원 서비스, 빈곤방지 프로그램, 요양원과 노인을 위한 서비스, 결혼 상담, 약물 및 알코올 상담, 정서장애 서비스, 낙태 상담, 가족계획 서비스, 신체장애인을 위한 서비스, 성 상담, 평등서비스, 보호서비스, 재활센터 서비스, 조사, 사회행동, 모금 등을 포함하여 매우 다양하다. (이들 현장에 관하여 다음 장에서 상세히 살펴볼 것이다.) 이들 직접 서비스 이외에도 사회계획, 지역사회조직, 자문, 지도감독, 교육, 행정 분야에서의 경험과 고급 전문 훈련을 위한 취업도 있다.

졸업 후 사회사업 현장에 자신 있게 취업하는 사회사업의 주요 인물들은 자신들이 지원한 일에 필요한 능력과 자신감을 가지고 면접에서 적극적이고 역동적이며 자신을 '홍보'할 줄 아는 자들이다. 대학에 다니는 동안 한두 곳에서의 자원봉사 활동을 하면서 집단과 교과과정 외의 활동에 참여함으로써 이와 같은 능력 향상을 촉진시킬 수 있다. 상당히 많은 수가 현장 실습을 통해 직원들과 관계를 발전시킴으로써 탄탄하게 취업기회를 쌓는다. 현장 실습을 잘하고, 빈자리가 생기면 긴밀한 내부 작업으로 취업이 가능해진다. 기관에서 직원을 사귐으로써 다른 기관의 취업 기회를 얻을 수 있고, 때로는 현장 실습 기관의 직원들로부터 긍정적인 추천서를 받기도 한다.

종종 사회사업을 전공하려는 학생들이 "사회사업 분야에 취업하려면 석사학위가 필요합니까?" 하고 묻는다. 반드시 그렇지는 않다. 취업한 대부분의 사회복지사는 학사학위만 가지고 있다. 사실 어떤 기관은 적은 비용을 들이기 위해 학사학위 소지자를 선호한다. 물론 대부분의 현장에서 석사학위 소지자는 한층 높은 지위를 보장받고, 승진 기회가 높으며, 아무래도 일을 잘 처리한다고 평가받고 있다.

10. 사회사업 분야에서의 사설개업

비록 대부분의 사회복지사가 공공이나 민간 재정으로 운영되는 기관에 취업하고 있지만 지난 20년 동안 요금을 받고 상담(심리치료)과 집단치료를 제공하는 쪽에서 활동하는 수가 늘고 있다. 이 같은 사설개업은 사설개업 의사들이 환자에게 서비스를 제공하는 것과 같은 상황으로 이루어진다.

사회복지사는 한 기관의 정규 직원으로 일하면서 시간제로 사설개업 활동을 할 수 있고, 전적으로 사설개업 활동에 전념할 수도 있다. 때때로 사회복지사는 영리를 목적으로 하는 사설 기관을 통해 심리치료와 집단치료를 제공하기 위해 심리학자, 정신의학자와 제휴할 수 있다. 또한 사회복지사는 개인치료와 집단 치료를 위해 심리학자나 정신과 의사가 운영하는 임상기관에 취업할 수도 있다.

각 주마다 사설 임상기관의 구조와 운영을 규제하는 법은 다르다. 그러나 이런 법들은 국민을 보호하려는 데 중점을 둔다. 대체로 이들 법은 사설개업을 하기 위해서는 사회복지사가 공인된 정규 과정에서 석사학위를 취득하고, 수년간 개별상담과 집단상담 분야에서 지도감독을 받으며 실천 경험을 쌓을 것을 요구하고 있다.

대부분 사례에서 치료비용은 수급자가 가입한 건강보험의 지불정책에 의해 지불된다. 수급자가 건강보험에 가입하지 않았을 경우에는 직접 비용을 지불해야 한다.

사적인 영역에서의 취업 전망과 관련해서는 노동통계국이 다음과 같이 예견하고 있다.

사적인 영역에서의 사회복지사의 취업 기회는 확대될 전망이지만 다른 보호직이 정신건강 분야를 맡음으로써 다소 위축되는 추세이다. 고용지원사업 확대는 기업에 계약직으로 취업한 활동가의 수요를 증가시킬 것이다. 그렇지만 불황에는 기업들이 이들 서비스에 관여하지 않을 것이므로 취업지원사업의 규모는 사업 사이클과 함께 유동적일 것으로 본다.[33)]

11. 국제사회사업

이제 사회사업은 전 세계적인 전문직이다. 사회사업은 영국, 캐나다, 미국, 인도, 기타 여러 나라에서 전문직으로 인식되고 있다. 모든 나라의 사람들이 서로 의존하고 있다는 인식이 확대되고 있다. 다양한 방면에서 세계는 미래학자 Marshall McLuhan이 말한 바와 같이 '지구촌'이 되고 있다.[34] 한 나라에서 벌어지는 위기와 문제는 다른 나라에도 영향을 미친다.

세계의 여러 나라들은 서로 의존하고 있고, 사람들은 지구촌 지역사회에 살고 있다. 다음의 실례에서와 같이 멀리 떨어진 나라에서 일어난 중요한 사건들이 우리 모두에게 영향을 미치고 있다. 중동의 나라들이 석유 생산을 감축함으로써 즉각적으로 전 세계의 석유 가격이 오른다. 거의 모든 생산품을 만드는 데에 원유가 필요하기 때문에 전 세계적으로 물가 상승을 가져오게 된다. 1930년대 미국의 대공황은 세계적으로 영향을 주었다. 1, 2차 세계대전은 실질적으로 모든 나라에 영향을 미쳤다. 일본과 미국의 주식 시장의 급등과 급락은 세계의 주식 시장뿐만 아니라 모든 경제 상태에 영향을 미쳤다. 아프리카에서 기원한 인체면역결핍바이러스(HIV)는 세계 곳곳의 많은 사람들에게 영향을 미쳤다. 대부분의 사람들이 감염된 사람을 알게 되고, 이 바이러스는 사람들의 성적 행동에 변화를 초래했다. 마약 거래는 많은 가족들에게 영향을 미치는 전 세계적 현상이다. 1989년 11월 베를린 장벽의 붕괴는 미국과 러시아 간 냉전의 종말을 뜻했으며, 공산주의 국가들에 변동을 가져왔다. 이와 같은 변화는 전 세계에 걸쳐서 사회적·경제적으로 중요한 영향을 미쳤다. 전자우편과 인터넷의 확산은 세계적으로 급속도의 정보 공유를 이끌어냈다. 이제 세계 곳곳에서 일어난 재앙은 텔레비전을 통해 전 세계에 알려지고, 많은 나라가 재빠르게 도움을 제공하고 있다. 2001년 9월 11일 비행기를 이용해 뉴욕의 무역회관을 파괴한 테러분자들은 테러와의 전쟁에 국제적 노력을 불러일으켰다.

이 같은 상황에서 그동안 스스로 만든 장벽을 허물고 전 세계적인 협력을 이끌어내기 위해 국제 사회사업과 사회복지에 관한 연구는 피할 수 없는 과제가 되었다.

국제 사회사업은 비교 사회정책 분석을 장려한다. 사회사업에서의 비교 사회정책 분석은 중요한 두 가지 이점이 있다. 첫째는 전 세계적 시스템에서 각 국의 시스템이 차지하는 위치를 사정함으로써 그 나라 고유의 시스템에 대한 이해를 증진시킬 수 있다는 점이다. 다른 하나는 기술 이전으로 다른 국가에서의 혁신을 자국에 도입할 수 있다는 점이다.

Lynne M. Healy는 비교 사회정책 분석의 중요성을 다음과 같이 정리하였다:

> 사회복지체계를 충분히 이해하기 위해서는 다른 국가의 사회복지체계와 비교하고, 세계적 네트워크 안에서의 위치를 사정해 보아야 한다. 이와 같은 비교 연구는 단순한 여론이 아니라 진실로서 널리 받아들여지고 있다. 예컨대 미국의 정치가와 기업 지도자들은 유급 출산휴가에 반대하고 있는데, 유급 출산휴가가 세계경제에서 미국의 산업 경쟁력을 파괴한다고 주장한다. 이러한 주장은 미국의 경쟁자인 서유럽의 정책과 산업을 비교할 때에 그렇게 신뢰할 만한 주장은 아닌 것으로 보인다. 서유럽 대부분의 국가들은 출산한 부모뿐만 아니라 질병에 걸린 가족이 있는 근로자에게도 유급 휴가를 주고 있다. 비교연구의 관점은 유급 출산휴가가 불가능하다는 미국의 정책이 타당하지 않다는 것을 보여준다.[35]

여러 나라의 대학에서 교과 과정을 '국제화'하는 경향이 있다. 학생들은 국제적으로 존재하는 다양성을 이해하고 존중해야 한다.

미국의 사회사업 교육 프로그램은 사회사업 전공자를 위해 국제적 관점을 키우는 일을 적극적으로 지원하고 있다. 이는 다른 나라와의 학생 교환, 교수 교환, 해외 연수, 다른 나라의 사회문제와 혁신적인 프로그램에 관한 새로운 교과 내용 등의 프로그램을 통해 이루어지고 있다. 미국사회사업교육협의회(CSWE)의 교육정책과 인정기준(EPAS)에서는 사회사업 교육의 목적 중 하나는 "한 개인을 사회사업실천의 전 세계적 맥락을 인식하는 사회복지사로 준비시키는 것이다"라고 구체적으로 적시하고 있다.[36] 또한 CSWE는 여러 나라에서 온 교육자들로 구성된 국제 사회사업 교육에 관한 위원회를 가지고 있다. 이들 교육자들은 국제적 내용을 가르치고 국가 간 교환 프로그램을 주도하는 데 적극적으로 관여하고 있다.

국제사회사업대학협의회(IASSW)는 사회사업 교육을 위한 전 세계를 포괄하는 핵심 조직이다. 이 협의회는 사

보기 2.2 YMCA의 기원

미국의 수많은 사회복지 프로그램은 다른 나라에 그 기원을 가지고 있다. 그 중 유명한 프로그램이 바로 YMCA(Young Man's Christian Association)이다. 최초의 YMCA는 1844년 6월 6일 영국 런던에서 George Williams에 의해 창립되었다. Williams는 백화점의 전신이라고 할 수 있는 직물상의 판매 보조원이었다. 그와 동료 직물상인 집단이 성경공부와 노숙자들을 위한 기도를 지원하기 위해 처음으로 YMCA를 조직하였다.

당시 철도 확장 그리고 상업과 산업의 집중화는 일자리를 찾는 농촌의 청년들을 런던 같은 대도시로 끌어들였다. 이들은 주 6일에 매일 10~12시간씩 노동을 했다. 이 젊은이들은 회사 건물의 옥탑방에서 지내기도 했다. 건물 밖의 상황은 나빠서 소매치기, 악한, 거지, 취객, 버려진 아동들이 많았다.

그러던 와중에 YMCA 조직이 알려지기 시작했다. 7년만에 영국에만 23개가 생겼고, 다른 나라에도 파급되기 시작했다. 캐나다 몬트리올에서는 1851년 11월 25일 첫 YMCA가 조직되었고, 미국 보스턴에서는 1851년 12월 29일에 첫 YMCA가 설립되었다.

YMCA는 YWCA(Young Women's Christian Association)의 조직화도 독려하였다. 최초의 YWCA는 1855년 런던에서 설립되었다. 미국에서의 첫 YWCA는 1866년 보스턴에 만들어졌다. George Williams는 YMCA를 영국과 외국에 설립한 공로로 1894년 빅토리아 여왕으로부터 훈작위를 받았다. 이제 YMCA는 124개국에 퍼져 있다.

YMCA가 제공한 프로그램들은 해가 거듭하면서 변화를 꾀했고, 다른 YMCA에 의한 서비스에서도 변화를 가져오고 있다. 세계적으로 퍼진 YMCA는 인간의 신체적, 지적, 사회적, 영적 행복에 기여하고, 어떤 나라에서는 청년이나 기독교인과 남성들에만 한정하지 않고 포괄적으로 서비스하고 있다.

YMCA와 YWCA 운동은 사회복지사가 실현 가능한 프로그램을 지속적으로 개발해 나아갈 수 있도록 세계화 관점을 지녀야 함을 보여주고 있다.

회사업 교육과 세계의 고급 교육 프로그램을 개발·증진하기 위해 1929년에 조직되었다. 미국사회사업교육협의회와 같은 전국 조직들에 개방하고 있는 이 협회의 회원은 100개국의 450여 대학에 달하고 있다.[37]

비판적 사고를 위한 질문

당신은 외국의 문화를 이해하기 위해 외국을 여행하고, 아울러 인간의 복지를 향상시키기 위해 다른 문화권의 사람들과 일하려는 열정이 있는가?

사회사업 교육 프로그램은 나라마다 다양하여 서로 유사한 것을 공유하기도 하고, 전혀 다른 것을 제시하기도 한다.[38] 예컨대, 미국과 같은 나라는 대체로 인간 행동을 분석하는 데 환경 속의 인간 모형을 사용하고, 스웨덴 같은 나라는 여전히 의료 모형을 적용한다. (인간행동을 이해하는 두 모델은 3장에서 다루었다.)

국제사회복지사협회(IFSW)는 미국사회복지사협회를 포함하여 전문 회원 자격을 갖춘 50여 협회로 구성되었다.[39] Healy는 이 협회의 목적을 다음과 같이 기술하고 있다:

> 협회의 목적은 전문적 기준과 훈련과 윤리를 갖춘 전문직으로서 사회사업을 장려하고, 국가 수준의 사회복지사협회들이 정책개발에 관여하도록 지원하며, 여러 나라의 사회복지사 간의 교류를 독려하고, 사회사업 전문직의 관점들을 정부 간 조직체에 국제적으로 알리는 데 있다. … 이 협회의 가치 있는 업무 중 하나는 세계의 여러 분야에서 정치범으로 있는 사회복지사의 인권옹호이다.[40]

모든 나라의 사람들은 이 책에서 언급하는 빈곤, 정신질병, 범죄, 이혼, 가정폭력, 혼외출산, 에이즈, 강간, 근친성교, 약물남용, 근로자의 소외감, 국제 테러, 실업, 인종차별, 성차별, 의료문제, 장애, 인구과밀, 환경의 오용과 같은 여러 사회문제를 경험한다. 다른 나라가 이들 문제에 어떻게 대처하는가를 연구·분석함으로써 모든 나라의 사회서비스 정책가와 제공자가 한층 더 효과적인 프로그램과 서비스 전달 체계를 배울 수 있다. 실제로 인구과밀과 국제테러 같은 사회문제 중 어떤 것은 국가 간 노력으로 해결할 수 있다. 미래의 사회복지사는 사회문제를 분석하고 그에 대처하는 데 국제적 관점을 더욱 필요로 하게 될 것이다.

사회복지사는 국가 간 취업이 가능하다. 유엔은 유네스코, 유니세프, 난민 업무에 자리를 마련하여 사회복지사를 채용하고 있다. 다른 나라의 정부 부처나 사설 조직에 협약을 맺은 미국의 사회복지사가 조언자가 될 수 있다. 가

보기 2.3 Manon Luttichau: 덴마크의 전문사회사업 창시자

사회사업에서의 글로벌 상호의존은 몇몇 나라가 비슷한 시기에 전문사회사업 교육을 시행하려고 했던 사고의 국제교류에 힘입어 이루어졌다. 앞에 언급한 바처럼 미국에서의 사회사업 교육과정은 1900년대 초 전문대학과 대학교에서 시작했다.

유럽에서 최초 사회사업 교육은 1899년 암스테르담의 '사회사업 훈련원'에서 시작했다. 곧이어 다른 유럽 국가에서도 전문사회사업 프로그램을 제공하였다.

Manon Luttichau는 1900년 4월 9일 태어났다. 그녀는 덴마크에 전문사회사업을 세우는 데 가장 많은 영향을 미친 사람으로 알려졌다. 그녀는 어린 나이에 덴마크의 전문사회사업 토대를 만드는 데 참여했다. 그 사업은 임신부와 이혼여성을 포함한 젊은 여성을 위한 사회복지관에서의 서비스를 제공하였다. 사회사업의 한 형태인 '길거리사업'도 암스테르담에서 실시되었는데, 예컨대 길거리 활동가들이 기차역 근처에서 떠돌던 여성들을 지원하였다. Luttichau는 1922년부터 1932년까지 젊은 여성들에게 준전문서비스를 제공하는 민간 시설인 덴마크여성보호소에서 보조자로 활동했다. Luttichau는 이 기간에 미국을 포함하여 외국을 여행하면서 전문사회사업 교육의 이해와 방법을 공부하였다.

그녀는 1934년 4월 1일 코펜하겐종합병원의 사회복지사가 되었다. 사회복지사는 덴마크에서는 새로운 일자리였고, 그녀가 반드시 이루어져야 한다고 주장했던 것이었다. 그녀는 1936년 내과의사, 법률가, 여타 전문사회사업을 교육할 수 있는 인력을 바탕으로 기획위원회를 조직하였다. 이 위원회는 1937년 1월 5일 사회사업 교육과정을 개설하였다. 이 과정은 병원 강당에서 이루어졌고, 자원봉사자로서 29명의 교사가 참여했다. 이 과정은 일괄하여 '덴마크 사회학교'로 불렸다. Luttichau는 첫 두 반의 '학장'이 되었다. 그녀는 1938년 덴마크 사회복지사협회를 조직하였다.

Luttichau는 진정한 국제주의자였다. 그녀는 국제적으로 생각과 정보를 교환하는 것이 전문성을 발전시키는 관건이라고 믿었다. 그녀는 세계 구석구석을 돌아보았고, 외국에서의 사회사업 전문성이 대두하는 것과 사회복지사 간 생각의 교환이 소중한 가치가 있음을 연구하였다. 덴마크 전문사회사업 개척자로 알려진 그녀는 1995년 95세의 나이로 영면하였다.

출처: Lynne M. Healy, *International Social Work* (New York: Oxford University Press, 2001).

톨릭 자선협회, 세계 입양협회, 적십자사와 같은 전국 또는 국제 규모의 민간 조직체는 국제 프로그램을 위해 사회복지사를 활용해 오고 있다.

12. 자기인식과 정체성 발전

앞에서 언급한 것처럼 유능한 사회복지사에게 요구되는 주요 기술은 개인을 연결하고 상담하는 능력인 듯하다. 대체로 교육자들은 사회사업 학생을 훈련시키면서 자신을 잘 아는 학생이 상대를 상담하는 데 뛰어나다는 것을 발견한다. 이들 학생은 자기인식 수준이 높다. 상담가는 클라이언트가 생각하고 느끼는 것에 관련하여 지각력을 가져야 한다. 상담가는 지각력을 갖기 위해 자신을 클라이언트의 처지에 놓을 수 있어야 하고, 그들이 실제로 느끼고 생각하는 것을 클라이언트의 가치와 수준에서 결정해야 한다. 상담가가 자기 인식을 높일 수 없다면 상대가 생각하고 느끼는 것을 제대로 지각할 수 없다.

자기인식을 향상시키기 위해 생체자기제어(biofeedback), 초월 명상(transcendental meditation), 근육 이완, 게슈탈트 치료, 정체성 형성(identity formation), 감수성 훈련, 참만남 집단과 같은 다양한 접근들이 개발되고 있다.* (사회사업 프로그램 중에는 자기인식과 대인관계인식 능력을 개발하도록 설계된 대인관계기술 과정을 개설하고 있는 추세이다.)

》 정체성 형성

자기인식을 위한 접근방법 중 하나인 정체성 형성을 소개하고자 한다. 정체성 형성은 내가 누구이고, 내가 일생에서 원하는 것이 무엇인가를 결정하는 과정이다. 정체성에 도달하면 가장 중요한 일에 직면했을 때 편안해질 수 있다. 사회사업 직업을 추구하든 그렇지 않든 정체성에 관한 정보는 미래를 위해 매우 중요하다. 앞에서 언급한 것처럼 이

* 이 기법에 대한 소개는 Richard S. Sharf, *Theories of Psychotherapy and Counseling*, 4th ed. (Belmont, CA: Wadsworth/Cengage Learning, 2008)을 참조하라.

는 자신을 아는 것이 실질적으로 상대를 상담하는 능력을 향상시킬 수 있기 때문이며, 사회사업을 직업으로 삼으려는 사람들에게는 특별히 중요하다.

정체성 발전은 전 생애에 걸쳐서 일어나며, 정체성은 전 생애를 통해 점진적으로 변화한다. 어린 시절 내가 누구라는 정체감은 주로 타인들의 반응에 의해 결정되었다(거울에 비친 자아 개념). 예를 들면 이웃들이 한 젊은 남자를 어떤 이유로든 '문제아'나 '비행자'로 보기 시작하면 이웃들은 그 젊은이가 어떤 행동을 하든 의심하고 비행을 저지른 것으로 오명을 씌우기 쉽다. 젊은이가 비행자인지 아닌지를 결정하는 객관적 방법이 없는 상황에서, 그는 다른 사람들의 주관적 평가에 놓인다. 이에 따라 악순환이 반복된다. 젊은이가 비행자라고 연관될수록 젊은이는 자신을 더욱 비행자로 간주하고, 더욱 비행자의 역할을 수행하게 된다.

Glasser는 정체성을 보는 유용한 관점으로 성공지향 대 실패지향을 제시하였다.[41] 성공적인 정체성을 발전시키는 사람은 스스로 자신을 성공적이라고 간주하는데, 사랑과 가치(love and worth)라는 통로를 통해 성공적 정체성을 발전시킨다. 자신을 성공적으로 보는 사람은 적어도 다른 한 사람이 그 사람을 사랑해주고, 그 또한 적어도 다른 한 사람을 사랑한다. 자신을 성공적으로 보는 사람은 적어도 다른 한 사람이 그에게 가치가 있다고 믿어주고, 스스로도 자신이 가치가 있다고 느낀다.

개인은 성공적인 정체성을 개발하기 위해 사랑과 가치를 동시에 경험해야 하는데, 특히 이것은 아동기에 경험해야 한다. 개인은 사랑받음을 느낄 수 있으나 가치가 없다고 느끼기도 한다. 가치는 과업의 성취와 성공을 통해 나온다. 인간은 성공한 기업인처럼 과업 달성을 통해 가치를 느끼지만 당신이 사랑하는 사람이나 당신을 사랑하는 사람의 이름을 부르지 못해 사랑받고 있지 못하다고 믿기도 한다. 가치와 사랑 중 어느 한쪽만 경험하게 되면 실패한 정체성으로 나아갈 수 있다.

실패한 정체성은 아동이 부적절한 사랑을 경험했거나 가치가 없다고 느꼈을 때 개발되기 쉽다. 실패한 정체성을 갖는 사람들은 우울해지고, 외롭고, 신경질적이며, 매일의 도전을 거부하고, 우유부단하기 쉽다. 약물이나 알코올, 퇴행, 범죄 행위로 도피하게 되고, 일반적으로 정서상의 문제가 발생하게 된다.

그렇지만 정체성은 평생의 과정이므로 실패한 정체성을 지닌 사람일지라도 아주 중요한 긍정적 변화를 가져올 수 있다. 한 가지 중요한 원칙은 "비록 우리가 과거를 바꿀 수는 없지만 우리의 미래를 결정함에 있어서, 우리가 바라는 미래상을 가지고 그것을 성취하려는 동기를 가지는 것이 과거 경험보다도 더욱 중요하다는 것이다."

살아가면서 직면하게 될 가장 중요한 쟁점들로 다음과 같은 것들이 있다:

1. 당신이 바라는 인간상의 유형은 무엇인가?
2. 당신은 일생에서 무엇을 원하는가?
3. 당신은 누구인가?

이들 질문에 대한 답이 없으면 직업 선택, 살고 싶은 곳과 원하는 생활방식의 선정, 결혼과 출산 결정과 같은 중요한 결정을 하기 위한 준비가 되지 않은 것이다.

안타깝게도 많은 사람들이 이 질문들에 답을 구하지 못하고 그럭저럭 생활하고 있다. 이 질문에 대한 답은 쉽게 나오는 것이 아니며 깊은 생각과 여러 시행착오를 요구한다. 당신이 누구인가를 알려고 하는 동안 많은 분노가 일어날 수도 있다. 그렇지만 만족스럽고 충만한 인생을 살기 위해서는 당신이 누구이고 무엇을 원하는가를 알아야 한다. 정체성 형성을 돕는 몇 가지 추가 질문을 소개한다.

비판적 사고를 위한 질문 ?

당신은 삶에서 당신의 정체성과 원하는 것을 파악하는 균형 잡힌 사고를 하는가? 그렇지 않다면 더욱 필요한 것은 무엇인가?

》 정체성에 도달하기 위한 질문

당신이 누구인지 결정하기 위해 좀 더 구체적인 다음 질문들에 답하라.

1. 당신은 만족하고/즐기는 그 무엇을 찾았는가? 의미 있고 만족스러운 것을 확인한 후에야 당신의 생활을 충족시키는 그런 활동에 의식적으로 몰입할 수 있고, 무의미하거나 사소한 활동을 피할 수 있다.
2. 당신의 종교적 믿음은 무엇인가?

3. 당신의 도덕률은 무엇인가? 한 가지 가능한 도덕률은, 상대의 욕구를 채우는 능력에 아무런 폐를 끼치지 않고 당신의 욕구를 채우고 당신이 즐기는 일을 하는 것이다.
4. 당신의 성에 관한 도덕적 자세는 무엇인가? 우리 모두는 타인을 착취하지 않고도 편안하게 욕구를 달성할 수 있는 일정한 규칙을 개발해야 한다. 유일한 옳은 규칙은 존재할 수 없다. 생활 방식, 생활 목표, 개인의 가치 차이 때문에 내게 합당한 것이 당신에게는 그렇지 않을 수 있다.
5. 당신이 원하는 직업의 유형은 무엇인가? 이상적으로 당신을 자극하고 만족시키는 일, 당신의 기술에 일치하는 일, 당신이 원하는 생활을 꾸리는 데 필요한 돈을 벌 수 있는 일을 찾아야 한다.
6. 당신이 살기 원하는 나라나 세상은 어디인가? 이때 고려해야 할 것으로 기후, 지리, 거주 유형, 농촌이냐 도시냐, 친척이나 친구와 근접성, 이웃의 성격을 들 수 있다.
7. 당신은 결혼을 원하는가? 만약 원한다면 어떤 유형의 사람을 원하는가? 언제 할 것인가? 당신의 다른 생활 목표에 비추어 이 문제에 대한 당신의 답에 일관성이 있는가?
8. 당신은 자녀를 원하는가? 만약 원한다면 몇 명을 원하는가? 언제 가질 것인가? 당신의 다른 생활 목표에 비추어 이 문제에 대한 당신의 답은 얼마나 일관성이 있는가?
9. 다른 사람에게 보여주고자 하는 당신의 상은 어떤 유형인가? 당신의 상은 옷 입는 형태와 몸치장 습관, 감정, 성격, 자기주장 정도, 의사소통 능력, 물질 소유, 도덕률, 신체적 특성, 음성 유형으로 구성된다. 당신은 이 분야에서의 당신의 강점과 약점을 성실하게 파악하고 난 후에 이것들을 향상시키려고 노력해야 한다. 문제가 있는 영역에 대해서는 상담을 받는 것이 바람직하다.
10. 당신은 여가를 보내는 동안 무엇을 즐기는가?
11. 당신은 당신과 타인의 삶의 질을 높이려고 노력하는가? 만약 노력한다면 어떤 방법으로 하는가? 이들 목표를 달성하기 위해 어떤 방식을 원하는가?
12. 당신은 어떤 유형의 사람들과 함께 하길 좋아하는가? 왜 그런 사람들과 어울리는가?
13. 당신은 친척, 친구, 이웃, 처음 만난 사람과 어떤 관계를 맺기 원하는가?
14. 죽음과 임종에 관한 당신의 생각은 무엇인가?
15. 당신은 앞으로 5년, 10년, 20년 안에 무엇을 하기를 원하는가? 이들 각 기간 안에 목표를 달성하기 위한 당신의 계획은 무엇인가?

잘 개발된 정체성을 유지하기 위해 이 질문들 모두에 답할 필요는 없지만, 대다수 질문들의 답을 찾아야 한다. 극소수의 사람들만이 이 모든 물음에 대해 합리적이고 일관성 있는 답을 낼 수 있다.

당신의 강점과 약점에 관하여 정직해야 한다. 실질적으로 약점을 알아야 그 약점을 향상시킬 수 있는 특별한 개입 전략이 나온다.

시간이 흐르면서 당신의 생활 목표에서 어떤 변화를 기대할 수 있다. 당신이 한 인간으로서 성장하는 과정에서 당신의 믿음, 태도, 가치에서 변화가 일어날 수 있고, 즐기는 활동들에서도 어떤 변화가 일어날 수 있다.

당신의 생활은 당신이 내린 결정들과 당신을 위해 내려진 결정들로부터 온 여러 가지 다른 사건들로 구성된다. 정체성이 없으면 당신은 어떤 결정이 최선인지 알 수 없고, 당신의 생활은 충만하지 못할 것이다. 정체성이 있으면 당신의 삶을 당신이 설정한 목표로 곧장 이끌어갈 수 있고, 개인적인 의미를 찾을 수 있다.

요약

다음은 이 장의 서두에서 제시한 학습목표와 관련된 내용을 요약한 것이다.

A. 사회사업의 전문직에 관한 정의

사회사업은 개인, 집단, 가족, 조직, 지역사회이 이들의 목적에 따라 기량을 향상시키는 데 지원하는 전문적 활동이다. 사회복지사는 다양한 기술을 지닌 전문가이다. 사회복지사는 개인, 집단, 가족, 조직, 지역사회가 처한 문제에 효과적으로 대처할 수 있도록 폭넓은 영역에 관하여 훈련을 받고 경험해야 한다. 의료계에서의 일반의처럼 사회복지사는 폭넓은 기술과 개입 기법을 갖추어야 한다. 사회사업은 사회서비스가 의무감과 명령으로 제공하는 여타 전문직과 다르다.

클라이언트에게 효과적으로 상담할 수 있는 능력은 사회복지사가 갖추어야 할 기본이다. 다음으로 중요한 것은 지역사회의 타 집단과 전문가들과 효과적으로 교류할 수 있는 능력이다.

B. 사회사업에 관한 간략한 역사

전문직으로서 사회사업이 자리 잡은 것은 최근의 일이다. 대략 1900년에 최초로 개인이 사회복지사로서 취업하였고, 1900년대 초에 대학에서 공식적인 사회사업 훈련이 시작되었다.

C. 개별사회사업, 사례관리, 집단사회사업, 집단치료, 가족치료, 지역사회조직과 같은 사회사업 활동

사회복지사는 개인, 집단, 가족, 조직, 지역사회와 함께 일한다. 사회복지사는 개인이 처한 문제를 해결하거나 대처할 수 있도록 능력을 향상시키는 것을 돕고, 필요한 자원을 끌어들이고, 개인들 간의 교류 그리고 인간과 환경 간 상호작용을 촉진하도록 돕고, 인간에게 필요한 조직을 만드는 것을 돕고, 사회정책에 영향을 미친다. 전문 사회사업 활동으로 개별사회 사업, 사례관리, 집단사회사업, 집단치료, 가족치료, 지역사회조직, 행정, 조사, 자문, 기획, 지도감독, 교육을 들 수 있다.

D. 사회사업실천을 위한 환경 속의 인간에 관한 개념화

이 관점은 클라이언트를 환경체계의 일부로 간주한다. 개인, 관련된 타인, 신체 및 사회환경들간 상호관계를 포괄한다.

E. 사회사업실천의 목표 정리

사회사업실천의 다섯 가지 목적으로, 1) 인간의 문 제 해결 및 대처 능력과 역량 강화, 2) 개인을 자원 및 서비스 체제에의 연결, 3) 인간에게 자원과 서비스를 제공하는 체제의 효과적이고 인간적인 운용, 4) 사회 정책 개발과 증진, 5) 인간과 지역사회의 복지 증진을 들 수 있다.

F. 강점 관점에 관한 설명

사회사업은 개인, 집단, 가족, 조직, 지역사회와 함께 일하면서 역량강화와 강점 관점을 강조한다. 사회복지사는 세계화 지역사회에서 살고 있는 만큼 국제적 시야를 갖추지 않을 수 없게 되었다.

사회복지사가 사정하는 데 클라이언트의 강점을 포함하는 것은 중요하다. 사회복지사는 클라이언트와 일하면서 클라이언트의 문제를 해결하고 지원하는 데 그의 강점과 자원에 중점을 두어야 한다. 클라이언트의 강점을 활용하기 위해서는 먼저 그 강점을 파악해야 한다.

처음부터 클라이언트의 약점에 초점을 맞추면 클라이언트의 잠재성장을 파악하는 사회복지사의 능력을 해치는 위험에 처할 수 있다. 사회복지사는 클라이언트가 자신의 잠재력을 충분히 발휘하기 위한 권한을 가지고 있고, 이와 관련해 용기를 가질 수 있어야 함을 굳게 믿어야 한다. 병적인 것에 중점을 두면 가치 성취를 손상시킬 수 있다.

G. 사회복지사의 사회적 전형에 관한 요약

65년 전에 사회복지사의 전형은 음식을 나르고 도움을 주려고 하면서 그 사람들에 대해서는 충분히 이해하지 못한 중산층의 도덕적이고 나이 든 여성이었다. 사회사업은 전문직으로서 급속히 발전하면서 다양한 전형들을 만들어 냈다.

H. 사회사업의 취업 현장과 취업 기회에 관한 요약

최근 다른 어떤 분야보다 사회사업에서의 취업 기회가 늘고 있다. 사회복지사를 위한 취업 현장이 광범위하게 늘고 있다. 사회복지사로 취업한 대다수는 대학원 학위가 없다. 그러나 대부분의 현장에서는 대체로 사회사업 석사학위를 취득한 이들이 높은 지위에 있고 파격적인 진급 기회가 주어지고 있다.

사회복지사는 높은 수준의 자기인식과 정체성, 그리고 지향성을 분명히 해야 한다. 사회복지사는 정체성을 분명히 함으로써 클라이언트들이 자신의 생활을 선택한 목적과 개인적인 의미를 부여할 수 있도록 이끌어갈 수 있다.

I. 국제 사회사업에 관한 간략한 설명

이제 사회사업은 세계적 전문직이다. 영국, 캐나다, 미국, 인도를 비롯한 여러 나라에서 사회사업은 확인된 전문직이다. 모든 나라의 사람들이 상호 의존하고 있다는 점이 점차 드러나고 있다. 여러 방법으로 세계는 지구촌화하고 있다. 한 나라에서의 위기 경험이 다른 나라에 영향을 미치고 있다.

인터넷 참고자료

CENGAGE**NOW**™ 각 장과 관련된 참고자료는 출판사 홈페이지(www.cengage.com/social_work/zastrow)를 참조하라.

주

1. Robert M. Bremner, " The Rediscovery of Pauperism,"*Current Issues in Social Work Seen in Historical Perspective* (New York: Council on Social Work Education, 1962), p. 13.
2. Nathan E. Cohen, *Social Work in the American Tradition* (Hinsdale, IL: Dryden Press, 1958), p. 66.
3. Dorothy G. Becker, "Social Welfare Leaders as Spokesmen for the Poor,"*Social Casework*, 49, no. 2 (Feb. 1968), p. 85.
4. Ralph Dolgoff and Donald Feldstein, *Understanding Social Welfare* (New York: Harper & Row, 1980), pp. 233-234.
5. Ibid., p. 235.
6. Mary E. Richmond, *Social Diagnosis* (New York: Free Press, 1965).
7. H. J. Eysenck, "The Effects of Psychotherapy,"in *Handbook of Abnormal Psychology,* H. J. Eysenck, ed. (New York:Basic Books, 1961), pp. 697-725.
8. Robert L. Barker, *The Social Work Dictionary*, 4th ed. (Washington, DC: NASW, 1999), p. 455.
9. Ibid.
10. Dean H. Hepworth, Ronald H. Rooney, and Jo Ann Larsen, Direct Social Work Practice: *Theory and Skills*, 5th ed. (Pacific Grove, CA: Brooks/Cole, 1997), pp. 27-28.
11. Barker, *The Social Work Dictionary*, p. 62.
12. Frank Riessman, "The 'Helper Therapy'Principle," *Journal of Social Work,* 10, no. 2 (Apr. 1965), pp. 27-34.
13. Barker, The *Social Work Dictionary*, pp. 90-91.
14. Richard Stuart, *Trick or Treatment: How and When Psychotherapy Fails (*Champaign, IL: Research Press, 1970).
15. William H. Masters and Virginia E. Johnson, *Human Sexual Inadequacy* (Boston: Little, Brown, 1970).
16. D. D. Jackson, "The Study of the Family,"*Family Process,* 4 (1965), pp. 1-20.
17. National Association of Social Workers, *Standards for the Classification of Social Work Practice* (Washington, DC: NASW, 1982), p. 17.

18. Linda A. Mooney, David Knox, and Caroline chacht, *Understanding Social Problems*, 6th ed.(Belmont, CA: Wadsworth/Cengage Learning, 2009), p. 220.
19. Council on Social Work Education, *Educational olicy and Accreditation Standards*
20. Barker, *The Social Work Dictionary*, p. 203.
21. William Glasser, *The Identity Society* (New York: Harper & Row, 1972).
22. Barker, *The Social Work Dictionary*, p. 142
23. A. Weick, C. Rapp, W. P. Sullivan, and W. Kisthardt, "A Strengths Perspective for Social Work Practice," *Social Work*, 34 (1989), pp. 350-354.
24. Dennis Saleebey, *The Strengths Perspective in Social Work Practice*, 2nd ed. (New York: Longman, 1997), pp. 12-15.
25. Ibid., p. 12.
26. Ralph Dolgoff, Donald Feldstein, and Louise Skolnik, *Understanding Social Welfare*, 4th ed. (New York: Longman, 1997), p. 295.
27. Craig W. LeCroy and Erika L, Stinson, "The Public's Perception of Social Work: Is It What We Think It Is?," *Social Work*, 49, no. 2(Apr. 2004), pp. 164-174.
28. Ibid, p. 174.
29. Bureau of Labor Statistics, U.S. Department of Labor, *Occupational Outlook Handbook, 2008-09 Edition*, Social Workers, on the Internet at http://www.bls.gov/oco/ocos060.htm.
30. Ibid.
31. Ibid.
32. Ibid.
33. Ibid.
34. See William Kornblum and Joseph Julian, *Social Problems*, 7th ed. (Englewood Cliffs, NJ: Prentice Hall, 2001), p. 478.
35. Lynne M. Healy, *International Social Work* (New York: Oxford University Press, 2001), 261.
36. Council on Social Work Education, E*ducational olicy and Accreditation Standards*
37. Lynne M. Healy, *International Social Work(New York*: Oxford University Press, 2001), p. 261.
38. See Idit Weiss, John Gal, and John Dixon, eds., *Professional Ideologies and Preferences in Social Work:A Global Study*(Westport, CT: Praeger Publishers, 2003).
39. Lynne M. Healy, "International Social Welfare: Organizations and Activities," *Encyclopedia of Social Work*, 19th ed. (Washington, DC: NASW, 1995), p. 1505.
40. Ibid.
41. Glasser, *The Identity Society.*

3 CHAPTER

일반주의 사회사업실천

Generalist Social Work Practice

이 장의 개요

- 일반주의 사회사업실천의 정의
- 변화과정
- 다양한 역할들
- 개인 사회사업
- 가족 사회사업
- 집단 사회사업
- 조직 사회사업
- 지역사회 사회사업
- 사회사업실천을 위한 지식, 기술, 가치
- 사회사업의 가치
- 사회사업 교육

학습목표

일반주의 사회사업실천에 관한 이 장은 다음과 같은 내용으로 구성되며 학습목표는 다음과 같다.

A. 일반주의 사회사업실천의 정의
B. 사회사업실천에서 변화과정 요약
C. 사회사업실천에서 사회복지사가 수행해야 할 역할 기술
D. 개인, 가족, 집단, 조직 및 지역사회와의 사회사업실천에 대한 논의
E. 사회사업실천에 필요한 지식, 기술, 가치에 대해 요약
F. 사회사업실천을 위한 교육훈련을 간략하게 서술

1. 일반주의 사회사업실천의 정의

전통적으로 사회복지사는 개별 사회복지사, 집단 사회복지사, 지역사회조직가로서 자신들을 인식하고 있다. 그러나 이들 사회복지사는 실제 현장에서 자신들의 역할이 이와 같은 전통적인 역할보다 훨씬 더 복합적이라는 것을 알고 있다. 즉 사회복지사는 변화 매개체로서 개인, 집단, 가족, 조직, 지역사회 수준에서 문제 해결에 참여하게 된다. 사회복지사에 따라 각 수준에서 문제 해결을 위해 투자하는 시간들이 서로 다르다. 그러나 어느 때든 사회복지사는 여러 수준에서 개입함에 있어서 효과적으로 잘 기능할 것으로 기대되고 있다. 따라서 사회복지사는 그런 여러 활동들을 잘 수행할 수 있도록 훈련을 받아야 한다.

미국사회사업교육협의회(CSWE; 사회사업교육에서 학사 및 석사프로그램을 인증하는 기관)는 미국의 모든 학사 및 석사 교육 프로그램은 일반주의 사회사업실천(generalist social work practice)을 교육할 것을 권고하고 있다. (다만 석사교육 프로그램에서는 세부 전공으로 가족치료, 행정, 교정, 임상사회사업 등을 제공하고 석사과정 학생들이 이들 중 하나를 선택하여 이수할 것을 요구하고 있다.)

D. Brieland와 L.B. Costin 그리고 C.R. Atherton은 다음과 같이 일반주의실천을 정의하고 설명한다.

> 일반주의 사회복지사는 의료분야와 비유하자면 일반의와 같이 기본적인 문제를 처리할 수 있는 다양하고 폭넓은 기술 레퍼토리를 갖추고 있으며, 대상자를 의뢰하는 전문가들에 의해서 지원을 받는 사람들이라고 그 특성을 규정지을 수 있다. 이런 역할은 초보 수준 사회복지사(entry level social worker)에게 적절한 것이라 할 수 있다.
>
> 일반주의 실천모델은 사회사업 실천에서 적절한 개입 행동을 확인하고 분석하는 활동을 내포하고 있다. 실천가들은 사회변화를 촉진하고, 정책을 개발하며, 직접서비스(direct service)를 관리하고 제공하는 것과 같이 넓은 범위를 가진 다양한 과업들을 수행해야 한다. 일반주의 실천가는 상호작용과 독립성에 중점을 두는 체계이론을 잘 이해해야 한다. 그들이 활용하는 주된 체계는 지역사회 수준에서의 서비스네트워크이다.
>
> 작은 카운티 지역의 공공복지 실천가는(public welfare worker) 일반주의 실천가의 가장 전형적인 예이다. 그들은 지역사회 자원에 대해서 잘 알고 있고, 주요 인사들과 친밀한 관계를 유지하고 있으며, 서비스 목표를 달성하는 데 어느 정도 영향력을 행사할 수 있다. 한편 대도시 지역의 일반주의 실천가들의 활동은 보다 더 복잡하고, 자원을 잘 활용하기 위해서 더 많은 노력을 해야만 한다.[1]

G. Hull은 일반주의 실천을 다음과 같이 정의하고 있다.

> 일반주의 실천에서 가장 기본적인 원칙은 학사학위 수준의 사회복지사가 개인, 가족, 집단, 조직 및 지역사회를 포함하는 다양한 수준의 체계에 개입하여 문제를 해결하는 과정을 활용할 수 있어야 한다는 것이다. 일반주의 실천가들은 체계와 환경 속의 인간이라는 개념 틀(생태학 모델로 불리기도 함) 내에서 활동한다. 일반주의 실천에서 많은 문제들은 한 개의 체계 이상에 개입해야 해결할 수 있으며(예를 들자면 비행청소년 문제는 개인 수준은 물론 가족이나 학교체계의 수준에 개입해야 함), 문제 상황에 대한 한 가지 해석은 문제 해결에 대체로 유용하지 않은 것으로 본다. 일반주의 실천가들은 클라이언트의 욕구에 따라서 여러 가지 역할(예를 들어 촉진자, 옹호자, 교육자, 중개자, 조정자, 사례관리자, 중재자 등)을 동시에 또는 연속적으로 수행해야 한다. 그들은 자조 집단이나 정

보 집단, 사회화 집단, 과업집단의 지도자나 촉진자로서 활동할 수 있다. 또한 욕구를 사정할 수 있으며, 그들이 관계하는 프로그램이나 실천 활동들을 평가할 수 있다. 또한 일반주의 실천가들은 클라이언트의 문제가 매우 심각하고 좀 더 경험 많은 직원의 지도·감독이 필요한 때에는 클라이언트를 의뢰하게 된다. 일반주의 실천가는 미국사회사업가협회(NASW)의 윤리강령에 기술된 윤리 지침 범위 안에서 활동하며, 서로 다른 문화적, 인종적, 전문직 정향을 가진 클라이언트 및 동료들과 함께 일할 수 있어야 한다. 일반주의 실천가들이 사용하는 지식과 기술은 여러 가지 실천현장(setting)에서 적용 가능하며, 여러 가지 문제 상황들에도 적용할 수 있다.[2)]

Barker는 일반주의 사회복지사(generalist social worker)를 다음과 같이 규정하고 있다.

사회사업에서 실천가들이 사용하는 지식과 기술의 스펙트럼은 매우 넓으며, 다루는 문제들과 그 해결책들은 매우 포괄적이기도 하다. 일반주의 실천가들은 전문실천가들 간의 의사소통을 촉진하여 그들의 노력을 조정하여, 보호(care)가 연속적으로 잘 이루어질 수 있도록 돕는다.[3)]

미국 학사학위과정 프로그램 디렉터들의 조직(Baccalaurate Program Director's organization, BPD)에서는 일반주의 실천을 다음과 같이 규정하고 있다.

일반주의 사회사업실천가들은 다양한 사회사업실천 현장에서 개인, 가족, 집단, 지역사회와 함께 일한다. 일반주의 실천가들은 클라이언트와 클라이언트 체계를 강점 관점에서 접근하여 인간의 타고난 잠재력을 잘 인식하고, 지지하며, 형성하고자 한다. 그들은 클라이언트와 클라이언트 체계를 함께 계약하고, 사정하며, 서비스를 중개하고, 옹호하며, 상담하고, 교육하며 조직화하는 전문적인 문제해결 과정을 활용한다. 그 외에도 일반주의 지역사회개발 및 조직개발에 관여한다. 또한 일반주의 실천가들은 클라이언트의 니드에 가장 적합하도록 서비스의 질과 서비스 급여를 향상시킬 목적으로 서비스 결과를 평가한다.

일반주의 사회사업실천은 사회사업가협회의 윤리강령에 의해 인도되며, 개인과 가족, 집단 그리고 지역사회의 복리를 개선하고 더 나아가서는 사회정의라는 목표를 위해 헌신해야 한다.[4)]

미국 사회사업교육협의회(CSWE)가 제안한 "교육정책과 인증기준(EPAS)"에서는 일반주의 실천을 다음과 같이 정의하고 있다.

일반주의 실천은 인문과학 및 인간과 환경의 복합적인 구성체를 기초로 이루어진다. 인간과 사회의 복리를 증진시키기 위해서 일반주의 실천가들은 개인, 가족, 집단, 조직, 지역사회와의 실천에서 일련의 예방 및 개입방법을 사용한다. 일반주의 실천가들은 사회사업 전문직이라는 정체성을 갖고, 실천에서 비판적으로 사고하고, 윤리 원칙들을 적용한다. 그들은 실천에서 다양성을 적극적으로 인정하며, 인권과 사회·경제적 정의를 옹호한다. 그리고 인간의 강점과 적응유연성(resiliency)을 인식하고 지지하며 형성하고자 한다. 또한 그들은 조사연구에 기초하여 실천을 수행하며(research informed practice), 전문적 실천이 갖는 영향력(impact)에 대해서도 사전학습에 기초하여 혁신적으로 반응한다.[5)]

일반주의 실천에서 핵심적인 것은 (a) 문제 상황을 '환경 속의 인간'이라는 개념적 틀에서 인식하며(2장에서 서술), (b) 여러 다른 수준에서 개입할 수 있고 또 개입하고자 해야 하며, 필요한 경우에는 여러 가지 역할을 수행하는 것을 받아들여야 한다는 것이다. 다음 절에서는 사회사업실천에서 변화 과정을 기술하고, 여러 수준에서 행해지는 다양한 역할을 예시적으로 살피고자 한다.

2. 변화과정

사회복지사는 클라이언트를 돕는 데 있어서 변화과정을 활용한다. 미국사회사업교육협의회는 교육정책과 인증기준(*Educational Policy and Accreditation Standards*, EPAS)에서 전문사회사업실천을 다음과 같이 기술하고 있다.

전문적 실천은 다양한 수준에서 동태적으로 상호영향을 주고받는 계약, 사정, 개입, 평가라는 과정으로 이루어진다. 사회복지사는 개인, 가족, 집단, 조직, 지역사회와 함께 실천하는 지식과 기술을 가지고 있다. 실천지식은 클라이언트의 목적을 성취하도록 설계된, 증거에 기초한 개입을 확인하고 분석하며 실천하는 것, 조사연구와 앞선 기술을 활용하는 것, 프로그램 결과와 실천의 효과성을 평가하는 것, 정책과 서비스를 개발하고, 분석하며, 옹호하고 리더십을 발휘하는 것, 사회·경제적 정의를 증진시키는 것들을 포함한다.

》 교육 정책 2.1.10(a)—계약(engagement)

사회복지사는

- 개인, 가족, 집단, 조직, 지역사회와 함께 이들에게 실질적으로 영향을 미칠 수 있도록 활동할 준비를 한다.

- 공감과 기타 대인관계 기술을 잘 활용한다.
- 양자가 동의하는 활동의 핵심적인 내용과 바람직한 결과를 잘 개발한다.

》 교육 정책 2.1.10(b)—사정(assesssment)

사회복지사는

- 클라이언트에 관한 자료를 수집하고, 잘 정리하고, 해석한다.
- 클라이언트의 강점과 한계를 평가한다.
- 양자가 동의하는 개입의 목적과 목표를 잘 개발한다.
- 적절한 개입전략을 선택한다.

》 교육 정책 2.1.10(c)—개입(intervention)

사회복지사는

- 조직의 목표를 달성하기 위한 활동을 주도한다.
- 클라이언트의 역량을 높일 수 있는 예방적 개입을 실천한다.
- 클라이언트가 문제를 해결하도록 돕는다.
- 클라이언트를 위해 협상하고, 중재하며, 옹호한다.
- 전환과 종료를 촉진시킨다.

》 교육 정책 2.1.10(d)—평가(evaluation)

사회복지사는 개입을 비판적으로 분석하고 모니터하고 평가한다.[6)]

전문사회사업실천의 개념을 위와 같이 볼 때 사회사업실천을 위해서는 적어도 다음과 같은 여덟 가지 기술이 필요하다.

1. 클라이언트와 적절한 작업관계(working relationship)를 유지하면서 계약 맺기
2. 쟁점, 문제, 욕구, 자원, 자산 확인하기
3. 정보 수집하고 사정하기
4. 서비스 전달 기획하기
5. 의사소통 기술, 지도감독, 컨설팅 사용하기
6. 클라이언트의 목적을 성취하기 위하여 설계된 경험에 근거한 개입방법들을 확인하고, 분석하며 실행하는 기술
7. 경험적 지식과 진전된 기술 적용하기
8. 실천의 효과성과 프로그램의 결과 평가하기

다음 사례는 사회사업 변화 과정에서 여덟 가지 기술들이 활용되는 것을 잘 보여주고 있다.

Carlos Ramirez는 미국 중서부 주에 있는 한 고등학교의 사회복지사이다. 4명의 십대 학생들이 학교에서 술을 마셔서 2주간의 정학 처분이 내려졌다. 이 사례는 Ramirez에게 개입이 의뢰되었다.

》 제1단계: 적절한 활동관계(working relationship)를 유지하면서 클라이언트들과 계약 맺기

변화과정의 첫 단계는 클라이언트와 적절한 관계를 수립하는 것이다. 클라이언트들은 서비스를 요구하는 사람들로, 예상되는 서비스 수혜자들이며, 실천가와 계약을 맺은 사람들이다. 이 사례에서 정학 처분을 받은 4명의 십대(그리고 그들의 부모들)는 서비스의 예비 수혜자들로 잠재적인 클라이언트들이다. Ramirez와 협약을 맺고 도움을 요청하는 학교체계도 클라이언트이며, 학교 체계 내의 다른 학생들(그리고 그들의 부모들)도 또한 예상되는 수혜자들로 클라이언트가 될 수 있다.

효과적 실천을 위해서 실천가는 이 모든 잠재적인 클라이언트들과 적절하고 전문적인 활동관계를 맺는 것이 필수적이다. 이 활동관계는 실천가가 공감, 따뜻함 그리고 진실성을 보일 때 촉진되는 것이다(5장에서 클라이언트와 실천가 간에 전문적인 관계를 형성하고 유지하는 데 필요한 정보에 관해 더 설명할 것이다).

》 제2단계: 쟁점, 문제, 욕구, 자원, 자산의 확인

변화과정의 두 번째 단계는 쟁점, 문제, 욕구, 자원 및 자산을 확인하는 것으로 복잡한 과정이다. Ramirez는 다음과 같은 여러 가지 쟁점들(질문, 관심, 문제)을 확인한다. 청소년들이 음주문제를 겪고 있는가? 청소년들이 학교체계의 환상을 깨기 위하여 학교의 규칙을 위반함으로써 학교에 대한 불만을 표출한 것인가? 정학이 청소년들에게 미치는 장기적이거나 단기적인 나쁜 영향은 무엇인가? 정학이 청소년들에게 '말썽꾸러기'라는 낙인을 찍어서 장래에 비행을 저지르게 하는 나쁜 영향을 미칠 것인가? 부모들은 정학문제나 음주문제에 대하여 어떤 반응을 보일 것인가? 정학이 학교의 다른 학생들에게 미칠 좋은 영향 혹은 나쁜 영향은 무엇인가? 만약 정학을 당한 학생들이 거리에서

시간을 보낸다면, 지역사회의 상인들에게 문제를 일으킬 수 있지 않은가? 교내에서 음주한 청소년들에게 정학처분을 내리는 학교 정책은 건설적인 것인가, 파괴적인 것인가? 학교체계는 교과과정에 약물 교육과정을 포함시킬 책임이 있는가? 학교체계의 어떤 부분들이 청소년들을 반항하게 만드는가? 그렇다면 그런 부분들이 변화되어야 하는가?

Ramirez는 학교체계가 이런 이슈들을 다룰 수 있는 많은 자산과 자원들을 가지고 있다는 것을 잘 알고 있다. 학교체계에는 서비스를 제공하고, 확인된 문제, 이슈, 욕구들과 관련하여 새로운 프로그램을 개발하고 실행하는 데 활용할 수 있는 많은 전문직들(교사, 심리상담가, 사회복지사, 간호사, 진로상담가)이 있다. 또 학교체계는 음주와 약물남용 문제를 다룰 전문가를 새로 고용할 자금력도 있으며, 새로운 프로그램을 도입하기 위한 절차와 정책을 정하는 확립된 행정절차(관료제도)도 있다. 약물쟁점과 문제, 자산들은 다음 단계(정보를 수집하고 사정하는 단계)로 나아갈 수 있는 지침으로 작용한다.

》 제3단계: 정보의 수집과 사정

이 단계에서 사회복지사는 제1단계에서 제기된 이슈와 문제들에 대한 답을 찾기 위해서 좀 더 깊이 있는 자료를 수집하고 분석하는 데 집중한다. 많은 경우에 유용한 정보는 클라이언트로부터 직접 얻을 수 있다. 예를 들면, 이 사례에서 청소년들이 음주문제를 가지고 있는가는 개인적으로 만나서 얼마나 자주 얼마나 많이 술을 마시며, 술을 마실 때 어떤 특별한 문제를 겪게 되는가에 대한 질문을 통해서 알 수 있게 된다. 제1단계에서 제기된 또 다른 쟁점에 대해서 다른 자료원에서 정보를 수집할 수 있다. 예를 들면, 청소년들을 학교에서 제적하는 것이 초래할 수 있는 장기적 혹은 단기적인 역효과에 대해서는 이 주제에 관한 문헌 조사를 통해서 답을 찾아볼 수 있다.

》 제4단계: 서비스 전달을 위한 기획

정보를 수집하고 분석하고 난 후에, Ramirez는 학교체계 내의 다른 의사결정권자들과 함께 이 상황에서 학교체계가 서비스를 제공할 것인지를 결정해야 한다(이는 서비스 수급자격의 충족여부를 일차적으로 판단하는 의사결정을 포함한다). 이 사례에서 학교체계는 학교에 학적을 둔 모든 학생들에게 서비스를 제공해야 하기 때문에 의사결정이 비교적 쉽다. 다음 단계의 의사결정은 어떤 서비스를 제공할 것인가에 대한 것으로, 주로 어떤 서비스를 제공할 것인가에 대 하여 기술할 것이다.

》 제5단계: 의사소통기술, 슈퍼비전, 컨설팅 활용

사회복지사의 효과성은 의사소통 기술에 크게 의존한다. 구두발표를 하고 문서를 잘 작성하는 의사소통기술이 필요하다. 문서작성 기술은 면접이나 상담기술 못지않게 중요하다. 사회복지사는 보조금 신청서, 치료 계획, 법정 보고서 등과 같은 다양한 보고서를 작성할 수 있어야 한다. 사회복지사의 구두발표 능력 또한 중요하다. 법정에서의 증언, 클라이언트, 직원, 다른 조직의 전문가들과 효과적으로 의사소통할 수 있어야 한다.

슈퍼비전과 관련해서 기관 행정가들은 사회복지사가 '팀 플레이어'로 활동하기를 원하며, 비판적인 충고나 제안에 대하여 방어적이 아니라 적극적으로 반응하기를 원한다. 이 사례에서 Ramirez는 학교 학생서비스부에 근무하는 그의 감독관인 Maria Garcia 박사와 자주 만나서 그가 취해야 할 여러 가지 조치에 대하여 논의한다.

또한 사회복지사는 컨설팅이 언제 필요할 것인지를 잘 알고 이를 잘 활용할 수 있어야 한다. 이 사례에서 Ramirez는 주정부의 주민교육당국과 연락을 취하고 있으며, 교육당국을 통해서 미국의 다른 지역에서 활용되고 있는 알코올의 예방과 치료에 관한 효과적인 프로그램에 관한 정보를 조언받을 수 있는 컨설턴트를 활용할 수 있다는 것을 알게 된다. 그래서 Ramirez는 주정부 교육당국의 컨설턴트인 Raul Alvarez 박사와 자주 만나서 지역사회의 알코올 관련 이슈에 대해 토론하고 효과적인 프로그램에 대한 정보를 얻고 있다.

》 제6단계: 클라이언트의 목적 달성을 위해 설계된, 경험에 근거한 개입방법들의 확인, 분석, 실행

이 사례에서 Ramirez는 여러 가지 가능한 개입 대안들을 고려해 볼 수 있다. 교내에서 4명의 학생들에 대해 개별상담이나 집단 상담을 고려하거나, 학교 밖의 상담센터에서 개별상담이나 집단상담을 계획할 수 있으며, 혹은 가족치료를 받도록 할 수도 있다. 또 다른 개입 전략으로 음주로 인한 정학처분이 바람직한 정책인가를 쟁점으로 제기할 수 있고(학부모, 학교행정당국, 이사회, 경찰국 등에), 교과과정에 알코올과 약물남용 관련 교육을 추가하는 것을 고려할 수 있다. Ramirez는 Alvarez 박사와 이 전략들에 대하여 토론하고, 타 지역사회에서의 개입 결과들을 참고하여 가장 비용효과적인 방법이 무엇인가를 생각하였다. 그러나 사실상 시간이나 자원의 제약으로 인해 사회복지사가 이 모든 대안들을 다 실행할 수 있는 것은 아니다.

Ramirez는 개입전략의 하나로 알코올과 약물남용을 교과과정에 반영함으로써 예방적인 접근을 선택한다. Ramirez는 이 대안과 관련하여 여러 가지 질문들을 생각해야 한다. 교육 프로그램의 구체적인 내용은 무엇이어야 하는가? 어떤 약물에 대한 교육을 포함해야 하는가? 교과과정의 어디에 배치해야 하는가, 보건교과 혹은 사회과학 교과에 포함시켜야 하는가? 학교 행정당국, 교사, 학부모, 학생, 이사회가 이런 내용을 교과과정에 포함시키는 안을 지지할 것인가?

이 단계에서 Ramirez는 그의 지도감독자인 Garcia 박사를 만나서 이 쟁점들에 대하여 토론하고 가능한 대안들의 목록을 준비한다. 논의된 세 가지 전략은 다음과 같다.

1. 학생들에게 알코올과 약물 사용이 얼마나 널리 퍼져 있는가를 발견하기 위하여 고등학생을 대상으로 무기명 조사를 실시한다. 조사결과는 교육 필요성의 근거 자료가 될 수 있다.
2. 학생서비스부의 전문가 위원회에서 약물교육 프로그램을 개발할 수 있다.
3. 학생서비스부가 학교 행정당국과 학교 이사회에 요구하여 이사회, 학교 행정당국, 학생, 학부모, 교사, 학생서비스부를 대표하는 위원들을 임명하도록 한다. 이 위원회는 약물교육 프로그램의 가능성과 필요성을 검토하게 될 것이다.

Ramirez와 Garcia 박사는 약물교육 프로그램에 대한 이사회의 지지를 확보하기 위한 가장 좋은 방법으로 세 번째 대안을 추구하기로 하였다. Garcia 박사는 교장을 만나서 교육 프로그램이 필요하다는 것을 탐색하는 일에 대한 동의를 얻었으며, 교장은 학교 이사회에 위원회의 결성을 지지할 것을 호소하였다. 그래서 위원회가 구성되었는데, Garcia 박사는 Ramirez를 학생서비스부를 대표하여 이 위원회에 참가하도록 지명하였다.

(이 사례에서 Ramirez는 이와 같은 개입들 외에 다음과 같이 추가적으로 개입할 것을 결정하였다. (1) 4명의 청소년들을 대상으로 음주문제와 무기정학 문제에 일 대 일로 개별 상담하고자 추진하였으나 그들 중 한 명만 정기적으로 상담하기로 하였고, 나머지 3명은 1회 면담 후 면담을 하지 않기로 하였다. (2) 음주학생을 학교 밖에서 정학 처분하는 정책 대신에 교내에서 정학 처분을 내리는 정책으로 변화시키고자 하였다. 이 사례에서는 알코올과 약물남용 관련 교육과정 개설이라는 예방적인 대안을 중심으로 설명하기로 하겠다.)

》 제7단계: 경험적 지식과 진전된 기술을 적용

첫 번째 회의에서 몇몇 위원들이 "약물교육 프로그램을 개발할 때 어떤 약물을 포함시켜야 하는가?"라고 질문하였다. 또 다른 위원들은 학생들이 현재 사용하지 않고 있는 약물들에 대한 정보를 제공하는 것이 오히려 그 약물 사용을 자극하게 될 것이라고 우려하였다. 그래서 학생서비스부에서는 학생들이 현재 어떤 약물들을 사용하고 있으며, 또 얼마나 많은 학생들이 사용하고 있는지에 관한 조사연구를 시행하였다.

위원회에서 논의한 두 번째 관련 쟁점은 약물교육프로그램이 약물남용을 예방할 수 있을 것인가 혹은 약물 남용을 부추길 것인가에 관한 것이었다. Ramirez는 Alvarez 박사를 초청하여 이 쟁점에 대하여 토론할 것을 제안하였고, Alvarez 박사는 여러 국가들에서 약물교육 프로그램이 효과가 있었다는 정보를 위원회와 공유하였다. 약 14개월에 걸친 기획과정을 거쳐서 위원회는 학교 이사회에 교육 프로그램 제안서를 제출하였다. 이제안서는 교육구(school district) 안에 있는 중·고등학교에서 보건교육과정의 일부로 교육을 실시하는 것이었다. 교육 프로그램에는 약물이 미치는 향정신효과, 육체적·심리적 의존성, 장기적으로 건강에 미치는 영향에 관한 정보가 포함되었고, 또한 약물남용 치료에 관한 정보와 약물사용 유혹에 "아니"라고 말할 수 있는 실제적인 방법에 관한 내용 등이 포함되었다.

이 교육 프로그램의 운영에서 여러 가지 기술적인 방법들이 사용되었다. 타 학교체계가 가진 효과적인 약물교육

프로그램에 관한 컴퓨터 데이터베이스, 학생들의 약물 및 약물 사용에 대한 태도를 조사하고 처리할 수 있는 컴퓨터 소프트웨어, 각 연령대별로 활용할 수 있는 필름이나 비디오테이프 등이 그것이다.

》 제8단계: 실천의 효과성과 프로그램의 결과를 평가

이 예방 프로그램을 평가하기 위해서 학생서비스부는 학생들의 약물 오남용 실태와 약물교육 프로그램의 장단점에 대한 학생들의 의견을 사정하기 위해 해마다 무작위표본소사를 한다. 또한 학부모를 대상으로 약물교육프로그램의 장단점에 대한 정보를 수집하기 위해 매년 무작위표본조사를 수행하고 약물교육프로그램의 변화에 관한 제안들을 수집한다. 이러한 조사연구들을 통해서 프로그램의 결과를 평가하고 모니터링하며, 의견을 수렴한다.

모든 개입의 마지막 단계는 종료이다. 학교 이사회가 제안서를 승인하고 난 후에 약물교육프로그램을 개발한 위원회는 마지막 모임을 가졌다. 위원회 구성원들은 마지막 모임에서 복잡한 감정을 느꼈다. 그들의 과업이 성공했음을 기뻐하는 한편, 그들의 삶에서 의미 있는 중요한 부분이었던 집단이 이제 해체되는 데 따른 슬픔의 감정을 느꼈다. (어떤 위원회든 구성원들 간에 친밀한 업무관계가 형성되었을 경우에는 종료단계는 종종 매우 고통스러운 과정이 된다. 종료시점에서 의존성이 발달될 수 있으며, 그 결과 구성원들은 종료에 따른 상실감을 경험하게 된다.)

흔히 마지막 평가는 종료 활동의 일부가 된다. 최종 평가는 모니터링 과정에서 무엇이 일어났는가에 대한 사정을 하는 것 이상을 포함하는 평가이다. 즉 전체 변화 과정이 유용한 것이라는 점을 강조하게 된다. 최종 평가는 기관의 서비스가 유익했는가를 보여주게 되므로 조직의 입장에서는 매우 중요한 의미를 갖는다. 각 기관은 그들의 모든 고객과 서비스에 대한 복합적인 평가를 필요로 하는데, 이 평가는 자금지원기관이 계속 자금을 지원하는 것을 정당화할 수 있는 중요한 기록물로 남게 된다.

3. 다양한 역할들

사회복지사는 개인, 집단, 가족, 조직, 지역사회 수준에서 일하는 데 있어서 여러 가지 역할들을 잘 숙지하고 능숙하게 사용할 수 있어야 한다. 이상적으로는 사회복지사는 주어진 상황에서 가장 효과적인 역할을 선택해야 한다. 사회복지사가 수행해야 할 역할들에 대하여 몇 가지만 소개한다.

》 조력자

조력자의 역할은 개인이나 집단을 도와 그들이 자신들의 욕구를 분명히 파악하고, 직면한 문제를 명확하게 확인하고, 해결전략을 탐색하여 전략을 선택하고 적용하여 문제를 효과적으로 해결하도록 돕는 역할을 하는 것이다. 이 역할은 개인, 집단, 가족과의 상담에서 가장 자주 사용하는 접근법이다. 특히 지역사회실천에서는 주민들이 자조(自助)할 수 있도록 주민조직을 구성하도록 돕는 데 사용하는 역할이다.

'조력자'라는 용어가 약물중독 분야에서는 위와 같은 의미와 다르게 사용된다는 점에 주의해야 한다. 즉 약물중독자가 계속 약물을 사용하고 남용하도록 조장하는 가족구성원이나 친구들을 의미하는 용어로 사용된다.

》 중개자

중개자(broker)로서의 역할은 도움을 필요로 하는 (그리고 자원의 소재지를 모르는) 개인이나 집단을 지역사회서비스에 연결시키는 것이다. 예를 들어 학대받는 아내를 여성쉼터에 의뢰하는 역할이 그것이다. 오늘날 미국에는 중간 규모의 지역사회에도 200~300개에 달하는 많은 사회기관들이 있기 때문에 인간봉사 전문직이라 하더라도 전체 지역사회의 서비스연계망 전체를 다 알기는 어렵다.

》 옹호자

옹호자(advocate)로서의 역할은 법률 전문직에서 빌려온 개념이다. 사회복지사는 클라이언트나 시민을 변호하기 위해 직접적이고 적극적인 역할을 수행한다. 도움을 필요로 하지만 기존 제도가 서비스 제공에 무관심할 때(혹은 부정적이거나 적대적일 때) 옹호자의 역할이 적절하다. 옹호자는 정보를 수집하고 클라이언트의 필요나 요구가 옳다고 주장하여, 서비스를 제공하지 않기로 제도가 내린 의사결정에 도전한다. 목표는 특정제도를 조롱하려는 것이 아니라 서비스에 관한 정책을 변화시키고자 하는 것이다. 옹호자 역할 수행에 있어서 시민의 이익을 위해서만 봉사하는 당파성을 가지게 된다. 옹호자가 되기 위해서 사회복지사는 고객이나 고객집단에 유리하도록 제도 수준에서 정책을 변화시킴으로써 고객들의 권력을 강화해야 한다.

》 행동가

행동가(activist)는 제도의 변화를 추구한다. 흔히 불이익 집단에 권력이나 자원을 이동시키려는 목표를 추구한다. 행동가들은 사회정의, 비형평성, 박탈에 관심을 가지며, 갈등, 대결, 협상을 전략으로 사용한다. 사회 환경을 바꾸어서 개인의 욕구를 더 잘 충족시키도록 하는 것을 목적으로 한다. 공격적이고 행동지향적인 방법을 사용함에 있어서 사회복지사는 사실 발견, 지역사회 욕구 분석, 조사연구, 정보의 유포와 해설, 동원을 사용하여 대중의 이해를 증진시키기 위해 노력하며, 제안된 사회프로그램을 지지한다. 사회행동 활동은 지방정부 수준, 주정부 수준, 연방정부 수준 등에서 이루어진다.

》 중재자

중재자(mediator)는 집단 간의 다툼에 개입하여 차이를 조정하고 타협하여 집단들이 상호 간에 만족할 만한 합의에 이르도록 돕는 역할을 수행한다. 사회복지사는 다양한 종류의 중재를 함에 있어서 그들의 가치지향과 독특한 기술을 사용한다. 중재가 필요한 대상 집단의 예를 들면, 이혼소송 중인 부부, 근린지역 내 주민 간 갈등, 지주와 세입자 간 분쟁, 노사갈등, 아동 후견을 둘러싼 갈등 등이다. 중재자는 어느 쪽에 치우치지 않고 중립적 입장에서 양측의 입장을 이해하도록 돕는다. 각자가 입장을 명확히 정리하도록 돕고, 입장 차이에 관해 양자 간에 어떤 오해가 있는지를 분명하게 확인하여, 각자의 사정을 분명하게 하도록 돕는 역할이다.

》 협상자

협상자(negotiator)는 쟁점을 두고 갈등을 빚고 있는 사람들이 서로 타협하여 상호간에 받아들일 수 있는 어떤 합의에 이르도록 돕는 역할을 한다. 중재자의 역할과 유사하게 협상은 양측이 공존할 수 있는 어떤 중간의 입지를 추구한다. 그러나 중립적인 역할을 하는 중개자와는 달리 협상자는 어느 한 편의 입장에서 참여하게 된다.

》 교육자

클라이언트에게 정보를 제공하고 또 적응 기술을 교육하는 역할이다. 효과적인 교육자(educator)가 되기 위해서는 지식으로 잘 무장하고 있어야 한다. 또 수신자가 잘 이해하도록 분명한 정보를 전달하기 위해서는 성공적인 소통자(communicator)가 되어야 한다. 예를 들어 젊은 부부에 대한 부모 역할 훈련, 실업자에 대한 직업 훈련, 분노조절 기술 훈련 등이 있다.

》 주도자

주도자(initiator)는 현재의 문제 또는 잠재적인 문제에 주의를 집중한다. 문제가 미리 인식되도록 하는 일이 중요하다. 예를 들어 저소득 근린지역을 중산층 주거지역으로 재개발하는 안은 현 거주자들을 무주택자로 전락하게 만든다. 재개발 안이 채택되게 되면 저소득 가족들은 주택비용을 부담할 수 없게 될 것이다. 주도자의 역할에는 흔히 다른 역할들이 수반되기 마련이다. 문제에 대한 주의를 환기시키는 것만으로는 그 문제를 해결할 수 없기 때문이다.

》 권력부여자

사회사업실천의 핵심 목적 중 하나는 권력부여(empowerment)이다. 권력부여는 개인, 가족, 집단, 조직, 지역사회를 돕고 환경을 개선하여 그들의 개인적, 대인 관계적, 사회경제적, 정치적 힘과 영향력을 증진시키는 과정이다. 권력부여에 초점을 맞추어 실천하는 사회복지사는 클라이언트들이 그들의 환경을 이해하고 선택하도록 하고, 또 자신들의 선택에 스스로 책임을 질 수 있도록 하며 또한 옹호 활동과 조직화를 통하여 그들의 삶의 조건에 영향을 미칠 수 있는 역량을 강화하는 데 초점을 두고 활동한다. 또한 권력과 자원을 사회 구성 집단 간에 좀 더 형평성 있게 배분하고자 노력한다. 사회적 형평성과 사회 정의에 초점을 두는 것은 사회사업 전문직이 내세우는 현저한 특성들 중 하나이다.

》 조정자

조정자(coordinator)는 구성요소들을 함께하도록 잘 정리되고 조직된 방식으로 이끌어 내는 일을 한다. 예를 들어 복합적인 문제를 가진 가족에게 가족 구성원들이 가진 재정, 정서, 법, 보건, 교육 등의 여러 가지 욕구를 충족시키기 위해서는 여러 기관들이 함께 다양한 서비스를 제공할 필요가 있다. 이때 한 기관의 사회복지사가 사례관리자로 여러 기관들 간의 서비스 중복을 피하고 서비스들이 서로 상충하는 목표를 추구하지 않도록 예방하는 역할을 한다.

》 조사연구자

모든 사회복지사는 때로는 조사연구자(researcher)가 된다. 사회사업실천에서 조사연구는 관심 주제에 대한 문헌연구, 실천 활동 결과 평가, 프로그램의 장단점 사정, 지역사회 욕구조사 등을 포함한다.

》 집단 촉진가

집단 촉진가(group facilitator)는 집단 활동의 지도자로 활동한다. 치료집단, 교육집단, 자조집단, 감수성집단, 가족치료집단 등에서 활동한다.

비판적 사고를 위한 질문

클라이언트를 충족시키기 위해서 사회사업가의 역할 중 어떤 역할을 사용할 것인가? 왜 그것을 택했나?

》 대중연사

사회복지사는 다양한 집단들에 이용 가능한 서비스에 대한 정보를 제공하거나, 새로운 서비스를 옹호하기 위하여 대중연사(public speaker)로 채용되기도 한다. 최근 가출청소년센터, 성폭행위기센터, 매맞는여성센터 등에서 잠재적인 클라이언트를 대상으로 서비스를 설명할 수 있는 대중연설 기술이 필요하다.

비판적 사고를 위한 질문

당신의 가족 구성원들이 현재 어떤 어려움을 겪고 있는가? 그렇다면 어떤 형태의 가족서비스들이 필요한가?

앞서 지적한 바와 같이 일반주의 사회사업실천가들은 변화 매개자로서 개인, 가족, 집단, 조직, 지역사회와 함께 활동한다. 다음 절에서는 여러분들이 사회사업실천의 풍미를 조금이라도 맛볼 수 있도록 하기 위해서, 각각의 영역을 중심으로 실천 활동에 초점을 두고 간략한 정보를 제공한다.

4. 개인 사회사업

공공기관이나 민간기관 혹은 사설 개업기관에서 일하는 대부분의 사회복지사는 많은 시간을 개인들과 실천 활동을 하면서 보낸다. 개인 사회사업(social work with individuals)은 사람들을 일 대 일 관계에서 도움으로써 그들이 지닌 개인적, 사회적 문제를 해결한다. 개인 사회사업이 다루는 활동은 아주 다양하다. 예를 들면, 가출 청소년 상담, 실업자들이 직업에 대한 훈련을 받고 고용될 수 있도록 돕는 활동, 자살 충동에 빠진 사람에 대한 상담, 가정이 없는 아동을 입양가정이나 위탁가정에서 보호하는 활동, 학대받는 아동과 그 가족들에게 보호서비스(protective services)를 제공하는 활동, 병원에 더 이상 입원해 있을 필요가 없는 뇌졸중 환자를 요양원에 배치하는 활동, 알코올 중독자 치료, 성기능 장애자 상담, 말기환자 상담, 보호관찰을 받는 사람에 대한 지도감독, 편부모에 대한 지원, AIDS 환자에 대한 서비스 조정 활동 등이 있다.

인간은 누구나 스스로 해결할 수 없는 개인적인 문제에 직면하게 될 때가 있다. 가족, 친족, 친구, 지인들이 도움을 주기도 하지만, 때로는 좀 더 숙련된 사람들의 개입이 필요할 때도 있다. 이런 숙련된 도움을 주는 것이 개별사회사업실천 활동과 관련된다.

개인을 다루는 변화 매개자로서 사회복지사는 앞에서 언급한 다양한 역할들을 수행한다. 가장 필수적인 기술과 역할 중 하나가 바로 상담(counseling)이다. (몇몇 권위자들은 상담과 관계기술이 사회복지사에게 가장 필요한 기술이라고 주장한다.[7] 개별상담에 대한 지침은 5장을 참조하기 바란다.)

5. 가족 사회사업 (Social Work with Families)

사회사업 서비스는 그 초점을 가족에 두는 경우도 있다. 가족은 의존적으로 상호작용하는 체계이다. 개인이 직면하는 문제들은 흔히 가족 내 역동성에 영향을 받는다. 가족은 상호작용하는 체계이기 때문에 한 구성원의 변화는 다른 구성원에 영향을 미치게 된다. 예를 들면, 아동 학대는 부모가 그들의 분노나 적대감을 해소하는 방편으로 아동을 희생양으로 삼기 때문이라고 보고되고 있다. 이 경우 학대받는 아동을 안전한 곳으로 옮겨 보호하더라도 가족 내의 다른 아동이 희생양이 될 수 있다.[8)]

가족에 초점을 두는 다른 이유는 때로는 치료과정에 가족 구성원 모두가 참여할 필요가 있기 때문이다. 예를 들면, 가족 구성원이 압력을 행사하여 알코올 중독자가 자신에게 문제가 있다는 것을 인식하도록 할 수 있다. 중독자가 알코올 문제에 잘 대처하도록 돕기 위하여 가족 구성원 모두에게 상담이 필요하거나 자조집단의 도움이 필요한 경우도 있다. 또 가족 구성원은 중독자의 단주 노력에 정서적 지지를 제공하는 데 매우 중요한 역할을 수행하기도 한다.

》 가족문제

가족 내에서 일어나는 수많은 문제들 중 몇 가지를 제시하면 다음과 같다.

- 이혼
- 알코올 및 약물 남용
- 원치 않은 임신
- 파산
- 가난
- 말기 질병
- 만성 질병
- 죽음
- 유기(遺棄)
- 이름뿐인 결혼생활(empty-shell marriage)
- 구성원의 정서적 문제
- 구성원의 행동적 문제
- 아동 학대
- 아동 방임
- 성 학대
- 배우자 학대
- 노인 학대
- 가계부양자의 실업
- 가계 돈 관리의 어려움
- 구성원의 교통사고로 인한 심각한 부상
- 구성원의 인지능력 장애
- 구성원의 투옥이나 시설수용
- 구성원의 도박 중독
- 범죄의 희생양
- 가계부양자의 강요된 은퇴
- 친족 노인의 알츠하이머 병
- 아동의 비행과 범죄에의 관여
- 구성원의 AIDS 관련 질병
- 가출한 십대
- 구성원의 성기능 장애
- 배우자의 부정행위
- 배우자의 불임증

가족에 문제가 발생할 때 사회서비스가 필요하다. 사회복지사는 가족 문제에 대해서 여러 가지 유형의 서비스들을 제공한다. 사회복지사가 문제를 지닌 가족들에게 제공하는 서비스는 가정내서비스(in-home service)와 가정외서비스(out-home service)로 분류할 수 있다.

가정내서비스는 예방적인 것이다. 모든 서비스들이 글자 그대로 항상 가정에서 이루어지는 것은 아니지만, 이들 서비스들은 가족 성원들이 함께 머무는 데 도움이 되도록 설계되었다. 이들 서비스로는 재정적 원조, 보호서비스(protective service; 아동 및 노인학대나 가정폭력으로부터 보호하는 서비스), 가족보존서비스(가정 내의 집중적인 위기 개입서비스로, 그렇지 않을 경우 아동을 가정으로부터 분리하여 위탁 보호해야만 하는 경우), 가족치료(가족관계를 개선하기 위한 집중적 상담), 주간보호(돌봄제공자에게 휴식을 주거나, 직장에서 일할 수 있도록 아동이나 노인에게 제공하는 돌봄서비스), 가사보조서비스(homemaker service), 가족생활교육(아동발달, 부모 기술, 의사소통 등을 강의) 등이 있다. 분명한 것은 이 모든 서비스들을 사회복지사만이 제공할 수 있는 것은 아니지만, 사회복지사는 이 서비스들이 어디에서 제공되는가를 알고 이를 필요로 하는 가족들이 이용할 수 있도록 도울 수 있어야 한다.

가정외서비스는 가족이 더 이상 온전하게 유지될 수 없을 때에 작동되는 서비스들이다. 그 서비스를 제공받는다는 것은 무언가 심각하게 잘못되었다는 증표로, 한 가정의 해체는 그 가정의 경계를 넘어서까지 영향을 미칠 정도의 비극이다. 가정외서비스로는 위탁보호, 입양, 그룹홈, 시설보호(예를 들면 거주형 정신요양 시설), 사법시스템(법을 위반한 가족 구성원들에게 교도소와는 종류가 다른 시설보호를 제공하는 것) 등이 있다.

이런 서비스들을 제공하기 위해서는 사회복지사가 여러 다양한 역할들을 수행해야 한다.

Satir의 가족치료 접근

가족에게 제공되는 중요한 사회서비스 프로그램 중 하나는 가족치료(또는 가족상담)이다. 가족치료에 관해서는 많은 이론적 준거 틀이 개발되었지만, 여기서는 유명한 이론 중 하나인 정신사회복지사인 Satir의 이론을 간략히 소개한다.[9)]

Satir는 가족 구성원 간의 의사소통 유형을 명확히 할 것을 강조한다. 그녀는 문제가 많은 가족들의 의사소통 유형은 모호하고 간접적인 경향을 보인다는 점을 특히 강조하고 있다. 이들 가족 중 부부는 자신들에 관해서 분명하게 말하기보다는 자신의 욕구나 갈망에 대하여 서로 직접 말하는 것을 피하고, 자녀들을 통하여 그들이 원하는 것을 말한다는 것이다. 그래서 이들 가족의 자녀들은 부모 중 어느 한쪽을 잃지 않기 위하여 다른 한쪽을 대변하느라 많은 스트레스를 받는다.

Satir의 관점에 따르면, 문제를 가진 가족의 이런 간접적인 의사소통 유형은 청혼할 때부터 이미 시작되며(전부터 시작된 것이 아니라면), 보통은 한쪽의 낮은 자존감에 기인한다. 스스로 가치 없다고 느끼는 사람은 겉으로는 강하고 신념에 찬 것처럼 행동함으로써 이런 감정들을 숨긴다. 상대가 떠날까봐 쓸데없는 감정을 말하지 않고 서로가 상대방이 자신을 보호해 줄 강한 사람이라고 본다. 그래서 상대가 모든 감정을 다 충족시켜줄 수 있다고 기대하며, 결혼을 하게 된다. 즉 다른 말로 표현하자면 각자는 무엇인가를 '얻으려고' 결혼한다.[10)]

> **비판적 사고를 위한 질문**
>
> 당신 가족의 의사소통 형태는 모호하고 간접적인가, 아니면 구체적으로 표현하고 직접적인가?

그러나 불행하게도, 결혼 후에 그런 환상이 사라지고 각 배우자들은 상대가 자신의 확대된 자아가 될 수 없음을 알게 된다. 예를 들면 한 사람은 한 개의 칫솔을 같이 사용하자고 주장 하며, 다른 사람은 각자 따로 칫솔을 사용하자고 주장한다. 이 같은 사소한 사건들로 서로 차이를 인식하게 되는데, 이런 차이는 자주 논쟁을 낳고 또 좋지 않은 경험으로 남게 된다. 서로 융합하고 보살핌을 받으려는 갈망은 상대가 지닌 다른 느껴진 욕구(felt needs)와 갈등을 낳게 된다. 이런 차이에 직면하면 매우 놀라서 두려움을 느끼게 되고 논쟁을 벌이게 되며 급기야 배우자의 한쪽이 떠나기도 한다.

그래서 이와 같이 크게 놀라고 두려워하는 낮은 자존감과 큰 욕구를 지닌 배우자들은 될 수 있으면 이런 차이를 숨기려 노력하게 된다. 한편으로는 자신을 지키기 위해 상대를 기쁘게 하려고 노력하며, 다른 한편으로는 바람직하지 않은 경험을 가져오게 될 상대의 표현된 욕구(expressed needs)를 두려워하고 노여워하게 된다.

배우자들이 서로를 필요로 하면서도 차이에 대해서 노여워하는 불편한 상황에 있게 되면, 상호간의 의사소통은 점차로 더 간접적으로 이루어지게 된다. "나 개 키우고 싶다"고 직설적으로 말하는 위험을 감수하는 대신에 "Matilda 아줌마는 개를 좋아해"라고 자신의 생각을 간접적으로 표현한다. 상대방이 나의 의도된 마음을 읽고 가족을 위해서 개를 키우는 것을 동의해 주기를 바라는 희망의 표현인 것이다. 그러나 이 메시지 수신자들은 Matilda 아줌마와 관련한 의사소통에 반응하기 때문에 송신자에게 실망을 주게 된다. 그래서 송신자는 이런 방식의 의사소통으로 개를 키우고 싶다는 것에 대해서 더 이상 협상하지 못하게 되고 결국에는 배우자에게 분노의 감정만 남고 욕구는 충족하지도 못하게 된다. 그러나 이런 상황은 단도직입적으로 거절당하는 위험을 감수하는 것에 비해서는 더 선호되고 있다. 한편, 메시지 수신자는 송신자의 분노와 실망을 비언어적 의사소통을 통해서 인식하게 되는 데 무엇 때문에 그런 것인지를 알 수 없다. 갈등을 다루기를 두려워하는 배우자는 왜 그렇게 화가 났는지를 묻지도 못한다. 그래서 이 같은 오해들로 긴장이 발생한다.

Satir는 의사소통이란 사용되는 단어가 가지는 글자의 의미 이상을 내포하고 있다고 본다. 우선 많은 의사소통은 비언어적(손짓, 얼굴 표정, 목소리의 크기, 몸짓 등)이다. 사용하는 단어의 의미와 잘 매치되는 비언어적 의사소통은("나는 슬퍼"라는 문장은 눈물과 함께 아래쪽으로 내려간 입) 잘 **조화**(*comgruent*)된다. 이럴 경우 수신자는 언어적 요소와 비언어적 요소가 잘 일치되기 때문에 그 의미를 잘못 이해하지 않는다. 그러나 이들 메시지가 잘 **조화되지 않는**(*incongruent*) 경우가 있다. 예를 들어 "나는 슬퍼"라는 말을 빙긋이 웃으며 말하면, 수신자는 말과 얼굴 표정 중 어느 것을 믿어야 할 것인가? 송신자에게 설명해주기를 요구하지 않은 한 수신자는 잘못 이해할 수밖에 없게 된다.

그러나 간접적 의사소통에서 안정을 느끼는 사람은 설명해달라고 요구하지 않는다. 더구나 자기보호를 위해서 잘 조화되지 않는 의사소통을 능숙하게 하는 송신자는 자신의 이 같은 행위를 잘 인식하지 못하기 때문에 설명해줄 것을 요청받아도 이를 설명할 수 없게 된다. Satir는 이 같은 조화되지 않는 의사소통이 문제 가정에서 오해를 일으킨다고 믿는다. 예를 들면, 부인이 "나 당신에게 화가 났어요"라고 말해도, 이 말을 너무 강하게 하면 거부당할 것이 두려워서 다정하게 웃으며 말할 수 있다는 것이다. 이때 남편은 부인이 미소 지은 것만 보고 화가 났다는 말은 심각하게 듣지 않아, 화나게 한 행동을 계속한다는 것이다. 부인은 더욱 화가 나게 되지만, 자신의 감정을 좀 더 잘 조화되게 표현할 정도로 정서적으로 안정되지 않을 수도 있다는 것이다. 그 결과, 부부가 멀어지게 되는 의사소통이 계속된다는 것이다.

또 다른 잘 조화되지 않는 의사소통은 수신자가 **이중구속**(*double bind*) 상황에 처하는 것으로, 수신자가 어떻게 반응하든 송신자는 비난하는 것이다. 만약 아버지가 어느 날은 모든 착한 아이들은 장난감을 잘 정리한다고 말해놓고 다른 날에는 '진짜' 아이들은 원래 좀 잘 정리하지 못하고 부주의하다고 말한다면, 아이는 아버지를 기쁘게 하기 위해서 어떻게 행동할지 모르게 된다. 결국 아이는 아버지의 말을 경청하지 않음으로써 이 문제를 해결하고자 한다. 극단적으로는 심각한 정서적 장애를 일으킬 정도로 현실로부터 멀어지게 될 수도 있다.

Satir의 치료 목적과 기법은 사람은 누구나 성숙하고 성장하고자 하는 역량(또는 충동)을 갖고 있다는 가설에 근거를 두고 있다. Satir는 사람은 자신의 삶과 행위에 책임을 지는 선택을 해야 하며, 성숙한 인간은 다음과 같이 행동해야 한다고 주장한다.

1. 다른 사람들에게 자신을 정확하고 분명하게 표현한다.
2. 자신의 내적 자아에서 오는 신호에 민감하게 반응하여, 생각하고 느끼는 것을 숨기지 않고 드러낼 수 있어야 한다.
3. 자신의 외부에 있는 것(outside himself)을 자신, 그리고 그 밖의 무엇과도 다른 것으로 보고 들을 수 있어야 한다.
4. 다른 사람을 대할 때 자기와는 분리된 독특한 존재라는 것을 인정하고 행동해야 한다.
5. 다르다는 것을 위협이나 갈등이 아니라 배움과 탐색의 기회로서 다루어야 한다.[11)]

문제 가족을 돕기 위해서는 가족 구성원 모두가 독특한 개성을 지닌 다른 존재라는 것을 알아야 한다. Satir는 각 구성원들이 자기를 주장할 수 있어야 하며, '나 메시지(I-message)'를 보낼 수 있어야 한다고 가르친다. 나 메시지는 비난하는 의사소통이 아니며, 수신자가 송신자에게 어떻게 나쁜 영향을 준다고 송신자가 생각하고 있는가를 수신자와 명확하게 의사소통하는 것이다. 예를 들어 아버지가 17세의 아들이 제한 속도를 넘어 운전하는 차에 동승한 상황에서, 나 메시지는 "John, 차를 너무 빨리 몰아 두렵구나"라고 말하는 것이다.

가족상담에서 Satir는 적극적·지시적 애정모델(active, directive, loving model)을 제시하고, 사람들이 서로 다른 것은 아주 정상적이며 인간의 성장에 아주 중요한 촉매 작용을 한다고 가르친다. Satir는 잘 조화되지 않는 메시지와 이중구속 메시지를 언급하면서 명확하고, 잘 조화되는 메시지를 보내야 한다고 가족들에게 가르친다. Satir는 접촉(touch)과 기타 비언어메시지 방법—예를 들면 가족조각(family sculpting) 같은 것을 사용하여 비언어적 의사소통이 가족들에게 어떻게 받아들여지는가를 예로서 보여준다. 이 기법은 클라이언트가 낙인을 찍히는 부담을 덜게 하고, 징후가 되는 행동들이 전체로서 가족체계의 산물이라는 것을 보여준다.

가족조각은 사정과 치료에 다 사용된다. 가족조각에서는 가족 구성원들을 물리적으로 배열하는데, 각 구성원들의 자리는 "감독자" 역할을 하는 한 가족 구성원에 의해서 결정된다. 최종 배열 결과를 나타내는 그림은 가족관계에 대해서 그 구성원이 보는 상징적인 관점을 보여준다. Goldenberg는 가족조각 그리기를 다음과 같이 묘사한다.

> 가족조각 과정에서 각 구성원들은 현재의 시점 또는 과거의 특정 시점을 기준으로 다른 가족 구성원과의 관계에 대한 자신의 인식을 기초로 가족 구성원들을 제한된 공간 안에 배열하게 된다. 가족조각가는 가족들을 지배적인 사람, 유순하고 복종적인 사람, 사랑스럽고 가련한 사람, 호전적인 사람, 관용적인 사람, 의존적인 사람 등으로 명명하는데, 이들 가족들이 서로 어떻게 관계하고 있는가는 그림을 보는 모든 사람들에게 분명하게 드러난다. 조각가가 자신의 그림을 설명하면, 구성원 간에 생생한 논쟁이 일어난다. 부모를 가족 집단의 반대 끝 편에 위치시키고 자신과 형제자매들은 중앙에 옹기종기 모여 있는 것으로 묘사한 청소년은 가족체계의 작동에 관해서 그가 말로 표현할 수 있는 것보다도 더 많은 것들을 그림에서 전달하고 있다. 자신을 가족 모두와(아내를 포함하여) 분리하여 위치시킨 아버지의 가족조각 그림은 외로움, 격리, 가족으로부터 배척당하고 있다는 그의 감정을 표현하고 있다. 어머니는 딸을 자신의 비밀까지도 털어놓을 수 있는 친한 관계로 표현하고 있지만, 남성 가족 구성원들로부터 무시당하고 있다고 표현한다.[12)]

Satir는 가족 내에 작용하고 있는 규칙을 분석한다. 그녀는 몇몇 규칙은 잘못된 것이기는 하나, 그 규칙을 만든 사람이나 규칙에 제약을 받는 사람들이 잘못된 것은 아니라는 맥락에서 가족의 규칙이 갖는 의미가 무엇인지를 분명히 드러나도록 돕는다. 또 잘못된 규칙은 변화되어야 하고, 가족들이 새 규칙을 만들기 위해 협상해야 한다고 교육한다. Satir는 가족 구성원들이 모두 그녀 앞에서 이야기를 듣고, 가족 구성원 모두가 각각 자신들이 문제를 보는 관점을 서로 존중하도록 교육한다.

Satir는 가족 전체를 하나의 체계로 다룸으로써 클라이언트의 역기능적인 행동으로 유발된 클라이언트(또는 가족 그 자체)의 고민거리를 해소하고자 한다. 하나의 체계로서의 가족에 대한 개입에서 주로 강조하는 것은 가족 간 의사소통 양식을 명확히 드러나게 하고, 직접적으로 모순 없이 일치하는 의사소통을 하도록 돕는 것이다. 기본적으로, 의사소통 방법을 개선하려는 Satir의 치료적 목표는 세 가지 결과를 낳는다. (a) 각 구성원들은 자신과 타인에 대해서 보고, 듣고, 느끼고, 생각한 것들을 일치되고 완전하게, 그리고 명확하게 보고할 수 있어야 한다. (b) 각 구성원들은 자신의 독특성(uniqueness)을 잘 관련시켜서 권력의 측면이 아닌 탐색과 협상의 측면에서 의사결정을 할 수 있어야 한다. (c) 차이는 공개적으로 인식되어야 하고 성장을 위한 기회로 사용되어야 한다.[13)]

6. 집단 사회사업

집단을 정의하면 다음과 같다.

> 얼굴을 맞대고 상호작용을 하는 둘 이상의 개인들로 구성되며, 집단의 구성원들이 자기가 집단에 속하고 있다는 사실과 다른 구성원들에 대하여 잘 알고 있으며, 구성원들 간에 상호 긍정적으로 의존하고 있고, 동시에 공통의 목적을 달성하기 위하여 노력하는 사람들의 모임이다.[14)]

집단 사회사업의 역사적인 기원은 YMCA, YWCA, 4-H 클럽, 인보관, 스카우트 조직의 활동에서 찾을 수 있다.

2장에서 설명한 것처럼, YMCA는 1844년 런던에서 George Williams가 젊은이들에게 기독교의 가치를 심어주기 위한 목적으로 창립하였다.[15)] 집단여가활동과 사회화 활동이 초기의 YMCA 프로그램의 주류를 이루었다.

인보관은 1800년대 말 여러 대도시에 설립되었는데, 집단 사회사업의 근원이 된 것으로 널리 인식되고 있다.[16)] 인보관은 근린지역 주민들을 교육하고, 개혁하고 조직화하며, 종교적 정체성과 문화적 정체성을 보존하고, 농촌이나 해외에서 이주해 온 사람들을 정서적으로 지지하고 원조하였다.

오늘날 사회서비스 기관들은 여가 기술, 교육, 사회화, 그리고 치료 등 한 가지 혹은 그 이상의 집단 활동들을 제공하고 있다. 대체로 사회사업대학원 및 학부의 교육과정에서는 사회화 집단이나 치료 집단 같은 집단들을 지도할 수 있도록 학생들을 교육하고 있다. 관련 조직으로 집단사회사업협회(Association for the Advancement of Social Work with Groups, AASWG)가 있으며, 매년 심포지엄을 열고 학술지를 발간한다. 사회사업에서 다루는 다양한 집단들은 다음과 같다.

사회대화집단

사회대화집단(social conversation groups)에서 토론은 대체로 느슨하며 뚜렷한 목표를 가지고 있지 않다. 어떤 공식적 주제도 없으며, 한 주제가 지루하면 쉽게 다른 주제로 넘어간다. 개인들은 각자 나름대로의 목적(단지 사교목적일 수도 있다)을 갖지만, 개인의 목적이 전체 집단에 현안주제로 던져지지는 않는다. 이런 사회대화집단은 서로 잘 모르는 사람들이 관계를 얼마나 깊게 발전시킬 수 있는가를 '실험하는' 목적으로 자주 활용된다. 사회사업에서 다른 전문직과의 사회대화는 매우 빈번하지만, 클라이언트를 포함하고 있는 집단에서는 흔히 대화 외의 목표들도 있다.

여가집단

여가집단(recreation groups)의 목적은 여흥과 운동을 위한 다양한 프로그램을 제공하는 것이다. 이런 활동들은 일상적이며, 흔히 지도자가 없는 경우가 많다. 이런 집단 서비스 기관(YMCA, YWCA, 근린지역 센터)들은 물리적 공간 이상의 것들을 제공하며, 몇 가지 설비를 사용하기도 한다. 운동장에서의 자발적인 체육활동, 비공식적 체육대회, 개방된 놀이 공간 등이 그 예이다. 이 기관들은 여가활동과 타인과의 교류활동이 "성격" 형성을 돕고 청소년들의 비행을 예방한다고 주장한다.

여가기술집단

여가기술집단(recreation-skill groups)들은 여가를 제공하는 동시에 일련의 여가기술을 발전시키려는 목적을 가지고 있다. 여가 집단과는 달리 코치나 강사가 지도하며, 특정한 과업이 주어진다. 골프, 농구, 자수, 목공예, 수영 등이 예이다. 이들은 클럽을 조직해 리그를 벌이거나 경쟁하기도 한다. 이 집단들은 사회복지사가 지도하기보다는 여가훈련을 받은 전문 지도자가 지도하는 경우가 많다. YMCA, YWCA, 보이 & 걸스카우트, 근린지역 센터, 그리고 학교의 여가부서 등이 이런 서비스를 제공하는 기관들이다.

교육집단

교육집단(education groups)의 목적은 지식 습득을 도와주고 좀 더 고급의 기술을 익히도록 하는 것이다. 특정 분야에서 전문적인 교육과 훈련을 받은 사람이 지도자로 활동한다. 자기주장 학습, 스트레스 대처 훈련, 보육훈련, 부모훈련, 입양준비, 서비스기관에서 전문적인 과업을 도울 자원봉사자 훈련 등이 그 예이다. 이들 집단에서는 학습시간과 유사하게 집단 상호작용과 토론이 장려된다.

과업집단

과업집단(task groups)은 특정한 과업이나 목표를 달성하기 위해 존재한다. 사회복지사가 개입하는 과업집단의 몇 가지 예를 들면 다음과 같다. 이사회(board of directors)는 기관의 프로그램에 관한 정책을 수립하는 책임을 지닌 행정집단이다. 프로젝트팀(task force)은 특정 목적 달성을 위해 구성되며, 목적을 달성하고 나면 해산한다. 기관의 위원회는 특정 과업이나 사안을 처리하기 위해 구성된다. 임시위원회(ad hoc committee)는 과업집단과 유사하게 한 가지 목적 달성을 위해 구성되며 과업이 끝나면 기능이 종료된다.

문제해결 및 의사결정집단

사회서비스의 소비자나 공급자 모두가 문제해결이나 의사결정 집단에 참여할 수 있다. (문제해결 집단이나 의사결정집단은 과업집단과 일부 중복된다고 볼 수 있는데, 이들 집단은 과업집단의 하위 범주에 속한다고 볼 수 있다.) 서비스 제공자들은 집단 회의를 통하여 고객에 대한 원조계획을 세우고, 부족한 자원을 합리적으로 배분할 계획을 세우며, 서비스 전달을 개선하고, 서비스 정책을 수립하며, 기관 간의 조정과 같은 일을 수행하게 된다.

잠재적 서비스의 소비자들은 지역사회의 욕구를 충족시키고자 집단을 구성할 수 있다. 욕구에 관한 자료를 수집하고, 프로그램을 개발하거나, 서비스 기관들로 하여금 서비스를 제공하도록 영향을 끼치기 위하여 집단을 구성하기도 한다. 사회복지사는 이런 집단 활동을 자극하거나 조직화하는 역할을 한다.

자조집단

자조집단(self-help groups)은 특정한 사회문제 또는 개인 문제를 가지고 있는 사람들을 돕는 데 있어서 매우 유용한 방법으로, 대중적으로 활용된다. Alfred Katz와 Eugene Bender는 자조집단에 대해 매우 포괄적으로 정의하고 있다.

> 자조집단은 자발적으로 구성되고, 상호원조와 특정한 목적을 달성하기 위해 아주 작은 조직 구조를 갖는다. 상호원조를 위하여 동료들끼리 집단을 구성하여 공통의 욕구를 충족시키고 공통의 장애나 삶을 파괴시키는 문제를 극복하여 바람직한 개인의 변화와 사회의 변화를 가져오고자 한다. 이런 집단의 구성원이나 주도자들은 그들의 욕구가 기존 사회제도를 통하여 충족되지 않는다는 것을 인식한다. 자조집단은 대면적인 상호작용을 강조하고, 구성원들이 지닌 회원으로서의 개인적 책임을 강조한다. 이들 집단은 물질적 원조를 제공하기도 하지만, 정서적 지지를 제공하기도 한다. 이들 집단은 때로는 '대의명분'을 지향하기도 하며, 구성원들이 자기정체성을 확립하도록 함으로써 가치나 이념을 널리 알리고자 한다.[17)]

성공적이었던 최초의 자조집단은 알코올 중독자인 두 사람이 구성한 익명성이 보장된 알코올 중독자 모임(Alcoholics Anonymous)이다. 그 이후 수많은 자조집단이 구성되었는데, 인터넷에서 "American Self-Help Group Clearinghouse"를 치면 미국에서만 1,100개 이상의 자조집단이 활동하고 있는 것으로 보고되고 있다. 이들 자조집단들의 명단을 몇 가지 예시하면 보기 3.1과 같다.

많은 자조집단들은 다음과 같은 것들을 강조한다. (a) 집단의 모든 구성원들이 자신이 문제를 가졌다는 것을 집단에 털어놓는 일, (b) 문제에 관한 과거의 경험을 집단에서 차례로 자세히 이야기하는 선언의식, (c) 위기를 느낄 때(예: 학대적인 부모가 아동 학대에 대한 충동을 느낄 때)는 언제나 집단의 다른 구성원에게 전화를 걸고, 그러한 전화를 받은 사람은 위기가 사라질 때까지 함께 지낸다.

자조집단이 성공적인 몇 가지 이유가 있다. 모든 구성원들이 문제에 대하여 잘 이해하고 있고, 그래서 다른 사람들에게 도움이 될 수 있다. 문제의 불행한 결과를 경험하였기 때문에 해결에의 동기가 강하고 자신과 타인을 돕기 위한 방법을 찾는 데 헌신적이다. 또 참여자들은 도움을 주는 사람도 심리적 보상을 받는다는 '보조자 치료 원리(helper therapy principle)'에 따라 도움을 얻을 수 있다.[18)] 다른 사람들을 도움으로써 좋고 보람된 감정을 가지게 되고, 다른 사람도 심각한 문제를 가지고 있다는 것을 알게 되어 자신의 문제를 올바르게 바라볼 수 있게 된다.

전국여성연합조직과 같은 자조집단은 사회옹호활동에 중점을 두어 공공제도나 민간제도에서 입법적·정책적 변화를 시도한다. 어떤 자조집단은 모금을 하고 지역사회 프로그램을 운영하기도 한다. 자조집단이 가진 다른 장점 중 하나는 아주 적은 예산으로 운영이 가능하다는 것이다

사회화집단

사회화집단(socialization groups)의 목적은 구성원의 태도나 행위를 사회적으로 용인되는 방향으로 변화시키고자 하는 것이다. 즉 사회기술을 발전시키고, 자기에 대한 믿음을 증진시키며, 미래를 기획하고자 하는 것이다. 사회화 집단의 지도자는 여러 가지 다양한 집단을 대상으로 활동한다. 예를 들면, 비행을 예방하기 위한 집단 활동에서 비행 직전의 청소년들과의 활동, 인종 간 긴장을 완화시키기 위해 서로 다른 민족 배경을 지닌 청소년들과의 활동, 위기에 처한 초등학교 학생들을 대상으로 대인관계 기술이나 문제해결 기술을 증진시키고 학교생활에 잘 적응할 수 있도록 하는 활동, 요양원에서 거주하는 어르신들이 다양한 활동에 참여할 수 있도록 동기를 부여하는 활동, 소년원의 청소년들이 지역사회로 복귀할 수 있도록 계획을 세우는 활동을 한다. 이들 집단의 지도자는 흔히 사회복지사가 된다.

> **비판적 사고를 위한 질문 ?**
>
> 집단활동의 촉진자가 되기 위하여 학습할 의향이 있는가?

치료집단

치료집단(therapy groups)은 상당히 심각한 개인적·정서적 문제를 가진 사람들로 구성된다. 지도자는 고도로 숙련된 기술을 갖추어야 하고, 통찰력이 있어야 하며, 인간의 행위와 집단 역학을 이해하고, 집단 상담을 할 능력이 있어야 하며, 집단을 활용하여 행위를 변화시킬 수 있어야 하고, 발생한 일과 관련하여 집단 구성원이 어떤 영향을 받는지를 이해해야 하며, 집단 내에 건설적인 분위기를 유지하고 발전시켜야 한다. 일대일 상담과 마찬가지로 치료

보기 3.1 자조집단의 예

Organization	Service Focus
Abused Parents of America	For parents who are abused by their adult children
Adoptees' Liberty Movement Association	For adoptees searching for their natural parents
Alcoholics Anonymous	For adult alcoholics
American Diabetes Association	Clubs for diabetics, their families, and friends
American Sleep Apnea Association	For people with sleep apnea and their families
Burns United Support Group	For burn victims
Candlelighters Childhood Cancer Foundation	For parents of young children with cancer
Concerned United Birthparents	For parents who have surrendered children for adoption and other adoption-affected people, including those in need of assistance in locating family members
Conjoined Twins International	For families of conjoined twins
Crohn's and Colitis Foundation of America	For people with Crohn's disease and their families
Depressed Anonymous	For depressed people
Divorce Care	For divorced people
Emotions Anonymous	For people with emotional problems
Encephalitis Support Group	For those with encephalitis and their families
Families Anonymous	For relatives and friends of drug abusers
Fortune Society	For ex-offenders, prisoners, and those facing prison and their families
Gam-Anon	For families of gamblers
Gray Panthers	An intergenerational group
Herpes Anonymous	For people with herpes and their families and friends
High Risk Moms, Inc.	For women experiencing a high-risk or problem pregnancy
Impotents World Association	For impotent men and their partners
Make Today Count	For people with cancer and their families
Molesters Anonymous	For men who molest children
National Organization for Women	For women's rights
Overeaters Anonymous	For overweight people
Parents Anonymous	For parents of abused children
Sexaholics Anonymous	For those with sexually self-destructive behavior
WINGS Foundation, Inc.	For men and women traumatized by incest

집단의 목표는 구성원들이 자신들의 문제를 깊이 있게 탐색하며 문제를 해결하기 위하여 한 가지 이상의 전략을 개발하는 것이다. 집단 치료자는 태도와 행위를 변화시키기 위한 하나의 지침으로서 하나 이상의 심리치료 방법을 사용한다. 치료법에는 현실치료, 학습이론, 합리치료, 거래분석(transactional analysis), 클라이언트중심치료, 사이코드라마, 여성주의 치료 등이 있다.*

* 여기 소개된 심리치료 기법에 대해서는 Richard s. Sharf, Theories of psychotherapy and Counseling. 4th ed. (Belmont, CA : Wadsworth/Cengage Learning. 2008)을 참조하라.

상담에서 집단치료가 널리 활용되고 있다. 집단치료는 일대일 치료보다 여러 가지 이점이 있다. 보조자 치료(helper therapy)의 원리는 일반적으로 효과가 있는 것으로 알려지고 있다. 구성원들이 서로 역할을 바꾸고 때로는 다른 사람의 문제해결을 위해 보조자(helper)가 되기도 한다. 다른 사람을 돕는 일은 심리적인 보상을 준다. 다른 사람들도 자신들과 같이 심각한 문제를 가지고 있다는 사실을 깨닫게 함으로써 집단은 집단 구성원이 자신들의 문제를 올바르게 바라볼 수 있게 한다. 집단은 상호작용에 문제가 있는 사람들이 새로운 상호작용 유형을 시험해 볼 수

보기 3.2 치료집단과 감수성훈련집단의 대조적 목표들

치료집단	감수성훈련집단
1단계	*1단계*
문제를 깊이 있게 조사함	자기 자신과 사람들 간의 상호작용이 타인에게 어떤 영향을 미치는가를 더 잘 이해하도록 도움
2단계	*2단계*
문제를 해결하기 위한 전략을 탐색하고 선택함(문제해결 방법에 대한 다양한 접근을 검토)	좀 더 효과적인 상호작용 형태를 발전시키도록 사람들을 도움

있도록 돕는다. 조사연구에 따르면 개인보다는 집단을 통하여 개인의 태도를 변화시키기 쉽다고 한다.[19] 집단의 압력이 태도와 신념을 바꾸는 데 실제적으로 효과를 발휘할 수 있다.[20] 더구나 집단치료는 사회복지사가 한 사람 이상을 치료하기 때문에 전문 인력을 최대로 활용하는 것이다.

요점을 정리하면, 집단치료자는 클라이언트의 역기능적인 태도와 행위를 변화시키기 위하여 일대일 상담 원리(5장 참조)와 집단 역학을 사용한다. 흔히 전통적으로 사용된 포괄적인 심리치료 접근법이 전문화된 치료기법(자기주장 훈련, 효과적인 부모 역할 훈련)과 결합하여 함께 사용된다. 적절한 치료기법은 문제의 성격에 기초하여 선택한다.

감수성훈련집단

대면집단(encounter group), 훈련집단(T-group), 감수성 훈련 등의 용어는 서로 혼용되는데, 이 용어들은 사람들이 서로 친밀한 관계를 맺기 위해서는 자신을 개방시킬 것을 요구하는 집단경험을 의미한다. 목표는 대인관계의 친밀성을 증진시키기 위한 것이다. 대면집단은 몇 시간 혹은 며칠 동안 만남을 지속한다.

감수성훈련집단(sensitivity group)의 목표는 치료집단의 목표를 대조해보면 아주 흥미롭다(보기 3.2 참조). 치료집단에서는 각 구성원들이 개인적이고 정서적인 문제를 깊게 탐색하고 그것을 해결하기 위한 전략을 개발하는 것이다. 이와 비교하여 감수성훈련집단은 각 구성원 개인 및 구성원 간의 상호 인식을 증진시켜서 더욱 효과적으로 상호작용을 발전시키고자 한다. 감수성훈련집단은 사람들의 개인적 문제나 정서적인 문제(음주문제, 우울증, 성기능장애 등)를 확인하고 변화시키고자 직접적으로 시도하지 않는다. 감수성훈련집단이 기초하고 있는 철학은 개인과 사람들 상호간의 인식이 증신되면, 사람들이 자신에게 닥치는 구체적이고 개인적인 문제들을 피할 수 있고 또 적절하게 대처해 나아갈 수 있다는 것이다.

감수성훈련집단은 사회에서 다양한 목적으로 사용된다. 전문상담가가 클라이언트나 다른 전문직과 좀 더 효과적으로 상호작용하고 좀 더 통찰력을 가지도록 하는 훈련, 관리직 종사자들이 그들의 사업상 인간관계를 좀 더 효과적으로 만드는 훈련, 대인관계에서 문제가 있는 클라이언트가 자신이 다른 사람들에게 얼마나 영향을 미치는가를 더욱 잘 알게 하고 좀 더 효과적으로 상호작용할 수 있도록 하는 훈련, 일반 시민들을 대상으로 상호작용에 대하여 더 잘 이해하고 효과를 얻도록 돕는 훈련 등이다.

비록 대면집단, 마라톤집단, 감수성훈련집단이 대중적이고 인기가 있지만, 논쟁의 여지가 많다. 잘 훈련받지 않은 무능한 사람이 자칭 지도자로 나서서 사람들의 흥미를 자극하는 자기선전을 하도록 유혹하기도 한다. 잘못 운영되면 감수성훈련집단이 오히려 개인의 문제를 악화시킬 수 있다. 감수성훈련 분야의 많은 권위자들은 감수성훈련집단을 심리치료의 한 형태로 사용하는 것을 거부하고 있으며, 또 감수성훈련집단이 심각한 개인적 문제를 가진 사람들을 집단 활동에 참여하지 못하도록 좌절시킨다고 주장한다.

7. 조직 사회사업

사회사업을 전공하는 많은 학생들이 개인, 가족, 집단을 대상으로 일하고 싶다고 말하지만, 조직에 대해서 흥미를 갖는 학생들은 많지 않다. 그러나 우리는 학교, 학교 내의 동아리, 기업조직, 사회서비스 기관, 교회 조직, 걸스카우

iStockphoto/Group therapy or discussion/Thinkstock

한 부부가 남-녀 협동치료 팀으로부터 상담을 받고 있다.

트나 보이스카우트 같은 조직에 참여하고 있다. 사회복지사가 되는 공부를 하기를 원하면, 어떤 기관, 어느 분야인지 선택해야 하고, 졸업 후에는 사회사업기관(조직)에서 직업을 선택하게 된다. 또 사회사업기관에서 장기간 경력을 쌓아야 하기 때문에 조직에 대하여 학습하고 또 조직에서 어떻게 생존하고 잘 성공할 것인가를 학습하는 것은 매우 유익한 일이다.

비판적 사고를 위한 질문 ?

당신은 사회사업기관에서 어떻게 생존하고 성공할 것인가에 대해서 얼마나 흥미와 관심을 가지고 있는가?

조직은 특정한 목적을 달성하기 위하여 함께 모인 개인들의 집단이다. 사람들이 달성하기 위하여 조직한 목적은 그 수를 셀 수 없게 많으며, 세계평화의 달성에서부터 기본적인 생필품을 획득하는 것에 이르기까지 매우 다양하다. 조직은 개인이 달성할 수 없는 목표나 과업들을 사람들이 함께 달성할 수 있도록 하기 때문에 필요하다.

Etzioni는 조직이 우리들의 삶에서 차지하는 중요성을 다음과 같이 묘사한다.

> 사람은 조직 안에서 태어나고, 조직에 의해 교육받으며, 삶의 많은 부분을 조직을 위해서 보낸다. 많은 여가 시간을 조직에 돈을 지불하고, 조직 내에서 놀고, 조직 내에서 기도하며 보낸다. 죽음도 조직 안에서 맞이하며, 매장을 해야 할 때가 오면 가장 큰 조직인 국가로부터 허가를 받아야 한다.[21)]

Netting, Kettner와 MacMurtry는 사회사업실천에서 조직이 갖는 중요성에 대해서 다음과 같이 말하고 있다.

> 사회복지사로서 우리의 역할은 조직 안에서 이루어지고, 조직과 상호작용을 하며, 조직을 다루는 일들이 사회복지사의 일을 규정하게 된다. 때로는 클라이언트들이 조직으로부터 받아야 할 도움을 받지 못하기 때문에 사회복지사에게 도움을 요청하기도 한다. 이 경우에 클라이언트들이 필요로 하는

보기 3.3 가출인 쉼터에서의 사회화 집단

New Horizons는 미국 중서부 대도시에 있는 사설 가출인 임시쉼터이다. 이 큰 집은 84년 전에 건축되었다. 가출 청소년들은 여기서 2주까지 머무를 수 있다. 주(州) 법은 쉼터에 머무르게 하려면 New Horizons 당국이 부모와 접촉하고 부모의 허락을 받을 것을 요구한다. 제공하는 서비스들로는 임시보호, 개인 및 가족 상담, 위기 청소년을 위한 24시간 응급전화가 있다. 이 시설은 최대 8명의 청소년을 보호할 수 있다. 평균 9일 동안 머무르고 있기 때문에, 쉼터거주 인구는 항상 유동적이다. 가족 갈등을 줄이고, 미래의 생활 계획을 만들기 위해서 청소년들과 부모들에게 심층적인 상담이 이루어진다. 가출한 이유를 14일간의 한정된 시간 내에 풀기 위해서 청소년들과 그 가족들은 첫날부터 노력하기 시작한다.

매일 저녁 7시에 집단미팅이 열린다. 미팅에는 모든 거주자들과 근무 중인 직원 2~3명이 참석한다. 미팅은 직원들이 소집하고 운영한다. 이 미팅은 네 가지 주요 목표를 가지고 있다. 하나는 거주자들에게 New Horizons의 시설과 프로그램에 대한 만족과 불만족에 대하여 말할 기회를 주는 것이다. 이 미팅은 때로는 주로 '불평 말하기' 세션으로 보일 수 있지만, 직원들은 청소년들의 관심사항이 정당할 경우에 그것을 개선하기 위해서 의식적으로 노력한다. 예를 들어 청소년들이 지난 며칠간 "지루했다"고 지적할 수 있고, 직원과 거주자들이 함께 다음 며칠간의 활동 계획을 세울 수 있다.

두 번째 목표는 거주자들 간, 거주자와 직원들 간에 발생하는 상호작용 문제를 다루는 것이다. 어떤 거주자가 다른 거주자의 수면을 방해할 수 있고, 몇몇 청소년들이 가사 일을 함에 있어서 각자의 '공정한 나눔 몫'을 수행하기를 거부할 수 있으며, 어떤 TV 프로그램을 시청할 것인가에 대해서 언쟁이 벌어질 수 있고, 몇몇 거주자들이 지나치게 공격적일 수 있다. 청소년들 대부분이 가출과 관련하여 다양한 위기에 직면하고 있어, 대체로 분노의 감정과 스트레스에 처해 있는 경향이 있다. 이 같은 감정 상태에서는 상호작용 문제가 일어나기 쉽다. 직원들은 그들의 활동, 의사결정, 정책에 대해서 때때로 철저하게 의문을 제기해 보기도 한다. 예를 들면, New Horizons는 거주자들이 쉼터에 머무는 동안에는 음주나 불법적인 약물을 복용하지 않는다는 동의를 해야만 하고, 이를 위반하면 쉼터에서 추방된다는 정책을 가지고 있다. 아주 적은 수지만 몇몇 청소년들이 가끔 약물을 복용하고 그 사실이 발견되어 추방되기도 한다. 쉼터에서 한 사람이 추방되면 다른 사람들에게 커다란 영향을 주게 되고, 그 사건 이후에 열린 미팅에서 직원들은 그 결정을 명확하게 설명해야 한다.

세 번째 목표는 거주자들이 요청한 주제에 대해서 직원들이 관련 자료를 제시하는 것이다. 이들 주제로는 성, 약물, 동성애 관계, 육체적·성적 학대(거주자들 중 상당수가 가족 구성원들로부터 학대를 받았다), 강간을 피하는 방법, 우울이나 원하지 않는 감정을 다루는 방법, 성병의 감염, 가출 청소년의 법적 권리, 자기주장 훈련, 친족과 친구에게 왜 그들이 가출했는가를 이해시키도록 하는 방안, 그리고 지역사회 안에서 이용 가능한 다른 휴먼서비스 등이 있다.

이 집단미팅의 마지막 목표는 New Horizons에서 수행하는 전반적인 프로그램에 관하여 매일의 활동계획과 변화된 사항들에 대한 정보를 전달하는 것이다.

> 자원들은 다른 조직들로부터 얻게 된다. 조직이 어떻게 작동되는지 모르고, 조직이 내부와 외부로부터 어떻게 영향을 받아 변화되는가를 잘 모르는 사회복지사는 효과적으로 일할 수 없다.[22]

많은 학문분야(심리학, 정치학, 사회학, 경영학 등)가 조직에 관해 많은 이론을 만들어 내고 조사연구를 하고 있다. 사회사업실천에서 조직이 중요함에도 불구하고 사회사업 문헌에서는 이 주제를 소홀히 다루고 있다. 사회사업 분야에서 이 분야에 관한 중요한 책들 중의 하나는 Netting, Kettner와 MacMurtry가 공동으로 저술한 〈사회사업 거시실천(*Social Work Macro Practice*)〉이다.[23]

이 장의 앞머리에서 "변화과정"이라는 타이틀로 사회복지사가 조직의 변화를 이끌어내는 예를 다루었다. 그 부분에서는 중서부 주의 학교 교구에서 교과과정에 새로운 교과로서 알코올 및 약물남용 교과가 어떻게 추가되었는가를 기술하였다. 여기서는 사회복지사가 관료제 체제에서 어떻게 생존하고 성공적으로 발전해 나갈 것인가를 제시한다. 관료제는 조직의 한 유형이다. 관료제가 지닌 특성은 권력이 상층부에 집중된 수직적인 계층구조, 전문적 과업에 기초한 노동의 분업, 명확하게 정의된 규칙, 공식화된 의사소통 통로, 기술적 역량에 기초한 선발, 보상, 승진 및 유지 등이다.

원조 전문직과 관료제 체제 간에는 근본적으로 갈등이

사례 3.1 강점관점을 활용한 치료집단

몇 년 전에, 정신질환 범죄자(criminally insane)를 위한 치료감호병원에 사회복지사로 근무했을 때, 나의 지도감독자가 치료집단을 구성하여 운영하라고 요구하였다. 내가 "그 집단의 목표는 무엇이어야 합니까?" 그리고 "어떤 사람들을 참가시켜야 하지요?"라고 질문하자, 지도감독자는 그것은 내가 결정할 문제라고 지적하였다. 이 병원에서는 누구도 어떤 집단치료도 하지 않았으나, 병원 행정 당국은 책임성을 위하여 집단치료프로그램을 개발하는 것이 바람직하다고 생각하였다.

그때 나는 병원에 이제 막 처음 고용되었고 치료집단을 운영해본 경험이 없기 때문에, "집단치료를 가장 필요로 하는 사람이 누구인가?", 그리고 "만약 집단 구성원이 개선되지 않거나, 혹은 더 악화된다면, 이 상황을 내가 어떻게 설명할 수 있을까, 이것이 내 경력을 덮어버리지는 않을까?"라고 스스로 질문했다. 그래서 나는 "가장 심하게 정신질환이 있는 사람(만성 정신분열증 환자로 분류된 자)"을 집단에 선발해야만 한다고 결정하였다. 만성 정신분열증 환자는 좀처럼 나아지지 않는다고 일반적으로 알려져 있다. 그래서 만일 그들이 나아지지 않는다 해도, 내가 비난을 받지 않을 것이라고 느꼈다. 그러나 만일 그들이 조금이라도 나아지면, 실질적인 성과가 있는 것으로 보일 수 있다고 생각했다.

다음 단계로 집단에 참가할 사람을 초청하여, 개별적으로 만나서 집단의 목표와 어떤 주제를 다룰 것인가를 설명하였다. 내가 만난 11명 중에서 8명이 참가하기로 동의했다. 8명 중 몇몇 사람은 자신이 참가하기로 한 주된 이유는, 좋은 점수를 받을 수 있을 것 같고 그러면 조기에 석방될 기회가 많아질 수 있기 때문이라고 솔직하게 말했다. 이 집단에 내가 사용한 방법은 강점 관점이었다. (강점 관점은 2장에 서술되어 있는데, 사람들이 가진 강점과 능력을 확인하여 활용하고 형성하며 강화하고자 하는 방법으로, 사람들의 결점에 초점을 두는 병리적인 관점과 대조되는 것이다.) 현실치료(reality therapy)의 여러 원리들을 이 집단에 활용하였다.[a]

첫 번째 미팅에서, 집단의 초점과 목표에 대하여 다시 자세히 설명하였다. 목표는 구성원의 과거를 검토하는 것이 아니라 그들의 현재의 삶을 더욱 즐겁고 의미 있게 만드는 데에 있으며, 미래를 계획하는 일에 도움을 주기 위한 것이었다. 다루어질 주제들은 병원 직원들에게 더 이상 입원할 필요가 없다는 확신을 어떻게 주고, 또 구성원들이 자신의 고향으로 돌아가서 살 준비를 어떻게 할 것인가(예컨대 시설 내에서 고용에 필요한 기술들을 학습), 우울하고 다른 원치 않는 감정을 느낄 때 무엇을 할 것인가, 석방된 후에 그들을 다시 문제 상황에 빠뜨릴 수도 있는 어떤 것을 해야만 한다면 그들이 어떤 행동을 해야 하는가 하는 것들이다. 또한 때때로 이런 주제들과 관련한 내용을 포함하는 영화를 감상하고 토론할 것이라는 것도 설명하였다. 그리고 집단은 다음주부터 12주간 매주 1회 1시간씩 미팅을 가지게 될 것이라고 간단하게 말하였다(내가 가을에 학교로 돌아가야 할 때까지).

구성원들의 현재 상황을 개선하는 데 집중함으로써 그들의 흥미를 자극하기는 했지만, 그들은 곧 장래에 무엇이 기다리고 있는가를 검토하는 것이 불편하고 불안한 일이라는 것을 알게 되었다. 구성원들이 어느 정도는 책임을 가지고 미래에 대하여 일정한 통제를 해야 한다는 사실을 알게 되는 것이 불안감을 생기게 할 수 있다. 이런 불안에 대한 구성원들의 반응은 그들이 정신병에 걸린 것으로 분류되어 이상행동을 유발하는 내적인 조건을 갖게 되었다는 말로 나타났다. 그들은 정신분열증을 치료하는 방법이 아직 발견되지 않았기 때문에 상황을 개선하기 위해서 자신이 할 수 있는 일은 거의 없다고 결론을 내리고 있었다.

집단 구성원들은 자신들을 "쓰레기"(강한 용어 사용)라고 하며 변명할 구실을 찾았다. 우리는 '만성 정신분열증'이라는 라벨(label)이 의미 없다는 것을 그들이 이해하도록 하기 위해서 몇 세션을 더 진행하였다. 나는 정신병이란 일종의 신화이고, 정서상·행동상의 문제를 가진 사람들조차 '마음의 질병'을 가지지 않은 것이라고 설명하는 데 상당한 시간을 사용했다(5장에서 논의되는 바와 같이). 나는 계속하여 그들을 감금한 것은 바로 그들의 일탈행동이고, 거기서 그들을 벗어나게 하는 것은 바로 그런 이상행동을 겉으로 보이지 않는 것이며, 석방되더라도 일탈행동을 하지 않을 것이라는 확신을 직원들에게 보여주는 것이라고 설명하였다. 석방을 위한 열쇠는 그들이 갖고 있으며, 그 간단한 열쇠는 바로, '정상(sane)'으로 행동하는 것이라는 말을 덧붙였다. 구성원들이 시도했던 다른 구실은 과거 그들의 파괴된 가정, 열악한 학교, 깨진 사랑 혹은 다른 어떤 것들이 그들을 "엉망으로 만들었고(messed them up)", 그런 상황에서 어쩔 수 없었다는 것이었다. 그들은 그런 구실들이 다 "쓰레기(garbage)"라고 말하였다. 구성원들의 과거 경험들이 그들이 병원에 있는 것을 설명해 주는 것도 사실이다. 그러나 구성원들이 원하는 어떤 미래를 결정하는 것은 목표를 달성하기 위해서 무엇인가를 해야 한다는 동기부여와 함께, 그들이 원하는 미래의 어떤 것들이 그들의 과거 경험보다 더 중요하다는 사실을 강조하였다.

마지막으로, 여러 가지 변명할 구실들을 이야기한 후에야 다음과 같은 여러 가지 주제에 집중할 수 있었다. 우울증에 어떻게 대처할 것인가, '이상하게(strange)' 간주되는 행동을

(계속)

사례 3.1 (계속)

보이는 것을 어떻게 중지할 것인가, 조기 석방 기회를 늘리기 위해 '정상'으로 보이게끔 자신을 어떻게 표현할 것인가, 가정이 있는 지역사회에 귀환하여 어떻게 적응할 것인가, 석방을 위해서 바람직한 경력이나 일은 무엇인가, 시설에 있을 때 기술이나 직업을 배우면서 어떻게 준비할 것인가, 미래에 그들이 원하는 것을 어떻게 조사하고 목표를 달성하기 위한 구체적인 단계를 어떻게 결정할 것인가, 처방된 항정신성 약물을 지속적으로 복용하는 것이 왜 중요한지 등이다. 집단활동 과정 동안에 각 구성원들이 과거의 외상적 경험에 초점을 맞추는 대신에 그들이 가진 독특한 강점과 자산(직업적, 사회적, 대인관계적인 면에서)에 대하여 서로 이야기를 나누고 확인하도록 하는 데에 초점을 두었다.

이러한 접근을 한 결과는 매우 고무적이었다. 구성원들은 자신이 처한 상황에 대해 음울해 하며 시간을 보내는 대신, 삶을 개선하려는 동기를 부여하기 시작했다. 12주가 끝날 무렵에, 8명의 구성원들은 이번 미팅이 그들의 삶을 긍정적으로 변화시켰다고 자진해서 언급하였다. 구성원들은 내가 대학으로 되돌아간 후에도 병원의 다른 사회복지사가 이 집단을 계속 이끌어 줄 임무를 맡아 줄 것을 요구하였다. 이 요구는 잘 받아들여졌다. 3년이 지난 후 내가 병원을 방문했을 때, 8명 중 5명이 가정이 있는 지역사회로 석방된 것을 알게 되었다. 다른 두 사람은 조금 나아진 것으로 보였다. 마지막 한 사람의 조건은 "변화되지 않은" 것으로 기술되었다. 이러한 결과는 집단치료에서 이 접근이 집단 구성원들 대부분에게 긍정적으로 영향을 주었다는 "가벼운(soft)" 증거를 제공한 것이다.

[a]William Glasser, *Reality Therapy* (New York: Harper & Row, 1965); and William Glasser, *Reality Therapy* in Action (New York: HarperCollins, 2000).

존재한다. 원조 전문직은 창의성과 변화에 큰 가치를 두지만, 관료제 체제는 변화에 저항한다. 원조 전문직은 각각의 클라이언트에게 개별화된 서비스를 전달하지만 관료제 체제는 비정의적(非情誼的)이고 변화를 거부한다. 대규모 관료제에서 피고용인은 '인간'이 아니라 체제의 기능을 담당하는 한 부분으로 여겨진다. 보기 3.5에서 관료제 체제와 원조 전문직 간에 나타나는 가치정향에서의 갈등의 목록을 살펴볼 수 있다.

가치정향에서의 이와 같은 차이들로 원조 전문직과 관료제 간에 갈등이 발생한다. Knopf는 갈등이 발생할 가능성이 많은 영역을 간략하게 설명하고 있다.

> 관료제 체제를 대표하는 특징은 권력, 계층, 전문화이다. 즉 규칙과 역할이다. 여기서의 핵심은 바로 비인격화이다. 관료제는 그 자체로 '선'도 '악'도 아니다. 즉 하나의 체제로 어떤 도덕적인 판단의 대상은 아니다. 관료제는 효과적이고 효율적이지만, 그 기능을 수행함에 있어서 철저하게 비인격화되어야만 한다. 바로 이 지점이 갈등의 근원이 된다. 원조 전문직은 개별화되고, 민주적이며, 인본주의적이고, 자기-동기부여에 기초한 관계지향의 서비스를 특성으로 내세우며, 관료제는 비인격화되고, 가치중립적이며, 비정의적이고 계층적인 조직구조를 특성으로 내세운다. 원조 전문직이 직면하는 갈등은 이런 관료제적인 특성으로 구성된 전달체계를 통하여 클라이언트에게 어떻게 인격화된 서비스를 제공할 것인가 하는 것이다.[24)]

많은 원조 전문직들은 이런 가치정향 갈등에 대하여 그것을 관료제의 특성보다는 관료제 안에 있는 사람들의 '인격(personality)' 때문이라고 잘못 투사하여 반응하고 있다. 관료제의 병리로는 문서주의, 형식주의, 냉혹함, 적대성 등이 지적되고 있는데, 관료제의 조직원들은 융통성 없고, 비효율적이고 비효과적이며, 무용지물이고, 종이나 만지작거리는 사람들로 여겨지고 있다. Knopf는 다음과 같이 말했다.

> 원조 전문직은 … 관료제에 가치를 투사하여 관료체계가 지닌 비인격적인 특성을 다룸으로써 관료제 체제에 '인격'을 부여한다. 이 같은 방식으로 관료제 체제를 인간적인 방식으로 다룰 수 있다고 생각하는 우를 범하게 된다. 불행하게도, 투사는 거의 항상 부정적으로 일어나서 우리들의 어둡고 부정적인 측면을 반영한다. 그래서 관료제 체제는 우리들의 분노, 슬픔, 그리고 두려움을 폭발시키는 스크린이 되고, 많은 에너지가 생겨나지만 성취되는 것은 거의 없다. 관료제 체제는 도덕적인 것과 관계가 없고, 거기에 인격을 부여하는 것은 생산적이지 않기 때문이다.[25)]

관료제 체제는 선도 악도 아니며, 그 자체로 인격도 아니며 어떤 가치체계도 아니다. 단지 다양한 과업을 수행하기 위하여 개발된 조직구조일 뿐이다.

그럼에도 불구하고 원조 전문직들은 관료제와의 갈등

에 대하여 정서적으로 매우 다양하게 반응한다.* 공통적인 반응은 관료제에 대하여 자기 비난("이건 모두 내 잘못이야"), 슬픔과 절망("불쌍한 것", "내가 한 일을 아무도 인정해 주지 않아"), 놀람과 망상("그들은 나를 괴롭히고 있어", "내가 일을 망쳐서 돌아버릴 것 같아") 등으로 나타난다.

Knopf는 원조 전문직들이 관료제와 일하면서 선택하는 몇 가지 행위 유형을 제시한다.[26)]

싸움꾼(*warrior*)은 관료체제를 비난하고 파괴하고자 공개적으로 캠페인을 벌인다. 이들은 관료체제의 가치를 폄하하고 승-패 게임을 벌이기도 한다. 이들은 대체로 패배하고 해고되기도 한다.

비평가(*gossip*)는 숨어 있는 싸움꾼이다. 관료체제가 얼마나 흉물스러운가를 타인(클라이언트, 정치인, 언론매체)에게 불평한다. 이들은 한 곳에 비난을 집중시키려고 몇몇 직원들을 가려내기도 한다. 관료체제는 비평가들에게 힘든 과업을 맡기거나, 그들의 월급 인상률을 낮추거나, 때로는 그들을 해고하기도 한다.

불평가(*complainer*)는 비평가와 유사하지만 불평을 가족이나 내부 직원들에게 국한한다는 점에서 다르다. 불평가는 불평에 대한 동의를 구함으로써 그들과 함께 어려움을 겪고 있다는 사실에서 위안을 찾고자 한다. 불평가는 관료체제와 함께하기를 원하고 또 일반적으로 그렇다.

무용가(*dancer*)는 규칙과 절차를 무시하는 일에 아주 능숙하다. 이들은 대체로 외톨이고 서식을 잘못 기록하여 징계를 받기도 한다. 이들은 체제와 고객을 돕는 일에 인색하다.

방어자(*defender*)는 소극적이고 갈등을 싫어하며, 관료제의 규칙과 규정을 준수한다. 흔히 지도감독자가 이들 부류에 속하며, 다른 사람들에게는 '관료주의자'로 보인다.

기계적인 사람(*machine*)은 관료제적인 정향을 가진 '관료주의자'이다. 이들은 대체로 서비스를 제공하는 활동에 수년 이상 직접 참여하지 않은 사람들이다. 대체로 이사회나 정책집단의 우두머리에게 이런 이름이 붙여진다.

집행자(*executioner*)는 조직에서 열정과 넘치는 힘으로 사람을 공격한다. 이들은 에너지가 넘치고 충동적인 경우가 많다. 권력을 남용하여 피고용인은 물론 서비스나 프로그램에 대해서 무차별적으로 공격하거나 해고하기도 한다. 집행자는 권력을 가지며, 분노하고 있다.(비록 분노가 감추어진 것이지만). 그들은 전문직의 가치지향과 관료제 어느 쪽도 헌신적으로 전념하지 않는다.

Knopf는 관료체제에서 생존하기 위한 66가지 비결을 열거하고 있다.[27)] 이들 중 유용한 몇 가지를 요약하여 소개한다.

1. 클라이언트나 당신의 욕구가 관료제에서 충족되지 않을 때 문제를 해결하기 위해 다음과 같은 방법으로 접근하라. (a) 어떤 욕구가 관료제와 충돌하는가를 구체적으로 확인하라. 이것이 문제 규정단계이다. (b) 가능한 해결책의 목록을 만들어라. 창의적으로 다양한 아이디어를 만들어라. (c) 가능한 해결책의 장단점을 평가하라. (d) 해결책을 선택하라. (e) 해결책을 실행하라. (f) 결과를 평가하라.
2. 관료제가 어떻게 구성되어 있고 기능하는가를 학습하라. 학습을 통하여 무지에 대한 공포로부터 벗어날 수 있고, 체제를 좀 더 예측 가능하게 할 수 있으며, 욕구를 충족시킬 수 있는 합리적인 길을 찾는 데 도움이 될 수 있다.
3. 관료들도 인간이며 감정을 가지고 있다는 점을 기억하라. 클라이언트를 대하는 것과 같은 마음으로 존경과 관심을 가지고 대하면 의사소통의 차이는 대체로 효과적으로 감소될 수 있다.
4. 관료제와 투쟁 중이라면, 휴전을 선언하라. 만일 계속 투쟁한다면 관료체제가 당신을 해고할 것이다. 휴전을 통하여 관료제가 가진 힘을 확인하고 그 힘을 적군이 아닌 우군으로 활용할 수 있을 것이다.
5. 노동계약과 직무기대에 대하여 잘 인지하라. 직무기대가 분명하지 않다면, 명확하게 하라.
6. 전문적 원조기술과 지식을 계속 발전시켜라. 평생교육기회를 잘 활용하라(워크숍, 회의, 연수과정 등). 전문성을 계속 발전시키는 것이 갖는 또 다른 이익은 장래에 능력과 기술을 요하는 직위를 갖는 계약을 맺는 데 도움이 된다는 것이다.
7. 자신의 전문성이 갖는 강점과 한계를 확인하라. 자

* 이와 같은 서술은 관료체계가 가진 여러 가지 부정적인 측면들을 강조하는 것으로, 특히 관료제의 비인격적 특성을 보여준다. 공정하게 보자면, 대규모 관료제가 갖는 장점 중 하나는 클라이언트의 이익을 위하여 강력한 체계를 변화시킬 잠재력을 가지고 있다는 점에 주목할 필요가 있다. 규모가 작은 비관료제적인 체계에서는, 사회복지사들이 많은 자유를 누릴 수 있지만, 거대한 체계에 영향을 미치거나, 클라이언트를 위해 막대한 자원을 동원할 힘이나 기회를 가지기 어렵다.

보기 3.4 인간서비스조직 분석하기

사회복지사는 그(그녀)가 일하는 기관/조직뿐 아니라, 그(그녀)와 상호작용을 하는 다른 기관들과 조직들을 이해하고 분석하는 것이 필수적이다. 기관 또는 조직을 분석하는 유용한 질문들은 다음과 같다.

1. 조직의 사명에 관한 진술은 무엇인가?
2. 조직의 클라이언트들이 가진 중요한 문제는 무엇인가?
3. 조직이 제공하는 서비스는 무엇인가?
4. 클라이언트의 욕구는 어떻게 결정되는가?
5. 클라이언트 중 유색인종, 여성, 게이 또는 레즈비언, 노인, 기타 위험 인구는 몇 %인가?
6. 이 조직의 총 서비스비용은 지난해에 얼마였는가?
7. 각 프로그램별로 얼마나 많은 돈이 지출되었는가?
8. 조직의 자금 원천은 무엇인가?
9. 각 원천으로부터 받은 자금은 얼마이고 그 비율(%)은 얼마인가?
10. 조직이 거절한 클라이언트 유형은 무엇인가?
11. 지역사회에서 동일한 서비스를 제공하는 조직들로 어떤 조직들이 있는가?
12. 조직구조는 어떠한가? 예를 들어 조직에는 공식적인 명령계통이 있는가?
13. 조직에 비공식적인 의사결정과정과 구조가 있는가?(즉 조직 관료체계의 공식적인 지위에 있는 사람에게 기대되는 것보다 더 크게 영향을 미치는 사람이 있는가?)
14. 조직에서 직접 서비스를 제공하는 사람들이 중요한 정책결정에 얼마나 많이 투입되는가?
15. 조직 운영을 감독하는 이사회가 있는가? 그 경우에 이사회 구성원들의 배경은 무엇인가?
16. 모든 피고용자들이 존중받고 있다고 느끼는가?
17. 피고용인들의 사기는 어떠한가?
18. 조직이 충족하지 못한 중요한 주된 욕구는 무엇인가?
19. 조직이 인사 정책과 절차에 관한 안내서를 가지고 있는가?
20. 지역사회에서 조직이 가진 이미지는 무엇인가?
21. 최근 몇 년간 조직 직원들의 이직률은 어떠한가? 직원들이 이직을 하는 주된 이유는 무엇인가?
22. 조직은 서비스를 평가하는 과정을 갖추고 있는가? 그렇다면 그 과정은 무엇이고, 그 성과물은 무엇인가?

신의 한계를 앎으로써 능력 이상의 책임을 맡는 것을 피할 수 있다.

8. 모든 것을 다 변화시킬 수는 없다는 것을 인식하고, 중지하라. 관료제도에서 가장 변화가 필요한 부문에만 노력을 집중하라. 그러면 상당한 정도로 변화 기회를 가질 수 있다. 변화시킬 수 없는 것에 대하여 생각하거나 불평하는 것을 중지하라.
9. 관료제도와 상대하면서 감정을 통제하는 방법을 배워라. 특히 비생산적인 감정(예: 분노의 폭발)은 통제되어야 한다. 원치 않는 감정을 스스로 합리적으로 분석해보는 것은(5장 참조) 감정에 대한 통제력을 갖는 한 가지 방안이다. 일상의 삶에서 스트레스에 대처하는 법을 익히는 것은 직장에서의 스트레스에 더 효과적으로 대처하는 준비가 된다.
10. 유머 감각을 개발하고 사용하라. 유머는 역경을 무디게 하고 부정적인 감정을 줄여준다.
11. 실수를 인정하는 것을 배우고, 실수에 대하여 웃어넘길 수도 있어야 한다. 완벽한 사람은 아무도 없다.
12. 동료들과 함께 지지체계를 개발하고 즐기는 데 시간을 투자하라.
13. 실수를 인정하고 때로는 사소한 것들을 양보하라. 당신이 옳지 않을 수도 있다. 양보는 다른 사람도 양보할 수 있게 만든다.
14. 건강을 유지하고 정신적으로 늘 깨어 있어라. 스트레스를 줄이고 소진을 막을 수 있는 방법을 배우라(스트레스를 줄이는 방법에 대한 기술은 15장을 참조하라).
15. 사무실에서 일을 끝내라. 마치지 못한 긴급한 일이 있다면, 그 일을 마치고 퇴근해라.
16. 가끔은 지도감독자나 다른 상사하고 점심을 같이 해라. 사교는 고립을 예방하고 체제에 대한 이해와 몰입을 촉진시켜 준다.
17. 관료제도에서 자아실현이나 자아만족을 추구하지 마라. 탈인격화된 체제에서 자아실현으로 보상받기는 어렵다. 당신 스스로 어떤 활동에서 자아실현을 찾아라.

보기 3.5 원조 전문직과 관료제 간의 가치갈등

원조 전문직의 오리엔테이션	관료제 체계의 오리엔테이션
의사결정에서 민주적 체계를 희망함	모든 결정은 독재적으로 이루어짐
피고용자들 간에 권력이 평등하게 배분되기를 희망함(수평적인 구조)	권력은 수직적으로 배분됨
체제 안에서 클라이언트들이 상당한 정도의 권력을 가지는 것을 희망함	권력은 최고 관리자가 행사함
융통성이 있고 변화하는 체제를 희망함	체계는 엄격하고 안정적임
창조성과 성장이 강조되기를 희망함	구조와 현상유지가 강조됨
초점을 클라이언트에게 맞추기를 희망함	체계는 조직을 중심으로 이루어짐
의사소통이 사람 간에 개별화된 수준에서 이루어지기를 희망함	의사소통은 지위에서 지위로 이루어짐
의사결정을 공유하고 책임을 공유하는 구조를 희망함	위계적인 의사결정 구조와 의계적인 책임구조가 특징임
가장 잘 아는 사람이 의사결정을 하기를 희망함	계층제의 각 지위에 부여된 의사결정에 관한 권위에 의하여 의사결정이 이루어짐
리더십을 공유하기를 희망함	독재적인 리더십을 사용하는 체계
클라이언트와 피고용자들의 감정이 체계에서 아주 존중되어야 한다는 것에 대한 믿음	절차와 과정을 아주 존중함

18. 지역사회집단에 대한 연설에서, 당신 기관의 장점을 강조하라. 연설이 끝난 후에 기관장이나 지도 감독자에게 감사의 편지를 보내도록 주문하라.

19. 관료제도에 문제가 있다면, 그 문제를 다른 직원들과 상의하라. 불평하기보다는 문제해결에 초점을 맞추어라. 체제를 변화시키는 일은 개인적으로 하기보다는 집단적으로 활동하는 것이 더욱 강력하고 생산적이다.

20. 아무리 높은 자리로 승진하더라도 직접적인 서비스와 관련을 맺어라. 직접적 서비스 업무와 관계를 끊지 않음으로써 변화하는 클라이언트의 욕구에 발맞출 수 있고, 진부해지는 것을 막을 수 있으며, 낮은 직급에 있는 직원들의 관심사항에 동조할 수 있다.

21. 체제의 모든 것을 한 번에 바꾸겠다고 시도하지 말라. 너무 많이 공격하는 것은 능력 이상으로 힘을 쓰게 하여 소진에 이르게 한다. 작은 일부터 시작하고, 선택적이고 구체적으로 시도하라. 관심을 갖는 사실에 대하여 재차 점검하라, 그럼으로써 관료주의와 부딪힐 때 당신의 입장을 정확하게 밝힐 수 있다.

22. 당신의 경력 발전의 목표를 확인하고, 이 체제에서 그런 목표를 충족시킬 수 있는가를 따져보라. 만약 그렇지 않다면 목표를 바꾸든가, 관료제를 변화시키든가, 당신의 목표를 충족시킬 수 있는 다른 지위를 찾아라.

8. 지역사회 사회사업

대부분의 사회사업 전공 학생들은 지역사회실천을 경력으로 고려하지 않고 있다. 지역사회실천은 사용하는 기술이나 기법이 너무 복잡하고 추상적이어서 배우기 어렵다고 믿고 있다. 또한 지역사회실천은 보상이 적고 지루하고 재미없는 활동으로 인식되고 있다. 그러나 이런 모든 믿음들은 잘못된 것이다. 사실은 (a) 지역사회실천에 필요한 가장 기본적인 기술은 사람들과 함께 효과적으로 일하는 역량이다. (b) 지역사회실천은 일차적으로 개인, 집단과의 활동을 포함한다. (c) 모든 사회사업실천가들은 때때로 지역사회실천 프로젝트에 참여하고 있다. (d) 지역사회 프로젝트가 개발되고, 승인되고 집행되는 것을 보는 것은 매우 즐거운 일이다. (e) 지역사회실천 노력은 흔히 매우 즐거운 활동이다.

개인이나 집단을 대상으로 직접적 실천을 하는 사회복지사도 서비스 격차가 발생하거나 욕구가 충족되지 않았을 때에는 그들이 대상으로 하는 클라이언트들을 위해서 지역사회실천 활동에 개입하게 된다. 예를 들어 지역사회에서 십대 임신이 급격하게 증가한다면 학교사회복지사는 학교에 성교육 프로그램을 도입하기 위해 노력할 수 있다. 의료사회복지사는 병원 서비스에 불만인 만성질환자와 그 가족을 위하여 호스피스 제도를 도입하기 위해 노력할 수 있다. 만일 청소년 보호관찰관이 청소년 범죄가 증가하는 것을 안다면, 비행청소년들에게 교도소 견학을 시키고 수감 생활에 대한 이야기를 듣도록 할 수 있다.

필요한 새로운 서비스를 개발하고자 하는 사회복지사는 그것이 사람들에게 가져다 줄 편익을 잘 알고 있다. 지역사회실천 프로젝트에 쏟는 시간, 노력 등으로 사회복지사는 자주 '자신을 전부 던지기(ego involved)'도 한다. 새로운 서비스를 도입하는 데 성공하는 것은 아주 만족스러운 정치적 승리의 경험이라 할 수 있다. 부정적인 면은 새로운 서비스를 개발함에 있어서 예상하지 않은 많은 장애가 있을 수 있고, 처음에 예상했던 것보다 몇 배나 더 많은 시간과 노력이 요구될 수 있다는 것이다.

지역사회실천(*community practice*)이라는 용어에 대해 널리 인정되는 정의는 없다. 지역사회실천이라는 이름으로 행해지는 다양한 명칭을 가진 활동들이 있다. 사회계획(social planning), 지역사회계획(community planning), 지역개발(locality development), 지역사회행동(community action), 사회행동(social action), 거시실천(macro practice), 지역사회조직(community organization), 지역사회개발(community development) 등이 그 예이다.

이 책에서는 지역사회실천을 지역사회의 보건, 복지, 여가 욕구를 충족시키기 위해 지역사회 노력을 기획하고 조정하며 평가하도록 자극하고 돕는 과정으로 정의한다. 지역사회실천에서 사회복지사는 다양한 활동을 한다. 한 가지 혹은 그 이상의 쟁점에 관해 시민조직을 자극하고 격려하는 활동, 문제의 성격을 구체적으로 규명하는 활동, 관련 집단 간의 노력을 조정하는 활동, 사실 발견 활동, 현실적 목표를 설정하는 활동, 대중홍보나 대중교육에 참여하는 활동, 조사연구 활동, 기획 활동, 재정자원 확인 활동, 목표달성전략 개발 활동, 밀알 되기 활동(being a resource person) 등이 있다. 지역사회실천 활동을 하는 사회복지사를 고용하는 사회기관으로는 지역사회복지협의회, 공동모금회, 사회기획기관, 보건기획협의회, 근린지역협의회, 도시기획협의회, 지역사회행동집단, 기타 등등의 공적 기관들과 사적 기관들이 있다.

지역사회실천을 수행하는 사회복지사는 다양한 사회적 쟁점에 개입한다. 시민권, 복지개혁, 가난한 사람들의 욕구, 교육 및 보건에 관한 쟁점, 주택, 여가서비스 개선, 인종 관련 문제, 소수자 고용문제, 청소년 소외완화프로그램 개발, 도시재개발 프로그램, 십대의 약물남용자와 가출청소년을 위한 프로그램 개발, 노숙자를 위한 서비스 개발, HIV 양성자나 AIDS 환자를 위한 서비스 개발 등이 그 예이다.

지역사회실천 분야에서 사회사업 외에 여러 학문분과가 교육훈련을 제공한다. 지역사회심리학, 도시 및 지역계획, 보건계획, 교정계획, 여가, 공공행정 등이 여기에 포함된다.

최근 미국 시민들은 많은 사회적 쟁점에 관한 조직들을 가지고 있다. 그 중 몇몇은 전국적인 주목을 받는 것들로, 노사갈등, 여성의 권리, 농민의 문제, 낙태 문제, 벌금형 문제, 동성애자의 권리, 세금 감면, 도시에서의 학교 폐쇄, 국방예산, 핵에너지, 마리화나의 합법화, 안마 시술소, 나체춤, 고용에 있어서의 긍정적 차별 지침, 환경 관련 문제 등이 있다.

지역사회실천의 간추린 역사

수 세기 동안 정치·사회적 조건을 변화시키기 위해서 사람들은 조직을 구성하였다. 18세기에 미국인들은 영국에 맞서기 위해서 모였고, 그 전쟁은 이른바 독립 전쟁으로 연결되었다.

사회사업에서 지역사회실천은 1800년대에 자선조직화운동과 인보관운동에서 시작되었다.[28]

19세기에는 민간 자선기관들이 미국에서 빈곤을 구제하는 주된 책임을 담당하였다. 1800년대 초반에는 민간이 운영하는 보건 및 복지기관들이 광범위하게 설립되어 빈곤한 사람들에게 자금과 서비스를 제공하였다(이 기관들은 대체로 선교 목적과 결합하여 활동하였다). 서비스 중복을 방지하기 위하여 자선조직협회가 생겨났고 이들 조직은 빈곤 구제 계획과 노력을 조정하였다.

인보관운동과 관련된 개혁가들은 근린지역 주민들에게 필요한 서비스를 제공하는 입법 활동과 사회행동 프로그램을 전개하였다. 이들 개혁가들은 근린지역 주민들로 하여금 그들의 삶의 조건을 개선하기 위해서 함께 일할 것을 권고하였다.

지역사회복지협의회(community welfare councils)는 1908년에 처음으로 조직되었다.[29] 자선조직화운동으로 시작된 노력의 연장선에서 협의회는 민간 자선기관 간의 조정을 수행하는 조직으로서 기능하였다. 이런 협의회의 기능은 기획, 조정, 서비스중복 회피, 서비스 기준 설정, 책임성과 효율성 증진을 포함하여 오늘날까지도 계속되고 있다.

지역사회공동모금(오늘날 United Way)은 1920년경에 자발적 민간기관을 위해서 중앙 집중적인 모금 캠페인을 하는 것으로 시작되었다.[30] 많은 지역사회에서 United Way와 지역사회협의회가 연합하여 모금활동을 하였고, 자발적 민간기관에 자금을 배분하였다.

오늘날에는 거의 모든 지역사회 조직과 기관들이 수시로 지역사회실천을 위한 노력을 수행하고 있다.

》 지역사회실천모델

지역사회를 변화시키기 위한 다양한 접근방법들이 개발되었다. Jack Rothman과 John Tropman은 접근방법을 세 가지 모델로 범주화하였다: 지역사회개발모델(locality development), 사회계획모델(social planning model), 사회행동모델(social action model).[31] 이 세 가지 모델은 '이상형(ideal type)'이며, 현실에서 지역사회 변화를 접근함에 있어서 이들의 특성을 적절하게 혼합하여 사용하는 경향이 있다. 예를 들어 사회계획모델의 옹호자들도 때때로 다른 두 모델의 특성이라고 볼 수 있는 지역사회 변화 기법(광범위한 토론과 다양한 집단의 참여)을 사용한다.(사례 3.2, 3.3, 3.4 참조)

지역사회개발모델

지역사회개발모델은 지역사회 수준에서 다양한 스펙트럼을 가진 사람들이 광범위하게 참여함으로써 지역사회의 변화를 가장 잘 가져올 수 있다고 주장한다. 이 접근은 문제를 확인하고 해결함에 있어서 불이익집단에서 권력구조의 상층에 이르기까지 모든 개인들의 이해를 반영하고자 한다. 이 모델이 강조하는 몇 가지 주제는 민주적 절차, 합의를 통한 접근, 자발적 협동, 토착 지도력 개발, 자조이다.

이 접근에서 지역사회실천가는 조력자, 촉매자, 조정자, 문제해결 기술과 윤리적 가치의 교육자 등의 역할을 수행한다. 다양한 집단들 간에 나타나는 어떤 갈등들도 창조적이고 건설적으로 해결될 수 있다고 가정한다. 사람들이 서로 다른 견해를 자유롭게 표현할 수 있도록 하고 지역사회 전체의 이익을 위하여 자신의 이익을 양보하는 것을 장려한다. 이 접근의 가장 중심이 되는 주제는 "우리가 해야 할 일을 함께 모색하고 실행하자"이다. 지역사회개발모델은 초점이 되는 문제와 문제를 해결하기 위한 전략을 합의하기 위하여 서로 다른 분파들 간에 토론과 의사소통을 활용한다. 이 모델의 예를 들면, 지역사회 기관이 수행하는 근린지역 사업프로그램, 몇몇 외국 지역사회개발 프로그램에서 부락 단위 사업, 평화봉사단(Peace Corps), 자조집단이 수행하는 다양한 활동 등이 있다.

사회계획모델

사회계획모델은 문제해결 과정을 강조한다. 이 모델은 복잡한 산업사회에서 지역사회 변화를 위해서는 복잡한 변화과정을 지도할 수 있는 고도로 훈련된 숙련된 계획가가 필요하다고 가정한다. 문제를 확인하고 해결하는 데 있어서 전문가 역할이 무엇보다도 중요하다. 전문가 또는 계획가는 도시계획과, 정신보건센터, 공동모금회 이사회, 지역사회복지협의회 등과 같은 권력구조의 한 부문에서 고용한다. 권력구조가 사회계획가를 고용하기 때문에 이들은 권력구조의 이해관계에 봉사하려는 경향이 있다. 이 접근에서는 지역사회 자원을 재배치한다거나 급진적인 사회변화를 촉진하는 활동을 강조하지 않는다.

계획가의 역할은 사실을 수집하고, 자료를 분석하며, 프로그램의 설계자·실행자·촉진자로 활동하는 것 등을 포함한다. 지역사회 참여는 현안이 되는 사회문제에 대한 지역사회의 태도에 따라서 현실적으로 조금씩 다를 수 있다. 예를 들어 어르신을 위한 지역사회센터를 설계하고 자금을 조달하고자 할 때, 그 센터를 둘러싼 정치적 환경에 따라서 이해관계가 있는 다양한 지역사회집단의 참여가 요구되기도 하고 그렇지 않기도 하다. 사회계획접근법은 대체로 욕구를 확인하고, 필요한 사람들에게 서비스나 재화를 배분하고 전달하는 활동에 초점을 두고 있다. 기본 철학은 "사실을 수집하고 합리적인 다음 단계를 실행하자"이다.

사례 3.2 지역사회개발모델

청소년 보호관찰소에 근무하는 사회복지사 Robert McKearn은 1999년 그의 지역사회에 있는 경찰서, 학교, 부모들로부터 그의 사무실에 의뢰되는 학령기 아동의 수가 점점 증가하고 있다는 것을 알게 되었다. McKearn이 근무하는 기관에서 서비스를 제공하는 지역은 인구규모가 11,000명에 지나지 않은 아주 작은 도시이다. 죄과는 주로 비행(무단결석 같은 것 등), 가벼운 경범죄(가게에서 물건 훔치기와 빈집털이 같은 것) 같은 것들이 포함된다. 그는 이 아동들이 대체로 한부모 가정 출신이라는 것을 알게 되었다.

McKearn은 지역사회 정신건강센터, 배우자 없는 부모들의 자조 조직, 공립학교체계의 학생서비스부서, 카운티의 사회서비스부, 그리고 그 지역에 있는 몇 명의 성직자들과 연락을 취했다. 그와 대화를 나눈 거의 모든 사람들은 한부모 가정의 아동을 위해서 더 좋은 서비스를 제공할 필요가 생겨나고 있다고 보았다. 학생서비스부에서는 이 학생들이 학교에서 교육성취도가 낮고, 더 심각한 훈계상의 문제를 보이는 경향이 있다고 언급했다.

McKearn은 그가 연락했던 모든 집단이나 기관에서 온 대표자들과의 미팅을 준비하였다. 첫 미팅에서 한부모 가정 아동에게서 나타나는 문제 행동에 대해 여러 우려할 점들이 표출되었다. 학교체계는 이 아동들이 높은 무단결석률, 중도 탈락, 비행 행동, 자살, 정서적 문제, 원치 않은 임신으로 '고위험' 상태에 있다고 보았다. 여러 가지 문제들이 확인되었지만, 첫 미팅에서는 아무도 한부모와 그 아동들에 서비스를 더 잘 주기 위한 실행 가능한 전략을 제시할 수 없었다. 지역사회가 경기침체를 겪고 있어서, 값비싼 새로운 프로그램을 하기 위한 자금을 조달하기 어려웠다.

이후로 세 번 더 미팅을 가졌는데, 첫 번째, 두 번째 미팅에서 서비스 제공을 위한 몇 가지 제안들을 토론하였지만, 모든 제안들이 너무 비용이 많이 들거나 실용적이지 못했다. 네 번째 미팅에서 배우자 없는 부모 조직을 대표하여 참석한 싱글마더는 여러 지역사회에서 Big Brothers & Big Sisters라는 프로그램이 한부모 가정에서 양육되는 아동들에게 유익한 것으로 보고되었다고 언급하였다. 이 아이디어가 집단에 활기를 불어 넣은 것으로 보였고, 그 제안으로 여러 제안들이 '피기백(piggy-back)' 방식으로 나오기 시작했다(역주: 피기백 방식이란 화물을 트레일러에 실어 저상화차로 수송하거나, 로켓을 수송기에 싣고 거기에서 발사하는 것을 의미하며, 여기서는 처음 제안에 편승하여 여러 제안들이 활발하게 나타나는 것을 의미한다). 그러나 구성원들은 Big Brothers & Big Sisters 프로그램을 담당할 직원을 고용할 자금이 없다고 결정했다. 그때 공공인간서비스부서에서 온 사회복지사 Rhona Quinn이 한부모 가족들 중에서 고위험 상황에 있는 어린 아동들을 확인하여 이들을 Big Buddies 프로그램에서 활동하는 인증된 자원봉사자로 하여금 관리하도록 하자고 제안하였다.

McKearn은 근처 대학에서 인증 사회사업교육 프로그램에 의한 실습교육을 받고 있는 학부 학생을 현재 실습지도하고 있다는 것을 언급하였다. 그리고 McKearn은 학부의 사회사업 전공 학생들은 자신들에게 필요한 자원봉사 경험을 채워야 하므로 Big Buddies에 그들을 모집하는 것이 가능할 수 있을 것이라고 제안하였다. Rhona Quinn은 만일 관심이 있는 지원자들을 그녀가 자유롭게 걸러낼 수만 있다면 그 제안을 받아들일 수 있다고 말했다. 사회사업 전공 학생들을 한부모 가족의 어린 고위험 아동들을 위한 Big Buddies로 만들기 위해 2달간 준비가 필요했다. 2년간의 실험 기간을 거치면서, 학교체계는 이 프로그램이 아주 성공적이라는 것을 알게 되었다. 이 프로그램은 Rhona Quinn이 자기 근무시간의 절반을 사용하여 지도감독을 하였다. 그녀의 임무는 고위험 아동을 선발하고, 자원봉사 지원자들을 걸러내며, 아동들을 Big Buddies와 매칭시키고, 매칭된 각 짝의 진행상황을 모니터링하며, 각 짝의 결과물을 확인하기 위한 추적확인을 수행하는 것이었다.

비판적 사고를 위한 질문

지역사회에 긍정적인 변화를 촉진시키는 리더가 되는 데 얼마나 흥미가 있는가?

사회행동모델

사회행동모델은, 인구 중에서 억압받는 부분 집단은 조직되어야 할 필요가 있고, 때로는 다른 부분 집단들과 동맹을 맺을 필요도 있으며, 사회 정의를 위하여 또는 좀 더 많은 자원을 확보하기 위하여 권력구조에 압력을 가할 필요가 있다고 가정한다. 사회행동 접근법은 주요 제도가 변하거나, 공식 조직의 기본 정책이 근본적으로 변해야 한다고 본다. 목표는 권력과 자원을 재분배하는 것이다. 지역사회 개발자들이 단합된 지역사회를 염두에 두고 있다면, 사회

사례 3.3 사회계획모델

링컨카운티사회계획기관(Lincon County Social Planning Agency)의 이사회는 1999년에 직원들에게 중앙 정보·의뢰센터를 설립하기 위한 예비타당성조사를 할 권한을 주었다. Donald Levi는 사회계획가로서 연구를 수행할 책임을 부여받았다. Levi는 다음 자료들을 수집하였다.

- 150여만 명이 거주하고 있는 이 거대 도시에는 350개 이상의 서비스 기관들과 조직들이 활동하고 있다. 클라이언트만이 아니라 서비스제공자들도 이들 많은 기관들로 부터 어떤 서비스들을 이용할 수 있을 것인가에 대하여 혼란을 느끼고 있다.
- 전문화된 I&R 서비스망이 혼란스럽게 개발되고 있다. (전문화된 정보·의뢰 서비스들은 I&R 서비스를 한 개 혹은 두 개의 영역에서만 제공하고 있다.) 전문화된 I&R 서비스는 자살예방, 정신건강, 인지장애, 주간보호, 입양, 알코올 및 약물치료 분야에서 개발되고 있다.

Levi는 중앙 정보·의뢰서비스를 위한 프로그램 모델을 설계했다. 이 모델은 카운티의 모든 휴먼서비스와 지역사회서비스를 포괄하는 I&R 서비스를 제공하기 위한 서비스라고 설명되었다. 예를 들어 I&R은 어떤 주간보호를 이용할 수 있는지뿐만 아니라 어디에 공공 테니스장이 있고, 집 앞에서 죽은 길고양이를 치우기 위해서 누구에게 전화해야 하는가에 관한 정보를 제공하는 것이다. 중앙 정보·의뢰서비스기관의 전화번호는 TV, 라디오, 광고판(billboard), 신문, 전화번호부를 이용하여 대중에게 널리 알려지게 된다. Levi는 프로그램을 위한 예산서를 만들었다.

이사회는 이와 같이 개발된 중앙 정보·의뢰서비스가 기존에 개발되고 있던 혼란한 서비스망보다 더 효율적이고 경제적이라고 결론을 내렸다. 그래서 이사회는 Levi로 하여금 이 집중화된 서비스체계를 계속 개발하도록 승인하였다.

Levi는 카운티에 있는 모든 인간서비스 기관들과 성직자들을 대상으로 설문지 조사를 수행했다. 결과는 양 집단 모두 중앙 I&R 서비스를 개발하는 것을 강하게 지지하였다. 이외에도 Easter Seal Society는 그와 같은 서비스가 필요하다는 것을 매우 강하게 느껴서, Levi에게 연락하여 새로운 프로그램을 위한 자금을 기부할 의사가 있다고 말했다. Levi는 매우 기뻐했고, Easter Seal Society가 3년간의 시범사업에 필요한 기금을 지원하는 준비계획을 만들었다.

단 하나의 장애물이 남아 있었다. 새로운 서비스를 위한 제안서는 카운티 감독이사회의 승인을 받아야 하는데, 만약 3년간의 시범사업을 통해서 서비스가 효과적이라는 것이 증명된다면 카운티가 프로그램 자금을 지원하는 것으로 제안서가 제출되었기 때문이다. Levi와 링컨카운티사회계획기관의 이사 2명이 카운티 감독이사회에 프로그램 제안서를 제출하였다. 발표보고서에는 중앙 I&R 서비스가 전문화된 I&R 서비스에 비해서 얼마나 비용을 절감하는가를 보여주는 그래프와 시의회 의원들, 공동모금회, 서비스기관들, 성직자들을 포함한 여러 기관들이 제안을 지지한다는 문서가 포함되었다. 또 3년간의 시범사업기간에는 카운티가 부담할 자금이 없다는 것도 명시하였다. 그리고 시범사업 종료시점에서 이 프로그램의 장단점에 대한 평가조사연구가 있을 것이라고 하였다. Levi는 전적으로 승인될 것이라고 기대했는데, 카운티의 감독이사회가 거부의사를 밝힐 때 충격으로 말문이 막히고 말았다. 그들이 이 제안서를 부결시킨 이유는 중앙 I&R 서비스가 카운티 사회서비스 기관에 더 많은 사람들을 의뢰시켜서 카운티의 비용 부담이 증가할 것이라고 생각하여 미래에 새로운 사회복지프로그램에 자금을 투여하는 것을 반대했기 때문이다.

그래서 링컨카운티는 계속해서 덜 효율적이고 전문화된 I&R 서비스를 제공하였다. 이 사례는 기획 노력이 성공하지 못한 것을 적나라하게 보여주고 있다.

행동 옹호자들은 권력구조를 적, 즉 행동의 표적으로 본다. 가장 잘 알려진 사회행동가였던 Saul Alinsky는 "표적을 정하고, 동결시키고, 의인화하고, 극단화하라"고 조언하였다.[32)]

사회행동모델 접근에서 지역사회실천가의 역할들은 옹호자, 선동자, 중개자, 협상가, 파당자(partisan) 등을 포함하고 있다. 전술로는 항의(protest), 대결(confrontation), 보이콧, 협상이 사용된다. 변화 전략은 "억압자들을 제압하기 위해서 조직하자"이다.[33)] 클라이언트 집단은 억압적인 권력구조의 희생물로 여겨진다. 사회행동 접근의 예를 들면, 1960년대 미국에서 시민권 운동의 보이콧, 노조의 파업, 낙태반대 집단의 항의, 미국 원주민 집단과 아프리칸-아메리칸 집단의 항의 등이 있다.

오늘날 사회행동모델은 사회복지사에게 널리 사용되지는 않는다. 사회복지사가 사회행동 활동에 관여하면 고용기관이 해당 사회복지사에게 승진, 업무, 보상 등에서 불

사례 3.4 사회행동모델

Saul Alinsky는 사회행동전략가로 전국적으로 알려진 인물로서, 창조적인 사회행동 노력을 잘 보여주고 있다. 이 사례는 사회행동 노력이 때로는 즐거울 수 있다는 것을 잘 보여 준다.

> 나는 거의 대부분이 신교도 근본주의 교파인 아주 보수주의적인 사람들이 운영하는 한 대학에서 강의를 하고 있었다. 하루는 몇 명의 학생들이 대화를 나누려고 숙소로 찾아왔다. 그들의 문제는 캠퍼스 생활에 즐거움이 없다는 것이었다. 댄스, 흡연, 캔맥주 하나도 허락되지 않는다는 것이었다. 나는 사회에서 변화에 영향을 미치는 전략에 대해서 대화를 나누었고, 그들은 그들의 상황을 변화시키는 데 사용할 수 있는 전술을 알기 원했다. 나는 그들에게 전술이란 것은 네가 가지고 있는 것으로 네가 할 수 있는 것을 하는 것이라는 점을 깨닫도록 했다. "지금 네가 가진 것이 무엇이지?" "그들이 너에게 하도록 허락한 일이 무엇이지?"라고 질문했다. "실제로 아무것도 허락하지 않지요."라고 그들이 말했다. "음… 알다시피 껌은 씹을 수 있네요." "음, 좋아. 껌이 무기가 될 수 있겠네. 200~300명의 학생들을 모아 각자가 2통의 껌을 사서, 씹어서 한 덩어리로 만들어. 그리고 그것을 캠퍼스 보도에 뱉어. 이거 난리가 나겠지. 500덩어리의 껌으로 시카고를 마비시킬 수 있겠지. 시카고 상업지구에서 모든 교통이 다 멈춰버리겠지."라고 내가 답했다. 그들은 나를 마치 미치광이인 것처럼 바라보았다. 그러나 2주 후에 나는 "It worked! It worked! 우리가 껌을 씹지 않는 한, 지금 우리가 할 수 있는 것은 아무것도 없다."라고 쓴 황홀한 문구를 보았다.

출처: Saul Alinsky, *Rules for Radicals* (New York: Random House, 1972), pp. 145-146.

이익을 줄 가능성이 크다. 많은 기관들이 그들의 서비스 전달체계에서 소규모의 온건한 변화는 받아들이지만, 급진적인 변화는 사회행동접근을 옹호하는 것으로 간주하여 위협으로 받아들이고 있다. 보기 3.6에서는 지금까지 논의한 세 가지 모델의 특성을 요약하여 제시하고 있다.

9. 사회사업실천을 위한 지식, 기술, 가치

미국사회사업교육협의회(CSWE)는 2008년 발표한 교육정책과 인증기준(EPAS)에서 인증된 학사학위 및 석사학위 프로그램*은 사회사업을 배우는 학생들에게 다음과 같은 지식, 기술 및 가치를 교육해야 한다는 것을 확인하였다. EPAS는 '역량 접근(competence approach)'에 기초하고 있다.** 사회사업 학사학위과정(BSW) 교과과정은 졸업생들이 핵심적 역량을 숙달하여 일반주의 실천을 할 수 있도록 준비하도록 하고 있다. 석사학위과정(MSW) 교과과정은 졸업생들이 특정 전공영역에 따른 구체적인 지식과 실천 행동을 통해서 핵심적인 역량을 증가시키고 숙달하도록 하여 고급의 사회사업 실천을 할 수 있도록 준비해야 한다.

* 역주: 학사학위와 석사학위 교과과정은 미국사회사업교육협의회(CSWE)의 지면 기재 허락을 받지 못하여 이 책에는 실을 수 없지만, 홈페이지(www.cswe.org/17491.aspx)를 방문하면 이에 대한 자세한 내용과 더불어 더 많은 정보를 얻을 수 있다.

** Council on Social Work Education, *Educational Policy and Accreditation Standards* (Alxandria, VA: Council on Social Work Education, 2008) 로부터 인용허가를 받았다.

10. 사회사업의 가치

사람을 투옥하는 주된 목적이 재활인가? 아니면 처벌인가? 근친상간의 죄를 범한 아버지를 검찰에 기소해야만 하는가? 그래서 지역사회에 그 사실이 알려져서 가족이 해체되어야 하는가? 아니면 기소에 앞서서 먼저 상담을 통해서 근친상간을 중단하게 하고 가족을 현 상태로 유지시켜야 하는가? 이따금 학대받는 아내에 대해 결혼 생활을 유지하도록 지지해야만 하는가? 혼외 임신 문제를 해결하기 위한 대안으로 낙태가 제안될 수 있는가? 도저히 통제할 수 없다고 부모가 처벌을 요구한 청소년들을 소년원(correctional school)에 보내야만 하는가? 클라이언트가 제3자에게 심각한 위해를 가하겠다고 알려왔을 때, 사회복지사가 할 일은 무엇인가? HIV 양성자인 클라이언트가 애인에게 그 사실을 알리지 않고, 아무런 보호 장치 없이 성관계를 가져서 애인을 위험에 빠뜨리게 할 것이라고 상상해보자. 이 경우에 사회복지사가 취해야 할 행동은 무엇인가? 이런 모든 상황에서 사회복지사는 가치에 기초하여 결정을 내려야 한다.

Allen Pincus와 Anne Minahan은 가치에 대하여 간략

보기 3.6 지역사회복지실천의 세 가지 모델

특성	지역사회개발모델	사회계획모델	사회행동모델
1. 목적	자조; 지역사회 삶 개선; 과정목적 강조	지역사회 문제해결에 문제해결 접근방법 사용; 과업목적 강조	억압받는 집단에 자원과 권력관계를 이동; 근본적인 제도 변화; 과업 목적, 과정목표 강조
2. 지역사회에 관한 가정	지역사회의 삶 개선을 원하는 사람들은 누구나 그 일에 즐겁게 기여하고자 함	사회문제는 기획전문가의 노력을 통해서 해결할 수 있음	지역사회에는 권력구조가 있고 억압받는 집단이 하나 이상 있음; 중요 문제는 사회적 불평등
3. 기본적 변화전략	문제 확인과 해결에 광범위하게 사람들이 참여	전문가의 사실 수집과 문제해결 접근	억압받는 집단의 구성원들이 그들의 적인 권력구조에 대항하기 위해 조직함
4. 변화전략과 기술 특성	합의: 지역사회집단과 이해관계자들 간 의사소통; 집단토의	합의 또는 갈등	갈등 또는 대항: 대결, 직접행동, 협상
5. 실천가 역할	촉매자; 촉진자; 조정자; 문제해결기술의 교육자	계획전문가; 사실수집가; 분석가; 프로그램 개발 및 집행자	행동가; 옹호가; 선동가; 중개자; 협상가; 당파자(partisan)
6. 권력구조 관점	권력구조의 구성원은 공동사업의 협력자	고용자 혹은 후원자로서 권력구조	외부에 있는 활동의 표적으로서 권력구조, 타도하고 복종시켜야 할 억압자
7. 클라이언트 인구관점	시민	소비자	희생자
8. 클라이언트 역할관점	문제해결과정에의 참여	소비자 또는 수령자	고용자, 대리지정자(constituent)

하게 정의하며 가치와 지식 간의 차이를 다음과 같이 서술하고 있다.

> 가치는 인간에게 무엇이 바람직하고 좋은가에 대한 믿음, 선호 혹은 가정이다. 한 예를 들면, 사회는 개인이 가진 잠재능력을 최대한 발휘하도록 도울 의무를 가진다는 믿음과 같은 것이다. 가치는 세상이 어떠해야 한다고 주장하는 것도 아니며, 우리가 세상에 대해서 알고 있는 어떤 것도 아니다. 가치는 세상이 마땅히 어떠해야만 한다는 것이다. 이와 같이 가치에 관한 어떤 진술은 과학적 탐구의 대상이 될 수 없으며, 단지 하나의 신념으로서 받아들여지는 것이다. 그래서 가치는 기준이 되는 어떤 특정한 신념체계나 윤리 강령과 관련해서만 그 옳고 그름을 따져 볼 수 있는 것이다.
>
> 한편 우리가 지식이라고 부르는 것들은 세상이나 인간에 관한 증명된 또는 증명될 수 있는 관찰이다. 미국에서 흑인들은 백인보다 평균 기대수명이 짧다는 것은 지식의 한 예이다. 지식의 옳고 그름을 말하려면, 그러한 주장이 객관적이고 경험적인 탐구를 통해서 확인된 정도를 따져보면 된다.[34)]

미국사회복지사협회(NASW)는 사회복지사를 위한 실천 윤리강령을 마련하였다. 한국사회복지사협회도 2001년에 새로운 윤리강령을 발표하였다. 학생들은 미국사회복지사협회 윤리강령과 한국사회복지사협회 윤리강령을 비교해 보도록 하자.

》 개인의 존엄성과 독특성의 인정

이 가치 혹은 원칙은 개별화(*indivisualization*)로 불린다. 개별화는 각 개인을 독특하고 가치 있는 존재로 보고 대우해야 한다는 의미이다. 사회사업 전문직은 모든 사람은 존엄성을 가지고 태어나고 또 존중되어야 한다는 것을 확고하게 믿고 있다.

모든 인간은 여러 가지 면—가치체계, 성격, 인생의 목표, 개인적 관심사항, 정서적·육체적 건강, 재정자원, 과거 경험, 동료집단의 압력, 정서 반응, 자기정체성, 가족관계, 행위유형 등—에서 독특한 존재이다. 클라이언트와 함께 일함에 있어서 사회복지사는 클라이언트의 상황이 가진 독특성을 인식하고 또한 존중해야 한다.

클라이언트가 가지고 있는 가치, 목표, 행위유형, 성격 등이 사회복지사와 유사할 때에 사회복지사가 개별화를 실천하는 것은 비교적 쉽다. 그러나 클라이언트의 가치나 행위유형 등이 사회복지사의 관점에서 선뜻 유쾌하게 받아들이기 어려울 때에는 개별화를 실천하기가 쉽지 않다. 예를 들면, 전통적인 중산층의 가치관을 가지고 있는 사회복지사가 살인이나 강간을 한 클라이언트나 늘 거친 언어를 사용하는 클라이언트를 존중하기는 쉽지 않다. 이런 상황에서 사회복지사가 지켜야 할 행동 지침은 그들의 일탈

행동이 아닌 클라이언트 자체를 수용하고 존경하라는 것이다. 사회복지사가 클라이언트를 수용하지 못한다면 원조관계가 형성되기 어렵다. 그렇게 되면 사회복지사는 클라이언트를 건설적으로 변화시킬 기회를 갖지 못하게 된다. 두 번째 행동지침은 사회복지사가 클라이언트를 수용할 수 없는 존재로 간주한다면 좋은 업무관계(working relationship)를 수립할 수 없게 되므로, 해당 사례를 다른 사회복지사에게 의뢰해야 한다는 것이다. 그렇다고 해서 다른 사회복지사에게 의뢰한 사회복지사가 이를 불명예라고 생각할 필요는 없다. 사회복지사가 모든 클라이언트를 다 좋아한다거나 모든 클라이언트로부터 사랑받기를 기대하는 것은 합리적이지 않다.[35]

사회복지사는 때때로 아주 끔찍한 상황에 직면하게 된다. 강도, 강간, 근친상간, 성기노출, 묘지도굴 등 비사회적이고 해괴한 행동을 하는 클라이언트를 대하기도 한다. 이상행동을 하는 사람들을 존중하는 태도를 갖는다는 것은 매우 어려운 일이지만, 사회복지사가 존중심을 개발하지 않는 한 재활은 일어나지 않는다.

사회심리학자들은 사람들의 자화상은 타인들과의 상호작용이나 의사소통을 통해서 형성된다고 굳게 믿고 있다. Charles Cooley는 이런 과정을 '거울에 비친 자아'라는 개념으로 명명하였다.[36] 사람들은 다른 사람들이 자신과 관계를 맺는 방식에 따라서 자화상을 발전시킨다는 것이다. 사람들은 타인들로부터 존중받고 긍정적인 자질에 대하여 칭찬을 받을 때, 자신을 좋게 생각하고, 점차로 자신을 가치 있게 여기며, 행복을 느끼고, 타인으로부터 계속 존중받기 위하여 책임감 있고 사회친화적인 행동을 하게 된다.

한편 다른 사람과의 관계에서 책임감이 없는 사람으로 취급된다면, 자신을 책임감 없는 사람으로 간주하여 점차로 자신에 대하여 부정적인 개념을 키우게 된다. 그래서 다른 사람이 자신을 대하는 방식(긍정적 혹은 부정적)은 자기충족 예언(self-fulfilling prophecy)으로 작용한다.[37]

개별화의 원칙은 사회사업 실천에서 핵심적 역할을 한다. 클라이언트가 가진 다양한 문제, 욕구, 목표, 가치에 따라서 사회복지사는 서로 다른 관계를 맺고 다른 원조방법을 사용해야 한다. 예를 들어 부모가 통제하기 어렵다고 여겨 그룹 홈에 맡겨진 십대 소년은 이해될 필요가 있지만, 확고한 사회복지사는 청소년에게 엄격한 제한을 가할 수 있어야 한다. 사회복지사는 그룹 홈 거주자들 간에 갈등이 발생하면 이를 중재하는 역할을 할 수도 있고, 학업성적 향상에 대한 지도와 격려를 할 수도 있다. 부끄러움을 많이 타는 학생의 경우에는 자기주장 훈련이 필요하다. 부모의 역할 수행에 문제가 있다면 부모교육 훈련 프로그램에 등록시켜야 하고[38] 학교나 소년 법원에서 부당하게 처우되고 있다면 체계를 변화시키기 위해 옹호자의 역할을 수행해야 한다. 행동문제를 가진 청소년이 있다면, 사회복지사는 그 숨겨진 이유를 탐색할 필요가 있고, 또 개입 프로그램을 개발할 필요가 있다.

》 클라이언트의 자기결정권

이 원리는 다른 사람들의 권리를 침해하지 않는 한, 클라이언트가 자신의 의견을 표현하고 주장하며 또 그에 따라 행동할 권리를 가진다는 것이다. 일반인들은 사회복지사가 그들의 방식대로 클라이언트를 "새롭게 다시 만든다(remold)"는 인식을 갖고 있는데, 사실상 그러한 인식과는 아주 대조적으로 사회복지사는 클라이언트들이 자기 스스로 설 수 있는 역량을 키우는 데 집중한다. 이 자기결정권은 인간의 존엄성에 대한 존중으로부터 나오는 것으로, 존엄성을 가지려면 가능한 한 자신의 삶을 자신이 선택할 수 있어야 한다.

모든 것을 사회복지사가 결정하고 모든 것을 대신 해주는 것은 오히려 클라이언트를 자멸하게 만드는 것으로, 의존적으로 만든다. 사람이 성장하고, 성숙하며, 책임감을 키우기 위해서는 자신이 결정을 내리고 그 결과에 책임을 지도록 해야 한다. 시행착오와 정서적 고통은 항상 인생에 수반되는 것이지만, 그것이 인생의 일부라 할 수 있다. 사회사업은 클라이언트와 함께하는 것이지 클라이언트에게 주는 것이 아니다. 적극적으로 참여하지 않는 사람에게 부과된 계획은 잘 이루어지지 않는다.

자기결정권은 클라이언트가 자신의 문제나 사회문제를 해결하기 위한 대안들이 있다는 것을 스스로 인식해야 한다는 것을 의미한다. 그들은 몇 가지 행동 대안들 중에서 하나를 선택할 수 있다(만약 한 가지 행동 대안밖에 없다면, 선택도 없고, 자기결정권도 없는 것이다). 우리가 잘 알고 있듯이 클라이언트를 돕는 사회복지사의 역할은 (a) 클라이언트와 원조관계를 수립하고, (b) 함께 문제를 깊이 있게 탐색하며, (c) 클라이언트와 함께 대안들을 탐색하고 선정하는 것이다. 여기서 마지막 단계가 바로 자기결정의 원리를 실천하는 것이다.

사회복지사는 문제가 있는 사람이 클라이언트이고, 따라서 그 문제를 해결할 책임도 클라이언트에 있다는 것을 잘 인식하고 있어야 한다. 이런 것이 바로 사회복지사가 다른 전문직과 구별되는 지점이다. 의사, 변호사와 같은 전문직들은 클라이언트가 해야만 할 일을 충고하는데, 이 상황에서 클라이언트는 전문직의 충고에 제약을 받으며 의사결정을 내린다.

아주 대조적으로 사회복지사는 클라이언트와의 관계에서 전문가와 추종자의 관계가 아니라 동등한 관계를 만들고자 한다. 사회복지사의 전문성은 클라이언트에게 좋은 것이 무엇인지를 잘 알고 권유하는 데 있는 것이 아니라, 클라이언트를 도와서 문제를 규정하게 하고, 문제를 해결하는 데 필요한 대안을 조사하여 확인하게 하며, 의사결정을 내릴 기회와 역량을 증진시키는 데 있는 것이다. 많은 학생들은 사회사업에 처음 입문했을 때 그들의 역할을 '구세주(savior)' 혹은 '구출자(rescure)'로 인식하는 우를 범하고 있다.

클라이언트들이 자신들의 관심사항(주로 불행이나 아픔)을 호소할 때, 우리는 그들의 삶을 개선할 어떤 방법을 찾아야만 한다고 결론 내리기 쉽다. 실제로 우리는 다른 사람들의 것이 아닌 자신의 삶을 개선할 힘을 가지고 있다. 불행한 상황에 처한 클라이언트를 대할 때, 문제를 해결하도록 돕는 일이 우리의 직무이고, 이 직무는 삶을 개선할 수 있는 건설적인 방법을 선택할 수 있다는 것을 깨닫도록 돕는 일이다. 자신의 삶을 개선할 수 있는 건설적인 방안을 실천하는 데에 시간을 투자하고 노력하는 것은 클라이언트에 달려 있는 것이다.

자기결정의 원리는 복잡하고 또 몇 가지 한계들도 있다. 만일 사회사업가의 생각으로는 부정적인 효과를 가져 온다고 믿는 어떤 행동을 클라이언트가 하려고 결정했다면, 사회사업가는 클라이언트가 의도한 행동을 하는 것을 예방하기 위해 개입할 것인지 여부를 결정해야 한다. 예를 들어 클라이언트가 자신에게 큰 위험이 따르는 결정을 내리려 할 때는 위험을 지적하고 다른 대안들을 제안한다. 클라이언트가 자살을 시도하였다면, 사회복지사는 모든 수단을 동원하여 자살을 방지해야 한다. 더구나 클라이언트가 다른 사람을 해칠 의도를 가지고 있다면, 사회복지사는 경찰에 신고하고 살해 대상자에게 알려야 한다(이것은 사회복지사의 법적 의무이기도 하다).

> **비판적 사고를 위한 질문 ?**
>
> 당신은 심각한 개인적 문제를 가진 사람들을 '구제할' 힘(power)을 가졌다고 믿고 있는가?

》 비밀유지

비밀유지는 클라이언트의 사생활 정보를 누출하지 않겠다는 전문가와 클라이언트 사이의 명시적인 혹은 묵시적인 약속이다. 가장 '엄격한' 형태는 법으로 강제되거나, 클라이언트가 자필 서명으로 허가하지 않는 한 비밀이 공개되지 않는다는 원리이다. 정보공개로 클라이언트에게 어떤 손해가 있게 되면 전문가가 고소를 당할 수도 있다.

상담의 가장 기본적인 원리 중 하나는 클라이언트가 전문가들에게 아무런 두려움 없이 편안하게 자신의 비사회적 사고나 사적인 비밀을 털어놓을 수 있도록 하는 것이다. 따라서 비밀유지는 모든 형태의 상담에서 가장 기초적인 것이다.

가장 절대적인 비밀유지의 원칙은 정보가 전문가 외에는 아무에게도 전달되지 않는 형태이다. 그러나 사회복지실천의 실제 상황에서 완벽한 비밀 유지는 거의 달성하기 어렵다. 학생들이나 초보 실천가들은 '완벽한 비밀보장'을 클라이언트에게 약속할 수도 있다.

현실에서 완벽한 비밀유지는 거의 이루어지지 않는다. 사회복지사는 조직의 구성원으로 일하면서 클라이언트와의 의사소통 내용을 사례기록에 남기고, 서비스 전달과정에서 관련 직원들과 일하면서 구두로 내용을 공유한다. 또 지도감독자와 상세한 내용을 공유하고, 팀 활동을 하게 되면, 팀 성원 간에 정보를 공유하게 된다. 따라서 사회 사업실천에서 비밀유지란 '상대적 비밀유지'라고 보는 것이 더욱 타당할 것이다.

비밀유지는 법적인 문제로 현재까지는 어떤 것들이 위법 사유가 되고, 어떤 것들이 위법하지 않은가가 상당히 확실하지 못하고, 또한 관련되는 판례도 많지 않다.

오늘날 클라이언트의 상황에 대해서 기관 내의 다른 전

문가들과 논의하는 것은 허용되고 있다. 정신병원과 같은 기관에서는 클라이언트에 대해서 사정하고 치료 계획을 세우는 데 많은 전문직(정신과 의사, 심리학자, 사회복지사, 간호원, 물리치료사 등)이 투입된다.

많은 기관에서는 일반적으로 서기와 사례기록을 공유한다거나 논의할 수는 없다. (그러나 실제 서기가 타이핑 과정에서 그 내용을 인지할 수는 있다.)

기관들은 기관 외부의 전문가와 사례에 대하여 토의하는 것은 사전에 클라이언트가 동의하지 않는 경우에는 적절하지 못하다고 생각한다. (그러나 때로는 다른 기관의 전문가들이 비공식적으로 고용되어 클라이언트의 위임 없이 클라이언트에 관한 정보를 공유하게 된다.)

또 대부분의 기관들이 인턴사원과 클라이언트에 관한 정보를 공유하는 것을 허용하고 있다. (그러나 이것이 법적으로 허용될 것인가에 대해서는 아직 명확하게 결정된 바가 없다.)

클라이언트의 신원이 구체적으로 확인될 수 없는 경우라면 교육 목적으로 사례를 토의하는 것은 허용된다. 그러나 사례에 관한 토론에서 대상자의 신원을 파악할 수 있는 단서가 되는 정보가 제공될 수 있고, 이 경우 사례에의 참여자가 사례자의 신원을 확인할 수 있는 것을 막지 못하게 된다. 예를 들면 다음과 같다.

몇 년 전, 저자는 정신질환 범죄자를 위한 보호감호 병원(maximum security hospital)에 고용되었는데, 그때 담당한 사례 중 17세 여자친구의 목을 잘라 죽인 젊은 남자가 있었다. 그러한 범죄는 아주 충격적이고 흔하지 않은 것이었다. 클라이언트가 거주하던 지역 사람들은 그 범죄를 잊을 수 없었다. 내가 대학에서 이 사례에 대하여 토론할 경우, 학생들이 이 범죄자가 누구인지 아무도 알아채지 못할 것이라는 점을 확신하지 못하게 된다. 학생들 중 어느 한 사람이라도 클라이언트의 고향 사람이어서 그 범죄자를 인식할 수도 있다는 것을 부정할 수 없다.

전문가가 어느 경우에 비밀유지의 원칙을 깨뜨리고 다른 사람에게 알려야 하는가는 논란의 여지가 많은 문제로 , 이 문제를 둘러싸고 아직 명확하지 않은 영역이 많다.

여러 주에서는 대체로 법으로 클라이언트가 과거에 심각한 범죄를 저질렀거나, 심각한 범죄를 행할 의사가 있을 때에는 관련 당국자에게 이를 알릴 것을 허용하거나 요구하고 있다. 그러나 보고해야 할 심각한 범죄가 무엇인가는 아직 해결해야 할 문제로 남아 있다. 심각한 범죄의 극단적인 예로 살인 의사는 당연히 당사자와 경찰에게 보고되어야 한다.[39)]

전문가가 비밀유지의 원칙을 깨뜨리는 것이 용인되는 범죄의 심각성에 대해서 Suanna J. Wilson은 다음과 같이 지적하고 있다.

> 전문가가 보호적(protective) 수단을 사용하기 위해서는 범죄가 어느 정도로 심각해야 하는가? 분명한 것은, 다른 사람의 생명과 관계되는 것인 경우에는 충분하게 심각한 것이다. 그러나 다른 사람의 재산을 파괴하거나, 도둑질하거나, 아주 사소해서 차라리 쉽게 못 본 척해도 좋을 수백 가지의 경범죄는 어떠한가? 불행하게도, 심각한 범죄를 구성하는 것이 무엇인가에 대해서는 명확한 정의가 없으며, 각 개별 사례에 대해서는 법정에서 가려져야만 할 것이다.[40)]

어떤 지침이 없는 경우에, 전문가는 클라이언트의 행동이나 의사소통이 언제 보호적 수단을 필요로 하고 또 어떤 수단을 사용해야 하는가에 대하여 나름대로 최선의 판단을 해야 한다. 학생 인턴과 초보 실천가들의 경우는 이런 영역에서 문제가 발생할 때에는 지도감독자와 상담하도록 조언을 받는다.

수년 전, 저자는 공공부조기관에 실습 배치된 학생의 학교 지도감독자였다. 인턴 학생은 미혼모의 사례를 담당하였다. 미혼모와 인턴 간에 상호 신뢰하는 업무관계가 발달되었다. 그녀는 인턴에게 술에 취했을 때 가끔씩 그녀를 육체적으로 학대하는 남자와 데이트를 했었다는 사실을 알렸다. 그 후에 그녀는 그 남자가 다른 주에서 무장 강도 사건에 연루되어 체포될 수 있는 증거가 있다는 사실을 넌지시 암시하였다. 그 학생은 나를 찾아와 경찰에 이 사실을 알려야 할 의무가 있는지, 그리고 이런 행동이 비밀유지의 의무를 침해하는지를 질문하였다. 나는 기관의 정책을 알아보기 위해서 기관의 지도감독자와 이 문제에 대하여 상담하도록 권유하였다. 학생은 그 지도감독자에게 이 사실을 알렸고, 지도감독자는 기관의 변호사와 상담하였는데, 변호사는 그녀가 밝힌 정보를 당국에 제공해야만 한다는 것을 학생이 그녀에게 고지해야 할 것이라고 조언하였다. 그 사실을 고지받은 그 여성은 무거운 발걸음으로 사무실을 나갔고, 아마 그 남자에게 몸을 피하라고 경고하였을 것이다. 즉시 신고를 받은 경찰은 체포를 위한 절차를 진행하였다. 그 여성은 매우 격노하였고, 이 기관의 전문가들과 모든 의사소통을 단절하였다, 그녀는 더 이상 전문가들을 믿을 수 없게 된 것이다. (전문가들이 합법적으로 비밀유지의 의무를 위반해야만 할 때에, 관련된 클라이언트들은 이 사례에서 미혼모가 보였던 대로 행동하기 쉬울 것이다.)

Wilson은 이런 쟁점들을 연구하여 다음과 같은 결론을 내리고 있다.

> 요약하면, 클라이언트로부터 과거의 범죄나 범죄 의도를 고백받은 전문가는 법적으로나 윤리적으로 아주 미묘한 처지에 있음을 알게 된다. 어떻게 이 문제를 다룰 것인가에 대해서 서로 대립되는 신념들이 있고, 그래서 명확한 지침이 없음을 알게 된다. 클라이언트로부터 심각한 범죄 행위에 관한 의사소통을 전달받은 사회복지사는 변호사와 상담하는 것이 현명하다. 변호사를 통해서 그에 해당하는 주법에 대해서 세밀하게 조사할 수 있고, 또 최근 법원의 판결들을 검토하여 바람직한 행동 방향을 결정하는 데 도움을 받을 수 있을 것이다.[41)]

전문가가 비밀유지의 의무를 위반하는 것이 허용되고, 기대되거나 혹은 요구되는 많은 유사한 상황들이 존재한다.* 이런 상황들은 다음과 같은 것들이 있다.

- 전문가가 정보를 발설하는 것을 클라이언트가 공식적으로(흔히 문서로) 인정하는 경우
- 전문가가 범죄사건에서 증언해야 할 경우(주법에 따라 전문가가 사법과정에서 비밀유지를 해야 할 정보에 관한 지침이 상이하다. 실천가들은 각 경우에 특정한 법률사항을 검토해야 한다.)
- 클라이언트가 전문가를 상대로 소송을 제기하는 경우(치료를 잘 못했다고 하는 경우)
- 클라이언트가 자살할 위험성이 있는 경우. 비록 법적 의무는 아니더라도 클라이언트의 생명을 지키기 위해 원칙을 지키지 않을 수 있다.
- 클라이언트가 치료자에게 상해를 가하겠다고 위협하는 경우
- 미성년자가 죄를 범한 것을 알게 되었을 때, 미성년자가 성인에게 이용되어 죄를 범했을 때, 미성년자가 범죄의 희생양이 되었을 때이다. 이런 상황에서 대부분의 주에서는 사법 당국에 이를 알려야 할 것을 요구하고 있다. 이 경우에도 범죄가 얼마나 심각한 가에 대해서 사전에 검토해 보아야 한다는 문제는 여전히 남아 있다.
- 아동학대나 방임의 증거가 있을 때, 전문가는 그 증거를 학대 예방기관에 보고해야 한다.
- 클라이언트의 정서적, 육체적 조건이 그들의 고용관계에서 자신이나 타인들에게 위협이 되는 경우(예를 들어 항공기 조종사에게 심각한 음주문제가 있을 때)

이 모든 경우에 전문가들은 비밀유지의 원칙을 위반하는 것을 정당화할 수 있는가를 판단해야 한다.

컴퓨터를 통한 정보 축적 및 저장기술이 발전함에 따라서 인간서비스 기관에서 클라이언트의 파일이나 기록의 비밀을 유지하기가 점점 더 어려워진다. 컴퓨터 기술 발전에 따라 클라이언트에 관한 다양한 정보와 기록들을 값싸고 신속하게 그리고 쉽게 서로 연결하고 결합하고 처리 할 수 있게 되었다. Dickson은 이를 다음과 같이 기술하고 있다.

> 어느 시기에는, 환자나 클라이언트에 관한 기록은 개인적 자료와 진행 과정 및 관찰을 기록 한 한 페이지 혹은 몇 페이지의 파일 카드에 담긴 몇 가지 기본적인 정보로 구성되기도 하였다. 오늘날에는 그러한 기록들이 수백 페이지의 텍스트와 그 외에도 부수적으로 영상, 사진, 녹음물들을 담은 테이프와 디스크 혹은 CD-ROM과 같은 전기전자 자극으로 구성된다. 이 기록들은 사례 기록을 담은 중심 데이터베이스에 복사되고, 동일한 개인, 가족, 조건에 관한 여러 가록들을 포함하고 있는 다른 데이터베이스에 링크되거나, 비교준거자료로 포함된다. 이런 기록들은 접근되고, 분류되며, 통합되고, 집적되며, 전송될 수 있다. 이런 자료들은 팩스나 컴퓨터 모뎀을 통하여 국내적, 국제적으로 다양한 장소에서 내려 받고, 인쇄되며, 즉시 복사되고, 전송된다. 그리고 적절한 연결망을 통해서, 이런 기록들은 다른 컴퓨터나 다른 자료시스템을 통하여 접근될 수 있다. 이와 같은 방식 외에도, 연방정부, 주정부 및 민간의 제3자 보험자들이 서비스 전달을 모니터링하고 상환하는(reimbursing) 역할이 커지게 되면서, 이들이 기록된 정보에 접근하고 이를 확산시킬 가능성이 크게 증가하였다.[42)]

컴퓨터 기술을 통하여, 클라이언트의 건강, 정신건강, 사회서비스, 소년 법정, 성인 법정, 교육 그리고 법률 위반

* 이런 상황에 대하여 좀 더 많은 토론거리는 다음을 참조하라. Suanna J. Wilson, Confidentiality in Social Work: Issues and Preinciples (New York: Free Press, 1978) 그리고 Donald T. Dickson, Confidentiality and Privacy in Social Work (New York: Free Press, 1998)

기록들을 연결하거나 결합하는 것이 가능해졌다(물론 그런 연결을 금지하는 몇 가지 법들이 존재한다). 때로는 개인에 관한 정확하지 않은 내용이 컴퓨터화된 데이터베이스에 기록으로 남게 되면 그 개인에게 아주 부정적인 영향을 미칠 수도 있다—예를 들어 부정확한 개인의 신용등급 정보는 그러한 개인들이 대출을 받지 못하게 한다.

현대 전자정보화 시대에서 사생활과 비밀을 보호하는 것이 사회사업실천에서 아주 중요한 쟁점이 되고 있다. Dickson은 이를 다음과 같이 기술하고 있다.

> 한 사람이 대화의 일부를 어쩌다 엿들었을 경우도 있지만, 현재는 컴퓨터로 전송된 혹은 팩스로 보내진 기록들을 제3자가 가로채거나 잘못 이용할 수 있는 상황이 벌어지는 비밀유지 원칙의 침해가 발생할 수 있다. 한때는 한 사람이 대화를 엿듣고 소수의 몇 사람들에게 이것을 말하였지만, 오늘날에는 가로챈 정보가 전송될 가능성이 더욱 커졌다. 예를 들어 인터넷에 올린 단 하나의 정보나 단 하나의 영상물을 전 세계에서 수백만 명의 사람들이 보고, 복사하고, 재복사할 수 있는 것이다.[43)]

기록을 파기하는 것도 예전보다 간단한 문제는 아니다. 기록을 컴퓨터 파일에서 지우고 조각내고 갈기갈기 찢어 놓을 수 있지만, 현재의 전산기술로 지우고 파기된 기록을 복구하여 다른 장소에 저장하여 활용할 가능성도 배제할 수 없다. 따라서 클라이언트의 어떤 정보를 누가, 언제, 어디서, 어떤 형태로 전송했는가에 대한 컴퓨터 데이터의 입출력 기록(log)을 잘 유지하는 것이 매우 중요하다.

현재 전자정보기술로 인해 사생활과 비밀보호가 침해당할 위험이 크기 때문에 사회복지사가 개인과 가족들의 사생활 보호권과 비밀보호의 권리를 깊이 이해해야 한다. 어떤 정보를 모으고, 저장하고, 복제하고, 전송할 것인지, 또 누가 어떤 목적으로 접근할 것인지 등이 사회사업에서 매우 중요한 이슈로 등장하게 되었다.

》 억압받는 자에 대한 옹호와 사회행동

사회사업은 권력이 없고, 억압당하고, 가지지 못한 사람들을 옹호할 의무를 잘 인지하고 있다. 사회사업은 사회가 모든 구성원들에게 사회적 안전과 사회적 용인(acceptance), 기본적인 문화적·사회적·생물학적 요구를 충족시킬 책임이 있다고 믿고 있다. 인간은 기본욕구가 충족될 때, 자신의 잠재력을 최대한 발휘할 수 있게 된다. 클라이언트의 시민권은 인간의 존엄성과 자기 존중을 위해서 보호되어야만 하며, 사회사업은 차별을 철폐하고 시민권을 보호할 도덕적 의무를 가진다.

비판적 사고를 위한 질문 ?

위험에 처한 인구집단들의 사회경제적 정의를 위해 행동하는 일에 대해서 당신은 얼마나 관심을 가지고 있는가?

》 책임성

점차적으로 연방정부 및 주정부 기관들과 민간부문의 재정지원 기관들은 서비스프로그램의 효과성을 구체적으로 보여주기를 요구한다. 효과성이 없는 것으로 판명된 프로그램은 사라지게 된다. 사회복지사는 책임성이 문서작업을 요구하여 클라이언트에게 봉사할 시간을 빼앗는다고 불평하지만, 재정지원을 하는 기관에 질 높은 서비스를 제공하고 있음을 보여주어야 할 의무가 있다. 책임성에 대한 조사연구를 통해서 서비스 개선에 유용한 정보를 얻을 수 있다. 예를 들어 고아원이 가정이 없는 아동들을 돌보는 최선의 장소가 아니고, 장기간의 입원이 정서장애인를 돕는 최선의 방법이 아니며, 보호관찰이 장기간의 금고형보다 더 재활에 기여하고, 1960년대의 Jop Corps 프로그램이 이룩한 성과에 비해서 비용이 많이 들었으며, 인지장애를 가진 아이들 대부분이 시설에 유폐되기보다는 지역 프로그램을 통해서 그들의 가정이 있는 지역사회에서 서비스를 받는 것이 좋고, 탈주자들이 감옥이나 수용소보다 탈주자센터에서 더 잘 지낸다는 사실이 논증되었다.

사회복지사는 그들이 제공하는 서비스의 효과성 평가에 능숙할 필요가 있다. 오늘날 서비스 효과성을 평가하고, 충족되지 않은 욕구와 서비스 간의 간격을 확인하는 데 활용할 수 있는 다양한 기술들이 개발되어 있다. 목표관리(MBO)는 유용한 기법 중 하나이다. 이 기법은 각 프로그램의 목표를 확인하고, 어떻게 언제 목표를 달성할 것인가를 측정 가능한 용어로 구체화하며, 정기적으로 목표 달성 정도를 측정하는 것이다.

목표관리는 사회복지사가 효과성을 사정하는 데 사용하는 유용한 접근 수단 중 하나이다. 오늘날 많은 서비스 기관에서 사회복지사는 클라이언트를 참여시키면서 (a)

사회복지사는 클라이언트의 삶에서 종교와 정신적 영성이 미치는 영향력을 완전히 파악해야 한다.

각 클라이언트의 목표를 확인하고 구체화하며(흔히 초기 면접과정에서 클라이언트와 함께 이루어짐), (b) 목표를 달성하기 위하여 사회복지사와 클라이언트가 각각 무엇을 할 것인가를 세세하게 적어 나가고(보통 시한이 정해짐), (c) 개입이 끝난 후에 목표 성취 정도를 평가한다(아마 개입과정에서 주기적으로 평가할 것임).

만약 목표가 성취되지 않을 경우에는 이유를 찾아내야 한다. 목표가 비현실적으로 설정되었을 경우도 있지만 대체로 목표달성 수단으로 선정된 프로그램이나 기법에 문제가 있는 경우가 많다. 각 상황에 따라 원인을 밝혀서 교정해야 한다. 목표가 성취되었다면, 양질의 서비스가 제공되었음을 관련정보와 함께 재정지원 기관과 지도감독자에게 보고하게 된다.

》 사회복지에 대한 제도적 관점 지향

사회에서 사회복지의 역할에 관해 두 가지 서로 대립되는 관점이 있다. 제도적 관점과 보충적 관점이 그것이다. 이 두 관점은 1장에서 자세하게 설명되어 있다. 사회사업은 제도적 접근을 신뢰하고 이에 기초하여 프로그램을 개발하고 제공한다. 사회는 인간이 자신의 잠재력을 최대로 발휘할 수 있도록 성장과 발전의 기회를 제공할 수 있어야 한다. 사회사업은 사회가 모든 구성원들에게 사회적 안전과 수용성(acceptance), 기본적인 문화적·사회적·생물학적 요구를 충족시킬 책임이 있다고 믿고 있다. 사회복지사는 사회진화론과 맹렬한 개인주의를 거부한다.

》 타인들의 정신적 종교적 믿음에 대한 존중

사회사업교육의 주요 초점 중 하나는 학생들에게 문화적 감수성을 키워주는 것이다. 종교와 정신이 모든 문화에서 중요한 역할을 하므로, 사회복지사는 종교와 정신이 인생에 미치는 영향을 잘 이해해야 한다. 미국사회사업교육협의회가 정한 '교육정책과 인증기준(EPAS)'에서는 학사 및 석사 프로그램에서 관련 내용을 포함한 프로그램을 제공하여 학생들이 서로 다른 정신적 배경을 가진 클라이언트와 함께 일할 수 있도록 기술과 접근법을 익힐 수 있어야 한다고 요구하고 있다.

정신과 종교는 차원이 다르고 분리되어 있지만 상호 관련되어 있다. 정신은 "의미, 목표, 도덕성을 발전시키는 일반적인 인간 경험"[43]이라고 정의된다. 정신의 주요 구성 요소는 인생의 의미, 자기정체감(2장에서 논의됨), 가치체계이다. 반면에 종교는 정신적인 믿음과 실천에 관한 공식적인 세도의 맥락에서 이해될 수 있다.

사회사업의 역사적 뿌리는 유대 기독교의 정신에 있다. 신의 창조성과 보살핌을 대리하여 시행하는 유대의 성서와 율법이 많은 국가에서 사회복지 활동을 고무시키고 있다. 이와 유사하게 기독교의 성서적 명령인 "내 이웃을 내 몸과 같이 사랑하라"는 정신은 미국에서 19세기의 자선과 박애를 발전시키는 모태가 되었다. 낙태, 피임도구 사용, 동성애의 수용, 여성의 역할, 공립학교에서의 기도, 의사의 조력을 받아 죽을 권리 등의 사회적 쟁점은 종교적 차원과 밀접한 관계가 있다. 사회복지사는 종교를 가진 클라이언트와 함께 활동해야 하므로 종교적인 관점에 민감하게 반응하도록 훈련받아야 한다.

사회복지사는 자신과 다른 종교를 가진 사람을 존중하고 인정해야 한다. 오직 자신의 종교만이 '단 하나의 진정한 종교'라고 믿는 사람들은 타 종교를 가진 사람들을 잘못 인도된 악마나 실패자로, 혹은 '구원받아야 할 자'로 규정하는 위험에 빠질 수 있다. 많은 경우에 차별과 억압, 편협의 문제가 '내 종교만이 단 하나의 진정한 종교'라는 믿음에서 비롯된다(12장 참조).

Furman은 "사회사업 교과과정에 종교적, 정신적 믿음에 관한 다양한 지식들이 포함되어야 하며, 이를 통해서 학생들이 민감성과 이해력을 확장시켜야 한다"[45]고 지적한다. 보기 3.7은 4대 주요 종교에 관한 정보를 요약하고 있다.

사회사업실천에서 가치는 매우 중요한 역할을 하기 때문에, 사회사업교육 프로그램은 (a) 학생들로 하여금 그들의 가치관을 명확하게 이해하게 하고, (b) 학생들이 전문 사회사업의 실천과 일치하는 가치관을 갖도록 교육할 필요가 있다.

비판적 사고를 위한 질문

자신과 아주 다른 종교적 신념을 가진 사람들을 존중할 수 있는가?

》 사회·경제적 정의 증진과 인권 지킴이

사회복지사는 억압받고 차별로 희생양이 된 사람들의 사회·경제적 정의를 증진시킬 의무를 가진다. 미국 사회사업교육협의회는, 사회사업교육 프로그램은 "모든 사람을 존중하는 학습 환경과 다양성 그리고 차이에 대한 이해를 실천하는 학습 환경을 제공해야 한다"[46]고 지적하고 있다. 2008 EPAS 보고서에서는 사회사업 교육프로그램은 "연령, 계층, 피부색, 장애 유무, 민족, 젠더, 젠더정체성과 그 표현, 이민 지위, 정치적 이데올로기, 인종, 종교, 성과 성적 취향을 포함하여"[47] 다양성에 대한 강한 헌신을 의무적으로 포함할 것을 강제하고 있다. NASW의 윤리강령은 "사회복지사는 인종, 민족, 국적, 피부색, 성과 성적취향, 연령, 결혼 여부, 정치적 신념, 종교, 정신적·육체적 장애를 이유로 개인, 집단, 혹은 계층에 대하여 차별하거나, 착취하거나, 지배하는 것을 소멸시키고 막기 위해 행동해야 한다"[48]고 언명하고 있다.

사회사업 전문직은 사회가 모든 구성원에게 안전을 제공하고 기본적인 사회적, 문화적, 생물학적 욕구를 만족시키며 수용성을 제공할 책임이 있다고 주장한다. 개인의 기본적인 욕구가 충족될 때 그들의 잠재력을 최대로 개발할 가능성이 있다. 따라서 사회복지사는 어떤 이유에서든지 차별을 없애기 위해서 활동할 도덕적 책임과, 민주주의 원리에 토대를 두고 시민권을 보호해야 할 특별한 책임을 가진다. 클라이언트의 시민권은 인간의 존엄성과 자존을 유지하기 위해서 보호되어야 한다.

억압받는 인구집단을 위해 사회·경제적 정의를 증진시킴에 있어서 사회복지사에게 기대되는 것은 (1) 인간에 대한 억압과 다양한 형태의 차별을 포함하여, 사회적·경제적 불평등의 역동성과 그 결과, (2) 위험인구 집단에 대한 억압과 차별 그리고 경제적 박탈이 주는 영향을 잘 이해해야 한다는 것이다. 사회복지사는 인간의 다양성을 잘 이해하고 인정해야 할 윤리적 의무를 지니고 있다. 사회복지사는 개인적이고 집합적인 사회·경제적 정의를 더욱 잘 달성

보기 3.7 네 가지 두드러진 종교: 유대교, 기독교, 이슬람교, 불교

실천을 하는 사회복지사는 클라이언트의 가치체계와 종교적 믿음의 진가를 인정하고 그에 대한 지식을 가져야 한다. 이 예시에서 다루는 네 가지 종교는 그들이 가장 유명하기 때문에 선택한 것이다. 독자들은 이 세상에는 종교가 수백 개가 있다는 것을 알아야 한다.

유대교

유대교(Judaism)는 유대인들의 종교다. 유대인들은 유일신을 믿는데, 그 신은 이스라엘인을 이집트의 구속으로부터 벗어나게 인도한, 세계의 창조자이다. 히브리 성경(Hebrew Bible)은 유대교의 중요한 원천이다. [히브리 성경은 기독교도들이 그들의 신성한 저작물 중 일부로 받아들였는데, 오늘날은 구약(Old Testament)이라고 부르고 있다.] 신이 이스라엘인에게 그의 법(Torah)을 실현하였다고 믿고 있는데, 이 법의 일부가 모세(Moses)가 신으로부터 계시받은 10계명이었다. 이스라엘 사람들은 모든 인류에게 빛이 되라고 신이 그들을 선택했다고 믿었다.

히브리 성경 다음으로 중요한 것이 탈무드(Talmud)이다. 탈무드는 랍비의 전통 그리고 유대인의 생활과 율법에 대한 토론을 담은 영향력 있는 편찬물이다. 탈무드는 미슈나(Mishnah: 구전된 Torah를 법전으로 편찬한 것)와 광범위한 초기 랍비 가르침에 대한 평석을 수집한 것들로 구성되어 있다. 다양한 후기의 평석들과 유태율법과 종교의식에 관한 표준 법전(Halakhah)이 늦은 중세에 만들어졌고, 이것이 유대인의 사상과 풍습(practice)을 형성하는 데 매우 중요하게 작용했다

아브라함(Abraham)은 예수 탄생 약 2,000년 전에 살았던 사람으로 히브리인의 선조로 간주된다. 구약성서의 창세기에 따르면, 그는 Ur(현대 이라크의 일부)에 있는 수메르 지역의 마을(Sumerian town)에서 태어나 그의 가족과 함께 이주하여 Haran(유프라테스 강에 있는 고대도시 Nari)을 거쳐서 "약속의 땅"인 가나안(Canaan)으로 모였다. 거기에서 그는 Shechem(현대의 Nablus)에 정착했다. 그 후 이집트에 머무르며 175살까지 살았고 그의 첫째 부인인 사라(Sarah) 곁에 묻혔다. 사라와 이삭(Isaac; 후에 신의 명령으로 제물이 되었다)을 낳았고 이삭은 야곱(Jacop; Israel은 그의 별명)을 낳았다. 둘째 부인인 하가(Hagar; 하가는 사라의 이집트 출신 하녀)와 이스마엘(Ismael)을 낳았고, 열두 씨족의 조상이 되었다. 셋째 부인 그두라(Keturah)와 여섯 아들을 두었는데, 그 아들들은 아랍 부족들의 조상이 되었다. 아브라함은 롯(Lot)의 삼촌이기도 했다. (흥미롭게도, 아브라함은 유대교, 기독교, 이슬람의 종교에서 중요한 조상으로 간주되고 있다.)

유대인들은 모두 그들이 아브라함이 살았던 그 시기 즈음에 생겨난 지역사회의 구성원이라고 생각한다. 이와 같은 과거가 그들의 종교의식(ritual)에 살아있다. 유대교회당(synagogue)이 점차 중요한 역할을 수행하고 있지만, 가족은 유대인의 종교의식에서 가장 기본적인 단위이다. 금요일 해진 후에 시작하여 토요일 해 뜰 때 끝나는 안식일(Sabbath)은 가장 중심이 되는 예배식이다. 유대교회당은 예배와 성경공부를 하는 지역사회 센터이다. 특색은 모세 5경(Pentateuch)을 손으로 써 넣은 '궤(ark)'이다. 모세 5경은 히브리 성경에 수록된 5개의 책으로 창세기, 출애굽기, 레위기, 민수기, 신명기로 구성되어 있다. 랍비는 근원적인 선생님이자 정신적 인도자이다.

매년 반복되는 종교 축제와 단식일이 있다. 이들 축제의식 중 첫째는 유대인의 신년제인 Rosh Hashanah로 9월이나 10월 중에 찾아온다. 이 신년제 기간 중에는 숫양의 뿔을 불어 회개하고 정신을 새롭게 한다. 유태력(歷)에서 가정 성스러운 날은 속죄일(Yom Kippur)로 Rosh Hashanah에 이어지는 10일간의 회개기간의 마지막 날인 회개의 날(Day of Atonement)이다. 속죄일은 단식을 하며 기도하고 지난날의 죄를 회개하는 날이다. 또 다른 축제 중 하나는 성전 헌당기념일(Hanukkah)로 시리아왕과의 전쟁에서 승리한 유다 마카비(Judas Maccabees)가 승리 후 예루살렘 성당을 재헌정한 것을 기념하는 날로 12월에 열린다. 유월절(逾越節; Pesach)은 출애굽을 기념하는 축제(Passover festival)로, 3월이나 4월에 열리며, 이집트에서 이스라엘로 탈출한 것을 기념하는 날이다. 이 축제는 신이 이집트인 가족들의 아이들 중에서 첫 번째 태어난 아이들을 죽였을 때, 이스라엘인들의 집은 그냥 지나치는 행적으로부터 그 이름이 유래되었다.

기독교

기독교(Christianity)는 이스라엘의 나사렛 예수(Jesus)의 업적과 삶을 중심으로 여러 나라에 퍼져 있는 종교이다. 이 종교는 유대교에서 비롯되었다. 초기의 추종자들은 예수가 죽고 부활한 후에 그를 구약성서에서 예언으로 약속한 바와 같은 구세주(Messiah) 그리스도라고 믿었다. 예수는 자산을 신의 아들이라고 선언했다. 예수는 생존 시 열두 남자를 제자로 선택했는데, 그들은 교회가 성장하는 기틀을 잡았다. 이들 추종자의 종파는 예수가 "신의 왕국"을 열기 위해 재림했다고 믿었다. 신은 본래 하나이나 인간은 세 부분, 즉 성부, 성자, 그리고 성령(이는 삼위일체로 알려짐)으로 구성된다. 예수 그리스도는 성모 마리아에게서 태어난 완벽한 인간이다. 성령은 신의 '숨결' 혹은 신의 손길로 사람들을 기독교에의 믿음을 따르게 하는 영감을 불러일으킨다. 성경은 성령의 영향을 받아 쓰

(계속)

보기 3.7 (계속)

였다고 생각된다.

예수 그리스도는 성모 마리아와 요셉의 아들로, 성령으로 신비하게 창조된 신의 아들이다. 예수는 예루살렘 근처 베들레헴에서 출생했지만, 성직은 나사렛에서 시작했다. 예수의 성직에 대한 중요한 기록은 신약 복음서로, 신약 복음서는 그가 신의 왕국이 도래했음을 선언하고, 특히 가난한 자와 억압받는 자들을 신의 왕국에 받아들였다. 예수가 공적인 성직생활을 얼마동안 했는지는 명확하지 않다. 그러나 요한복음에 의하면 3년 동안의 가르침으로 사람들이 크게 감명을 받았다. 그는 로마의 지배자 본디오 빌라도(Pontius Pilate)의 명령으로 십자가에 못 박혀 처형되었다. 죽은 날짜는 불확실하지만 그의 나이 30대 초반일 것으로 생각된다.

그리스도교 신앙의 핵심은 예수의 죽음과 부활에 대한 믿음에 있다. 신은 인간이 구원을 찾을 수 있도록 했다. 예수를 신의 아들로 믿고, 죄를 용서해주기를 기도함으로써, 모든 죄를 면죄받을 수 있다. 많은 기독교도들은 그들의 죄를 용서해 줄 것을 청하는 자는 천국에 계신 신과 함께 할 것이고, 그들의 죄를 용서해줄 것을 청하지 않는 자는 지옥으로 인도될 것이라고 믿는다.

예수의 복음은 애초에는 입에서 말로 찬양되었는데, A.D. 1세기 말 경에 글로 쓰여서 권위 있는 신약성서 경전으로 받아들여졌다. 12명의 초기 지도자(사도)들과 그 후계자들의 증언에 따르면, 기독교 신앙은 산발적으로 박해받았지만, 그리스와 로마로 확산되었다. A.D. 315년 로마 황제 콘스탄틴(Constantine)은 기독교를 기독교로마제국의 공식 종교로 선언하였다. 기독교는 로마제국이 멸망하고 중세의 '암흑시대' 이후까지 주로 수도원의 수도승 집단의 증언과 삶을 통해서 살아남았다. 이 종교는 중세 유럽의 문명의 기초를 마련하는 데 도움을 주었다. 중세시대 이래, 교리와 종교의식의 차이로 기독교의 주요 종파가 형성되었다.

이슬람교

이슬람(Islam)은 신(Allah)의 의지에 '복종'한다는 뜻의 아랍어이다. 또한 무함마드(Muhammad)의 예언을 통하여 7세기 동안에 아랍에서 생겨난 종교의 이름이다. 이슬람의 추종자들은 무슬림(Muslims)으로 알려져 있다.

무함마드는 메카(Mecca)에서 태어났다. 그는 메카에 있는 성당을 대대로 지켜온 관리인들인 강력한 카라시(Quaraysh) 부족의 가난한 상인인 압달라(Abdallah)의 아들이다. 무함마드는 6살에 고아가 되어 할아버지와 삼촌이 그를 양육했다. 그의 삼촌인 아부 탈리브(Abu Talib)는 그를 상인으로 훈련시켰다. 24세에 부자 과부 카디자(Khadijah)의 시중으로 들어가 마침내 결혼하였다. 그들은 아들 여섯을 두었다. 무역상으로 계속 일하면서, 그는 점차 종교적 명상에 빠지게 되었다. 그 후 그는 유일신인 알라의 계시를 받기 시작했다. 무함마드가 받은 계시는 천사 가브리엘에 의해서 20년이 넘는 기간 동안에 코란(Quran)으로 조목별로 편찬되었다. 코란은 성당에 있는 수많은 우상들은 파괴되어야 하고, 부자들은 가난한 사람들에게 베풀어야 한다고 명령한다. 이 간단한 메시지는 일부의 지지를 끌어내기도 했지만 자신들의 이익이 위협받는다고 느끼는 사람들로부터는 크게 적대감을 불러일으켰다. 그의 아내와 삼촌이 죽었을 때, 무함마드는 다시 가난해졌으나, 메카로 가는 순례자들 중에서 몇몇 사람들을 개종시키기 시작했다. 그는 마침내 야스리브(Yathrib)로 이주했다. 이 마을의 명칭은 나중에 "예언의 도시(City of Prophet)"로 불리는 메디나(Medina)로 바뀌었다. 아랍에서 그 이주는 히즈라(hijra)로 알려져 있는데, 무슬림들의 태음력(lunar calendar)의 기원이 되었다. 이슬람에 적대적인 적들과 일련의 전쟁들을 치르고 난 후에, 무함마드는 메카를 수중에 넣을 수 있었고, 이것이 그를 우두머리이자 예언자로 인식하게 하였다. A.D. 360년에 이르러 그는 모든 아랍을 그의 통제아래 둘 수 있었다. 그로부터 2년 후, 병에 걸린 그는 9명의 부인 중 한 사람의 집에서 숨을 거두었다. 메디나의 성원(mosque) 안에 있는 그의 묘지는 전체 이슬람 세계에서 숭배를 받고 있다.

이슬람은 삶의 모든 면을 아우르고 있다. 무슬림은 개인, 사회, 정부는 모두 코란에서 규정한 바와 같이 신의 의지에 복종해야만 한다고 믿는다. 코란은 신은 동지가 없이 오직 하나밖에 없다고 가르친다. 신은 만물의 창조자이며, 사람들에게 절대 권력을 행사한다. 부활의 날에 모든 사람들이 심판받게 될 것이므로, 모든 사람들은 신을 찬양하고, 신에게 기꺼이 복종하는 삶을 살아야만 한다. 신의 명령에 복종하는 사람들은 천국에서 영원히 살 것이고, 신에게 죄를 짓는 사람들과 회개하지 않는 사람들은 지옥불에서 영원히 저주받을 것이다. 태초에, 신은 영원한 보상을 얻는 데 필요한 길을 안내하기 위해서 예언자들(아브라함, 모세, 예수를 포함)을 보내셨다.

"이슬람의 기둥(pillars of Islam)"으로 알려진 필수적인 다섯 가지 종교적 의무가 있다. (a) 샤하다(Shahadah)는 신앙 고백으로, 두 부분으로 구성된 교의(creed)를 정성으로 암송하여 낭독하는 것이다. "우상은 없고 신만이 있으며 무함마드는 신의 사자(使者)이시다." (b) 살라트(salats)는, 공식적인 기도의식으로, 신성한 도시 메카를 향하여 매일 매일 지정된 시간에 다섯 차례 행하여야 한다. (c) 자카트(zakat; 역주: 이슬람

(계속)

보기 3.7 (계속)

의 법에 규정된 희사품)를 지불하는 자선은 "몸을 정화하는 성체의식(purification)"으로 가장 중요하게는 숭배 행위로 간주되며 또 코란에 규정된 사용법에 따라서 신의 호의에 감사하여 자신의 부를 나누는 의무이다. (d) 무슬림력의 9번째 달인 라마단(Ramadan) 기간 동안에는 의무적으로 단식을 행한다(saum; 태양이 떠 있는 동안에 음식물을 금하는 것이다). (e) 가능하면 일생에 적어도 한 번은 메카 순례를 해야 한다. 샤리아(Shariah)는 이슬람의 성법(聖法)으로, 종교의식뿐 아니라 생활의 모든 면에 적용된다. 이 성법은 코란과 순나(sunnah: 무함마드의 언행을 기록한 것)에서 찾아볼 수 있다.

불교

불교는 2,500여 년 전 인도에서 유래되었다. 이 종교는 석가모니(Buddha; Siddharta Gautama)의 가르침에서 나온 것이다. 부처(Buddha)는 일련의 깨달음을 얻은 존재로 여겨진다.

석가모니는 베나레스(Benares) 북쪽 지방 카필라바스투(Kapilavastu; 가비라위)에 사는 사키아(Sakya) 부족 왕(rajah)의 아들로 태어났다. 석가모니의 이름은 싯다르타(Siddharta)인데, 성(姓)인 고타마(Gautama)로도 알려져 있다. 30세가 되어서 왕궁에서의 사치스런 생활과 아름다운 부인 그리고 땅 위의 모든 야망을 내려놓았다. 그는 고행을 하는 수도자가 되어서, 자신과 정신을 훈련하는 수단으로 엄격한 금욕생활을 실천하였다. 여러 해에 걸친 혹독한 금욕생활을 한 후에, 깨달음의 방편으로 명상과 묵상을 찾아냈다. 그 후 약 40여 년 동안, 그는 가르침을 행했고, 많은 추종자들과 제자들을 얻었다. 그는 오우드(Oudh) 지역의 쿠시나가라(Kusinagara)에서 임종했다.

부처의 가르침은 4개의 고귀한 진리(Truths) 안에 요약되어 있다. 마지막 진리는 고통으로, 전 인류에게 공통적인 인간의 경험인 고통(suffering)으로부터 해탈하도록 인도하는 길이 존재한다고 한다. 불교의 중심 교리는 카르마(karma; 인과응보, 업)로, 선행과 악행은 생전 혹은 다시 태어날 때에 그에 합당한 보상이나 처벌을 받게 된다는 것이다. 이것은 인간의 행동은 그것이 합쳐져서 한 생에서 다음 생으로 옮겨지고, 이것이 한 개인의 운명을 파멸로 이끌거나 개선하도록 이끈다는 것이다. 카르마를 잘 이해하고, 올바른 길을 따름으로써, 인간은 카르마의 사슬을 깨뜨릴 수 있다.

부처의 해탈에 이르는 길은 도덕성(sila), 명상(samadhi), 지혜(panna)을 통해서이다. 목표는 열반(nirvana)으로 모든 욕망의 불꽃을 꺼트리고 무한의 세계에 빠지는 것이다. 모든 부처('깨달음을 얻은 사람들')는 최대로 존경받으며, 석가모니(Gautama)에게 특별하게 주어지는 것과 같은 지위가 주어진다.

불교의 초기 역사에서부터 두 개의 종파가 존재한다. 소승불교(Theravada Buddhism)는 초기 불교 저작들의 좁고 엄격한 가르침을 고수한다. 이 종파에서는 혹독한 훈련을 받아들이고 그것을 달성하기 위해 노력하는 소수의 사람들만이 구제를 받을 수 있다. 대승불교(Mahayana Buddhism)는 좀 더 자유롭고 민중들의 신앙심을 용인한다. 또 모든 사람들이 구제받을 수 있다고 가르친다. 이것은 보살(bodhisattva) 교리에 소개되어 있다. 보살은 부처의 깨달음을 얻은 사람이지만, 열반에 들어가는 것을 선택하지 않고 자발적으로 세상에 남아서 중생들이 깨달음을 얻도록 돕는다. 이 관점은 다른 사람들에 대한 자선을 강조한다. 대승불교는 모든 살아 있는 존재들은 불심(Buddha nature; 부처가 되려는 성질)을 잠재적으로 가지고 있다고 주장한다. 불심은 일종의 정신적 배아로 모든 사람들이 깨달음의 경지에 갈 수 있는 잠재력을 가지고 있어 마침내 부처가 될 수 있다는 희망을 품게 하는 것이다.

출처: Rosemary Goring, ed., *Dictionary of Beliefs and Religions* (New York: Larousse, 1994).

하기 위해서 사회변화를 촉진시킬 수 있는 기술을 가져야 하고 또 사용해야 한다.

최근 사회사업교육협의회(CSWE)는 인권을 더욱 강조하고 있다. 예를 들어 2008년 EPAS에 기술된 교육 정책 1.1 가치에 대한 선언에서 "서비스, 사회정의, 인간의 존엄과 가치, 인권, 인관관계의 중요성, 통합(integrity), 능력(competence), 그리고 과학적 탐구 등이 사회사업의 핵심 가치이다"[49]라고 쓰고 있다.

2008 EPAS 보고서는 "모든 사람들은 사회적 지위에 관계없이 자유, 안전(safety), 사생활보호, 적절한 삶의 기준, 건강보호, 교육과 같은 기본적 인권을 갖는다. 사회복지사는 억압이 전 세계적 현상과 관련되어 있다는 것을 인식하고, 인간과 시민의 권리를 증진하기 위한 전략과 정의에 관한 이론에 대하여 잘 알아야 한다."[50]고 했다.

Reichert는 그럼에도 불구하고 '인권'은 사회사업교육과정과 사회사업 교재와 강의에서도 크게 주목받지 않는다고 지적한다.[51] 사회사업 교육과정에서 인권에 대한 초점이 "잘 보이지 않을 만큼 작게(invisible)" 나타나고 있는 것은 흔한 일이다. 사회사업문헌에서는 사회사업 전문직에 적합한 가장 핵심적인 가치를 분석할 때 '사회정의'가 선호되는 용어로 지속적으로 나타나고 있다.

Barker는 사회정의에 대해서 다음과 같이 정의했다.

> 한 사회의 모든 구성원들이 동등한 기본적 권리, 보호, 기회, 의무, 그리고 사회적 편익을 누리는 이상적인 조건이다. 이 개념은 역사적으로 볼 때 불평등이 있음이 인정되고 있고 특별한 수단을 동하여 수정될 수 있나는 생삭을 함축하고 있다. 사회사업의 핵심적 가치인 사회정의에는 제도적인 불평등과 억압과 차별에 대항하는 옹호활동이 함축되어 있다.[52]

Barker는 인권에 대하여 다음과 같이 정의했다.

> 인종, 젠더, 언어, 종교에 따른 차별이 없게 다른 사람들에게도 잘 조화롭게 적용되는 것과 같이 사회적 성취(social fulfillment)를 이루는 데 있어서 동일한 특권과 의무에 잘 조화되게 기회가 적용되는 것이다. 1948년 UN 인권위원회는 이러한 기회들을 하나하나 구체적으로 활자화하였다. 민주적 헌법에서 승인되어야 하는 기본적 시민권으로 생명, 자유, 개인적 안전; 자의적인 체포, 구금 그리고 추방으로부터의 자유; 비편파적인 법정에서 공정한 청문을 받을 권리; 사상, 양심, 종교의 자유; 평화로운 결사의 자유가 포함된다. 또한 경제적, 사회적, 문화적 권리로서 노동권, 교육권, 사회보장권리; 지역사회의 문화적 생활에의 참여권; 예술과 과학기술의 진전에 따른 편익을 향유할 권리 등이 포함된다.[53]

Reichert는 '사회정의' 개념과 '인권' 개념을 다음과 같이 비교한다.

> 인권은 사회사업 전문직에게 전 세계적이고 현대적인 일련의 지침을 제공한다. 반면에 사회정의는 공정 대 불공정, 평등 대 불평등과 같이 모호한 용어로 정의되는 경향이 있다. … 이러한 구분으로 인권은 사회정의가 갖지 못한 어떤 권위를 갖게 된다. 인권은 세계 구석구석에서 인간 생활의 제반 여정에 걸쳐 사람들에게 공통의 쟁점에 관한 토론을 유발시킬 수 있다.[54]

기본적 '인권'이란 무엇인가? 기본적 인권이 무엇인가에 대한 명확하고 구체적인 합의가 존재하지 않는다. 이런 권리들을 분명하게 구분할 수 있는 핵심적인 출발점은 세계인권선언이다. 세계인권선언문에서 확인되는 권리들은 다음과 같다.

- 모든 인간은 존엄성과 권리를 가지고 평등하고 자유롭게 태어난다.
- 누구나 아무런 차별 없이 UNDR에서 규정하고 있는 모든 권리를 가질 자격을 가진다.
- 생명, 자유, 안전의 권리
- 노예제도의 금지
- 고문의 금지
- 법 앞에서 인간으로 인정받을 권리
- 모든 사람이 법 앞에서 평등하게 대우받을 권리
- 이들 권리에 대힌 이띤 침해로부터도 구제빋을 권리
- 자의적인 체포, 구금, 추방의 금지
- 공정한 재판을 받을 권리
- 유죄가 인정될 때까지는 무죄로 추정되어야 한다.
- 사생활에 대해 자의적인 간섭을 받지 않을 권리
- 거주이전의 자유
- 피난처(asylum)를 찾을 권리
- 국적을 가질 권리
- 결혼을 할 권리; 양 당사자의 동의에 의한 혼인; 가족이 국가로부터 보호를 받을 권리
- 재산권
- 사상, 양심, 종교의 자유
- 의사와 표현의 자유
- 집회 및 결사의 자유
- 한 나라의 정부에 참여할 권리
- 인격의 자유로운 발전과 존엄성에 필요한 경제적, 사회적, 문화적 권리
- 노동하고 적정하게 소비할 권리
- 노동으로부터 휴식과 여가를 가질 권리
- 음식, 의복, 주거, 의료를 포함하여 적정한 삶의 기준을 누릴 권리
- 교육을 받을 권리
- 문화적 활동에 참여하고 과학기술의 진보를 함께 누릴 권리
- 이들 권리가 실현될 수 있는 세계질서에 대한 권리
- 이들 각 권리들은 지역사회에 대한 의무를 가진다. 권리는 다른 사람의 권리를 존중하는 한도 내로 제한 된다.
- 이들 권리들을 파괴하는 어떤 행위를 용인함으로써 이들 권리가 침해될 수 없다.[55]

UN에 가입한 모든 국가는 이 선언을 승인하고 있다. 그러나 모든 국가에 법적인 구속을 부과하는 것은 아니다. 왜냐하면 인권선언이 인권을 상당히 모호한 용어로 규정하고 있어서, 각 국가들이 기본적 인권을 침해하였는가를 판단하기 어렵기 때문이다.

대부분의 국가들은 인권을 지키는 것이 전 세계적으로 중요한 목표라는 것을 인식하고 있다. 그러나 현재까지는 인권의 침해를 확인하는 일이 명확히 과학적인 것은 아니다. 한 정부가 다른 정부를 인권을 침해하였다고 고소하는 것도 흔한 일이지만, 동시에 자신들의 인권 침해를 '무시해 버리는(overlooking)' 일이 발생하고 있다. Reichert는 이런 현상을 다음과 같이 언급하고 있다.

> 다른 국가들과 비교할 때 미국은 모든 사람들의 인권을 증진하는 의무를 충족시키지 못하고 있다. … 예를 들어 모든 예비 엄마와 아동들에게 적절한 건강보호를 제공하지 못하는 것은 UN 인권선언을 침해하는 것이다. 미국 지도자들은 여러 나라 중에서 중국, 이라크, 쿠바를 인권을 침해하는 국가라고 계속 모욕하고 있다. 미국의 영아사망률은 산업화된 다른 국가들에 비해서 높으며, … 또한 미국 내에서 영아사망률은 인종집단에 따라 차이가 있다. 아프리카-아메리칸 영아들의 사망률은 비히스패닉계 백인 영아사망률의 2배를 초과한다.[56)]

기본적 인권을 명확히 하는 일에 좀 더 관심을 집중하여 국가들이 모든 시민들의 그와 같은 권리를 지키는 프로그램을 주도할 수 있기를 기대한다. 인권을 명확히 하고 지키는 일에 좀 더 관심을 가짐으로써, 현재 희생당하고 있는 유색인종, 여성, 장애인, 게이와 레즈비언 같은 집단들이 받는 차별에 재갈을 물리는 일을 촉진하게 된다.

11. 사회사업 교육

》 2년제 관련 교육 프로그램

지난 30년 동안에 많은 지역사회대학(community college)과 기술학교(technical school)에서 사회사업 교육과 관련하여 2년제 교육 프로그램(two-year associate programs)을 제공하기 시작했다. 이들 프로그램들은 다음과 같은 다양한 명칭의 관련 학위를 제공하고 있다.

- Social Work Aide/Social Service Associate/Social Service Technician
- Probation and Parole Aide
- Mental Health Associate/Mental Health Aide
- Human Service Technician/Human Service Aide
- Child-Care Technician/Residential Child-Care Aide
- Community Service Assistant/Community Services Technician/Community Social Service Worker

이들 프로그램 중에서 많은 프로그램이 CSHSE (Council for Standards in Human Service Education)로부터 인증을 받고 있다. 프로그램은 인증을 받기 위해서 엄격하게 과정을 운영하는 것을 보여 주어야 한다. 준 학사학위 증서(associate degree credits)는 흔히 4년제 학교로 편입학하는 데 사용된다.

그러나 아직 이들 준 학사학위는 사회사업교육협의회(CSWE)로부터 인증을 받지 못하고 있다. (CSWE는 미국 각 대학의 학사 및 석사학위 프로그램이 인증기준에 적합한가를 검토하여 인증하고 있다.) 사회사업 분야에서 2년제 프로그램의 기준 설정은 CSWE가 이들 2년제 프로그램의 인준을 검토하기로 결정하지 않는 한 성취되기 어렵다.

》 학부 교육과 대학원 교육

미국 사회사업교육협의회(CSWE)는 인증을 신청하는 학부와 대학원의 교육 프로그램을 심사한다. CSWE는 사회사업교육의 기준을 설정하여 사회사업교육 프로그램의 질을 개선하고 촉진시킨다. 인증을 받은 교육기관을 졸업한 학생들은 국가적 기준을 충족시키는 교육을 받은 것으로 확인할 수 있기 때문에 사회복지기관에 고용되는 데 유리한 입지를 갖게 된다.

1970년대 초까지만 해도, 학부에서의 사회사업 교육은 준 전문직 교육이라고 인식되었고 대학원 교육만이 사회사업의 전문직 교육으로 인식되었다. 그러나 석사 학위를 갖지 않은 많은 사람들이 사회복지사로 고용되면서, 학사 수준에서도 전문교육을 제공할 필요성이 인식되었다. 1974년 7월 1일부터 전문직으로의 준비를 강조하는 방향으로 학부 프로그램의 인증 필요조건이 변화되어 시행되었다. 사실상, CSWE는 인증받을 수 있는 학사학위 프로그램은 "교육의 주요 목표로 초보수준의 전문 사회사업 실천을 준비하는 것을 명시하도록"[57)] 요구하였다. 학사학위 프로그램의 이차적 목표는 (a) 대학원에서 사회사업 전문교육을 준비시키고, (b) 지적이고 교양 있는 시민으로 교육시켜서 광범위한 사회문제를 이해하도록 하고 사회문제 해결을 위한 개입 지식을 알고 사회복지 개념을 이해하도록 하는 것이다.

사회사업 대학원 교육 프로그램은 보통 2년간의 학술연구를 요구한다. 그러나 많은 대학원 교육 프로그램들은 학부에서 사회사업 전공자에게 1년의 학점을 이수하였다는 학생신분을 부여하고 있는데(advanced standing), 학부와 대학원 과정 양자에 다 포함되는 과정인 사회복지정책 및 서비스, 사회사업 실천, 인간행동과 사회환경, 사회조사, 실습 등과 같은 핵심 과목이 인정되고 있다.*

CSWE는 인증기준에 대하여 다음과 같이 언명하고 있다.

> 전(前) 대학에서 얻은 학점을 인정받은 학생 신분(advanced standing)은 CSWE로부터 인증받은 사회사업학사학위프로그램을 이수한 학사학위를 가진 학생들에게만 부여된다. CSWE의 인증은 국제사회사업학위인정및평가서비스(International Social Work Degree Recognition and evaluation Service)를 통해서 혹은 국제사회사업 인증인(accreditors)의 양해각서(memorandom of understanding)를 통해서 이루어진다.[58]

대학원 교육의 초점은 전문직의 양성에 있기 때문에 실습은 모든 MSW 프로그램에서 매우 중요하다. 학생들은 일주일에 2~3일은 실습기관에서 근무하며 집중적인 지도감독(supervision)을 받아야 한다.

MSW 프로그램의 구조와 형식은 학교마다 다르지만, 대체로 다음과 같은 두 가지 요소를 공통으로 가지고 있다: (a) 프로그램의 한 부분은 일반주의 사회사업 실천에 초점을 두고 있다. 학부 프로그램의 핵심 교과 과정도 일반주의 사회사업실천을 포함하고 있다. (b) 교과과정의 두 번째 부분은 학생들이 선택할 수 있는 몇 가지 심화과정으로 구성된다. 심화과정은 대학마다 편차가 크다. CSWE는 매년 Summary Infomation on Master of Social Work Programs을 발간하는데, 각 대학의 심화과정 정보가 수록되어 있다. 심화과정으로는 정책분석, 기획, 조사 및 행정, 지역사회조직, 직접적 실천(개인, 소집단), 프로그램 개발, 지역사회 정신건강, 가족기능, 보건, 임상실천, 도심 근린지역서비스, 학교사회사업, 아동복지, 노령, 범죄와 비행 등의 전문과정 코스가 있다.

MSW 학위를 가진 개인들은 흔히 졸업 후 1~2년 안에 지도감독 책임이나 행정적인 책임을 맡게 된다.

대학원 고급과정 수준(advanced graduate level)에는 학교에 따라 두 가지 부가적인 프로그램이 제공되고 있다: (a) 학생들의 전문적 기술을 강화하기 위한 목적을 가진 프로그램으로 3년차 프로그램과 (b) DSW(Doctor of Social Work) 혹은 PhD 학위 프로그램이 있다. 박사학위과정 프로그램은 석사학위 후 2년 또는 그 이상의 연구를 요구한다.

* 이들 사회사업 학사학위에 대한 우대는 대학마다 다르기 때문에 관심 있는 학생들은 등록하고자 하는 대학과 접촉할 필요가 있다.

요약

다음은 이 장의 서두에서 제시한 학습목표와 관련된 내용을 요약한 것이다.

A. 일반주의 사회사업실천의 정의

미국 사회사업교육협의회(CSWE)는 교육정책과 인증기준(EPAS)에서 일반주의 실천을 다음과 같이 정의하였다

일반주의 실천은 인문과학 및 인간과 환경의 복합적인 구성체를 기초로 이루어진다. 인간과 사회의 복리를 증진시키기 위해서 일반주의 실천가들은 개인, 가족, 집단, 조직, 지역사회와의 실천에서 일련의 예방 및 개입방법을 사용한다. 일반주의 실천가들은 사회사업 전문직이라는 정체성을 갖고, 실천에서 비판적으로 사고하며, 윤리적 원칙들을 적용한다. 그들은 실천에서 다양성을 적극적으로 인정하며, 인권과 사회·경제적 정의를 옹호한다. 그리고 인간의 강점과 적응유연성(resiliency)을 인식하고 지지하며 형성하고자 한다. 또한 그들은 조사연구에 기초하여 실천을 수행하며(research informed practice), 전문적 실천이 갖는 영향력(impact)에 대해서도 사전학습에 기초하여 혁신적으로 반응한다.

B 사회사업실천에서 변화과정 요약

사회사업실천의 변화과정에서 사회복지사는 여덟 가지 기술을 사용한다.

1. 클라이언트와 적절한 작업관계 (working relationship)를 유지하면서 계약 맺기
2. 쟁점, 문제, 욕구, 자원, 자산을 확인하기
3. 정보를 수집하고 사정하기
4. 서비스 전달을 기획하기
5. 의사소통 기술, 지도감독, 컨설팅 사용하기
6. 클라이언트의 목적을 성취하기 위하여 설계된 경험에 근거한 개입방법들을 확인하고, 분석하며 실행하기
7. 경험적 지식과 기슬상의 진전을 적용하기
8. 실천의 효과성과 프로그램의 결과를 평가하기

C. 사회사업실천에서 사회복지사가 수행해야 할 역할 기술

사회복지사는 다양한 역할을 잘 수행할 수 있도록 지식과 기술을 겸비해야 한다. 사회복지사의 역할은 조력자, 중개자, 옹호자, 행동가, 권력부여자, 중재자, 협상자, 교육자. 주도자, 조정자, 조사자, 집단촉진자, 대중연설가 등으로 매우 다양하다.

D. 개인, 가족, 집단, 조직, 지역사회와의 사회사업실천에 대한 논의

개인과의 사회사업실천은 사람들을 돕기 위해서 일대일로 개인적·사회적 문제를 해결하도록 돕는 것이다.

가족문제가 있을 때에는 여러 가지 사회서비스가 필요하다. 문제를 가진 가족에게 사회복지사가 제공하는 서비스의 유형과 형태는 다양하다. 이 서비스 중 하나로 가족치료가 있다.

또한 대부분의 사회복지기관에서는 몇 가지 집단서비스를 제공하고 있다. 활용되는 사회사업 집단의 초점은 상당히 다양하다. 사회적 대화, 여가, 여가기술, 교육, 과업, 사회화, 치료, 문제해결, 자조, 감수성 훈련 등이 있다. 치료집단에서의 목적은 각 참가자들이 자신들의 개인적 문제나 정서적 문제를 깊이 탐색하고, 이들 문제를 해결하는 전략을 개발하는 것이다. 이와 대조적으로, 감수성훈련집단은 개인의 자각(awareness)과 인간관계에 대한 자각을 증가하도록 조장하여 더 효과적으로 상호작용을 하도록 돕는 것이다.

조직은 특정 목적을 달성하기 위해서 모인 사람들의 집합체이다. 조직 내에서 사회복지사의 역할과 사회복지사와 조직과의 상호작용(조직을 조종하려는 사회복지사의 시도 포함)이 사회복지사가 수행하는 많은 활동을 규정한다. 원조 전문직과 그들 전문직이 일하는 관료체제 간에는 근본적으로 구조적 갈등이 존재한다. 관료제에서 사회복지사가 어떻게 생존하고 일을 잘해 나아갈 것인가에 대해서 여러 가지 제안들을 제시한다.

지역사회실천은 지역사회가 욕구를 충족시키기 위한 여러 가지 노력들을 평가하고 기획하며 조정하는 과정이다. 사회사업은 지역사회실천 분야에서 훈련을 제공하는 몇 가지 학문 분야 중 하나이다. 실제로 거의 모든 사회복지사가 개인 자격 혹은 기타 자격으로 지역사회실천 노력에 관여하게 된다. 지역사회실천의 모델로는 지역사회개발모델, 사회계획모델, 사회행동모델들이 있다. 지역사회개발모델은 지역사회 수준에서 광범위한 스펙트럼을 가진 사람들이 널리 참여함으로써 지역사회를 가장 잘 변화시킬 수 있다고 주장한다. 가장 기본적인 주제는 "함께 무엇을 할 것인지를 구상해보고, 그 일을 해보자"이다. 사회계획모델은 문제해결 과정을 강조한다. 전문가의 역할은 사회문제를 확인하고 이를 해결하는 것을 강조한다. 이 접근의 주요 주제는 "사실을 수집하고, 합리적으로 다음 단계로 나아가자"이다. 사회행동모델은 사회정의를 위하여 혹은 자원을 증가시키기 위하여 억압받는 집단들을 조직화하여 권력구조에 압력을 행사하고자 한다. 이 접근의 가장 기본적인 주제는 "억압자를 제압하기 위해서 조직을 만들자"이다.

E. 사회사업실천에 필요한 지식, 기술, 가치에 대해 요약

미국사회사업교육협의회(CSWE)가 제시한 교육정책과 인증기준(EPAS)에서 확인되는 10가지 역량들은 사회사업실천에 필요한 지식, 기술, 가치가 무엇인가를 보여주고 있다. 이 장에서는 그러한 역량이 무엇인가를 제시하고 있다.

사회사업의 가치기반으로는 각 개인의 독특성과 존엄성에 대한 존중, 클라이언트의 자기결정권, 비밀유지, 억압받는 사람들의 권리를 보장하기 위한 사회행동과 옹호, 책임성, 제도적 관점, 타인의 정신적·종교적 신념의 존중, 사회·경제적 정의의 증진, 인권의 보루 등이 있다.

F. 사회사업실천을 위한 교육훈련을 간략하게 서술
미국사회사업 교육협의회의(CSWE)가 인증한 학부수준의 사회사업교육 프로그램의 주요 목표는 초보 수준의 사회사업실천 전문가를 양성하는 것이다. 인증된 학부 및 대학원의 사회사업 교육 프로그램은 학생들을 일반주의 실천가로 훈련시킬 것을 요구받고 있다. (MSW 프로그램은 그에 더하여 학생들이 한 개의 전공영역을 선택하여 공부하도록 하고 있다.)

사회사업을 경력으로 결정할지의 여부와 관계없이, 우리는 앞으로 인간의 문제와 싸우는 일에 연루될 것이다.

인터넷 참고자료

CENGAGENOW™ 각 장과 관련된 참고자료는 출판사 홈페이지(www.cengage.com/social_work/zastrow)를 참조하라.

주

1. Donald Brieland, Lela B. Costin, and Charles R. Atherton, eds., *Contemporary SocialWork: An Introduction to Social Work and Social Welfare,* 3rd ed. (New York: McGraw-Hill, 1985), pp. 120–121.
2. G. H. Hull, *Social Work Internship Manual* (Eau Claire: University of Wisconsin-Eau Claire, Department of Social Work, 1990), p. 17.
3. Robert L. Barker, *The Social Work Dictionary*, 5th ed. (Washington, DC: National Association of Social Workers, 2003) p. 176.
4. BPD, "Definition of Generalist Practice," discussed and advanced by the BPD Social Work Continuum Committee and approved by the BPD Board of Directors, 2006.
5. Council on Social Work Education, *Educational Policy and Accreditation Standards* (Alexandria, VA: Council on Social Work Education, 2008).
6. Ibid, reprinted with permission from the Council on Social Work Education.
7. Felix P. Biestek, The *Casework Relationship* (Chicago: Loyola University Press, 1957).
8. Alfred Kadushin, *Child Welfare Services*, 3rd ed. (New York: Macmillan, 1980).
9. Virginia Satir, *Conjoint Family Therapy*, rev. ed. (Palo Alto, CA: Science & Behavior Books, 1967); Virginia Satir, *Peoplemaking* (Palo Alto, CA: Science & Behavior Books, 1972).
10. *Satir, Conjoint Family Therapy,* pp. 8–10.
11. Ibid., p. 92.
12. Irene Goldenberg and Herbert Goldenberg, *Family Therapy,* 3rd ed. (Pacific Grove, CA: Brooks/Cole, 1991), p. 242.
13. B. Okun and L. Rappaport, *Working with Families: An Introduction to Family Therapy* (North Scituate,-MA: Duxbury Press, 1980), p. 93.
14. David W. Johnson and Frank P. Johnson, *Joining Together: Group Theory and Group Skills*, 5th ed. (Boston: Allyn & Bacon, 1994), p. 13.
15. Gerald L. Euster, "Services to Groups," in *Contemporary Social Work*, Donald Brieland, Lela B. Costin, and Charles R. Atherton, eds. (New York: McGraw-Hill, 1975), p. 227.
16. Ralph Dolgoff and Donald Feldstein, *Understanding Social Welfare* (New York: Harper & Row, 1980), pp. 27–42.
17. Alfred H. Katz and Eugene I. Bender, *The Strength in Us: Self-Help Groups in the Modern World* (New York: Franklin-Watts, 1976), p. 9.

18. Frank Riessman, "The 'Helper Therapy' Principle," *Journal of SocialWork* (Apr. 1965), pp. 27–34.
19. Johnson and Johnson, *Joining Together.* 20. Ibid.
21. A. Etzioni, *Modern Organizations* (Englewood Cliffs, NJ: Prentice Hall, 1964), p. 1.
22. F. E. Netting, P. M. Kettner, and S. L. McMurtry, *Social Work Macro Practice*, 2nd ed. (New York: Longman, 1998), pp. 193–194.
23. F. E. Netting, P. M. Kettner, and S. L. McMurtry, *Social Work Macro Practice,* 3rd ed. (Boston, Allyn and Bacon, 2004).
24. R. Knopf, Surviving the BS (*Bureaucratic System*) (Wilmington, NC:Mandala Press,1979),pp.21–22.
25. Ibid., p. 25.
26. Ibid.
27. Ibid.
28. A. Panitch, "Community Organization," *in Contemporary Social Work,* 2nd ed., Donald Brieland, Lela B. Costin, and Charles R. Atherton, eds. (New York: McGraw-Hill, 1980), pp. 124–125.
29. Neil Gilbert and Harry Specht, "Social Planning and Community Organization: Approaches," *Encyclopedia of Social Work,* 17th ed. (Washington, DC: NASW, 1977), pp. 1412–1425.
30. Ibid.
31. Jack Rothman and John E. Tropman, "Models of Community Organization and Macro Practice Perspectives: Their Mixing and Phasing," in *Strategies of Community Organization,* 4th ed., Fred Cox,John Erlich, Jack Rothman, and John E. Tropman, eds. (Itasca, IL: F. E. Peacock, 1987), pp. 3–26.
32. Saul Alinsky, *Rules for Radicals* (New York: Random House, 1972), p. 130.
33. Saul Alinsky, *Reveille for Radicals* (New York: Basic Books, 1969), p. 72.
34. Allen Pincus and Anne Minahan, *Social Work Practice: Model and Method* (Itasca, IL: F. E. Peacock, 1973), p. 38.
35. Albert Ellis and R. Harper, *A New Guide to Rational Living* (North Hollywood, CA: Wilshire Books, 1975).
36. C. H. Cooley, *Human Nature and the Social Order* (New York: Scribner's, 1902).
37. William Glasser, *The Identity Society* (New York: Harper & Row, 1972).
38. Thomas Gordon, *Parent Effectiveness Training* (New York: Wyden, 1973).
39. "Tarsoff v. Regents of University of California: The Psychotherapist's Peril," *University of Pittsburgh Law Review,* 37 (1975), pp. 159–164.
40. Suanna J. Wilson, *Confidentiality in Social Work: Issues and Principles* (New York: Free Press, 1978), pp. 116–117.
41. Ibid., p. 121.
42. Donald T. Dickson, *Confidentiality and Privacy in Social Work* (New York: Free Press, 1998), pp. 124–125.
43. Ibid., p. 125.
44. K. Miley, *Religion and Spirituality as Central Social Work Concerns.* Paper presented at Midwest Biennial Conference on Social Work Education, LaCrosse, WI, Apr. 9–10, 1992, p. 2.
45. L. E. Furman, *Religion and Spirituality in Social Work Education.* Paper presented at Midwest Biennial Conference on Social Work Education, St. Paul, MN, Apr. 28–29, 1994, p. 10.
46. Council on Social Work Education, *Educational Policy and Accreditation Standards.*
47. Ibid.
48. National Association of Social Workers, *Code of Ethics,* Revised and adopted by the 1996. Delegate Assembly of NASW (Washington, DC: NASW Press, 1996), p. 27.
49. Council on Social Work Education, *Educational Policy and Accreditation Standards.*
50. Ibid.
51. E. Reichert, *Challenges in Human Rights*: A Social

Work Perspective (New York: Columbia University Press).

52. Barker, *The Social Work Dictionary*, pp. 404–405.
53. Ibid., p. 203.
54. Reichert, *Challenges in Human* Rights, p. 41.
55. United Nations, *Universal Declaration of Human Rights.* Adopted December 10, 1948. GA, Res. 2200 AXXI (New York: United Nations).
56. Reichert, *Challenges in Human Rights*, p. 8.
57. Council on Social Work Education, *Standards for the Accreditation of Baccalaureate Degree Programs in Social Work* (New York: CSWE, 1974), p. 13.
58. Council on Social Work Education, *Educational Policy and Accreditation Standards.*

사회문제와 사회서비스

PART 2

Social Problems and Social Services

CHAPTER 4

빈곤과 공공부조

Poverty and Public Welfare

이 장의 개요

- 문제
- 빈곤문제의 대응에 관한 약사(略史)
- 부자와 빈자
- 빈곤에 대한 정의는 정책적 문제다
- 빈곤층은 누구인가?
- 빈곤의 원인
- 빈곤문화
- 빈곤의 기능
- 사회보험제도
- 공공부조
- 사회사업과 공적 복지
- 빈곤과 싸우기 위한 위한 Obama 대통령의 제안

학습목표

미국사회에서 빈곤은 언제나 가장 심각한 사회문제 중 하나이다. 다른 국가들에서도 빈곤은 심각한 문제이다. 현대 문명사회에서 미국인의 8명 중 1명이 빈곤상태에 있다.[1] 이 장은 다음과 같은 내용으로 구성된다.

A. 빈곤의 규모와 빈곤이 삶에 미치는 영향 기술
B. 부자와 빈자의 소득과 부의 격차 토론
C. 빈곤의 원인을 요약하고, 저소득층 집단 확인
D. 현재의 반빈곤정책에 대해 알아보고 장단점 토론
E. 향후 빈곤을 완화시킬 수 있는 현재의 전략
F. 좌절한 사람들에게 동기를 부여하는 데 있어서 사회복지사의 역할

1. 문제

미국의 공식적인 빈곤인구는 2008년 현재 전체 미국인구의 12%에 해당하는 3천6백만 명인 것으로 조사되었다.[2] (빈곤선이란, 연방정부가 지정하는 기본적인 의식주에 필요한 정도의 소득수준을 말한다.) 문제는 1980년보다 현재가 빈곤율이 더 높다는 것이며, 2008년의 빈곤율이 1966년의 수준이라는 것이다.[3]

빈곤이란 단순히 가난한 사람들이 평균소득의 사람들보다 잘 살지 못한다는 것이 아니다. 빈곤이란 배고프다는 것을 의미한다. 많은 빈곤층들은 먹을 것이 부족하고, 어떤 이들은 개나 고양이 사료를 먹기도 한다. 가난이란, 물이 안 나오고, 쥐와 바퀴벌레가 기어 다니는 집에서 사는 것을 의미한다. 겨울에 난방이 되지 않고, 옆집 사람의 목소리가 다 들려서 잠을 못 이루는 것을 의미한다. 가난이란 알코올중독과 여러 가지 정서적 문제에 취약한 것, 범죄의 희생양, 그리고 낮은 평균수명을 의미한다. 이는 또한 사회적, 경제적, 교육적 측면에서 자신을 발달시킬 기회가 부족한 것을 말해준다. 빈곤은 종종 형편없는 주거, 불안정한 결혼생활과 여행, 외식, 영화, 연극, 콘서트, 스포츠 경기 등을 관람하는 것과 같이 인생을 즐겁게 살아갈 기회를 거의 갖지 못한다는 것을 의미한다.

빈곤층의 영아 사망률은 부유층의 두 배에 가깝다.[4] 빈곤층은 의료 서비스에 대한 접근성이 떨어질 뿐 아니라 전문가로부터 낮은 질의 의료 서비스를 받는다. 빈곤층은 상대적으로 더 심한 공해, 수질오염, 비위생적 환경에 노출되어 있으며, 영양실조와 질병에 걸릴 확률이 더 높다. 빈곤지역의 학교는 질이 더 낮고, 학생들이 학교를 중퇴하는 경우도 많다. 이들은 범죄에 가담하거나, 체포되거나 교도소에 들어갈 확률이 높으며, 빈곤하지 않은 사람에 비해 높은 형량을 받을 확률 또한 높다.[5]

빈곤은 사람을 실망과 낮은 자존감으로 밀어 넣고, 성장을 저해한다. 스스로를 열등하다고 여기거나 이류라고 생각하게 할 때 빈곤은 개인에게 가장 큰 상처를 준다.

흔히 미국을 모든 사람이 노력하면 잘 살 수 있는 기회의 나라로 생각한다. 하지만 현실은 이와 반대이다. 많은 연구에 따르면 빈곤은 거의 벗어날 수 없는 늪이다. 빈곤가정에서 자란 아이들은 성장 후에도 빈곤할 확률이 높다. 드문 예외가 있기는 하지만, 대부분의 사람들은 자신의 부모와 유사한 사회적 지위를 갖기 때문이다. 미국을 포함한 모든 사회에서 상위 계층으로의 이동은 거의 일어나지 않는다.[6]

2. 빈곤문제 대응에 관한 약사(略史)

도움이 필요한 사람에게 사회가 도움을 주는 방법은 그 사회의 가치를 반영한다. 원시사회에서 자족하지 못하는 사람들은 가족이나 부족원의 도움을 받았다. 중세 유럽에서 빈곤구제는 교회의 몫이었다.

1601년 영국의 유명한 엘리자베스 빈민법은 개신교윤리와 인본주의의 결합이었다. 이 법은 일반대중의 구걸이 사

iStockphoto/Homeless Woman/Thinkstock

우리는 우리가 평등한 기회가 보장되고 우리 모두는 자신의 노력에 따라 상위계층으로 이동할 수 있는 가능성이 있다고 생각한다. 그러나 현실은 우리의 생각과는 반대다. 빈곤은 사실상 벗어날 수 없다.

회적 문제라고 생각했기 때문에 제정되었다. 이 법은 다음 세 가지를 법률로 정했다. 첫째, 일할 수 있는 빈민에게 일자리를 제공하고, 이를 거부하면 고향으로 쫓겨나거나, 채찍을 맞거나 옥살이를 했다. 둘째, 일할 수 없는 빈곤층(아이들과 노인)에게는 구제금을 주거나 구빈원에 보냈다. 셋째, 부모가 제대로 돌보지 못하는 아이들은 다른 집의 일꾼으로 보냈다. 이런 내용의 빈민법은 일할 수 있는 빈곤층과 일할 수 없는 빈곤층을 구분하여 구제원칙을 적용하는 기초를 설립하였다. 빈민법에 포함된 대부분의 내용이 초창기 미국의 구제 프로그램에 적용되었다.

19세기 미국과 영국에서 구빈원과 원외구호(재가빈민을 대상으로 하는 구호)에 대한 논란이 일어났다. 원외구호는 잘못 사용될 가능성이 높다는 목소리와 함께, 현금구제금은 수급자의 도덕적 해이를 가져올 수 있다는 우려가 높아졌다. 다른 한편으로는 구빈원에 사람이 너무 많고 비위생적이라는 의견도 있었고, 설립의도와 달리 일할 수 있는 사람에게 일거리를 제공하지도 않았다. 또한 19세기에 도시 빈민을 위한 첫 사회복지기관이 생겨나기 시작했다. 이런 기관들은 교회에서 지원하는 사립기관이었고, 주로 음식과 쉼터를 제공했다. 이들은 종교적 관점에서 개인적 문제에 접근하려고 노력했다(보기 4.1 참조).

하지만 1930년의 대공황은 이러한 개인주의 신화에 대한 도전이었다. 총 노동인구의 1/3이 실업자가 되었다.[7] 중산층을 포함한 많은 사람이 실업을 겪게 되면서, 구제신청자에 대한 새로운 관점을 갖기 시작했다. 이들도 본질적으로 남과 다르지 않으며, 단지 어쩔 수 없는 처지에 놓은 사람들이라고 간주하기 시작했다. 이제는 민간기관의 도움만으로는 실업자들의 경제적 요구에 부응할 수 없었다. 결과

보기 4.1 개인주의 이념

미국사회에서 부는 세습된다: 극소수의 사람들만이 상위 계층으로 이동한다. 부유하다는 것은 교육과 교제 등을 통해 아이들이 성인이 되었을 때 많은 돈을 벌 수 있는 기회를 열어준다. 빈곤하다는 것은 아동이 어른이 되었을 때 빈곤층으로 벗어날 가능성이 거의 없다는 것을 의미한다. 그럼에도 불구하고 많은 사람들이 개인주의 신화에 사로잡혀 있다. 개인주의 신화는 부자는 자신의 노력으로 이룩한 것이고, 가난한 사람들은 그들 스스로가 실패한 것이라고 이야기한다. 개인주의 신화의 핵심 내용은 다음과 같다.

1. 모든 개인은 다른 사람과의 경쟁에서 성공하기 위해 열심히 일해야 한다.
2. 열심히 일하는 사람들은 반드시 부, 재산, 특권 권력 등을 얻는 성공을 통해 보상받는다.
3. 일할 기회는 많고, 평등기회법으로 인해 열심히 일하는 사람은 누구나 성공한다.
4. 경제적 실패는 개인의 책임이며, 충분한 노력을 하지 않거나 다른 것들이 부족했던 결과이다.

미국사회에서 빈곤한 사람들은 자신들이 처한 처지로 인해 비난받는다. 이로 인해 빈곤에는 낙인이 찍혀 있다. 특히 공공부조를 받는 빈곤층에게는 사회적 낙인이 있다. 현재 미국사회에서 개인주의는 1930년 이전보다는 덜 하지만 여전히 남아 있다.

적으로 빈민을 지원하던 전통적인 방법이 작동하지 않게 되었다.

Roosebelt 대통령은 아이오와 주의 사회복지사인 Harry Hopkins를 전국 실업 프로그램과 응급지원 담당자로 임명했다. Hopkins는 Roosebelt의 가까운 자문가로 1935년의 사회보장제도를 고안하고 시작하는 데 지대한 공헌을 했다. 이 제도는 사회보장 프로그램, 공공부조 및 사회복지서비스의 세 분야에서 연방정부의 역할을 처음으로 명시했다는 점에서 중요한 의미를 갖는다.

1935년 이후로 미국경제는 조금씩 회복되기 시작했다. 경제가 나아짐에 따라 빈곤층은 잊혀지게 되었고, 일반인들의 관심은 1940년 2차 세계대전에 이어 공산주의의 확산과 한국전쟁에 있었다. 많은 사람들이 빈곤에 처해 있음에도 불구하고, 1940년에서 1950년대까지 빈곤은 더 이상 중요한 문제로 인식되지 못했다.

1960년 Kennedy 대통령은 빈곤으로 인해 열악한 상황에 살고 있는 많은 사람들을 보게 되었고, 빈곤은 대통령 선거 캠페인에 주요 쟁점이 되었다. 이제 빈곤은 다시 한번 사회의 주요 문제로 대두되었다.

1962년 Michael Harrington은 <또 하나의 미국(*The Other America*)>을 출판하여 미국인의 20%가 빈곤에 처해 있다는 사실을 밝혀냈다.[8] 언론은 빈곤문제를 다루었고, 빈곤에 대한 대중의 우려가 급증했다.

1965년 Johnson 대통령은 빈곤에 대한 전쟁을 선포하고, "위대한 사회(Great Society)"를 건설하겠다는 취지하에 사회복지정책을 계획하였고, 빈곤퇴치가 국가의 가장 큰 과업으로 대두하였다. 다양한 프로그램이 개발되었다: Head Start, Volunteers in service to America(VISTA), 교육지원, 지역사회운동 프로그램.

비록 이러한 프로그램들이 빈곤 감소에 조금은 기여했지만 빈곤 퇴치라는 낙관적 희망은 그리 오래 가지 못했다. 1960년대 후반 베트남전은 이러한 프로그램에 사용될 자원을 다 쓸어갔고, 빈곤에 대한 관심을 전쟁으로 돌리게 되어 결국 Johnson 대통령도 자리에서 물러나게 되었다.

베트남전이 끝난 1970년대 중반에는 내외적으로 조용한 시기를 유지했다. 정부 프로그램이 사회악을 치료할 수 있을 것이라는 1960년대의 낙관론과는 대조적으로, 정부가 많은 문제를 해결할 수 없을 것이라는 반대 철학이 대두하기 시작했다. 따라서 1960년대의 새로운 사회 프로그램의 개발과 확산은 1970년대, 1980년대에 들어와 보수적인 접근으로 대체되었다. 실제로 이 20년 동안 새롭게 시행된 대규모 신규 프로그램은 없었다.

빈곤층 지원에 대한 정부의 관심은 급속도로 감소해갔다. 1980년 당선된 Reagan 대통령은 부자의 세금을 줄이고 빈곤층을 지원하기 위한 서비스와 재원을 줄이는 정책을 공약으로 내세웠다. 빈곤 대신 부정(복지)수급, 높은 세율, 증가하는 구제기금 등이 주요 문제로 대두되었다. 복지는 다시 한 번 정치적 희생양이 되었다. 빈곤의 국가적 책임과 관련한 자유주의 시각은 1970년부터 점점 퇴색되었다.

과거 역사는 빈민층에 대한 정부지원이 감소될수록 빈민층이 증가한다는 것을 보여준다. 1980년부터 시작하여 빈곤층을 위한 연방정부의 지원은 계속 감소되었고, 빈곤율은 높아졌다.[9)]

1988년 당선된 Bush 대통령은 보수주의자로, 선임자들의 사회복지정책을 이어갔다. Reagan과 Bush 정부는 세금을 감소시키는 경제정책을 승인했고, 사회복지 예산을 삭감했다. 그 결과 빈부의 격차는 점점 벌어졌다.[10)] 이에 가장 타격을 받은 대상은 연방정부가 지원하는 사회복지 프로그램의 대상자들이었다.

1992년 대통령에 당선된 Clinton의 선거 당시 공약은 복지개혁이었다. 그는 구체적으로 오랜 연방정부 프로그램인 AFDC를 개혁대상으로 지목했다. AFDC는 빈곤 예방책인 소위 사회안전망의 가장 주된 프로그램이었다. 1994년 구성된 자유주의 색채가 강한 내각구성과 Clinton 대통령의 사회복지 개혁은 1930년대 이래 빈곤층을 향한 가장 의미 있는 정치적 변화였다. 1996년 복지개혁법으로 60년간 지속되던 AFDC 프로그램은 종지부를 찍고, TANF (Temporary Assistance to Needy Families, 빈곤가족을 위한 일시적 지원프로그램) 프로그램이 시작되었다.

1996년의 복지개혁법에서는, 소득이 특정 수준 아래로 떨어지는 가족은 더 이상 주정부를 통해 연방정부 지원금을 받지 못하게 되었다. 그 대신 각 주는 연방정부로부터 한꺼번에 일정한 지원금을 받게 되고, 빈곤층은 일하지 않으면서 2년 이상의 지원금을 받을 수 없게 되었고, 수급기간은 개인당 5년으로 제한되었다. (각 주는 대상자의 20%를 이러한 기간제한 대상에서 제외할 수 있다). 1935년 사회보장법의 한 부분으로 AFDC 프로그램이 제정되었을 때만 해도, 여성 한부모 가구주는 집에서 직접 아동을 키워야 한다는 생각이 지배적이었다. 1996년의 복지개혁법은 모든 사람들이 일을 해야 한다는 관점에서 출발한 것이었다.

TANF 정책은 장기간 복지수급자로 사는 것을 피하기 위해서는 모든 사람이 일을 해야 한다는 관점에서 출발했다. 같은 맥락에서, 공공부조 역시 빈곤가족을 지원하는 정책이기보다는 사람들이 노동시장에 들어갈 때까지만 일시적으로 지원하는 방법으로 전환되었다.

이러한 복지정책의 장기적인 효과는 어떻게 나타날까? 이런 정책이 빈곤층, 특히 그 중에서도 아이들에게 어떤 영향을 미칠 것인가? (이 장의 뒷부분에서 TANF의 장단점에 관련한 연구결과를 소개할 것이다.) 아직까지 TANF의 장기적인 효과에 대해서는 알지 못한다. 하지만 과거 복지제도에 대해 보수적인 관점을 가졌던 사람들조차도, 복지수혜의 급격한 삭감과 엄격한 조건은 새로운 문제를 발생시킬 것이라는 우려를 하고 있다.

2000년 George W. Bush가 대통령으로 선출되었고, 2004년 재선되었다. Bush 재임기간 동안 연방정부의 사회복지 프로그램과 관련해 중요한 변화는 없었다. Bush 행정부의 중요한 관심은 대부분 이라크와의 전쟁에 있었다.

2008년 11월 Barack Obama가 대통령으로 선출되었고, 2012년 재선되었다. Obama는 선거기간 동안 부자와 저소득층·중산층 간의 부와 소득의 불평등을 줄이겠다고 약속했다. Obama가 이러한 정책 목표를 달성했는지는 이 장의 마지막에서 검토하겠다.

3. 부자와 빈자

세계 대부분의 나라에서 부는 소수에게 집중되어 있다. 빈부는 서로 밀접한 관계에 있는데, 이는 부의 축적이 결국 다른 사람의 결핍을 통해 이루어지기 때문이다.

경제적 불평등의 정도를 측정하는 방법에는 두 가지가 있다. 첫째는 소득으로, 한 사람이 1년간 버는 액수를 말하며, 둘째로 한 사람의 전체 재산을 뜻하는 부로, 여기에는 현금, 부동산, 증권 등이 포함된다.

우리 사회의 부와 소득은 매우 불평등하게 분배되어 있다. 대다수의 국가와 마찬가지로, 미국 역시 사회계층이라는 특성을 갖는다. 즉 상위계층이 상대적으로 부를 통해 훨씬 많은 것을 누린다는 것이다.

비판적 사고를 위한 질문

만약 당신이 하루 2달러만 가지고 생활해야 한다면 당신 생활의 어떤 것들이 변화하겠는가?

비록 이 장에서는 미국의 빈곤문제를 다루고 있지만 현재 전 세계적으로 빈부격차가 점점 벌어지고 있다. 전 세

보기 4.2 개인 간의 소득격차가 벌어지고 있다

일부 국가들은 개인당 평균소득이 연간 500달러 미만이다. 미국에서는 3천6백만 명이 빈곤에 처해 있다. (전체 인구의 12%로, 2008년 절대빈곤선은 4인 가족기준으로 21,000달러이다.)

1997년 가을, Kevin Garnett은 NBA 농구팀인 미네소타 팀버울브스(Timberwolves)와 6년간 1억 2천3백만 달러에 6년간 계약을 성사했다. 연간 평균 2천5십만 달러의 연봉으로 당시에 가장 높은 연봉의 장기 계약이었다. 그는 대학을 거치지 않고 고교 졸업 후 바로 NBA에 합류했다.

2007년 가을 Alex Rodriguez는 뉴욕 양키스와 2억 7천5백만 달러에 10년 계약을 성사했다. 연간 2,750만 달러의 연봉으로 가장 고액의 장기계약을 한 스포츠 스타가 되었다.

1998년 6월부터 1999년 6월까지 한 해 동안 Bill Gates의 개인재산은 510억 달러에서 900억 달러로 390억 달러나 증가했다.

1년 동안 Bill Gates는 주당 7억 5천만 달러(하루에 1억 달러가 넘는다)를 벌었다. Bill Gates는 마이크로소프트사의 회장이다.

세계적으로 전 세계 인구 5명 중 1명꼴인 12억 이상의 사람들이 하루 1달러 미만의 소득으로 살아가고 있다.

출처: Linda A. Mooney, D. Knox, and C. Schacht, *Understanding Social Problems*, 6th ed. (Belmont, CA: Wadsworth/Cengage Learning 2009), pp. 210-215.

계를 통틀어 약 160명의 억만장자와 2백만 명의 백만장자가 존재하는데, 노숙자의 수는 약 1억에 달한다.[11] 미국인이 1년에 체중조절을 위해 약 50억 달러를 소비하는 반면, 지구의 다른 지역에서는 4억 명이 기아에 허덕이고 있다.[12] Kornblum과 Julian은 다음과 같이 이야기하고 있다.

> 세계적으로 빈부격차의 증가는 미국 빈곤층에 직접적인 영향을 미친다. 왜냐하면 세계적으로 미국의 일자리는 극빈층이 어떤 수준의 임금이라도 기꺼이 받아들이는 지역으로 이전되고 있기 때문이다. 세계적 빈곤은 환경악화, 정치적 불안정, 폭력에도 영향을 주고 있다. 그리고 이러한 문제는 다른 국내적 필요에 쓰일 자원을 가져가 버린다.[13]

미국에서 상위 1%는 모든 개인적인 부의 40%를 소유하고 있다.[14] (순 가치는 전체 자산 중 부채를 제외한 값이다. 자산은 정기예금과 일반예금, 자동차, 부동산, 주식과 채권을 포함한 것이다.) 소득분배 역시 불평등하다. 상위 20%의 가구가 전체 소득의 50%를 차지하는 반면, 하위 20%가 차지하는 소득은 5%가 되지 못한다.[15]

로마가톨릭주교회의에서 발행하는 소식지에는 "우리사회의 소득과 부의 불평등 수준은 … 도덕적으로 절대로 받아들일 수 없다."[16]고 쓰여 있다. 경제학자인 Paul Samuelson은 미국에서 최고 부유층과 일반사람들 간의 간극을 극적인 비유를 통해 이야기하고 있다.:

> 만약 우리가 아이들의 블록장난감으로 각 층이 1,000달러인 소득 피라미드를 만든다면, 가장 높은 곳은 에펠타워보다도 훨씬 높겠지만, 우리 대부분은 바닥에 있을 것을 것이다.[17]

12억 명이 이상이 하루에 1달러 미만으로 살아가고 있다(전 세계 인구 5명 중 1명).[18] 또한 전 세계 인구의 절반 가까이가 하루 2달러 미만으로 생활하고 있다.[19]

상위 20%에 주어진 엄청난 부를 보면, 상위 20%의 부의 일부를 하위 20%에게 재분배하면 빈곤은 간단하게 사라진다. 물론 이러한 방식은 정부를 통제하는 막강한 힘을 갖고 있는 상위 20%에게 정치적으로 받아들여지기 어렵다. 부자들이 조세제도의 허점을 이용해 많은 세금을 회피하고 있다는 사실 또한 언급할 필요가 있다.

재정적 문제로 인해 대략 3천만 명의 미국인이 한 달 중 일정기간 동안 굶주림에 고통받고 있다.[20] 이들 중에는 수백만 명의 어린이들이 포함되어 있다.

비판적 사고를 위한 질문 ?

당신은 이 나라에서 상위 20%로부터 하위 20%로 부의 일부가 재분배되어야 한다고 믿는가?

굶주림은 성장하는 아동들에게 치명적인 영향을 미치는데, 정신박약까지 초래할 수 있다. 뇌의 80%는 출생 후 3년 동안 발달하는데, 이 시기 동안 단백질 공급이 부족하면 성장을 멈추게 된다. 이런 피해는 다시 돌이킬 수 없으며, 뇌

사례 4.1 부가 부를 만들고, 가난이 가난을 만든다

다음 두 사례는 미국에서 어떻게 부가 부를 만들고, 가난이 가난을 만드는지를 보여준다.

Tim Mills는 부잣집 아들이다(Tim의 부모 또한 상류층 출신이다). Tim의 엄마인 Suzanne는 성공한 주식 중개사이고 아버지인 David는 성공한 변호사다. (이들 가구의 연간 소득은 30만 달러가 넘는다). Tim이 태어난 이후, Tim은 항상 최고의 옷을 사 입었고, Tim의 부모는 Tim에게 조기교육과 함께 양질의 교육을 받을 수 있도록 했다. Tim은 유치원서부터 고등학교까지 매우 비싼 사립학교를 다녔다. Tim이 다녔던 사립학교는 선생 1인당 학생비율이 낮아 Tim은 선생님들로부터 많은 관심과 지도를 받을 수 있었다. Tim의 부모는 항상 학교일에 관심이 많았고, 학교운영위원회에도 적극적으로 참여했다. 학교운영에 대한 Tim의 부모의 참여는 선생님들로부터 Tim에게 보다 더 많은 관심을 갖게 했고, Tim에 대한 선생님들의 잦은 칭찬은 Tim의 긍정적 자기개념과 높은 자신감 형성에 기여했다.

Tim의 부모는 1년에 두세 번씩 해외여행을 했고, 여행할 때마다 Tim과 함께 갔다. 이러한 경험은 Tim에게 다양성과 다른 문화를 인정하고, 이해할 수 있도록 했다. 이러한 일들은 Tim으로 하여금 높은 보수와 돈이 주는 특권을 유지하기 위해 대학에 가야 한다는 것을 깨닫게 했다.

Tim의 부모는 지역사회 유지들과의 친분도 유지했다. Tim은 지역사회 유지들을 알게 되었고, 그들의 자녀들과 친구가 되었다. 지역사회 유지들과의 교류를 통해 Tim은 사회기술을 익혔고, 지역 유지들의 결정과정에 참여할 수 있게 되었다. 고등학교 졸업 후 Tim은 동부의 유명 사립대로 진학했으며, 그의 많은 고등학교 친구들도 그곳에 진학했다. 대학졸업 후 Tim은 사립법학전문대학원에 진학했고, 우수한 성적으로 졸업했다. 아버지의 인맥을 통해 Tim은 졸업과 동시에 유명한 로펌(법률회사)에 취업할 수 있었다. 법학전문대학원 졸업 1년 후 Tim은 법전 재학 시절 알게 되었고, Tim과 사회경제적 배경이 유사한 변호사 Virginia DeMarco와 결혼했다. 5년 후 그들의 연간 소득은 50만 달러를 넘게 되었다.

반면, Marcee Calvello의 인생은 어떻게 가난과 음울한 생활조건이 절망과 실패로 이끄는지를 보여주는 사례이다.

Marcee Calvello는 뉴욕 시에서 태어나고 자랐다. Marcee의 아버지는 마약에 중독되어 있어 안정적인 일자리를 갖기가 어려웠고, 그녀의 어머니는 알코올 중독자로 Marcee가 3살 때 남편과 이혼했다. Marcee의 어머니는 처음에는 Marcee와 3명의 다른 형제들에게 더 좋은 집을 제공할 방도를 찾았다. 그녀는 최저임금을 받고 일했다. 그러나 알코올 중독으로 인해 그녀는 대부분의 시간과 돈을 알코올을 소비하는 데 사용했다. 이웃들은 그녀가 아이들을 방치하고 있다고 고발했고, 아동보호서비스기관은 그녀를 자녀들로부터 떼어내고, 아이들을 위탁가정으로 보냈다. Marcee는 17군데의 위탁가정을 옮겨 다녔다. 그 중 한 위탁가정의 아버지는 그녀를 성폭행했고, 다른 위탁가정의 남자형제들은 그녀를 폭행했다. 위탁가정을 전전함에 따라 전학도 잦았다. Marcee는 복지시스템, 학교선생님과 행정가, 남자들 그리고 그녀와 가까워지려고 하는 모두를 의심하면서 자랐다.

Marcee가 18세가 되었을 때, 국가는 더 이상 위탁가정에 지원금을 지급하지 않았다. Marcee는 방세가 수백 달러인 작은 아파트를 얻었다. 그녀는 16세 때 고등학교를 그만 두었기 때문에 직장에서 요구하는 기술이 거의 없었다. Marcee는 한동안 패스트푸드점에서 일했다. 그녀가 받는 최저임금은 공과금을 내기에도 부족했다. 아파트로 이사한 지 8개월 만에 그녀는 아파트에서 쫓겨났다. 다른 장소를 구할 수가 없어 그녀는 뉴욕 지하철역에서 살기 시작했다. 그녀는 비위생적이고, 지저분한 외모로 인해 맥도날드에서 해고되었다.

씻을 수 없고, 외모를 단정하게 할 수 없었기 때문에 다른 직장을 찾는 것도 불가능했다. 2년 후 그녀는 노숙인이 되고, 거리와 지하철역에서 살게 되었다. 그녀는 상황이 개선될 수 있으리라는 희망을 포기했다. 그녀는 종종 마약을 하고, 한밤중에 지하철역에서 주기적으로 남성들에게 성폭행을 당하고 있다. 그녀는 자신이 AIDS에 감염될 위험이 높다는 것을 알고 있다. 그녀에게 이러한 불행과 희생으로부터 벗어나는 마지막 탈출구는 죽음이다.

성장이 멈춘 아이는 평생을 정신박약으로 살아가야 한다.[21)]

Coleman과 Cressey는 빈부의 영향을 다음과 같이 설명한다.

> 경제적 상류층, 중산층, 빈곤층의 소득차이는 생활과 타인에 대한 태도 및 스스로에 대한 태도에 지대한 영향을 미친다. 빈곤층은 현대 사회에서 중요시되는 자유와 자율성이 결핍된 채로 살아간다. 가난한 사람들은 떠나고 싶어도, 떠날 능력이 없기 때문에 떠날 수 없는 황폐한 생활환경, 우범지대 등에 포위되어 있다. 이들은 끊임없이 원하는 것을 이룰 수 있는 기회를 박탈당하는 상황에 직면한다. 반면 부는 권력과 자유, 그리고 자신의 삶을 유지할 수 있는 능력을 제공한다. 부자들은

경제적 제약이 거의 없이 자신이 원하는 곳에 살 수 있고, 삶의 다양한 면을 경험한다. 가난한 사람들은 교육받지 못하고, 여행할 돈이 없기 때문에, 자신들의 삶의 지평을 자신들이 살고 있는 곳 이상으로 넓히지 못한다. 반대로 부자들의 세계는 최고의 교육을 받을 수 있고, 가난한 사람들이 들어보지도 못한 곳을 방문할 수 있는 기회를 갖는다.

부유층 자녀들은 사회가 제공할 수 있는 최고의 것을 제공받는 동시에 그들이 가치 있고 중요한 사람이라는 확신을 갖게 된다. 상류층 아이들과 달리 빈곤층 자녀들은 대부분의 사람들이 가지는 많은 것을 가지지 못하기 때문에, 부자들의 너그러움을 갖기가 어렵다. 스스로의 특성보다는 자신이 가진 물질로 평가받는 현재와 같은 물질만능주의 사회에서 빈곤층은 열등감을 느낄 수밖에 없다.[22]

4. 빈곤에 대한 정의는 정책적 문제다

빈곤에 대한 많은 연구에도 불구하고 빈곤에 대한 정의에 대해서는 여전히 일치된 견해가 없다. 농촌에 사는 연 소득 15,000달러인 4인 가족은 자신들이 특별히 가난하다고 생각하지 않을 수 있다. 특히 대부분의 식량을 직접 재배하고, 집세를 내지 않아도 되는 경우라면 더욱 그러하다. 반면, 도시에 거주하는 연 소득 20,000달러의 4인 가족은 (특별히 높은 집세를 내야 하고, 예상하지 못했던 의료비를 지출해야 한다면) 높은 생활비로 인해 많은 빚을 지고 있을 수 있다. 빈곤에 대한 일반적인 정의는 소득에 기반한 것으로, 연 소득을 가장 많이 사용한다. 빈곤에 대한 일반적 정의는 절대적 접근과 상대적 접근, 두 가지로 나누어진다.

절대적 접근은 개인이나 가족의 복지를 위해 필요한 일정 정도의 재화와 서비스가 존재한다는 관점이다. 이런 최소한의 생활을 해결할 수 있는 소득이 없을 경우를 빈곤이라고 분류한다. 이 접근의 근본적인 문제는 과연 무엇이 '최소'인가에 대한 합의가 없다는 점이다. 어떤 소득수준을 기준점으로 설정하느냐에 따라서 빈곤율이 좌우될 뿐 아니라 빈곤층의 성격 또한 달리 정의될 수 있다.

또한 절대빈곤의 가장 심각한 문제점은, 물질적 빈곤을 떠나서 빈곤하지 않은 사람들에 대해 느끼는 상대적 빈곤을 고려하지 못한다는 것이다. 다시 말해, 빈곤이란 시간과 장소에 따라 상대적으로 다르다는 것이다. 현대사회에서 빈곤한 이들은 1850년의 기준으로 볼 때는 빈곤하지 않을 수 있다. 또한 인도나 덜 발달된 국가의 기준으로 본다면 빈곤하지 않다는 것이다. 예를 들어 1890년대에는 집에 전기가 안 들어온다고 해서 빈곤하다고 하지 않았지만, 현대사회에서는 빈곤으로 간주된다는 것이다.

빈곤의 경험은 개인이 처한 사회에 근거한 것이라는 것을 인식하는 것이 중요하다. 사람들은 자신 주변의 사람들에 비추어 가난하다고 혹은 부유하다고 인식하는 것이지, 세계의 다른 나라 사람들에 견주어 생각하지는 않는다는 것이다. 미국에 살고 있는 빈곤층에게 (소득과 부로 측정했을 때) 그들이 에티오피아(또는 다른 가난한 국가)에 사는 사람들보다 잘 살 고 있다는 것은 거의 위안이 되지 못한다.

상대적 접근은 개인의 소득이 다른 이들의 평균소득에 비하여 현저하게 낮을 때 그 개인이 느끼는 빈곤이다. 예를 들어 전체의 하위 20%(또는 10%, 25%)를 빈곤층으로 간주하는 것이다. 이런 의미로 빈곤을 정의할 때, 우리는 절대빈곤에 대한 정의를 내릴 필요가 없으며, 소득의 불평등에 초점을 둘 수 있다. 상대적 접근에서 볼 때, 소득불평등이 존재하는 한 빈곤은 계속해서 존재할 것이다. 상대적 접근의 주요 약점은 빈곤의 정도에 대한 정보를 주지 못한다는 점에 있다. 이상적인 빈곤 측정은 빈곤율에 대한 정보와 더불어 빈곤층이 겪는 어려움의 정도를 알려줄 수 있어야 한다.

연방정부는 빈곤의 정의를 위해 절대적 접근을 택했고, 빈곤선은 매년 물가인상을 고려하여 높아진다. 2008년의 빈곤선은 4인 가족 기준으로 21,200달러였다.[23)]

5. 빈곤층은 누구인가?

한 가지 다행인 것은 지난 100년간 빈곤선 이하의 빈곤층 비율이 조금씩 감소해 왔다는 것이다. 20세기 이전에는 대부분의 미국인들이 빈곤했었다. 1937년 Roosebelt는 다음과 같이 말했다: "미국인의 1/3이 열악한 주택에 살고 있고, 옷을 제대로 입지 못하며, 영양부족 상태에 있다."[24)] 1962년 대통령 경제자문위원회는 국민의 약 20%가 빈곤

iStockphoto/View of Rio de Janeiro from Santa Marta favela, Brazil/Thinkstock

일부 지역에서는 빈곤과 풍요가 바로 이웃하며 공존하고 있다.

하다고 추정했다.[25] 2005년에는 12%가 빈곤층으로 추정되었다. 주목해야 할 점은 1978년 이후로 빈곤율이 증가하고 있다는 점이다.[26]

빈곤은 한부모 가족, 아이들, 노인, 대가족(역주: 가족원 수가 많은 가구), 유색인종 등을 포함하는 특정집단에 집중되어 있다. 교육수준, 실업과 거주지역 또한 빈곤과 관련되어 있다.

한부모 가족

대부분의 한부모 가족은 여성가구주 가족이며, 양부모 가족의 11%가 빈곤한 것에 비해 여성가구주 가족의 31%가 빈곤층에 속한다.[27] 특히 유색인종 여성 한부모 가족(흑인, 라틴계, 미국 원주민)은 빈곤 취약집단인데, 이들이 노동시장에서 이중(인종과 성)으로 차별받고 있기 때문이다.

전일제 직장여성은 전일제 남성의 임금의 76%에 해당하는 임금을 받는다.[28] 여성 한부모는 교통수단의 결핍, 높은 보육비, 기술부족 등으로 직업을 갖는 데 어려움이 있다. 빈곤층 가족 중 약 50%는 여성가구주 가족이다.[29] 전체 아이들의 20%는 부모 중 한 명과 떨어져 살고 있으며, 이혼, 별거, 혼외출산의 증가로 인해 지금 태어나는 아동 둘 중 하나는 처음 18년 동안 일정기간을 여성 한부모와 사는 것으로 추정된다.[30] 한부모 가족은 미국 전체 가족의 20% 이상을 차지한다.[31] 한부모 가족의 증가는 빈곤의 여성화를 초래하는 결과를 가져왔다. 남편이 없는 여성 한부모 가구주 가구는 전형적인 빈곤가구가 되었다.

비판적 사고를 위한 질문 ?

아이 둘을 키울 것인가? 아니면 당신 인생을 위해 50만 달러를 더 쓸 것인가?

아동

18세 미만 아동의 26%가 빈곤에 처해 있다.[32] 이 중 절반 이상이 아버지 없는 가족에서 생활하고 있다.[33]

노인

많은 노인들이 사회보장연금이나 공공부조(SSI 등)에 의존한다. 1964년 빈곤과의 전쟁 이후 가장 많은 혜택을 받은 것은 노인이었다. 메디케어(Medicare)나 보충적 소득보장제도(Supplemental Security Income) 같은 프로그램은 물론, 노령연금, 유족연금, 장애연금 등으로 노인 빈곤율은 1964년의 25%에서 현재 11%로 감소했다.[34]

대가족

대가족은 소가족에 비해 빈곤할 확률이 높은데, 그 이유는 가족의 크기가 커짐에 따라 더 많은 소득이 필요하기 때문이다. 평균적으로 아이를 18세까지 키우는 데 드는 비용은 연간 가구소득이 38,000~64,000달러인 양부모 가구의 경우 약 267,000달러 정도로 추정된다. 음식, 집과 다른 생필품을 위한 지출이다.[35]

유색인종

빈곤층의 48%가 백인이다.[36] 다른 인종에 비해 백인이 절대적으로 높은 비율을 차지하지만, 각 인종별로 보았을 때 빈곤율은 다른 관점에서 바라볼 필요가 있다. 흑인은 백인에 비해 빈곤할 확률이 세 배 정도 높다.[37] 아메리카 원주민의 빈곤율은 26%이고, 흑인의 빈곤율은 25%이며, 라틴계 미국인의 빈곤율은 23%, 그리고 라틴계가 아닌 백인의 빈곤율은 10%이다.[38] 인종차별이 대부분의 소수인종이 불균형적으로 빈곤에 처하는 가장 중요한 원인이다.

교육

9년 이하의 교육은 빈곤예측요인이다. 고등학교 졸업장도 빈곤에서 벗어날 만큼의 소득을 보장하지 못한다. 대학 졸업장은 빈곤을 피할 수 있는 좋은 예측변수로, 대학 졸업자가 빈곤할 확률은 매우 낮다.[39]

고용

물론 실직은 빈곤과 연관되어 있다. 하지만 직장이 있다고 해서 빈곤을 항상 피할 수 있는 것은 아니다. 전일제 직장을 가지고 있으면서도 빈곤층에 포함되는 가구주는 150만 명이나 된다.[40] 정부와 대부분의 사람들은 직장을 가지면 빈곤에서 벗어날 것이라는 잘못된 생각을 갖는다. 하지만 직장을 갖는다고 해도 반드시 빈곤 탈출로 이어지는 것은 아니다.

거주지역

농촌에 거주하는 사람들의 빈곤율은 도시에 비해 높다. 농촌은 보수가 낮고 실업률이 높으며 일도 계절의 영향을 받는다. Ozarks, Appalachia, 남부는 높은 실업률과 함께 농촌빈곤지구이다.[41]

도시의 빈민가에 사는 사람도 빈곤층의 많은 부분을 차지한다. 북동부와 중서부 지역의 도시들에는 많은 노후불량주거지역이 있다. 미국의 경우 아메리카 원주민 밀집지역도 빈곤율이 높은 편이다.

이런 모든 요인들은 빈곤에 취약한 집단이 있다는 것을 보여준다. Michael Harrington에 따르면 빈곤층은 단순한 실수를 하고 있다:

> 문제가 있는 부모, 문제 지역, 문제가 있는 산업, 문제가 있는 인종에서 태어나는 것. 한 번 이런 실수를 하게 되면, 그들은 의지와 도덕의 귀감이 되어야 하지만, 그들의 대부분은 절대로 또 다른 미국으로부터 벗어나올 수 있는 기회를 갖지 못한다.[42]

6. 빈곤의 원인

빈곤에 영향을 미치는 요인은 여러 가지가 있다. 몇 가지만 나열하면 다음과 같다.

- 높은 실업률
- 나쁜 건강상태
- 정서문제
- 높은 의료비
- 알코올 중독
- 약물중독
- 대가족
- 자동화로 인한 작업 대체
- 직업기술 부족
- 낮은 교육정도
- 여성 가구주 가족
- 고정소득으로 사는 사람들의 생계비 증가
- 인종차별
- 전과기록
- 직업이 부족한 지역에의 거주
- 이혼
- 사별
- 도박
- 예산관리 능력 부족
- 성차별
- 범죄의 희생자가 된 결과
- 노동윤리의식의 결여
- 실업
- 저소득 직업
- 정신지체
- 은퇴

이 밖에 다른 요인들도 존재한다. 빈곤의 원인을 제거하기 위해서는 여러 가지의 광범위한 프로그램이 요구된다. 빈곤은 독립적으로 존재하기보다는 정서문제, 알코올 중독, 성차별, 인종차별, 범죄 등과 같은 여타 사회문제와 관련되어 있으며, 이는 매우 복잡한 문제이다. 앞서 언급한 대로 이러한 요인들은 빈곤의 원인으로 작용하기도 하지만, 빈곤으로 인해 이러한 문제가 발생하기도 한다. 즉 빈곤은 여타 사회문제를 악화시키는 작용을 한다.

7. 빈곤문화

그림 4.1과 같이 빈곤은 한 세대에서 다음 세대로 순환되는 경향이 있다. 그 이유는 무엇일까? 어떤 이들은 이에 대한 답을 '빈곤문화'에서 찾는다. 인류학자인 Oscar Lewis는 이러한 문화적 해석의 대표자이다.[43)]

Lewis는 세계 여러 나라의 빈곤지역에 대해 연구했는데, 그는 가난한 사람들이 가난한 이유는 그들의 (고유한) 문화나 삶의 형태가 존재하기 때문이라는 결론을 내렸다. 빈곤의 문화는 고도로 계층화된 자본주의 사회에서 장기간 지속된 경제적 박탈로 인해 생성된다. 이는 절망과 상실감으로 가득한 태도나 가치를 생성하게 된다. Lewis는 이러한 태도와 가치를 다음과 같이 설명한다.

> 이러한 문화에서 성장한 사람들은 의존성, 절망, 열등감, 운명에 맡기는 수동적 태도를 갖게 되며, 미래에 대한 희망을 거의 갖지 못하고, 심리적인 여러 문제에 대응하는 능력도 현저하게 떨어진다.[44)]

이러한 문화는 한번 생성되면 지속되는 경향이 있으며, 처음에 그 생성에 기여한 요인(실업 등)이 없어지고 나서도 계속된다는 것이다. 이러한 태도나 규범 또는 기대는 결국 기회를 제한하게 되고, 빈곤 탈출을 저해한다. 가난한 사람들이 이러한 문화에서 빠져나가지 못하는 주된 이유는 이들이 사회적으로 고립되어 있기 때문이다. 이들은 다른 이들과의 접촉이 거의 없으며, 자신에게 도움이 될 수 있는 정부기관이나 사회복지서비스에 대해서도 적대적이다. 게다가 자신의 처지를 개인적인 문제로 간주하는 데다 정치력이나 조직력도 부족하기 때문에, 집단적으로나 조직적인 문제해결 방법을 생각하지 못한다.

빈곤문화론은 논쟁의 주제가 되었으며, 많은 비난을 받았다. Eleanor Leacock는 빈곤문화는 빈곤의 원인이 아니라 지속적인 빈곤의 결과라고 주장한다.[45)] Leacock는 빈곤층이 버는 즉시 소비하는 문화, 즉 즉각적인 만족을 추구한다는 것에 동의한다. 하지만 이러한 즉각적인 만족 추구가 가난으로 인해 형성되었다고 주장한다. 즉 미래에 대

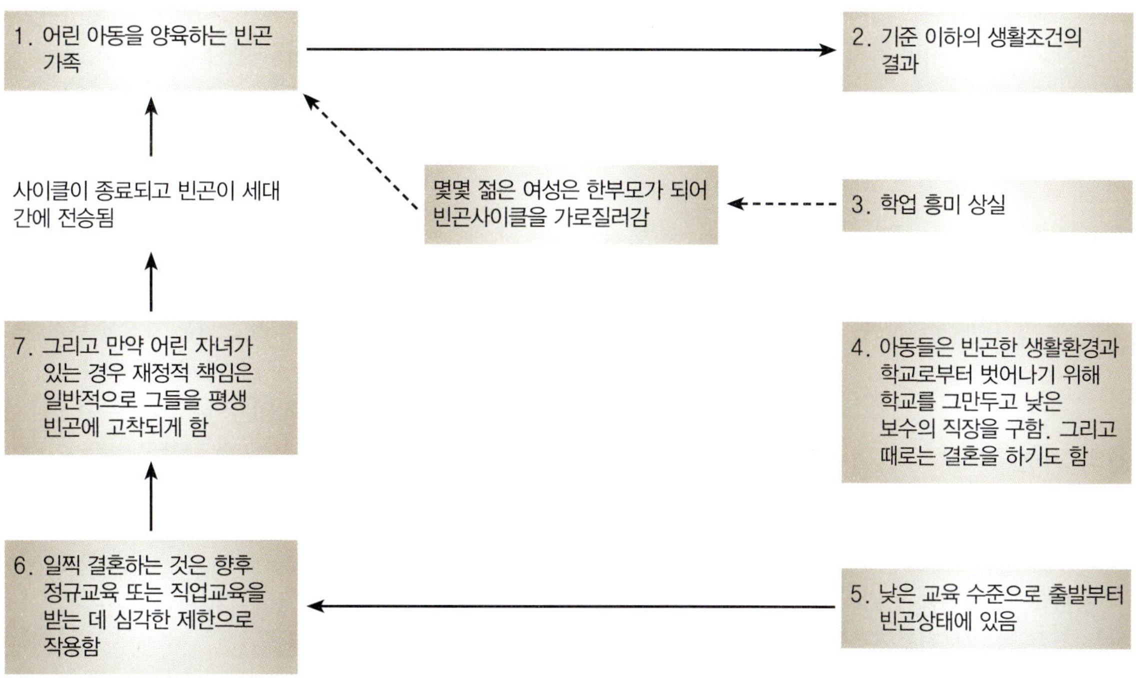

그림 4.1 빈곤사이클

해 비관적인 생각을 가진 이들에게 장기적인 만족 추구를 기대하는 것은 무리라는 논리이다. 장기적인 만족 추구란 지금 저축하는 것을 통해 미래에 더 나은 삶을 살 수 있다는 것이 가능할 때 하는 선택이라는 것이다. (연구에 의하면 실제로 매우 가난했던 사람이 안정적이고 보수가 높은 직업을 가지게 되면 중산층의 장기적 만족 추구 성향을 가지게 된다는 것을 보여준다.)[46] Leacock는 빈곤으로 인해 빈곤층은 그들의 (실제) 상황과 관련 없는 중간계급의 태도와 가치를 버리도록 강요받는다고 주장한다.

William Ryan은 더욱 강력한 주장을 펼치는데, 빈곤문화론은 전형적으로 문제를 피해자의 책임으로 돌리는 이론이라고 비판한다.[47] 즉 빈곤의 원인을 개인적 요인으로 돌림으로써 빈곤퇴치를 위한 프로그램이나 정책을 승인하지 않는 수단으로 사용한다는 것이며, 빈곤의 주범은 사회제도라고 주장한다. 진짜 범인은 탈빈곤을 보장하지 못하는 사회제도이다. Ryan은 빈곤층은 그들의 문화 때문에 가난한 것이 아니라 충분한 돈이 없기 때문에 가난한 것이라고 직설적으로 이야기한다.

비판적 사고를 위한 질문 ?

당신은 빈곤문화론이 타당하다고 믿는가?

빈곤문화론에 대한 찬반론은 계속되고 있다. 한 사람이 빈곤한 데는 내외적으로 여러 가지 이유가 있다. 외적 이유로는 높은 실업률과 불완전고용, 인종차별, (사람들을 공장에서 내쫓는) 자동화, 불충분한 직업훈련 프로그램, 성차별, 반빈곤 프로그램의 부족, 인플레이션 등이 포함된다. 내적 이유로는 심리적 또는 정서적 장애, 알코올 중독, 쓸모없어진 직업기술, 어린 나이에 부모가 되는 것, 교육받지 못하는 것, 가능한 일에 대한 관심 부족 등이 있다.

8. 빈곤의 기능

물론 빈곤은 당사자뿐만 아니라 가진 사람들에게도 역 기능적이다. 하지만 이 사회에서 빈곤이 갖는 기능적인 측면을 이해하는 것은 왜 의사결정권자들이 적극적으로 빈곤을 퇴치하려는 노력을 하지 않는지를 이해할 수 있게 해준다.

빈곤은 가진 자들에게 다음 언급한 열한 가지의 기능을 제공한다.

1. 대부분의 사람들이 하기 싫어하는 일을 한다.
2. 가진 자들에게 필요한 역할을 수행한다(예: 낮은 임금의 가사노동).
3. 직업 창출에 기여한다(예: 빈곤층을 대상으로 서비스를 제공하는 사회복지사).
4. 이들이 아니면 팔리지 않을 품질이 떨어지는 물건을 구매해준다.
5. 대다수 사람들의 눈살을 찌푸리게 하는 일탈의 본보기 역할을 하며, 사회규범 형성에 기여한다.
6. 가진 자들로 하여금 어려운 사람들을 돕는 기회를 제공한다.
7. 좋은 교육 또는 직업을 위한 경쟁에서 탈락되어 줌으로써 다른 이들에게 기회를 제공한다.
8. 문화적 활동에 기여한다(예를 들어 기념비나 문화재 설비에 값싼 노동력 제공).
9. 문화 활동을 창조한다(재즈, 블루스).
10. 특정 당의 반대 또는 지지 세력의 역할을 한다.
11. 변화로 인한 충격을 흡수하는 집단으로서 기능한다(기술 발전으로 인한 높은 실업률의 희생자).[48]

이 밖에도 일부 미국인들은 빈곤층을 무시하면서 스스로에 대한 자부심을 갖기도 한다.

Ehrenreich는 어떻게 근로빈곤층이 미국사회에서 중요한 자선가 집단인지를 자세히 설명한다.

> 어떤 사람이 자신이 살기 위해 필요한 것보다도 낮은 임금에 일할 때—예를 들어 그녀가 배고파할 때 당신은 좀 더 싼 가격과 편리한 방법으로 식사할 수 있다—그녀는 당신을 위해 엄청난 희생을 하는 것이고, 그녀는 자신의 능력, 교육, 인생의 일부로 당신을 위한 선물을 준비하는 것이다. '근로빈곤층'은 우리 사회의 중요한 자선가이다. 그들은 자신의 아이들을 소홀히 대하면서 다른 아이들을 돌보고 있고, 수준이하의 주택에 살면서 다른 사람들의 집을 빛나고 완벽하게 만든다. 그들이 궁핍하게 삶으로써 인플레이션은 낮아지고, 주식가격은 높아진다. 근로빈곤층이 되는 것은 모두에게 익명의 기부자가 되는 것이고, 이름 없는 후원자가 되는 것이다.[49]

부분적으로는 빈곤이 갖는 기능적인 요인 때문에 우리

사회는 빈곤을 퇴치하거나 감소시키기 위한 최대한의 노력을 기울이지 않는다. 빈곤 퇴치를 위해 최대한의 노력을 한다면 빈부의 소득 재분배가 이루어질 것이며, 이는 매우 난처한 일이 되는 것이다. 부자들이 대부분의 권력을 갖고 있기 때문에, (연간 소득보장 프로그램과 같은) 빈곤퇴치를 위한 계획은 자주 반대에 부딪힌다. Gans는 다음과 같은 점을 강조한다.

> 미국의 법률은 비록 소비자가 절대다수일지라도 소비자보다는 경영자를, 세입자보다는 집주인을, 환자보다는 의사를 우대한다. 조직화된 이익집단만이 재력, 시간, 실무인력을 가지고 자신의 요구를 정부에 요청할 수 있으며, … 빈곤층은 소수자이고, 정치적으로 조직화되어있지 않으며, 조직화하기 어렵고, 하나의 압력집단화할 수 있는 유사한 이해를 가진 동일한 집단도 아니기 때문에 힘이 없다. … 빈곤층에 대한 적대감으로 인해, 그들에게 중요한 이익을 주는 프로그램은 다수에 의해 투표를 통해 부결된다. 광범위한 반빈곤 정책을 위한 법률제안은 의회에서 항상 강력한 반대에 직면한다.[50)]

미국 정부는 자원은 있지만 빈곤을 퇴치하고자 하는 의사를 가지고 있지 않다. 지난 100년간 미국은 필요하다면 몇 달 안에 수억 달러가 되는 돈을 조달하여 전쟁에 참전하곤 했다. 하지만 이 나라의 노숙자나 빈곤층의 생활을 향상시키는 데 자금을 배분하고자 하는 의지나 노력은 없었다.

9. 사회보험제도

빈곤은 대부분의 사회문제와 관련이 있기 때문에, 거의 모든 사회복지서비스는 어느 정도 빈곤을 겨냥하는 것이라고 말해도 과언이 아니다(알코올 중독자 모임, 의료 프로그램, 직업훈련, 입양, 보육, 주택 프로그램, 지역사회운동 등). 이런 프로그램들은 관련된 사회문제를 공략함으로써 간접적으로 빈곤을 감소시킨다. 이 모든 프로그램에 대해 설명하는 것은 너무 방대하기 때문에, 여기에서는 사회보장 프로그램에 대해 설명하고, 다음 절에서는 공공부조에 대해 설명하기로 한다. [사회보험프로그램은 피고용주, 고용주 또는 둘 다로부터 징세(역주: 사회보장기여금은 세금이라고 할 수는 없지만 강제적으로 징수된다는 점에서 세금으로 간주한다. 여기서는 이러한 사회보장기여금의 특징을 반영해 세금이라고 한 것이다)를 통해 재원을 조달한다. 공공부조 프로그램은 일반정부회계로부터 지출된다.

》 노령, 유족, 장애, 건강보험(OASDHI)

이 사회보장 프로그램은 1935년 사회보장법으로 제정되었다. 일반적으로 OASDHI는 일반인들에게는 사회보장연금(social security)으로 알려져 있다. 이는 가장 대규모의 소득보장 프로그램으로, 노년기의 은퇴나 장애를 가지게 됨으로써 감소하는 소득을 부분적으로 보상한다는 목적을 가지고 있다. 수령인이 사망하면 유족에도 지불된다.

대상자에게 지급되는 액수는 과거 소득에 근거한다. 이는 빈부에 관계없이 받을 수 있다. 완전연금은 65세 이상부터 지급된다(62세에 연금을 수령할 경우 연금액은 감액된다).

1937년 이후에 태어난 사람들의 경우 완전 은퇴연령은 다음 표와 같이 점진적으로 높아졌다.

출생연도	완전은퇴연령
1937(또는 이전)	65세
1938	65세 2개월
1939	65세 4개월
1940	65세 6개월
1941	65세 8개월
1942	65세 10개월
1943~1954	66세
1955	66세 2개월
1956	66세 4개월
1957	66세 6개월
1958	66세 8개월
1959	66세 10개월
1960	67세

62세 이상의 배우자나 18세 미만의 자녀(18세 이전에 장애인이 된 자녀인 경우 연령제한이 없다) 역시 연금 수령의 대상이 된다.

모든 피고용자는 의무적으로 이 보험제도에 참여해야 한다. 이 프로그램은 고용주와 피고용주에게 동등하게 부과되는 지불급여세(역주: 임금과 급여 등에 부과되는 세금)가 재원이다. 비율은 점진적으로 높아진다. 급여자격은 사회보장세금을 납부한 기간에 따라 결정된다.

OASDHI의 재정적 안정성은 주된 관심사항이다. 1935년부터 납부된 연금기여금으로 OASDHI 신탁자금이 조성되었다. 하지만 최근 급여의 자유화와 수령인의 증가로 인해 기금의 안정성에 대한 우려의 목소리가 높아지고 있다. 특히 고실업률과 경기후퇴 기간 동안에는 OASDHI로 들어오는 액수가 줄어든다. 또한 출산율 저하와 고령화는 이 제도의 경제적 안정성을 저해하는 요인이다. 연금 수급자 수가 연금 기여자보다 높아 더 빠르게 증가하고 있다. OASDHI의 안정성 유지를 위해서는 기여금을 인상하거나, 수령액을 삭감하거나 아니면 둘 다 해야 할 수도 있다.

》 메디케어

1965년 정부는 사회보장법의 한 부분으로 메디케어법(Title XVIII)을 제정했다. 메디케어(Medicare)는 병원보험과 의료보험으로 구성된다. 병원보험은 입원치료, 요양원 입소, 재가 의료지원 및 호스피스를 포함한다. 의료보험은 통원치료, 주치의 방문 등 병원 보험에서 지불하지 않는 범위를 포함한다. 병원보험은 부분적으로 연금 기여금에서 지불한다. 의료보험은 자발적인 보험플랜으로 매월 일정액을 내고 가입한다. (의료보험료의 2/3 이상이 연방정부의 일반회계로부터 지불된다.) 공적 의료보험인 메디케어의 구체적인 내용은 15장에서 다루기로 한다.

》 실업보험

실업보험 역시 1935년 사회보장법의 일부로 시작되었으며 실직자를 위한 보험이다. 실업보험은 고용주가 내는 세금(기여금)으로 구성된다. 주에 따라 액수와 기간이 다른데, 대부분의 주는 실업보험의 기간을 1년으로 규정한다. 실업보험 대상의 자격조건으로는 (a) 일정기간 동안 보험 대상인 직장에서 일을 했으며, (b) 일하고자 하는 의지와 능력이 있어야 하며, (c) 실업급여를 신청해야 하고, (d) 본인이 능력을 갖추고 있음에도 불구하고 일자리가 없어 실직했다는 증거를 가지고 있어야 한다.

실업보험 수당은 수요부족으로 일할 수 없는 사람과 그 가족을 돕기 위한 것이다. 일하는 것에 대한 가치가 높은 미국 사회에서 실업이란 모욕적인 경험이라고 할 수 있다. 지난 30년 동안 미국의 실업률은 3~11% 수준이었다. 높은 실업률은 직장이 부족하다는 것을 명백하게 보여준다. 그럼에도 불구하고 실업보험을 비판하는 이들은 실업자들이 구직을 위해 노력하기보다는 실업보험 혜택을 받는 것을 원할 수 있다는 점을 강조한다.

》 산업재해보험

산업재해보험은 업무수행 중 상해를 입는 경우에 의료비와 소득을 보장하는 프로그램이다. 이는 작업 중 상해를 입은 고용인이 고용주를 상대로 낸 몇 차례의 소송을 통해 이루어진 프로그램이다. 최초의 산업재해보험은 1908년에 제정된 연방정부의 고용인 보상법(Federal Employees Compensation Act)이었다. 1920년대에는 6개 주를 제외한 모든 곳에서 법을 제정했지만 1948년이 되어서야 모든 주에서 충분한 보상을 할 수 있었다.[51] 일시적 또는 영구적 장애나 사망인 경우 현금 보상이 이루어진다. 의료지원은 병원과 의사 비용을 보장한다. 산재보험은 고용인의 세금(기여금)으로 충당된다.

10. 공공부조

공공부조는 일반적으로 '복지'와 같은 의미로 사용되기도 하지만, 사회복지 프로그램은 공공부조 외에도 훨씬 많은 프로그램을 포괄한다. 공공부조는 근본적으로 잔여적 관점을 가지고 있으며 지원자는 일정한 자격요건을 갖추어야 신청할 수 있다.

공공부조에 대한 잔여적 관점을 갖는 이들은 다음과 같은 생각을 가지고 있다.

1. 부조받는 것을 최대한으로 불쾌하게 만들어 부조를 받겠다는 생각을 최소화시켜야 한다. 즉 현금보다는 현물 지급, 자격요건에 대한 지속적인 관리, 단기적이며 일시적인 혜택, 불법 수급에 대한 엄격한 관리, 또는 기본적 기준에 미달되는 경우 자녀를 가정으로부터 분리시키는 것 등을 들 수 있다.
2. 조건부 기준을 두어 일을 해야만 혜택을 받을 수 있도록 해야 한다. 일의 종류나 급여나 저임금 노동 유지를 위한 일자리라고 해도 이를 통해 버는 수입은 혜택의 개념으로 이해한다.

3. 지원금은 누구도 원하지 않을 만큼 최소한의 액수여야 한다. 이를 주장하는 이들은 지원금이 최저임금보다 높을 경우, 일하는 대신 공공부조에 의존하게 된다고 한다.
4. 외국인들은 지원 대상에서 제외시켜야 한다.
5. 사람들은 의무적으로 일을 해야 한다. 즉 자발적으로 일을 그만두는 사람에게는 지원을 제한해야 한다.[52)]

이와는 대조적으로 공공부조에 대한 제도적 관점(사회복지사의 일반적 관점)을 갖는 이들은 다음과 같이 주장한다.

1. 충분한 임금과 빈곤 퇴치는 모든 이들에게 제공되어야 하는 사회정책의 기능이다.
2. 일반적으로 사람들은 공공부조보다는 일하는 것을 선호하며, 일하고자 하는 동기는 사회적, 문화적, 경제적인 혜택 등의 형태로 경제체계 안에 녹아 있어야 한다.
3. 심리적, 사회적 요인이 고용에 방해요소로 작용할 때가 있다. 필요한 이들에게는 상담이나 다른 서비스 지원이 제공되어야 한다.
4. 부조받는 이들의 독립성과 자존감을 보장하는 것이 최우선적으로 고려되어야 한다.
5. 징벌의 관점에서 이루어지는 공공부조는 이 제도의 의도를 저해한다. 예를 들어 개인을 정상적으로 기능하도록 회복시킨다는 말은 개인의 부족함과 의존성을 강조하여 모욕감을 주며, 파괴적인 심리적 방어를 유발할 수 있다.
6. 공공부조를 받는 것보다 직업을 갖는 것이 훨씬 매력적이라는 동기를 유발하는 것은 사회 곳곳에 존재한다. 즉 생활수준의 차이나 직업을 통해 느끼는 자부심 등을 예로 들 수 있다.
7. 일하는 것이 공공부조를 수급받는 것보다 더 매력적으로 만드는 많은 요인이 있다. 예를 들어 높은 생활수준, 특권, 자존감 등이다.[53)]

공공부조 프로그램은 다음과 같은 특징을 가지고 있다.

- **자산조사를 통해 이루어진다.** 공공부조 신청자들은 소득과 재산 조사를 통해 지원 자격이 결정된다. 자산조사는 지원자들이 최소한의 생활을 위한 경제력을 가지고 있는지를 확인하기 위해 이루어진다. 여기서 소득은 근로소득과 비근로소득을 모두 포함한다. 비근로소득에는 다른 공사적 재정 프로그램으로부터의 지원금, 선물, 생명보험연금, 주식배당금, 임대수익, 유산, 친인척으로부터의 지원금 등이 포함된다.
- **자격조건과 지원정도에 대한 결정은 사례에 따라 다르다.** 모든 지원자를 대상으로 개인적 조사를 한다. 자격에 대한 기준이 정해져 있다고 해도 최종결정은 일선에 있는 담당자가 하게 된다. 담당자는 지원자에게 가장 적합한 부조의 형태나 액수를 결정할 수 있는 권한을 갖는다.
- **지원은 시혜의 관점에서 이루어진다.** 수혜자의 권리라고 간주되는 사회보장과는 달리 공공부조 지원은 시혜적이라고 인식된다. 미국에서 빈곤층은 기본적 생활을 누릴 수 있는 권한을 가지고 있다고 간주되지 않는다. (대조적으로 영국을 포함한 몇몇 국가에서 빈곤층은 국가가 보호하고 유지해 주어야 하는 집단으로 간주된다.)
- **지원금은 정부예산에서 충당된다.** 정부 차원에서 진행되는 공공부조는 개인의 소득과 재산세를 통해 충당된다.

주요 공공부조 프로그램으로는 보충적 소득보장(Supplemental Security Income, SSI), 일반부조(General Assistance), 메디케이드(Medicaid), 주택보조, TANF(1996년 AFDC를 대체하여 제정됨)가 있다.

》 보충적 소득보장(SSI)

SSI 프로그램을 통해 연방정부는 65세 이상의 성인과 장애를 가진 이들에게 월 급여를 지원한다. SSI를 받기 위해서는 정기적인 소득이 매우 적거나 없어야 하며, 재산이 적고, 현금화될 수 있는 재산이 거의 없어야 한다.

SSI는 1974년 1월 1일에 제정되었고, 1935년 사회보장법을 통해 제정된 노령부조(Old-Age Assistance), 시각장애인 지원제도, 장애인 보조금을 대체하는 프로그램으로 제정되었다. SSI는 최초의 연방정부 지원 프로그램이었다. 이를 제외한 다른 지원 프로그램들은 지역정부나 주정부를 통해 지원된다. 보충적(*supplemental*)이라는 단어는 대부분의 경우 급여가 수당 청구의 소득을 보충한다는 의미를 갖고 있다. OASDHI 급여조차도 이 프로그램에 의해 보충된다.

SSI는 노인, 시각장애인, 장애인들에게 기본 소득을 보장하는 제도이다. 노령, 시각장애, 장애는 다음과 같이 정의된다.

노령: 65세 또는 그 이상

시각장애: 시력이 20/200보다 좋지 않은 경우(안경을 착용해도) 또는 터널시(20도 또는 그 이하의 제한된 시야)

장애: 사람이 상당한 수입이 있는 일을 할 수 없게 하는 육체적 또는 정신적 장애로 12개월 이상 또는 사망 시까지 지속되는 경우

SSI의 운영은 사회보장청에서 한다. SSI의 재정은 주로 소득에 대한 연방정부의 세금으로 충당된다.

》 일반부조

일반부조 프로그램은 일시적으로 보조가 필요한 사람들을 위한 것이다. 다른 종류의 소득보조 프로그램을 받지 못하면서 보조가 필요한 사람들에게 경제보조를 하는 것이 주목적이다. 일반부조에 대한 명확한 자격조건은 제시되어 있지 않다. 일반부조는 연방정부의 재정 지원을 받지 않는 유일한 공공부조 프로그램이다. 몇 개의 큰 도시에서는 주정부가 대부분의 자금을 충당한다. 하지만 대부분 지역에서 이 프로그램은 도시나 지역정부를 통해 자금을 조성한다. 일반보조의 많은 부분은 의료지원을 그 내용으로 하나 음식, 옷 등과 같은 현물도 자주 지원된다. 지역정부는 지역의 부담을 줄이기 위해 일반부조 수혜자들을 연방정부 보조를 받을 수 있는 프로그램으로 전환시키려고 노력한다.

일반부조의 지원금은 매우 적으며, 사람들이 부조에 의존하는 것을 막기 위해 매우 인색하다. 현물과 증서급여로 제공되는 일반부조는 수급자들이 자신의 일을 스스로 잘 처리하지 못한다는 의구심을 반영하고 있다. 일할 능력이 있는 실업자들이 일반 부조를 신청하는 경우가 많다는 이유로 일반부조는 자격 없는 사람들을 위한 공공부조라는 인상을 주는 경우도 있다. 일부 지역에서는 많은 지역 프로그램 감독자가 부조를 제공하는 것에 부정적인 태도를 갖고 있어, 일반부조가 사기를 저하시키는 효과가 있다.

최근 몇몇 주는 일반부조를 폐지했다.

》 의료급여

이 제도는 빈곤층에게 병원과 의료적 돌봄을 제공한다. 매우 낮은 소득과 재산을 가진 사람들만이 지원 자격이 있다. 메디케이드는 연방정부와 주정부 공동의 프로그램이기 때문에 지역에 따라 다른 자격조건과 혜택을 제공한다. 일반적으로 SSI를 포함해 다른 공공부조를 받는 사람이 수혜자가 된다. 추가적으로 주정부는 일상생활을 스스로 알아서 해결할 수 있지만 의료비를 감당하지 못하는 사람들을 메디케이드 대상에 포함시킬 수 있다.

메디케이드는 주정부가 운영하고, 연방정부는 재정적 지원에 참여한다. 지원금은 직접 의료서비스 제공자에게 지급된다. 다른 모든 공공부조 프로그램과 같이 메디케이드의 자격도 반드시 자산조사를 거쳐야 한다.

》 식품권

세계에서 가장 풍요롭다는 미국(세계에서 가장 강력하며 가장 부유한 국가 중 하나)에서도 매년 약 3천만 명의 사람들이 굶주리고 있다.[54] 불충분한 영영상태에 있는 대부분은 빈곤층이다. 불충분한 영양공급은 개인에게도 해로울 뿐더러, 임산부가 영양공급을 제대로 받지 않는 경우 태어날 아기의 뇌 손상을 초래할 수 있다.

식품권은 저소득층의 식품구매력을 지원함으로써 저소득층의 굶주림을 없애고, 영양 상태를 개선하기 위해 제도화되었다.

Barker는 다음과 같이 이야기한다.

> 1996년 개인책임과 직업기회법안(Personal Responsibility and Work Opportunity Reconciliation Act)은 복지개혁입법에 상당한 제약을 가했다. 1996년 복지개혁입법 이후로 주정부는 수급자격과 급여수준 결정에 더 많은 권한을 행사하게 되었고, 급여수급자 중 (수급 이전 31개월 동안) 일을 하지 않거나 직업훈련 프로그램에 참여하지 않는 사람들의 수급자격을 박탈할 수도 있게 되었다. 대부분의 참여자들은 할당량에 대한 공제금액을 지불한다. 쿠폰 또는 현금카드가 거래수단으로 이용된다.[55]

》 주택부조

식품권이나 메디케이드와 유사하게 주택부조 역시 현물지원프로그램이다. 일반적으로 공공주택이나 정부소유의 임

1996년 제정한 복지개혁법하에서 주정부는 공공부조(TANF)를 2년 이내로 수급한 사람들이 취업할 수 있도록 직업훈련을 제공할 의무가 있다.

대주택 공급이 주된 내용이다. 이런 주택에 사는 사람들은 상대적으로 낮은 임대료를 지불하기 때문에, 일종의 소득이전을 받는 것이다.

저소득층 중 시장에서 집을 사거나 아파트를 매입하는 사람들에게 지급되는 주택부조도 있다. 이 프로그램에서는 주택 및 도시개발부서(Department of Housing and Urban Development, HUD)가 차이를 지불하는 방식으로 저소득층이 부담해야 할 임대료 또는 융자금 상환이 감면된다.

》 저소득가족을 위한 일시적 지원제도(TANF)

1986년 Charles Murray는 자신의 저서 <*Losing Ground*>를 통해 노동력을 가진 사람에게는 정부의 모든 복지지원을 중단해야 한다고 주장했다.[56] 그는 정부의 다양한 복지혜택이 사람들을 공공부조에 의존하게 만들었다고 말하면서, 사람들이 일반적으로 일하는 것보다는 공공부조를 받는 것이 더 낫다고 생각하게 되었다고 주장했다.

Murray는 특히 요부양아동가족부양제도(AFDC)를 비판했는데, 이 제도가 복지수혜를 받기 위해 여성들이 미혼으로 아이를 출산하는 데 공헌했다고 비판했다. 또한 범죄와 약물남용의 증가, 학력저하 및 도시빈민 증가의 많은 부분은 정부에서 재정 지원을 하는 한부모 가정의 증가로 인해 발생했다고 비난했다. AFDC 프로그램에 대한 Murray의 해결책은 간단했다. "만약 당신이 저소득층의 미혼모 출산을 막기를 원한다면… 나는 어떻게 하면 될지를 알고 있다. 모든 종류의 정부지원제도를 폐지하면 된다."[57]

Murray의 접근법에 반대하는 사람들이 반발했다. 이들은 Murray의 계획대로 한다면 부모의 부족함으로 인해 무고한 자녀들이 고통을 받는다고 주장했다. 만일 AFDC가 특별한 대안 없이 폐지된다면 많은 아이들이 집도 없이 기아에 허덕일 것이라는 것이다. 이에 대해 Murray는 만일 미혼모가 아이를 양육할 능력이 없다면 입양을 시켜야 한다고 대답했다. 더 나아가 AFDC를 폐지하게 되면 빈곤층 여성들이 임신을 다시 한 번 생각하게 될 것이며, 남자들 역시 결혼하지 않은 상태에서 여자를 임신시키는 것을 꺼려 할 것이라고 했다.

AFDC 폐지에 대한 근거가 취약함에도 불구하고 1990년 초 정부는 한부모가 의무적으로 일을 해야 하는 정책을 AFDC의 대안으로 모색하기 시작했다.

1994년 선거에서 보수적인 공화당이 40년 만에 상원과 하원을 모두 장악하게 되고, 미혼모들과 아이들에게 더 이상의 AFDC는 없다는 선언을 하였다. 또한 AFDC 대상자들이 5년 이상 지원받는 것을 금지하고, 주정부의 권한으로 이를 2년으로 단축할 수 있도록 했다.

1992년 Clinton은 대선공약으로 "지금까지 우리가 알고 있는 복지를 끝내겠다."고 했다.[58] 1994년 그는 공공부조에 대한 높은 의존도를 완화하기 위해 복지혜택을 받는 젊은 엄마들을 노동시장으로 밀어 넣을 계획을 제안했다. 이 계획의 목적은 복지수혜자인 젊은 엄마들에게 직업훈련을 제공하고, 훈련 중에는 생활비와 보육을 제공하며, 24개월을 기점으로 현금부조를 중단하는 것이었다. 24개월 뒤에도 직업을 찾지 못한 사람에게는 일시적이면서 최저임금을 받는 일을 제공하였다.

1996년 Clinton과 공화당이 타협해 복지개혁안을 제시하고 개인책임 및 직업기회법(Personal Responsibility and Work Opportunity Reconciliation Act)을 통과시켰다. 이 법안의 주요 내용은 다음과 같다.

- (AFDC 프로그램하에서) 연방정부가 보증하는 자녀가 있는 빈곤가구에 지급되는 현금지원을 중단한다. 각 주는 운영하는 복지와 근로 프로그램에 소요되는 재원을 일시(lump sum)에 받는다.
- 가구주가 2년 내에 직업을 찾지 못하면 지원이 중단된다. 2개월 이상 지원을 받게 되면 정규적인 일을 찾기 전까지는 지역사회 봉사를 해야 한다. (주정부는 지역사회 봉사를 요구하지 않을 수도 있다.)
- 평생 동안 공공부조를 받을 수 있는 기간은 5년으로 제한된다. (주정부는 더 엄격한 기준을 적용할 수도 있다.) 예외적인 경우는 전체 수급자의 20%로 제한한다.
- 각 지역사회는 TANF 참여자에게 보육서비스를 제공해야 한다.
- 주정부는 18세 미만의 미혼모가 다른 성인의 감독을 받는 집에 살고, 자녀가 12주 이상 되면 고등학교 또는 대안적 교육기관 또는 훈련기관에 출석하는 경우에 한해서 십대 미혼부모에게 급여를 제공할 수 있다.
- 만약 주정부가 충분한 공적복지수급자들이 일하도록 하는 데 실패한다면, 주정부는 1994년 공적복지에 지출한 비용의 75% 수준 또는 80%수준을 유지해야 한다.
- 주정부는 자녀가 6세 이하인 여성이 보육서비스를 찾지 못해 일하지 못한다면, 이 여성에 대해 책임을 물을 수 없다.
- 직업을 찾지 못해 복지혜택을 받지 못하게 된 이들에게는 주 자체에서 의료급여를 중단할 수 있다.
- 공적복지 수급여성 중 아이의 아버지가 누구인지를 밝히기를 거부하는 경우 그녀가 받는 급여의 최소 25%를 반드시 삭감해야 한다.
- 이민자들은 5년 동안 복지서비스 대상에서 제외되고, 1996년을 기점으로 시민권이 없는 사람들은 기존의 SSI나 식품권을 받을 수 없게 된다.[59]

개인책임 및 직업기회 법안은 기존의 AFDC를 TANF로 대체했다. 빈곤층을 대상으로 하는 현금지원은 더 이상 당연한 권리가 아니다. 이제 기간도 단축되고 주마다 각각 다른 내용을 갖게 되었다.

주별로 TANF를 어떻게 운영할지에 관해 자유재량을 갖게 되었기 때문에, 미국에는 50개의 TANF 버전이 있다고 하는 것이 정확할 것이다. 연방법에 따른 유연성의 장점을 취해, 일부 주는 TANF 서비스를 조정해 현금급여를 받을 수 있는 기간에 대해 보다 엄격한 기간 제한을 적용했다. 예를 들어 조지아와 인디애나는 24개월, 유타는 36개월로 기간제한을 설정했다.[60] TANF 수급자들에게 지급되는 현금급여 또한 주에 따라 매우 상이하다. 앨라배마는 급여수준이 가장 낮은 주이고, 캘리포니아와 뉴욕은 가장 높은 주이다.[61] 보기 4.3에 제시된 것처럼 TANF는 논쟁적인 프로그램이다.

비판적 사고를 위한 질문

당신은 어린 자녀를 둔 한부모 여성이 (자녀를 보육시설에 보내고) 밖에서 일하는 것이 집에서 자녀를 돌보는 것보다 더 낫다고 믿는가? 당신은 결혼한 여성이 집에서 자녀를 돌보는 것보다 밖에서 일하는 것이 더 낫다고 믿는가?

보기 4.3 저소득 가족을 위한 일시적 지원제도(Temporary Assistance to Needy Families)

TANF는 논란이 많은 프로그램이다.

TANF에 많은 연구들이 있고, 지금도 계속되고 있다. 이 프로그램의 지지자들은 여러 가지 장점을 내세운다. 비판자들은 여러 단점들을 인용하고 있다.

지지자들은 다음 편익들을 인용하고 있다.

- 젊은 여성 한부모(18~24세)의 고용률이 두 배가 되었다.
- 1996년 이후 빈곤율이 전반적으로 낮아졌다.
- 비혼 한부모 여성의 고용률이 50% 가까이 높아졌다.
- 1996년 이후 여성 한부모 가구 아동의 빈곤율이 낮아졌다.
- 현금급여(AFDC 프로그램을 TANF와 비교했을 때)에 의존하는 미국인의 수가 급격히 감소했다.
- 1996년 이후 십대 출산율이 낮아졌다. 1996년 복지개혁법을 통과시킨 동기 중 하나는 보수주의자들이 한부모 여성이 일찍 아이를 갖는 것을 보상해준다는 정책(역주: AFDC)에 대한 변화의 요구였다. 복지개혁법은 다음 제시된 경우를 제외하고는 십대 어머니에게 공공부조를 제공하는 것을 거부했다. 주정부는 18세 이하의 어머니가 가정 또는 다른 성인이 감독하는 환경에 살고, 아이가 12주 이상 되었을 때 고등학교에 다니거나 다른 대안적 교육 또는 훈련프로그램에 다니는 경우 미혼 십대 부모에게 급여를 제공할 수 있다. 대부분의 10대 어머니에게 복지급여를 제공하지 않는 것의 숨겨진 의미는 십대에게 아이를 낳아도 재정적 보상은 없다는 것을 알려주기 위한 것이다.
- 모든 일하는 부모는 복지보다는 일하는 것을 선호한다. 일자리를 갖는 것은 낙인감이 있는 복지프로그램에 의존하는 것보다 부모 자신과 아이에게 정신적으로 더 유익하다. 일부 일하는 부모들은 자신들의 사회경제적 지위를 향상시키고, 자존감을 증대시키며, 생활수준을 높였다. 궁극적으로 이들 가족은 현금급여를 받을 때보다 더 많은 소득을 갖게 되었다. 아이들은 일하는 어머니(또는 부모)에 대해 자부심을 갖는 경향이 있고, 아이들은 (일하는) 어머니(또는 부모)의 전례를 따르는 경향이 있다.

TANF의 비판자들이 제기하는 단점:

- 복지급여에서 벗어난 대부분의 어머니는 일자리를 찾지만, 상당수의 어머니들은 일자리를 찾지 못한다. 더욱이 일자리를 찾은 일부는 바로 일자리를 잃고, 복지수급자로 등록하지 않는다.
- 종종 몇 년 동안 복지급여에 의존하던 일부는 복지로부터 일자리로의 전환을 성공적으로 달성한다. 그러나 가장 성공적으로 일자리를 유지하고 있는 경우도 경제적 어려움 때문에 가족과 친구들에게 도움을 요청해야만 한다. 소득은 상층에서 높아지지 하층에서는 높아지지 않는다.
- 한부모 여성과 아이들에 대한 복지개혁의 장기적인 영향은 정신질환자에 대한 탈시설화의 장기적 영향과 같은 결과를 야기할 수 있다.
- 빈곤층의 비율이 증가하고 있는데, 특히 건강보험의 적용을 받지 못하는 한부모 여성과 아이들의 비율이 증가하고 있다. 한번 복지에서 벗어나 일을 시작하게 되면, 그들은 의료급여 수급자격을 상실할 수도 있지만, 고용주는 건강보험을 제공하지 않을 수도 있다.
- 많은 일하는 어머니들은 아이들을 맡길 만족할 만한 보육시설을 찾기 어렵다고 이야기하고 있다. 아이들이 혼자 방치되고, 때로는 오랫동안 방치되고 있다는 증거들이 있다. 복지개혁이 부모들에 대한 지원을 중단하고, 아이들에게 상처를 주고 있는 것은 아닐까?
- 미국에서 복지급여로부터 벗어난 사람들은 미숙련노동자들의 임금을 낮추는 압력으로 작용한다. 먹을 것과 쉴 곳이 간절히 필요한 사람들은 (과거 복지수급자들에게 일자리를 잃는) 현재 고용된 사람들보다 낮은 임금에 고용된다. 수천 명의 이러한 노동자들은 기업들이 노동비용을 낮추는 데 기여하고 있다. 복지개혁은 모든 여성 노동자들의 중위임금을 하락시켰다. 일자리를 찾기 위한 노동시장에서 경쟁이 격화됨으로써 고용주들에게는 임금을 낮추는 것이 용이해졌고, 노동조합은 고용주와 좋은 계약을 맺는 것이 더 어려워졌다.
- 복지개혁으로 가장 혜택을 보는 집단은 고용주다(고용주는 과거보다 훨씬 많아진 저임금 일자리를 위한 견습공 인력풀을 갖게 되었다). 복지개혁 입법은 많은 저임금 노동자 부모와 아이들에게 경제적 어려움을 주고 있다.
- 주 당국은 현재 누구에게 급여를 줄지, 급여를 제공받기 위해 어떤 조건을 충족시켜야 할지, 이러한 가족들이 어떤 비현금지원을 받을지에 대한 보다 많은 선택지를 가지고 있다. 이로 인해 AFDC 프로그램보다 주 간의 차이가 더 심해졌다. 이런 차이로 인해 서로 다른 주에 살고 있는 동일한 조건의 두 아동은 매우 상이한 현실 속에서 살고 있다. 어떤 아동은 빈곤선 이상의 가족자원을 갖고 있을 수 있다. 어떤 아동은 안정적이고, 높은 질의 아동 보육, 그리고 건강보험 혜택을 받는 반면, 다른 아동은 이러한 것들이 전혀 주어지지 않을 수도 있다.
- TANF 급여수준은 종종 빈곤선 이하이기 때문에 TANF 수급자 대다수는 빈곤선 아래에 있다. 더욱이 빈곤선에도 미치지 못하는 최저임금(또는 최저임금을 조금 넘는 수준)

(계속)

보기 4.3 (계속)

을 받는 경우가 있기 때문에 많은 경우 일자리를 갖는 경우도 여전히 빈곤상태에 있다.

- 많은 TANF 수급자들이 장기 빈곤 함정이라는 심각한 위험에 빠져있을 수 있다. TANF 프로그램에서 지급되는 급여는 TANF 수급자들이 고등학교 이상의 교육을 받을 수 있는 기회를 제공하지 않는다. 이로 인해 TANF 수급자들은 최저임금 일자리와 발전 가능성이 없는 일자리를 갖게 된다. TANF 수급자에게 제공되는 교육은 TANF 수급자들이 좋은 일자리 얻기 위한 자격을 갖추게 하거나, 준비하는 교육이 아니다.

출처: Alvin L. Schorr, *Welfare Reform: Failure and Remedies* (Westport, CT: Praeger Publishers, 2001); Kirk A. Johnson, Robert Rector, and Mini Abramovitz, "Has Welfare Reform Worked?" in Howard Jacob Kager, James Midgley, Peter A. Kindle, and C. Brené Brown (eds.), *Controversial Issues in Social Policy*, 3rd ed. (Boston: Pearson, 2007), pp. 200-216.

대안적 복지정책: 가족수당

미국은 서구 국가 중 가족수당이 없는 유일한 국가이다. 가족수당이란, 가구의 자녀 수에 따라 일정한 지원금을 주는 제도이다. 만약 가족수당이 충분히 지급된다면 빈곤문제, 특히 규모가 큰 가족의 빈곤을 해결하는 데도 많은 도움이 될 것이다.

가족수당에 대한 강한 비판도 있다. 만일 모든 자녀를 대상으로 지급하는 경우 지나치게 많은 예산이 소요될 것이고, 대부분의 지원금은 빈곤하지 않은 가족에게 돌아갈 것이라는 주장이다. 하지만 이러한 문제는 덴마크의 경우와 같이 가족수당을 소득에 따라 차등지급하는 방식으로 완화할 수 있다. (하지만 이 경우도 결국 지원금을 받게 되는 가족을 낙인찍는 결과를 가져 올 수 있다.) 두 번째 비판은 출산을 지나치게 장려하는 결과를 가져올 수 있다는 점이다. 마지막으로 가족수당은 빈곤하지만 아이가 없는 가족이나 개인에게 지원금을 주지 못한다는 비판의 목소리가 있다.

11. 사회사업과 공적 복지

미국 사회복지사협회 윤리강령 전문은 다음과 같이 서술하고 있다:

> 사회복지의 주된 임무는 모든 사람들의 복지를 향상시키고 기본적 욕구를 충족시키기 위해 노력하는 것으로, 특별히 취약하고 억눌리고 빈곤한 계층의 요구와 권한부여에 관심을 두어야 한다고 밝히고 있다.[62]

또한 미국 사회복지교육협의회의 교육정책 및 인증기준(EPAS)에 따르면 사회복지 전문직의 목표는 인간의 복지를 향상시키고 빈곤, 억압 및 다른 형태의 사회적 불의를 제거하는 것이다.[63]

상기 두 가지 내용은 사회복지사 및 사회복지 전문가들에게 빈곤을 퇴치하기 위해 노력해야 하는 임무가 있음을 명백히 밝히고 있다.

1935년 사회보장법 제정 이후 공공부조 수혜자들에게 다양한 사회복지서비스가 제공되었다. 사회복지 서비스의 내용은 매우 다양한데, 상담, 보육, 보육서비스, 아동위탁, 장애인 대상 서비스, 정보제공과 의뢰, 재정상담, 양육보조, 가족정책지원, 의료서비스, 직업훈련 등을 포함한다. 이러한 서비스 제공을 위한 많은 사회복지사가 일선에서 일하고 있다.

1972년까지는 사회복지서비스와 재정 지원이 혼합되어 있었고, 사회복지사는 공공부조 자격기준 결정에 관여했다. 1972년 사회보장법의 수정조항은 사회복지서비스와 재정지원을 분리시켰다. 현재 공공부조 수혜자에게는 사회복지서비스에 대한 정보와 권리에 대한 정보가 제공된다. 공공부조 자격기준 결정은 주로 사회복지사가 아닌 담당부서의 직원에 의해 이루어진다.

사회복지사는 개인적, 사회적 문제를 가진 사람에게 서비스를 제공하면서 많은 보람을 느낀다. 하지만 사회복지는 빈번한 어려움에 부딪히는 분야이다. 사회복지사로 일하는 데 어려움을 초래하는 요인으로는 다음과 같은 것들이 있다.

- 지나친 행정(문서) 업무
- 현재 정책으로는 해결할 수 없는 문제를 갖고 있는 클라이언트의 요구에 부응하기 위해 노력하는 것

- 클라이언트의 요구에 보다 효과적으로 부응할 수 있도록 거대한 공공복지 관료체계를 변화시키기 위해 노력해야 하는 점(새로운 욕구에 대한 공적 복지체제는 느리게 변화하며, 불필요한 요식적 절차로 가득 차 있음)
- 감당할 수 있는 양을 초과하는 많은 일
- 계속해서 변화하는 정책이나 제도에 끊임없이 귀 기울여야 하는 점
- 자신의 상황을 변화시키고 향상시키려는 동기가 결여되어 있는 클라이언트를 상대하는 일
- 인턴과 신입 사회복지사는 이러한 문제를 자주 직면하게 되며, 현실에 대해 심각한 충격을 받고, 큰 좌절을 겪는다. 인턴과 신입 사회복지사는 그들이 세심하게 클라이언트와 함께 개입 계획을 수행하면 일부 문제가 해결되고, 클라이언트에 이러한 과정을 따라와 줄 것으로 기대한다. 불행히도, 많은 경우 이러한 일은 일어나지 않는다. 클라이언트가 책임감 있게 다음 예약 시간을 잡았더라도, 클라이언트는 사회복지사와 예약을 깨고, 약속을 이행하지 못한 것에 대해 변명을 한다. 클라이언트들이 변명을 하는 것은 일반적으로 동기가 없다는 것으로 해석된다.

》 동기가 결여된 사람들과 일하기

클라이언트가 자신의 삶을 변화시키는 데 가장 핵심적인 요인은 자신의 환경을 변화시키고자 하는 동기부여이다. 일반적으로 동기부여가 되어 있지 않을 때 사회복지서비스나 상담이 실패할 확률이 높다.

공공부조를 받는 이들은 많은 부분에서 좌절하고 있다. 계속되는 금전적 압박과 과거의 많은 실패 경험들이 동기부여에 저해요인으로 작용한다. 이들에게 환경과 처지를 개선하는 데 필요한 노력은 두려운 일이자 모험이라고 생각될 수 있다. 실제로 이들 중 많은 사람들은 새로운 노력을 함으로써 자신의 취약점을 드러내고 상처를 받는 것보다는 현재 어려운 상황에 머물러 있는 것이 낫다고 생각한다.

한 번도 일해 본 경험이 없는 미혼모로서는 일자리를 찾고, 아이 맡길 곳을 알아보는 등의 노력이 벅차게 느껴질 수 있다. 오랫동안 남편으로부터 폭력을 당한 다섯 아이의 엄마에게 있어서 상담을 받고 남편으로부터 벗어날 것을 계획하는 것은 위험한 일로 느껴질 수 있다. 오히려 남편을 더욱 자극하여 더 심한 폭력을 유발하지 않을까 하는 두려움을 느낄 수도 있다. 최근 두 번 연속 실직당한 알코올 중독자에게 있어서 술을 끊는다는 것은 마지막 의지할 곳을 포기하는 것과 같은 느낌을 줄 수 있다.

좌절을 경험한 사람(역주: 이하 클라이언트)에게 동기를 부여하기 위해서 사회복지사는 격려하는 사람이 되어야 한다. Lewis Losoncy가 말하는 '격려하는 사람'은 다음과 같다.

좌절한 사람을 있는 그대로 받아들이고, 비난하지 않는 태도를 가져야 한다(그러나 사회복지사는 변화되어야 할 일탈적 행위는 절대 받아들여서는 안 된다).

비난하지 않는 태도를 가져야 한다. 그래서 클라이언트가 거짓말을 하거나, 가식적이거나, 가면을 쓸 필요가 없도록 해야 한다.

사회복지사는 클라이언트가 느끼는 감정에 대해 인지하고 어느 정도까지는 공감해야 한다.

클라이언트의 성장과 변화에 진심으로 관심을 가지고 있음을 보여주고, 클라이언트가 진정으로 소중하고 가치 있는 사람이라는 메시지를 전달한다.

격려하는 사람은 클라이언트의 작은 변화도 감지할 수 있어야 한다. 예를 들어 처음 보는 옷을 입고 있는 경우, "못 보던 옷이네요. 잘 어울리시는데요." 등의 메시지를 전달할 수 있어야 한다.

클라이언트의 성장과 변화의 가능성에 대한 확신을 가져야 한다.

클라이언트의 관심, 아이디어, 모험적인 행동에 대해 진정한 열의를 전달하라.

상대방을 평가하거나 판단하지 않는 태도로 경청할 수 있어야 하며, 클라이언트가 모험을 할 수 있도록 지지해준다.

클라이언트의 변화에 대한 작은 노력을 치하할 수 있어야 하며, 개개인이 가진 장점과 강점을 포착할 수 있는 기술을 가지고 있어야 한다.

또한 클라이언트가 인생에 대한 목표를 가질 수 있도록 지원하고, 대안을 모색할 수 있도록 지지하고 도와주어야 한다.

클라이언트가 모험할 수 있도록 하라.

클라이언트가 수행한 노력을 재강화할 수 있도록 하라. 중요한 것은 한 번의 시도로는 성공할 수 없다는 점이다.

보다 진전된 시도를 할 수 있도록 하고, 그러한 시도에 희망이 있는 것이다.

클라이언트가 거짓과 "나는 실패자이다"와 같은 자멸적인 말의 부정적 결과를 직시 할 수 있도록 도와라. 누구나 기량과 부족함이 있고, 누구나 장점과 약점이 개선 될 수 있도록 격려받아야 한다.

클라이언트에게 해줄 수 있는 것은 동기를 부여하기 위해 최선을 다하는 것뿐이라는 것을 인정하라. 클라이언트에게 동기를 부여하는 것이 성공한다고 보장할 수 없다. 클라이언트에게 동기를 부여하는 것을 포기한다는 것은 더 이상 그 클라이언트와 효과적으로 일하지 않는다는 것을 의미한다.

개인의 특별함과 장점을 찾고 숙련되어라. 이러한 특별함이 클라이언트와 소통하게 함으로써 클라이언트는 자신이 특별하고 가치 있다는 것을 인지하기 시작한다. 이러한 과정은 클라이언트가 모험과 변화를 시도할 수 있도록 개선된 자존감과 강점의 지각을 이끈다.

클라이언트가 지각된 대안을 발전시킬 수 있도록 도와라(인생의 다른 길을 볼 수 있도록). 예를 들어 남편으로부터 주기적으로 폭행당하는 여성이 있다고 하자. 유사한 상황에 처한 여성들이 남편과 떨어져 지낸다는 것을 알려주는 것이 적절하다. 그리고 이러한 과정은 종국적으로 클라이언트를 개선된 부부관계 또는 행복한 독립적인 생활 중 하나로 이끌게 될 것이다.

관계에 지나치게 의존하는 것이 부정적 결과를 가져온다는 것을 인지하도록 하라. 클라이언트가 모험과 건설적인 변화를 만들어가는 중에 있을 때, 사회복지사는 클라이언트가 자기 격려를 발전시킬 수 있도록 지원해야 한다. 이러한 과정을 통해 클라이언트는 자기 스스로 결정하고 신뢰할 수 있도록, 더 많을 모험을 할 수 있도록 격려되어야 한다.[64)]

비판적 사고를 위한 질문

당신 인생에서 당신이 더 나아질 수 있도록 격려해준 사람이 있는가? 있다면 누구인가? 그리고 그들이 어떤 행동으로, 어떤 말을 통해 당신이 그렇게 할 수 있도록 고무했나?

12. 빈곤과 싸우기 위한 Obama 대통령의 제안

빈곤과 싸우기 위한 Obama 대통령의 아젠다는 다음과 같다.

- 빈곤층과 부유층 간의 불평등을 완화하기 위해 부자들에 대한 세금을 높이고, 저소득층과 중산계급(층)에 1,000달러의 세금공제를 제공하고(저소득층과 중간계급이 내는 세금을 줄이게 된다), 노인들이 버는 5만 달러 이하의 소득에 대해 소득세를 폐지하는 것
- 저소득층을 고용하기 위해 (다리와 도로를 고치는 일과 같은) 사회기간시설을 개선하기 위한 일자리를 만드는 것
- 2011년까지 시간당 최저임금을 9.5달러로 인상하고, 최저임금을 인플레이션과 연동시키는 것
- 연방일자리접근과 역방향 통근 프로그램(Federal Jobs Access and Reverse Commute Program)의 배가를 통해 일자리에 접근할 수 있는 교통수단의 개선
- 높은 빈곤 및 범죄율과 학생들의 학업성취도가 낮은 미국의 20개의 교육복지지역(Promise Neighborhoods)을 건설한다. 교육복지지역은 뉴욕시의 할렘아동지역을 모델로 삼은 것이다. 할렘아동지역은 전체 지역사회가 아동의 출생부터 대학진학까지와 관련되어 조기아동교육, 청소년 폭력예방, 방과후 활동, 서비스 네트워크를 제공하는 프로그램이다.[65)]
- 취약계층 청소년들에게 실용적인 직업기술을 제공하는 동시에 그들의 지역사회를 강화시키는 에너지 효율적인 일자리에 참여할 수 있도록 녹색직업단(Green Jobs Corps) 창설
- 전과자에 약물남용과 정신건강 상담을 제공하는 동시에 직업훈련 기회를 증대시킴. 전과자에게 고용기회를 포함한 '교도소에서 일자리' 프로그램 제공
- 처음 엄마가 되는 저소득층에 제공되는 간호-가족 참여 프로그램을 확대함. 이 프로그램은 저소득층 예비엄마와 가족에게 등록된 간호사의 가정방문 서비스를 제공함
- 저임금 노동자 4명 중 3명은 병가가 없음. Obama는 1년간 7일을 병가를 보장함
- 다양한 소득계층이 살고 있는 지역에 적절한 주택을 제

공하기 위한 펀드(An Affordable Housing Trust Fund)를 만듦

- 아동양육비를 지급하라는 법원명령을 이행하지 않는 남성에 대해 단호한 조치를 취하기 위한 노력을 증대함

요약

다음은 이 장의 서두에서 제시한 학습목표와 관련된 내용을 요약한 것이다.

A. 빈곤의 규모와 빈곤이 삶에 미치는 영향 기술

미국의 빈곤율은 약 12%이다. 빈곤은 시간과 장소에 따라 상대적 개념을 가지며, 일치된 빈곤의 정의는 존재하지 않는다. 일반적 정의는 연 소득이 낮다는 것이다. 소득은 절대적 또는 상대적 관점에서 이해된다. 빈곤의 문제는 경제적 어려움뿐 아니라 심리적인 문제를 내포하고 있다.

B. 부자와 빈자의 소득과 부의 격차 토론

우리 사회의 상위 20%와 하위 20% 간에는 엄청난 소득격차가 존재하고, 계층 상승은 매우 드물게 일어나며, 부익부 빈익빈 현상이 발생하고 있다. 개인주의와 청교도 윤리는 여전히 미국 사회의 빈곤층을 낙인찍는다..

C. 빈곤의 원인을 요약하고, 저소득계층 집단 확인

빈곤할 확률이 가장 높은 집단으로는 여성 가구주가구, 아이들, 유색인종, 노인, 대가족, 실업자, 그리고 교육수준이 낮은 집단이다.

빈곤의 원인은 다양하다. 빈곤은 대부분의 사회문제와 연관되어 있다. 어떤 이들은 빈곤층이 빈곤의 문화라고 불리는 가치와 태도를 가지고 있다고 한다. 하지만 최근에는 빈곤의 문화가 빈곤의 원인인지 아니면 사람들이 빈곤한 삶에 적응한 결과인지에 대한 논의가 계속되고 있다.

어떤 면에서 빈곤은 사회적으로 필요한 기능을 수행한다. 이러저러한 이유로 일부 정책결정자들은 적극적으로 빈곤을 제거하는 방법을 찾지 않는다.

D. 현재의 반빈곤정책에 대해 알아보고, 장단점 토론

빈곤에 대한 대응책으로 마련된 주요 소득보장 프로그램은 1935년에 제정된 사회보장법에 의해 만들어졌다. 사회보험과 공공부조를 제공하는 연방정부의 역할은 이 법에 따른 것이다.

사회보장제도(소득 이전에 대한 제도적 관점)는 공공부조(소득 이전에 대한 잔여적 관점)에 비해 덜 비판받는 제도이다. 비판의 내용은 공공부조제도가 의존성을 증가시키고 빈곤을 세습화 시킬 수 있다는 것이다.

1996년에는 자녀가 있는 공공부조 수급자로 하여금 직업을 갖게 하는 복지개혁법이 통과되었다. 1935년 AFDC 프로그램을 제도화했던 의도는 엄마들이 지원금으로 집에서 아이들을 돌보는 것이 가장 합리적이라는 판단에 근거했다. TANF를 만든 1996년 복지개혁법은 한부모도 반드시 일을 해야 한다는 것을 전제한 것이다.

E. 향후 빈곤을 완화시킬 수 있는 현재의 전략

미국은 산업화된 서구 국가들 중 가족수당이 없는 유일한 국가이다. 가족수당은 정부가 아동이 있는 가족에 대해 아동 수에 따라 수당을 지급하는 제도이다. 만약 급여수준이 충분하다면, 가족수당은 빈곤, 특히 가족원 수가 많은 가구의 빈곤을 제거하는데 도움이 될 것이다. 빈곤을 완화하기 위한 Obama 대통령의 정책제안도 제시되어 있다.

F. 클라이언트(좌절한 사람들)에게 동기를 부여하는 데 있어서 사회복지사의 역할

사회복지 전문직은 보람 있는 직업이긴 하지만, 많은 좌절감을 맛보기도 하는 분야이다. 이의 원인으로는 많은 서류작업, 필요한 요구에 신속하게 대응하지 못하는 관료주의 구조, 그리고 환경과 처지 향상을 위한 개입계획에 부응하지 못하는 동기가 결여된 클라이언트 등을 들 수 있다. 이렇게 동기가 결여된 클라이언트와 일하기 위해서 사회복지사는 '격려하는 사람'이 되어야 한다.

인터넷 참고자료

CENGAGE**NOW**™ 각 장과 관련된 참고자료는 출판사 홈페이지(www.cengage.com/social_work/zastrow)를 참조하라.

주

1. Linda A. Mooney, David Knox, and Caroline Schacht, *Understanding Social Problems*, 6th ed. (Belmont, CA: Wadsworth/Cengage Learning, 2009), pp. 210–213.
2. Ibid.
3. Ibid.
4. Ibid., pp. 212–214.
5. Ibid., pp. 214–218.
6. William Kornblum and Joseph Julian, *Social Problems*, 12th ed. (Upper Saddle River, NJ: Pearson, 2007), pp. 193–195.
7. Marilyn Flynn, "Public Assistance," in *Contemporary Social Work*, 2nd ed., Donald Brieland, Lela Costin, and Charles Atherton, eds. (New York: McGraw-Hill, 1980), p. 165.
8. Michael Harrington, *The Other America* (New York: Macmillan, 1962).
9. Mooney, Knox, and Schacht, *Understanding Social Problems*, pp. 217–218.
10. Ibid.
11. Kornblum and Julian, *Social Problems*, p. 188.
12. Ibid., p. 188.
13. Ibid., p. 188.
14. Ibid., p. 189.
15. Ibid., p. 189.
16. Quoted in Kornblum and Julian, *Social Problems*, p. 190.
17. Quoted in Kornblum and Julian, *Social Problems*, p. 189.
18. Mooney, Knox, and Schacht, *Understanding Social* Problems, p. 212.
19. Ibid., p. 212.
20. Ibid., pp. 211–212.
21. Ian Robertson, *Social Problems*, 2nd ed. (New York: Random House, 1980), p. 31.
22. James W. Coleman and Donald R. Cressey, *Social Problems*, 4th ed. (New York: Harper & Row, 1990), p. 161.
23. Mooney, Knox, and Schacht, *Understanding Social Problems*, p. 211.
24. Second inaugural address of President Franklin D. Roosevelt (Jan. 20, 1937).
25. President's Council of *Economic Advisors, Economic Report of the President* (Washington, DC: U.S. Government Printing Office, 1964), pp. 56–57.
26. Kornblum and Julian, *Social Problems*, pp. 190–194.
27. Ibid., p. 198.
28. Ibid., p. 259.
29. Ibid., p. 198.
30. Ibid., pp. 198–199.
31. Ibid., pp. 198–199.
32. Ibid., pp. 198–199.
33. Ibid., pp. 198–199.
34. Ibid., p. 197.
35. "Cost of Raising Your Child," *Baby Center*, (San Francisco, CA: Baby Center, 2008).
36. Ibid., p. 199.37. Ibid., p. 199.
38. Ibid., p. 199.
39. Ibid., p. 200.
40. Ibid., pp. 197–200.
41. Ibid., pp. 200–202.
42. Harrington, The Other America, p. 21.

43. Oscar Lewis, "The Culture of Poverty," *Scientific American*, 215 (Oct. 1966), pp. 19–25.
44. Ibid., p. 23.
45. Eleanor *Leacock, ed., The Culture of Poverty: A Critique* (New York: Simon & Schuster, 1971).
46. Elliott Liebow, *Tally's Corner: A Study of Negro Street-Corner Men* (Boston: Little, Brown, 1967); Ulf Hannertz, Soulside: An Inquiry into Ghetto Culture and Community (New York: Columbia University Press, 1969); Leacock, The Culture of Poverty.
47. *William Ryan, Blaming the Victim,* rev. ed. (New York: Vintage Books, 1976).
48. Thomas Sullivan, Kendrick Thompson, Richard Wright, George Gross, and Dale Spady, *Social Problems: Divergent Perspectives* (New York: Wiley, 1980), p. 390.
49. Barbara Ehrenreich, *Nickel and Dimed* (New York: Henry Holt and Co., 2001), p. 221.
50. Herbert J. Gans, *More Equality* (New York: Pantheon, 1968), pp. 133–135.
51. Helen M. Crampton and Kenneth K. Keiser, *Social Welfare: Institution and Process* (New York: Random House, 1970), p. 73.
52. These conservative views are summarized by Samuel Mencher, "Newburgh: The Recurrent Crisis in Public Assistance," *Social Work*, 7 (Jan. 1962), pp. 3–4.
53. Rex A. Skidmore and Milton G. Thackeray, *Introduction to Social Work*, 2nd ed. (Englewood Cliffs, NJ: Prentice Hall, 1976), pp. 111–112.
54. Mooney, Knox, and Schacht, *Understanding Social Problems,* p. 223.
55. Robert Barker, *The Social Work Dictionary,* 5th ed.(Washington, DC: NASW Press), p. 166.
56. Charles Murray, *Losing Ground: American Social Policy, 1950–1980* (New York: Basic Books, 1986).
57. Quoted in David Whitman, "The Next War on Poverty," *U.S. News & World Report,* Oct. 5, 1992, p. 38.
58. Quoted in Kornblum and Julian, Social Problems, p. 203.
59. Ralph Dolgoff, Donald Feldstein, and Louise Skolnik, *Understanding SocialWelfare,* 4th ed. (White Plains, NY: Longman, 1997), pp. 217–218.
60. Ira Colby and Sophia Dziegielewski, *Social Work: The People's Profession* (Chicago: Lyceum Books, 2001), p. 155.
61. Kornblum and Julian, *Social Problems*, pp. 214–215.
62. Preamble to the Code of Ethics of the National Association of Social Workers, as adopted by the Delegate Assembly of Aug. 1996.
63. Council on SocialWork Education, *Educational Policy and Accreditation Standards* (EPAS) (Washington, DC: Council on SocialWork Education, 2008).
64.Lewis Losoncy, *Turning People On* (Englewood Cliffs, NJ: Prentice Hall, 1977).
65. *Blueprint for Change: Obama and Biden's Plan for America,* http://www.barackobama.com/pdf/ obamaBlueprintForChange.pdf.

5 CHAPTER

정서적·행동적 문제와 상담

Emotional/Behavioral Problems and Counseling

이 장의 개요

- 정서적·행동적 문제들에 관한 관점
- 정서적·행동적 문제의 본질과 범위
- 정신질환이란 무엇인가?
- 만성 '정신질환' 원인으로서의 낙인
- 다른 문제들
- 사회구조와 정신질환
- 치료
- 치료시설: 지역사회 정신보건센터
- 정신보건과 사회복지
- 상담
- 한국의 지역사회 정신보건 발전과 현황

학습목표

모든 사람들이 살아가면서 어느 순간 정서적인 문제들 또는 행동적인 문제들을 경험할 수 있다. 이 장은 다음과 같은 내용들을 포함한다:

A. 정서적·행동적 문제들의 본질과 범위
B. 정신질환의 개념에 대한 논의
C. 만성정신질환의 원인에 대한 이론 소개
D. 노숙자에 대한 정보 제공
E. 정신건강영역의 논쟁적 이슈들 소개
F. 사회구조와 정신질환 발생률 사이의 관계에 대한 조사연구 제시
G. 정서적·행동적 문제에 대한 치료적 접근 서술
H. 정신건강영역에서의 사회복지사의 역할 소개
I. 상담과 상담기법들에 대한 정보 제공

1. 정서적·행동적 문제들에 관한 관점

저자는 수년 전 '범죄를 저지른 정신질환자'들을 치료하는 치료감호병원에서 상담자로 일한 적이 있다. 이 병원에 있는 많은 환자들은 정서적·행동적 문제들에 기인한 기괴한 범죄들을 저질렀다. 당시 저자가 직면했던 생각들을 나누기 위해 몇 가지 상황들을 기술하고자 한다.

한 사례는, 22세 남자로 17세인 친구의 목을 베어 살해했다. 또 다른 사례는 4명의 자녀가 있는 기혼 남성으로 성기를 노출하는 행동을 하여 네 번이나 체포되었다. 다른 사례에서, 어떤 남자는 자신의 집을 시체들로 '다시 치장'하기 위해 무덤을 파냈다. 또 다른 기혼 남성은 자신의 11세, 12세 친딸들을 성폭행한 것이 발각되고서야 자신의 죄를 인정하였다. 또 어떤 남자는 시공여인숙에서 지루한 설교를 한참동안 하다가 범죄를 저지르기도 했고, 어떤 사람은 자신이 어디를 가든지 구름이 자신을 따라 다닌다는 말을 반복하다가 범죄를 저지르기도 했다. 또 다른 환자는 자신의 아버지를 도끼로 잔인하게 살해하였다.

비판적 사고를 위한 질문

만일 당신의 가족 중에 정서적 또는 행동적인 문제를 가진 사람이 있다면, 어떻게 이러한 문제를 해결하는 것이 좋다고 생각하는가?

이 남성들이 사건을 저지른 이유와 그들이 저지른 일을 어떻게 설명할 수 있을까? 여러 전문가들에 의해 다양한 해석이 제기되었는데, 대부분의 전문가들은 그들이 정신적인 질환이 있어서 이러한 이상한 행동을 저질렀다고 주장하였다.

저명한 심리학자인 Albert Ellis는 이런 기괴한 범죄를 저지른 사람들을 치료하고 이해하기 위한 설득력 있는 해석을 발전시켰다. Ellis는 범죄자가 이례적인 범죄를 저질렀을 때 생각하고 있었던 것을 살펴본다면, (a) 왜 기괴한 행동을 했는지, (b) 기괴한 행동을 하지 못하도록 예방하는 것은 무엇인지, (c) 그들이 석방(퇴원)된 후 다시 범죄를 저지르지 않도록 예방하기 위해서 어떠한 서비스가 요구되는지 이해할 수 있을 것이라고 주장하였다.[1] 요약하자면, Ellis는 우리의 모든 행동의 일차적인 결정요소는 우리의 사고(즉 사고 → 행동)라고 주장한다.

가장 삼엄한 치료감호병원에 있었던, 무덤을 판 사람의 사례에 Ellis의 해석을 적용해보자. Jim Schmidt(가명)가 무덤을 파내고 시신으로 집을 치장하기 시작한 때는 46세였다. 그의 어머니는 3년 6개월 전에 죽었는데, 불행하게도 어머니는 그에게 인생의 의미를 제공해 주는 유일한 사람이었다. 그는 수줍음이 많고 다른 친구들도 없었으며, 어머니와 Jim 두 사람만 지난 22년 동안 작은 농촌마을에서 함께 살아왔다. 어머니의 죽음 후 그는 더욱 더 고립되었다. Jim은 점점 외로워졌고, 어머니가 여전히 살아계시기

만 바랐다. 가까운 사람들을 떠나보낸 많은 사람들이 그러하듯이 그는 어머니가 여전히 살아계시는 것 같은 꿈을 꾸기 시작했다. 그의 꿈은 마치 깨어 있는 것처럼 너무 생생해서 잠에서 깬 뒤에도 어머니가 정말로 돌아가셨는지 믿기 힘들었다. Jim은 집에 여자 시체를 가져다놓으면 그의 어머니가 다시 살아나 현실세계로 돌아올 수 있을 것이라 믿었다. (우리는 이것이 말도 안 되는 일이라고 여기지만 Jim은 고독했기 때문에 무엇이 진실인지 아닌지를 알 수 없었다.) 그는 이러한 생각을 실현시키기 위해 노력했다.

물론 Jim은 그때나 지금이나 모두 상담이 필요했다. 그러한 서비스는 그가 어머니의 죽음을 받아들이는 데 도움이 되고 삶의 새로운 흥미를 발견하며, 다른 사람들과 관계를 형성하기 시작하고, 무엇이 현실이고 아닌지를 분별하기 위해 다른 사람들과 생각을 나누는 것이다.

2. 정서적·행동적 문제의 본질과 범위

정서적·행동적 문제들은 다음에 나열한 장애를 포함하는 두 가지 포괄적인 수준이다. 즉 우울, 과도한 불안, 열등감 혹은 고립감, 소외, 극단적 피학성과 가학적 경향, 결혼생활의 어려움, 깨어진 연인관계, 부모-자녀 관계의 어려움, 과잉행동, 이례적이거나 또는 기괴한 행동, 공격성, 공포, 아동 혹은 배우자 학대, 충동적이거나 강박적 행동, 죄책감, 수줍음, 폭력적 기질, 악의성, 악몽 또는 불면증, 성적 일탈 행동, 섭식장애, 기타 등등이다.

각각의 행동들은 독특하며 때때로 행동에 영향을 미치는 수많은 잠재적인 원인들이 있다. 예를 들어 우울은 생화학적 불균형, 사랑하는 사람 또는 매우 가치 있는 것을 상실했을 때, 죄의식이나 창피한 감정, 원하지 않았던 절박한 일들에 대한 사실을 알 때(예: 시한부 인생이라는 진단을 받았을 때), 내적인 공격성, 폐경기와 같은 신체적 요인들, 무능력이나 열등감, 자기모욕적인 사고, 외로움이나 고립감으로부터 생길 수 있다. 수많은 문헌들이 정서적·행동적 문제에 관한 폭넓은 차원에서 치료와 원인들을 밝히고 있다.

미국인 4명 중 한 명은 생애 어느 시점에 정서적·행동적 장애를 경험한다.[2)] 이러한 장애들은 가벼운 우울과 불안에서부터 자살충동 또는 거식증과 같은 심각한 섭식장애의 범주까지 포함하는 것이다. 매년 미국에서만 6백만 명 이상의 사람들이 정신건강치료를 받고 있다.[3)]

3. 정신질환이란 무엇인가?

정서적·행동적 장애와 관련된 많은 말들은 이제 일상생활 대화의 일부분이 되었다. 우리는 어느 누군가의 평범하지 않은 행동과 정서에 관한 판단을 표현하는 용어들을 많이 사용한다. 예를 들어 우리는 미친, 섬뜩한, 정신이상의, 신경질적인, 몰상식한, 아픈, 신경쇠약증 같은 용어들로 그 사람의 행동과 정서를 표현한다. 놀랍게도 우리는 이러한 말들이 그 사람을 정확하게 설명하고 있는 것처럼 행동하고, 그 사람을 낙인찍는 말과 그 사람을 연관 짓는다. 그러나 이러한 용어들 가운데 그 어떤 것도 이들의 상태를 정확하게 정의하기는 힘들다. 예를 들어 다른 사람들이 '정신병적'이라든가 '멍한 사람'으로 구분하는 특정한 특징에는 어떤 것들이 있는가?

정서장애와 비정상적 행동들을 보이는 사람을 바라보고 진단하는 일반적인 두 가지 접근방법으로 의료모델과 상호작용 모델이 있다.

》 의료모델

이 모델은 신체적 질환과 비교하여 정서적·행동적 문제로서 정신질환을 규정한다. 의료적인 낙인들(예를 들어 조현병, 망상증, 정신병, 정신착란증)은 정서적 문제들에 적용된다. 의료모델을 지지하는 사람들은, 정신적으로 문제가 있는 사람들의 정신은 일반적으로 잘 알려지지 않은 내적 상태에 의해 영향을 받는다고 주장한다. 그 상태는 유전적 기질, 신진대사장애, 감염성 질병, 내적갈등, 방어기제의 무의식적 사용, 또는 정서적 고착현상을 야기하고 미래의 심리적 성장을 방해하는 초기의 외상경험들일 수 있다고 주장한다.

의료모델 접근방법은, 정서적 장애를 가진 사람들은 악마에 사로잡혀 미친 것이고, 자신들의 정신장애에 대한 원인제공자로서 비난을 받고, 맞고, 갇히고 죽게 됨으로써 '치료될 수' 있다고 보았던 과거의 역사적 개념에 대한 반

보기 5.1 섭식장애: 지속적인 문제

섭식장애는 미국과 다른 산업화된 국가들의 심각한 문제로 지속되고 있고, 세계적인 경제성장과 여성들의 지위변화에 따라 최근 들어 아시아와 남미, 인도 등과 같은 국가에서도 발생하기 시작하고 있다.[a]

매우 심각한 고통으로 인식되고 있는데, 미국 여대생의 약 20%가 섭식장애를 가지고 있는 것으로 조사되었다. 세 가지 주된 섭식장애는 신경성 무식욕증(*anorexia nervosa*), 신경성 과식욕증(bulimia nervosa), 강박적인 과식증(compulsive overeating)이다. 신경성 무식욕증, 신경성 과식욕증 둘 다 음식과 비만에 상당히 연관되어 있지만 날씬한 몸매를 유지하려는 방법은 다양하다. 신경성 무식욕증 환자들은 음식을 매우 적게 먹고, 오랜 시간 거의 굶는다. 신경성 과식욕증은 식욕이상 항진증을 보인다. 비록 미국인들의 평균 음식 섭취율이 하루에 3,000칼로리지만 신경성 과식욕증 환자들은 하루에 4만~6만 칼로리를 섭취한다. 이들은 전형적으로 단 음식, 튀긴 음식과 같은 높은 칼로리의 길거리 음식들을 좋아한다. 또한 신경성 과식욕증 환자들은 몸매를 날씬하게 유지하려고 일반적으로 구토를 자행하며 다양한 방법으로 자신이 섭취한 것을 없애려고 한다. 실제로 자신들의 의지로 구토를 할 수 있도록 많은 신경성 과식욕증 환자들은 식도 근육을 조절한다. 섭취물을 없애는 다른 방법은 음식을 씹은 후에 삼키지 않고 뱉거나 관장제, 설사제를 많이 섭취하고 수영, 달리기, 바벨을 이용한 웨이트 트레이닝과 같은 운동을 강박적으로 하는 것이다.

신경성 과식욕증(bulimia)은 비록 신경성 무식욕증보다 훨씬 더 보편적으로 나타나지만 식욕이상 항진의 순환이 거의 드러나지 않게 나타났기 때문에 오랫동안 인식되지 못했다. 과식욕증 환자들은 친한 친구들에게 식욕이상 항진을 감추기 어렵다는 것을 알기 때문에 다른 사람들과의 친밀한 관계형성을 피하는 경향이 있다. 섭취한 것을 없애려고 하는 행동을 통해 다시 완전하게 신선하고 깨끗함을 느낄 수 있으나, 이러한 자기 가치감은 일시적인 것이다.

신경성 무식욕증(anorexia)은 자발적인 굶기를 통한 야윈 몸매로 특징지어지는 장애이다. 신경성 무식욕증 환자들은 왜곡된 신체상을 가지고 있어서, 자신들이 매우 야위었다는 사실을 받아들이지 않는다. 즉 이들은 강렬한 배고픔을 경험할 때조차 먹지 않을 것이다. 이들은 완벽한 몸매를 가지는 것이 행복과 성공을 보장할 것이라고 잘못 믿고 있으며, 신경성 무식욕증 환자의 약 95%는 여성들이다. 강박적인 과식증은 과도한 양의 음식을 섭취하기 위한 억제할 수 없는 충동으로서, 이 환자들은 비합리적으로 먹고 오랫동안 과도한 양의 음식을 먹는다. 강박적 과식증의 치료는 몸무게가 정상 몸무게보다 20% 이상인 사람들에게 권고된다. 신경성 무식욕증과 과식증은 유사점을 가지고 있다. 예를 들어 둘 다 중산층에서 발생할 수 있고 어머니가 가족생활에 과도하게 관여하며 아버지가 집 밖의 일에 몰두하는 상류계층으로 이동하려는 가족들에게서 많이 나타난다. 대부분 신경성 무식욕증, 신경성 과식욕증 환자들은 착한 아이이고 다른 사람의 인정과 사랑을 받으려고 하는 열망이 있다. 둘 다 자존감이 부족하고 자신이 쓸모없다고 느끼며 다른 사람들이 그들을 인식하는 것보다 자신을 더 뚱뚱하게 보는 왜곡된 신체상을 가지고 있다. 신경성 무식욕증, 신경성 과식욕증은 왜 주로 여성들에게 나타날까? 한 가지 주된 이유는, 우리 사회가 남성보다 여성들에게 날씬할 것을 강요하고 있기 때문이다. 우리 사회가 날씬한 여성들의 중요성을 지나치게 강조하고 있다.

신경성 무식욕증, 신경성 과식욕증, 강박적 과식증은 위험한 건강장애이다. 신경성 무식욕증은 식사를 거르는 위험이 있고 신경성 무식욕증, 과식욕증은 심각한 건강문제의 위험이 있다. 지방산은 에너지의 주된 근원이다. 지방 수준이 고갈되었을 때 몸은 탄수화물에 의존하게 된다. 당 공급이 감소될 때 인체의 신진대사는 감소하고 이는 어지럼증, 무활동성, 우울, 나른함, 비관주의, 피로가 생겨나게 한다. 강박적 과식증 환자는 몸무게가 과도하게 증가하기 때문에 사망률 또한 증가한다. 비만은 고혈압, 심근경색, 당뇨병 등의 건강문제의 원인이 된다. 만성적인 구토는 구토 내용물의 염화수소산 때문에 질병을 유발할 수 있고, 식도에서 피가 나거나 파열이 있을 수 있다. 만성적인 구토는 칼륨 결핍을 야기할 수 있고, 이것은 근육피로, 신장 손상, 불규칙한 심장박동 마비, 심각한 정도의 사지 마비를 일으킬 수 있다.

신경성 무식욕증, 신경성 과식욕증, 강박적 과식증 환자를 위한 다양한 치료 프로그램들은 효과적이다. 개별과 집단치료 프로그램은 바람직하지 않은 식사유형을 계속하게 하고 시작하게 하는 심리적인 사고패턴을 변화시키기 위해 개발되었다. 심각한 건강문제를 가진 사람들을 위해 의료보호는 필수적이다. 섭식장애를 위한 치료는 영양가 있는 식이요법을 유지하고 확립하는 것을 포함한다. 현재 몇몇 초·중·고등학교에서는 섭식장애의 위험성에 대해 학생들에게 알리고, 섭식장애를 가진 학생들을 위한 서비스를 제공하고 식별하는 예방적 프로그램을 실시하고 있다.

출처: Michael O. Koch, Virginia L. Dotson, Thomas P. Troast, and Lisa Curtis, "Interventions with Eating Disorders,"in *Social Work with Groups*, 5th ed., Charles Zastrow, ed. (Pacific Grove, CA : Brooks/Cole, 2001), pp. 433-453.

응으로 나타난 것이다. 의료모델로 인해 장애를 가진 사람들에 대한 원조 필요성을 인식하게 되었다. 또한 이 모델은 정서적·행동적 문제의 본질에 대한 연구를 자극했고, 치료적 접근의 발전을 도모하였다.

의료모델 접근방법의 타당성을 위한 주된 증거는 조현병(역주: schizophrenia; 과거 정신분열병으로 불리던 진단명을 최근 조현병으로 바꾼 것을 반영하였다)과 같은 몇몇 정신장애들이 유전적 소인에 의해 영향을 받는다는 연구들에서 기인한다. 유전적 요인의 중요성에 대한 수많은 증거들은 쌍둥이 연구에서 나타났는데, 예를 들어 일란성 쌍둥이의 경우 어느 한쪽이 조현병을 가질 경우 다른 한쪽도 이 질병을 가질 확률이 약 50%인 것을 발견하였다.[4] 일반 인구집단에서 조현병의 유병률은 약 1%이다.[5] 즉 한 명의 일란성 쌍둥이에게 조현병이 발병했을 때, 다른 쌍생아가 조현병을 가질 비율이 평균치보다 50배나 더 높다는 것이다. 이것은 일란성 쌍둥이의 일치성이 100%가 아닌 50%이기 때문에 유전적인 결정이 아니라, 유전인자의 요인적인 영향이라고 생각할 수 있다.

의료모델은 미국정신의학협회에 의해 정의된 정신장애의 분류 체계인 DSM-IV-TR(보기 5.2 참조)를 발전시켰고[6], 이 진단분류체계는 건강보험정책에서부터 개인이나 집단에게 정신치료를 제공하는 정신건강 서비스 제공자들에 이르기까지 널리 활용되고 있다.

상호작용 모델

정신질환 접근방식을 비판하는 사람들은 의료적 낙인이 진단적이거나 치료적인 가치가 없고 오히려 많은 경우 역효과를 가져 온다고 주장하였다.

Thomas Szasz는 1950년대에 "정신질환은 하나의 신화이다. 즉 존재하지 않는다."고 주장한 최초의 학자 중 한 명이었다.[7] Szasz의 이론은 상호작용적이며, 일상생활에서 사회적 상호작용 과정과 사람들에 대한 낙인효과를 강조한다. 정신질환이라는 용어가 '마음의 병'을 의미한다는 가정에서 출발하였기 때문에, Szasz는 그러한 인간의 어려움을 '정신질환'으로 부르는 것이 부적절하다고 여겼고, 모든 정신질환을 정서적·행동적 장애의 세 가지 유형으로 범주화하였다.

1. **개인적 장애:** 과도한 불안, 우울, 공포, 무능감 같은 것들. 개인적 장애의 다른 표현은 원치 않은 감정이다. Szasz는 소위 정신질환이라고 부르는 이러한 것들은 질병이 아니라 생각과 감정이 정신적인 활동으로 간주되는 측면에서 '정신적인' 것으로 간주될 수 있다고 주장한다.
2. **반사회적 행동:** 기괴한 살인행동이라든가 여타 사회적 일탈행동들. 과거에는 동성애도 이 범주에 속했었지만, 1974년 미국정신의학협회(APA)의 정신질환 목록에서 삭제되었다. Szasz는 그러한 반사회적 행동들이 단지 사회적 일탈행동이라고 말한다. 즉 그것들은 '정신적인' 것도 '질병'도 아니라는 것이다.
3. **인격변화와 연관된 뇌 기능의 퇴보:** 이 범주에서 인격의 변화는 알츠하이머병, 동맥경화증, 만성 알코올중독, 전신마비, AIDS 또는 사고에 의한 심각한 뇌 손상과 같은 뇌 기능의 퇴보에 의해 발생하는 '정신질환'을 포함한다. 일반적인 증상으로는 기억상실, 생기 없음, 무감정, 개인적인 몸 관리 습관의 퇴행을 보인다. Szasz는 이러한 장애들을 적절하게 '질병'으로 고려할 수 있지만, 이것들은 마음의 질병이라기보다 오히려 뇌의 질병이라고 주장한다.

Szasz에 따르면, 정서적 문제를 가진 사람들이 정신질환에 걸렸다는 생각은 정서적으로 장애가 있는 사람들이 악마에 사로잡혀 있다는 믿음과 같이 어리석은 것이다. 사람들이 동료들과 어울리는 데 문제가 있을 때, 악마나 마녀에 사로잡혔다고 믿는 것과 같은 것이다. 정신질환은 마치 마녀가 정말로 존재하거나 또는 현실이라고 믿는 것과 같다고 주장한다.[8]

실제로 정신질환으로 낙인찍기까지는 세 가지 단계가 있다. (a) 그 사람이 우울과 같은 원치 않는 감정 또는 다소 이상하고 일탈된 행동을 보인다. (b) 그 사람의 감정이나 행동들이 가족과 지역사회에 의해 허용되지 못하고 정신건강 전문가에게 의뢰된다. (c) 대다수가 정신과 의사들인 정신건강 전문가는 의료모델을 신뢰하고 정신질환이라는 낙인을 찍게 된다. Thomas Scheff와 David Mechanic은 가족이나 지역사회가 일탈된 행동에 대해서 얼마나 관용할 것인지 여부와 정신건강 전문가가 의료모델을 얼마나 신뢰하는지 여부가 어떤 사람들이 보여주는 행동이나 감정들을 정신질환으로 낙인을 찍는 데 결정적으로 중요

보기 5.2 미국의학협회에 의해 규정된 주요 정신장애들

유아기, 아동기, 청소년기에 주로 진단되는 장애들

이 범주에 속하는 장애들은 제한적이지 않지만, 정신지체, 학습장애, 의사소통장애(말더듬과 같은), 자폐증, 주의력 결핍 및 과잉행동장애(ADHD), 분리불안장애 등을 포함한다.

섬망, 치매, 건망증 그리고 다른 인지적 장애

알코올이나 약물 중독에 기인한 섬망(delirium), 알츠하이머병 또는 파킨슨병에 기인한 치매(dementia)와 머리 외상에 기인한 치매 그리고 건망증 등이 이에 속한다.

물질 관련 장애

이 범주는 알코올, 카페인, 코카인, 암페타민, 환각제, 니코틴, 그리고 정신을 변화시키는 물질 남용과 관련된 정신장애를 포함한다.

조현병과 다른 정신병적 장애

이 범주는 망상장애와 혼란형, 긴장형, 망상형과 같은 조현병의 모든 형태를 포함한다. 망상장애의 필수적인 특성은 적어도 한 달 이상 한 가지 혹은 그 이상의 망상이 지속적으로 보인다는 것이다. 망상(delusion)이란 무엇인가를 잘못 믿거나 전해지는 것이다. 한 가지 예는 누군가가 자신을 괴롭혔다거나 독살하려고 했다거나, 따르게 했다거나, 속였다거나, 장기적인 목적을 추구하는 것을 방해받았다거나, 염탐을 했다거나, 음모를 꾸몄다고 오인하여 믿는 망상 유형이 있다.

조현병은 대개 6개월 이상 지속되는 언어와 의사소통·사고·인지·정서·행동장애로 표출되는 많은 장애들을 포함하고 있다.

기분장애

기분장애는 우울장애와 양극성 장애 같은 정서적 장애를 포함한다. 양극성 장애는 조증과 울증 삽화가 함께 나타나는 주요 정서장애이며, 예전에는 조울증(manic-depressive psychosis)이라고 불렸다. 양극성 장애는 나타나는 증상에 의해 조증 유형, 울증 유형, 혼합 유형으로 다시 나누어질 수 있다.

신체형 장애

이 장애는 심리적인 문제가 신체적 질병증상(예: 건강염려증)으로 나타나는 것이다. 건강염려증(hypochondria)은 자신의 건강에 대한 과도한 관심에 사로잡혀 자신이 중대한 질병에 걸렸다고 확신하거나 두려워하면서 의학적 치료법을 찾아 헤매고, 치료에 대한 안도감을 느끼지 못한다. 또한 가족이나 보호자와의 관계형성 면에서 의존적이거나 적대적이다.

불안장애

이 범주는 공포증(phobias), 외상 후 스트레스 장애(PTSD), 일반적인 불안장애, 급성 스트레스 장애, 물질로 인한 불안장애를 포함한다. 공포증은 물체나 상황에 대해 편집적, 지속적, 비현실적으로, 강한 두려움의 특징을 가진다. 몇 가지 일반적인 공포증은 고소공포증(acrophobia), 통증공포증(algophobia), 밀실공포증(claustrophobia)이 있다.

해리장애

이 범주는 해리정체성 장애(과거에는 다중인격장애라고 불림)와 같은, 성격의 다른 부분으로부터 해리된 부분에 문제가 생기는 것을 포함한다.

성과 성 정체성 장애

이 범주는 과도한 성욕, 조루, 발기부전, 남성과 여성의 오르가즘 이상장애, 질경(膣痙)과 같은 성적 역기능장애, 노출증(exhibitionism), 성도착증(fetishism), 소아기호증(pedophilia), 성적 피학증(sexual masochism), 성적 가학증(sexual sadism), 관음증(voyeurism), 성 정체성 장애를 포함한다.

섭식장애

이 범주는 신경성 무식욕증(anorexia nervosa), 신경성 과식욕증(bulimia nervosa), 강박적 과식증을 포함한다.

수면장애

이 범주는 불면증, 악몽과 몽유병과 같은 수면 문제들을 포함한다.

충동조절장애

이 장애들은 도벽, 방화벽, 병적인 도박처럼 바람직하지 못한 자극들을 조절할 수 없는 것을 포함한다.

적응장애

실직이나 이혼과 같은 일반적인 사건에 의해 발생하는 스트레스에 적응하는 데 어려움을 겪는 것들을 포함한다.

인격장애

이 범주는 문화적 기대에서 뚜렷하게 일탈한 개인의 행동과 내적 경험이 지속되는 것으로서, 청소년기 또는 성인초기에 발병하며 시간이 지남에 따라 고정되고 손상과 스트레스를 야기한다. 그 예는 다음과 같다.

- 편집성(*paranoid*): 다른 사람의 동기를 유해한 것으로 여기는 것과 같은 불신과 의심

(계속)

보기 5.2 (계속)

- 분열성(*schizoid*): 정서적 표현의 제한과 사회적 관계형성의 분리 유형
- 분열형(*schizotypal*): 친밀한 관계형성에서 급격한 불편함, 인지적 또는 지각적 왜곡, 괴벽스러운 행동
- 반사회형(*antisocial*): 다른 사람의 권리를 침해하고 무시하는 유형
- 경계성형(*borderline*): 대인간 관계형성, 자기 이미지, 정서와 자극에서의 불안정함
- 히스테리성(*histrionic*): 정서와 관심을 과도하게 표현하는 유형
- 자기애적(*narcissistic*): 감정이입 부족과 존경을 받고자 하는 욕구, 떠벌림의 유형
- 회피성(*avoidant*): 부정적 평가에 대해 과민하고, 부적절한 감정을 가지며, 사회적으로 억제적인 유형
- 의존성(*dependent*): 보호받고자 하는 과도한 욕구와 관련된 복종적이고 매달리는 듯한 행동
- 강박성(*obsessive-compulsive*): 규칙적이고, 완벽주의와 통제가 가미된 편견의 유형

다른 상태들

이 범주는 임상적인 관심에 초점을 둔 다양한 장애들을 포함한다. 부모-자녀의 관계문제, 부부관계 문제, 형제자매 관계 문제, 신체적 학대, 성학대, 방임에 의한 아이들의 희생, 신체적, 성적 학대에 의한 성인의 희생, 꾀병, 사별, 학업적인 문제, 직업적인 문제, 종교적, 영적 문제 등이 여기에 속한다.

출처: American Psychiatric Association, *Diagnostic and Statistical Manual of Mental Disorders (DSM-IV-TR)*, 4th ed., text revision (Washington, DC: APA, 2000).

하다는 증거를 제시하였다.[9)]

Szasz와 다른 많은 학자들이 주장한 것은, 사람들이 정서적인 문제는 가지고 있지만 신비로운 정신질환(mystical mental illness)은 가지고 있지 않다는 점이다. 개인의 행동을 기술하는 우울, 불안, 강박증, 편집증, 과도한 공포, 환각, 좌절감 등의 용어는 매우 유용한 개념이다. 그러한 용어들은 사람들이 가지고 있는 개인적인 문제를 설명해준다. 그러나 의학적인 용어는 사람이 질환이 있는지 없는지 나타내는 증상을 구별하지 못하기 때문에 유용하지 않다. 게다가 Caplan에 의하면 정신질환을 정의내리는 데 각 문화마다 상당한 다양성이 있다고 지적한다. (예를 들어 러시아는 정신질환의 증상을 반정부적인 것으로 정의하곤 했다.)[10)] 정신과 의사들이 장애를 가진 사람들에 대한 의료진단에 서로 동의하지 않는 경우가 많기 때문에 의료모델의 유용성에 대한 의문이 제기된다.[11)]

심리학자인 David Rosenhan은 정신병원에서 전문가들이 '미친' 환자와 '미치지 않은' 환자를 구분할 수 없었다는 것을 증명하였다.[12)] Rosenhan과 7명의 '정상적인' 동료들은 5개 주의 12개 정신병원에 가서 8명 모두가 입원했다. 12군데의 병원에서 자신들이 환청을 들었다고 주장하였는데, 입원 후에 이 가짜 환자들은 환청이 멈췄다고 말했고 정상적으로 행동했다. '미친' 상태와 '미치지 않은' 상태를 구분할 수 없는 정신병원들은 이들을 평균 19일간 병원에 입원시켰다. 그들 모두는 '조현병의 경감상태'라는 진단을 받고 퇴원하였다.

또한 의학적 낙인을 사용하는 것이 여러 가지 역효과가 있다는 주장들이 있다.[13)] 정신질환으로 명명된 사람들은 알려진 '치료법'도 없는 질환에 걸렸다고 믿는다. 그 명명은 사람들이 자신의 행동에 대해 책임지지 않을 수 있는 좋은 변명거리를 제공한다. 알려진 '치료법'이 없기 때문에 장애를 가진 사람들은 자주 자신들의 행동에 대한 책임을 생각하고, 문제의 원인을 탐색하고 개선하려고 노력하기보다 누군가가 치료법을 발견하기만을 기다리는 데 시간을 허비하는 게으른 형태를 보인다. 정신질환의 명명에 대한 바람직하지 못한 결말로 개인이 자신의 법적권리를 잃을 수 있고, 위험하며, 예측할 수 없고, 믿을 수 없으며, 연약한 특징을 보이는 존재로 간주되어 안정된 일자리를 얻거나 승진하기가 힘들다는 점을 들 수 있다.[14)]

정신질환이 존재하는지 여부에 대한 의문은 중요하다. 정서적, 행동적으로 혼돈된 사람들에게 정신질환이라는 진단의 사용은 어떻게 그 사람들이 치료될 것인가, 다른 사람들이 그들을 어떻게 볼 것인가, 또한 그들 자신은 스스로를 어떻게 볼 것인가에 대한 지속적인 함의를 가지고 있다. Cooley의 '자기반사경(looking-glass-self)' 접근은

사례 5.1 정신질환 모델 해석

Dan Vanda는 부모를 찔러 죽인 죄로 체포되었다. 그는 22세였고 이웃들은 그를 항상 외로운 사람이라고 이야기하였다. 그는 초등학교, 중학교, 고등학교 재학 중에 자주 결석하였고 친한 친구도 없었으며 대부분 낙제 점수를 받았었다. 학교기록부에는 그가 부모로부터 학대받거나 방임을 받은 것으로 간주되어 선생님들이 세 차례나 가족보호서비스에 의뢰한 것으로 기록되어 있다. 가족보호서비스의 보고서에 따르면 부모가 매우 비협조적이었으나, Dan을 위탁가정에 의뢰하기에는 충분한 증거가 없었다.

체포될 당시 Dan은 혼란스러운 것처럼 보였다. 그는 다윗왕(골리앗을 무찌른 성경 속 인물 다윗)과 이야기를 나누고 있다고 했고, 다윗이 부모님이 그에게 신경을 쓰지 않기 때문에 죽이라고 말했다고 했다. 체포될 당시, 그는 감금되는 것보다 오히려 자신이 한 행동에 대해 칭찬받을 것을 기대하고 있는 것처럼 보였다.

법원은 그의 정신 상태를 평가하기 위해 정신질환자를 위한 최고등급 치료감호병원에 90일간 관찰을 명령했다. 이웃들과 학교 직원들은 그의 행동을 거의 설명할 수 없었다. 그는 16세에 학교를 중퇴했고 이웃들은 그가 이상하다고 여겼으며 자녀들에게 그와 같이 놀지 말라고 말했다. 이웃들은 때때로 그가 새를 잡아 죽이고 있는 것을 보았다고 말했다. 그들이 Dan에게 왜 그랬느냐고 물었을 때, 그는 공격을 막기 위해서 그렇게 하라고 Alfred Hitchcock(영화 감독)이 충고해 주었다고 말했다.

정신과 의사들은 Dan이 피해망상 조현병이며, 그로 인해 자신의 범죄와 관련된 법정의 진행상황을 전혀 이해하지 못할 것이라고 결론지었다. 이 판정에 따라 법정은 그를 무기한으로 최고등급 치료감호병원에 보내라고 명령했다.

여기에서 말하고자 했던 것을 밝힌다.[15] '반사경(looking glass)'이란 다른 사람들이 그들에게 어떻게 반응하는가 하는 측면에서 자기개념이 발달한다는 것을 의미한다. 사람들은 마치 그들이 정신질환이 있는 것처럼 정신질환으로 명명된 사람들에게 반응할 것이다. 결과적으로 정신질환으로 명명된 사람은 다르거나 미친 것으로 그들 자신을 규정하고 그러한 역할을 수행하기 시작할 것이다. 상호작용 모델을 지지하는 학자들은 다음과 같은 중요한 의문을 제기한다. "우리가 정서적·행동적 문제를 가진 사람들과 관계하는 데 있어서 마치 그들이 정신질환을 가진 것처럼 행동한다면, 어떻게 그들이 정서적으로 건강하고 책임감 있게 행동하기를 기대할 수 있을까?"

신체적 질환과 비교해볼 때 정신질환의 진단은 더 많은 낙인을 수반한다. 1972년 상원의원 Thomas Eagleton은 우울증 때문에 전기충격 치료를 받았다는 것이 알려진 후 민주당 경선에서 부통령 입후보를 철회할 것을 요구받았다. 민주당의 지도자들은 대중들이 정신과적 도움을 받은 적이 있는 사람이 대통령을 보좌하기에는 너무 '불안정하고', '위험한' 사람으로 인식할 것을 두려워했다. 반면에, Franklin Roosevelt 대통령은 소아마비로 신체적 장애가 있었지만, 네 번이나 대통령에 선출되었다.

Szasz는 정신병적인 접근은 사회적 기대에 순응할 수 없는 사람들을 통제하는 의미로 사용되었다고 주장한다.[16] 과거 소련연방은 반정부주의자들을 정신질환자로 낙인찍고 그들을 수용소나 정신병원에 보내는 등의 오랜 역사를 가지고 있다. 과거에 러시아의 정신과 의사들은 마르크스주의나 레닌주의 철학을 받아들이지 않은 사람들은 정신적으로 손상을 입었다고 결론지었다.

정신과 의사들은 정신질환 명명을 그들 국가에 불편한 행동들을 통제하기 위한 수단으로 사용하는가? Szasz는 1974년 미국정신의학협회에 의해 정신장애에서 삭제된 동성애의 예를 들어 이를 주장한다. 정신병적 낙인은 '경계적인' 효과를 보인다. 즉 이 낙인은 특정행동이 병든 것인지를 사회가 규정하는 것이라고 정의한다. 그때 시민들은 규정된 행동을 회피하고 행하지 않도록 강요받는다. Szasz의 지적은 많은 비순응자들이 그들의 행동을 통제하려는 의료모델의 사용에 의해 역으로 영향을 받고 있다는 점이다.

상호작용적 접근을 지지하는 사람들은 정신질환은 신화이며 미신이라고 주장하며, 두 가지 주된 이유 때문에 사람들이 정신병적 낙인을 받는다고 말한다. 즉, 어떤 사람들은 강한 원치 않는 감정을 가지고 있거나, 역기능적이고 일탈적인 행동에 관여하게 되는 것이다. 원치 않는 감정이나 역기능적인 행동들에 정신병적 낙인을 부가하는 것은 어떻게 감정과 행동이 시작되었는지 설명할 수 없고 그러한 감정과 행동을 어떻게 치료할 것인지 설명할 수도 없다. 이 장의 후반부에는 이 두 가지를 위한 합리적 치료가 설명된다. 즉, 원치 않는 감정이나 역기능적인 행동의 근원을 확인하는 접근과 그것들을 변화시킬 수 있는 전략을 제공한다.

비판적 사고를 위한 질문

당신은 의료모델과 상호작용모델 중 어느 모델이 정신적 또는 행동적 문제를 가진 사람을 더 정확하게 설명한다고 믿는가?

4. 만성 '정신질환' 원인으로서의 낙인

정신질환은 신화라고 말한 Szasz의 주장에 대해 "만약 정신질환이 존재하지 않는다고 주장한다면, 왜 그들은 정신적으로 질병을 앓고 있는 것처럼 삶을 영위하는가?"와 같은 많은 의문들이 제기된다. Thomas Scheff는 이에 대한 사회학적 이론을 발전시켰다.[17] Scheff의 주된 가설은 낙인이 만성적인 정신질환을 보이는 사람들의 가장 중요한 결정요소라는 것이다.

Scheff는 누가 정신질환을 앓고 있는지를 어떻게 결정할 것인가에 대해 규정하고 정의하기 시작하였다.

> '정신질환'의 대한 즉각적인 거부감의 근원은 그 용어가 이러한 현상들과 연관되어 우리 사회의 편견의 문제로 사용되었다는 데 있다. '정신질환'의 의료적 비유표현이 개인 내부에서 일어나는 결정과정, 즉 질병의 출현과 발달이라는 가정에서 벗어나기 위해 우리는 그 문제를 형성하는 개념을 의료적이 아닌 사회적 측면에서 고려해야 할 것이다.[18]

그는 정신질환의 증상이 사회적 규범의 위반으로 보일 수 있기 때문에, 정신과 의사와 같은 정신건강 전문가들에 의해 진단된 사람들에게만 정신질환이라는 용어를 사용해야 한다고 설명한다.

Scheff는 오랫동안 수많은 연구들이 정신장애의 근원을 밝히기 위해 수행되었으며, 실제적으로 이 모든 연구들은 내적요인(예: 신진대사장애, 무의식적 갈등, 화학물질의 불균형, 유전적 요인)에 중점을 두었다는 점을 지적하였다. 이러한 연구 노력들은 인간행동에 대한 의료적, 심리적 모델에 기초를 두고 있다. 그러나 놀랍게도 이러한 수많은 연구조사에도 불구하고 만성 정신장애(예: 조현병)의 결정요인은 많이 알려져 있지 않다.

Scheff는 연구자들이 잘못된 방향에서 연구를 진행하였을 수도 있다고 주장한다. 그는 주된 결정요소가 사람의 내면에 있는 것이 아니라 사회적응과정, 즉 다른 사람들과의 상호작용에 있다고 주장한다. 그의 이론을 간략하게 정리하면 다음과 같다.

모든 사람들은 어느 시점에 사회적 규범을 위반하거나 정신질환 증상으로 명명될 수 있는 행동들을 한다. 예를 들이 다른 사람들과 자주 싸우거나, 강한 우울 또는 비난의 감정을 경험하거나, 매우 불안해하거나, 마약 및 알코올을 사용하거나 또는 아주 기괴한 행동을 할 수도 있다.

일반적으로 원치 않는 감정을 가지거나 일탈행동을 하는 사람들을 모두 정신병으로 낙인찍을 수는 없다. 때로는 그런 행동이나 감정들이 무시되거나 합리화되기도 한다.

그러나 때때로 특정한 규범을 위반할 경우 다른 사람들에 의해 '비정상적'으로 받아들여진다. 전통적인 고정관념은 정신질환자로 명명된 사람이나 그들과 상호작용하는 사람들 모두 다 정신질환의 역할을 정의하고 있다. 정신질환자로 명명된 사람들은 다른 사람들의 감정이입과 관심을 받게 되고, 직업을 구한다든지, 다른 역할의 요구를 충족해야 한다든지, 잘못한 일에 대한 책임을 묻는 것들에서 면제된다.

게다가 정신질환자로 명명된 사람들은 일상적인 역할로 되돌아가려고 할 때 처벌을 받게 된다. 그들은 여전히 미친 것처럼 간주되고, 승진을 하거나 일자리를 얻는 데 상당한 어려움을 겪게 된다.

그러한 압력과 다른 사람들과의 상호작용은 점차적으로 이들의 자아개념을 변화시키게 한다. 즉 그들이 자신을 미친 사람으로 보기 시작하는 악순환이 생겨나게 된다. 그로 인해 정신질환자가 환자의 역할을 수행하면 할수록 더욱 더 그들은 정신질환자로 규정되고 취급받을 것이다. Scheff의 결론은 낙인(labeling)이 만성정신질환의 유일하고 가장 중요한 결정요소라는 것이다.

이러한 관점에서 볼 때, 진단과 치료적 실천 측면에서 상당한 변화가 요구된다. 정신건강 전문가들은 어떤 사람이 정신장애를 가지고 있는가를 결정하는 데 있어서 자주 불확실한 상황에 직면한다. 비공식적인 두 가지 가설이 이

사례 5.2 정신질환 개념의 유용성에 대한 문제제기

저자는 정신병원에 근무하는 동안 Kevin의 사례를 담당하게 되었다. 그는 19세로, 중서부의 한 중소도시 법원(County Court)에서 두 명을 총으로 살해하였다. 두 명의 정신과 의사가 Kevin이 '조현병'을 가진 것으로 진단하였고, 법원에서는 그가 정신질환에 의한 살인을 저질렀으므로 무죄로 판정해 저자가 사회복지사로 일하고 있던 치료감호정신병원으로 의뢰하였다.

왜 Kevin은 그 두 사람—살해당한 한 명은 시의 검시관이고, 다른 한 명은 단순히 서류를 전달하기 위해 법원에 온 사무실 비서—을 살해했을까? Kevin은 자신이 살해한 두 사람과 한 번도 만난 적이 없었다. Kevin을 정신이상자로 명명함으로써, 일반 대중들에게 이 사람이 '미쳤기' 때문에 이런 비극적인 살인을 저질렀을 것이라는 설명을 할 수 있을까? 한 번도 만난 적이 없던 사람들을 살해했다는 이유로 정신질환자라는 낙인을 부여하는 것이 이 사람의 살인 동기나 기괴한 행동을 설명하는 것일까? 이러한 낙인을 부여하는 것이 Kevin이 살인을 저지르는 것을 예방할 수 있었을까? 낙인이 Kevin을 회복시킬 수 있는 종류의 치료를 제시할 수 있는가? 이러한 모든 질문들에 대한 저자의 대답은 '아니다'이다.

조현병이란 무엇인가?

조현병은 하나의 단일질환으로, 다양한 양상을 보이기보다는 언어 및 의사소통, 인지, 지각, 정서 그리고 행동의 와해가 6개월 이상 지속되는 정신병적 상태이다. 한 환자에서 모든 증상이나 임상양상이 동시에 나타나지 않으며, 사람에 따라 어떤 증상들은 평생 안 나타날 수도 있다. 망상, 환청과 환각, 와해된 언어, 기이한 행동(양성증상), 감정의 둔마, 무감동증, 의욕 저하(음성증상), 주의력 저하, 기억력 저하(인지등상) 등이 특징적이다. 알츠하이머 질병을 가진 사람이나 심각한 사고로 혼수상태에 빠진 사람들도 이와 유사한 증상을 나타내지만 조현병은 아니다. 살인을 저지른 19세 Kevin은 자신의 행동이 잘못된 것이라는 현실감각이 있었고, 자신이 살인을 저지른 이유를 저자에게 말해주었다. 그렇다면 왜 Kevin은 조현병으로 진단되었을까?

많은 전문가들은 최근 들어 '정신질환'을 가진 사람과 가지지 않은 사람을 구분하는 증상은 없다고 주장한다. 저자는 일탈행동의 발생 이유로 범죄자가 그러한 행동을 저지르기 전에 무슨 생각을 했는지가 검토되어야 한다는 Albert Ellis의 주장을 지지한다.[a]

두 명을 살해한 근본적인 이유들

Kevin이 저자에게 무슨 일이 발생했었는지 이야기하고 난 후에, 비록 그 사실이 기괴한 일이긴 했지만 왜 그가 살인을 저질렀는지를 이해할 수 있었고 그가 도움을 받아야 하는 특수한 문제가 무엇인지 알 수 있게 했다. Kevin은 살인을 저지르기 전 여러 가지 개인적인 위기들을 경험하였고 자기 자신을 가족의 '이단자'로 묘사했다.

Kevin의 아버지는 매우 유명한 외과의사였고, 어머니는 정평이 나 있는 공인회계사였다. 또 의대에 다니는 형과 법학전문대학원을 졸업하고 기업변호사로 일하는 누나가 있었다. Kevin은 누나나 형과 친하게 지낸 적이 없었다. 부모님은 Kevin을 게으르다고 여겼고, 그가 자신의 삶에 몰입하지 못하는 것에 대해 매우 화를 냈다. Kevin이 어렸을 적, 부모님은 그의 친구들이 옷차림이 단정치 못하고 인생의 동기도 없고 술 마시고, 물건을 훔쳐서 체포되는 등 일탈행동을 한다는 이유로 싫어했다. Kevin 역시도 그러한 비행문제로 체포되었던 적이 있었다. Kevin의 학교성적은 가족들이 살고 있는 지역에 위치한 대학에 진학하기에는 충분하지 않았다. 그러나 Kevin의 부모님은 그 대학에 기부금을 충분하게 냈고, 그로 인해 그는 그 대학에 입학할 수 있었다. 부모님은 Kevin이 친구들을 만나지 않는 것을 전제로 대학수업료를 내주겠다고 제안했고, 그는 어쩔 수 없이 이에 동의하였다.

대학신입생 때 Kevin은 다른 두 명의 남자 대학신입생들과 함께 아파트에서 생활하게 되었는데, 이들 세 사람은 수많은 파티를 하고, 때때로 대마초를 피웠다. 이들 세 명 모두 학교수업을 자주 결강하였고, 이로 인해 대학교에서 학사경고를 받게 되었다. Kevin의 부모님은 Kevin의 학교성적에 매우 분노해서, Kevin에게 돈과 지원을 줄이겠다고 알렸으며, 다음 학기에도 성적이 나아지지 않는다면 한 푼도 지원하지 않겠다고 말했다.

봄학기의 첫 2주 동안 Kevin은 수업에 최선을 다했으며, 공부도 열심히 했다. 부족한 돈을 마련하기 위해 웨이터로 두 개의 아르바이트를 하고 레스토랑 두 군데에서도 일했다. 추가로 돈을 더 마련하기 위해 Kevin과 두 명의 룸메이트는 그들의 아파트에서 맥주파티를 주최하기 시작했다. 가짜 ID로 많은 맥주를 구입하여 법적 음주연령이 안 되는 사람들에게 1인당 6달러씩 받고 그들이 원하는 만큼 술을 마시도록 했다. 이렇게 그 학기의 3주가 지나자 상황은 더욱 악화되어, Kevin은 여자친구와 헤어졌으며, 너무 힘들어 술을 더 많이 마시고 마리화나를 더 자주 피웠다. Kevin은 수업을 빼먹기 시작했으며, 자신이 학교에서 허송세월하고 있다는 것을 알았다. 부모는 우연히 들렀다가 Kevin이 술에 취해 지내는 것을 발견하고 그의 삶에 대해 매우 분노했다.

이로부터 3일 후 Kevin과 두 명의 룸메이트는 파티를 하

(계속)

사례 5.2 (계속)

고 있다가 함께 있던 57명의 미성년 음주자들과 함께 경찰에 체포되었다. Kevin과 두 룸메이트는 미성년자에게 술을 판매한 혐의로 체포되어 유치장에서 하루를 지낸 후 분노한 부모에 의해 보석으로 나왔다. 경찰서장은 대학교 내의 미성년 음주를 근절하고자 하는 목적으로 Kevin과 그 친구들에게 13,500달러나 되는 벌금을 부과하였다.

집으로 돌아오는 길에 Kevin은 매우 화가 나고 좌절했다. 그는 "모든 나쁜 일이 나에게 일어난다. 여자친구도 내 곁을 떠나고 학교생활은 엉망이고, 직장에서는 해고되었고, 부모님은 나에게 화가 나셨고, 엄청난 벌금은 나왔는데 돈은 한 푼도 없고… 인생이 왜 이렇게 개떡 같은지… 죽어버리고 싶은데, 죽을 용기도 없다. 나를 본보기로 작정한 경찰서장이 싫다. 내가 가지고 있는 총을 가지고 경찰서로 가서 그 놈의 머리를 날려버릴 테다… 그러면 내 벌금도 사라져버리겠지…"라고 생각했다.

Kevin은 총을 가지고 시청 법원에—그때 당시에는 법원에 금속탐지기가 없었다—걸어 들어갔다. 법원 문 앞에 도착했을 때 경찰관이 땀을 흘리며 의심스러운 행동을 하는 Kevin을 정지시켰다. 경찰관이 그에게 트렌치코트 단추를 풀 것을 요구하자 Kevin은 돌아서서 도망치기 시작했다. 경찰관은 Kevin의 행동에 놀랐으나 바로 좇아가지는 않았다.

Kevin은 "나는 실패자야. 난 내가 쏴죽이고 싶어 하는 그 사람조차도 못 쏘는 사람이야. 내가 총에 맞기 전에 죽일 수 있는 만큼 많은 사람들을 죽일 거야…"라고 생각했다. Kevin은 총을 집어 들고 그가 처음으로 마주친 두 사람—검시관과 서류를 전달하기 위해 법원에 온 비서—을 향해 총을 쏘았다. 두 사람은 즉사했다.

잠시 후 Kevin은 아까 전 그를 멈추게 했던 경찰관이 쏜 총에 다리와 등을 맞았으나 살아났다. Kevin은 결국 법정에서 정신이상의 이유로 무죄를 선고받았고, 소위 "범죄적 정신이상자"들을 위한 정신병원으로 보내졌다.

Kevin과 이러한 살인사건 발생 전과 발생 당시의 그의 생각에 대해 이야기한 결과, 저자는 살인을 불러일으킨 몇 가지 요인들을 파악할 수 있었다—즉 그의 삶의 모든 것들이 나빠지고 있다는 생각, 금전적인 문제와 학교생활 실패에 대한 생각, 집안의 문제아인 자신에 대한 생각, 자신에게 화가 난 부모님 생각, 그가 진심으로 사랑한 여자친구에 대한 생각 등.

이러한 생각들은 조현병 진단이 아님에도 불구하고 왜 그가 사람들을 죽이려고 결정했는지를 설명해준다. 만일 그가 이런 생각들을 발달시키기 전에 미리 발견하고 치료를 받을 수 있었다면 살인이라는 결과를 막을 수 있었을 것이다. Kevin은 진로에 대한 도움, 부모 및 형제와의 관계 개선에 대한 도움, 과도한 음주와 마리화나 사용에 대한 도움, 분노조절에 대한 도움, 스트레스 관리에 대한 도움 등이 필요했다. 이러한 문제점들을 Kevin이 입원해 있는 동안에 다룰 것이다. 저자는 Kevin이 정신이상으로 인한 무죄라고 그의 행동을 변명할 생각은 없다. 그러나 Kevin은 이러한 문제점들에 대한 도움이 필요했다. (10년 또는 12년 이내에 그는 풀려날 것이다. 그러나 그의 이러한 문제점들이 충분히 해결되지 않는다면, 석방 후 다시 사회의 위험한 인물일 수 있다.)

우리는 그런 살인을 저지른 사람이 처했던 상황, 압력들, 가치, 믿음체계를 살펴보아야만 한다.

절박한 상황에서 발생한 사건의 또 다른 예를 들어보자. 수년 전, 안데스산맥으로 비행기가 추락하여 수많은 사람들이 죽었다. 그러나 이때 약 30명의 생존자가 남았고, 그들은 초기의 구조요청노력이 실패하자 추위와 굶주림 속에서 40일간을 음식 없이 버티다 구조되었다. 이시기 동안 그들은 먹을 것이 없어 굶어죽거나 아니면 죽은 사람들의 시체를 먹어야만 하는 선택의 상황에 직면했다. 매우 절망적인 상황이었고 결정을 내리기가 어려웠다. 이 상황에서 한 명을 제외한 모든 생존자가 인육을 먹었고, 이를 거부한 한 명은 굶어 죽었다.

[a]Albert Ellis, *A Guide to Rational Living*, 3rd ed. (New York: Wilshire, 1998).

불확실성을 다루기 위해 개발되었다: (a) 질환의 진단은 그 사람의 상태와 평판에 최소한의 손상만을 초래해야 한다. (b) 질환이 치료되지 않는다면 점진적으로 악화될 것이다. 그러나 이 두 가지 가설은 문제가 있다. 의학적 치료와 달리, 정신과적 치료는 지역사회에서 그 사람의 지위를 부정적으로 변화시킬 수 있다. 예를 들어 다시 되찾기 힘든 권리를 잃을 수도 있다. 더 나아가 만약 정신병의 낙인 역효과에 대한 Scheff의 주장이 옳다면, 이러한 정신질환 낙인의 불확실성을 다루기 위해 정확한 반대의 규정들이 만들어져야 한다.

비판적 사고를 위한 질문

당신의 자아개념과 삶은 다른 사람으로부터 받은 부정적이거나 긍정적인 낙인에 따라 어떻게 영향을 받았는가?

만약 낙인이 정신질환의 중요 결정요소라면, 사회규범의 위반자들을 치료하는 데 명확한 변화가 필요할 것이다. 한 가지 방법은 정신질환자들을 정신병원에 격리시키기보다 정신질환의 낙인을 찍지 않은 채로 지역사회에서 문제를 가진 사람들을 치료하고 그 상황을 유지해 나가는 것이다. 지난 수십 년 동안 정신건강분야는 이러한 방향으로 실천해 가고 있다. Scheff의 이론에 따른 또 다른 발전은 부적절한 낙인이 초래하는 역효과와 정서적·행동적 문제의 본질을 일반 대중에게 알리고자 하는 공공교육의 노력들이 더욱 확대되고 있다는 것이다.

5. 다른 문제들

》 노숙자

많은 대중매체의 관심을 받았던 인구집단 중 하나는 노숙자들이다. 세계에서 가장 부유한 나라에 수백만 명의 노숙자들이 있다는 것은 국가적 불명예이다. 노숙하는 미국인들은 많고 그 수는 점점 더 늘어나고 있는데, 정확한 수는 모르지만, 25만 명에서 3백만 명 이상까지 추정하고 있다.[19] 노숙자들 중 대다수가 거리, 공원, 지하철, 황폐화된 건물에서 살고 있고 쓰레기더미 속에서 음식을 구하고 있다.

노숙자들의 13%는 심각하고 만성적인 정신질환으로 인해 고통받고 있는 것으로 추정된다.[20] 정신질환자들에게 필요한 지지체계도 없이 정신병원에서 퇴원한 수많은 환자들이 혐오스러운 조건의 거리에서 지내고 있다. 퇴원한 환자들에게 지지적 서비스들을 제공하는 대신, 미국의 많은 주에서는 단순히 그들을 거리로 내몰고 사람들에게 약물을 제공하는 탈시설화 프로그램을 제공하고 있다.

이러한 현상은 50년 전에 연방정부가 단계적으로 대규모 주립정신병원들을 감축하고 병원의 환자들을 지역사회에서 좀 더 인간적이고 익숙한 치료를 제공하기 시작한 지역사회 정신보건운동과 맞물려 있다. 그러나 이러한 훌륭한 목적들은 충족되지 못했다. 연방정부, 주정부, 지방정부는 충분한 주거지, 과도기적인 보호, 직업훈련을 통해 환자들을 지역사회에 통합시키는 데 실패하였다. 많은 지역에서 회전문정책(revolving-door policy)이 널리 나타나고 있다.

Comstock/Homeless person/Thinkstock

미국 내 노숙자의 수는 정확하지는 않으나 대략 25만 명에서 3백만 명 이상으로 추정되고 있다. 이들 대부분이 거리, 지하철, 공원, 버려진 건물들, 차에서 잠을 자고 있다. 미국 수도인 워싱턴 역시 예외는 아니다.

즉 주립정신병원에서 퇴원한 환자들은 지역사회의 보호가 부족했기 때문에 다시 병원으로 되돌아와야만 했다.

시설보호는 너무 비쌀 뿐만 아니라(1년에 1인당 6만 달러 이상[21]), 환자들의 지식적, 사회적, 신체적 성장에 큰 도움이 되지 못한 것은 사실이다. 그러나 비극적이게도, 퇴원한 환자들에게 필요한 지지적인 서비스가 정신건강 서비스를 제공하는 대부분의 지역사회에서 충분히 발달하지 못했다.

노숙자의 수가 크게 증가하는 것과 관련한 다양한 원인들이 있는데, 주립 정신병원의 탈시설화, 연방정부에 의한 사회서비스의 축소 등도 원인으로 들 수 있다. 또한 많은 지역에서 도시 재개발계획으로 낮은 임대료의 집들이 사라져 버렸다. 직업적 측면에서도 서비스 직종과 고기술 직종으로의 전환은 우리 사회에서 미숙련 노동자들에 대한 수요를 급격히 감소시켰다. 또 다른 원인은 스스로 자신을 부양할 수 없는 우리 사회의 구성원들을 무시하는 최근의 경향이다. 대부분의 노숙자들은 이러한 이유들로 말미암아 집세를 부담할 여유가 없었다. 미국의 경우 저소득층을 위한 주거지원 제공정책에 회의적이다. 대다수의 노숙자들은 정신질환자가 아니고 단순히 너무 가난해서 주거비용을 부담할 수 없는 사람들이다.

노숙자들이 겪고 있는 우울한 상황의 해결책은 저렴한 비용의 주거, 직업훈련과 직업배치 프로그램, 정신적 문제를 지닌 사람들을 위한 지역사회서비스이다.

》 시민권

주 법률들은 정신병원에 강제입원을 허용하였는데 이것은 자유시민권의 위반으로 보일 수도 있었다. 사법권 측면에서 비록 각 주마다 법률이 다양하더라도 사람들은 자신들의 동의 없이, 법에 의한 정당한 과정의 절차 없이 강제로 입원될 수 있고,[22] 감금을 위해 요구되는 것은 의사의 소견서였다.[23]

저자가 범죄를 저지른 정신이상자들을 위한 치료감호병원에서 근무했을 때, 화재 소화전에 오줌을 누는 등의 무질서한 행동의 범죄를 저질러 체포된 환자가 있었다. 몇몇 이웃들은 그에게 정신질환이 있다고 생각했고, 이로 인해 판사는 그의 정신이 온전함을 판단할 수 있는 기간인 60일 동안 관찰하도록 그를 정신병원에 보낼 것을 판결했다. 병원에서는 그를 '정신이상'으로 판단하고, 자신에게 부과된 사회적 책임을 수행하기에 '쓸모없고 무능력한' 상태로 판단하였다. 그는 타인이나 그 자신에게 위협적이라고 생각되지 않았다. 그러나 병원의 판단 때문에 판사는 그를 범죄를 저지른 정신이상자들이 있는 최고등급 치료감호병원에 감금하였다. 저자가 만났을 때 그는 단지 소액 벌금형을 받았을 수도 있는 범죄를 저지른 것 때문에 이미 9년간이나 병원에 입원해 있었다.

오늘날 대부분의 사법권에서는 사람들이 불법적 행동(예: 자살시도 또는 심한 폭행)을 저지르지 않는다면 강제로 입원시킬 수 없다. 이러한 불법적 행동은 자신이나 타인들에게 위협적인 것이다. 그러한 정책은 정신장애를 가진 사람들의 자유에 대한 개인의 권리를 보호하는 확실성을 제공하지만 그 정책은 비판받을 수도 있다. 다른 사람에게 신체적으로 해를 가할 수 있다는 경고신호가 있는 정신적 문제가 있는 사람들도 사실상 불법적 행동을 저지르지 않는다면, 강제로 입원시킬 수 없다. 따라서 이로 인해 우리 사회에서 안전과 관련한 다른 사람들의 시민권이 때때로 침해될 수 있다.

정신장애인의 자유권과, 안전과 보호의 사회권 사이의 균형적 충돌은 복잡한 문제이다. 미국의 역사를 통해 볼 때 이러한 이슈에 관한 정책은 이 두 가지 권리 사이에서 지속적으로 변화하였나.

일부 정신병원에서 나타나는 다른 문제는 환자들이 적절한 치료를 받지 못한다는 것이며 심지어 입원 몇 년 뒤에도 치료가 제대로 이루어지지 못하고 있다. 적절한 치료 제공의 부족은 1964년부터 시민권 침해로 규정되었으며, 의회는 '정신보건법(1978)'의 입원규정에서 치료에 대한 법적 권리를 규정하였다.[24]

특히 뇌 손상의 원인이 될 수 있고 효과성에 의문이 제기되는 전기충격 치료와 같은 치료법을 제공하는 것에 대한 결정은 시민권 문제를 제기하였다. 중증정신장애인들은 자신의 복지에 대한 합리적인 선택을 하기가 어렵다. 종종 친척들의 동의가 이루어지지만, 이것은 여전히 그들의 기본권을 무시하는 것이다.

'정신건강 대통령 직속 위원회'는 1978년에 강제적인 입원과 치료결정을 함에 있어 정당한 법의 절차를 포함할 것을 권고했다.[25] 연방법원의 결정에서도 정신질환은 자유권을 부인할 수 있는 충분한 조건이 아니기 때문에, 입원한 정신질환자는 적절한 치료를 받든지 또는 떠날 권리를 향유할 수 있다고 주장한다.[26]

》 정신이상의 이유에 따른 무죄판결

1979년에 샌프란시스코 배심원들은 Dan White가 직장 상사인 Harvey Milk와 Mayor George Moscone에 대해 저지른 계획적인 살인죄가, 피고인의 정신이상으로 인해 결백하다는 것을 발견하였다. 이 평결은 비록 법정에서 White가 피해자들에 대한 살인을 치밀하게 계획하였고 White에 의해 수행된 것이 명백하게 밝혀졌음에도 불구하고 내려진 평결이다.[27] 일반 대중들은 배심원들의 이러한 결정에 대해 충격을 받았다. White는 이후 몇 년 동안 정신병원에 감금되었고 1984년에 퇴원한 후 자살했다.

1982년에 John Hinckley는 1년 전 레이건 대통령을 저격한 것과 관련한 재판에서 정신이상의 이유로 무죄판결을 받았다. 그의 저격사건으로 대통령 외 3명이 상해를 입었었다. 그는 현재 정신병원에서 치료를 받고 있다.

또 다른 사례에서 Kenneth Bianchi는 1970년대에 로스앤젤레스에서 13명의 여성, 워싱턴에서 2명의 여성을 살해한 혐의로 체포되었다. 6명의 정신과 의사들이 그를 진료하였는데, 그의 정신 상태에 대해 세 가지 서로 다른 결론이 나왔다. 두 명은 그를 정신이 온전한 사람으로, 두 명은 그를 정신이상자로, 두 명은 그를 진단내리지 못했다.[28)]

이러한 3명의 사례들은 법원과 정신과 의사들이 정신이상을 이유로 무죄를 선고하는 것에 대해 좀 더 신중해야만 한다는 것을 나타내는 것이다. 앞에서 살펴보았듯이, 정신질환(*mental illness*)과 정신건강(*mental health*) 용어는 확실히 정의되지 못하고 있다. 정신질환(정신이상)은 심지어 존재하지 않을 수도 있다. 정신이상과 관련한 수많은 소송들에서, 일반적으로 검사들은 피고인이 정상이라고 판단하는 정신과 의사들의 증언을 사용한다. 반면에 피고측 변호사들은 피고를 정신이상으로 판단할 수 있는 정신과 의사의 증언을 사용한다.

점차적으로 피고인들은 환청이 들린다고 보고한다거나 공개적으로 '이상한 행동'을 함으로써 자신들이 미쳤다고 정신과 의사들이 진단할 수도 있다는 것을 인식하고 있다.

정신이상의 탄원소송을 없애는 것과 관련한 논쟁은 사람들이 살인이나 다른 중범죄에 대한 처벌을 받지 않도록 하기 위해 정신병을 이용한다는 점이다. 자신들의 범죄에 대한 책임을 지도록 강제하는 대신에 자신들의 죄를 면하기 위해 정신이상 탄원소송을 이용하게 된다. 이 탄원은 영리한 피고인이나 변호사가 범죄자의 처벌을 비호하는 방편이 될 수 있다.

범죄자가 정신병 탄원에 의해 무죄가 선고되었을 때, 그 사람은 정신보건시설로 보내진다. 그는 법의 판단하에, 그가 더 이상 위험하지 않다고 정신과 의사 모두가 일치된 판단을 할 때까지 그곳에 있게 된다. 애석하게도 '더 이상 위험하지 않다'고 판단하는 측정기준은 정신질환자라는 낙인만큼이나 신뢰성이 떨어진다.

비판적 사고를 위한 질문 ?

정신이상으로 인한 재판의 감형제도가 폐지되어야 한다고 생각하는가? 왜 그런가? 폐지를 반대한다면 그 이유는 무엇인가?

예를 들어 E. E. Kemper는 조부모를 살해한 후 범죄행위를 저지른 정신이상자들을 위한 치료감호병원에 5년간 있었다. Kemper는 정신과적 검사 당시 합리적인 답을 했기 때문에 의사와 판사가 그가 치유됐다고 판단할 것을 확신했다. (그는 이전 검사에 대한 정답을 기억하고 있었다.) 그러나 병원에서 나온 3년 뒤 그는 어머니를 포함한 8명의 여자들을 잔인하게 살해하고 다시 체포되었다.[29)]

정신과 의사인 Lee Coleman은 정신이상사유 탄원은 이러한 딜레마를 해결하기 위해 함께 폐지해야 한다고 주장한다. 그렇게 하는 것은 정신과 의사의 관여 없이 법정에서 그 개인이 유죄인가 무죄인가를 처리하는 것이다. Coleman은 만약 유죄가 입증된 개인이 나중에 정서적·행동적 문제의 치료를 바란다면 그 개인은 유죄가 입증된 후 그것을 요구할 수 있다고 주장한다.

정신병 탄원소송과 관련한 논쟁 때문에 미국의 많은 주에서 관련 법률을 개정하고 있다. 많은 주에 의해서 채택된 한 가지 접근방법은 두 가지 과정을 거치는데 첫 번째는 배심원들이 피고가 유죄인지 무죄인지를 결정한다. 만약 평결이 유죄이면 그때 배심원은 그 사람이 정신적으로 온전하지, 정신이상인지를 결정하고, 만약 정신이상이라면 피고는 치료감호병원으로 보낸다. 몬태나, 아이다호, 유타 주에서는 완전히 정신이상 탄원을 없애버렸고, 이 탄원을 이용했던 사람들은 현재 어떠한 시도도 쓸모없다는 것을 알고 있다.

》 향정신성 약물의 사용

향정신성 약물(psychotropic drug)은 진정제(tranquilizers), Thorazine 같은 항정신병 약물(antipsychotic drugs), 항우울제(antidepressants)를 포함한다. 1954년 이러한 약물의 개발 이후 이 약물들로 말미암아 주립, 군병원에 입원한 정신질환자 수가 1955년 55만 명에서 현재는 10만 명으로 감소하였다.[30)] 향정신성 약물이 정서적 문제를 완전히 치료하는 것은 아니지만 높은 수준의 불안, 우울, 긴장을 감소시키는 데 유용하다.

나 사회복지사는 HMO와 계약관계에 있기 때문에 일반적으로 클라이언트의 진단, 치료계획, 약물, 사회력 등등에 대한 정보를 공유할 것을 요구받는다. 대부분 이러한 정보유형은 해당 사례와 직접적인 관련이 없는 HMO 직원들이 검토하고 자료를 공유한다.

- 사회복지사는 사회복지사 윤리강령에 따라 아직 추가적인 서비스욕구가 있는 클라이언트를 방치하는 것을 막기 위한 합리적인 조치들을 취해야 한다. HMO는 치료세션의 수를 제한하도록 설계하였기 때문에, 만일 추가적인 서비스들이 필요할 경우에는 번거로운 승인절차를 거쳐야만 한다. 만일 HMO가 요구되는 치료승인을 거부할 경우, 때로 사회복지사들은 심각한 지속적 욕구를 가진 클라이언트에게 무료서비스를 제공해야 하는 입장에 빠질 수 있다.

관리의료서비스의 도입은 다음과 같은 추가적인 복잡한 문제들을 발생시키게 되었다:

- 기존 전달체계의 설계와 실행의 어느 수준까지가 클라이언트의 최대 관심사를 위해 또는 최대관심사에 반하여 작용할 수 있을 것인가?
- 어떻게 서비스의 질을 규정하고 누가 규정할 것인가?
- 건강고위험이 우려되는 사람을 위한 서비스 접근을 위해 무엇을 제공할 것인가? 예를 들어 자살고위험 클라이언트를 위해 정신건강서비스제공자가 입원치료를 추천하였으나, 의료관리부서에서 수가지불을 거부할 경우, 그 클라이언트는 그로 인해 자살할 수도 있다.[33)]
- 누가 클라이언트의 정신건강 기록에 합법적으로 접근할 수 있는가? 치료결정을 위한 확대검토와 컴퓨터를 이용한 정보화는 더욱 교묘하게 개인적인 정신건강 치료정보를 볼 수 있다는 것을 의미한다. 즉 비밀보장을 둘러싼 복잡한 문제가 관리의료서비스에서 발생한다.
- 관리의료서비스에서 치료를 간소화하고 비용을 낮추려는 노력들이 증상 감소에 일차적 초점을 두고 문제의 원인들은 다루지 않는 것으로 이끄는 것이 아닌가? 예를 들어 증상완화를 위한 처방약물이 장기적인 심리치료보다 더 싸다.
- 관리의료서비스가 짧은 시간에 좀 더 많은 사람을 보는 치료자를 더 보상하는 정책을 가짐으로써, 좀 더 장기간 동안 더 적은 수의 사람들을 치료하고자 하는 치료자들을 배제하는 것이 아닌가?
- 관리의료서비스 체계가 비용을 제한하는 정책을 가지고 있기 때문에, 수가제한이 양극성 장애 같은 만성 정신장애를 치료하기 위한 심리치료와 비싼 약물을 필요로 하는 사람에게는 과중한 부담일 수 있다.
- 클라이언트의 자기결정권은 사회복지실천의 핵심 가치이다. 자기결정이란 클라이언트가 자신의 치료에 관한 대안들을 인식할 수 있어야만 하고, 자신이 받고 싶은 서비스를 받는 과정에서 선택할 수 있는 권리를 가진다는 것을 내포하는 것이다. 어떤 특정한 관리의료서비스 상황에서는 클라이언트가 자신의 치료관련 약물을 복용하는 것을 거부했기 때문에 심리치료서비스 제공이 거부될 수 있다. 이러한 관리의료서비스의 의무사항이 자신의 치료를 선택하는 클라이언트의 권리와 상충된다. 만일 클라이언트가 약물치료를 받는 것을 거부한다면, 사회복지사는 클라이언트에게 필요한 심리치료를 제공하지 않든가 아니면 무료로 심리치료를 제공할 것인가를 선택해야 하는 불편한 상황에 빠지게 된다.

정신보건영역에서 일하는 사회복지사의 수가 증가하면서, 이러한 HMO의 규정과 제한이 야기하는 문제들을 발견하게 된다. 그 결과 어떤 사회복지사는 클라이언트로부터 직접 지불받는 체계를 구축함으로써 HMO와의 어떤 접촉도 피하기도 한다.

6. 사회구조와 정신질환

사회학자들은 사회적 요인과 정신질환 발병률 사이의 관계에 관한 수많은 연구들을 실시했다. 이들은 "사회 계층적 지위가 정신질환과 관련이 있는가?", "정신질환이 도시지역에서 더욱 많이 발생하는가? 아니면 중소도시지역이나 농촌지역에서 더 발생하는가?", "어떤 연령집단이 취약집단인가를 검토하였나?", "남성 또는 여성이 더 영향을 받는가?" 등에 관한 답을 찾기 위해 노력하였다. [앞에서 정신질환이 존재하는지에 대한 의문점을 제기했다. 이와 관련하여 여기에서는 **정신질환**(*mental illness*)이라는 용어를 정신적으로 질환을 가지고 있다고 명명된 사람들을 언급하는 것으로 사용하기로 한다.]

사회계층

빈곤계층은 정신적인 질환을 가지는 경우가 더 높은 것으로 나타났다. 미국에서 빈곤선이하의 사람들은 빈곤선 두 배의 소득이 있는 사람들보다 심각한 심리적 장애들을 가질 비율이 약 5배 정도 높은 것으로 나타났다[34]. 다양한 설명들이 이러한 연구 결과들을 뒷받침할 수 있는데, 빈곤한 사람들은 정신질환이 발병한 초기에 치료를 제대로 받지 못했을 것이다. 또한 빈곤한 사람들의 태도, 가치, 교육 수준, 삶의 상황 등이 정신질환 발병에 기여했을 것이고, 상대적으로 더 높은 정신적 스트레스를 더 받았을 것이다. 또는 정신질환이 빈곤화에 기여했을 수도 있다.

사회계층 간에 정서적 문제 발생비율과 그 심각성에 실제적인 차이가 없을 수 있다. 즉 낙인이 정신질환 진단과 관련되어 있기 때문에 정신과 의사들이 더 높은 사회적 지위를 가진 사람들에게 정신질환 진단을 상대적으로 덜 했을 수도 있다. 게다가 정신과 의사들이 빈곤한 사람들의 가치체계를 잘 이해하지 못해서 더 많은 경우 정신질환이나 일탈행동이라고 진단 내렸을 수도 있다.

정신질환이 사회경제적으로 하류층에서 발생비율이 높은 이유에 관해 '대세가설(drift hypothesis)'을 지지하는 증거들이 증가하고 있다.[35] 이 가설은 사회계층이 정신장애의 주요 요인이 아니라 정신장애에 따른 결과라고 주장한다. 많은 연구들은 정신질환의 다양성이 산업세계의 발전과 그들이 기술을 개발하는 개인의 기술과 직업세계를 발달시키는 능력에 손상을 입히기 때문에, 사회적 계층이동을 저해한다는 것을 제시하였다.[36]

비판적 사고를 위한 질문 ?

당신은 대세가설이 왜 낮은 사회경제적 계층에서 더 높은 정신질환 유병률이 나타나는지를 잘 설명해주는 가설이라고 믿는가?

또한 많은 연구들은 정신질환으로 명명된 사람들의 치료의 질적 측면에서 사회 계층에 따라 차이가 존재한다는 것을 발견하였다.[37] 저소득층 환자들은 질적으로 좀 더 낮은 치료를 받고 정신보건기관에 입원하였을 때 퇴원율이 더 낮게 나타났다.

도시화

정신질환 발병률은 농촌지역보다 도시, 특히 도심부에서 더 높은 것으로 나타난다.[38] 이러한 결과는 열악한 삶의 질과 인구밀집, 더러움, 소음, 범죄, 교통문제, 부적절한 주거환경, 실직, 마약 등에 기인하는 것이고, 이로 인해 정서적 문제의 수준도 더 높아지게 된다. 또한 대부분의 정신보건시설들은 도시나 도시 주변에 위치해 있기 때문에, 정서적 문제를 가진 도시거주자들이 발견되어 치료받을 수 있는 가능성이 더 증가하고 있다.

아동발달과 군중에 관한 연구(Kornblum & Julian, 2001)에서 밀집된 아파트나 아동보호시설, 이웃 등이 있는 곳에서 성장한 아동들이 나중에 심각한 정신장애를 가질 확률이 좀 더 높은 것으로 보고하였다. 혼잡한 곳에서 사는 아동들은 학교에서 행동적응의 어려움, 더 낮은 학업성취, 손상된 부모-자녀관계 등의 문제와 관련성이 있는 것으로 나타났다.[39]

연령

노인은 젊은 사람보다 더 많은 정서적 문제를 가지며, 특히 우울을 경험하는 경우가 많다. 우리 사회에서 노인은 낮은 지위를 가지고 있고 이러한 낮은 지위로 인해 자신이 쓸모없다는 느낌을 가지게 되며 고립감을 느낀다. 게다가 노인들은 동맥경화나 만성알코올중독으로 뇌세포의 퇴행과 연관된 장애들을 경험할 것이다.[40]

결혼상태

독신, 이혼, 사별 등을 경험한 사람들이 기혼자들보다 정신질환의 유병률이 더 높은 것으로 나타났다. 기혼자들은 미혼자들과 비교했을 때 우울과 불안 수준이 더 낮은 것으로 나타났다.[41]

성별

남성과 여성은 동등하게 치료될 것 같지만 진단 특성은 다르게 나타난다. 여성들은 불안, 우울, 공포 등으로 고통을 받고 진단받는 경우가 많으며, 이로 인해 정신병원 등 시설에 입원하고 남성들은 주로 인격장애 진단을 받는 경우가 많은 것으로 나타났다.[42]

정신과 의사들은 대다수가 남성이고, 정신과 의사는 남성보다는 여성의 난잡한 성 또는 공격성들을 정신장애로 고려하는 경향이 높은 편으로 나타났다.[43]

인종

백인과 비교하여 아프리카계 미국인들은 정신질환으로 더 많이 진단되는 경향이 있고, 이들의 정신병원 입원율은 지속적으로 높아지고 있다.[44] 이러한 경향은 몇 가지 사회학적 설명으로 논의될 수 있다. 아프리카계 미국인들은 인종차별로 인해 큰 정신적 고통을 경험한다. 또한 아프리카계 미국인들은 저소득층이 많아 이들의 낮은 사회경제적 지위로 설명할 수 있다. 이는 더 낮은 사회계층에 있는 사람들이 정신질환으로 더 높게 진단받는 것과 같다. 또한 대부분 정신과 의사가 백인이기 때문에 아프리카계 미국인들의 생활유형에 대한 인식 부족으로 정치적, 계층, 지위, 문화가치, 문화적 배경이 다른 아프리카계 미국인들에게 '정신질환'이라는 명명을 하게 될 가능성이 높을 것이다.

전쟁과 전투군인들

전쟁에 참여하는 전투군인들은 일반 인구집단에 비해 정신질환을 경험할 가능성이 더 높다. 많은 경우 정신건강서비스들은 이들에게 부적절하게 제공된다. Kornblum과 Julian(2007)은 이라크와 아프가니스탄 전쟁에서 돌아온 군인들에 관해 다음과 같이 말했다:

> 예전에는 전쟁신경증(shell shock) 또는 참전피로감으로 불리던, 이제는 외상 후 스트레스 장애(post-traumatic stress disorder)라고 불리는 PTSD는 비겁함이나 나약함과 많이 혼돈되는 과거 전쟁의 심각한 문제이다. 이제 정신건강 연구자들은 외상적인 사건을 경험하거나 목격한 후에 개인에서 PTSD가 발병할 수 있다는 것을 이해한다. 이라크와 아프가니스탄 전쟁에서 돌아온 병사들을 대상으로 수개월 후에 수행된 정신건강 욕구에 관한 연구가 발표되면서 PTSD 증상을 가진 병사들의 치료가 증가하기 시작하였다. 연구결과, 이라크와 아프가니스탄 전쟁에 참전한 미군 8명 중 한 명은 PTSD 증상을 보고하였다. 이러한 장애의 증상들은 불면증, 악몽, 재현(flashback), 이질감, 불안정성 등을 포함하는 것이다. 연구에 따르면, PTSD 증상을 가진 귀환군인들의 절반 미만이 정신건강서비스를 받는 것에 대해 대부분 자신들의 직업경력에 손상을 미치거나 낙인찍힐 것에 대한 두려움을 가지는 것으로 나타났다.[45]

7. 치료

역사적 배경

정신질환 치료의 역사는 매우 불공정하고 비극적인 것들로 가득 차 있다. George Rosen(1969)은 역사적으로 대부분의 사회가 정신질환을 판단하고, 정신질환으로 명명된 사람들을 치료하는 독특한 방법들을 발전시켜 왔다고 설명한다.[46] 어떤 사회에서는 정신이상자에 높은 가치를 두고 심지어 초자연적인 힘을 가진 예언자로 취급하기도 했다. 다른 사회에서는 정신질환자들을 악마로 생각하고 아주 흉악한 마력을 지닌 것으로 여기고 두려워하였다. 중세시대에는 정신장애인들을 악마에 사로잡힌 사람으로 보았다. 그래서 정신장애인들로부터 사악한 것들이 빠져 나갈 수 있도록 채찍질하고, 굶기고, 뜨거운 물에 집어넣는 것으로 치료하였다. 식민지시대의 짧은 기간 동안 장애를 가진 사람들은 '마녀'로 간주되어 화형에 처해졌다. 19세기 이전에 미국의 중증정신장애인들은 '구빈원(almshouses)'에 감금되었고, 난폭한 관리인의 보호를 받고 벽에 쇠사슬로 묶였다.[47]

19세기에 프랑스, 영국, 미국의 몇몇 정신보건시설들이 정신장애인 치료에 더 인도주의적 입장을 취하기 시작하였다. 비록 중증정신장애인들은 시설에 감금되었지만, 이들은 정서적 문제를 가졌거나, 질환을 가지고 있는 것으로 간주되기 시작했다. 이들을 둘러싼 물리적 환경은 개선되었고, 난폭한 관리인의 보호에서, 존엄성과 존중의 가치가 있는 인간으로 정신장애인들을 처우하려는 접근노력이 행해지기 시작했다. 불행하게도 이러한 인도주의적 노력은 폭넓게 받아들여지지 못했고 고비용의 문제로 인해 부분적으로만 실행되었다. 대부분의 중증 장애인들은 부적절한 보호와 비위생적인 거주시설과 많은 수용자들이 있는 곳에 감금되었다.

1908년에 Clifford Beers의 책 <*A Mind That Found Itself*>가 출판되었다.[48] 이 책에서 Beers는 자신이 정신병원에 환자로 감금되었던 동안 경험했던 치료양식의 잔혹함과 부적절성에 대해 자세히 열거하고 있다. 이 책은 많은 사람들이 읽었고, 정신장애인들에게 가해진 정서적 외상성에 대해 대중에게 큰 충격을 안겨주었다. Beers는 이후 정신건강협회를 조직하여 외래치료의 개념을 시작하고 개선된 입원환자 치료 필요성을 옹호하는 등 정신위생 운동의 선구자가 되었다.

1900년에서 1920년 사이에 Freud는 정서적 문제의 원인과 치료에 관한 정신분석 이론을 발전시켰다. Freud에 의하면 정서적 문제는 초기의 외상적 경험, 내적 심리적 갈등, 다양한 발달 단계에서의 고착, 무의식적인 심리학적 과정 등으로부터 기인한 정신질환이다. 대부분의 상담전문가(정신과 의사, 임상심리학자, 사회복지사)들이 1920년대부터 1950년대까지 정신분석이론을 받아들였고 Freud와 다른 정신분석 이론가들의 관점은 정신장애인들을 진단하고 치료하는 데 크게 기여하였다. Freud의 영향으로 대중들은 정신장애인들을 치료하는데 좀 더 인도주의적 접근을 받아들이게 된다.

그러나 1950년대에 정신분석적 방법의 효과성에 대한 의문들이 제기되기 시작했다. 정신분석방법은 너무 비싼데다 시간도 오래 걸렸고(4~5년), 치료를 받은 사람들에 대한 연구 결과 예후가 치료를 받지 않은 대상자들에 비해 좋지 않은 것으로 나타났다.[49] 1950년대 이후 행동수정, 합리적 치료, 현실치료, 교류분석, 가족치료, 여성주의적 접근, 클라이언트 중심치료와 같은 다양한 상담 접근법들이 발달되었다.[50]

19세기 이래로 일부 의료전문가들은 정신질환이 다른 신체질환과 유사하다는 것을 계속적으로 주장하였다. 이들은 감염질환, 유전적 기질, 신진대사의 불균형이 정신장애의 주요 원인이라고 주장하였다.[51] 그러나 몇몇 특정요인만이 확인되었는데, 예를 들어 진행성 정신장애인 사지마비(general paresis)는 매독과 관련이 있는 것으로 나타났고, 펠라그라(pellagra)는 소화기장애로 인해 발생한 것으로 나타났다.

정신장애가 신체적인 것이라는 개념으로 인해, 18세기에는 외과적인 사혈(blood-letting)이 폭넓게 행해졌다. 20세기 초에는 정신질환을 없애기 위해서 전두엽 앞부분의 백질 절제술이 행해졌는데, 이러한 절제술은 치료적 가치가 거의 없고, 지속적인 뇌 손상의 원인이 되며 환자들이 유순해지거나 지체되게 한다.

비판적 사고를 위한 질문 ?

정신질환자가 퇴원하기 위해 어떠한 서비스가 필요하다고 생각하는가?

최근 경향

지난 50년 동안 중증정신장애인 치료에서 두 가지 주요한 발전이 이루어졌다. 첫 번째 발전은 진정제나 항우울제 같은 향정신성 약물의 발견과 사용이다. 초기에는 그러한 약물들이 중증정신장애인들을 치료할 수 있다고 믿었으나, 이러한 약물들이 주된 증상을 완화시켜서 정신장애인들에게 다른 치료 프로그램과 접근방법들을 더욱 활용할 수 있게 만든다는 것을 발견하였다.[52] 두 번째 발전은 탈시설화(deinstitutionalization)이다. 정신건강 전문가들은 정신병원에서 정신장애인들이 치료되는 것이 아니라 장기간의 병원 수용에 따라 장애행동이 오히려 영속화되는 문제를 발견하였다. 즉 정신장애인들은 정신질환이 있다고 명명되면 자기 자신을 '다른' 존재로 정의하고 정신이상자의 역할을 수행한다.[53] 이들은 또한 병원의 안정되고 편안한 생활에 적응하게 되어 그 안에 오래 머물수록 외부세계를 더욱 위협적인 것으로 인식하게 된다.

정신건강 전문가들은 이제 타인의 안녕이나, 자신의 안녕을 심각하게 위협한다고 생각되는 정신적 문제를 가진 사람들만 입원시킨다. 정신치료와 약물치료는 정신병원에서 사용하는 주된 치료법이며, 대부분 정신적 문제를 치료하기 위한 병원입원은 단기간이다.

탈시설화의 개념은 지역사회 정신보건센터, 중도시설(halfway house), 재활작업장, 사회적 치료공동체, 정신장애인들을 위한 위탁보호서비스를 포함하여 해당 지역사회에서 정신장애인들의 욕구를 충족시키기 위해 고안된 서비스들의 상당한 확대를 불러 일으켰다.

탈시설화 접근에 대한 비판은, 일부 지역사회들이 적절한 지역사회 지지서비스 없이 만성 정신질환자들을 사회로 되돌리고 있다는 것이다. 그 결과 많은 퇴원 환자들이 가족, 친구와 함께 지낸다든지 또는 노숙인이 되는 상태에서 의료적 서비스나 상담을 거의 받지 못하고 있다는 것이다.

최근 조사 결과, 비인가 그룹 홈, 싸구려 호텔, 더러운 거리에서 퇴원한 정신질환자들과 관련한 사고가 보고되었다.[54] 많은 사람들이 범죄와 의료적 방임의 희생자들이다. 어떤 이는 썩은 음식을 먹고 쥐와 바퀴벌레에 노출된 곳에서 지내고 있다. 때때로 그러한 환자들은 다른 사람을 학대하거나 불을 지르고, 몇몇 이들은 살인이나 자살행위를 한다.

8. 치료시설: 지역사회 정신보건센터

정서적·행동적 문제를 다루는 치료서비스는 공공복지기관, 보호관찰소, 교정기관, 학교사회복지 서비스, 가족서비스기관, 입양기관, 민간 정신치료 클리닉, 보호작업장, 의료사회사업, 양로원 등을 포함한 거의 모든 직접적 서비스를 담당하는 사회복지기관들에 의해서 제공된다. 그러나 많은 지역사회에서 정신보건센터는 정서적 문제를 가진 사람들에 대한 서비스를 제공하는 일차적 자원이다.

지역사회 정신보건센터는 1963년 '지역사회정신보건센터법'의 연방정부 통과와 함께 촉진되기 시작하였다. 이 법은 대다수가 정신적으로 질병을 가진 사람들의 보호와 치료를 주립병원에서 그들이 거주하는 지역사회로 전환하는 것이며, 포괄적 서비스의 제공과 지역사회보호를 강조하고 있다.

또한 이 법에서는 (a) 조기진단, 치료, 지역사회복귀, (b) 센터의 위치가 서비스를 제공받을 집단에 '가깝고 접근 가능성'이 높을 것, (c) 다섯 가지의 기본구성요소, 즉 입원치료, 외래치료, 낮·밤·주말과 같은 부분입원, 응급보호, 상담 및 교육을 포함하는 포괄적 보호서비스를 강조한다. 이러한 서비스들은 정신장애인들, 노인들, 소수 인종들, 알코올·약물문제를 가진 사람들과 같은 광범위한 인구집단에게 서비스를 제공하였다.[55]

지역사회 정신보건센터의 전문가들은 정신과 의사·사회복지사·심리학자·정신전문 간호사·전문상담자·작업 및 레크리에이션 치료사·자원봉사자·준전문가들이다. 전형적인 지역사회 정신보건 서비스는 외래치료, 입원치료, 알코올 및 약물남용치료, 작업평가, 직업치료, 가족 및 집단치료, 교통수단 서비스, 아동 및 성인 상담, 24시간 응급보호를 포함한 위기개입, 지역사회 교육, 관련 전문분야 학생들의 훈련이다.

지역사회 정신보건 서비스는 최근 들어 점차 비판을 받고 있는데, 몇몇 연구들은 일부 지역사회 정신건강 서비스가 비효과적이고 부적절하다고 보고하였다.[56] 즉 환자들은 여전히 높은 재입원율과 지역사회 적응실패율을 보이고 있고,[57] 서비스만족도가 낮게 나타나며, 빈곤한 사람들의 개인적·사회적인 문제를 다루는 데 비효과적인 것으로 나타났다.

반면에 지역사회 정신보건센터의 지지자들은 주와 군지역 정신병원의 입원환자 수가 1955년 55만 명에서 현재 11만 명으로 감소하는 인상적인 결과를 보이고 있다고 주장한다.[58]

9. 정신보건과 사회복지

정신보건 분야에서 사회복지사가 최초로 일하기 시작한 것은 1906년 뉴욕 시 맨해튼 주립병원에서 신규 입원환자의 사회력을 조사하기 위해 채용한 것이 시초이다.[59] 그 이후로 사회복지사들은 다양한 예방적, 진단적, 치료적 서비스를 제공하는데 관여해 왔다.

해가 지날수록 개인을 치료하는 데 중점을 두던 것에서 가족을 치료하는 것으로 중점이 이동하였다. 이제 사회복지사, 심리학자, 정신과 의사들은 개인, 가족, 집단치료자로서 상호 교환적으로 기능을 수행하고 있다. 또한 세 분야의 전문가 모두는 정신건강 프로그램의 설계 및 행정에 관여하고 있다. 다른 전문가들, 즉 정신전문 간호사, 작업치료사, 레크리에이션 치료사 등은 정신건강 시설에서 팀원으로서 관여하고 있다.

미국에서 정신건강 서비스를 제공하는 사회복지사의 수는 같은 서비스를 제공하는 임상심리사, 정신과 의사들의 수보다 많다.[60] 지역사회 정신보건센터 외에도 많은 사회복지 기관들은 정서적 문제를 가진 사람들에게 상담과 심리치료를 제공하고 있다. 그러한 기관들은 학교, 가족상담기관, 사회서비스 부서, 병원, 입양기관, 보호관찰소, 교정기관 등이다. 임상사회복지사들의 수적인 증가와 정서적 문제의 다양성 때문에 개인, 가족, 집단치료를 제공하는 개업실천(private practice)이 성행하게 되었다. 민간차원에서 치료를 제공하는 사회복지사들에게 공적, 민간보험 프로그램들로부터 비용지급이 증가하고 있다.

미국사회복지사협회(NASW)는 사회복지실천가, 특히 사적 실천분야에 있는 실천가들이 높은 수준의 능력을 가지고, 공공성이 보장되도록 주(state) 면허 요건을 강화하였다. 미국의 모든 주는 현재 사회복지사 면허 제도를 규정하고 있다.

NASW는 또한 임상사회복지사들의 국가등록제를 마련했다. 회원이 되기 위한 요건은 다음과 같다.

Katy McDonnell/Schoolboy and girl (4-6) either side of teacher, holding paintings/Thinkstock

많은 사회복지기관에서는 정서적 문제를 가진 사람들에게 상담과 치료를 제공하고 있다. 미술치료는 아동들을 치료하는 민간 의료센터에서 전문가들이 사용하는 활동요법 중 하나이다.

- 미국사회복지대학교육협의회(CSWE)에 의해 인가된 사회복지 대학원에서 석사 또는 박사학위 취득자
- 졸업 후 임상사회복지사에 의해 지도감독받은, 실천경력이 2년 또는 3,000시간 이상인 자
- ACSW(Academy of Certified Social Workers)의 회원 자격이 있거나 주 면허시험을 통과한 자[61)]

과거 정신건강영역에서 사회복지사들은 정신의학의 부수적인 존재로 여겨졌었다. 그러나 정서적 문제가 본질적으로 유전적 특성을 가진다기보다 일차적으로 삶의 문제라는 인식이 늘어남에 따라, 사회복지사들은 정신과 의사의 지도감독 없이 정신치료와 상담을 제공하기 위해 정신건강기관에 점차적으로 많이 고용되었다.

LeCroy와 Stinson(2004)은 386명을 무작위로 추출하여 지역사회의 가치인식관련 사회복지사와 다른 전문직을 비교하는 전화조사를 하였다. 연구결과 사회복지사는 지역사회 가치를 인식하는 "매우 바람직한" 것으로 응답한 비율이 60.8%로 나타나, 상담가 58.3%, 심리학자 44.5%, 정신과 의사 41.9%에 비해 가장 높게 나타났다.[62)]

정서적·행동적 문제를 지닌 사람들에게 사용하는 주된 치료법은 심리치료 또는 상담이다(이 두 용어 사이의 분명한 구별이 힘들기 때문에 저자는 이 두 용어를 상호 교환적으로 사용한다). 상담은 개인, 가족, 집단치료를 포함하는 넓은 개념의 용어이다. 숙련된 전문 상담자는 (a) 면담 원칙, (b) 포괄적이고 전문화된 치료접근방법에 대한 지식을 가지고 있어야 한다. 다음 장에서는 이 두 가지의 영역을 토의해 보고 상담의 구성요소에 대한 '일반적인' 것들을 여러분에게 소개하고자 한다. 사회복지사들이 상담기술을 더 깊이 갈고 닦는 것은 단순히 학위를 얻는 데서 끝나는 것이 아니라 사회복지실천영역에 효과적으로 적용하고 기능할 수 있도록 일생 동안 지속되는 과정이다.

10. 상담

상담서비스는 모든 직접적인 사회복지실천서비스를 제공하는 사회복지기관에서 제공된다. 사회서비스 부서나 정신보건센터 같은 몇몇 기관은 거의 모든 정서적 또는 대인관계 문제에 대한 상담서비스를 제공한다. 다른 좀 더 전문화된 기관은, 상당한 이론적 배경지식과 훈련을 요구하는 특수한 문제(예를 들어 섭식장애, 유전상담을 위한 치료, 성치료, 약물남용 상담치료 등)를 해결하기 위한 전문적 상담을 제공한다.

효과적으로 상담하는 능력은 사회복지사에게 필요한 중요 기술 중 하나이며 어쩌면 가장 중요한 기술이라고 볼 수 있다. 결혼 또는 입양상담과 같은 한 영역에서 심도 깊은 상담을 제공하기 위해 세밀하고 구체적인 기술을 습득하는 것은 다른 영역의 상담을 준비하는 것이기도 하다. 이러한 상담기술들의 전이성 때문에 학부 및 대학원의 사회복지 프로그램은 사회복지사 교육훈련과정에 광범위한 일반주의적 접근(generalistic approach)을 강조한다. 초기에 전문화된 상담분야를 훈련하는 것보다, 일반적 상담에 대해 상세하고 철저한 훈련을 한다.

상담하는 방법*

개인적인 문제를 가진 사람을 상담하는 것이 그리 특이하거나 신비로운 일은 아니다. 비록 상담을 하는 데 있어서 훈련과 경험이 영향을 미치지만, 모든 사람은 다른 사람들의 어려움을 들어주고 말함으로써 다른 사람들을 도울 수 있는 잠재력을 갖고 있다. 성공적인 상담은 친구, 이웃, 친척, 미용사, 은행직원, 바텐더뿐만 아니라, 사회복지사, 정신과 의사, 심리학자, 상담가이드, 성직자 등에 의해 행해질 수 있다. 이것은 모든 사람이 상담에 다 성공적이라는 것을 말하는 것은 아니다. 상담영역에 대한 훈련과 경험 때문에 전문가들이 상담에 효과적일 가능성이 더 높다. 그러나 학위 또는 자격보다 감정이입과 능력이 이상적인 결과를 내는 더 중요한 요소이다.

상담에는 (a) 관계형성, (b) 철저한 문제 탐색, (C) 대안적 해결방안 탐색의 3단계가 있다. 성공적인 상담은 한 단계에서 다음 단계로 점진적으로 진행한다. 예를 들어 많은 경우 문제 탐색을 하는 동안 상담자와 클라이언트 사이의 관계형성이 지속적으로 이루어진다. 대안적인 해결방안을 모색하는 동안 문제를 더 자세하게 탐색하고 조사하기도 한다. 사회복지사들이 다른 사람을 상담하는 데 유용한 지침들을 보기 5.3에 제시하였다.

관계형성

다음은 클라이언트와의 관계형성을 위한 지침이다.

1. 클라이언트가 한 인간으로서 받아들여지고 있다고 느끼게 함으로써 자신의 문제를 말하는 데 안전함을 느낄 수 있는 비위협적인 분위기를 만들어라.
2. 클라이언트와의 초기 접촉에서 당신은 당신 자신을 활용할 필요가 있다. 지적이며 이해심 있는 사람으로서, 거만하지 않으면서 도움을 원하는 사람에게 도움을 줄 수 있는 자세로 임하라.
3. 침착하라. 클라이언트가 자신의 문제에 대해 입을 열기 시작할 때 웃거나 충격을 표현하지 마라. 비록 미묘하더라도 정서적 감정의 폭발로 인해 클라이언트는 당신이 그의 어려움을 이해하지 못할 것이라고 여기게 되며 대개 이야기하는 것을 그만두게 된다.
4. 전반적으로 비심판적이고 훈계적이지 않아야 한다. 클라이언트의 가치관을 존중하고 당신의 가치관을 주입하려고 하지 마라. 예를 들어 클라이언트가 혼전 임신을 했다면 입양이나 낙태에 대한 당신의 가치관을 강요하려고 하지 마라. 클라이언트가 문제의 모든 탐색과 가능한 해결안의 탐색이 이루어진 뒤에 행동을 결정하도록 하게 하라.
5. 클라이언트를 동등한 존재로 보아라. 초기에 '사적인 비밀'을 공유하기 때문에 상담자는 중요한 인물이 되며, 그때 우월하고 열등한 관계는 끝나게 된다. 만약 클라이언트가 자신이 열등한 존재로 처우받는다고 느낀다면, 이들은 개인적인 문제를 논의하거나 드러내는 데 어려움을 겪을 것이다.
6. 공통된 어휘를 사용하라. 이것은 클라이언트에게 같은 속어나 억양이 같은 단어만을 사용함을 의미하지는 않는다. 만약 클라이언트가 당신의 말이 인위적인 것이라고 느낀다면, 클라이언트는 매우 방어적으로 될 것이다. 당신은 클라이언트가 이해할 수 있고 방어적이지 않을 언어를 사용해야 한다.
7. 상담자의 목소리 어조는 상담자가 감정이입하고 있으며 클라이언트의 감정에 주의를 기울이고 있다는 메시지가 전달되도록 해야 한다.
8. 클라이언트가 말하는 것에 대해 비밀을 지켜라. 본질적으로 우리 모두는 누군가와 함께 '흥미로운 비밀'을 공유하고 싶다는 충동을 가지고 있다. 만약 비밀 보장이 되지 않았다는 것을 클라이언트가 알게 된다면, 상담관계는 즉시 종결될 것이다.
9. 만약 당신이 친척이나 친구를 상담한다면, 당신과 정서적으로 밀접하게 관여되어 있기 때문에 당신은 논쟁을 하거나 화를 낼 위험이 있다. 만약 그러한 일이 일어난다면, 가능한 한 재치 있게 즉시 그 주제를 끝내는 것이 가장 좋다. 분위기가 진정된 후에 그 주제는 다시 거론할 수 있다. 또는 다른 상담자에게 클라이언트를 의뢰하는 것이 가장 좋을 수 있다. 많은 전문가들은 친척이나 친구들과의 정서적인 관련성이

* "상담하는 법"과 관련한 내용은 Charles Zastrow와 Dae Chang의 책인 The Personal Problem Solver (Englewood Cliffs, NJ: Spectrum Books, 1977)에서 저자가 집필한 내용을 재인용한 것이다.

보기 5.3 클라이언트를 상담하는 핵심 안내지침들의 요약

1. 업무적 관계를 수립한다.
   a. 당신을 소개하고 약간의 잡담으로 시작한다.
   b. "오늘 말씀하시고 싶은 걱정거리가 있으신가요 ?" 같은 질문으로 클라이언트로 하여금 자신의 고민들을 이야기하게 한다.
   c. 클라이언트가 3~4분 정도 자신의 고민들을 이야기한 후에, "이 문제에 대해 당신은 어떻게 느끼시나요?", "이 문제가 당신에게 정말 힘든 일이겠군요." 또는 "당신이 이 문제에 대해 느끼는 것을 제가 느낄 수 있을 것 같아요"와 같이 대화함으로써 "감정들"을 연계한다. 이러한 클라이언트의 감정수준과의 연계는 클라이언트로 하여금 상담자가 자신의 고민과 감정들을 이해하고 배려하고 있다고 생각하게 한다.
2. 클라이언트의 걱정거리를 심도 깊게 탐색한다.
3. 클라이언트의 걱정거리에 대한 대안적인 해결방법들을 탐색한다.
   a. 이때 상담자는 그동안 클라이언트가 해결을 위해 노력해온 방법들이 무엇이었는지, 그러한 자신의 노력에 대한 생각은 무엇인지를 제일 먼저 물어보도록 한다.
   b. 충고를 하지 말고, 대신에 "당신은 _____ 노력을 하실 생각을 해보셨나요?"와 같이 대안 선택을 위한 질문을 한다.

침착하고 객관적인 시각으로 문제와 대안적 해결방안 탐색하는 것을 방해하기 때문에 친구 또는 친척들과 상담하는 것을 거부한다.

심도 깊은 문제 탐색

다음 지침들은 상담자가 클라이언트가 철저하고 상세하게 문제를 탐색하도록 돕는 것을 안내하기 위한 것들이다.

1. 많은 초보 상담자들은 문제에 대한 심도 깊은 탐색 없이 드러난 문제에 대한 해결방법을 제시하는 실수를 범한다. 예를 들어 낙태 옹호론자는 미혼여성이 임신했다고 밝히자마자 해결방안으로 낙태를 권유할지도 모른다. 상담자는 클라이언트가 낙태에 대해 강한 거부감을 가졌는지, 아이를 원하는지, 곧 결혼을 하려고 하는지에 대해 알 수 있는 시간을 가져야 한다.
2. 심도 깊은 문제 탐색에 있어 상담자와 클라이언트는 해결방안을 탐색하기 전에 문제의 범위, 문제발생기간, 원인, 문제에 대한 클라이언트의 느낌, 문제를 대처해 나갈 수 있는 클라이언트의 신체적·정신적 능력과 강인함과 같은 것을 파악할 필요가 있다. 즉 임신한 것에 대해 그 미혼여성은 어떻게 생각하고 있나? 의사는 만나 보았는가? 임신기간은 얼마나 되었는가? 그녀의 부모님은 이 사실을 알고 계시는가? 만약 그렇다면 부모들의 감정과 생각은 어떠한가? 그녀를 임신시킨 상대방에게 이 사실을 알렸는가? 상대방의 생각과 감정은 무엇인가? 그녀가 가장 먼저 대처해야 할 위급상황은 어떠한 것인가? 이러한 질문들에 대한 대답은 상담의 방향을 결정할 것이다. 가장 어렵지만 즉시 해야 할 문제는 그녀의 부모에게 알리는 것이고, 임신문제에 대해 부모님들이 비판적으로 반응할 수도 있고 의료적 서비스를 제공할 수도 있을 것이다.
3. 문제영역이 확인되었을 때, 소소한 많은 문제들이 생길 수 있다(예: 그녀의 파트너에게 어떻게 이야기할 것인가, 의료보호 획득, 의료비용의 획득, 어디에서 살 것인가, 학교를 그만둘 것인가, 임신기간 동안 일을 할 것인가 등에 관한 결정, 아이를 키울 것인가의 결정, 출산 혹은 낙태한 후에 무엇을 할 것인가 등의 계획). 이러한 하위문제들을 탐색한다.
4. 이처럼 많은 문제 상황에서 가장 먼저 어떤 문제를 다룰 것인가에 대해 결정하는 가장 좋은 방법은 클라이언트가 가장 힘들어하는 것이 무엇인지 묻는 것이다. 만약 문제가 해결될 수 있다면, 하위 문제를 자세하게 탐색하기 시작하고 함께 해결전략을 세워가기 시작한다. 하위문제를 해결하는 과정에서 성공을 경험하면 상담자에 대한 클라이언트의 확신이 증가하고 상담관계는 확고해질 것이다.
5. 동정이 아닌 감정이입을 전달하라. 감정이입은 당신이 의식하고 있고 클라이언트가 느끼고 있는 것을 어느 정도 당신도 느끼고 있다는 것을 보여주는 능

력이다. 동정은 감정을 공유하는 것이지만, 애석함과 측은함이 내포되어 있다. 그 차이가 미묘하지만, 감정이입은 문제해결을 위한 것이고, 동정은 문제를 지속시킨다. 예를 들어 내가 우울해졌을 때 당신이 나를 동정한다면 나는 당신에게 반복해서 슬픈 이야기를 할 것이고 당신의 동정으로 지지한 정서적 하소연을 해결을 위한 행동을 하지 않은 채로 매시간 지속할 것이다. 이 과정은 나의 오랜 상처와 우울을 지속시킬 것이다.

6. 당신의 식감을 믿어라. 상담사로서 당신이 가지고 있는 가장 중요한 도구는 당신 자신의 감정과 인지이다. 당신은 지속적으로 클라이언트의 상황, 클라이언트의 가치관과 어려움을 당신 자신이 인식하도록 노력해야 한다. 첫 사례에서 보았듯이 만약 클라이언트가 17세로 독신이고 임신하였으며 낙태를 원하고 그 상황에 대해 비판적인 부모가 있다면, 능력 있는 상담자는 지속적으로 그녀가 무엇을 느끼고 있으며, 그녀의 관점에서 세계를 인식하려 하고 그녀의 목표, 어려움들, 가치관, 장애요인들을 알려고 노력할 것이다. 상담자가 클라이언트의 상황에 상담자 자신을 100% 정확히 몰입할 수는 결코 없겠지만, 대개 클라이언트의 장애요인, 문제, 관점에 대해 70~80% 정도만 인식해도 충분할 수 있다. 이러한 정보는 상담자가 부수적으로 무엇을 탐색할 필요가 있는지, 무엇을 말할 것인지 등 가능한 해결안을 모색하는 것을 결정하도록 돕는다. 다시 말해서, 상담자는 클라이언트가 나에게 무엇을 말하려고 하고 내가 지식적으로뿐만 아니라 감정을 이입하여 이해한 것이 명확한 것인지에 대해 물어야 한다.

7. 클라이언트가 자신의 문제에 대해 접근했다고 상담자가 생각할 때, 다음과 같이 의사소통을 장려하거나 촉진시킬 수 있다.
   a. 비언어적 표현에 관심을 가져라.
   b. 중단 : 경험이 미숙한 상담자들은 대개 클라이언트가 말을 중단할 때 불안해하고, 대화를 지속하기 위해 무엇인가를 계속 말하려고 한다. 이것은 실수이고 이러한 시도는 주제를 변화시키게 된다. 대화중단은 또한 클라이언트에게도 불안감을 줄 것이고, 걱정하는 중요한 부분에 대해 생각할 시간을 가지며, 중단 후에 대개 클라이언트가 자신이 염려하는 영역에 대해 계속 말하는 동기부여를 제공한다.
   c. 중립적 단어를 사용하라. 예를 들어 "그것에 대해 더 말씀해 보실래요?", " 당신은 왜 그렇게 느끼시나요?", "내가 당신 마음을 이해하는지 확신이 들지 않네요." 등으로 말할 수 있다.
   d. 클라이언트가 말하고 있는 것을 요약하라. 당신은 다음과 같이 말할 수 있다. "지난 시간 동안 당신은 당신 배우자에 대해 많은 불평을 했습니다. 당신 결혼 생활에 있어서 무엇인가가 당신의 결혼생활을 불행하게 만들고 있는 것 같아요."
   e. 클라이언트의 감정을 반영하라. 예를 들어 "당신은 화가 난 것 같아요.", "당신은 그것에 대해 우울한 것 같군요."

8. 사회적으로 허용될 수 없는 문제는 재치 있게 접근하라. 재치는 유능한 상담자의 필수적인 자질이다. 응답자가 당황한 상황에서 대답을 할 수 있는 그러한 방법으로 질문하려고 하지 말라. 예를 들어 여러 직장에서 해고되었는데 그 이유는 알 수 없는 남루한 남성과 당신이 상담하고 있다고 생각해보라. 그 남자는 고용주가 처음에는 그가 일을 잘한다고 칭찬해 놓고 몇 주 후에 이유도 말하지 않고 해고했다고 말했다. 몇 가지 상황들을 탐색한 후에 당신은 상담자로서 재치 있게 말할 수 있다. "당신의 개인적 외모와 차림새가 왜 해고의 이유가 되었는지 저도 의아합니다. 나는 당신이 며칠간 면도를 하지 않았다는 것을 들었고 또한 며칠간 목욕도 하지 않았다는 것을 알았습니다. 이것이 설명이 될 수 있겠는지요?" 그들의 삶에 부정적인 결과를 가져올 비효과적 행동들을 클라이언트에게 직면시키는 것은 중요하다.

9. 클라이언트가 가지고 있는 한계를 지적할 때 동시에 어떤 상황에서든 칭찬하라. 한계를 논의하면, 클라이언트는 자신의 무엇인가가 드러나고 있거나 사라지고 있다는 것을 느낀다. 따라서 다른 측면에 대한 칭찬을 통해 되돌려 주는 것이 필요하다.

10. 비언어적 표현에 주의하라. 유능한 상담자는 일반적으로 민감한 주제가 거론될 때, 클라이언트가 목소리 톤, 안절부절 못함, 하품, 곧은 자세, 상기된 얼굴표정 등으로 불안함을 보일 때 등 그러한 표현을 확인한다.

11. 정직하라. 진실하지 않은 것은 항상 드러날 위험성이 있다. 만약 정직하지 않은 것이 드러난다면 상담자에 대한 클라이언트의 확신은 심각하게 손상되고, 관계형성도 깨어질 수 있다. 거짓말을 하지 말고 진실하라. 상담자는 항상 클라이언트 최고의 관심사에 주의를 기울이는 과정에서 나타나는 문제점들은 정직하게 지적해야 한다.

12. 클라이언트가 말하는 것을 주의 깊게 들어라. 상담자의 관점이 아닌 클라이언트의 관점에서 클라이언트의 말을 들으려고 하라. 불행하게도, 몇몇 상담자들은 상담자 자신의 흥미와 관심에 사로잡혀서 클라이언트가 이야기를 하고 있을 때 자신의 생각에 너무 사로잡혀 있다. 이 지침은 매우 단순해 보이지만, 많은 사람들이 하기 힘들어하는 부분이다.

대안적 해결방법의 탐색

다음 지침들은 클라이언트와 대안적인 해결방법을 찾기 위한 것들이다:

1. 하위문제를 심도 있게 탐색한 후, 상담자와 클라이언트를 위한 다음 단계는 대안적 해결방안을 생각하는 것이다. 대안적 해결방안 탐색에서 상담자가 "이것을 해결하는 방법에 대해 생각해 본적이 있습니까?"와 같은 질문을 던짐으로써 시작하는 것이 가장 좋다. 클라이언트에 의해 제안된 대안의 단점, 장점, 결론에 대해 재치 있고 심도 있게 조사해야 한다. 만약 클라이언트가 실행 가능한 대안을 생각하지 않았다면 상담자는 이러한 것들을 언급 하고, 대안들의 장점과 단점에 대한 것도 조사해야 한다. 예를 들어 십대소녀가 임신했을 경우, 만약 그녀가 낙태하지 않고 아이를 낳기로 결심한다면 아이를 키우는 것, 결혼하는 것, 공공부조를 받는 것, 분만 후 위탁보호시설을 찾는 것, 아이 보호를 위해 가까운 친척의 도움을 받는 것을 포함한 생활 계획을 세우는 등 가능한 대안들을 생각해볼 수 있다.

2. 클라이언트는 보통 자기결정권을 갖는다. 즉 자신이 가능한 대안들 중 행동의 과정을 선택하는 것이다. 상담자의 역할은 각각의 가능한 대안의 결과들을 이해하고 명료화하도록 클라이언트를 돕는 것이다. 그러나 일반적으로 클라이언트를 위해 대안을 선택하거나 충고하지는 않는다. 만약 상담자가 대안을 선택할 경우, 두 가지의 결과가 나타날 수 있다. 즉 (1) 대안들이 클라이언트에게 바람직하지 못한 것으로 판명될 경우, 클라이언트는 충고를 한 상담자를 비난할 것이고 미래의 상담관계는 심각하게 방해받을 것이다. (2) 상담자가 선택한 대안이 클라이언트에게 바람직한 것으로 판명되고 즉각적인 결과 또한 좋을 수 있다. 그러나 클라이언트가 상담자에게 과도하게 의존하게 되는 위험이 있고, 장래의 거의 모든 결정을 하는 데 있어 상담자의 충고를 바라게 되면서 일반적으로 독립적인 의사결정을 하는 것을 어려워할 것이다. 실제적 상황에서 대부분의 행동과정은 바람직한 면과 바람직하지 않는 못한 측면 두 가지 결과를 가져올 때가 많다. 예를 들어 미혼모에게 아이를 키울 것을 조언했다면, 그 미혼모는 아이를 양육하고 함께 지내는 것에 매우 만족해할 것이다. 그러나 동시에 그녀는 아이로 인해 제한된 사회생활, 장기간의 경제적 어려움의 가능성과 같은 부정적 결과 때문에 상담자를 비난할 것이다.

   조언을 하지 않는다는 지침은 상담자로 하여금 클라이언트가 생각하지 않은 대안들을 제안해서는 안 된다는 것을 뜻하지 않는다. 반대로, 클라이언트와 함께 모든 실행 가능한 대안들을 탐색하고 제안하는 것은 상담자의 책임이다. 따라야 할 좋은 규칙은 충고(나는 당신이 … 해야 한다고 생각합니다)보다는 오히려 제안(…에 대해 생각해 보셨습니까?)으로서 강조해야 한다.

3. 상담은 클라이언트에 대해서 또는 클라이언트를 위해서가 아니라 클라이언트와 함께 행해지는 것이다. 일반적으로 클라이언트는 자신이 수행할 수 있는 과업에 대한 책임을 져야 하고, 상담자는 클라이언트의 능력을 넘어선 과업들에 대해서만 노력해야 한다. 충고

를 하는 것과 같은 클라이언트를 위한 일들이 의존적 상담관계를 형성할 수도 있다. 클라이언트에 의한 과업의 성공적 성취는 클라이언트의 개인적 성장을 이끌고, 미래를 책임감 있게 준비할 수 있게 만든다.

4. 클라이언트의 자기결정권은 클라이언트가 선택한 행동과정이 다른 사람이나 클라이언트에게 심각하게 해로울 가능성이 높을 때 제한될 수 있다. 예를 들어 부모님이 계속해서 아이를 학대하거나, 클라이언트가 자살을 시도할 때 상담자의 개입이 요청된다. 그러나 대부분 상황은 심지어 상담자가 다른 대인들이 더 나은 행동과정이라고 여길 때라도 클라이언트는 자신이 선택할 권리를 가져야 한다. 많은 경우 클라이언트는 자신에게 무엇이 가장 좋은 것인지를 알 수 있는 가장 좋은 위치에 있다. 만약 대안이 최상의 것이 아니라면, 클라이언트는 아마 실수를 통해 배울 수 있을 것이다.

5. 클라이언트와 함께 명확하고 현실적인 계약을 형성하도록 하라. 클라이언트가 대안을 선택하지 않을 때, 클라이언트는 목표가 무엇이며 무슨 과업이 수행되어야 하고, 어떻게 그 과업을 수행하며, 누가 그 과업을 수행해야 하는지를 분명하게 이해해야 한다. 각각의 과업을 달성하기 위한 시간을 설정한 계약을 하는 것이 바람직하다. 예를 들어, 만약 미혼모가 아이를 키우기로 결정하고 장기간의 재정적인 문제에 대해 계획을 세운다면, 이 목표는 공적부조신청, 아이의 아버지로 추정된 사람으로부터의 지지, 가능한 예산의 범위 내에서 안정적 주거지를 구하는 것 등에 대한 특별한 행동과정을 결정하고 이해해야 한다. 더 나아가, 계약된 시간 안에 누가, 무슨 과업을 해야 할지를 구체화시켜야 한다.

6. 만약 클라이언트가 계약한 약속 기한을 지키지 못한다면, 처벌적 자세를 취하지 말고 잘못을 면하는 자세도 보이지 마라. 용서는 사람들의 잘못한 일을 면제해준다. 즉 용서는 일시적 긴장완화를 제공해 주지만, 결국 클라이언트들은 더 실패하게 되고 실패의 정체성을 가지게 된다. 아주 단순하게 "당신은 아직도 당신의 약속을 수행하기 위해 노력하길 원하십니까?"라고 묻고, 만약 클라이언트의 대답이 긍정적이라면, 클라이언트가 받아들일 수 있는 다른 제한시간을 설정해야 한다.

7. 클라이언트의 상황이 개선될지 여부를 결정하는 가장 큰 단일 요인은 필수적인 과업을 수행하기 위한 동기부여이다. 상담자는 냉담하고 무관심한 클라이언트에게 동기부여를 제공해야 한다. 경험이 없는 원조전문가들의 가장 큰 현실적인 충격은 많은 클라이언트가 심지어 자신들의 상황을 개선시키고자 하는 약속을 한 후에도 기본적인 단계를 수행하고자 하는 동기가 없다는 것이다.

8. 동기부여를 증진시키는 한 가지 방법은 과업을 수행함으로써 무엇이 얻어질 수 있는지를 명료하게 하는 것이다. 클라이언트가 과업을 이행할 때 그들에게 언어적으로 또는 다른 방법으로 보상한다. 처벌은 일반적으로 긍정적이고 지속적인 변화 없이 적대감만 증가시킨다. 처벌은 또한 다른 행동을 하기 위한 임시방편일 뿐이다. 즉 더 이상 지도감독하에 있지 않은 사람은 일반적으로 '일탈행동'으로 돌아갈 것이다.

9. 때때로 클라이언트들은 어떤 과업을 수행할 경험과 자신감이 부족하다. 이러한 경우 과업에 대한 '역할극(role-play)'이 도움이 된다. 예를 들어, 만약 십대 미혼모가 자신의 파트너에게 임신 사실을 어떻게 말해야 할지 결정하는 데 있어 도움을 받고자 한다면, 상황역할극은 그녀가 말을 선택하거나 상대방에게 알리는 전략들을 개발할 수 있게 한다. 상담자는 처음에 클라이언트가 그녀의 파트너 역할을 할 때 그녀의 역할을 한다. 그러고 나서 그 역할들을 바꾸어 십대 미혼모가 그녀의 파트너에게 말하는 연습을 하도록 한다.

상담의 기본적인 형태는 관계형성을 발전시키고 상세히 문제를 탐색하고, 대안적 해결안들을 탐색하는 것이다. 그러나 상담의 이러한 지침들을 교리처럼 따라할 수는 없다. 실제로 이런 지침들은 아마도 상담시간에 70~80% 정도 사용될 것이고, 상담자 자신의 감정, 인식, 관계형성능력, 면담기술을 믿는 것을 배워야 한다.

한 가지 중요한 마지막 지침으로, 다음과 같은 상황에서는 상담자가 클라이언트를 다른 전문가에게 의뢰하거나 또는 다른 전문가와 함께 논의해야 한다. 즉 상담자가 클라이언트에게 감정이입을 할 수 없다고 느낀다든지, 클라이언트가 상담자의 기본 가치체계와 갈등을 빚는 대안을 선택한다고 느낀다든지(유산과 같은), 상담자가 특정한 종류의 문제에 대해 도울 수 없다고 느끼는 경우, 적절한 관계형성이 확립되지 않는 경우 다른 전문가와 함께 일해야 한다. 유능한 상담자는 자신이 사람들과 함께 일할 수 있고 도울 수 있지만, 모든 사람을 도울 수 있다는 것이 아니라는 것을 안다. 만약 당신이 도울 수 없다고 느끼는 클라이언트를 만난다면, 클라이언트의 최상의 관심뿐만 아니라, 상담자의 최상의 관심은 클라이언트를 도울 수 있는 누군가에게 클라이언트를 연계시키는 것에 있다.

포괄적이고 전문화된 상담접근방법들

면접 원칙들에 대한 이해에 더하여, 효과적으로 상담을 진행하는 상담자는 포괄적 상담이론과 함께 어떤 문제가 존재하는지 정확히 진단하고 어떻게 효과적으로 개입하는지 결정하는 전문화된 치료기법들에 대한 지식이 필요하다. 정신분석 치료, 합리적 치료, 클라이언트중심치료, 아들러주의 정신치료, 행동수정, 게슈탈트치료, 현실치료, 교류분석, 신경언어학적 프로그램, 집단감수성훈련접근(encounter approaches) 등과 같은 많은 포괄적인 현대적 상담 접근방법들이 있다.* 이러한 치료방법들은 일반적으로 (a) 성격이론 또는 정상적인 심리사회적인 발달이 어떻게 일어나는지, (b) 행동병리학 또는 정서적, 행동적 문제가 어떻게 일어나는지, (c) 치료 또는 바람직하지 않은 감정과 역기능적인 행동을 어떻게 변화시킬 것인지 등에 대한 이론적 요소들을 포함하고 있다.

유능한 상담자는 일반적으로 몇 가지 치료방법에 관한 지식을 가지고 있다. 클라이언트가 가진 특수한 문제 유형에 따라 많은 개입전략 중에서 상담자는 가장 높은 성공 가능성을 갖는 방법을 선택하게 된다. 포괄적인 상담접근방법 외에도, 수줍음이 많다거나 지나치게 공격적인 사람을 위한 주장훈련, 높은 수준의 스트레스를 경험하는 사람들을 위한 이완기법들, 조루와 오르가즘의 기능이상과 같은 어려움을 위한 성치료 접근, 부모-자녀 관계형성을 위한 부모효과성 훈련과 같이 특정한 문제를 위한 많은 전문화된 치료기술들이 있다.

유능한 상담자는 클라이언트를 도울 수 있는 가능성을 증진시키기 위해 다양한 치료기법들을 효과적으로 적용하기 위한 지식을 얻기 위해 노력한다.

여기서는, 포괄적 치료방법들 중 하나인 합리적 치료(rational therapy)를 요약하고자 한다.

합리적 치료

Albert Ellis와 Maxie Maultsby는 합리적 치료의 선구자이다.[63] 이 접근방법은 바람직하지 않은 감정과 역기능적 행동을 조정하고 없애기 위해 합리적으로 분석하여 숙련된 사람이 될 수 있게 한다.

많은 사람들은 감정과 행동이 사람들의 경험(발생한 사건)에 의해 결정된다고 생각한다. 이와 대조적으로, 합리적 치료에서는 우리의 모든 감정과 행동의 일차적인 요인이 외부적 사건의 결과가 아니라, 스스로 만들어낸 신념의 결과라고 본다.

모든 감정과 행동은 다음과 같은 형태에 의해 발생한다.

사건: (경험)
↓
자기 대화(self-talk): (어떤 사실과 사건에 대해 스스로 부여하는 일련의 평가사고)
↓
감정: (침묵을 포함할 수 있다)
↓
행동:

사례를 통하여 이러한 과정을 설명해 보고자 한다.

사건: 서씨 부부의 다섯 살 난 딸 수정이가 오빠와 놀다가 램프를 건드려 깨뜨렸다.
↓
서씨의 자기 대화: "이 램프는 우리가 가장 좋아하는 것이었어, 우리가 신혼여행에서 샀지. 그것을 다시 되돌릴 수 없을 거야, 이건 진짜 너무한 걸."
"아이가 깨뜨린 것에 대해 매를 들 거야. 회초리로 훈계하면 우리 아이가 더욱 성장하게 될 거야."
"난 이 집의 가장이니까 아이를 발전하게 하는 것은 나의 임무이기도 하지. 내가 아이를 때림으로써 아이가 삶에서 결코 잊지 못할 교훈을 가르칠 거야."
↓

* 가장 좋은 현대적 상담기법 및 전문적인 치료기법에 관한 좋은 요약은 Richard S. Sharf의 Theories of Psychotherapy and Counseling, 4th ed. (Belmont, CA: Wadsworth/Cengage Learning, 2008)을 참조하라.

"그 애는 항상 물건을 깨뜨린다. 나는 이것이 의도적인 것일 수도 있다고 생각한다. 나는 아이에게 나를 존경하고 또한 우리들의 소중한 것들에 대한 것을 가르칠 거야."

감정: 분노, 실망, 좌절

↓

행동: 학대 수준에 가까울 정도로 딸을 신체적으로 매우 강하게 때리고 큰 소리로 야단침

반대로 서씨가 다른 자기 대화를 하면 그의 감정과 행동도 매우 달라질 것이다.

사건: 서씨 부부의 다섯 살 난 딸 수정이가 오빠와 놀다가 램프를 건드려 깨뜨렸다.

↓

서씨의 자기 대화: "이 램프는 우리가 소중히 여기는 것이었지만, 나는 내 아이가 의도적으로 깨지 않았다는 것을 안다. 그것은 사고였다. 내가 화를 낸다고 도움이 될 것은 없다."
"아이들이 자기 침실에서만 말타기 놀이를 할 수 있도록 우리가 주의를 주었다면 이 사고는 막을 수 있었다."
"어린 아이들에게 이런 사고는 흔히 있는 일이다."
"내가 이 시점에서 할 수 있는 건설적인 것은 이런 사고에 대해 이해를 시키고 램프가 깨진 것에 대해 모두가 실망했고, 다음부터는 아이들의 침실에서만 말타기 놀이를 하라고 말하는 것이다."

↓

감정: 약간의 실망이 있지만 대체로 침착하다.

↓

행동: 아버지의 자기 대화 내용에 따라 아버지의 생각을 표현하고 이해시키는 방법으로 아이들에게 이야기한다.

사람의 자기 대화는 우리가 어떻게 느끼고 행동하는지를 결정하는 진행 과정의 가장 중요한 요인이다. 즉 우리의 자기언어가 변함으로써 어떻게 느끼고 행동할 것인가가 변할 수 있다. 일반적으로 우리는 우리에게 일어나는 일들을 통제할 수 없다. 그러나 우리는 합리적으로 생각할 힘이 있고 그것은 우리의 바람직하지 않은 감정과 비효과적인 행동 모두를 변화시킨다.

우리에게 일어난 특정한 일들에 대해 우리 자신이 가지는 자기 대화는 많은 경우 우리의 신념, 태도, 가치, 바람, 목적, 욕구를 포함한 다양한 요인들에 기반을 둔다.[64] 예를 들어 이혼을 요구하는 남편에 대한 결혼한 여성의 자기언어는, 여전히 결혼한 상태로 있고자 하는 그녀의 욕구에 의해, 이혼한 여자라는 것에 대한 가치관과 신념에 의해, 그녀의 현재 목적(이혼이 그들에게 일치된 것인지, 일치되지 않는 것인지)에 의해, 그리고 남편이 이혼을 원한다고 말하는 이유에 대한 그녀의 신념에 의해서 영향을 받는다.

자기 대화의 또 다른 중요한 점은 사건의 반복된 발생과 함께 사람의 정서적 반응은 거의 자동적이 된다는 것이다.

Maultsby에서 따르면 합리적 사고와 합리적 행동은 (a) 사실들과 일치하며, (b) 자신의 삶을 보호하도록 돕고, (c) 장기, 단기 목적도 좀 더 빨리 달성하도록 돕고, (d) 다른 사람들과의 심각한 문제에서 빠져나올 수 있도록 돕고, (e) 중요한 원치 않는 감정들도 경험하지 않도록 도와준다.

비판적 사고를 위한 질문 ?

먼저 당신이 지금 가지고 있는—또는 과거부터 가져왔던—역기능적 행동이나 바람직하지 않은 감정들을 식별하라. 당신은 지금(또는 과거의) 당신의 생각들이 그러한 감정이나 행동의 일차적인 결정요인이라고 믿는가? 당신은 당신의 생각을 좀 더 긍정적이고 합리적인 방향으로 바꾸는 것이 당신에게 치료적일 것이라 믿는가?

11. 한국의 지역사회 정신보건 현황과 정신보건사회복지

우리나라의 경우 1995년 12월 정신보건법이 제정되고 1997년 정신보건법이 실시된 이후, 지역정신보건사업이 활성화되기 시작하여, 2012년 12월 현재 광역정신건강증진센터 9개소, 표준형정신건강증진센터 168개소, 400여 개소의 사회복귀시설, 47개의 알코올상담센터*로 양적으로 급속하게 확대되었다. 또한 정신보건법에 의한 정신보건전문요원(정신보건사회복지사, 정신보건간호사, 정신보건임상심리사)의 수가 10,552명이 배출되어 정신건강증진센터, 자살

* 알코올상담센터의 경우 2013년 1월 광주광역시 시범정신보건사업에서 알코올상담센터를 "중독관리센터"로 명칭 변경하고 알코올중독, 마약중독, 도박중독, 인터넷 중독을 포괄하는 것으로 사업내용을 확대하였다.

예방센터, 알코올상담센터, 사회복귀시설 등 정신건강관련 기관에서 활발하게 활동하고 있다.

2011년 기준 우리나라의 25개 정신질환 평생유병률*은 27.6%이며, 주요 정신질환 유병률이 지난 2006년 12.6%에서 2011년 14.4%로 증가하였다. 공황장애, 외상 후 스트레스장애(PTSD), 광장공포증 등 불안장애 245만 명, 우울증, 조울증 등 기분장애 130만 명, 알코올중독 220만 명, 인터넷중독 230만 명, 도박중독 360만 명으로 추산하고 있다. 2011년 기준 지난 1년 동안 니코틴사용장애를 제외한 정신질환을 경험한 사람은 약 490만 명으로 추정하며, 우리나라 인구 중 약 1/10은 살아가며 한 번 이상 정신질환을 경험하는 것으로 나타났다(보건복지부, 2011). 특히 우리나라의 자살률은 2010년 1만 5,566명에 달해, 인구 10만 명당 31.2명으로 하루 평균 42.6명이 자살하여 OECD 국가 중 1위를 차지하고 있다. 2012년 사회조사결과에 따르면 13세 이상의 9.1%가 자살충동을 경험한 것으로 보고하여 국내 자살위험군이 120만 명에 달하고 있다. 증가하는 자살문제를 예방하기 위하여 2011년 3월 "자살예방 및 생명존중 문화조성을 위한 특별법"이 시행되었고, 중앙자살예방센터 등 생명존중을 위한 자살예방사업이 본격적으로 시작하고 있다.

이처럼 정신건강분야의 양적·질적 성장이 이루어졌음에도 불구하고, 평생 동안 정신질환을 경험했을 때, 정신과 의사 또는 정신보건전문요원(정신보건사회복지사, 정신보건간호사, 정신보건임상심리사) 같은 정신건강전문가로부터 상담이나 치료를 받은 비율은 15.4%에 그쳐 미국의 39.2%, 호주 34.9%에 비해 매우 낮게 나타나고 있다. 또한 아직까지도 장기입원현상이 지속되고 있으며, 정신건강병상 수가 지속적으로 증가하고 있다. 반면에 지역사회정신건강관련 자원들은 아직도 미흡하여, 정부는 향후 지역사회정신건강 자원 확충을 중점적 목표로 하고 있다.

1995년 정신보건법 제정 이후 정신보건사회복지 영역의 과거 정신병원 중심의 의료적 접근에서 나아가 지역사회에 기반을 둔 정신건강서비스로 확장하는 계기가 되었다. 또한 정신보건법 제7조의 '정신보건전문요원'으로 법적인 인정을 받아 정신보건사회복지사, 정신보건임상심리사, 정신보건간호사가 1997년부터 배출되기 시작하였고, 2012년 현재 1, 2급 포함 정신보건사회복지사가 3,600명 배출되었다. 정신보건사회복지사 수련과정은 10여 년 동안 정신보건사회복지학회에서 주관하다, 현재 정신보건사회복지사협회에서 수련을 주관하고 있다. 2급 정신보건사회복지사 자격의 경우 사회복지사 1급 자격증소지자로서 보건복지부지정 수련기관에서 연 150시간의 이론교육과 850시간의 임상수련을 마치고 협회가 실시하는 자격관리위원회를 통과하고 시험을 통과한 자로 규정하고 있다.

정신건강영역의 확대에 따라 정신보건사회복지사들은 정신건강증진센터, 자살예방센터, 중독관리센터, 알코올상담센터, 정신과병의원과 같은 정신의료시설, 사회복귀시설 등에서 적극적으로 활동하고 있다. 향후 폭력피해, 재난, 범죄피해 등 트라우마(trauma) 관련 영역, 중독, 자살, 아동·청소년·노인 등 영역관련 정신건강 분야와 정신건강 예방 및 정책 연구영역이 확대될 것으로 예측하고 있다.

* 18세에서 64세 미만 인구 중 평생 동안 한 가지 이상의 정신질환에 한 번 이상 이환된 적이 있는 비율

요약

다음은 이 장의 서두에서 제시한 학습목표와 관련된 내용을 요약한 것이다.

A. 정서적·행동적 문제들의 본질과 범위

정서적·행동적인 문제들은 대부분의 문제들이 가지고 있는 두 가지 포괄적인 수준의 개념이다. 우리 모두는 정서적·행동적 문제를 경험한다. 심각하거나 또는 중대한 정서적 문제들은 때때로 '정신질환'으로 명명된다.

B. 정신질환의 개념에 대한 논의

정신장애인들을 위한 치료의 역사는 흥미진진하나 동시에 정의롭지 못하고 비극적이기도 하다. 과거에 정신장애인들

은 마술적 예언자에서부터 악마의 힘이 지배하는 사악한 사람들로 보는 범위까지 다양한 측면으로 간주되었다. 최근 정신질환 치료의 주된 발전은 향정신성 약물의 발견과 사용이며 탈시설화의 경향을 보이고 있는 점이다.

논의의 초점이 되는 문제는 과연 정신질환이 존재하는가이다. 의료적 접근 지지자들은 정신장애자의 마음은 일반적으로 알려지지 않은 내적 상태에 의해서 영향을 받는다고 주장한다. 의료모델의 비판자들은 정신장애인들이 사회적 일탈행동을 보이거나 정서적 문제를 가지지만 마음의 질병은 가지고 있지 않다고 주장한다. 더 나아가 비판자들은 정신질환의 명명이 치료적 가치나 진단적 가치가 없고 종종 역효과를 보인다고 주장한다.

C. 만성정신질환의 원인에 대한 이론 소개

Thomas Scheff는 사람들을 정신적으로 질병을 가진 것으로 낙인찍는 것 자체가 사람들로 하여금 만성정신질환을 가진 것으로 역할하게 만드는 가장 주요한 원인이라고 주장했다.

D. 노숙자에 대한 정보 제공

미국에서 많은 수의 노숙자들은 국가적인 불명예이다. 많은 노숙자들은 만성적인 정신질환의 심각성으로 인해 고통을 받고 있다. 그들에게 필요한 충분한 사회적 지지 없이 정신보건시설로부터 퇴원했기 때문에, 수만 명의 정신질환자들은 너저분한 거리에서 살고 있다

E. 정신건강영역의 논쟁적 이슈들 소개

정신건강 분야에서 중요한 이슈는 정신질환자 강제수용과 부적절한 치료, 부작용을 일으키는 치료의 강요와 관련한 시민권이다. 또 다른 이슈는 범법자들의 정신이상에 따른 무죄 추정의 오용, 사용할 수 있는 향정신성 약물의 범위, 탈시설화로 인해 주립 정신병원에 보낼 수 없는 정신장애인들에게 지역사회가 제공하는 지역사회정신보건서비스의 적절성이다. 정신건강 관리보호체계의 출현은 정서적·행동적 어려움을 가진 사람들에게 필요한 서비스를 그 체계가 제한을 하고 있는 것을 포함하는 많은 이슈를 제기한다.

F. 사회구조와 정신질환 발생률 사이의 관계에 대한 조사연구 제시

사회학자들은 사회적 요인과 정신질환 사이의 높은 관련성을 발견하였다. 정신질환으로 진단받은 많은 사람들은 사회경제적 계층이 더 낮고 농촌지역, 도시중심부, 노인들, 미혼사들, 아프리카계 미국인들이었다. 여성들은 불안, 우울, 공포관련 어려움으로 진단받는 경향이 있고, 남성들은 성격장애로 진단받는 경우가 많다. 사회경제적으로 하위계층 사람들은 정신건강서비스의 질적인 측면에서 상위계층사람들에 비해 낮은 수준의 보호를 종종 받는다.

G. 정서적·행동적 문제에 대한 치료적 접근 서술

정서적·행동적 문제를 가진 사람들을 치료하는 데 사용하는 주된 치료적 접근은 심리치료와 상담이다. 상담서비스는 거의 모든 직접서비스를 실천하는 사회복지기관에서 제공한다. 약물치료 또한 사용되기도 한다

H. 정신건강영역에서의 사회복지사의 역할 소개

효과적으로 다른 사람과 상담하는 능력은 사회복지사에게 요구되는 가장 중요한 기술이다. 유능한 상담가가 되기 위해 면담원리에 대한 전문적 지식과 폭넓은 치료방법을 습득하는 것이 필수적이다. 여러 가지 치료방법 중 하나인 합리적 치료를 이 장에서 제시하였다

I. 상담과 상담기법들에 대한 정보 제공

상담에서는, 관계형성의 확립, 자세한 문제들의 탐색, 대안적 해결안의 탐색으로 뚜렷하게 구분되는 세 가지 단계가 있다.

인터넷 참고자료

CENGAGE**NOW**™ 각 장과 관련된 참고자료는 출판사 홈페이지(www.cengage.com/social_work/zastrow)를 참조하라.

주

1. Albert Ellis, *A Guide to Rational Living*, 3rd ed. (New York: Wilshire, 1998).
2. William Kornblum and Joseph Julian, *Social Problems*, 12th ed. (Upper Saddle River, NJ: Prentice Hall, 2007), p. 69.
3. Ibid., pp. 69–72.
4. Ronald J. Comer, *Fundamentals of Abnormal Psychology*, 4th ed. (New York:Worth, 2005), p. 361.
5. Ibid.
6. American Psychiatric Association, *Diagnostic and Statistical Manual* (DSM-IV-TR) of Mental Disorders, 4th ed., text revision (Washington, DC: American Psychiatric Association, 2000).
7. Thomas S. Szasz, The *Myth ofMental Illness*, rev. ed. (NewYork:HarperCollins, 1984);ThomasS. Szasz, *Insanity: The Idea and Its Consequences*, rev. ed. (Portland, OR: Book News Inc., 1999).
8. Thomas S. Szasz, "The Myth of Mental Illness," *in Clinical Psychology in Transition*, John R. Braun, comp. (Cleveland: Howard Allen, 1961), p. 27.
9. Thomas Scheff, *Being Mentally Ill*, rev. ed. (New York: Aldine de Gruyter, 1999); David Mechanic, "Some Factors in Identifying and Defining *Mental Illness*," Mental Hygiene, 46 (Jan. 1962), pp. 66–74.
10. P. J. Caplan, *They Say You're Crazy* (Reading, MA: Addison-Wesley, 1995).
11. Ibid.
12. David L. Rosenhan, "On Being Sane in Insane Places," *Science*, 179 (Jan. 1973), pp. 250–257.
13. Comer, *Fundamentals of Abnormal Psychology*.
14. Ibid.
15. Charles H. Cooley, *Human Nature and the Social Order* (New York: Seribneris, 1902).
16. *Szasz, Insanity: The Idea and Its Consequences*.
17. *Scheff, Being Mentally Ill*.
18. Ibid., p. 31.
19. Kornblumand Julian, *Social Problems*, pp. 208–209.
20. Linda A. Mooney, David Knox, and Caroline Schacht, *Understanding Social Problems*, 6th ed. (Belmont, CA: Wadsworth/Cengage Learning, 2009).
21. Kornblum and Julian, *Social Problems*, pp. 78–85.
22. Comer, *Fundamentals of Abnormal Psychology*.
23. Ibid.
24. The President's Commission on Mental Health, *Report to the President from the President's Commission on Mental Health*, vol. 1 (Washington, DC: U.S. Government Printing Office, 1978).
25. Ibid., pp. 69–72.
26. Rosenhan and Seligman, *Abnormal Psychology*.
27. "Psychiatric Testimony Clouds Justice in the Courtroom," *Freedom*, Feb. 1980, p. 1.
28. Ibid., p. 4.
29. "Behind Growing Outrage over Insanity Pleas," *U.S. News & World Report*, May 1999, p. 42.
30. Kornblum and Julian, Social Problems, p. 91.
31. Darlene Grant, "Clinical Social Work" in TerryMizrahi and Larry E.Davis, Editors in Chief, *Encyclopedia of Social Work*, 20th ed., Vol. 1 (Washington,D-C:NASWPress, 2008), pp. 317–326.
32. E. R. Wagner, "Types of Managed Care Organizations," in P. R. Kongstvedt, ed. *The Managed Care Handbook* (Gaithersburg, MD: Aspen Press, 2001). pp. 33–45.
33. D. L. Rosenhan and M. E. Seligman, *Abnormal Psychology*, 3rd ed. (New York: Norton, 1955).
34. Mooney, Knox, and Schacht, *Social Problems*, p. 50.
35. Kornblum and Julian, *Social Problems*, p. 81.
36. Ibid., p. 81.
37. Ibid., pp. 80–81.
38. Ibid., p. 82.
39. Ibid., p. 82.
40. Ibid., pp. 83–84.

41. Mooney, Knox, and Schacht, *Understanding Social Problems,* p. 54.
42. Ibid., p. 52.
43. Ibid., p. 52.
44. Ibid., pp. 52–54.
45. Kornblum and Julian, Social Problems, pp. 78–79.
46. George Rosen, *Madness in Society: Chapters in the Historical Sociology of Mental Illness* (New York: Harper & Row, 1969).
47. Ibid., pp. 172–195.
48. Clifford W. Beers, *A Mind That Found Itself* (New York: Longman, Green, 1908).
49. H. J. Eysenck, "The Effects of Psychotherapy: An Evaluation," *Journal of Consulting Psychology,* 11 (1955), pp. 319–324.
50. A good summary of these theories is in Richard S. Sharf, *Theories of Psychotherapy and Counseling, 4th ed.* (Belmont, CA: Wadsworth/Thomson Learning, 2008).
51. Miriam Siegler and Mumphrey Osmond, *Models of Madness, Models of Medicine* (New York: Harper & Row, 1974).
52. Joseph Mehr, *Human Services* (Boston: Allyn & Bacon, 1980), p. 88.
53. Erving Goffman, Asylums: Essays on the Social Situation of Mental Patients and Other Inmates (New York: Doubleday, 1961).
54. Kornblum and Julian, *Social Problems,* pp. 86–93.
55. Ibid., pp. 90–91.
56. Ibid., pp. 90–91.
57. Ibid., pp. 90–91.
58. Ibid., pp. 90–91.
59. Ibid., p. 91.
60. Anthony J. Vattano, "Mental Health," *in Contemporary Social Work,* 2nd ed., Donald Brieland, Lela B. Costin, and Charles R. Antherton, eds. (New york: McGraw-Hill, 1980), p. 293.
61. National Association of Social Workers, 1993 *Register of Clinical Social Workers,* 7th ed. (Washington, DC: NASW, 1993), pp. v–vi.
62. Craig W. LeCroy and Erika L. Stinson, "The Public's Perception of *Social Work*: Is It What We Think It Is?" Social Work, 49, no. 2 (April 2004), p. 170.
63. Ellis, *A Guide to Rational Living; Maxie Maultsby, Help Yourself to Happiness* (Boston: Marborough/Herman, 1975).
64. Charles Zastrow, *You Are What You Think* (Chicago: Nelson-Hall, 1993).

CHAPTER 6

가족문제와 가족대상 서비스

Family Problems and Services to Families

이 장의 개요

- 다양한 가족형태
- 미국의 가족：과거와 현재
- 가족 문제

학습목표

이 장은 세계의 다양한 가족형태에 대해 간략한 소개와 함께 다음과 같은 내용으로 구성된다.

A. 식민지 시대 이후 미국 가족변화의 역사를 소개한다.
B. 미국 가족이 직면한 이혼, 피상적 결혼, 가정폭력, 아동 성 학대, 혼외출산 및 강간과 같은 문제를 설명. 또한 가족 문제에 대한 사회서비스를 설명

1. 다양한 가족형태

가족은 모든 문화에 존재하는 사회적 제도이다. 가족의 일반적 정의는 '결혼, 혈연, 또는 입양으로 연결되어 있으며 동일한 가구 내에 함께 사는 사람의 모임'[1)]이다. 하지만 이 정의는 스스로를 가족이라고 간주하는

- 수년 동안 두 아이를 위탁, 양육하고 있는 부부
- 이성과의 전 결혼에서 낳은 아이를 키우는 두 동성애자 커플
- 부부 중 한 사람이 멀리 떨어져 살고 있는 부부(예: 부부 중 한 사람이 군인이거나 타향에 직장을 가지고 있는 사람)
- 오랜 세월 동안 깊은 애정을 가지고 동거해온 남녀

와 같은 관계를 모두 포괄하지 못한다.

이러한 다양한 형태를 포괄할 수 있는 '가족'의 개념은 아직 발달되지 않았다.

여러 문화에서 가족은 다양한 형태를 띤다. 어떤 사회에서는 남편과 아내가 각기 다른 건물에 산다. 아이가 태어난 후 몇 년간은 부부가 떨어져 살아야 하는 것이 규범인 사회도 있다. 남편이 여러 명의 아내를 취하는 사회도 있다. 드물긴 하지만 반대로 아내가 다수의 남편을 취하는 사회 또한 존재한다. 혼전 관계나 혼외 관계를 인정하고 때로는 권장하기도 하는 문화도 있다.

성인과 아이들이 함께 사는 곳도 있고, 아이를 성인과 분리시켜 양육하는 형태가 주를 이루는 경우도 있다. 어떤 문화에서는 친부모가 아닌 대리부모가 아이를 양육하기도 한다. 특정한 형태의 동성 간 관계를 권장하는 사회도 있고 이성 간의 결혼과 마찬가지로 동성 간 결혼을 인정하는 곳도 드물지만 존재한다.

여전히 많은 곳에서 결혼은 중매로 이루어진다. 애정을 바탕으로 하는 사랑을 인정하지 않는 사회도 있다. 나이 많은 남자가 어린 여자를 아내로 맞이하는 곳도 있고 젊은 소년을 남편으로 맞는 문화도 있다. 어떤 문화에서는 부계의 사촌과, 어느 곳에서는 이종사촌과 결혼하는 것이 관습이다. 대부분의 사회는 가까운 친척과의 결혼을 금지하지만 여전히 남매 간의 결혼이나 사촌 간의 결혼이 이루어지기도 한다. 드문 경우이긴 하지만, 아기가 태어나기 전 혼인을 시키는 문화도 있다(같은 성이 태어나면 결혼은 취소된다). 어느 사회에서는 남성이 결혼할 때 신부의 아버지에게 많은 선물을 하기도 하고, 반대로 신부의 아버지가 사위가 될 사람에게 많은 선물을 하는 문화도 있다.

각각의 사회에서 사람들은 일반적으로 자신들의 문화나 습관이 정상이고 옳은 것이라고 믿으며 오랜 전통을 통해 결정된 것이므로 깰 수 없는 관습이라고 간주한다. 자신들의 형태를 변화시키라는 제안은 도전으로 받아들이며, 이러한 변화는 즉각적으로 비난받기 쉽고 비도덕적이고 부자연스러운 것으로 간주된다.

이러한 다양성에도 불구하고 실제로 모든 가족 체계는 두 가지 기본 형태인 확대가족과 핵가족으로 분류될 수 있다.

확대가족(*extended family*)은 부모, 자녀, 조부모, 이모, 삼촌, 사돈, 사촌과 같은 사람들이 함께 구성된 가족을 말한다. 전근대사회에서 확대가족은 일반적인 형태였다. 이들은 다양한 가사일과 생업을 함께 나누었다.

핵가족(*nuclear family*)은 결혼한 부부가 아이들과 함께

Jack Hollingsworth/Portrait of a three generation family in a garden/Thinkstock

많은 개발국가에서는 여전히 확대가족이 지배적인 가족형태이다.

사는 형태를 말한다. 핵가족은 확대가족으로부터 유래하였다. 확대가족은 일손이 많이 필요했던 농업사회에 적합한 형태였다. 핵가족은 보다 복잡한 산업화 사회에 적합한 형태인데, 핵가족의 적은 구성원 수와 이동의 용이성이 변화하는 환경에 적응할 수 있는 조건(다른 직장을 구해서 이사하는 경우와 같은)을 조성하기 때문이다.

미국을 비롯한 여러 나라에서는 세 번째 형태의 가족이 등장하고 있다. 이는 바로 한부모가족이다. 한부모 가족은 다양한 방법으로 조성되는데, 예를 들어 결혼하지 않은 사람이 아이를 입양하는 경우, 미혼의 여인이 출산을 하는 경우, 결혼한 부부가 이혼을 하여 한쪽 부모가 아이를 양육하는 경우(대부분 여성)가 이에 포함된다. 현재 미국의 가족 중 한부모가족이 차지하는 비율은 28%이다.[2)]

한부모 가족이나 아이가 있는 동성커플과 같은 가족형태는 차별을 당해 왔다.

2. 미국의 가족: 과거와 현재

》 전근대 사회의 가족

우리는 대부분 가족을 변화가 거의 없는 안정된 집단으로 간주한다. 하지만 놀랍게도 식민지시대와 개척시대부터 가족은 많은 변화를 거쳐 왔다.

1800년대 이전 미국의 경제는 농업에 의존했다. 대다수의 사람은 시골의 작은 농장에 거주하였다. 전근대 사회에서 이동은 용이하지 않았고 매우 제한되어 있었다. 가족은 대부분 자급자족을 하였고, 한 가족과 그의 농장이 생산의 중심에 있었다. 이 당시 일반적 가족형태는 확대가족이었고 각 구성원은 구체적인 역할과 책임을 가지고 있었다. 작은 농장에는 많은 임무가 있었기 때문에 다양한 임무를 수행하는 여러 가족 구성원의 존재가 매우 기능적이었다.

경제적 조건이 가족의 형태를 규정하였고 결혼과 다산

(多産)에 높은 가치를 두었다. 자녀가 많으면 그 가족은 더 많은 땅을 경작할 수 있었고 이는 더 많은 경제적 이윤을 의미했다. 그러므로 자녀는 중요한 재산이었다. 부모들은 필요한 일을 해줄 수 있는 근면한 며느리를 원했다.[3]

Cuber, John, Thompson에 의하면 전근대의 미국사회는 획일적인 신념을 초래했고 이는 당시 많은 사람들에게 받아들여졌다.[4] 이 획일적 신념은 특정한 행동형태만을 인정했는데, 그 내용은 다음과 같다.

1. 성인이 되면 결혼을 해야 한다. 여성은 10대 후반이나 20대 초반에 결혼해야 하고, 결혼이 늦은 여성은 '노처녀' 혹은 '독신'이라고 불렸다.
2. 결혼은 종신적이며, 이혼은 드물었고 허락되지 않았다.
3. 가족의 복지가 개인의 욕구보다 중요하다. 예컨대, 결혼을 하고 싶은 사람이 있다고 해도 가족이라는 단위에 부합되는지 여부를 부모가 결정했고, 개인의 의견은 중요하지 않았다.
4. 성관계는 혼인관계에서만 가능하다. 여기에는 이중잣대가 존재했는데, 여성의 혼외관계가 남성의 혼외관계보다 훨씬 더 많은 비난을 받았다.
5. 결혼한 부부는 아이를 가져야 한다. 자녀는 경제적 자원이기도 하지만 "생육하고 번성하라"는 성서적 가르침에 근거하여 출산을 신성한 의무로 규정하였다.
6. 부모는 무슨 일이 있어도 자녀를 돌볼 의무가 있다. 그리고 자녀는 부모를 공경하고 복종해야 한다. 부모가 (연로하여) 힘이 없어지면 자녀가 부모를 모셔야 한다.
7. 가족의 머리는 아버지이며 중요한 의사결정자이다. 아내와 자녀는 복종해야 했다. 남성으로서 갖는 이득은 대단한 것이었다. 여자는 자신의 부모를 떠나 남편의 집으로 온다(대부분 친가에서 함께 살거나 친가에 가까운 곳에 산다). 딸보다 아들이 우선시되었는데, 아들은 결혼 후에도 함께 살기 때문이다. 여성의 자리는 집안이었고, 요리, 빨래, 청소 등과 같은 대부분의 일을 맡았다. 즉 전근대 미국사회는 매우 가부장적이었다.

이러한 신념들은 대부분의 사람이 매우 강하게 가지고 있었고, 이렇게 사는 것이 도덕적으로 옳은 삶이라고 인식하였다. 이를 거역하는 것은 순리와 신의 법칙에 어긋나는 일로 간주되었다. (앞으로 보게 되겠지만, 이러한 신념의 잔재가 여전히 미국 사회에 남아 있다.)

산업화 사회의 가족

200년 전에 시작된 산업혁명은 가족의 변화에 지대한 영향을 미쳤다. 경제생산의 중심이 소규모 가족 농장에서 공장과 대규모 기업으로 이전되어갔다. 산업화와 함께 도시화가 진행되었고 대부분의 사람들은 이제 도시나 중소도시 지역에 거주한다. 작업대에서 대량생산되거나 복잡한 기구와 기술을 사용하여 생산된 물건이 작은 가족 농장이나 소규모 가족단위 가게에서 생산된 것보다 훨씬 저렴하게 유통되었다.

가족이 점차 자신의 경제생산기능을 잃게 됨에 따라 다른 변화도 병행되었다. 필수적 경제활동에 필요한 가족성원의 수가 감소하였다. 또한 직업에 따라 이동하는 것이 수월한 핵가족이 산업화 사회에 더 기능적인 가족형태로 자리 잡기 시작했다.

점차적으로 개인주의가 심화되었다. 개인주의의 핵심은 개인의 욕구가 가족 전체의 욕구에 우선한다는 생각이다. 결과적으로 배우자 선택에 있어서도 가족의 욕구보다는 개인의 선호가 중요하게 자리 잡게 되었다.

경제생산적 기능의 손실로 인해 자녀는 경제적 책임의 대상이 되었다. 즉 더 이상 가족의 소득에 기여하지 않았지만 여전히 먹이고 입히고 재워야 했다. 따라서 자녀의 수가 감소하였다.

그 밖에도 많은 변화가 있었는데 부분적으로는 아이들이 제도적 교육을 받게 됨에 따라 노인의 지혜를 존중하는 문화가 변화하기 시작했고, 노인의 역할이 감소했다. 급변하는 산업사회에서 노후한 노동자의 직업기술은 더 이상 소용없게 되고, 따라서 노인에 대한 태도는 과거와 달라졌다.

여성의 참정권이 생겼고, 지난 50년 동안 성의 도덕성에 이중적 잣대를 적용하는 것에 대한 페미니즘의 비판이 증가했다. 여성은 남성과의 평등한 관계를 추구했으며, 점점 더 많은 여성이 노동에 참여하고 남성만의 영역이라고 간주되었던 영역에도 많이 진출하게 되었다. 성에 대해서도 보다 개방적으로 이야기하게 되었고, 혼외 성관계도 증가하였다.[5] 하지만, 최근 에이즈에 대한 우려는 성인의 성적 접촉을 감소시켰다. (에이즈 감염 가능성은 성적 파트너가 많을수록 증가한다.)

그럼에도 불구하고 획일적인 문화는 아직도 존재한다. 이혼이나 자녀를 낳지 않는 것, 혹은 독신주의와 비혼인 출산에 대한 비판의 목소리는 아직도 존재한다.

1938년 사회학자 William Ogburn은 산업화와 기술발전의 결과로 인해 변하게 된 미국가족의 기능을 다음과 같이 설명했다.[6]

1. 경제생산 기능이 사라졌다. 대부분 가족이 금전적 소득을 가족 밖에서 얻는다.
2. 보호기능이 사라졌다. 이제 보호기능은 경찰서, 병원, 보험회사, 양로원과 같은 기관이 담당한다.
3. 교육기능이 급격하게 감소했다. 학교, 어린이집, 교육프로그램 등이 이러한 기능의 대부분을 담당한다.
4. 종교활동의 중심으로서의 가족 기능이 약화되었다.
5. 여가기능이 감소했다. 오늘날 구성원은 외부 집단에 참여하여 여가생활을 한다.
6. 가족이 담당하던 지위 인정기능이 감소했다. 이제 각 구성원은 자신의 성취를 학교, 직장 또는 사회나 종교집단을 통해 인정받게 되었다.
7. 정서적 기능은 보유하고 있다. 사회적 정서적 만족을 가족으로부터 받으며, 대부분 애정의 욕구를 가족을 통해 충족한다.

많은 전문가들이 미국 가족 기능의 많은 부분들이 상실되고 감소되었다는 Ogburn의 평가에 동의한다. 하지만 Ogburn이 간과한 근대가족이 유지하고 있는 기능이 있다. 근대 산업사회의 지속과 안정을 유지하기 위해 가족이 수행하는 다섯 가지 주요한 기능은 다음과 같다.[7]

인구 대체

모든 사회는 구성원을 교체하는 데 필요한 체계를 가지고 있다. 실질적으로 모든 사회가 자녀를 생산하는 단위로 가족을 상정하기 때문에 사회는 가족 내 재생산 담당인 두 사람의 권리와 책임을 규정한다. 이런 권리와 책임감이 사회의 안정을 유지시켜주고 있는 것이다.

자녀양육

자녀는 적어도 사춘기까지 보호와 양육을 필요로 한다. 가족은 자녀를 양육하는 일차 체계이다. 근대 사회는 자녀 양육을 보필할 수 있는 제도(즉 의료지원, 보육센터, 부모 교육훈련 등)를 발달시켜가고 있다.

새 구성원의 사회화

사회의 생산적인 구성원이 되기 위해서 자녀들의 사회화 과정이 필요하다. 언어, 도덕, 가치, 규범 등을 학습해야 하는데 가족은 이러한 사회화 과정의 핵심적인 역할을 담당한다. 근대사회에서는 가족 외에도 학교, 대중매체, 또래집단, 영화, 책 등 또한 사회화 과정의 중요한 영향을 미친다.

성행동의 규제

성인의 성행동을 규제하지 않는다면 혼외의 관계나 출산 등의 문제가 많이 발생할 것이다. 대부분의 문화는 근친상간이나 혼외관계 등의 성행동을 규제하는 규범을 가지고 있다.

애정의 원천

Spitz에 의하면 인간은 애정, 정서적 지지, 타인으로부터의 인정을 필요로 한다.[8] 이런 것이 없다면 사람의 정서적, 지적, 신체적, 사회적 성장이 지연된다. 가족은 이러한 애정이나 인정의 원천이 되는데, 대부분 사람들은 가족을 자신에게 가장 소중한 사람으로 간주하고 이 관계 속에서 정서적 사회적 만족을 얻기 때문이다. (앞서 Ogburn은 이러한 기능을 근대 가족이 유지하고 있는 주요 기능으로 설명했다.)

이상 약술한 미국 가족사의 정리는 가족이 변화하고 있지만 아직도 중요한 기능을 유지하고 있다는 것을 보여준다. 이제 현대가족이 당면한 문제(이혼, 피상적 결혼생활, 가정폭력, 성 학대, 혼외출산, 강간)에 대해 알아보자.

3. 가족문제

» 이혼

미국 사회는 다른 어떤 사회보다도 사랑에 가치를 둔다. 중매로 이루어지는 결혼에서 사랑은 배우자 선택에 큰 요인이 되지 않지만 미국의 결혼에서는 주요한 요인이 된다.

미국의 자녀들은 어릴 때부터 연인 간의 사랑에 큰 가

치를 부여하도록 사회화된다. '사랑은 모든 것을 극복할 수 있다'라는 명제를 믿는 것이다. 잡지, 영화, TV는 끊임없이 사랑의 해피엔딩을 보여주며, 이런 이야기들은 모든 사람이 특별한 사람을 만나 사랑에 빠지고, 결혼하며, 평생 행복하게 산다는 것을 꿈꾸게 한다. 하지만 이러한 이상적인 사랑은 매우 드물다.

거의 두 쌍의 커플 중 한 쌍은 이혼에 이른다는 것이 현재의 통계이다.[9] 이 높은 수치는 점차적으로 증가한 것이며 1차 세계대전 전에는 이혼은 거의 없었다고 해도 과언이 아니다.

이혼은 관련된 사람들에게 많은 어려움을 가져온다. 무엇보다 실패했다는 마음과 함께 다시 사랑할 수 있을지에 대한 의구심, 외로움, 사회적 낙인 등으로 얼룩진 정서적 상처를 가져온다. 이혼을 생각하는 사람의 대부분은 배우자와 함께 살아야 하는지 아닌지 기로에 서게 된다. 또한 이혼이 자녀에게 미칠 영향에 대한 염려 역시 큰 어려움이다.

다른 종류의 문제도 걸려 있다. 누가 양육권을 가질 것인가? (요즈음은 부부가 돌아가며 양육하는 공동양육권을 갖는 경우도 있다.) 부모 중 한 사람이 양육권을 갖게 되는 경우, 면접회수나 양육비의 문제가 대두된다. 이혼한 사람은 새로운 주거지를 찾는 문제, 새로운 친구를 사귀는 문제, 부부중심사회에서 혼자 살아가는 방법 모색, 재정 환경에의 적응, 새로운 사람과의 교제 등과 관련된 복잡한 문제 등에 직면하게 된다.

이혼을 극복하는 것은 매우 힘든 과정이다. 업무수행에 지장을 초래하며, 실제로 많은 사람이 이 기간 동안 직장을 잃기도 한다.[10] 이혼자들의 수명은 상대적으로 짧으며[11] 이혼남성의 자살률이 기혼남성에 비하여 높다는 통계도 있다.[12]

이혼 그 자체는 이제 더 이상 사회문제라고 간주되지 않는 것에 비해 이혼으로 인한 여러 결과는 사회문제로 간주된다. 다른 한편, 이혼이 문제해결의 한 방법이라는 인식 또한 증가하고 있다. 즉 이혼이 보다 생산적이고 의미 있는 삶을 위한 구체적 방법이기도 하다는 것이다. 더 나아가 아이들에게도 계속적인 갈등과 불행에 노출되는 것보다는 이혼이 오히려 발전적이라는 인식도 증가하고 있다.

이혼율이 증가한다는 것은 결혼이 점점 줄어들고 있다는 것을 말하는 것은 아니다. 이전에는 행복하지 않아도 유지하던 결혼을 이제는 많은 사람들이 유지하지 않는다는 단면적인 통계일 수도 있다.

행복한 결혼을 위한 조건

결혼 해체에는 많은 원인이 있는데, 알코올중독, 실직으로 인한 금전적 어려움, 경제적 문제, 서로 다른 관심 분야, 혼외관계, 질투, 배우자 폭력, 친척이나 친구들의 권유로 인한 이혼 등을 들 수 있다.

앞서 언급했듯이 대부분의 사람들은 상대방을 사랑한다는 믿음으로 결혼을 한다. 하지만 이런 사랑이 지속되지 않는다는 것을 느끼면 실패할 확률이 높아지는 것이다. 불행히도 우리 사회의 젊은이들은 결혼이 지속적인 사랑과 문제해결, 그리고 계속되는 성적 매력과 모험으로 가득할 것이라 생각한다. 하지만 현실적으로 결혼이란 쓰레기 청소, 설거지, 일로 인한 피로, 마음에 들지 않는 상대방의 습관에 대한 인내, 기저귀 갈기, 서로 다른 성적 관심, 경제적 갈등 등으로 어우러진 것이다. 결혼을 잘 유지하기 위해서는 각 배우자가 관계에 대해 많은 노력과 에너지를 투자해야 하는 것이다.

비판적 사고를 위한 질문 ?

당신이 원하는 모든 것을 갖추고 있다고 생각한 사람과 사랑에 빠져본 일이 있는가? 그 관계는 어떻게 되었는가?

증가하고 있는 이혼율에 기여하는 또 한 가지의 요인은 남성들이 변화하고 있는 여성의 지위와 역할을 받아들이고 싶지 않아 한다는 데 있다. 많은 남성들은 여전히 아내가 자녀양육과 집안일을 맡아 남편을 내조하는 전통적인 결혼을 원한다. 반면 많은 여성은 의사 결정에 함께 참여하고 가사노동과 양육 및 경제적 참여를 함께 해야 하는 것으로 생각하고 있다.

18세 미만의 자녀를 가지고 있는 미국 여성 중 70% 이상이 직장을 가지고 있다.[13] 이 여성들은 더 이상 남편에게 경제적으로 의존하지 않는다. 경제적으로 자립할 수 있는 여성은 결혼생활이 힘들어지면 경제력을 가지고 있지 않은 여성에 비해 이혼을 원하는 확률이 더 높게 나타난다.[14]

이혼율에 기여하는 또 하나의 요인은 개인주의의 증가이다. 이는 스스로 자아실현을 하고 행복해지며 자신의 능

보기 6.1 로맨틱한 사랑 대 합리적 사랑

만족스럽고 오래 지속되는 사랑을 성취하는 것이 가장 중요한 목표이다. 사랑에 빠진 느낌은 가슴 뛰는 일이며, 생에 의미를 더해주고 스스로에 대해 자신감을 갖게 해준다.

불행히도 오래 지속되는 사랑을 유지하는 사람이 많지 않다. 대부분 문제를 경험하게 되는데, 나를 사랑하지 않는 사람을 사랑하게 된다든지, 불같은 사랑 단계가 지나가고 나면 사랑이 식어버린다든가, 사랑하는 사람에 대한 지나친 소유욕을 갖는다거나 관계에 대한 다른 기대로 인해 사랑하는 사람과 심각한 갈등을 경험하게 된다. 많은 경우 사랑의 실패로 끝난다.

사랑에 대한 감정을 (그릇되게도) 통제할 수 없는 감정으로 생각한다. 통제할 수 없다는 것을 내포하는 몇 가지 표현은 "사랑에 빠졌다", "첫눈에 반했다", "나도 모르게 그렇게 되었다", 혹은 "완전히 맥을 못 추게 만들었다" 등이다. 사랑의 감정이란 특정 사람에 대한 자기 대화(self talk, 스스로에게 하는 말)에 기반을 둔 것으로 받아들이는 것이 유용하다. 로맨틱한 사랑은 다음과 같은 도식으로 설명할 수 있다.

사건

내가 찾던 몇 가지 드러나는 특성을 가지고 있는 사람을 만나거나 알게 되었다.

↓

자기 대화

"이 사람은 멋지고 내가 이상적으로 생각하던 모든 것을 가지고 있어."

↓

정서

격렬한 끌림; 사랑에 빠진 느낌; 환희

로맨틱한 사랑은 많은 경우 이성이나 합리적 사고보다는 강렬하고 불만족스러운 욕구에서 오는 자기대화에 기반을 둔다. 불만족스러운 욕구나 좌절감은 성적 불만족, 심한 외로움, 부모나 개인의 문제, 또는 안정감이나 보호에 대한 욕구를 포함한다.

로맨틱한 사랑의 주요한 특성은 상대방을 완벽하다고 이상화시키는 것인데, 예컨대 내가 이성에게 원하는 몇 가지 특성을 가지고 있는 사람에 대해 내가 원하는 모든 특성을 갖추고 있다고 결론내리는 것이다.

두 번째 특성은 어느 정도의 거리가 있을수록 더 강해진다는 점이다. 금지될수록 더 강해진다. 규범적으로 위협을 받을수록 감정을 더 강해진다. (예컨대, 동거하다가 결혼한 사람들은 동거할 때 훨씬 사랑의 감정이 강했다고 보고한다.) 함께 있기 위한 노력이 강할수록(서로 멀리 떨어져 있는 경우) 로맨스는 더 강렬하다. 좌절이 클수록(외로움이나 성적 욕구 등으로) 환희는 크다.

로맨틱한 사랑의 아이러니는 지속되는 관계를 성취하게 되면 보통 사랑이 시들해진다는 데 있다. 지속적인 접촉을 통해 자신이 이상화했던 사람이 사실은 강점과 약점을 가진 한 인간이라는 것을 점차로 깨닫게 된다. 이렇게 되면 로맨틱한 사랑은 합리적 사랑으로 변하거나 아니면 심각한 갈등과 불만족으로 막다른 곳으로 치닫게 된다. 충족되지 못한 욕구가 강렬한 사람들은 주로 후자의 경우를 경험한다.

따라서 로맨틱한 사랑은 일시적이며 허구에 근거하고 있다. 로맨틱한 사랑에 빠진 사람은 실제의 사람을 사랑하기보다는 자신이 이상화시킨 가상의 인물을 사랑하는 것이다.

이와 대조적으로 합리적 사랑은 다음과 같은 도식으로 설명할 수 있다.

사건

자신의 욕구, 목표, 정체성, 바람을 알고 받아들이는 중에, 사랑하는 사람에게 바라는 특성을 적당히 가지고 있는 사람을 알게 된다.

↓

자기 대화

"이 사람은 내가 원하는 여러 가지를 가지고 있어. 이 사람의 장점을 존중하고, 동시에 부족한 점도 알고 받아들일 수 있어."

↓

정서

합리적 사랑

다음은 합리적 사랑의 요소이다. (a) 스스로의 욕구, 정체성, 삶의 목표를 분명하게 알고 받아들인다. (b) 상대방을 잘 알고 있다. (c) 상대방의 강점과 부족한 점을 정확하고 객관적으로 평가하고, 부족한 점은 전반적으로 받아들인다. (d) 상대방에 대한 자기대화가 스스로의 단지, 장기 목표와 일치한다. (e) 자기대화가 현실적이고 합리적이며 환상, 지나친 요구, 동정에 기반하고 있지 않다. (f) 상대방과 개방적으로 솔직하게 대화할 수 있고 문제가 생기면 바로 이야기할 수 있는 환경을 만들어 관계가 지속적으로 성장하고 발전할 수 있다. (g) 서로 주고받고, 다정함과 애정을 보여주고 상대방을 기쁘게 하는 일을 인지하고 행동으로 보여준다.

사랑은 감정을 유발하는 자기대화에 기반을 두므로, 사랑을 만들어가는 것은 우리이다. 이론적으로는 우리의 자기대화를 변화시킴으로써 누구라도 사랑할 수 있다. 한편, 이미 사랑하는 사람이 있다면 자신의 자기대화를 분석하여, 매력을 느끼는 점의 본질과 자기대화가 얼마나 합리적인지, 그리고 진정으로 도움이 되는지를 평가함으로써 관계의 질을 생각해볼 수 있다.

력을 최대한으로 발휘해야 한다는 믿음에 기반을 두는 것이다. 이때 개인의 요구는 가족의 요구보다 선행된다. 전통적 사회에 비하여 미국인들은 개인주의가 더욱 강하며, 이러한 문화 속에서 결혼을 해체하고 새로운 인생을 추구할 가능성이 많다.

이혼에 대한 사회적 승인은 이혼율에 기여하는 또 하나의 요인이다. 전통적 가족이 수행하던 교육, 식량 생산, 오락과 같은 기능을 이제는 가족 밖의 기관이 제공한다. Kenneth Keniston은 다음과 같이 설명한다.

> 과거에 결혼의 붕괴는 배우자를 잃는 것 외에 더 큰 손실을 의미했다. 가족 구성원이 서로에게 많은 역할을 수행했기 때문에 이혼은 자신이 아플 때 돌봐주거나 버터를 만들어야 하는 아내의 부재를 의미했고, 아이들에게 먹일 곡식을 타작할 남편의 부재를 의미했다. 정서적 만족이 두 사람을 묶어주는 주된 요인이 되는 현대사회에서는 두 사람 간의 애정이 식어버리거나 부조화나 갈등이 존재하면 결혼을 지속해야 할 이유가 적어진다. 학교, 의사, 상담가, 사회복지사는 가족이 하나이든 그렇지 않든 지지를 제공한다. 결혼으로 인한 지속과 만족의 정도가 과거에 비해 적은 현대사회에서는 이혼으로 인한 손실이 덜하다.[15)]

보기 6.2는 결혼생활의 지속 여부를 예견하는 요소를 설명한다.

이혼관련법

과거에는 이혼이 사회적으로 거의 불가능한 일이었다. 한 가지 예로, 법을 통해 결혼을 해체하는 것 자체가 매우 어려운 일이었다. 한 배우자가 이혼소송을 하면 이혼결정까지 매우 오랜 시간을 기다려야 했다. 또한 이혼사유(외도, 유기, 비인간적 대우 등)를 증명할 수 있어야 했다. 많은 경우 이혼의 실제 원인(결혼관계에 대한 불만족 등)은 법원에서 이혼을 승인하는 기준과 거리가 멀었다. 따라서 부부들이 법적 기준에 맞춰 이혼사유를 만들어내야 하는 경우가 빈번했다.

대부분의 경우 두 배우자 모두 이혼에 책임이 있다. 하지만 전통적 이혼법률은 한 사람의 죄를 증명하고 다른 한 사람의 결백을 증명하려고 했다. 전통적 이혼법은 트라우마를 가중시켰고, 서로에게 더 악의적 감정을 갖게 만들었다. 게다가 비용도 매우 높았다.

이러한 어려움 때문에 이제 대부분의 주는 '비과실(잘못을 가리지 않는)' 이혼법을 통과시켰는데 이는 두 사람이 합의를 하는 경우 비교적 빠른 시간 안에 이혼을 할 수 있게 하는 법이다. (여전히 이전과 같은 적의적 이혼을 선택할 수 있다.)

이혼 과정에서 여전히 논쟁이 되는 것은 소유권 분할과 위자료, 양육비, 그리고 양육권이다. 과거에는 여성에게(특히 직업이 없는 경우) 양육권과 양육비 및 위자료를 지급하게 하는 것이 일반적이었는데 많은 남자들이 이를 지키지 못하여 여성들을 궁핍한 경지로 몰아넣게 되었다.

성의 역할과 여성의 사회참여는 이혼에 변화를 가져 왔다. 최근 많은 주는 여성들이 남편에게 위자료를 주는 법을 통과시켰다. 아이의 양육권은 여전히 엄마에게 주어지지만 이전만큼 당연시되지는 않는다. 이제는 많은 남성이 양육권을 요구하고 있으며 엄마가 더 좋은 부모라는 고정관념에 반박한다.

이혼의 가장 주요한 문제는 이혼이 발생하게 되면 결국 사회가 갖는 부담이 커진다는 것이다. 중하층 가족의 이혼으로 인한 빈곤은 사회에 부여된다. 주택보조금, 저임금 직업창출, 높은 변호사 비용 등이 그 예이다.

아버지에게 양육권을 주려고 하는 법원의 의지 역시 사회에 보이지 않는 비용을 부담시킨다. 아버지들은 많은 경우 장시간의 양육권 싸움을 벌인다. 결과적으로 양육권을 가지려는 엄마들은 양육비를 희생하면서 협상을 하게 되는 경우가 많다. 이렇게 양육비가 낮아지면 이 여성들과 아이들은 가족지원금(Temporary Assistance to Needy Families, TANF)을 받을 수밖에 없다. 가족지원금에 대한 설명은 4장에 자세하게 나와 있다. 대법원 판사인 Richard Neely는 다음과 같이 주장했다.

> 우리는 대부분 여성과 남성이 경제적으로 동등해야 한다는 정치적 신념에 기반을 두어 실제로 경제적으로 대등할 것이라는 성급한 결론을 내린다. 따라서 논리적으로 여성도 남성과 마찬가지로 아이를 양육할 능력이 있다고 판단하고 아이를 원하는 사람은 스스로 알아서 키울 것이라고 생각한다. 하지만 실제는 여성이 남성보다 훨씬 빈곤하며, 이런 현상이 변하기는 쉽지 않다.[16)]

이혼 사례에서 양육권 분쟁은 아주 일반적인 현상이 되었다. 전형적인 분쟁은 거의 2년 정도 걸리고 수천 달러의

보기 6.2 이혼에 대한 사실

배우자 연령: 20대의 이혼 가능성이 가장 높다.

약혼기간: 혼인 약속기간이 짧은 사람들의 이혼율이 높다.

결혼연령: 아주 어린 나이에 결혼한 경우(특히 청소년기)에 이혼 가능성이 높다.

결혼기간: 이혼은 대부분 결혼 후 3년 안에 일어난다. 자녀가 성장하고 난 바로 후에 이혼율이 증가하기도 한다. 이는 부분적으로는 불행한 결혼생활을 하는 부부들이 자녀가 성장할 때까지 기다렸다가 이혼을 하는 경우가 있기 때문이다.

사회계층: 사회경제적 지위가 낮은 부부의 이혼이 더 빈번하다.

교육: 교육 정도가 낮은 부부의 이혼율이 더 높다. 특히 아내의 교육정도가 남편에 비해 높은 경우 더 빈번하게 일어난다.

거주지역: 도시의 이혼율이 높다.

재혼: 결혼횟수가 증가함에 따라 이혼 가능성도 증가한다.

종교: 종교적일수록 이혼가능성은 감소한다. 가톨릭신자나 유태인보다 기독교인의 이혼율이 높다. 또한 동일종교 부부에 비해 서로 다른 종교를 가진 부부의 이혼율이 높다.

출처: William Kornblum and Joseph Julian, *Social Problems*, 12th ed. (Upper Saddle River, NJ: Prentice Hall, 2007), pp. 332-334.

비용이 소요된다. 이 과정은 부모뿐 아니라 자녀에게도 정서적인 어려움을 가져온다. 이혼 과정에서 부모는 아이를 서로에 대한 볼모로 사용하기도 한다. 자녀에게 과도한 용돈을 주거나 하고 싶은 대로 하게 하고 터무니없는 요구를 하는 아이들을 받아주기도 한다. 상대 배우자에 대한 험한 말을 하여 아이를 자기편으로 만들려고 노력하기도 한다. 양육권 전쟁은 경제적뿐만 아니라 정서적으로 가족 모두에게 상처를 가져온다.

이제 많은 주에서 14세 이상의 자녀에게는 자신이 원하는 부모를 선택할 수 있는 권한이 주어진다. 여성들이 양육권을 갖기 위해 양육비를 포기하거나 협상하는 상황을 막기 위해 Richard Neely는 14세 이하의 아이는 다음과 같은 조건을 갖춘 부모에게 주된 양육권을 주는 것을 권장한다.

> (1) 음식을 만들고, (2) 기저귀를 갈고, 옷을 입히고, 목욕을 시키며, (3) 아이를 학교, 종교기관, 다른 활동에 데려다주고, (4) 아이의 건강을 살피고 병원에 데리고 가며, (5) 아이의 친구들, 학교관계자, 아이를 담당하는 다른 사람들과의 상호작용을 하는 사람을 주된 양육자로 인정해야 한다. 이런 조건을 갖추는 사람은 대부분 엄마이지만, 항상 그런 것은 아니다.[17)]

비판적 사고를 위한 질문 ?

아버지도 어머니에게 주는 만큼의 양육권을 받아야 할 권리가 있다고 생각하는가? 이유는 무엇인가?

》 피상적인 결혼생활

피상적인 부부는 서로에게 별다른 애정이 없다. 제도적으로 묶인 관계 때문에 혹은 외부의 압력으로 인해 결혼을 지속은 시키지만 애정이나 따뜻함은 이미 없다. 외부의 압력으로는 직업적 원인(국회의원이 행복한 가족의 이미지를 유지하고자 하는 경우 등), 투자적 요인(고가의 주택과 재산을 이혼으로 잃고 싶지 않은 경우 등), 외부로 보이는 이미지(작은 동네에서 이혼으로 인해 친척이나 이웃의 간섭이나 비판을 받는 것을 피하려는 경우 등)를 들 수 있다. 즉 남의 눈이 두려워서 혹은 도덕적으로 옳지 않은 행동이기 때문에 혹은 자녀들에게 해가 될 것을 염려하여 결혼을 지속시킬 수 있다.

John F. Cuber와 Peggy B. Harroff는 피상적인 결혼을 세 가지 유형으로 분류했다.[18)] 첫째는 **활력 없는 관계**(*de-vitalized relationship*)로, 부부는 서로에게 흥미를 느끼지 못하고 지루함과 실증을 느낀다. 이 관계에서는 심각한 언쟁도 거의 없다.

둘째, **갈등으로 가득한 관계**(*conflict habituated- relationship*)에서 부부는 사적인 자리에서나 공적인 자리에서도 빈번히 말다툼을 하며, 갈등과 긴장과 미움이 가득하다.

세 번째로 **수동적이며 나름대로 조화로운 관계**(*passive-congenial relationship*)에서는 양방이 행복하지는 않지만 그럭저럭 만족해한다. 이 둘은 공통적인 취미가 있지만 그다지 중요하지 않은 취미이고 서로의 만족도에 거의 영향을 미치지 못한다. 이런 형태의 관계에서 표면적인 갈등은 거의 나타나지 않는다.

실제로 피상적인 결혼관계가 얼마나 되는지는 알 수 없다. 행복한 결혼관계보다 많을 수도 있다. 피상적 부부의 분위기는 일반적으로 기쁨이 없는 상태이다. 부부는 서로 문제나 고민에 대해 얘기를 나누지 않고 대화도 거의 없다. 사랑의 표현은 더더욱 없다. 이런 가정의 아이들은 사랑에 굶주려 있는 경우가 많고, 부모의 모습에 대한 부끄러움으로 친구 데려오기를 꺼려한다.

이러한 관계에 있는 부부는 함께 하는 활동이 거의 없고 서로의 존재에 기쁨을 느끼지 않는다. 성적인 접촉은 거의 없거나 있어도 만족스럽지 않다. 자녀를 비롯한 타인의 눈에 이들은 서로에게 무관심하거나 냉담하게 보인다. 하지만 자세히 들여다보면 이들은 서로의 약점과 민감한 부분을 잘 알고 있으며 기회가 되면 이를 언급해서 서로에게 상처를 준다.

William J. Goode는 피상적 결혼을 이혼으로 가는 결혼과 비교하여 설명한다.

> 이혼을 하는 가족은 대부분 어떤 과정을 거치는데, 남편과 아내가 더 이상 서로에게 책임 있다고 생각하지 않고, 협력하거나 공유하는 일이 없어지고, 서로를 거의 타인처럼 생각한다. '껍데기뿐인(피상적인)' 가족은 이와 유사하다고 볼 수 있다. 가족 구성원은 더 이상 서로에게 어떤 역할을 해야 한다고 생각하지 않는데, 여러 이유로 이혼이나 별거를 하지 않고 지낸다.[19]

얼마나 많은 피상적 가족이 이혼으로 이어지는지에 대한 정확한 수치는 알 수 없다. 하지만 많은 부부가 결국은 이혼하게 될 것으로 추정할 수 있다. 피상적인 관계를 예방하기 위해서는 부부 서로가 많은 노력을 해야 한다.

부부상담

이혼을 생각하고 있는 부부나 피상적인 부부를 위한 일반적인 사회적 서비스는 부부상담이다. (이혼을 하고 난 후에도 상담이 필요할 수 있다. 새로운 문제나 환경에 적응하기 위한 상담이 필요한데, 이러한 상담은 일대일인 경우가 많지만 사안에 따라 때로는 전 배우자나 아이를 포함하기도 한다.) 부부상담은 사회복지사, 심리학자, 상담가, 정신과 의사 등 많은 전문가들에 의해 이루어진다. 이는 또한 대부분의 직접적 사회복지서비스 기관을 통해 이루어지기도 한다.

부부상담은 문제해결 접근법을 주로 활용하는데 이는 (a) 문제를 정의하고, (b) 대안적인 해결책을 모색하며, (c) 대안적 방법의 장점과 단점을 검토하고, (d) 클라이언트가 직접 한 가지 혹은 그 이상의 대안적 방법을 실행하며, (e) 이런 방법에 의해 문제가 어느 정도 해결되었는지에 대한 평가로 이루어진다.

부부들은 다양한 문제를 제기한다. 성적 문제, 경제적 문제, 의사소통의 문제, 친척과의 문제, 배우자의 부정, 양육에 대한 의견차이로 인한 갈등 혹은 약물이나 알코올 문제를 예로 들 수 있다. 부부상담가들은 부부가 구체적으로 문제를 정의하고 문제를 해결하기 위한 방법을 함께 모색한다. 어떤 경우에는 부부가 가장 합리적인 해결책으로 이혼을 선택하기도 한다.

부부상담가는 가능한 한 부부를 함께 만나려고 노력한다. 대부분의 부부갈등은 양방의 문제이며 함께 해결책을 모색하는 것이 가장 효과적이다. (만일 부부를 각각 따로 상담하게 되면 상담가에게 자신에 대해 어떤 이야기를 하는가를 의심할 수 있다.) 둘을 함께 만남으로써 상담가는 둘 간의 의사소통을 촉진시키고, 배우자의 생각에 대해 반박할 수 있는 기회를 주게 된다. 부부 중 한 사람을 개인적으로 상담하는 경우는 매우 드물다. 하지만 예를 들어 한 사람이 과거의 성 학대와 관련한 감정을 개별적으로 다루고 싶어 한다면 개별적으로 만나는 경우도 있다. (이렇게 개별 상담이 이루어진다면 다른 배우자에게 그 이유를 설명하는 것이 바람직하다.)

비판적 사고를 위한 질문 ?

주변에 피상적 결혼생활을 하는 부부가 있는가? 있다면 이들은 왜 이런 상황에 처하게 되었다고 생각하는가?

만일 갈등이 부부 외 다른 가족 구성원(자녀 등)으로 인한 것이라면 이들도 함께 상담에 참여하는 것이 좋다. 예컨대, 14세 청소년인 딸이 아버지에게 지나치게 반항적인 것이 문제가 되는 경우라면 이러한 하위문제를 다루기 위해 딸을 부분적으로 상담에 초대할 수 있다.

그 밖의 결혼 관련 서비스

부부상담이나 이혼 상담은 대부분 부부갈등을 위해 존재하지만 다른 종류의 서비스도 있다.

예비부부상담(*premarital counseling*) 서비스는 말 그대로 결혼을 준비하는 사람들을 위한 것이다. 이는 결혼의 현실적인 부분을 이해할 수 있는 계기를 마련해준다. 교제 중에 나타나는 갈등에 대한 상담도 할 수 있고 피임법과 같은 부분에 대해 얘기해 볼 수 있다.

자조 조직인 **배우자가 없는 부모**(*Parents Without Partners, PWP*)는 이혼한 사람, 미혼모나 미혼부, 또는 양부모를 위한 서비스를 제공한다. 이는 부분적으로는 사회화 집단이지만 가족을 혼자의 힘으로 일궈 나가야 하는 사람들을 도와주는 모임이다.

최근 활발하게 이루어지고 있는 사회복지서비스는 **이혼조정**(*divorce mediation*)인데 이는 이혼과정에 있는 부부를 소득분할, 양육권, 위자료 등에 대한 이슈를 최대한 우호적인 분위기에서 해결할 수 있도록 도와준다.

관계 워크숍(*relationship workshop*)이나 **인카운터 커플 집단**(*encounter couple groups*)을 제공하는 기관도 있는데, 이는 현재의 결혼관계를 향상시키고 싶은 사람이나 교제 중인 사람들을 위한 모임이다.

》 가정폭력

우리는 가족을 사랑과 자비로 가득한 사회적 제도로 생각한다. 하지만 불행히도 그 반대의 경우도 존재하는데 현 미국사회에 만연하는 가정폭력이 그것이다.

많은 가정에서 구타, 상해, 폭력이 자행되고 있다. 가정폭력의 정도에 대해서는 구체적으로 알려져 있지 않은데 이는 대부분의 경우 신고하지 않기 때문이다. 가정폭력은 아동이나 배우자 학대에만 국한되지 않는다. 부모를 공격하는 자녀 또한 학대당하는 자녀보다 많다.[20] 노인 학대도 점점 주목을 받고 있다. 여기서 가해자는 피해자의 아들이나 딸, 혹은 돌보는 사람이 되기도 한다. Lewis와 Joanne Koch는 한 사례를 소개했다.

> 시카고에 사는 19세 여성은 81세인 아버지를 7일간 변기에 묶어 고문했다고 자백했다. 아버지가 잠들어 있을 때 망치로 때렸다는 이 여성은 "완전히 후려쳤어요. 그렇게 힘이 빠지게 한 다음 다리를 묶었지요. 그렇게 두고 난 TV를 보며 쉬었어요."라고 말했다.[21]

여러 유형의 노인 학대는 일반적으로 일곱 가지 유형으로 나뉜다.

- **신체적 학대**: 멍이 들게 하거나 구타, 감금, 성적 희롱을 포함하는 신체적 고통이나 상해를 입히는 행위
- **정신적 학대**: 위협, 모욕, 신체적 위협 등의 정신적 고통을 주는 행위
- **경제적 학대**: 피해자의 재산을 불법적으로 혹은 비적절하게 가로채는 행위
- **방임**: 돌봄 책임을 거부하거나 고의적으로 행하지 않는 행위. 식사를 제공하거나 건강을 돌보지 않거나 피해자를 버리는 행위
- **성적 학대**: 동의하지 않은 성적 접촉
- **자발적 방임**: 스스로의 건강과 안전을 위협하는 유약한, 우울한, 또는 인지능력이 부족한 노인의 행동. 필요한 약을 복용하지 않거나 음식물이나 음료수를 섭취하지 않는 행동 등
- **인권 침해**: 노인의 사생활을 침해하거나 개인 자신이나 건강과 관련한 의사결정권을 침해하는 행위 등[22]

자녀 간의 폭력 역시 빈번히 발생하는데 때로는 무기를 사용하기도 한다.

가정폭력은 가족으로부터 학습된다. 학대당한 자녀들은 성인이 되어 자신의 자녀들을 학대할 가능성이 높고, 자신을 학대한 부모가 노인이 되었을 때 그들을 학대할 가능성 또한 높다.

가정폭력의 희생자(학대받은 아이들, 학대받은 부모, 학대받은 배우자)는 공통점을 가지는데 일반적으로 몸이 작고 힘이 없으며 가해자에 대한 무력감을 갖는다. 특히 신체적, 금전적, 정서적 지지를 위해 가해자에게 의존하게 되는 경우 더욱 그렇다.

1960년까지만 해도 가정폭력에 대한 관심은 거의 없었는데, 이때까지만 해도 가족은 매우 사적인 영역으로 간주되었기 때문이다. 가족 내에서 발생하는 일은 가족의 책임이라고 간주했는데, 지난 40년간 가정폭력이 주요한 사회문제라는 인식이 확산되었다.

가정폭력은 경찰에 가장 많이 신고되는 범주이다. 경찰관 사망사고의 가장 큰 원인은 폭력에 대한 개입요청인데, 가정폭력은 그 중 가장 많은 수를 차지한다.[23] Suzanne Steinmetz와 Murray Straus는 "미국 사회에서 가족만큼 일상적인 삶에서 폭력이 일어나는 기관이나 집단을 찾기는 어렵다"고 주장한다.[24] 폭력은 가족에게 신체적 피해를 입힐 뿐 아니라 폭력이 발생할 때마다 가족원들 간의 애정, 신뢰, 충성을 위협한다.

가정폭력의 원인 중 하나는 좌절감이나 무력감이 공격

성으로 돌변하는 경우이다. 직장에서 좌절감을 경험한 남편이나 아내가 집에 돌아와 자신의 좌절감을 배우자나 자녀에게 퍼붓는 경우이다. 이를 경험한 자녀는 형제자매에게 다시 좌절감을 표시할 수 있다. Steinmetz와 Straus는 "우리 사회가 좌절감을 공격성으로 표현하는 것을 자연스럽게 받아들이며 가족이나 직장에서 좌절감을 느낄수록 폭력의 가능성이 높아진다"고 말한다.[25)]

O'Brien은 물리적 힘을 사용하여 자신이 원하는 바를 얻는 것을 가정폭력의 다른 원인으로 든다.[26)] 아이를 신체적으로 혼냄으로써 훈련시키려고 하는 경우나, 자신이 원하는 것을 얻기 위해 동생을 밀쳐버리는 누나가 그 예이다. O'Brien은 다른 자원이 없거나 부족하거나 고갈되었을 때 폭력을 사용하게 될 가능성이 높다고 설명한다. 예컨대, 가족 안에서 자신의 권위가 상실되었다고 느끼는 알코올 중독자 아버지가 폭력을 사용하여 자신의 권위를 찾고자 하는 경우이다.

배우자 학대

아내 학대로 대표되는 배우자 학대는 수십 년간 있어 왔지만 최근에 들어서야 사회적인 관심거리가 되었다. 1994년 Nicole Brown이 잔인하게 칼에 찔려 숨지고 그녀의 전 남편(O. J. Simpson)이 체포되면서 관심을 받기 시작했는데, 그녀는 죽기 전 여덟 차례에 걸쳐 Simpson의 폭력을 경찰에 신고한 기록이 있었다.[27)] (2년 후 민사재판에서 Simpson은 살인 판결을 받았다.)

하지만 학대당하는 것은 아내만이 아니다. 남편들 역시 거의 비슷한 빈도로 학대를 당하는데,[28)] 결국 가장 심각한 신체적 상해를 입는 것은 여성들이다. 여러 연구는 남자들이 신체적으로 더 강하기 때문에 더 심각한 상해를 입힌다고 보고하고 있다.[29)]

살해 건수의 10% 이상은 배우자에 의한 범행이다.[30)] 여성은 남성에 비해 학대를 더 오래 인내하는데, 이는 경제적 이유에서이다. 배우자 학대는 종종 희생자가 유발하는 경우가 있다. 즉 도발적인 말이나 행동을 함으로써 폭력이 시작된다는 것이다.[31)] 하지만 배우자 학대의 가장 지배적인 주제는 '아내를 잘 길들이기 위한' 남성들의 폭력이나 위협이다. 즉 남성이 자신의 아내를 통제할 권리가 있다는 생각과 여성은 순종적이어야 한다는 전통적인 관점이 여

BananaStock/Man punching woman/Thinkstock

배우자 학대는 국가적 문제가 되어 왔으며, 가정폭력을 다루는 새로운 서비스가 개발되었다.

전히 팽배하다는 것이다.

남편이나 애인 혹은 가족원이 행하는 가정폭력은 너무나 빈번해서 여성이 입는 상해의 가장 주된 원인이다.[32)] 가정폭력으로 인한 여성의 상해는 강간, 강도, 심지어 교통사고보다도 더 일반적이다.[33)]

배우자 간 신체적 폭력은 어쩌다 한 번 일어나는 일이기보다는 일상에서 빈번히 일어난다. 부부폭력은 교육수준에 관계없이 발생한다.[34)]

심각하게 상해를 입은 아내 중 대부분은 이혼을 하지 않는다. 매 맞는 여성은 (a) 폭력이 간헐적일수록, (b) 어린 시절 학대 경험이 있을수록, (c) 경제적으로 의존적일수록 남편을 떠날 확률이 낮다.[35)]

전문가들은 가정 내 폭력을 인정하는 사회에도 책임이 있다고 말한다. Straus는 다음과 같이 설명한다.

> 가족 구성원들은 서로에게 폭력을 행사해도 된다는 암시적인 자연스러운 문화적 규범이 있는 듯하다. 결혼은 마치 폭력 허가증과 같은 의미를 갖는다.[36)]

비판적 사고를 위한 질문 ?

신체적 혹은 성적으로 학대당하는 관계를 경험한 적이 있는가? 경험했다면, 어떤 이유로 그 관계를 떠나지 않았는가?

몇몇 연구에 따르면 남성과 여성 모두 가끔씩 남편이 아내를 때리는 것은 괜찮다고 답했음을 보여주고 있다.[37)]

남성은 여러 이유로 여성에게 폭력을 행사한다. 대부분 빈약한 자기상을 가지고 있으며, 가장으로서, 아버지로서,

성적 파트너로서 낮은 자신감을 가지고 있다. 아내는 순종적인 역할을 해야 한다는 고정관념을 가지고 있고, 통제해야 한다고 생각하는 경우가 많다. 알코올이나 약물을 사용하는 남자는 술이나 약에 취했을 때 폭력을 행사할 가능성이 높다.

배우자 학대가 일어나는 가정에서 많이 보이는 것은 폭력의 순환이다. 폭력이 일어나면, 아내는 이를 참는다. 남편은 후회를 하면서 아내가 떠나거나 신고할 것을 염려하여 일명 '신혼기(honeymoon period)'를 재현하며 다시는 안 그러겠다고 약속한다. 이러한 노력도 결국 시들어가면서 직장이나 가족 일에 대한 스트레스가 쌓이기 시작하고 사소한 일을 시발점으로 하여 결국 다시 폭력이 일어난다. 폭력–신혼기–갈등축적–폭력의 주기가 계속 반복된다.

아내를 학대하는 남편은 자신의 아내를 고립시켜 스스로에게 의존적이게 만든다. 친구나 친척과 함께 있을 때 당황스러운 일을 고의로 만들어 아내가 친구로 부터 혹은 친척으로부터 멀어지게 한다. 이들은 끊임없이 아내를 무시하고 깔봄으로써 아내의 자존감을 떨어뜨려 결국 남편에게 의존적일 수밖에 없도록 만든다. 경제적으로도 의존하도록 만들어서 월급을 많이 받을 수 있는 직장을 갖지 못하게 한다.

매 맞는 여성 중 남편을 떠나지 않는 여성이 너무나 많다. 많은 경우 이들은 복종하는 삶을 살도록 사회화되었고, 남편들은 이들을 스스로 독립적으로 살 수 없다고 믿게끔 만든다. 어떤 여성은 끝까지 견뎌내야 한다고 믿기도 하며 남편이 변화할 것이라는 희망을 갖는다. 도망을 가게 되면 오히려 더 큰 일이 벌어질 것을 두려워하기도 한다. 또한 자녀들을 스스로 양육할 경제력이 없다는 것이 큰 이유가 되고, 어떤 이들은 외롭고 불안정한 삶을 사는 것보다는 가끔씩 맞으며 사는 것이 더 낫다는 생각을 갖기도 한다.

다행히 최근 들어 피해여성들을 위한 새로운 서비스가 개발되고 있다. 많은 지역에 여성과 아이를 위한 쉼터가 설립되었고, 상담과 구직서비스 및 법적인 도움을 제공한다. 가정폭력 피해여성을 대상으로 하는 서비스는 '안전 계획(safety planning)'을 포함하는데, 이는 안전을 유지하기 위한 여러 자원을 개발할 수 있도록 원조하는 권한 부여적인 접근이다. 어떤 지역은 남편을 위한 프로그램을 진행하기도 한다. 이들 프로그램은 가해자 혹은 행위자를 위한 집단치료, 분노조절 프로그램, 부부상담 및 분노상황에서 활용할 수 있는 24시간 위기 전화상담을 포함한다. (불행히도 가해자는 대부분 이러한 프로그램 참여를 거부한다.) 공공 정보 프로그램(간단한 TV 공지 등)을 운영하는 지자체도 많은데, 이는 피해 여성에게 학대당하지 않을 법적인 권리에 대해 알려주고, 폭력을 멈추게 하는 자원이 있다는 것도 알려준다.

가정폭력을 심각한 범죄행위로 인식시키려는 노력의 일환으로, 많은 주에서 신체적 폭행과 협박이 있는 경우 가해자를 체포할 수 있는 법을 제정했다. 만일 의무적으로 체포하지 않을 경우에 담당 경찰이 징계를 받게 된다.[38]

폭력을 당하는 아내에 대한 서비스가 더욱 많아지고 활성화되어, 매 맞는 여성들이 안전을 보장받을 수 있을 때까지 집으로 돌아가는 것을 거부할 수 있는 조건이 되어야 한다.

아동 학대와 방임

아동 학대와 방임에 대한 정의는 각 주마다 조금씩 다르지만 Kadushin과 Martin은 일반적으로 다음과 같은 경우를 포함하는 상황으로 요약한다.

- 신체적 학대
- 영양공급 부족, 적절한 의식주 제공의 소홀, 관심과 감독 소홀(유아가 정상적으로 성장하지 못하는 경우도 포함)
- 필요한 의료처치 거부
- 정기적으로 등교시키지 않는 경우
- 착취, 지나친 노동 강요
- 적절하지 않은 상황에 아동을 노출
- 성적 학대
- 더러는 아이가 사랑받고 가치 있는 사람이라고 느끼는 일상적 경험이나 안전감을 거부하는 것과 같은 정서적 학대와 방임도 포함[39]

아동 학대와 방임의 결과는 치명적이다. Gelles는 다음과 같이 설명한다.

> 연구자와 임상가들은 신체적 학대, 정서적 학대, 성 학대 및 방임으로 인한 신체적, 심리적, 인지적, 행동적 결과를 설명한다. 신체적 피해는 심각하게는 사망, 뇌손상, 영구적 장애부터

> 멍과 긁힘까지 다양한 범위에 걸쳐 나타난다. 심리적 피해는 자존감 손상부터 심각한 정신장애까지 이르고, 인지적 피해는 심한 뇌손상부터 주의력 감소와 경도 학습장애 등을 포함한다. 학대받은 아이들의 행동문제는 또래와 어울리지 못하는 어려움부터 심한 공격성이나 범죄 행동 및 자살과 같은 치명적 결과로 나타날 수 있다.[40)]

신체적 학대 지난 50년간 피학대아 증후군(battered child syndrome)에 대한 관심이 증가해왔다. 미국애호협회(American Humane Society) 산하 아동국은 아동 학대에 관련한 신문기사를 전국적으로 조사한 결과, 다음과 같이 보고했다.

> 그간 이루어진 아동 학대의 유형을 보면 '발명의 인간'이라는 것을 절실히 깨닫게 해준다. 인간들은 아동에게 너무나 다양한 종류의 도구를 사용하여 심각한 상처를 입혔다. 아이를 때리는 가장 흔한 도구는 머리빗이었다. 하지만 주먹, 밧줄, 전깃줄, TV 안테나, 신발, 막대기, 벨트, 호스, 병, 빗자루, 야구 방망이, 심지어는 배를 젓는 노까지 사용하여 아이들을 학대한다. 신발을 신은 채 발로 차는 것 역시 평범하지만 심각한 상처를 입힐 수 있다.
>
> 극단적인 경우, 아이들에게 가스불이나 담뱃불, 다리미 등으로 화상을 입히는 경우도 있다. 혹은 뜨거운 물을 붓거나 뜨거운 물에 담궈 화상을 입힌 경우도 있다. 베개나 비닐봉투를 씌워 아이를 질식시킨 경우도 있고, 욕조에서 강제로 익사시키거나 산 채로 땅에 묻은 경우도 있다.
>
> 또한 아이를 흉기로 찌르고 물고 총상을 입히고 전기충격을 가하고, 바닥이나 벽에 내동댕이치고 밟고 심지어 매운 고추를 억지로 먹인 사례도 있다.[41)]

이 보고서는 더 나아가 아이들의 상처에 대해 구체적으로 보고했다.

> 대부분의 아이들은 심한 멍이 들거나 타박상을 입었다. 하지만 입술이 터지고, 몸이 부어오르고, 이빨이 부러지고, 심지어는 눈을 잃은 아이도 있다.
>
> 뼈가 부러지는 증세는 아주 흔하다. 이 중 많은 아이들은 한 개 이상의 뼈가 부러졌다. 작은 몸에서 30개의 뼈가 골절된 5개월짜리 신생아도 있었다.
>
> 이 모든 것 중 가장 잔인한 것은 내상과 뇌 손상이다. 특히 아주 많은 뇌 손상 사례가 보고되었다. 내상과 뇌 손상은 사망으로 이르는 가장 큰 원인으로 작용했다. 내상으로 보고된 사례에는 간파열, 장파열, 폐파열 등이 포함된다. 뇌 상해에는 뇌진탕, 골절, 그리고 뇌출혈과 뇌손상이 가장 많은 진단을 차지했다.
>
> 이는 미국 전역에서 이루어지고 있는 실로 너무나 잔혹하고 통탄할 비극일 수밖에 없다.[42)]

신체적 학대는 신체적 피해를 입힐 정도로 아이를 때리는 것을 의미한다. 신체적 학대와 엄한 훈육을 구분하는 것은 쉽지 않다. Silver 등은 다음과 같은 질문을 던진다.

> 만일 벨트로 때리며 아이를 혼낸다면, 네 번째까지는 부모의 훈육권으로, 그리고 다섯 번째부터는 학대라고 규정할 수 있는가? 벨트가 2밀리리터의 자국을 남기는 시점을 기준으로 학대와 훈육권을 나눌 수 있는가?[43)]

학대의 정의는 다양하다. 아동에게 심각한 상해를 입힌 경우를 학대라고 제한하는 협소한 정의도 있고, 아동을 향한 의도적인 피해와 언어폭력도 포함하는 광범위한 정의도 있다.

1960년대 후반, 아동 학대에 대한 증가하는 인식을 반영하여 모든 주는 아동 학대와 방임 신고법을 제정했다. 이는 전문가들(의사, 사회복지사, 상담가, 의료계 종사자, 교육자, 간호사, 치과의사)이 아동 학대가 의심되는 사례를 지역 복지부에 보고하도록 하는 법이다.

아동 학대의 정확한 실태는 알려져 있지 않다. 정확한 자료는 두 가지 이유에서 취득하기 어렵다. 학대를 제대로 보고하지 않는 어른들의 책임과, 실제로 학대에 대해 언급하기 꺼려하는 아이들의 특성이 그것이다. 학대받은 많은 아이들은 자신이 잘못했기 때문에 혼났다고 생각하며, 도움을 주려는 사람들의 질문에 대답하지 않고, 결국 자신에 대한 부정적인 상을 키워간다.

아동 학대의 가장 심각한 결과 중 하나는 폭력이 또 다른 폭력을 양성한다는 것이다. George C. Curtis는 학대경험이 있는 아이들은 성인이 되어 살인자나 폭력배가 될 수 있다고 보고했다.[44)] 학대받은 아이들이 부모가 되면 자신들의 자녀를 학대할 가능성이 높다.[45)] 이론적으로 학대는 강한 증오심을 유발하고, 이는 이후에 폭력으로 표출될 수 있다. 강간범, 살인자, 강도 또는 가정폭력 가해자들의 상당수가 아동 학대를 경험한 사람들이다. 학대받은 아이들은 가출할 가능성이 높고, 가출 후 도둑질, 사기, 매춘 등의 범죄행동의 위험에 처하게 된다.

항상 그런 것은 아니지만 아동학대는 대부분의 경우

사례 6.1 신체적 학대와 살인

시카고의 Jody Marie Olcott는 생후 102일 만인 2007년 11월 16일에 사망했다. 부검보고서는 이 아기가 대부분의 성인들이 살면서 경험하는 상해보다도 더 많이 상해를 겪었음을 보여주었다. 아기의 살해자는 아빠인 34세의 Malcom Olcott였다.

Jody는 2007년 8월 5일에 태어났다. 아기의 아빠와 엄마는 동거중이었다. 엄마인 Judy는 식당에서 일했고, 직업이 없는 아빠는 소득이 없는 형편에 부모로서의 책임에 대한 막중한 부담을 느꼈다.

Jody의 첫 두 달은 다른 아기와 크게 다르지 않았다. 10월에 받은 정기검진에서 발육상태가 양호하다는 평가를 받았다. 그다음부터 악몽은 시작되었다. 부검 책임자는 Jody가 사망 약 한 달 전에 발생한 것으로 보이는 갈비뼈 골절이 5개 이상이었고, 발로 차거나 주먹으로 때린 것으로 추정된다고 했다.

검시관은 사망 10일 전 즈음 머리, 가슴, 왼쪽 팔꿈치에 멍이 들어 있었고, 비슷한 시기에 머리와 엉덩이에 덴 자국이 있다고 발표했다. 검사는 가해자인 아빠가 아이를 온풍기 위에 올려놓았다고 자백했음을 발표했다.

부검 보고서는 또한 Jody의 한쪽 무릎이 골절되었고 다른 한쪽도 정상이 아니었음을 보여주며 다리를 잡아 올려 부러진 것으로 추정했다. 사망 당시 Jody의 체중은 2.7 kg으로 출생 시에 비해 0.5 kg 감소한 상태였다.

아기를 사망에 이르게 한 사건은 11월 15일에 발생했다. 엄마는 패스트푸드점에서 일을 하고 있었고, 검사에 의하면 아빠는 경제적 압박과 가족부양에 대한 부담감으로 민감한 상태였다. 술을 마시기 시작했고, 아기는 울기 시작했다(아마도 계속되는 통증으로). 아기의 울음소리가 듣기 싫었던 아빠는 아기를 들어 소파에 던졌는데, 아기는 마룻바닥에 머리를 부딪치며 떨어졌다. 아기는 울음을 멈추고 호흡곤란과 구토증세를 보였다. 엄마가 돌아왔을 때 아기는 숨을 쉬지 않는 듯했고, 구급차를 불렀지만 두개골 골절로 인한 사망을 선고받았다. 사망 전 몇 주간의 폭력을 신고하지 않은 이유를 엄마에게 질문하자 "경찰에 신고하면 나를 떠나고 다시는 보지 않을 거라고 했어요."라고 대답했다.

반복된다. 일회성 학대는 가해자가 단 한 번의 상해에 대해 그럴 듯한 설명을 하는 경우가 많아 문서화되기 쉽지 않다.

Gelles는 자녀를 학대하는 부모의 특성에 대한 연구를 검토한 결과 다음을 발견했다.

- 교육 정도가 낮고 직업기술을 많이 가지고 있지 않은 부모, 소수민족 가족, 그리고 한부모 가족에서 학대의 가능성이 높았다.
- 제한된 경제적 자원에서 오는 생활 스트레스를 가진 부모가 많았다. (하지만 저소득 계층에서 학대가 많이 보고되는 이유는, 고소득 가족이 학대를 더 잘 은폐할 수 있는 조건을 가지고 있기 때문일 수도 있다.)
- 아버지보다는 어머니가 자녀를 학대하는 경우가 많다. 이런 차이는 아마도 어머니가 아이들과 보내는 시간이 많고, 사회적으로 자녀양육과 책임을 어머니에게 부과하기 때문일 것이다.
- 학대당하는 아이의 3분의 2 이상이 아동보호국에 의해 학대라고 판명된 후에도 자신의 가정에 머물게 된다. (아동보호국에 대해서는 이후에 자세하게 설명할 것이다.)[46]

신체적 방임 학대와 대조적으로 방임은 어떤 것을 가하는 행위라기보다는 해야 할 행동을 하지 않는 것에서 비롯된다. 여기에는 (a) 유기, (b) 제대로 된 의복이나 영양섭취, 보호를 제공하지 않는 환경적 방임, (c) 학교에 제대로 보내지 않는 교육적 방임, (d) 필요한 의료보호를 제공하지 않는 의료적 방임이 포함된다. 학대에 비해 방임은 큰 관심을 받지 못해 왔지만 실제로 가장 많이 발생하고 있으며 개입이 필요한 분야이다.

유기의 경우에는 부모가 부모의 역할을 거부하는 것이다. 하지만 대부분의 방임 사례는 부모가 역할을 제대로 수행하지 못하는 경우이다. Kadushin과 Martin은 전형적인 방임형 어머니의 특성으로 신체적으로 소진되어 있고, 정신적으로 황폐하며, 정서적으로 박탈되어있고, 사회적으로 고립되어 있다고 설명한다.[47] 방임은 빈곤층에서 많이 나타난다.

Vincent De Fancis는 사회복지사가 경험한 방임 사례를 다음과 같이 정리했다.

> 집에 들어가면서 본 장면은 완전한 난장판이었다. 부엌과 식당이 합쳐진 공간이었는데, 방 한쪽에 뼈만 앙상하고 두려움

사례 6.2 정서적 방임?

다음 사례는 정서적 방임을 둘러싼 해결되지 않은 질문을 제시한다.

9살 Gary는 N 부부의 외동아들이다. 이 가족은 도시 외곽에 살았고 물리적인 여건은 괜찮았다. 하지만 Gary는 학교생활을 다소 어려워했고 1학년을 2년 다니고 이제 3학년을 다시 다니고 있다.

Gary는 심리검사를 받았고, 자존감이 낮다는 결과가 나왔다. 자신감이 너무 낮아서 실패가 두려워해 수학공부하기를 거부했고 동료들과 경쟁해야 하는 어떤 게임에도 참여하지 않았다. 혼자 노는 것을 선호했고, 5세 수준의 장난감을 가지고 놀았다.

가족에 대한 사정 결과, Gary의 아버지는 자신이 운영하는 자동차 수리점에서 오랜 시간 일을 하고 집에 거의 없으며, 냉정하고 감정을 드러내지 않는 사람이었다. 어머니는 직장을 유지할 수 없을 만큼 성격이 유별나고 가까운 친구가 없었다. 평균 이하의 지적 수준을 가진 어머니는 중학교만 졸업했다. 아들에 대한 인내심이 매우 적고, '바보', '머저리'라고 부르며 자주 아이를 비판하고 무시했다. Gary는 어머니를 다소 두려워하는 것 같고 피하려고 하였다. 부모 모두 부모교육 프로그램이나 상담 참여를 거부했다.

- Gary의 문제(부정적 자기상)는 부모와의 관계로부터 오는 것인가? 아니면 학교환경, 유전적 성질, 또는 과거 외상경험과 같은 다른 요인으로 인한 것인가?
- 설령 부모와의 관계에서 오는 것이라고 해도 법정에서 이를 어떻게 증명할 수 있는가?
- Gary를 가족으로부터 분리하여 다른 곳에서 양육한다면 문제가 나아질 것인가, 악화될 것인가? 예컨대, 보호시설이나 위탁가정에서 생활하게 되면 부모로부터 버림받았다고 생각하거나 자신이 부족해서 이렇게 된 것으로 자책하는 결과를 낳을 수 있지 않을까?

으로 가득 찬 눈이 깊게 패인 약 4세 정도의 여자아이와 3세 정도의 남자아이가 조용하게 나를 바라보고 있었다. 얇은 러닝셔츠를 제외하곤 거의 벌거벗은 아이들의 다리와 팔에는 부스럼이 보였다. 설명할 수 없을 정도로 더럽고 머리는 산발이었으며 몸과 손은 음식물이 묻어 지저분했다. 아이들 뒤에는 작은 아기침대가 놓여 있었고 소변으로 절어 있는 이불 위에 두 살 정도 되어 보이는 아기가 앉아 있었다.

바닥은 찢어진 신문이 발목까지 올라올 정도로 덮여 있었고, 대변이 바닥 여기저기에 보였으며 집안은 온통 냄새로 가득했다.

파리가 집안 전체를 날아다니고, 바닥에는 커다란 바퀴벌레가 기어 다니고 있었다. 부엌 싱크대와 가스레인지는 닦지 않은 그릇과 냄비가 뒤덮여 있었다.[48]

정서적 방임 자녀의 정서적 욕구를 충족시켜주는 것은 정상적인 성장과 발달에 매우 중요하다. 하지만 정서적 방임은 아직까지 정확하게 정의하거나 적발할 수 있는 근거가 불명확한 현실이다.

미국 국립아동 학대 및 방임연구소(National Clearing-house on Child Neglect and Abuse)는 정서적 방임을 다음과 같이 정의한다.

> 자녀의 건강한 성격발달에 필요한 정서적 지지 및 양육을 제공하지 않은 경우이다. 예를 들어 자녀를 거부하거나, 증오감, 긴장, 불안으로 가득한 가정 분위기를 조성하는 것은 자녀가 문제를 가지게 되는 원인이 된다.[49]

이를 보다 광범위하게 적용한다면, 모든 부모는 적어도 한 번 이상 자녀를 정서적으로 방임한다고 할 수 있다. 그럼에도 불구하고, 자녀들은 정서적 방임으로 인한 고통을 받으며, 이는 신체적으로 적절한 보살핌을 받을 때도 마찬가지이다.

정서적 방임은 법정에서 증명하기가 매우 어렵다. 따라서 신체적 방임과 정서적 방임이 병행되는 경우에 아동보호서비스는 신체적 방임에 초점을 두게 된다(사례 6.2 참조).

성 학대 가족 내 성 학대(혹은 근친상간)는 최근 사회적인 문제로 대두되고 있다. 이에 대해서는 이 장 뒤에서 좀 더 자세하게 설명할 것이다.

적절하지 않은 상황에 노출되는 경우 부모의 계속되는 매춘, 범죄행동, 약물중독, 알코올중독 등은 아동 보호국의 서비스를 요하는 경우이다. 이러한 상황에 노출되는 것은 자녀의 도덕발달에 타격이 크다.

아동 착취 이는 아이에게 비합리적으로 장시간 동안 일을 강요하는 것과, 아이로 하여금 구걸, 도둑질, 매춘에 가담하게 하는 것을 말한다.

학대 및 방임하는 부모 부모의 자녀학대 또는 방임의 원인을 한 가지로 설명할 수는 없다. 실제로 많은 연구에 의하면 학대 또는 방임하는 부모에게 공통된 특성은 찾기 어렵다고 한다. 하지만 자녀를 학대하는 부모와 관련된 요인들은 다음과 같다.[50)]

- 아동 학대를 하는 부모 중 특정비율은 어린 시절 학대받은 경험을 가지고 있다. 학대당하지 않았다고 해도 일반적으로 안정된 애정이나 정서적 욕구가 제대로 충족되지 않았다는 것이 나타났다.
- 방임과 마찬가지로 학대 역시 저소득층에서 많이 나타난다.
- 많은 경우, 가족 내에서 특정한 한 자녀가 학대의 대상이 된다. 여기에는 여러 이유가 있다. 상대적으로 정신적 기능이 더딘 특성을 가진 자녀일 수도 있고, 부부갈등이 있을 때는 배우자와 닮은 아이를 학대하는 경우도 있다. 또한 특정 자녀가 다른 형제에 비해 행동이 거칠거나, 많이 우는 특성을 가지고 있다는 이유로 학대를 하기도 하고, 혼전임신으로 낳은 아이라든가, 원하지 않는 임신으로 낳은 아이라는 이유로 학대를 하는 경우도 있다.
- 종종 아이가 가지고 있는 남다른 특성이 부모에게 큰 부담으로 작용하여 아동학대에 영향을 미치기도 한다. 심한 분노발작, 음식문제, 언어문제, 배변훈련 문제, 부정적 성격, 가만히 있지 못하거나 심한 짜증을 부리거나 말을 안 듣는 경우가 이에 포함된다.
- 갈등이 있는 가족의 자녀는 가족의 항상성을 유지하기 위한 희생양의 역할을 하는 경우가 있다. 이런 경우 학대당하는 자녀를 가족으로부터 분리시킨다고 해도 또 다른 자녀가 희생양이 될 수 있다.
- 학대하는 부모는 죄책감을 많이 느끼지 않는 사람이거나, 사회적으로 고립되고, 공격적이며, 충동적이고, 비판을 견디지 못하는 사람인 경우가 많다.
- 환경적 스트레스 요인(부부갈등 등)과 경제적 어려움이 학대를 유발하기도 한다.
- 학대하는 부모는 자녀를 엄격하게 키워야 한다고 생각하며, 아이들의 실수나 잘못을 고의적이고 부모의 권위에 도전하는 행동으로 받아들이는 경우가 있다.
- 알코올과 약물 등이 학대에 기여하는 요인으로 작용한다.

방임과 관련되어 있다고 밝혀진 요인은 다음과 같다.[51)]

- 다수는 낮은 사회경제적 지위를 갖는다. 경제적 어려움이 방임의 주된 요인이며, 열악한 주거환경에 살고 있는 사람들이 많다.
- 방임가족의 약 60%는 한부모 가족으로, 특히 여성 가구주 가구가 많다.
- 자녀의 수가 많다.
- 방임하는 어머니의 지능이 평균보다 낮은 경우가 많다.
- 방임하는 부모는 신체적·정서적으로 지쳐 있고, 건강문제를 가지고 있으며 사회적으로 고립되어 있고, 삶에 대한 희망이 결여되어 있는 경향이 있다.
- 이런 부모는 정서적으로 결핍된 성장과정을 겪은 경향이 있다. 이런 성장과정이 성인이 되어 심각한 경제적 정서적 어려움과 맞물리게 되면 방임의 가능성이 높아진다.
- 방임하는 부모는 정서적 문제를 가지고 있을 수 있지만 학대하는 부모에 비해 상대적으로 적은 편이다.

아동보호서비스

보호자로서의 국가(parens patriae)라는 개념하에 국가는 궁극적으로 모든 아이들의 부모이다. 친부모가 자녀를 방임, 학대, 또는 유기하는 경우, 국가는 개입해야 할 의무를 갖는다. 아동보호서비스는 방임, 학대, 착취 또는 유기된 아동에게 전문화된 서비스를 제공하는 것으로, 주된 목적은 비심판적인 태도를 가지고 문제 요인을 밝힘으로써 현 상황에 개입하고 이후의 문제를 예방하는 데에 있다.[52)]

역사 식민지 시대에 자녀는 개인 소유물로 간주되었다. 즉 부모는 자녀를 팔고, 착취하고, 희생양으로 바치고, 심지어는 출산 시 죽일 수도 있었다. 많은 공동체에서 이런 행위를 대부분 규제하긴 했지만, 산업화가 되어서야 아이들도 권리를 가진 존재라는 것을 인정하기 시작했다. 이런 권리는 점차 확대되어 20세기 초에는 미성년노동법이 제정되기에 이르렀다.

아동보호서비스를 제공하는 기관의 역사는 1875년

Mary Ellen의 사례에서 시작되었다.[53] Mary Ellen은 유아기부터 양육했던 부부에게서 심한 학대와 방임을 당했다. 이를 걱정하던 이웃 주민들은 이 아이를 보호할 수 있는 어떤 제도적인 조치도 찾을 수가 없었다. 다급해진 이들은 동물학대방지국을 찾았다. (아동을 보호할 수 있는 제도가 없던 때에 동물을 보호하는 기관이 존재했다는 사실은 아이러니하다.) 이 기관은 Mary Ellen의 경우를 법원에 신고했고, 법원은 아이를 보호하기 위해 다른 가정에 위탁하는 결정을 내렸으며, 학대를 자행한 부부는 구형을 선고받았다. 이 사례를 선두로 뉴욕에 아동 학대 예방 단체가 생겼다. 점차적으로 유사한 단체가 미국 여기저기에 생겨났고, 아이를 학대와 방임으로부터 보호하는 법이 제정되었으며, 보호서비스를 제공하는 기관이 설립되었다.

처음부터 아동보호서비스는 법의 집행과 재활에 초점을 두었다. 법의 집행은 학대하는 부모를 처벌하는 것을 강조하였고, 재활이란 가족을 갈라놓는 것보다는 부모를 도와 가족을 보존하는 것을 강조하였다. 20세기 전반에 걸쳐 아동보호서비스는 일반적으로 재활의 관점을 견지하게 되었다.

1960년대 후반에 아동 학대를 예방하고 도움을 제공하는 부분에 대한 관심이 극대화되었고, 결국 1975년 사회보장법에 새 조항을 첨부하여 모든 주에서 아동보호서비스를 의무화하고, 예산 지원을 시작하였다. 1974년 1월에 통과된 연방정부의 아동학대 예방과 치료법은 주 정부가 아동학대와 방임 프로그램을 개발하도록 직접적으로 지원하고 있다.

아동보호서비스의 과정 아동보호서비스는 무엇보다 자녀를 학대하거나 학대한다고 생각하는 부모가 자발적으로 도움을 청할 수 있게 하는 부분에 많은 노력을 기울였으며, 라디오와 TV 등의 매체를 통해 긴급전화 서비스를 홍보하였다.

하지만 일반적으로 학대를 하는 부모는 자발적인 도움을 청하지 않는다. 현재 아동보호서비스의 시작은 학대와 방임을 의심하는 전문가들의 의무신고를 통해 이루어진다. 의무적으로 신고를 해야 하는 전문직에는 우선적으로 사회복지사, 학교관계자, 의사, 보육기관 관계자, 상담가, 법률가, 간호사, 치과의사가 포함된다. 신고는 지역 경찰서, 사회복지담당국에게 하게 되어 있으며, 신고를 하지 않는 경우 불이익이나 처벌을 받게 된다.

모든 주는 아동이 학대, 방임 또는 착취를 당하는 경우 개입해야 할 법적의무와 책임을 가지며, 이는 아동 보호국이 담당한다.

신고는 대부분 앞에 언급한 전문가 외에도 이웃, 친척, 친구에 의해 이루어진다. 신고는 학대나 방임이 의심되는 경우 이루어지며, 신고자의 익명성은 보호된다.

어떤 신고자들은 신고하는 것에 대해 죄책감을 느끼기도 하는데, 이 경우 아이를 보호하기 위해 매우 중요한 행동을 했다는 것을 확신시켜주고, 익명유지에 대해서도 언급해준다.

신고가 이루어지면 아동보호국에서 조사를 시작한다. 어떤 기관은 전화통화로 첫 조사를 시작하며, 또 다른 기관은 가정방문 조사를 선호하는데, 이는 일상적인 환경을 볼 수 있는 기회를 제공한다는 장점을 갖기 때문이다. 첫 조사는 직접적이고 솔직하게 이루어진다. 담당 사회복지사는 아동이 위험한 상황에 처했을 가능성에 대해 언급하고 조사가 필요하다고 말한다. 또한 만일 위험이 존재한다고 판단될 경우, 아동과 가족 모두에게 도움을 제공하는 것을 주목적으로 한다는 것도 설명한다.

사회복지사는 상황에 대해 객관적이고 정확하게 이해하려고 노력한다. 신고에 대한 구체적인 정보를 탐색한다. 예를 들어, 만일 아동이 영양이 부족하며 학교를 자주 결석한다는 내용이라면, 이 아동의 식단에 대한 구체적인 질문을 하고, 아동의 질병에 대해 조사하고, 결석날짜와 이유에 대한 구체적 정보를 캔다. 이렇게 함으로써 아동이 실제로 위험에 처해 있는지 판단하고, 어떤 도움이 필요한지를 결정할 수 있다. 혹시 아동을 가정으로부터 분리시켜야 할 상황이라면 법적 절차를 위해 이런 정보가 더욱 더 중요하다.

조사과정 중 사회복지사는 대상 아동을 반드시 만나려는 노력을 하게 된다. 학대나 방임의 경우, 사회복지사는 부모에게 보호서비스의 목적이 더 이상의 학대나 방임을 예방하고 아동을 위협하는 요인을 없애려는 것이라고 설명한다. 학대나 방임으로 신고되는 가족은 대부분 여러 가지 문제를 가지고 있기 때문에 광범위한 서비스를 제공하게 될 수 있다(건강, 교육, 재정, 주거, 상담, 고용, 부모훈련 등).

만일 방임이나 학대의 증거가 없다면 첫 면담 후 조사를 종결한다. 심각한 문제를 가진 가족에게는 몇 년에 걸친 서비스가 제공되기도 한다.

만일 아동이 명백한 위험에 처해 있음에도 불구하고 부모가 행동을 변화시키지 못하거나 변화시킬 의사가 없다면, 아동을 가족으로부터 분리시킬 수 있다. 보호서비스기관은 학대하는 부모를 처벌하는 것이 아니라 아동을 보호하는 방법으로 법적 절차를 고려한다.[54)]

만일 아동을 가족으로부터 분리해야 하는 경우에는, 부모의 자발적인 동의를 구한다. 하지만 자발적으로 동의하지 않는 경우에는 법적 청원을 하게 된다. (보호서비스에서 법적행동은 일반적이지 않다. 대부분은 법적 절차 없이 해결된다.)[55)]

청원을 하고 나면 몇 주 안에 예심 절차가 이루어진다. 부모는 변호사를 고용할 수 있고 다른 법적 절차와 다르지 않게 진행된다. 사회복지사는 문서화된 사실을 근거로 제출해야 한다. 판사는 자녀뿐 아니라 부모의 권리를 보호해야 하는 책임이 있다. 예심에서 부모에게 청원 수용 여부를 묻는다. 부모가 무효를 주장하고 학대 및 남용 근거가 명확하면 재판이 시작된다.

판사의 결정은 다양하게 이루어진다. 증거 불충분으로 특정 법적 조치가 불가능하다는 판결을 내릴 수도 있고, 아동을 법원이 감시한다는 조건하에 집으로 돌려보낼 수도 있다. 여기서 감시는 가족으로 하여금 필요한 변화에 부응하도록 요구하는 것을 말한다. 만일 변화가 이루어지지 않을 때 자녀를 분리시킨다는 압력을 가한다. 아동에 대해 법적보호처분 결정을 내리기도 하는데, 이때 양육권은 사회복지기관에게 주어지고, 변화가 이루어지지 않을 때 아동을 가족으로부터 분리시키는 권한을 가지게 된다. 아예 부모의 법적 양육권을 박탈하고 기관으로 이양하기도 하는데, 이때 자녀는 자동적으로 가족으로부터 분리된다.

아동이 즉각적 위험에 처해 있는 경우, 아동보호서비스기관이나 가정법원으로 하여금 아동을 바로 가족으로부터 분리시킬 수 있는 법적 권한을 가질 수 있다. 이런 아동은 일시적인 위탁가정에 맡겨진다. 이런 경우, 24시간 내에 청문회를 개최해야 한다. 이때, 아동을 가족으로부터 분리시켜야 하는 명백한 이유를 찾지 못하면, 다시 아동은 가족으로 돌아가게 된다.

비자발적 서비스 부모들이 저항적이거나 비협조적이라고 해서 보호서비스를 철회할 수는 없다. 대부분의 사회복지서비스의 대상은 자발적 클라이언트이다. 하지만 아동보호서비스는 비자발적인 클라이언트를 대상으로 하는 몇 개 안 되는 영역 중 하나이다(보호관찰도 비자발적 영역에 포함된다).

아동보호서비스는 타인의 신고로 시작되기 때문에, 많은 대상자들은 이를 사생활의 침해라고 느낀다. 초기접촉을 시도하는 사회복지사의 역할은 적대감을 불러일으키고, 가족에 대한 위협으로 받아들여질 수 있으며, 본인의 양육태도에 대한 문제제기에 감정적으로 대응할 수 있다. 아동보호서비스의 목적은 처벌이 아닌 재활과 교육에 있음에도 불구하고, 클라이언트는 일반적으로 이를 처벌의 관점으로 받아들인다.

일부 클라이언트는 서비스 기간 동안 계속 적대적이고 저항적인 태도를 갖기도 하고, 어떤 이들은 아동보호기관과 협력관계를 형성하여 긍정적인 변화를 경험하기도 한다. 도움이 필요하다는 것을 인정하고 처음부터 협조적인 클라이언트도 종종 있다.

자녀를 학대하고 방임하는 부모와 일하기 위해 사회복지사는 이들 부모를 존중하고 상황을 이해하는 동시에, 잘못된 행동은 수정해야 한다는 확고한 태도를 유지해야 한다. 다음 사례는 이러한 면을 보여준다.

C 가족은 엄마에게 매를 맞아 팔이 부러진 6세의 남자아이를 치료한 병원의 신고로 아동복지센터에 의뢰되었다.

부모는 아이는 때려야 제대로 버릇을 가르칠 수 있다고 말하며, 이를 간섭하는 사회복지사에게 저항했다. 자신도 많이 맞으며 자랐다고 말하면서 자신의 행동을 정당화했다.

이에 사회복지사는 자녀를 엄하게 양육하는 것과 아이를 다치게 하는 것은 다른 것이라고 설명하고, "너무 화가 나서 자신의 행동을 조절하지 못할 수도 있다는 것은 이해해요"라고 덧붙였다. 이 말에 C 부인은"난 너무나 화가 났었어요"라고 말하며 울음을 터뜨렸다. 사회복지사는 그렇게 화가 난 원인에 대해 함께 탐색해본다면 이후에 이런 행동을 반복하지 않을 수 있지 않겠냐고 제안했다. 약간의 침묵이 흐른 뒤 아버지는 자신도 이렇게 아이를 다치게 하는 것은 옳지 않다고 생각했지만 뭘 어떻게 해야 할지 몰랐다고 대답했다. C 부인은 아들을 때린 것을 돌이켜보며 괴로워했다. 사실 팔이 부어오르기까지는 부러진 줄도 몰랐다고 하면서, 자신의 급한 성미가 이런 결과를 낳았다고 했다. 또한 누군가의 도움이 필요하다고 느낀다고 말했다.[56)]

아동보호서비스에 종사하는 사회복지사는 교육자, 치료를 연결해주는 사람, 개입자, 지지자, 촉진자 등의 다양한 역할을 해야 한다. 초점을 맞추어야 할 부분은 구체적인 요구를 알아내고, 개입방법을 선택하고, 구체적인 서비스를 제공하는 것이며, 필요에 따라 다른 전문가들(아이를 치료하는 의사, 학교 교사, 변호사 등)과 협력할 수 있어야 한다.

필요한 변화를 만들어가는 과정에는 다양한 치료자원이 필요하다. 위기 보육시설, 단기 위탁부모 등은 위기 발생 시 일시적인 쉼터를 제공할 수 있다. 부모교육 프로그램, 집단상담, 가족생활교육 프로그램 등도 학대와 방임 감소에 도움이 될 수 있다. 응급구호자금은 당장 필요한 집세, 난방비, 식비, 전기료 등을 해결해준다. 모델링이나 역할놀이와 같은 행동수정 프로그램은 자녀를 대하는 부모의 행동을 변화시키는 데 활용된다. 몇 지역에서 시행하는 '응급 부모'는 보호가 필요하거나 혼자 남겨진 아동의 집에 가서 함께 있어주는 프로그램이다. 사회복지사나 관련 전문가들이 심리치료나 상담을 제공하기도 한다. 자조집단인 익명의 부모모임에 대한 설명은 보기 6.3에 나와 있다. (이렇게 많은 서비스를 모두 제공할 수 있는 지역사회는 많지 않다. 대부분의 지역에서 아동보호국 실천가에게 주어진 자원은 자신의 상담능력과 위험에 처한 아이들을 분리시킬 수 있는 정도의 능력뿐이다.)

Kadushin과 Martin은 아동보호서비스의 효과성에 관한 연구에 대해 다음과 같이 설명한다.

> 요약하면, 평가연구들은 아동보호기관에 대해 보통 정도의 성공을 보고한다. 이러한 기관의 클라이언트가 처한 많은 개인적 사회적 결핍을 염두에 두고 효과성을 평가해야 한다. 이러한 상황에서 보통 정도의 성공도 기대 이상이라고 볼 수 있다.
>
> 이들 가족에 대처할 수 있는 자원은 제한적이다. 이들의 변화를 불러올 수 있도록 훈련된 기술은 명확하지 않고 둔탁하다.
>
> 제한된 자원과 낮은 기술을 토대로 비자발적이면서 변화에 저항적이고 여러모로 결핍된 상황에 처한 가족에게 개입한다는 것은 제한된 성공으로 이어질 수밖에 없다.[57]

아동보호서비스는 힘든 일이다. 아동보호서비스는 사회복지의 어떤 영역보다는 소진율이 높은 영역이다.

가족보호 프로그램 1960년대에 이루어진 아동 학대 및 방임 의무신고제 도입 이후 학대와 방임이 의심되는 상황에 대한 신고가 급증했다. 학대나 방임으로 확인된 경우 아동들은 일시적인 위탁 가정에 맡겨졌다. 1960년대 말 위탁가정에 위탁되는 아이들의 수가 증가하는 것과 증가하는 비용에 대한 염려의 목소리가 높아졌다. 그렇게 많은 아이들이 자신의 친가족에게서 분리되어야 하는가, 그리고 과연 위탁가족이 효과적인가에 대한 문제가 제기되었다. 그 결과 집중적인 가족 보호 프로그램이 개발되었다.

가족 보호는 가족으로부터 자녀를 분리시키는 것이 절박한 상황에서 활용되는 모델이다. Gelles는 가족 보호서비스를 다음과 같이 설명한다.

> 가족보호서비스의 핵심은 집중적이고, 단기적인 위기개입이라는 데 있다. 서비스는 가정 내에서 이루어진다. 가정 방문 시간은 기존의 50분이 아니라 상황에 따라 달라질 수 있도록 융통성을 갖는다. 서비스는 24시간 내내 가능하고, 사례 수도 적어서 한 담당자가 두세 가정을 대상으로 한다. 상담이나 교육과 같은 서비스와 주택문제, 사회보장 프로그램 등도 함께 제공한다.[58]

가족보호서비스는 일반적으로 4~6주에 걸쳐 이루어진다.

집중적 가족보호 프로그램에 대한 초기 평가는 매우 긍정적이었다. 아이를 보호하는 데 성공적이면서 위탁 부모에게 가지 않아도 되는 점에서 비용도 절감한다는 내용이었다. 하지만 최근 들어 가족보호 프로그램에 대한 비판이 증가하고 있다. Gelles는 실제로 실험설계 연구를 통해 가족보호 프로그램이 더 효과적이라는 것을 입증한 연구는 없다고 주장한다.[59] 또한 학대받는 아이를 그 환경에서 분리시키지 않는 것은 학대의 재발 위험성을 증가시킬 수 있다는 주장이 있다.

Patrick Murphy는 비극으로 끝난 아동보호 프로그램을 다음과 같이 설명한다.

> 1991년 12월, 3세 된 여자아이의 이모가 자신의 조카가 엄마와 그녀의 연인으로부터 학대를 받고 있다면서 가족부에 신고했다. 그 주의 담당 조사관들은 아이의 몸에 있는 멍과 끈으로 맞은 자국을 확인하고 학대라는 결론을 내렸다. 하지만 재판에 앞서 아동보호국은 그 후로 90일 동안 37차례에 걸쳐 가사도우미와 사회복지사가 방문하도록 하였다.
>
> 1992년 3월 7일, 이모는 다시 전화를 하여 조카가 여전히 학대받고 있다고 신고했다. 아동보호국은 그녀의 신고를 무시했

보기 6.3 익명의 부모모임(Parents Anonymous, PA)

자조 조직(알코올중독자 모임, 동성애자의 부모 및 친구모임, 과식자 모임, 체중조절 모임 등)은 상당한 성공을 보여 왔다. 그 중 하나인 익명의 부모모임(PA)은 자녀를 학대하거나 방임한 부모를 돕는 데 효과성을 보여주었다.

PA는 1970년에 도움이 절실했던 Jolly K.에 의해 캘리포니아에서 시작되었다. 그녀는 4년간 심하게 아이를 혼내고 싶은 통제할 수 없는 욕구에 시달려왔다. 어느 날 오후 그녀는 아이의 목을 조르려고 했고, 지역 아동상담소에 도움을 요청하여 상담을 시작했다. 상담가가 이 상황을 어떻게 대처하겠냐는 질문에 만일 알코올중독자들이 함께 모여서 갈망을 달래고 도박중독자가 함께 모여 서로에게 도움이 된다면 학대하는 부모들에게도 적용해볼 수 있지 않겠냐는 의견을 제시했다.[a] 상담가의 지원으로 Jolly는 1970년에 엄마모임을 시작했다. 이제 이 조직은 미국과 캐나다 전역에 지부를 가지게 되었고 아버지를 참여시킴에 따라 익명의 부모모임으로 변경했다.

PA는 알코올중독자 모임의 기본 개념 중 일부를 사용한다. 이는 다음 두 형태의 지원을 제공하는 위기 개입 프로그램이다:

1. 정기적인 모임을 통해서 자신의 감정과 경험을 공유하고 감정조절 방법을 학습한다.
2. 위기발생 시, 특히 자신의 분노나 좌절을 아이에게 돌리고 싶은 조절할 수 없는 충동에 사로잡힐 때 회원을 만나거나 전화로 대화한다.

부모는 아동보호 서비스와 같은 기관을 통해 의뢰되거나 도움이 필요하다고 생각하는 경우 스스로 찾아갈 수 있다.

Cassie Starkweather와 S. Michael Turner는 아이를 학대하는 부모가 전문상담보다 자조모임을 선호하는 이유에 대해 다음과 같이 설명한다.

> 우리의 경험에 따르면 학대하는 부모의 대부분은 타인들보다 스스로에 대해 훨씬 더 가혹하게 평가한다. 다른 회원들로부터 자신들이 괴물이 아니라는 위로를 받으며 아이를 잃는다는 두려움을 조금이나마 감소시킨다.
>
> 일반적으로 PA 회원들은 스스로에게 가혹한 평가를 내리기 때문에 도움 청하기를 두려워한다. 또한 전문가를 만나는 것에 대한 두려움을 표현하는데, 교육수준이나 성별이나 사회적 지위가 자신들과 달라 의사소통이 안 될 것이라고 생각한다.
>
> 자신과 비슷한 처지에 있는 회원을 만나는 것을 통해 위안을 얻는다. 이러한 느낌은 여러 일로 바빠서 가정이 없을 것 같은 전문가를 만나는 느낌과 대조적이라고 설명한다.[b]

PA는 솔직함과 직접적인 소통을 중시한다. 아이를 학대하는 경향을 가진 부모는 일반적으로 자신의 문제를 숨기는 데 익숙해 있다. 반대로 PA의 목표는 자신이 학대하는 사람이라는 것을 인정하고 받아들이도록 도와주는 것이다. 학대라는 용어가 모임에서 그대로 사용된다. 이렇게 솔직하게 인정하는 것이 건강한 결과를 가져온다는 것을 목격했다. 참여자들은 자신의 학대적인 면을 그대로 인정하는 사람들과 함께 한다는 데서 안도감을 느낀다. 더 나아가 자신이 학대하는 부모라는 것을 인정하고 나서야 이 문제에 대처하는 방법을 찾기 시작한다.

PA 모임에서 부모들은 자신이 학대한다는 사실을 이야기하고, 회원들은 서로에게 학대를 줄이는 방법을 찾도록 직면한다. 성공적이었던 건설적 경험을 나누고 학대의 가능성이 있는 상황에 대처할 수 있는 구체적 계획을 세우도록 지원한다. 학대가 발생하는 위험 상황과 징조를 지각하고 학대를 피할 수 있는 방법을 배운다.

PA는 개인의 익명성을 보호하고 비밀보장을 강조한다. 이러한 보호장치가 회원들로 하여금 자신의 경험과 잘못된 생각들을 부끄러움이나 비난에 대한 두려움 없이 솔직하게 이야기할 수 있게 해준다.

회원들은 일체감을 형성하고 서로에게 대리가족이 되어주기도 한다. 회원들의 전화번호를 공유하고 울화가 치미는 상황에서 아이에게 풀지 않고 전화하기를 권장한다. 이러한 경험을 통해 회원들은 자신의 경험을 토대로 상대방의 이야기에 귀를 기울여줌으로써 점차 일종의 전문가와 같은 역할을 하게 된다.

모임의 리더는 아동학대 경험이 있는 사람이어야 한다. 회원들이 전문상담가보다는 학대경험자에게 자신의 이야기를 더 자유롭게 할 수 있기 때문이다. PA의 성공비결은 학대하는 부모를 소외시키지 않고 사회적 지지를 제공해준다는 데 있다.[c]

[a] Phyllis Zauner, "Mothers Anonymous: The last Resort," in *The Battered child*, Jerome E. Leavitt, ed. (Morristown, NJ: General Learning Press, 1974), p. 247.

[b] Cassie L. Starkweather and S. Michael Turner, "Parents Anonymous: Reflections on the Development of a Self-Help Group," in *Child Abuse: Intervention and Treatment*, Nancy C. Ebeling and Deborah A. Hill, eds. (Acton, MA: Publishing Sciences Groups, 1975), p. 151.

[c] Parents Anonymous website: **http://parentsanonymous.org**

다. 3월 17일 아동보호국은 그 가족이 여러 면에서 많이 발전했다는 결론을 내리고 사례를 종결했다. 그로부터 몇 시간 후, 아이는 사망했고, 부검 결과 뜨거운 물에 온몸을 데이고 둔탁한 물건으로 머리를 맞은 것으로 판명되었다. 아이의 몸에는 43개의 상처와 멍과 밧줄 자국이 있었고 체중은 8kg이었다.[60)]

가족 집단 사례회의 학대아동을 대상으로 하는 가족 집단 회의 접근은 뉴질랜드에서 시작되었다. 이 접근은 현재 미국을 포함한 여러 나라에서 활용되고 있다.

아동보호서비스나 경찰에서 아동학대를 확인하게 되는 경우, 일부 아동보호서비스 기관은 부모에게 양육방식을 개선하고 향후 학대를 예방하기 위해 가족 집단 사례회의를 권한다. 우선 가족들에게 절차를 설명한다. 만일 가족이 확대가족망을 계획에 포함시키는 것에 동의하면 실행에 옮기게 된다.

가족 의사결정 회의는 전문가(보통 아동보호서비스 관련자)가 인도한다. 이 전문가는 일반적으로 '가족집단 코디네이터'라고 불린다. 가족 집단 사례회의 세 가지 특징은 다음과 같다.

1. 가족은 확대가족과 중요한 관계를 가진 자를 포함하는 개념이다.
2. 가족은 계획을 준비하는 기회를 갖는다.
3. 아동을 위험에 처하게 하는 경우만 아니라면 코디네이터는 가족의 계획에 동의해야 한다.

코디네이터는 확대 가족의 첫 모임을 준비하고 계획한다. 이 과정은 몇 주가 걸릴 수도 있다.

Downs, Moore, McFadden, Costin은 초기 계획 과정을 다음과 같이 설명한다.

> 이 과정은 가족과 함께 하는 과정이다. 관련된 사람과 확대가족망을 확인하고, 각자의 역할을 구체화시키며, 가족 집단 모임에 초대하고, 장소, 시간 등을 결정하며, 그 밖에 다른 필요한 부분을 관리한다. 첫 모임에서 코디네이터는 문화적 감수성을 숙지하고 가족들을 맞이하고 소개하며, 역할과 목표와 규칙을 합의할 수 있도록 지원한다. 그런 다음 가족과 정보를 나누는데, 여기에는 아동보호 실천가와 의사나 교사 등 관계자를 참여시킬 수 있다.[61)]

뉴질랜드 모델은 다음 단계에서 코디네이터와 다른 전문가가 자리를 떠나 가족들끼리 생각할 시간을 주는 것을 원칙으로 한다. (미국과 다른 나라에서는 코디네이터가 자리에 남아있다.) 친족망은 문제가 되는 쟁점에 대응하는 계획을 만드는데, 여기에는 아이의 안전과 보호를 위한 계획 수립도 포함된다. 자녀가 제대로 보호받지 못한다고 생각될 경우 코디네이터와 아동보호 서비스 전문가는 이 계획을 거부할 수 있는 권한이 있다. (하지만 실제로 거부권은 거의 사용되지 않는다.) 가족 계획 수립을 위해서는 여러 차례의 회기 혹은 며칠이 걸릴 수 있다.

Downs, Moore, McFadden, Costin은 이러한 접근에서 사회복지사가 직면하는 어려움을 다음과 같이 요약한다.

> 가족집단 의사결정 과정은 가족중심 실천에 대한 새로운 접근을 요구한다. 사회복지사는 가족에 대한 여러 아이디어를 확장하여 확대 가족망의 강점과 구심성을 인식해야 하는데, 특히 유색인종 가족의 경우 더욱 그러하다. 강점 관점의 사용이 절대적으로 중요하다. 실천가는 아이의 건강에 친족의 개입이 얼마나 중요한지 이해해야 하고, 친족의 일부는 역기능적일지라도 상대적으로 건강한 일부 친족은 문제를 이해하고 대처할 수 있다는 믿음을 가져야 한다. 사회복지사에게 가장 큰 도전은 권력을 공유하는 것 혹은 권력을 친족망에게 넘기는 부분이다. 가족치료사나 아동보호 전문가로 훈련받은 대부분의 사회복지사는 권력의 역할을 맡아왔고, 이러한 통제력을 내려놓는다는 것에는 어려움이 따를 것이다.[62)]

가족 집단 회의에는 몇 가지 장점이 있다. 우선 학대 혹은 방임된 아이들의 요구나 그 부모의 요구에 부응하는 데 확대 가족을 관여시킨다는 장점을 갖는다. 사람들의 삶에 정부가 관여하는 것을 감소시킬 수 있다. 위기에 처한 가족을 원조하는 데 있어서 친족망이 가지는 강점을 인정한다. 위탁가정으로 보내지는 아이의 수를 감소시킨다. (이 접근에서는 많은 경우 확대 가족 중 한 명이 학대 혹은 방임된 아이를 일시적으로 보호함으로써 부모가 안정을 찾거나 부모 기술을 습득할 수 있는 기회를 준다.)

가족 집단 회의는 이 밖에도 비행과 같은 다른 가족 문제에도 적용할 수 있다.

비판적 사고를 위한 질문

가족 집단 회의의 강점과 약점은 무엇인가?

아동의 권리 대 부모의 권리 미국역사 초기의 법은 아동의 권리에는 그다지 관심을 갖지 않고 부모의 권리를 강조했는데, 최근 아동의 권리를 보호하는 것에 대한 중요성을 강조하게 되었다. 보호 서비스, 특히 쟁점이 되는 판례들은 부모와 아동의 권리를 어떻게 정의할 것인가의 문제에 직면한다. 부모의 권리와 자녀의 권리 간의 균형에 대한 실행에 있어서는 지역마다 차이를 보인다.[63]

예컨대 아동의 질병에 꼭 필요한 약임에도 불구하고 부모가 종교적인 이유를 들어 복용시키는 것을 거부할 때, 국가가 개입해야 하는가? 동거중인 부모가 아이의 기본적·신체적·정서적 욕구는 충족시키지만 성적으로 문란한 생활을 할 때 국가가 개입해야 하는가? 동성애 가족이나 일반적인 규범과 매우 다른 특성을 가진 가족이 아이를 키우는 경우 국가가 개입해야 하는가? 아동이 매우 심각한 정서적 어려움을 보임에도 불구하고 부모가 도움 청하기를 거부한다면, 국가가 개입해야 하는가? 특정 민족적 특성을 가진 집단에서 아이에게 기초적 교육을 보장하지 않는 경우, 국가가 개입해야 하는가? 아버지가 일주일에 두세 번씩 아이를 때리며 훈육할 때 국가가 개입해야 하는가? 오랫동안 가족 내에 알코올중독과 부부싸움이 끊이지 않을 때 국가가 개입해야 하는가? 기본적인 정서적 사회적 욕구는 충족되지만 지저분한 환경에서 살거나 더러운 옷을 입고 다니며 제대로 씻지 않을 때 국가가 개입해야 하는가?

실천가에 따라, 판사에 따라, 그리고 지역사회에 따라 개입여부의 결정이 다를 것이다. 다음의 사례에서 볼 수 있듯이 개입을 주저하는 경우 비참한 결과를 초래할 수 있다.

> 1953년 13세의 한 남자아이가 만성적 무단결석으로 가정법원에 의뢰되었다. 정신과 검사는 그 아이가 폭력성을 가지고 있으며 자신과 타인에게 심각한 위험을 초래할 수 있다는 결과를 제시하였다. 정신과 의사와 관련 사회복지 전문가가 심리치료나 상담을 권했다. 어머니는 이를 거부했고 아이를 다시 데려오지 않았다. 아이의 어머니에게 치료를 강제했어야 한다고 생각하는가? 이것이 보호적 개입의 경계와 관련된 문제이다. 아무런 조치도 취해지지 않았고, 10년 후 청년이 된 Lee Harvey Oswald는 Kennedy 대통령을 암살했다.[64]

어떤 시점에서 국가가 개입해야 하는가의 어려움은, 만일 자녀를 가족으로부터 분리시켜 위탁가정에서 자라게 할 때 그것이 그 아동들에게 어떤 영향을 미칠 것인지가 명확하지 않다는 데서 비롯된다. 경우에 따라 위탁가정은 효과적이기도 하지만 그렇지 않을 수도 있다. 왜냐하면 여러 위탁 가정을 전전하게 되는 경우가 있기 때문이다. 이러한 여러 차례의 위탁가정 경험은 아이들에게 심각한 부정적 결과를 초래한다.

》 아동 성 학대

여기서는 아동 성 학대와 근친상간에 대해 설명하고자 한다. 근친상간은 실제적으로 성 학대의 하위범주에 속한다.

아동 성 학대

아동을 대상으로 하는 성 학대는 성인이 자행하는 학대를 말한다. 성 학대는 실질적 성관계뿐 아니라 입이나 손으로 성기를 접촉하는 행위, 성인의 성기를 노출시키는 행동이나 성적인 자극을 위해서 아동을 관찰하거나 사진을 찍는 행위를 포함한다. 성인과 미성년자의 성행동에 대한 법이 존재하지만, 성 학대의 초점이 되는 것은 나이와 권력이 더 많은 성인이 성적인 만족을 위해 행하는 행동이다.

아동 성 학대는 일반적으로 우리 사회에서 가장 경멸하는 성범죄이다. 그렇다면 아동 성 학대는 얼마나 자행되고 있는가? 아동 성 학대의 정도를 알기 위한 여러 연구는 여아 3명 중 1명, 그리고 남아 6명 중 1명이 성 학대를 경험했다고 보고했다.[65]

아동 성 학대 가해자의 90%는 남성이다.[66] 이러한 성비율은 여러 가지 이유로 설명될 수 있다. 첫째, 우리 사회의 남성은 성을 정서적인 관계의 일부라기보다는 성행동 자체로 이해하도록 사회화되었다. 둘째, 남성은 상대적으로 더 공격적이고 성행위의 대상을 자신보다 작고 어린 사람들로 생각하게끔 사회화되었다. 셋째, 우리 사회의 여성은 남성에 비해 아동을 양육하는 역할을 많이 담당하므로 아이들의 정서적인 요구를 상대적으로 잘 이해한다. 태어날 때부터 아이를 양육하고 길러 온 사람은 간헐적으로 아이들을 대하는 사람에 비하여 아이를 성적인 대상으로 볼 확률이 훨씬 낮다는 것이다.

지난 몇십 년간 널리 알려진 아동 성 학대 사례가 있었다. 1979년 시카고의 John Wayne Gacy는 33명의 남자 아이들을 자신의 집으로 납치해 성적으로 학대한 뒤 죽여서 집 마당에 묻은 죄로 체포되었다. 그는 이 범죄로 1994년에 사형을 당했다. 1977년 유명한 영화감독인 Roman Polanski는 LA에서 불법 성행동, 아동 성 학대, 구강성교 등으로 체포되었다. 이 혐의의 피해자는 여자 청소년이었다. 양형 협상 후에야 Polanski는 범행사실을 시인했고 첫 번째 범죄에 대해서만 유죄판결을 받았다. 형을 기다리던 중 미국에서 도주한 그는 다시 미국으로 돌아가지 않았다. 1991년 미국 Milwaukee에 사는 Jeffrey Dahmer(이미 1988년에 13세 남자아이 성추행으로 보호관찰하에 있던)는 17명의 남자(그 중에는 청소년도 포함되어 있었다)를 성추행하고 살해한 뒤 시신을 훼손한 사실을 자백했다. 1993년에 유명가수 Michael Jackson 역시 13세의 남자아이와 지속적인 성관계를 해온 혐의를 받았는데, 1994년 남자아이의 부모에게 몇백만 달러의 돈을 지불한 뒤 아이들의 부모가 고소를 취하했다. 2001년에는 로마 가톨릭의 신부 몇 명이 아이들과 청소년들을 성 학대했다는 세계적인 스캔들이 있었다. 교황청은 이 일을 무마하기 위해 이 신부들을 다른 교구로 보냈지만, 이곳에서도 역시 이 신부들이 다른 아이들과 청소년들을 다시 성 학대하는 일이 발생했다.

그렇다면 아동 성범죄자들은 어떤 사람들인가? 사람들은 아동 성범죄자들이 혼자 놀고 있는 아이를 목표로 삼는 낯선 사람일 것이라는 편견을 가지고 있다. 하지만 대부분의 경우 이들은 아는 사람이거나 친척 또는 친지이다.[67)](만일 가해자가 친척인 경우 이는 근친상간으로 간주된다.) 부모, 양부모, 스카우트 단장, 보육교사 등 다양한 사람들이 가해자로 지목되었다. 무력은 거의 사용되지 않는다. 대부분의 가해자는 교묘하게 아이들을 조종하여 자신이 원하는 성행위를 얻어낸다. 성 학대의 범위는 단순한 접촉부터 삽입까지 포함된다.

드문 경우지만 아이들이 먼저 접촉을 시도하는 경우도 있다. 하지만 그렇다고 해서 어른의 행동이 절대로 합리화되지는 않으며, 이런 아이들은 과거에 성 학대를 당한 경험이 있는 아이일 확률이 높다. (아동 성 학대는 종류와 경우를 막론하고 무조건 어른의 책임이다.)

Nicholas Groth는 아동 성범죄자를 두 종류로 설명하는데, 한 부류는 **고착형**(*fixated*)이며 다른 한 부류는 퇴행형(regressed)이다.[68)] 고착형 성범죄자들의 주된 대상은 아동들이며, 거의 모든 경우 어른보다는 아이를 선호한다. 이들은 소아대상 이상성욕자(pedophiles)라고 불리기도 한다. 소아대상 이상성욕은 아동을 대상으로 성적 환상을 반복적으로 갖는 성적 장애이다.[69)] 퇴행형은 일반적으로 성적 관심은 성인에게 있지만 극심한 스트레스 경험 시, 정서적으로 퇴행하여 아이를 대상으로 성행동을 하는 사람을 말한다. 퇴행형 범죄자는 일반적으로 여아를 선택하고, 고착형 범죄자들은 남아를 선택한다. 대부분의 근친상간 가해자는 퇴행형이며, 사회적으로는 정상적으로 기능하고, 결혼관계나 이성관계도 유시하며 생활하지만, 스트레스에 적절하게 대처하지 못하고 아이를 대상으로 성범죄를 저지른다. 아동 성범죄자들은 성인을 강간하기도 하고, 노출증이나 관음증을 동반하기도 한다.[70)] 명백하게 이들은 성충동을 조절하지 못하는 사람들이다.[71)]

비판적 사고를 위한 질문

가톨릭 사제가 행하는 성 학대를 감소시키는 효과적 방법으로는 무엇이 있는가?

언론이나 아동보호 전문가에게 주목받는 이들은 가족 내 여자아이를 대상으로 가해하는 범죄자들이지만, 최근 연구에 의하면 가족 외 남자아이를 대상으로 성범죄를 저지르는 가해자들은 훨씬 더 많은 수의 아동에게 피해를 끼친다고 한다. Abel과 동료들은 남아를 가해하는 성범죄자의 희생자가 평균 150명인 것에 비해, 여아 대상 범죄자의 희생자 수는 20명이라는 것을 발견했다.[72)] 그렇다면 왜 여아를 가해하는 이들에게 더 많은 관심을 갖는 것일까? 가장 주된 원인은 여아들이 상대적으로 범죄행위를 신고하는 경우가 많다는 것이다. 남자 아동은 성범죄의 피해자가 되었다는 것이 자신의 나약함을 나타내는 것이라는 생각을 갖는다는 것이다. 실제로 남자 아동을 대상으로 범해지는 성범죄가 미국 내에서 가장 신고되지 않는 범죄 중 하나이다.

아이에게 성범죄는 어떤 영향을 미치는가? 피해아동의 발달에 치명적인 정서적 영향을 미치는 요인들로는 (a) 피해자와 가해자와의 관계(가해자가 가까운 사람이나 신뢰하는 사람인 경우 이후 신뢰발달에 더 치명적인 영향을 미친다), (b) 성 학대의 빈도와 지속기간, (c) 구체적 학대의 정도, (d) 가해자의 수, (e) 범죄사실이 알려졌을 때 주변인들의 반응, (f) 아동 자신의 일반적인 정서 및 정신건강과 대처기술, (g) 전문적인 개입의 접근성 등을 들 수 있다. 아동 성범죄가 발생했을 때 가장 도움이 되는 개입은 중요한 주변사람들(전문가, 부모, 형제 등)이 범죄사실을 믿어주는 것, 가해자가 책임을 시인하는 것, 그리고 이해와 회복을 도모하는 공식적인 도움을 받는 것이다.

근친상간

근친상간은 혈육 간에 이루어지는 성관계로 정의된다. 하지만 일반적으로 이 정의는 혈육으로 연결되지 않은 친족(새아버지 등) 간의 관계에도 적용된다. 과거에 가족은 이러한 종류의 학대를 감추려고 했고, 대부분의 경우 신고되지 않았다. 하지만 현대 들어 인간의 성에 대한 개방성이 증가함에 따라, 근친상간에 대한 전문적인 도움을 받고자 하는 사람들이 증가하고 있다.

경찰에 신고된 근친상간 사례의 대부분은 아버지와 딸, 혹은 새아버지와 딸 간의 관계이다.[73] 하지만 대부분의 근친상간은 신고되지 않는 것이 현실이다. 형제간의 근친상간이 실제로 가장 많이 발생하는 유형이다.[74] 이는 성 학대일 수도 있고 혹은 아닐 수도 있다. 만일 자녀들이 비슷한 연령대에 있고, 관계가 강요된 것이 아닌 상호 동의하에 이루어지는 경우, 이는 정상적인 호기심이라고 간주될 수도 있다. 하지만 아이들의 연령차가 크다면, 어린 자녀가 원하지 않는 행동을 강요당했을 가능성이 있다. 이런 상황에서 동의란 없으며, 동의 없는 성은 성 학대라고 볼 수 있다.

대부분의 근친상간은 집안에서 이루어진다. 희생자는 물리적으로 강요당하기보다는 꼬임에 넘어가거나 압력을 받는 경우가 많다. 희생자의 나이는 생후 몇 개월부터 성인까지 다양하지만, 청소년인 경우가 대부분이다.[75] 희생당한 아이들은 신고하지 않는 경향이 있는데, 이는 가해자에 대한 충성심 또는 자신과 가족에게 돌아오는 결과를 두려워하기 때문이다.

근친상간의 원인 근친상간은 왜 일어나는가? 성 연구자들은 사람들이 비성(非性)적인 보상을 받기 위해 성을 이용한다고 한다. 예컨대, 청소년기의 남학생이 여자친구와 성관계를 가지려고 하는 것은 반드시 사랑이나 성적인 만족을 위해서라기보다는 친구들에게 우쭐대서 자신의 자아를 만족시키기 위함일 수 있다는 것이다.

타인으로부터 거부당하는 것을 두려워하거나 위협을 느끼는 성인들은 비위협적이고 무조건적 사랑을 하는 아이들에게 인정을 받고자 한다. 인정을 받고자 하는 요구는 성관계를 주도하는 것으로 발전할 수 있는데(어린 시절 성학대 경험이 있는 경우 더욱 그렇다), 이는 많은 사람들이 성관계를 자신이 인정받고 있다는 것을 확인하는 행동이라고 생각하기 때문이다. 많은 아동성범죄자들은 희생자를 해치고자 하는 의도를 가지고 있지는 않으며, 자신들의 감정적 생존을 위해 아이를 이용하는 사람들로, 이들은 심리적인 도움이 필요하다.

근친상간의 영향 Blair Justice와 Rita Justice는 근친상간의 영향을 근친상간이 진행되는 시점, 발각된 시점, 몇 년이 지난 시점의 세 시점으로 나누어 연구했다.[76] 여기서 중요한 것은 근친상간이 역기능적 가족 체계의 증상이라는 점이다.

먼저 근친상간이 진행되는 시점의 영향을 살펴보자. 아버지와 성관계를 하는 딸은 아버지보다 더 큰 힘을 갖는데, 그 딸이 큰 비밀의 열쇠를 가지고 있기 때문이다. 그 딸은 특권을 가지게 되고, 다른 형제들(때로는 엄마)의 질시를 받는다. 이에 따라 역할에 대한 혼란이 일어난다. 딸은 아직 아이면서도 아버지의 연인이며 아버지와 동등한 권력을 갖게 된다. 근친상간 피해자는 자신 스스로 성을 개발하고 탐색할 기회를 박탈당한다. 딸은 아버지가 언제 자신을 딸로 대할지 연인으로 대할지 예측할 수 없기 때문에, 어떻게 아버지를 대할지 혼란스러워한다. 이 딸에게 어머니는 부모가 될 수도 있고 라이벌이 될 수도 있다. 형제들 역시 누가 주도권을 갖는지에 대해 혼란스러워 할 뿐 아니라, 특권을 갖는 자신들의 누이를 어떻게 대해야 할지 모른다. 근친상간이 일어나는 가족의 아버지는 자신의 딸에 대해 질투심을 느끼고, 지나치게 보호하려는 성향을 갖는다.

성장함에 따라 그 딸은 독립적이 되고자 하며 다른 친구들과 시간을 보내고 싶어 한다. 딸은 점점 아버지의 지나친 보호에 대해 격한 분노를 느끼게 된다. 아버지로부터 벗어나기 위해 딸은 가출을 하거나 다른 사람에게 근친상간에 대해 알리기도 한다. 또는 아버지가 정해놓은 규칙(귀가

시간 등)을 어기는 등, 수동적으로 대항하기도 한다.

종종 근친상간은 딸의 임신을 통해 알려지기도 한다. (유전적으로 근친상간으로 낳은 아이는 지능이 떨어지고 신체적, 유전적 결함을 가질 확률이 높다.)[77] 때로는 어머니에 의해 발견되기도 하는데, 경찰에 바로 신고를 하는 경우도 있고, 알면서도 침묵을 지키는 경우도 있다.

만일 신고가 이루어져 아버지에 대한 조사가 시작되면, 온 가족은 많은 에너지와 시간과 자원이 소요되는 법적 절차에 휘말리게 된다. 법적 조사가 시작되면 그 딸은 온갖 수치스럽고 굴욕적인 심문을 받게 된다. 딸은 때때로 자신의 말을 믿지 않는다는 생각을 하게 될 수도 있다. 또는 아버지보다는 자신을 탓하는 느낌을 받기도 한다. 일단 근친상간의 피해자라는 것이 알려지면 사냥감으로 간주하는 다른 남성의 성적인 공격을 받기도 한다.[78] 차후의 학대를 예방하기 위해 가족으로부터 분리될 수도 있다. 이에 더하여, 아버지와 어머니 역시 수치스러움을 경험하고, 결혼생활의 갈등이 심해져 결국은 이혼에 이르게 된다.

근친상간의 장기적 영향은 사람에 따라 다르다. 상대적으로 어린 자녀들은 사태의 심각성을 완전히 인식하지 못하여 청소년기 희생자에 비해 죄책감을 덜 느낄 수 있다. 하지만 성장하면서, 사회가 금기시하는 근친상간에 대해 알아가면서, 자신이 그 일부였다는 것에 대해 스스로를 탓하게 될 수 있다. 이에 따라 낮은 자존감, 죄책감, 두려움, 우울증 등을 경험하게 되는 경우도 있다.[79]

희생자는 또한 자신을 제대로 보호해주지 못한 어머니를 원망하고 자신을 이용한 아버지를 원망하게 된다. 더 나아가, 희생자는 자신이 무언가 부족하기 때문에 이런 일이 발생했다고 믿으며, 자신은 이제 인간으로서의 가치를 잃었다고 생각할 수 있다. 죄책감과 분노로 인해 이후에 자신의 성을 표현하거나 남자를 대하는 데 어려움을 가질 수 있다. 또한 자신이 믿었던 아버지의 배신으로 남자에 대한 신뢰를 할 수 없게 된다. 어떤 희생자들은 자신의 상처와 외로움을 자기파괴적인 행동, 즉 매매춘, 약물남용, 자살 등과 같은 행동으로 완화해보려 하기도 한다.

만일 근친상간이 신고되지 않은 채 지속되면, 딸은 가출을 감행함으로써 가해자에게서 도망치려고 한다. 가출을 하게 되면, 혼자 살아가기 위해 매매춘에 연루될 가능성이 높은데, 이는 자신의 가장 가치 있는 부분은 결국 성을 통해 남성에게 인정받는 것이라는 역기능적 세뇌에 익숙해지기 때문이다.

어떤 이들은 어린 시절의 이런 상처를 스스로 억압하거나 부인한다. 이들은 성인이 되면 타인과 관계 맺는 것을 어려워한다. 관계는 신뢰를 바탕으로 하는데, 이들은 이미 어릴 때부터 타인에 대한 기본적인 신뢰를 빼앗겼기 때문에, 더 이상 상처받지 않기 위해 다른 이들과 관계 맺는 것을 두려워한다. 많은 희생자들은 어른이 되어서야 비로소 자신이 당했던 일을 인식하게 된다. 이들에게는 상처와 고통을 인식하고 다루기 위한 심리치료와 상담이 도움이 된다.

근친상간에 대한 개입 근친상간으로 확인된 사례는 가족보호서비스에서 다루게 된다. 근친상간은 문제가 있는 가족의 일부이기 때문에, 이런 가족을 다루고 치료하는 일은 매우 어렵다. 과거에는 이런 경우 희생자(주로 십대 소녀)를 가족으로부터 분리시켜 위탁가족과 지내도록 하여, 이미 상처받은 희생자에게 더 큰 상처를 주는 결과를 가져왔다. 이러한 조치는 이웃이나 지역에 성 학대를 노출시키게 된다. 이 소식에 충격을 받은 이웃, 친척, 친구들이 그 가족 전체를 소외시킨다. 또한 이미 문제를 가지고 있는 부부관계를 악화시켜 가족 해체를 유발하기도 한다.

최근에 많은 사회복지서비스 기관은 가족을 유지시키기 위해 노력하는데, 특히 희생자를 포함한 가족(부, 모, 희생자)이 가족을 유지하고자 하는 의사를 표명할 때 더욱 그러하다. 전형적인 개입은 아버지를 6개월에서 1년 정도 가족으로부터 분리시키고, 나머지 가족 구성원이 개인 혹은 집단 상담을 받는 것으로 이루어진다. 근친상간 가해자는 가족 구성원들에게 모든 것이 자신의 책임이었다는 것을 시인하고 사죄하며, 이런 일이 다시는 발생하지 않도록 모든 노력을 하겠다는 약속을 해야 한다. 어머니는 자기주장 훈련을 받는다. 어머니(혹은 가해자가 아닌 부모)와 희생자를 대상으로 하는 개입은 주로 이미 상처받은 관계를 개선시키는 데 초점을 둔다. 희생자(주로 딸)는 내재하고 있는 분노, 죄책감, 혼란 등을 다루게 된다. 그런 후 점차 가족 전체를 함께 상담하면서, 기능적인 가족 체계를 만들어가는 노력을 한다.

혼외출산

15세에서 24세 여성은 전체 가임여성의 40%를 차지하지만, 혼외출산의 70%를 차지한다.[80] 매년 수백만의 십대 여성이 임신을 한다. 이들 대부분은 원치 않는 임신으로, 잘못된 피임이나 피임에 대한 접근성의 부족으로 발생한 결과이다. 이들의 약 60%가 실제로 출산을 하고, 나머지는 자연유산이나 인공유산을 한다.[81] 첫아이 출산의 약 40%는 비혼인 상태에서 이루어진다.[82] 임신으로 인해 어쩔 수 없이 결혼하게 되는 청소년기의 결혼 80%는 이혼으로 끝난다.[83] 미혼모의 90%는 아기를 입양시키기보다는 직접 키우겠다는 결정을 한다.[84]

흑인 아기의 약 70%는 미혼모에게서 태어난다.[85] 백인 여성에 비해 흑인 여성의 혼외출산 비율이 훨씬 높다.[86] Coleman과 Cressey는 그 원인에 대해 다음과 같이 설명한다.

> 비록 정확한 원인은 알려져 있지 않지만, 몇 가지 요인이 작용한다. 가장 두드러지는 요인으로는 흑인이 백인보다 훨씬 빈곤하다는 점을 들 수 있는데, 인종을 막론하고 빈곤층의 혼외출산이 높은 것이 사실이다. 둘째, 수십 년간 지속되어 온 인종차별은 특히 빈곤층의 흑인 남성에게 영향을 많이 미쳤다. 이 집단의 높은 실업률은 아버지의 역할을 하는 데 어려운 여건을 조성하고, 아버지로서 자신감을 상실한 이들은 가족부양의 책임을 국가로 돌리는 경향이 있다. 셋째, 저연령 출산과 한부모가족은 흑인 빈곤층 내에서 대대로 전해지게 되었다.[87]

흑인 여성의 혼외출산율이 높은 것이 이들의 성생활이 난잡하다는 것을 의미하지는 않는다. 이들은 피임에 대한 정보나 접근성이 떨어질 수도 있다. 또한 인공 유산에 대한 생각이 다를 수도 있으며, 아기 출생 전 아기의 아버지와 결혼하는 경향이 낮을 수도 있다.

십대 여성은 가임여성의 25%이지만, 실제로 혼외출산의 45%를 차지한다.[88] 많은 청소년들은 피임과정에 대한 지식이 부족하며, 피임을 하지 않는 경향이 있다. 어떤 청소년들은 피임약을 1주일에 한 번 복용하면 충분하다고 생각하기도 하고, 서 있는 자세로 성관계를 가지면 임신이 되지 않는다고 믿는 경우도 있으며, 피임약이 이후의 임신에 부정적 영향을 미칠 것이라고 생각하기도 한다.[89]

다행히 최근 청소년기 출산율이 감소되고 있음에도 불구하고[90] 다른 선진국에 비교할 때 미국의 십대 출산율은 높은 편이다.[91]

대부분의 미혼모는 교육 면에서, 경제적인 면에서, 정신적인 성숙도에서, 직업 경력 면에서 아이를 양육할 준비가 되어 있지 않다. 그 결과 이렇게 출생한 아이들에 대해서는 사회가 도움을 주어야 하는 상황이다.

50년 전 우리 사회에서 혼전 성관계와 혼외 출산은 모두 비도덕적이라고 간주되었다. (혼외 출산으로 태어난 아이에게는 사생아라는 이름이 따라다니고 엄마만큼이나 많은 낙인을 안고 살았다. 사생아라는 표현은 아직도 존재하며 무고한 사람에게 낙인을 찍는다.) 하지만 1940년에 Kinsey는 혼전 성관계를 경험하는 비율이 높다는 것을 발견했다.[92] Kinsey 보고서 이후 혼전 성관계에 대한 태도는 좀 더 관대해졌고, 오늘날 처녀성을 유지한 상태로 결혼하는 사람은 많지 않다.

혼외 출산에 대한 태도 역시 보다 관대해졌다. 이제는 가문에 먹칠이라는 것을 핑계로 출산한 딸을 시설로 보내는 부모는 많지 않다. 하지만 여전히 딸의 혼전 성관계는 인정하면서도 임신은 강하게 반대하는 부모의 경우도 있다.

그렇다면 많은 사람들은 혼외출산이 어떤 면에서 문제라고 생각할까? 여기에는 여러 답이 있다. 어떤 부모는 가문의 망신이라고 생각한다. 어떤 이들은 임신유지나 포기에 대한 어려운 고민이 문제가 된다고 생각한다. 만일 인공유산을 포기한다면, 입양, 교육과 취직, 결혼, 사회보장 신청 등에 대한 결정을 해야 한다. 아이의 아버지는 자신의 역할에 대한 결정을 해야 하며, 어떤 정도의 지원을 해야 할지를 결정해야 한다.

어떤 이들은 혼외출산을 사회적인 문제로 본다. 즉 전통적 가족과 도덕성의 몰락이라고 보는 것이다. 어떤 이들은 가장 중요한 문제는 부모의 역할을 할 준비가 되지 않은 여성이 출산을 하는 것이라고 본다. 즉 이런 부모에게서 자라는 아이들의 미래를 걱정하는 전문가들의 관점도 있다. 또 어떤 이들은 사회에 미치는 경제적 비용(한부모가족수당 등) 때문에 이를 문제로 본다(4장 참조).

그렇다면 혼외출산에 대한 사회적 낙인은 과연 기능적인가? 물론 아이와 그 엄마 모두에게 기능적이지 않다. 한편 어떤 이들은 이러한 낙인이 실제로 혼외출산을 저해하는 데 도움이 된다고 주장한다. 하지만 이러한 처벌적 접근은 혼외출산을 감소시키는 데 좋은 방법이라고 할 수는

최근 많은 도시에는 십대와 청년들에게 콘돔을 나누어주는 프로그램이 존재한다. 이 프로그램의 목표는 십대 임신을 감소시키고, HIV의 확산을 저지하는 것이다.

없다는 주장이 있다. 미국 성지식과 교육위원회(SIECUS)는 보다 효과적인 접근법은 책임감 있는 성에 대한 교육 프로그램이라고 주장한다. 상기 위원회는 성교육의 목표를 다음 네 가지로 정리한다.

1. **정보**. 성에 대한 정확한 정보를 제공한다. 성장과 발달, 재생산, 해부학, 생리학, 자위, 가족생활, 임신, 출산, 부모되기, 성적 지향성, 피임, 낙태, 성 학대, HIV/AIDS와 다른 성병 등이 포함된다.
2. **태도, 가치, 인식**. 젊은 사람들로 하여금 자신의 성적 태도를 질문하고 탐색하고 평가하는 기회를 제공함으로써 스스로의 가치를 발전시키고 자아존중감을 향상시켜 관계에 대한 통찰력을 발달시키고 서로에 대한 책임감을 이해할 수 있게 한다.
3. **인간관계 기술**. 의사소통, 의사결정, 자기주장, 거절기술과 같은 관계 기술을 발달시키고 만족한 관계를 만들어가는 능력을 키우도록 돕는다. 성교육프로그램은 아이들이 자신의 성을 효과적으로 이해하는 기반을 마련해야 한다. 나아가서 아끼고 지지하고 강요하지 않는 상호간의 좋은 성적 관계를 만들어가는 능력을 키우는 데 도움이 되어야 한다.

비판적 사고를 위한 질문 ?

현재 성적 관계를 가지고 있다면, 안전한 성관계를 하고 있는가? 만일 그렇지 않다면 이유는 무엇인가?

4. **책임감**. 성적 관계에서 책임감 있는 행동을 하도록 돕는다. 여기에는 원치 않는 조기 성관계에 대한 압력에 저항하는 방법과 피임 및 건강한 성관계를 위한 방법이 포함된다. 성교육은 성과 관련한 신체적 문제(임신, 성병, HIV 감염, 성 학대)를 감소시키는 프로그램의 주된 내용이 되어야 한다.[93)]

매년 백만 명이 넘는 청소년들이 임신하고 있는 현실에서도, 성교육에 대한 논란은 여전히 계속되고 있다. 실제로 많은 사람들은 성교육을 함으로써 청소년들이 난잡한 성관계를 갖게 되고 혼외출산도 가중된다고 믿는다. 하지만 성교육 옹호자들은 이런 프로그램이 청소년 임신을 감소시킨다고 주장한다.

고등학교 내 혹은 근처에 위치한 보건소는 십대 임신을 감소시키는 데 큰 효과가 있다. 여기에서 피임에 대한 정보나 원하는 경우 피임약을 처방한다.[94)] 이 접근을 비판하는 이들은 피임정보나 방법을 제공하는 것은 성행동을 증가시킨다고 주장한다. 이러한 비판에 대해 교육을 주장하는 측에서는 교육적 환경에서 재생산에 대한 정확한 정보를 학습하는 것이 길거리에서 또래를 통해 정보를 얻는 것보다 바람직하다고 답한다.

최근 에이즈(AIDS)의 위험성은 학교 내 성교육을 더욱 강화시키는 요인으로 작용하였다. 에이즈의 확산을 막는 가장 확실한 방법은 교육을 통해 안전한 성관계에 대한 지식을 제공하는 것이다.[95)]

1996년 복지제도개혁을 촉진시켰던 요인의 하나는 복지혜택이 어린 미혼모 증가를 부추긴다는 보수주의자들의 주장이었다. 개혁된 복지제도하에서는 다음 조건인 경우를 제외하고 십대 미혼모에게 복지혜택을 주지 않게 되어 있다. 십대 미혼모가 어른의 보호를 받으며 학교를 다니거나 검정고시를 준비하는 경우에 주정부의 지원을 받을 수 있다. 십대 미혼모에게 주는 복지혜택 삭감은 아이를 낳는 것이 혜택을 받는 길이 아니라는 암시를 주고 있다. 보수주의자들은 이렇게 함으로써 십대 임신을 감소시킨다는 의도를 가지고 있었다.[96] 흥미롭게도 최근 십대 출산율이 감소되고 있는데, 보수주의자들의 생각이 옳았던 것일 수도 있는 것일까?[97]

십대 임신을 예방하는 데 성공인 결과를 보인 한 프로그램은 컴퓨터 아기 시뮬레이터(인형)이다.[98] Mooney, Knox, Schacht는 다음과 같이 설명한다.

> 십대 임신 예방 프로그램 중 하나는 프로그램된 아기 인형을 통해 청소년에게 부모가 된다는 것의 현실성을 보여준다. 컴퓨터 아기 인형은 실물 크기의 아기인데 불특정한 간격으로 한 번에 10~15분가량 울게 프로그램되어 있다(보통 24시간 동안 8~12회). 아기가 울기 시작하면 울음이 멈출 때까지 아기의 등에 위치한 구멍에 열쇠를 넣어 주면서 달래야 한다. 컴퓨터 아기 인형은 아기를 돌보는 횟수와 열쇠를 꽂을 때까지 걸린 시간을 기록하고, 떨어뜨리거나 때리거나 흔드는 거친 행위도 기록한다. 아기를 방임하거나 거칠게 다루는 참여자는 개별적 상담을 받거나 부모 교육을 받는 경우도 있다.[99]

한부모 서비스

임신한 미혼 여성이나 한부모를 대상으로 제공하는 서비스를 한부모 서비스라고 한다. 임신한 한부모 여성 중 많은 이들은 아이를 출산하고 키운다는 결정을 한다. 한부모 서비스는 임신부터 출산 후까지 이어진다. 한부모 서비스는 특정 공공 기관(보건복지부 등)이나 민간 기관(가톨릭 사회복지기관 등)에서 이루어진다.

전형적인 한부모 서비스는 다음의 내용을 포함한다.

- **대안모색 상담:** 비혼인 임산부를 대상으로 출산, 인공유산, 본인양육, 입양, 친권 포기, 위탁가정 등에 대한 상담을 제공한다. (상담자 자신의 가치나 생각을 이야기하지 않는 것을 원칙으로 하며, 철저하게 본인의 의사를 존중한다.)
- **출산에 대한 신체적·정신적 준비:** 태아에게 미치는 약물의 영향, 성병의 영향 등에 대한 정보를 제공한다. 출산에 대한 준비교육을 하고 산전, 산후 교육을 제공하며, 성병의 영향에 대한 정보를 제공한다. 일반적 정서적 신체적 상담도 제공한다.
- **법률 상담:** 아버지의 권리, 양육권 포기절차, 입양절차, 교육받을 권리, 공공부조 신청 등에 대한 상담이 포함된다.
- **관계 상담:** 아이의 아버지, 부모, 친척 등 가까운 사람들과의 관계에 초점을 둔다.
- **대안적 주거 상담:** 미혼모 기관, 부모와 동거, 위탁부모 가정 등이 포함된다.
- **아버지 상담:** 아이의 아버지를 대상으로 하는 아버지의 권리와 책임, 염려하는 사항에 대한 상담, 피임교육, 예비부부 상담 등이 포함된다.
- **가족계획 상담:** 부모에게 피임정보를 제공하고 필요하면 가족계획을 위한 의사에게 의뢰한다.
- **교육 및 취업 상담:** 학업 지속(가정 내 학습 포함), 직업 훈련 또는 취업 기회에 대한 정보를 제공한다.
- **자아개발 상담:** 정체성 형성, 자기주장 훈련, 성상담, 강간 상담 등이 포함된다.
- **자금관리 상담:** 공공부조에 대한 설명 및 지원 절차를 설명한다.
- **보육상담:** 출산 후 아이의 보육에 대한 상담을 제공한다.
- **아동발달상담:** 신생아 양육에 대한 상담과 교육을 제공한다.

한부모를 대상으로 사회복지서비스를 제공할 때 사회복지사는 우선 관계형성에 초점을 둔다(5장 참조). 만일 클라이언트가 미혼모라면 아이를 출산할 것인지, 인공유산을 할 것인지, 입양이나 위탁부모에게 맡길 것인지 등에 대한 결정권이 전적으로 클라이언트에게 있다는 것을 주지시킨다. 의사결정과정에서 사회복지사는 다음의 문제해결 방식을 적용할 수 있다.

1. 문제 정의
2. 대안 모색
3. 각 대안에 대한 장점과 단점 모색
4. 대안에 대한 평가
5. 한두 개의 적합한 대안 선택
6. 선택한 대안 실행 및 평가

대부분의 한부모는 아이를 직접 기르는 선택을 하는데, 이는 한부모에 대한 낙인이나 사회적 인식이 많이 달라졌고, 실제로 이혼 등으로 인한 한부모 가정이 많이 증가한 영향이다. 실제로 한부모 위탁모, 한부모 입양, 많은 이혼으로 인한 한부모 가족 증가로 인해 한부모 가족에 대한 인식이 예전과 달라졌다.*

Ursula Myers(전 사회서비스 기관의 한부모 가족 담당 지도감독관)는 친권을 포기한 소수의 한부모에 대해 다음과 같이 설명한다.

> 우리의 경험으로 친권을 포기하는 여성은 일반적으로 장기적이며 현실적인 목표를 가지고 있다. 출산할 아기가 자신의 현재와 미래, 문화, 그리고 자신의 내적 정신체계에 잘 부합하지 않는 것이다. 현재의 임신이 적절하지 않은 때라고 생각하며 아기에게 필수적인 욕구에 응하기 어렵다고 느낀다. 아기와 결별하는 과정은 다양한 반응을 불러일으키며 모두 전적으로 인간적인 반응들이다. 상실감, 슬픔, 공허함과 비현실성을 느낄 수 있다. 어떤 이들에게 아기와의 결별은 일종의 안도감과 어떤 경우에는 기쁨을 줄 수도 있고, 어떤 이들에게는 우울감으로 나타나기도 한다. 애도 과정을 잘 극복하고 합리적이고 정서적 인정의 결과를 경험하기도 하고, 출산의 기억을 자신으로부터 완전히 분리시켜 단절시켜버리는 경우도 있다.[100)]

위탁가정과 입양

만일 한부모 여성이 친권을 포기한다면 아동은 일시적으로 위탁가정에 맡겨진다. 친권 포기에 대한 결정을 내리지 못한 경우에도 결정할 때까지 일시적으로 위탁가정에 보낼 수 있다. (앞에서 언급한 대로 위탁 돌봄은 방임이나 학대로 인해 부모로부터 분리된 아이에게도 적용된다.)

위탁가정의 목표는 아동을 보호하고, 부모재활을 돕고, 가능한 한 빨리 친가족에게 아이를 돌려보내는 데 있다. 위탁가정은 아동의 친가족이 아동을 원활하게 양육할 수 없는 경우에 일시적으로 양육을 맡아주는 가정이다. 이런 경우 비상사태를 제외하고 아동의 법적 양육권은 위탁가정을 제공하는 기관이 갖는다. (부모의 법적 보호로부터 아동을 분리시키는 것은 법원의 세밀한 검토하에 이루어진다. 이는 부모의 양육권을 보호함과 동시에 아동을 보호하기 위함이다.)

위탁부모는 사랑과 애정을 제공하면서도 정서적으로 지나치게 애착관계를 형성하지 않아야 하는 어려운 위치에 있다. 위탁양육의 어려움 중 하나는 아동의 친부모가 결국 아이를 돌볼 수 있는 단계까지 못 올라온다는 것이다. 이렇게 되면 이런 아동들은 대부분 몇 개의 위탁가정을 전전하며 살아야 한다. 이런 경우, 안정된 환경에서 성장해야 하는 아동의 권리가 보호되는가에 대한 문제가 발생한다. 여러 위탁가정을 전전하며 사는 아이들은 부모역할을 하는 사람들과 관계를 맺고 얼마 후 다시 그 관계를 정리해야 하는 반복되는 경험을 통해 정서적 외상을 입기 마련이다.

위탁을 담당하는 기관은 좋은 질을 갖춘 엄선된 위탁가정을 확보하려고 노력한다. 위탁가정에 있는 동안 친부모는 자녀를 방문할 수 있다. 학대와 방임의 경우에는 법원에서 방문시간을 정해주고, 위탁 담당기관의 감독하에 방문이 이루어진다. 친권 포기 결정을 내린 부모는 정서적으로 아이와 분리하려는 노력을 하기 때문에 방문을 포기하는 경우가 있다.

친모가 친권을 포기한다고 해서 아버지가 자동적으로 친권을 부여받는 것은 아니다. 먼저 법원의 판단을 받은 뒤, 양육권을 얻기 위해서는 자신이 아동을 양육할 수 있는 조건이라는 것을 증명해야 한다. (엄마가 양육권을 갖고자 하는 경우에는 반드시 양육조건을 입증하지 않아도 된다.) 입양조건을 갖추기 위해서는 부모 모두 친권을 포기해야 한다. 최근에는 입양을 기다리는 아이보다 입양 신청자가 더 많은 추세이다. 특히 건강한 백인 아기를 원하는 신청자가 입양 가능한 아이의 수를 상회한다.

입양기관은 입양신청자들을 세밀하고 신중하게 선발하며, 아동을 입양시킨 후에도 법원에서 최종 입양 결정을 내릴 때까지 계속 감시한다. 법원의 최종 입양 결정까지는 몇 개월 정도가 소요된다. 입양할 수 없다는 판결을 내리는 경우는 드문 편이다. 이 유예기간의 목적은 올바른 입양결정이 되도록 철저하게 확인하고 판단하기 위해서이다.

입양부모에게 신체적·유전적 정보를 최대한 제공하기

---

* 저자는 미혼의 엄마가 아이를 키우는 것에 대해 특정한 입장을 취하고 싶지 않다. 젊은 나이에 엄마가 된다는 것에는 이점도 있다. 하지만 커다란 책임이 따르는 것이 사실이다. 미혼인 엄마는 대부분 청년기를 즐길 시간적 여유가 부족하다. 교제를 하고, 직업을 찾고, 원하는 것과 욕구를 채울 자원이 여러 모로 제한된다. 미혼모 서비스를 담당하는 많은 실천가들은 장기적으로 볼 때 아이를 입양시키는 것을 고려하는 것이 아이와 엄마 모두에게 더 낫다는 생각을 가지고 있다. 하지만 그들은 미혼의 엄마들과 일하면서 이러한 생각을 피력하지 않도록 주의한다. 대신 아이의 엄마가 여러 대안의 장점과 단점을 신중하게 살펴볼 수 있도록 조력한다. 아이를 키우겠다는 결정은 매우 힘들고 동시에 정서적으로도 무거운 책임이다.

위해 가능한 한 친부모의 의료 기록을 기록해둔다. 입양기관은 생물학적 부모가 원하는 입양가족의 신체적 특성, 종교적 배경, 인종적 특징, 거주지와 같은 정보를 최대한 맞추려고 노력한다.

최근 입양은 '공개 입양(open adoption)'으로 이루어지는 경향이 있으며 양부모와 친부모를 서로에게 공개한다. (과거에는 입양기관이 일반적으로 친부모와 양부모에게 서로에 대한 정보를 알리지 않았다.) 어떤 부모들은 서로 왕래하기도 한다. 또 하나의 경향은 자녀가 어느 정도 성장하면 친부모를 만나고자 한다는 것이다.

모든 입양이 정부기관을 통해 이루어지는 것은 아니다. 전문가들은 눈살을 찌푸리지만 변호사가 꽤 많은 비용을 받고 입양을 알선하는 경우도 있다. 이들은 종종 임신과 출산과정, 그리고 친권 포기에 대한 보상으로 친모에게 돈을 지불하기도 한다. (물론 이 비용은 입양신청자에게 청구한다.) (보기 6.4 참조)

》 강간

강제로 이루어지는 성관계는 이 사회에 흔히 일어나는 범죄이다. 미국의 경우 매년 90,000건 이상의 강간 신고가 이루어지며, 신고되지 않는 사례는 더 많다.[101] 강간 피해자는 여러 가지 이유로 신고를 꺼린다. 이미 저질러진 일이기 때문에 신고한다고 해서 달라질 것이 없다는 생각이 그 하나다. 경찰의 조사과정에서 오히려 더 굴욕적인 경험을 할 것을 두려워하기도 한다. 많은 피해자들은 고소 후 주변 사람들의 반응과 다시 공격당할 수 있다는 생각에 두려워한다. 어떤 이들은 무조건 잊고 싶어 하기도 하고, 법정에서 증언하는 것이 두려워서 포기하기도 한다. 하지만 여성들이 신고하지 않는 가장 주된 원인은 자신이 뭔가를 잘못했기에 이런 일이 발생했다는 잘못된 믿음에서 기인한다. 특히 아는 사람에게 강간당한 피해자의 경우 이런 생각이 더욱 강하다.

미국의 많은 주에서 강간이라는 범죄는 남성에게만 해당된다. 물론 남성 피해자의 대부분이 같은 남성으로부터 피해를 당하지만(특히 교도소의 경우), 여성에게 당하는 경우도 있다.[102] 연구에 의하면 남성은 분노나 두려움을 느끼는 상황에서도 발기를 경험할 수 있다고 한다.[103] 여성으로부터 강간을 당한 남성 역시 여성 피해자들이 느끼는 외상 증후와 유사한 증세를 경험한다고 한다.

여성이 남성에게 행한 비전형적인 강간이 시애틀에서 발생했다. Mary Kay Letourneau는 명망 있는 초등학교 교사였다. 34세의 기혼여성으로 네 자녀의 엄마이기도 했다. 1997년 그는 자신의 학생이었던 13세 소년을 강간해 유죄판결을 받았다. 그는 이 소년과 6개월간 교제해왔다고 시인했고, 소년의 아이를 출산했다. 1997년 11월 판사는 징역 6개월과 3년의 성폭행 가해자 치료 프로그램 참여를 선고했다. 몇 개월 후 이 교사는 다시 소년과 접촉하며 법을 위반했고 다시 7년 이상 징역형을 선고받았다. 마지막 만남으로 교사는 다시 아이를 임신했고 또 한 명의 딸을 출산했다. 2004년 8월 4일 출소한 그녀는 22세가 된 그 소년과 결혼했고, 당시 그녀의 나이는 43세였다.[104]

2008년에 이와 유사한 사건이 발생했는데, 26세였던 Kelsey Peterson은 13세 소년과 성관계를 위해 멕시코로 도망간 혐의로 유죄판결을 받았다. 교사인 Peterson은 자신이 수학을 가르치던 네브래스카 주 오마하에 위치한 중학교에서 당시 12세였던 남학생과 성관계를 가졌음을 시인했다. 2007년 10월 멕시코로 도주한 이들은 일주일 후 체포되었다. 다시 미국으로 돌아와 2008년 9월에 6년형을 선고받았다.

강간범들이 갖는 공통적인 특징이라는 것은 없다. 강간을 저지르는 동기, 과거 범죄력, 교육정도, 직업, 혼인상태 등등에 있어 매우 다양하다. 대부분의 경우 강간범과 피해자는 구면이며, 강간의 상당수가 데이트 강간(date rape)이다.

강간이란 일차적으로 공격행동이며, 성행동은 이차적이다. 다시 말해, 강간은 공격성의 성적인 표현이며, 성의 공격적인 표현은 아니라는 것이다. 많은 이들은 강간범이 자신의 성욕을 주체하지 못해 범행한다고 생각하지만, 강간은 공격성을 주체하지 못하는 행동이라고 볼 수 있다. 즉 강간범들은 다른 이의 신체에 대한 극심한 침해를 통해 자신의 분노를 표현하는 것을 목적으로 한다는 것이다.

강간범의 유형을 설명하는 여러 가지 모델이 있는데, 이 중 A. Nicholas Groth는 강간범을 분노형, 권력형, 사디스트형(가학적 변태형)으로 분류한다.[105]

분노형(*anger rapist*)은 축적된 분노와 화를 분출하기 위해 강간을 범하며, 필요 이상의 힘을 사용하고, 희생자를 해하는 것을 목표로 한다.

보기 6.4 1997 입양 및 가족 안전법(Adoption and Safe Families Act, ASFA)과 그 적용

1997년 11월 19일, Clinton 대통령은 1997 입양 및 가족 안전법을 승인했다. 의회의 압도적 지지로 통과된 이 법은 중요한 연방 아동복지법의 의미를 갖는다. 이 법은 미국 아동보호 체계의 가장 중요한 목표는 안전, 영구성과 안녕이라는 점을 확인시켜주었다. 이 새로운 법은 최근 다양하고 복잡한 아동 및 가족의 요구에 부응하기 위한 개혁에 중요한 발판을 마련해 주었다. 이는 아동복지체계와 법원과의 연계뿐 아니라 아동복지체계와 타 가족지원체계를 연결시켜 아동과 가족의 안녕과 안전을 보장할 필요성을 각인시켜주었다. 또한 위탁보호에서 기다리는 아이들에게 보다 빠르게 영구적 기반을 만들어주는 체계를 발동시켰다.[a]

입양 및 가족 안전법은 법 집행을 위해 필요한 핵심 원칙을 포함한다.

- 아이들의 안전이 모든 아동복지 서비스를 이끄는 가장 중요한 쟁점이다.
- 위탁보호는 일시적인 환경일 뿐 아동이 성장하는 환경이 아니다.
- 아동이 위탁 보호에 들어서는 순간 영구적 계획이 시작되어야 하며 가족들에게 서비스를 제공함으로써 박차를 가해야 한다.
- 아동복지체계는 결과와 책무성에 초점을 두어야 한다.
- 안전, 영구성 및 안녕이라는 목표를 달성하기 위해 혁신적인 접근이 필요하다.

사례:

Terri와 Donald는 고교시절 친구의 소개로 만났다. 처음부터 서로에게 매력을 느끼고 계속 만나기 시작했다. 둘 다 술과 약물을 주기적으로 사용했고 결국 학교를 중퇴했다. Terri는 삼촌으로부터 성 학대를 받은 경험이 있었고 불안과 분노폭발과 같은 정신건강문제로 힘들어했다. Donald의 부모는 술과 약물 남용으로 그가 어린 시절부터 감옥에 드나들었다. 이로 인해 Donald는 장기적인 우울증을 경험했고 종종 일상적으로 기능하는 것을 어려워하기도 했다.

Terri와 Donald는 18살이 될 즈음 Terri의 어머니 집에서 동거를 시작했다. 그 후로 3년 동안 세 아이를 낳았다. 세 아이에 대한 양육 스트레스, 경제적 어려움, 정신건강 문제, 약물과 알코올 남용 등은 아이를 제대로 돌볼 수 없게 만들었다. Terri와 Donald는 살기 위해 노력했고 어머니가 양로원으로 가기 전까지 아이들을 주로 어머니에게 맡겼다.

이웃사람들은 아이들이 지저분하고, 감정표현을 거의 하지 않으며, 신체적 발달이 느린 듯하다고 보고했다. 큰 아이는 다리와 팔에 가끔 사람 손바닥 크기의 멍이 들어있었다. 부모가 밖에서 사람들과 어울려 약을 하고 술을 마실 때 아이들은 방치되어 있었다. 동네 사람들이 도와주기도 했지만 이들은 부모의 무책임한 행동에 지쳐 있었다. 셋째 아이가 태어나고 난 어느 날 저녁 한 이웃사람이 아이들이 우는 소리를 들었다. 여러 집을 두드려서 부모를 찾으려고 노력하다가, 아이들의 안전이 염려되자 경찰과 아동보호서비스에 연락하였다. 아이들은 즉시 아동보호국의 보호하에 위탁가정에 연결되었다.

1984년에 제정된 가족보호 및 지원서비스 법(P.L. 96-272)에 따르면 "국가는 아동을 가족으로부터 분리시켜야 하는 상황을 예방하고 해결하고자 노력해야 하며, 가족으로부터 분리시키는 경우, 빠른 시일 내에 가족이 함께 살 수 있도록 합리적인 노력을 해야 한다."[b]

새로이 제정된 입양 및 가족 안전법은 이러한 사례에 대응하는 방법을 다루고 있다. 가족의 재결합과 보존이 여전히 중요하지만 이제는 더 이상 아동보호서비스전문가의 최우선 과제가 아니다. 이 법은 이제 "아동의 일시적 영구적 거주지를 모색하는 데 있어서 합리적 근거와 판단의 기준은 아동의 건강과 안전"[c]이라고 강조한다.

이 사례에서 부모들에게는 정신건강 문제, 약물과 알코올 남용 문제, 양육, 교육, 직업기술, 주거 등에 대한 도움을 제공했다. 하지만 과거와 다르게 필요한 변화를 달성하는데 많은 시간이 주어지지 않는다. 입양 및 가족 안전법에서는 아동이 22개월간 15개월을 위탁가정에서 생활하면 아동보호기관은 친권을 종료하고 입양수속을 밟아야 한다(특별한 상황이 있거나 판사가 다른 판결을 하는 경우는 제외).

이 사례는 또한 아동복지 체계 내 부모의 알코올과 약물 치료에 대한 쟁점을 보여준다. 1997년 보고서에 따르면 아동복지 체계 안의 부모 중 약 67%가 물질남용치료 서비스를 필요로 했다.[d] 물질남용 치료의 부족과 약물문제 해결에 걸리는 시간을 고려할 때 새로운 법에서 강조하는 22개월간 15개월 위탁가정 생활의 기준은 큰 도전이 아닐 수 없다. 이는 또한 아동보호기관의 윤리적 문제와 자원의 문제를 제기한다.

토론을 위한 주제:

이 장에서 다룬 아동학대와 방임에 대한 구체적 내용을 다시 검토하라. 이 아이들에 대한 주요한 아동복지적 주안점은 무엇이라고 생각하는가?

이 장에서 설명한 '아동의 권리 대 부모의 권리'를 검토하라. Donald와 Terri의 사례에서 아동보호서비스가 개입하여 아이를 가족으로부터 분리시킨 결정에 동의하는가?

이러한 문제에 대해 '가족 보호 프로그램'과 '가족 집단 회의'가 도움이 될 것이라고 생각하는가?

(계속)

보기 6.4 (계속)

"아동의 권리 대 부모의 권리"를 다시 검토하라. 이를 사례에 적용해보라. 또한 문화와 다양성은 아동 보호 시스템 속에서 어떻게 가족에게 영향을 줄 것인가? 부모는 문화적 가치와 신념에 기초하여 자신들의 방식으로 아이를 양육할 권리를 가지고 있는가?

가족으로부터 분리된 아이들이 다시 돌아갈 수 있도록 부모에게 몇 번의 기회를 주어야 할까? 이 아이들이 가족에게 돌아가는 것이 바람직한가? 새로운 입양 및 가족 안전법은 이러한 가족들에게 어떠한 영향을 줄 것인가?

아이들이 다시 가족으로 돌아가기 위해서는 어떠한 조건이 갖추어져야 한다고 생각하는가? 시간 내에 입양 및 가족 안전법에서 제시하는 기준을 충족시키지 못할 때는 어떻게 해야 하는가? 입양 및 가족 안전법의 기본 요소에 동의하는가? 이유는?

[a]U.S. Department of Health and Human Services, Administration for children, Youth and Families, http//www.acf.hhs.gov/programs/cb/laws_policies/policy/pi/pi9802.htm
[b]The National Casa Association, 1997, http://www.casanet.org/reference/asfa-summary.htm
[c]Ibid.
[d]Child Welfare League of America, 2001, http://www.cwla.org.

이 자료는 위스콘신 주립대 강사인 Debra S. Borquist, MSSW, APSW가 작성하였다.

권력형(*power rapist*)은 희생자를 해하기보다는 소유하고자 한다. 이것은 자신의 열등감에서 비롯되며 희생자를 지배하고자 한다. 필요한 만큼의 힘을 사용하며, 때로는 희생자를 납치하여 긴 시간 동안 자기 멋대로 강간을 범한다.

사디스트형(*sadistic rapist*)은 공격성을 성적인 것으로 돌린다. 즉 공격적인 힘은 이런 유형의 사람들에게 흥분을 가져다준다. 이들은 희생자의 고통에서 만족을 느낀다. 이들은 정해진 형식을 따르며 고문을 자행하기도 한다.

우리는 성을 억제하고 공격성을 부추기는 사회에 살고 있다. 남성은 공격성을 갖도록 사회화되며, 이는 성적인 만족을 추구하는 데 있어서도 마찬가지이다. 예를 들어 남성은 성관계에 있어서도 능동적인 역할을 하는 경우가 많다. 우리 문화에서 성과 공격성은 혼잡되어 있다. 성에 대한 정보가 매체를 통해 언제든지 전달되고, 상대적으로 공격성에 대한 묘사는 그렇지 않은 스웨덴의 경우 강간율이 낮다. Janet Hyde에 의하면 사회화 과정에서 성과 공격성을 혼동하는 문화는 남성의 강간을 부추길 수 있다는 것이다.

> 그렇다면 강간은 자신의 역할에 대한 불안감을 가진 남성들에게 남성성을 증명하는 도구로 사용될 수 있다. 이런 이유로 강간범의 많은 수가 젊다는 것을 이해할 수 있다. 성인 남성의 역할을 하고 싶지만 자신이 없는 젊은 남성이 자신의 남성성을 증명하기 위해 강간을 범하는 것이다. 더 나아가 이성애는 남성성을 증명하는 중요한 부분이다. 여성을 강간하는 행위를 통해 자신이 이성애자라는 것을 치졸한 방법으로 증명하는 것이다.[106)]

(보기 6.5 참조)

교제관계에서 발생하는 강간

여대생을 대상으로 한 Struckman-Johnson의 연구는 여대생 중 22%가 데이트 중 적어도 한 번 이상의 강제적인 성관계를 경험했다고 보고했다.[107)] 이는 데이트 강간이 드문 일이 아니라는 것을 잘 보여준다.

데이트 강간은 남성이 자신이 데이트 비용을 많이 지불함에 따라 당연히 성에 대한 권한이 있다고 생각하는 오판에서 비롯된다. 전통적으로 교제관계에서 여성이 "싫어(no)"라고 하는 것은 "좋아(yes)"라고 하는 것이라고 생각해왔다. 불행히 대중매체가 이러한 잘못된 인식에 기여했다. 〈파리에서 마지막 탱고〉나 〈바람과 함께 사라지다〉 등의 유명한 영화가 모두 이런 인식에 기여했다. 예를 들어, 1952년작 〈말없는 남자〉에서 John Wayne은 조용하면서 남성성이 강한 아일랜드 남자를 연기했다. Maureen O'Hara가 연기하는 사나운 여성과 데이트를 하지만 별다른 진전이 없다. 라이벌인 상대를 때려눕히고, 사람들 앞에서 그 여인의 엉덩이를 때리고 집으로 끌고 온 다음에야 그녀의 협조와 마음을 얻게 된다. 이것이 내포하는 메시지는 '진정한 남자'는 여성을 성적으로 범함으로써 권력과 지위와 성적 만족을 얻는다는 것인데, 이 얼마나 위험한 메시지인가!

실제로 한 남자 대학생 Leon은 데이트 강간 전에 했던 생각을 다음과 같이 회고했다.

> 이제 나도 움직일 때가 됐어. 오늘밤 내가 진정한 남자라는 것을 보여주면 꿈이 이루어졌다고 생각하겠지? 절대로 잊지 못할 추억의 밤이 될 거야. 처음 만날 때부터 단순한 저녁이

보기 6.5 키스와 성적 호감을 표현하는 방법에 대하여

나는 종종 학생들에게 다음과 같은 질문을 한다: "매력적인 사람과 첫 번째 혹은 두 번째 데이트를 나갔다고 가정해보세요. 키스하고 안고 싶은데, 어떻게 시작해야 할까요?"

많은 학생들이 몸짓으로 자신의 관심을 표현한다고 답한다. 그럼 내가 다시 질문한다. "구체적으로 어떤 몸짓으로 관심을 표현하지요?" 이 질문에는 대부분 답을 하지 못한다.

당신의 경험을 떠올려보라. 어떻게 당신이나 상대방은 키스하고 안고 싶다는 표현을 했는가?

몸짓(보디랭귀지)은 애매한 의미를 전달한다. 우리는 상대방의 몸짓을 살못 이해할 수 있다. 안타깝게도 애정영화나 드라마는 이러한 몸짓을 활용해 상대방의 의도를 파악하는 장면을 자주 연출한다.

만일 상대방이 키스를 원하지 않는데 키스를 하면 상대방이 거부하는 신체적 반응을 볼 것이다. 어떤 경우에는 뺨을 맞기도 한다. (최근에는 원하지 않는 키스도 성희롱으로 간주된다.)

왜 우리는 로맨틱한 관심을 몸짓을 통해 전달하도록 사회화되었는가?

일반적으로 키스하거나 안고 싶다는 의사는 왜 남자가(남녀 관계에서) 먼저 표현하기를 기대하는가? 평등을 옹호하는 현대사회에서 여성도 키스하거나 안고 싶다는 의사표현을 먼저 할 권리가 있어야 하지 않을까?

M. Domitrz의 저서 <*May I kiss you*?(키스해도 될까요?)>는 관심 있는 사람을 안거나 키스하고 싶은 마음을 말로 표현하는 것이 훨씬 편리하다는 관점을 설명한다.[a] 예를 들어 "당신은 참 매력적이에요. 키스하고 싶은데, 괜찮을까요?"라고 말로 표현하는 것이 몸짓을 활용하는 것보다 훨씬 건설적이고 상대를 배려하는 것 아닐까?

학생들에게 가끔 던지는 두 번째 질문은 "오랫동안 사귀어 온 사람이 있다고 가정해보자. 키스도 여러 번 했지만 아직까지 성관계를 맺지는 않았다. 성적으로 좀 더 진전시키고 싶을 때 어떻게 할 것인가?"이다.

이번에도 많은 학생들이 몸짓으로 표현한다고 답했다. (영화나 드라마는 이번에도 몸짓으로 신호를 보내는 것이 최적의 방법이라는 메시지를 전달한다.) 안타깝게도 높은 데이트 강간 비율은 이렇게 (힘을 동반한) 몸짓으로 표현하는 것은 적절한 방법도, 상대방을 배려하는 방법도 아니라는 것을 잘 보여준다.

가끔 여학생들은 그런 신호를 보내는 주체는 남자라고 답한다. 하지만 우리 사회에서 여성도 이 부분에 있어 남성과 같은 권리는 가져야 하지 않을까?

Domitrz의 저서는 키스의 경우와 마찬가지로 성적인 호감에 대해서도 말로 표현하는 것이 가장 자신의 마음을 잘 전달하면서도 상대를 배려하는 방법이라고 설명한다. "당신은 참 매력적이에요. 좀 더 가까워지고 싶어요. 당신은 어떻게 생각하나요?"와 같은 질문은 상대에 대한 존중을 보여주며, 몸짓보다 훨씬 더 감정을 잘 전달해준다. (몸짓으로 신호를 보내고 상대방에게 달려든다면 혼란스러운, 어쩌면 위험한 메시지를 전달할 수 있지 않을까? 게다가 성희롱이나 성폭행 가해자로 몰릴 가능성도 배제할 수 없지 않을까?)

말로 의사를 표현하는 것의 또 다른 장점은 연인들 간에 성적으로 어느 정도까지 원하고 허용할 것인가에 대한 솔직한 대화가 가능할 수 있다는 점이다. 또한 성관계에 합의하는 경우 피임방법에 대한 이야기도 나눌 수 있다.

[a] Michael J. Domitrz, *May I Kiss You?* (Greenfield, WI: Awareness Publications, 2003)
[b] Ibid.

나 춤 이상을 원한다는 걸 알았어. 그날 입은 옷과 그 향수와 목걸이, 귀걸이, 그리고 나를 쳐다보던 눈빛. 그 모든 것이 말해주고 있지. 오늘 데이트 끝나고 내 집으로 온 걸 보면… 멋진 밤을 보내주겠어. 옆에 앉아 조금씩 다가가고, 자연스럽게 어깨에 팔을 두르고, 목에 살짝 키스하고… 싫다고? 정말 그만 두라는 의미는 아니겠지? 여자는 다 그런 식으로 말한다는 걸 모를 줄 알고? 내가 이 데이트를 위해 얼마를 들였는데, 이 정도 보상은 받아야지. 오늘 밤 일을 친구들이 알면 얼마나 자랑스러울까? 이 여자, 진짜 나처럼 힘센 남자를 제지할 수 있다고 생각하는 건 아니겠지? 여자들이 '싫다'는 건 사실은 오케이라는 것쯤은 다 아는 사실인데.

데이트 강간의 대부분은 신고되지 않는다.[108] 실제로 많은 여성 피해자들이 데이트 강간을 범죄행위라고 인식하지 못한다. '사랑하는' 관계에서는 강간이라는 것이 성립되지 않는다고 생각한다는 것이다.

데이트 강간을 범했다고 밝힌 71명의 대학생을 일반 대학생과 비교한 Kenin의 연구는, 이들이 성적으로 탐욕스럽다는 점을 보고했다.[109] 새로운 상대를 유혹한 경험에 대한 질문에 강간범의 62%가 "항상 유혹한다"라고 보고한 반면 비교집단은 19%만 같은 응답을 했다. 또한 이들은 성관계를 위해 여성에게 사랑한다며 거짓 고백을 하고, 파트너를

보기 6.6 강간을 예방할 수 있는 노력에는 무엇이 있을까?

강간을 예방하고 공격자에 대항하는 방법으로 여러 가지가 제시되었다. 여기에는 방범 자물쇠 설치, 밤에 혼자 걷지 않기, 유도나 합기도, 태권도 등의 자기방어 기술 연마 등이 포함된다. 아는 사람에게 당하는 강간 예방에는 원치 않는 성적 행동에 대해 분명하게 싫다고 표현하는 것이 도움이 된다.[a] 정기적으로 운동을 하여 몸을 단련하는 것도 필요할 때 대항에 싸우거나 도망치는 데 도움이 된다. 몇몇 전문가들은 눈을 찌르는 것과 급소를 무릎으로 걷어차는 것을 제안한다. 또 다른 전문가들은 심리전략을 사용하는 것도 도움이 된다고 하는데, 예를 들어 자궁암이나 성병(HIV 양성 등)이 있다고 말하는 것이 여기에 포함된다. 이러한 방법들이 실패하면 손가락을 자신의 목구멍 깊숙이 집어넣어 구토를 유발시킨 다음 상대방을 향해 구토함으로써 저지하는 방법도 있다. 최근 제안하는 또 다른 방법은 공격자를 향해 소변보기이다.

중요한 것은 모든 여성들이 혹시 공격을 당할 때를 대비하여 방어전략을 가지고 있어야 한다는 것이다. 강간범 유형에 따라 피해자의 대항에 반응하는 방법이 다르기 때문에 모든 상황에 적용할 수 있는 만병통치법은 존재하지 않는다. 그러므로 강간으로부터 생존한 모든 여성은 나름 성공적인 전략을 사용했다고 보는 것이 옳다.

좀 더 광범위한 사회학적 수준에서 페미니스트들은 우리 사회의 성역할 사회화 과정의 수정을 주장한다. Margaret Mead는 남성이 공격적이기보다 애정을 주는 역할로 사회화된 사회에서는 강간이 발생하지 않는다고 설명한다.[b] 강간을 효과적으로 감소시키기 위해 필요한 사회화 과정의 변화에 대해 J. Hyde는 다음과 같이 설명한다.

> 남자아이들에게 강해야 한다는 압력, 공격성을 가져야 한다는 압력이 없다면 아마 강간범은 생기지 않을 수도 있다. 남자 청소년이 성을 밝히고 좋아한다는 것을 끊임없이 증명해야 하지 않아도 된다면 강간범이 생기지 않을 수도 있다.
>
> 여성이 사회화되는 방법에도 변화가 있어야 한다. 특히 자기방어에 능할 수 있으려면 더욱 그렇다. 나약함은 바람직한 특성이 아니며, 바람직한 여성적 성격으로 간주되어서는 안 된다. 이는 여성을 강간에 취약하게 만들 수 있다. … 여자도 남자와 같은 비율로 학교 내 운동팀을 구성해야 한다는 연방정부의 결정을 우습게 생각하는 이들도 있지만, 신체훈련의 부족은 여성들을 강간에 취약하게 만들 수 있다.
>
> 마지막으로 남성 여성 모두에게 섹슈얼리티에 대한 급진적 재구조화가 필요하다. 여성은 섹스에 무관심해야 한다는 사회적 기대가 지속되고 데이트에서 서로의 마음 알아차리기 게임이 지속된다면 강간은 계속될 것이다.[c]

[a]Janet S. Hyde, *Understanding Human Sexuality*, 5th ed. (New York: McGraw-Hill, 1994), p. 496.
[b]Margaret Mead, *Sex and Temperament in Three Primitive Societies* (New York: Morrow, 1935).
[c]Hyde, *Understanding Human Sexuality*, p. 498.

술이나 약에 취하게 하며, 허위 결혼약속을 했다고 밝혔다.

남자들은 여성의 "싫어"가 진정으로 "싫다"는 표현임을 깨달아야 한다. 초, 중, 고등학교 및 대학교에서 데이트 강간에 대한 교육이 필요하다. 또한 데이트 강간에 대한 법도 더욱 철저하게 집행되어야 한다. 강간이 심각한 범죄행동이며 피해자에게 엄청난 충격과 상처를 주는 행위라는 것을 알리는 대중매체의 역할도 중요하다.

피해자에게 미치는 영향

Burgess와 Holmstrom은 강간은 피해자에게 심각한 위기를 경험하게 하며, 이로 인한 영향이 적어도 6개월 이상 지속된다고 밝혔다.[110] 이들은 92명의 강간 피해자를 대상으로 한 인터뷰와 연구를 통해 이들이 겪는 상처와 고통을 '강간피해 증후군'이라고 명명했다.[111]

비판적 사고를 위한 질문

당신이 여성이라면 성적 공격을 예방하기 위해 어떠한 전략을 모색하겠는가? 남성이라면 성적 가해를 당한 여성이 겪을 장기적 영향에 대해 알고 있는가?

이 증후군은 급성단계와 장기적 재조직 단계의 두 단계로 나타난다. 급성단계는 강간 또는 강간시도 후 바로 시작되고 몇 주 동안 지속된다. 피해자들은 분노, 두려움, 수치스러움, 긴장, 불안, 복수심 등과 관련한 감정을 갖는다. 이 단계에서 피해자들은 때때로 자신의 감정을 숨기고 안정된 듯한 모습을 보이기도 한다. 이들은 복통, 메스꺼움, 두통, 불면증, 놀람 등의 신체적 증세도 보인다. 게다가 구강성교를 강요당한 피해자들은 목과 식도에 통증을 느끼기도 한다. 항문성교를 당한 피해자들은 고통과 출혈을 호소한다. 두 가지의 감정이 특별히 두드러지는데, 이는 두려움과 자기비난이다. 많은 피해자는 향후의 신체적 폭행과 이를 통해 죽을 것 같은 두려움에 시달린다. 자기비난은 자신의 생각과 더불어 주변의 '피해자 비난'과도 연관되어 있다. 피해여성은 자기가 무엇을 잘못해서 이런 일이 발생했을까 하는 생각과, 어떻게 하면 이를 피할 수 있었을까를 끊임없이 생각하고 또 생각한다. '혼자 걷고 있지만 않았어도…' '꼭 끼는 옷을 입지만 않았어도…' '바보같이 그놈을 그렇게 믿지만 않았어도…' 등이 피해자가 공통적으로 하는 생각이다.

장기적 재조직 단계는 급성단계 후에 나타난다. 이 시점은 피해자가 다양한 어려움을 이미 경험한 후다. 외출에 대한 두려움, 집안에 혼자 있는 것에 대한 두려움, 출근에 대한 두려움을 경험하기도 하고, 직장을 그만두고 오랫동안 실직상태로 있기도 한다. 강간범이 다시 자신을 찾아내 재범할 것을 두려워하는 사람이 대부분이고, 이를 피하기 위해 이사를 하고, 전화번호를 바꾸기도 한다. 어떤 이들은 성에 대한 공포증이 생겨 일상적인 성생활을 하지 못하며, 어떤 이들은 일상으로 돌아가기 전까지 몇 년에 걸쳐 고통을 받기도 한다.

게다가, 강간을 신고할 때 겪어야 하는 경찰조사와 법원에서의 증언은 또 하나의 위기로 작용한다. 어떤 경우에 경찰은, 피해자가 이를 조작한다고 하기도 하고, 처음에는 동의했다가 이후에 마음을 바꿔 고발하는 것이라고 생각하는 인상을 주기도 한다. 경찰은 상황과 심정에 대한 이해나 공감이 없는 상태에서 수치스러운 질문을 던지고 굴욕적인 상황에 대한 설명을 요구하기도 한다. 법정에서 변호사는 피해자가 강간을 유발했다는 식의 변론을 편다. 심지어 피해자가 피고인이 된 듯한 경험을 하게 된다.

다행히 최근 들어 강간과 아동 성범죄를 전담하는 특수반을 운영하는 경찰서가 생겼다. 이런 경우, 피해자는 훨씬 상처를 덜 받으면서 조사에 응할 수 있다. 또한 몇 개 주에서는 재판 중 피해자의 과거 성경험에 대한 질문을 할 수 없는 법을 제정하기도 했다. (과거에는 피고측 변호사 측에서 피해자가 여지를 남기는 행동을 하여 마치 강간을 유발했다는 듯한 인상을 주려고 했었다.)

강간과 그 이후의 상처가 너무나 충격적이기 때문에, Burgess와 Holmstrom은 상담을 권장하는데, 그 주된 내용은 (a) 감정을 지지해주고, 피해자가 자신의 감정을 충분히 표현할 수 있도록 지원하며, (b) 의료검사나 경찰조사 과정에서 지지와 조언을 주고, (c) 사법과 정에서도 유사한 지지를 제공하며, (d) 강간으로 인한 감정에 대한 사후상담을 제공하는 것이다.[112)]

Burgess와 Holmstrom은 대부분의 강간이 신고되지 않기 때문에, 많은 피해자가 강간에 대한 침묵반응을 보인다고 한다.[113)] 신고하지 않는 사람들은, 경찰에 신고하지 않을 뿐 아니라 아무에게도 얘기하지 않는다. 하지만 이들은 신고한 사람들과 유사한 문제를 경험하며, 이를 표현할 수 있는 방법이 없기 때문에 더욱 심각한 고통을 경험한다. 어떤 이들은 이후에 결국 우울증, 불안증, 성적 불감증 등을 호소하며, 이러한 증세들이 결국 강간으로부터 기인했다는 것을 알게 되는 경우가 종종 발생한다. 신고하지 않은 혹은 알려지지 않은 강간의 상처를 가진 피해자들은 자신의 감정과 생각을 얘기할 수 있는 기회를 가지고, 이후 외상에 대처할 수 있는 방법을 학습할 수 있어야 한다. 최근에는 지역사회에 기반을 둔 성폭력 위기상담소 등이 개설되어 상담, 의료지원, 법률 서비스를 제공한다.

요약

다음은 이 장의 서두에서 제시한 학습목표와 관련된 내용을 요약한 것이다.

A. 식민지 시대 이후 미국 가족의 변화의 역사를 제시

가족은 모든 문화에 존재하는 사회적 제도이다. 하지만 가족의 형태나 유형은 매우 다양하게 나타난다. 전 세계에 걸쳐 대부분의 가족은 확대가족 또는 핵가족으로 분류될 수 있다. 우리의 문화는 확대가족에서 핵가족 제도로 변화해 왔다. 최근 많은 문화에서 한부모 가족이 세 번째 가족 유형으로 출현했다.

가족이라는 제도를 가지지 않았던 사회는 없다. 현대 가족이 수행하는 다섯 가지 필수기능은 인구 재생산, 자녀양육, 구성원의 사회화, 성행동 조절 및 사랑을 제공하는 것이다.

B. 미국 가족이 직면한 이혼, 피상적 결혼, 가정폭력, 아동 성 학대, 혼외출산 및 강간과 같은 문제를 설명. 또한 가족 문제에 대한 사회서비스를 설명

결혼의 반은 이혼으로 끝난다. 이혼 자체가 사회문제인 것은 아니지만, 이혼으로 인해 파생되는 문제는 사회문제가 될 수 있다. 높은 이혼율의 원인으로는 낭만적 사랑에 대한 지나친 강조, 여성지위의 변화(경제적 독립을 포함하여), 개인주의 확산, 이혼에 대한 허용, 현대 가족기능의 손실을 들 수 있다.

피상적인 결혼에서 부부는 서로에게 더 이상 강한 애착을 느끼지 않는다. 여기서는 활력 없는 관계, 갈등으로 가득한 관계, 수동적이며 조화로운 관계의 유형에 대해 설명하였다. 피상적인 결혼의 일부는 이혼으로 끝난다. 이러한 부부에게는 결혼상담 서비스를 제공할 수 있다.

배우자 학대, 아동 학대, 노인 학대는 미국 가정의 50% 이상에서 나타난다. 지난 40년간 가정폭력은 주요한 사회문제로 부각되었다.

배우자 학대의 주 피해자는 여성이다. 남편도 아내만큼 맞거나 떠밀리지만 아내가 받는 상해만큼 크지 않으며, 폭력에 의해 남편이 통제되는 정도는 상대적으로 약하다. 배우자 학대는 미국가족이 갖는 폭력에 대한 허용성과도 관련되어 있다. 남성뿐 아니라 많은 여성도 남편의 간헐적인 폭력은 있을 수 있다고 생각한다. 매 맞는 아내를 위한 서비스가 각 지역 곳곳에서 개발되고 있으며 증가하고 있다.

아동 학대나 방임의 희생자가 되는 아이들이 많다. 신체적 학대는 심각하며 미국 전역의 주목과 관심을 끌었다. 실제로 방임이 신체 학대보다 훨씬 빈번히 발생함에도 불구하고 아동방임에 대한 관심은 상대적으로 적은 편이다. 신체적 학대와 방임, 그리고 정서적 방임은 분명하게 정의되지 않으며 애매하게 사용된다. 아동 학대와 방임에 대처하기 위해 고안된 주요 서비스는 아동보호서비스이다.

아동 성 학대에 대해 설명하였는데, 아동 성 학대는 성인에 의해 자행되는 것을 말하며, 대부분의 가해자는 남성이다. 대략 여아 3명 중 한 명, 그리고 남아 6명 중 1명 정도가 성 학대를 경험한다. 학대의 정도와 피해의 정도는 매우 광범위하며 여러 요인에 기인한다. 아동 성 학대의 하위범주 중 하나는 근친상간이다. 신고된 근친상간의 대부분은 아버지와 딸 관계에서 이루어지는 근친상간이다. 장기적인 근친상간의 폐해는 아동에 따라 다르다. 접수된 근친상간 사건은 아동보호서비스가 다루게 된다. 성 학대로 인해 큰 충격을 받은 아동들은 상담을 통해 도움을 받을 수 있다.

혼전 성관계는 매우 보편적이며 우리 사회에서 많이 용인된다. 하지만 결혼을 하지 않은 여성이 임신하게 되면 가족 내에 꽤 큰 파장을 일으킬 수 있다. 혼외출산은 최근 들어 우리 사회에서 조금씩 용인되고 있지만, 여전히 사회문제로 인식된다. 혼외출산이 문제로 인식되는 이유에는 도덕과 가족의 붕괴라는 견해에서부터 엄마와 자녀가 겪게 될 어려움에 대한 염려에 이르기까지 다양하다. 혼외출산의 상당부분은 십대에서 발생하며, 책임 있는 성에 대한 교육의 필요성을 깨닫게 해준다. 한부모 가족 서비스는 결혼하지 않고 혼자 아이를 키우는 엄마나 아빠를 대상으로 한다.

강요된 성관계, 즉 강간은 미국 내에서 자주 행해지는 범죄이다. 강간의 대부분은 신고되지 않는다. 강간은 공격적인 행동이며 성적인 행동이다. 데이트 강간 역시 빈번하게 발생하지만 신고되는 경우가 매우 적다. 강간은 피해자에서 심각한 상처를 남기며, 그 영향은 적어도 6개월 이상 지속된다. 강간 피해자들은 '강간 피해 증후군'이라고 불리는 정서적 현상을 경험한다. 이러한 이들에게는 상담 서비스가 도움이 될 수 있다.

인터넷 참고자료

CENGAGE**NOW**™ 각 장과 관련된 참고자료는 출판사 홈페이지(www.cengage.com/social_work/zastrow)를 참조하라.

주

1. James W. Coleman and Harold R. Kerbo, *Social Problems*, 8th ed. (Upper Saddle River, NJ: Prentice Hall, 2002), p. 634.
2. William Kornblum and Joseph Julian, *Social Problems*, 12th ed. (Upper Saddle River, NJ: Pearson, 2007), p. 198.
3. Philippe Aries, "From the Medieval to the Modern Family," in *Family in Transition*, Arlene S. Skolnick and Jerome H. Skolnick, eds. (Boston: Little, Brown, 1971), pp. 90–104.
4. John F. Cuber, Martha Tyler John, and Kenrick S. Thompson, "Should Traditional Sex Modes and Values Be Changed?" *in Controversial Issues in the Social Studies: A Contemporary Perspective*, Raymond H. Muessig, ed. (Washington, DC: National Council for the Social Studies, 1975), pp. 87–121.
5. Janet S. Hyde and John D. DeLamater, *Understanding Human Sexuality*, 9th ed. (Boston: McGraw-Hill, 2006).
6. William F. Ogburn, "The Changing Family," *The Family*, 19 (Jul. 1938), pp. 139–143. Family Problems and Services to Families 217
7. George P. Murdock, *Social Structure* (New York: Free Press, 1949); Ogburn, "The Changing Family," pp. 139–143; William J. Goode, "The Sociology of the Family," in *Sociology Today*, Robert K. Merton, Leonard Broom, and Leonard J. Cottrell, eds. (New York: Basic Books, 1959); Talcott Parsons and Robert F. Bales, *Family, Socialization and Interaction Process (Glencoe, IL: Free Press, 1995);* Coleman and Kerbo, Social Problems, pp. 36–38.
8. René Spitz, "Hospitalism: Genesis of Psychiatric Conditions in Early Childhood," *Psychoanalytic Study of the Child*, 1 (1945), pp. 53–74.
9. Kornblum and Julian, *Social Problems*, p. 33.
10. Ibid., pp. 334–336.
11. Ibid., pp. 334–336.
12. Ibid., pp. 334–336.
13. Ibid., p. 327.
14. Ibid., pp. 327–329.
15. Kenneth Keniston, *All Our Children: The American Family under Pressure* (New York: Harcourt Brace Jovanovich, 1977), p. 21.
16. Richard Neely, "Barter in the Court," *The New Republic*, Feb. 10, 1986, p. 14.
17. Ibid., p. 17.
18. John F. Cuber and Peggy B. Harroff, "Five Types of Marriage," in Skolnick and Skolnick, *Family in Transition*, pp. 287–299.
19. William J. Goode, "Family Disorganization," *in Contemporary Social Problems*, 4th ed., Robert K. Merton andRobertNisbet, eds. (NewYork:Harcourt Brace Jovanovich, 1976), p. 543.
20. Richard J. Gelles, *Intimate Violence in Families*, 3rd ed. (Thousand Oaks, CA: Sage Publications, 1997).
21. Lewis Koch and Joanne Koch, "Parent Abuse— A New Plague," *Parade*, Jan. 27, 1980, p. 14.
22. *Gelles, Intimate Violence in Families*, p. 116.
23. *Kornblumand Julian, Social Problems*, pp. 343–344.
24. Suzanne K. Steinmetz and Murray A. Straus, *Violence in the Family* (New York: Dodd, Mead, 1974), p. 3.
25. Ibid., p. 9.
26. John O'Brien, "Violence in Divorce Prone Families," *Journal of Marriage and the Family*, 33 (Nov. 1971), pp. 692–698.
27. Steven V. Roberts, "Simpson and Sudden Death," *U.S. News &World Report*, Jun. 27, 1994, pp. 26–32.
28. Gelles, *Intimate Violence in Families.*
29. Ibid.
30. Ibid.
31. Ibid.
32. Ibid.

33. Ibid.

34. Ibid.

35. Murray A. Straus, Richard Gelles, and Suzanne Steinmetz, *Behind Closed Doors: A Survey of Family Violence in America* (Garden City, NY: Doubleday, 1979).

36. Ibid.

37. Gelles, *Intimate Violence in Families.*

38. Andrea Saltzman and Kathleen Proch, Law in Social Work Practice (Chicago: Nelson-Hall, 1990), pp. 296–307.

39. Alfred Kadushin and Judith A. Martin, *Child Welfare Services,* 4th ed. (New York: Macmillan, 1988), pp. 218–327.

40. Gelles, *Intimate Violence in Families,* p. 66.

41. Vincent De Francis, *Child Abuse—Preview of a Nation-wide Survey* (Denver: American Humane Association, Children's Division, 1963), pp. 5–6.

42. Ibid., p. 6.

43. Larry Silver, C. C. Dublin, and R. S. Lourie, "Does Violence Breed Violence? Contribution from a Study of the Child-Abuse Syndrome," *American Journal of Psychiatry, Sept.* 1969, pp. 404–407.

44. George C. Curtis, "Violence Breeds Violence— Perhaps?" in T*he Battered Child*, Jerome E. Leavitt, ed. (Morristown, NJ: General Learning Press, 1974), p. 3.

45. Gelles, *Intimate Violence in Families.*

46. Ibid.

47. Kadushin and Martin, *Child Welfare Services*, pp. 243–244.

48. Vincent De Francis, *Special Skills in Child Protective Services* (Denver: American Humane Association, 1958), p. 11.

49. American Humane Association, *National Analysis of Official Child Neglect and Abuse Reporting* (Denver: American Humane Association, 1978), p. 27.

50. C. Henry Kempe and Ray E. Helfer, *Helping the Battered Child and His Family* (Philadelphia: Lippincott, 1972); Kadushin and Martin, *Child Welfare Services*; Leavitt, *The Battered Child; Gelles, Intimate Violence in Families.*

51. Ibid.

52. Kadushin and Martin, *Child Welfare Services*, p. 218.

53. Sallie A. Watkins, "The Mary Ellen Myth: Correcting Child Welfare History," *Social Work*, 35, no. 6 (Nov. 1990), pp. 500–503.

54. Ellen Thomson, *Child Abuse—A Community Challenge* (Buffalo, NY: Henry Stewart, 1971), p. 44.

55. Gelles, *Intimate Violence in Families.*

56. Anna Mae Sandusky, "Services to Neglected Children," *Children,* Jan.–Feb. 1960, p. 24.

57. Kadushin and Martin, *Child Welfare Services*, p. 291.

58. Gelles, *Intimate Violence in Families*, p. 152.

59. Ibid., p. 153.

60. Patrick Murphy, "Family Preservation and Its Victims," *The New York Times*, Jun. 19, 1993, p. 21.

61. Susan W. Downs, Ernestine Moore, Emily J. McFadden, and Lela B. Costin, *Child Welfare and Family Services*, 6th ed. (Boston: Allyn & Bacon, 2000), p. 295.

62. Ibid., 295.

63. Gelles, *Intimate Violence in Families.*

64. Kadushin and Martin, *Child Welfare Services,* p. 315.

65. Hyde and DeLamater, *Understanding Human Sexuality*, pp. 424–425.

66. Ibid., p. 425.

67. Ibid.

68. A. Nicholas Groth, "The Incest Offender," in *Intervention in Child Sexual Abuse*, Suzanne M. Sgroi, ed. (Lexington, MA: Lexington Books, 1982), pp. 215–239.

69. Hyde and DeLamater, *Understanding Human Sexuality*, p. 389.

70. G. G. Abel, J. V. Becker, J. Cunningham- Rathner, M. S. Mittelman, and J. L. Rouleau, "Multiple Paraphilic Diagnoses among Sex Offenders," *Bulletin of the American Academy of Psychiatry and the Law,* 16, no. 2 (1988), pp. 153–168.

71. R. Karl Hanson, Rocco Gizzarelli, and Heather Scott, "The Attitudes of Incest Offenders," *Criminal Justice and Behavior*, 21, no. 2 (Jun. 1994), pp. 187–202.
72. G. G. Abel, J. V. Becker, M. S. Mittelman, J. Cunningham-Rathner, J. L. Rouleau, and W. D. Murphy, "Self-Reported Sex Crimes of Nonincarcerated Paraphiliacs," *Journal of Interpersonal Violence,* 2, no. 1 (1987), pp. 3–25.
73. Hyde and DeLamater, *Understanding Human Sexuality*, p. 427.
74. Ibid.
75. Ibid.
76. Blair Justice and Rita Justice, *The Broken Taboo: Sex in the Family* (New York: Human Sciences Press, 1979).
77. Hyde and DeLamater, *Understanding Human Sexuality.*
78. Justice and Justice, *The Broken Taboo*, p. 177.
79. Judith Siegel, Jacqueline M. Golding, Judith A. Stein, M. Audrey Burnam, and Susan B. Sorenson, "Reactions to Sexual Assault," *Journal of Interpersonal Violence*, 5 (1990), pp. 229–246.
80. Kornblum and Julian, *Social Problems*, pp. 338– 339.
81. Ibid.
82. Ibid.
83. Ibid.
84. Ibid.
85. Ibid.
86. Ibid.
87. James W. Coleman and Donald R. Cressey, *Social Problems,* 4th ed. (New York: Harper & Row, 1990), p. 136.
88. Kornblum and Julian, *Social Problems*, pp. 338– 339.
89. Ibid., pp. 338–339.
90. Ibid., pp. 338–339.
91. Ibid., pp. 338–339.
92. Alfred C. Kinsey, W. B. Pomeroy, and C. E. Martin, *Sexual Behavior in the Human Male* (Philadelphia: Saunders, 1948):AlfredC.Kinsey, W. B. Pomeroy, C. E. Martin, and P. H. Gebhard, *Sexual Behavior in the Human Female* (Philadelphia: Saunders, 1953).
93. Sex Information and Educational Council of the United States, *Guidelines for Comprehensive Sexuality Education* (New York: SIECUS, 1991).
94. Hyde and DeLamater, *Understanding Human* Sexuality, pp. 278–279.
95. Joseph P. Shapiro, "Teenage Sex: Just Say 'Wait,'" *U.S. News &World Report*, Jul. 26, 1993, pp. 56–59.
96. Kornblum and Julian, *Social Problems*, pp. 338–339.
97. Ibid.
98. Diane de Anda, "Baby, Think It Over' Evaluation of an Infant Simulation Intervention for Adolescent Pregnancy Prevention," *Health and Social Work,* 31(1), pp, 26–35.
99. Linda A. Mooney, David Knox, and Caroline Schacht, *Understanding Social Problems,* 6th ed. (Belmont, CA: Wadsworth/Cengage Learning, 2009), p. 203.
100. Ursula S. Myers, "Illegitimacy and Services to Single Parents," in *Introduction to Social Welfare Institutions,* 2nd ed., Charles Zastrow, ed. (Homewood, IL: Dorsey Press, 1982), p. 176.
101. Hyde and DeLamater, *Understanding Human Sexuality*, p. 413.
102. Ibid., pp. 413–414.
103. Philip Sarrel and William Masters, "Sexual Molestation of Men by Women," *Archives of Sexual Behavior,* 11 (1982), pp. 117–132.
104. "Mary Kay Letourneau Released," *Wisconsin State Journal, Aug.* 5, 2004, p. 2A.
105. A. Nicholas Groth, *Men Who Rape* (New York: Plenum Press, 1979).
106. Janet S. Hyde, *Understanding Human Sexuality,* 5th ed. (New York: McGraw-Hill, 1994), p. 492.
107. Cindy Struckman-Johnson, "Forced Sex on Dates: It Happens to Men, Too," *Journal of Sex Research*

24(1988),pp.234-241

108. M. P. Koss, T. E. Dinero, C. A. Siebel, and S. L. Cox, "Non-stranger Sexual Aggression: A Discriminant Analysis of the Psychological Characteristics of Undetected Offenders," *Sex Roles*, 12 (1985), pp. 981–992.
109. Eugene J. Kanin, "Date Rapists: Differential Sexual Socialization and Relative Deprivation," *Archives of Sexual Behavior*, 14 (1985), pp. 219–232.
110. Ann W. Burgess and Lynda Holmstrom, *Rape: Victims of Crisis* (Bowie, MD: Robert J. Brady, 1974).
111. Ann W. Burgess and Lynda Holmstrom, "Rape Trauma Syndrome," *American Journal of Psychiatry*, 131 (1974), pp. 981–986.
112. Ibid.
113. Ibid.

7 CHAPTER

성적 지향과 GLBT(게이, 레즈비언, 양성애자, 트랜스젠더)를 위한 서비스

Sexual Orientation and Services to GLBT Individuals

이 장의 개요

- 역사와 다른 문화에서의 성
- 성에 대한 공식적 연구
- 성적 문제이기보다는 다양성
- 성적 지향
- 트랜스젠더리즘에 대한 간략한 소개
- GLBT와 사회사업

학습목표

나는 성(sex)을 삶의 문제들 가운데 중심에 있는 것으로 생각한다. … 성은 삶의 뿌리에 위치해 있고 우리는 성을 이해하는 방법을 알 때까지 삶의 숭고함을 결코 배울 수 없다.

–Havelock Ellis[1)]

놀랍게도, 인간이 우주에 갈 정도로 과학이 발전했음에도 불구하고, 우리는 아직 성적 오르가즘의 생리에 대해 이해하지 못하고 있다.[2)] 이 장의 내용은 다음과 같다:

A. 역사와 다른 문화에서의 성적 표현 살펴보기
B. 성과 관련된 과학적 연구 고찰하기
C. 성적 지향(sexual orientation)에 대한 최근 자료 살펴보기: 용어에 대한 정의를 포함하여 게이와 레즈비언에 대한 증오범죄, 게이와 레즈비언에 대한 잘못된 사회통념과 사실들, 동성애 발생 비율, 동성애 원인, 게이와 레즈비언의 삶의 경험들, 커밍아웃 과정, 게이와 레즈비언의 최근 이슈들, 전환치료, 트랜스젠더리즘(transgenderism)에 대한 소개, 그리고 GLBT(게이, 레즈비언, 양성애자 그리고 성전환자)와 사회사업

1. 역사와 다른 문화에서의 성

사실상 모든 상상할 만한 성적 행동은 어느 정도의 수준에서, 적어도 일부 사람들에게 사회적으로 받아들여져 왔다. 단순히 출산을 위한 성교, 구강성교, 혼전성교, 간통, 항문성교, 일부일처제, 일처다부제, 일부다처제, 동성애, 평생 독신생활 등은 일부 사회에서 허용된 성적 욕망을 해소하는 방법들이었다. 성적인 관계에서 가장 광범위하게 금지하고 있는 근친상간도 보편적으로 금기시되었던 것은 아니다.[3)] 일부 고대문화에서 소수 사람들은 부와 권력을 유지하는 수단으로 그리고 왕족의 순수혈통을 보존하는 방법으로 근친상간이 장려되었다.

고대 그리스에서 여성과 남성 동성애자는 수용적일 뿐 아니라 권장되었으며, 다양한 문화 속에서 보편적으로 받아들여졌다. 어느 사회에서는 나이 불문하고 동성애 행동을 강하게 반대하고, 어느 사회에서는 아이들의 동성애 행동은 용인되지만 성인들의 동성애 행동은 비난받는다. 아직도 일부 사회에서는 일반적인 사춘기 의식과 결합되어 여성 구성원들이 동성애 행동에 참여하도록 권장된다.[4)] 특정 사회에서 동성애를 어떻게 보는가와 상관없이, 그러한 행동은 항상 일부 개인에게 발생한다. 따라서 동성애는 모든 사회에서 나타나는 현상이다.[5)]

사회는 혼전성교와 관련하여 상당히 다른 규칙들을 가지고 있다. Trobriand Islands의 주민들은 혼전성교를 결혼을 위한 중요한 준비로 생각하기 때문에 혼전성교를 장려한다. 아시아의 Lepcha족 사회에서도 성숙을 위해 소녀들에게 성교가 필요하다고 생각한다.[6)] 반대로, 많은 무슬림들과 남아메리카 문화에서는 여성의 혼전순결이 높게 평가받는다. 혼전성교를 경험한 여성은 수치스럽게 여겨지며 다른 사람들에게 배척당한다. 그러나 몇몇 개발도상국에서 일부 저소득 부모들은 그들의 청소년 딸들을 관광객들에게 매춘으로 팔기도 한다.

뉴기니아의 Arapesh족처럼 강간이 실제로 존재하지 않는 일부 문화도 있는데, 이곳 남성들은 평화적이고 비공격적으로 사회화되어 있다. 반대로 케냐의 Gussi 부족은 강간이 미국보다 빈번하게 발생한다. 이 부족의 남성과 여성 모두는 공격적이고 경쟁적으로 사회화되어 있으며, 종종 여성들은 남편이라 할지라도 성관계를 거부한다.[7)]

정복 국가의 여성들에 대한 군인들의 강간은 역사적으로 상당히 일반적이다. 과거에 에스키모 남편들은 남성 손님들에게 그들의 부인들과 밤을 보낼 수 있는 특권을 제안하고 손님이 이를 거절하는 것을 매우 모욕적인 것으로 생각하였다. 미국 역사에서 노예의 주인인 백인은 종종 그들의 노예가 결혼하는 것을 금지하였고, 아프리카계 미국인 아이들의 형질을 향상시키기 위해 우월한 형질을 가진 아프리카계 미국인 남성과 여성들을 짝짓기시키는 일부 시

보기 7.1 망가이아(Mangaia)에서의 성생활

망가이아는 남태평양에 있는 섬이다. 망가이아인들은 쾌락과 출산을 위해 성과 관련된 정교한 의식들이 있다.

망가이아의 7~8세 소년들은 어떻게 자위를 해야 하는지 교육받는다. 그들은 13세 때 포경수술(페니스 윗부분의 피부를 완전히 벗겨내는 것)을 하는데 이것은 소년에서 남자가 되는 의식이다. 이러한 의식의 부분으로 어떻게 키스를 하는지, 어떻게 여성 파트너에게 여러 번의 오르가즘을 갖게 할 수 있는지, 그리고 쿤닐링구스(cunnilingus; 구강성교의 한 형태)를 어떻게 하는지 등을 전수받는다. 약 2주 후에 각각의 소년들은 경험이 있는 여성과 성교를 한다. 여성은 다양한 성교 자세를 알려주고 어떻게 사정을 늦출 수 있고 그의 파트너와 동시에 오르가즘을 느낄 수 있는지 등을 가르친다.

망가이아 소녀들 또한 성인 여성들로부터 성교육을 받는다. 이후에 망가이아 소년들과 소녀들은 적극적으로 서로의 상대를 찾는다. 그리고 대부분은 거의 매일 밤 성교를 한다. 사실, 남성들은 15~30분 또는 그 이상 성교를 지속할 수 있다고 기대되기 때문에 이렇게 할 수 없는 남성들은 경시받는다.

20세까지 보통의 남자들은 10명 또는 그 이상의 여성 파트너가 있으며, 망가이아 부모들은 그들의 딸들과 아들들이 성적으로 적합한 결혼 상대를 찾길 원하기 때문에 이런 성 경험을 장려한다. 약 18세쯤 망가이아 사람들은 일반적으로 매일 밤 섹스를 한다. 남성들은 그들의 상대에게 오르가즘을 느끼게 하는 것이 남성의 성적 쾌락 중 하나라고 믿도록 길러진다.

출처: Janet S. Hyde and John D DeLamater, *Understanding Human Sexuality*, 9th ed.(Boston: McGraw Hill, 2006), pp. 10-11.

도들이 있었다. 많은 사회에서 인지적으로 장애가 있는 일부 사람들에게 아이를 갖지 못하도록 하였고, 1930년대와 1940년대 독일 나치인 히틀러는 그가 바람직하다고 생각하는 유전자를 가진 아이를 낳도록 특정 군인들과 여성들을 맺어주었다.

유럽의 일부 부모들은 아버지가 딸들과 성교하는 것이 근친상간 혹은 성적 학대의 구실로 가장 빈번하게 여겨진다 하더라도 딸들에게 섹스를 가르치기 위해 아버지가 딸들과 성교를 해야 한다고 믿는다. 비록 우리 사회에서는 노인들은 성적인 활동을 하지 않거나 해서는 안 된다고 생각하지만, 많은 노인들은 성적인 활동을 하며, 한 사람 이상의 파트너를 가지고 있다. 많은 문화에서 남성들은 키스와 포옹으로 인사를 한다.

성전환수술은 1930년대 초기부터 이루어졌다. 이는 1952년 Christine Jorgensen이 생물학적으로 남성에서 여성으로 변화되는 수술을 받았다고 세상에 알림으로써 이루어졌다. 점차 성 문제와 관련된 사례가 거대사회에 의해 조금씩 이해되기 시작하자, Jorgensen의 수술은 큰 반감을 불러일으켰다. 그럼에도 불구하고 수천 명의 사람들이 성전환수술을 하고 있다.[8)]

분명하게, 허용되거나 허용되지 않는 성적 행동은 문화와 시대에 따라 다른데, 이와 관련하여 변화한 우리의 성적 태도의 역사와 그 이상의 것을 간략하게 살펴보도록 하자.

서구 문화에서 성(sex)에 대한 오늘날의 태도에 주요하게 영향을 미친 것은 유대교와 그리스도교(Judeo-Christian)의 전통이다. 구약성서에서 성교는 단지 결혼 안에서만 인정된다. 성교의 목적은, 단언하건대, 아이를 임신하는 데 있다. 자위행위, 동성애 그리고 결혼 이외 모든 다른 성적인 표현은 죄악으로 간주되었다.

초기 기독교에서는 혼전성교와 결혼 이외의 성적인 관계를 금지했었다. 그것은 성교의 목적이 출산이고 남편과 아내의 연결을 공고히 해주는 것이라고 보았기 때문이다. 이는 로마기독교 교회의 공식적 입장이기도 하다.

16세기 시작된 종교개혁은 엄격하고 억압적인 성적 관습을 옹호했다. 그 시기 출현한 신교도 윤리는 근면함과 성실함의 중요성을 강조하였다. 그리고 어떤 종류의 쾌락적인 행동도 도덕적으로 잘못된 것이라고 보았다. 성적 충동을 부정하고, 출산을 제외한 성적 행동을 삼가는 것을 미덕으로 간주하였다. 17세기 아메리카를 식민지화하기 시작한 주요 이주민 집단인 청교도는 완고하게 이러한 금욕적인(쾌락적 행동에 대한 자기 부정) 생활을 고수하였다.

청교도인에 의해 전파된 이러한 관점은 '빅토리아시대 도덕률(Victorian morality)'에 통합되었다. 빅토리아 시대 도덕률이라는 용어는 잉글랜드의 빅토리아 여왕 통치 시기에서 유래한다. 빅토리아시대 도덕률은 19세기와 20세기 초기에 매우 두드러졌다. 이에 대해 John Gagnon과

Bruce Henderson은 다음과 같이 기술하고 있다.

> 청교도에서 지배적인 성 윤리는 인색한 Adam Smith의 성윤리가 되었다. … 신중산층의 도덕 가치는 성실, 지연된 보상, 그리고 성관계를 포함한 쾌락의 회피라는 그들의 믿음과 함께 잉글랜드뿐만 아니라 대부분의 서유럽에서 빅토리아시대의 업적이 되었다.[9]

빅토리아시대 도덕률은(전부는 아니지만) 고상한 논의에서 성생활에 대한 이야기를 제외시켰다. 정숙함은 최고의 숙녀로서 강조되었으며, 예의 바른 대화에서, 단순히 legs 또는 breasts 같은 해부학적인 용어 사용은 금기시되고 limbs와 bosoms로 대체되었다. 심지어 식탁의 다리조차 성적인 느낌이 일어나지 않도록 종종 긴 테이블보로 가려졌다. 또한 여성들은 임신을 'pregnant'라고 하지 않고 좀 더 공손한 표현인 'in a family way'라고 하였다. 그리고 임신 중에는 집에 있도록 요구되었다. 필라델피아 남성과 여성은 그들의 정숙함이 고전 조각상(그 조각상에는 무례함을 최소화하기 위해 무화과 잎으로 생식기 부위가 가려져 있다)에 의해 공격받을 수 있다는 두려움 때문에 미술관에 함께 방문하는 것이 허락되지 않았다.[10]

또한 이 시기 사회는 중상류층 여성들이 결혼 전까지 처녀이길 기대하였다. 여성들은 두 가지 유형으로 구분되었는데, 한 유형은 성경험이 없는 좋은 여성으로 결혼하기에 적합한 여성이고, 다른 유형은 타락한 여성인 나쁜 여성으로 혼전에 성경험이 있는 여성이다. 이 여성들은 불쌍히 여겨졌고 위로도 받지 못했는데, 왜냐하면 그들의 '타락'이 그들 자신의 나약함에서 기인되었다고 보았기 때문이다. 이들은 더 이상 결혼에 적합하지 않다고 여겨졌으나, 결혼을 전제하지 않는 남성들과의 관계는 가능한 것으로 보았다. 이 시기에 만연한 풍조는 남성들은 선천적으로 여성보다 성적이라는 것인데, 이러한 믿음은 오늘날에도 매우 일반적으로 수용되는 남녀 간의 차별적 도덕 기준인 이중 잣대로 이어지고 있다. 따라서 비록 남성이 순결한 상태이길 바라지만, 그들의 '동물적 특성' 때문에 혼전 성교와 혼외정사에서 거의 비난받지 않는다. 매춘이나 낮은 계층의 여성들은 남성이 그들 부인들에게 강요하기에는 너무나 불쾌한 지나친 성적 표현을 표출하는 적절한 배출구가 되었다. 이와 관련하여 J. John Palen은 다음과 같이 기록하고 있다.

> 여성들의 이러한 구분—좋은 그리고 나쁜, 어머니들 그리고 매춘부들—은 이중 잣대를 형성하게 하였으며, 이는 암암리에 남성들에게 성적 행동을 하도록 허락한 반면, '좋은 여자'에게는 그것에 대한 생각조차도 금지되었다. 명시적으로 남성들의 성적 행동은 비난받았으나 은밀한 혼전 성관계나 혼외정사는 남성들에게 더 많은 성적 욕구가 주어졌기 때문에 필요악으로 용인되었다.[11]

연구들은 여성의 성적 욕구가 남성의 그것만큼 강력하다는 것을 발견하였다. 흥미로운 점은 청교도나 빅토리아시대처럼 성적으로 억압받던 시대에도 어떤 영역에서는 좀 더 자유스러운 성적 표현이 지지되었다. 예를 들어 빅토리아시대에 에로틱한 그림과 소설은 수익이 되는 주요 사업이었다.

1900년대 초반 이후 성적 태도와 행동들에 있어 극적인 변화가 이루어졌다. 예를 들어 최근 설문조사에서 미국의 대부분 남성과 여성들은 19세 때 혼전성교를 경험하며, 대부분의 젊은 여성들(18~24세)은 결혼할 때 처녀가 아닌 것으로 나타났다.[12] 또한 지난 수십 년 동안 성 혁명에서 가장 두드러진 특징 중 하나는 입(구강)-생식기 성관계가 증가하였다는 점이다.[13]

1970년대 미국의 많은 사람들은 이전에는 흔하지 않던 성적 행동에 참여하는 등 성에 대해 관대하고 실험적인 시기였다. 그러나 그 이후로 사람들 간에 장기간의 관계가 강조되고, 관계 형성에 있어 성적인 측면이 점진적으로 진행되면서 성에 대한 관대함에 있어 부분적인 반전이 있어왔다. 이러한 반전은 다수의 파트너와 성 접촉을 할 경우 성과 관련하여 전염되는 질병에 대한 민감성이 높아졌다는 현실적인 두려움뿐 아니라 친밀함으로부터 분리된 성적 행동에 대한 불만족에 기인한다.[14]

비판적 사고를 위한 질문 ?

정서적이고 성적인 성숙은 당신에게 편안하면서도 다른 사람에게 상처주지 않는 일련의 성 가치를 갖게 한다. 당신은 이러한 가치 체계를 형성하였는가? 만약 그러지 않다면 이와 같은 가치 체계를 형성하는 데 당신에게 필요한 것은 무엇인가?

1980년대, 1990년대 그리고 2000년대 초기 생식기 포진과 AIDS를 포함하여 성적으로 전염되는 질병 등 새로운 전염병이 언론의 주목을 받기 시작했다. AIDS는 현대적 전염병으로 비유되는데, 생식기 포진과 AIDS 모두 아직까지 치료 방법이 발견되지 않은 상태이다. AIDS에 대한 관심과 금욕 또는 감염되지 않은 파트너와 성적으로 일부일처제를 유지하는 것 이외에 방법이 없다는 예방에 대한 인식은 많은 사람들로 하여금 그들의 성 파트너와 다른 예방대책으로 콘돔 같은 것을 사용하게 하였다.

지금은 애매함과 혼란이 미국인들의 성적 코드와 행동이다. 스펙트럼에 있어 보수의 끝은 가톨릭교회와 종교적으로 조직된 일부 근본주의자들이다. 그들은 섹스는 단지 생산을 위한 것이고, 이성애 기혼자들로 제한되어야 한다고 주장한다. 이런 집단들은 증가된 성의 자유분방함이 가족의 도덕성을 파괴할 것이고, 궁극적으로 우리 사회를 파괴하는 결과를 가져올 것이라고 경고한다.

반면, 스펙트럼에서 진보의 끝은 섹스에 대해, 사람들이 출산뿐 아니라 반응으로써 합법적으로 즐길 수 있는 것으로 간주한다. 그들은 표현되는 성생활 방식에 대해 그것에 동의하고 참여하는 성인들을 제외한 다른 사람들은 신경 쓸 일이 아니라고 주장한다.

이러한 진보적인 태도는 우리 사회를 통해서도 살펴볼 수 있는데, 성과 관련된 내용들이 텔레비전, 잡지 그리고 신문을 포함한 대중매체에 의해 노골적이고 공공연하게 표현되며, 알몸 상태의 누드가 영화, 잡지 그리고 텔레비전에서 표현되는 것을 통해 알 수 있다. 또한 결혼을 하는 데 있어 더 이상 혼전성교 여성들이 부적합하게 고려되지 않는다. 한편, 혼전성교와 혼외정사를 증가시킨 한 가지 요인으로 출산을 통제할 수 있는 장치, 특히 피임약을 지적할 수 있다.[15)]

우리 사회에서 부모, 동료, 그리고 서로 다른 압력 집단에 의해 지지되는 다양한 상충된 성 코드 때문에 많은 사람들은 그들의 삶에서 추구하는 개인적인 성적 코드를 정립하는 데 상당한 혼란을 경험한다.

놀랍게도 전 세계적으로 여러 나라들은 동성애 행동으로 사형에 처할 수 있는 법률을 가지고 있다. 아프가니스탄, 이란, 파키스탄, 사우디아라비아, 수단, 아랍 에미리트 그리고 예멘 등이 이런 나라에 해당한다.[16)] 동성애와 관련된 법과 사회적 태도들에 대한 글로벌한 관점은 나라마다 동성의 성적 행동에 대한 그들의 처벌을 통해—이러한 행동을 수용하고 법적으로 보호하는 수준에서부터 이러한 행동을 받아들일 수 없는 행동으로 간주하고 법률로 금지하는 수준까지—상당히 다양하다는 것을 보여준다. 한편, 법률로써 여성의 동성애 행동을 금지하는 국가들보다 남성의 동성애 행동을 금지하는 국가들이 더 많다.[17)]

2. 성에 대한 공식적 연구

20세기 이전까지 사실상 성생활에 대한 과학적 연구는 없었다. 1900년대 이후 4명의 사회과학자들의 연구는 인간의 성생활에 대한 우리의 이해와 관련하여 엄청난 파장을 일으켰다: 4명의 연구자들은 Sigmund Freud, Alfred Kinsey, 그리고 William Masters와 Virginia Johnson이다.

》 Sigmund Freud

정신분석가인 Sigmund Freud는 그의 저서들(1895년부터 1925년까지)에서 성적 충동이 인간 삶의 근본적인 부분이라는 이론을 제시하였다. Freud는 많은 사람들이 성과 관련된 갈등을 가지고 있다는 것을 알게 되었고, 그의 이론은 성을 중심으로 대부분의 정서와 행동을 설명하였다. 그는 '성(sexuality)'을 폭넓게 규정하였는데, 육체적 사랑, 애착 욕구, 자기애, 부모와 아이들에 대한 사랑, 우정 등을 포함하였다.

Freud는 논쟁적인 이론들을 주장하였는데, 그는 모든 사람은 태어나면서부터 성에 대해 관심을 갖는다고 보았다. 소년들은 초기(약 3세)에 어머니와 성적으로 사랑에 빠지고 아버지가 그것을 알게 되면, 그들을 거세할 것이라는 두려움을 갖는다고 설명한다(이 두려움을 거세공포라고 한다). 반면, 소녀들은 같은 나이(3세)에 아버지와 성적으로 사랑에 빠진다. 또한 그들은 자신들에게 남근이 없다는 사실을 발견하고, 그것을 가지고자 하는 남근 선망을 갖게 된다. 그리고 여자아이들은 그들이 아버지에 대한 성적인 관심을 보인 어렸을 때 어머니에 의해 남근을 잃게 되었다고 결론짓는다. 즉 여자아이들은 어머니가 아버지를 사랑하기 때문에 자신의 남근을 거세했다고 믿게 된다. 한편 여자아이들도 거세불안을 경험하게 되는데, 남근이 거세됨으로써 그들은 남성보다 열등하다는 믿음을 갖게 된다.

인간 발달의 중요한 부분으로 성에 대한 Freud의 생각은 초기에는 충격과 분노를 유발하였다. 그가 살았던 시대 이전까지 성은 인간 발달에 아주 작은 역할을 하는 것으로 생각되었다. 그러나 그의 이론으로 점차 성이 인간 발달에 중요한 역할을 하는 것으로 인식되기 시작하였다. 또한 Freud 이론들은 성에 대한 대화를 증가시켰으며 이러한 주제를 과학적으로 조사하게 하는 계기가 되었다.

아마도 Freud의 가장 큰 기여는 성에 대한 우리의 태도에 영향을 미쳤다는 점일 것이다. 안타까운 점은 그가 세운 많은 가설들이 타당한 검증 없이 '진실'로 정립되었다는 것이다. 결과적으로 성에 대한 Freud의 몇몇 가설들—예를 들어 소년들에게 해당되는 거세불안에 대한 가정과 소녀들이 거세 불안과 남근을 선망한다는 가설—은 맹렬한 비난과 도전을 받게 되었다. 최근, Freud 이론에 대한 빗발치는 비난은 페미니스트들로부터 시작되었다. 페미니스트들은 특히 생물학적으로 여성이 페니스가 없기 때문에 남성보다 열등하다는 가설을 공격하였다. 그들은 무엇이 페니스에 대한 본질적 가치이며, 그것이 음핵(남성의 음경에 해당되는 여성의 신체기관), 질 또는 두 개의 난소보다 어떤 측면에서 우월한지에 대해 공격하였다. 페미니스트들은 정신분석적 이론이 근본적으로 여성들이 생물학적으로 남성들보다 열등하다고 보는 남성 중심의 이론이라고 주장하였다.

⟫ Alfred Kinsey

1948년 미국 동물학자인 Alfred Kinsey는 <*Sexual Behavior in the Human Male*>을 출판하였다. 이것은 5,300명의 미국 백인 남성들을 대상으로 한 인터뷰에 기반을 두고 있다. 이 연구는 성행위, 성적 관행을 조사하였는데 실제 남성의 성행위는 그 당시 공공연한 도덕 가치와 상당히 달랐다. 조사 결과, 응답자의 1/3이 사춘기 이후에 적어도 한 번, 동성애 경험을 가지고 있었고, 83%는 혼전 관계가 있었으며, 결혼한 사람의 절반은 혼외정사 경험이 있었다. 그리고 92%는 오르가즘을 위해 자위행위를 하는 것으로 나타났다.[18]

5년 후인 1953년 Kinsey는 <*Sexual Behavior in the Human Female*>을 출판하였다. 그것은 5,940명의 미국 백인 여성들을 대상으로 한 인터뷰에 기반을 둔다.[19] 이 연구는 어느 정도 이중 잣대가 여전히 작동하고 있음을 보여주지만, 한편으로 일반적으로 생각하는 것만큼 여성들이 성에 관심이 없는 것이 아님을 보여준다. 관련하여 응답자의 절반 이상은 혼전 경험이 있었고, 결혼한 사람들의 1/4은 혼외정사 경험이 있는 것으로 나타났다. (Kinsey 연구는 어떠한 유색인종도 연구에 포함하지 않음으로써 인종적 다양성에 한계가 있다. 따라서 그의 연구결과는 단지 백인 미국인에게만 적용될 수 있다.)

Kinsey의 연구 결과들은 대중매체에 의해 널리 알려졌는데, 미국 사회는 처음으로 성적 관습과 실제 성행위 사이에 존재하는 많은 차이에 직면하게 되었다. 또한 Kinsey 연구들은 사람들로 하여금 그들의 성적 행동을 좀 더 자유롭게 하거나 적어도 전통적인 성적 관습과 일치하지 않는 그들의 성적 행동에 대한 죄책감을 덜 갖게 하였다. 분명하게 이 연구들은 여성들이 성에 있어 기본적으로 무관심하다는 믿음에 대한 도전이었다.

⟫ William Masters와 Virginia Johnson

1957년 William Masters와 Virginia Johnson은 성적 반응에 대한 생리학 연구를 시작하였다. 그것은 그들의 고전 〈*Human Sexual Response*〉의 출판으로 마무리되었다.[20] 인간의 성적 반응의 과학적 이해에 대한 그들의 기여는 막대하며 그들의 연구 결과는 다른 사람들의 연구에 의해 재검증되었다.

Masters와 Johnson은 처음으로 실험실 관찰에 기반을 둔 인간의 성적 행동에 대한 생리학과 관련된 정확한 정보를 제공하였다. 그들의 연구 결과는 많은 근거 없는 믿음을 불식시켰다. 예를 들어 Freud는 여성에게 있어 질의 오르가즘은 음핵의 오르가즘보다 우월하다고 주장하였는데, Masters와 Johnson은 음핵이 여성의 생식기에 있어 가장 예민한 신경 말단(따라서 최고의 즐거움, 쾌락을 주는 곳이다)을 가지고 있는 기관으로 본질적으로 음핵 오르가즘과 질 오르가즘 모두를 자극할 수 있는 주요한 기관임을 발견하였다. 따라서 이러한 오르가즘들 사이에 아무런 생리학적 차이가 없다고 주장하였다. 이러한 결과는 질 오르가즘을 위해 효과 없는 시도를 하는 많은 여성들의 성생활을 향상시켰다. 또한 다른 중요한 결과들로 남성과 여성이 고령에도 성생활을 즐길 수 있다는 것과 일부

여성들은 계속해서 여러 번의 오르가즘을 느낄 수 있다는 것을 밝혀냈다.

이 연구가 완성되었을 때, Masters와 Johnson은 남성의 경우 조루(premature ejaculation), 여성의 경우는 오르가즘에 실패하는 것과 같이 성적으로 기능적이지 못한 사람들을 치료하기 시작하였다. 그들은 근본적으로 성적인 역기능을 다른 개인적 혹은 관계적 문제들과 구분하였으며, 클라이언트로서 한 사람을 고려하기보다는 두 사람 모두를 치료과정에 참여하도록 하였다. 그들은 다른 치료자들과 달리 주로 성적인 문제를 다루었으며, 단기간(2주)에 걸쳐 사람들을 치료하였다. 결과는 매우 성공적이었으며, 이후 그들의 치료 방법과 결과들은 <*Human Sexual Inadequacy*>로 출판되었다.[21] 또한 그들은 성적인 문제들이 해결되면 다른 문제들이 나타난다는 Freud의 주장이 사실이 아님을 증명하였다. 오늘날 대부분의 성치료 형태는 Masters와 Johnson의 치료방법에 기반을 두고 있다.

3. 성적 문제이기보다는 다양성

인간은 생물학적 결정과 학습에 의해 매우 다양한 방법들로 그들의 성을 표현할 수 있다. 모든 사람은 어떤 형태이든 성 욕구를 가지고 있지만 그것을 어떻게 표현하는가 하는 것은 생물학적 성향, 의식, 수용되는 역할 모델, 무엇이 유쾌한 것이고 아닌지에 대한 시행착오, 그리고 다른 사람들(부모, 동료, 선생님, 기타 등등)의 태도 등에 의해 구체화된다. Gagnon과 Henderson은 성을 표현하는 방법을 배우는 것은 우리의 성 정체성(남성 혹은 여성으로서 우리의 자아개념)을 형성하는 과정과 밀접한 관련이 있다고 설명한다.

> 우리는 성 정체성을 통해 우리의 성을 형성하고, 우리 자신에게 적합하다고 생각하는 행동들을 하게 된다. 무엇이 옳고 적절한지에 대한 우리의 믿음은 우리가 배운 성과 관련된 어떤 것보다 사회계급, 종교, 가족 생활양식, 그리고 남성성과 여성성으로부터 더 많이 형성된다.[22]

다양한 성행동 연구들 중 하나로 사회문제적 접근(social problems approach)이 있다. 이 접근은 어떤 성행동은 일반적으로 많은 사람들이 생각하는 것과 상당히 다르기 때문에 사회문제로 접근해야 한다고 본다. 그러나 이 접근은 수용할 만한 규범을 요구하지만 어떤 성적 표현이 수용할 만하고 그렇지 않은가에 대한 합의된 의견이 없으며, 추가적으로 Kinsey 연구에서 보여준 것처럼, 알려진 사회의 성규범과 사람들의 실제 성행동 사이에 큰 차이가 있다는 점에서 제한적이다.

사회문제적 접근을 사용하는 데 있어 또 다른 한계는 사회문제로서 규정되는 이러한 행동들이 사회문제로 규정되기 때문에 '병적', '퇴보한' 또는 '비정상적인' 것으로 낙인찍히게 된다는 점이다. 빅토리아시대의 우리 사회는 무엇이 부적절한 성적 행동인지에 대한 가지 판단들을 만드는 데 너무 많은 노력을 해왔다. 이 교재는 독자에게 어느 특정 성적 코드를 강요하지 않을 것이다—그러나 많은 집단들이 특정 성적 코드를 강요하려고 한다. 따라서 우리 사회에 존재하는 다양한 성적 표현을 언급하는데 사회문제라는 용어 대신에 **성 다양성**(*sexual variances*)이라는 용어를 사용하고자 한다.

허용되거나 허용될 수 없는 성적 행동에 대한 정의들은 시간의 흐름에 따라 변화하는 경향이 있어 한때 비난받았던 행동들이 지금은 일반적인 것으로 받아들여지곤 한다. 예를 들어 자위행위는 이전에는 죄가 되는, 부도덕한, 그리고 건강하지 못한 것으로 생각되었으나 지금은 일반적인 행동이고 자신의 성행위를 배우는 방법으로 성 치료사들에 의해 권장된다. 또한 얼마 전까지 구강성교는 부도덕하고 잘못된 것으로 생각되었으나 오늘날 많은 사람들은 구강성교를 한다.[23]

우리 사회에서 허용되는 성적 행동인가 허용되지 않은 성적 행동인가를 결정하는 데 사용되는 법률은 논쟁의 여지가 있다. 법적으로 금기시되는 어떤 성적 행동들은 허용되지 않는 성적 행동으로 규정되지만 성적 행동과 관련된 지금의 많은 법률들은 빅토리아시대에 제정된 것들이고 여전히 매우 보수적이다. 또한 그것은 성행위와 관련된 법률 변화와 성행위에 대한 태도 및 규범의 변화와 관련하여 상당한 시간차가 존재한다. 지금도 여전히 어떤 주(states)들은 불법적인 행동으로 혼전성교, 구강성교, 자위행위, 혼전성교, 동거, 그리고 정상체위가 아닌 다른 자세에서의 성교 등을 지적하고 있다. 역사적으로 엄한 처벌들은 '성범죄'에 대한 처벌에 적용되었다. 예를 들어 17세기 청교도는 혼외정사를 범죄로 만들어 죽음으로써 처벌하였고,

Georgia(아시아 흑해 연안에 있는 공화국)는 2003년까지 법적으로 성관계를 동의할 수 있는 나이가 된 성인들 사이에서 구강성교를 할 경우 중죄로 처벌되는 법령을 가지고 있었다.[24]

법은 어느 정도 우리 사회가 어떠한 성적 행동에 대해 어떻게 느끼는지 알 수 있는 지표가 된다. 예를 들어 강간과 아동 성희롱에 대한 엄한 처벌들은 우리 사회가 그러한 행동들을 강력하게 반대한다는 것을 보여주는 것이다. 그러나 앞에서 설명한 이유들 때문에 법만으로 사회에서 허용하는 성행동에 대한 지배적인 관점을 판단할 수는 없다.

4. 성적 지향

이 절의 목적은 이성애, 동성애, 트랜스젠더 또는 양성애자 등 사람들의 성적 지향에 대한 보다 나은 이해와 동성애 혐오(동성애에 대한 공포와 증오)에 대한 이해를 제공하기 위함이다.

》 정의

성적 지향(sexual orientation)을 살펴 볼 때, 이해해야 할 개념들이 있으며 여기에서는 이러한 개념들에 대한 정의를 간략하게 살펴보고자 한다.

성적 지향 Barker는 이 용어를 다음과 같이 정의하였다.

> 자신과 같은 성(homosexual orientation), 반대 성(heterosexual orientation) 또는 양성(bisexual orientation)과의 성행동 지향 또는 그것을 선호하는 것. 성적 지향의 세 가지 요소로 끌림(attraction), 행동(behavior) 그리고 정체성(identity)이 있다. 끌림은 같은 또는 반대 성의 상대에게 나타나거나, 또는 드물게 두 성 모두의 상대에게 나타난다. 행동은 같은 혹은 다른 성의 상대와의 성적 행동들을 의미한다. 정체성은 이성애자(주로 반대 성의 상대에게 끌리는 것), 동성애자(주로 같은 성의 상대에게 끌리는 것), 또는 양성애자(두 가지 성의 상대에게 동일하게 끌리는 것)로서 자신을 바라보는 자신의 관점을 의미한다.[25]

동성애(homosexual) 동성인 사람에 대한 성적 또는 성애 지향

게이(gay) 주로 남성 간 동성애를 지향하는 사람들에 의해 선호되는 용어. 게이 남자들은 *homosexual* 대신 gay라는 용어를 더 선호한다. 왜냐하면, *gay*는 *homosexual*이라는 단어에서 연상되는 부정적 의미를 함축하고 있지 않기 때문이다.

레즈비언(lesbian) 다른 여성에게 성적 또는 성애 지향을 가지는 여성. 대부분의 이성애자들은 레즈비언과 게이 남자 모두를 표현하는 데 *gay*라는 용어를 사용한다. 그러나 많은 레즈비언들은 레즈비언에 대해 남성 동성애를 의미하는 *gay*라는 용어를 사용함으로써, 남성이 여성보다 우위라고 여겨질 수 있음을 우려한다.

이성애(heterosexual) 반대 성을 가진 사람에 대한 성적 또는 성애 지향

양성애(bisexual) 성적으로 남성과 여성 모두에게 끌리는 사람. 많은 사람들은 동성애 경험을 가진 이성애자를 양성애자로 생각한다.[26]

게이, 레즈비언 그리고 양성애자에 대한 미국사회복지사협회(NASW)의 정책 강령은 다음과 같다.

> 동성(same-gender)의 성적 지향에 대한 NASW의 입장은 이성(other-gender)에 대한 성적 지향과 마찬가지로 존중되고 권리가 보장되어야 한다고 본다. 어떤 집단을 향한 차별과 편견은 전체 사회의 영향을 받는 집단의 사회적, 정서적 그리고 경제적 안녕에 해를 준다. NASW는 모든 레즈비언, 게이 그리고 양성애자의 지위와 안녕을 향상시키는 발전적인 정책과 실천에 헌신할 것이다.[27]

트랜스젠더(transgender person) 성정체성이 그 또는 그녀의 생물학적 성과 반대되는 사람. 동일한 맥락에서 그러한 사람들은 반대 성의 몸에 매몰되는 느낌을 갖는 경향이 있다. 때때로 트랜스젠더는 transsexual이라는 용어로 사용되는데, transsexual이 '성(sex)'을 강조하기 때문이다. 그리고 성정체성은 개인의 인격과 생활환경적 측면 등 더 많은 부분을 포함한다.

트랜스젠더라는 용어는 또한 때때로 사람들의 광범위한 스펙트럼을 언급하는 데 사용된다. 다시 말해, 사회가 생각하는 특정 성의 성역할을 따르지 않는 사람들의 외모

와 행동을 의미한다.[28] 여기에는 일반적으로 반대 성이 입는 옷을 더 선호하는 사람들과 반대 성에 의해 보이는 행동을 취하는 사람들이 해당된다. 트랜스젠더는 성전환 사람들, 복장도착자(transvestites), 그리고 이성의 옷을 즐겨 입는 사람(cross-dresser)* 등을 포함한다.

많은 트랜스젠더들은 반대 성과 보다 일치하도록 그들의 신체적 외모를 만들기 위해 수술을 한다. Karen Kirst-Ashman은 그러한 성전환수술을 4단계로 설명하고 있다.

> 첫째, 그들은 그들의 진실된 감정을 인식하고, 성이 변화될 때 발생할 수 있는 잠재적인 영향을 확인하기 위해 상담을 한다. 두 번째, 그들은 그들의 실제 생활 현장에서 반대 성의 사람들처럼 생활을 한다. 셋째, 그들은 그들의 몸이 가능한 한 반대 성의 몸과 같아지도록 광범위한 호르몬 치료를 받는다—이 과정은 그들의 남은 생애 동안 지속되어야 한다. 예를 들어 여성이 남성으로 성전환을 하는 사람들은 얼굴과 몸에 수염이 자라도록 남성 호르몬을 주입한다. 반면, 남성이 여성으로 성전환을 하는 사람들은 신체 조직이 부드럽게 되고, 체지방이 재분포하도록 여성호르몬을 주입하게 된다. 네 번째 단계는 성기와 신체의 다른 부분들이 외과적으로 반대 성과 더욱더 비슷하도록 수술을 받는다. 물론, 내부 장기의 구조변화는 불가능하기 때문에 변화는 주로 겉모습에 해당된다. 여성이 남성으로 전환하는 사람들을 위해 생식기 조직이 페니스를 닮은 기관(organ)과 음낭으로 만들어진다. 그리고 남성이 여성으로 성전환하는 사람들에게는 질관과 음순을 만들어준다. 다른 신체적 변화는 가슴을 확대하거나 제거하는 것 또는 생물학적인 남성의 결후(목젖, Adam's apple) 크기를 줄이는 것이다.
>
> 과거에는 남성이 여성이 되는 수술이 좀 더 일반적이었으나 오늘날은 여성이 남성이 되는 수술이 앞서가고 있다. 여성이 남성이 되는 수술은 일반적으로 더 복잡하다. 신체적 고통과 불편함의 관점에서 그리고 높은 비용 측면에서 많은 트랜스젠더들은 수술하는 것을 선택하지 않는다.[29]

트랜스젠더들의 성적 지향은 이성애에서부터 양성애, 동성애까지 폭넓게 설명된다. 과거에 사람의 성역할은 여성 또는 남성으로만 생각되었으나 좀 더 정확히 말하면 한 사람의 성 정체성은 연속적이라고 할 수 있다. 대부분의 사람들은 남성과 여성의 어느 끝이지만 특정 소수집단은 그들 사이 어디든 존재한다.

이와 관련하여 North Alabama Gender Center에서는 다음과 같이 설명한다.

> 트랜스젠더 행동은 문명의 기원 이래로 있어 왔다. 역사적으로 사실상 모든 문화에 남성과 여성의 교차에 대한 기록이 있다. 그것은 모든 사회에서 자연스럽게 발생하는 부분이다. 북미 원주민과 동부 국가 같은 많은 문화들에서 성전환한 사람은 보다 고결한 특성을 가진 사람들로 여겨졌기 때문에 가족, 부족 또는 사회에서 축복으로 받아들여졌다.[30]

GLBT 게이, 레즈비언, 양성애자 그리고 트랜스젠더 집단을 가리킬 때 사용되는 용어

동성애 혐오(homophobia) Barker는 이 용어를 다음과 같이 정의하였다.

> 비이성적인 공포 또는 동성애 지향이 있는 사람들에 대한 증오. 이 용어는 게이나 레즈비언에 대한 강한 부정적 감정을 가지고 있는 사람들과 반동성애자 활동을 지지하는 사람들을 의미한다. 동성애 혐오에는 세 가지 유형이 있는데, 먼저 은밀하게 그리고 공공연하게 편견을 가지고 있는 제도적 동성애 혐오가 있다. 이는 경제적, 정치적, 교육적, 종교적, 사회사업적 그리고 가족구조 속에서 발생하는 동성애 혐오이다. 두 번째 개인적 동성애 혐오는 사람들이 공개적으로 적대적 행위와 폭력을 보이는 것이다. 마지막으로 내면화된 동성애 혐오는 자신의 실제적 혹은 상상된 동성애 지향에 대한 경멸로서 갖게 되는 동성애 혐오이다.[31]

비판적 사고를 위한 질문

당신은 게이나 레즈비언에게 경멸적으로 말했던 적이 있는가? 또는 게이와 레즈비언에 대해 농담하는 걸 듣거나 말하는 데 참여한 적이 있는가? 만약 그렇다면, 당신은 앞으로 그런 행동을 변화시킬 것인가? (그런 농담은 부정적인 고정관념을 지속시키는 요인이 될 것이다.)

연구조사를 통해 다수의 미국인들은 동성애를 '매우 음란하고 저속한' 것으로 그리고 '치료할 수 있는 질병'으로 생각한다는 것을 발견하였다.[32] 또한 게이와 레즈비언이 미국인들의 생활에 해가 된다고 보았다. 미국에서 동성애에 대한 부정적인 관점은 게이와 레즈비언에 대한 일련의

* 역주: 두 용어가 유사하게 사용되지만 transvestites와 cross-dresser의 차이는 transvestites는 이성복장을 통해 성적 흥분을 얻고 이를 통해서 만족감을 느끼는 것이고, cross-dresser는 이성복장을 하는 것 자체만으로 만족감을 얻는다는 것이다.

경멸적인 은어에서 알 수 있으며(과거에 비슷한 태도와 다른 경멸적 용어들이 아일랜드인, 이탈리아인, 아프리카계 미국인, 그리고 라틴계 사람들을 포함한 다양한 소수인종들에게 사용되었다), 동성애자들은 종종 반동성애자에 의한 증오범죄의 희생자가 되었다.[33)]

이러한 부정적 태도들은 게이와 레즈비언들에게 상당한 정신적 충격을 준다. 따라서 일부 게이와 레즈비언은 그들의 성적 지향을 숨기려 하고, 그들이 '아웃팅(outing; 본인의 동의 없이 성적 지향이나 성 정체성이 타인에 의해 밝혀지는 것)'될 수도 있다는 끊임없는 공포 속에서 살아간다. 또한 일부는 게이와 레즈비언으로 밝혀질 경우 직장을 잃거나 친구들과 친척들로부터 외면당할 거라고 생각한다. 비극적이게도 일부 게이와 레즈비언 청소년들은 현실에 대한 깊은 실망으로 자살을 시도하기도 한다. 실제로 동성애 청소년의 자살 비율은 이성애 십대들보다 유의미하게 높게 나타나고 있다. 이는 심각한 편견에 대한 값비싼 대가이고, 슬프고, 극단적인 예라고 할 수 있다.

》 게이와 레즈비언에 대한 잘못된 사회통념과 사실들

여기에서는 게이와 레즈비언에 대한 몇 가지 잘못된 사회통념을 제시하고자 한다.

Myth 1: 사람들은 동성애자이거나 이성애자이다.

Fact: Alfred Kinsey는 동성애와 이성애는 상호 간에 배타적인 범주가 아니라는 것을 발견하였다. 대부분의 사람들은 반대 성에 대해서뿐만 아니라 동성에 대해서도 성적인 생각, 느낌 그리고 환상을 가지고 있다. Kinsey는 성에 대해 한쪽 끝은 전적으로 이성애이고 다른 한쪽 끝은 전적으로 동성애인 7점 평가 척도를 제안하였다(보기 7.3).

이에 대해 Kinsey는 다음과 같이 설명한다.

> 세상은 양과 염소로 구분되지 않는다. … 단지 인간의 마음을 여러 칸으로 범주화하고 이를 사실화하려고 하는 시도를 만들어낼 뿐이다. 우리가 살고 있는 세상은 연속적이며, 그것의 모든 측면은 연속적이다. 우리가 인간의 성적 행동에 대해 빨리 배울수록, 성에 대한 온전한 이해에 더 빨리 도달할 수 있을 것이다.[34)]

Myth 2: 동성애는 일반적으로 모든 문화들에서 비난받는다.

Fact: 어떤 문화에서는 동성애를 허용하며, 심지어 장려하기도 한다. 고대 그리스의 젊은 남성들은 종종 여성과 결혼할 나이가 될 때가지 성 파트너로 소년 노예를 제공받았다. 나이 많은 결혼한 남자들과 어린 소년들과의 동성애 또한 일반적인 형태로 받아들여졌다. 오늘날에도 북아프리카의 시완족(Siwans)은 여성들의 동성애 참여를 권장하며,[35)] 오스트레일리아의 원주민(Aranda)들은 결혼하기 전까지 어린 소년들과 결혼하지 않은 남자들이 성 관계를 갖는다.[36)]

Myth 3: 게이 남자들은 일반적으로 '여자 같고', 레즈비언은 일반적으로 '남자 같다'. 일반적인 고정관념은 게이 남자들은 연약하고, 혀 짧은 소리로 말하며 '여자같이' 걷는다고 생각하며, 레즈비언은 짧은 머리를 하고, 남자 옷을 입는다고 생각하는 것이다.

> **비판적 사고를 위한 질문** ?
>
> 당신은 동성에 대해 환상을 가진 적이 있는가? 또는 동성의 어떤 사람과 성적 접촉을 한 적이 있는가?

Fact: 대부분의 게이와 레즈비언은 이성애자들의 외모, 행동과 구분되지 않는다.[37)] 이러한 믿음은 아마도 복장도착증(transvestism)—성적 흥분을 위해 반대 성의 옷을 입는—을 가진 동성애자와의 혼란스러움에서 파생되었을 것이다. 그러나 복장도착증과 동성애자는 다르다: 대부분의 복장도착증자들은 이성애자들이다.[38)] 흥미롭게 우리 문화는 게이 남성을 '여자 같음'과 조합하는 그릇된 경향이 있다. 그러나 과거 그리스와 로마에서는 동성애와 공격적인 남성성(스파르타 전사들처럼)을 관련지었다.

Hyde는 다음과 같이 설명한다.

> 게이 남성들이 여성스럽고 레즈비언이 남성스럽다는 믿음은 두 가지 중요한 개념, 즉 성 정체성(남성이라는 느낌 또는 여성이라는 느낌)과 성적 지향(이성애자 또는 동성애자)이라는 개념의 혼란을 내포한다. 게이의 성적, 정서적 파트너가 대부분의 사람들과 다르지만 게이는 일반적으로 성 정체성에 있어서는 대부분의 사람들과 다르지 않다. 즉 게이 남자들은 같은 성의 파트너를 선택하지만 그의 정체성은 분명하게 남성이다. 그는 남성으로서 자신을 생각하고, 여성이 되기를 희망하지 않는다. 마찬가지로 이 사실은 레즈비언에게도 적용된다. 그녀의 성적이고 정서적인 지향이 다른 여성으로 향하더라도, 그녀는 매우 분명하게 여성이며 일반적으로 남성이 되기를 바라지 않는다.[39)]

보기 7.2 동성애 혐오의 원인들

1492년 Christopher Columbus가 미국에 처음 도착한 이래로 심한 편견들이 존재해왔는데, 북미 원주민들, 여성들, 일부 종교집단의 구성원들, 아프리카계 미국인, 라틴계, 그리고 많은 다른 사람들이 이런 편견의 희생자들이었다. 그러나 이제는 더 이상 반유대주의, 인종차별주의, 성차별주의 또는 장애를 가진 사람에 대한 부정적 감정 표현 등은 받아들여지지 않는다. 그러나 아직까지 미국 사회에 계속적으로 남아있는 심각한 편견 중 하나는 게이와 레즈비언에 대한 것이다.

동성애 혐오는 게이와 레즈비언에 대한 비이성적인 두려움이다. 대부분 동성애를 혐오하는 사람들은 게이와 레즈비언에 대한 고정된 부정적 태도와 편향된 행동들로 인해 '동성애 혐오증'을 갖게 된다. 흥미롭게도, 동성애 행동은 일부 과거 문화에서 지지되었으며, 오늘날에도 일부 문화에서 전적으로 허용된다. 동성애를 혐오하는 사람이 많은 이유는 무엇일까? 동성애 혐오증은 학습되는 것이고, 유전은 아니다. 그렇다면 어떻게 학습되었을까?

우리 사회에는 동성애 혐오에 대한 여러 원인이 있다. 일부 종교들은 근본적으로 동성애를 문제적 요소로 바라본다. 동성애 혐오 태도를 서서히 주입시키는 종교들은 동성애 행동들을 '악마' 또는 '죄악'으로 본다. 그리고 동성애 행동에 참여하는 사람들은 그들이 회개하지 않는 한 신에 의해 영원히 지옥살이를 하게 될 것이라고 주장한다. 일부 동성애를 혐오하는 사람들은 게이 남자들 사이에서 AIDS/HIV 감염이 높은 것은 동성애 행동이 신의 뜻에 반하는 것이고 신이 게이에게 벌을 주는 '증거'라고 잘못 이해한다.

어떤 연구들은 일부 동성애를 혐오하는 사람들이 자신의 섹슈얼리티를 스스로 재확인하기 위해 게이와 레즈비언에게 적개심과 폭력을 사용한다고 설명한다.[a] 만약 어떤 사람이 자기 자신의 성에 대해 불안정함을 느낀다면(많은 청소년들이 그러는 것처럼), 자신을 안심시키는 한 가지 방법은 게이나 레즈비언을 말이나 신체적으로 공격한다는 것이다.

심리학자들은 반동성애적 편견의 대부분이 두려움과 독선의 조합에서 발생한다고 말한다.[b] 동성애 혐오를 연구했던 심리학자인 Gregory Herek에 따르면 동성애를 혐오하는 사람들은 종종 게이와 레즈비언을 '전형적인 악마의 대리인'으로 인식한다는 것이다. 또한 이들은 게이 남자나 레즈비언을 싫어하는 것이 도덕적 사람인지를 결정하는 리트머스 테스트라고 생각한다.[c] 또 다른 연구자인 Bob Altemeyer는 게이와 레즈비언에 대한 강력한 적개심은 종종 세계와 사회를 위험에 빠뜨릴 만큼 우려되는 일이라고 지적한다. Altemeyer는 <*New York Times*>에서 '그들은 사회가 해체되는 징후로 그리고 그들의 도덕률에 위협이 되는 증후로 동성애를 바라본다', 또한 '그들의 독선은 그들이 동성애자들을 공격할 때 그들이 도덕적으로 행동한다고 느끼도록 한다'고 기술하고 있다.[d]

어떤 사람이 한번 반동성애 편견을 가지게 되면, 그 편견은 쉽게 변화되지 않는다. 게이와 레즈비언이 아동들에게 치근덕거리지 않는다는 것이 사실임에도 불구하고, 동성애를 혐오하는 많은 사람들은 게이 남자를 아동을 괴롭히는 치한으로 생각한다. 뿐만 아니라 Herek에 따르면, 어떤 부모들은 동성애자들이 그들의 아이들을 위협한다고 인식하는데, 이러한 정서가 반동성애 고정관념을 형성하게 하고 이것이 변화를 어렵게 한다는 것이다.[e]

추가적으로 고정관념 형성에 대한 한 연구를 살펴보면, 동성애를 혐오하는 사람들은 게이, 레즈비언과 마주쳤을 때 주로 그들의 편견을 지지할 만한 부정적인 정보만을 기억하는 경향이 있다고 지적한다.[f] 또한 어떤 사람이 게이와 레즈비언을 '악마'와 '위험'이라고 확신하게 되면, 그 사람은 다음 단계로 게이와 레즈비언을 차별 혹은 폭행하는 데 참여하게 된다고 설명한다.[g]

[a]Daniel Goleman, "Studies Discover Clues to the Roots of Homophobia." *New York Times*, July 10, 1990.
[b]Ibid.
[c]Quoted in Goleman, "Studies Discover Clues to the Roots of Homophobia." p. C11.
[d]Ibid.
[e]Ibid.
[f]Daniel Goleman, "Studies Discover Clues to the Roots of Homophobia."
[g]Ibid.

Myth 4: 게이와 레즈비언은 '병'이고 이성애자의 성격적 특성과 다르다.

Fact: 임상적 투사 검사들에서 게이 혹은 레즈비언과 이성애자들 사이에 명확한 차이가 없는 것으로 나타났다. 게이 혹은 레즈비언과 이성애자에 대한 연구들에서도 성격적 특성 또는 일반적인 적응에 있어 두 집단 간에 차이는 없었다.[40)] 차이라고 하면 단지 그들의 성적 지향이 다르다는 점이다.

동성애는 1973년까지 미국정신의학협회(American Psychiatric Association)에 의해 정신장애로 등록되었다. 1973년 이전, 수년 동안 게이와 레즈비언은 정신질환으로 간주되었고, 게이와 레즈비언은 동성애를 정신장애로 포함하지 말도록 요구하였다. 1973년 수년간의 열띤 논쟁 끝

보기 7.3 Kinsey의 성 연속성

1	2	3	4	5	6	7
전적으로 이성애자	동성애 경험이 약간 있는 이성애자	동성애 경험이 상당히 있는 이성애자	이성애와 동성애 경험이 동일하게 있는 자	이성애 경험이 상당히 있는 동성애자	이성애 경험이 약간 있는 동성애자	전적으로 동성애자

출처: Adapted form Alfred C. Kinsey et al. *Sexual Behavior in the Human Male* (Philadelphia: Saunders, 1948), p.638.

에 미국정신의학협회 이사회는 동성애를 공식적인 정신 질병 목록에서 삭제하도록 결정하였다.[41)]

Myth 5: 동성애자들의 성적 관계에서 일반적으로 한 사람은 '적극적'이거나 남자 역할을 한다. 그리고 다른 한 사람은 '수동적'이거나 여자 역할을 한다.
Fact: 대부분의 게이와 레즈비언은 두 가지 역할을 한다. 그리고 이성애자와 비슷하게 다양한 흥분 기술을 시도한다. 동성애 표현이 한 가지 형태만 있는 것이 아니라 이성애자들과 마찬가지로 게이와 레즈비언도 흥분을 위해 다양한 시도를 한다. 일부 게이와 레즈비언은 반대 성의 사람과 결혼하고 진정한 양성애자로서 남성 혹은 여성과 성적인 행동을 즐긴다. 반대 성과 결혼하는 대부분의 게이와 레즈비언은 동성과의 관계가 좀 더 편안하지만, 가정의 안정, 우정 그리고 체면을 위해 결혼을 한다. 일부 게이와 레즈비언은 그들의 성적 지향을 솔직하게 알리고 공개적인 동성애자로 살아간다. 다른 게이와 레즈비언들은 차별을 받을지 모른다는 두려움 때문에 공식적으로 그들의 성적 성향을 알리려고 하지 않는다.

종종 '게이와 레즈비언은 침대에서 무엇을 하는가?'라는 질문을 받는다. 그들이 하는 일은 대부분의 이성애자들이 하는 것과 유사하다. 일반적으로 전희 단계에서 키스, 포옹, 애무를 한다. 남자 동성애자들은 서로 간에 자위행위, 구강성교, 대퇴부 성교, 그리고 항문성교를 한다. 레즈비언들은 서로 간에 자위행위, 구강성교, 그리고 아주 드물게 다른 상대를 자극하기 위해 남근 대용품을 사용하기도 한다.

Myth 6: 게이 남자들은 주로 젊은 소년들에게 끌린다.
Fact: 게이 남자들이 아동에게 끌리지 않는 것은 이성애자가 아동에게 끌리지 않는 것과 같다. 그리고 동성애자가 아동을 추행하는 것은 이성애자가 아동을 추행하는 것과 비교할 때 덜 일반적이다. 어린 소녀들을 포함하여 아동 성추행의 대부분은 이성애자 남자들에 의해 이루어진다. 이상하게 남자 게이 선생님들이 학교에서 어린 소년들을 유혹할 거라고 걱정하는 사람들은 남자 이성애자 선생님들이 어린 소녀들을 유혹할 수 있다는 것은 걱정하지 않는다—사실 후자가 더 자주 발생한다.[42)]

Myth 7: 게이와 레즈비언은 AIDS 발생에 책임이 있으며, AIDS는 그들 행동에 대한 신의 처벌이다.
Fact: 비록 게이 남자들이 우리 사회에서 AIDS 바이러스에 감염될 위험이 높은 집단이지만, 매우 드물게 레즈비언들 사이에서도 보고되고 있다.[43)] (항문성교로 신체 분비물이 이동하기 때문에 게이 남자들은 AIDS에 걸릴 위험이 높다.) AIDS는 게이 남자들뿐 아니라 이성애자들에게도 생명을 위협하는 질병이다. AIDS의 확산은 현재 이성애자들 사이에서 가장 빠르게 나타나고 있다.[44)] 게이와 레즈비언들이 AIDS의 원인이 아님에도 불구하고 이러한 치명적인 질병과 관련하여 미국 사회에서 이루어지고 있는 이 집단에 대한 비난은 희생자를 비난하는 최고의 수준이며, 유감스러운 사례로 가장 불공평하게 고통을 주는 일이다. 비록 미국에서 AIDS가 가장 많은 단일 집단이 게이 남자들이라 하더라도, 그들이 질병의 원인이라는 주장은 사실과 다르며, 심지어 게이 남자들이 자신이 AIDS에 먼저 감염된 후 이 질병을 세상에 퍼트리려고 한다는 주장은 더 더욱 터무니없는 이야기다. 사실은 이와 반대로 게이 남성 공동체는 사람들을 교육하고 게이 남자들의 성 행동 방식을 바꾸는 등 AIDS 전파를 최소화하기 위해 앞장서는 사람들이다. 실제로 지난 10여 년 동안 이 집단에서 AIDS의 전파 비율이 상당히 감소한 것을 알 수 있다. (좀 더 자세한 내용은 15장에 소개되어 있다.)

비판적 사고를 위한 질문 ?

당신은 GLBT에 대해 어떤 견해를 가지고 있는가?

사례 7.1 증오범죄: Matthew Shepard의 죽음

Matthew Shepard는 와이오밍(Wyoming)대학교의 신입생이며 게이이다. 그는 와이오밍 주 래러미(Lalamie)에서 잔인한 구타와 고문에 의한 심각한 부상으로 1998년 10월 12일 이른 아침에 사망하였다. 6일 전인 10월 6일 Matthew는 잔인하게 구타당한 후 담장에 묶인 채 혼수상태로 발견되었다. 고등학교를 중퇴한 21살의 두 남자 Aaron McKinney와 Russell Henderson은 Matthew에 대한 살인죄로 유죄를 선고받았다. 그들은 술집에서 Matthew를 만났고, Matthew가 그들도 게이라고 생각하게끔 했다. 그들은 술집에서 Matthew를 유혹하여 그들의 트럭에 태우고 리볼버(회전식 연발 권총)로 Matthew를 때리기 시작했다. 그다음 차에서 내려 Matthew를 담장에 묶고 더 때린 후 그가 죽도록 내버려 두고 떠났다. 이런 행동의 동기는 게이는 고문하고 강탈해도 된다는 믿음이었다.

여러 연구들은 게이, 레즈비언, 그리고 양성애자들이 무기나 신체적 공격, 기물 파손 또는 재산 범죄, 폭력에 대한 위협, 성적 지향에 대한 괴롭힘 등을 이성애자들보다 훨씬 많이 경험한다고 보고한다.

출처: Janet S. Hyde and John D. DeLamater, *Understanding Human Sexuality*, 7th ed. (Boston: McGraw-Hill, 2000), pp. 386-387.

동성애 발생 비율

동성애 범위를 규정하는 데는 몇 가지 어려움이 있다. 첫 번째는 대부분의 사람들이 전적으로 이성애자 또는 동성애자가 아니기 때문에 명확하게 정의 내리는 데 문제가 있다는 점이고, 두 번째는 동성애에 대한 낙인 때문에 일부 사람들이 동성애적 생각, 감정 또는 행동을 인정하길 꺼린다는 점이다.

Kinsey는 백인 남성의 4%, 백인 여성의 2%가 전적으로 동성애자라고 본다(이들은 한 번도 반대 성과 성관계를 하지 않았다). 또한 미국 남성의 37%는 한 번 또는 그 이상 오르가즘을 위해 동성과 성관계 경험이 있었고, 미국 남성의 10%는 장기간 동안 동성애였던 것으로 나타나 다소 높게 측정되었다.[45] 그러나 다른 연구에서는 조금 낮게 추정된다.[46] 몇몇 연구들을 검토한 후, Janet S. Hyde와 John D. DeLamater는 다음과 같은 결론을 내렸다.

> 얼마나 많은 사람들이 동성애자이고 얼마나 많은 사람들이 이성애자인가? 이것은 난해하다. 아마도 남성의 92%, 여성의 95%는 전적으로 이성애자일 것이다. 남성의 7~8%, 여성의 4~5%는 성인기에 적어도 한 번은 동성과의 성경험이 있었고, 남성의 2%, 여성의 1%는 전적으로 동성애자이다.[47]

게이와 레즈비언 조직인 The Ten Percent Society는 동성애 발생이 10%라고 말한다. Hyde와 DeLamater는 다음과 같이 지적하고 있다:

> 이러한 통계는 하나의 연구에서 나온 것이 아니라 많은 연구들을 검토함으로써 도출된 것이다. 비록 동성애자들이 어느 정도 이성애자와 경험이 있다 하더라도 이들의 성적 지향은 동성애자라고 할 수 있다. 가장 최근 조사에서, 10%라는 조금 높은 수치를 보였다.[48]

성적 지향의 원인

사람들은 종종 동성애의 원인을 궁금해 한다. 어떤 사람들이 성적으로 동성에게 끌리는 이유는 무엇인가? 또한 다른 사람들이 성적으로 이성에게 끌리는 이유는 무엇인가? 사회과학자, 행동과학자, 생물학자들은 수년간 이 질문에 대답하기 위해 연구를 수행해 왔다. 다음은 그들이 정리한 것들이다.

첫째, 당신은 무엇이 이성애자 또는 게이/레즈비언으로 하여금 성적 대상을 선택하도록 하는지에 대한 폭넓은 검토 없이 왜 어떤 사람이 게이 또는 레즈비언이 되는지를 연구할 수 없다. 우리는 왜 여성을 보면 흥분되는가? 어떤 특성을 가진 여성에게 흥분을 느끼는가? 어떤 신체 유형의 남성을 보면 흥분되는가? 그것은 우리가 배운 것인가? 우리는 우리의 성적 대상을 선택하는 '대본'을 가지고 태어났는가?

많은 연구자와 이론가들은 이 난해하고 중요한 질문을 설명하기 위해 진보적인 가정들을 가지고 있다. 일부는 개인의 생물학적 요인이 동성애와 이성애를 결정한다고 주장하며(생물학적으로 동성애와 이성애가 결정된다고 믿는다), 어떤 연구들은 두 집단 사이에 호르몬 차이가 있다고 본다. 그러나 이들 연구들로 인과관계를 확인하는 것은 불가능하다.

다른 이론가들은 아동기 경험이 이성애 또는 동성애를 결정한다고 본다. 여기서 우리는 다시 인과관계 질문을 하게 된다. 만약 어떤 아동이 동성의 아동과 더 많은 성적 유희를 할 경우 성인기에 게이 또는 레즈비언으로 성장한다고 단정한다면, 우리는 이러한 성적 유희가 동성애를 유발한다고 말할 수 있는가? 아마도 이러한 성적 유희는 동성애에 대한 선천적인 욕구와 성적 잠재력이 커졌기 때문일 것이다. 즉 행동은 동성애 성향에서 나온 것이지, 동성애 성향이 행동으로부터 나온 것이 아니다.

이 질문에 대한 가장 포괄적인 연구는 Alfred C. Kinsey 연구소의 연구자들에 의해 수행되었다.[49] Alan P. Bell, Martin S. Weinberg 그리고 Sue Kiefer Hammersmith는 979명의 게이와 레즈비언, 477명의 이성애자 남성과 여성을 연구하였다. 자료는 '경로분석'으로 분석되었는데, 경로분석은 많은 독립변수들(부모의 특성, 부모와 자매 관계, 성 관습)을 검토할 수 있게 하며, 변수들 간에 연관성이 거의 없는 상태에서 성적 지향의 인과관계를 살펴볼 수 있게 한다. 그들의 중요한 연구결과는 다음과 같다: (a) 소년과 소녀는 청소년이 될 때, 비록 그들이 성적으로 아직 매우 활발하지 않더라도, 그들의 성적 지향이 결정될 가능성이 높다. (b) 이 연구에서 게이와 레즈비언은 아동기와 청소년기에 이성애 경험이 특별히 부족하지 않았다. 그러나 그러한 행동에서의 불만족은 그들과 다른 집단 간에 차이가 있는 것으로 나타났다. (C) 이 연구에서 남성과 여성 모두 성 관습에 따르지 않는다는 것과 동성애로 발전한다는 것 간에 강력한 상관관계가 있는 것으로 나타났다. (성관습에 따르지 않는 것은, 예를 들어 남자아이가 인형을 가지고 노는 것처럼 아이들이 일반적으로 다른 성의 문화와 연관된 활동에 참여하는 것을 더 좋아하는 것을 의미한다.)

이러한 결과들은 무엇을 의미하는가? 첫째, 연구들은 성적 지향이 생의 초기, 아마도 청소년기 훨씬 이전에 결정된다는 것을 보여준다. 비록 모든 사람들이 그 또는 그녀가 선택한 방식으로 성적 행동을 할 가능성이 높지만, 한 사람의 진정한 성적 지향은 태어나기 전 혹은 매우 초기에 결정되고 더 이상 환경에 의해 영향을 받지 않는다는 것이다. 동성애 지향이 있는 많은 사람들은 동성애에 대한 수많은 제재가 있기 때문에 사회에서는 이성애자인 것처럼 행동한다. 그러나 이러한 부정적인 제재가 없다면, 그들이 선호하는 성적 파트너는 동성일 것이다. 우리는 다양한 행동들을 자유롭게 선택할 수 있지만, '우리에게 흥분을 일으키는' 사람 또는 사물은 자유롭게 결정할 수 없다. 태어나기 전 또는 이른 시기에 형성되는 사람들의 성적 지향(게이/레즈비언, 양성애자 또는 이성애자)의 원인은 무엇인가에 대한 대답은 아직도 명확하지 않다. (마치 일부 사람들이 선천적으로 왼손잡이이고, 다른 사람은 오른손잡이인 것처럼 어떤 사람은 방향적인 측면에서 선천적으로 이성애자이고, 다른 사람들은 선천적으로 게이/레즈비언이다.)

성적 지향이 양육보다 기질의 문제라는 주장이 1991년의 연구에서 제기되었다. 이 연구는 남자 게이와 남자 이성애자의 뇌에 차이가 있다고 보고하였는데, 구체적으로 성적 행동을 통제하는 시상하부(hypothalmus) 부분에서 뚜렷한 차이를 보이는 것으로 나타났다. 즉 시상하부에 있는 신경세포의 어떤 조직은 남자 게이보다 남자 이성애자가 2배나 컸으며, 남자 게이의 시상하부는 남자 이성애자보다 여자 이성애자의 시상하부 구조와 유사한 것으로 나타났다.[50]

1991년과 1993년 보스턴 의과대학에서 분리 양육된 쌍둥이 연구가 수행되었는데, 일란성 쌍둥이(동일한 유전자를 가짐)가 이란성 쌍둥이(같은 유전자를 가지지 않음)보다 한 쌍의 게이/레즈비언이 될 가능성이 높은 것으로 나타났다.[51] 1993년의 다른 연구에서도 동성애가 유전적으로 결정된다는 추가적인 증거를 발견하였다. '동성애 유전자'는 게이 형제 40쌍의 X염색체를 연구했을 때 발견하였는데, 33쌍의 X염색체 끝에서 동일한 유전적 표지가 공유됨을 확인하였다. 이는 남성들의 성적 지향이 유전적으로 영향받는다는 확실성을 99% 이상 지지하는 것이다.[52]

성 지향의 원인에 대한 연구들을 검토한 후에 Hyde와 DeLamaer는 성적 지향의 원인이 아직도 밝혀지지 않았다고 결론지었다.

> 우리는 성적 지향에 대한 많은 연구들을 검토하였고 그것들을 지지하거나 반대하는 증거들을 검토하였다. 무엇이 최종 결론인가? 어떤 이론이 맞는가? 대답은, 우리는 아직 모른다는 것이다. 우리는 무엇이 성적 지향의 원인인지 알지 못한다는 것이다.[53]

》 게이와 레즈비언의 생애 경험

이전에 많은 주(states)들이 성인들의 동성 간 성행위를 금지하는 법률을 제정하였는데, 2003년 미국대법원은 이러한 법률의 폐지를 결정하였다. 1960년대까지만 해도, 모든 주는 소도미 법(sodomy law; 동성 간 성행위를 금지하는 법)을 가지고 있었다. 소도미 법은 같은 성을 가진 성인 간에 이루어지는 어떤 친밀한 성적 행동도 불법이며 기소될 수 있음을 명시하고 있다. Sodomy는 항문섹스와 구강섹스를 포함한 동성 간 또는 동물과의 성교로 정의된다. 일반적으로 1960년 이후로 이러한 법들은 서서히 폐지되었다.

게이해방운동(The Gay Liberation Movement)은 부정적인 태도를 변화시키고, 게이와 레즈비언에 대한 차별적 행동을 멈추도록 노력해왔다. 그러나 여전히 많은 사람들은 게이나 레즈비언을 정신적으로 '아픈' 것—정신장애를 가지고 있는 것—으로 바라본다. (1973년까지 미국정신의학협회는 동성애를 정신 질환으로 규정하였다.)

게이해방운동은(많은 사회과학자들과 마찬가지로) 동성애가 변태나 질병이 아니라 단지 생활 방식이 다를 뿐이라고 주장하였다. 그들의 주장에 대해 찬반 반응이 엇갈렸는데, 일부 주(states)들은 동성애를 반대하는 법률을 폐지하였고, 여러 도시들은 경찰, 교사 그리고 일부 고용인이 게이와 레즈비언을 차별하지 못하도록 게이 시민권 조례를 통과시켰다. 반면 다른 도시와 주에서는 게이와 레즈비언에 대한 차별 금지 법안이 거부되었다.

Bill Clinton이 1992년 대통령에 출마했을 때, 그는 게이와 레즈비언을 군에서 제외시켰던 50년 전에 만들어진 정책을 개정하기로 약속했었다. 당선 이후 1993년, 그는 정책 개정을 위해 노력했으나 미국 국방부와 의회의 강력한 저항에 부딪히게 되었다. 그러나 몇 달 동안의 공청회와 타협으로 이 정책의 개정안이 국회를 통과하였고, Bill Clinton은 '묻지도 말고, 말하지도 말라(Don't ask, don't tell)'로 지칭되는 법령에 사인하였다. 이를 통해 더 이상 군대의 신병은 군 인사에 의해 그들의 성적 지향에 대한 질문을 받지 않아도 되었다. 공개적으로 동일한 성과 성적 접촉을 하는 사람은 누구라도 해고되었으나 정책적으로 미국 국방부는 사적으로 동성애 생활을 하는 사람들에 대해서는 군에서 제외하지 않기로 하였다.

한편, 1996년 국회에서 통과되었고, Clinton 대통령이 서명한 '혼인보호법(Defense of Marriage Act)'은 다른 주에서 허락한 게이 결혼을 또 다른 주에서 인정하지 않아도 되는 법적 근거가 되었다. 혼인보호법은 동성애 관계에서 두 사람 중 한 명이 사망하거나, 장애를 갖게 되었을 때 다른 한 명의 파트너가 사회보장, 재향군인회 또는 다른 연방정부의 복리후생 제도 등을 요구하지 못하도록 하였다.

법원들은 게이의 권리 이슈와 관련된 사례들을 점점 더 많이 심리하게 되었다. 다음 두 개의 상충되는 판결(두 개의 판결 모두 1993년에 이루어졌다)이 보여주는 것처럼 일부 판사들은 게이의 권리 이슈들을 지지하는 반면, 다른 판사들은 반대하였다. 버지니아에 있는 연방 판사는 단지 성적 지향 때문에 아들의 양육권을 레즈비언 엄마가 아닌 할머니에게 주도록 판결하였다. 그러나 보스턴에 있는 한 주의 대법원 판결은 매사추세츠에 살고 있는 첫 번째 게이 커플인 두 명의 레즈비언에게 아이를 입양하도록 승인하였다.[54)]

대부분의 지역에서, 게이와 레즈비언은 그들의 성적 지향 때문에 개인 사업장에서 거부되는데, 연방 공무 규정에는 공공 일자리에서 이러한 차별이 이루어질 수 없도록 되어 있다.

미국사회복지사협회(NASW)에서는 레즈비언, 게인 그리고 양성애자들에 대한 차별의 추가적 형태를 다음과 같이 정리하고 있다.

> 게이권리운동의 성공에도 불구하고, LGB 사람들에 대한 차별은 계속되고 있다. 35개 주는 고용, 교육, 신용 거래, 주거 그리고 다른 공공시설에서의 차별로부터 LGB 사람들을 보호하지 않는다. 6개 주는 레즈비언 혹은 게이의 입양(플로리다, 미시시피)이나 위탁(노스다코타, 유타, 아칸소, 그리고 오클라호마)을 허용하지 않는다. … 13개 주들은 동일한 성과의 결혼을 금지하는 헌법을 개정하였다. 앨라배마, 애리조나, 미시시피, 사우스캐롤라이나 그리고 텍사스는 학교에서 동성애에 대한 어떠한 논쟁도 하지 못하게 하거나, "동성애에 대해서는 부정적으로만 언급"하도록 한다.[55)]

미국의 학교들은 GLBT 청소년들에게 안전한 장소가 아니다. 게이와 레즈비언으로 알려진 학생의 2/3 이상(69%)은 신체적, 언어적, 또는 성적으로 학교에서 괴롭힘을 당한다.[56)] 동성애 혐오적 언어—예를 들어 'faggot(남성 동성애자를 의미하는 속어)' 또는 'dyke(레즈비언을 의미하는 속어)'—는 미국 학교들에서 만연되어 있으며, 학생들뿐 아니라 일부 교직원들도 동성애 혐오적 언어를 사용한다.[57] 게이와 레즈비언으로 알려진 학생들은 신체적 폭력을 경험하거나 무기로 인한 부상 또는 성적 지향과 관련하여 억압을 받게 된다.

학교에서 GLBT 청소년들에게 가혹한 처우가 이루어진다는 것을 고려할 때, GLBT 청소년의 40%가 성적 지향과 관련된 갈등으로 학업에 부정적 영향을 받는다는 보고는 놀라운 일이 아니다.[58] 일부는 수업 참석에 불안함을 느껴 수업을 빼먹게 되고 게이와 레즈비언 청소년의 1/4 이상은 그들이 학교에서 견뎌야 하는 폭력, 괴롭힘 그리고 소외를 피하기 위해 학교를 중도탈락하게 된다.[59] GLBT 청소년이 학교에서 희생자가 되는 비율은 이성애자 청소년들이 학교에서 희생자가 되는 비율보다 높으며, 자살 생각, 자살 시도 그리고 성적 위험 행동의 가능성이 더 높은 것으로 나타났다.[60]

반동성애 증오는 대학생들 사이에서도 일반적이다. 많은 젊은이들은 반동성애 괴롭힘과 폭력이 사회적으로 허용된다고 믿는다.[61]

부정적인 태도와 차별적 행동들 때문에 일부 게이들과 레즈비언들은 그들의 성적 행동을 숨기기 위해 노력한다. 그들은 차별과 직장에서의 해고를 두려워하며, 커밍아웃할 때 그들과 가족들이 받게 될 낙인과 당황스러움 또한 두려워한다. 이런 이유로 일부 게이와 레즈비언은 반대 성의 사람들과 결혼을 하고 배우자에게도 그들이 동성애자임을 숨기기도 한다. 이들은 자신의 성적 지향이 드러났을 때 받게 될 처벌의 두려움 때문에 이러한 이중생활은 스트레스로 작용한다.

현재 많은 대도시에는 이러한 이중생활의 스트레스를 해소할 수 있게 해주는 게이/레즈비언 공동체들이 있다. 이러한 공동체들은 오락과 여가 활동을 제공하며, 게이/레즈비언 하위문화에 합류한 새로운 사람들과 어울릴 수 있도록 한다. 이들은 도시의 일부 구역에 게이와 레즈비언이 소유하거나 이들이 주로 이용하는 상점, 식당, 그리고 호텔 등을 마련하기도 한다. 게이 술집들은 술을 마시고, 사교를 위한 장소이면서 성적 상대 또는 애인을 찾을 수 있도록 고객들에게 기회를 제공하는 곳이다. 일부 게이 술집은 외관상 다른 술집과 비슷하지만 게이/레즈비언 고객들을 지칭하는 술집의 이름(예를 들어 The Gay Closet)을 가지고 있다.

비판적 사고를 위한 질문

만약 학교에서 GLBT 학생이 희생양이 되고 있다면 당신은 그 사람을 방어하는 데 개입할 것인가?

다른 소수집단 구성원들과 달리, 게이/레즈비언 청소년들은 그들 자신의 가족 안에서 소수자로 성장한다. 예를 들어 유색인종들은 그들에 대한 차별이 있는 사회에 어떻게 적응해야 하는지 그들의 부모, 손위 형제, 그리고 친척들에 의해 사회화되고 훈련된다. 그러나 게이와 레즈비언 청소년들은 대부분 이성애자 가족 안에서 자라나기 때문에 그러한 훈련의 장(ground)이 없다. 따라서 알려진 게

Corbis Images/PictureQuest

여전히 많은 미국인들이 동성애에 적대적이고 부정적임에도 불구하고, 최근 더 많은 게이 남성들과 여성들이 공개적으로 그들의 성적 지향을 알리고 있다.

이/레즈비언 장소들(가장 알기 쉽고 접근하기 쉬운 곳이 게이 술집이다)이 게이 혹은 레즈비언 청년들의 삶에서 매우 중요한 역할을 하게 된다. 대부분의 게이/레즈비언은 주로 그들이 게이/레즈비언 정체성을 세우는 단기간만 이러한 게이 술집들을 이용한다. 그리고 이후에는 일반적으로 알코올과 깊이 없는 상호작용이 이루어지지 않는 환경에서 다른 게이/ 레즈비언들과 사회적으로 접촉하는 것을 더 선호한다.

게이와 레즈비언들의 생활양식은 이성애자들과 마찬가지로 다양하지만, 게이와 레즈비언 간에는 성직 태도와 행동에 약간의 차이가 있다. 레즈비언은 게이 남자들보다 소수의 파트너와 섹스를 하고 사랑과 섹스를 동일하게 생각하는 경향이 있다. 그들의 관계는 오래 지속되며, 좀 더 사랑과 애착에 기반을 둔다. 또한 레즈비언들은 게이/레즈비언 공동체에서 그들의 성적 지향을 덜 공개하는 편이다.[62]

레즈비언들은 그들의 성적 지향을 보다 잘 숨길 수 있다. 왜냐하면 일반인들은 두 명의 여성이 함께 살거나 가깝게 지내는 것을 덜 의심스럽게 보기 때문이다. 대부분의 레즈비언들은 남성과의 성관계 경험이 있다.[63]

양성애자의 성적 지향은 여성과 남성 모두에게 향해 있다. 양성애 지지자들은 그들의 성적인 측면과 인간관계적 측면에서 극단적인 동성애자 또는 이성애자보다 다양성을 인정한다는 이점이 있다고 주장한다. 다른 한편으로 일부 이성애자들은 양성애자로 알려진 사람들을 낮게 평가한다. 또한 양성애자들은 게이/레즈비언 공동체에서 의심을 받거나 철저하게 적대적이다.[64] 일부 게이와 레즈비언은 양성애자를 게이/레즈비언 운동을 배반하는 '회색분자(fencesitters)'로 바라본다. 이는 양성애자들이 상황에 따라 이성애자인 척하거나 게이/레즈비언인 것처럼 하기 때문이다.[65]

양성애자들은 다양하게 구분될 수 있는데, 일부 양성애자(50:50 양성애자로 언급되는)들은 남성과 여성을 동등하게 선호한다. 또 다른 양성애자들은 하나의 성을 더 선호하지만 다른 성과의 섹스도 허용한다. 또한 순차적인 양성애자들은 한 번에 단지 한 사람만을 사랑하는데, 사랑하는 사람이 남성이거나 여성이다. 동시적인 양성애자들은 동시에 남성과 여성을 연인으로 두는 경우이고, 일시적인 양성애자들은 전적으로 이성애자 또는 동성애자가 되는 과정에서 양성애자 단계를 거치는 경우이다. 마지막으로 지속적인 양성애자들은 일생 동안 양성애 선호를 유지하는 사람들이다.

AIDS 공포는 게이/레즈비언 공동체, 특히 게이 남자들에게 엄청난 영향을 미쳤다. 게이/레즈비언 공동체들은 연방과 주정부에 (a) AIDS의 위험성을 알리고, (b) AIDS 바이러스에 감염된 사람들의 치료를 위한 연구 자금을 제공하며, (c) AIDS 확산을 방지하기 위한 연구 기금을 제안하기 위한 활동들을 진행해왔다.[66] 또한 게이/레즈비언 공동체는 그들의 안전한 성생활을 옹호하고, 많은 게이 남성들이 그들의 성생활에 책임 있고 극적인 변화를 도모하도록 하였으며, AIDS에 걸린 사람들을 위한 지지 체계를 발전시켰다.

커밍아웃

공개하느냐 공개하지 않느냐에 따라 게이 경험에 중요한 변화들이 있다. 공개하지 않은(in the closet) 게이와 레즈비언은 단지 한 달에 몇 시간만 다른 사람 모르게 동성애 행동에 참여한다. 그들은 그들의 성적 지향과 관련된 비밀을 유지하기 위해 끊임없이 노력하는데, 이성애자와 결혼도 하고, 아이를 가지며, 이성애자 공동체에서 존경받는, 성공한 사람이 되기도 한다. 공개(out of closet)한 게이와 레즈비언들은, 특히 이들이 대규모 게이/레즈비언 하위문화를 가진 뉴욕이나 샌프란시스코와 같은 대도시에서 산다면 대부분 게이/레즈비언 공동체에서 생활하며, 상대적으로 이성애자들과 접촉할 일이 거의 없다.

공개에는 다양한 수준이 있다. 일부 게이와 레즈비언은 믿는 친구들에게만 알리고 그냥 알고 지내는 사람들에게는 말하지 않는다. 또 일부는 믿는 친구들과 친척들에게는 말하지만 직장에는 말하지 않는다. 그리고 다른 일부는 모든 사람들에게 이야기한다. 이런 공개의 다양한 수준은 지역사회의 가치, 사회 계급, 직업, 행정구역, 성격, 가족 가치, 결혼 상태 등 여러 요인의 영향을 받는다.

커밍아웃 과정은 중요한 심리적 사건이며, 힘든 시기이다. 이는 자기 자신이 게이 또는 레즈비언이라는 것을 인정하는 것이며, 다른 사람도 그것을 인정하는 것이다. Hyde와 DeLamater는 커밍아웃하는 사람들의 일상적인 경험을 다음과 같이 기술하고 있다.

보기 7.4 동성 결혼

2004년 2월, 샌프란시스코는 미국에서 동성 커플에게 결혼 허가증을 부여하는 첫 번째 행정도시가 되었다. 이 글을 쓰는 동안에도 동성결혼은 미국의 6개 주(매사추세츠, 코네티컷, 아이오와, 메인, 뉴햄프셔, 버몬트)에서 합법적인 것으로 인정되었다.

일부 주들은 원칙적으로 이성애자 결혼에 해당되는 것과 동일한 권리와 책임을 게이와 레즈비언 부부에게 제공하는 '합법적 동성 결혼' 법률을 통과시켰다. 이러한 권리에는 아동 양육, 산재보험, 유족연금 등이 있다. 그러나 이러한 권리는 동성애 커플이 다른 주로 이사 갔을 때, 일부 주에서는 인정하지만(예를 들어 코네티컷, 뉴저지, 뉴햄프셔), 모든 주에서 인정하는 것은 아니다.

국제적으로, 동성 결혼에 대한 법적인 인정이 광범위하게 확대되고 있다. 2001년 세계에서 첫 번째로 네덜란드는 동성 커플을 정식 결혼으로 인정하였고, 최근에 벨기에, 스페인, 스웨덴, 노르웨이, 남아프리카 공화국, 캐나다가 게이 결혼을 합법화하였다.

이러한 동성 결혼 인정과 관련하여 동성 결혼 지지자들은 동성 결혼을 금지하거나 다른 주에서 승인한 동성 결혼을 인정하지 않는 것은 시민권 위반이고, 이성애자 결혼 커플들에게 승인된 많은 법적·재정적 혜택을 부정하는 것이라고 주장한다.[a]

반면, 동성 결혼 반대자들은 사회적으로 허용된 생활방식으로 동성애 결혼을 정당화하는 것을 원치 않는다. 동성애를 병적이고 비정상적인 또는 비도덕적인 것으로 바라보는 사람들은 그들의 아이들이 동성과의 성관계가 수용되고 '정상적인' 생활방식이라고 배우는 것을 원하지 않는다. 동성애 결혼에 대한 가장 일반적인 논쟁은 이성애자 가족의 안정성과 온전함이 약화된다고 주장하는 것이다.

[a] Linda A. Mooney, David Know, and Caroline Schatcht, *Understanding Social Problems*, 6th ed.(Belmont, CA; Wadsworth/Cengage Learning, 2009), pp.455-456.

커밍아웃 후에 탐색하는 단계가 있다. 이 시기에 새로운 성 정체성을 경험한다. 그(그녀)는 레즈비언과 게이 공동체에 접촉하고, 새로운 상호작용 기술을 연습한다. 그리고 일반적으로 그다음에 처음으로 동성과 관계를 하는 단계가 온다. 이러한 관계는 많은 이성애자들의 데이트 관계와 마찬가지로 단기적이며, 질투와 격동으로 특징지어진다. 마지막으로 통합 단계에서 그들은 사회 구성원으로 완전히 기능하며, 장기간 관계를 유지할 수 있게 된다.[67)]

커밍아웃 전에, 그들은 먼저 그녀 또는 그가 성적 지향에 있어 레즈비언 또는 게이인지에 대해 결론을 내릴 필요가 있다. Cass에 따르면, 이러한 정체성의 발달과정은 6단계로 이루어진다.

1. 정체성 혼란(*identity confusion*): 이성애가 우리 사회에서 기대되는 것인 것처럼, 이성애 정체성과 관련된 이력을 가지고 있다. 동성에 대한 끌림 또는 행동들이 발생함에 따라, '나는 누구인가?'라는 혼란스러움을 경험하게 된다.
2. 정체성 비교(*identity comparison*): 이제 '내가 게이/레즈비언인가'에 대해 진지하게 생각하게 된다. 자연스럽게 그리고 점차적으로 이성애적 정체성이 사라짐에 따라 개인 가치에 대한 질문을 하게 된다.
3. 정체성 허용(*identity tolerance*): '나는 아마도 성적 지향이 게이/레즈비언일 것이다'는 것을 믿게 된다. 이제 친밀한 관계를 맺기 위해, 게이/레즈비언 하위문화와 접촉하기 위해, 그리고 확인받기 위해 동성을 찾게 된다.
4. 정체성 수용(*identity acceptance*): '나는 게이/레즈비언이다'라고 결론짓고 이러한 정체성을 받아들인다.
5. 정체성 자부심(*identity pride*): 사람들을 게이와 레즈비언(좋고 중요한 사람)과 이성애자(편협하고 차별하는 사람)로 구분한다. 게이/레즈비언 공동체에 대한 강한 동일시가 발생하고, 점차 다른 사람에게 커밍아웃하기 시작한다.
6. 정체성 통합(*identity synthesis*): 더 이상 게이와 레즈비언이 '우리'이고 이성애자들이 '그들'이라고 생각하지 않는다. 좋고 지지적인 이성애자들이 있다는 것을 인식한다. 이 단계에서 그(그녀)의 공적이고 사적인 성 정체성을 통합할 수 있게 된다.[68)]

The boston Women's Health Book Collective에서는 커밍아웃 과정을 4단계로 설명하고 있다.

1. 자기 자신에게 커밍아웃함(*coming out to oneself*): 이 단계는 자신을 이성애자가 아닌 게이 또는 레즈비언

으로서 생각하는 단계이다. 이 단계에서 개인은 게이 또는 레즈비언의 꼬리표를 경험하게 된다. 그들은 그러한 꼬리표가 그들 인생에 어떤 영향을 미칠 수 있는가에 대해 깊이 있게 생각한다. 이들은 공개적인 게이/레즈비언이 되었을 때의 유리한 점과 불리한 점을 생각한다. 유리한 점은 공포와 불안이 줄어들고, 이성애자인 척 하는 것을 그만 둘 수 있으며, 사회 활동의 기회를 갖고, 다른 레즈비언과 게이의 지지 체계를 갖게 된다는 것이다. 반면 불리한 점은 일부 친구들과 가족구성원들의 부정적인 반응과 고용 및 사회에서의 차별이 있을 수 있다.

2. 다른 레즈비언과 게이를 만나고 알아감(*meeting and getting to know other lesbian and gay people*): 이 단계는 동일시하고, 소속되기 위한 지지 체계, 공동체를 찾는 단계이다. 이 단계에서 사람들은 새로운 친구 관계를 형성하고, 커밍아웃하는 것이 어떤 것인지 이해하며, 그것에 대해 이야기해줄 수 있는 게이, 레즈비언들과 어울리려고 한다.
3. 친구와 친척들에게 말함(*telling friends and relative*): 커밍아웃의 이점과 불리한 점(누구에게 커밍아웃하는 것이 유리하고 불리한지)을 평가할 필요가 있다. 만약 동성애를 혐오하는 사람들이 보이는 매우 부정적인 반응을 보일 거라 판단되면 가까운 친구와 친척 그리고 동료 모두에게 말할 필요는 없다. 예를 들어 동성애자인 대학 4학년생이 강한 동성애 혐오를 보이는 부모에게 커밍아웃한다면, 그들의 부모는 그가 대학을 다니는 데 필요한 재정적 지원을 하지 않을 것이다. 이런 상황에서 그는 졸업할 때까지 그의 성적 지향을 부모에게 알리는 것을 보류하기로 결정할 것이다.
4. 공개적으로 자신이 레즈비언 혹은 게이라는 것을 알림(*publicly acknowledging that one is lesbian or gay*): 이 단계에서 다시 사람들은 커밍아웃의 긍정적인 결과와 부정적인 결과를 검토해야 한다. 대부분의 게이와 레즈비언은 그들이 마주하게 될 비난, 거절 혹은 차별 때문에 완전히 드러내는 것을 선택하지 않는다. 이러한 이슈와 관련하여 일부 전문가들은 각각의 사람들에게 최선으로 여겨지는 것을 추천한다.[69] 이러한 관점과 반대로, 다른 전문가들은 모든 사람에게 정직과 솔직함 없이는 자기 자신에게 자유로울 수 없다고 주장한다.[70]

비판적 사고를 위한 질문

당신은 동성 결혼이 법률적으로 인정되어야 한다고 보는가?

게이와 레즈비언의 최근 이슈

앞에서 살펴본 바와 같이, 주요 이슈는 시민권 법률들이 주거, 고용, 병역, 그리고 다른 영역에서의 차별로부터 게이와 레즈비언을 보호해 줄 수 있도록 제정되었는가와 관련된다. 게이와 레즈비언은 그들이 교직, 군대 그리고 많은 개인 회사에서 거부되었다고 주장한다. 그들은 또한 흔히 그들의 성적 지향을 밝히도록 위협하는 공갈 협박범들의 표적이 된다고 주장한다. 그들은 게이권리가 이성애자를 게이와 레즈비언으로 바꾸는 것이 아니기 때문에 법적 보호를 주장한다. 오랫동안 학대와 착취의 희생자가 되어 왔기 때문에 현재 그들은 다른 소수자들이 받는 동일한 보호를 원한다.[71]

게이와 레즈비언의 시민권 법률을 반대하는 사람들은 게이는 신체적 특성(아프리카계 미국인, 여성, 장애를 가진 사람들)으로 차별받는 다른 소수집단들과는 다르다고 주장한다. 즉 그들은 게이와 레즈비언은 그들의 성적 지향을 선택하고, 만약 그들이 원한다면 바꿀 수 있다고 생각한다. 이밖에 이들이 제시하는 반대 의견은 다음과 같다: 게이 권리를 보호하기 위한 법률 제정은 그들이 비정상적이라고 생각하는 동성애 행동을 인정하는 것이고, 학교에서 가르치는 것이 허락된 게이와 레즈비언들의 현명하지 못한 게이 태도와 행동들이 동성애자를 증가시킨다는 것이다. 또한 이들에 대한 제재가 느슨하게 되면, 동성애가 만연될 것이며, 가족의 안정성이 위협받고, 출산율이 대폭적으로 떨어질 것이며, 사회는 심각한 피해를 입을 것이라고 주장한다. (물론, 위와 같은 일이 발생할 가능성은 아주 희박하다. 사회적 제재와 상관없이 게이와 레즈비언은 어느 사회에서나 소수집단이고, 사회적 지지가 한 사람의 성적 지향에 기초한 행동을 유의미하게 증가시킬 가능성이 거의 없기 때문이다.)

앞에서 살펴본 바와 같이, 시민권 이슈에 대한 양측의 주장은 극단적이다. 다른 문제들도 마찬가지인데, 현재 일부 주들은 법적으로 동성애 결혼을 인정한다. 게이/레즈비언 결혼 지지자들은 이성애자들이 결혼을 통해 얻게 되는

보기 7.5 게이와 레즈비언은 전환치료를 해야 하는가?

게이와 레즈비언을 위한 전환치료들은 100년 이상 이루어졌다. 전환치료의 목적은 그들의 성적 지향을 이성애로 바꾸는 것인데, 초기 대부분의 기술들은 매우 비인간적이었다. 이러한 전환치료 기술로 게이 남성들에게 나체인 남자들의 슬라이드를 보여주고 동시에 전기쇼크를 주는 것 등이 있다(전통적인 행동치료 접근). 이밖에 뇌수술, 거세 등이 전환치료 기술로 이용되었다. 이러한 모든 접근들은 동성애는 치유되어야 할 질병임을 가정한다. 그러나 어떤 것도 성공하지 못했다.

최근에는 관계치료에 기반을 둔 접근들(5장 참조)이 보다 인간적인 치료로써 시도되고 있다.

게이, 레즈비언 그리고 양성애자는 정신적으로 아픈 것이 아니고 이성애자들처럼 잘 적응하고 있기 때문에 Hyde와 DeLamater는 "그러한 치료들은 적절하지 않다"고 결론 내렸다.[a] 그러한 치료는 이성애자들의 생활양식으로 전환하고자 하는 동기가 높은 소수의 게이와 레즈비언들에게 효과적이다. 게이를 그 또는 그녀의 의지에 반하도록 변화시키는 것은 어려운 일이다.[b] Hyde와 DeLamater는 "이성애자를 행복한 동성애자로 변화시키기 어려운 것처럼 동성애자를 행복한 이성애자로 변화시키는 것도 어렵다"고 결론지었다.[c]

게이와 레즈비언은 변화될 필요가 없으며, 이는 게이들에 대한 부정적인 태도이고 차별이다.

[a]Janet S. Hyde and John D. DeLamater, *Understanding Humann Sexuality*, 9th ed.(Boston: McGraw-Hill, 2006), p.373.
[b]Ibid.
[c]Ibid.

개인적인 만족감과 재정적 혜택들이 게이와 레즈비언에게도 허락되어야 한다고 주장한다. 반대자들은 이러한 결혼은 신성을 모독하고, 결혼의 목적에 위배되는 것이며, 전통적 가족의 안정성을 위협하는 것으로 바라본다.

보수적인 단체들의 강력한 비난에도 불구하고, 최근에는 동성애 직원들에게 건강보험과 다른 혜택들을 확대하는 회사들(디즈니, IBM, 제록스 등)이 증가하고 있다. 버몬트와 일부 지방정부는 이성애자 커플에게 주는 모든 혜택을 동성애 커플에게도 제공한다. 이와 관련된 법률과 정책들은 '동성 간 동거 관계(domestic partnership)'로 언급된다. 한편, 혜택들이 동성애 직원들에게 확대된다면, 결혼하지 않고 동거하는 이성애자의 상대에게도 이러한 혜택들이 확대되어야 하는 것은 아닌가에 대한 의문이 제기된다.

또 다른 이슈로 아이들을 입양하거나 이혼 후 아이들의 양육권을 유지하는 게이와 레즈비언의 권리가 있다. 앞에서 살펴본 것처럼, 일부에서 레즈비언 엄마들은 양육권 소송에서 승소하지만, 또 다른 일부에서는 레즈비언 행동이 부모가 되기에 부적합하다는 충분한 증거가 된다고 판결한다. 게이/레즈비언의 입양과 양육권 싸움에서 문제가 되는 것은 게이와 레즈비언이 그들의 성적 지향을 아동에게 전달하는지 여부이다. 초기 연구들은 그렇지 않다고 제안한다.[72] 사회적으로—적어도—아이를 키우고 업무를 수행하는 것처럼 인생의 중요한 측면들에 성적 지향이 어떻게 영향을 미치는지에 대한 혼란을 경험하고 있는 것이다.

게이 혹은 레즈비언이 병원에 입원하게 되었을 때 그 혹은 그녀의 파트너의 방문 권한이 거부될 수 있는데, 레즈비언 혹은 게이 파트너들은 가족의 법적 정의에서 제외되기 때문이다. 이에 레즈비언과 게이들은 대리인의 의료적 권한을 기술한 법적인 문서를 만들도록 요구한다. 문서에 기록할 권리로 방문권, 의료적 결정에 대한 동의 또는 보류하는 것을 상담할 권리 그리고 사망의 경우, 유품에 대한 권리와 장례 준비에 대한 권리 등이 있다.

상대방이 사망할 경우, 상속의 이슈 또한 어려운 문제이다. 유언이 없을 때, 유산은 법적 가족 구성원들에게 주어진다. 그러므로 게이와 레즈비언들은 유언장을 작성하도록 강력하게 권장한다. 그리고 그러한 유언들은 모든 상황을 포괄하도록 주의 깊게 작성될 필요가 있다.

시간이 지나면서 우리 사회는 보다 관대해졌다. 몇 년 전까지만 해도 어떤 신문도 동성애라는 단어를 게재하지 못할 정도로 동성애에 대한 억압이 심했었다. 그러나 오늘날 동성애는 더 이상 말 못할 문제가 아니며 방송, 신문, 잡지, 정책 토론, 영화나 TV에서도 방송되는 사안이 되었다. 미국에서는 게이 후보자가 정치인으로 당선되는 일이 증가하고 있으며, 승인된 게이 지지 집단들이 공식적으로 고등학교를 설립하기도 한다. 게이 커플들의 동성 간 동거 관계는 여러 도시들에서 공식적으로 인정되었으며 많은 기업들은 이성애 배우자에게 제공하는 동일한 혜택을 게이/레즈비언 직원의 파트너들에게도 제공하고 있다. 현재 성적 지향에 기반을 둔 차별은 여러 주와 약 200여 개의 도시와 국가에서 불법이다.[73)]

5. 트랜스젠더리즘에 대한 간략한 소개

복장도착과 다른 성전환 행동들은 드물게 인격을 표현하는 한 형태라고 볼 수 있다. 어떠한 개인도 100% 남성 또는 여성이 아니며, 우리 모두는 반대 성과 관련된 특징과 특성, 심지어 반대 성의 호르몬도 가지고 있다. 우리 중 일부는 다른 사람들보다 이러한 것들을 더 많이 가지고 있다. 트랜스젠더들은 대부분의 사람들보다 이러한 특성이 좀 더 강하고 깊이가 있으며, 이들이 가진 반대 성의 특성들을 인격의 한 부분으로 표현하는 것이다.

일반적으로 이성의 옷을 입는 사람들이 항상 이성의 옷만 입는 것은 아니다. 왜냐하면 남성에게는 여성스러운 측면이, 여성에게는 남성스러운 측면이 있어 100% 반대 성을 표현할 필요가 없기 때문이다. 트랜스젠더의 주원인은 무엇인가? 이것을 아는 사람은 아무도 없다. 이 현상과 관련된 많은 연구들이 있지만, 결정적인 결과는 없다. 이와 관련된 선두적인 심리적·생물학적 인과관계 이론들은 개개인에 따라 다른 원인들이 있을 가능성이 높다고 말한다.

트랜스젠더들은 트랜스젠더가 되는 것을 선택하지 않는다. 그것은 선천적이다. (트랜스젠더에 대한 우리 사회의 강력한 낙인으로 어느 누구도 트랜스젠더의 생활 방식을 선택하지 않을 것 같다.)

트랜스젠더리즘은 '치료'될 수 있는가? 대답은 아니다. 많은 심리적·의료적 치료들이 시도되었다. 그러나 어느 누구도 복장도착에 대한 욕망을 억제하거나 트랜스젠더리즘을 표현하는 다른 방법들에 참여하고자 하는 욕망을 억제하는 데 지속적인 효과를 보이지 못했다. 최선의 '치료'는 트랜스젠더 스스로가 이를 받아들이도록 하는 것이고, 우리 사회가 이를 이해하는 것이며, 이러한 행동들을 존중하고 우리의 문화 속에서 다양한 개인들의 가치로 인정하는 것이다. 솔직히 말하면, 잘 적응하는 트랜스젠더들은 '치료'에 관심이 없으며, 그들의 생활 방식을 즐긴다. 이성 복장을 하는 많은 사람들은 다른 성의 모습으로 보내는 시간을 편안해 하며, 그 시간을 통해 스트레스를 해소한다.

일반적으로 트랜스젠더는 부정적인 사회적 낙인 때문에 그녀 혹은 그의 행동을 매우 비밀스럽게 유지한다. 모든 사람은 자신의 성 역할과 행동들이 프로그램화되어 태어나는데, 이로 인해 많은 트랜스젠더들은 그들의 트랜스젠더 행동에 대한 가혹함과 불필요한 죄책감, 수치심 등을 경험한다.

6. GLBT와 사회사업

미국에서 가장 잘 알려진 사회사업 조직인 사회사업교육자문위원과 전미사회사업가협회는 GLBT 사람들을 위험에 처한 사람들로 지적하고 있다. 이 조직들은 또한 우리 사회에서 GLBT 사람들이 경험하는 차별과 압박을 끝내기 위해 노력하는 것을 모든 사회복지사의 의무로 생각한다.

많은 사회복지사는 게이 또는 레즈비언에 대해 부정적인 관점을 가지고 있다. 따라서 게이/레즈비언들과 일하는 데 있어 첫 번째 단계는, 사회복지사가 그들 자신의 동성애 혐오에 직면하는 것이다. 이와 관련하여 Zastrow와 Kirst-Ashman은 다음과 같이 언급하고 있다.

> 실천가에게 있어 가장 나쁜 것 중 하나는 레즈비언과 게이 클라이언트에게 부정적 꼬리표를 달고, 그들의 성적 지향을 비판하는 것이다. 이는 사회사업의 기본 가치인 클라이언트의 자기 결정권에 모순되는 행동이다. 부정적으로 편향된 실천가들은 부지불식간에 클라이언트의 발전과 긍정적 자아상에 반하는 실천을 하게 된다.[74)]

게이, 레즈비언과 일하는 데 있어 또 다른 권고사항은 사회복지사가 게이/레즈비언의 생활 방식과 지역사회에서의 게이/레즈비언 자원들과 친밀해지라는 것이다. 이는 게이와 레즈비언 클라이언트와 그들이 사용할 수 있는 자원을 연계하도록 돕는 데 필수적이다. (게이/레즈비언 공동체 사람들을 아는 것도 사회복지사가 새로운 자원을 파악하는 데 도움이 된다.)

사회복지사가 지역사회에서 GLBT들에게 제공할 수 있는 가능한 서비스가 무엇인지를 아는 것도 중요하다. 게이와 레즈비언은 게이/레즈비언 생활을 영위하는 데 다양한 서비스를 필요로 한다. 이러한 서비스로는 커밍아웃 과정에 있는 게이/레즈비언들을 위한 지지 집단, 성적 지향에 대해 의문을 갖는 사람들을 위한 지지 집단, 아동 양육권을 찾고자 하는 게이 또는 레즈비언 부모들을 위한 법적인 조언, 그리고 레즈비언 또는 게이 부모들을 위한 부부 상담 등이 있다.

적절한 의뢰뿐만 아니라 사회복지사는 GLBT 개인들이 직면한 특정 사안들과 관련하여 다른 사람들을 교육하고, 게이와 레즈비언의 권리를 보호하기 위해 옹호자로서 활동할 필요가 있다. 성적 지향은 단순히 다양성의 또 다른 측면으로 설명될 필요가 있으며, 게이/레즈비언 권리를 찬성하는 정치 후보자들을 지지할 필요가 있다. GLBT를 차별하는 기관에 대해 공평하고 편향되지 않은 방법으로 필요한 서비스를 제공하도록 하고 정보를 제공하며, 압력을 행사할 필요가 있다. 마지막으로, 사회복지사는 GLBT 개인들이 희생자가 되는 증오범죄를 강력하게 반대하기 위한 지역사회 지지를 만들어 내는 활동을 할 필요가 있다.

트랜스젠더와 관련하여 우리 사회는 양극의 성 역할에 적응하지 못하는 사람들을 지원할 방법을 찾을 필요가 있다. 〈*Social Work Speaks*〉*에는 다음과 같이 기술되어 있다.

> 사회와 치료 공동체(사회복지전문직을 포함하여)는 이성의 옷을 입는 행동이나 일반적으로 사회에서 인정하는 성별 역할과 다른 행동을 하는 것에 대해 비정상적인 시각으로 바라보기보다 세상에는 왼손잡이보다 오른손잡이가 많은 것처럼 현명하게 바라볼 필요가 있다. 트랜스젠더 성향은 비록 그것들이 대부분 억눌려 있긴 하지만, 모든 사람에게 다양한 수준에서 존재한다. 인간 젠더의 다양성은 존재되는 차원이지, 신념으로 만들어진 우세한 체계에 의해 억압되는 것이 아니다. 그러한 억압은 우리 모두에게 해로우며, 이는 연민, 지지 그리고 다름을 긍정적으로 바라보는 인식 등으로 대체될 필요가 있다.[75)]

비판적 사고를 위한 질문 ?

과거에 특수한 상황에서 당신은 이성의 옷을 입었던 적이 있는가, 그렇다면 그것은 당신에게 '즐거운' 경험이었는가?

트랜스젠더의 서비스 제공에 대한 NASW의 정책 보고서 내용은 다음과 같다.

> NASW는 모든 사람의 성별 표현과 성 정체성에 상당한 차이가 있음을 인정한다. NASW는 다양한 젠더의 사람들—간혹 트랜스젠더라고 불리는 것을 포함하여—에게 다른 사람과 동일한 존중과 권리가 제공되어야 한다고 생각한다. NASW는 어떤 개인에 대한 차별과 편견은 사회 전체뿐 아니라 사회적, 정서적, 신체적 그리고 경제적 안녕 측면에서 개인에게도 부정적임을 강조한다. 또한 NASW는 조직 안팎과 공공 및 사적 분야에서도 동일한 차별과 편견을 제거하기 위해 노력한다.
>
> NASW는 성별의 다양성에 대한 비심판적 태도가 사회복지사로 하여금 최대의 지지와 서비스를 제공할 수 있게 한다고 생각한다. … 사회복지사는 성별 표현과 정체성 이슈로 고군분투하는 사람들(클라이언트와 동료 모두)을 위한 지지적인 실천 환경을 발전시키도록 노력해야 한다.[76)]

NASW는 또한 다음 내용을 옹호한다.

- NASW는 모든 공공 영역, 특히 고용에서 개인들이 선택한 성별을 인정하거나 표현하는 것을 금지하는 법률과 차별적인 실천을 폐지하도록 권장한다.
- NASW는 그들이 선택한 성별을 인정하고 표현하는 데 교육, 주거, 상속, 건강, 여러 종류의 보험, 아동 양육권, 재산, 그리고 다른 영역들에서 그들의 시민권이 차별받지 않는 법률을 채택하도록 장려한다.[77)]

트랜스젠더는 종종 다른 성의 모습을 표현하는 것에 죄책감과 수치심을 느끼기 때문에 그들에게 지지 집단을 연결하는 것은 매우 중요하다. 트랜스젠더를 위한 지지 집단은 다른 사람들과의 '정보교환'을 가능하게 하고, 그들에게 진정한 성별을 받아들이도록 하는 데 도움이 된다. 트랜스젠더가 경험하는 가장 큰 문제는 이들의 행동에 대한 사회의 반응인데, 사실 트랜스젠더 행동은 사회가 그것을 어떻게 바라보느냐의 문제이기 때문에 특정 개인의 '정신' 문제가 아닌 사회문제라고 할 수 있다.[78)]

* 역주: NASW에서 제안한 사회복지 정책들을 정리한 책으로, 3년에 1번 출판됨. (참조: http://www.naswpress.org/publications/practice/speaks.html)

요약

다음은 이 장의 서두에서 제시한 학습목표와 관련된 내용을 요약한 것이다.

A. 역사와 다른 문화에서의 성적 표현 살펴보기

가능한 모든 성적 행동들이 어떤 집단의 사람들에게는 사회적으로 받아들여진다. 허용되는 성 행동인지, 허용될 수 없는 성 행동인지를 규정하는 것은 문화와 시대에 따라 다양하다. 유대교와 그리스도교의 가치, 청교도 영향, 그리고 빅토리아시대 도덕률은 성적 표현을 억압하는 우리의 역사에 많은 영향을 끼쳤다. 지금은 무엇이 미국인들의 성적 코드이고 행동인지 모호하고 혼란스럽다. 과거 수십 년 동안 우리 사회는 성적 가치와 관습에 있어 혁명을 경험해 왔다.

B. 성과 관련된 과학적 연구 고찰하기

4명의 사회과학자들(Sigmund Freud, Alfred Kinsey, William Masters, Virginia Johnson)의 연구는 인간의 성을 이해하는 데 엄청난 영향을 미쳤다. 이들 연구들은 아직까지 어떤 성적 행동은 수용할 만하고 어떤 것은 그렇지 않은가에 대한 일치된 의견이 없기 때문에 사회문제적 접근(social problems approach)은 지양한다.

C. 성적 지향(sexual orientation)에 대한 최근 자료들 살펴보기: 용어에 대한 정의를 포함하여 게이와 레즈비언에 대한 증오범죄, 게이와 레즈비언에 대한 잘못된 사회통념과 사실들, 동성애 발생 비율, 동성애 원인, 게이와 레즈비언의 삶의 경험들, 커밍아웃 과정, 게이와 레즈비언의 최근 이슈들, 전환치료, 트랜스젠더리즘에 대한 소개, 그리고 GLBT(게이, 레즈비언, 양성애자 혹은 성전환자)와 사회사업

성적 지향은 상당한 기간 동안 논의되었다. 게이 활동가들은 homosexual보다 gay라는 용어를 더 선호한다. 이는 homosexuality가 때때로 경멸을 의미하는 꼬리표로 사용되는 등 부정적 의미를 더 많이 함축하고 있기 때문이다.

게이, 레즈비언, 양성애자들은 흔히 증오범죄의 표적이 된다. 게이, 레즈비언들과 관련하여 많은 잘못된 사회통념과 사실들이 존재하는데, 잘못된 사회통념에 대한 사실의 예로 게이와 레즈비언들은 이성애자들과 마찬가지로 잘 적응한다는 것이다.

약 7~8%의 남성과 4~5%의 여성들은 성인기에 적어도 한 번 동성애 경험을 가지고 있다. 남성의 약 2%와 여성의 약 1%는 극단적인 게이/레즈비언이다.

동성애(그리고 이성애)의 원인과 관련하여 여러 이론들이 있으며, 성적 지향은 생애 초기, 아마도 청소년기 훨씬 이전에 형성되는 것으로 보인다. 아직까지 우리는 성적 지향의 원인이 무엇인지 알지 못한다.

대부분의 경우, 게이와 레즈비언은 그들의 성적 지향 때문에 개인 사업장에서 거부된다. 최근 많은 큰 도시들에는 게이와 레즈비언 공동체들이 있다. AIDS에 대한 공포는 게이/레즈비언 공동체들, 특히 게이 남성들에게 많은 영향을 미쳤다.

게이/레즈비언 경험들은 그 자신이 '동성애자임을 밝히느냐 그렇지 않느냐'에 따라 다양하다. 또한 커밍아웃 과정과 심리적인 혼란 등이 기술되어 있다.

게이와 레즈비언에게 영향을 미치는 최근 이슈들로 동성커플 결혼을 인정하는 법률 제정, 동성애자인 피고용자의 파트너에게 제공되는 혜택의 확대, 게이와 레즈비언의 상속 문제, 게이/레즈비언 커플에게 입양을 허용할 것인지의 문제, 이혼한 배우자의 한쪽이 게이 또는 레즈비언일 경우 아동 양육권을 인정할 것인가의 문제 등이 있다.

게이와 레즈비언의 시민권을 인정하는 과정은 더디게 이루어지고 있으나 현재 성적 지향에 기반을 둔 차별은 많은 주에서 불법이다.

사회복지사는 그들이 가지고 있는 동성애 혐오에 직면할 필요가 있다. 주요 사회사업 조직들은 게이와 레즈비언을 위험에 처한 인구 집단으로 본다. 이러한 조직들은 우리 사회에서 게이, 레즈비언, 양성애자들이 경험하는 차별과 억압을 종식시키기 위해 일하는 것이 모든 사회복지사의 의무라고 주장한다. 이성애자가 되도록 게이 또는 레즈비언을 개조하려는 치료적 접근들이 효과적이지 않으며, 게이 또는 레즈비언 클라이언트가 요청하지 않는 한 비인간적인 것이다.

트랜스젠더는 성 정체성이 그 또는 그녀의 생물학적인 성별과 반대되는 사람이다. Transgender라는 용어는 성전환자, 복장도착자, 여장남자 등을 의미한다. 트랜스젠더는 이성애자부터 양성애자, 동성애자에 이르기까지 다양한 성적 지향을 가지고 있다. 트랜스젠더를 포함하여 다양한 성별 지향의 사람들도 여느 다른 사람들처럼 동일한 존중과 권리를 제공받아야 한다. 이 장은 GLBT와 함께 하는 사회사업에 대한 내용으로 마무리되었다.

인터넷 참고자료

CENGAGE**NOW**™ 각 장과 관련된 참고자료는 출판사 홈페이지(www.cengage.com/social_work/zastrow)를 참조하라.

주

1. Havelock Ellis, *Sex and Marriage: Eros in Contemporary Life* (Westport, CT: Greenwood Press, 1977), p. 42.
2. David A. Schulz, *Human Sexuality* (Englewood Cliffs, NJ: Prentice Hall, 1979), p. 4.
3. Don Grubin, "Sexual Offending: A Cross Cultural Comparison," in *Annual Review of Sex Research*, vol. 3, John Bancroft, Clive M. Davis, and Howard J. Ruppel, Jr., eds. (Lake Mills, IA: Society for the Scientific Study of Sex, 1993), pp. 201–217.
4. Janet S. Hyde and John D. DeLamater, *Understanding Human Sexuality,* 9th ed. (Boston: McGraw-Hill, 2006), pp. 380–381.
5. Ibid.
6. John Gagnon and Bruce Henderson, *Human Sexuality: The Age of Ambiguity* (Boston: Little, Brown, 1975), p. 14.
7. Hyde and DeLamater, *Understanding Human Sexuality,* pp. 413–428.
8. Ibid., pp. 349–355.
9. Gagnon and Henderson, *Human Sexuality: The Age of Ambiguity,* p. 16.
10. J. John Palen, *Social Problems* (New York: McGraw-Hill, 1979), p. 544.
11. Ibid.
12. Hyde and DeLamater, *Understanding Human Sexuality,* pp. 276–280.
13. Ibid., pp. 241–244.
14. Ibid.
15. Ibid., pp. 276–280.
16. Linda A. Mooney, David Knox, and Caroline Schacht, *Understanding Social Problems*, 6th ed. (Belmont, CA: Wadsworth/Cengage Learning, 2009), p. 435.
17. Ibid., p. 434.
18. Alfred C. Kinsey, W. B. Pomeroy, and C. E. Martin, *Sexual Behavior in the Human Male* (Philadelphia: Saunders, 1948).
19. Alfred C. Kinsey, W. B. Pomeroy, C. E. Martin, and P. H. Gebhard, *Sexual Behavior in the Human Female* (Philadelphia: Saunders, 1953).
20. William H. Masters and Virginia E. Johnson, *Human Sexual Response* (Boston: Little, Brown, 1966). For a layperson, an excellent summary is Ruth Brecher and Edward Brecher, An Analysis of *Human Sexual Response* (New York: Signet Books, 1966).
21. William H. Masters and Virginia E. Johnson, *Human Sexual Inadequacy* (Boston: Little, Brown, 1970). For a layperson, an excellent summary is Fred Belliveau and Lin Richter, *Understanding Human Sexual Inadequacy* (New York: Bantam Books, 1970).

22. Gagnon and Henderson, *Human Sexuality: The Age of Ambiguity*, p. 14.
23. Hyde and DeLamater, *Understanding Human Sexuality*, pp. 241–244.
24. Ibid., p. 538–550.
25. Robert L. Barker, *The SocialWork Dictionary*, 5th ed. (Washington, DC: NASW Press), pp. 394–395.
26. Hyde and DeLamater, *Understanding Human Sexuality*.
27. NASW, *Social Work Speaks*: 2006–2009, 7th ed. (Washington, DC: NASW Press), p. 247.
28. R. Crooks and K. Baur, *Our Sexuality*, 8th ed. (Belmont, CA: Wadsworth, 2002), p. 62.
29. Karen K. Kirst-Ashman, "Transsexual and Transgender People," in Charles H. Zastrow and Karen K. Kirst-Ashman, *Understanding Human Behavior and the Social Environment*, 7th ed. (Belmont, CA: Brooks/Cole, 2007), p. 497.
30. North Alabama Gender Center, "Transgender 101. A Brief Introduction to Transgenderism," http://www.transgender.org/hsv/hm_tg101.html, p. 4.
31. Barker, *The Social Work Dictionary*, p. 200.
32. Hyde and DeLamater, *Understanding Human Sexuality*, pp. 360–361.
33. Ibid.,
34. Kinsey et al., *Sexual Behavior in the Human Male*, p. 639.
35. Hyde and DeLamater, *Understanding Human Sexuality*, pp. 378–383.
36. Thomas Sullivan, Kenrick Thompson, Richard Wright, George Gross, and Dale Spady, *Social Problems* (New York: Wiley, 1980), p. 537.
37. Hyde and DeLamater, *Understanding Human Sexuality*, pp. 363–372.
38. Ibid., p. 393.
39. Janet S. Hyde, *Understanding Human Sexuality*, 5th ed. (New York: McGraw-Hill, 1994), p. 424.
40. Hyde and DeLamater, *Understanding Human Sexuality*, pp. 370–372.
41. Mooney, Knox, and Schacht, *Understanding Social Problems*, pp. 452–458.
42. Hyde and DeLamater, *Understanding Human Sexuality*, pp. 365–367.
43. Ibid., 494.
44. Ibid., pp. 489–500.
45. Kinsey et al., *Sexual Behavior in the Human Male*; Kinsey et al., *Sexual Behavior in the Human Female*.
46. Hyde and DeLamater, *Understanding Human Sexuality*, pp. 368–370.
47. Ibid., p. 370.
48. Ibid.
49. Alan P. Bell, Martin S. Weinberg, and Sue Kiefer Hammersmith, *Sexual Preference* (Bloomington: Indiana University Press, 1981).
50. Charlene Crabb, "Are Some Men Born to Be Homosexual?" *U.S. News & World Report, Sept.* 9, 1991, p. 58.
51. William F. Allman, "The Biology-Behavior Conundrum," *U.S. News & World Report, Jul.* 26, 1993, pp. 6–7.
52. Ibid., pp. 6–9.
53. Hyde and DeLamater, *Understanding Human Sexuality*, pp. 379–380, p. 408.
54. Kim I. Mills, "Was 1993 'The Year of the Queer'?" *Wisconsin State Journal*, Jan. 1, 1994, p. 4A.
55. NASW, *Social Work Speaks*, p. 246.
56. Mooney, Knox, and Schacht, *Understanding Social Problems*, p. 462.
57. Ibid., p. 462.
58. Ibid., p. 462.
59. Ibid., p. 462.
60. Ibid., p. 462.
61. Ibid., p. 462.
62. Karlein M. G. Schrewrs, "Sexuality in Lesbian Couples: The Importance of Gender," *in Annual Review of Sex Research*, vol. 4, John Bancroft, Clive M. Davis,

and Howard Ruppel, Jr., eds. (Lake Mills, IA: Society for the Scientific Study of Sex, 1994), pp. 49–66.

63. Hyde and DeLamater, *Understanding Human Sexuality*, pp. 362–366.
64. Ibid.
65. Ibid., p. 383.
66. Mooney, Knox, and Schacht, *Understanding Social Problems*, p. 443.
67. Hyde and DeLamater, *Understanding Human Sexuality*, p. 363.
68. Vivienne Cass, "Homosexual Identity Formation: A Theoretical Model," *Journal of Homosexuality*, 4 (1979), pp. 219–235.
69. Boston Women's Health Book Collective, *The New Our Bodies, Ourselves*, 12th ed. (New York: Simon and Schuster, 2005).
70. Charles Zastrow and Karen Kirst-Ashman, *Understanding Human Behavior and the Social Environment*, 7th ed. (Pacific Grove, CA: Brooks/ Cole, 2007), pp. 511–512.
71. Mooney, Knox, and Schacht, *Understanding Social Problems*, pp. 452–466.
72. Ibid., pp 459–460.
73. Hyde and DeLamater, *Understanding Human Sexuality*.
74. Zastrowand Kirst-Ashman, *Understanding Human Behavior and the Social Environment*, p. 516.
75. NASW, *Social Work Speaks*, p. 367.
76. Ibid., p. 368.
77. Ibid., p. 369.
78. North Alabama Gender Center, "Transgender 101," p. 5.

8 CHAPTER

약물남용과 치료 프로그램

Drug Abuse and DrugTreatment Programs

이 장의 개요

- 약물과 약물남용
- 미국 약물사용의 간략한 역사
- 약물남용에 관한 사회적 이론들
- 약물 하위문화
- 일반적으로 사용되는 약물들의 효과와 사실들
- 재활프로그램
- 약물남용 억제를 위한 제언
- 한국의 중독 문제와 치료재활

학습목표

실제로 많은 사람들이 하나 또는 그 이상의 약물을 사용하며 때로는 과도하게 사용하기도 한다. 현재 약물을 남용하고 있는 인구 비율은 상당히 높은 실정이다. 이 장은 다음과 같은 내용으로 구성된다.

A. 약물과 약물남용의 정의
B. 약물사용에 대한 간략한 역사 제공
C. 약물남용에 대한 사회학적인 이론들을 제시
D. 약물 하위문화에 대해 서술하기
E. 대중적으로 사용되는 약물의 효과와 사실을 요약하기
F. 약물남용의 재활프로그램들을 서술하기
G. 약물남용을 억제하기 위한 제안

1. 약물과 약물남용

약리학적으로 약물은 살아있는 유기체의 구조나 기능을 화학적으로 변화시키는 물질(substance)을 의미한다.[1] 이러한 정의에 따르면 약물은 음식, 살충제, 오염된 공기, 오염된 물, 산, 비타민, 중독성 화학물질, 비누, 청량음료 등을 아우르는 말이다. 이처럼 약물에 대한 해석은 너무 범위가 넓기 때문에 일반적으로 사용하기 어렵다. 따라서 각 분야마다 적용 가능하도록 약물의 정의를 내리고 있다. 예를 들어 의학 분야에서 약물이란 고통을 줄이거나 질병을 예방하기 위해 제조한 물질이라고 본다.

사회문제의 관점에서 약물이란 뇌와 신경체계에 직접적으로 영향을 미치는 습관을 형성하는 물질이라고 본다. 약물은 감정, 인지, 신체적 기능, 의식 등에 영향을 미치고, 약물을 남용하게 되면 해로울 수 있다.

약물남용이란 약물을 과도하게 사용하는 것을 의미하며, 약물남용으로 인해 다른 사람들과의 대인관계와 본인의 건강에 위해한 영향을 미치며 사회 자체를 위험하게 만든다. 약물남용을 정의하는 두 가지 주요한 관점이 있는데, 첫째는 약물의 실제적인 효과이고, 둘째는 약물의 영향에 대한 집단 구성원들의 인식이다.

약물의 해로운 영향에 대한 사회 인식은 많은 경우 약물의 실제적인 영향과 일치하지 않는다. 미국에서 성인들이 담배와 알코올을 약간 사용하는 것은 대체적으로 허용되고 있다. 그러나 과도한 음주와 흡연은 심각한 건강상의 문제를 불러일으킬 수 있다. 카페인이 함유된 커피를 마시는 것은 우리 사회에서 허용되고 있지만 이 역시 과도한 사용은 건강상의 문제를 일으킬 수 있다. 1930년대에 미국사회는 대마초가 해로운 약물이라고 확신하여 이를 사용하면 범죄를 일으키거나 정신이상을 일으킨다고 생각했었다. 그러나 지금은 대마초가 알코올보다 덜 위험한 약물이라는 여러 가지 증거들이 제시되고 있다.[2] 헤로인을 간헐적으로 사용하는 것 역시 오랫동안 매우 위험한 것으로 간주하였지만, 최근 발표된 연구 결과, 간헐적인 헤로인 사용자들은 건강에 실제적 피해를 거의 받지 않고 생산적인 삶을 사는 것으로 보고되고 있다.[3]

약물에 대한 사회적인 반응은 약물의 실제적인 위험성에 의해 영향을 받는 것이 아니라, 그것을 사용하는 집단의 동기와 사회적인 특성들에 의해서 영향을 받는다. 예를 들어 헤로인을 사용하는 사람은 높은 범죄율을 보이고 도심지 거주자에게 영향을 미칠 수 있다는 이유로 위험하다고 생각된다. 또한 일반적으로 중년층이 스트레스와 불안을 감소시키기 위해서 약물을 사용하는 것은 허용적이지만, 대학생들이 '좋은 기분을 느끼려고' 약물을 사용하는 것은 상대적으로 덜 허용적이다. 놀라운 사실은 담배나 알코올과 같이 합법적인 약물은 더욱 많이 남용하게 되고, 불법적인 약물보다 우리 사회에 더욱 해로운 영향을 끼치게 된다는 것이다.

최근 미국에서 가장 많이 사용되는 약물은 아스피린이다. 많은 미국인들이 아스피린이 고통이나 다른 불편함들을 감소시킨다고 믿고 있다. 그러나 과도한 양을 복용했을 경우 아스피린 역시 몸에 해로우며 위장출혈, 위궤양 및

다른 질병들을 일으킬 수 있다.

의사의 처방에 의한 처방 약물들 역시 남용되고 있다. 가장 많이 남용되고 있는 처방 약물들은 신경안정제, 진통제, 진정제이다. 다량의 비타민 A나 비타민 D 역시 중독성을 가지고 있다.

많은 미국인들은 강박적으로 약을 사용하고 있으며 많은 처방 약물들이 심리적·신체적 중독을 일으킬 수 있는 잠재력을 가지고 있다. 약물회사들은 체중감소, 수면문제 등의 문제를 발견한 소비자들에게 약의 안전성을 확신시키기 위해 천문학적인 숫자의 돈을 홍보비로 사용한다.

합법적이고 쉽게 구할 수 있는 약물이라고 해서 해롭지 않은 것은 아니다. 알코올과 담배는 합법적인 약물이지만 둘 다 우리 건강에 심각한 해를 끼친다. 많은 경우 약물에 대한 수용성을 결정하는 근거는 비논리적이다. 알코올과 같이 우리 사회의 지배적인 문화에 의해 허용되는 약물은 일반적으로 잘 받아들여지는 반면에, 소수 하위문화에 의해 지지되는 약물들은 금지되고 있다. 북아프리카와 중동의 많은 지역에서 대마초는 합법적인 약물이지만, 알코올은 불법적인 약물이다.[4] 미국에서는 코카인 사용에 매우 심한 처벌을 하지만, 안데스 산맥의 특정지역에서는 코카인이 합법적이며 널리 사용되고 있다.[5]

습관형성 약물의 특징은 심리적, 신체적인 의존성을 일으킨다는 것이다. 심리적인 의존이 발생하면 약물을 사용하지 않을 때 심리적으로 불편함을 느끼게 되고, 신체적인 의존이 발생하게 되면 약물을 사용하지 않을 때 미약한 떨림부터 심각한 경련까지 다양한 형태와 범위의 신체적 금단증상(withdrawal symptoms)을 경험하게 된다. 약물사용자들은 일반적으로 자신이 원하는 효과를 얻기 위해 점차적으로 사용량을 증가시키는 내성(tolerance)을 발달시키게 된다. 내성이란 약물을 사용했을 때 느낄 수 있는 좋은 기분과 같은 약물의 효과를 느끼기 위해서 더 많은 양, 더 많은 시간에 약물을 사용하게 되는 것을 말한다. 아스피린과 같은 약물은 내성을 일으키지 않을 수도 있지만 일반적으로 약물을 사용하게 되면 내성이 생긴다.

약물중독(*drug addiction*)이라는 용어가 내포하는 의미가 많기 때문에 약물중독을 한 가지로 정의하기 어렵지만, 약물중독은 특정한 약물에 대한 강렬한 갈망을 느끼는 것이라고 할 수 있다. 초콜릿이나 아이스크림을 먹은 후에 느끼는 갈망과 약물중독을 구별할 때 일부 전문가들은 특별한 약물을 남용한 후에 심리적인 의존 성향이 있는가를 기준으로 삼기도 한다. 그러나 대부분의 중독자들은 신체적인 금단증상이 사라진 후에도 심리적인 갈망이 줄어들지 않게 되고, 그 결과 지속적으로 약물을 사용하게 된다. 따라서 약물중독이란 약물을 남용하여 신체적인 의존이 나타난 후에 강렬한 갈망이 나타나는 것으로 정의하는 것이 유용하다.[6]

왜 미국인들은 약물을 남용하게 되는 것일까? 많은 사람들이 좋은 느낌, 현실로부터의 도피, 이완효과, 수면효과 등과 같은 이유로 약물남용을 하게 된다. 약물은 분명히 기능적인 욕구(예: 불편한 감정의 일시적인 감소)를 충족시키지만, 심각한 부작용을 불러일으킬 수 있다. 넓은 의미에서 보면 우리 사회의 많은 부분들이 약물사용을 격려하고 낭만적으로 보게 만든다.

2. 미국 약물사용의 간략한 역사

1620년에 청교도들이 미국을 향해 출발할 당시 배에 14톤의 물, 10,000갤런의 와인과 42톤의 맥주를 실었다.[7] 그 이후로 미국인들은 약물을 많이 사용하고 남용하고 있다.

시민전쟁 이후에 부상당한 군인들이 고통을 경감시키려는 목적으로 마약류를 사용하였고 이후 많은 사람들이 중독자가 되었다. 마약중독은 1860년대부터 1910년 사이에 심각한 문제가 되었다. 그 후 20세기로 넘어오면서 전체 미국인의 약 1%가 마약중독자(narcotic addicts)가 되었고 이는 미국 역사상 가장 높은 약물중독자 비율로 나타났다.[8] 그 당시 헤로인과 모르핀을 포함한 마약은 많은 대중들이 사용하였고, 위장 통증과 치아 통증을 없애주는 약물로 사용하였으며 약국과 식료품점에서는 마약을 팔았다. 이러한 마약의 매매 행위는 1914년 'Harrison Narcotics Act'에 의해서 법적으로 금지되었고, 마약류는 의사의 처방전이 있어야만 판매하도록 하였다.

식민지 시대에 담배는 기호식품으로 가장 많이 애용된 약물인데 1870년대 이후에 담배사용자가 많이 증가하였다. 1900년대 초기 14개 주에서 담배 판매가 금지되었다. 그 이유는 담배가 알코올사용을 증가시키고, 성적 이상행동, 정신이상 등을 일으키는 '디딤돌' 역할을 한다고 생각했기 때문이다. 오늘날 흡연으로 인한 신체적인 해로움에 관해 잘 알려졌음에도 불구하고 담배는 가장 널리 이용되는 약물 중 하나이다.

19세기 중반에 대마초는 대도시의 예술가들에 의해서 종종 사용되다가, 20세기 초반 미국에 거주하고 있는 라틴계, 아프리카계 사람들이 피우기 시작했다. 대마초는 '제멋대로인' 행동을 일으킨다고 생각되었고, 미국 남부에서 대마초를 금지하는 첫 번째 법이 통과되었다. 1937년 미 연방 마약국의 담당자는 대마초를 '젊음의 암살자'라고 이름붙이기도 하였다. 대중매체에서는 대마초 사용자들을 '미친 약물중독자들'로 묘사하면서 캠페인을 실시하였고, 그 후에 이러한 캠페인이 계속 진행되면서 대마초는 위험하며 다른 약물중독사용으로 가는 주요 매개체가 된다고 주장하였다.[9] 그럼에도 불구하고 1960~1970년대에 대마초는 청소년, 대학생, 약물 하위문화, 일반 대중에게 널리 퍼지게 되었고 대마초의 사용과 그 효과에 대한 논쟁은 아직까지도 계속되고 있다. 2008년 Obama 행정부는 '의료용'으로 대마초를 사용하는 것을 합법화한 워싱턴 D.C와 18개 주에 대해 개입하지 않겠다고 선언하였고, 지난 2012년 대선 이후 콜로라도 주와 워싱턴 주에서는 주민투표를 통해 21살 이상 성인에게 처방전 없이도 오락을 목적으로 대마초를 재배, 판매, 소유할 수 있는 법을 통과시켰다.

청교도들이 미국에 들어간 이후로 알코올을 계속 사용해 왔고, 알코올이 사회적인 문제가 되는가에 대해서는 양분된 주장이 제기되고 있다. 미국의 금주조합(Temperance Union)은 1800년 초에 만들어졌고, 금주조합은 여성기독교금주조합(Women's Christian Temperance Union) 등의 다른 금주 조직으로 발전하였다. 알코올은 범죄, 가족 해체, 실업 등의 많은 사회적 문제를 양산하고 있다. 빈곤자, 이민자, 소수집단 등은 알코올의 주요한 소비자들이다. 19세기 중반 이후에는 많은 주에서 술 판매를 금지하여, 1846년과 1855년 사이에는 메인 주를 필두로 해서 13개 주가 금주를 시행하여 보았으나 결국 남북전쟁 후인 1865년, 1866년에 모두 폐기하기에 이르렀다. 그 후 1910년 새롭게 금주운동이 시작되었고 1912년에는 9개 주, 1916년 23개 주가 본격적으로 금주운동을 시작하였다. 1919년 1월 16일 '주류판매 및 양조금지'를 주 내용으로 하는 금주법(Prohibition) 18차 수정안이 비준되었고, 1년 후인 1920년 1월 19일 효력을 발생하게 되었다. 이 금주법은 결과적으로 보기 드문 악법이었고, 이 법률 때문에 술을 밀수, 밀송, 밀매하는 범죄조직이 활발하게 되었으며 조직적인 범죄의 추진력이 되었다. 이러한 문제들로 인하여 1933년 18차 헌법안이 폐지되고, 금주는 각 주법이나 지방조례에 의한 권한이 되었다.[10] 다시 중산층과 중상류층 사람들이 알코올을 합법적으로 사용하게 되었고, 그 결과 알코올은 사회적으로 문제가 되는 약물이라는 오명을 벗게 되었다.

약물의 역사를 살펴보면서 흥미로운 사실은 지난 100년 동안 마약류는 그 해로움에 대한 책임을 져야 하는 약물로 변화된 반면, 알코올은 마약류와는 정반대 방향으로 변화되었다는 것이다.

3. 약물남용에 관한 사회적 이론들

》 아노미 이론

아노미 이론은 Emile Durkheim[11]과 Robert Merton[12]에 의해 널리 퍼지게 되었고, Merton은 사회적 상식에서 벗어난 행동을 설명하기 위해 아노미 이론을 사용했다. 한 사회의 구성원들이 정상적인 것으로 인정하는 규범의 한계를 벗어난 행동을 일탈 행동이라고 한다. 그런데 어떠한 행동이 일탈 행동인가 아닌가 하는 것은 시대와 사회에 따라 차이가 있을 수 있다. 그 이유는 사회적 행동을 평가하는 가치관이나 규범이 역사적 조건이나 사회적 상황에 따라 달라질 수 있기 때문이다. 일탈 행동을 일으키는 원인이나, 한 개인이 일탈 행위자로 되는 과정에 대해서는 여러 가지 견해들이 있다. 그 가운데 '아노미(anomie)' 현상이 일탈 행동을 일으키는 근원이라고 보는 견해가 있다. 이에 따르면 사회에는 안락한 환경, 존경받는 직업 등과 같이 그 구성원들이 바람직하다고 여기거나 달성하고자 하는 목표들이 있으며, 구성원들은 여러 가지 수단과 방법을 통하여 그 목표를 성취하고자 노력한다는 것이다. 그런데 사회적인 목표는 분명하지만 그것을 성취할 만한 적절한 수단들이 제공되지 못할 경우에, 목표와 수단이 어긋나서 규범 부재나 혼란의 상태를 보이게 되는데, 이와 같은 현상을 아노미라 한다. 사회가 아노미 상태에 있을 때에 구성원들은 원하는 바를 얻기 위해 규율을 깨뜨리기도 하여, 일탈 행동을 하게 된다는 것이다. 아노미 이론을 약물남용에 적용해보면, 한 개인이 자신의 목적을 성취하는 것을 방해받았을 때 술을 마시거나 다른 약물을 사용하게 되는 것이다. 즉 약물은 성취하고자 하는 목표를 달성하지 못함으로써 느끼는 고통을 피하기 위한 수단과 대체물로서 사용된다는 것이다.

Merton은, 만약 사회가 사람들이 실제적으로 성취할 수 있는 목표를 설정하고, 그 목표를 성취하기 위해 모든 사람들이 합법적인 수단을 사용할 수 있다면 약물남용은 감소할 것이라고 주장한다. 그러나 아노미 이론은 목적달성에 성공한 것처럼 보이는 사람이 약물남용자인 경우를 잘 설명하지 못하고 있다.

》 낙인이론

낙인이론(labeling theory)은 1960년대 이후에 본격적으로 대두하여 범죄학에 매우 큰 영향을 미친 이론이다.[13] 낙인이론에서 약물남용을 보는 관점은 약물사용자에게 '남용자'라는 낙인을 찍음으로써 약물남용자가 된다는 것이다. 초기에 약물을 간헐적으로 사용했던 사람이 술에 취할 정도로 마신다거나, 대마초를 피우는 등 다른 사람에 의해 승인받지 못하는 약물사용에 탐닉하게 된다. 이러한 사용자들은 자신을 '남용자'로 보지 않는다. 그러나 만약 부모, 경찰, 선생님과 같은 중요한 타인에 의해서 '중독자', '술고래' 등의 낙인을 공공연하게 받게 될 때, 약물사용자들은 이들의 밀접한 관찰을 받게 된다. 중요한 타인에 의한 계속적인 감시 아래서 지속적으로 약물을 사용한다면 낙인은 점점 확실해지는 것이다. 즉 이러한 일들이 발생할 때 간헐적인 사용자는 습관적인 약물남용자로서의 '진전'을 시작하게 되는 것이다.

낙인이론에서는 낙인을 피함으로써 약물남용이 감소될 수 있다고 주장한다. 즉 간헐적인 약물사용자를 마치 '약물남용자'처럼 취급하지 않는 것이다. 그러나 이 이론은 '약물남용자'라고 낙인을 부과하기 전에 이미 약물남용자가 된 사람들에 대해서 설명하지 못한다는 단점이 있다.

》 차별적 접촉이론

이 이론은 미국의 범죄학자 Edwin Sutherland[14]의 비행 행위를 설명하는 사회학적 이론으로서, 개인의 행동은 자신과 상호작용을 하는 작고 친밀한 집단에 의해 중요하다고 생각되는 가치와 행동에 의해 결정된다고 주장한다. 이 이론을 약물남용에 적용해보면, 차별적 접촉이론은 사람들이 관계하고 있는 하위 집단의 약물사용 개념을 습득하고 배우게 될 것이라고 주장한다. 하위 집단은 가족, 이웃, 동료, 종교, 사회적 집단들을 포함한다. 차별적 접촉이론은 윤리적, 종교적으로 다양한 집단에서 나타나는 알코올 중독자의 비율의 차이를 설명하는 데 사용된다.

예를 들어 미국에 살고 있는 아일랜드인과 이탈리아인, 유태인의 음주 형태의 차이점을 볼 수 있다. 이탈리아인 하위집단은 식사시간에 어느 정도의 알코올 사용을 받아들이고 있고 식사와 함께 포도주를 먹는 것이 식습관의 한 부분이다. 그러나 과도한 음주를 찬성하지는 않는다. 결과적으로, 이탈리아인들은 보편적으로 음주를 하지만 술에 취하는 사람이나 알코올중독자는 비교적 적다.[15]

유사하게 유태인들도 알코올을 종교적인 의식으로 포함시켜 보편적으로 사용하고 있지만, 사회적으로 알코올의 부정적인 효과를 불러일으키는 영역을 최소한으로 제한하고 있다. 즉 유태인들은 알코올중독자에 대한 부정적인 개념이 강하기 때문에 유태인 중에도 알코올중독자가 드물다.[16]

이와는 정반대로, 아일랜드인들의 하위문화는 특히 성인남자의 과도한 음주를 관대하게 다루고 있고, 음주는 긴장과 좌절을 경감시켜주는 방법이라고 여긴다. 따라서 이러한 개념 속에서, 아일랜드계 미국 성인 남자 중 알코올중독자의 비율이 비교적 높게 나타난다.[17]

물론, 다른 하위문화에서도 약물규범이 재사회화되기도 한다. 예를 들면, 십대 청소년이 대마초 사용을 금지하는 가족에서 자랐더라도 대마초 사용을 허용하는 학교의 하위집단과 접촉하면서 대마초 사용에 대한 개념이 재사회화되는 것이다.

비판적 사고를 위한 질문 ?

당신이 알고 있는 약물남용자 3명을 생각해보라. 당신은 이 사람들이 왜 약물을 남용한다고 생각하는가?

지금까지 약물남용에 관련된 이론들을 살펴보았다.[18] 그러나 각각의 이론이 약물남용의 모든 사례를 다 설명하지는 못한다. 어떤 사례에는 적용될 수도 있고, 적용되지 않을 수도 있다.

4. 약물 하위문화

약물사용 여부를 결정하는 데는 사용자들의 개인적 특성과 가족 배경뿐만 아니라 동료들의 태도 또한 영향을 미친다. 또한 어떤 약물을 복용했는지, 몇 번이나 복용했는지, 1회에 어느 정도 복용했는지 그리고 약물을 복용할 때 다른 어떤 활동들을 했는지 등의 여부도 약물사용 여부를 결정한다.

하나 또는 그 이상의 약물사용을 지지하는 동료들의 집단을 약물 하위문화(drug subcultures)라고 한다. 대부분의 약물사용은 약물사용을 인정하는 사회적 집단 내에서 일어난다. "대마초 사용자가 되는 것"에 관한 고전적인 연구에서, Howard Becker는 대마초를 피우는 데 있어서 동료집단이 개인의 학습에 중대한 영향력을 행사한다는 것을 발견하였다.[19] 집단은 초보흡연자를 받아들이고, 새로운 흡연자에게 최고로 즐거운 경험을 인식하는 방법을 가르친다. 약물 하위문화에서 집단의 구성원들은 더 많은 약물사용을 독려하고, 집단의 규범을 수용하기보다 기존의 규범을 거절하도록 신입들에게 가르친다.

약물 하위문화는 다른 약물들과 관련하여 유사한 기능을 하는 것으로 보이는데, 약물 하위문화에서는 합법적인 약물보다 불법적인 약물사용을 발달시키기 쉽다. 알코올, 대마초, 헤로인, LSD, PCP, 코카인의 사용은 약물 하위문화에서 일반적으로 발견된다.

미국의 많은 도시에서 청소년과 성인들을 포함하는 갱의 구성원들이 형성되었고 이들 조직은 불법약물의 광범위한 사용 및 배포와 관련되어 왔다. 많은 경우 갱조직의 구성원들은 자신들의 약물습관을 재정적으로 지지해줄 수 있는 다른 범죄들—절도, 강도 등—과 연관되어 있다.

비록 약물 하위문화가 사회에 대한 역기능적인 역할을 하고 있지만, 약물 하위문화는 사용자에게 있어 중요한 기능을 담당하고 있다. 즉 약물 하위문화는 약물사용방법에 대한 안내를 제공하고 안전한 투약의 한계점에 대해 안내하고 있다. 이들 문화는 약물의 부정적인 효과들을 다루는 데 도움을 주고, 약물을 구하는 방법, 약물을 사용했을 때 체포되지 않는 방법 등을 제공한다. 이들 문화는 또한 약물사용 효과의 즐거움을 고양시키기 위해 파티형태의 분위기를 제공하기도 한다.

5. 일반적으로 사용되는 약물들의 효과와 사실들

》 진정제

알코올

알코올은 미국에서 가장 많이 사용되는 약물이다. 많은 사람들이 알코올이 심각한 사회적인 문제를 일으킨다는 사실을 알고 있으면서도 여전히 많이 사용하고 있다. 사회적인 음주는 사회의 관습과 밀접하게 관련되어 있다. 미국 내 여러 지역에서 이웃이나 친구들과의 사회적 만남이 이루어지는 장소가 술집이다. 대학생이 데이트를 하거나 회사원이 업무를 위해 술집을 이용하고 있다. 이렇듯 알코올은 미국사회에서 가장 널리 쓰이는 약물이다.

알코올은 맥주, 와인, 브랜디, 위스키, 보드카, 럼, 기타 중독성 음료를 포함한 무색의 액체이다. 미국의 21세 이상 소비자들은 1년에 평균 22갤런의 맥주와 2갤런의 포도주, 1.5갤런의 독주를 마신다.[20]

음주가 미국사회의 관습에 밀접하게 연관되어 있기 때문에, 음주하지 않는 사람은 '흥을 깨는', '이상한', '건방진' 사람으로 취급받게 된다. 알코올성 음료를 마시는 것은 결혼식, 생일파티, 크리스마스 파티, 졸업과 같은 축하행사에는 꼭 있어야 하는 것으로 여긴다. 교회에서는 세례의식으로 와인이 사용되며, 많은 대중가요들이 음주를 미화하고 있다. 많은 미국인들이 과음을 하거나 음주량을 조절하지 못한다.

많은 음주자들은 알코올이 자극제라고 생각한다. 그 이유는 알코올이 긴장을 감소시키고 성적, 공격적인 성향을 낮추고, 대인관계를 촉진시키며, 술을 조금이라도 마시면 말을 더 많이 하는 것처럼 보이기 때문이다. 그러나 알코올은 중추 신경계를 억제하는 물질이기 때문에 흥분성 신경조직을 저하시킨다.

알코올은 정신활동, 사고능력, 언어능력, 근육반응을 둔

표 8.1 중독약물: 용도, 효과, 중독 가능성

분류	약물명	상표명/속어명	의학적 용도	신체적 의존성	심리적 의존성	내성	사용 시	과사용 시	금단증상
자극제	Cocaine	Coke, Crack, Snow	국소마취	가능	경구(중) 혈관(고) 흡입(고)	가능	각성증가, 흥분도취, 심박증가, 혈압상승, 불면, 식욕감퇴	초조, 체온저하, 환각, 경련, 사망가능	자극과민, 심한 우울증, 과수면, 무감동, 방향상실
	Amphetamines	Bipheamine, Dexedrine 등	살빼기, 과활동 발작성 수면			유발			
	Methylphenidate	Ritalin							
	Phenmetragine	Preludin							
	Caffeine, Nicotine	다양한 상품	없음	중~고	중~고				
억제제	Chloralhydrate	Noctec	수면유발	중	중	가능	발성불명, 방향상실, 갈짓자 걸음, 취한 행동	약한 호흡, 냉습피부, 약하고 빠른 맥박, 혼수상태, 사망가능	불안, 불면, 진전(떨림), 경련, 망상, 사망가능
	Barbiturates	Amital, Butisol, Nembutol, Seconal 등	마취, 항경련제, 진정, 수면유발	중~고	중~고	유발			
	Benzodiazepines	Ativan, Librium, Valium, Dalmane 등		저~중					
	Alcohol	다양한 종류	없음	중	중				
아편제	Opium	Pantofen, Parepectolin	통증감소, 지사제	고	경구(중), 흡연(고)	유발	도취, 졸림, 호흡이완, 구토감	약하고 느린 호흡, 냉습피부, 동공축소, 혼수상태, 사망가능	콧물, 하품, 식욕감퇴, 진전, 공황 발한, 경련, 구토감
	Morphine	Morphine	통증감소	고	중				
	Codeine	다양한 상표	통증감소, 기침억제	중	중				
	Heroine	여러 가지 이름	없음	고	혈관(극고)				
	Methadone	Dolphine	통증감소, 아편대체제	고	중				
환각제	LSD	Acid 등	없음	없 음	저	유발	착시, 환각, 신체지각, 장애, 정서적 반응	정신병과 유사한 반응	보고 안 됨
	Psilocybin	Mushroom, Shroom							
	Mescaline	Mesc, Cactus 등							
	Phencyclidine	PCP, Angel dust	동물마취	극저	고				
대마제	Marijuana	Pot, Grass, Weed 등	연구 중	극저	중	유발	도취감, 편안한 억제감, 식욕증진, 기억, 주의장애	(고용량 사용 시) 피로감, 망상, 정신병적 반응	(드물게 발생) 불면, 과활동
	Tetrahydrocannabinol	THC, Marinol	녹내장						
	Hashish	Hash	없음						

감시킨다. 또한 인지를 왜곡하고, 어눌한 발음, 기억력 장애, 호흡곤란을 일으킨다. 음주량이 증가함에 따라 인사불성, 혼수상태를 일으키고 결국에는 죽음에 이르기도 한다. 숙취는 두통, 가슴통증, 속쓰림, 메스꺼움을 일으킨다.

1990년, 과학자들은 여성의 위가 남성의 위보다 알코올을 더 느리게 분해한다는 사실을 발견하였다. 그 결과 일반적으로 여성은 남성에 비해 좀 더 빨리 중독에 이르게 된다. 남성은 여성보다 좀 더 풍부한 분해효소를 갖고 있는데, 이러한 분해효소는 알코올이 혈류에 도달하기 전에 위에서 알코올을 분해한다. 이러한 발견은 남성 알코올중독자에 비해 상대적으로 여성 알코올중독자에게 간경화, 빈혈 등의 의학적인 합병증이 더 많이 발생하는 이유를 설명하는 데 도움이 되었다.[21)]

누가 술을 마시는가? 한 개인이 술을 마실 것인지, 마신다면 얼마나 마실 것인지 등의 여부와 관련된 일차적인 요인들은 생물학적 요인, 사회경제적요인, 성, 연령, 종교, 주거 지역 등과 관계가 있다.[22)]

- **생물학적 요인들**: 가까운 친척 중 알코올중독자가 있는 사람은 다른 사람에 비해 알코올중독자가 될 확률이 4배나 높다. 이러한 경향은 자신의 생물학적 가족으로부터 떨어져 입양되어 비알코올중독 가족에서 성장한 자녀들의 경우에도 유사하다. 그러한 연구 결과들은 음주와 알코올중독이 생물학적 요인에 기인할 수 있다는 것을 나타내고 있다. 어떤 아시아 인종은 알코올에 매우 부정적으로 반응하기 때문에 알코올중독자가 될 수 있는 위험성이 감소되는 경향이 있다. 반면에 다른 인종은 알코올에 대한 내성이 낮아서 알코올중독자가 될 수 있는 위험이 높다.
- **사회경제적 요인들**: 사회경제적 수준이 높은 젊은 남자가 더 자주 음주를 하는 반면, 사회경제적 수준이 낮은 나이 든 여성들이 적게 음주하는 경향을 보인다.
- **성(*gender*)**: 남자는 여자보다 알코올을 더 많이 사용하고 남용한다. 그러나 최근 10년 동안 성인여자들의 알코올중독이 많이 증가하였다. 한 가지 이유로는 여성 음주를 금기시하는 문화가 약해졌다는 점이 있다. 더불어 우리 사회 여성의 역할 변화 또한 증가하는 여성 음주의 원인이 된다.
- **연령**: 젊은 사람보다 나이 든 사람들이 술을 적게 마시는 경향이 있다. 과음주의 연령대는 남성의 경우 12~30세이며 여성의 경우는 31~50세로 나타났다.
- **종교**: 종교를 가지고 있지 않는 사람들이 종교를 가진 사람보다 술을 많이 마시는 경향이 있다. 개신교인보다 가톨릭교, 감리교인들이 과음주를 하는 경향이 있다.
- **주거지역**: 도시 거주자들이 시골 거주자들에 비해 더 자주 음주하는 경향이 있다.

표 8.2 알코올 혈중농도와 그 영향

혈중 알코올농도	영향
0.05%	경계심이 낮아지고 '고양된'느낌
0.10%	억제능력 상실, 반응의 감소
0.20%	감각과 운동 기술의 심각한 훼손
0.30%	인지기능과 이해력 손상, 운동실조, 경련
0.40%	사고와 판단, 억제력 상실, 무의식, 혼수, 사망
0.50%	잠재적 사망

출처: Adapted from Oakley S. Ray, *Drugs, Society, and Human Behavior* (St. Louis, MO: Mosby, 1972), p.86; Erich Goode, *Drugs in American Society* (New York: Knopf, 1972), pp. 142-143.

1980~1990년대 미국 연방정부는 각 주에 상당한 재정적 압력을 가해서 법적 음주 허용 연령을 21세로 상향 조정하였다. 또한 각 중등학교, 대학교 등에 알코올인식 프로그램을 시작하였으며, 많은 사업장과 고용주들은 음주문제나 알코올중독 문제를 가진 근로자들에게 치료서비스들을 제공하는 직장인지원 프로그램(Employee Assistance Programs, EAP)을 제공하고 있다. 또한 음주운전에 대한 법적인 제재가 더욱 강화되었다. 음주운전에 반대하는 어머니들의 조직(Mothers Against Drunk Driving, MADD), 음주운전을 반대하는 학생들의 모임(Students Against Drunk Driving, SADD)과 같은 단체들이 음주운전의 위험성에 대한 대중의 인식을 성공적으로 크게 증진시켰다. 최근에는 술을 너무 많이 마시는 것이 더 이상 세련되고 현대적이라고 생각하지 않는 문화적인 규범이 나타나고 있다. 그러나 이러한 경향들에도 불구하고 미국에서는 여전히 알코올남용과 알코올중독자의 비율이 매우 높다.

음주이유 음주 초기에는 파티, 저녁식사 전·후의 행복한 시간과 같은 다양한 상황에서 술을 마시는 사회적인 패턴이 사람들의 음주에 영향을 미치게 된다.

물론 개인적인 이유들도 있지만, 어떤 사람들은 술을 마시는 행동이 '사회적인 윤활제' 역할을 하여 다른 사람들과의 관계를 쉽게 할 수 있다고 한다. 또한 자신의 문제에 대한 고통을 경감시켜 주기 때문에 음주를 하기도 하며 불면증인 경우 수면을 위해서 음주하기도 한다. 사람들은 종종 외로움, 불안, 우울, 부적응, 불안정, 죄책감, 분노와 같은 원하지 않는 감정들을 제거하기 위해서 술을 사용한다.

알코올중독(*alcoholism*)이라는 용어는 문제음주자(problem drinker)와 알코올중독자(alcoholic) 사이를 분명하게 구분할 수 없기 때문에 모호한 용어이다. 그럼에도 불구하고 알코올중독은 알코올을 반복적으로 과도하게 사용함으로써 개인의 직업 수행, 건강, 대인관계 등에 해로운 영향을 미치는 것으로 규정한다.

음주를 중단한 많은 알코올중독자들은 반드시 완전히 단주해야 한다. 만일 이들이 다시 음주를 시작하면, 이들은 다시 강박적이고 조절할 수 없는 충동으로 인해 계속 음주하게 될 것이다. 이러한 이유 때문에 Alcoholics Anonymous에서는 "한 번 알코올중독자면, 영원한 알코올중독자이다"라고 주장한다. 이에 대해 아직까지 많은 논쟁들이 있지만 일부 연구 결과들에 따르면 어떤 알코올중독자들은 치료 후에 사회적 음주자(social drinker)로 돌아간다고 주장한다.[23] 그러나 이러한 연구 결과는 많은 치료기관들에 의해 강도 높게 비판받고 있는데, 이런 주장이 음주를 중단하고 있던 일부 알코올중독자로 하여금 다시 가벼운 음주를 하게 만들고, 이로 인해 즉각적으로 과도한 음주로 되돌아가게 만든다는 이유 때문이다.

미국에 있는 각각의 알코올중독자들은 최소한 자신과 가까운 4명의 사람들—배우자, 가족, 고용주 등—에게 영향을 미친다. 알코올중독자 중 약 2/3가 남성이지만, 최근 30년 사이에 여성 알코올중독자의 비율이 증가하고 있다.[24] 사람들의 고정관념과는 달리 단지 5% 정도의 알코올중독자들만이 노숙자들이며,[25] 대다수의 알코올중독자들은 일반적인 사람들이다.

알코올중독자가 되는 시간은 사람에 따라 다르게 나타나며, 어떤 사람은 매우 빨리 중독으로 진행하고, 어떤 사람들은 10년, 20년, 30년의 시간에 걸쳐 중독으로 진행하기도 한다.

알코올에 의한 건강문제들 알코올중독자들의 기대수명은 알코올중독자가 아닌 사람들의 수명보다 10~12년 정도 짧다.[26] 여러 가지 이유들이 있는데, 먼저 알코올은 간세포를 파괴하고 세포조직에 상처를 남긴다. 세포조직의 상처가 확장되면 간경변이 되며, 이러한 의료적 상태로 인한 사망은 매년 27,000명 이상에 달하고 있다.[27]

비록 알코올이 높은 칼로리를 가지고 있다고 하더라도 우리 몸의 건강에 도움이 되는 가치 있는 식품은 아니다. 과도한 음주는 영양 부족의 원인이 되기도 하며, 비타민 부족으로 고통을 유발하기도 하고, 전염병에 쉽게 걸리게 되는 원인이 되기도 한다.

또한 과도한 음주는 신장과 심장 질환과도 관련이 있고, 당뇨와 암의 원인이 되기도 한다. 아울러 과도한 음주는 해마다 발생하는 수천 건의 자살 사건과 관련이 있다.[28] 예를 들어 알코올과 진정제를 함께 사용하면 중추신경계를 마비시켜 혼수상태가 되거나 사망을 일으킬 수 있다. 과도한 음주는 호흡기마비나 무의식상태에서 구토 등으로 인해 죽음에 이를 수도 있다.

흥미롭게도 아직은 명확하게 알려지지 않은 이유로 약하거나 보통수준의 음주를 하는 사람들의 기대수명이 비음주자들보다 높게 나타난다.[29] 아마도 간헐적인 음주는 사람들이 긴장을 푸는 것을 도와주고 이로 인해 생명을 위협하는 스트레스 관련 질환들의 발병 가능성을 감소시키는 것으로 추정할 수 있다.

알코올과 다른 약물을 함께 사용하면 치명적인 결과를 불러오게 된다. 많은 경우 두 가지의 약물은 시너지 효과를 나타내서 한 가지 약물이 만들어 내는 것보다 더 많은 효과를 만들어 낸다. 예를 들어 알코올과 진정제를 함께 사용하면 중추신경계를 마비시켜 혼수상태가 되거나 죽음을 일으킬 수 있다.

다른 약물은 알코올과 상반되는 반응을 하는 경향이 있다. 예를 들어 많은 의사들이 환자가 술을 마시는 것을 주의시키고 있는데, 그 이유는 알코올이 다른 약물의 긍정적인 효과를 감소시키기 때문이다.

술로 인한 신체적인 금단증상은 환각과 빠른 심장박동, 조절되지 않는 전율, 메스꺼움, 발한 등을 일으킨다.

음주운전 알코올은 모든 자동차 사고로 인한 사망과 많은 심각한 교통사고로 인한 손상발생의 약 40%를 불러일으키는 주요위험요인이다.[30] 매년 미국에서 만 명 이상의 사람들이 음주운전으로 구속된다.[31] 1997년 8월 영국 Diana 왕세자비는 36세의 나이에 음주운전 사고로 사망하였다. Diana 왕세자비 차량 운전자는 프랑스 파리의 터널에서 충돌사고가 발생했을 때, 만취상태였다. 음주운전을 반대하는 어머니들의 모임인 MADD(Mother Against Drunk Driving)에서는 음주운전에 대한 법률제정 및 법률시행을 실시하도록 하였으며, TV와 라디오 같은 대중매체는 음주운전의 결과에 관한 공공교육과 프로그램을 방송하였다.

알코올과 범죄 알코올은 주류법 위반, 난잡한 행동, 부랑 등의 경미한 범죄의 1/9과 연관이 있다.[32]

또한 살인, 아동 성범죄, 여성에 대한 성범죄 등의 주요한 범죄와도 연관되어 있다.[33] 알코올이 이러한 범죄들의 주요한 원인이라고 말할 수는 없지만, 그러한 범죄발생 가능성을 증가시키는 데 기여하는 원인인 것으로 보인다.

보기 8.1 태아알코올증후군

태아알코올증후군(fatal alcohol syndrome, FAS)은 임신한 여성이 임신 중에 음주를 함으로써 태아에게 신체적 기형과 정신적 장애가 나타나는 선천성 증후군을 말한다. FAS는 어머니의 임신 중 음주에 직접적인 원인이 있다. 임신부가 언제 음주를 하느냐에 따라 다르며, 정기적으로 음주, 폭음, 음주량 등에 따라 태아에게 미치는 정도가 다르게 나타날 수 있다. 임신 중 만성적 음주뿐만 아니라, 과음, 임신 전 기간에 걸쳐 소량의 알코올을 마신 경우에도 태아알코올증후군을 가질 가능성이 있다. FAS는 음주하는 모태의 자궁 내에서 알코올에 노출된 태아에게서 자궁 내 성장과 생후발달이 저해되어 발생할 수 있다. 임신 중 산모의 알코올섭취는 태아의 성장이나 면역체계, 신체적, 정신적 문제 발생에 영향을 미칠 수 있다. 만일 임신 중 음주를 하지 않거나 모유수유 기간 중에 음주를 하지 않는다면 어머니 자신이 알코올중독자의 자녀거나 자신이 FAS를 가지고 있더라도 FAS의 위험으로부터 안전하다. FAS의 원인으로 여러 가지 가설들이 제기되고 있다. 알코올에 의한 태반혈관의 비타민 A와 엽산(folic acid)이 저하되고 CYP2E1에 의한 과산화반응으로 FAS가 나타난다고 추정되고 있다. FAS의 주요효과는 특히 뇌에 영구적인 중추신경계손상을 불러일으켜서 기본 인지 및 기능장애, 기억상실, 감각통합장애, 수용언어장애, 집중력 결핍, 충동적인 행동, 정신건강, 약물중독의 문제 등을 불러일으킬 수 있다. FAS의 신체적 증상으로는 뇌기형(소뇌증), 심장기형, 척추기형, 두개안면기형 등이 있으며, 정신적 장애는 학습장애, 주의집중력의 이상, 행동장애, 과잉행동성, 충동성, 지각 이상 등이 나타난다. FAS의 행동장애로는 자신의 행동의 결과에 대한 자각부재, 주의력결핍, 과잉반응, 분별력결핍, 안절부절, 지나친 흥분, 소음에 민감함, 부적절한 행동의 반복 등을 들 수 있다. 따라서 임신기간 동안 임신부들은 금주하는 것이 가장 중요하다.

이러한 FAS에 영향을 미치는 요소들은 다음과 같다. 첫째, 부모 한쪽의 만성적이고 습관적인 음주(10대 또는 20대 초반부터)는 수정 전에 영향을 미칠 수 있다. 아주 소량의 음주를 오랫동안 마셔온 경우에도 알코올에 대한 내성이 증가하여 오랜 기간에 걸쳐 더 많은 양의 음주를 하기 때문에 비록 산모가 어리다고 하더라도 FAS 증후군을 가진 아이를 낳을 가능성이 높아진다. 여성이 마시는 한 잔의 알코올은 남성이 마시는 두 잔의 알코올과 거의 유사한 효과가 있다. 둘째, 여성음주자의 경우 음주유형과 빈도에 따라 간에서의 알코올 대사작용이 달라질 수 있다. 아버지가 음주하는 경우도 FAS는 아니지만 태아의 성장에 영향을 미칠 수 있다. 최근 연구에 따르면 남성과 여성 모두 알코올과 같은 환경적 독소요인들이 유전적인 영향을 미칠 수 있으므로, 남성과 여성 모두 임신하기 최소한 3개월 전에는 음주를 자제하는 것이 필요하다.

출처: http://depts.washongton.edu/fadu

비판적 사고를 위한 질문

당신은 술에 취해서 음주운전을 해본 적이 있는가? 만일 그렇다면 앞으로 음주운전을 하지 않기 위한 당신의 대처전략은 무엇인가?

알코올 남용이 가족에게 미치는 영향 과거에는 가족 중 음주문제를 가진 사람이 거의 남편이었으나 최근에는 부인 또는 십대 자녀일 가능성이 높아지고 있다.

과도한 음주는 아동 학대, 아동 유기, 배우자 학대, 부모 학대, 재정적인 문제, 실업, 폭력적인 논쟁, 불행한 결혼생활 등 많은 가족 문제들의 주요한 요인이 된다. 알코올중독자와의 결혼은 많은 경우 이혼, 별거 등으로 끝나게 되고, 부모가 알코올중독자인 자녀들은 심각한 정서적, 신체적 질병을 가질 확률이 높다.[34)]

Sharon Wegscheider는 알코올중독 가족들이 알코올중독자들의 행동을 보호하고, 실제적으로는 음주문제를 지속시키게 만드는 역할을 한다고 제시하였다. Sharon은 전형적으로 알코올중독가족들이 담당하는 다양한 역할들을 최고협력자, 가족영웅, 희생양, 잊혀진 아이, 귀염둥이의 다섯 가지 유형으로 구분하였다.[35)]

최고협력자(chief enabler) 역할유형은 가족기능의 일차적인 책임을 수행하는 것을 주요한 목적으로 간주한다. 알코올남용자는 전형적으로 조절능력을 잃고 책임을 지지 않는다. 다른 한편으로 볼 때, '최고협력자'는 가족에 대해 점점 더 많은 책임을 지게 되며 더 많은 가족결정을 내리기 시작한다.

약물중독자 가족의 상태는 중독자가 조절능력을 상실

하면서 계속적으로 와해되기 시작하며, '가족영웅(family hero)' 유형이 이러한 역할을 담당하기 시작한다. 가족영웅은 보통 모든 것을 완벽하게 잘해내는 역할을 수행하며, 가족의 고통에 책임감을 가지고 보다 나은 상황을 만들기 위해서 열심히 노력한다. 따라서 가정의 모든 일이 정상적으로 이루어지고 있음을 외부에 증명해 보이고자 한다. 가족에게 자아가치감을 증명해 보이기를 원하지만 그 이면에 부적응적인 감정과 낮은 자존감으로 고통받고 있다. 가족 영웅은 학교에서 학업, 운동 면에서 모두 뛰어난 기량을 보인다. 그러므로 부모들은 그들이 매우 적응을 잘한다고 여기고, 원조에 대해서도 독립적이기 때문에 알코올중독자 가정의 환경을 기적적으로 극복하고 있다고 생각하기 쉽다.

희생양(scapegoat) 유형은 가족들의 문제와 좌절의 표적이 된다. 희생양이 가족영웅을 따라하려면 너무나 많은 과제를 수행해야 하고, 나이 많은 형제와 경쟁에서 이길 수 없다고 생각하기 때문에 가족의 좌절을 내재화하고, 문제를 일으킴으로써 가족의 관심을 끈다. 희생양은 가정이나 학교에서 문제를 일으킴으로써 자신의 내적인 고통을 표현한다. 그러한 내적인 고통과 분노는 비행, 계획하지 않은 임신, 약물중독 등의 행동으로 나타나게 된다. 가족들은 가족의 문제가 알코올중독임에도 불구하고 중독이라는 실제적인 문제에 대해 직면하지 못하고, 희생양이 문제라고 여긴다.

잊혀진 아이(lost child) 역할유형은 가족에게 안전감을 제공하면서 정작 자신은 가족으로부터 소외되고 상처받고 고독하다. 가정에서 그의 존재는 눈에 띄지 않고, 가족이나 친구들과의 상호작용이 거의 없으며 대부분의 시간을 홀로 보낸다. 즉 그들은 내적으로 마음의 문을 닫는 것으로 자신의 감정을 다루지만 때때로 내적인 분노가 바뀌어서 자살이나 약물남용을 통해 자해하기도 한다.

귀염둥이(mascot)의 역할은 가족의 관심이 알코올 문제에 집중되는 것을 차단하고, 귀엽고 혹은 어리석게 행동함으로써 자신에게로 관심을 집중시킨다. 유머와 즐거움을 통해 관심을 분산시킴으로써 가족의 짐을 덜어주는 것이다. 귀염둥이의 쾌활한 성격은 알코올중독자의 언어적·신체적 학대로 인한 두려움과 슬픔에 상반되는 감정으로써 상황을 극복하기 위한 것이다.

요약하면 알코올중독은 전체 가족에 영향을 미치는 문제이다. 각 가족원들은 가족원의 중독으로 고통을 받지만, 가족의 항상성을 유지하고 가족의 생존을 원조하기 위해서 특정한 역할을 수행하게 된다.

알코올과 산업 알코올중독은 술로 인한 병가, 장기 결근, 작업 목표에 미치지 못하는 것, 직업과 관련된 사고들로 인해 연간 수백만 달러의 경제적 손실을 일으키고 있다.

알코올과 유전이론 오랫동안 알코올중독은 환경적·유전적 요인 모두가 영향을 미치는 것으로 간주되어 왔다. 그러나 최근에는 알코올중독의 유전이론에 관한 상당한 논쟁이 있어 왔다.

알코올중독은 가족 내에서 발견되어 왔으며, 알코올중독자 부모(생리적)에게서 출생하여 비알코올중독 가정으로 입양된 자녀들은 일반집단의 자녀들보다 알코올중독이 될 확률이 상당히 높은 것으로 알려져 있다.[36)]

연구자들은 알코올중독자들의 유전적 소인을 정밀하게 연구하여 알코올중독이 질병이며 더 이상 도덕적인 박약함이나 의지의 문제가 아니라는 주장에 무게를 실어주는 몇 가지 주요한 발견을 하였다.[37)]

Mooney, Knox, Schacht는 다음과 같이 주장하였다.

> 약물사용가설의 생물학적 이론들에 따르면 어떤 사람들은 다른 사람보다 약물에 더 쾌락을 경험하는 신체적 소인을 가지고 있으며, 결과적으로 약물사용자가 될 가능성이 더 높다. 이러한 가설에 의하면, 일차적으로 뇌와 척수로 구성된 중추신경계가 약물이 신경전달체계를 통해 비정상적으로 행복한 경험을 하도록 작용한다. 신체적으로 이러한 소인이 적은 사람들은 쾌락경험을 덜 하기 때문에 계속적으로 약물을 사용하지 않게 된다.[38)]

비판적 사고를 위한 질문

당신은 사람들이 알코올중독자가 되는 이유에 생물학적인 요인이 얼마만큼 영향을 미친다고 생각하는가?

알코올중독치료의 회피 많은 알코올중독자들은 자신이 음주문제를 가졌다는 것을 부인하기 때문에 도움을 찾지 않는다. 이들은 자신들이 다른 일반 사람들처럼 조절해서 마실 수 있다는 것을 증명하기 위하여 술을 감추거나, 자

보기 8.2 데이트 강간 약물들

1990년대 중반에 Rohypnol은 데이트 강간 약물로 알려지기 시작하였다. 그때 이후로 수많은 여성들이 음주 중 자기도 모르게 이 약물을 섭취하고 성폭행을 당하게 되었다. Rohypnol은 완전한 기억상실의 원인이 되며, 약물투입으로 피해를 당한 여성들은 강간과 연관된 어떤 범죄의 사실도 기억할 수 없었다.

Rohypnol은 바륨(Valium)과 같은 진정제류지만 바륨보다 10배나 강한 효과를 가지고 있다. 이 약물은 심각한 불면증치료를 위해 전 세계 60개국 이상에서 합법적으로 사용 가능하지만, 미국에서는 불법약물이다. 대부분의 미국 내 Rohypnol은 멕시코나 콜롬비아로부터 밀수입된 것들이다.

Rohypnol은 십대나 젊은 성인(여성, 남성 모두)들이 알코올과 섞어 마시는 것을 즐기는데, 이렇게 마시면 정신을 못 차리게 되는 것으로 유명하다. Rohypnol이 대중적인 이유는 거리에서 알약 하나에 1~5불 정도면 손쉽게 살 수 있을 정도로 값이 싸기 때문이다. 몇몇 사법권역에서는 이제 음주측정을 하였을 때 음주정도는 낮은 수치인데 운전자들이 상당히 술에 취한 것처럼 보일 때는 Rohypnol 복용 여부를 검사한다.

Rohypnol은 술에 잘 녹기 때문에, 강간위기센터는 여성들에게 술을 마실 때 술잔에서 눈을 떼지 말고 잘 지켜볼 것을 당부한다. 1997년 Rohypnol의 판매자인 Hoffmann-LaRoche는 어떤 액체류에 넣어도 푸른색으로 변하는 새로운 유형의 Rohypnol만 판매할 것을 선언하였다. Rohypnol을 이용하여 성범죄를 용이하게 저지르길 원하는 사람들은 이에 대응하여 파란 색의 열대음료나 펀치들을 사용하기 시작했다.

Rohypnol과 유사한 효과를 가진 다른 약물로는 Gamma hydroxy butyrate(GHB)가 있는데, 이 약물이 데이트 강간 약물로 사용되는 경우가 증가하고 있다. GHB는 중추신경억제제로, 일부 국가에서는 마취제로 승인된다. 이 약물은 상점에서 구할 수 있는 일반적인 청소용 합성세제를 집에서 화학적으로 혼합하여 손쉽게 만들 수 있다. 집에서 만든 GHB 액체 1그램이면 위스키 26온스(약 737그램)와 동일한 효과로 취하게 만들 수 있다. Rohypnol과 유사하게 GHB도 목표로 한 피해자의 눈에 띄지 않고 음료에 녹일 수 있다.

신의 음주행동에 대한 변명을 하거나, 직장이나 다른 사람들을 탓하기도 한다. 알코올중독자들이 자기 상태의 심각성을 인정하지 못하는 여러 가지 이유들이 있는데, 첫째, 알코올중독은 매우 높은 낙인효과를 가진다는 것이다. 알코올중독은 질병으로 간주되기 때문에, 알코올중독자들은 자기 자신을 '병든' 사람으로 인식하기를 원하지 않을 것이다. 어떤 사람들은 알코올을 자기 자신의 삶에 있어서 필수적인 것으로 보기도 하고, 어떤 사람들은 음주를 통하여 사교활동을 하거나, 긴장을 경감시키고, 잠을 이루거나, 다른 문제로부터 회피하기도 한다. 그렇기 때문에 음주가 자신의 건강과 사회적인 명예를 손상시키고, 직업을 상실하게 하며, 가족을 해체시키더라도 지속하게 된다. 여러 가지 면에서 알코올은 그들의 '가장 친한 친구'가 되기 때문에 음주를 포기하는 것을 두려워하게 된다.

만일 알코올중독자가 도움을 받게 된다면, 자신의 문제에 대한 이러한 부정(denial)에 대해 직면되어야만 한다. (부정에 대해서는 재활프로그램에서 다룰 것이다.)

바비튜레이트

바비튜레이트(barbiturates)는 바비튜레이트산으로부터 추출한 중추신경 억제제이다. 바비튜레이트는 1900대 초반 처음 합성되었고 지금은 2,500가지 이상의 다른 종류들이 있다. 이 약물은 공통적으로 불면과 불안을 경감시키고 고혈압 치료, 외과수술 후 환자의 이완을 위해서 사용되었다. 바비튜레이트는 의사의 처방 없이는 사용할 수 없는 불법약물이다.

많은 양의 바비튜레이트를 사용하면, 강력한 알코올과 비슷한 효과를 낸다. 사용자는 행복감, 기분이 고양되는 느낌, 만족감 등을 느낄 수 있다. 그러나 이러한 기분은 급속하게 우울, 흥분, 공격성으로 변할 수 있다. 신체적인 효과는 어눌한 말투, 흥분, 방향능력 상실, 착란, 비틀거림, 나른함, 조정능력 상실로 나타난다.

바비튜레이트를 과도하게 사용하면 헤로인 중독자들과 유사한 금단증상을 보이는 신체적 의존성이 생길 수 있다. 금단증상으로는 전율, 경련, 발열, 메스꺼움, 식은땀, 환각이 나타날 수 있다. 바비튜레이트 중독은 헤로인 중독보다 더 위험한 것으로 알려져 있고 헤로인중독자들보다 더 치료에 저항적인 특성을 보인다.

바비튜레이트 과다사용은 환각을 일으킬 수 있고, 과도한 약물사용은 경련, 혼수, 중독 때때로 사망을 일으킬 수 있다. 특히 알코올과 함께 사용할 경우 시너지 작용에 의해서 바비튜레이트의 효능이 증가하게 되기 때문에 알코올과 함께 사용할 경우 더욱 위험하다. 또한 이 약물은 자살에 가장 널리 사용되는 약물이다. 마릴린 먼로와 같은 많은 유명인들이 이 약물을 과도하게 사용하여 결국 사망하게 되었다.

일부 사용자들은 정맥주사로 주입을 하기도 하지만 일반적으로는 알코올처럼 구강으로 섭취한다.

Tranquilizers

다른 진정제들은 tranquilizers로 분류된다. 공통적인 상호명은 리브리엄(Librium), 바륨(Valium), 밀타운(Miltown), 세락스(Serax), 트랑센(Tranxene) 등이다. 이들은 불안을 감소시키고, 근육을 이완시키며 진정제로 작용한다. 사용자들은 신체적, 심리적인 의존을 가지게 된다. 이 약물은 주로 구강으로 주입한 후 4~8시간 후에 효과가 나타나며, 부작용으로는 어눌한 말투, 방향능력 상실, 중독과 비슷한 행동을 보인다. 과도한 사용자는 차갑고 끈적거리는 피부, 얕은 호흡, 동공확대, 약하고 빠른 맥박, 혼수, 심지어 사망에까지 이를 수 있다. 금단증상은 알코올이나 바비튜레이트와 유사하다.

Quaalude와 PCP

Quaalude와 PCP는 진정제이다. Quaalude는 바비튜레이트나 알코올과 유사한 효과를 가진다. 이 약물은 '사랑의 약물'이라는 명성을 갖고 있는데, 그 이유는 이 약물의 사용자들은 성교를 좀 더 쉽게 할 수 있게 되며, 성적인 즐거움이 증가된다고 믿기 때문이다. Quaalude는 불안을 감소시키고 행복감을 준다. 그러나 사용자는 심리적, 신체적으로 이 약물에 의존할 수 있다. 또한 과도한 사용자는 경련·혼수·환각·사망까지 일으킬 수 있다. 대부분의 죽음은 알코올과 함께 사용할 때 그 효과가 확대되어 나타나게 된다. 이 약물의 남용은 숙취, 피로, 간 손상, 손·발의 일시적인 마비의 원인이 되기도 한다.

PCP는 거리에서 '천사의 가루'로 불린다. PCP는 1950년대에 마취제로서 사용되다가 사용자들이 심각한 정서장애를 보이자, 의학적인 사용이 곧 금지되었다. PCP는 현재 코끼리나 원숭이들을 위한 진정제로서만 법적으로 사용된다.

PCP는 약물의 해로움을 모르는 어린 청소년들이 주로 사용하며 코로 흡입하거나 마신다. PCP는 매우 위험한 약물인데, 감각을 잃거나 균형감각을 떨어뜨리고 인지적 손상을 일으킨다. PCP를 과도하게 사용하면 망상적이 되고, 공격적인 행동을 일으키거나 일시적이고 심각한 정서적인 장애 증상을 일으킨다. PCP의 지속적인 사용자는 계속적인 정서적 장애를 일으킬 수 있고 혼수상태와 사망을 일으킬 수도 있다.

PCP가 신체적·심리적 의존을 가져온다는 것에 대해서는 아직까지 명백한 결론이 나지 않았다. 이 약물은 비교적 많은 사람들이 사용하고 있는데, 그 이유는 이 약물의 조제법이 널리 퍼져 있어서 집에서 쉽게 만들 수 있기 때문이다. PCP의 추가적인 위험은 심지어 한 번의 사용만으로도 때때로 환각현상이 재경험되는 재연현상(flashback)을 경험할 수 있으며, 심지어 사용을 중단한 후에도 이러한 재연현상을 경험할 수 있다.

》 흥분제

카페인

카페인(caffeine)은 중추신경계를 자극하며, 커피, 차, 코코아, 콜라와 많은 다른 음료들에 포함되어 있다.

특히 모든 미국인들은 매일 카페인을 사용하고 있다. 카페인은 배고픔과 피로를 감소키시고 운동 활동과 각성을 증가시킨다. 대부분의 사용자들은 카페인에 대한 내성이 증가하기 때문에 중독이 되기 쉽다. 카페인 과다 사용자는 우울과 경미한 민감성과 같은 금단 증상을 경험한다. 과다한 카페인을 사용할 경우 불면증, 위장장애를 일으킬 수 있고 심지어는 사망의 원인이 되기도 한다.

우리 사회에서는 카페인이 약물이 아니라는 인식을 가지고 있기 때문에, 사용자들은 범죄자라는 낙인 없이 쉽게 약물을 구입하고 사용하게 된다. 즉 카페인은 법적으로 허용된 약물이므로 가격이 다른 약물보다 저렴하고, 이에 따라 사용자들은 카페인을 습관적으로 사용하게 된다.[39)]

암페타민제

암페타민(amphetamines)은 그 자극적인 효과 때문에 '각성제(uppers)'로 불린다. 의사에 의해 처방받았을 경우에는 합법적이다. 어떤 트럭 운전사들은 장시간의 운전 동안 깨어 있기 위해서 처방을 받기도 하며, 이들 중 일부는 중독되기도 한다. 체중을 줄이기 위해 다이어트를 하는 사람들이 처방전을 받기도 하며, 공부하는 동안 깨어 있기 위해 사용하는 대학생들도 있다. 그 외 짧은 시간 동안 임무를 달성하거나 경각심을 증진시키고자 하는 목적으로 육상경기 선수, 회사 간부, 우주선 승무원 등이 암페타민을 사용하곤 한다. 암페타민을 지칭하는 다른 이름으로는 *speed, ups, pep pills, black beauties, bennies* 등이 있다.

암페타민은 합성마약으로서 중추신경계를 흥분시키는 부신호르몬제인 아드레날린과 유사하다. 적은 양의 암페타민에 의해서는 호흡, 심장박동, 말초혈관 저항력, 이완기 혈압 등이 증가하며 그 외에도 식욕부진, 땀, 동공이완, 소화기나 기관지의 경미한 이완현상 등이 일어난다. 암페타민의 식욕부진 및 식욕감퇴는 체중조절 목적으로 이용되는 약물의 성질이지만 음식 섭취량의 조절이 없는 한 체중조절이 되지 않는다.

암페타민은 피로감을 감소시켜 주거나 정신을 맑게 해준다. 모든 종류의 운동성이 증가하며 다행감과 함께 좋은 기분을 느낀다. 확신감 및 강해진 힘을 경험한다. 복용량이 증가함에 따라 주관적으로는 강력해진 것 같고 우월감을 느끼지만, 객관적으로는 말이 많아지고 초조해 하며 불안해지고 과민상태에 이른다. 용량의 증가나 만성적 사용을 하게 되면, 의심증, 편집증, 망상증을 경험하며 환청이 들리고 급성정신병 상태에 들어가게 된다. 감정이 격해지며 폭력을 행사하게 되고 특별한 유발인자가 없어도 현실에 대한 왜곡된 해석 및 편집증적 느낌과 과민상황으로 인해 폭력을 휘두르게 된다.

복용이 만성화될수록 사소한 일에 집착하며 별로 중요하지도 않은 일들도 무척 중요하게 느껴져서 상동증적 행동이 나타난다. 식사를 해야 한다는 생각도 잊어버려 시간이 가는 줄도 모르고, 쓸데없이 보이는 일인데도 불구하고 자신은 무척 중요하게 느껴서 정신을 빼앗기고 몰두하게 된다. 독성효과로는 간질, 혼수상태, 사망 등이 있다. 암페타민을 만성적으로 사용하다가 중단할 경우, 피로, 우울, 불면, 악몽 등의 금단증상이 생길 수 있으며, 심할 경우에는 안절부절 못함, 자살 상념 등이 올 수 있다.[40] 보통의 금단증상은 2~4일째 가장 심해지며 우울이나 과민증 및 약물에 대한 갈망 등은 수개월 지속된다.

암페타민의 유사 화학물질로서 2차 세계대전 중 일본의 한 제약회사에서 개발된 메스암페타민(metham-phetamine)은 그 약리효과가 대단히 강력해서 일본의 군수공장 및 전선의 군인들의 피로를 풀어줄 수 있고, 용기를 북돋아주는 약으로 널리 사용하게 되었다. 당시 상품명이 필로폰(philopone, 히로뽕)으로서, 향정신성 의약품으로 한국과 일본, 중국을 중심 으로 아시아 지역에서 많이 남용되는 대표적인 약물이다. 일반인들은 최음제, 신경통 치료제, 술깨는 약, 피로회복제, 각성제로 사용하거나 또는 체중을 줄일 목적으로 사용하다가 중독에 이르게 된다.

코카인과 크랙

코카인(cocaine)은 남아메리카의 코카나무 잎으로 만들어지며, 가루형태로 코로 들이마시기도 하고 파이프나 궐련의 형태로 피우기도 한다. 코카인은 고통을 감소시켜주고 두뇌에 빠르게 작용하여 도파민 재흡수를 차단하고, 이러한 작용을 통하여 감각적 민감성을 높여주고 자신감을 가지게 하며 기분을 좋게 한다. 대인관계에서 예민해지고 긴장되고 불안하며 수다스러워지기도 한다. 성적 욕망이 강해지고, 고양감이나 행복감 및 지치지 않는 듯한 느낌을 갖게 된다.

코카인의 신체적인 효과는 혈압과 맥박의 상승·불면증·식욕의 상실 등이며, 자주 사용하는 경우 체중감소 또는 식욕감소로 인한 영양결핍 등을 경험할 수 있다. 코카인의 신체적인 의존은 낮은 수준에서 중간 수준의 위험도를 보이지만, 코카인은 단 한 번 사용하는 것만으로도 심리적 중독 현상이 나타날 수 있다. 일반적으로 금단증상은 강력한 우울증상이나 절망으로 나타나며, 이로 인해 사람들은 다시 코카인을 사용하게 된다.[41] 추가적인 금단증상은 냉담함, 장시간의 수면, 극도의 피로감, 불안정성과 비현실성들이 나타날 수 있다. 습관적으로 사용하면 피해망상, 성욕 증가, 환청, 괴상한 행동, 폭력적 행동을 보인다. 장기 복용을 할 경우, 오랜 코 흡입에 따른 코 세포의 손상, 과민성 및 주의집중장애, 강박 행동, 불면과 심각한 체중감소 등을 보인다. 일부 사람들은 코카인 과용에 따른 호흡과 심장기능의 저하로 사망에 이르기도 한다. 많은 중독자들이 코카인을 끊고 난 후 단기간의 주요우울증을 경험할 수 있다. 이런 경우 자살의 원인이 되기도 한다.

일명 'rock'으로 불리는 크랙(crack)은 코카인으로 부터 얻을 수 있으며, 이 비활성 화학물질은 물과 암모니아수와 코카인을 섞어서 만든다. 휘발성인 에테르를 섞어서 만들었기 때문에 발화점이 낮아 코카인과 달리 담배와 같은 방식으로 사용이 가능하고 가격도 무척 떨어져서 과거 부유층의 전유물이었던 코카인을 대중화하는 데 성공하였다. 크랙은 중독성이 매우 강하여 어떤 전문가는 크랙을 단 한 번만 사용하더라도 중독이 될 수 있다고 경고한다. 크랙을 사용하면 일반적으로 즉각적인 갈망감을 갖게 된다.

크랙은 코카인과 유사한 효과가 있지만 '약물의 쾌감' 현상이 좀 더 즉각적이고 좀 더 강력한 오르가슴과 비슷한 느낌을 갖게 된다.

흡연을 하는 경우보다는 직접 정맥주사로 투약할 때 과용하게 된다. 금단 증상으로는 장시간 수면, 불안정, 극도의 피곤함, 우울, 방향능력 상실 등을 경험하게 된다.

코카인과 크랙을 주입할 때 사용하는 주사기로 인해서 AIDS가 확산되고 있다. 코카인과 크랙은 심장, 고혈압, 심장박동에 영향을 미치고 간에도 손상을 가져온다. 또한 뇌 손상, 폐 손상, 정서적인 문제, 때로는 사망도 일으킬 수 있다.

》 마취성 약물

미국에서 가장 공통적으로 사용되는 마취성 약물(narcotics)은 헤로인(heroin), 모르핀(morphine)과 같은 아편류이다. 아편이라는 용어는 '잠을 이루게 한다'는 뜻이다. 사실 아편으로 분류되는 약물은 고통을 죽이는 약물로 불리기도 하는데, 마약의 일차적인 효과는 행복한 느낌을 갖도록 하는 것이다.

아편은 양귀비에서 추출하며, 양귀비는 터키, 동남아시아·콜롬비아와 같은 많은 나라에서 재배되고 있다.

모르핀은 아편의 주요한 활성 성분이다. 모르핀은 1800년대 초반에 만들어졌으며 고통을 감소시키기 위한 진통제로 널리 사용되었다. 헤로인은 1874년에 모르핀으로부터 합성되어 사용되었으며, 한때는 모르핀 중독을 치료하는 약물로 인식되기도 했으나 후에 중독성이 발견되었다. 헤로인은 모르핀보다 좀 더 강력한 효력이 있다.

아편은 주로 담배로 피우며, 모르핀과 헤로인은 근육이나 혈관에 정맥주사를 놓거나 코로 흡입하여 그 효과를 최대화한다.

마취성 약물은 중추신경계에 영향을 미치고 평정감, 행복감, 나른함 등의 감정이 생기도록 한다. 과도한 사용자는 경련과 혼수상태를 일으키고 호흡곤란으로 사망하기도 한다. 모든 마취성 약물은 현재 가장 중독성이 있는 약물로 인식되고 있다.

헤로인은 마약 중에서 가장 널리 사용되고 있다. 헤로인을 주사하면 뇌의 골수조직에 빠르게 영향을 미쳐 호흡을 억제하고 심장박동을 느리게 한다. 또한 강력한 안정, 진통, 신성효과를 가지고 있으며 동시에 다행감을 준다. 헤로인 사용자는 식욕과 성욕이 저하되며, 초기의 행복감을 느낀 후에 사용자는 혼수상태와 인사불성 상태에 다다르게 된다. 일반적으로 많은 사람들이 믿고 있는 것과는 달리, 대다수의 헤로인 사용자들은 헤로인을 자주 사용하지 않는 편이고, 일반적으로 중독에까지 이르지는 않는다.[42)]

모르핀은 아편에서 정제된 약물이다. 아편제는 일종의 중독성 진정제를 뜻하며 아편을 사용하게 되면 황홀감과 강력한 쾌감, 평온감 등이 일어난다. 모르핀은 천연 아편에서 분리되었으며 진통제와 진정제인 의약품으로서 널리 사용되었다.

아편중독은 사용자가 약물을 규칙적으로 일정 기간 사용했을 때 발생하며, 중독은 사용한 아편 종류, 사용한 양의 강도, 사용의 규칙성, 사용자의 특성 등에 따라 발생한다. 중독은 몇 주 내에 발생할 수 있으며, 사용자는 빠르게 내성을 발달시키게 되며, 실제적으로 초기 아편사용량의 100배까지 치명적으로 증가할 수 있다.[43)]

아편류의 금단증상 과정은 매우 불쾌하며, 이러한 불쾌증상, 불안 등을 없애기 위해 다시 아편을 찾게 된다. 초기 금단증상은 하품, 눈물, 콧물, 동공의 확대, 발한, 초조 등이 나타난다.

이후 근육의 통증 및 경련, 복부경련, 구토, 설사, 혈압상승, 불면, 식욕감소, 운동성, 초조증, 심한 진땀, 체중감소, 저혈당, 과다 월경출혈 등의 증상들이 개인에 따라 다양한 강도로 나타난다.

아편류 중독은 아편에 대한 강렬한 갈망이 수개월 동안 주기적으로 나타나기 때문에 끊기가 매우 어렵다.

대부분의 아편중독자들은 30세 미만이고, 사회경제적으로 하류층이며, 저학력자들, 흑인이 많은 편이다.

헤로인이 1800년대 후반 처음으로 발견되었을 때는 모르핀에 중독된 사람들을 위해 진통제로 사용되었다.

헤로인은 일부 미국인들에 의해서 가장 강력한 마약 문제로 간주되기도 하지만, 실제 전체 미국 인구들 중 헤로인 사용자의 수는 매우 적다. 실제로 헤로인이 의존성이 가장 강력하고, 불법마약들 중 가장 강력한 금단증상을 보이지만 술과 담배에 중독된 사람이 가장 많은 것으로 나타나고 있다. 또한 헤로인보다 알코올과 바비튜레이트류(진정제류)에 의한 사망률이 더 높다.

그럼에도 불구하고 헤로인이 가장 높은 악명을 얻은 이유 중 하나는, 헤로인 사용자들이 폭력적인 범죄를 저지르고, 현대사회의 가치를 거부하는 마약중독자들로 간주되기 때문이다. 그러나 중독자들은 강간이나 심한 폭행과 같은 폭력적인 범죄를 잘 저지르지 않는다. 오히려 소매치기, 도둑질, 상점 털이, 주거침입, 강도 등 자신의 약물사용 습관을 지원해줄 수 있는 재산관련 범죄를 저지르는 비율이 높다.[44] 여성중독자들의 매춘 역시 일반적으로 나타난다. 마지막 사용 후 18시간이 지나고 시작되는 금단증상이 너무나 심각하기 때문에, 이러한 금단증상을 경험해본 중독자들은 이를 피하기 위해서라면 거의 모든 것을 하려고 한다.

헤로인의 비위생적인 주사투입은 간염이나 다른 감염을 불러일으킬 수 있으며, 주사기 사용의 공유는 AIDS를 확산시킬 수 있다. 또한 헤로인 사용 습관을 유지하기 위한 높은 비용(보통 매일 100달러 이상)은 사용자에게 심각한 재정적 문제를 불러일으킨다. 불법 마취성 약물의 비용이 너무 비싸기 때문에, 이러한 약물을 밀수입하고 분배하는 조직적 범죄의 이윤이 매우 높다. 많은 경우 마취성 약물들은 사용자의 건강에 심각한 위험을 가져오는 불순물로 희석하기도 한다.

》 환각제

환각제(hallucinogens)는 1960년대 후반에 많이 사용하기 시작하였으며, 이 약물들은 지각의 왜곡, 착각과 환각을 불러일으킨다. 환각제는 꿈속이 아니면 나타날 수 없는 감각의 변화를 일으키는 독특한 특성이 있고, 바로 이 점이 다른 약물들과 구분되는 점이다. 미국에서 가장 보편적으로 사용되는 환각제는 메스칼린(mescaline, peyote), 엑스터시(ecstasy), LSD, 실로시빈(psilocybin), 실로신(psilocin)이 있다. 이들 환각제는 모두 알약 형태로 입으로 삼키거나, 각설탕 형태로 먹거나, 우표 뒤에 붙여서 사용하기도 한다.

Peyote는 선인장에서 추출되며, 메스칼린은 peyote를 합성한 것이다. 실로시빈과 실로신은 약 90여 개의 다른 버섯 종자들에서 발견되며, '마술버섯'으로 불린다. Peyote와 실로시빈은 특정 미국 인디언부족들 사이에서 오랫동안 사용되어 왔으며, 미국 원주민 교회의 회원들, 종교적인 조직들은 행사 때 peyote를 사용하는 것에 대한 법적 권리에 승소하였다.[45]

미국에서 가장 대중적인 환각제는 LSD인데, LSD는 호밀이나 다른 식물에서 생기는 곰팡이균에서 추출하여 합성한 약물이다. 이 약물은 가장 강력한 약물 중 하나로 알려져 있으며, 1온스(31.10 g)의 양으로 30만 번을 사용할 수 있다. LSD는 다른 환각제인 메스칼린보다 4,000배 강하고 필로사이빈보다 100배나 더 강하다고 알려져 있다. 또한 무색, 무미, 무취의 백색 분말로서 사람은 물론 동물에게도 대단한 효과를 보여준다. 사람에게서는 눈에 보이지 않을 정도의 극소량(체중의 7억분의 1)로도 정신적인 효과가 나타난다.

LSD의 효과는 사용자의 기대와 심리적인 상태, 사용하는 상황에 따라 매우 다르게 나타나며, 같은 사람이 사용하더라도 상이한 상황에 따라 다른 반응들을 경험하게 된다. LSD 환각은 사용 30분 후에 효과가 나타나며 8~16시간 정도 지속된다. 수많은 자극이 전혀 걸러지지 않은 상태에서 인체의 감각기관으로 동시에 밀려오는 느낌을 받는다. 색이 폭발하기도 하고 물체들이 구부러지고 움직이듯 보이며 음악이 보이기도 한다. 몸이 산산조각나는 듯한 공포감을 가지기도 하며, 자신이 미치는 듯한 두려움을 경험하기도 한다. 착란이나 환각을 경험하기도 하는데, 괴상한 환각이 매우 보편적으로 나타난다. 일부 사용자들은 매우 심각한 정서적인 와해를 경험하여 장기 입원을 하기도 한다.

신체적인 효과로는 눈동자가 풀리고 창백해지며 심장박동이 빨라지고 혈압이 올라가며, 수전증, 오한, 식은땀, 식욕저하, 구역질, 마비, 경련 등의 현상이 나타난다. 약물사용 후의 효과는 급성불안이나 우울증을 수반한다. 때때로 실제로 약물사용을 하지 않은 때에도 갑자기 약물을 사용했을 때의 강력한 환상이 덮쳐와서 환각을 경험할 준비가 안 되어 있는 당사자로 하여금 몹시 놀라게 하는 flashback

현상이 때와 장소를 가리지 않고 발생할 수 있다. 만일 사용자가 운전 중에 flashback 현상이 일어나면, 그 당시 주변 모든 사람들의 생명을 위협할 수 있다. 사용자는 LSD에 대한 내성이 매우 빨리 발달되어 많은 양을 필요로 하게 되고, 약물사용을 중단하면 수일 내로 약물에 대한 민감성을 회복하게 된다. 따라서 사용자가 다시 LSD를 사용하게 되면 더 적은 양으로도 바라는 효과를 다시 경험할 수 있게 된다.

엑스터시(ecstasy)는 1900년대 초반에 합성약물의 선구자로서 특허를 받고 개발되었다. 약리학적으로 엑스터시는 흥분제인 암페타민이나 환각제인 메스칼린과 유사하며, 흥분되고 환각적인 효과 모두를 나타낸다. 약물의 효과는 약 3~6시간 정도 지속되며, 혼란, 우울증, 수면문제, 불안, 망상 등이 약물사용 후 몇 주가 지난 뒤에도 나타나기도 한다. 엑스터시는 떠들썩한 밤샘 댄스파티를 벌일 때 성인들이 사용하기도 한다.

많은 양의 엑스터시 복용은 매우 위험하며, 많은 양을 사용할 경우 탈수증, 고혈압, 심장과 신장 손상, 체온의 뚜렷한 증가 등을 불러일으킬 수 있다. 엑스터시의 만성적인 복용은 세로토닌을 분비하는 신경계에 오랜 기간 지속되거나 영구적인 손상을 불러와 기억손상을 초래할 수 있다.

》 담배

이제 담배(tobacco)의 사용은 미국에서 가장 유해한 약물 습관 중 하나로 인정되고 있다. 흡연은 폐기종, 구강암, 궤양, 폐암 등의 원인이 된다. 담배를 피우는 사람은 수명이 줄어든다. 흡연은 특히 피임약을 사용하고 있는 여성의 뇌졸중과 심장병의 위험성을 뚜렷하게 증가시킨다.[46] 임신한 여성의 흡연은 유산, 조숙아 출산, 미숙아 출산 등을 초래한다. 그러나 이렇게 널리 대중적으로 인지된 위험성에도 불구하고 미국인들은 변함없이 담배를 피운다.[47]

비판적 사고를 위한 질문

처방약물을 비롯하여 모든 약물들의 목록을 만들어보라. 이들 중에 어떤 약물이 사용을 중단하거나 사용량을 줄여야 한다고 생각하는지 해당 약물에 동그라미를 쳐보자.

담배는 다른 약물을 모두 합한 것보다 더 많이 사망률에 기여하고 있는 가장 대표적인 약물로서,[48] 미국 내 연간 4만 명의 사망에 관련되어 있다.[49] 이러한 수치는 알코올 남용으로 인한 사망 숫자의 두 배이며 코카인으로 인한 사망의 수백 배에 달하는 엄청난 숫자이다.[50] 이러한 사망의 대다수는 담배를 피는 것 때문에 발생한 폐암이나 심장질환의 결과이다. 또한 담배로 인한 화재사고로 매년 2,000명 이상의 사람들이 목숨을 잃는다.[51] 다른 사람들이 피는 담배나 시가 또는 파이프 등을 호흡하게 되는 '간접 흡연자'들 역시 건강에 위험요인을 가지게 된다는 실제적인 증거들이 있다. 이러한 증거들 중 하나는 흡연하는 부모를 가진 어린 자녀들이 비흡연 부모를 가진 자녀들에 비해 폐렴이나 다른 호흡기 장애 발생률이 더 높다는 연구결과들이다.[52]

미국인들의 담배에 대한 태도는 점차 부정적으로 변하기 시작하고, 담배를 위험한 약물로 보는 인식이 증가하였으며, 비흡연자들은 흡연자들을 사회에서 일탈한 사람으로 인식하고 있다.

1988년 미국의 공중위생국 장관인 Everett Koop는 담배가 헤로인이나 코카인처럼 중독적이라고 선언하였고,[53] 담배에 중독된 사람들을 약물중독자로 정의하였다.

담배의 일차적인 약물인 니코틴은 놀랄 만한 능력을 가지는데, 니코틴은 진정제, 흥분제 또는 신경안정제로 작용한다. 흡연자들은 매우 빠르게 니코틴에 대한 내성을 발달시키며, 점차적으로 하루에 한 갑 또는 두 갑 이상을 피우게 된다.

금연을 도와주는 교육적이고 치료적인 다양한 프로그램과 특수 클리닉들이 있다. 담배는 매우 습관적으로 길들여지는 약물이기 때문에, 흡연을 중단할 경우 사람들은 불안정해지거나 우울해지거나 또는 담배에 대해 강렬한 갈망을 가지는 등의 금단증상을 경험하게 된다. 실제로 많은 연구 결과 금연하고자 하는 흡연자들 중 극소수의 사람들만이 실제로 금연에 성공한 것으로 나타났다.[54]

1998년 미국 역사상 가장 큰 민사소송으로 인해 담배회사들은 담배와 관련한 질병을 주장하는 건강보호비용 관련 산업체들이 제기한 소송에 합의하기 위해 240억 달러의 돈을 50개 주에 지불하는 것을 동의하였다. 각 주에 대한 돈 배분은 2000년부터 시작하여 추후 25년에 걸쳐 중재되는 것으로 알려졌다. 이 기금 중에 일부는 청소년의 흡연을 감소시키는 방법을 연구하는 재단들에 분배되어 청소년 흡연율을 감소시키기 위한 홍보 전략의 구축, 연구, 프로그램 개발 등에 사용하는 것을 목적으로 하고 있다.

》 대마초

대마초(마리화나, marijuana; "grass" 또는 "pot")는 대마의 잎과 씨앗, 줄기, 꽃봉오리를 섞은 혼합제이다. 대마초는 미국에서 가장 흔히 사용되고 있는 불법약물이다. 대마초에 함유된 THC의 함량에 따라 반응이 다르게 나타나며, 함량이 높은 대마초를 과량 사용할 경우에는 독성작용도 강해 환각, 망상, 편집증까지 일어난다. 일반적으로 대마초를 사용하게 되면 식욕이 당기고 입이 마르며 감각이 예민해진다. 예전에는 무시되던 사물에 대한 시각 및 청각상의 자극이 아주 새롭게 인식되며 촉각, 미각, 후각 등 별로 강하지 않던 자극도 강하게 느껴지게 된다. 일상생활에서 타인과의 공감이 잘 이루어지지 않고 타인의 감정이 어떠한지 잘 인식하지 못하게 되고, 대화를 이어나가기 힘들어지며 대화 중에 적절하지 못한 생각이나 단어를 선택하게 된다. 시간에 대한 인식도 변화하여 몇 분의 시간이 몇 시간처럼 느껴진다.

대마초는 기분, 기억, 운동기능, 인지기능, 감각, 시간관념, 자기-인식에 영향을 미치는 효과를 일으킨다. 대마초를 사용할 때 최고조로 중독되는 시간은 10~30분 이내이다. 대마초를 사용하면 행복감과 안녕감이 증가되고 신체적인 증상으로 충혈된 눈, 강한 냄새, 동공 확대, 맥박수의 증가 등이 나타난다. 과다복용하면 단기 기억에 장애가 오며, 복잡한 정신기능을 수행하는 데 장애가 나타날 수 있다. 이런 경우 과거, 현재, 미래를 잘 구분하지 못할 수도 있다. 대마초 흡연자는 수시로 공복감, 입 마름, 증가되는 생생한 시각적 심상, 예민한 청각 등을 보고한다. 과도한 사용은 환각, 망상, 의심하는 감정 등을 일으킨다. 사고는 혼란스럽고, 체계적이지 못하게 된다. 이러한 증후군은 사용 직후나 수개월 후에 나타날 수 있다.

만성적인 사용은 무관심, 멍청함, 판단장애, 집중장애, 기억력 장애, 외모에 대한 무관심, 목표추구 행위의 감소가 나타나게 되는데, 이 증상을 무동기증후군이라고 한다. 또한 대마초를 습관적으로 사용하면 기관지염과 천식을 동반할 수 있다. 대마초의 타르는 담배의 타르보다 암을 유발하는 경향이 더 크다. 대마초 역시 내성이 생기며 초조, 안절부절 못함, 신경질, 식욕감퇴, 체중감소, 불면증, 반응성 수면증가, 떨림증, 체온상승 등의 약한 금단증상이 나타날 수 있다.

비판적 사고를 위한 질문 ?

만일 당신의 가족 중 누군가 현재 심하게 약물을 남용한다면, 당신은 Tim Bliss가 제시한 직면(confrontation)이 효과적인 방법이라고 생각하는가?

6. 재활프로그램

알코올남용에 대한 재활 프로그램은 대다수 다른 약물 프로그램과 매우 유사하다. 알코올중독 치료를 중심으로 살펴보고자 한다.

》 알코올 치료 프로그램

앞에서 언급한 대로, 알코올중독자를 돕기 전에 치료 프로그램에 대한 클라이언트의 부인(denial)을 직면해야만 한다. 알코올중독자들이 자신의 음주문제에 대해 직면하지 못하다면 가족, 친구, 고용인, 알코올상담자 또는 이들 모두에 의해 직면이 이루어져야 한다. Tim Bliss는 이러한 직면에 대한 지침을 간략하게 제시하고 있다.

> 알코올중독임을 직면시키는 데 있어 술 마시는 동안 발생한 사건의 증거자료는 매우 중요하다. 특히 그때에는 알코올중독자가 기억이 상실된 상태에 있기 때문에 중요하다. 음주상태에서는 의식불명이나 지나치기 쉬운 기억상실이 잦다. 의식불명과 기억상실은 모두 과도한 음주에 기인한다. 문제를 직면하는 동안 사건을 파악하기 위한 가족의 참여가 중요하다. 사건을 명확화하는 데 있어 사건이 일어난 시간과 날짜를 적고 사건의 정황을 가능한 한 구체적으로 묘사해야 한다. 직면하는 동안 상담자는 촉진자로서의 역할을 수행한다. 그러나 부인(denial)을 깨뜨리는 데 우선적인 책임은 배우자, 가족, 고용자 모두에게 있다.
>
> 알코올중독을 치료하는 동안 이혼, 실업 등의 위협이 다가온다. 이러한 위협이 지속되지 않도록 하는 것이 중요하며, 만약 알코올중독자가 직면 이후에도 음주를 지속할지라도 직면을 다루는 것은 지속되어야 한다.[55]

이 글은 알코올중독자가 자신에게 문제가 있다는 사실을 여전히 부인할 때 가족들이 어떻게 해야 하는지에 대해 안내하고 있다. 알코올중독자에 대한 '잔소리'는 가족들끼리 논쟁하게 만들고, 특히 알코올중독자가 취해 있을 때는 화나게 만들어 폭언을 할 수 있다. 가족은 알코올중독자가 술을 끊도록 만들지 못한 것에 대한 책임감, 계속 술을 마시게 되는 상황에 대한 좌절감과 죄책감을 느끼는 등 잘못된 가정에 빠져 있을 수 있다. 그러나 가족들은 알코올중독자의 술 문제를 자신의 것으로 받아들여서는 안 된다. 알코올중독자는 술을 마시는 것을 본인의 책임으로 받아들이고, 금주 여부 역시 알코올중독자의 책임이다. 술에 취한 사람에게 소리 지르거나 괴성을 지르는 것은 어떤 것도 얻을 수 없다. 오히려 술에 취한 사람으로부터 떨어져 나와 혼자 있는 것이 더 좋은 방법이다. 예를 들어 쇼핑, 산책, 방문을 잠그고 방 안에 혼자 있는 것 등을 하는 것이다.

가족 구성원들이 참여할 수 있는 세 종류의 자조모임이 있다. Al-Anon은 알코올중독자 배우자와 그 외 가족원들이 참여할 수 있다. 알코올중독자 스스로가 문제를 인식하느냐와 관계없이 다른 사람의 음주로 인해 영향받는 사람들이 참여한다. 이는 알코올중독자에 대처하는 방법과 알코올중독에 대해 배운다. Alateen은 알코올중독자의 십대 자녀들을 위한 것으로 알코올중독을 이해하고 문제에 대해 대처할 수 있는 효과적인 방법을 배운다. Adult Children of Alcoholics(ACOA)는 성인자녀들이 알코올 가족 내에서 성장하면서 영향을 받은 갈등상황에 대해 대처하는 것을 돕는다.

만약 알코올중독자가 자신의 음주문제를 인식한다면, 대다수 치료 프로그램은 이용 가능하다. 가장 잘 알려져 있고 성공적인 프로그램은 Alcoholics Anonymous(AA)이며 보기 8.3에 자세히 제시되어 있다.

다음에는 자조모임이 왜 성공적인지에 대한 이유들이 제시되어 있다. 멤버들은 다른 사람들을 도움으로써 스스로를 돕는다는 것에 대한 본질적인 이해를 가져야 한다. 음주로 인한 결과와 그동안 경험해 왔던 고통으로 그들은 단주에 대한 높은 동기를 가지게 되고, 자신뿐만 아니라 음주문제를 겪고 있는 동료들을 돕기 위한 방법을 찾기로 결정한다. 참여자들은 '자조치료원칙'에서 이점을 얻는다. 즉 돕는 사람은 다른 사람을 도움으로써 심리적인 보상을 얻게 된다.[56] 다른 사람을 돕는 것은 돕는 사람으로 하여금 '선함', '가치 있음'을 느끼게 하고 다른 사람들이 심각한 문제를 가지고 있다는 것을 보게 됨으로써 자신의 문제를 새롭게 보는 시각을 갖도록 한다. 단주에 성공한 사람은 여전히 음주 중인 신입중독자에게 단주의 역할모델을 제시해주고 알코올중독상태에서 벗어날 수 있음을 믿도록 하는 데 도움을 준다.

한때는 만취해 있는 사람들을 술이 깰 때까지 감금하기도 했었다. (불행하게도 아직 일부 지역에서는 아직도 이러한 일이 발생하고 있다.) 그러나 이제 대부분의 지역사회들은 치료적인 접근으로 전환하고 있다.

대다수 알코올치료시설들은 입원 및 외래치료 프로그램을 실시하고 있다. 외래치료는 집에서 지내면서 단주할 수 있는 가능성이 있는 클라이언트들을 대상으로 제공한다. 만약 클라이언트가 집에서 살기 어렵거나 여전히 과도하게 음주를 할 경우 입원치료를 권유해야 할 것이다. 입원 프로그램을 끝낸 사람들은 외래를 통해 사후관리가 수반된다. 입원치료는 대상자의 문제 정도에 따라 입원기간이 다르며, 입원치료 프로그램은 최소 며칠에서 길게는 3달까지 실시된다. 입원치료는 개별치료, 집단치료, AA에 대한 오리엔테이션, 작업 및 레크리에이션 치료를 포함하여 집중적으로 실시된다. 외래치료는 최소 3~6개월까지 지속되며 덜 집중적이고 같은 유형의 치료가 제공된다.

비판적 사고를 위한 질문 ?

만일 당신의 가족 중 누군가 약물에 중독되었다면, 이러한 프로그램들 중 어느 것이 가장 유용할 것 같은가?

외래 및 입원서비스는 병원, 약물중독재활센터, 지역사회 알코올상담센터 등에서 제공된다. 대다수 지역사회는 가족과 살 수 없거나 혼자 살기에는 아직 회복이 준비되어 있지 않은 알코올중독자들에게 중간 집에서 주거할 수 있는 서비스들을 제공한다.

많은 대기업들은 직원들을 위한 알코올치료 프로그램을 후원한다(11장에서 설명할 직장인 지원 프로그램). 이러한 프로그램들은 음주문제 초기단계에 자신의 음주문제를 인식하도록 돕고 음주와 관련한 여러 문제가 발생하기 전에 개입한다. 프로그램 참여자는 적절한 지역사회 자

보기 8.3 Alcoholics Anonymous

1935년에 창시된 이래로, Alcoholics Anonymous(AA)는 백개 이상의 국가에서 87,000개 이상 집단의 백만여 명 이상의 적극적인 구성원들과 함께 하는 세계적인 조직으로 성장해 왔다. 사회운동으로서 AA의 성공은 말할 것도 없거니와, 일반 대중뿐만 아니라 전문가 집단, 그리고 정부 기관과 프로그램에도 상당한 영향을 미쳤다. 정신건강 전문가들은 알코올이나 다른 약물 관련 문제를 가지고 있거나 가지고 있다고 여겨지는 환자들에게 AA 가입을 권할 때 자주 책임성의 문제에 직면한다. 모든 자조집단들이 모든 사람들에게 적합한 것은 아니므로, 전문가들에게는 환자에게 AA에 들어가라는 조언을 할 시점을 결정하는 것이 중요하다.

AA의 가입(affiliation)에 대한 많은 연구 결과들을 분석한 결과(Emrick et al. 1993), 전문가가 알코올중독자들에게 존경심을 가지고 최소한의 도움만을 줄 것을 제시하고 있다. 연구 결과, AA에 참여하게 될 가능성이 많은 사람들의 특성은 다음과 같이 보고되고 있는데, 1) 술 마시는 것을 멈추기 위해 외적 지지자원들을 사용해 본 적이 있거나, 2) 술을 마실 때의 행동뿐만 아니라 음주행동(drinking behavior) 그 자체를 통제할 수 없었던 경험이 있는 사람들, 3) 술을 마실 때마다 많은 양을 마시는 사람, 4) 음주행동에 대한 불안으로 고통받는 사람, 5) 과도하고 충동적으로 술을 마시는 사람, 6) 술 마시는 것이 그들의 정신기능을 강화시켜줬다고 믿는 사람, 7) 종교/영적 활동에 참여하는 사람들이 그 범주에 속한다.

즉 성공적인 멤버십과 음주행동에 관한 좋은 결과들을 낳는 일관되고 확실한 AA 참여의 몇 가지 구성요소들이 있는데(Emric et al,1993), 1) AA 후원자를 가지는 것, 2) 12번째 단계(이러한 단계로 생활해 본 결과, 우리는 영적으로 각성되었고, 알코올중독자들에게 이 메시지를 전하려고, 노력했으며, 우리 생활의 모든 면에서도 이러한 원칙을 실천하려고 했다)의 참여, 3) 모임을 이끌어나가는 것, 4) 이전 시간에 비교하여 조직에서의 자신의 참여 정도를 늘리는 것(예: 이전에 전문가의 치료를 받을 때보다 알코올 치료경험 후에 AA에 더 적극적으로 참여하는 것) 등이다. 또 다른 요소로는, 1) 다른 AA 구성원들을 후원해줄 때, 2) 12단계의 마지막 일곱 단계(겸손한 마음으로 신께서 우리의 약점을 없애 주시기를 간청했다)를 실천할 때 좋은 결과가 나타났다.

원에 연계되며, 직장인이 알코올치료 프로그램을 요청할 때 프로그램 참여에 따른 어떤 부정적인 결과를 초래하지 않는다. 만약 음주문제를 가진 직장인들이 치료프로그램 참여를 거절하거나 술로 인해 일의 능률이 점차 떨어진다면 결국 해고된다는 위협을 하면서 피고용인이 치료프로그램에 참여하도록 강한 압력을 넣을 수 있다.

대다수 치료자들은 알코올이 사회화, 긴장이완, 회피 등의 욕구를 일부 충족시킨다고 믿고 있다. 만약 치료가 성공하려면 이러한 욕구를 알코올 대신에 만족시키기 위한 대안, 즉 새로운 유형의 친구를 찾는 것, 이완방법을 배우는 것, 삶의 문제를 더 나은 방향으로 해결하는 방법을 배우는 것 등이 제공되어야 한다. 기능적인 욕구평가에 대한 이론은 알코올남용과 알코올중독에도 적용되어 왔다.

》 다른 약물중독치료 프로그램

'한번 중독자면 항상 중독자다'라는 고정관념이 있다. 이러한 태도는 약물에 중독된 사람이 재활하고자 하는 노력을 방해한다. 과거의 통계적인 자료들은 이러한 사회적 통념을 확인해주고 있다. 그러나 더 많은 연구 결과들에 따르면 약물중독자도 그들의 습관을 성공적으로 없앨 수 있다는 것을 제시하고 있다.[57)]

어떤 약물에 대한 신체적 의존 또한 해독치료가 이루어질 수 있다. 일반적으로 약물사용자는 처음 며칠 또는 몇 주 동안 강렬하고 심한 고통스런 금단증상을 겪을 수 있다. 심리적 의존은 치료하기가 더 어렵다. 약물은 심리적인 만족을 충족시키기 때문에 사용하게 되고, 약물복용자는 정신적인 보상(이완, 다행감, 약간의 긴장감, 덜 고통스러움, 문제와 현실로부터의 도피감 등)을 받는다. 약물을 사용하게 됨으로써 충족되는 심리적 욕구는 각 사용자에게 동일하다. 약물중독을 치료하기 위해서는 각 사용자의 어떤 심리적 욕구가 충족되어야 하는지가 치료 프로그램에 반영되어야 하고, 약물사용자에게 그러한 욕구를 새로운 방법으로 충족하도록 가르치는 것이 필요하다.

입원 프로그램

지역사회정신건강센터, 특수화된 약물남용재활센터, 병원들은 입원치료 프로그램을 제공한다. 해독치료는 금단증상의 심각성 정도에 따라 24시간부터 최대 3주까지 지속된다. 추가적인 입원보호로 약물로부터 격리된 환경에서 2~3주를 보호한다. 입원환자 보호는 지역사회에서 의존 상태를 벗어날 수 없는 약물중독자를 위한 것이다. 입원치료는 비용이 매우 비싸서, 미국의 경우 약 30일에 만 달러 정도를 지불한다.

외래 프로그램

외래치료는 일반적으로 3~6개월간 제공되며 입원치료보다는 강도가 약하다. 더 이상 입원치료가 필요 없는 사람뿐만 아니라 입원한 상태가 아니더라도 약물사용 습관을 없앨 수 있는 좋은 기회를 지닌 사람들에게 제공된다. 외래치료는 상담, 의료서비스, 여가서비스 등으로 구성되어 있다. 그러한 서비스들은 약물남용 치료를 위해 지역사회 정신건강센터, 약물남용전문재활센터, 병원, 약물남용 외래클리닉 등에서 제공된다.

자조집단 프로그램

AA 이후 남용자들을 위한 많은 자조 프로그램이 생겼는데, Narcotics Anonymous, Pill Addicts Anonymous, Cocaine Anonymous, Pills Anonymous, Marijuana Anonymous 도 포함되어 있다.[58)]

치료공동체

치료공동체(therapeutic communities, TC)는 장기 거주 치료 프로그램으로 대상자들이 12~18개월 동안 머무르는 곳이다. 치료공동체는 사람들이 사회에서 보다 적절하게 역할을 수행하고, 약물로부터 자유로운 환경에 있는 것에 대한 보상을 찾는 것을 배우도록 하기 위해 생활양식을 변화시키는 것에 초점을 둔다. Tim Bliss는 다음과 같이 말하고 있다:

> 환경은 실존을 둘러싼 벽을 깨뜨리기 위한 목적을 가진 지속되는 직면 중 하나이다. 예를 들어 노숙자 생활로 인해 '거친 남자'로 산 사람이 있다고 하자. 이런 이미지는 정말로 깨뜨릴 필요가 있다. 고통스러운 감정(예: 고독감, 두려움, 우울)은 표현하도록 허용하고, 결국 개인 자신에게 정직하도록 허락함으로써 더 이상 가면을 사용할 필요성을 갖지 못하게 하는 것이다.

치료공동체의 대다수 졸업자들은 지지적인 목적을 위하여 친밀한 접촉을 유지한다. 높은 치료중단율 때문에 이 프로그램의 성공을 평가하기는 어렵지만, 졸업자 중에서 약물로부터 자유로운 상태를 유지하고 직장을 얻는 데 성공했다는 증거도 있다.[59)]

중간집

중간집(halfway houses)은 입원치료를 해 왔던 사람이 지역사회로 다시 돌아가는 것을 돕는다. 이 서비스는 심리적으로 의존된 사람들과 입원치료가 필요하지는 않지만 약물습관에서 벗어나기를 원하는 사람들에게 제공된다. 중간집은 약물중단 상태를 유지하도록 돕기 위해서 상담서비스와 그들이 직면하는 개인적인 문제를 해결하도록 도움을 제공한다. 거주자들은 직업훈련, 직장과 집을 얻기 위한 조언들을 제공받는다. 회복 중인 약물중독자들은 거주자들과의 관계를 형성하는 데 있어서, 전문가인 직원보다도 더 효과적이며 부정, 분노, 고립, 적대감의 장벽들을 부수는 데 많은 도움이 된다. 회복 중인 약물중독자들은 중독이 치료될 수 있는 질병임을 증거하는 하나의 모델이 된다. 중간집은 거주자들의 행동과 태도에 대한 스스로의 책임의 중요성을 강조한다.

약물을 사용한 치료

알코올중독자들에게 단주제(Antabuse)를 사용하는 것과 마찬가지로, 일부 약물들은 약물중독 치료를 위한 치료적인 프로그램에 사용된다. 대표적으로 메타돈(methadone)은 헤로인 중독을 치료하는 데 사용되어 왔다. 메타돈은 합성마약으로, 중독자의 신체적 갈망에 만족을 주기 위해 사용하며 헤로인과 유사한 반응을 가져온다. 헤로인 금단증상의 고통을 줄여주지만 고조감은 일으키지 않는다. 메타돈은 지역사회 내에서 보다 정상적으로 기능할 수 있도록 헤로인 중독자들을 이끌어간다. 단, 자신들의 높은 쾌감을 포기하길 원하지 않는 헤로인 중독자에게는 효과적이지 않다.

메타돈 자체도 중독적이며, 메타돈이 헤로인 중독을 치료할 수는 없다. 단지 헤로인을 사용하지 않고 지역사회에서 중독 상태를 유지하도록 할 뿐이다. 메타돈은 논쟁의 여지가 있으며 많은 전문가들은 다른 약물에 의존하게 만든다는 이유에서 메타돈을 헤로인 중독치료에 사용하는 것을 반대하고 있다.

메타돈은 승인된 프로그램을 통해서만 법적으로 이용

가능하다. 치료의 처음 몇 주에는 중독자들이 메타돈을 받기 위해 치료센터에 매일 보고할 것을 요청한다. 일부 헤로인 중독자들은 자신들이 헤로인을 복용하지 못할 때를 견디기 위해서 메타돈을 사용한다. 때때로 헤로인 대신 메타돈을 복용함으로써 그들 스스로를 치료하는 데 도움을 준다. 헤로인을 사용하는 사람들에게는 메타돈의 과다복용이 죽음을 초래할 수 있다.

과학자들은 약물사용자가 아편제(모르핀, 헤로인)를 통해 행복감을 경험하는 것을 막기 위한 마약 길항제를 개발하였다. 가장 잘 알려진 아편계열 길항제는 naloxone, cyclazocine이다. 이 약물들은 중독자가 갈망하는 행복감으로부터 중독자를 보호하고 약물습관을 없애기 위한 동기를 갖는 데 도움을 준다.

》 공동의존의 이해와 치료

공동의존(codependent)된 사람들은 중독자에 의해서 창출되는 하루하루의 외상을 강박적으로 관리하고자 하는 과정에서 자신의 정체성을 잃어버림으로써 사랑하는 사람의 중독에 사로잡혀 있는 상태이다. 공동의존은 혼란한 상태에서 습득된 건강하지 못한 행동이다. 어떤 공동의존자들은 중독자만큼이나 역기능적이다. 중독자와 함께 살아가는 것은 과도한 보호, 자신의 욕구 억압, 낮은 자아존중감을 느끼고 긴장된 관계를 촉발시킨다.

비판적 사고를 위한 질문 ?

주변에 공동의존자(codependent)가 있는가? 만일 있다면 그 사람에게 어떤 종류의 치료프로그램들이 효과적일 것이라 생각하는가?

많은 공동의존자들이 역기능적 가족 내에서 성장하였고(일부는 알코올중독자 가정의 성인자녀), 그들은 알코올 또는 다른 약물에 중독된 사람과 사랑에 빠지거나 결혼한다. 어느 정도 중독자들은 공동의존자들의 욕구를 충족시킨다. 또는 공동의존을 비정상적인 스트레스에 대한 정상적인 반응으로 볼 수 있다.

중독자는 자신의 약물사용 선택을 중단할 수 있지만 그가 치료받지 않는다면 공동의존자의 역기능적 행동은 여전히 지속된다. 공동의존자들을 위한 치료접근은 개인 정신치료, 집단치료, 자조집단(Al-Anon, Adult Children of Alcoholics, Codependent Anonymous 등) 등 다양하다. 공동의존자들을 위한 대다수의 치료에서는 공동의존자들이 중독자로부터 분리된 독립체이며 자신만의 삶을 산다는 것과 중독자만이 자신의 약물남용에 대한 책임이 있다는 것, 공동의존자들의 삶과 중독자의 의지는 공동의존자의 돌보아주는 행동이나 원조하는 행동들을 중단함으로써 향상될 수 있다는 것을 중점적으로 인식시킨다. 치료를 통해 많은 공동의존자들은 자신의 정체성을 회복하고 자신들의 행복을 파괴시키는 자기 파괴적인 습관을 바꾸게 된다.

7. 약물남용 억제를 위한 제언

현재의 약물남용자를 치료하는 것도 물론 중요하다. 그러나 약물남용자가 될 가능성이 있는 비약물남용자들을 예방하는 것은 더 중요하다. 다음은 여섯 가지 예방적인 접근방법인 교육 프로그램, 불법적인 약물교환예방, 직장인 약물검사 프로그램, 좀 더 엄격한 법과 강화방안, 약물사용의 비범죄화(치료와 보호접근), 영국의 접근에 대해 제언하고자 한다.

》 교육 프로그램

약물사용과 남용에 대한 현실적인 이해를 증진시키기 위한 많은 프로그램들이 일반 주민들뿐만 아니라 학생들에게 제공되고 있다. 좋은 교육 프로그램들은 다음 내용들을 가르친다. (a) 일반적으로 사용되는 약물이 어떤 영향을 미치는가, (b) 약물을 남용했을 때 증상이 어떻게 나타나는가, (c) 약물사용 여부와 관련하여 책임감 있게 결정을 내리는 방법은 무엇인가, (d) 약물을 남용하는 사람들을 어떻게 도울 것인가, (e) 지역사회 내에 이용 가능한 치료자원과 프로그램에는 어떤 것들이 있는가, (f) 프로그램에 참여하게 된다면 어떤 내용으로 진행되는가, (g) 만약 친척이나 친구가 자신들의 약물문제를 인식하는 것을 거절한다면 어떻게 해야 하는가, (h) 약물남용자들의 심리적 욕구를 충족시키기 위해 약물 이외의 대안을 배우도록 어떻게 도울 것인가.

과거의 교육 프로그램들은 약물사용 이후 치명적인 오

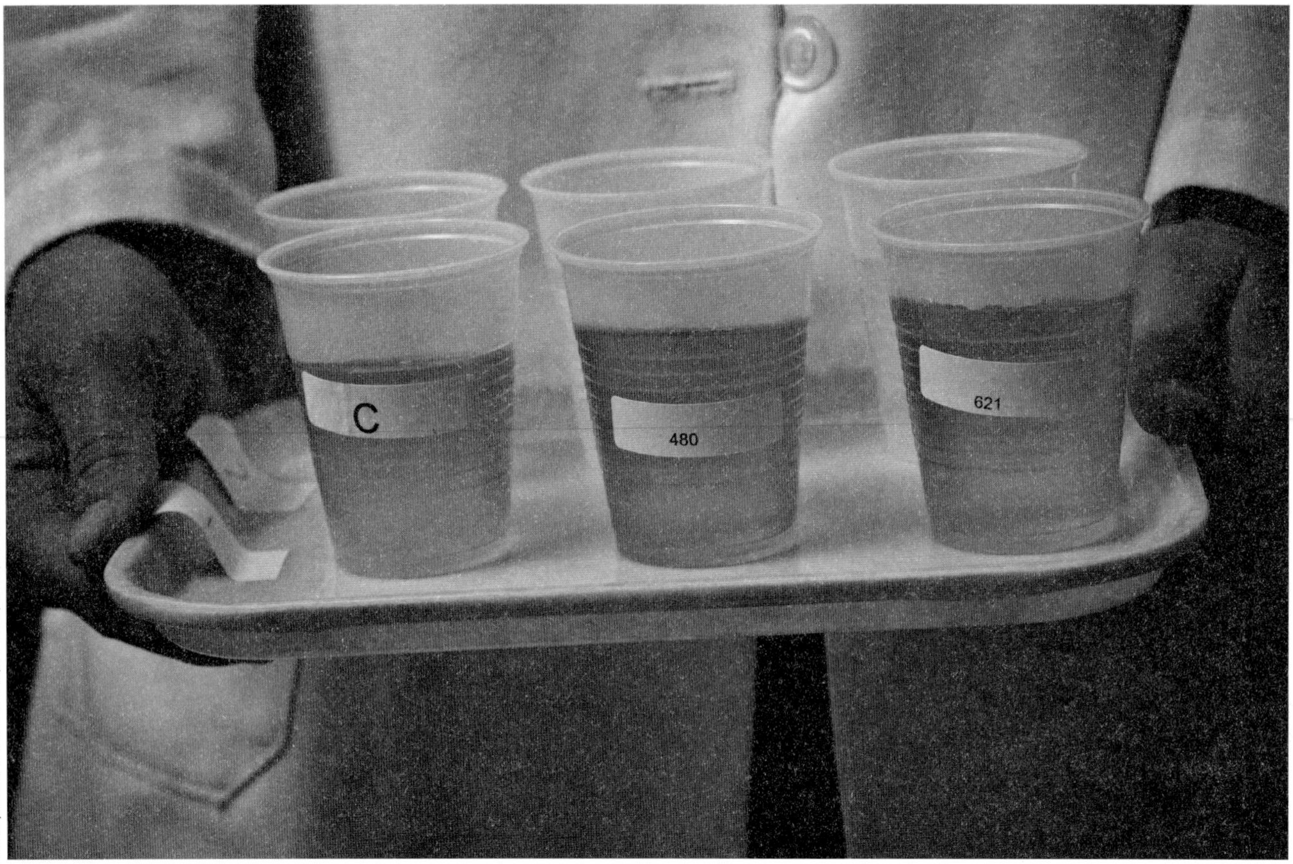

iStockphoto/Amber color liquid in cups on plate/Thinkstock

토바이 사고에 관한 사진을 보여주거나, 약물사용자가 빈민자로 전락하는 모습, 소량의 약물이 사용자의 삶을 영구적으로 파괴할 수 있다는 것을 보여주는 등 겁을 주는 방식으로 이루어져 왔다. 그러나 그러한 전략은 비효과적인 것으로 나타났다. 청소년들은 약물을 사용하는 동료, 다른 성인들, 부모들이 모두 다 그러한 결과까지 초래되지 않았다는 것을 알고 있다. 이렇게 경각심을 불러일으키는 교육은 교육받는 사람들에게 오히려 신뢰감을 깨뜨리는 경우가 있다. 다행히도 각종 서적, 교육자를 위한 학습과정 안내서, 시청각 자료들이 약물사용과 남용에 대한 현실적인 자료를 제시하고 있다.

지난 40년 동안, 대중매체와 학교에서는 음주운전, 알코올남용, 흡연, 불법적인 약물사용을 예방하기 위한 대대적인 캠페인을 벌였다. 광범위한 약물남용 예방 프로그램이 초등학교, 중학교, 고등학교, 대학교에서 진행되고 있다. 교육을 받는 학생별로 수준에 맞게 유치원생은 McGruff, Crime Dog를 실시하며, 초등학교 학생들은 D.A.R.E(Drug Abuse Resistance Education), 경찰후원 프로그램, 중학교와 고등학교에서는 다양한 클럽활동, 캠프(묵상회 등)를 실시하고 있다. 이러한 프로그램들은 다양한 접근방법들을 사용한다. 약물사용 위험상황을 파악, 약물과 약물로 인한 영향에 대한 정확한 정보 제공, 약물사용에 대한 또래집단의 압력에 대해 단호하게 거절하는 방법을 배우는 것, 약물 이외의 즐거운 활동시간을 갖는 것, 자아존중감을 고양시키는 것 등이 그 예이다.

학교 및 대중매체에서 약물과 알코올사용을 매력적이고 유행에 따르는 행위라기보다 매우 위험한 것으로 묘사하는 것이 증가하면서, 전반적으로 성인들의 약물사용은 감소하는 것으로 나타나고 있다.[60)]

미국이 세계에서 약물남용률이 가장 높은 나라 중 하나인 이유는 모든 것을 약물로 해결한다는 잘못된 생각을 가지고 있기 때문이다. 미국인들은 의료기술이 신체의 모든 질병을 해결하며 건강한 생활양식을 유지하는 데 있어 스스로의 책임은 없다고 믿는 경향이 있다. 때로 약물을 자가 복용하게 되는 경향은 무가치함을 느낄 때, 스트레스에서 벗어나고 싶을 때, 사회에서 무시당한다고 느낄 때 많이 나타난다. 투약이 너무 일반화된 문화(광범위한 술, 조제회사, 담배산업 광고가 선전하는 관점)에서는 현실적인 삶의 문제를 잊어버리거나 스트레스를 경감시키는 방법으로 담배, 약물, 술을 사용하는 것으로 해결하는 경향이 높다. 일반주민교육은 약물사용이 삶의 문제를 해결하지 못한다는 점을 강조해서 명확히 전달해야 한다.

》 국경지대에서 거래되는 불법약물들을 예방하기

단기 마약거래자는 거대한 이익을 남기고, 중간수준의 마약거래자는 종종 백만장자가 되고, 마약거래 대부는 억만장자가 된다. 국경지대를 통해 이루어지는 불법마약 거래는 매우 큰 이익을 남기는 행위이다. 불법마약 거래를 없애기 위한 한 가지 방법은 마약대부를 사업상으로 끌어내는 일종의 행동을 취하는 것이다.

미국과 다른 나라들은 국경지대에서 이루어지는 마약밀거래를 차단하기 위해 수백만 달러를 소비한다. 몇몇의 약물 수송물은 압수되고 일부 마약 수송자는 체포된다. 만약 국경지대를 넘나드는 마약거래가 중단되려면, 좀 더 효과적인 접근을 취해야 한다.

약물 거래를 없애기 위한 한 방법은 세계 각 나라들이 이들 행위를 국제법에 적용하여 기소해야 할 국제적인 범죄로 다루는 것에 동의하는 것이다. 이 법을 집행하는 국제법정은 국경지대에서 거래되는 불법마약의 생산, 제조, 판매를 주관하는 마약대부에 대한 증거를 수집하기 위해 마약생산국에 입국할 수 있는 권위와 조사권이 주어져야 한다. 각 나라들은 국제법정이 기소된 국경지대 마약밀매를 지휘하는 사람을 공판하기 위해 체포해서 송환해주기를 기대할 것이다. 범죄가 드러난 이들은 집행유예 없이 무기징역을 선고받는다. UN은 기소된 마약대부를 체포해서 송환하는 것을 거절하는 국가에 대해 무역제재를 가하도록 압력을 행사해야 할 것이다. 덧붙여, UN의 군사력은 악명 높은 마약대부의 사조직(군사력)을 깨뜨릴 만큼 강하여 약한 나라들이 이용 가능해야 한다.

미국 정부는 외국 내 약물대부들의 사업이 드러나게 하기 위해 노력하고 있다. 미국 정부는 불법마약 거래가 표면화되어 있는 국가들에 마약대부를 체포하여 송환하도록 돕기 위해 다른 국가에 재정적 원조 및 기타 원조를 하고 있다.

》 직장인 약물검사 프로그램

1986년 '조직화된 범죄에 대한 대통령위원회'에서는 정부와 사기업 모두 직장인을 위한 약물검사 프로그램을 실시하도록 하였다. 위원회에서는 국가의 삶의 질을 손상시키고 미국사회의 매년 수억 달러의 비용을 고갈시키는 약물남용을 억제하는 데 약물검사가 기여한다고 주장하고 있다.[61]

대다수 미국 회사들은 직장인 또는 지원자들에게 코카인, 대마초, 헤로인, 모르핀과 같은 약물의 사용 여부를 검출할 수 있는 분석을 위해 소변검사를 요구한다. 이러한 약물남용 검사는 군대, 일부 연방정부 기관, 대다수 약물치료기관에서 이루어진다. 대다수 지방정부는 버스 기사와 같이 일과 연관된 직장인을 대상으로 무작위적인 약물검사를 요구하고 있다.

프로야구, 농구, 축구조직과 같은 스포츠조직에서는 약물검사 프로그램이 이루어진다. 예를 들어 미국 내 전미축구리그는 모든 선수들을 대상으로 매 시즌마다 두 차례의 불규칙한 검사와 매 시즌 초반에 소변검사를 필수적으로 시행한다. 만약 선수들이 약물양성 반응결과를 보인 경우 우선적으로 치료를 받아야 한다. 만약 다시 약물을 사용할 경우, 프로리그에서 완전히 제명된다. 전국농구협회와 전국축구리그는 마약복용을 반복한 여러 명의 선수들을 제명시킨 적이 있다.

약물검사 프로그램은 안정, 건강, 생산성 증대를 위해 권고되고 있다. 약물검사프로그램은 회사들이 약물로 인해 발생되는 위험요소를 찾아내는 데 중요한 과정이 된다. 양성 검사결과가 나온 직장인에게는 일반적으로 치료프로그램에 참여할 기회를 주고 있다. 만일 더 많은 약물검사에서 반복적으로 불법마약 사용이 드러난 경우에 그 직장인은 강제로 퇴사 당한다.

약물검사를 반대하는 사람들은, 그러한 프로그램이 비합리적인 수색에 근거한 금지령을 포함하여 시민들의 자유권을 침해한다고 주장한다.[62]

》 엄격한 법과 집행

약물남용을 억제하기 위한 일반적인 접근방법은 약물남용과 관련된 법의 엄격한 시행과 강제된 법안 제정이다. 지난 30년 동안 그와 같은 수많은 법안이 통과되었다.

1984년 연방법은 최소 음주연령을 21세까지 상향 조정함으로써 각 주마다 보다 엄격한 압력이 이루어지도록 하였다. 이에 따라 미국의 모든 주에서도 최소 음주연령을 21세로 상향 조정하였다. 대다수 주들에서는 음주운전에 대해 유죄판결을 내리며 취한 상태에서 운전하는 것에 대해서 가차 없이 벌칙을 내리는 것으로 변화되었다. 담배와 관련하여, 대다수 주에서는 '금연구역' 법안을 통과시켰고 레스토랑에서도 금연구역을 요구하였다. 대다수 공공기관에서도 흡연을 금지하고 있다. 불법적인 약물을 금지하기 위해서는 대다수 주와 지역정부가 비록 개인용도의 소량의 대마초라 할지라도 마약을 저장하거나 나르기 위해 사용되는 소유물을 몰수하기 위한 정책을 세워야 한다. 우리가 보아 왔던 것처럼, 직장 내에서 약물검사는 더 널리 이용되고 있다. 이러한 노력의 결과는 어떠한가? 강력한 법안과 시행이 현재의 감소추세 및 마약과 알코올남용과 흡연의 위험 인식도를 높이는 데 기여했는지에 관해 말하기는 어렵다.

》 약물사용의 비범죄화

지난 1세기 동안 수많은 법들이 무수히 많은 약물의 사용을 규제해 왔고, 이를 위배하는 사람들에게 적용하는 형벌은 더 가혹하였다. 그러나 약물사용 인구의 비율이 높게 유지되면서 감옥이나 구치소는 마약법 위배자로 체포된 사람으로 가득 차 있다. 마약법은 불법마약 소지를 절도죄와 이급살인죄와 비슷한 범죄행위로 규정하고 있다. 과거에는 여러 주에서 다른 사람에게 대마초의 소량이라도 판매하거나 주는 것에 대해 25년 형까지 규정하였다. 그러한 엄격성은 범죄 정당체계를 불신임하게 하고 법을 경멸하게 한다. 현재까지, 미국의 마약법은 마약사용을 예방하거나 남용자를 치료하기보다는 사용자를 처벌하는 방향으로 제정되었다.

마약에 대한 정확한 정보의 부족으로 약물사용과 남용에 대한 비합리적인 두려움을 불러일으키게 되었다. 예를 들어 사람들에게는 '대마초의 사용은 항상 다른 마약류 사용을 위한 입구마약의 역할을 할 것이다'라는 두려움이 있다. 또한 헤로인과 아편제의 부정적인 영향에 대해 검증되지 않은 두려움이 있었다.

그러나 최근 들어 처벌적인 법규정이 더 이상 효력을 발휘하지 못한다는 인식이 증가하고 있다. 한때 알코올에 대한 금주령이 효과적이지 못했다는 맥락에서 볼 때, 다른 약물사용을 금지하는 법들은 조직화된 범죄와 불법마약 거래의 거대한 성장에 일부 책임이 있다. 교소도장은 감옥 밖의 약물에 대해 감시하지 못한다.

수많은 약물 전문가들은 마약법이 중독에 대한 처벌보다는 치료를 더 강조하는 방향으로 변화해야 하며, 실제적인 위험과 더욱 일치하는 마약 소유에 대한 형벌제도를 만들어야 한다는 것을 주장하기 시작했다. 대마초를 하나 이상 소유한 사람을 감옥으로 보내는 것은 비합리적이라고 보고 있다.

지난 40년 동안 일부 마약법의 변화는 재활을 강조하고 마약의 소유와 판매에 대한 가혹한 처벌을 감소시켰다는 점에 있다. 이러한 변화는 대마초를 중심으로 이루어졌다.

1972년 대마초와 약물남용에 대한 국가법령은 대마초와 관련된 주와 연방정부의 변화를 권고하고 있다. 즉 개별적인 사용을 위한 대마초의 사적소유와 배분자들이 이익 없이 소량을 판매하는 것에 대해 더 이상 죄로 간주하지 않는 것이다.[63] 1972년 보고서 이후에 수많은 주에서 대마초 사용을 비범죄로 규정하는 법을 통과시켰다.[64]

그 이후 공적으로 만취하여 체포된 사람들을 감옥에 넣는 것보다는 치료기관으로 보내도록 명령하는 법안을 통과시켰다. 일부 지역에서는 헤로인과 같은 강한 약물에 중독된 사람들을 감금 또는 체포의 위험 없이 지정된 치료를 받도록 하고 있다. 그러나 아직까지 그러한 프로그램들은 아직 실험단계에 있으며 논쟁의 여지가 있다(보기 8.5 참조).

비판적 사고를 위한 질문 ?

미국에서 약물남용을 억제하는 데 가장 효과적인 방법은 무엇이라고 생각하는가?

8. 한국의 중독 문제와 치료재활

우리 사회에서는 70년대 대마초 파동 이후 필로폰, 청소년들의 본드, 가스 등의 흡입제 사용, 엑스터시까지 불법마약류 사용의 증가뿐만 아니라 대표적인 약물인 알코올 관련 문제들의 지속적 증가 등으로 중독문제가 중요한 사회적 문제로 대두되고 있다. 우리나라 중독의 고위험군은 알코올 1,110만 명, 도박 200만 명, 인터넷 182만 명에 이르고

보기 8.4 약물남용을 질병으로: 네덜란드의 사례

미국은 금지된 약물의 소지나 사용에 대해 처벌적인 접근을 취하고 있다. 일부 전문가들은 네덜란드처럼 약물문제에 대한 치료적 접근을 하는 것을 옹호하고 있다.

네덜란드는 1976년부터 마약에 대해 비범죄화하였다. 마약사용자와 일시적인 판매자는 기소되지 않는 반면, 다량의 마약판매자와 소량의 판매자는 기소된다. 1976년 이후에 대마초와 헤쉬쉬의 소비율은 증가되지 않았고, 네덜란드는 다른 서부유럽 국가들보다 심각한 마약중독자들이 더 적으며, 미국보다 마약문제가 훨씬 적고 사망률도 더 낮다. 네덜란드는 정맥주사를 사용하는 마약사용자들 중 AIDS의 발생률이 매우 낮은데, 이러한 이유는 마약중독을 범죄문제로 보기보다는 질병문제로 보기 때문이다. 이러한 접근방법은 중독자들에게 약물남용에 대해 좀 더 개방적으로 알리고 건강문제와 연관된 중독문제에 대한 치료를 구하도록 분위기를 조성하기 때문이다.

마약의 적정 사용을 권고하고 심각한 마약문제가 있는 사람에게는 치료를 받도록 하는 가치 있는 체계가 네덜란드에서 시작되었다. 이러한 접근방법이 더 효과적인가? 물론 불법마약의 비범죄화가 더 강도 높은 마약에 대한 실험적 사용을 증가시킬 것이라는 위험성과 관련한 논쟁은 여전히 있다. 일부 전문가들은 네덜란드에서 대마초를 손쉽게 구입할 수 있다는 희망으로 약물여행자가 증가하고 있다는 비평을 하기도 한다. 그러나 만약 마약남용자가 치료체계에 들어오도록 권고하는 가치체계가 발전되지 못한다면 불법마약으로 지정한 약물사용과 남용이 더 증가할 것이라는 위험이 예상된다.

있으며, 특히 우리나라의 경우 서구와 달리 IT산업의 발달에 따른 인터넷게임중독의 문제가 청소년과 성인층을 중심으로 증가하고 있다. 그러나 이러한 중독문제에 대한 예방 및 치료재활서비스에 대한 접근성과 자원의 공급이 현저히 취약한 실정이다. 알코올중독의 경우 2013년 기준 전국에 50여개소의 알코올상담센터가 알코올문제에 개입하고 있으나, 2010년 기준 알코올사용장애로 치료받은 환자 수는 100,433명으로 전체 알코올중독 추정환자 중 6.5%만이 치료서비스를 받은 것으로 나타나고 있다. 또한 정신의료서비스를 이용한 비율은 8.6%로 기타 다른 정신질환의 서비스접근성에 비해 매우 낮게 나타나고 있다. 마약중독의 경우 역시 사법형사체계로부터 치료가 시작되는 처벌적 접근이 주로 이루어지고 있으며, 마약퇴치운동본부에 위탁하여 교정시설 및 보호관찰소 수강명령프로그램, 기소유예조건부 재활교육프로그램이 운영 중이지만 지역사회 접근성이 취약하여 이용실적이 미흡하다. 도박중독의 경우 전국에 도박중독예방치유센터가 전국 6개소가 설치되어 있으나, 2011년 도박중독으로 의료기관 치료서비스를 제공받은 사람은 706명으로 매우 적은 수준이며, 집중적인 치료가 필요한 중증도박중독자의 규모가 80만 명 정도로 추산되는 점을 감안할 때 치료서비스 연계가 취약하다. 인터넷중독의 경우도 아직까지 명확한 정의가 없어서 각 정부부처에 따라 '인터넷 과몰입자', '인터넷중독자', '게임과몰입' 등의 용어가 혼재되어 사용하고 있어 대상자가 명확하게 규정되지 못하고 공급자 중심의 예방서비스가 주로 제공되고 있다. 그러나 성인 인터넷중독에 대해서는 서비스 제공이 상대적으로 미흡하다.

이처럼 중독문제 발생의 크기가 상당함에도 불구하고, 현실적으로 중독관련 부처와 중독발생의 규제, 예방 및 치료업무를 관장하는 부처 간 업무분담이 모호하여 효과적인 중독문제 관리에 어려움이 있다. 2013년 4월 "중독 예방·관리 및 치료를 위한 법률안"이 발의되어 통합적으로 중독을 관리하기 위한 법률적 방안이 처음으로 제시되었다. 또한 2013년 3월부터 광주광역시 정신건강시범사업에서 해당 지역의 5개 알코올상담센터의 명칭을 "중독관리센터"로 전환하고 알코올, 마약, 도박, 인터넷 4대 중독의 문제를 통합적으로 관리하는 시범사업이 시작되었다.

사회복지영역에서는 지난 2000년 이후 알코올상담센터에 정신보건사회복지사들이 적극적으로 활동해오고 있으며, 최근 중독관리센터 및 도박중독예방치유센터 등에도 활발하게 진출하고 있다. 지난 2005년부터 한국정신보건사회복지학회 분과학회로 "중독학회"를 설치하여 중독관련 전문교육, 세미나 등을 실시해오고 있다. 중독분야 사회복지 전문인력 양성을 위해 2012년부터 한국정신보건사회복지학회와 한국정신보건사회복지사협회 공동으로 "중독관리위원회"를 설치하고 "중독전문사회복지사" 자격제도를 시행하여 2013년 현재 500여 명의 중독전문사회복지사 1,2급이 배출되었다.

요약

다음은 이 장의 서두에서 제시한 학습목표와 관련된 내용을 요약한 것이다.

A. 약물과 약물남용의 정의

중추신경계에 직접 작용하는 습관성 물질들은 기분, 지각, 신체적 기능, 의식에 영향을 미친다. 약물남용은 약물을 정기적으로 혹은 과도하게 사용할 때, 다른 사람과의 관계를 위험에 빠뜨리고, 사람들의 건강에 해로움을 주는 결과 등으로 사회 자체를 위태롭게 한다. 약물에 대한 주된 사회적 반응은 약물의 실제적인 영향뿐만 아니라 사회적 특질과 약물을 사용하는 집단의 동기에도 영향을 미친다. 합법적인 약물의 사용은 불법약물에 비해 더욱 우리 사회에 더 나쁜 원인을 제공할 수 있다. 많은 약물들이 심리적, 신체적 또는 양쪽 모두의 의존을 불러일으킨다. 약물사용자들은 사용량을 꾸준히 증가시키는 내성을 가지게 되고, 약물 중독자들은 신체적 의존, 격렬한 갈망 등을 가지게 된다.

B. 대중적으로 사용되는 약물의 효과와 사실을 요약하기

약물의 사회적 비용은 교통사고, 경제적 손실, 건강상의 문제, 경범죄, 가족해체, 배우자 또는 자녀 학대, 사용자의 재정상의 위기와 재산상의 범죄 등을 포함한다. 우리 사회의 광고, 영화, 책 그리고 TV 프로그램 중 일부는 약물사용을 낭만적인 것으로 조장한다. 알코올, 담배, 카페인 그리고 의사의 처방전 없이 팔리는 약을 포함하는 약물들은 널리 광고되고 있다.

일반적으로 사용되는 약물은 진정제(알코올, 수면제, 진정제, Quaalude, PCP), 흥분제(카페인, 암페타민, 코카인, 크랙, 질산아밀, 부틸니트로), 마약(아편, 헤로인, 모르핀), 환각제(peyote, 실로시빈, 실로신, LSD, 그리고 엑스터시), 담배, 대마초 그리고 스테로이드성 약물(근육 강화제) 등이다. 알코올은 우리 사회에서 가장 널리 남용되는 약물이다.

C. 약물남용의 재활프로그램들을 서술하기

입원환자와 외래환자 서비스를 포함하는 약물남용 치료 프로그램은 지역사회 정신건강센터, 정신병원, 그리고 전문적인 사회복귀시설에서 제공된다. 그 밖에 자조모임, 중간집, 치료공동체에서 프로그램이 이루어진다.

D. 약물남용을 억제하기 위한 제안

약물남용 문제는 쉽게 사라지지 않을 것이지만, 남용의 범위를 줄일 수는 있을 것이다. 법적으로 불법 약물의 판매를 금지함으로써 약물사용을 방지한다. 약물에 대한 정확한 지식을 전달하는 우수한 교육 프로그램을 시행하고, 불법약물을 생산하고 유포하는 주도자를 고발하고, 약물사용자 검사 프로그램을 사용하여 점점 늘어나는 약물남용에 영향을 끼칠 수 있는 원인에 대해 엄격한 법률을 적용하고, 약물사용자를 비범죄화함으로써 처벌적 접근보다는 치료적 접근에 일차적 중점을 둘 것을 제안한다.

인터넷 참고자료

CENGAGE**NOW**™ 각 장과 관련된 참고자료는 출판사 홈페이지(www.cengage.com/social_work/zastrow)를 참조하라.

주

1. *Webster's New Collegiate Dictionary* (Springfield, MA: Merriam-Webster, 1990).
2. William Kornblum and Joseph Julian, *Social Problems*, 12th ed. (Upper Saddle River, NJ: Pearson, 2007), pp. 120–121.
3. Howard Abadinsky, Drug Abuse: An Introduction,

4th ed. (Belmont, CA: Wadsworth, 2001), pp. 80–84.
4. Ibid.
5. Ibid.
6. James W. Coleman and Harold R. Kerbo, *Social Problems*, 8th ed. (Upper Saddle River, NJ: Prentice Hall, 2002), p. 389.
7. Ian Robertson, *Social Problems*, 2nd ed. (New York: Random House, 1980), p. 438.
8. Leon G. Hunt and Carl D. Chambers, *The Heroin Epidemics* (New York: Spectrum Books, 1976).
9. Alfred R. Lindesmith, The Addict and the Law (Bloomington: Indiana University Press, 1965), p. 228.
10. Joseph Gusfield, *Symbolic Crusade: Status Politics and the American Temperance Movement* (Urbana: University of Illinois Press, 1963).
11. Emile Durkheim, *Suicide: A Study in Sociology*, trans. John Spaulding and George Simpson (New York: Free Press, 1951).
12. Robert Merton, Social *Theory and Social Structure,* 2nd ed. (New York: Free Press, 1968).
13. See Charles H. Cooley, *Human Nature and the Social Order* (New York: Scribner's, 1902); Howard S. Becker, *Outsiders: Studies in the Sociology of Deviance* (New York: Free Press, 1963).
14. Edwin H. Sutherland and Donald R. Cressey, *Principles of Criminology,* 7th ed. (Philadelphia: Lippincott, 1966).
15. Kornblum and Julian, *Social Problems*, p. 108.
16. Ibid.
17. Ibid.
18. For a review of these theories, see Abadinsky, *Drug Abuse: An Introduction,* pp. 152–187.
19. Howard S. Becker, "Becoming a Marijuana User," *American Journal of Sociology*, 59 (Nov. 1953), pp. 235–242.
20. Kornblum and Julian, *Social Problems,* p. 101.
21. "Why Liquor Is Quicker for Women," *U.S. News & World Report,* Jan. 22, 1990, p. 13.
22. The material in this section is summarized from studies that were reviewed in Kornblum and Julian, *Social Problems*, pp. 107–108.
23. See David J. Armor, J. Michael Polich, and Harriet G. Stambul, *Alcoholism and Treatment* (New York: Wiley Interscience, 1978).
24. Kornblumand Julian, Social Problems, pp. 102–104.
25. Ibid., p. 113.
26. Ibid., p. 111.
27. Ibid., p. 111.
28. Ibid.
29. John E. Farley, *American Social Problems,* 2nd ed. (Englewood Cliffs, NJ: PrenticeHall, 1992), p. 237.
30. Kornblum and Julian, Social Problems, p. 111.
31. Ibid.
32. Ibid.
33. Ibid., p. 112.
34. Ibid.
35. Sharon Wegscheider, *Another Chance: Hope and Health for the Alcoholic Family* (Palo Alto, CA: Science & Behavior Books, 1981).
36. Brenda C. Coleman, "Study Adds to Alcoholism Gene Theory," *Wisconsin State Journal*, Apr. 18, 1990, p. 1A.
37. Linda A. Mooney, David Knox, and Caroline Schacht, *Understanding Social Problems*, 6th ed. (Belmont, CA: Wadsworth/Cengage Learning, 2009), p. 88.
38. Ibid.
39. John Timson, "Is Coffee Safe to Drink?" *Human Nature*, Dec. 1978, pp. 57–59.
40. Abadinsky, *Drug Abuse: An Introduction*, p. 123.
41. Ibid., p. 112. pp. 106–108.
42. Ibid., p. 112.
43. Ibid.
44. Ibid.
45. Robertson, *Social Problems,* p. 450.
46. Abadinsky, *Drug Abuse: An Introduction.*

47. J. John Palen, *Social Problems for the Twenty-first Century* (Boston: McGraw-Hill, 2001), p. 380.
48. Timothy Noah, "A Hit or a Miss for Mr. Butts?" *U.S. News & World Report*, Jun. 30, 1997, pp. 22–24.
49. Ibid.
50. Ibid.
51. Ibid.
52. Ibid.
53. Lynn Rosellini, "Rebel with a Cause: Koop," *U.S. News & World Report*, May 30, 1988, pp. 55–63.
54. Noah, "A Hit or a Miss for Mr. Butts?"
55. Tim Bliss, "Drugs—Use, Abuse, and Treatment," in *Introduction to Social Welfare Institutions*, Charles Zastrow, ed. (Homewood, IL: Dorsey Press, 1978), p. 301.
56. Frank Riessman, "The 'Helper Therapy' Principle," *Journal of Social Work*, Apr. 1965, pp. 27–34.
57. Abadinsky, *Drug Abuse: An Introduction*.
58. Over 1,100 self-help groups can be located by typing in "American Self-Help Group Clearinghouse" on the internet, when this website is accessed, type in a keyword .of the support group that you want.
59. Bliss, "Drugs—Use, Abuse, and Treatment," p. 314.
60. Palen, *Social Problems for the Twenty-first Century*, p. 382.
61. "A Test-Tube War on Drugs?" *U.S. News & World Report*, Mar. 17, 1986, p. 8.
62. Alvin P. Sanoff, "Baseball's Drug Menace," *U.S. News & World Report*, Mar. 17, 1986, p. 57.
63. National Commission on Marijuana and Drug Abuse, *Drug Use in America: Problem in Perspective*, Second Report (Washington, DC: U.S. Government Printing Office, Mar. 1973).
64. Kornblum and Julian, *Social Problems*, pp. 126–127.

CHAPTER 9

범죄 및 청소년비행과 교정 서비스

Crime, Juvenile Delinquency, and Correctional Services

이 장의 개요

- 범죄의 특성과 범위
- 범죄원인론
- 범죄유형
- 형사정책제도
- 범죄 및 비행 억제 방안
- 사회사업과 형사정책제도

학습목표

범죄에 의한 피해는 많은 미국인들이 가장 관심을 쏟는 사회문제이다. 범죄 유형으로 살인, 폭행, 가중폭력, 강도, 도둑, 방화, 강간, 마약, 화이트컬러범죄가 있다. 이들 범죄와 여타 범죄를 어떻게 예방할 수 있을까? 이 장에서 목표하는 바는 다음과 같다

A. 범죄의 성격과 범위에 관한 논의
B. 범죄원인론에 관한 이론 소개
C. 범죄 유형 소개
D. 경찰, 법원, 교정제도와 같은 형사정책제도에 관한 소개
E. 범죄와 비행을 줄일 수 있는 방안 제시
F. 교정서비스를 제공하는 사회사업의 역할에 관한 논의

1. 범죄의 특성과 범위

범죄란?

범죄는 법을 위반하는 행위를 일컫는다. 법은 정치적 권위에 의해 집행되는 공식적인 사회 규칙이다. 국가나 국가를 통제하는 권력 엘리트는 가치와 규범을 심각하게 위반한 행동을 범죄로 규정한다. 법은 규범을 위반한 모든 행동을 금지하는 것은 아니고, 때로는 사회적 불인정과 같은 비공식적 과정이 규범의 위반을 규제한다. 예컨대, 수영 중인 사람이 물에 빠진 사람을 구하지 않는다면 도덕적으로 비난받을 수는 있지만, 범죄 행위라고 볼 수는 없다.

규범과 가치는 끊임없이 변화하며, 법도 마찬가지로 변화한다. 규범이 변화하고 시간이 좀 지나서야 낡은 규범에 기초한 법이 변화한다. 아직도 일요일에는 카드놀이를 금하고 배우자 사이일지라도 성 관계를 금하는, 시대에 뒤떨어진 법이 있는 곳도 있다. 특정 규범과 가치는 문화 및 사회 간에 서로 다르기 때문에 법도 다르다. 많은 아랍계 나라에서 알코올은 불법이지만 마리화나는 허용되고, 미국에서의 법은 이와 반대이다.

누구나 한두 번쯤은 법을 위반한 적이 있다. 범죄자가 되고 안 되고 하는 것은 여러 변수에 의해 결정된다. 즉 체포 여부, 사건에 대한 검찰 조사의 강도, 변호사의 효과성, 증인의 유무, 법원에서 행위자의 대응 따위의 요소가 영향을 미친다.[1]

경찰, 검사, 판사는 책 속의 수천 가지 법에 기초하여 어떤 법을 집행하는 데 있어서 일정 정도의 재량권을 갖는다. 이 재량권은 형사정책 관련 직원들에게 구속·석방할 사람을 결정하는 실마리를 제공한다. 가끔 법을 적용하는 행위는 정치적 권력과 특정 집단과 계층에 특혜를 준다는 논쟁을 불러일으키기도 한다. 대체로 이런 특혜는 중·상층의 백인들에게 주어지고, 가난한 자와 소수집단은 가혹한 처우를 받는다. 예컨대, 실질적으로 당국은 화이트컬러 범죄를 집행하는 것보다 중·상층의 근린지역에서 발생하는 부랑죄에 대하여 더 엄중하게 법을 집행한다. 일반적으로 중·상층의 권력구조는 부랑인 법을 하잘것없는 사람들을 좋은 이웃들로부터 격리하기 위해 적용하려고 한다.[2]

범죄의 정도는 어떠한가?

범죄는 미국이 봉착하고 있는 가장 심각한 문제 중 하나이다. Richard Nixon 전 대통령은 수차례 범죄를 우리의 '첫 번째 적'이라고 지적했으며, '범죄와의 전쟁'을 선언하였다. 우습게도 이후 Nixon과 고위 관료들은 워터게이트(Watergate) 사건에 연루되어 형사 입건되거나 구속되었다.*

미국의 범죄에 관해 가장 포괄적으로 요약된 통계는 연방수사국(FBI)이 매년 발행하는 범죄보고서로, 치안기관이 보고한 미국 내 범죄와 구속자를 제시하고 있다.[3] 보기 9.1은 미국에서 가장 위험한 범죄 건수를 요약하여 제공한 것이다.

* 워터게이트 사건은 1970년대 초반에 Nixon의 재선을 돕기 위해 고용된 사람들이 워싱턴(DC)의 워터게이트 빌딩에 있는 민주당 전국위원회 본부를 불법으로 침입한 것이다. Nixon과 몇몇 고위 지지자들의 이 불법 침입을 은폐하기 위한 노력이 온갖 범죄로 불거졌다. 결국 Nixon은 이 은폐가 드러나면서 대통령직에서 물러났다.

보기 9.1 2007년에 미국에서 발생한 주요 범죄

살인	16,929
강간	90,427
강도	445,125
주거침입	2,179,140
절도(자동차 절도 제외)	6,568,572
자동차 절도	1,095,769

출처: U.S. Department of Justice, Federal Bureau of Investigation, Crime in the United States—2007, http://www.fbi.gov/ucr/cius2007/offenses/index.html.

비판적 사고를 위한 질문 ?

당신은 무슨 범죄를 저질렀는가? 우리는 무단횡단, 과속운전, 폭력에의 가담, 불법주차 따위와 같은 한두 가지 법을 위반하고 있다.

최근에 범죄율이 줄고 있지만 많은 미국인들은 지역사회에서 밤에 불안함을 느끼며, 자기 방어를 위한 총기 보유율이 높다.

미국의 범죄율은 다른 나라의 범죄율과 비교하면 어떠한가? 이 물음은 두 가지 이유 때문에 답하기가 쉽지 않다. 나라 간에 서로 각기 다른 방법으로 범죄를 규정하고 있기 때문이다. 예컨대, 어떤 나라에서는 성매매를 범죄로 취급하는 반면 그렇지 않은 나라도 있다. 그뿐만 아니라 많은 나라들이 자기 나라의 범죄 건수에 관해 정확한 통계를 내지 않고 있다. 그렇지만 모든 나라가 동일하게 규정하는 범죄가 한 가지 있는데 바로 살인이다. 따라서 살인죄를 기준으로 비교 가능한 자료를 수집할 수 있다.

미국은 산업화된 다른 어느 나라보다 살인 비율이 높다.[4] Coleman과 Cressey는 미국에서 폭력 발생 비율이 높은 이유를 다음과 같이 설명하고 있다.

> 미국에서의 높은 폭력 비율은 영토 확장 시절의 난폭했던 역사의 잔재라고 간주되기도 한다. 땅과 이익을 챙기기 위해 자기들끼리 그리고 원주민과 싸우는 폭력이 생존의 한 방식이었다고 볼 수 있다. 게다가 미국은 부자 나라였지만 다른 서구 나라와 비교할 때 부자와 가난한 자의 격차가 크고, 복지와 사회 프로그램이 열악하였다. 따라서 사회적으로 밑바닥에 있는 자들은 자신들이 가지지 못한 부를 소유한 자들에게 한층 적대적이고, 좌절하고 절망하기 쉽게 된다.[5]

누가 구속되는가?

범죄로 구속된 사람들은 불균형적으로 남성, 젊은이, 소수민족의 구성원, 도시 거주자들에 치우치고 있다.

남성은 여성에 비해 약 세 배나 더 많이 구속되고 있다.[6] 청소년 가출과 성매매 사건에서만 여성이 남성에 비해 많이 구속되고 있다. 여성보다 남성이 더 많이 구속되는 중요한 이유가 두 가지 있다. 하나는 여성은 소극적이고 규칙과 규범을 지키도록 하는 반면, 남성은 공격적이고 대담하도록 독려하는 성 역할의 사회화이다. 두 번째는 경찰과 법원이 여성 범죄자에게 관대하게 대하는 경향이다.[7] 그렇지만 지난 30년 동안 여성의 범죄는 남성의 범죄보다 빠르게 증가했고,[8] 이는 전통적인 여성의 성 역할에 여성들이 도전하면서 드러나는 부정적인 측면의 효과일 수도 있다.

젊은이들이 강간, 살인, 강도, 방화, 가중폭행, 차량절도, 절도와 같은 FBI가 분류한 강력범죄에 가담하는 비율이 높게 나타나고 있다.[9] 이렇게 청소년이나 젊은 층의 구속률이 높은 것은 부분적으로 이들이 성인들에 비해 범행 이후 숨기는 기술이 부족하기 때문이라고 설명하고 있다. 또한 젊은이들은 경찰에 노출되기 쉬운 차량절도와 같은 범죄에 가담하는 경향이 있기 때문이다. 어쨌든 이런 여러 이유를 감안하더라도 젊은이들이 성인들보다 범죄에 더 많이 가담하고 있는 것은 사실이다.

인종과 민족 집단 간 구속률도 다르게 나타나고 있다. 중국계 미국인과 일본계 미국인의 구속률이 가장 낮다.[10] 아프리카계 미국인의 구속률은 백인의 구속률보다 3배나 높다.[11] 이렇게 구속률이 높은 한 가지 이유는 아프리카계 미국인의 많은 인구가 가난하거나 실직 상태라는 점을 들 수 있는데, 실제로 가난과 FBI가 분류한 강력범죄와의 상관관계가 나타나고 있다. 특정 소수집단에서 구속률이 높은 또 다른 이유로 인종 차별을 들 수 있다. 여러 연구들이 구속, 기소, 유죄 판결, 구금의 확률은 범죄자의 사회적 지위가 높아질수록 낮아진다고 밝히고 있다. 한 연구에서는 판사들에게 가상사건에 관한 간단보고서가 주고 적당한 판결을 내리도록 했다. 그 간단보고서는 다음과 같은 정보를 포함하고 있다.

> "Joe Cut," 27세, 폭행으로 기소됨. 사실혼 관계인 아내의 팔에 칼로 상처를 냄. 그의 전과 기록에 소란, 음주, 뺑소니가 있음. 빗자루로 때리려는 아내에게 정당방위로 행한 것이라고 보호관찰관에게 진술함. 검사는 구치소에 5일 구금이나 벌금 100달러 이내로 건의했음.[12)]

판사들 중 절반이 받은 보고서에는 "Joe Cut"이 백인으로 되어 있었고, 나머지 반에는 아프리카계 미국인으로 되어 있었다. 그를 백인이라고 생각한 판사들은 3일에서 10일간 형을 내렸고, 아프리카계 미국인이라고 생각한 판사는 5일에서 30일간 형을 내렸다.

Kornblum과 Julian은 아프리카계 미국인의 구속률이 높은 또 다른 이유를 다음과 같이 기술하고 있다.

> 흑인의 범죄율이 높게 나타난다고 생각할 수 있는 또 다른 한 가지 이유는 가족해체로, 특히 여성 가장이 급격히 늘고 있다는 점을 들 수 있다. 이와 같은 가족은 남성이 해야 할 적합한 일거리에 따른 본이 되는 남성의 역할이 결여되고, 범죄에 가담하는 개인을 포함하여 지역사회에서 아동에게 미치는 영향이 노출된 상태로 남는다.[13)]

아프리카 미국인의 높은 구속률의 다른 한 가지 중요한 이유로 경찰이 '인종차별 목록화 기법(racial profiling)'을 활용하고 있다는 점을 들 수 있다.[14)]

일반 사람들에 비해 아프리카계 미국인의 구속률이 높은 것은 연방과 주 및 지역 경찰이 인종차별 목록화 기법을 사용하기 때문이다. 간단히 보더라도, 구금자 중 높은 비율을 보이는 집단은 부분적으로 경찰이 초기단계에서 표적하는 집단이다. 일종차별 목록화 기법은 경찰이 일반 사람들에 비해 소수집단을 범죄자로 몰고 가도록 하는 경향이 있고, 그래서 교통범죄를 누가 했는가, 세관에서는 누구 가방을 조사해야 하는가 하는 등등의 결정을 유도한다.

게다가 배심원 선정의 편향에 따라 질 높은 법조서비스를 접하는 데 어려움이 있고, 아울러 유색인종의 높은 유죄판결률을 정당화하는 데 도움을 주는 것이 쉽지 않다. 이 같은 인종차별의 부당한 행태는 제도적 인종차별주의로 알려진 실례들이다. 백인에 비해 아프리카계 미국인의 교도소 수감률이 불균형을 이루는 주요인은 제도적 인종차별주의이다. 아프리카계 미국인이나 중남미계 미국인들은 수사, 구금, 제지당함 따위가 백인에 비해 2배 정도 많다.[15)]

Cole과 Smith는 다음과 같이 주장하였다.

> 형사정책에서 인종차별 목록화 기법의 증거는 교통범죄에 한정하지 않는다.
>
> 백인 여성이 밀수에 가담한 경우가 아프리카계 미국인 여성에 비해 2배임에도 불구하고, 외국에서 돌아온 아프리카계 미국인 여성들은 백인 여성에 비해 9배나 많이 공항에서 엑스레이 조사를 받았다.[16)]

2001년 9월 11일 이래 많은 아랍계 미국인 역시 민족차별 목록화 기법에 의해 희생되었다.

보고된 범죄와 구속된 자의 사건은 대부분 도시의 외곽이나 농촌 지역에 비해 대도시에서 일어나고 있다. 범죄는 대도시에서도 급변하고, 저소득층과 임시 거주자가 밀집하는 곳에서 일어나는 경향이 있다. 구속률은 안정되고 소득이 높은 지역에서 약간 낮게 나타나고 있다. 범죄 발생은 도시보다 도시 외곽에서 낮고, 아직도 농촌 지역이 낮다.[17)]

》 공식 범죄 통계는 얼마나 정확한가?

앞에서 언급한 바와 같이 연방수사국(FBI)이 범죄와 구속자에 관한 자료를 전국의 사법기관이 작성한 자료를 근거로 매년 범죄보고서(Uniform Crime Report, UCR)를 발행하고 있다. 이 보고서는 기본적으로 폭력범죄와 재산범죄에 중점을 두고 있다.

비판적 사고를 위한 질문 ?

당신은 도난과 같은 범죄의 피해자 경험이 있는가? 실제로 우리 모두는 피해자 경험이 있다. 당신은 피해자가 되지 않기 위해 달리 취할 수 있는 게 무엇인가? 두 번째 질문에 관한 답이 앞으로 범죄를 피하는 데 도움이 될 수 있다.

이 보고서와 관련하여 여러 가지 문제가 있다. 실제 범죄율은 공식적인 비율보다 약간 높다. Kornblum과 Julian은 경찰에 신고된 범죄는 실제 범죄의 약 33%이고, 난폭한 범죄는 약 50%에 불과한 것으로 추정하고 있다.[18] 때때로 피해자들은 특별한 해결을 느끼지 못하기 때문에 경찰에 범죄 사실을 신고하지 않는다.[19] 상당한 건수의 범죄가 해결되지 않은 상태로 남는다.

범죄보고서의 강력범죄지수는 사회경제적 지위가 낮은 사람들에 의한 범죄에 중점을 두는 경향이 있다. 범죄보고서의 강력범죄 영역은 사기, 허위 광고, 가격 담합, 뇌물수수, 횡령, 산업공해, 탈세 같은 고소득자에 의한 범죄를 반영하지 않고 있다. 만약 화이트컬러 범죄를 강력범죄에 포함하고, 사법 당국이 관련법을 강경하게 적용한다면 범죄보고서의 강력범죄에 나타나고 있는 범죄 현황보다 고령자, 부자, 백인, 외곽 지역이 차지하는 비율이 높게 될 것이다.

자기보고식 연구에서 자신이 범할 수 있는 범죄와 관련하여 익명으로 질문을 했는데, 응답자들은 "거의 전원이 약간의 범죄를 행했으나 구속된 사람은 얼마 되지 않는다."고 답하였다.[20] 그렇다면, 구속된 사람과 구속되지 않은 사람은 어떻게 다른가? 한 가지는 구속되지 않은 사람은 매우 간헐적으로 범죄를 하는 반면, 구속된 사람은 한층 빈번하게 범죄에 가담하는 경향이 있다는 점이다.[21] 그렇지만 더 정확한 설명은 행하는 범죄의 유형과 관련된다고 할 수 있다. 구속된 자들은 사법기관이 강력히 단속하는 범죄를 행한 경우라 할 수 있다. 예컨대, 가난한 자들은 방화, 강도, 절도와 같은 위험도가 높고 용서가 어려운 범죄에 가담하는 경향이 있다. 이와는 반대로 부자들은 탈세와 허위 광고 같이 위험도가 낮고, 용서가 가능한 범죄에 가담하는 경향이 높다.

보고되지 않은 범죄의 비율이 높음에도 불구하고, 자료는 1970년대 초반에 범죄가 급증하고 있음을 보여주고 있다. 범죄율은 1970년대 후반에도 계속 증가하였으나 1980년대 초반에 안정세를 보였다. 1990년대 초반에 강력범죄의 비율은 줄기 시작하였고, 21세기 초까지 약간씩 줄고 있다.[22] 사회학자들은 최근 나타난 범죄율의 감소가 대도시 중심지에서의 심한 전염성의 쇠퇴, 교도소 수용자의 급증, 전국적인 경찰력의 증가에 기인한다고 믿고 있다.

엄격히 말하면 강력범죄지수는 완전하게 비교할 수 있는 자료는 아니다. 때로는 같은 부서에서 한 해에 보고한 자료가 다음 해에는 일치하지 않을 수 있다. 이런 어려움을 불러일으키는 주요 이유는 50개 주가 각각 다른 형법을 적용하기 때문이다. 예컨대, 한 주에서 규정한 주거침입 절도가 다른 주에서는 가벼운 절도나 강도로 분류되기도 하고, 성폭력이 다른 주에서는 덜 심각한 범죄로 간주되기도 한다. 각 주는 종종 형법을 개정하기 때문에 범죄에 관한 정의가 달라져 같은 부서의 보고가 해마다 일관성을 잃을 수 있다. 게다가 담당 직원이 개별적으로 자신의 업무를 수행하는 과정에서 법을 달리 해석할 수도 있다.

끝으로 범죄 통계는 가끔 경찰과 공무원들에 의해 조작되기도 한다. 직원이나 시설 관련 예산을 늘리기 위한 근거를 마련하기 위해 높은 범죄율이 나타나도록 자료를 왜곡할 수도 있다. 그렇지만 종종 경찰과 공무원들은 낮은 범죄율을 유지하도록 압력을 받는다. 경찰이나 공무원들은 조작된 통계에 의해 특정 강력범죄를 달리 규정하고, 덜 심각한 범죄 영역으로 분류할 수 있다.

요컨대, 연방수사국에 의한 강력범죄지수는 미국의 특정 범죄의 비율과 경향의 지표를 제공하고 있다. 화이트컬러 범죄를 간과하고 있는 이 통계는 여전히 경찰보고에 의해 영향을 받고 있으며, 많은 범죄가 보고되지 않고 있다는 사실을 인지해야 한다. 가난한 자, 저학력자, 소수민족이 선별적 법 적용의 피해자인 것뿐만 아니라 범죄에 관한 잘못된 통계의 피해자임을 알아야 한다. 어떤 사회학자들은 고소득층이 사법기관이 종종 묵인하는 화이트컬러 범죄에 더욱 가담하기 때문에 저소득층보다 높은 범죄율을 나타내야 한다고 주장하고 있다.[23]

2. 범죄원인론

범죄 발생 원인에 관한 다양성은 몇 가지 기반에 의해 전개되어 왔다. 지면 관계상 그 중 두드러지는 몇 가지 이론을 보기 9.2에 출현 시기와 함께 정리했다. 여러분이 이들 이론을 보면서 다음 질문을 스스로 해보라. 1) 이 이론은 강간(또는 강도, 살인, 마약사용, 폭력, 유괴, 횡령, 기타)을 행한 이유를 설명하는 데 도움이 되는가? 2) 이 이론은 재범을 예방하기 위한 교정활동을 계획하도록 제안하는 데 유익한가?

보기 9.2 주요 범죄이론

이론	출현 시기
초기 이론	
귀신론	원시사회
고전 이론과 신고전 이론	1775
마르크스-레닌주의 이론	1850
신체적·정신적 특성 이론	
골상학 이론	1825
롬부로조 이론	1900
정신 결함 이론	1900
형태학 이론	1920
심리학 이론	
정신분석 이론	1900
정신역동 문제해결 이론	1920
좌절-공격 이론	1950
자기 진술 이론	1975
사회학 이론	
낙인 이론	1900
차별 접촉 이론	1939
사회통제 이론	1950
일탈하위문화 이론	1955
아노미 이론	1957
비판 이론	1995

초기 이론

범죄 원인에 관한 가장 초기의 세 가지 이론은 귀신론, 고전 이론과 신고전 이론, 마르크스-레닌주의 이론을 들 수 있다.

귀신론

수세기 동안 교육을 받지 못한 많은 사람들은 악령에 의해 범죄가 일어난다고 이해하였다. 이 믿음은 일반적으로 귀신론과 관련된다. 일탈 행동에 빠지는 사람들은 악마에게 홀려 있다고 본다. 그래서 범죄 행동을 치유할 수 있는 유일한 방법은 기도, 예배, 고문으로 악령을 쫓아내는 것이다. 이 이론은 부분적으로 과학적인 연구에 의해 위법자가 악령에 씌었다는 것을 찾아내지 못함으로써 더 이상 각광을 받지 못하고 있다. 이 이론의 지지자는 악마 숭배집단, 악마를 주제로 한 서정시, 악마에 씌인 사람을 묘사하는 영화(예를 들어 <13일의 금요일>, <엑소시스트>) 속에서나 볼 수 있다.

고전 이론과 신고전 이론

고전 및 신고전학파는 쾌락주의 심리학에 근거한다. 고전 이론은, 사람이 예상되는 쾌락과 고통의 균형에 기초하여 범죄 행위를 할 것인가를 결정한다고 강조한다. 각 개인은 자유의지를 가지고 예상되는 쾌락에 기초한 계산에 의해 엄격하게 행동한다고 본다. 이 학파를 옹호하는 사람들은 인과관계에 관하여 완벽하고 철저한 설명을 중시한다. 교정이론에 적용하면 이 접근은 각각의 범죄에 대하여 분명하게 처벌을 내림으로써 예상되는 범죄자가 그가 누릴 쾌락과 고통을 계산할 수 있도록 해야 할 것을 강조한다. 부여되는 처벌은 범죄 행동을 약화시키기 위해 예상되는 쾌락보다 약간 엄중하게 주어져야 한다. 신고전학파는 쾌락을 기저로 계산하는 기본 입장을 수용하지만 아동과 정신적 어려움이 있는 자(lunatics)는 쾌락과 고통에 대해 책임감 있게 계산할 수 있는 능력이 없기 때문에 처벌에서 제외되어야 한다고 강조하고 있다. 사법적 재량 역시 완화해

주어야 할 상황을 반영해야 한다는 점이 강조되고 있다.

비록 19세기의 교정 제도가 주로 신고전 접근에 기초하였지만 고전 및 신고전 이론은 쇠락하고 있다. 이들 이론의 일부는 여전히 현재의 사법 제도에서 찾아 볼 수 있는데, 특히 범죄로부터 격리하기 위해서는 처벌을 강화해야 한다는 점을 들 수 있다. 이 이론은 다른 범죄의 원인을 규명하지 못하고, 처벌적 접근이 범죄를 줄이는 데 크게 성공적이지 못하여 크게 비판받고 있다. 덧붙여, 쾌락주의 심리학은 인간의 행동이 쾌락 대 고통을 계산하여 일어난다고 보는 것보다 가치와 도덕에 의해 결정되는 경향이 짙다는 사실을 간과하고 있다.

마르크스-레닌주의 이론

마르크스-레닌주의 이론은 모든 범죄는 노동자 착취와 사람들 간의 과다한 경쟁으로부터 온다고 가정한다. 신 마르크스주의자들은 '계급 없는' 사회가 되면 범죄는 사라진다고 강조한다. 공산주의의 기본 교의(教義)는 "인간 각자의 능력으로부터 인간 각자의 욕구로"이다. 쿠바와 북한 같은 사회주의 국가에서는 예전부터 Karl Marx가 내건 원칙을 바탕으로 사회를 형성하려고 애써 왔다. 계급 차이는 자본주의 국가에 비해 공산주의 국가에서 덜 두드러지게 나타나고 있다.

비록 Marx가 계급 갈등이 덜하기 때문에 사회주의 국가에서 범죄 행위는 확실히 줄 것이라고 강조하였지만, 실제로 이들 국가에서도 범죄는 일어나고 있다. 사회주의 국가에서는 범죄가 거의 없는 것으로 보고서를 발행하고 있어 범죄의 확대 정도를 파악할 수 없다. 사회주의자들은 사회주의 국가에서 지속적으로 범죄가 일어나고 있다고 하더라도 이런 사실을 그들의 이론이 불완전하다는 증거로 보지는 않는다. 그보다는 낡은 자본주의 전통 및 이념과 마르크스 이론의 불완전한 적용 때문이라고 설명하고 있다. (최근 많은 사회주의 국가 사이에서는 마르크스주의 원칙을 버리고 자국의 경제에 자본주의적 보상을 결합하여 살펴보려는 움직임이 일고 있다.)

》 신체적·정신적 특성 이론

보기 9.2에서 보는 바와 같이 최초의 '신체적·정신적 특성 이론'인 골상학 이론은 사실 마르크스-레닌주의 이론 이전부터 존재하였다. 골상학 이론은 비록 연대기적으로는 '초기 이론'의 반열에 해당하지만 신체적·정신적 특성 이론의 주류에 해당하는 이론이라고 할 수 있다. 이 절에서는 신체적·정신적 특성 이론으로 골상학 이론을 비롯하여 **롬부로조 이론**, **정신결함 이론**, **형태학 이론**을 소개하고자 한다.

골상학 이론

골상학 이론은 20세기를 맞이하기 전까지는 대중적인 이론이었다. 골상학자들은 범죄 행동은 인간의 두개골의 크기와 모양에 관련된다는 입장을 견지하였다. 이들은 머리의 패인 곳, 올라온 곳, 함몰된 곳 따위를 치밀하게 살핀다. 두개골 형태의 영향을 받는 뇌의 모양은 범죄 행위를 예측하는 데 충분한 것으로 간주되고 있다. 범죄 성향이 강한 두개골을 가지고 있는 범죄자가 다른 범죄자들보다 가혹한 처우를 받는다는 일부 사례가 있지만 이 이론은 교정 제도에 넓게 통용되지는 못하고 있다. 과학적인 연구들은 범죄 행동과 두개골의 모양 간 상관관계를 규명하지 못하고 있다.

롬부로조 이론

20세기 초반 무렵에는 생물학·체질 이론들이 주류를 이루었다. 이들 이론은 Cesare Lombroso의 '타고난 범죄자' 이론의 전형이다. 이 학파는 범죄자는 부족한 구레나룻, 통증에 대한 낮은 감각, 비뚤어진 코, 큰 입술, 긴 팔과 같은 특정 신체적 이상이나 흉한 외모를 물려받았다는 점을 강조하였다. 개인이 이와 같은 흉한 외모를 가질수록 범죄력을 가질 것이라고 간주하는 경향이 짙다. 따라서 다소 흉한 외모를 지니고 있는 사람들은 이와 같은 사회의 분위기가 바뀌지 않는 한 범죄 행위로부터 자유롭지 못할 것이다. Charles Goring은 범죄자들이 유별난 신체적 특성을 지닌다는 이 이론에 대해 반박하였다. Goring은 수천 명의 범죄자와 비범죄자를 각기 비교한 연구에서 의미 있는 신체적 차이점을 찾아내지 못했다.[24)]

정신 결함 이론

정신 결함 이론은 롬부로조 이론이 악평에 빠졌을 때 대안으로 나온 것이다. 정신 결함 이론은 범죄 행동이 도덕성과 자기 통제를 요구하거나 법의 의미를 판단할 수 있는 능력을 상실하게 하는 '낮은 지능(feeblemindedness)'의 결과라고 주장하였다. 이 이론은 1930년대에 들어와 정신 검사를 표준화하고 널리 사용하면서 많은 범죄자들이 평균이나 평균 이상의 지능을 가지고 있음이 밝혀지면서 쇠퇴하였다. 롬부로조 이론이나 정신 결함 이론은 더 이상 지속적으로 교정에 중요한 영향을 미치지 못하고 있다.

형태학 이론

정신 결함 이론과 롬부로조 이론과 밀접히 관련되는 것이 심리적 구조와 신체적 구조 사이에 기본적인 관계가 있다고 강조하는 형태학 이론이다. 가장 많이 알려진 이 이론의 변형은 1940년대에 개발된 William Sheldon의 이론이다. Sheldon은 신체 유형을 내배엽형(뚱뚱한 사람), 중배엽형(근육이 강한 사람), 외배엽형(야윈 사람)의 세 가지로 구분하였다. 그는 중배엽형 사람이 범죄 행위와 전적으로 관련된다고 하였다. 그러나 Sheldon은 중배엽형 사람이 선천적으로 범죄의 경향성을 타고난 것이라고 강조하지는 않았다. 오히려 그는 이 체형은 신체적 모험과 지칠 줄 모르는 풍부한 에너지, 운동을 즐기는 특성으로 대표될 수 있는 신체 유형이라고 강조하였다. 따라서 중배엽형은 범죄자뿐만 아니라 장군, 운동선수, 정치가와 같은 정력적이고 공격적이며 대담한 유형의 개인을 만들어낸다. Sheldon의 이론과 같은 형태학적 접근은 여전히 남부 유럽과 남미 국가에서 널리 인정받고 있다. 그렇지만 과학적인 연구들은 근육형 사람들이 야위거나 뚱뚱한 사람들에 비해 범죄에 더욱 가담하는 경향이 있다는 증거를 거의 밝히지 못하고 있다.

》 심리학 이론

범죄에 관한 심리학 이론들은 범죄자의 사고 과정에 범죄의 원인이 있다고 보며, 전반적인 사회 조건과는 거의 관련이 없다고 간주한다. 범죄 행동을 이해하기 위한 이들 이론으로는 **정신분석 이론, 정신역동 문제해결 이론, 좌절-공격 이론, 자기 진술 이론(*self-talk theory*)**이 있다.

정신분석 이론

정신분석 이론은 단일의 통일성을 가진 이론은 아니고 Sigmund Freud가 이론을 개척한 20세기 무렵 이후 여러 정신분석자들에 의해 개발된 다양한 가설들이다. 대체로 이들 이론은 비행을 초자아(superego)와 자아(ego)를 제지하는 힘이 너무 약하여 이드(id)에 의한 본능적이고 반사회적인 압박을 억제하지 못한 결과로 규정한다. 대체로 인간의 본성을 이드의 본능에 의해 결정되는 것으로 보며, 이드의 본능은 반사회적이고 비도덕적인 것으로 간주한다. 이 이론은 인간의 현재의 행동이 대부분 아동기 초기의 경험에 의해 통제된다고 가정하고 있다. 일탈 행동은 무의식적 갈등, 고착, 억압된 외상 경험으로부터 비롯된다고 본다.

정신분석이 주류를 이루는 정신의학파(psychiatric school)는 범죄자들이 정신이상으로 불법 행위를 저지른다고 강조하기 때문에 교정에 중대한 영향을 미쳐 왔다. 형사정책 현장에서는 범죄자의 '정신건강(sanity)' 여부를 결정하기 위해 가끔 정신의학자들을 찾는다. 법원에서 '정신이상을 이유로 무죄'라는 판결을 받게 되는 사람은 치료를 위해 구치소 대신 정신병원으로 가게 된다.

또한 정신의학은 인간을 개인의 정신 기능 차원에서 다양한 영역으로 분류하고 있다. 예컨대, 반사회인(sociopath) 같은 영역은 교정영역에서 타당성이 높은 것으로 본다. 반사회인은 범죄 행위에 가담하는 데 도덕적 억제가 없는 사람으로서 개인적으로 이득이 되는 쪽으로 행동하고, 심지어는 타인을 해치기도 한다는 것이다.

1950년부터 Thomas Szasz 외 여러 사람들이 정서 문제에 접근하는 의료 모델에 진지하게 의문을 가져 왔고, 정신병은 신화라고 주장하였다.[25] Szasz는 인간이 정서 문제를 갖는다고 믿었으나 의료 모델을 적용하여 마음의 병으로는 간주하지 않았다(5장 참조). 그렇지만 법원은 정신병 모델을 계속 적용하고 있다.

오늘날 정신분석 이론은 점차로 더욱 인기가 하락하고 있는데, 그 이유 중 하나는 정신분석 치료를 받고 있는 정서 문제를 가진 사람이 치료를 받지 않고 있는 비교 집단보다 증세가 더 호전된 것이 없다고 확인되었기 때문이다.[26]

정신역동 문제해결 이론

정신역동 문제해결 이론에서는 일탈행동이 사람들이 적응 문제를 대응하는 과정에서 성격에 의해 형성되는 것으로 본다. 문제는 대체로 소원, 충동, 공포, 노력, 충성, 윤리강령 따위와 같은 성격의 다양한 구성 요소 간 갈등에 기인한 것이라고 본다. 그래서 어떤 상황적인 요인들은 중요하게 취급되지 않는다.

이 이론의 결정적인 결함은 어떤 소원, 충동, 공포, 윤리가 범죄에 가담하도록 동기를 부여하는가를 명확하게 가려내기가 어렵다는 점이다. 예컨대, 충족되지 않은 성적 충동, 폭력 욕망, 열등감과 같은 내적 충동이 강간의 동기로서 진전된다. 이론적으로 범죄자가 힘과 우월감을 느껴 강간하는 경우 강간을 하는 동안 일시적으로 앞에서 예로 든 모든 요소들의 정도가 줄어든다. 성폭력이 일어났을 때 이 내적 충동들 중 어느 것이 성폭력에 영향을 미쳤는가를 결정하는 것이 거의 불가능하다. 대체로 이 이론을 적용했을 때 범죄가 일어난 이유를 추측할 수는 있지만 이 추측의 정확성을 검증할 만한 방법이 없다.

좌절-공격 이론

좌절-공격 이론은 좌절은 주로 공격적인 반응을 이끌어낸다는 점을 강조한다. 그러므로 폭력은 좌절상황에서 일어난 긴장을 해소하는 방안으로 간주된다. 예컨대, 실직한 남편이 지출을 감당하거나 일자리를 얻을 수 없는 상황에서 부인을 때리기도 한다. 이 이론 관련자들은 1960년대 아프리카계 미국인들이 시내에서 일으킨 방화와 폭동은 약속했던 평등이 지켜지지 않아 이들이 사회생활의 좌절에 대해 반발한 것으로 보았다.

> **비판적 사고를 위한 질문**
>
> 당신이 저지른 범죄에 빠지게 한 사고(思考) 과정은 어떻게 이루어졌는가?

좌절-공격 이론은 폭력 범죄만을 규명하고 있다. 이 이론은 성매매, 사기, 화폐위조와 같은 여타 범죄 행위의 원인은 설명하지 못한다.

자기 대화 이론

자기 대화 이론은 범죄 동기를 밝히는 심리학적 접근을 일컫는다.[27] 이 이론에 의하면 어떤 범죄 행위이건 그 원인은 범죄자가 범죄에 가담하기 전이나 가담하는 동안 생각한 것을 규명함으로써 파악할 수 있다고 본다(사례 9.1 참조). 그러나 범죄자들에게 자신이 범죄를 저지르는 동안 생각했던 것을 가지고 토의하게 하면, 종종 이들은 사회적으로 받아들일 수 있는 방법을 찾으려는 경향이 있음이 드러나고 있다. 바로 이 점이 이 이론의 약점이라고 할 수 있다.

》 사회학 이론

사회학 이론은 범죄에의 가담에 영향을 미치는 사회적 요인들에 중점을 두고 있다. 사회학 이론에 관한 이해를 돕기 위해 이들 이론이 소개된 순서에 따라(보기 9.2 참조) **차별 접촉 이론**(*differential association theory*), **아노미 이론**(*anomie theory*), **일탈하위문화 이론**(*deviant subculture theory*), **사회통제 이론**(*societal control theory*), **낙인 이론**(*labeling theory*), **비판 이론**(*critical theory*)을 살펴보도록 하겠다.

차별 접촉 이론

최근 사회학에서 범죄학자로 가장 잘 알려졌다고 할 수 있는 Edwin Sutherland는 1939년에 그 유명한 차별 접촉 이론을 발전시켰다. 이 이론은 범죄 행동이 가족, 이웃, 또래 집단, 친구와 같은 작고 친밀한 집단에서 먼저 일어나는 학습 과정의 결과라고 강조한다. 이 이론의 핵심은 '개인은 법 위반을 바람직하지 않다고 보아야 하는데, 이를 무시하고 정당하게 간주하는 무절제함 때문에 비행을 저지른다'는 점이다.[28] 개인이 범죄에 가담하려는 결정은 그가 중요하게 여기는 타인과 현재나 과거에 경험한 접촉의 특성에 근거한다. 사람들은 주변 문화의 가치를 내면화한다. 개인의 환경이 범죄의 요소를 빈번하게 접하면서 범죄를 하지 않는 요소는 뜸하게 접하는 상황이면 그는 비행이나 범죄 행위에 가담하기 쉽다.

따라서 가까운 사적인 집단에서 과거와 현재의 학습 경험에 따라 개인은 법을 위반할 수 있다. 즉 학습 경험은 범죄를 결정하고, 또한 범죄 유형, 범죄 기술, 범죄에 관한 태도와 합리화를 선택한다. 그러므로 한 청소년이 강도나 마약 거래에 가담한 갱의 구성원을 가장 동경한다면 그는 갱의 구성원을 모방하려 하고, 그로부터 범죄에 가담하는 방법을 전해 받으려 하며, 성공적인 범죄를 위해 갱에게 인정받으려고 한다.

이 이론은 방화나 횡령 같은 범죄는 제대로 설명하지 못한다. 왜냐하면 방화범이나 횡령범들은 대체로 이런 범죄를 저지른 범죄자들을 접하지 않았기 때문이다.

사례 9.1 자기 대화 이론: 대통령 암살 미수

1981년 3월 30일 Reagan 대통령이 워싱턴 시에서 22구경 권총에 저격당해, 왼쪽 가슴이 관통되고 왼쪽 폐가 찢겨나갔다. 이 외에도 비밀요원, 워싱턴 경찰관, 백악관 공보관 James Brady가 부상을 당했다. 다행이 네 명 모두 생존하였다. 체포된 암살 미수자는 콜로라도의 석유상인 백만장자의 아들인 25세 John Hinckley였다.

부잣집에서 태어난 John Hinckley는 혼자 떠도는 자로 알려졌고, 명성을 갈망한 부적응자였다. 고등학교 시절 Hinckley는 평범했지만 친구가 없었다. 그는 대학을 7년간 다니다 말다 하면서 졸업을 하지 못했다. 그의 아버지는 자수성가한 부자였고, 그의 형은 아버지 회사의 부회장이었다. 그의 가족들은 매우 강력한 Reagan 지지자로 알려졌다.

John Hinckley는 한 번도 실제로 보지 못한 여배우 Jodie Foster에 심취해있었다. Jodie Foster는 영화 〈택시드라이버〉에서 10대 성매매여성으로 출연했다. 이 영화는 정치가를 스토킹하는 불안한 실패자에 관한 것이다. 그가 Foster에게 썼으나 부치지 않은 다음과 같은 편지에서 이 영화가 Hinckley의 암살 미수에 영향을 미쳤음이 드러났다.

> 당신과 함께 나의 여생을 보낼 수 있다면 Reagan을 제거하려는 생각을 버리겠습니다. 당신에게 인상을 심어주기 위해 더 이상 기다릴 수 없어 지금 암살을 시도하려는 것을 알립니다.
>
> Jodie, 당신의 마음을 깊이 살펴보시고, 최소한 당신으로부터 존경과 사랑을 취하는 역사적인 일을 할 수 있는 기회를 주세요.a

확실히 John Hinckley는 Jodie Foster에게 인상을 심어주고 그녀와 관계를 형성하기 위해 대통령을 암살하려고 했다.

변호사, 판사, 경찰관, 여타 형사정책 관련자는 범죄자의 범죄 동기를 찾으려 할 때 범죄자가 범죄를 저지르게 했던 자기진술을 확인하기 위해 조사했던 것이다.

[a]John S. Lang, "John Hinckley—A Misfit Who Craved Fame," *U.S. News & World Report*, Apr. 13, 1981, p. 26.

아노미 이론

Robert Merton은 아노미 이론을 범죄에 적용하였다.26 이 접근은 범죄 행동을 개인이 사회에서 높은 지위의 목표를 달성하는 데 저지당한 결과로 간주한다. Merton은 모든 사회는 승인된 목표를 가지고 있고 동시에 이들 목표를 얻기 위해 승인된 수단을 가지고 있다는 점에서부터 이론을 전개한다. 사회의 특정 구성원이 목표를 달성하려고 하지만 그 목표를 달성하기 위해서 사회가 승인한 수단에 충분하게 접근하지 못할 때 이른바 아노미 상태에 빠지게 된다. 사람들은 사회에서 정당하게 인정하는 통로를 통해 목표를 달성할 수 없으면 불법 수단을 동원하여 목표를 달성하려고 한다.

Merton은 높은 범죄율은 높은 지위의 목표를 달성하는 데 부가적인 장애를 가지는 차별받는 집단들에 나타나기 쉽다고 지적한다. 이들 집단은 빈곤층과 소수민족을 포함한다. Merton은 사회는 모든 사람들이 목표를 성취할 수 있다고 하지만, 사실은 목표 달성에 장벽을 가지고 있는 사람들이 있기 때문에 미국처럼 범죄율이 높은 사회는 범죄율이 낮은 사회와 다르다고 보았다. 즉 미국은 사회 구성원 모두에게 그들이 성취할 수 있다고 말하지만, 실상은 특정 사람들이 그런 성취를 이루는 것을 막고 있다는 것이다.

아노미 이론은 거의 차별을 받지 않는 개인에 의한 화이트컬러 범죄가 미국에서 일어나고 있는 가장 일반적인 유형의 범죄라는 점을 설명하지 못하는 어려움이 있다.[30]

일탈하위문화 이론

일탈하위문화 이론은 어떤 집단들은 범죄 행위를 지지하는 그들의 고유한 태도와 가치, 관점을 발전시킨다고 강조한다. 예컨대, Walter Miller는 미국의 하위계층 문화는 중간층 문화보다 범죄를 더 불러일으킨다고 강조하고 있다.[31] 그는 하위층 문화는 여섯 가지 가치—사고뭉치(trouble), 거칢(tough), 흥분(excitement), 숙명(fate), 남을 속이는 세련됨(smartness), 자율—를 가지고 있고, 이들 가치에 충실함으로써 비행을 저지르게 된다고 한다. 그는 하위층에서 성장하는 남성이 이런 가치를 받아들이면서 대체로 법을 위반한다는 면에서 하위층의 하위문화는 일탈적이라고 결론지었다.

Albert Cohen은 또 다른 하위문화 이론을 발전시켰다.[32] 그는 갱들이 남자 청소년 갱 구성원들의 문제를 해결하는 방안을 제공함으로써 비행 하위문화를 만들어냈다고 주장하였다. 갱은 갱 구성원들에게 소속감을 주고, 어떤 것을 얻도록 하고, 남자다움을 개발하고, 중산층 사

iStockphoto/Biker Gang Member Caught Cheating/Thinkstock

갱 구성원들 사이의 싸움. 한 이론에 의하면 갱은 특별히 중간계층 사회로부터 거절당한 노동계층 청소년의 지위 문제를 해결하기 위해 비행 하위문화를 불러일으킨다고 한다.

회와 싸우는 기회를 제공한다. Cohen에 의하면 비행 하위문화는, 특히 중산층 사회로부터 거절당한 저소득 근로계층의 청소년이 겪는 사회적 지위 문제를 효과적으로 해결할 수 있다고 본다. Cohen은 근로계층의 청소년들의 주요 문제는 지위를 둘러싸고 발생하는 것이라고 주장한다.

앞에서 언급한 이론들과 마찬가지로 일탈하위문화 이론은 화이트컬러 범죄와 중·상류층의 범죄를 설명하지 못하고 있다.

사회 통제 이론

사회 통제 이론들은 '왜, 사람들은 범죄를 일으키지 않는가?'라는 질문을 던진다. 이 분야의 이론들은 모든 사람들은 본성적으로 범죄를 일으키려고 하기 때문에 사회가 법을 위반하지 못하게 강요·통제한다고 본다. 통제 이론가들은 범죄를 방지하는 세 가지 요인을 규명하였다. 첫 번째 요인은 사회화 과정을 통해 형성된 내적 통제로, 이는 대부분의 사람들이 법을 위반하는 것을 막는 강한 의식과 개인의 도덕성을 일컫는다. 두 번째 요인은 가족과 같은 작은 사회 집단에의 강한 애착으로, 이는 자신에게 소중한 사람들을 거절하거나 비난할 수 없기 때문에 개인이 법을 위반하는 것을 방지할 수 있다고 간주한다. 세 번째 요인은 고전학파로부터 나온 것으로, 인간은 체포와 감금에 따른 공포 때문에 법을 위반하지 않는다는 것이다.

통제 이론들은 기본적으로 인간의 본성은 사회적이거나 악하다는 점을 가정하고 있다. 이와 같은 가정은 아직 증명되지 못하고 있다. 인간이 악한 본성을 가졌다고 보는 이론들은 사람들이 행한 이타적인 것과 선행을 규명할 수 없기 때문이다.

낙인 이론

낙인 이론가들은 차별 접촉 이론가들처럼 범죄자들은 학습에 의해 법을 위반한다고 강조한다. 낙인 이론은 사람들을 범죄자로 명명하는 과정과 낙인의 결과에 초점을 두고 있다. 이 이론은 통제 이론과 반대로 개인을 비행인 또는 범죄자로 낙인찍음으로써 비행이나 범죄 행위를 약화시키는 것이 아니라 오히려 강화한다고 주장한다.

사례 9.2 성자와 난폭꾼: 낙인효과와 여타 주요 기대감을 보여주는 연구

William Chambliss는 인상적인 연구를 통해, 같은 학교의 두 청소년 집단에서 비행에 영향을 미치는 요인을 알아냈다. 한 집단은 상위층인 '성자들'로 구성되었고, 다른 집단은 하위층인 '난폭꾼들'로 구성되었다. 성자들은 가끔 무단결석을 하고, 시민과 경찰을 괴롭히고, 노골적으로 시험에서 부정행위를 하고, 과음하고, 무모하게 운전했다. 선생님과 학교직원 및 경찰은 기본적으로 그들을 좋은 학생으로 보아왔기 때문에 이들의 이러한 행위를 전혀 모르고 지냈다. 그들은 거의 경찰에 잡히지 않았고, 학교기록에도 부정적으로 드러나지 않았다. 이 청소년들은 해를 끼치지 않는 장난꾸러기로 받아들여졌고, 젊은 시절의 방탕함을 허락받았으며, 삶을 성공적으로 이끌어갈 것이라고 인정받았다. 흥미롭게도 성공기대는 이 청소년들의 미래를 결정하는 주요인으로 드러났는데, 실제로 이 성자들은 대학에 들어가고 사무직에 취하였다.

한편 난폭꾼들은 거의 비슷한 수준의 비행에 가담했음에도 '일탈자'로 낙인을 받았다. 이들은 성자들처럼 차를 가지고 있지 않아 이들의 영역은 한층 쉽게 알려지고, 더욱 빈번히 잡히는 장소로 한정되었다. 경찰과 학교 당국자는 난폭꾼들이 실패자가 될 것으로 생각했고, 실제로 이들은 실패했다. 이 비행자들은 학교생활이 형편없었으며, 하위층의 직장이나 전과기록을 얻었다.

성자들이 덜 잡히게 하는 추가 요인은 이들이 경찰서에 갔을 때 사과하는 태도였다. 그들은 잡혔을 때 공손하고 죄를 참회하는 태도를 보였다. 반면 경찰과 난폭꾼들 사이에는 증오하고 불신하는 면이 있었다. 이들은 경찰에 잡혔을 때 멸시와 적개심을 지닌 난폭한 아이들이 되고, 그럼으로써 더욱 빈번히 잡혔다.

이 연구는 낙인과 기대감은 행동에 잠재적 효과가 있음을 증명하였다.

출처: William Chambliss, "The Saints and Roughnecks," *Society*, 2, no. 11(Nov-Dec. 1973), pp. 24-31.

Charles Cooley는 '거울을 통해 본 자아 개념(looking glass self-concept)'을 바탕으로 낙인 이론을 개발하였다.[33] 이 이론은 사람은 타인이라는 거울을 통해 타인이 자기와 관계하는 방법을 통해서 자아-개념(자신이 누구이고 무엇을 하는가)을 개발해 나간다고 강조하였다. 예컨대, 이웃이 한 소년을 문제아나 비행자로 보기 시작하면 이 소년을 믿을 수 없는 사람으로 보고 관계하기 쉽다. 이웃은 이 소년을 비행을 행한 자로 간주하고, 소년의 준(準) 비행과 공격적인 행위를 비행이라고 낙인찍는다. 또한 이 낙인 과정은 또래들로부터 소년의 위신과 지위에 영향을 준다. 사실한 소년이 비행자인가 아닌가를 파악하는 객관적인 방법이 없는 한 이 소년은 타인의 주관적 평가에 의해 좌우될 수밖에 없다. 그래서 점차 비행자로서 관계가 형성되면 이 소년은 스스로 자신을 그렇게 받아들이고 비행자로서 역할을 수행하게 된다.

낙인 이론은 한번 체포되어 처벌받은 범죄자 중 다시 범죄를 저지르지 않는 이들을 규명하지 못하는 데 그 한계가 있다.

비판 이론

이 이론은 자본주의 경제체제가 우리 사회 범죄문제의 뿌리라고 강조하고 있다. 이 이론의 지지자들은 자본주의가 집단끼리 서로 착취하도록 격려하고 심지어 요구함으로써, 또 개인적 이득을 위해 이기적으로 행동하도록 함으로써, 또 이런 일들이 인간이 피할 수 없는 목표인 것처럼 주지시키면서 범죄를 낳는다고 강조한다.[34] 비판 이론은 자본주의 경제체제가 없는 공산주의 사회에서 일어난 범죄를 규명하지 못하는 데 그 한계가 있다.

》 이론의 유용성

지금까지 살펴본 이론들은 범죄가 일어나는 이유를 규명하고, 특히 범죄율이 다른 집단에 비해 특정 집단에서 높은 이유를 밝혀주고 있다. 범죄학에서 가장 중요한 질문 중 하나는 '이들 이론이 한 범죄자가 특수강간과 같은 특정 범죄를 행하는 이유를 규명하는가?'이다. 유감스럽게도 이에 대한 답은, 대부분의 이론들이 특수 범죄의 원인을 규명하는 데 매우 유용하지 못하다는 것이다. 또한 이들 이론은 어떤 사람은 지폐위조에, 다른 사람은 강간에, 또 다른 사람은 불법 침입 강도에 가담하는 이유를 규명하는 데 썩 유용하지 못하다. 범죄 발생 원인을 모르면 재범을 방지하기 위한 교정의 효과적인 작업을 발전시켜 나가기 어렵다.

모든 범죄 유형을 설명하려는 이론들은 어쩔 수 없이 다소 한계를 가지고 있다. 범죄는 소매치기, 차량 절도, 강간, 수표 위조, 성매매, 술주정, 마약 소지, 성적 노출을 포함하여 광범위한 위반 행동을 포함하는 종합 영역이다. 이렇게 다양한 종류의 범죄 특성 때문에 범죄의 동기나 원인도 다양할 수밖에 없다는 것은 분명하다. 따라서 어떤 이론도 모든 범죄에 적합한 원인을 설명할 수 없다는 점을 받아들여야 한다. 따라서 모든 범죄의 원인을 규명하려는 종합적인 이론보다는 술주정, 근친성교, 차량 절도, 강간, 사기와 같은 특정 범죄의 원인을 규명하는 좀 더 제한된 범위의 범죄이론을 개발하는 것이 바람직하다.

이제 범죄유형에 관하여 자세히 살펴보겠다.

비판적 사고를 위한 질문 ?

사람이 범죄를 저지르는 것을 규명하는 이론 중 당신이 선호하는 이론은 무엇인가?

3. 범죄유형

우리는 범죄에 관한 정의가 잘 정리되어 있고, 범죄자에 관해 잘 정리된 어떤 유형화된 관점이 있다고 생각하는 경향이 있다. 그러나 실제로 법률상의 범죄를 저지르거나(criminal offenses) 법을 위반한 사람들의 특성은, 법률상의 범죄가 아닌 것을 위반하거나(non criminal offenses) 법을 잘 지키는 사람들의 특성과 같이 다양하다. 여러 가지 다양한 행위 유형들이 범죄로 분류되는데, 그 범죄 행위의 공통점은 국가의 형법을 위반했다는 것이다. 모든 범죄를 살펴보기는 불가능하기 때문에 여기에서는 몇 가지 중요한 범죄에 한정하여 다루고자 한다.

》 조직범죄

조직범죄는 대규모로 이루어진다. 불법 행동은 이득을 극대화하려는 대규모 조직에 의해 치밀하게 세워진 계획에 따라 이루어진다. 조직범죄를 위해 서로 협력하면서 이루어지는 행위는 도박, 마약 거래, 장물 거래, 성매매, 밀매, 착취를 포함한다. 특정 불법 행위가 대규모로 이루어지는 것이 소규모로 이루어지는 것보다 비용 면에서 더욱 효과적이다. 예컨대, 마약 거래에서 마약은 체포와 기소의 위험을 줄이기 위해 부패 공무원들에게 뇌물을 주고 국가를 상대로 반입되어 대규모로 보급된다.

대부분의 조직범죄는 대체로 착취나 도박처럼 어느 한 가지 범죄에 집중하는 하나의 작은 조직을 통해 소규모로 시작되고 있다. 이 작은 조직이 경쟁 조직을 흡수하거나 물리침으로써 주어진 지역사회나 도시를 장악하면서 영역을 넓혀간다. 최종적으로 이 조직은 다른 유형의 범죄로 확대해 나가며, 더 큰 지역이나 전국적으로 확대해 나간다.

조직범죄의 주요 특징은 여러 범죄 행위가 절도처럼 피해자로부터 약탈만 하는 것이 아니라는 점이다. 오히려 조직범죄는 대체로 마약, 도박, 성매매, 고리대금업과 같이 법적으로 취할 수 없는 물품이나 서비스를 일반인들의 욕구에 따라 제공하는 데 중점을 둔다. 조직범죄는 이런 행위를 성공시키기 위해 불법 서비스를 원하는 일반인들에게 의존한다.

조직범죄는 비밀을 확실하게 보장해야 하므로 범죄 영역, 조직범죄의 구성원과 대표, 조직 내부의 특성에 관한 정보가 매우 제한되어 있다.

미국에서의 조직범죄는 주로 코자 노스트라(Cosa Nostra)라고도 불리는 마피아(Mafia)에서 비롯된 것으로 보인다. 이 조직의 대표는 여러 소수민족 집단 중 낮은 지위에 있는 이탈리아계 미국인이 장악하고 있다. 마피아는 금주법이 시행되었던 1920년대와 1930년대에 불법으로 술을 제공하기 위해 범죄 집단들이 조직되면서 대규모화하였다. 이 집단들은 미국 내 지역별 폭력조직(syndicate)이나 폭력 집단의 느슨한 연계조직(network)으로 성장하였다. 이들 폭력조직들은 가장 힘이 센 '패밀리'의 대표들로 구성된 위원회를 통해 자신들의 활동을 조정하고 있다.[35] 각 패밀리의 대표는 '두목(don)'으로 불리며, 그는 위원회가 제지하지 않는 한 패밀리에서 절대 권위를 갖는다. 각 두목은 한 명의 부두목(underboss)과 한 명의 참모의 도움을 받는다. 다음 지위는 '행동대장(lieutenants)'인데 이들은 불법인 회사에 소속되어 있는 '대원(soldiers)'들의 집단을 지도·감독한다. 여론과 반대로 마피아는 시실리아인 범법자들의 국제적인 폭력조직이 아니고, 미국 내에서 발달하여 조직된 폭력조직의 연계망이다. <대부>라는 책과 영화는 조직범죄의 구조와 운용에 관한 실상을 생생하게 묘사해 놓았다.

조직범죄가 사회와 경제에 미치는 비용은 막대하다. 도박과 마약 거래를 통해 수많은 개인과 이들 가족의 생활이 상처를 받고 있다. 노동 착취와 합법적인 기업 경영에까지 침투하여 제품의 가격 상승, 생산품의 품질 저하, 몇몇 기업들의 강제 폐업, 독과점 형성, 근로자의 실업, 연금과 복지 서비스의 오용, 많은 세금 등을 불러일으키고 있다. 불법 업체들의 필수 요소인 공무원 매수를 통해 조직범죄는 정치인의 진실성과 민주적 절차에 대한 대중의 냉소를 불러일으키고 있다. 또한 조직범죄는 높은 세금을 야기하고 공적자금을 잘못된 운영으로 이끌어가고 있다.

지난 40년간 FBI는 조직범죄와의 싸움에서 큰 진전을 보였다. 수많은 국가 마피아 두목들이 기소되었고, 유죄로 구금되었다. 게다가 수천 명의 조직범죄 구성원들이 여러 유형의 범죄로 구속되었다. 전문가들은 이에 따른 여러 요인을 제시했다. FBI는 조직범죄와 싸우기 위해 인력을 배치해 전력을 다하고 있고,[36] 전자도청장치 사용을 크게 늘리고 있다. 아울러 FBI는 조직범죄를 억제하기 위해 주정부 당국의 인력이나 이탈리아와 더욱 밀접한 관계를 유지하고 있다. 최근 사법당국은 omerta(침묵의 계율; 어떤 상황에서도 범죄 수사에 협력하지 않겠다는 마피아의 계율로, 이를 어길 시 보복이 뒤따른다고 함)의 전통을 지키는 갱 조직원을 대거 잡아들이는 데 성공하였다. 장기간 구속되고, 살인 지령을 받은 이들로부터 노출될 수 있는 두려움 때문에 많은 지하인물들이 새로운 정보를 제공하는 목격자 보호 노력에 참여하고 있다.

조직범죄를 뿌리 뽑기 위한 여러 노력에도 불구하고 조직범죄는 새로운 시장에 뛰어들어 소비자 신용카드와 비행기표 위조, 휘발유의 불법제조·판매(세금포탈의 목적), 면세권(tax shelter)의 사기 판매와 같은 범죄를 벌이고 있다.[37] 아울러 불법 마약을 수입·판매하기 위해 마피아와 결탁하지 않은 새로운 조직들이 대거 등장하고 있다.[38] 이들 새 범죄 조직에는 멕시코와 콜롬비아로부터 마약을 밀수하는 조직들도 포함되어 있다.

도박, 마약 거래, 고리대금업, 합법적인 기업 운영에의 침투, 노동착취, 성매매와 같은 주요 범죄를 살펴보겠다.

도박

불법 도박은 대규모로 이루어지며 막대한 이득을 취하고 있다. 불법 운영은 복권, 장외 도박(off-track betting), 불법 카지노, 'numbers(숫자를 맞추는 도박)', 주사위 게임을 포함하고 있다. 이런 운영은 식당, 차고, 선술집, 아파트 단지와 심지어는 사업장에서까지 이루어지고 있다.

마약 거래

마약 거래는 미국에서 매년 수십억 달러를 벌어들이는 산업이 되었다. 이런 막대한 이득으로 코카인, 헤로인, 마리화나, 암페타민, 환각제를 수입·판매하는 일에 조직범죄가 예사롭게 가담하고 있다. 최근 미국의 불법 마약 거래에서 예전의 범죄 패밀리에 소속되어 있지 않은 새로운 조직이 늘어나고 있다. 이들 새 조직 중에는 콜롬비아인, 중국인, 베트남인, 푸에르토리코인, 나이지리아인, 아프리카계 미국인, 러시아인들 같이 민족적 동질성을 바탕으로 한 것도 있다.[39]

고리대금업

이 범죄는 법으로 정한 것보다 높은 이자를 물려 돈을 빌려주는 것이다. 이들이 받는 이자는 일주일에 150%에 달하는 것까지 있다고 보고되고 있다.[40] 기업화한 범죄는 폭력을 행사함으로써 빌려준 돈을 반드시 돌려받을 수 있게 한다. 이와 같은 고리대금업을 이용하는 주요 고객은 잃은 돈을 만회하려는 도박꾼, 마약 사용자, 합법적으로 자금을 구할 수 없는 신용불량 중소기업주들이다.

합법적인 기업 운영에의 침투

불법 행위로 자본과 함께 막대한 이득을 취하는 조직범죄는 유흥 산업, 은행업, 보험업, 식당업, 광고업, 주류업, 자동차 사업, 부동산업과 같은 합법적인 사업에 참여하며, 일부는 이름을 밝히고 사업에 참여한다. 합법적인 기업 운영에서는 기업 운영에 참여하는 구성원들에게 세금을 보상해주고, 이들에게 지역사회에서 존경받을 수 있는 지위를 부여하고, 부가 이득을 취할 수 있는 기회를 줌으로써 조직범죄가 이루어진다. 이들 폭력조직연합(syndicates)은 많은 현금을 보유함으로써 일시적으로 제품 가격을 낮출 수 있고, 경쟁자를 파산하게 할 수 있다. 또한 폭력조직연합은 자사의 물품과 서비스를 사도록 소비자들에게 압력을 가하는 폭력 전술을 구사할 수 있다.

노동 착취

이 행위는 노동조합과 기업으로부터 돈을 체계적으로 착취하는 것이다. 폭력단원들은 노동조합원들로부터 새로운 취업이나 취업의 유지를 미끼로 많은 조합비용을 지불하도록 압력을 가함으로써 돈을 갈취할 수 있다. 폭력단원들은 노동자들에게 조합 기준보다 급여를 낮게 지불하게 하고, 조합 연금과 복지 기금을 오용하게 함으로써 노동자의 고용 기간을 단축시킬 수 있다. 아울러 폭력단원들은 노동자들의 파업을 저지하는 것과 같은 활동으로 노동조합의 협력을 이끌어내는 대가로 기업가들이 자금을 만들도록 압력을 행사하고 착취한다.

성매매

고액을 지불하려는 사람들에게 성매매 여성들이 서비스를 제안하기 때문에 성매매는 고액의 수익을 보장하는 것이고, 이는 조직범죄를 불러일으키고 있다. 여기에 연루된 구성원들은 성매매의 중개자와 고객으로서 참여할 뿐만 아니라 단속 공무원들에게 뇌물을 주어 체포되거나 기소당하는 것으로부터 보호를 받는다. 또한 조직범죄는 불법 음란 영화와 잡지 판매와 같은 성 관련 범죄 형태에도 개입하고 있다.

화이트컬러 범죄

John Johnson과 Jack Douglas는 가장 비용이 높고 빈번하게 일어나는 범죄는 존경받는 중·상층 시민들에 의한 범죄라고 강조하고 있다.[41] 화이트컬러 범죄는 높은 지위에 있는 사람들에 의해 일어나는 노동 관련 범죄이다.[42]

소비자에 대한 범죄로 허위 광고, 주가 조작, 식품 및 마약법 위반, 산업 쓰레기 방출, 불법 굴뚝 산업의 공해 방출, 가격 담합이 있다. 1980년대와 1990년대 초반에 기업 도산으로 이끈 저축·대출 사업에서 대대적인 사기가 있었다. 연방 정부는 이때 많은 손실을 막아주었는데, 이때 납세자가 지불한 것과 개별 투자자가 보상을 받지 못하고 손실을 입은 액수가 5,000억 달러에 달하였다.[43] 이 저축·대출 사건은 화이트컬러 범죄에 의한 비용이 여타 모든 범죄가 발생시킨 비용을 합친 것보다 더 많다는 사실을 보여주었다.[44]

주식 투기업자 Ivan Boesky의 사례는 화이트컬러 범죄의 고전적인 예라고 할 수 있다. Boesky는 개인적으로 1억 달러 넘게 불법으로 외부로 공개될 수 없는 정보를 취하여 내부 거래를 실시하였다. 내부 정보를 가지고 있는 중개자들은 이 정보로 이득을 취하거나 다른 사람에게 정보를 판매할 수도 없다. Boesky는 1986년에 이 불법 행위로 미국 증권거래위원회에 벌금과 부당 이득으로 1억 달러를 냈다. Boesky의 범죄는 내부 거래에서 부가적인 증거가 없는 주장(additional allegations)을 받아들일 것을 촉진하였고, 최근에는 이것이 금융계를 뒤흔들어놓았다. Boesky는 수백억 달러의 범죄를 행하고도 겨우 징역 2년을 받았다.

2008년 12월 Bernard Madoff가 FBI에 잡혔고, 증권사기로 기소되었다. 그의 투자사는 나스닥의 가장 성행하는 5대사 중 하나였다. 그는 이 회사의 대표이사였다. 형사 고소인은 Madoff가 투자자들에게 500억 달러 손실을 입힌 대형 폰지사기라고 주장했다.

폰지사기(Ponzi scheme)는 순수한 이익금을 배당하지 않고 비정상적인 방법으로 높은 배당금을 투자자들에게 불법으로 지급하는 사기성 투자이다. 1903년 이탈리아에서 미국으로 이민 온 후 이 같은 방법을 사용하여 유명해진 Charles Ponzi의 이름을 딴 사기이다.

Madoff에 의해 500억 달러 손실을 가져온 이 사기는 역사상 가장 큰 사건이었다. 수십억 달러를 잃은 투자자들은 개인, 은행, 자선단체, 월가의 투자자들이었다. Steven Spielberg와 노벨상 수상자 Elie Wiesel가 만든 몇몇 자선단체는 Madoff의 폰지사기로 매우 심각한 타격을 받았다.

횡령은 직원이 회사의 기록을 변경하여 고용주의 재원을 개인 용도로 부정하게 빼돌리는 범죄이다. 거액을 취하는 횡령 범죄자들은 대부분 시민들로부터 존경받거나 신뢰받는 직원들이다. 이들은 종종 도박 채무, 배우자나 애인의 요구, 친족의 막대한 의료비를 자신의 수입으로 충당할 수 없는 상황에서 범죄 충동을 일으킨다.[45] Sullivan과 그의 동료들은 "횡령 범죄자들은 단지 그들은 돈을 빌린 것이고, 고용주를 돈을 낭비해 버릴 가능성이 있는 악한 이거나 잃어버린 돈을 대단치 않게 생각하는 자라고 확신함으로써 자신들의 범죄를 정당화한다"고 강조하였다.[46]

횡령은 경리사원이 작은 금고에서 현금을 훔치는 것에서부터 회사의 사장이 거액의 투자 자금을 훔치는 것까지 사업의 모든 층에서 일어난다. 많은 사건들이 들키지 않거나 기소되지 않고 끝나기도 한다. 종종 횡령한 자가 훔친 돈을 갚기로 하거나 다른 직장으로 가겠다고 약속함으로써 사건화하지 않고 비공식적으로 마무리되기도 한다. 이와 같은 해결이 때로는 잃어버린 돈을 찾기 위해 수사를 하는 것보다 더 효과적인 경우도 있다. 부정직한 직원이 연루된 사건은 대중에게 고용주의 이미지를 나쁘게 하고, 장래 사업에 타격을 줄 수 있기 때문에 회사는 종종 비공식적이고 개인적으로 이 범죄를 해결하는 것을 선호한다.

다른 화이트컬러 범죄로 소득세 탈세, 소요 경비 계정 사기, 사업 조직에 의한 정부 기금 오용이 있다.

불행히 미국 사회는 화이트컬러 범죄에 관대한 편이다. 소액을 몇 번 소매치기하고 곧바로 교도소에 수감되는가 하면, 거액의 소득환급을 보고하지 않은 사람은 검찰에 걸리지 않기도 한다. 화이트컬러 범죄에 관한 이해는 개인에게 별로 영향을 미치지 않는 대규모 비인격적 조직이 피해자라는 것과 관련한다. 개인 가정에서 작은 것 한 가지라도 슬쩍한 것을 느끼지 않은 사람은 호텔에서 타월 따위를 훔친 것에 대한 양심의 가책을 느끼지 않는다.

화이트컬러 범죄는 범죄와 범죄자에 대한 우리의 인식에 관하여 심각한 문제를 불러일으키고 있다. 이 같은 문제는 범죄가 반드시 청소년, 가난한 자, 도시 안의 소수민족들에게만 중점을 두어서는 안 된다는 점을 제기하고 있다. 왜 우리 사회는 강도나 소매치기에게는 혹독한 처벌과 낙인을 가하면서 그보다 피해가 많은 화이트컬러 범죄자들에게는 거의 수사를 가하지 않거나 그들의 행위를 범죄로 취급하지 않는가? 우리 사회의 권력구조로 인하여 중·상층은 자신들의 범죄는 용서받을 수 있는 것이고, 힘이 없는 집단에 의한 범죄는 우리가 관용할 수 없는 것인가?

기업범죄

화이트컬러 범죄의 한 유형으로 기업범죄를 들 수 있다. (최근 기업범죄가 주목받고 있어 여기에서 따로 분리하여 소개한다.) 기업범죄에는 부당노동행위를 포함하여 기업내부거래, 환경범죄, 불법신용카드조작, 연금사취, 공무원뇌물수수, 회가자료위조, 경쟁업체 및 피고용자 협박, 사기가 있다.

2000년대 초기 Kornblum과 Julian은 다음과 같이 주장했다.

> 미국에서 가장 크고 영향력 있는 회사인 Enron, Tyco, Arthur Andersen, WorldCom, 그리고 여러 회사의 대표들이 사기 및 기타 형사사건으로 기소되었다. 이들 회사에 투자한 수십만 미국사람들은 투자금을 잃은 반면, 회사 대표는 주식을 고가에 팔아 개인적인 이득을 취했다. 이는 불법 내부거래일 뿐 아니라 주식 가치를 불법으로 부풀렸던 것이다. 아울러 회계사들과 회사 대표들이 공모하여 회사의 안전성을 확보하기 위한 자료생성 방법을 감추었다.[47]

》 컴퓨터 범죄

컴퓨터 범죄는 컴퓨터와 인터넷을 사용하여 사람, 공공질서, 재산, 도덕을 상대로 이루어지고, 사이버 범죄자들은 상투적인 수법을 위해 새로운 방법을 익힌다. 컴퓨터 범죄 수법은 다양하다. 다음과 같은 몇 가지 방법이 있다.

해킹, 혹은 불법 컴퓨터 침해는 흔히 보는 사례이다. Mooney, Knox, Schacht가 다음 두 가지 사례를 든 것처럼 해커는 컴퓨터로 쳐들어가 셀 수 없는 불법행위를 할 수 있다.

> 컴퓨터 해커는 전화시스템을 이용해 라디오방송국 대회의 결과를 조작했다. 세 해커가 경품으로 하와이 여행, 포르쉐, 현금을 받았다.
>
> 한 오일회사가 불법으로 다른 오일회사의 컴퓨터에 들어가 임대권을 싼값으로 처리하도록 상대 회사가 허락하는 정보를 갈취하였다.[48]

Cole과 Smith는 해커들에 의한 다른 범죄를 다음과 같이 기술하였다.

> 더욱 세련된 해커들은 컴퓨터 프로그램을 파괴하는 바이러스를 개발해 뿌린다. 1999년 4월 뉴저지의 해커가 개발한 Melissa 바이러스로 나라가 크게 위협받았다. 사람들은 아무 문제없이 보이는 '중요함'이라고 쓰인 메일을 받았는데, 이것은 포르노 사이트 목록이었다. 이 메일을 클릭하여 열면 Melissa가 사용자 주소록에 있는 50명에게 바이러스를 보냈다.[49]

디지털 카메라에 담겼던 누드 사진은 인터넷을 통해 세계 곳곳으로 퍼진다. 어떤 사람은 인터넷으로 불법 도박, 아동 포르노 살포, 성 서비스를 이용한다.

Cole과 Smith는 컴퓨터 범죄를 다음과 같이 부가하여 설명한다.

> 인터넷의 글로벌 특성은 형사제도에 새롭게 도전하고 있다.

예컨대 세계적으로 연결된 전자재정 네트워크를 통해 모스크바에 있는 돈 세탁업자가 간단하게 버튼 하나를 눌러 뉴욕으로 돈을 보낼 수 있다. 키보드만 몇 번 치면 정부 관계자의 눈을 피해 안티구아의 개인 계좌로 입금할 수 있다. 다른 예로 분실된 신용카드 번호는 인터넷상에서 옛 소비에트 주에 있는 딜러들에게 판매할 수 있다. 컴퓨터 해커들은 합법적인 사업인 컴퓨터 시스템으로부터 수많은 신용카드 번호를 훔쳐 이를 세계에 파는 웹사이트 회원인 딜러들에게 무더기로 넘긴다. 온라인상으로 판매되는 신용카드 번호 사기 액수가 연간 10억 달러를 넘는다.[50)]

또한 해킹의 증가는 신분증 절도를 증가시키고, 신용카드를 발급받는 데 필요한 신상을 파악하기 위해 사용된다. 누구도 이런 절도가 광범위하게 행해지는지 알지 못하나 미국에서만 4명 중 1명이 신분증 절도를 당하고, 그 피해액은 40만 달러에 달하고 있다.[51)] 평균적으로, 범죄를 당하고 나서 피해자들이 자신들의 이름과 신용카드 기록을 말끔히 하는 데 약 600시간과 1,400달러를 써야 한다.[52)]

》 증오 범죄

미국의 대부분 주 형법전에 증오 범죄가 추가되었다. 증오 범죄는 특정 인종, 민족, 종교, 성적 취향, 젠더들의 개인이나 집단에 표적하는 범법 행위이다.

아울러 법은 종교 관련 건물이나 묘지를 파괴하는 것, 편향되게 이끄는 협박하는 것 따위를 범죄로 규정하고 있다. 증오 범죄의 실례로 아프리카계 미국인 교회 방화, 유대인 가정에의 낙서, 동성애 대학생 폭행, 아프리카 미국인 가정의 잔디에 있는 십자가에 불붙이기, 아랍계 미국인 폭행을 포함한다. 증오 범죄에 관하여 판사는 편견에 의한 범죄로 인정할 때는 중형을 가할 수 있다.[53)]

2007년에는 9,006건의 증오 범죄가 보고되었다. 피해를 받은 비율은 다음과 같다.

인종적 편견	52.3%
종교적 편견	16.4%
성적 취향 편견	16.2%
민족 및 국가 편견	13.9%
장애 편견	0.9%[54)]

》 공공질서 범죄

공공질서 범죄자들은 범죄자의 가장 큰 범주를 구성하며, 이들의 행위는 보고된 다른 유형의 범죄를 초월한다. 공공질서 범죄로 교통 위반, 성매매, 부랑, 음란물 판매, 도박, 주정, 통행시간 위반, 배회, 불법 물질 사용, 간통, 동성애가 있다. (이 중에는 어떤 곳에서는 불법이지만 다른 곳에서는 합법적인 경우도 있다.) 이와 같은 행위를 범죄로 취급하는 법은 일차적으로 사람들의 개인 생활을 단속하기 위해 만들어진다. 이들 법은 권력 집단이 사회 안에서 이들 행동을 바람직하지 않은 것으로 간주하기 때문에 존재한다.

공공질서 범죄자들은 자신을 범죄자로 보지 않으며 자신의 행동을 범죄로 간주하지 않는다. 공공질서 범죄는 다른 범죄에 비해 덜 심각한 것으로 간주되고, 이뿐만 아니라 경찰과 법원은 더 심각한 범죄를 감소시키는 데 투입한 자금을 확보하기 위해서도 공공질서 관련 법들을 제외하거나 폐지하려는 움직임을 계속하고 있다. Alexander Smith와 Harriet Pollack은 다음과 같이 강조하였다.

> 체포나 기소된 모든 살인자, 여러 도박꾼들, 성매매여성들, 직무태만자들로 법원의 소송일람표는 꽉 차 있다. 형사정책에서부터 담배 피는 아이들, 알코올중독자들을 제외시키면 법원과 경찰의 짐을 줄일 수 있다. … 최근 관습을 반영하지 않거나 집행할 수 없는 도덕률은 법을 파괴하기 때문에 입법 활동을 통해 형법전에서 제외시켜야 한다.[55)]

비판적 사고를 위한 질문 ?

당신은 증오 범죄 영역에 속하는 범죄로부터 피해를 입은 경험이 있는가?

이 같은 범죄에 대한 형사처벌은 바람직하기보다 오히려 해로울 수도 있다. 예컨대, 동성애로 체포된 자를 심한 범죄자로 취급하는 것은 그 사람의 자의식과 지역사회에서의 그 사람의 지위에 영향을 미칠 수 있다. 아울러 형사처벌은 범죄자들이 더욱 안전하게 자신의 불법 행위를 계속하기 위한 하위문화를 형성하게 할 수도 있다. 동성애자와 마약 사용자의 하위문화는 이들 범죄자를 사회로부터 분리하는 작용을 한다.

성 범죄

성 범죄는 강간, 성매매, 유혹, 미성년자 강간(statutory rape), 간통, 수간, 동성애, 희롱, 근친상간을 포함한다.

대부분의 주에서 오직 남성만이 강제적으로 이루어진 강간에 대해 법적으로 책임이 있다. 강제 강간은 보고되지 않는 비율이 높은 범죄이다. 이는 가해자의 절반이 피해자의 친구이거나 아는 사이로 나타나고 있기 때문이다. 따라서 어떤 피해자들은 경찰의 활동이 오히려 개인 간 문제를 더욱 불러일으킨다고 생각한다. 많은 피해자들은, 사건에 대해 보고함으로써 느끼는 사회적 수치감, 무심한 수사관들의 심문과 법정에서의 범죄 증거 제시에서 오는 창피함을 포함하여 얻는 것은 없이 잃는 것이 더 많다고 믿기 때문에 신고하는 것을 거부한다. 강간을 신고하지 않음으로써 강간범들은 두려움을 덜 느끼게 되고, 그래서 또 다른 피해자를 더욱 찾으려고 하기 때문에 사회에 위험을 미친다.

법정 강간은 법적으로 책임을 질 수 있는 나이(대체로 18세)의 남자와 법적으로 동의가 불가능한 나이(16세, 18세로 주마다 다름)의 여성과 이루어진 성적 접촉을 일컫는다. 대부분 주에서 여성은 법정 강간의 책임을 물어 처벌받지 않는다. 어떤 주에서는 구강성교와 같은 성적 삽입보다 성적 접촉에 근거하여 법정 강간을 판정한다.

최근에는 아동 성 학대에 대한 관심이 높아지고 있다. 아동 학대는 성교, 자위, 구강-항문 접촉, 노출을 포함한다. 성 학대에 관한 정확한 규정은 없다. 아동에게 성교하는 것은 분명히 학대이나 접촉의 다른 형태를 학대로 판단하기에는 어려움이 있다. 어떤 점에서 포옹, 키스, 희롱은 부적당하다. 학대하는 사람들은 아동의 부모, 손위 형제, 친척, 친구, 지인, 낯선 사람일 수 있다. (성 학대에 관해서는 6장에서 더욱 상세히 다루었다.)

근친상간, 강간, 미성년에 대한 동성 접촉과 같은 특정 성 범죄는 일반인들 사이에 심각한 혐오감을 주기 때문에 이 범죄자들에게 엄한 처벌을 내리게 하고 있다. 유감스럽게도 피해자가 당한 착취를 해결해나가는 것이나 범죄자가 재활하는 데는 관심이 주어지지 못하고 있다.

인신매매

국제적으로 인신매매는 주요 사회문제로 부상하고 있다. 인신매매는 모집, 운송, 노예화를 목적으로 하는 인간매매, 강제노동, 예속이다. 이는 매년 수십억 달러 시장을 형성하고 있다. 인신매매 피해자는 일반적으로 속임수, 사기, 강압, 권력의 남용, 노골적인 납치 등을 통해 포섭된다.

성인 피해자는 성매매나 다른 형태의 성적 착취, 노동착취, 노예로 빠지게 된다. 아동 피해자는 성매매, 불법 국제입양, 조혼을 위한 매매로 빠질 수 있다. 아울러 소년병, 거지, 종교집단의 구성원으로 끌려갈 수 있다.

인신매매는 인간 밀매와는 다르다. 밀매는 돈을 받고 자발적으로 이루어진다. 그래서 이 밀매가 성사되고 나면 대부분 밀매자들은 자유롭게 된다. 이와 달리 인신매매는 피해자의 기본적인 인권이 무시된다. 피해자는 때때로 허위 계약이나 육체적인 감금에 의해 사기를 당한다. 매매자들은 기만, 협박, 가식적 사랑, 고립, 신체감금, 강제 약물복용과 같은 강압과 조작 기술을 함께 활용한다.

러시아, 홍콩, 일본, 콜롬비아 같은 곳에서는 인신매매가 대규모 범죄조직에 의해 이루어지고 있다.[56] 매매 피해자들은 대체로 그 지역에서 약하고 힘이 없는 소수자들이다.

특히 여성은 강제 성매매의 위험성이 있다. 예컨대 매매자는 미국에서의 한층 좋은 조건의 생활을 약속하고, 이들 여성이 미국에 도착하면 성매매 쪽으로 팔아넘긴다. 수천 명의 아동이 국제적 성매매로 팔리고 있는데, 이들 아동은 납치되기도 하고, 부모에 의해 팔리기도 한다.

수천 명의 남자(때로는 여자도 포함하여) 아이들이 소년병으로 팔리기도 한다. 남자 성인들은 기술이 필요치 않은 강제노역에 팔려갈 위험성이 있다.

다음 두 사례가 세계에서 이루어지고 있는 인신매매의 실상을 잘 보여주고 있다. 이들 사례는 미 국무부 보고서에 나타난 것이다. (미국 연방정부는 인신매매를 매우 엄히 단속하고 있다. 인신매매는 미국 연방법규 18조에 해당하는 연방범죄이다.) 이 자료는 원본 그대로이다.

중앙아프리카

중앙아프리카의 무장폭도에 강제로 들어갔다 풀려난 16세 Mary는 다음과 같이 회상하였다: "내가 했던 일을 생각하면 기분이 언짢아요. 내가 다른 사람을 죽인 것이 나를 불안하게 하고 있습니다. 내가 집에 돌아가면 살인한 것과 관련하여 전통굿을 해야 할 것 같습니다. 그래서 나를 다시 깨끗이 씻어야만 합니다. 지금도 내가 죽인 아이에 관해 꿈을 꿉니다. 꿈에서 그 아이를 보고, 그 아이가 자기를 죽였다고 하고, 나는 웁니다."

콜롬비아

Neary는 콜롬비아 농촌에서 태어났다. 그녀의 부모는 더 좋은 삶을 위해 애를 쓰다 그녀가 어렸을 때 돌아가셨다. Neary가 17세가 되자 그녀의 언니는 그녀를 결혼시켰다. 3개월 후 Neary 부부는 한 어촌에 갔다. 남편은 방을 빌렸는데 Neary가 생각하기로 그곳은 숙소 같았다. 다음 날 그녀가 일어났을 때, 남편은 떠나고 없었다. 그곳의 주인은 그녀가 남편으로부터 300달러에 팔렸으며, 이곳은 매음굴이라고 했다. Neary는 5년간 매일 5~7명으로부터 강간을 당했다. 게다가 신체적으로 폭행을 당했고, HIV에 감염되어 AIDS에 걸렸다. 병에 걸리자 매음굴은 그녀를 버렸고, 그녀는 결국 지역 쉼터를 찾아갔다. 그녀는 23살에 HIV/AIDS로 죽었다.[57)]

미 국무성에 의하면 국제적으로 매년 60~80만 명의 성인 남자와 여자, 아동의 인신매매가 이루어지고, 각 나라 안에서는 100만 명 이상이 매매되고 있다고 한다.[58)]

》 살인과 폭행

살인 범죄는 비합법적으로 사람을 죽인 경우를 포함하고, 폭력 범죄는 비합법적으로 상대에게 신체적 힘을 행사한 경우이다. 대부분의 살인은 의도치 않은 신체 폭행의 결과이다. 사람들은 상대의 행동에 대해 분노하게 되고 이에 보복하기 위해 신체적 싸움을 일으킨다. 행동을 자극하는 것으로 비웃음, 남의 애인이나 배우자에 대한 희롱, 채무 연체를 포함할 수 있다. 싸움은 종종 도전을 받거나 위신이 떨어졌을 때 서로 체면을 차리기 위해 일어난다. 살인은 때때로 격렬히 논쟁하는 중에나 상대가 감정 상태를 고조시키는 가운데 일어나기도 하여 '열정의 범죄'라고도 한다.

여전히 살인은 많이 일어나고 있으며, 암흑가의 살인, 유산을 취하기 위한 살인, 안락사를 포함하여 많은 살인 사건들은 신중한 계획하에 이루어진다. 아울러 살인은 약탈과 연관되어 이루어지고, 이때 피해자, 약탈자, 경찰이 총에 맞기도 한다.

대중들의 생각과 달리 많은 살인 범죄가 친척, 친구, 지인 사이에서 일어난다.[59)] 폭력과 살인에 의한 명백한 신체 손상 때문에 이 범죄는 최고의 공포를 불러일으킨다. 살인 사건의 체포율은 약 70%로 다른 범죄보다 높다. 이는 경찰이 살인에 특별히 집중하고, 종종 살인자로 밝혀지는 사람들이 피해자의 친구, 이웃, 친척이기 때문이다.[60)] 교도소의 전체 폭력 범죄자 중 절반 이상이 범죄 당시 술을 마셨거나 마약을 사용한 상태라는 보고를 참고하면 때로는 술이 살인과 폭행의 중요한 요인이 됨을 알 수 있다.[61)]

》 절도

절도는 남의 소유물을 허락을 받지 않고 불법으로 취하는 것이다. 이 범죄에는 소매치기와 도둑질부터 속임수로 수백만 달러를 사취한 것까지 포함된다. 도둑들은 식품점에서 약간의 음식을 훔친 점원에서부터 고도의 전문 수법으로 수천 달러를 사기 치는 사람들까지 다양하다.

범죄학자인 Sutherland[62)]가 명명한 전문 범죄자들로는 문서위조범, 전문 금고털이범, 화폐위조범, 공갈편취범(불법 행위자를 편취하는 범죄), 조직적인 가게털이와 같이 신용게임(confidence game)에 가담한 자이다. 대부분의 이러한 범죄는 이들 범죄자들이 평소 단정하고 믿음이 가며, 다른 사람이 볼 때 결코 이런 범죄를 일으키지 않을 것으로 인정받아야 가능하다. 전문 절도 범죄자는 정교하고 비폭력 기술을 활용한다. 이들은 신중하게 범죄를 계획하고, 일상 업무처럼 가장하여 갈취한다. 이들은 스스로 자신들의 경력을 지지하는 가치를 중시하고, 종종 동료나 관련 공무원들로부터 추앙받기도 한다. 이들 범죄자는 부정직한 자들이 충분한 기술만 있다면 전문 절도 범죄자가 될 만한 상황에서 단순히 수입을 취했을 뿐이라고 불평하면서 자신들의 범죄를 정당화한다.

준 전문 절도 범죄자는 도구를 소지하고 치밀한 계획은 없는 상태에서 훔친 자들이다. 이들 중 어떤 범죄자는 단독으로 주유소, 편의점, 주류 상점 따위를 강탈한다. 종종 이들 범죄자는 법원으로부터 엄한 처벌을 받기 때문에 자신의 삶의 상당 부분을 교도소에서 보내기도 한다. 이들은 유사한 범죄를 반복하는 경향이 있다. 때때로 이들은 낮은 수입과 빈곤 지역에서 생활함으로써 자신을 부패하고 부정의한 제도의 산물이요, 희생자라고 강조한다. 이들은 교도소의 동료들과 배경, 삶의 형태, 인생관이 비슷하기 때문에 수감 생활에 뛰어나게 잘 적응하나, 집단으로 가석방받는 것은 어렵다.[63)]

비전문 절도 범죄자들은 이따금 훔치는 자들이다. 전문·준 전문 절도 범죄자들과 달리 대체로 이들은 스스로 법을 잘 지키는 존경받을 시민이라고 자부한다. 이들의 범죄 행위는 미숙하고, 세련되지 못하며, 무계획적이고, 청소년들이 더러 포함되어 있다. 예컨대, 이 범주에는 고용주로부터 절도, 가게 좀도둑, 자전거 절도, 장난삼아 운전하기 위한 자동차 절도, CD나 맥주를 훔치기 위한 가택 침입 따위가 포함된다. 사업체와 산업체는 사원이거나 고객인 비전문 절도 범죄자들로 인해 중요한 것을 분실함으로써 어려움을 겪기도 한다.

청소년 비행

청소년 범죄

범죄에 관한 공식 통계에 의하면 미국 내 전체 구속자의 약 20%가 18세 미만으로 나타나 있다.[64] 이들 구속자는 앞에서 언급한 것처럼 절도, 폭력, 강간 범죄를 행한 자들이다. 이렇게 청소년의 구속률이 높은 이유 중 하나는 대부분의 구속자들이 비행자(status offenses)라는 점을 들 수 있다. 즉 성인이 아니고 청소년이기 때문에 이들의 행동이 비행이나 범죄로 규정되고 있기 때문이다. 비행에는 무단결석, 성관계, 가출, 반항, 귀가시간 어김, 부모의 통제를 벗어나는 행동들을 포함한다.

경찰에 의해 체포된 청소년은 중·상층 청소년보다 저소득층 청소년이 훨씬 많은 것으로 나타나고 있다.[65] 이는 부분적으로 경찰이 저소득층 청소년을 더 많이 체포하려는 성향 때문이다.[66] Kornblum과 Julian은 범죄와 빈곤 간의 관계를 연구한 결과에서 이 두 변수들이 서로 복잡한 방식으로 관계된다고 결론지었다. 중·상층 청소년들은 저소득층 청소년들과 같은 비율로 비행이나 범죄를 저지르고 있지만 저소득층 청소년들의 범죄는 살인과 같은 좀 더 심각한 범죄에 가담하고 있다는 것이다.[67]

갱

청소년 갱은 미국이나 다른 나라에 수십 년 전부터 존재해 왔다. 최근 미국에서는 갱의 수, 갱에 참여하는 청소년의 수, 약물을 사용하는 갱 청소년, 갱 폭력이 증가하고 있다. 폭력과 도시의 갱 비행이 주요 사회문제로 등장하고 있다. 그럼에도 Longres가 언급하는 것처럼 비행 갱에 관련된 과학적 지식은 매우 제한적이다.

> 청소년 갱에 관해 합의된 정의는 없다. 아울러 합의된 기록 체계도 없고, 공정한 기관이 체계적인 방법으로 갱 범죄를 조사한 자료도 없다. 뿐만 아니라 사회서비스와 형사정책 프로그램을 통해 갱을 근절하려는 시도가 거의 성과를 거두지 못하고 있다.[68]

비행 갱에 관한 불충분한 지식이 청소년을 대상으로 개입할 수 있는 효과적인 전략을 개발하는 데 주요 장애가 되고 있다. 갱에 관한 정의는 다양하나 갱의 특성을 밝히는 합의된 정의는 없다.[69] 이 같은 합의 결여는 갱을 분류하는 서로 다른 연구자들이 관계하는 여러 영역에 의해 드러나고 있다. 이들 영역은 모퉁이 집단, 갈등 집단, 사회 클럽, 싸움 집단, 병리적 집단, 체육 클럽, 산업 협회, 약탈 조직, 약물의존 집단, 밀매 조직, 싸움꾼 집단, 자위 집단, 자유 집단, 범죄 조직, 경마 집단, 펑크록 집단(punk rock group), 사탄 조직, 짧은 머리 집단, 소수인종 집단, 오토바이 클럽, 쓰레기를 뒤지는 집단으로 칭하고 있다.[70]

Morales는 청소년 갱 유형을 범죄, 싸움, 회피주의자, 숭배 등의 네 영역으로 구분하여 소개했다.[71]

범죄 갱은 절도, 착취, 감금, 마약밀매를 포함한 범죄행위를 통해 물품을 취하는 것이 주요 목적이다.

싸움 갱은 세력 지향적이다. 이들은 침해당했다고 생각하여 이웃을 침범하거나 이에 합당한 대응을 하여 개인이나 집단으로 폭력을 행사한다. 존경을 매우 높은 가치로 친다. 라틴계 갱이 종종 이에 속한다. Sweeney는 Barrio 갱의 규칙은 이웃을 철저히 보호하고, 이를 위해 기꺼이 죽을 수 있다고 했다.[72]

회피주의자 갱은 알코올, 코카인, 마리화나, 헤로인, 기타 약물에 중점을 둔다. 개인이 이들 약물을 구하기 위해 접근한다. 범죄 갱과 달리 이들은 경제적 이득을 위해 약물에 가담하고, 약물을 사용하는 데까지 연루된다.

숭배 갱은 악마 경배에 가담한다. 숭배는 악마를 체계적으로 경배하는 것으로, 우상시하며 뭔가 숨기고 초자연적인 것이나 신비한 힘을 믿는다. 어떤 사람들은 성교와 폭력을 강조하기도 하고, 순진한 아동이나 처녀를 성폭행함으로써 기독교를 모독한다. 모든 숭배 갱이 범죄에 가담하는 것은 아니다. 다른 세 유형의 갱이 아동을 끌어들이는 것과는 달리 이들은 성인으로 구성된다.

비행 갱을 개념화하는 데는 많은 어려움이 있다. 갱은 백인 청소년들에 의해 구성되기도 하지만 대체로 아프리카계 미국인, 라틴계, 아시아 청소년과 같이 인종적으로 동질의 청소년들에 의해 구성되는 것으로 보고 있다. 대부분의 갱 구성원들은 12~18세 청소년들이 주류를 이루고, 최근에 밝혀진 바에 의하면 성인이 통제하는 것으로 드러났다.[73] 여성도 갱에 참여하지만 대체로 남성이 주류를 이루고, 소수의 갱은 여성만으로 조직된 것도 있다.[74] 갱은 기본적으로 마약 거래에 연루되어 있으며, 비행 갱으로 절도, 불법 약물 사용과 같은 여타 불법 집단도 있다. 갱의 활동은 소도시나 변두리에서 흥행하지만 기본적으로 대도시의 중심지에서 이루어지고 있다.[75]

Spergel은 갱은 혼란스럽고 가난한 지역사회에서 형성된다고 보고서를 통해 밝혔다.[76] 그는 갱의 구성원들은 전형적으로 양육 기술이 효과적이지 못한 부모의 가정, 학업에서 뒤처지는 학생들에게 관심을 갖지 않는 학교, 청소년이 성인 범죄 집단에 노출되어 있는 곳, 청소년이 합법적으로 교육을 받고 좋은 수입을 보장하는 일자리를 얻을 기회가 없다고 생각하는 곳에서 나온다고 하였다. Spergel은 청소년들이 안전, 권력, 돈, 지위, 흥분, 새로운 경험과 같은 여러 이유로 갱에 들어가고, 특히 사회적 박탈이나 지역사회의 불안정 상태에서 더욱 심하다고 강조하였다. 요컨대, 그는 갱 가입의 유혹을 이해하기 위한 방법으로 지역사회해체 접근법을 소개하였다.

실제로 비행 갱은 청소년들의 욕구가 가족, 이웃, 학교와 경찰 및 종교 기관 같은 지역사회 기관들에 의해 해결되지 않기 때문에 형성된다. Spergel이 제시한 유용한 변화로, 권총 사용을 줄였고, 교육 자원을 향상시켰으며, 여가 활용과 직업 훈련, 취업과 가족상담, 약물로부터의 재활을 가능하게 하였고, 갱의 활동을 저지하기 위한 지역사회 집단과 조직을 가동했다는 점을 들 수 있다. 사회정책의 변화 역시 주와 국가 차원에서 더욱 많은 자원을 도시의 중심지로 집중시키기 위해 필요하다. 청소년을 포함하여 도시 주민의 삶의 질을 향상시키기 위해 기금이 필요하다. 그래서 청소년의 욕구가 갱에 가담함으로써 해결되는 것을 막을 수 있다.[77]

4. 형사정책제도

형사정책 제도는 경찰, 법원, 교정 제도로 구성된다. 많은 미국 사람들은'범죄는 마땅히 대가를 지불해야 한다'는 의식을 옹호하면서, 이 체계를 성가시고, 비효과적이고, 정의롭지 못한 것으로 보고 있다. 일부는 경찰을 의심하고 이들의 권력남용을 행한다고 믿고 있다. 다른 계층으로 중상층에 있는 사람들은 시민을 범죄로부터 보호하기 위해 기획된 성가신 체포와 심문절차와 같은 업무에 의해 경찰이 과도하게 방해를 받는다고 알고 있다.

법원은 형을 구형하는 데 너무 오랜 시간을 끌고 있다고 강한 비판을 받고 있다. 많은 미국 사람들은 법원이 범죄자들에 대해 엄하지 않다고 믿고 있다. 역시 법원은 같은 범죄에 대한 형량이 너무 다르고, 보통 범죄에는 엄하나 화이트 컬러 범죄에는 가벼운 벌금을 내린다는 비난을 받고 있다.

교도소 역시 수용자를 교화하는 데 실패한다며 비난을 받고 있다. 재범률이 급속히 증가하고 있다. 절반이 출소한 뒤 다른 범죄를 저질러 다시 교도소로 돌아온다.[78] 실제로 교도소가 범죄자를 교화시키지 못함으로써 범죄학교로 불리고 있다.

형사정책 제도는 모든 사회에서 범죄 통제와 정당한 법절차라는 두 가지 목표 간의 갈등에 직면하고 있다. 범죄 통제 목표는 범죄를 줄이고 위법자로부터 사회를 보호하는 것을 포함한다. 이 목표는 범죄를 행한 자를 즉시 체포·처벌하는 것에 중점을 둔다. 정당한 법 절차 목표는 개인의 권리와 자유를 보호하고 지켜야 하는 필요성을 포함한다. 어떤 사회는 시민을 통제 하는 데 무력을 행사하고, 개인의 권리에 별로 신경을 쓰지 않는 경찰국가 수준에 머무르고 있다. 이와 정반대의 극에는 개인이 극악무도하게 법을 어기고, 정부는 법을 지키기 위한 권력이나 시민의 존경심을 갖지 못하는 사회이다. 미국 사회는 이렇게 갈등하고 있는 두 가지 목표가 균형을 이룰 수 있는 방안을 모색하고 있지만 여전히 갈등은 계속되고 있다. 때로는 개인의 성향에 따라 한 편만의 목적을 위해 다른 상황에서 드러나는 상반된 목적이 있음에도 강조되기도 한다. 예컨대 자택 소유자가 도난을 당했을 때 신속한 절차를 원하지만 세금포탈 사건이 접수되었을 때는 보호를 위해 모든 정당한 법절차를 활용해야 한다.

이제 형사정책의 세 분야에 관하여 상세히 살펴보겠다.

》 경찰

경찰관들은 형사정책 제도를 위한 문지기로서 법원과 교

정기관이 상대할 사람들을 체포한다. 이미 살펴본 바와 같이 거의 모든 사람이 수시로 범죄를 행한다. 경찰은 이들 모두를 체포할 수는 없다. 만약 모두 잡아들이면 법원, 구치소, 교도소는 넘쳐날 것이고 우리 사회는 붕괴될 것이다. 그러므로 경찰은 어떤 법을 엄중히 집행할 것인가, 어떤 유형의 범죄자를 체포할 것인가를 결정하는 중요한 재량을 가지고 업무를 수행한다. 예컨대, 경찰은 중간 소득 수준에 있는 청소년보다 저소득 청소년을 더욱 잡아들이려는 경향이 있다.

경찰 인력의 소수만이 직접 범죄자를 체포하는 데 활용된다. 경찰관은 업무 중 범죄나 사고에 출동하는 인원은 전체의 10~20%에 불과하다.[79)]

David Peterson은 보통 경찰의 역할은 '치안유지 요원'보다는 '평화 요원'이나 '사회복지사'로 개념화되었다고 강조하였다.

경찰의 서비스 기능은 상해당한 자를 응급처치하고, 함정에 빠진 동물을 구하고, 교통을 지휘하는 것을 포함할 수 있다. 경찰이 법을 집행하는 기능을 수행할 때 범죄 통제 모델과 공정한 법 절차 모델 사이에서 적당한 균형을 유지하려는 공평한 노력을 하게 된다. 이때 경찰은 살인자, 강간범, 방화범과 같은 특정 범죄자를 즉시 체포해야 하는 중대한 압력을 받는다. 아직도 경찰은 공정한 법 절차 모델에 따라 업무를 수행해야 한다고 인식하고 있다. 그래야 체포된 자의 법적 권리가 침해받지 않기 때문이다. James Coleman과 Harold Kerbo는 "경찰관은 범죄와의 전쟁에 참여하는 군인보다 외교관처럼 업무를 수행한다"고 하였다.[80)]

미국의 여러 곳에서 경찰은 업무를 효과적으로 수행할 수 있는 충분한 자원을 확보하지 못하고 있다. 가끔 경찰관들에게 격렬하게 반항하는 경우도 있다. 이런 반항의 일부는 모든 사람들이 간헐적으로 범죄를 행한다는 사실의 결과라고 할 수 있다. 사람들은 체포될 수 있다는 두려움 때문에 경찰관을 의심할 수 있다. 게다가 특히 가난한 자나 소수집단 구성원들은 분명히 범죄에 가담하지 않았는데도 범죄자로 몰리고, 장기간 고문을 당함으로써 몹시 시달려 왔다. 아울러 경찰관에 대한 어떤 반항은, 특히 대도시에 있는 경찰의 부패 사건이 널리 공개되는 점에 기인하기도 한다.

》 법원

법원의 운용

미국의 형사정책은 상대적 체계이다. 즉 검사가 먼저 피고에 대해 증거를 제시하고, 피고는 무죄가 증명될 때까지 죄가 없음을 밝히고, 그러고 나서 변호사의 도움을 받아 검사의 구형을 반박하는 기회를 갖는다.

여론과 반대로 미국에서는 유죄로 확정된 자 중 90% 이상이 법원에서 재판을 받지 않고 검사와 피고 간에 유죄 답변 합의를 통해 결정되며, 종종 유죄 답변 합의 과정에 변호사가 이들 유죄 확정자를 대신한다.[81)] 유죄 소송에서 피의자는 좀 더 관대한 형을 받을 수 있고, 사전에 결정된 특정 처벌을 받기도 하고, 덜 엄한 범죄로 감해지기도 한다. 유죄 답변 합의는 법원에서 합법적으로 구속력이 있는 것이 아니지만 판사는 대체로 이런 절차에 따라 진행한다. 유죄 답변 합의는 상당한 수준의 논쟁을 일으킬 만한 것이다. 법원의 재판이 많은 비용을 초래하기 때문에 이런 절차는 비용 부담을 크게 줄이고 있다. 그러나 경우에 따라 이런 절차는 무죄인 사람이 중형의 범죄로 몰려 형을 적게 받으려면 유죄를 인정하라는 압력을 받을 수 있기 때문에 정당한 법 절차로부터의 보호에서 제외될 수 있다.

법원에는 검사, 변호사, 판사, 배심원과 같은 네 가지 주요 구성원들이 있다.

검사는 체포된 자가 유죄인지 아닌지를 밝히기 위해, 피고를 어느 정도 수준으로 기소를 할 것인지를 선택하는 막강한 재량권을 가지고 있다. 검사는 선출하거나 지명하며, 그래서 이들은 주기적으로 재선출이나 재지명을 받으려고 하기 때문에 정치적 인물이 될 수 있다. 따라서 검사는 지역사회가 가장 관심을 가지고 있는 사건에 대해서는 가장 엄하게 기소하려고 한다. 대체로 이들은 위반 건이 형사정책 제도에 의해 더 진행될 수도 있어 경찰국의 태도를 주시한다.

변호사는 형사정책 제도에서 의뢰인의 유익을 대변하도록 되어 있다. 경제적으로 형편이 어려운 개인에게는 국가가 비용을 들여 법원이 지명하는 변호사가 제공된다. 변호사의 기술과 능력은 피고가 유죄냐 무죄냐를 결정하는 데 매우 중요한 요소이다. 부자는 최고의 변호사를 구할 수 있을 뿐만 아니라 좋은 방어를 준비하는 데 도움이 되도록 사설 수사관과 같은 부가 자원을 부담할 수도 있다.

때때로 가난한 사람들은 법원이 지명한 변호사에게 무시당하고 충분한 도움을 받지 못하기도 한다. 이들 변호사는 젊고, 실제 상황 경험이 적으며, 전문적으로 살아남기 위해 최선을 다하는 경륜이 있는 법조인에 비해 경쟁력이 떨어진다. 이러한 변호사들은 판사와 검사를 포함한 법조 동료들의 좋은 의견에 의존하기 때문에 의뢰인의 최고 이익이 가끔 차선으로 밀린다.[82)]

피고가 가벼운 범죄로 기소되면 대체로 배심원이 없는 하급 법원 판사에게 회부된다. 심한 범죄를 행한 피고는 먼저 예심을 받는데, 이는 전적으로 피고의 이익을 위해 진행된다. 예심에서 검사는 피의자에 대한 증거를 제출하고, 판사는 그 증거가 더 이상의 절차를 진행시키기에 충분한가를 결정한다. 증거가 불충분하면 피의자는 석방되고, 증거가 충분하면 피의자는 재판을 위해 구속된다. (대체로 구속 사건은 재판에 회부되기 전에 유죄 답변 합의에 의해 결정된다.)

배심원은 지역사회를 대표하는 것으로 되어 있지만 업무에 지장이 없는 은퇴자, 성인 자녀를 둔 주부, 미취업자들로 구성되는 경향이 있다. 배심원은 기소가 유죄에 대한 충분한 증거를 바탕으로 되었는지를 결정하는 데 합당한 질문의 기준을 적용한다. 피고가 범죄에 가담했음을 확정하기 위해서는 전체 12명 배심원이 '유죄'라고 결정해야만 한다. 의사표시를 못하고 미루는 배심원이 있으면 어떤 결정을 내리지 못하는 상황이 벌어지나, 집단의 압력이 있기 때문에 이런 상황은 극히 드물다.

보석 제도에서는 피고인이 구치소에서 재판을 기다리는 동안 법원에 예치금을 내고 풀려날 수 있다. 보석은 피고인이 도주하지 않고 법정에 나타날 것을 확신했을 때 가능하다. 보석금은 법원이 정하고, 범죄 정도와 피고인에 대한 판사의 태도에 따라 다르다. 돈이 없는 피고인은 수개월 동안 구치소에 있어야 하기 때문에 보석 제도는 가난한 자들을 심히 차별하는 것이다. 게다가 보석금을 낼 수 없는 피고인은 갇혀있기 때문에 더 좋은 변호를 위해 준비할 수 있는 기회가 없다. 아울러 이들은 수갑을 차고 차림새도 별로 좋지 않게 하고 법정에 나타남으로써 재판에서 편견이 작용할 수 있음을 각오해야 한다. 수갑을 찬 채로 법정에 나서는 것은 곧 형벌을 받고 있는 것으로 피고인이 무죄를 받기 전까지는 마치 유죄임을 보여주는 것이기도 하다. 어떤 사례에서는 피고인이 재판을 받는 기간이 유죄를 받아 교도소에 수감되어야 할 기간보다 더 길기도 한다.

유죄가 확정된 피고는 형을 선고받기 위해 법원으로 회부된다. 대체로 판사는 형을 결정하는 데 광범위한 재량권을 갖는다. 예컨대, 판사는 살인자에게 보호관찰, 교도소 수감, 그리고 사형제도가 있는 주에서는 사형을 내릴 수 있다. 판사는 범죄의 심각성, 동기, 범죄자의 배경, 범죄자에 대한 자신의 태도와 같은 요소를 참작하여 형을 내린다.

Coleman과 Cressey는 다음과 같이 강조한다.

> 판사와 다른 양형 기관은 즉각적이다. 이들은 피고인이 어떤 사회적 처지에 있든지 동등한 처벌을 받는다. 그럼에도 범죄의 상황이나 범죄 동기는 항상 다르기 때문에 개인적인 사정에 따라 다른 처벌이 내려지고, 그래서 빈집털이나 자동차 절도범에게 주어지는 형이 다를 수밖에 없다… 판사가 이와 같은 갈등 상황을 만족스럽게 하기 위해서는 불공평하다는 비난을 감수해야 한다. 판사의 임무는 경찰의 임무처럼 범죄를 줄이려는 요구와 인권과 자유의 요구를 균형 잡으며 범죄 통제와 정당한 절차 사이의 좁은 길을 걸어가는 것이다.[83)]

소년법원

소년법원의 철학은 아동에게 부모가 대하는 것처럼 최대로 유익하게 처분하는 것이다. 요컨대, 소년법원은 치료적 성격이 강하다. 성인 범죄의 절차는 특별한 범죄를 저지른 피고를 처벌하고, 유죄의 피고를 재판하며, 유죄 피고에게 형을 내리는 데 중점을 둔다. 이와는 달리 소년법원은 잘못한 점을 처벌하는 것에 반하여 최근 아동의 심리적·신체적·정서적·교육적 욕구에 중점을 둔다. 법원이 아동을 위해 결정한 사항을 아동 본인이나 가족이 동의하지 않더라도 아동을 위한 개선이나 치료가 목적이다.

물론 모든 소년법원의 판사가 이런 원칙을 따르는 것은 아니다. 실제로 소년판사 중에는 청소년 범죄자들에 대해 치료보다 처벌에 중점을 두는 판사도 있다. 이는 또한 아동을 법원에 출두하게 함으로써 좋지 않은 낙인 효과를 불러일으키는 위험이 있다. 1967년 5월 15일에 있었던 유명한 골트(Gault) 사건에서 대법원의 결정은 처분의 공개, 스스로 죄를 인정하는 것, 대결, 반대 심문과 같이 무시되어 왔던 청소년의 절차상 안전을 인정하였다.[84)] 최근에는 가벼운 범죄를 저지른 청소년들은 청소년 담당 보호관찰관이 비공식적으로 지도·감독하도록 적극적으로 노력하고 있다. 비공식 지도·감독과 함께 청소년 범죄자들은 상담과 안내를 받으며, 법원에 출두하지 않는다.

》 교정 제도

미국과 세계의 최근 교정 제도는 상충되는 목표를 가지고 있다. 이러한 갈등 요소로 처벌 위주와 치료 위주의 처우를 들 수 있다. 이런 혼돈 상황은 격리 및 보복 중심 프로그램과 범죄자의 개선 중심 프로그램이 양존하기 때문에 일어나고 있다. 응보적 요소와 치료적 요소가 서로 보완하여 존재하는 것은 극히 드물다. 일반적으로 이 두 요소를 통합한 체계는 범죄 행위를 줄이는 데 비효과적이고 비효율적이다. 지난 20년 동안 교정 체계는 한층 응보적 접근을 취해 왔다.

응보적 접근

역사적으로 범죄자를 처벌하기 위한 다양한 접근들이 적용되어 왔다. 이들 방법으로는 신체 고문, 사회적 굴욕, 재정적 처벌, 추방, 사형, 구금이 있다.

신체 고문 신체 고문은 모든 사회가 한 번쯤은 적용한 방법이다. 태형의 특별한 예로 곤장, 채찍질, 불로 지짐, 중노동, 철창에 가둠, 비틀기, 신체 절단을 들 수 있다. 특히 태형은 중세에 유행하였다. 사실상 유럽이나 미국의 법원에서는 모든 유형의 태형을 금하고 있다.

사회적 굴욕 사회적 굴욕은 범죄자의 사회적 지위를 깎아내림으로써 처벌의 한 방법이 되고 있다. 이 방법은 16~17세기에 유행했으며, 아직도 남아 있다. 태형의 측면을 부가한 특별한 기술로 차꼬, 목칼, 물먹이 기구, 인두, 재갈이 있다. 이들 중 일시적인 처벌도 있지만 범죄자에게 불지짐과 같이 영구적으로 영향을 주는 것도 있다. 영구적으로 영향을 주는 방법의 한 가지 목적은 공개적으로 범죄자에게 사회적 굴욕감을 줘 새로운 범죄를 막기 위한 것이다. 그렇지만 때때로 범죄자를 과잉 낙인하여 이들 범죄자가 취업하고, 준법 매너를 지키는 것을 어렵게 할 수 있어 그와 같은 기술은 역효과를 내기도 한다.

시민권의 박탈은 지난 수 세기 동안 범죄자를 사회적으로 굴욕스럽게 하는 또 다른 방법으로 사용되었다. 미국의 대부분 주에서 범죄자들은, (a) 구금 중에나 보호관찰 기간에의 투표권, (b) 관공서에 관여할 권리, (c) 특정 전문직에서 활동할 수 있는 권리, (d) 무기를 소지할 수 있는 권리들을 빼앗겼다.[85)]

재정적 처벌 재정적 처벌은 형법에서 벌금으로 약 100년 전에 널리 적용되었고, 최근에도 범죄자들에게 법원이 가장 빈번하게 내리는 처벌이다. 현재 미국 내에서 전체 처벌받은 범죄자 중 75% 이상이 벌금형을 받았다.[86)] 벌금형의 이점으로 국가 재정에의 도움, 구금에 비해 국가 비용 부담이 거의 없음, 범죄 정도에 따른 벌금 수준을 맞출 수 있는 용이함, 물질적 고통의 부과, 무죄로 판명되었을 때 쉽게 환원할 수 있는 점을 들 수 있다. 심각한 불이익은 재정을 지불하기 힘든 가난한 사람들에게 차별적이라는 것이다. 스웨덴은 이와 같은 차별을 줄이기 위해 일일 벌금을 제정하였다. 즉 범죄자가 벌금 전체를 내지 않고 특정 날수에 상응하는 벌금을 형편에 따라 내도록 한 것이다.

법원은 범죄인이 피해자에게 피해에 합당한 보상을 하도록 하여 이를 범죄인의 형량에 반영하는 것을 점차 확대하고 있다. 범죄에 대한 이와 같은 대응은 범죄인에게 '이행'의 기회를 제공하는 시도로써 한층 치료적 접근이라고 할 수 있다. 물론 피해보상은 피해자에게도 유익해야 한다. 손해보상과 배상은 대부분 가벼운 범죄에 적용되고, 범죄인은 보호관찰을 조건으로 손해보상을 이행해야 한다. 그래서 어떤 보호관찰기관은 보호관찰 대상자들로부터 손해보상에 따른 수금을 대행하는 업무를 수행하기도 한다.

추방 추방은 거의 모든 사회에서 특별히 정치범을 비롯하여 특정 범죄자에게 적용되어 오고 있지만 대규모 추방은 대략 16세기 이후에 집행되었다. 미국은 수십 년간 외국 범죄자를 추방해왔다. 아울러 미국 내 많은 지역에서 범죄자나 피고인들에게 사법권으로부터 상당 시간을 추방시키고 있다.

사형 사형의 적용과 범죄자의 목숨을 제거하는 방법은 사회마다 매우 달리 적용하고 있다. 범죄자는 교수형이나 전기 쇼크, 화형, 가스, 수장, 단두대, 독약 따위로 처형되어 왔다. 사실 대부분의 치명적인 방법은 몇몇 사회에서 한두 번 사용된다.

사형은 미국의 역사 전반에 걸쳐 적용되어 왔다. 식민지 시기의 어떤 사회에서는 '마녀'라고 하여 화형에 처하기도 했다. 서부가 개발되면서 말을 훔치거나 특정 범죄를 저지른 개인들은 때로는 폭도나 엉터리 법정에 의해 총살되거나 교수형에 처해졌다. 남북전쟁에서부터 최근까지 남부에 살면서 백인을 상대로 강간과 같은 심한 범죄를 저지른 아프리카계 미국인은 린치를 당하기도 했다. 가스실, 총살집행대, 치사주사, 교수대, 전기의자가 아직도 미국에서 사형집행에 사용되고 있다.

1967년부터 1977년까지 미국에서는 대법원이 사형을 위헌으로 판정함에 따라 사형집행이 이루어지지 않았다. 1976년 10월에 대법원은 주에 따라서는 특정 규정에 의해 사형을 집행할 수 있도록 하였다. 1977년 1월 17일에 여러 명을 비참하게 살해한 Gary Gilmore는 10년 만에 처음으로 사형을 당했고, 이 충격적인 사례는 전 국민으로부터 주목을 받았다. 사형은 국가적 논의거리로 남아 있다.

특정 범죄에 사형을 적용하는 것에 관한 기본적인 논의는 범죄의 억제효과라는 가정이다. 이 가정은 통계적으로 사형을 적용한 나라에서 심각한 범죄의 비율을 낮추지 못해 의문을 일으키고 있다.[87] 아울러 사형을 중지했을 때 심각한 범죄가 증가할 것이라는 점도 분명한 증거를 대지 못하고 있다.[88] 사형을 강조하는 것으로, (a) 야만적인 살인과 같은 범죄는 가증스러워 이들 범죄자는 극형에 처해야 한다는 주장, (b) 어려운 범죄자를 종신으로 구금하는 것보다 사형에 처하는 것이 비용을 절감시킨다는 주장이 있다. (사실 사형에 앞서 행하는 소송에 드는 비용이 많아 사형집행이 종신으로 구금하는 것보다 더 비용이 든다.)

비판적 사고를 위한 질문

당신은 사형제를 찬성하는가, 반대하는가? 그 이유는 무엇인가?

사형 집행에 대한 논쟁으로, 잔인한 처벌, 최후의 처벌, 사형이 집행된 후 무죄가 판명되었을 때 환원할 수 없는 처벌, 문명화하고 인간적인 사고에서 합당하지 않은 보복적 처벌, 기본권인 살 권리를 침해한 처벌, 아프리카계 미국인과 라틴계가 백인에 비해 사형을 더 많이 받는 것처럼 차별하여 내려진 처벌이라는 점을 들 수 있다.

구금 구금은 매년 수천 명에게 적용되고 있다. 재범률이 50%를 넘어서면서, 새로운 범죄를 줄이는 데 교도소가 효과적인가 하는 의문을 갖게 하고 있다.[89] 1970년 이후 발생한 대규모 교도소 폭동들은 일반인들의 관심을 불러일으키고 있다.

20세기 이전 교도소 내의 여건은 비참했다. 때때로 청소년들이 중범죄자들과 함께 수감되고, 여성 범죄자를 남성 범죄자와 구별하여 따로 수용하지도 않았다. 오직 구금하는 것으로 만족했고, 강도 높은 노동을 시켰다. 1700년부터 1850년까지 교도소 내에서의 음주, 성적 문란, 도박, 교도관의 개인적인 음란 따위를 비판하는 교도소 개혁 관련 연구가 있었다. 일부 교도소는 수용자를 독방에 수개월간 가두기도 하고, 체형을 가하기도 했다.

1800년 이후부터 교도소를 특수화하였다. 아울러 구치소를 단기 수형자나 재판을 대기하고 있는 미결수를 수용하는 데 사용하고 있다. 이뿐만 아니라 청소년, 여성, 정신적으로 문제가 있는 범죄자를 분리하여 수용할 수 있는 시설을 설립·운영하고 있다. 교도소 역시 다양한 안전도에 따라 중구금, 중간 구금, 경구금 시설로 분류하고 있다. 수용자 개인의 욕구에 따라 알코올과 약물남용 관련 프로그램, 의료와 치과 프로그램, 여가 프로그램과 같은 특별 프로그램을 개발하여 시행하고 있다.

교도소는 여전히 불쾌하고 때때로 육체적으로 위험한 곳이다. 최근에는 교도소 안에서의 성폭력으로 에이즈 감염의 위험이 도사리고 있다. 그러나 지난 100년 동안 이와 같은 교도소의 공포는 줄어들고 있다. 재활 프로그램과 함께 수용자의 시민권 보장, 장기간 독방 수용 금지, 훈련방법의 개선, 수용자의 외부와의 연락 증진, 도서관 설치, 단조로운 수용생활의 최소화, 식사와 환기와 시설의 청결 따위로 큰 변화를 가져왔다. 삭발, 체인을 채우는 것, 줄무늬 옷, 쇠공이와 쇠줄 사용 따위는 수용자들에게 굴욕감을 주는 것이었다. 아울러 채찍과 같은 체형은 더 이상 공식적으로 사용할 수 없게 되었다. 많은 수용자들에게 남아있는 가장 심했던 처벌은 이들 동료로부터 피해자가 되어야 하는 끊임없는 공포였다.

1975년 이래로 법원으로부터 교도소에의 구금형을 받은 사람이 증가하였다.[90] 이 증가의 일부는 약물 관련 사범들이 급증한 것이었다. 또 다른 요인은 범죄자의 구금을 강조하는 보수주의 성향이 강해졌기 때문이었다. 이 결과 대부분 교도소가 초과수용에 처하게 되었다. 이 초과수용의 한 가지 대안으로 경미한 범죄자들에게 전자감식 장치를 착용한 가택연금이 주어졌다.

미국 최초로 범죄 청소년을 특별히 수감하는 시설이 1825년 뉴욕 시에 지어졌다. 지금은 주와 지방에 청소년을 위한 훈련학교가 300개 이상이나 운영되고 있다. 청소년의 교육과 교화를 위해서는 교도소가 아닌 훈련학교여야 한다는 점이 강조되고 있다. 그렇지만 얼마 전까지만 해도 기능이나 훈련 방법 및 일상 면에서 교도소가 최선인 것처럼 알려져 왔다. 오늘날까지도 일부에서는 교도소를 고집하기도 한다. 청소년 시설의 가장 중요한 변화로는 가정생활 분위기를 내는 단독주택식 건축을 들 수 있다. 이와 같은 시설은 1858년 매사추세츠 주와 오하이오 주에 처음으로 지어졌다.

구금의 목적 교정에서의 응보주의와 치료주의 입장 간 갈등은 형사정책상 뚜렷하게 드러나고 있다. 불과 몇 세기 전만 해도 구금의 목적은 범죄자를 엄격히 처벌하는 것이었다. 1900년부터 1970년 사이에 처벌에서 벗어나 치료에 중점을 두는 것이 강화되었다. 이와 같은 전환에는 몇 가지 이유가 있다. 실제로 모든 수용자는 사회로 돌아가야 하는 상황에서 응보주의는 교화를 위해 어떤 서비스를 제공하려고 하지 않는다. 사람을 인위적인 공간에 가두고, 재활 프로그램을 제공하지 않고, 시민으로서 충분히 준비되지 않은 상태에서 사회로 돌아간다. 게다가 받아들일 수 없는 50%의 재범률과 한 사람을 교도소에 수감하는 데 드는 연간 비용이 35,000달러를 넘어가는 점이 치료에 중점을 두어야 하는 정당성을 강화하였다.[91]

그러나 지난 20년간 형사정책의 입장은 교도소를 더욱 응보주의로 끌고 나아가자는 쪽으로 기울어졌다. 치료주의로부터 벗어나는 전환의 요인으로는 지역사회보호에의 관심 증가, 범죄피해자의 영향, 범죄에 따른 범죄자의 책임 강화를 들 수 있다.

구금의 특별한 목적은, (a) 재범하지 않도록 범죄자를 교화하는 것, (b) 사회를 범죄로부터 보호하기 위해 일정 기간 범죄를 하지 못하게 격리하는 것, (c) 범죄 피해에 대하여 응보하는 것, (d) 모든 사람들에게 경고함으로써 범죄를 두려워하게 하는 것이다. 이들 목적이 지니는 주요 문제점은 요인들 간에 서로 대립한다는 점이다. 형벌에 따른 고통과 극복은 응보와 두려움을 결합케 하는 데 목적을 두고 있는데, 대부분 응보주의는 교화 차원에서 역효과를 내고 있다.

아울러 구금은 위험한 부분도 있다. 범죄자를 혼거시켜 구금함으로써 서로 범죄 기술을 익힐 수 있다. 게다가 구금은 범죄자에게 '범법자'라는 낙인을 찍는다. 낙인이론에 의하면 범죄자가 범법자로서 사회의 위험인물로 찍히면 이후에도 이를 받아들여 그대로 행동한다는 것이다.[92] 즉 한 번 범법자로 인식되면 출소해서 그 역할을 하려고 한다는 것이다.

더불어 Sutherland와 Cressey는 "사회가 범죄자를 증오하면 범죄자가 사회를 증오하는 결과를 가져온다."고 했다.[93] 범죄자의 위험성과 관련하여 이들을 격리하거나 교도소나 출소해서나 서로 떨어져 있게 하면 이들을 더욱 범죄 활동에 빠지게 한다.

또한 장기구금의 위험은 '시설화'이다. 특히 외부 사회와 잘 적응하지 못하는 일부 수용자는 사회보다는 교도소에서 종신으로 사는 것을 선호할 수 있다. 몇 년 수형생활을 하다보면 기본적인 것을 해결해주는 교도소 생활이 교도소에 들어온 이후 달라진 사회에 나가 적응해야 하는 것보다 더 편하게 느낄 수 있다. 게다가 이들 장기수형자는 교도소 안에서 서로 존중하는 사람들끼리 모임을 만들어 생활하기도 한다. 이들이 사회에 나가 실업과 같은 어려움에 처하게 되면 교도소를 그리워하기도 한다.

치료적 접근

실제로 교정 제도에는 수백 가지의 치료 프로그램을 운용하고 있다. 이들 프로그램을 이해하는 과정에서 응보적 접근이 치료 프로그램의 효과성과 효율성을 떨어뜨리고 있음을 상기해야 한다.

19세기 이후부터 범죄자를 위한 개별 처우가 대중화되었고, 이는 범죄자를 한 가지 처벌로 일관하는 고전학파에 대한 대응으로 발전하였다. 치료 프로그램은 수없이 많으나 여기에서는 상담, 교육, 직업훈련, 노동, 포상(good time), 가석방, 보호관찰을 소개하도록 하겠다.

상담 상담은 개별상담과 집단상담 모두 교도소와 보호관찰관에 의해 적용된다. 상담의 목적은 범죄자가 자신의 특별한 문제를 확인하게 하고, 그래서 그 문제를 해결하는 방안을 모색하게 하는 데 있다. 수용자의 욕구는 의료, 심리 및 재정 따위는 확대 및 다양해질 수 있다. 즉 약물남용 행태, 가족과 동료 관계, 주거, 교육, 직업훈련, 취업 따위로 다양하다. 아울러 범죄자의 태도, 동기, 동료 관계, 범죄성의 합리화 따위에도 주목해야 한다.

사회복지사, 보호관찰관, 심리사, 직업재활상담사와 같은 상담가들의 효과성은 범죄자들이 갖는 이중 역할 개념에 의해 다소 떨어지기도 한다. 어떤 수용자는 상담가를 진정한 원조자로 생각하는가 하면, 다른 수용자는 그들을 응보와 처벌로써 통제하는 권위자로 보기도 한다. 후자의 성향이 있는 범죄자들은 사회적으로 받아들일 수 없는 욕구와 동기를 거부하거나, 자신에 관한 정보가 누설된다는 두려움 때문에 친밀한 관계를 형성하려고 하지 않는다.

교육 교도소에서의 교육은 수용자에게 학교에 버금가는 정식 교육 기회를 제공하고, 수용자의 태도와 행동을 재사회화시키는 두 가지 목적이 있다. 이들 목적을 달성하기 위해 교도소에서는 텔레비전 프로그램, 도서관, 강좌, 각급 학교별 교과목, 종교 프로그램, 집단 토의, 여가 프로그램을 운용하고 있다. 그러나 교도소와 교도소 행정에 부정적 태도를 갖는 대부분의 수용자는 교육 목표를 달성하는 데 방해가 되고 있다.

직업훈련 직업훈련의 목표는 수용자들이 출소 후에 취업할 수 있도록 합당한 직업 기술을 익히게 하는 데 있다. 전국에 있는 교정시설의 이와 같은 프로그램의 질은 매우 다양하다. 여러 교도소에서의 직업훈련은 세탁, 취사, 보호·관리 업무, 간단한 수리, 설거지와 같이 시설을 유지하기 위한 작업으로 규정하고 있다. 한때 직업훈련은 재활의 주요 구성요소로 간주되었으나, 지금은 다른 많은 영역에 의해 재활이 이루어지고 있다.

노동 노동은 수용자가 일을 해야만 한다는 사고에 중점을 두고 있다. 원래 교도소에서의 노동은 처벌의 한 방법으로 간주되어 왔다. 예컨대, 영국에서는 오랫동안 수용자가 생산품 수를 세는 측정기가 붙어 있는, 발로 밟아 돌리는 바퀴를 사용하여 포탄을 운반하게 하였다. 매끼 식사를 위해 수용자는 일정 양을 생산해야 했고, 불량품이 나온 만큼 추가로 생산해야 했다.

최근에는 노동과 관련하여 두 가지 갈등이 있다. 하나는 노동이 생산적이어야 하고, 수용자가 출소하여 취업할 수 있도록 훈련에 중점을 두어야 한다는 점이고, 다른 하나는 노동이 응보적 목적을 위해 힘들고, 괴롭고, 지루해야만 한다는 점이다.

노역은 도로건설, 농장운영, 소방, 방역, 고무농장, 세탁, 자동차번호판 제작, 기타 다양한 일에 투입된다. 작업과 교육을 위한 일시석방이 일부 구치소나 교도소에서 이루어지고 있는데, 수용자는 낮에 직장이나 학교에 갈 수 있고, 저녁에는 구금된다.

포상 포상은 포상법에 의해 교도소 재심사위원회가 선행을 한 수용자를 조기에 출소시키도록 허락하는 것이다. 대부분의 포상법은 매달 수용자의 모범 행동에 따라 형기에서 며칠을 감할 수 있도록 규정하고 있다. 포상법은 수용자가 자신의 행동을 책임지고, 선행과 재활 노력에 따라 보상하며, 교도소 내 규율 문제를 줄이기 위해 만들어진 것이다.

1800년대에 처음으로 입안된 부정기형이 포상과 같은 제도를 운영할 수 있는 토대가 되고, 이 제도의 목적을 내포하고 있다. 부정기형은 수용자가 수감되어 있어야 하는 하한선과 상한선만 규정하는 것이다. 그러나 최근에는 정기형으로 돌아가야 한다는 주장이 더욱 지지를 받고 있다.

가석방과 보호관찰 가석방은 수용자가 형기의 만기 전에 출소하는 것으로 가석방위원회에 의해 결정된다. 가석방으로 교도소에서 나온 자는 갇혀 사는 것처럼 모범을 보여야 하고, 일체의 범죄를 저질러서는 안 된다. 가석방 제도는 엄하게 통제함과 동시에 상담과 지원 서비스를 제공함으로써 범죄자에 대한 처벌과 치료를 동시에 하도록 만들어진 것이다.

보호관찰은 법원이 결정하고, 범죄자에게 형의 선고를 유예하고, 보호관찰관의 지도·감독을 받으며 선행을 보이는 동안 자유를 허락한다. 보호관찰 대상자는 치료적 서비스를 받는 것으로 간주되나, 보호관찰 기간 중 규정을 위반하면 교도소에 수감되기 때문에 처벌의 위협도 있다. 보호관찰은 가석방과 같이 교정과 응보 요소를 모두 가지고 있다.

보호관찰관은 경찰과 재활 두 가지 역할에 따라 책임을 진다. 보호관찰관의 경찰 역할은 보호관찰 대상자가 위반을 하는가를 감시함으로써 이루어진다. 보호관찰관은 보호관찰 대상자가 위반을 했을 경우 보호관찰을 취소하고 교도소로 다시 보낼 수 있는 권한을 가지고 있다. 많은 보호관찰 대상자들이 형사정책을 신뢰하지 않기 때문에 보호관찰관을 포함하여 형사정책에 관여하는 사람들과 어울리는 것을 꺼린다.

보호관찰관의 경찰 역할은 재활 역할과 충돌한다. 재활의 효과를 극대화하기 위해서는 내담자가 상담가를 신뢰해야 하고, 평소 받아들일 수 없는 태도가 상담가에게는 자유롭게 받아들여져야 하고, 상담가와 밀접한 관계를 형성해야 한다. 보호관찰 대상자는 자신을 감시하는 보호관찰관의 경찰 역할을 보면 상담을 위한 관례를 형성하려고 하지 않을 것이다.

5. 범죄 및 비행 억제 방안

사회는 수 세기 동안 범죄를 줄이기 위해 여러 방법을 동원하여 노력해 오고 있으나 범죄율은 오르내리고 있다. 1970년대에 Nixon 전 대통령이 범죄와의 전쟁을 선언하였고, 연방 정부가 그 이후 범죄를 줄이기 위해 막대한 예산을 투입하였다. 그러나 여전히 범죄율은 오르내리면서 요동치고 있다. 범죄를 예방하는 방법과 범죄자를 재활시키는 방법을 충분히 알지 못하기 때문에 범죄를 줄이는 방안은 분명하지 않다. 따라서 여기에서는 상황을 개선시킬 수 있도록 발전해 온 주요 방법으로써 처벌의 약화나 강화, 교정 제도 개혁, 범죄 예방을 중심으로 소개하도록 하겠다.

》 처벌의 약화나 강화

범죄와 관련된 다양한 형의 적합성에 대한 의견들이 대립하고 있다. 다양한 형의 효과성을 높이기 위한 제안으로는 체포와 재판과 처벌의 기간을 줄이는 것, 중형 부여, 상습 범죄자에 대한 영구 구금, 화이트컬러 범죄자에 대한 처벌 강화, 피해가 없는 범죄에 대한 완화, 총기 소지에 대한 엄한 통제를 포함하고 있다.

신속한 절차와 확실한 처벌

대체로 체포에서 최종 처벌 간 지연이 증가함으로써 벌의 가치가 줄어들고 있다. 범죄자 중 일부만이 체포되고, 체포된 자 중 일부만이 유죄 판정을 받는다. 특히 화이트컬러 범죄와 조직범죄를 포함하여 모든 범죄가 지나친 비용을 지불하고 있다. 형사 법원은 절차를 으레 몇 달씩, 심지어는 수년씩 지체한다. 이렇게 질질 끄는 동안 범죄자는 자신의 범죄에 대해 국민의 분노가 가라앉아 무죄나 처벌이 감해질 것을 바라면서 교묘한 조처를 취한다. 체포와 재판과 형 집행이 신속히 처리될수록 법을 위반한 자들은 법을 더욱 존중하고 범죄를 줄일 수 있다. 이에 대한 반대 의견은 이렇게 공정한 절차를 위해 충분한 시간을 가짐으로써 죄가 없는 여러 사람을 체포·처벌·구속하지 않을 수 있다는 것이다.

중형 부여

이 방안 역시 처벌이 범죄를 억제하는 효과가 있다는 가정에 근거하고, 장기의 교도소 구금형과 사형의 강화를 주장한다. 그 이유는 범죄자를 구금함으로써 더 이상의 시민의 피해를 막을 수 있으므로 장기형을 내려야 범죄가 줄어든다고 보기 때문이다.

이 방안의 반대 측은 장기형이 범죄율을 낮추기보다 오히려 높일 수 있다고 주장한다. 왜냐하면 교도소에 수감된 사람은 모두 사회로 돌아오기 마련인데 장기간 수용생활에서 이들의 고통은 커지고, 법과 형사 제도를 존중하는 마음은 떨어지며, 다른 중범죄자들로부터 새로운 범죄를 배우게 되기 때문이다. 또한 이들을 교도소에 수용하는 1년간의 비용이 대학에 보내는 비용보다 높다는 점을 들어 구금은 사회 비용이 높다고 비판한다.

상습 범죄자에 대한 사회 분리 처우

방화, 강간, 강도, 살인과 같은 범죄는 상습적으로 일어나는 마약 거래와 같은 범죄와 같이 사회의 특별한 관심을 불러일으키고 있다. 어떤 관계자들에 의하면 이들 범죄를 행하는 상습 범죄자들은 위험하므로 사회를 보호하는 것이 우선될 수밖에 없다고 한다. 이뿐만 아니라 이들은 교정을 위한 과거의 노력이 효과를 내지 못했기 때문에 앞으로의 노력도 별 유익이 없을 것이라고 강조하고 있다. 실제로 법원도 상습 중범죄자들에게 장기형을 내리는 방향으로 나가고 있다.

이 제안의 문제점으로 중범죄가 종종 청소년들에 의해 일어난다는 사실을 들 수 있다. 앞에서 살펴본 것처럼 소년법원은 아동을 위한 방안을 취하고 있다. 소년법원의 초점은 범죄의 성격이 아니고 치료나 재활에 있다. 상당수의 주가 살인과 여타 중범죄를 범한 청소년들을 성인과 같이 취급하고 있다. 성인법원에서는 범죄를 저지른 청소년에게 성인 범죄자와 동일한 형을 부여하고 있다.

심각한 범죄를 반복하는 상습범죄자는 장기간 구금되어야 한다고 주장하는 것은 재활의 실패를 인정하는 것이다. 이와는 달리 잠재적 피해자들도 권리를 가지며, 이들의 권리가 상습범죄자의 권리에 우선한다고 주장하기도 한다.

화이트컬러 범죄에 대한 처벌 강화

대부분의 화이트컬러 범죄는 여전히 경찰, 법원, 교정 제도에서 간과되거나 대충 넘어가고 있다. (아울러 조직범죄가 화이트컬러 범죄화되는 경향이 강해지고 있다.)

이들 범죄에 대해 체포와 기소와 형을 강화함으로써 모든 시민들이 법을 더욱 존중하고 범죄를 줄일 수 있다고 본다. 그러나 이를 위해서는 화이트컬러 세력이 경찰과 법원을 종용하여 화이트컬러 범죄를 엄하게 처벌하도록 요구해야 한다. 실제로 이런 권력구조는 우리 사회에서 권력이 없는 범죄자들에게 기소하는 데 더욱 관심을 갖게 하고 있다.

일정한 형 적용

앞에서 언급한 바처럼 같은 범죄에 대해 매우 다양한 형이 내려지고 있다. 정의가 모든 사람에게 평등한 것이라고 할 때 범죄자의 경제적 지위와 인종 그리고 성별이 형을 부여하는 데 영향을 미쳐서는 안 된다. 같은 살인범에게 사형을 내리기도 하고 보호관찰을 부여하기도 하는 것은 법과 형사정책 제도를 불신하게 만드는 것이다. 이와 같은 형의 불균형을 줄이는 한 가지 방안은 항소나 상고를 할 수 없게 되어 있는 중형에 대해 항소나 상고를 할 수 있게 하는 것이다. 또 다른 방안은 판사가 같은 유형의 범죄에 내릴 수 있는 형량의 폭을 좁혀 일정한 판결이 되도록 법을 제정하는 것이다.

최근 양형이 더욱 정형화하는 쪽으로 움직이는 것은 평등한 처우의 필요성을 야기하는 반면, 양형제도의 보증마크라고 할 수 있는 개별화된 양형의 기회를 위축시키고 있다. 아울러 의무적으로 최소 형량을 규정하는 것을 포함한 양형의 정형화 강화는 교도소 수감 기간을 장기화 하고, 나아가 교도소의 과밀수용을 불러일으키고 있다.

공공질서 범죄에 대한 완화

금주법은 공공질서를 위해 알코올을 금지함으로써 문제를 불러일으킨 고전 사례이다. 금주법은 범죄를 불러일으키거나 술을 마시도록 하였다. 경찰은 이 법을 집행하는 데 실질적인 자원과 시간을 투입했으나, 되레 주류의 밀조와 밀매를 부추기고 조직범죄의 증가를 가져왔다.

오늘날에도 도박, 마리화나 사용, 간통, 성매매와 같은 공공질서 범죄가 남아 있다. 이런 행위를 범죄로 간주하지 않으면 돈과 시간과 같은 막대한 자원을 더욱 심한 범죄에 대응하는 데 사용할 수 있다. 특정 범죄를 죄로 취급하지 않으려는 움직임이 일고 있다. 예컨대, 네바다 주는 몇 개 지역에 성매매를 허락하고 있다. 지난 20년 동안 경찰국은 마리화나 사용자를 완화하여 체포했고, 몇몇 주에서는 아예 범죄로 취급하지 않고 있다. 도박법도 완화하는 쪽으로 개정되고 있으며, 복권, 카지노, 경마와 같은 도박 행위를 합법화한 주도 있다.

총기 소지에 대한 엄한 통제

미국에서는 매년 16,000건 이상의 살인과 400,000건 이상의 강도가 발생하고 있다. 이 중 상당 건의 살인과 강도에 권총이 사용된다.[94] 권총으로 사망하는 미국인의 수는 지난 100년 동안 미국에 의한 전쟁에서 사망한 수보다 많다.[95] 총기 소지 비율이 높은 주에서 살인, 자살, 가정폭력에서의 사망 비율이 높게 나타나고 있다.[96] 권총 소지를 허가받아 사용하는 것을 제외하면 특별한 이해관계를 갖는 많은 집단들이 권총 매매를 지지하고 있다.

지난 10년간 국회와 연방정부는 총기소유를 엄격히 통

제해왔다. 1993년에 무기 매매상에게 5일 영업정지와 경찰로부터 조사를 받아야 하는 Brady 법이 제정되었다. (Brady 법은 1981년에 Reagan 대통령 암살이 시도되었을 때 심하게 부상을 당한 전 대변인 James Brady를 기리는 뜻에서 붙여진 것이다.) 이 법의 지지자와 반대자들은 이 법이 권총 소유로부터 대다수 범죄자를 막지는 못할 것이라고 뜻을 같이 했다. 1994년에 국회와 Clinton 대통령은 순식간에 많은 사람을 죽일 수 있는 19형 권총 소지를 금지하는 법안을 통과시켰다.

총기 소지에 대해 엄하게 처벌하려는 법을 제정하는 데 반대하는 주요 세력은 전국총기협회를 비롯하여 막강한 힘을 가지고 있는 몇몇 조직의 연합체와 같은 압력 단체들이다. 이들 단체는 스포츠 열성 팬과 무기 제조자들의 기금을 받고 있다.

》 교정 제도 개혁

교정 제도를 개선하기 위한 첫 번째 작업은 응보적 입장과 치료적 입장의 대립을 명쾌하게 정리하는 것이라고 할 수 있다. 일반 대중과 공무원이 구금을 우선하는 목적에 대해 혼란을 일으킨다면 교도소 당국과 수용자 역시 혼란을 피할 수 없고, 범죄자의 재활이 힘들게 될 것이다.

만약 우리 사회가 응보, 격리, 복수가 기본 목적이라고 결정한다면 그러한 처우가 이들 범죄자로 하여금 사회에 더욱 더 적대적으로 대하게 할 것이므로 재범률은 높아질 것이다. 그렇지만 사회유익의 차원에서 형사제도의 첫 번째 목표는 수용자가 출소하여 최소 비용으로 재범을 줄이는 것이어야 한다. 최근 교도소 운영은 비용이 많이 들면서도 재범률을 낮추지 못하고 있다. 성인 흉악 범죄자를 교도소에 수용하는 비용이 성인 보호관찰 대상자를 관리하는 비용보다 몇 배에 이르고 있다.

만약 교정제도에서 재활이 첫 번째 목표가 된다면 여러 변화를 초래할 것이다. 예컨대 범법자에 대한 형벌이 무엇보다도 과거에 행한 행위의 특성에 근거하여 주어질 것이다. 보통 범죄자가 그 이전에 중범죄라는 전과가 있다면 당연히 장기간 구금형을 받을 것이다. 그러나 교화하는 차원의 접근은 무엇보다도 범죄자가 범법을 하려는 성향을 줄일 수 있는 방법을 찾아내는 데 중점을 둔다. 이와 같은 접근은 범죄자가 합법적으로 취할 수 있는 방안을 터득케 한다. 그래서 필요로 하는 서비스가 세부적으로 드러나고, 범죄자는 취업, 교육이나 직업훈련에의 등록, 상담이나 가족치료 받기, 빚 갚기와 같은 일을 자신이 해야 하는 책임을 느끼게 될 것이다. 사회로부터의 격리는 범죄자가 지도에 따르지 않고 실패했거나 사회를 해롭게 한 것이 분명할 때 이루어져야 한다.

이와 같은 접근의 두 가지 사례를 살펴보자.

1. 가출한 17세 여성은 취업이 어렵고 배운 기술도 없어 돈을 벌기 위해 성매매에 뛰어들었다. 발각되었을 때마다 벌금을 부과하는 대신 그녀가 지니는 재정이나 교육 및 합법적인 취업과 같은 욕구를 파악하여 이 욕구를 해결할 수 있도록 서비스를 제공할 수는 없는가?
2. 32세 남성이 4개월간 43개 부유층 가정에서 절도를 하다 잡혔다. 그는 실업 상태이고, 코카인을 구하는 데 돈을 보태기 위해 절도를 했다고 진술했다. 이 남성을 즉각 교도소에 보내는 대신 사법당국은 직업훈련이나 취업 및 약물치료와 같은 그의 욕구를 확인하여 합당한 서비스를 제공할 수 있다. 재활주의 접근의 일부에서와 같이 그는 합당한 기간에 걸쳐 피해자에게 보상하고, 또 다른 범죄를 하거나 재활 계획을 수행하지 못하고 실패하면 가중처벌을 받도록 할 수 있다.

이와 같은 개입은 범죄가 스스로가 교도소에 계속 수감되는 것과 생산적이고 희망적인 미래 중 한 가지를 선택할 수 있다는 사실을 분명히 알게 한다는 데 중요한 의미가 있다. 만약 범죄자가 후자를 선택하게 되면 이에 합당한 상담이나 직업훈련 같은 서비스를 받을 것이고, 아울러 이에 따른 책임과 노력을 인지할 것이다.

미국은 백만 명이 넘는 교도소 수용자로 인하여 다른 어떤 나라보다도 가장 높은 수감 비율을 나타내고 있다.[97] Marc Mauer는 다음과 같이 강조하였다.

> 구금에서 세계를 주도하는 데 기여하는 변함없는 정책들은 안전한 국가를 만드는 데 실패하고 있다. 우리에게는 수감비율과 범죄율을 낮출 수 있는 검증된 정책과 프로그램이 가능하도록 근본적인 변화가 있어야 한다. 우리는 구금을 중단하고 재활을 시작해야 한다.[98]

지역사회기관 협력 프로그램

지역사회기관 협력 프로그램(diversion program)은 초기 및 경범죄자가 형사정책 제도에 들어서기 전에 범죄자를 전환시키기 위해 여러 지역사회에서 발전되어 온 것으로 지역사회의 기관으로부터 받는 대안 서비스를 일컫는다.

이들 프로그램 중 하나는 '기소 유예(deferred prosecution)'로 지역사회에서 활용되고 있다. 가벼운 죄로 처음 체포된 성인들은 재판에 회부되기 전에 판사나 검사가 기소 유예를 의뢰한다. 기소 유예 프로그램은 몇 주일간 소집단 회합을 통해 이들이 더 이상 다른 범죄에 가담하지 않도록 돕는 것이다. 이 사건은 피고가 피해를 보상하거나, 이 프로그램에 참여하는 동안 다시 체포되지 않거나 전체 집단 회합에 참석하면 기각된다.

여러 지역사회기관 협력 프로그램들이 청소년을 소년법원과 형사법원에 보내는 대신 지역사회기관들이 실시하는 치료 프로그램에 참여시키는 데 중점을 두고 있다. 예컨대, 청소년을 사회복지사, 보호관찰관, 심리학자들에게 상담을 받도록 의뢰하여 정서적 문제, 가족 문제, 학습을 위한 도움을 받게 할 수 있다.

많은 지역사회가 뉴저지의 라웨이(Rahway)에 있는 교도소에서 처음 개발한 '겁나는 갱생 프로그램(Scared Straight program)'을 운영하고 있다. 범죄를 행한 청소년들에게 교도소를 참관시켜 수용자들로부터 호된 수용생활을 듣게 한다. 물론 가장 먼저 교도소의 규칙을 소개해 준다. 이 프로그램의 목적은 청소년들에게 교도소의 실상을 보여줌으로써 이들이 범죄를 행하지 않도록 하는 데 있다. 그러나 이런 노출이 청소년들에게 있어 범죄의 억제 효과가 있는지는 아직 분명하지 않다.

일상생활 강화 프로그램

다양한 일상생활 강화 프로그램(transitional program)을 범죄자들에게 제공하고 있다. 예컨대, 수용자가 구치소나 교도소에 있으면서 낮 시간에는 지역사회에 나가 일할 수 있도록 허락하고 있다. 학업 외출 프로그램은 수용자가 낮에 대학이나 기술학교에 출석하도록 허락하고 있다. 중간처우 시설은 교도소에 수용하는 것의 대안으로 활용함으로써 거주지에 있는 직장이나 학교에 나가게 하고 있다.

비판적 사고를 위한 질문 ?

당신이 믿는 방안이 범죄율을 줄이는 최상의 것이라고 생각하는가? 왜 그 방안을 강조하는가?

일상생활 강화 프로그램의 목적은 수용자가 자신의 거주지에서 범죄를 방지하는 요소들과의 강한 밀착 관계를 유지·발전해나갈 수 있도록 하는 데 있다. 이들 프로그램은 구금이 가져오는 부정적 효과를 줄이거나 개선하고, 재활을 위한 기회와 자원을 제공하는 데 중점을 두고 있다.

》 범죄 예방

범죄를 예방하기 위한 이론적인 방안으로 다음 네 가지를 들 수 있다.

1. 법 위반을 엄하게 처벌함으로써 범죄에 가담하는 것을 막을 수 있다. 사형에 관한 연구는 가장 엄한 처벌로서 사형이 범죄를 막지 못한다고 제안하고 있다.
2. 범죄자를 교도소에 수감해야 한다. 이런 방안은 많은 비용을 초래하고, 특히 모든 사람이 간헐적으로 범죄를 행하고 있다는 측면에서 그 비용은 더욱 심각하다.
3. 범죄를 양산하는 경제, 사회, 정치 조건을 변화시켜야 한다. 이와 관련하여 가장 진전을 보이는 제안으로 가족생활 개선, 교육 제도 개선, 인종 차별 근절, 경찰국에 의한 인종차별 목록화의 활용 근절, 모든 시민에게 동등한 기회 제공, 근로 능력이 있는 모든 사람들에게 완전 고용과 합당한 임금 제공, 도심지의 주택과 생활조건개선, 알코올과 약물 남용 억제를 들 수 있다.
4. 일반인에게 범죄의 피해자가 되지 않는 방법을 교육시켜야 한다. 이 방안은 모두가 알아야 하고 참여해야 하기 때문에 강조되어야 한다.

Dae Chang은 범죄학의 한 분야인 피해자학으로부터 개발된 접근방법을 다음과 같이 주장하였다.

> 조사에서 많은 범죄, 특히 노상범죄와 주거침입은 더더욱 신중하고 전문적인 계획에 의한 것보다는 요행수에 의한 것으로 나타났다.

어떤 범죄자는 열린 창문, 빈집, 어두운 곳에 혼자 있는 사람과 같은 상황에서 주어진 기회라고 생각하고 범죄를 저지른다는 것이다. 노상강도는 특정 개인이 아니라 연약해 보이는 사람을 대상으로 한다. 주거침입자는 특정 주소를 찾기보다는 쉽게 들어갈 수 있는 집을 침입한다. 종종 사전에 택한 자를 대상으로 하기도 하는데, 이때는 쉽게 해볼 수 있다고 판단된 사람이 걸려드는 것이다.

누가 범죄의 피해자가 되는가? 범죄 원인은 무엇인가? 누가 범죄를 일으키는가? 이들 질문에 대한 응답이 망설여지기도 한다. 대체로 피해자가 제공하고, 어떤 경우에는 범죄행위가 주요 요인이기도 하다. 우리 모두는 잠재적인 피해자이다. 우리는 얼마든지 범죄에 빠질 수 있다. 우리는 범죄를 저지르라고 유혹하고, 알리고, 구슬려 꾀고, 기회와 아이디어를 제공하기도 한다. 부주의, 소지품 노출, 망각 따위로 범죄행위를 유도한다. 아울러 육체적인 해를 끼치게도 행동을 한다. 우리의 습관, 행동, 옷차림 따위가 범죄를 유도하는 신호를 보내는 것이 될 수 있다.[99]

요컨대 우리 스스로는 "내가 지금 행하는 것이나 아니면 잘못하고 있는 것이 범죄의 피해자가 될 수 있게 하는 것인가?"라는 질문과 함께 돌아보아야 한다.

6. 사회사업과 형사정책제도

사회사업의 역할

형사정책 제도에서 사회사업이 우선하여 중점을 두어야 할 것은 교정 분야이다. 사회복지사는 빈번히 보호관찰관, 교도소 사회복지사, 중간처우 시설 사회복지사 등으로 취업하고 있다. 경찰국에는 소수의 사회복지사가 경찰이 접촉하는 개인과 가족들에게 사회서비스를 제공하기 위해 근무하고 있다.

다음으로 사회복지사는 예방의 성격이 강한 프로그램에서 활동하고 있다. 예컨대, 청소년 갱 영역에서 청소년의 비행 갱 활동을 줄이기 위해 매우 다양한 프로그램을 운영하고 있다. 이들 프로그램 중에는 파견되어 운영하는 것도 있는데, 이 프로그램에서 사회복지사는 갱에 합류하여 반사회적 태도와 행동을 친사회적인 것으로 변화시키는 데 중점을 둔다. 이와 같은 것으로 화학물질에 중독된 갱 구성원을 위한 약물치료 프로그램, 특히 도시의 한부모 가족을 위한 지지와 강화 프로그램, 학교 중퇴를 예방하고 학습을 지원하는 프로그램, 가족 보호 프로그램이 있다(6장 참조).

많은 보호관찰관과 가석방관들이 사회사업 분야의 훈련을 받고 있다. 보호관찰관과 가석방관들이 수행해야 할 주요 업무 중 하나가 판결 전 조사보고서를 작성하는 것이다. 이 보고서는 범죄자에 관한 사회사로 판사가 형을 내리는 데 도움이 될 수 있도록 준비된 것이다.

교정 분야에는 구금 치료의 갈등과 '수용자의 악용(con games)'이라는 두 요소가 치료에 중요한 영향을 미치고 있다. 사회복지사는 이들 두 요소가 어떻게 작용하는가를 이해해야만 한다.

치료에 영향을 미치는 요인

구금 치료의 갈등

교도소에서는 행정 직원들이 구금에 중점을 둔다. 이런 시설에 드는 전체 비용의 90% 이상을 구금을 위해 사용하고 있다.[100] 구금 정책이 치료 프로그램과 충돌하면 언제나 치료가 뒷전으로 밀린다. 교도소 행정 직원들은 먼저 도주를 방지하고, 폭동을 막고, 내부 혼란을 잠재우는 데 관심을 둔다. 사회복지사가 교도소에 취업하면 재활이 우선순위로 꼽히지 않음을 곧 알게 된다.

교도소나 보호관찰관 및 가석방관으로 취업한 사회복지사들은 종종 범죄자들에 의해 범죄자를 잡아들이고 처벌하는 권위적인 관료의 한 부분으로 비춰진다. 많은 범죄자들이 사회복지사가 자신들을 감시하거나 단속한다고 느끼기 때문에 사회복지사를 불신한다.

수용자의 악용

1930년대 이후 형사정책 제도는 개인과 집단 치료 모두를 증진시켜 왔다. 교도소 행정 직원과 보호관찰 및 가석방 프로그램 책임자는 범죄자에게 치료 프로그램에 참여하도록 요구한다. 범죄자들에게 치료 프로그램에 참여할 것을 강요하면 그들과 친밀감을 형성하는 데 방해가 됨은 분명하다. 아직도 교정 현장에서는 강압적인 치료가 비일비재하게 이루어지고 있다.

범죄자들은 설득, 사기, 술수로 전문 직원들을 속이는 기술이 탁월하다. 대부분의 범죄자들은 교정 직원을 경멸한다. 이 경멸은 강압적으로 이루어지는 치료를 접하면 더욱 강화된다. 수용자들은 좋은 행형 성적을 얻기 위해 개인과 집단 상담에 참여해야 한다는 것을 알고 있다. 부정기형으로 구금되면 좋은 성적을 얻어야 가석방으로 빨리 출소할 수 있다. 보호관찰이나 가석방 대상자라면 이들은 치료 프로그램에 참여함으로써 보호관찰관이나 가석방관이 자신들의 가벼운 위반을 눈감아주도록 할 수 있다고 계산한다.

사회복지사는 전문적인 도움을 요청하는 많은 범죄자들이 자신을 향상시키는 데는 큰 관심이 없고 사회복지사를 교묘히 속이는 데 열중한다는 점을 반드시 알아야 한다.

요약

다음은 이 장의 서두에서 제시한 학습목표와 관련된 내용을 요약한 것이다.

A. 범죄의 성격과 범위에 관한 논의

범죄는 미국이 안고 있는 가장 심각한 문제 중 하나이다. 강력범죄의 비율이 심각한 수준에 달하고 있다. 게다가 형사정책은 대체로 범죄를 줄이는 데 효과적이지 못한 것으로 나타나고 있다.

누구나 한두 번 법을 어기는 경우가 있다. 범죄로 구속된 자들은 남성, 청소년, 소수민족의 구성원, 도시 거주자에 편중되어 있다. 만약 화이트컬러 범죄와 조직범죄를 한층 강력하게 기소하면 전형적인 범죄자의 연령층이 한층 높아지고, 백인과 변두리 거주자로 치우치게 될 것이다.

공식적인 범죄 통계는 여러 가지 이유로 정확하지 않다. 많은 범죄가 보고되지 않는다. 경찰과 법원은 특정 범죄만 엄중히 통제할 뿐이다. 강력범죄를 줄인 것처럼 보이기 위해 강력범죄를 경범죄로 재분류하듯 경찰 보고는 종종 정치적으로 영향을 받는다. 범죄 피해자 수와 사회에 미치는 재정비용 측면에서 화이트컬러 범죄는 강력범죄이다. 그럼에도 불구하고 화이트컬러 범죄는 경찰이나 법원에서 덜 중한 범죄로 취급하고 있다.

클라이언트에게 효과적으로 상담할 수 있는 능력은 사회복지사가 갖추어야 할 기본이다. 다음으로 중요한 것은 지역사회의 타 집단과 전문가들과 효과적으로 교류할 수 있는 능력이다.

B. 범죄원인에 관한 이론 소개

범죄 원인에 관한 다양한 이론들이 소개되고 있다. 이들 이론은 범죄가 발생하는 이유를 밝히고 있지만 범죄의 모든 이유를 완전히 소화하지는 못하고 있다. 지속적인 범죄율의 증가와 함께 아직도 범죄를 효과적으로 줄이는 방안을 찾지 못하고 있다.

C. 범죄유형 소개

범죄유형으로 조직범죄, 도박, 마약밀매, 고리대금, 노동착취, 성매매, 화이트컬러 범죄, 컴퓨터 범죄, 증오 범죄, 공공질서 범죄, 성 범죄, 인신매매, 살해와 폭행, 절도, 청소년비행 등이 있다.

D. 경찰, 법원, 교정제도와 같은 형사정책제도에 관한 소개

세계적으로 최근 교정 제도들은 서로 상충하는 목표를 불러일으키고 있다. 어떤 제도는 처벌에 중점을 두는가 하면, 다른 제도는 처우에 중점을 두기도 한다. 일반적으로 한 제도에 처벌과 처우라는 두 요소가 결합되면 범죄를 줄이는 데 혼란스럽고 비효과적이다. 교도소가 범죄 행위를 통제해 나가기 위해 범죄에 대해 학교처럼 대하면서 동시에 낙인 효과를 취하려고 한다면 위험하다.

E. 범죄와 비행을 줄일 수 있는 방안 제시

범죄를 줄이기 위한 수많은 제안들이 개발되고 있다. 예컨대, 행정적 개혁, 엄한 처벌, 상습 범죄자의 격리, 화이트컬러 범죄에 대한 강경한 처벌, 균등한 형량, 치안 관련 범죄자의 사면, 경찰의 인종 검색 중단, 총기류 통제를 위한 엄중 단속, 범죄자에 대한 처우 중심의 교정 제도 개선, 지역사회기관 활용 프로그램의 확대, 범죄 피해를 예방하기 위한 시민 교육 따위를 들 수 있다. 어떤 제안들은 다른 제안과 상충하기도 한다. 비록 이들 제안은 조사를 통해 나온 것이지만 전적으로 범죄를 줄일 수 있는 완벽한 것은 없다.

범죄자를 처벌하는 사회의 방안들은 흉악한 피해를 입힌 자에게는 흉악하게 대처하고 있다. 대체로 '눈에는 눈'이라는 보복주의 접근은 범죄를 줄이는 데 효과적이지 못하다.

F. 교정서비스를 제공하는 사회사업의 역할에 관한 논의

형사정책에서 사회사업의 중요하게 초점을 두는 것은 교정요소이다. 사회복지사는 보호관찰, 교도소, 중간처우 교정시설에 취업한다. 소수의 사회복지사가 경찰에 취업하여 개인과 가족에 서비스를 제공하고 있다.

소규모로 범죄예방을 위해 사회복지사가 일하고 있다.

인터넷 참고자료

CENGAGE**NOW**™ 각 장과 관련된 참고자료는 출판사 홈페이지(www.cengage.com/social_work/zastrow)를 참조하라.

주

1. Vincent N. Parrillo, John Stimson, and Ardyth Stimson, Contemporary *Social Problems*, 2nd ed. (New York: Macmillan, 1989), pp. 127–158.
2. William Kornblum and Joseph Julian, *Social Problems*, 11th ed. (Upper Saddle River, NJ: Prentice Hall, 2004).
3. *Crime in the United States—2007,* U.S. Department of Justice, Federal Bureau of Investigation, http:// www.fbi.gov/ucr/cius2007/offenses/index.html.
4. William Kornblum and Joseph Julian, *Social Problems,* 12th ed. (Upper Saddle River, NJ: Pearson, 2007), p. 144.
5. James W. Coleman and Harold R. Kerbo, *Social Problems*, 8th ed., (Upper Saddle River, NJ: Prentice Hall, 2002), p. 433.
6. *Crime in the United* States—2007.
7. Kornblum and Julian, *Social Problems,* 12th ed., p. 162.
8. Ibid.
9. Ibid., pp. 162–163.
10. Ibid., p. 163.
11. Ibid.
12. Donald Jackson, "Justice for None," *New Times*, Jan. 11, 1974, p. 51.
13. William Kornblum and Joseph Julian, *Social Problems*, 6th ed. (Englewood Cliffs, NJ: Prentice Hall, 1989), p. 175.
14. D. Cole, No *Equal Justice* (New York: Free Press, 2000).
15. *Blueprint for Change: Obama and Biden's Plan for America,* http://www.barackobama.com/pdf/ obamaBlueprintForChange.pdf.
16. George Cole and Christopher Smith, *The American System of Criminal Justice*, 10th ed. (Belmont, CA: Thomson Wadsworth, 2004), p. 165.
17. *Crime in the United States*—2007.
18. Kornblum and Julian, *Social Problems*, 12th ed., p. 142.
19. Ibid.
20. Coleman and Kerbo, pp. 431–432.
21. Ibid.
22. Kornblum and Julian, *Social Problems*, 12th ed., p. 136.
23. H. E. Pepinsky and R. Quinney, *Criminology as Peacemaking* (Bloomington: Indiana University Press, 1991).

24. Charles Goring, The *English Convict* (London: His Majesty's Stationery Office, 1913).

25. Thomas Szasz, The Myth of Mental Illness (New York: Hoeber-Harper, 1961).

26. H. J. Eysenck, "The Effects of Psychotherapy," *International Journal of Psychiatry*, 1 (1965), pp. 97–144.

27. Charles Zastrow and Ralph Navarre, "Self-Talk: A New Criminological Theory," *International Journal of Comparative and Applied Criminal Justice*, Fall 1979, pp. 167–176.

28. Edwin H. Sutherland and Donald R. Cressey, *Criminology*, 8th ed. (Philadelphia: Lippincott, 1970), p. 10.

29. Robert K. Merton, *Social Theory and Social Structure* (New York: Free Press, 1968), p. 232.

30. John M. Johnson and Jack Douglas, eds., *Crime at the Top: Deviance in Business and the Professions* (Philadelphia: Lippincott, 1978).

31. Walter B. Miller, "Lower Class Culture as a Generating Milieu of Gang Delinquency," *Journal of Social Issues*, 14 (1958), pp. 5–19.

32. Albert Cohen, *Delinquent Boys: The Culture of the Gang* (New York: Free Press, 1955).

33. Charles Cooley, *Human Nature and the Social Order* (New York: Scribner's, 1902).

34. Gary Cavendar, "Alternative Approaches: Labeling and Critical Perspectives," in *Criminology: A Contemporary Handbook*, Joseph F. Sheley, ed. (Belmont, CA: Wadsworth, 1995), pp. 186–199.

35. Stewart Powell, Steven Emerson, and Orr Kelly, "Busting the Mob," *U.S. News & World Report*, Feb. 3, 1986, pp. 24–31.

36. Kornblum and Julian, *Social Problems*, 12th ed., pp. 151–152.

37. Ibid.

38. Ibid.

39. Coleman and Kerbo, *Social Problems,* pp. 425–426.

40. Kornblum and Julian, *Social Problems*, 12th ed., p. 152.

41. Johnson and Douglas, *Crime at the Top.*

42. Edwin H. Sutherland, *White Collar Crime* (New York: Dryden Press, 1949), p. 9.

43. Kornblum and Julian, *Social Problems*, 11th ed., p. 140.

44. Coleman and Kerbo, *Social Problems*, pp. 426–427.

45. Kornblum and Julian, *Social Problems*, 11th ed., p. 140.

46. Thomas Sullivan, Kenrick Thompson, Richard Wright, George Gross, and Dale Spady, *Social Problems* (New York: Wiley, 1980), p. 586.

47. Kornblum and Julian, *Social Problems*, 12th ed., p. 149.

48. Linda A. Mooney, David Knox, and Caroline Schacht, *Understanding Social Problems*, 6th ed. (Belmont, CA: Wadsworth/Cengage Learning, 2009), p. 138.

49. George F. Cole and Christopher E. Smith, T*he American System of Criminal Justice*, 10th ed. (Belmont,CA: ThomsonWadsworth, 2004), p. 21.

50. Ibid., p. 21.

51. Kornblum and Julian, *Social Problems*, 12th ed., p. 483.

52. Ibid.

53. Cole and Smith, T*he American System of Criminal Justice*, p. 21.

54. *Hate Crime Statistics*—2007, U.S. Department of Justice, Federal Bureau of Investigation, http:// www.fbi.gov/ucr/hc2007/index.html.

55. Alexander B. Smith and Harriet Pollack, "Crimes without Victims," *Saturday Review*, Dec. 4, 1971, pp. 27–29.

56. Mooney, Knox, and Schacht, *Understanding Social Problems*, pp. 121–123.

57. U.S. State Department, *Victim Stories*, 2006, available at http://www.state.gov/g/tip/c16482.htm.

58. Ibid.

59. Kornblum and Julian, *Social Problems*, 12th ed., pp. 144–147.

60. Coleman and Kerbo, *Social Problems*, pp. 422–433.

61. Ibid., p. 421.
62. Edwin H. Sutherland, *The Professional Thief* (Chicago: University of Chicago Press, 1937).
63. Charles H. McCaghy and Stephen A. Cernkovich, *Crime in American Society*, 2nd ed. (New York: Macmillan, 1987), pp. 245–247.
64. *Crime in the United States—2007.*
65. Kornblum and Julian, *Social Problems*, 12th ed., pp. 154–156.
66. Ibid.
67. Ibid.
68. J. F. Longres, "Youth Gangs," in National Association of Social Workers, *Encyclopedia of Social Work: 1990 Supplement* (Silver Spring, MD: NASW, 1990), p. 320.
69. A. P. Goldstein, *Delinquent Gangs: A Psychological Perspective* (Champaign, IL: Research Press, 1991).
70. Ibid.
71. Armando T.Morales, "Urban and SuburbanGangs: The Psychosocial Crisis Spreads," *in Social Work: A Profession ofMany Faces*, 9th ed.,Armando T.Morales and Bradford W. Sheafor, eds. (Needham Heights, MA: Allyn & Bacon, 2001), pp. 404–407.
72. T. A. Sweeney, *Streets of Anger, Streets of Hope* (Glendale, CA: Great Western, 1980), p. 86.
73. Morales, "Urban and Suburban Gangs: The Psychosocial Crisis Spreads," pp. 397–431.
74. Ibid.
75. Ibid.
76. I. A. Spergel, *The Youth Gang Problem:ACommunity Approach* (New York: Oxford University Press, 1995).
77. Ibid.
78. Kornblum and Julian, *Social Problems*, 11th ed., pp. 161–164.
79. Coleman and Kerbo, *Social Problems*, p. 442.
80. Ibid., p. 442.
81. Ibid., pp. 443–444.
82. Don C.Gibbons, Society: *Crime and Criminal Behavior*, 5th ed. (Englewood Cliffs, NJ: Prentice Hall, 1987), p. 439.
83. James W. Coleman and Donald R. Cressey, *Social Problems*, 6th ed. (New York: HarperCollins, 1996), p. 407.
84. Alan Neigher, "The Gault Decision: Due Process and the Juvenile Court," Federal Probation, 31, no. 4 (Dec. 1967), pp. 8–18.
85. Cole and Smith, *The American System of Criminal Justice.*
86. Ibid.
87. Mooney, Knox, and Schacht, *Understanding Social Problems*, pp. 153–154.
88. Ibid.
89. Cole and Smith, *The American System of Criminal Justice.*
90. Ibid.
91. Ibid.
92. Ibid.
93. Sutherland and Cressey, *Criminology*, p. 354.
94. Crime in the United States—2007.
95. Cole and Smith, *The American System of Criminal Justice.*
96. Ibid.
97. Ibid.
98. Marc Mauer, quoted in "Prison Ratio Highest in U.S.,"*Wisconsin State Journal, Jan.* 5, 1991, p. 3A.
99. Dae H. Chang, "How to Avoid Becoming a Victim of Crime," *in The Personal Problem Solver*, Charles Zastrow and Dae H. Chang, eds. (Englewood Cliffs, NJ: Prentice Hall, 1977), pp. 348–349.
100. Cole and Smith, *The American System of Criminal Justice.*

CHAPTER 10

교육문제와 학교사회복지

Problems in Education and School Social Work

이 장의 개요

- 교육문제의 다양한 영역
- 교육문제 개선을 위한 전략
- 평등한 교육기회 제공을 위하여
- 교육개선을 위한 Obama 대통령의 제안
- 학교사회복지사 : 위기에 대한 반응

학습목표

1957년 미국과 소련은 세계 최초의 인공위성 발사를 누가 먼저 성공시킬 것인가에 촉각을 곤두세우고 있었다. 이는 국제적인 명예와 국가 위신이 달려있는 상징적인 경쟁이었다. 그리고 그 경쟁의 승자는 스푸트니크 1호를 성공적으로 지구 궤도에 먼저 발사한 소련이었다. 미국은 왜 이 경쟁에서 패배하였을까? 물론 그 이유는 여러 가지가 있을 수 있지만, 대부분의 사람들은 국가의 생존에 핵심적인 과목들을 간과한 미국의 교육체계로 비난의 화살을 돌렸다. 예를 들어 유명한 비평가인 Max Rafferty는 이렇게 비판하였다. "미국 교육은 '수학, 역사, 외국어' 등과 같은 필수 과목 대신 도자기, 인테리어 설계, 테이블 꾸미기, 골프 등과 같은 과목으로 학생들의 관심을 돌려놓았다"[1] 이 사건을 계기로 미국 교육체계는 자국이 성공적으로 소련과 경쟁하는 데 필요한 수학, 자연과학 및 기타 교과과정들을 강조하게 되었다. 이와 같은 역사적 사건은 대중이 원하는 바대로 일이 진행되지 않을 때, 교육체계가 비난의 표적이—그 비난이 옳든 그르든—되기 십상임을 보여주는 사례 중 하나로 언급된다.

A. 최근 미국의 학교체계가 직면해 있는 다양한 문제들의 정리
B. 미국 교육의 개선 방안 제시
C. 저소득층, 소수인종가족의 아동들을 위한 교육기회 개선방안 논의
D. 학교사회복지사의 기능을 정리하고, 학교사회복지 실천에 필요한 역할모델 기술

1. 교육문제의 다양한 영역들

교육체계는 해당 사회로부터 사회문제를 제거하고 해결하라는 요구를 받는 경우가 많다. 예컨대, 최근 미국의 학교들은 학령기 아동의 태도 변화를 위한 새로운 교과과정을 개발하여 인종차별주의나 성차별주의를 줄이는 데 일조하라는 요구를 받고 있다. (학교라는 현장은 여러 인종의 현실적 통합을 이룰 수 있는 장이기 때문이다.) 교육체계는 빈곤가구의 아동이 여유로운 계층의 아동보다 학업성취 동기가 낮고, 풍요로운 삶의 기회가 빈약할지라도, 이들을 빈곤한 삶에서 탈출할 수 있게 만드는 교육과 직업훈련 기술을 제공해주어야 한다는 기대를 받고 있다. 또한 술과 약물의 문제를 경험하는 아동과 정서적 문제나 학습문제를 경험하는 아동들을 확인하고 이들이 치료받을 수 있도록 의뢰해야 한다. 학교체계는 아동이 올바른 시민으로서의 책임감을 습득하고, 반사회적이고 일탈적인 태도에 맞설 수 있게 해주는 기제다. 아울러 신체적 학대, 방임, 성적 학대를 받고 있다고 의심되는 아동에게 보호서비스를 제공하도록 요구받는다.

민주주의사회에서 교육체계는 모든 이에게 공평한 교육기회를 주고 공동의 유대감을 만들어내는 '위대한 평등장치(great equalizer)'라고 할 수 있다. 하지만 교육의 역할은 때론 사회의 기대에 미치지 못할 때도 있을 뿐더러 교육 자체가 문제가 되기도 한다. 교육은 수많은 논쟁과 정책적 결정의 유보, 공적 지원의 축소라는 위기를 맞고 있다. 교사의 자신감, 사기, 동기가 저하되기도 한다. 가난한 소수인종 아동에 대한 사회적 불평등을 경감시키기보다는 오히려 심화시킨다는 이유로 비난받는 학교도 있다. 비록 최근 들어 개선되고는 있지만 미국 학생들의 학업성취도 검사 점수는 50년 전보다 낮아졌다.[2] 몇몇 학교는 폭력과 기물파손으로 큰 피해를 입고 있어 학생과 교사는 교육 못지않게 스스로의 생존까지 고민해야 할 정도에 이르렀다.

미국의 교육체계는 수많은 위기에 직면해 있다. 따라서 이 장에서는 교육의 질, 질 높은 교육에 대한 평등한 기회, 교육의 목표에 대한 혼란, 일부 학교가 경험하는 열악한 환경 등의 문제를 다루어보고자 한다.

》 교육의 질에 대한 회의

2007년 미 전국교육통계센터(National Center for- Educational Statistics)는 16세 이상의 성인을 대상으로 한 문해능력을 조사한 성인문해율(adult literacy) 전국조사결과를 발표하였다. 문해능력은 수치(가계수표책의 대차대조), 산문(신문읽기), 기록물(교통시간표 읽기) 등 세 가지 유형에 대해 측정하였다. 조사보고서에 따르면 기본적 읽

기능력이 부족하다고 평가되는 성인은 3,000만 명에 달하는 것으로 보고되었다. 이 가운데 700만 명은 비영어권 출신으로 추정된다.[3)]

수학과목에서 '능숙한 편(proficient)'으로 평가받는 8학년생(우리나라의 중학교 2학년)의 비율은 1/3에도 미치지 못한다. 8학년생 중 읽기과목에서 능숙하다고 평가받는 비율은 오직 31%에 불과하다. 12학년생(우리나라의 고등학교 3학년) 중 과학과목에서 능숙하다고 평가받는 학생의 비율은 고작 18%에 불과하다.[4)]

미국의 학생은 경제협력개발기구(OECD)에 속한 30개 나라의 학생보다 뒤처져 있으며, 멕시코, 뉴질랜드, 스페인, 터키 등 4개 국가만이 미국보다 고등학교 졸업률이 낮다. 게다가 15세 학생의 수학성취도 평가에서 30개 국가 중 미국은 27위를 차지하고 있다.[5)]

대학입학시험 결과에 따르면, 대학진학희망 학생 중 70%는 대학에서 요구하는 읽기, 쓰기, 수학의 기대수준을 충족시키지 못하고 있다.[6)]

질 높은 교육에 대한 평등한 기회

평등한 사회는 질 높은 교육을 위한 평등한 기회를 모든 시민에게 제공할 책임이 있다. 하지만 미국사회는 이러한 책임의 수행에 실패해 왔고, 특히 소수민족집단과 빈곤계층에 대해 더 그러했다.

많은 연구가 학업성취와 관련하여 가장 효과적인 예측요인은 사회계층이라고 보고하고 있다.[7)] 중산층 이상의 가정에서 자라는 학생은 더 좋은 평점을 얻으며, 학교에 오래 남아 있고, 표준학력시험에서 높은 점수를 받는다. 이러한 관계를 설명하는 두 가지 요인 중 하나는 가족배경이고, 다른 하나는 학교체계다.

가족배경에 기반을 둔 설명은 하위계층 아동이 중산층과 상위계층 아동과 완전히 다른 환경에서 성장하고 있다는 현실에 그 원인을 돌리고 있다. 이 이론에 따르면, 저소득가정은 잡지, 신문, 책을 적게 보유하고, 컴퓨터와 인터넷 접근도 낮다. 저소득가정의 부모는 대개 낮은 학력을 가지며, 높은 수준의 학업기대를 촉구하는 역할모델로서 행동하지 않는다. 사실 그들은 이런 메시지를 보낼지도 모른다. "엄마 아빠도 수학을 잘 못했어." 저소득가정은 구성원 수가 많고, 한부모 가족일 경우가 많다. 이는 이들 가정에서 성장하는 아동의 경우 적절한 조언과 교육적 격려를 적게 받는다는 것을 뜻한다.[8)] 그 결과 가난한 아이들은 교육을 사회에서의 성취를 위한 수단으로 받아들이지 못할 수 있고, 교육을 위한 목표를 발전시키지 못할 가능성이 크다. 나아가 가난한 아이들은 배고픔과 영양결핍에 처할 가능성이 크고, 이는 배움에 대한 동기 부여를 가로막을 수 있다. 이와 반대로 중산층과 상위계층 가족은 교육에 높은 가치를 부여하기에 자녀가 학교생활을 잘 할 수 있도록 자녀의 숙제를 도와주는 시간과 노력을 더 많이 기울인다. 또한 중산층 이상의 가족에서 성장하는 아동은 유치원에 입학하는 순간부터 대학에 진학하라는 이야기를 들으며 자란다. 하위계층 아동에게 고등학교 졸업장은 하나의 성취증표로 받아들여지지만, 중산층 이상의 아동에게 대학 졸업은 최소한의 기대수준일 수 있다.

학교체계는 일차적으로 중산층과 상위계층의 아동을 교육하도록 맞춰져 있다. 부유한 지역에서 살고 있는 아이의 경우 재학 중인 학교에 더 많은 돈이 투자되기에 가난한 지역의 아동에 비해 많은 혜택을 받게 된다. 공립학교를 위한 재원 중 40%가 지역학군의 세금으로부터 나온다.[9)] 이러한 재원의 대부분은 재산세로 구성되기에 고가의 주택이 위치한 학군은 해당 지역에 소재한 학교에 더 많은 재원을 확보하게 된다. 예를 들어 뉴욕 주의 경우 최빈곤 학생을 가르치는 학교는 최상위계층의 학생을 가르치는 학교와 비교할 때 학생 1인당 2,319달러만큼 적게 지원을 받고 있다.[10)]

Mooney, Knox, Schacht는 학교가 지역재정에 과도하게 의존할 경우 초래하는 결과를 다음과 같이 지적하고 있다.

- 사회경제적 지위가 낮은 학군의 경우, 낮은 주택가격은 낮은 재산적 가치를 뜻하기에 더 가난할 수 있다. 도심지역의 주택은 낡고 누추하고, '백인퇴거현상(white flight, 유색인종의 증가에 따라 백인집단이 도시근교로 이주하는 현상)'으로 지역주민들은 상처받고 있다. 결국 조세에 기반을 둔 학교지원은 빈곤지역 학교가 더욱 열악해지는 결과를 낳는다.
- 사회경제적 지위가 낮은 학군은 조세를 거둘 수 있는 사업이나 상업건물이 줄어들 가능성이 크다. 가게나 상점이 폐업하거나 이전해버리기 때문이다.
- 사회경제적 지위가 낮은 학군에는 도심지역에 가깝기에

사례 10.1 피그말리온 효과

피그말리온 효과는 '자기충족적 예언(self-fulling prophecy)'을 뜻한다. 자기충족적 예언의 원칙은 다음과 같다.

- 우리는 다른 사람 또는 사건에 대한 기대를 가지고 있다.
- 우리는 이러한 기대를 다양한 언어적, 비언어적 실마리를 통해 의사소통한다.
- 사람들은 타인의 기대에 일치하도록 자신의 행동을 조정하면서 이러한 실마리에 반응하는 경향이 있다.
- 그 결과 원래의 기대가 사실이 되어 버린다.

이는 자기충족적 예언의 순환고리를 형성한다.

교육학자인 Robert Rosenthal과 Lenore Jacobson은 교사들의 기대감이 학생들의 지능지수를 증가시킬 수 있는지 확인하는 실험연구를 실시하였다. 이들은 이러한 자기충족적 예언을 피그말리온 효과라 명명했다. ('피그말리온'이란 단어는 George Bernard Shaw의 희곡 〈피그말리온〉에서 따온 것으로, 이 희곡은 한 교수가 가난한 꽃팔이소녀를 상류층 숙녀처럼 행동하도록 가르칠 수 있는지 내기를 걸었고 결국 성공한다는 내용이다.)

이 실험은 한 초등학교의 18개 학급에 표준화된 IQ검사를 실시하였다. (교사들에게는 이 검사가 하버드 지능검사라고 설명되었지만 실제 그러한 시험은 존재하지 않았다.) 연구자들은 무작위로 학생들 중에서 20%를 선정하고 이들을 배정한 학급의 교사에게는 검사 결과 이 학생들이 다음 학년에서 두각을 나타낼 것이라고 말해주었다. 8개월 후 다시 검사한 결과, 두각을 나타낼 것이라고 기대되었던 학생들은 다른 학생들보다 높은 지능검사지수를 보였다. 이에 연구자는 교사의 높은 기대가 지능지수를 증가시키는 데 기여했을 뿐 아니라 실제 교사가 지목된 학생들을 보다 열성적으로 지도하는 모습을 보였기 때문이라고 결론을 내렸다. 만약 이와 같이 교사의 기대가 학생의 성취와 지능검사점수에 영향을 미친다면 저소득 및 소수인종 학생은 불리한 위치에 놓일 수 있다. 대부분의 교사는 백인, 중산층의 배경을 가지고 있으며, 저소득 및 소수인종 학생에게는 기대를 덜 하는 경향을 보이기 때문이다.

출처: Robert Rosenthal and Lenore Jacobson, *Pygmalion in the Classroom* (New York: Harper & Row, 1969).

병원, 박물관, 미술관 등이 위치할 가능성이 크다. 하지만 이들 시설 모두는 세금면제 시설로 세금을 거둘 수 있는 수입과는 거리가 멀다.

- 사회경제적 지위가 낮은 지역은 공공서비스를 가장 많이 필요로 한다. 소방서, 경찰서, 방역, 공공주택건설 등과 같은 공공서비스는 그에 상응하는 재원을 소비한다. 그렇기에 이들 학군의 경우 교육을 위한 재원은 거의 남아 있지 않게 된다.
- 사회경제적 지위가 낮은 학군의 경우 상당한 비중의 재원이 학교시설의 유지에 소요된다. 학교시설이 노후하고 수리가 필요하기에 정작 아이들에게 필요한 재원의 할당은 적을 수 있다.[11]

교육개혁가 Jonathon Kozol은 <야만적 불평등(*Savage Inequalities*)>이라는 책을 통해 미국은 2개의 분리되고 독특한 학교체계를 유지하고 있다고 주장하였다. 하나는 도심의 가난한 소수민족집단을 위한 학교이고, 다른 하나는 보다 부유한 계층의 아동을 위한 학교가 그것이다.[12] 빈곤 아동은 자격미달의 교사로 채워진 거의 제3세계 수준의 학교에 다니고 있는 반면에, 부유층 자녀는 양질의 자격조건을 갖춘 교사와 좋은 시설을 갖춘 학교로 버스 통학을 하고 있다. 17세 흑인 청소년의 평균적인 읽기 수준은 13세 백인 아동과 유사하다.[13]

대부분의 교사는 중산층 출신이다. 이는 교사가 자신과 공통점이 더 많이 가지고 있는 중·상류층의 아동과 친밀한 관계를 보다 잘 수립할 수 있음을 의미한다. 실제 교사들은 중·상류층의 아동에 비해 빈곤 아동에게는 학업성취나 행동적인 측면에서 낮은 기대수준을 가지고 있다는 근거도 존재한다. 이는 다시 저소득층 학생이 낮은 성취도와 문제행동을 보여주어, 교사의 기대에 부응하는 경향으로 이어진다.[14] 따라서 교사가 가지고 있는 기대수준은 학생들에게 자기충족적 예언이 되어버리는 것이다(사례 10.1 참조).

비판적 사고를 위한 질문

주정부와 연방정부는 가난한 학군에서의 질 높은 교육에 대한 기회를 증진시키기 위해 지역학군에 대한 재정지원을 늘려야 하는가? 그 이유는 무엇인가?

대부분의 학교는 다양한 능력별 기준이나 교과과정을

기준으로 학생들을 배치한다. 고등학교의 경우, 이른바 전도유망한 학생은 대입준비과정에 배치하고, 그렇지 않은 학생은 기초학습 과정이나 직업훈련과정으로 배정한다. 하위계층과 소수인종 학생은 기초학습과정이나 직업훈련과정에 포함될 가능성이 높다.[15] 그러다보니 이들 학생은 대학 과정과 관련된 수학, 과학, 문학 등의 과목을 접하기 힘들다.

아울러 이들 학생은 대학입학을 준비하는 학생들과 접할 기회도 적기 때문에 대학교육에 대한 열의를 갖기 힘들다. 그 결과 이들이 특정한 직업교육이나 4년제 대학교육 없이 높은 보수를 받는 직업을 얻을 수 있는 기회는 극히 제한적이게 된다.

한편, 대학교육을 원하는 소수의 저소득층과 소수인종 학생들은 상위권 대학을 다닐 만한 재정적 자원이 충분치 못하다. 결국 대학교에 다니는 데 필요한 비용을 충당하기 위해 일을 해야 하기 때문에(최소한 시간제 일이라도 하면서), 경제적으로 부유한 학생들과 학업경쟁을 하기에는 어려움이 있다.

특히 소수인종 학생들은 열악한 교육기회를 가질 가능성이 높다. 1954년까지 미국 남부지역의 흑인 학생들은 백인 학생들이 다니는 학교와 비교해 현저하게 뒤쳐진 학교로 분리되어 통학해야만 했다. 이에 1954년 대법원은 브라운 대 교육위원회(*Brown vs. Board of Education*) 소송판례를 통해 공립학교에서의 인종분리는 위헌이라고 판결했다. 하지만 법적인(*de jure*) 분리는 이 판결을 통해 종결되었지만, 실질적인(*de facto*) 분리는 유색인종의 비율이 높은 많은 지역에서 여전히 남아 있었다.

iStockphoto/Demonstration/Thinkstock

미국 연방정부와 주정부의 대규모 예산감축이 있을 때마다 종종 공립학교 체계가 재원 감소로 희생양이 되곤 한다.

유색인종비율이 높은 지역의 학군은 인종별 주거지가 분리되었기에 학교 또한 인종간 분리가 이루어지는 경향이 있었다. 이 문제를 해결하기 위해 대법원은 학교에서 인종간 균형을 이루어야 한다고 명령하였다. 이에 어떤 학교에서는 인종간 균형을 이루고자 통학버스를 이용하기도 하였다. 조사 연구에 의하면 통합결정으로 인해 학군 내에서는 인종적 분리가 감소되었지만, 학군간 인종분리 양상은 증가하였다.[16] 이러한 학군간 인종분리 양상의 증가는 상당부분 백인이 다른 지역사회로 이주하는 '백인퇴거현상'에 의한 것이었다. 즉 백인이 도심을 떠나 도심 외곽의 교외지역으로 이주한 것이다. 이에 법원은 학군을 넘나드는 통학버스 운영을 명령하였고, 일단의 백인들은 자신의 자녀를 사립학교로 전학시키는 것으로 대응하기도 했다. 많은 대도시지역(볼티모어, 시카고, 클리블랜드, 디트로이트 등)에서 공립학교의 등록학생 중 약 90%가 유색인종 아동이다.[17]

1991년 대법원은 비록 충분한 기간이 얼마인지는 정확하게 언급하지는 않았지만, 통합을 이루기 위한 강제통학버스제도(busing)가 무기한 지속될 필요는 없다고 선언했다. 법원은 소수인종에 대한 과거의 차별적 잔재를 제거하기 위해 실행 가능한 모든 방법을 수행했다고 확신할 수 있다면, 법원명령에 따른 통학버스제도를 해당 지역사회가 종료할 수 있도록 허락했다. 많은 도심지역의 경우, 여전히 소수인종 학생은 위험하고 과밀한 열악한 학교에 분리되어 다니고 있다.

도시 지역의 라틴계와 아프리카계 소수인종만이 불리한 교육기회를 가진 것은 아니다. 아메리카 원주민, 알래스카의 에스키모, 이주노동자 역시 양질의 학교에 접근하지 못하고 있다. 많은 아메리카 원주민 아동은 원주민 보호지역 내에 소재한 학교를 다니고 있으며, 이들 학교는 열악한 조건에 처해 있다.

라틴계 소수집단의 경우, 이중 언어/이중 문화 교육이 중요한 논쟁의 쟁점이 되고 있다. 이중 언어/이중 문화 교육을 통해 학생들은 영어를 어느 정도 유창하게 말할 수 있

보기 10.1 컴퓨터 시대는 부자와 빈자의 간극을 더 넓혀놓을까?

1999년 워싱턴 DC의 교육자들을 대상으로 한 연설에서 전 상공부장관 William Daley는 컴퓨터를 소유하지 못한 저소득 가정 아동(주로 아프리카계 미국인이나 히스패닉)과 컴퓨터를 가지고 인터넷을 사용하는 부유한 아동 사이의 정보기술 격차에 대해 주목할 것을 강조했다. 그는 다음과 같이 언급하였다. "이 모든 것들이 소위 디지털 양극화(digital divided)를 낳고 있다. 이러한 양극화는 더욱 심화되고 있다. 우리는 이러한 상황을 그대로 방치해서는 안 된다. 컴퓨터기술은 현재의 경제 체제에서 좋은 직업을 얻는 데 너무나 중요하기 때문이다."[a]

빈곤 가족이 부유한 가족보다 가정 내 컴퓨터 보유율이 낮을 뿐만 아니라 빈곤지역에 소재한 학교 또한 부유한 지역의 학교보다 컴퓨터 갱신 수준이 낮으며 오래된 기종을 가지고 있다. 또한 빈곤지역의 학교가 컴퓨터 장비를 가지고 있더라도 컴퓨터에 대한 교사들의 전문적 자격수준이 낮기 때문에 많은 장비를 제대로 활용하지 않는 경향이 있다.[b]

우리 사회에서 실제 고소득 직위를 가진 사람들은 컴퓨터 능통자여야 한다. 컴퓨터를 사용할 줄 모르는 사람들은 갈수록 더 낮은 임금 또는 최저임금 수준의 직업에 종사하게 될 것이다. 컴퓨터 시대의 도래는 부익부 빈익빈을 심화시키는 새로운 요소로 작용하게 될 것이다.

[a]William Daley, "Bridging the Digital Divide," *Presidents & Prime Ministers*, 8 (Jul. 1999), p. 25.
[b]William Kornblum and Joseph Julian, *Social Problems*, 12th ed. (Upper Saddle River, NJ: Prentice Hall, 2007), pp. 372-373.

을 때까지 스페인어로 전부 또는 부분적인 교육을 받고 있으며, 어떤 경우엔 상당기간 지속될 수도 있다. 이중 언어/이중 문화 교육에 찬성하는 입장은 소수민족의 언어와 문화를 보존하는 것이 공립교육의 가치 있는(또는 본질적인) 목적이라고 주장한다. 반대의 입장에서는 소수민족 학생이 영어몰입교육을 받을 경우 미국사회에서 효과적으로 경쟁할 수 있는 준비를 잘 할 것이라 주장한다. 또한 이중 언어 교육은 비용이 많이 들고, 오히려 분리를 강화시킬 수 있다고 주장한다. 왜냐하면 이중 언어 교육은 유색인종을 소수인종사회에 남아있게 하는 요인일 수 있기 때문이다.

비판적 사고를 위한 질문 ?

인종간 통합을 이루기 위해 통학버스제도에 대해 찬성하는가 아니면 반대하는가? 그 이유는 무엇인가?

최근 캘리포니아 주는 공공재원을 지원받는 학교에서의 이중 언어 교육을 금지시켰다. 라틴계 학생은 이제 영어를 이해하지 못하더라도 영어로만 이루어진 교육을 받아야만 한다.

이 모든 요인들을 고려할 때, 백인과 아프리카계 학생간, 백인과 라틴계 학생간 교육성취 수준에 유의미한 차이가 존재한다는 사실은 그리 놀랄 만한 일은 아니다. 라틴계와 아프리카계 학생은 백인 학생과 비교할 때 고등학교를 중퇴할 가능성이 높다.[18] 라틴계와 아프리카계 학생의 문맹률은 백인 학생에 비해 높다. 문맹인 학생들은 간단한 문장으로 이루어진 어떠한 언어도 읽거나 쓰지 못한다.[19] (문맹자에게 적합한 일자리는 거의 없다.)

비판적 사고를 위한 질문 ?

공립학교에서의 이중 언어 교육에 대해 찬성하는가, 반대하는가?

》 교육의 목적에 대한 혼돈

학교가 읽기, 쓰기, 수학과 같은 기본 과목을 가르쳐야 한다는 것에는 누구나 동의한다. 하지만 학교가 가르쳐야 하는 또 다른 가치, 지식, 기술이 무엇인가라는 점에 대해서는 상당한 논란이 존재한다.

- 여성주의자는 성차별주의를 교육하고 심화시키는 학교제도에 대해 비판한다. 예컨대, 이러한 제도는 여학생이 과학이나 수학 분야의 직업(대학에서 기술관련 전공을 공부할 경우 종종 우리 사회에서 고소득을 보장받는다)을 갖고자 하는 동기를 저해하기 쉽다는 것이다.
- 학교체계가 성폭행이나 데이트 강간(date rapes)을 예방하기 위해 어느 수준의 교육프로그램을 제공해야 하는지에 대한 논란이 있다.
- 성희롱 예방교육과 성희롱 및 집단따돌림에 대한 개입과정에서 학교가 담당해야 할 역할에 대한 논란이 존재한다.

- 영어가 모국어가 아닌 학생을 위해 이중 언어 교육을 정규 교과과정으로 편성하는 것이 학생에게 긍정적인지, 그렇지 않은지에 대한 논쟁이 존재한다.
- 특수교육 대상아동을 일반학급으로 편성하는 경향이 증가하는 반면, 한편에서는 일반학생에게도 교실에서 다른 아동의 행동으로 방해받지 않을 권리가 있다는 의견도 증가하고 있다.
- 학교가 사회적 계층체계를 심화시키는 데 일조한다는 비판이 있다.
- 학교체계 내에서 어느 수준까지 성교육을 해야 하는지에 대해서도 상당한 논란이 있다.
- 연방대법원은 국·공립학교에서 기도를 강제하는 것은 정교분리의 원칙을 위반한다고 판결 내렸다. 그럼에도 국·공립학교에서 운동회와 같은 공식적인 행사 전에 기도를 하는 것이 허용되어야 하는지에 대한 논란이 있다.
- 음악, 스포츠, 가족 및 소비자 교육과 같은 교과목 개설과 관련해서도 다양한 의견 차이가 존재한다.
- 학교체계를 통해 인종차별주의 반대, 약물남용 금지, 미혼모 발생 예방, 장애인에 대한 원조, 비행 감소, 또래폭력 근절 등의 활동이 어느 정도의 범위에서 이루어져야 하는지에 대한 의견 차이가 존재한다.
- 학교가 학생에게 창의적인 사고능력을 기르는 데 중점을 둘 것인지 아니면 학문적인 내용을 교육하는 데 중점을 둘 것인지에 대해서도 다양한 의견이 있다.
- AIDS에 대한 위기감이 고조되고 있는 상황에서 학교가 AIDS 예방을 위한 피임법을 소개해야 하는지에 대한 논란이 있다.
- 학교체계가 동성애에 관해 교육해야 하는지에 대한 논란이 있다.

최근 몇 년 동안 학교에서의 "기본으로 돌아가기(back to basics)"와 같은 운동을 통해 보수주의적 경향이 표출되어 왔다. 보수주의적 교육론자는 실험적이고 보호적(정서적인 문제를 가지고 있는 학생들을 위한)이며, 흥미지향적인 학교, '장식'과 같은 선택과목제, 학교사회복지사의 사회적 서비스 제공 등과 관련하여 반대한다.

"기본으로 돌아가기" 운동의 특성은 학생들이 달성해야 할 명확한 성취기준을 수립할 것을 요구한다. 구체적으로는 학년 진급을 위한 기본적인 학력기준 요구, 일정 수준 이상의 성적을 거둔 경우에만 운동대표선수로의 참여 허용, 기초학문과목과 '핵심가치'에 대한 교육의 강조, 보다 많은 시험과 숙제의 부여, 교과 시간의 연장, 보다 엄격한 훈육 등과 같은 특성을 포함한다. 이 운동은 교사의 급여에 대해서도 호봉보다는 성과에 기초해서 인상할 것을 촉구한다. (이러한 주장의 기저에는 성과급 제도가 교사의 업무 수행에 필요한 동기를 자극한다는 관점이 깔려있다.) 고등학교 졸업을 위한 필수조건으로 표준화된 시험 또는 일반 시험 통과를 선호하는 경향도 이러한 운동의 한 부분이라고 할 수 있다.

그러나 "기본으로 돌아가기" 운동 안에는 다양한 논쟁의 소지가 있다. 과연 '타인과 더불어 잘 지내기 위한 친사회적 학습'이나 '효과적인 의사소통기술 습득'과 같은 목적들이 '기본(basic)' 교육의 구성요소라고 할 수 있는가? 또한 그 '기본'이라는 것이 모든 학생들에게 있어서 동일한 것이라고 할 수 있는가?

이 외에도 교육과 관련하여 다양한 다른 문제들이 제기되고 있다. 공립교육을 위해 세금으로 낸 비용만큼 사립학교에 자녀를 입학시킨 가족에 대해 지원해주어야 하는가? 공립대학이 등록금 인상을 통해 많은 재원을 확보해야 하는가? (이는 저소득가족의 학생이 감당하기 어렵게 만들 것이다.) 새로이 등장한 첨단기술 직업과 관련해 학생들을 훈련시키기 위한 학교교과과정에 어떠한 변화가 이루어져야 하는가? 분명한 것은 교육의 선순위와 목적에 대한 충분한 합의가 필요하다는 것이다. 물론 이 일이 쉽게 이루어지기는 힘들다. 최일선에서 문제의 해법을 알아내기 위해 노력하는 사람들과 마찬가지로 모든 사람들은 나름대로의 의견을 가지고 있다. 절대적으로 올바르거나 그른 답은 없다. 교사들만이 이 문제의 전문가이지는 않으며, 일부 정치인들은 공립학교의 교육의 질을 비판함으로써 자신의 경력을 쌓기도 한다.

》 교사들의 열악한 근무 여건

1999년 4월 20일 덴버(Denver) 시에 위치한 콜럼바인(Columbine)고등학교에서 이 학교에 재학 중이던 두 명의 학생이 학생들과 교사를 향해 총을 난사했다(보기 10.2 참조). 이 총격사건을 통해 12명의 학생과 1명의 교사가 사망했고, 21명의 학생이 부상을 당했다. 사건 직후 두 학생은

보기 10.2 콜럼바인 총격사건의 원인은 무엇일까?

콜로라도 주 덴버 시에 소재한 콜럼바인고등학교의 참극은 미국 역사상 가장 비참한 학교내 총격사건이었다. 1999년 4월 20일, 2명의 학생이 1,945명이 재학 중인 학교를 습격했다. 점심시간 중 15분이 채 안 되는 시간 동안 Eric Harris(18세)와 Dylan Klebold(17세)는 12명의 학생과 1명의 교사를 죽였고, 21명에게 부상을 입혔다. 총격가해자들은 가능한 한 많은 사람들을 죽이고 싶어 했다. 학살극은 훨씬 참혹할 수 있었다. Harris와 Klebold가 30여 개 이상의 폭탄을 학교 안에 설치했지만 경찰의 신속한 대응으로 인해 폭발시키지 못했기 때문이다. 경찰이 도착하면서 Harris는 자신의 총으로 자살하였고, Klebold 역시 관자놀이에 총을 쏘아 스스로 목숨을 끊었다.

왜 Harris와 Klebold는 이처럼 참혹한 범죄를 저지른 것일까? 이 의문에 답하지 않은 채 두 명 모두 목숨을 끊었기에 완전하게 그 이유를 알 수는 없다. 하지만 Harris는 일기와 컴퓨터에 저장한 메모를 통해 두 명의 사고과정을 추론할 수 있는 실마리를 남겨 놓았다. (두 명은 자신의 컴퓨터를 인터넷에 연결시켜 놓았다.)

일기는 두 소년이 총기와 수제폭탄을 이용해 자신의 학교에서 500명 이상을 죽일 계획을 세웠음을 알려준다. 또한 다른 학교를 공격할 계획을 세웠고, 이후 주변의 마을과 시내로 도주하여, 거리와 주거시설의 주민들을 죽일 계획을 세워놓았다. 최종적으로 둘은 미국을 탈출할 계획을 세웠고, 외딴 섬에서 살거나 비행기를 납치하여 뉴욕 시 한복판으로 돌진하려 했다. 둘은 콜럼바인고등학교에 대한 공격을 근 1년 동안 계획했다.

Harris가 일기에 써놓은 생각들 중 일부는 다음과 같다.

> 나는 빌어먹을 이 세상이 싫다. 역사를 회고해본다면 나치는 유대인 문제에 대한 "최후의 해결책"을 수립했다: 그들 모두를 죽여라. 아직 그 뜻을 파악하지 못했다면, 이렇게 말하고 싶다. "인간을 모두 죽여라." 아무도 살아남지 못한다. 나는 덴버 시에 살고 있다. 제기랄. 난 이곳 사람들 대부분을 죽여버리고 싶다.

Harris는 모든 유색인종에 대한 적개심을 가지고 있었으며, 매우 부정적인 언어로 자신의 증오심을 표현했다. 일기에서 확인한 바에 따르면, 부자, 빈자, 무술전문가, 영화 스타워즈의 팬, 발음을 제대로 못하는 사람, 천천히 운전하는 사람 등 Harris는 실제 모든 사람들에 대해 무차별적인 증오심을 품었다.

일기에는 경찰에 포위될 경우 스스로 목숨을 끊을 계획이 쓰여 있었고, 실제 이들은 그렇게 했다. 일기는 또한 많은 사람들을 해치고 죽여서 자신들의 악명을 떨칠 것을 원했음을 보여주었고, 그렇게 되었다. 일기에 쓰인 바에 따르면, Harris와 Klebold는 콜럼바인고등학교의 다른 학생들이 자신들을 놀리고, 학대했다고 생각했다. 그들은 히틀러, 나치즘, 나치의 "최후의 해결책"을 찬양하였고, 자신들이 **2명의 지배인종**(*two-man master race*)이라 생각했을 정도로 인종우월주의에 빠져 있었다.

출처: Dave Cullen, "'Kill Mankind. No One Should Survive,'" Sept. 23, 1999, available at http://www.salon.com/news/feature/1999/09/23/journal.

가지고 있던 총으로 자살했다. 이 사건은 최근 수년간 학교에서 발생한 많은 총기 사고 중에서 가장 참혹한 사건이었다. 거의 모든 학군에서 매년 폭탄테러 위협이 발생하고 있고, 이는 학생, 학부모, 교사 모두에게 상당한 스트레스를 유발하고 있다.[20)]

조사에 따르면 교사의 절반가량이 '다시 직업을 선택할 수 있다면, 교사는 되지 않을 것이다'라고 응답하였다.[21)] 많은 교사가 교직에 대해 실망하는 이유는 다양하다: 낮은 임금, 낮은 사회적 지위, 부족한 준비물, 여성들을 위한 대안적 직업기회의 증가, 참기 힘든 열악한 근무조건 등이다. 실제 회계학, 공학, 컴퓨터과학, 유통과 같은 분야에서 4년제 대학졸업생이 일할 경우 더 많은 돈을 벌 수 있다.

열악한 근무조건에는 중등학교 교사들 중 학생들에게 위협당하고 심지어 신체적인 폭력을 당하는 교사가 존재한다는 점도 포함된다. 사이버공간을 이용한 교사와 교장에 대한 폭력도 빈번하게 발생하고 있다. 일부 학교의 교사는 수업에 들이는 시간 못지않게 학교와 학생의 안녕과 질서를 유지하는 데 시간을 소모하기도 한다. 약물과 알코올 남용문제는 이미 심각한 수준에 이르렀고, 교사들은 충분한 준비 없이 이러한 문제에 대처하도록 강요받고 있다. 많은 학교는 수업준비물의 부족을 경험하고 있다. 고등학교 학생 대 교사의 비율은 또 다른 문제다. 학생들이 많아지면서 교사들이 개별화된 지도를 제공하기는 더욱 어려워지고 있다.

많은 교사가 보호적 행동(가령 성폭력상황에서 자신을 보호하는 방법), 음주 및 약물남용예방 등과 같은 주제를

iStockphoto/People put flowers at memorial/Thinkstock

1999년 4월 21일 덴버 근처에 있는 콜럼바인고등학교에서 두 학생이 동료 학생들과 교사에게 총기를 난사한 사건이 발생하였다. 이 사건으로 열두 명의 학생과 한 명의 교사가 사망했다. 사람들이 비극적인 사건의 희생자를 추모하고 있다.

가르치기에는 준비가 부족하다고 느끼고 있다.

신임 교사 중 10년 후에도 교사직에 남아 있을 것이라고 응답한 비율이 5명 중 1명도 채 안 된다는 놀랄 만한 조사 결과가 보고된 바 있다.[22] 열악한 근무조건을 이유로 많은 교사가 교직을 떠나고 있다. 교사에 대한 충분한 보상제공과 관련하여 미국은 주요 선진국가 중 최하위를 기록하고 있다.[23]

2. 교육문제 개선을 위한 전략

Michael Rutter 등이 고등학교를 대상으로 평가한 결과는 부모라면 대부분 이미 알고 있는 사실이다. "학교는 실질적으로 자녀의 발달에 중요한 영향을 미치므로, 자녀가 어떠한 학교에 다니는지가 굉장히 중요한 문제다."[24] Rutter가 확인한 바에 따르면 가장 좋은 학교는 보다 많은 숙제를 부여하고, 높은 학업기준을 유지하며, 충분히 이해되고 강력하게 실행되는 규율을 가지고 있지만, 평온하고 지지적인 분위기를 제공하고 있다.[25] 다음의 내용에서는 학교체계를 개선하기 위해 필요한 네 가지 제언을 살펴보고자 한다. 교사에 대한 인센티브의 향상, 교과과정의 개선, 학부모의 학교 선택, 학령전 아동프로그램 확대가 그것이다.

》 교사들을 위한 인센티브 향상

훌륭한 자질을 갖춘 대학생들을 교육전문직으로 끌어오고, 현직 교사들의 사기를 고양시킬 수 있는 유일한 방법은 아마도 교육에 대한 인센티브를 향상시키는 것이다. 인센티브에는 급여인상, 연수 기회의 확대, 충분한 교육기자재 공급, 최첨단 장비(컴퓨터, 동영상, 비디오 장비)의 학급활용도 증대, 근무조건의 개선 등이 포함된다.

교육에 대한 헌신과 능력을 인정하고 보상하기 위해 '우수교사(master teacher)' 제도를 만드는 것도 논란을 불러오는 권고안 중 하나이다. 물론 우수한 교수방법이 학생들에게 상당한 긍정적 영향을 준다는 것을 보여주는 근거들은 많다. Perderson과 Faucher는 대도시 도심지역 출신 아동들을 대상으로 연구한 결과, 1학년 때 경험한 우수한 교육방법과 이후 성인기에 성취하는 성공 사이에는 높은 상관관계가 있음을 발견했다.[26] 우수교사는 실제 더 많은 급여를 받으며 교육과정 개발이나 신임교사 지도감독과 같은 책임을 맡을 수 있다. 하지만 교원노동조합은 능력과 헌신 이외의 기준(가령 교사에 대한 인기선호도)이 우수교사의 선정에 활용될 수 있다는 우려 때문에 우수교사제도에 반대하고 있다. 아울러 교사노조는 임금과 승진이 능력에 의해 좌우되는 성과제가 호봉제를 선호하는 노조의 입장과 상충되기 때문에 반대하는 경향도 있다.

신임교사에게 보다 유용한 경험을 제공하고 교육현장에 남아 있으려는 바람을 증대시키기 위해, 몇몇 학교는 멘토링 제도를 활용하고 있다. 신임교사는 교육경험은 많지만 상급자는 아닌 멘토로부터 조언과 지지를 받을 수 있다. 이들 멘토는 교과과정과 교육방식에 대한 안내자이자 지지 기반이며, 지식의 원천이라고 할 수 있다.

비판적 사고를 위한 질문 ?

"기본으로 돌아가기" 운동과 "비판적 사고" 운동 중 교육개선을 위해 더 좋은 접근은 무엇인가? 그 이유는 무엇인가?

교육과정의 개선

이 제언은 새로운 자원이 거의 필요치 않기에, 실제 모든 사람들은 이 방안에 찬성할 것이다. 하지만 중요한 질문은 어떠한 방향으로 교과과정이 개선되어야 하는 것인가다. 앞서 논의된 바와 같이 질 높은 교육이라는 목적에 대해서는 상당한 혼돈이 존재한다. 1960년대와 1970년대 초에는 학교의 엄격함과 권위주의에 대한 비판이 있었다. 이에 당시 많은 고등학교와 대학교는 선택과목의 수를 늘리고 기본 학과 교과목은 줄여버렸다. 전통적인 학교를 갑갑하게 여기는 학생들을 위한 대안학교들이 설립되었다. 또한 역사와 사회과목은 교과내용을 수정하여 아메리카 원주민, 아프리카계, 라틴계 등 소수민족들의 의미 있는 공헌을 포함시켰다. 그 결과 소수민족 학생의 삶과 관련 있는 새로운 교과목이 개발되었다.

그러나 지난 50여 년 동안 이러한 흐름은 다시 변화를 겪고 있다. 학업성취도의 하락에 초점을 두기 시작하면서 학교체계는 보다 엄격한 학업프로그램으로 돌아가고 있다. 실제 1960년대와 1970년대 초에 줄어들었던 기본 과목에 대한 필수수강이 복원되고 있는 실정이다. 사회학, 철학, 특정지역 문학이나 역사 등을 다룬 선택과목에서 벗어나 점차 읽기, 쓰기, 수학과 같은 기본적인 학업기술의 교육으로 옮겨가고 있다. 이러한 운동의 일환으로 아동들은 권위를 존중하고, 애국심을 고양하며, 도덕적인 삶을 살도록 교육받고 있다. 일부 학교는 학생에게 엄격한 복장기준을 적용하고, 무례한 행동에 대한 제재를 강화하고 있다.

기본으로 돌아가기 운동과 같은 맥락에서 2002년 미국 의회가 통과시키고, Bush 대통령이 인준한 법률에 따르면, 매년 모든 주는 3~8학년에 해당하는 학생에게 수학과 읽기 시험을 실시해야 한다(보기 10.3: 낙오학생방지법 참조).

동시에 비판적 사고 운동(critical-thinking movement)도 이루어지고 있는데, 이 운동은 학생들의 사고력 개발에 초점을 두고 있다. 학생들에게 관찰을 중시하고 해당 사안들을 비판적으로 분석하도록 격려한다. 일방적 강의보다는 토론을 강조하고, 암기학습보다는 비판적 분석을 중시하며, 객관식보다는 논술형 시험을 통해 학생들의 이해력을 평가한다. 어떤 측면에서 비판적 사고 운동은 기본으로 돌아가기 운동과 상충되기도 한다. 후자는 사실을 배우고 기억하는 데 중점을 두는 반면에, 전자는 사고력을 키우는 것이 암기보다 훨씬 중요하다고 보기 때문이다. 비판적 사고 운동은 고등학교에서 일부 대학 학점을 이수할 수 있는 대학과목 선이수(advanced placement) 제도의 확대에 불을 지피는 역할을 했다.

컴퓨터를 활용한 교육을 둘러싸고 또 다른 논쟁이 벌어지기도 한다. 컴퓨터는 현재에도 교육경험의 일부이며, 앞으로도 그러할 것이다. 하지만 그 장점이 단점보다 더 큰 것인가에 대한 논란은 존재한다. 기본적인 철자와 수학계산이 무시될 경우 필수 어휘를 쓰지 못하거나 소형계산기 없이는 두 개 항목의 비용비교도 못하지 않을까 하는 우려가 존재한다.

미국 국민들은 교육체계가 개선되어야 한다는 점에는 동의하지만, 교과과정의 목적에 대한 합의에는 커다란 편차를 보이고 있다.

보기 10.3 낙오학생방지법(No Child Left Behind)

George W. Bush 전 미국 대통령의 교육계획인 낙오학생방지법은 2002년 7월 법률로 제정되었다. 주요한 개념, 원칙, 실행안은 다음과 같다.

필요성: 오랫동안 미국의 교육체계는 제대로 책무를 다하지 못했고, 너무 많은 아동이 학업저하의 상태에 놓여 있으며, 뒤쳐진 채 내버려졌다.

해결방안: 정보는 힘이다. 이에 시험과 독립적인 자료수집은 부모, 교육자, 납세자에게 정보를 제공하는 방법이다.

시험: 교사와 부모가 학생이 알고 있는 바, 할 수 있는 바를 알지 못한다면 학생이 향상할 수 있도록 도와줄 수 없다. 시험은 모든 학생에 대한 기대수준을 끌어올릴 것이며, 단 한 명의 아이도 뒤처지지 않도록 보장할 것이다.

- 모든 주는 핵심 과목인 읽기, 쓰기, 수학, 과학영역에서 매 학년 학생들이 알아야 하고, 수행할 수 있는 바에 대한 명료하고 높은 기준을 설정해야 한다.
- 각 주는 주별로 설정한 기준에 부합되는 시험을 통해 모든 학생들의 향상정도를 측정할 것이다.
- 시험점수는 경제적 배경, 인종, 영어 능숙도, 장애에 따라 분류된다. 이를 통해 부모와 교사는 모든 집단의 학생들에 대한 학업성취도를 알 수 있고, 한 명의 아이도 뒤처지지 않도록 보장할 수 있다.
- 시험결과는 어떠한 학교가 잘 하고 있는지 부모, 지역사회, 교육자, 학교운영이사회가 알 수 있도록 제공된다. 만약 취약한 집단을 가르치는 학교가 놀라운 결과를 얻는다면, 시험결과가 그것을 말해줄 것이다. 반면 매년 특정한 집단이 뒤처지게 내버려 두는 학교가 있다면, 시험결과가 이 역시 말해줄 것이다.
- 3학년부터 8학년까지 모든 아동과 고등학교의 1개 학년은 수학과 읽기 영역에 대해 매년 시험을 치룰 것이다.

책무성: 각 주는 불리한 상황에 처한 학생을 포함하여 모든 학생이 학업능숙성 기준을 달성하도록 보장하며, 성취도 격차를 얼마나 줄일 것인지 보고해야 한다. 모든 주는 주별, 학교별 성적기록을 작성하여 매년 학교별 향상정도를 부모와 지역사회에 알려주어야 한다. 향상되지 않는 학교는 무료학습지도, 방과후 지원, 교정활동 제공 등의 보충적 서비스를 제공해야 한다. 5년 후까지 매년 적절한 향상을 보이지 않는다면 학교의 운영방식은 상당한 변화를 가져와야 한다. 낮은 점수를 보인 학교는 매년 향상정도를 보여주어야 하며, 모든 학생들이 12개 학년의 읽기와 수학에서 능숙도 기준에 도달하는 것이 목표이다. 뒤쳐진 학교는 연방정부로부터 학생 1인당 1,000달러까지 지원받을 수 있지만, 만약 3년 후까지 개선되지 않는다면, 학생들은 다른 공립학교나 차터학교(charter school)로 전학갈 수 있다. 이 법률에 의거하여, 낮은 점수를 보인 학교가 5년 후까지 개선되지 않는 경우 빈약한 성과를 보인 직원은 교체되거나 새로운 교과과정을 개발해야 한다.

현재까지 수년간에 걸쳐 수행된 이 프로그램과 관련하여 초기 결과와 교육자들의 관점은 긍정과 부정적 의견이 혼재되어 있다. 낙오학생방지프로그램에 대한 지지자들의 주장은 다음과 같다.

- 학생들의 읽기와 산수과목점수가 향상되었다.
- 43개 주와 콜롬비아 특별구는 학생들의 시험점수가 향상되었거나 모든 범주에서 그 수준을 유지하였다.
- 낙오학생방지법은 공립학교의 책무성을 촉구하며, 부모에게 자녀를 위한 보다 많은 교육적 선택을 제공하고 있으며, 유색인종과 백인학생 간의 성취도 격차를 메울 수 있게 도와주고 있다. 낙오학생방지법은 모든 학생들에 대한 공통의 기대수준을 수립하여 학교의 수행성과에서 나타나는 사회적 계층과 인종별 격차를 최소화하고 있다.
- 낙오학생방지법은 학교와 교육청이 전통적으로 취약한 아동집단(저소득, 장애, 유색인종 아동)의 학업성취에 관심을 가지도록 요구하고 있다.
- 낙오학생방지법은 교수법의 질 제고를 위해 학교는 "과학적 연구에 기반을 둔" 학급내 교수활동, 부모참여프로그램, 대학진학을 기대하지 않는 학생을 위한 전문적 개발활동을 실시하고 있다.
- 낙오학생방지법은 읽기, 쓰기, 수학, 과학의 성취도를 핵심적 학업과목(core academic subjects)으로 강조한다.
- 2년 이상 목표점수의 기준에 미달한다면, 해당 학교는 아동에게 높은 성과를 보이는 학교로 전학할 기회를 제공하거나, 무료 교습제공, 방과후 프로그램 제공 등을 실시해야 한다.
- 학교에 대한 연방정부의 재정지원은 낙오학생방지법의 시행결과 증가되었다.

낙오학생방지법에 대한 비판론은 다음과 같다.

- 낙오학생방지법은 표준화점수에서 낮은 점수를 받는 학생을 중도탈락하도록 만들어, 이들의 점수가 학교의 평균점수에 악영향을 미치지 않도록 학교를 부추기고 있다.
- 표준화된 시험(주의 모든 학생들이 동일한 조건에서 동일한 시험을 치르는)의 강조는 교사로 하여금 창의적이고 비판적인 사고보다는 시험성과를 늘릴 수 있는 협소한 범위의 기술을 가르치게 강요한다.

(계속)

보기 10.3 (계속)

- 어떤 학교는 핵심과목(읽기, 쓰기, 수학, 과학)의 수업에만 집중한다. 그 결과, 예술과목과 보건교육 같은 과목에는 거의 관심을 두지 않고 있다. 낙오학생방지법의 결과, 예술, 초등학교 사회과목, 체육, 외국어, 역사, 도덕, 문학 등의 과목 수업은 감소하였다.
- 영어과목의 표준화시험은 제2언어로 영어를 배운 학생에 대해 '문화적으로 편향된' 것이다. 영어를 제2언어로 제공하는 학교는 표준화시험에서 부정적 영향을 받을 수밖에 없다.
- 영재학생들이 자신의 잠재력을 발현시키게 하는 인센티브는 거의 없다.
- 교사가 "시험문제만 가르쳐야 한다"고 느낄 때, 아동들이 새로운 배움의 영역을 탐구하고, 창의적인 사고능력을 개발하도록 영감을 줄 수 있는 "가르침의 순간(teachable moment)"을 잃어버릴 위험이 크다.

출처: Department of Education, No Child Left Behind is Working (Washington, DC: U.S. Department of Education, 2006); Linda A Mooney, David Knox, and Caroline Schacht, *Understanding Social Problems*, 6th ed. (Belmont, CA: Wadworth/Cengage Learning, 2009), pp. 322-323.

학부모의 학교 선택권 허용

부모선택권제도하에서, 학부모들은 거주지역 밖에 있는 공립학교에 자녀들을 입학시킬 권리를 가질 뿐 아니라 자녀가 등록한 학교에는 주정부의 재정지원이 이루어지게 된다. 이러한 시장원리에 따라 학업우수학교는 더욱 번창하게 되고 열등한 학교는 교육의 질을 개선하거나 폐교해야 한다. 학부모 학교선택제도를 실행하기 위해서 활용되는 제도가 바우처(voucher)다. 바우처제도는 학생들과 학부모가 선택한 학교의 교육에 필요한 비용을 치르도록 정부가 바우처(교육상품권)를 제공하는 프로그램이다.

현재 많은 주에서 학부모 학교선택제를 실행하고 있다. 초기 연구들은 학부모와 학생이 학교를 선택하는 이유가 종종 학업문제와는 무관함을 보여준다.[27] 어떤 경우 부모는 자녀의 졸업을 위해, 혹은 좋은 성적으로 졸업하기 위해 학력수준이 낮은 학교를 선택하기도 한다. 어떤 학부모는 직장에서 가깝다는 편리함 때문에 자녀의 학교를 선택하기도 하고, 운동대표선수로 뽑히기 위해 학교를 선택하기도 한다. 많은 경우 통학의 문제로 인해 집에서 가까운 학교를 선택한다.

학부모 학교선택제가 안고 있는 중요한 문제는 근린지역학교(neighborhood school)라는 개념을 훼손시킬 수 있다는 점이다. 이 개념은 근린지역의 학교가 지역사회 생활의 중심이 되어야 하며, 학교의 시설은 지역사회 내 청소년이나 성인이 교육, 오락, 여가 활동, 사교적 모임, 스포츠행사, 지역사회 모임 등 다양한 용도로 활용할 수 있어야 함을 의미한다. 만약 학부모들이 자녀를 근린지역 학교가 아닌 다른 지역의 학교로 보낸다면, 이제 근린지역 학교는 지역 생활의 중심이 될 수 없을 것이다.

학부모 학교선택제의 또 다른 단점은 다수의 학생은 멀리 떨어진 학교에 갈 수 있는 처지가 되지 못한다는 점이다. 이들은(이미 상당수는 교육적으로 불리한 여건에 놓여 있는) 열악한 학군에 '뒤쳐진 채 남겨질지(left behind)' 모른다. 왜냐하면 지원금도 더 좋은 학교를 선택한 학생들을 따라 쫓아가기에 선택받지 못한 학교는 더욱 열악해지기 때문이다. 또 다른 문제점은 특수교육 대상 학생 그리고 행동상의 문제를 안고 있는 학생들과 관련되어 있다. 대체로 이러한 아동은 사립학교에서 받아주지 않기에, 우수한 학생이 사립학교로 전학하는 바람에 지원금이 대폭 삭감된 공립학교에 고립되어 남겨질 수 있다.

아울러 우수한 학생이 선택하여 전학한 종교재단 학교에 연방 및 주정부 지원금을 제공하는 것은 정교분리 원칙을 위배할 수 있다는 점 때문에 위헌적 문제를 야기할 수 있다.

비판적 사고를 위한 질문

부모의 학교선택제도에 대해 찬성하는가 아니면 반대하는가? 그 이유는 무엇인가?

미국 내 일부 전문가는 학교제도의 개선을 위한 방법으로 차터학교를 늘릴 것을 주장한다. 차터학교는 공공지원금을 받는 초, 중등학교로 공립학교에 적용되는 규제, 법률, 기준으로부터 자유롭다. 하지만 특정한 성과를 거두어야

보기 10.4 창의적이고 비판적 사고가 교육의 본질이다

교육 분야에서 새로운 경향과 방법은 끝없이 출현한다. 어떤 교육이론가들은 '3R*'을 재발견하는가 하면, 누군가는 모든 책상에 컴퓨터를 설치하는 것을 꿈꾸기도 한다. 교사들 사이에는 "이 달의 생각"처럼 끊임없이 출현하는 방법에 대한 불신이 커져가고 있으며, 그보다 자신들이 제일 잘 할 수 있는 일—교육—에 대한 관심을 다시 갖기 시작했다. 이러한 분위기와 맞물려 저술가 Alfie Kohn은 미국의 교육자를 변화시킬 수 있는 새로운 프로그램을 담은 최신교과과정 운동보다는 교사가 수행하는 것에 더욱 관심을 가졌다. 그는 현재의 교육정책에 대해 매우 도발적인 비판을 담은 책을 출간하였다. <우리 아이들이 다녀야 할 학교(*The Schools Our Children Deserves*)>라는 책을 통해 Kohn은 학생을 열정적인 학습자로 변화시키는 것이 무엇을 배우는 것보다 중요한 것이라 주장한다.[a] Kohn은 다음과 같이 질문한다.

> 다음의 장면에서 무엇이 문제인가? Abigail은 상당한 양의 수업과 과제물을 수행해야 한다. Abigail은 좋은 성적을 얻기 위해 공부하고 학교 또한 그녀의 높은 성적을 자랑스럽게 여긴다. 뛰어난 학생은 공개적으로 상을 받고 인정받는다. 카리스마를 가진 Abigail의 담임교사는 학급을 잘 통제하며 학생들은 담임교사의 인정을 받기 위해 손을 들고 인내심 있게 자신이 지목되기를 기다린다. 교사는 수업 전에 세부 강의계획을 준비하고, 최신판의 교과서를 사용하며 학생이 교과 내용을 완벽하게 습득할 수 있도록 정기적인 퀴즈시험을 본다.[b]

그의 답은 이렇다: "전부 다."[c] 그는 사실의 암기, 연산문제의 끝없는 연습, 책상 앞에서 오래 버티기, 최근 유행하는 평가시험과 졸업시험 등은 교육에 이득이 되기보다는 교육과정을 해롭게 하는 것이라고 주장한다. Kohn은 교육성취 평가수단으로 표준화된 학력평가시험을 치르는 것에 대해 공개적으로 비판한다. 그는 표준화된 학력평가 시험이 불필요하게 경쟁심을 유발하고 결국에는 모든 학생을 평균적인 수준으로 만든다고 본다. 학생들은 학교성적에 강박적으로 매달리면서 자신들이 하고 있는 일에 대한 흥미를 상실하고, 결국에는 깊이 있는 생각을 하지 않게 된다. 더 나쁜 것은 학생이 얼마나 잘하는지 평가하기 위해 표준화된 학력 평가시험을 활용할 경우, 지적인 삶은 교실 밖으로 밀려나게 되고, 교실은 단지 시험 준비센터가 되고 만다. "기본으로 돌아가기" 운동의 교육 철학은 잊혀지고 마는 사실들을 수동적으로 주입받는 대상으로 아이들을 간주한다. 표준학력고사는 학생이 비판적이고 창조적인 생각을 갖게 하는 대신에 학생의 시험준비를 위해 교사들로 하여금 많은 시간을 소비하게 만든다.

"보상을 통한 처벌? Alfie Kohn과의 대화"라는 기사에서, Kohn은 학습과정이 근본적으로 지루하고 비능률적이기 때문에 학생의 학습을 돕기 위해서는 때로는 학생을 구슬리기도 하고, 과도하게 칭찬하기도 할 필요가 있다고 주장한다.[d]

Kohn은 보다 나은 가르침과 배움이라는 방정식은 학생에게 창의적이고 적극적인 역할을 부여하는 능동적인 과정으로 교육을 바라보는 것이라 주장한다. 그는 학습의 궁극적 산물은 특정 사실이나 기술이 아니라고 주장한다. 비록 사실과 기술의 습득이 부수적으로 일어나지만 학습의 핵심적인 산물은 비판적이고, 창의적이며, 개별적으로 생각하고 문제를 해결하는 능력의 개발이다. 교육활동의 핵심은 학급, 즉 하나의 공동체 안에 학생들을 참여시키는 것이다. 학생들은 협동적 학습(집단 문제해결), 고학년과 저학년 간의 멘토링 관계, 학습 능력과 욕구를 증진시키는 가설검증실험 등에 참여할 수 있어야 한다. Kohn에 따르면 표준학력고사는 궁극적으로 가장 중요한 '스스로 생각할 수 있는 능력'을 측정할 수 없다.

예상할 수 있는 것처럼, 이러한 Kohn의 주장은 많은 회의론과 비판론을 불러왔다. 하지만 그는 "새로운 방식으로(outside of box)" 생각할 수 있는 이론가의 한 예이며, 이러한 방식은 지금은 잘 들어맞지 않은 오래된 방법들을 알고 있는 사회복지사의 경우도 마찬가지다. 복잡한 문제를 해결하기 위해서는 새로운 방법에 대해 우리 모두 개방적일 필요가 있다.

* 역주: 3R이란, 읽기(**R**eading), 쓰기(w**R**iting), 셈하기(a**R**ithmatic)와 같이 기본적인 학업기술을 의미하는 것이다.

[a] Alfie Kohn, *The Schools Our Children Deserve: Moving Beyond Traditional Classrooms and "Tougher Standards,"* (New York: Houghton Mifflin, 1999).
[b] Ibid, p. 1
[c] Ibid.
[d] Ron Brandt, "Punished By Rewards? A Conversation with Alfie Kohn," *Educational Leadership*, 53, no. 1 (Sept. 1995).

하는 책임을 부여한다. 차터학교가 거두어야 할 성과는 해당 학교의 정관(charter)에 구체적으로 명시된다. 정관에 명시된 성과의 한 예로 '교육성과물의 향상'을 들 수 있다.

차터학교의 설립자는 대개 전통적인 공립학교의 한계를 느낀 부모, 교사, 활동가들이다. 지역학군에 속하지 않는 주립 차터학교는 대개 대학, 비영리집단 또는 정부단체가 설립하기도 한다. 차터학교의 규율과 구조는 주정부의 법률에 따라 달라지기에 주별로 상이하며, 학교바우처와 유사하게 학교선택의 폭을 넓히고, 경쟁을 통해 교육의 질을 증대시키도록 설계된다. 차터학교에 다니는 학생의 교육성취에 대한 연구에 따르면 전통적인 공립학교에 다니는 학생과 거의 유사한 수준의 성취도를 보이고 있다.[28)]

》 학령 전 프로그램 확대

교육성과의 향상과 관련된 가장 비용효과적인 접근은 보다 많은 학령전 아동이 등록할 수 있는 학령전 프로그램의 수를 확대하는 것이다. 양질의 학령전 프로그램에 참여할 경우 다양한 긍정적 장기효과를 가져온다고 보고하는 연구들이 상당수 존재한다.

15년간 지속된 시카고 종단연구의 최근 보고에 따르면 저소득층 아동이 질 높은 학령전 교육프로그램을 받을 경우, 고등학교를 졸업할 가능성이 높았고, 범죄행위로 체포될 가능성은 낮아지는 것으로 나타났다.[29)] 이와 관련하여 이 연구가 보고한 바는 다음과 같다.

> 본 연구의 결과는 생애초반의 아동초기 프로그램에 대한 공공투자가 교육적 성과를 향상시키고, 문제행동은 감소시키는 장기적 효과를 가져올 수 있음을 보여준다.[30)]

이 연구의 조사대상인 900명의 아동은 (a) 언어와 수리적 기술에 초점을 두고, (b) 심도 있는 학부모 참여를 강조했으며, (c) 충분한 임금과 고학력의 교사로 수행된 질 높은 학령전 프로그램에 참여하였다.

1999년 노스캐롤라이나 대학은 유아기부터 질 높은 보육서비스에 참여하는 것이 장기적으로 긍정적인 교육적 효과를 지닌다고 보고했다.[31)] 노스캐롤라이나 대학의 조기교육 프로젝트(Abecedarian Project)는 20여 년 동안 연구에 참여했던 100명의 유아를 추적조사하였다. 연구 결과 조기교육을 받은 저소득가정 아동은 인지검사 결과에서 비교적 높은 점수를 보였을 뿐 아니라 읽기 및 수학 능력에서도 높은 평가를 받았다.

페리 학령전 프로젝트(The Perry Preschool Project)는 123명의 저소득층 아프리카계 아동을 대상으로 연구했다.[32)] 대상아동은 높은 질의 학령전 교육 프로그램을 받는 실험집단과 그렇지 않은 통제집단에 무작위로 할당되었다. 양질의 학령전 교육프로그램은 4명의 숙련된 교사가 운영하였다. 실험집단에 할당된 58명의 아동 중 대다수는 3~4세의 나이부터 2년 동안 프로그램에 참여했다. 두 집단의 아동들은 27세가 될 때까지 추적조사를 하였는데, 그 결과는 매우 놀라웠다. 실험집단의 아동은 통제집단의 아동에 비해 학령기 동안 상대적으로 높은 학업성취도를 보인 반면, 낮은 체포율을 보였다. 또한 성인기 이후 고소득 직업을 갖는 비율이나 대학 입학 비율은 높았고, 이에 반해 공적부조 대상자 비율이나 미혼모의 비율은 낮은 것으로 나타났다.

이러한 연구들은 질 좋은 학령전 교육프로그램이 아동뿐만 아니라 사회 전체를 위해서도 장기적으로 이로움을 보여준다. 질 높은 조기교육 프로그램이 대상아동에게 긍정적 효과를 미치는 것으로 입증된 영역은 다음과 같다.

- 사회적, 정서적 기술
- 언어, 읽기, 수학 기술
- 인지적인 발달
- 어머니, 주양육자, 또래들과의 긍정적인 애착형성과 대인관계
- 밝은 미래: 고소득, 보다 높은 교육성취, 안정된 결혼생활, 높은 사회적 지위

양질의 학령전 프로그램들이 감소시킬 수 있는 위험요소는 다음과 같다.

- 낙제 또는 특수교정 프로그램으로의 배치
- 범죄행위와 비행
- 공격적 행동 또는 문제행동

하지만 안타깝게도 현재 다수의 보육 프로그램은 약소한 급여, 과밀한 아동수, 낮은 직원 사기, 적절한 교육을 받지 못한 직원 등의 악조건에 처해 있다.

비판적 사고를 위한 질문 ?

헤드스타트(Head Start; 저소득층 아동을 위한 교육 프로그램)와 같은 프로그램이 확대되어야 하고, 학령전 프로그램이 향상되어야 한다고 생각하는가? 이러한 접근이 미국의 교육 질을 향상시킬 수 있는 가장 비용효과적인 방법일 수 있다.

3. 평등한 교육기회 제공을 위하여

지금까지 살펴본 바와 같이 소수민족과 빈곤계층을 위한 교육의 기회는 부족한 상황이다. 모든 사람에게 평등한 교육기회가 제공되어야 한다는 점에는 대부분의 사람은 동의한다. 하지만 그것을 이루는 방법에 대해서는 합의가 이루어지지 않고 있다. 평등한 교육기회의 제공이라는 방향으로 나아가기 위한 세 가지 제언은 다음과 같다.

1. 학생 개개인의 교육에 동일한 비용의 재정지원이 가능할 수 있는 학교 재정의 개혁
2. 불리한 조건의 학생을 위한 특수한 보충교육 프로그램의 수립
3. 상이한 인종적 배경을 가진 학생의 동일 학교로의 통합

학교 재정의 개혁

부유한 동네의 학교는 가난한 동네의 학교보다 학생 1인당 더 많은 비용을 지원받는다. 현재 거의 모든 주에서 학군별 수입의 대부분은 지역별 재산세에서 충당된다. 쇠락한 도심지역은 학교에 대한 재정적 지원에 부담을 가지고 있으며, 이들 지역의 많은 학교는 열악한 상황에 처해 있다.

이에 재산세를 학교의 주요 재원으로 활용하는 방식에 대한 반대가 점증하고 있다. 은퇴노인과 같은 고정수입 세납자들이 매년 인상되는 재산세를 감당하지 못하고 체납하는 경우가 늘고 있기 때문이다. 1993년 미시간 주는 공립학교 재정지원을 재산세로 충당하는 방식을 폐지하는 법을 통과시켰다. 이후 1994년 미시간 주의 유권자는 공립학교의 주요 재원인 판매세와 담배세를 인상하는 주헌법 수정안을 승인하였다. 미시간 주가 보여준 이러한 행동은 모든 학생에게 동일한 돈을 지출하여 학군 간의 평등을 지향하는 운동의 산물이다.[33] 몇몇 다른 주도 이와 유사한 방식으로 옮겨가고 있다.

모든 학생의 교육에 동일한 양의 재정지원을 위한 또 다른 제언은 모든 초등, 중등교육을 위해 연방정부가 비용을 부담하는 것이다. 모든 학교마다 학생당 동일한 재원을 제공하는 것이다. 이러한 방안을 비판하는 쪽에서는 그동안 미국 내 학교가 지방정부의 통제와 관여를 통해 발전해 왔다는 점을 주장한다. 이들은 연방정부로 재정지원이 이전된다면, 학교에 대한 연방정부의 통제는 증대되고, 적색 테이프(red tape; 관료제의 간섭과 통제를 상징함)가 늘어날 것으로 생각한다. 이는 결국 의심할 바 없이 거대한 연방 관료제가 증대될 것을 의미한다고 받아들인다.

보충 교육의 제공

많은 전문가는 가난한 소수민족 아동의 학업성취 수준은 특수 프로그램과 보충적 지원을 통해 개선될 수 있다고 믿고 있다. 이미 여러 유형의 프로그램들이 존재하고 있다.

대부분의 학군에서는 학교에 잘 적응하지 못하는 아동을 대상으로 학업적, 사회적, 정서적 욕구를 사정하는 학생서비스부서가 설치되어 있다. 일단 아동에 대한 사정이 완료되고 나면, 해당 아동의 개별적인 학습욕구를 충족시킬 수 있는 프로그램이 개발된다. 파악된 욕구에 기반을 둔 다양한 분야의 서비스가 제공될 수 있다. 정서적으로 문제가 있거나 학습장애를 가진 아동을 위한 특수 학급이 있고, 때론 상담이 제공되기도 한다. 몇몇 학생은 약물남용으로 의뢰되기도 하고, 어떤 학생은 시각 또는 청각 장애로 의뢰되기도 한다. 학생서비스부의 인력은 학교심리사, 사회복지사, 진로상담가 등 다양한 전문가들로 이루어진다. 1975년 미국 의회는 PL 94-142로 잘 알려져 있는 장애아동교육법(Education for All Handicapped Children Act)을 통과시켰다. 이 법안은 아동의 교육을 저해할 수 있는 신체, 발달, 학습, 사회정서 문제를 규정하고 있다. 법안 내용 중에는 모든 학교에서 이러한 문제를 가진 학생을 선별해내고, 그들의 욕구에 맞는 특수교육 프로그램을 개발하도록 규정했다. 그러나 불행히도 저소득지역의 많은 학교에서는 재정적인 압박으로 인해 이 법안의 목표를 충분히 달성할 수 없었다.

많은 주에서 아동의 학업중퇴를 예방하는 프로그램이 개발되고 있다. 학업중퇴의 문제는 잠재적 노동생산성의 상실이라는 점에서 당사자나 사회적으로 많은 손실을 초래하게 된다. 고교졸업자가 받을 수 있는 생애기간 급여추정액은 학업중퇴자들에 비해 20만 달러 정도 높다.[34] 학업중퇴 고위험군에 대한 프로그램은 중도탈락을 예방하고, 실질적인 직업훈련을 제공하기 위한 방안들로 구성되어 있다.

몇몇 초·중등 학교체계에서는 여름방학 동안 읽기, 쓰기 및 수학 관련 보충교육 프로그램을 제공하고 있다. 이

iStockphoto/Disabled Boy with Teen Tutor/Thinkstock

특수교육 프로그램에 참여하고 있는 학생이 개별화된 일대일 수업을 받고 있다.

와 같이 다양한 보충교육 프로그램은 대학교 수준에서도 제공되고 있다. 여기에는 비학점 과정의 영어, 수학, 개인지도 및 다양한 시험 프로그램이 포함된다. 많은 대학들이 입학기준에 미치지 못하는 소수민족 학생의 입학을 위한 특별 전형을 실시하고 있다. 그리고 합격한 소수민족 학생은 다양한 교육기회(educational opportunity) 프로그램들을 활용하도록 권장한다. (도심의 열악한 초·중등학교를 나온 학생은 읽기 및 쓰기, 수학 등의 능력에서 2~4년 정도까지 뒤쳐져 있기 때문에 대학에서의 성공적인 학업수행을 위해 교육기회 프로그램이 필요할 수 있다.) 플로리다 주를 비롯한 몇 개 주는 고교 학업성적이 우수한 저소득지역 고등학교 학생에게 고등교육 등록금을 제공하는 장학제도를 운영하고 있다.

교육기회 프로그램들은 대부분의 대학이 수용하여 운용하고 있다. 하지만 대학원과 의대, 법대와 같은 전문대학원에까지 소수민족학생을 특별입학시키는 것은 그리 쉬운 사안은 아니다. 이 방안의 지지자들은 차별방지를 위한 입학허가제는 열악한 학교체계와 소수민족 학생이 과거에 경험한 여타의 차별을 보상하는 것이라 주장한다. 반면 제한된 입학 정원으로 인해 경쟁이 치열한 상황에서 이러한 제도가 백인 학생에 대한 역차별이라고 비판하는 의견도 있다. 백인학생의 경우 특별입학한 소수민족 학생보다 높은 입시점수를 받고도 입학허가를 받지 못할 수 있기 때문이다. 이에 차별방지정책에 대한 법률적 위상은 아직까지 완전히 정착되지는 못한 실정이다.

》 효과적인 통합

앞서 논의한 바와 같이 강제통학버스제도(school busing)는 지역 학군 내 학생들을 통합시키고자 하는 시도에서 이루어진 바 있다. 그러자 대도시에 거주하는 많은 백인은 교외지역으로 이주하거나 자녀를 사립학교로 보내버렸다. 몇몇 대도시에서는 법원의 명령을 통해 교외지역의 학군과 도심지역의 학군을 통합한 후 학생들을 버스로 통학하도록 하는 실험을 수행 중이다. 그러나 이러한 통합이 어느 정도 효과가 있을지는 미지수다. 중요한 문제는 통학거리인데, 어떤 교외지역은 도심과 너무 멀리 떨어져 있어서 학생들은 상당시간을 통학버스에서 보내야 하는 문제를 겪고 있다. 교외지역에 거주하는 백인 부모 중 상당수는 소수의 도심지역 아동이 자신들의 거주지역 학교로 버스 통학하는 것에 대해서는 심각한 이의를 제기하지 않는다. 하지만 폭력발생 가능성과 교육의 낮은 질 때문에 자신들의 자녀가 도심의 열악한 학교로 버스 통학하는 것에 대해서는 반대하고 있다. 만약 도심지역 학교로 자녀를 통학시키라는 법원 명령을 받게 된다면, 아마도 많은 백인 부모는 자녀를 사립학교로 보낼 것이다.

근린지역의 학교들을 통합하는 가장 이상적인 방법은 거주지역의 통합을 통해서 지역 내 학교들이 저절로 통합될 수 있게 하는 것이다. 그러한 통합은 아동은 물론 성인들을 위해서 인종간 협력과 우애를 위한 기회를 지속적으로 제공할 것이다. 그러나 이러한 방안이 실행될 가능성은 크지 않다. 일반적으로 상이한 민족적, 인종적 배경을 가진 사람들은 동일한 지역사회에서 함께 거주하는 것을 꺼리기 때문이다. 또한 소수민족의 사람들은 부유한 이웃과 함께 살 만한 경제적 형편이 되지 않는데다가 그러한 지역사회에 사는 백인거주자는 자신의 지역사회에 저렴한 비용의 주택이 들어서는 것을 반대한다.

또 다른 통합안은 도심에 자석처럼 학생들을 끌어들일 수 있는 특수목적 학교(Magnet School; 미국에서 학생들의 특수한 욕구와 특성에 따라 세워진 특수학교)를 세우는 것이다. 이러한 특수목적 학교는 특별한 교과과정과 프로그램, 시설 등을 갖추고 있다. 예술학교나 컴퓨터과학고등학교 등이 그 일례다. 이러한 특수목적 고등학교 설립을 제안하는 사람들은 도심에 보다 우수한 교육기회를 제공하는 학교를 설립하게 되면 교외지역에 거주하는 학생을 도심지역으로 유입할 수 있다고 주장한다.

그러나 가까운 시일 안에 연방정부가 도심지역의 학교를 지원할 것이라는 전망은 그리 밝지 않다. 정부예산 삭감을 통해 연방정부적자를 감소시키려는 현 시점에서 열악한 학교들에게 재정적 지원을 해주는 새로운 연방 프로그램을 시행할 가능성은 매우 희박하기 때문이다.

John E. Farley는 소수민족과 저소득층을 위해 평등한 교육기회를 제공하는 것이 전체 미국인들에게 있어서도 중요한 점을 다음과 같이 설명하고 있다.

> 만약 교육체계의 전반적인 효과성이 열악하다면 미국인의 생산성 또한 문제가 생길 것이며, 그 결과 경쟁이 치열해지는 세계 속에서 우리의 생활수준도 추락할 가능성이 매우 크다. 그렇기에 점증하고 있는 아프리카계, 히스패닉계 등 저소득가정 출신의 다양한 인종의 청소년을 키우는 데 실패한다면 그 결과 역시 마찬가지일 것이다. 미래의 노동시장 인력의 상당 부분을 차지하며 성장하고 있는 사람들을 교육시키는 데 실패한다는 것은 미국 전체의 생산성과 생활수준에 파괴적인 영향을 미칠 것임을 의미하기 때문이다.[35)]

4. 교육개선을 위한 Obama 대통령의 제안

Obama 대통령은 미국 교육체계의 개선을 위해 다양한 제안을 제시하였다. 그 제안들은 다음과 같다.

- Obama 대통령은 낙오학생방지법이 재정은 뒤로 한 채 추진되었다고 믿고 있다. 그는 이 법의 목적이 올바르다고 믿기에 재정증대를 통한 개혁을 제안하고 있다. 그는 전국단위 표준시험의 대비에 교사가 시간을 소비하는 것에는 반대한다. 학생의 성취도를 확인하는 데 사용된 평가를 대학과 취업의 준비도를 측정할 수 있도록 수정할 필요가 있다. 낮은 시험점수를 보인 학교는 제재를 받을 필요는 없지만, 교수방법의 질을 향상시키기 위한 지원은 받아야 한다.
- 조기아동교육은 더 많은 재정지원을 받을 것이다. "0세부터 5세까지(zero to five)" 계획은 유아 및 어린 아동을 위해 조기에 질 높은 보육과 교육을 제공함으로써 5세에는 유치원에 입학할 충분한 준비가 이루어지게 할 것이다.
- 헤드스타트 프로그램 역시 재정지원이 증액되어야 한다.
- 질 높은 학교는 지원을 받아야 하며, 낮은 성과를 보인 차터학교는 폐교되어야 한다.
- 수학과 과학교육은 최우선적으로 이루어져야 한다. 수학과 과학전공 대학원 졸업자들이 교사직에 취업하도록 유도하며, 교사들이 교육현장에서 전문가로부터 교육받을 수 있도록 재정지원이 이루어질 것이다.

- 중도탈락의 위기를 해결하기 위해 중학교에서 성공을 거두는 방식으로 접근할 것이다. 이를 위해 중학교에서의 개입전략에 투자하는 학군에는 재정지원을 제공할 것이다. 중도탈락과 관련한 개입전략에는 멘토링, 부모참여, 교육팀 구성, 개인학습계획 수립, 집중적인 수학 및 읽기 교육, 학습시간 연장 등이 포함된다.
- 질 높은 방과후 프로그램을 확대할 것이다.
- 새로운 미국의 기회 세액공제(American Opportunity Tax Credit) 제도를 만들어 모든 미국인이 대학교육을 감당할 수 있게 만들 것이다. 대학교육비용 중 최초 4천 달러가 제공될 것이다. 이는 평균적인 공립 대학 등록금의 2/3에 해당되며, 평생교육원(community college)에 다니는 학생의 경우 무료등록금의 혜택을 받게 됨을 뜻한다.
- 새로운 교사육성 장학제도(Teacher Service- Scholarships)를 통해 학부과정 4년 또는 대학원과정 2년 동안의 교사교육을 지원할 것이다. 장학제도를 이용한 자는 최소 4년 동안 낙후지역 또는 최우선 필요분야에서 교사로 활동해야 한다.
- 신입교사와 숙련교사를 짝짓는 멘토링 프로그램을 확대해 교사이탈문제를 개선할 것이다(현재 신입교사의 30%가 임용 후 5년 내에 교직을 떠나고 있다).
- 교사는 교사임금 향상을 위한 새롭고 혁신적인 기법을 활용해 더 나은 재정적 보상을 받을 것이며, 교사에게 강제하는 방식이 아니라 교사와 함께 개발할 것이다.[36]

5. 학교사회복지사: 위기에 대한 반응*

교육체계 내부의 문제와 함께 학교가 해결해주기를 요구받는 사회 문제들을 고려할 때, 학교사회복지사와 같은 전문가가 학교체계의 한 부분이 된다는 것은 그다지 놀랄 만한 일은 아니다. 학교사회복지사는 상대적으로 새로운 역할임에는 틀림없다. 1960년대 전까지 학교사회복지사는 매우 드물었고, 그나마 처음에는 대도시 학교(예를 들어 시카고나 뉴욕 같은)에 고용되었다. 실제 학교사회복지사에 대한 초기 논문은 1955년에 출간되었다.[37] 하지만 이제 학교사회복지는 새로이 진화된 역할의 맥락에서 논의되어야 한다.

논의에 앞서 학교에서 아동들이 보이는 문제행동의 본질을 이해하는 일차적 기반으로서 행동분석을 위한 방법이 필요하다. 학교사회복지사라면 누구라도 아동행동의 역동성을 이해하는 것이 실질적으로 필요하다. 학교사회복지사는 지금까지 아동이 가지고 있는 문제행동에 밀접하게 관련되어 왔고 앞으로도 그러할 것이기 때문이다. 1975년에 의회는 장애아동교육법(Education for all Handicapped Children Act)을 통과시켰다. 이 법안은 모든 학교가 장애를 가진 아동 모두에게 충분하고 적절한 수준의 교육적 기회를 제공해야 한다고 규정하고 있다. 장애아동교육법에 명시된 사회복지서비스에는 (a) 사회적 또는 행동적인 문제들에 대한 규명, (b) 개인 또는 가족 상담 기술의 활용, (c) 행동적, 정서적, 사회적 문제에 영향을 미칠 수있는 여타 자원의 활용 등이 포함되어 있다.

2005년 당시 Bush 대통령은 지금은 장애인교육법(Individuals with Disabilities Education Act)으로 알려져 있는 개정법안에 서명하였다. 개정법은 낙오학생방지법(NCLB)과 밀접하게 연관되어 있다. 낙오학생방지법은 공립학교 학생들의 경우 장애, 경제적 지위, 인종, 언어에 상관없이 읽기, 언어영역(주로 작문기술), 수학, 과학, 과학과목에서 주별로 설정된 학업기준을 충족시킬 것을 의무화하고 있다. 2012년까지 모든 학생들이 각 과목에서 요구하는 해당 학년별 학업기술을 습득할 것으로 기대하고 있다. 특정 학년(3~8학년과 고등학교 1년)은 매년 치르는 시험을 통해 모든 공립학교의 학생을 점검할 계획이다.

따라서 행동적, 정서적, 동기상의 어려움을 겪는 학생을 확인하는 것은 장애학생에게 교육서비스를 제공하는 첫 번째 단계일 뿐이다. 이들 어려움은 최소한 학업성취를 저해할 것이기 때문에, 이제 의무적인 학업시험을 통과하기 위해 이러한 어려움을 해결하는 프로그램이 필요할 것이다. 장애인교육법은 학교사회복지사에게 새로운 기회를 제공하고 있다. 정신건강치료와 약물남용예방 영역, 적응유연성(resiliency; 역경을 이겨낼 수 있는 능력)과 청소년개발프로그램과 같은 영역에서의 '효과적인 프로그램(what works)'과 관련된 전문적 연구결과를 제공할 수 있는 전문가이자 치료(상담) 전문가로서 활동할 수 있는 기

* 이 절은 학교사회복지사인 Don Nolan이 이 교재를 위해 특별히 집필하였다.

회가 그것이다.

아울러 연방정부가 추진하는 낙오학생방지법은 특수교육대상 학생에게도 적용되고 있다. 매 학년 시험점수로 측정되는 학업성취수준을 달성하기 위해 치료적 교육이 아니라 개별화된 맞춤형 교육을 해당 학생에게 제공해야 한다. 많은 특수교육 대상학생들은 일반학급 학생보다 낮은 점수를 받고 있기에 성취격차(achievement gap)를 보이고 있다. 특수교육 프로그램에 배치될 경우 거의 모든 특수교육대상 학생은 뒤처진 학업성취도로 인해 특별한 교육프로그램이 필요하다. 특수교육 대상학생은 낮은 동기, 높은 불안수준, 정서적인 자기통제의 어려움이란 문제를 안고 있기에 학교사회복지사가 필요하다. 이들 학생을 학업적으로 향상시키기 위해서는 이러한 문제들을 다룰 필요가 있다.

》 행동의 본질

"모든 행동은 목적이 있다"라는 전제에서 이 논의를 시작하고자 한다. 누구든지 이유가 있기에 어떠한 일을 수행한다. 물론 왜 그러한 행동을 수행하는 이유를 언제나 정확히 알지 못할 수 있다. 사람들은 모든 행동들을 분석하지는 않기 때문이다. 하지만 사람들은 특정한 신념체계, 문제해결을 위해 수행한 시도들의 내력, 현재 처해 있는 환경의 맥락 내에서 주어진 상황에 반응한다.[38]

합리적-정서적 행동치료를 주장한 Albert Ellis는 ABC라고 칭한 맥락에서 행동을 분석했다. 중요한 선행사건(A)이 발생하면 반드시 정서적인 결과(C)가 뒤따르게 된다. 이때 선행사건 A는 정서적 결과 C를 야기하는 것처럼 보이지만, 실제로는 그렇지 않다. 그보다 정서적인 결과 C는 개인이 가진 신념체계 B에 의해 대부분 생성된다. 다음의 예를 살펴보자.[39]

A. 선행사건(Activating event): 누군가가 당신에게 "멍청이"라고 부른다.

B. 신념체계(Belief system): '그의 말이 옳아. 나는 쓸모없고, 형편없는데다가 이기적이야. 나는 다른 사람들도 잘 아는 나의 결점조차 알지 못했어. 모든 사람들에게 용서를 빌고, 조용히 떠나주는 게 상책이야.'

C. 정서적인 결과(Consequence): 우울, 열등감, 죄의식

여기에서 신념체계 B는 정서적 결과인 C를 결정지을 뿐만 아니라 선행사건 A에 대한 반응까지 결정짓는 역할을 한다. 이 예에서 신념체계는 자신이 "멍청이"라는 말을 듣게 된 행동에 대해 용서를 구하고 슬그머니 떠나버리려는 반응을 보이고 있다.

연령을 불문하고 신념체계는 보다 큰 세계 속에서 자신의 위치를 지각하는 것과 관련하여 자신과 타인에 대해 갖는 견해에 기반을 둔다. 신념체계가 형성되면 인간은 주어진 특정 상황에 대한 자신의 반응경로를 결정할 수 있다. 성인과 마찬가지로 아동 또한 무작위로 행동하지 않는다. 아동도 성인이나 다른 아동과 맺은 관계의 일관성과 안정성에 대해 내린 결정에 기반을 두고 행동한다. 행동의 선행요인은 종종 개인이 가지고 있는 실제 능력이 아니라 능력에 대한 개인이 내린 결정에 의존한다. 어떤 소녀가 새로운 상황과 맞닥뜨렸을 때 잘못된 행동을 하는 것처럼 보이지만, 사실 그러한 행동은 과거 성공해본 적이 없는 경험에 기반을 두고 내린 결정일 수 있다. 그 결과 새로운 과업에 성공할 가능성은 거의 없고, 또 다른 실패의 두려움과는 직면하고 싶지 않았기에 잘못된 행동을 보일 수 있다. 이른바 **잘못된 신념체계**(a *mistaken belief system*)라고 할지라도 그러한 신념체계에 근거하여 이 여자아이는 결정을 내린 것이다.[40] 이 소녀에게 실패란 자신이 가치 없는 존재란 것을 뜻하고, 시도와 노력은 중요하지 않다는 잘못된 가정을 가지고 있다. 자기인식을 바꿀 수 있는 방법을 이해하기 위해서는 행동의 일차적 목적들을 보다 면밀하게 살펴보아야 한다.

Ellis와 유사하게 Rudolf Dreikurs도 모든 인간의 행동 뒤에 있는 동력은 '목적'이라고 규정했다. 모든 사람들은 자신이 원하는 바가 무엇인지 안다. 비록 그러한 목적을 위해 의식적으로 행동하지는 않지만, 목적성취와 관련된 분석되지 않은 수단에 기반을 두고 행동한다. 그렇기에 아동의 잘못된 행동의 기저에 있는 네 가지 목적을 분석하는 진단 기술들을 습득할 수만 있다면 아동 행동의 심리학적 동기도 이해할 수 있다. 대표적인 아동 행동의 네 가지 목적은 주의 끌기, 권력 얻기, 복수하기, 무능력한 척하기를 들 수 있다.[41] 몇몇 아동은 항상 주위의 관심을 끌고, 다른 사람의 관심의 대상이 되기 위해 노력한다. 그렇지 않으면 스스로를 무가치하다고 믿는다. 또 어떤 아동은 자신의 힘, 영향력을 증명해 보이기 위해 노력한다. 즉 자신이 원

하는 것을 할 수 있어야 하고, 성인의 압력에 반항하는 것이 중요하다는 신념에 기초해서 자신의 힘을 입증하고자 노력한다. 어떤 아동은 보복하려고 한다. 다른 사람에게 자신이 상처받았기 때문에 자신 역시 다른 사람들에게 상처 주는 것이 중요하다고 느끼기 때문이다. 마지막 유형의 아동은 어떠한 요구도 받지 않고 홀로 남아 있고 싶어서 실제 또는 자신이 상상한 무능력을 내보이기도 한다. 중요한 것은 어린 아동이 드러내는 행동이 무엇이든지 그것에는 항상 이유가 있다는 점이다.

아동과 함께 일해 본 사람이라면 누구나 쉽게 이러한 목적을 가지고 행동하는 어린 아이들을 기억해낼 수 있을 것이다. 예를 들면, Ted는 끊임없이 교사를 방해하고 폭력적인 행동으로 주의를 끌어서 교사로부터 반복적으로 질책을 받는 아이이다. Ted는 분명 교사의 관심을 끌고자 행동하는 아동이다. 또한 Juan은 반항적이며 교사가 합리적인 요청을 할 때에도 저항하고, 교사의 사회적 지지나 칭찬마저도 거절하는 아동이다. Juan은 권력 투쟁을 지향하는 아동이라 할 수 있다. Noriko는 다른 사람에게 신체적인 상처를 입히고 복수를 추구하는 아이이다. 마지막으로 Odell은 늘 위축되어 있고, 책상 아래로 숨곤 하며 급우들 사이에서도 매우 수줍어하고, 새로운 상황에 대해 두려워하는데, 이러한 행동은 Odell이 스스로 무력하다는 것을 보여 주려는 것이라 할 수 있다

하지만 우리는 아동을 지나치게 빨리 분석하거나 과대일반화하지 않도록 주의해야 한다. 또한 아동이 보이는 행동 중에서는 역기능적인 가족배경이나 의학적, 정신적인 문제로 인한 행동도 있다는 점을 기억해야만 한다. 행동은 매우 복잡하며 기만적일 때도 있다. 그러나 만약 우리가 의도적인 행동에 대한 철학을 가지고 위에서 논의한 '행동의 목적(goal-of-behavior)'이라는 개념을 사용한다면 다양한 아동의 행동에 대응할 수 있는 출발점을 가지는 셈이다. 즉, 이와 같이 교육에 적용할 수 있는 행동의 일반 철학이라는 토대에서 문제 해결을 위한 특정 개입을 논의할 수 있다.

》 전통적인 학교사회복지사의 역할

과거 대부분의 학교에는 사회복지사가 없었기 때문에 학교체계 내에서 이루어지는 사회복지실천의 다양한 역할을 찾아내고 그 잠재적 가치를 확인하는 것은 새로운 학교 사회복지사의 책임으로 남아 있다. 기본적인 학교체계 서비스의 근본적인 변화는 관련된 모든 서비스의 균형과 방향에 영향을 미치기 때문에 이러한 작업은 길고도 험난할 수 있다. 결과적으로 사회복지사는 자신이 학교체계에 궁극적으로 이로운 변화를 가져오는 역할을 한다는 것을 입증해야만 하는 위치에 있다. 또한 다른 교직원들이 새롭고 도전이 되는 역할을 수행하는 사회복지사에게 적응하면서 느끼게 되는 불편한 감정들을 가치 있게 여겨야 할 것이다. 특히 초기에는 인내와 Albert Ellis가 명명한 자의식(selfawareness; 자신의 강점과 약점을 인식하고 수용하는 것)과 같은 능력이 필요하다.[42)]

다음으로, 학교사회복지 실천을 위한 전통적인 역할, 즉 개별사회복지사의 역할, 집단사회복지사의 역할, 무단결석 관리자로서의 역할, 상담가 및 학교-부모 연계자로서의 역할을 고찰하고자 한다.

개별사회복지사

개입은 항상 사회복지실천의 본질이었다. 사회복지사는 복잡한 현대사회의 문제에 대해 다양한 방법으로 대처해 왔다. 개별사회복지실천은 전통적으로 다양한 영역에서 최초로 사용된 방법 중 하나였다. 이는 사회복지실천의 보다 임상적이고, 잘 알려진 측면을 보여주는 방법이기도 하다. 기본적으로 사회복지사는 자신의 필요성과 가치를 입증해야만 하는 위치에 있어 왔다. 이는 기존에 해오던 것과 비교해서 사회복지사의 역할이 뭔가 다르다는 것을 입증해야만 한다는 것을 의미했다. 사회복지사는 가족 역동에 대해서 훈련받고, 역기능적인 가족이 공통적으로 보이는 문제에 대해 분석하고 진단내릴 수 있기 때문이다. 이러한 실천 기술은 전형적인 학교체계 내의 기존 인력들이 가지고 있지 못하는 기술이었기 때문에 학교사회복지사의 전문화된 영역으로 간주되었다.

많은 문제를 가지고 있는 10살 Mike의 사례를 통해 개별사회복지실천을 살펴보도록 하자. Mike는 다른 아동들에게 신체적인 공격을 가하고, 폭발적인 감정을 통제하지 못하는 문제가 있으며, 새롭거나 다른 상황에 놓이면 화를 내는 경향이 있었다. 그는 대처기술이 부족했으며, 주말이나 방학이 끝나고 학교에 돌아오면 매우 분노감에 차 있곤 했다. Mike의 가족은 5명의 아이와 어머니로 이루어져 있

었다. 아버지와는 더 이상 함께 살고 있지 않았지만 때때로 아이들을 보러 오곤 했다. Mike의 정서적인 문제, 특히 폭력적인 태도는 아버지의 방문 뒤에 더 악화되곤 했다. 게다가 Mike는 매우 더러운 옷을 입고 다녔고, 그러한 옷들도 대부분은 크거나 작았다. 학급에서도 Mike의 행동은 문제투성이였다. 그의 문제행동의 목적은 관심을 끌기 위한 것과 힘을 갖기 위한 의도로 보였다. 이러한 행동 유형을 변화시키고자 사회복지사는 다음과 같은 개별사회복지 실천의 전략을 활용하였다. (a) 지역사회 내 사회복지서비스 부서로 의뢰하여 Mike의 가족들이 받을 수 있는 사회복지서비스, 즉 가사지원 서비스, 의료 서비스, 상담 서비스 등을 받도록 원조했다. (b) 학교에서의 Mike의 행동은 그에게 중요하다고 생각되는 강화원을 활용해서 행동수정하였다. (c) 교사로 하여금 Mike의 어려운 생활상황을 이해하고 아이의 욕구를 개별화할 수 있도록 원조함으로써 Mike가 학교에서 학업성취의 성공을 경험해볼 수 있도록 했다. (d) Mike의 어머니에게는 아이가 성인에게 부정적인 태도를 형성할 수밖에 없는 상황으로 내몰지 말아야 한다는 사실을 이해하도록 원조했다. (e) 아버지와도 만나서 부자관계에 대해 알아보았다. 이러한 모든 작업은 상당한 시간과 에너지를 필요로 하는 일이었다. 개별사회복지실천에서는 일관되고, 구조화되어 있으며, 단계별로 순차적으로 수행되는 접근이 활용된다. 개별사회복지실천은 문제해결을 위해 일대일로 가족과 개인에게 개입한다.

다음으로는 청각장애를 가지고 있는 6살 된 Phyllis라는 여자아이의 사례를 살펴보자. 그녀는 일주일에 4일간 특수교육 프로그램에 참여하고 있다. Phyllis 역시 몇 가지의 문제를 가지고 있다. 예컨대, 자신이 무엇을 해야 하는지 알면서도 비순응적인 행동을 보이며, 의사소통에 문제가 있고, 다수의 의료적인 문제를 동시에 가지고 있다. 개별사회복지사는 가정개입 프로그램이 필요하다고 판단했다. 가정과 학교에서 이루어지는 수화 프로그램 간에 일관성이 필요했다. 가정에서는 Phyllis가 무언가 할 수 있으리라 생각하지 않았기 때문에 행동에 대한 관리조차 부족했다. 오직 화장실 이용하는 방법 정도를 알고 있을 뿐이었다. 다음의 프로그램과 더불어 Phyllis의 부모에게는 자녀에 대한 적절한 기대치와 목적을 세울 수 있도록 하는 원조가 필요했다. 의료적으로 Phyllis는 인근병원에서 포괄적인 의료진단을 받아볼 필요가 있었다. 개별사회복지사는 병원과 연계하여 회의를 주재하고, 병원 서비스와 관련하여 사후관리할 것에 대해 확인했다. 또한 사회복지사는 복합적인 문제를 해결하기 위해 구체적인 목적을 수립하고자 했다. 개별사회복지 실천모델에서는 대부분 교사들이 준비되어 있지 않거나 시간이 없어서 하지 못하는 역할 수행을 강조하고 있다. 이 모델의 목적은 엄격하게 교육적이지는 않지만 아동들이 학교에서 더 나은 학업 성취를 할 수 있도록 돕는 것이었다.

집단사회복지사

개별사회복지실천은 사회복지 실천영역에서 너무 비용이 많이 들고, 어떤 의미에서는 오래된 형태의 실천영역이기도 하다.[43] 학교사회복지사는 학교문제에 개입하는 또 다른 방법으로서 집단사회복지실천을 활용하기도 한다. 보다 본질적인 기준은 개별사회복지 실천방법을 사용하면 사회복지사가 너무 적은 수의 사람들의 삶과 교육적 성취에만 영향을 미칠 수 있다는 것이다. 집단적인 접근을 통해 경험을 공유함으로써 학생들은 자신의 문제를 다양한 관점에서 볼 수 있고, 학교와 관련된 문제나 개인적인 문제를 해결할 수 있는 새로운 방법을 배울 수 있다. 집단적 접근의 사례로 다음과 같은 예를 들 수 있다.

Tanner 선생님의 5학년 학급은 문제학급이다. 특히 4명의 소년이 선생님 말씀을 잘 듣지 않고, 다른 급우들을 놀리기 일쑤며, 수업에 열심히 참여하지 않고 있다. 실제로 그들은 1년 전에 비해 학업성적도 매우 낮아졌고, 집단으로 어울려서 돌아다니기 시작했으며, 종종 운동장에서 문제를 일으키기도 했다. 개입전략은 다음과 같이 계획되었다. 다양한 문제들을 해결하기 위한 수단으로 집단을 구성했다. 다섯 명의 소년으로 이루어지는 두 집단이 만들어졌고, 각 집단에 각각 두 명씩의 '문제아'들이 들어가도록 했다. 집단은 구체적이면서도 높은 흥미를 일으킬 수 있는 활동을 수행했다. 예컨대, 한 집단은 3학년 수준에 맞는 측정 단위를 개발하는 과학 프로젝트에 참여하고, 다른 한 집단은 공기역학, 비행기의 원리, 연 만들기, 종이비행기 만들기, 나무로 모형 만들기 등을 공부했다. 각 집단에 대해서 다수의 계획된 목적이 있었다. 첫째, 사회복지사는 새로운 교우관계를 만들고자 했고, 관심을 끌고자 파괴적인 행동을 했던 아이들에게 보다 적절한 행동모델을 보여주고자 했다. 둘째, 또래압력의 원리를 활용해서 협동심이 길러질 수 있도록 하고자 했다. 모든 아동은 차근차근 협력적인 목적을 달성하기 위한 활동을 수행했다. 만약 전체가 도와서 수행하지 않는다면 어느 것도 달성할 수 없는 목적이었다. 마지막으로 사회복지사는 모든 사람, 즉 표적문제를 가진 소년들뿐 아니라 그들의 학급 친구와 담임교사도 그들 또한 생산적이고 성공적일 수 있다는 사실을 인식함으로써 교사와 학생의 인식도 변화할 수 있기를 기대했다. 사회복지사는 또한 Tanner 선생님과 개인적인 프로그램 수행이 어떻게 부가적인 성공적 교육경험을 이 네 명의 소년에게 제공할 수 있었는지를 토론했다.

또 다른 사례는 첫 학기 교과과정에서 낙제한 고등학교 신입생들과 수행한 집단 경험이다. 학습습관, 낮은 학습동기, 학업성취에 대한 부정적인 태도 등이 이 집단의 공유된 관심사였다. 이 사례에서 사회복지사는 효과적인 학습 방법에 초점을 맞춘 특별과정을 이수할 학생들로 집단을 구성했다. 그 과정은 "체계를 공략하는 10가지 방법"으로 명명되었고, 학생이 흥미롭게 학습함으로써 학업성취를 높일 수 있는 방법들로 구조화되었다. 동시에 상급 학년의 학생이 신입생을 비공식적으로 만나 고등학교의 긍정적인 측면을 토론할 수 있도록 집단을 조직하였다. 또한 상급 학년의 선배학생은 신입생에게 어떤 교사를 피하고 어떤 교사를 선택해야 하는지에 대한 지침도 제공하였다.

다수의 학교가 이제 사회복지사가 지도하는 다양한 집단을 조직하고 있다. 예컨대, 수줍음을 많이 타거나 소극적인 학생을 위한 **자기주장훈련 집단**, 욱하는 성격이 있거나 공격적인 학생을 위한 **분노조절훈련 집단**, 친밀한 관계형성에 문제가 있는 학생을 위한 **관계형성기술훈련 집단**, 이혼가정의 학생이나 최근 사랑하는 사람의 죽음을 경험한 학생을 위한 **상실 대처훈련 집단**, 알코올이나 약물남용 학생이나 **십대 미혼모**를 지원하는 학생지원 프로그램 등을 들 수 있다.

무단결석 관리자

학교사회복지사는 무단결석을 관리하는 역할을 포함해서 다수의 역할을 수행해야만 한다. 종종 무단결석에 개입하는 사회복지사의 기능은 아동을 위한 옹호 활동 중 하나라고 볼 수 있다. 무단결석 관리가 법이나 제도와 같이 사회 통제의 기제로 작용하는 것을 반드시 부정적으로만 볼 필요는 없다. 이러한 경우는 부모와 고등학교 재학 중인 아들 세 명으로 이루어진 복합적인 문제 가족의 사례에서 볼 수 있다. 세 아들 모두 법적인 의무 교육 연령임에도 불구하고 부모는 세 소년을 모두 아버지가 일하고 있는 농장의 일손을 돕도록 하고자 학교에 보내지 않기로 결정했다. 아이들은 모두 제각기 다른 교사들에게, 자신들이 더 이상 학교를 다니지 못하게 될까봐 두렵지만 계속 학교에 다니고 싶다는 말을 아버지에게 하는 것도 무섭다고 말했다. 사회복지사는 이러한 사례에 대해서 의무교육 및 무단결석과 관련된 법 조항, 즉 부모는 의무교육 연령에 있는 자녀를 반드시 학교에 보내야만 한다는 사실을 알려줌으로써 개입할 수 있다. 이러한 사례에서 일견 통제적 역할을 통해 부정적으로 비추어질 수 있는 무단결석 관리 기능도 아동들에게 이득이 되는 활동이 될 수 있음을 알 수 있다. 이는 공평한 교육기회 개념을 촉진하는 것을 의미하기도 한다. 무단결석 및 학업중퇴 학생 수가 높은 비율을 차지하는 대도시의 경우, 무단결석을 관리하는 서비스가 창의적이거나 대안적인 교육접근과 결합할 경우 아동에게 이로움을 가져다줄 수 있다.

학교사회복지사가 무단결석 관련 법률을 가족에 대한 개입의 '접촉지점(access point)'으로 활용하는 방법을 보여주는 사례도 있다. Jose는 정서적(아마도 정신병리상의) 어려움을 가진 아동이었다. Jose의 부모는 상담가를 만나기를 주저하였으며, Jose는 학교를 빠지곤 했다. 이에 해당지역의 사회서비스부서에 무단결석의 문제로 Jose를 의뢰하여, 상담가는 가족과의 관계를 수립할 수 있었고, 그 결과 약물치료를 받을 수 있는 아동심리치료사에게 의뢰될 수 있었다. 사회서비스부서로부터 받은 약물치료와 상담을 통해 Jose의 행동은 점차 호전되었다.

무단결석 관리자의 역할은 또한 부모를 도와주는 방법일 수 있다. 때때로 가족 내에서 자기주장이 매우 강한 십대들이 학교 가기를 무작정 거부하기도 한다. 이러한 사례에서 무단결석 문제를 사회복지사에게 의뢰하는 것은 자녀문제와 관련하여 부모의 권위를 세울 수 있도록 돕고, 자녀를 과도하게 반항적으로 만드는 다른 문제는 없는지 진단해 볼 수 있는 기회를 제공한다.

상담자 및 부모와의 연계자

상담자 역할, 학교-부모 연계자로서의 역할, 부모 교육자로서의 역할 등은 학교사회복지에서 공통적으로 찾아볼 수 있는 역할이다. 종종 교사들은 학교사회복지사가 교사와 학부모 간의 연계자로 역할해주기를 기대한다. 사회복지사가 교사의 학습계획이나 활동과 관련하여 부모의 불만으로부터 방어해주고, 정당화해줄 것이라 여기기 때문이다. 하지만 사회복지사가 아동을 위해 학교체계나 교육프로그램에서 변화가 필요하다는 학부모의 의견에 동조하는 경우에는 사회복지사와 다른 교사들과의 관계에 긴장이 야기되기도 한다. 이러한 역할은 사회복지서비스의 확대를 위해 상당히 적극적인 입장일 뿐만 아니라 많은 전략과 사전 계획이 필요함을 요구한다.

상담자로서의 역할을 수행하는 사회복지사는 다양한 상황에서 많은 기술을 사용한다. 학교사회복지서비스가 발전함에 따라 사회복지사의 학업상담자로서의 역할보다는 치료사로서의 역할을 선호하는 경향이 있었다. 이러한 역할 구분은 단순한 어의적인 구분 이상의 의미를 갖는다. 왜냐하면 진로지도상담가와 같은 다른 학교 내 전문인력에 비해 학교사회복지사가 받는 석사급의 전문적인 훈련은 진단적이고, 심리학적인 임상기술에 대한 훈련의 비중이 매우 증가되었기 때문이다. 따라서 학교사회복지사는 학교 내에서 정서적인 문제를 가진 아동들에 대한 진단 전문가이면서 가장 광범위한 정신의학 및 의학적 기반의 훈련을 받은 지원인력으로서 간주될 수 있다.

》 새롭게 부각되는 학교사회복지사의 역할

본질적으로 학교사회복지사에게 있어서 역할의 발전과 확장은 매우 중요한 관심사다. 학교사회복지사가 학교체계 내에 진입할 때, 수많은 주변의 기대와 구체적인 직업적 요구들이 있을 것이다. 개별사회복지나 집단사회복지, 상담가 또는 학교-부모 연계자로서의 역할 등과 같은 기존의 역할이 변화 노력의 요구에 부응할 만큼의 충분한 유연성을 가지지 못할 수도 있기 때문에 필연적으로 갈등이 생기게 된다. 결과적으로 학교사회복지사는 그들의 역할에 필요한 새로운 접근들을 개발함으로써 적응해 왔다. 다음으로, 옹호자, 문제행동 전문가, 정신건강 자문가, 음주 및 약물관련 전문가, 다학문적 협력팀의 성원, 폭력예방 전문가, 변화체계 전문가, 프로그램연구 전문가와 같은 보다 최근에 등장한 여덟 가지의 새로운 역할에 대해서 살펴보고자 한다.

옹호자

근래에 사회복지사의 가장 도발적인 역할 중 하나로 받아들여지는 것이 옹호자(advocate)의 역할이다.[44] 학교라는 공간에서 옹호자는 거대하고 복잡한 학교체계를 이해해야 하지만 무조건적으로 굴복해서는 안 된다. 또한 옹호자의 역할을 통해 사회복지사는 교육계의 관료주의적 제도나 다른 사회체계와 대면해야 하는 가족이나 아동을 도와줄 수 있다.

이러한 옹호자의 역할은 특히 교육체계에 익숙하지 못한 가족과 함께 활동할 때 매우 유용할 수 있다. 예를 들어 발달지체를 보이는 미취학 아동을 도와주는 조기교육 프로그램에서 부모가 해당 교육 프로그램이 자녀의 욕구에 적합하지 않다고 느낄 수 있다. 이 경우, 사회복지사는 현재의 법률하에서 적절한 교육프로그램의 제공을 청원할 수 있는 권리가 있음을 알려준다면 옹호자의 역할을 수행한 것이라 할 수 있다. 또한 학교사회복지사는 부모에게 누가 어떠한 교재와 교구를 가지고 자녀를 가르치는지 그리고 이러한 방법이 아동의 학습과정에 어떻게 도움을 주는지 설명할 수 있다. 학교사회복지사는 부모와 라포(rapport)를 형성하고 어떠한 질문이라도 편안하게 할 수 있도록 하며, 교육프로그램 전반에 걸쳐 아동과 함께 하는 사람이 될 수도 있다. 학교사회복지사는 아동에 대해 보다 유용한 지식과 필요한 지원서비스를 제공할 수 있는 사회복지기관이나 의료기관은 어떠한 곳인지 부모가 알 수 있도록 도와줄 수 있다. 사회복지사는 부모의 감정, 즉 또래 아이와는 다른 자녀를 키우는 것과 같은 착잡함, 어려움, 두려움, 죄책감 등과 같은 감정을 함께 이야기할 수 있는 사람이다.

옹호자의 역할에서 수행되는 보다 일반적인 기능은 교사, 행정가, 학교운영위원회 등과의 모임을 가질 때 특정한 부모에 대한 개별적 옹호가 아닌 집단적 수준에서 부모를 옹호하는 활동이라 할 수 있다. 예를 들어 아동이 해야 하는 숙제만 보아도 지난 십여 년 동안 학업성취에 대한 기대수준은 놀랄 정도로 높아졌다. 과거 고등학교에서 배우던 대수와 생물학의 내용들이 이제는 중학교 1, 2학년 과정에서 다뤄지고 있다. 이와 관련해 교사는 자녀가 6학년 이상이 되면 아이들의 숙제를 도와줄 수 없는 부모가 많다는 점을 이해할 필요가 있다. 교사와 학교행정가는 부모가 집에서 자녀의 숙제를 도와주지 않는다는 것을 불평하기보다는 부모가 도와주기 힘든 학생들을 위해 보다 새로운 방법이 없는지 고민할 필요가 있다. 이를테면, 또래 친구가 도와주는 방법, 학습기술을 배우는 집단 프로그램에 참여하는 방법, 수업 전후에 교사와 만날 수 있는 별도의 시간을 마련하는 방법 등을 들 수 있다.

옹호자의 역할과 관련된 또 다른 예는 부모와 교사 간의 모임에서도 찾아볼 수 있다. 부모들은 종종 교사로부터 무시당한다고 느끼거나 교사와의 만남 자체를 부담스러워하기 때문에 이러한 모임을 갖는 것에 대해 두려워하는 경향이 있다. 하지만 교사가 부모와의 모임을 시작할 때 자녀의 능력이나 장점에 대해 약간의 긍정적인 언급을 해준다면, 부모로부터 보다 많은 지지를 얻어낼 수 있다. 교사는 실질적으로 수행 가능하고 현실적인 일만을 부모에게 요청해야 한다. 학교사회복지사는 교사뿐만 아니라 아동에게도 이득이 될 수 있는 부모·교사모임을 통해 이러한 접근들이 이루어질 수 있도록 도와줄 수 있다.

따라서 이러한 기능들의 다양한 결합을 통해 가정과의 연계자라는 역할이 확대될 수 있고, 학교라는 장에서 과거에는 충족되지 못했던 욕구가 채워질 수도 있다.

행동수정 전문가

몇몇 주요한 대학에서 학교사회복지사에게 특정한 전문적인 실천기술을 훈련시키는 경향이 있었다. 이러한 경우 사회복지사는 행동주의적 전문가, 즉 행동수정 방법을 이해하고 이를 체계적으로 활용할 수 있는 전문가라는 점이 강조된다. 학교에서 행동수정 방법에 대한 지식은 즉각적으로 활용될 수 있으며, 장기적으로도 그 유용성은 크다. 행동주의적 기술을 활용하여 사회복지사는 교육활동 전반에 걸쳐 적용할 수 있는 일반적인 학습지침을 제공할 수 있다. 또한 교실에서 이루어지는 활동에 적응하기 어려운 아동들을 위해 특수한 프로그램을 개발할 수도 있다. 이와 관련된 사례를 살펴보면 다음과 같다.

Phillip(9세)은 주의집중이 힘들며, 교사의 지시에 순응하지 않는 아이이다. 담임교사는 Phillip의 행동을 이해하는데 어려움을 겪고 있으며, 일상적인 교실활동(예: 셈하기와 읽기를 독립적으로 수행하기, 소집단활동에 참여하기, 놀이활동에 협조하기 등)에 참여하도록 동기부여하는 데 힘들어하고 있다. 이에 행동주의훈련을 수행할 수 있는 사회복지사가 개입하도록 요청되었다. 사회복지사는 우선 비순응적 행동의 선행조건에 대해 관찰하고, 필립이 과업수행 상황이나 수업 외의 상황에서 보이는 행동에 대하여 기초선 자료를 기록하였다.[45] 이러한 관찰과 기초선 기록을 수행한 후, 사회복지사는 교사의 칭찬과 같은 사회적 강화를 계획적으로 활용하고, Phillip이 흥미를 보이는 과학수업을 중심으로 한 보상체계(과학수업의 활동이 시작하기 전에 요구된 일들을 수행할 것)를 수립하고, 칭찬과 실질적 보상(과학수업의 특별과제에 Phillip이 참여할 수 있도록 허락하는 것)을 가지고 순응적 행동을 강화하는 동시에 Phillip의 비순응적 행동은 무시하는 것 등이 포함된 프로그램을 개발하였다. 이러한 방법을 통해 Phillip의 행동은 비교적 짧은 시간 안에 변화될 수 있었다.

현재의 특수교육 제도하에서는 행동 문제를 가지고 있는 정서 장애아동을 위해 행동개입계획을 수립하는 것이 필수적으로 요구된다. 이러한 개입계획의 개발에서 행동수정 기술은 중요한 요소를 차지하고 있다.

정신건강 자문가

학교사회복지사는 학교 내 교직원들이 자문을 구하는 정신건강 자문가(mental health consultant)로서도 활동할 수 있다. 현재의 교과과정은 더 이상 읽기, 쓰기, 셈하기 등의 단순한 내용으로 구성되지 않는다. 비록 교육과정에서 이러한 기초능력을 가르치는 것에 대한 다양한 고민이 있지만, 교사들은 낡은 교육과정을 개선하고 새로운 교재와 수업방식을 개발하려고 노력한다. 이와 관련해 사회복지사는 개인의 행동을 다루는 사회심리학을 배웠기에 교육과정에서 정신건강 및 인간관계적 측면에 대한 자문과 수업방식에 대한 자문가로 활동할 수 있다. 사회복지사는 이러한 초점을 가지고 예방적 역할을 수행하는데, 교사들이 흥미를 유발하는 교재들을 통해 학생들의 동기를 촉진시키도록 도와줄 수 있다. 사회복지사는 강압적인 학습과정이 아니라 흥미와 궁금증을 유발하면서 지지적인 수업 방식을 만들어내는 데 도움을 제공할 수 있다. 사회복지사는 현재의 학업성취 수준에 상관없이 모든 아동의 욕구를 충족시킬 수 있는 교재와 수업방식을 만들어내는 개별화된 교육을 교사가 수행하도록 도와줄 수 있다.

사회복지사는 이러한 과정을 감독하는 체계적인 접근을 만들어내고, 필요하다면 현재의 방식을 수정하기 위한 새로운 기법을 창출해내는 것을 도와줄 수 있다. 이러한 목적을 달성하기 위해, 교사와 브레인스토밍 모임을 갖거나 다양한 주제에 사용할 수 있는 교재를 찾는 활동이 필요할 수 있다.

이러한 방법을 통해 학교사회복지사는 인간관계를 중시하는 교육과정을 개발하는 데 필요한 지침을 제공할 수 있다. 학교 운동장, 특수학급이나 일상적인 수업에서 경험하는 문제 등 학교 내의 수많은 문제들이 인간관계에 초점을 둔 교재의 부족에서 직접적으로 기인하는 것임을 확인할 수 있다. 그럼에도 불구하고 수업시간에 구체적인 인간관계를 목적으로 다루는 것은 대개 간과해 왔다. 아동이 문화적 차이나 인종적 차이를 두려워하기보다는 즐길 수 있게 하고, 모든 사람은 인간으로서 존중받을 자격이 있으며, 가치관이란 변화될 수 있는 개념임을 알 수 있도록 하며, "다르다는 것은 나쁜 것이 아니다(different is okay)"라는 것을 배울 필요가 있다.[46] 학교사회복지사는 학교 안에서의 고유한 위치와 전문적인 훈련을 받았기에 이러한 교육 과정을 개발하는 데 필요한 관점을 제공하고 이를 실행할 수 있는 체계를 구축하는 데 도움을 줄 수 있다.

정신건강 영역에서 보다 복합적인 역할이자 고급수준의 훈련을 요구하는 것은 아동들이 정서적, 정신적 어려움을 가지고 있는지 여부를 평가하는 활동이다. 점차 주의력결핍 과잉행동장애(attention deficit hyperactivity disorder, ADHD)나 다른 정서적/행동적 문제(우울이나 양극성 장애)를 가진 것으로 진단받는 아동의 수가 증가하고 있다. 이와 관련해 학교사회복지사는 고유한 기술과 역할을 가지고 있으므로 해당 아동과 가족에게 적절한 의뢰를 제공하고, 추후보호를 지원하는 활동을 할 수 있다. 또한 이를 통해 정신건강 및 의료전문직과의 연계자가 될 수 있다. 때때로 부모들은 자녀의 행동적, 정서적 발달에 대해 혼란스러워 할 수 있다. 이에 부모들은 자녀들의 행동이 보다 심각한 문제로 가는 조짐인지 아니면 단순히 '속 썩이는 행동'이나 '크면서 거쳐 가는 과정의 하나'인지 알 수 있도록 도움을 받을 필요가 있다. 만약 심각한 문제의 조짐을 보이는 행동인 경우, 부모와 아동은 전문 임상가들에게 의뢰되어야 하고, 정신건강 전문가와 학교 간에 이에 대한 의사소통이 이루어져야 한다. 이때 부모가 만날 수 있는 최초의 정신건강 전문가인 학교사회복지사는 부모에게 지지적이고 비심판적인 존재로 인식될 필요가 있다. 부모가 이러한 느낌을 가질 때 이후 전문적 치료를 포기하지 않고 임상가를 만나 도움을 받을 가능성이 높기 때문이다. 동시에 교사에게 아동의 정신과적 문제의 특성과 그 아동을 도와줄 수 있는 방법을 이해하도록 도움을 주는 것 또한 중요하다.

학교사회복지사가 진로상담가 및 학교심리사와 함께 학교체계 내에서 정신건강서비스의 의뢰를 가장 많이 제공한다는 점을 감안한다면, 이들 전문직들이 정신건강 진단과 치료에서 단일한 기반을 갖는 것이 중요하다. 정신건강장애를 갖는 청소년의 경우 빈약한 학업성취를 보이고, 사법체계의 문제를 경험할 가능성이 높기 때문이다.

알코올 및 약물남용 전문가

이제 약물남용은 미국 사회에서 주요한 사회문제가 되고 있다. 사실 금주법이 시행되던 시절부터 사회 각계에서는 음주 및 약물남용의 해악을 거론해 왔다. 오늘날 음주운전으로 인한 비극적인 사고와 스포츠·연예계의 공공연한 약물 과다복용으로 인한 사망 등은 약물예방 프로그램의 필요성에 대한 사회의 각성을 높여주고 있다. 하지만 처벌에 초점을 둔 개입 프로그램은 그다지 성공적이지 못했다. 최근에는 예방활동에 강조점을 두고 있으며, 학교는 약물예방 프로그램의 주요 실행장소가 되고 있다.

학교에는 일반적으로 음주 및 약물남용과 관련하여 별도의 전문가가 없기 때문에 많은 학교가 학교사회복지사를 고용하여 부모들과의 상담, 약물남용 학생들에 대한 적절한 입원치료 및 통원치료센터 의뢰 등을 수행하고 있다. 사회복지사는 약물의존과 관련된 지식, 면접관련 훈련 및 부모와의 면담기술을 보유하고 있으며 지역사회 자원에 대한 지식을 가지고 있으므로 예방 프로그램을 확산시키기 위한 적임자라 할 수 있다. 이에 학교사회복지사는 약물남용과 관련된 교육과정의 전문가가 되도록 요청받고 있다. 따라서 책임을 맡아야 할 활동의 일부분으로 많은 학교사회복지사는 초·중등학교에서 약물남용에 대한 교육과정을 개발하고 있다. 결국 교육이 사회가 요구하는 보다 많은 목적을 달성하려고 노력함에 따라 학교사회복지사 또한 사회와 가족의 변화에 대응하는 역할이 증가되고 있다.

많은 학교는 약물남용 학생이나 약물에 호기심을 가지고 있는 학생을 위해 개입 프로그램을 개발하고 있다. 대개 학교사회복지사가 주도하는 학생원조 프로그램(Student Assistance Programs, SAP)은 집단수준의 접근을 제공하고 있다. 음주 및 약물치료센터에서 퇴원하여 학교로 돌아온 학생 집단, 음주 및 약물남용의 효과에 대해 좀 더 많은 것을 알고 싶어 하는 학생을 위한 집단, 타인의 약물사용에 대해 고민하는 학생을 위한 집단 등이 현재 많은 학교에서 운영되고 있다. 예를 들어 부모와 같은 타인의 음주 및 약물남용으로 영향을 받고 있는 집단의 경우, 학생은 부모의 문제를 자신의 탓으로 돌리지 않는 법과 부모의 음주행위를 자신이 통제할 수 없음을 배우게 된다. 또한 이들은 학교에서의 성공적인 생활을 위해 필요한 대처방법을 배우게 된다.

개별화 교육계획 팀의 구성원

다른 전문직과 협력팀을 구성하여 사회복지사의 기술을 활용하고자 하는 요구가 점차 커져가고 있다. 학교사회복지사는 특수한 아동에게 필요한 특수교육의 욕구 및 특별프로그램을 결정하기 위해 다른 전문가(심리사, 언어치료사, 특수교육 교사, 물리치료사, 정규교육 교사 등)들과 함께 활동할 수 있다. 이러한 활동은 2004년 장애인교육법에 따른 업무영역에 해당된다. 개별화교육계획(Individual Education Plan, IEP) 팀에서, 사회복지사는 (a) 가족기능 및 아동의 사회적, 적응적 기술에 대한 초기 사정, (b) 가족상담 및 역할분석, 행동수정이나 위기개입 등과 같은 특수한 기법을 활용한 임상적 활동, (c) 교사관찰 및 교사들을 위한 훈련과 지지 활동을 수행한다.

여기서 중요한 것은 사회복지사가 팀의 한 구성원으로 활동한다는 것이다. 특정한 기술과 지식을 가진 구성원으로서 문제를 해결하기 위해 여러 전문직과 한 팀으로 협력 활동을 수행한다는 것이다. 그러나 팀 활동이 통하지 않는 다른 방법들이 상대적으로 사회복지사의 독립성을 보장하는 것처럼 보일 수 있으므로, 팀 활동은 사회복지사의 역할을 다소 제한하는 것으로 비추어질 수 있다. 하지만 팀 협력은 아동과 가족에게 제공되는 여러 서비스 간의 빈틈을 찾아내고 개별 전문가들이 가지고 있는 기술의 중복을 줄일 수 있다는 점에서 유용하다고 할 수 있다. 특히 학생 수가 많은 학교에서 한 사람의 전문가가 이를 책임져야 하는 경우, 팀 협력 활동의 장점은 크다고 할 수 있다. 아울러 다른 전문직과 한 팀에서 활동하면서, 사회복지사는 새로운 지식과 기술을 학습할 수 있다는 장점이 있다.

한편, 학생서비스팀(pupil service team)이 제공하는 팀 자문(team consultation)은 이와 다소 차이를 갖는다. 앞서의 다전문직 팀 또는 IEP 팀과 유사하게 많은 전문직들로 구성되어 있고, 실제로 IEP 팀과 동일한 성원들로 구성되는 경우도 많다. 하지만 팀 자문은 주로 교사에 대한 자문과 예방활동의 자원이 된다는 점에서 차이를 보인다. 학생서비스팀은 잠재적인 정서적, 행동적 문제를 가진 클라이언트를 공식적으로 의뢰하기보다는 아동, 교사, 부모를 즉각적으로 도와줄 수 있는 방법을 찾으려 노력한다. 예를 들어 주의력결핍 과잉행동장애로 진단받은 아동을 효과적으로 대하는 방법에 대해 교사들에게 자문을 제공하는 것이 이에 해당한다.

폭력예방 전문가

학교는 종종 거대한 사회의 축소판이라 일컬어진다. 여러 사회에서 타인에 대한 폭력은 주요한 사회문제가 되고 있으며, 이는 비단 성인들에게 국한된 문제가 아니다. 청소년들이 범하는 폭력행위들은 점차 그 정도가 심각해지고 있다. 수많은 도시에서 갱(gang) 집단은 파괴적인 세력이 되어가고 있으며, 이에 학교들은 갱 집단의 상징이 될 수 있는 복장에 대해 규제하고 있다(특정한 장신구나 색깔을 가진 옷은 폭력조직의 정체성을 의미하고, 그것을 유지하는 매체로 받아들여지고 있다). 교사에 대한 학생의 폭력 역시 증가하고 있는데, 이는 학교 내에 두려움과 위협감의 분위기가 팽배하도록 만들고 있다. 이에 많은 학교에서 청원경찰이 상주하고 있는 것이 현실이다.

콜럼바인 고등학교의 비극은 학교체계에 많은 두려움을 가져다주었다. 위협요인의 평가는 학교사회복지사의 새로운 역할 중 하나가 되었다. 학교와 사회가 개인의 권리와

보기 10.5 2004년 장애인교육법(Individuals with Disabilities Education Act)

장애인교육법(IDEA)은 장애아동을 위한 특수교육 및 관련서비스에 대해 주별, 지역별 지원을 규정하는 주요한 연방정부 법안이다. 장애인교육법은 장애아동교육법(Education for All Handicapped Children Act)의 개정법이다. 2004년 장애인교육법에 따르면 공립학교 특수교육서비스의 자격을 가진 아동에 대해서는 개별화된 교육프로그램(IEP)을 수립해야 한다. 개별화된 교육프로그램은 해당 학생의 교육프로그램의 초석이며, 해당 아동의 욕구에 적합한 '최소한의 제한적 환경(least restrictive environment)'에서 아동의 고유한 교육욕구를 충족시키도록 설계되어야 한다. ('최소한의 제한적 환경'이란 장애학생이 최대한의 범위에서 비장애 또래학우들과 함께 교육받을 수 있는 기회를 가져야 한다는 것을 뜻한다.) 이 서비스의 자격을 가진 아동에 대해 개별화된 교육프로그램 팀은 교육계획을 설계해야 한다. 개별화교육프로그램팀은 부모, 특수교사, 최소 1명의 정규교육 담당교사, 아동평가결과의 교육적 의미를 해석할 수 있는 전문가(사회복지사, 학교심리사, 학교행정가)가 참여한다. 부모는 학교직원과 함께 개별화교육프로그램팀의 동등한 성원으로 간주된다. 학교사회복지사는 사정, 연구, 근거기반 실천에 대한 교육훈련을 받았기에, 개별화교육계획의 개발 및 실행과정에서 핵심적 구성원이 된다.

집단의 안전 간의 균형을 취하고자 함에 따라 위협에 과잉대처하거나 소극대처하지 않는 숙련된 개인이 필요하게 되었다.

폭력예방 역시 전통적으로 학교들이 전문가를 고용하지 않았던 영역에 해당된다. 사회변화의 속도가 느리고 안정적이었던 30~40여 년 전만 해도, 학교장이 필요하다고 판단하면 어떠한 훈육방식도 수행할 수 있었다. (학교장은 학교규율을 어긴 학생에게 엄격하고, 처벌적인 제재조치를 실행하기 위해 종종 부모의 협조를 구하기도 하였다.) 하지만 오늘날 갱 집단은 수많은 십대 청소년에게 '가족'과 같은 친숙한 존재가 되고 있다. 크랙이나 코카인과 같은 약물의 사용은 중독행위와 타인에 대한 공격행위를 증가시키고 있다. 학교 내에서 학생의 행동을 통제하기 위한 방법은 변화하고 있는데, 이와 관련해 학교사회복지사는 인간행동에 대한 지식과 지도력을 수행할 수 있는 고유한 위치를 점하고 있다.

교사는 폭력적이거나 공격적이기 쉬운 학생을 다루는 효과적인 방법을 개발할 필요가 있다. 이에 학교사회복지사는 교사가 비폭력적인 개입기법을 효과적으로 활용할 수 있도록 훈련시킬 수 있다. 예를 들어 교사가 학생에게 분노조절기법을 가르칠 수 있도록 교육을 제공할 수 있다. 또 학생은 자신의 분노를 공격적인 방법 대신 주장적이고 비폭력적인 방법으로 표현할 수 있도록 분노의 사고과정을 재구조화하는 방법을 배울 수 있다. 학생은 싸움이 벌어질 수 있는 상황을 피하는 방법을 배울 수 있고, 펀치백 두드리기나 운동과 같은 다른 방식으로 자신의 분노를 표출하는 방법을 배울 수 있다. 아울러 학생에게 분노조절기법을 가르치는 방법을 배운 교사는 이를 통해 학생의 공격적 행동과 폭력에 대한 '지휘책임감(sense of being in charge)'을 가질 수 있다.

학생이 또래 친구의 갈등을 조정하는 또래 중재(peer mediation)는 학교폭력을 감소시키는 효과적인 기법의 한 예라 할 수 있다. 학교사회복지사는 적극적 경청, 타협, 문제해결 등의 기술을 선발된 핵심집단의 학생에게 가르치기 위한 훈련계획을 개발한다. 훈련과 지도감독을 통해 이들 핵심집단은 학교에서 발생하는 갈등을 중재할 수 있고, 폭력적인 갈등으로 발전할 수 있는 사소한 불화를 예방할 수 있다. 궁극적으로 핵심집단의 학생이 보다 많은 학생을 만날 수 있도록 사회복지사의 영향력은 보다 강화될 것이다.

학교폭력을 최소화하는 또 다른 접근으로 경찰, 학교, 청소년복지기관 등의 인력으로 구성된 폭력예방팀을 들 수 있다. 학교와 관련 기관들은 대부분 사건발생 후의 개입활동만을 수행하고 있다. 사회복지사가 가진 독특한 지위와 기술 그리고 체계 간 조정활동이라는 업무특성에 대한 기대감 때문에 학교사회복지사는 다양한 체계에서 일하는 전문가들의 에너지와 자원을 활용하는 폭력예방팀을 발전시키는 데 있어 지도적 역할을 담당할 수 있다.

이러한 활동의 예로는 '청소년법정(teen court)'을 들 수 있다. 학교, 경찰, 사회복지기관, 법원 등의 협력을 통해 잘못을 범한 청소년이 비슷한 또래 집단에게 자신들의 행동을 설명하고, 또래 집단이 정한 결정을 따르게 하는 것이다. (종종 십대들은 또래로부터 영향을 많이 받기 때문이다.)

체계변화 전문가

Pincus와 Minahan은 사회복지실천의 초점이 사회환경 내에서의 인간과 체계 간의 상호작용에 두어져야 한다고 설명하였다.[47] 만약 학교를 가족과의 자연스러운 접촉지점(대부분의 가족은 특정한 시점에서 학교와 반드시 관계를 맺어야 한다)이라고 본다면, 학교사회복지사는 학교 내에서 이와 관련된 고유한 역할을 수행할 수 있어야 한다. 나날이 복잡해지는 현대 사회에서 사람들은 자신들의 문제해결 능력을 향상시킬 필요가 있다. 사회복지사는 사람들을 체계와 연결시키는 활동과 기존의 서비스 및 전달체계를 개선하는 활동을 통해 이와 관련된 도움을 제공할 수 있다. 이러한 역할은 서비스에 대한 공평한 접근 또는 통합, 가족유형 변화에 대처할 수 있는 프로그램 개발, 교육의 질과 관련된 문제들과 관련되어 있다. 학교는 모든 사회적 자원체계들 속에서 핵심적인 연결고리로서 자리 잡고 있다. 사실 근린지역의 학교는 시민들이 가장 편안하게 받아들이는 체계다. 따라서 우리는 우리의 학교들을 점검하고, 교육구조의 부적합성을 찾아내는 노력을 수행해야 한다. 이를 통해 답을 찾아야 할 질문들은 다음과 같다. 학생들의 성공적인 학교생활을 위해 필요한 것은 무엇인가? 교육교재와 인력을 가장 효과적으로 활용하는 방법은 무엇인가? 이러한 질문에 대한 답은 자료사정, 목적설정, 영향력 행사를 통한 행동체계 구성 등을 통해 얻어낼 수 있으며, 궁극적으로는 보다 우수하고, 보다 접근하기 쉬우며, 보다 수요에 충실한 학교프로그램을 만들어낼 수 있다.

학교사회복지사는 이와 관련하여 많은 역할을 수행하고 있다. 학교사회복지사는 조직가, 지도자, 변화의 촉매자, 가족의 욕구와 희망의 연결자, 변화지향적 목적을 달성하는 체계의 구축 전문가이기 때문이다. 이러한 역할에서 주된 초점은 (a) 학교와 지역사회 내에서 특별하게 결핍된 것, (b) 욕구가 미충족된 집단, (C) 중퇴아동의 학교복귀와 비행행동으로부터 벗어나게 하는 프로그램 등을 찾아내는 데 맞춰진다. 이 외에도 학교 내 체계들의 구성요인 간의 상호작용이나 지역 내 사회복지관련 부서와 학교 간의 상호작용을 분석하고, 각 체계의 구성요인들이 실제로 협력하여 활동하는지, 공동의 목적을 위해 활동한다는 기본전제를 공유하는지를 알아보는 것에 초점을 둘 수 있다.

체계변화 전문가로서 사회복지사는 제도적 변화매개자(institutional change agent)로, 현재 수행되고 있는 프로그램을 분석하고, 새로운 프로그램을 제안하는 사람을 의미한다. 체계변화적 접근은 전통적인 학교사회복지사의 활동 목적을 변화시키고 있다. 전통적인 목적은 아동이 학교에 적응하도록 도와주고, 교육의 기회를 얻게 하며, 학교에서의 문제를 해결하기 위해 학생의 행동이나 부모-자녀 관계를 변화시키는 것이었다. 하지만 체계변화적 접근에서의 목적은 체계의 어떤 부분이 특정 상황에서 스트레스를 주는지 분석한 후, 체계의 평형상태가 다시 유지될 수 있도록 그 부분을 변화시키는 것이다. 이를 위해 다양한 접근이 다양한 문제를 해결하는 데 사용되어야 한다는 점을 인정하면서, 학교사회복지사는 변화가 필요한 표적을 찾아내고 그 우선순위를 정해야 한다.

이러한 접근은 학교사회복지사에게 의뢰된 전형적 문제(사례 10.2)를 분석해보면서 보다 명료해질 수 있다. 즉 문제에 대한 재평가와 재초점화를 통해 체계변화 전문가는 보다 명확하고 의미 있는 목적을 설정할 수 있다. 체계변화 역할의 또 다른 예는 앞서 다루었던 약물남용의 문제에서도 찾아볼 수 있다. 다양한 형태의 체계들을 활용하여, 학교사회복지사는 청소년 음주에 대한 지역사회의 수용적 태도를 변화시키는 데 초점을 둘 수 있다. 이러한 변화를 이끌어내기 위해 사회복지사는 음주의 해악에 대한 지역사회의 인식을 증진하기 위해 공무원, 경찰, 사업가, 사회복지기관, 로터리클럽, 부모, 청소년 등 지역사회 내에서 지도력을 발휘하는 다양한 구성원들로 이루어진 집단을 구성할 수 있다. 이러한 집단의 구성 목적은 청소년 자녀에 대한 부모의 지도감독 강화, 현재의 법규에 따른 경찰 단속의 강화, 집에서의 청소년 파티모임을 줄이기 위한 부모의 연계망 구성, 청소년 음주의 대안적 활동을 제공하기 위한 지역 사회 개발 등의 실천 전략을 통해 청소년 음주를 감소시키는 것이 될 것이다. 이러한 접근의 장점은 학교사회복지사가 일대일 접근 방식으로 음주문제를 경험하는 청소년을 만나는 것보다는 훨씬 많은 청소년과 가족이 혜택을 받을 수 있다는 것이다. 학교에 있는 시간만으로는 학교가 모든 문제를 해결해 줄 수는 없다는 것을 받아들여야 한다. 이에 아동의 건강한 발달을 위해 부모와 지역사회가 함께 도움을 제공할 수 있어야 한다.

사례 10.2 체계변화 역할의 사례

Andy는 지금의 초등학교로 최근 전학 왔다. Andy는 4학년으로 지금 학교로 전학 오기 전 이미 5개의 학교를 옮겨 다녔다. 그는 언어장애와 학습장애를 가지고 있으며, 나이에 비해 사회적으로 미성숙하고 발음은 불분명하여 말을 이해하기 힘들었다. 지금의 학교에서 지낸 2개월 동안 학습 및 언어장애와 관련된 특수교육을 받았지만, 여기에 또 다른 문제가 발생하였다. 특수교육 교사는 Andy 때문에 너무 힘들어서 학교사회복지사를 만나러 왔다고 말했다. Andy는 대변조절의 문제를 가지고 있었던 것이다. 더럽혀진 Andy의 속옷에서는 불쾌한 냄새가 났다. 특수교육 교사는 강력한 조치가 취해져야 한다고 말하면서, Andy나 그 부모가 이 문제를 해결하기 전까지는 Andy가 용변을 제대로 보지 않을 때마다 집으로 돌려보내야 한다고 제안했다. Andy의 부모에게 전화가 없었기 때문에, 특수교육 교사는 학교사회복지사가 이러한 내용을 알려주기를 희망했다.

이러한 사례를 어떻게 해결할 수 있을까? 만약 체계모형을 활용하려 한다면, 보다 많은 정보를 확보할 필요가 있으며, 그런 다음에서야 구체적인 행동계획을 수립할 수 있다. 이에 학교사회복지사는 필요한 정보를 얻기 위해 부모를 만나러 갔다. 하지만 부모에게 특수교육 교사의 불만을 토로하거나 위협감을 가지게 해서는 안 될 것이다. 부모와의 면담을 통해 Andy가 지난 3~4년 동안 이러한 문제를 가졌던 것으로 밝혀졌다. Andy의 부모는 작년에 의사를 찾아갔고, 이 문제와 관련해 Andy에게 의학적인 문제는 없었다는 말을 들었다고 했다. 학교사회복지사는 부모에게 담당의사로부터 Andy의 진료정보를 얻어도 좋다는 동의를 얻었고, 다시 찾아오겠다는 약속을 했다. 담당의사와의 전화통화를 통해 Andy의 문제는 변비 때문에 일어나는 것이라는 정보를 얻었다. 또한 대장운동을 위한 좋은 습관을 가지지 못한 것도 한 이유이며, 부모가 Andy를 위해 좋은 용변 습관을 갖도록 도와주고, 섬유질이 풍부한 음식을 지금보다 많이 섭취하도록 해야 한다는 조언을 들었다.

가정방문을 통해 Andy의 부모에 대한 또 다른 정보들을 확인할 수 있었다. Andy의 부모는 금전적으로 넉넉지 못한 형편이며, 아버지는 현재 실업 상태이다. 어머니는 모텔에서 일을 하고는 있지만, 낮은 임금을 받고 있다.

이러한 정보에 기반을 두고 학교사회복지사는 다음과 같은 행동계획을 수립하였다. (a) Andy의 아버지가 최소한 시간제 일이라도 얻을 수 있도록 구직서비스 기관과 연결시킬 것, (b) 학생용 화장실보다는 본관에서 Andy가 개인용 화장실을 사용할 수 있도록 하여 학교에서 용변 습관을 익힐 수 있도록 할 것, (c) Andy가 집에서 매일 아침과 저녁에 화장실을 이용하게 하는 일정을 짜도록 부모를 격려하는 것, (d) 만약을 대비해 옷을 갈아입을 수 있도록 학교에 여분의 옷을 가지고 오도록 할 것, (e) Andy가 과제를 달성했을 때 고섬유질 음식을 강화물로 받을 수 있도록 구입할 것(특수교육 비용을 이 용도로 사용할 수 있도록 함), (f) 학교상담사가 운영하는 친구관계 집단에 Andy가 참여하도록 할 것 등이 수립된 행동계획에 포함되었다.

이러한 모형을 활용하여 학교사회복지사는 계획된 변화를 이끌어낼 수 있는 접근방법을 설계하고, 변화를 위한 동기와 변화로 인해 유발될 수 있는 문제점을 확인하였다. Andy는 문제 해결을 위한 초점의 대상이지 결코 문제 자체는 아니다. Andy는 사회복지기관, 특수교육 교사, 친구관계의 문제를 가지고 있는 아동, 학습장애 아동 등 수많은 체계들이 상호연결되고 있는 접촉지점이라 할 수 있다. 학교사회복지사가 지속적인 관심을 가지고 있는 한, Andy는 장차 이와 유사한 문제를 가진 다른 아동들이 보다 나은 서비스를 제공받을 수 있는 체계를 창출해낼 수 있게 하는 촉매자가 될 수 있다.

프로그램연구 전문가

긍정적인 청소년 육성, 적응 유연성, 인성발달을 촉진시키는 일은 잠재적인 문제행동을 줄이고 학교체계를 개선할 수 있는 또 다른 접근이다. 긍정적 청소년 육성에 대한 연구는 최소한 1명의 성인과 맺는 정서적 애착의 발달, 미래에 대한 목적과 지향을 위한 긍정적 정체감의 발달, 의사결정기술과 자기결정기술의 발달, 사회적, 학업적 성취를 통한 유능감의 발달 등은 위험행동을 줄이고, 성공적인 성인이 될 수 있게 하는 중요한 요인이라고 보고한다.[48] 적응 유연성에 관한 연구들은 적응 유연적인 청소년과 성인은 긍정적 정체감, 건설적인 목적의 형성, 미래에 대한 지향성, 건전한 의사결정 및 문제해결 기술, 시간관리 기술을 촉진시키는 과정을 심사숙고한다고 보고한다.[49]

학교사회복지사에게 중요한 초점은 근거기반의 실천이다. 사회복지사는 긍정적 청소년 육성, 적응 유연성, 인성발달을 가장 잘 촉진시킬 수 있는 프로그램이 무엇인지 조사하고 확인할 필요가 있다. 이를 통해 사회복지사는 해당 영역에서의 의사결정자에게 자문을 제공해주어야 한다. 이들 영역에서 성장을 촉진시킨다고 주장하는 많은 프로그램이 존재한다. 어떤 프로그램은 다른 것보다 훨씬 효과적일 수 있다. 학교사회복지사가 의사결정자에게 자문하는 영역 중 하나는 효과적인 약물 및 음주예방프로그램을 확인하는 것이다. 이 영역에서도 청소년에게 긍정적인 영향을 미친다고 보고되는 프로그램도 있지만, 그렇지 못한 프로그램도 존재한다.[50] 이에 학교사회복지사는 어떠한 프로그램이 실제로 가져올 수 있는 결과와 관련하여 관련 연구들을 조사하고 확인할 필요가 있다.

슈퍼맨/슈퍼우먼

학교사회복지와 관련된 분야에서 일하게 되면, 위험집단의 아동과 그 가족들을 위해 필요한 일들을 모두 수행하기 위해서 사회복지사는 슈퍼맨이 되어야 한다는 말을 농담처럼 하게 된다. 이와 관련해 학교사회복지사가 다른 사람들이 최소한 학교에서만큼은 보다 나은 삶을 경험하도록 보다 나은 학교분위기를 만드는 데 보탬이 되는 어찌 보면 '사소한 일'들을 수없이 수행할 수 있다. 학교사회복지사는 면담을 하는 부모가 진정으로 수용되고 있다는 느낌을 가지도록 해주어야 한다. 학교사회복지사는 아동이 실제로 '잘하고 있다'고 느끼도록 미소 지어주고, 재확인을 해주어야 하며, 그들이 앞으로 좋아질 것이라는 희망을 갖도록 해주어야 한다. 학교사회복지사는 재정적 문제를 결정하는 '회의 탁자' 앞에서 소외집단과 장애아동을 대변하는 목소리를 전달해야 한다. 학교사회복지사는 기존과는 다른 방식으로 문제를 바라보고, 낙관적인 시각에서 문제에 접근하려는 에너지를 가지고 있어야 한다. 이를 통해 클라이언트가 자신의 문제를 적극적으로 싸워나갈 수 있는 작은 문제라고 느낄 수 있도록 해주어야 한다. 학교사회복지사는 특정한 정신건강 영역과 관련하여 학교 외의 다른 곳에서는 갖기 힘든 임상적 기술을 가지고 있어야 한다. 학교사회복지사는 지역자원에 대한 접근성을 가지고 있어야 한다. 마지막으로, 학교사회복지사는 때로는 혼돈스러운 세상에서 불완전할 수밖에 없는 사람의 행동과 사건을 이해할 수 있어야 하고(이따금 예측할 수도 있어야 한다), 그러한 문제들을 사회복지실천의 원칙과 방법을 활용하여 변화시킬 수 있다는 인식을 가지고 있어야 한다.

비판적 사고를 위한 질문 ?

학교사회복지사로서 직업진로를 갖는 것에 흥미를 가지고 있는가?

요약

다음은 이 장의 서두에서 제시한 학습목표와 관련된 내용을 요약한 것이다.

A. 최근 미국의 학교체계가 직면해 있는 다양한 문제들의 정리

과거 다양한 사회문제를 해결하기 위해 필요했던 교육이 이제는 도리어 사회문제가 되고 있다. 교육은 현재 다양한 위기상황과 문제들에 직면하고 있다.

현재 교육의 질에 대해 회의감이 들게 하는 많은 지표들이 보고되고 있다. 예를 들어 고등학교 3학년생이 매년 치르는 대학진학적성검사(SAT)의 점수는 40년 전과 비교해 매우 낮은 점수로 하락한 상태다.

교육이 직면한 두 번째 문제는 현재의 학교체계에서 빈곤계층과 소수집단의 아동들이 열악한 교육기회를 제공받고 있다는 것이다. 소수인종 학생의 비율이 높은 학군이나 빈곤계층 밀집지역의 학군에서 지출하는 학생 1인당 교육비는 다른 지역보다 낮은 편이다. 이제 아동의 학업성취 수준은 그 아동이 가지고 있는 사회경제적 지위와 밀접하게 관련되어 있다고 볼 수 있다.

세 번째 문제점은 무엇이 교육의 바람직한 목적이 되어야 하는지에 대해 혼란스럽다는 것이다. 지금까지는 학교가 읽기, 쓰기, 셈하기와 같은 기초기술을 가르쳐야 한다는 사회적 합의는 있었다. 하지만 최근 들어 교육이 달성해야 하는 또 다른 목적들을 주장하는 다양한 이해 집단들 간에 논쟁이 벌어지고 있다.

네 번째 문제점은 교사가 감당하기 힘들 정도의 근무여

건에서 일해야 하는 학교가 있다는 것이다. 낮은 임금과 하락하고 있는 교사의 위신, 학생들의 약물사용 및 음주 문제 증가, 학생의 교사에 대한 신체적 협박과 공격, 부족한 교육기자재, 교사 1인당 학생비율의 증가 등은 교사가 처한 열악한 근무여건의 예라 할 수 있다.

B. 미국 교육의 개선 방안 제시

현재의 교육을 개선하기 위한 제안으로 교사에 대한 인센티브 확대, 교과과정의 개선, 부모의 학교선택권 허용, 미취학 아동보육 프로그램 확대실시 등 네 가지가 제시되었다. 논의가 되고 있는 제언 중 교사 인센티브제는 수업의 수월성에 대해 보상할 수 있는 우수교사의 지위를 만들자는 내용이 들어 있다. 교육과정을 개선하는 데 가장 큰 걸림돌은 교육과정을 통해 학생에게 무엇을 가르쳐야 하는지에 대한 합의가 부족하다는 것이다. 부모에게 학교를 선택할 수 있는 권리를 보장하는 접근의 경우, 우수한 학교는 더욱 발전하고 열등한 학교는 체질을 개선해야 하거나 퇴출되어야 하는 시장의 인센티브 제도가 만들어질 수 있다는 데 기반을 두고 있다.

C. 저소득층, 소수인종가족의 아동들을 위한 교육기회 개선방안 논의

저소득층 및 소수인종 학생들을 위해 공평한 교육기회를 제공하는 것과 관련해서 세 가지 방안이 제시되고 있다. (a) 모든 학생들의 교육에 대해 동등한 교육비가 지출될 수 있도록 학교재정을 개혁하는 것, (b) 소외된 학생들을 위한 특별 보충교육 프로그램을 수립하는 것, (c) 다양한 인종적, 민족적 배경을 가진 학생들을 동일한 학교로 통합하는 것이 그것이다.

D. 학교사회복지사의 기능을 정리하고, 학교사회복지 실천에 필요한 역할모델 기술

학교사회복지실천과 관련하여 여러 가지 역할모형이 제시되고 있다. 전통적인 역할로는 개별사회복지사(caseworker), 집단사회복지사(group worker), 무단결석 관리자(truant officer), 상담가, 부모연계자 등을 들 수 있다. 새로운 학교사회복지사의 역할로는 옹호자, 행동수정 전문가, 정신건강 자문가, 음주 및 약물남용 전문가, 다전문직 팀원, 폭력예방 전문가, 체계변화 전문가 등이 제시될 수 있다.

학교사회복지사가 교육의 모든 문제를 해결할 수는 없다. 통합의 어려움, 다양한 목적들의 차별성, 교사의 자질 문제, 가족의 역할과 기대의 변화 등은 모두 대단히 복합적이고 해결하기 벅찬 문제들이다. 하지만 교육체계가 교육문제에 대처하여 궁극적으로 그 해결책을 찾도록 도와주는 체계변화 전문가의 역할을 통해 새로운 아이디어와 창조적 접근이 개발될 수 있을 것이다.

인터넷 참고자료

CENGAGE**NOW**™ 각 장과 관련된 참고자료는 출판사 홈페이지(www.cengage.com/social_work/zastrow)를 참조하라.

주

1. Quoted in William Kornblum and Joseph Julian, *Social Problems*, 6th ed. (Englewood Cliffs, NJ: Prentice Hall, 1988), p. 394.
2. William Kornblum and Joseph Julian, *Social Problems*, 12th ed., (Upper Saddle River, NJ: Pearson, 2007), p. 359.
3. National Center for Education Statistics, *Literacy in Everyday Life: Results from the 2003 National Assessment of Adult Literacy*, April 4, 2007. Available at http://nces.ed.gov/naal.
4. Linda A. Mooney, David Knox, and Caroline Schacht, *Understanding Social Problems,* 6th ed. (Belmont,

11 CHAPTER

노동문제와 직장에서의 사회사업

Work-Related Problems and Social Work in the Workplace

이 장의 개요

- 노동의 간략한 역사
- 미국의 노동동향
- 산업장에서의 문제들

학습목표

낯선 두 사람이 만나면 흔히 "무슨 일을 하세요?" 하고 묻는다. 노동은 우리 생활의 핵심인 것이다. 우리가 노동을 통해 얻을 수 있는 것은 단지 돈뿐만이 아니다. 우리는 노동을 통해 자신에 대한 존중감과 동료와 친구들, 그리고 자기성취감을 얻게 된다. 도전적인 일은 우리로 하여금 지적·심리적·사회적으로 성숙하게 만든다. 노동은 사회구조 내에서 우리의 위치를 결정하는 데 중요한 역할을 한다. 우리의 존재는 상당부분 노동에 의해 규정되는 것이다. 우리는 사회에서 '노동윤리'라는 것을 중요하게 여기는데, 이는 우리가 노동을 귀하고 생산적이며 유용한 것으로 여긴다는 것을 의미한다. 실업자 또는 건강하면서도 일하지 않는 사람들은 종종 멸시를 당하게 된다. 이 장은 다음과 같은 내용들로 구성된다.

A. 노동의 역사 약술
B. 노동과 관련된 중요한 세 가지 문제 논의: 소외, 실업, 산업보건위험
C. 문제에 대항하는 노력과 새로운 시도 요약

1. 노동의 간략한 역사

노동이 늘 귀하게 다루어져 온 것은 아니다. 예를 들어 고대 그리스에서 노동은 인간에게 부여된 신의 저주로 여겨졌다. 노동은 시민으로서, 그리고 인간의 정신을 발달시키는 데 전혀 부합하지 않는 괴롭고 힘든 일로 여겨질 뿐이었다. 따라서 그리스인들은 시민들이 철학적 사유와 문화적 풍요함을 즐길 수 있는 시간을 가질 수 있게 해준다는 점에서 노예를 사용하였으며, 노예제도를 정당화했던 것이다. Aristotle는 "어떠한 인간도 기술자나 노동자로 살면서 덕을 베풀 수 없다"고 말한 바 있다.[1)]

로마인들은 상업 은행업무(commercial banking) 정도를 받아들일 수 있는 일자리로 여기긴 했으나, 실제로 모든 여타의 직업들에 대해서는 저속하고 천한 것으로 간주하였다.

고대 히브리인들은 노동에 대해 이중적인 태도를 취했다. 노동을 고되고 모진 것으로 여기는 한편, 인간에 대한 신의 사랑을 표현한 것으로도 여겼다.

초기 기독교인들 역시 노동에 대하여 이중적인 태도를 갖고 있었다. 그들은 노동을 원죄(성경에 대한 기독교인들의 해석에 따르면, 원죄는 아담과 이브가 에덴동산에서 신의 뜻을 거역한 것에서 시작된다)에 대한 대가라고 여기면서도, 한편으로는 인간은 누구나 자신의 삶을 영위하고 필요한 것을 얻기 위하여 노동을 해야만 한다고 믿었다.

17세기에 시작된 종교개혁은 노동에 대한 사회적 가치를 근본적으로 변화시켰다. 이 시기에 와서야 노동은 비로소 매우 가치 있는 것으로 여겨졌다. 종교개혁가의 한 사람인, Martin Luther는 노동이야말로 신에 대한 봉사라고 주장하였다. 이때부터 노동은 귀하고 종교적인 의미를 갖는 것으로 여겨지기 시작했다.

또 다른 종교개혁가인 John Calvin은 노동에 대한 사회적 관점을 더욱 극적으로 변화시키는 데 영향을 미쳤다. Calvin은 노동은 신의 뜻이라고 가르쳤다. 고된 노동과 선행, 그리고 직업에서의 성공은 인간이 구원을 받았다는 신호로 받아들여졌다. 신의 뜻은, 인간이 검소하게 살아야 하며(즉 돈을 조금만 쓰면서), 일을 통해 얻은 이익은 다시 더 큰 이익이 생길 수 있는 새로운 일에 계속적으로 투자되어야 한다는 것이었다. 게으름은 죄악으로 여겨졌다. Calvin의 가르침에 영향을 받은 것이 청교도(Puritan)이다. 청교도들은 매우 금욕적인 생활을 하였다. 그들은 문자 그대로 쾌락을 부정하는 것이 종교적인 훈련이라고 생각했다. Calvin의 가르침은 널리 받아들여져서 새로운 문화적 가치체계를 형성하였으며, 프로테스탄트의 윤리(Protestant ethic)로 알려지게 되었다. 이 윤리는 고된 노동, 검약, 그리고 금욕 등 세 가지의 핵심적 가치를 갖는다. 프로테스탄트 윤리에 의해 발전된 가치들은 역사를 통해 지속되어 왔다. 예를 들어 Benjamin Franklin은 이러한 가치들에 대하여 다음과 같은 격언들을 통해 칭송하였다.

> 1페니를 절약하면 1페니를 버는 것이다.
> 시간은 돈이다.

보기 11.1 Max Weber와 프로테스탄트 윤리

1904년 독일의 사회학자 Max Weber는 사회학의 가장 도발적인 이론들 중 하나가 된 책을 출간하였다. 〈프로테스탄트 윤리와 자본주의 정신〉에서 Weber는 프로테스탄트 윤리가 자본주의의 등장을 고무시키고 가능하게 하였다고 주장하였다. Weber는 청교도주의(Martin Luther와 John Calvin에 의해 주창된)가 전통사회로부터 산업혁명으로의 전환을 이끌어 낸 가치체계를 공급하였다는 것을 이론화하였다.

Weber는 청교도 프로테스탄트들은, 인간이 구원이든 멸망이든, 신에 의해 선택되었다는 신조를 갖고 있다는 점을 강조하였다. 인간이 자신의 운명을 바꾸기 위해 할 수 있는 일은 아무것도 없다. 아무도 그가 영원한 구원을 받게 될지 아니면, 영원히 멸망당할지 확신할 수 없다. 그러나 인간은 신에게서 자신들의 운명을 알 수 있는 신호를 찾았다. 그들은 노동이 신에 대한 예배라고 믿었기 때문에, 노동에서의 성공(이윤창출)은 신이 좋아하는 것이라는 결론을 내렸다. 그래서 그들은 매우 열심히 일하여 가능한 한 많은 부를 축척하려고 했던 것이다.

프로테스탄트 윤리는 사치와 자기만족을 죄악으로 여겼기 때문에, 이윤은 사치를 위해 사용되면 안 되었다. 대신에 이윤은 새로운 소득을 얻을 수 있는 새로운 일에 투자되어야 했다. 이러한 새로운 일에는 공장을 짓고 새로운 기계를 개발하는 일들이 포함되었다. Weber는 이것이 산업혁명의 시작이요, 자본주의 탄생이라고 보는 것이다.

출처: Max Weber, *The Protestant Ethic and the Spirit of Capitalism*, rereleased (New York : Scribner's, 1958)

근면과 검약을 빼고, 시간을 지키는 것처럼 젊은 사람을 키우는 것은 없다.

할 일 없이 앉아 있는 것은 돈을 던져버리는 것과 같다.

시간이나 돈을 허비하지 말라. 시간을 잃어버리는 것은 돈을 잃어버리는 것이다.[2)]

미국의 대통령이었던 Nixon은 복지개혁과 관련된 한 연설에서, 노동은 본질적인 가치이며, 미국의 오랜 전통이며, 종교적 가르침과도 일치한다고 선언한 바 있다. Nixon은 덧붙이기를, "바닥을 닦고, 변기를 치우는 일도 이 나라의 어떤 일보다 못하지 않습니다. 우리들 대부분은 게으르고 나태한 것을 부도덕한 것이라고 생각합니다."[3)]라고 했다.

우리는 청교도들의 검소하고 금욕적인 생활을 더 이상 찬양하지는 않지만, 여전히 열심히 일하는 것이 윤리적이라고 굳게 믿고 있다. 다른 사람들이 보기에 사지가 멀쩡한 사람(able-bodied)은 일자리를 찾아 일을 해야만 한다(적어도 직업 훈련이라도 받아야 한다). 복지에 의존해서 사는 사람들은 종종 멸시를 당한다. 소득과 인간의 가치를 연결시키려는 생각이 여전히 남아 있다. 월급을 많이 받을수록 다른 사람들에 의해 더 높이 평가되고, 스스로도 높이 평가하게 되는 것이다.

낮은 지위에 있는 사람들은 자신의 직업에서 만족스러운 정체감을 찾지 못하는 경우가 많다. 예를 들어 생산직 노동자들은 그들 스스로를 그다지 중요한 사람으로 생각하지 않는 경향이 있다. 그들은 매일 반복적으로 정해진 일—볼트에 너트를 끼우는 일 따위—을 할 뿐이다. 이러한 많은 노동자들은 더 좋은 일자리를 갖지 못한 것에 대해 부끄럽게 생각한다.

노동은 우리의 자아개념에 지대한 영향을 미치기 때문에 품위 없고 지루하고 비인간적인 일자리를 갖는 것은 우리의 심리적 안녕에 해를 줄 수 있다. 우리는 우리 스스로를 얼마나 버느냐에 따라 판단할 뿐만 아니라, 우리의 직업이 얼마나 매력적이고 만족스러우냐에 따라, 그리고 우리가 성장하고 발전하는 데 있어 얼마나 도움이 되느냐에 따라 판단하는 것이다.

2. 미국의 노동동향

지난 100년간, 미국에서 노동조합은 지속적으로 성장해 왔으며, 이들은 노동자의 임금과 부가급여의 상승을 주도해 왔다. 그러나 1980년대 이후 노동조합과 사용자 간의 권력 균형은 사용자 쪽으로 기울어졌다. 많은 회사에서 사용자들은 사업장을 다른 곳으로 옮기거나 아예 폐쇄할지도 모른다는 위협과 함께 임금상승률 0%를(심지어 임금삭감까지도) 주장해 왔다. 이에 대해 노동자들은 파업을 하고 직장을 잃는 대신, 내키지는 않았지만 사용자 측의 제안을 받아들여 왔다고 할 수 있다.

지난 100년간 미국 사회에서 노동의 특성은 급격하게 변화하여 왔다. 미국 노동시장의 변화는 크게 다음과 같은 여덟 가지로 요약된다: 사무직 노동자의 증가, 임금 노동자 사회의 등장, 분업화, 노동현장에서 여성의 증가, 본질적 보상(intrinsic rewards)에 대한 강조, 첨단기술에 대한 강조, 저임금 일자리의 증가, 그리고 생산 공장의 해외 이전(outsourcing in a global factory) 등이 그것이다.

》 사무직 노동자의 증가

개척시대에는 대부분의 사람들이 자신의 농장이나 다른 사람의 농장, 아니면 기껏해야 소규모 농장에서 일함으로써 생활을 영위하였다. 미국은 농업경제에서 산업경제로 이동하기 시작하였다.

1900년에 노동자의 27%가 농업에 종사하였고, 18%만이 사무직 노동자였다. 그러나 2000년에는 2%의 노동자만이 농업에 종사하고 있고, 53%가 사무직 노동자들이다.[4] 미국 생산체계의 어마어마한 생산성은 2%의 농민들이 전 국민을 먹여 살리는 것이 가능하도록 한 것이다! 한때 가장 거대한 직업군이었던 농민이 이제는 가장 소수의 직업군이 된 것이다.

가장 소규모 직업군이었던 사무직 노동자들(전문직, 사무직, 영업직, 관리직)이 이제는 가장 대규모 직업군이 되었다. 이 집단은 1956년에 이미 생산직 노동자의 수를 넘어섰다.[5]

산업사회는 1차 산업, 2차 산업, 그리고 3차 산업, 이 세 가지로 구분된다.

1차 산업은 농업, 광업 또는 어업 등, 개발되지 않은 자연 자원을 수확하거나 추출하는 산업이다. 산업화 초기에 대부분의 노동자들은 이 부문에 고용되었다.

2차 산업은 원자재를 가공하여 상품을 만드는 산업으로, 식료품, 철강, 자동차 산업 등이 이에 속한다. 산업화의 중간 단계에서는 대부분의 노동자들이 이 부문에 고용된다. 이 노동자들이 대부분 생산직 노동자들이다.

> **비판적 사고를 위한 질문**
>
> 노동에 대한 당신의 생각은 무엇인가? 당신이 원하는 직업은 무엇인가?

3차 산업은 서비스 산업으로, 치과진료, 의료서비스, 자동차 수리, 영업, 방역 사업 등이 이에 속한다. 오늘날의 선진사회에서는 대부분의 노동자들이 서비스 산업에 종사하고 있으며, 이들 대부분은 사무직 노동자들이다. 현재 미국 임금 노동자의 60% 이상이 3차 산업에 고용되어 있다.[6] 이 부문의 노동은 1차 산업이나 2차 산업에 비해 일반적으로 깨끗하고 편안한 일자리들이라고 할 수 있다.

》 임금 노동자 사회의 등장

미국인들은 개척시대와는 달리 더 이상 자영업자(self-employed)들이 아니다. 현재 10% 미만의 노동자들만이 자영업자로 분류된다.[7] 소수의 소기업주, 가족 농장, 소매상인, 그리고 목수나 예술가들만이 남아 있을 뿐이다. 그러나 이러한 소규모 사업자들은 잘 조직화된 기업이나 사업체와는 경쟁하기가 매우 어렵다는 것을 깨닫고 있다. 노동자들의 다수는 대기업이나 정부와 같이 이 외의 다양한 영역에 고용되어 있다. 한때 개업하여 활동하던 많은 의사들도, 이제는 모여서 병원을 운영하거나, 과거와는 다른 형태의 조직을 만들어 일하고 있다.

》 분업화

1850년의 인구조사에 의하면 미국 내에는 323종류의 직업만이 존재하고 있었다.[8] 그러나 지금은 당시에 비해 68배가 넘는 22,000개가 넘는 종류의 직업이 있다.[9] 이러한 직업들 중에는 시계태엽 감아주는 사람, 차 시음하는 사람, 물 냄새 맡는 사람과 같은 희한한 직업들도 포함되어 있다. 이렇게 전문분야가 확대되면서 상품의 생산은 이제 반복적이고 단조로운 일로 단절되어 버리고, 개별 노동자들은 상품 생산에 있어 극히 일부분만을 담당하게 되었다. 조립라인에서 근무하는 한 노동자는 다음과 같이 말한다.

> "조립라인은 일하는 곳이 아니라고 말할 수 있어요. 볼트 1만 개를 통 속에 가득 채워 놓고 그걸 몽땅 써버려야 하는 것만큼 한심한 일거리는 없을 거예요. 그러고 나면 통 속에는 다시 1만 개의 볼트가 가득 차게 되죠. 그 1만 개의 볼트는 하나하나 모두 정확히 같은 곳에 끼워져야 한다구요."[10]

분업화는 고도로 복잡한 제품과 서비스를 개발하고 생산하는 데 실질적으로 기여해 왔다. 그러나 그에 따르는 문제들도 발생하였다. 노동자들에게 있어 그들이 제품생산에는 극히 적은 부분에만 기여하고, 그저 제품생산을 위한 기계나 한 과정으로 여겨진다고 느끼게 될 때 자신의 일에 대해 자부심을 갖기란 매우 힘들다. 이러한 분업화는 종종 직무 불만족으로 귀결된다. 단순하고 극히 부분적인 일을 하도록 훈련된 사람들은 노동시장에서 새로운 일자리를 얻을 수 있는 기술을 갖추지 못하는 경우가 많다. 분업은 노동자들 간의 협동이나 관리자와의 협력에 문제를 일으킬 수도 있다. 우리 사회는 분업으로 인해 상호의존성이 매우 높아져 있다. 상호의존성으로 인해 한 노동영역에서의 혼란은 경제 전체에 심각한 영향을 미치기도 한다. 예를 들어 미국은 현재 컴퓨터에 지나치게 의존하고 있다. 종종, 컴퓨터 바이러스가 주요 기업의 작동을 멈춰 버릴 수도 있으며, 이로 인해 전국적으로 며칠 동안 작업이 중단되는 경우도 있다.

노동 현장에서 여성의 증가

노동인구는 현재 고용되어 있거나 적극적으로 일자리를 찾고 있는(실업상태) 16세 이상의 인구를 말한다. 노동인구의 구성에는 의미 있는 경향이 있어 왔다.

여성들의 노동인구 진입은 증가하고 있다. 1900년에 20%에 불과하던 성인여성 취업률은 현재 70%로 증가하였다.[11] 그러나 여성들은 여전히 남성들에 비해 덜 선호되는 일자리에서 저임금으로 일하는 경향이 있다(이에 관한 논의는 13장 참조). 전일제 노동을 하는 여성 노동자의 경우, 남성 노동자 임금의 3/4 정도를 받고 있으며,[12] 유색 여성 노동자는 소득도 적을 뿐 아니라 이중적인 차별을 받고 있다.

본질적 보상에 대한 강조

본질적 보상(intrinsic rewards)이라 함은 노동 그 자체가 갖는 속성으로부터 오는 보상을 의미한다. 즉 본질적 보상을 제공하는 노동은 완성적이고 도전적이며, 사회적 및 정서적으로 성장하는 것을 돕는다. 또한 육체적으로 건강해지도록 할 뿐만 아니라, 개인의 능력을 활용함으로써 성취감을 갖도록 한다. 그리고 이를 통해서 자기 자신에 대한 존중감을 갖게 되며, 흥미와 즐거움을 주고, 새로운 친구들을 만날 수 있는 기회를 제공한다. 과거에는 사람들이 노동의 외적 보상(extrinsic rewards)에 일차적인 관심을

GRANTPIX/Jupiterimages

일주일에 40시간, 하루에 8시간 동안 같은 부품을 조립하는 일을 해야 한다면, 출근하는 것이 즐겁지만은 않을 것이다.

갖고 일자리를 구했었다. 즉 노동을 통해 벌어들이는 돈에만 관심이 있었던 것이다. 그러나 최근 40년간 사람들은 일자리가 주는 본질적인 가치를 중요하게 생각하는 경향이 증가해 왔다.[13]

첨단 기술에 대한 강조

우리 사회의 경제는 점점 컴퓨터와 발달된 통신수단 같은 첨단기술에 기반을 두고 있다. 자동화 장치와 로봇은 과거 생산직 노동자가 수행하던 일들을 점차 더 많이 담당하고 있다.

기술은 양날을 가진 검과 같다. 모든 주요 기술적 혁신은 인간을 고된 노동으로부터 해방시켰지만, 동시에 예측하지 못한 문제들을 일으키기도 해 왔다. 예를 들어 원자력의 발전은 중요한 에너지원이기도 하지만 원자력으로 인

한 재난은 수천 명(혹은 수백만 명)의 인명을 죽일 수도 있다. 기술은 수단의 총체로 정의될 수 있으며, 인간에게 편안함과 생활에 필요한 물건들을 제공하기 위해 사용된다.

기술적 혁신은 미국에 있어 일자리의 유형에 중대한 변화를 일으켜 왔다. 생산직과 농업노동은 줄어들고, 첨단기술영역(컴퓨터와 통신 등)에서의 일자리는 늘어나고 있다. 공장에서 정리해고된 사람들(철강회사 등)은 새로운 일자리를 얻는 데 큰 어려움을 겪고 있다. 그러나 첨단기술을 가진 사람들에게는 새로운 일자리를 가질 수 있는 좋은 기회가 많다. 노동시장에서 기술의 발전은 어떤 사람에게는 매우 큰 혜택이지만, 다른 사람에게는 재앙이 될 수도 있는 것이다. 자동차 공장의 고용주는 로봇을 이용해서 조립하는 것이 비용절감효과가 크기 때문에 이를 선호하겠지만, 이 때문에 일자리를 잃게 되는 노동자들은 로봇을 이용하여 자동차를 생산하는 것을 원망하게 된다.

교육, 정치, 인권분야의 지도자들은 컴퓨터와 첨단기술 혁신에 지나치게 의존하는 현상에 대해 점점 더 우려를 표하고 있다. 컴퓨터와 첨단기술이 발전할수록, 우리 사회에서는 일부의 사람만이 이를 능숙하게 사용할 수 있는 기술을 갖게 되고, 이러한 기술을 갖지 못한 사람들은 노동시장에서 낮은 위치에 놓일 위기에 처하게 된다.

》 저임금 일자리의 증가

미국의 경우, 지난 20년간 일자리는 많이 늘어났으나 그동안의 물가상승률을 고려할 때 평균 임금은 오히려 줄어들었다.[14] 이러한 현상이 발생하게 된 가장 큰 이유는 저임금 일자리가 많이 늘어났기 때문이다. 예를 들어 패스트푸드 업계에서 최저임금으로 일하는 사람들이 늘어났다든지, 시간제 고용(일주일에 35시간 이하로 일하는 것)이 증가하여 임금 총액이 줄어드는 것이 그러한 현상을 일으키는 이유가 된다.[15] 최근 고용형태의 두드러지는 또 하나의 특징은 임시직 고용이 증가하고 있다는 것이다.[16] 임시직이나 시간제 노동자를 고용하는 것은 이들에 대한 부가급여(의료보험이나 은퇴지원 프로그램 등) 지출이 상대적으로 적기 때문에 사용자에게 유리하기 때문이다. 저임금 일자리가 늘어나는 또 다른 이유는 노동인구가 제조업에서 서비스업 쪽으로 급속하게 이동하고 있기 때문이기도 하다. 공장들이 문을 닫고, 제조업 일자리들이 저개발 국가로 옮겨 감에 따라, 일자리를 잃은 노동자들이 제조업에 비해 저임금 일자리가 두 배나 많은 서비스업 쪽으로 많이 이동하였기 때문이다.[17] 미국의 경우, 1990년대부터 21세기 초반까지 제조업에서의 구조조정이 본격적으로 이루어져 왔다.

> **비판적 사고를 위한 질문 ?**
>
> 어떤 직업에서든, 그 일을 잘 하기 위해서는 열정을 가져야 한다고 한다. 당신이 열정을 가지고 일하고 싶은 직업은 무엇인가?

》 외국으로의 생산공장 이전

다국적 기업(본사를 국내에 두고 여러 나라에서 사업을 하는 기업)들은 전 세계에 진출해 있는 공장들을 통해 세계경제의 모양을 변화시키고 있다. 이러한 기업들은 더 이상 하나의 국가에서 물건을 생산하지 않는다. 초고속 교통망의 발전은 이러한 기업들이 원자재와 상품을 전 세계 곳곳으로 가능한 한 빠른 시간 내에 이동하는 것을 가능하게 해 준다. 이러한 교통수단은 다국적 기업으로 하여금 개발도상국의 싼 노동력을 쉽게 활용할 수 있도록 한다. 기업들은 생산라인을 외국으로 내보냄으로써 낮은 인건비로 생산된 제품을 비싼 가격에 팔 수 있게 된다. 예를 들어 미국의 야구공 생산업체들은 원재료—실, 가죽, 접착제 등—를 아이티로 보내서 국내에서 비슷한 일을 하는 노동자들에 비해 싼 임금으로 야구공을 생산한다.

생산공장 이전은 제3세계의 저임금을 통해 상품을 생산함으로써 기업들이 이익을 더 많이 얻기 위해 취하는 전략이다. 생산공장 이전은 제조업 일자리를 제3세계로 '수출'하는 효과를 낸다. (몇몇 전문가들은 이러한 현상을 미국의 탈산업화로 규정한다.)

3. 산업장에서의 문제들

》 소외

소외는 사회학적으로 특정한 의미를 갖는다. 소외는 인간이 다른 강압적이거나 자신의 통제범위를 넘어선다고 생각하는 사회제도와 상호작용할 때 경험하게 되는 무의미와 무기

사례 11.1 직무 불만족

Mary와 Robert는 대학교에서 만나 1998년 Mary가 대학을 졸업한 직후 결혼했다. Robert는 1년 먼저 졸업했다. Robert는 역사를, Mary는 심리학을 전공했다. 두 사람은 교외의 근사한 집에서 살면서 모터보트를 타고, 자동차를 갖는 아메리칸 드림을 갖고 있었다. 두 사람 모두 대학을 졸업했기 때문에 이 일을 잘해내리라는 낙관적인 생각을 갖고 있었다. 그들은 매년 아카풀코, 유럽, 자메이카, 하와이 같은 곳으로 여행가는 꿈을 꾸고 있었다.

이제 6년이 지나 Robert는 29살, Mary는 28살이 되었다. 그들은 아직 여행을 가지 못했으며, 어린 자녀 둘을 두고 있다. 그들은 심각한 부채를 지고 있으며, 꿈을 이루기 위해서 여전히 빚을 지고 있다. 그들은 침실이 두 개인 허름한 집을 구입했다. 의료비, 식료품비, 의류비 지출뿐 아니라, 난방기구와 지붕, 배관 등 집안 곳곳에 예기치 못하게 수리해야 할 것들이 많았기에 그들은 점점 더 많은 빚을 지게 됐다.

더 심각한 것은 그들은 하기 싫은 직업을 갖고 있었다는 것이다. Robert는 지난 3년 반 동안 작은 회사에서 생명보험 판매업을 하고 있었다. Robert는 다음과 같이 말한다.

> 저는 다른 일을 찾을 수가 없었기 때문에 이 일을 하게 됐습니다. 제가 대학을 졸업했을 때 역사를 전공한 사람들에게는 일자리가 없었습니다. 저는 수많은 일을 했지만, 그 어느 것도 제가 좋아하는 일은 아니었습니다. 저는 트럭운전, 피자가게 매니저, 택시운전, 자동차 판매를 했지만, 대부분의 기간 동안 실업자였습니다.
>
> 이 직업을 택했을 때, 저는 큰돈을 벌 수 있는 마지막 기회이길 바랐습니다. 그러나 마음대로 되지 않았습니다. 저는 보험 파는 것이 싫습니다. 대부분의 시간 동안 저는 전화번호부에 있는 모르는 사람들에게 전화를 걸어 보험계약을 권합니다. 마치 구걸을 하는 느낌입니다. 모르는 사람들이 전화기를 던지듯 끊는 소리가 제 귀를 두드릴 때 저는 사람에게 보험을 권하는 제 자신이 경멸스럽습니다. 그렇지만 저는 다른 선택이 없습니다. 이 일을 하지 않으면 제게 날아오는 청구서들을 갚을 수가 없습니다. 저는 어린 두 아이를 돌보아야 하는 Mary가 일하는 모습을 보는 것도 괴롭습니다. 다시 말하지만, 저는 다른 선택이 없습니다. 정말로 가슴 아픈 것은 우리 두 사람 모두 하기 싫은 일의 노예가 되었다는 생각이 드는 것입니다. 여전히 우리는 빚을 갚아야 하고, 성탄절 선물 살 돈도 없습니다.

Mary는 옷가게 점원이다. 그녀 역시 자신의 전공분야(심리학)에서 일자리를 얻지 못했다. 졸업 후에 그녀는 2년 동안 지금과 비슷한 수준의 월급—최저임금을 조금 넘는—을 받으며 사무직으로 일했다. 그녀는 첫 아이가 태어났을 때, 그 일을 그만 두었다. 그녀는 지금 하는 일보다 그 전의 사무직을 더 싫어했다. 첫 아이가 태어난 지 몇 달 후, 그녀는 지금의 직장에—지금은 정규직이지만—파트타임으로 취직했다. Mary는 다음과 같이 말한다.

> 대학에 다닐 때, 저는 지나치게 이상적이었던 것 같습니다. 저는 저 자신을 성장시키는 매력적인 일을 할 수 있으리라 기대했습니다. 물론 월급도 많이 받는 직장이죠. 하지만 지금은 베이비시터에게 돈을 주고 나면, 제가 버는 돈은 너무 적습니다. 이 직업은 너무 지루합니다. 특히 경기가 안 좋을 땐 말이죠. 하지만 11월과 12월에는 하루종일 뛰어다녀야 할 만큼 바쁩니다. 하루가 끝날 때쯤이면 완전히 지쳐버립니다. 기복이 심하죠. 퇴근하기 전까지 저의 하루는 끝나지 않습니다. 저는 요리, 빨래, 청소를 해야 하고, 아이들과 놀아 줄 시간이 필요합니다. 아이들이 태어나고 지난 4년 동안은 거의 악몽이었습니다. 기저귀를 갈아주고 밤중에 일어나야 하고, 아픈 아이들을 돌보아야 했죠. 저를 비난하지 마세요. 저는 이 생활을 그만 둘 생각이 없습니다. 하지만 가끔씩 저는 제가 잘못하고 있다는 생각이 듭니다. 정말 마음 아픈 것은 우리가 아무리 노력해도 성과가 보이지 않는다는 것입니다.
>
> 아침에 일어나서 출근할 때면, 너무나 슬퍼서 눈물이 날 때도 있습니다. Robert도 나처럼 자기가 하는 일을 싫어한다는 것을 압니다. Robert가 힘들게 일하고 난 후, 점점 술을 많이 마시는 게 걱정입니다. 저는 빚을 갚기도 힘든 절망적인 상황입니다. 이게 사는 걸까요?

력의 느낌이다. 노동자의 소외는 Karl Marx에 의해 최초로 언급되었다. (노동자의 소외문제가 미국에서 무시되어 온 것은 아마도 Marx가 공산주의와 연계되어 있기 때문일 것이다.) Marx는 노동자의 소외는 이들이 생산수단을 소유하지 못하고, 노동을 통해 생산된 최종 생산물에 대해 어떠한 통제도 할 수 없음으로부터 발생한다고 주장하였다. 따라서 노동자들은 무기력을 느끼게 되고, 자신의 노동을 의미 없는 것으로 간주하게 된다. Marx는 소외를 다음과 같이 설명한다.

> 소외를 일으키는 것은 무엇인가? 첫째로, 노동이 노동자 외부에 존재하는 것, 노동이 노동자 본성의 일부가 되지 못하는 것, 결과적으로 노동자가 노동을 통해 자신을 실현하지 못하

> 고 자기 자신을 부정하게 되는 것이 비참함과 불행함을 느끼게 하고, 육체적, 정신적 에너지를 자유롭게 개발시키지 못하고 오히려 육체적으로 지치고 정신적으로 고단하게 한다. … 노동자의 노동은 자발적인 것이 아니라 부과된 것, 강제된 것이다. … 마지막으로, 노동자에게 있어서 소외는 노동이 그 자신의 것이 아닌, 다른 누군가를 위한 것이라는 점이 그를 자기 자신이 아닌 다른 사람의 소유로 만든다.[18)]

Marx에 따르면, 분업은 소외의 가장 중요한 원인이다. 분업에 의해서 노동자들은 극히 부분적인 일을 반복적으로 하도록 강요된다. 사람들은 자신의 능력의 극히 일부만을 사용하게 됨으로써 노동은 창조적인 것이 아니라, 강제적이고 비인간적인 것이 되고 만다.

Marx는 노동자의 소외는 결국 그들이 고용주에 대항하여 혁명을 일으키게 만들 것이라고 믿었다. 노동자들이 혁명을 일으키게 되는 또 하나의 이유는 그들이 지배적인 계급으로부터 착취당하고 있다는 생각 때문이다.

계급혁명에 대한 Marx의 예측은 미국에서는 실현되지 않았다. Marx는 단체협상의 효과를 예측하지 못했으며, 20세기와 21세기 동안 새로운 과학기술에 의해 노동조건이 개선되리라는 것을 내다보지 못했다. 흥미롭게도, 쿠바 같은 사회주의국가의 노동자들도 소외를 경험한다. (Marx는 사회주의국가에서는 소외가 더 적게 발생할 것이라고 예측했다.)

Marx가 자본주의 사회에 귀인했던 소외현상은 실제로는 산업주의로 인해 주로 발생하는 듯하다. 미국의 노동자들은, Marx의 예측과는 달리, 여전히 미국의 자본주의 체제에 대해 기본적인 신뢰와 믿음을 갖고 있다. 많은 노동자들이 주식, 채권, 부동산, 저축 등에 투자하고 있다. 그들의 상당수는 지배계급이기도 하다. Marx는 자본가와 노동자 두 계급만의 투쟁을 보았을 뿐이다. 그는 이 계급간의 중첩을 예견하지 못했을 뿐 아니라, 투자자와 노동자들을 포함하는 중산층의 발달도 예측하지 못했다. 자본주의 체제에 대한 미국인들의 신념과 공산주의에 대한 경멸로 인해 예측 가능한 미래에 미국에서 계급혁명이 일어날 것으로 보이진 않는다.

사실, 노동계급은 산업화된 어떤 국가에서도 사회주의 혁명에 성공적으로 등장하지 않았다. 사회주의 혁명은 모두 개발도상국이었거나 미처 산업화되지 않은 국가들—구소련, 중국, 쿠바 등—에서 일어난 것이었다. 중국뿐 아니라 러시아가 경제를 자극하기 위한 방편으로 자본주의의 가장 중요한 요소인 이윤동기를 활용하고 있다는 점은 중요하다.

게다가, 자본주의 경제의 해악에 대한 Marx의 이론은 그의 원칙을 기반으로 경제체제를 구축하려고 했던 구소련과 폴란드 같은 국가들에서 거부당하고 있다. 이 국가들은 자본주의적 동기 없이는 국민들이 바람직한 수준의 생산에 참여하도록 동기화시키지 못한다는 결론을 내렸다. 몇몇 권위 있는 전문가들은 경제 생산에 대한 Marx의 이론들이 비참하게 실패한 것으로 검증되었다는 주장을 하고 있다. 생산성의 관점에서, Marx의 이론에 기반을 둔 동유럽의 경제는 자본주의적 유인체계(capitalistic incentives)를 활용하는 서유럽에 비해 한참 뒤떨어져 있는 것이 사실이다. 1990년에 동부 독일에서는 "세계의 노동자들이여! 나를 용서하시오."라는 표어가 인쇄된 Marx의 초상화 포스터가 불티나게 팔렸다.[19)] (Marx는 "세계의 노동자들이여! 단결하라."라는 슬로건을 내세웠었다.)

노동 소외의 원인

소외는 많은 원인에 의해 발생한다. 분업은 노동자들로 하여금 자신의 일이 의미가 없거나 기업에 별다른 기여를 하는 것이 없다고 생각하도록 해 왔다. 예를 들어 자동차 공장에서 점화 플러그를 부착하는 일을 하는 노동자가 자신의 일에 자부심을 갖는다는 것은 쉬운 일이 아니다.

노동자들이 대규모 사업이나 기업에서 일하면서 언제든지 해고될 수 있다는 사실을 알고 있다면, 당연히 무기력감과 낮은 자존감을 갖게 될 것이다. 또한 기업의 의사결정과정에 참여하지 못하는 것이나 회사의 간부들이 노동자들이 어떤 변화를 일으키기를 원치 않는다는 사실을 알게 되는 것도 회사 내에서의 무기력감과 무의미감의 원인이 된다.

어떤 회사에서는 대부분의 일을 기계가 처리하고 있다. 이러한 자동화는 노동자들로 하여금 자신이 생산과정에서 별로 쓸모가 없는 사람이라는 인식을 갖게 할 수도 있다. 심지어 공장에서 노동자의 작업이 기계의 작동 속도에 따라 조정되는 일도 있다. 창의적인 일을 할 수 있는 기회가 없는 것도 소외의 한 원인이 될 수 있다. 예를 들어 타이피스트나 안내원, 쓰레기 수거하는 사람, 전화 교환원 등

사례 11.2 호손 효과(Hawthorne Effect)

1927년 미국 시카고의 웨스턴일렉트릭사의 호손 공장에서는 노동자들의 생산성과 직무만족을 높이기 위한 방안을 찾는 일련의 실험이 진행되었다. 호손 공장은 조립라인에서 전화기를 생산하는 곳이었다. 노동자들은 특별한 기술을 가질 필요는 없었고, 단순하게 반복되는 일을 하기만 하면 되었다. 노동조합은 없었다. 경영진들은 노동자들의 직무만족을 높이면, 효율성과 생산성을 더 높일 수 있으리라 생각했다.

회사는 생산성에 관계된 여러 가지 요소들을 실험했다. 이 요소들에는 휴식시간, 작업장의 조명, 하루 동안 일해야 하는 작업량의 변화, 임금 수준의 변화, 급식시설 개선 등이 포함되어 있었다.

실험결과는 놀라웠다. 업무환경을 변화시키면서 예상대로 생산성이 증가했다. 그러나 업무환경이 나빠진 경우에도 생산성이 증가했다(업무환경을 나쁘게 한 예는 조명을 더 어둡게 한 것이었다). 업무환경이 나빠진 경우에도 생산성이 증가했다는 것은 예상하지 못한 것이었으며, 이에 대한 추가적인 설명이 필요했다.

연구자들은 실험에 참가하는 것이 노동자들에게 매우 매력적인 것이었음을 발견했다. 그들은 경영진에 의해 능력 있는 사람으로 인정받았다는 느낌을 가졌으며, 업무환경이 나빠진 경우에도 더욱 열심히 일했다. 보충적으로 설명하자면, 노동자들은 경영진으로부터 특별한 관심을 받고 있다고 느낄 때 사기와 일에 대한 태도가 좋아졌다. 이 연구에 참여하면서, 그들은 작은 그룹 내에서 일할 수 있었고, 스스로 의사결정에 참여할 수 있었다. 작은 그룹에서 일하는 것은 그들로 하여금 동료들과 더욱 강한 연대의식을 느끼게 했다. 의사결정에 참여하면서, 그들은 그들이 하고 있는 일에 대해 갖고 있던 무의미성과 무기력을 줄일 수 있었다.

이 연구결과는 사회학과 심리학 연구에서 '호손 효과(Hawthorne effect)'로 알려져 있다. 호손 효과는 대상자들이 실험에 참가하게 되었다는 것을 알게 되는 경우, 다르게 행동하게 되며, 이에 따라 연구 결과에 영향을 미칠 수 있다는 것을 알려준다.

출처: Fritz J. Roethisberger and William J. Dickson, *Management and the Worker* (Cambridge, MA: Harvard University Press, 1939).

이 이러한 느낌을 가질 수 있을 것이다. 대부분의 미국 노동자들은 단순히 "우연에 의해서" 혹은 "선택의 기회가 적어서" 지금의 일자리를 갖게 되기 때문에, 그들이 실제로 계획했던 일자리를 갖지 못한다. 그 결과, 많은 사람들이 자신들의 일자리에 갇혀버린 느낌을 갖게 된다.[20)]

소외는 새로운 일을 배우거나, 성취감을 느끼거나, 능력 있는 사람과 함께 일할 수 있는 기회가 없는 경우에도 발생할 수 있다. 많은 연구자들은 노동자의 소외는 생산과정에서의 문제—불량품 생산, 무단결근, 공격적 행동 또는 회사재산에 대한 절도 등—들을 야기한다고 지적한다.

자신의 일에 대한 불만족은 노동현장에서의 소외의 정도를 측정할 수 있는 지표가 된다. 직무 만족에 대한 연구들에 의하면, 직업에 따라 노동자들의 직무 만족은 매우 광범위하게 다양하다는 것을 보여준다. 많은 직업들이 매우 단순하고 무료한 것으로 보고되었다. 생활에 필요한 소득을 이미 충분히 벌고 있는 노동자들에게는 부가적인 소득이 있다고 하더라도 일에 대한 무료함이나 무의미성을 줄여 주지는 못한다.

소외와 직무 불만족에 맞서기

노동자의 만족도와 생산성을 증가시키기 위한 노력으로 가장 많이 알려진 것은 시카고의 웨스턴일렉트릭사에서 실시되었던 호손 실험이다. 이 실험의 결과는 매우 놀라운 것이었다(사례 11.2 참조).

많은 직장인들은 직무 불만족이 효율성과 생산성을 감소시킨다는 사실을 알고 있었다. 직무 만족을 향상시키는 데에는 여러 가지 방법이 있다. 첫 번째 단계는 노동자들이 무엇에 대해 불만족한지를 정확하게 파악하는 것이다. 그런 다음에야 변화가 일어날 수 있다. 직무와 관련해서 노동자들의 관심은 작업장의 안전(광산의 경우처럼), 지루하고 반복적인 일(조립라인의 노동자들처럼), 혹은 임금(최저임금을 받고 일하는 사람들처럼), 또는 상사로부터의 인정 등 다양한 곳에 집중된다.

직무 만족을 향상시키기 위해서는 다양한 변화들이 요구되는데, 다음과 같은 예들이 있다.

- 일을 도전적이고 흥미 있게 할 수 있는 방법을 찾는다.
- 경력을 발전시킬 수 있는 기회를 제공한다.

- 직무와 관련된 사내 훈련을 실시한다. 스트레스 관리방법이 그 한 예가 된다.
- 임금이나 부가급여를 인상한다.
- 노동자들을 의사결정과정에 참여시킨다.
- 노동자들의 사기를 높여주기 위해 사교적인 모임을 지원한다.
- 노동자들에게 이윤분배를 더 많이 해 준다.
- 회사에 기여한 노동자들에게 보상하는 제도를 실시한다.
- 고용안정을 위한 정책을 제도화한다.
- 노동자들로 하여금 자신의 일을 스스로 조절할 수 있게 해 준다.
- 작업장을 가능한 한 안전하게 관리한다.
- 내부승진, 훈련 프로그램, 인사정책 등을 통해 승진과 교육, 그리고 시설사용에 있어 동등한 기회를 모든 노동자들에게 제공한다.

비판적 사고를 위한 질문

당신이 했던 일 중에서, 가장 싫었던 일은 무엇이었는가? 왜 그 일이 싫었는가? 어떻게 했더라면 그 일이 좋았을까?

다양한 프로그램들이 참여적 경영(participative management)에 노동자들을 참여시키고 있다. 예를 들어 협의경영(consultive management)은 관리자들은 직무와 관련된 이슈들에 대해 노동자들과(개인적으로 혹은 작은 그룹별로) 협의하고, 이에 대해 생각해 볼 수 있도록 격려하며, 최종 결정을 내리기 전에 이들이 의견을 제시하도록 한다. 민주적 경영(democratic management)은 조금 더 진보적인데, 여기에서는 노동자들이 중요한 의사결정을 할 수 있도록 제도적인 장치를 만드는 것이다. 하나의 예로, 노동자들을 고용하고, 훈련시키는 프로그램에 노동자들이 직접 참여할 수 있도록 하는 것을 들 수 있다. 자치 경영팀(self-managing team)은 민주적 경영의 한 부분이라고 할 수 있는데, 이들은 직무와 관련된 높은 수준의 의사결정 권한을 가지며, 자신들의 활동과 스케줄을 스스로 통제할 수 있고, 팀의 전체 생산성에 따라 차별적인 보상을 받을 수 있다.

질 관리 팀(quality circles)은 관리자와 노동자들이 정기적으로 만나 노동자들의 불만을 듣고(직무 불만족을 줄일 수 있는 기능을 함), 생산성을 저해하는 요소들을 파악하며, 작업장 내에서 문제를 줄일 수 있는 방법들을 찾는다. 건의제도(suggestion programs)는 많은 기업들에서 노동자들의 직무를 개선할 수 있는 공식적인 방법으로 채택하고 있다. 노동자들의 건의사항은 기업의 비용을 절감시켜 자신들에 대한 보상으로 돌아온다. 주식신탁제도(stock trusts)는 노동자들이 자사의 주식을 매입하거나 증여받아서 부분적으로 기업의 소유권을 갖도록 한다. 노동자들은 생산성을 높여 기업의 가치를 높임으로써 이익을 얻을 수 있게 된다. 종업원 지주제도(employee ownership)는 노동자들이 기업에 출자함으로써 경영권을 획득하는 것을 의미하는데, 이 경우 노동자들은 기업의 이윤에 관심을 갖게 되고, 그 기업에서 계속 일하고자 하는 동기를 갖게 된다.[21)]

많은 미국기업들이 '조직 분위기 조사'를 통해 생산성을 향상시켜 왔다. 이 조사에서 기업들은 노동자들에게 불만을 토로하게 하고 자신의 직무에 대해 비판할 수 있도록 의견을 묻는다. 종종 이러한 조사에서는 사소한 변화를 통해 개선시킬 수 있는 조직의 문제들을 발견하게 된다. 문제가 해결되지 않는다 하더라도, 노동자들이 불만을 토로함으로써 작업장에서 발생하는 긴장을 일시적으로나마 해소하는 기능을 하기도 한다.

Y이론 관리자들은 X이론 관리자들에 비해 생산성과 직무만족을 실질적으로 향상시킬 수 있는 것으로 밝혀져 왔다(보기 11.2 참조).

》 실업

실업의 비용

실업의 결과는 파괴적이다. 가장 분명한 것은, 실업이 가족이나 개인의 소득을 (경우에 따라서는 빈곤선 아래로) 감소시킨다는 것이다. 실업급여(4장 참조)를 받을 수 있는 단기간의 실업은 상대적으로 큰 영향을 미치지 못한다 하더라도, 장기적인 실업은 매우 많은 문제를 낳는다. 장기 실업은 개인의 고립으로 이어질 수 있다. 노동은 많은 사람들의 생활의 중심에 있다. 실업이 발생하게 되면, 많은 사람들이 친구들과의 교류가 줄어들고, 지역사회의 활동에 참여하는 것이 감소하게 된다.[22)]

장기실업은 개인의 태도를 변화시켜, 재고용된 이후에도 그러한 태도가 유지된다는 사실을 발견하였다.[23)] 정리

보기 11.2 Y이론: 생산성과 직무만족 향상

Douglas McGregor는 관리자들의 사고와 행동을 X이론과 Y이론으로 분류하여 설명한다.

X이론 관리자들은 노동자들의 성장 가능성을 별로 인정하지 않는다. 노동자들은 일하는 것을 싫어하며, 가능하면 일을 회피하려고 하는 존재로 인식된다. 따라서 X이론 관리자들은 노동자들을 통제, 지시, 강요 혹은 위협해서라도 일하도록 해야 한다고 믿는다. 노동자들은 또한 야망이 없는 존재로 인식된다. X이론 관리자들은 노동자들이 새로운 직무를 맡는 것을 회피하고, 지시받는 것을 좋아한다고 믿는다. X이론 관리자들은 신중하게 직무를 지시하고, 노동자들의 참여를 배제한 채 작업 목표를 설정하며 규칙을 어기는 노동자들을 처벌한다. X이론 관리자들은 사소한 실수도 용납되지 않을 만큼 노동자들의 책임을 줄이기 때문에 작업은 규격화되어 단조롭고 재미없는 것이 되어 버린다. X이론은 행동과학자들이 사람들을 지시하고 영향을 미치며, 동기화시킬 수 있다고 주장하는 내용들과는 일치하지 않는다.

반면에, Y이론 관리자들은 노동자들이 자신들이 맡은 일을 완수하기 위해 신체적 및 정신적으로 노력함으로써 성장하고 발전하기를 원하는 존재로 인식한다. Y이론 관리자들은 자기존중과 개인적 성장 같은 내적 보상이 외적 보상(임금)과 처벌보다 강력한 동기유발책이 된다고 믿는다. Y이론 관리자들은 적절한 직무환경에서 노동자들은 책임을 수용할 뿐 아니라 찾아 나선다고 믿는다. 따라서 노동자들은 자신들의 역량 한계 내에서 적절한 책임을 부여받는다. 실수와 오류는 학습과정에서 필요한 요소들로 여겨지며, 작업은 노동자들이 성취와 성장을 경험할 수 있는 방식으로 짜여진다.

Y이론 관리자 밑에서 일하는 노동자들은 X이론 관리자 밑에서 일하는 노동자들에 비해 상대적으로 창의적이며 생산적이고, 더 많은 직무만족을 경험하며 일에 대한 동기 수준이 높다.

출처: Douglas McGregor, *The Human Side of Enterprise* (New York: McGraw-Hill, 1960).

해고를 당하게 되면 자신이 무능력한 사람이라는 느낌을 갖게 되고, 우울함과 무기력감을 경험하게 된다. 대인관계에서의 문제가 발생하는 경우도 있다. 예를 들어 평소에 가까이 지내던 사람을 기피하게 된다든지, 타인에 대한 신뢰를 쉽게 갖지 못하게 될 수도 있다.

실업은 정서적 문제들과 강력한 상관관계가 있다. 경제적으로 후퇴하는 시기에는 정신병원의 입원율이 증가한다. 더불어 자살률이 증가하며, 이는 우울증의 증가를 시사하는 것이다. 실업률이 높은 시기에는 이혼율과 아동 학대, 그리고 위궤양(스트레스로 인한 질병)이 증가한다.[24] 실업에 대한 공포만으로도 정서적 문제가 발생할 수 있다.

많은 경우에, 장기실업을 당하게 되면, 저축한 돈을 소진하고, 살던 집을 팔며, 공공부조의 대상이 될 수도 있다. 어떤 사람은 범죄에 빠지기도 하는데, 특히 젊은 사람들의 경우에 그러하다. 실업자들은 자신의 동료들과 더 이상 관계를 유지하기가 어려워진다. 그들은 모멸감, 분노, 실망, 우울, 불안, 지루함, 실망, 그리고 무감각에 빠지기 쉽다. 이러한 감정들은 알코올중독, 약물남용, 불면증, 스트레스 관련 질병, 부부간의 문제, 그리고 가정폭력으로까지 이어질 수 있다. 노동윤리는 우리사회에서 여전히 중요하다. 사람들이 일자리를 잃게 되면 스스로 가치 없는 사람으로 인식하게 되고 일을 잘하고 있을 때 가졌던 자존감을 잃게 된다.

여성들의 경제활동 참여가 늘어나면서 한부모 여성가장의 실업이 더욱 중요한 문제가 되어가고 있다. Newman은 이혼한 중산층 여성들이 이혼하기 전 수입의 29~39%만을 갖게 된다는 것을 발견했다.[25] 이러한 여성들이 실업을 하게 되면 새로운 일자리를 얻기 위해 노력하는 동안 자신의 가족을 돌보기가 어려워진다. 전형적으로, 이러한 여성들은 결혼과 양육으로 인해 직업경력이 단절되며, 이혼한 후에는 노동시장에서의 경쟁력이 남자들에 비해 떨어진다는 것을 알게 된다.

실업이 만연하게 되면, 정부의 조세수입도 감소한다. 조세수입이 감소하면, 정부는 사업을 축소시켜야만 하고, 정부의 사업축소는 다시 다른 문제들을 야기하게 된다.

고실업은 불완전 고용을 증가시킨다. 불완전 고용은 사람들이 자신들이 갖고 있는 기술수준 이하로 고용되는 경우에 발생한다. 예를 들어 대학졸업자들이 건설현장에서 미숙련 작업에 고용된다든지 하는 것을 말한다.

고실업률의 원인

높은 실업률의 원인은 매우 다양하고 복잡하다. 우선 알아두어야 할 것은, 완전고용 사회에서도 언제나 일부의 노동자들은 일시적으로 실직 상태에 있을 수 있다는 것이다. 직장을 바꾸는 사람들이 일부 있을 수 있고, 최근 졸업자나 탈락자들이 아직 일을 얻지 못하였을 수도 있다. 오랫동안 질병을 앓았던 사람들도 일을 찾기 시작할 수 있다. 이러한 이유들 때문에 대부분의 나라들은 실업자비율이 노동력의 2~3%를 초과하지 않을 때 일반적으로 완전고용으로 간주한다.

많은 지역에서 노동력을 가진 사람이 일자리 수보다 더 많다. 산업에서의 자동화는 필요한 노동자의 수를 감소시켰고, 특정한 직업의 기술(예: 대장장이)을 가진 노동자를 쓸모없게 만들었다. 농업에서 씨뿌리기 기계나 수확기계는 곡물생산에 필요한 사람의 수를 극도로 감소시켰다.

2차 세계대전 이후부터 1965년 사이의 '베이비붐' 시기에 많은 수의 아이들이 태어났다. 과거 45년 동안 베이비붐 어린이들이 성장하여 대규모의 노동력으로 투입되었다. 또한 최근 십수 년 동안 여성들도 가정에 머물러 있기를 기대하는 문화로부터 자유롭게 되었다. 수백만의 여성들이 이제는 고용되었거나, 전일제나 시간제 일자리를 찾고 있다. 이러한 구직 노동자 수의 증가는 실업률을 높이고 있다.

앞에서도 언급했듯이, 세계화로 인해 제3세계 국가로 공장이 옮겨가고 있는 추세도 실업에 영향을 미치고 있다. 예를 들어 미국에 본사를 두고 있는 세계적인 운동용품 제조업체들은 미국에 재수출될 운동화를 만드는 인도네시아의 어린 소녀들에게 하루 2달러에 못 미치는 임금을 지급하고 있다.[26)]

구조적 실업의 문제가 또 하나의 주된 원인이라고 할 수 있다. 최근 몇 년간 높은 기술을 요하는 직업이 다른 분야(컴퓨터의 하이테크 등)에서 생겨났고 블루칼라 노동자(철강산업 등)들이 사라졌다. 사람들은 현재의 위치에서 경제의 고용수요에 따라 이동하게 되었고, 이러한 이동은 기술이 필요로 하는 자리와 실업자가 가진 기술 사이의 부조화를 초래하게 되어 구조적 실업의 문제가 나타나고 있다.

실업을 완화하는 요소들

많은 요소들이 일자리를 늘리고 실업률을 감소시킨다. 낮은 이자율은 소비자로 하여금 더 많은 대출과 신용을 통해 물건을 구매하도록 한다. 소비자들은 구매를 통해 기업으로 하여금 더 많은 수요에 대응하도록 자극할 수 있으며, 따라서 더 많은 사람들을 고용하게 할 수 있다. 낮은 이자율은 기업에 대해 직접적인 영향을 미친다. 기업들은 생산을 늘리기 위한 자본을 취득하기 위해(예를 들어 상품을 생산하기 위한 기계를 구입하거나 사업을 확장하기 위해 건물을 구입하는 것 등) 종종 대출을 받는다. 이자율이 낮으면, 기업들은 생산을 늘리기 위해 더 많은 돈을 빌리게 되고, 이렇게 되면 보통 일자리가 늘어나게 된다.

많은 나라들에서 기업과 정부는 실업자들의 취업 기회를 늘리기 위해서 온정주의적인 접근을 한다. 경제가 어려운 시기에, 미국 기업들은 보통 구조조정을 한다. 이와는 반대로, 일본의 경우에는 구조조정을 하기보다는 그 기업에서 은퇴할 때까지 일하도록 하는 정책을 취한다. 다른 많은 나라들이 실업자들을 위해 새로운 일자리를 만들려는 시도를 한다. 예를 들어 독일은 실업자들의 직업훈련을 위해 수당을 지급한다.

실업에 맞서기

경제학자들은 실업을 극복하는 가장 이상적인 방법이 경제성장이라는 점에 동의한다. 그러나 그들은 경제침체의 원인과 경제를 자극하는 가장 좋은 방법에 대해서는 의견일치를 보지 못하고 있다.

급속한 경제성장은 축복이기도 하고 재앙이기도 하다. 역사적으로 급속한 경제성장은 희소한 자원을 너무 빨리 소비하기 때문에, 자연환경에 부정적인 영향을 미쳐왔다(17장 참조). 하나의 문제를 해결하면 다른 문제가 발생한다는 것을 우리는 알고 있다. 사회학적 용어로 표현하자면, 해결책은 기능적인 측면과 역기능적인 측면을 모두 갖는다.

1980년대 초반, 미국 경제는 고실업과 인플레이션으로 인해 침체를 맞고 있었다. 당시의 대통령이었던 Reagan은 개인과 기업에 대한 조세감면을 통해 경제를 자극했다. 조세감면은 개인으로 하여금 더 많은 물건을 사게 하며, 기업에는 생산을 위한 투자를 늘리도록 하는 효과가 있다. Reagan의 계획은 성공했다. 경제는 자극을 받아 생산이 늘어났으며, 더 많은 일자리가 생겨 실업률이 감소했다. Reagan의 정책에는 사회복지와 교육 분야에 대한 정부의 지출을 줄이는 것도 포함되어 있었다. 정부 지출 감소는 인플레이션 감소를 염두에 둔 것이었다(정부지출이 과다하면 인플레이션이 발생한다는 비판이 있다). 대부분의 경우에 Reagan의 정책은 성공적이었다. 경제는 다시 살아나고 실업률과 인플레이션은 절반 수준으로 감소했다. 그러나 불행하게도 조세 감면(군사비는 엄청나게 증가했다)은 다른 문제들을 일으켰는데, 정부재정의 부족으로 인해 미래의 인플레이션을 위협했고, 사회복지 예산의 감축은 빈곤율, 홈리스 등 많은 사회문제의 증가를 야기했다.

경제는 매우 복잡한 영역이다. 조세감면이 언제나 경제를 부흥시키고 실업률과 인플레이션을 줄일 것이라고 믿는 것은 잘못이다. 예를 들어 1970년대의 인플레이션과 실업은 국제 유가의 상승으로 인한 것이었으며, 1980년대에 이 수치가 떨어진 것은 조세감면 때문이라기보다는 국제 유가가 다시 하락했기 때문일 수도 있다. 석유는 모든 공산품을 만들어 내는 원료에 해당한다. 석유값이 오르게 되면, 생산비용이 오르고, 모든 상품의 값을 상승시켜 결국 인플레이션을 일으킨다. 인플레이션이 발생하면, 사람들은 물건을 많이 사지 못하게 되고 결과적으로 공급과잉을 일으킨다. 그렇게 되면 산업들은 구조조정을 시도하게 되고 결과적으로 실업률이 증가하게 되는 것이다. 석유값이 떨어지면, 생산비용도 떨어지고, 물가도 떨어지며, 인플레이션도 완화된다. 또한, 사람들은 더 많은 물건을 싸게 살 수 있게 되고, 산업체들은 더 많은 물건을 생산하기 위해서 고용을 늘리게 된다. 이렇게 되면 실업률이 감소하는 것이다.

2008년에 유가 상승과 인플레이션, 그리고 실업 간의 관계가 다시 발생했다. 국제 유가가 급속하게 상승하자 실업률과 인플레이션이 다시 상승한 것이다.

실업률을 줄이기 위한 한 가지 방안은 경제 침체기에 정부가 (구조조정을 하기보다) 기업들의 임금을 보조하는 것이다. 많은 국가들이 이러한 방안을 활용하고 있다.

지리적으로, 실업률이 높은 지역도 있고, 더 많은 노동자를 필요로 하는 지역도 있다. 정부는 노동자를 찾는 고용주들을 파악해서 일자리에 대한 정보를 제공하고 실업자들이 취업을 위해 이주하는 것을 지원할 필요가 있다.

실업률을 줄이기 위한 또 하나의 방안은 미숙련 실업자들에게 직업 훈련을 제공하는 것이다. 독일의 경우, 노동자들에게 직업 훈련을 제공할 뿐 아니라, 새로운 직업 훈련을 받는 기간 동안 임금을 지급하기도 한다.

이러한 방안들은 정부의 지출을 늘려 결국은 인플레이션을 일으킨다는 점에서 비판을 받기도 한다. 또한 정부의 지원으로 생기는 일자리는 일시적으로 문제를 해결하는 것처럼 보일 뿐 근본적인 해결책이 아니라는 비판도 있다. 이러한 비판에 따르자면, 정부는 '일자리 만들기' 정책에 관여해서는 안 된다.

》 산업 보건 위험

수많은 산업 보건 위험요소들이 노동자들에게 영향을 미친다. 여기에는 산업재해, 직업병, 직무 스트레스 등이 있다.

미국에서만 매년 4백만 명의 노동자들이 직무와 관련해서 비치명적인 재해를 당하거나 질병으로 고통을 당한다. 이는 백 명당 다섯 명에 해당하는 수치이다.[27] Mooney, Knox, Schacht는 이렇게 말한다.

> 산업현장에서 가장 빈번하게 발생하는 상해나 질병으로 염좌와 긴장 등이 있다.
>
> 산업장 질병의 가장 일반적인 유형은 반복되는 동작이나 외상으로 인한 질환(예를 들어 손목 관절 염좌, 소음으로 인한 난청)이 있다. 이러한 질환들은 근육, 혈관, 신경계에서 나타나는데, 주로 신체부위에 대한 반복적인 긴장 혹은 압박으로 인한 것이다. 이러한 질환들은 컴퓨터 프로그래밍 조립, 정육, 육류 가공, 사무직에서 흔히 나타난다. 반복된 동작에 의한 질환은 갑작스럽게 나타나는 것이 아니기 때문에 상해가 아니라 질환으로 분류된다.[28]

미국에서는 매년 교통사고, 화재, 폭발, 유해물질 노출, 낙상, 장비 조작 등으로 인해 5,000건 이상의 산업장 사망이 발생한다.[29]

최근에 가장 심각한 산업장 위험요소는 원자력 사용이다. 수많은 원자력 발전소가 이미 건설되었다. 1979년 펜실베이니아 주 스리마일 섬에서 발생한 원자력 사고는 약간의 방사능 누출에도 수천만의 주민들이 대피해야만 했고, 방사능 누출로 인한 심각한 위협을 경험해야 했다. 1986년 러시아의 체르노빌 원자력 발전소 사고는 어마어마한 양의 방사능을 누출하였다. 사고 후 며칠 내에 20명 이상이 사망하였고, 수만 명의 체르노빌 주민들이 골수암, 유방암, 갑상선암으로 조기에 사망하는 결과를 낳았다. 이 사고들은 전기를 생산하기 위해 원자력을 사용하는 것의 위험에 대한 우려를 전 세계적으로 확산시켰다.

산업장에서 발생하는 심각한 위험 중 하나는 어떤 물질들은 몇 년이 지나야 치명적인 효과가 나타난다는 점이다. 석면은 대표적인 예이다. 석면은 건축으로부터 맥주발효에 이르기까지 다양하게 사용되는 물질이다. 다양한 산업에서 수많은 노동자들이 이 물질을 접해왔다. 20년 전의 연구에 의하면 석면을 과도하게 사용한 노동자들은 암 발생률이 높다는 것이 밝혀졌다. 이것은 노동자들뿐만 아니라 그들의 가족에까지 영향을 미친다. 현재 정부는 석면을 사용하는 노동자들에 대해서 정기적으로 검진을 받음으로써, 암 발생을 조기에 발견하고 치료할 수 있도록 권고하고 있다.

중피종(mesothelioma)은 매우 희귀한 암의 일종으로 장기와 폐를 공격하는 치명적인 질환이다. 이러한 유형의 암은 석면을 사용하는 노동자에게서 비교적 빈번히 발생하는 것으로 알려져 있다. 보험회사에서는 석면노동자들이 중피종으로 조기 사망할 수 있다는 것을 알고 있었으나 이것이 일반적으로 알려진 것은 1970년대 중반에 와서이다.

석면은 빙산의 일각에 불과하다. 암을 유발시키는 물질은 2,400개 넘는 것으로 알려져 있다. 그 중 극히 일부만이 정부에 의해서 규제되고 있는 형편이다.

요약

다음은 이 장의 서두에서 제시한 학습목표와 관련된 내용을 요약한 것이다.

A. 노동의 역사 약술

노동은 우리사회에서 매우 존중되고 있다. 프로테스탄트 윤리의 영향 하에서 노동은 도덕적인 의무가 되었다. 노동은 또한 자기존중의 근원이며 친구를 사귈 수 있는 기회를 의미하기도 한다. 또한 노동을 통해서 자기성취를 이룰 수도 있고 자신의 능력을 사용할 수 있는 기회가 만들어지기도 한다. 많은 경우에 노동은 우리의 사회적 지위를 결정하고 우리가 누구인지를 규정한다. 종교개혁 이전에는 노동이 모욕적인 것이었고, 심지어 어떤 사회에서는 저주로 여겨지기도 했다.

지난 수십 년간 우리사회에서는 노동의 본질과 노동력의 구성에 있어서 큰 변화가 있어 왔다. 사무직 근로자들은 증가해 왔으며 농업인구와 생산직인구는 감소해 왔다. 대부분의 노동자들은 자영업자라기보다는 피고용인들이다. 노동은 점차 전문화되어가고 있으며 상당부분 자동화되어가고 있다. 노동시장에서 여성의 비율이 증가하고 있는 반면, 고령의 남성 노동자들은 실업 상태에 놓여 있는 경우가 많아졌다. 근로자들은 점차 본질적인 보상(intrinsic rewards; 노동 자체의 특성에 기인하는 보상)을 추구하고 있다. 우리의 경제는 첨단기술을 강조한다. 첨단기술 분야에서 교육을 잘 받은 사람들은 미래가 보장되어 있는 반면, 비숙련 노동자들은 점차 낮은 사회경제적 계급의 덫에 갇히고 있다. 지난 20년 동안 저임금 일자리들이 매우 많이 증가하였다. 제조업 일자리는 제3세계 국가들로 이동하는 경향을 보인다. (어떤 전문가는 이런 현상을 미국의 탈산업화로 규정하기도 한다.)

B. 노동과 관련된 중요한 세 가지 문제 논의: 소외, 실업, 산업보건위험

많은 근로자들 사이에서 소외의 문제가 심각하게 제기되고 있다. 소외는 분업, 자동화, 의사결정과정에서의 배제, 일상적이고 반복적인 작업수행 그리고 자신의 능력을 창의적으로 활용할 수 있는 기회의 부족에서 기인한다. 소외는 또한 노동의 질을 떨어뜨릴 수 있으며 결근과 이직, 낮은 생산성의 원인이 되기도 한다.

장기실업은 매우 심각한 결과들을 야기한다. 예를 들어, 장기실업자들은 저축의 고갈, 자기존중감과 친구관계의 상실, 고립 그리고 부끄러움, 분노, 우울, 실망, 불안, 지겨움, 절망 그리고 감정의 메마름 등을 경험하게 된다. 이러한 요인들로 인해서 정서적인 문제들 자살, 알코올중독, 스트레스로 인한 질병 등이 야기될 수도 있다.

산업보건상의 위험에는 세 가지 중요한 영역이 있다. 첫째는 업무상의 재해이고, 둘째는 직무와 관련된 질병(예:

석면근로자들 사이에서 발생하는 폐암) 을 야기할 수 있는 환경이며 셋째는 직무스트레스이다. 많은 수의 검증되지 않은 화학물질들이 근로현장에서 사용되고 있으며 이것은 근로자들의 건강을 위협하는 가장 큰 위험요인이 되고 있다. 많은 화학물질들은 일단 노출된 이후에 몇 년이 지나서야 질병으로 발생하기도 한다(예: 암).

C. 문제에 대항하는 노력과 새로운 시도 요약

산업사회사업은 사회복지실천 영역에서 최근에 등장하고 있는 분야이다. 산업현장에서 대부분의 사회서비스들은 근로자지원프로그램(employee assistance programs, EAP)을 통해서 제공된다. EAP 서비스에는 알코올 및 약물남용상담, 정서적 문제에 대한 상담, 가족상담, 진로상담과 교육, 신용상담 그리고 은퇴계획 등이 포함된다.

인터넷 참고자료

CENGAGE**NOW**™ 각 장과 관련된 참고자료는 출판사 홈페이지(www.cengage.com/social_work/zastrow)를 참조하라.

주

1. Aristotle, *Politics*, Book 3, sec. V, Benjamin Jowett, trans. (Oxford: Clarendon Press, 1945).
2. Quoted in Thomas Sullivan, Kenrick Thompson, Richard Wright, George Gross, and Dale Spady, Social Problems: *Divergent Perspectives* (New York: Wiley, 1980), p. 300.
3. Quoted in Ian Robertson, *Social Problems*, 2nd ed. (New York: Random House, 1980), p. 87.
4. William Kornblum and Joseph Julian, *Social Problems*, 12th ed. (Upper Saddle River, NJ: Prentice Hall Pearson, 2007), p. 390.
5. Ibid.
6. Ibid., pp. 376–377.
7. Ibid.
8. Seymour Wolfbein, *Work in American Society* (Glenview, IL: Scott, Foresman, 1971), p. 45.
9. Coleman and Kerbo, Social Problems, pp. 112–114.
10. Charles R. Walker and Robert Guest, *Man on the Assembly Line* (Cambridge, MA: Harvard University Press, 1952), pp. 54–55.
11. Kornblum and Julian, *Social Problems*, pp. 394– 395.
12. Ibid., p. 259.
13. Ibid., pp. 390–397.
14. James W. Coleman and Harold R. Kerbo, *Social Problems*, 10th ed. (New York: Vango Books, 2009), pp. 88–94.
15. Ibid.
16. Ibid.
17. Ibid.
18. Karl Marx, *Selected Writings in Sociology and Social Philosophy*, T. B. Bottomore, trans. (New York: McGraw-Hill, 1964), p. 47.
19. Charles Fenyvesi, "Trade Marx," *U.S. News & World Report, Mar.* 12, 1990, p. 23.
20. Kornblum and Julian, *Social Problems*, pp. 400– 401.
21. Keith Davis and John W. Newstrom, *Human Behavior at Work*, 8th ed. (New York: McGraw-Hill, 1989), pp. 232–249.
22. Kornblum and Julian, *Social Problems*, pp. 398– 399.
23. Ibid.
24. Ibid.
25. K. Newman, *Falling from Grace* (New York: Free Press, 1988), p. 202.
26. Thomas J. Sullivan, *Social Problems*, 4th ed. (Need-

ham Heights, MA: Allyn & Bacon, 1997), p. 61.

27. Linda A. Mooney, David Knox, and Caroline Schacht, *Understanding Social Problems*, 6th ed. (Belmont, CA: Wadsworth/Cengage Learning, 2009), p. 263.

28. Ibid., pp. 263–264.

29. Ibid., p. 264.

12 CHAPTER

인종차별, 민족우월주의, 사회적 및 경제적 정의를 제고하기 위한 전략들

Racism, Ethnocentrism, and Strategies for Advancing Social and Economic Justice

이 장의 개요

- 민족과 민족우월주의
- 인종과 인종차별주의
- 편견, 차별과 억압
- 차별과 억압의 영향 및 비용
- 고정관념과 다문화주의에 대한 관점
- 사회적 및 경제적 정의를 증진시키기 위한 방안
- 민족-민감성의 사회복지실천
- 미국 사회 인종 및 민족 관계의 전망

학습목표

우리는 거의 매일 저녁 뉴스에서 인종 및 민족 간 갈등—폭동, 폭력사태, 살인, 그리고 내전—을 목도하고 있다. 최근 몇 년간 북아일랜드와 보스니아, 이라크와 이스라엘, 미국으로부터 남아메리카 등에 걸쳐 유혈 사태에 이르는 분쟁이 발생되고 있다. 실제로, 둘 이상의 민족으로 구성된 국가들 대부분은 민족 갈등의 문제에 직면하고 있다. 하나의 민족으로부터 다른 민족이 억압되거나 착취되는 모습은 자유와 평등, 정의를 소중한 가치로 여기는 민주주의 국가에서 역설적 현상이 아닐 수 없다. 그렇지만 현실의 모든 사회에서는 정치 및 경제 제도들에서 통제력을 지닌 기득권 집단은 대체로 여타 집단들과 권한과 부를 평등하게 공유함에 반대하는 태도를 보이고 있는 실정이다. 이와 같은 배경에서 이 장에서는 다음과 같은 점들을 학습목표로 설정한다.

A. 민족, 민족우월주의, 인종, 인종차별주의, 편견, 차별, 억압, 제도적 차별의 개념을 정의, 기술
B. 편견과 차별의 원인들에 대한 개괄
C. 차별과 억압의 영향 및 비용 정리
D. 사회적, 경제적 정의를 제고하기 위한 방안 개괄
E. 인종차별과 억압을 해소하기 위한 사회복지적 차원의 노력 기술
F. 미국에서의 인종 및 민족 간 관계의 향후 양상 예측

1. 민족과 민족우월주의

민족(ethnic group)이란 '함께'라는 동질감을 갖는 집단으로, 해당 구성원들은 특별한 집단을 구성하고 있다는 신념과 더불어 집합적 정체감 혹은 민족의식을 보유하고 있다. Barker는 민족을 "공통의 언어, 관습, 역사, 문화, 인종, 종교 혹은 기원을 공유하는 사람들의 특정 집단" 으로 정의한다.[1)]

실제 모든 민족들은 **민족우월주의**(*ethnocentrism*)의 정서 곧 자기 민족이 보유한 문화, 민족 혹은 민족 국가가 여타 민족들에 비해 우월하다고 여기는 강렬한 태도를 보유하고 있다.[2)] 민족우월주의는 해당 민족 구성원들로 하여금 자신들의 민족문화가 가장 좋고 우월하며, 여타 민족들이 수용하여야만 하는 것으로 유도한다. 이로 인해 민족우월주의는 외국인들을 '야만인' 혹은 '미개한 사람'으로 바라보게 하는 편견을 발생시키기도 한다.

일국 내에서 민족적 우수성에 대한 정서는 "특정 집단에 의해 정치, 경제가 주도되는 것은 국가적 최상의 이익을 위해 당연하고 도덕적으로도 정당하며 또한 신의 뜻"이라는 신념을 부수하기도 한다. 민족우월주의는 역사상 최악의 잔학 행위를 야기하기도 하였는데, 원주민 인디언들을 몰살시키고자 한 미국 식민지배자의 잔학 행위, 6백만 이상의 유대인들과 백만 명 이상의 집시, 장애인들과 여타 소수집단에 대한 히틀러의 집단 학살 등은 관련 예시라 할 수 있다.

비판적 사고를 위한 질문

당신은 당신이 소속된 민족집단이 우월하다고 확신하고 있는가?

국가 간 상호관계에서 민족우월주의적 신념은 종종 전쟁을 야기하고 외국인에 대한 지배를 정당화하는 것으로 작용하기도 한다. 실제 지난 수 세기에 걸쳐 국가들 사이에서 발생된 일부 전쟁은 특정 민족의 문화를 여타 민족들에게 강제하고자 혹은 상대 민족의 문화를 절멸토록 하여서 발생되었다. 그 예로 이스라엘은 지난 50여 년에 걸쳐 영토 보유를 둘러싸고 중동에서 아랍 국가들과 격렬한 전쟁을 치르고 있다. 최근에는 쿠르드, 수니, 시아파가 이라크에서 서로를 상대로 내전을 벌이고 있기도 하다.

2. 인종과 인종차별주의

인종(race)은 종종 민족집단이 되기도 하지만, 두 유형의

집단은 반드시 일치하는 것은 아니다. 인종은 일련의 신체적 특성을 공통적으로 보유한 것으로 파악되는데, 특정 인종 집단은 특정 민족이 공유하는 동질감 혹은 정체감을 지닐 수도 있지만 그렇지 않을 수도 있다. 예를 들어 일본계 미국인은 인종과 민족이 일치되는 집단으로, 이들은 공통된 신체적 특성뿐 아니라 민족소속 의식을 공유한다. 이와는 반대로 백인계 미국인과 백인계 러시아인은 동일 인종이긴 하지만 이들 간 민족의식은 부재하다. 한편, 다양한 인종들로 구성된 민족들도 존재한다. 일례로 로마 가톨릭과 같은 특정 종교 집단은 동일 민족집단으로 간주되기도 하는데, 여기에는 다양한 인종들이 민족을 구성하는 구성원이 된다.

민족우월주의와 대비되는 **인종차별주의**(*racism*)는 문화적 차이보다는 신체적 차이에 기반을 두는 경향이 높다. 인종차별은 인종을 이유로 사람들에 대해 지니게 되는 부정적인 일반화된 고정관념으로, 이는 흔히 소수 인종 집단 구성원들에 대한 차별의 기반이 된다.[3] 민족우월주의 이데올로기와 유사하게 인종차별주의자들은 여타 인종들을 자신의 인종보다 열등한 것으로 여긴다. 미국의 일부 백인들은 여타 인종들에 대한 통제와 권한을 높이려고 도덕적으로 비난받을 만한 극단적 한계를 넘어서고 있기도 하다.

3. 편견, 차별과 억압

Barker는 다음과 같이 정의한다.

> 편견(prejudice)이란 개인, 집단 혹은 현상에 대해 사실적인 증거 혹은 체계적인 근거 없이 정립된 의견이다. 이와 같은 편견은 우호적일 수도 있지만 더 많은 경우에서 비우호적이며, 한 사회의 법률 혹은 관습의 형태로 제도화되기도 한다.[4]

인종 혹은 민족 간 관계에 대한 편견은 부정적 선입견으로 형성된다. 편견을 지닌 사람들은 "그 집단이 어떤 존재일 것 같으며 그들은 어떤 방식으로 행동한다"는 선입견에 근거한 인종적 고정관념을 해당 집단의 모든 구성원에게 전적으로 적용한다. 인종적 편견은 "상이한 피부색과 신체적 특성을 지닌 사람들은 행동방식 및 가치관, 지적 능력 및 태도 등에서 선천적 차이를 지닌다"는 인식으로부터 기인된다.

차별(*discrimination*)이라는 용어는 두 가지의 매우 상이한 의미를 지닌다. 이 용어는 "두 개의 대상과 견해, 상황 혹은 자극들을 구분하는 과정"이라는 긍정적 의미를 지니기도 하지만,[5] 소수집단관계에서는 "인종, 성, 종교 혹은 민족 등의 특성들에 기반을 두고 사람들에 대해 선입견을 갖거나 부정적으로 처우하는 것"을 의미한다.[6] 인종 혹은 민족에 대한 차별은 주거지, 종교 및 사회조직들의 소속, 정치적 활동 개입, 지역사회 서비스 접근 등에 대한 동등한 접근 기회를 이들 소수집단 구성원들에 대해서는 거부하는 것으로 연결된다.

편견은 고정관념과 더불어 부정적 태도가 결합되어 편견을 지닌 사람들은 선입견에 의거하여 대체로 범주화된 부정적인 방식으로 사람들을 바라본다. 차별은 해당 범주집단에 소속하고 있다는 이유로 이들을 불평등하게 대우하는 물리적 행동으로도 결부된다. 차별적 행위는 편견적 태도에서 종종 기인된다. 그렇지만 Robert Merton은 편견과 차별이 독자적으로 발생할 수도 있음을 지적한다. 미국에서의 차별을 논하면서, 그는 네 가지의 상이한 유형을 제시하고 있다.

1. 편견이 없으며 차별적이지 않은 사람(*unprejudiced non-discriminator*)은 인식과 실행에 있어 자유와 평등의 미국사회 이념을 보유한 사람들로, 이들은 여타 집단들에 대해 편견을 갖지 않고 행위상으로도 결코 차별하지 않는다.
2. 편견이 없지만 차별적인 사람(*unprejudiced discri-minator*)은 개인적으로 편견을 지니지는 않지만 때때로 사회적 및 경제적 편의 등을 이유로 본의 아니게 여타 집단들을 차별하기도 한다.
3. 편견이 있지만 차별적이지 않은 사람(*prejudiced non-discriminator*)은 여타 집단들에 대해 적대감을 느끼지만, 표면화된 차별이 법과 사회적 규율에 반한다는 점을 인식하고 있다. 이들은 마지못해 편견을 행동으로 옮기지 않는 사람들이다.
4. 편견이 있으며 차별적인 사람(*prejudiced discri-minator*)은 자유와 평등의 가치를 부정하고 말과 행동 모두에서 여타 집단들을 일관되게 차별한다.[7]

편견이 없지만 차별하는 사람의 예로는, 백인 중산층 거주 지역들에서 아파트의 가격 하락이 초래될 수 있다는 이유로 이를 흑인에게 판매하지 않는 아파트 소유자를 들 수 있다. 편견이 있지만 차별적이지 않은 사람의 예로는, 라틴계는 신뢰하기 어렵고 능력이 미흡한 소방관일 수 있다고 인식하면서도 소수집단 우대정책(affirmative action)의 조치로 라틴계 사람을 고용하여 훈련시키는 소방서 소장을 들 수 있다.

개인적 편견이 차별적 행위로 귀결되지 않도록 함은 매우 어려운 일이다. 편견과 차별의 인과적 관계를 깨뜨리기 위해서는 강력한 법과 확고한 비공식적 사회 규범들이 필요하다.

한편, 차별은 두 가지 유형으로 존재한다. 그 하나는 법률상 차별(*de jure* discrimination)이다. 일명 미국 남부의 Jim Crow 법률은 흑인들에 대한 많은 차별 행동—기소권의 거부, 투표 금지, 다른 인종 간의 혼인 금지 등—에 법적 효력을 부여하고 있다. 이와 같은 법률은 헌법에 합치되지 않는 것으로 선포되어, 오늘날 미국에서는 법률상 차별은 존재하지 않는다.

다른 하나의 차별 형태는 실제상 차별(*de facto* discrimination)로, 법률적 혹은 비법률적 형태로든 실제적으로 존재하는 차별을 지칭한다. 실제상 차별은 영향력 있는 비공식적인 차별 규범들에서 유래된다. Marlene Cummings는 이와 같은 차별의 예를 보여준다.

> 장면: 백화점. 사건: 카운터 앞에서 상당수의 사람들이 자신의 차례를 기다리고 있는 중이다. 다음 차례는 흑인 여성이었지만, 점원은 흑인 여성보다 늦게 온 백인 고객들 일부를 응대하고 있다. 흑인 여성은 점원이 그녀에게 주의를 가져주도록 몇 차례 점잖은 제스처를 보인 후, 마침내 서비스를 요청하기에 이른다. 점원은 "당신을 보지 못했네요."라고 말하고서 그녀를 응대하려 다가온다. 점원은 흑인 고객에게 매우 무례한 태도를 보인다. 흑인 고객은 점원을 기다리면서 여타 고객들에게 어떻게 응대하는지를 지켜봤는데, 지금 흑인 고객을 응대하는 점원의 태도에는 정중함이 결여된 모습이 역력하다. (중략) 실제적 차별은 매우 곤혹스럽다. 대부분의 사람들은 단순히 이런 사건들을 잊어버리는 게 낫다고 여기지만, 비록 많은 고달픔이 부여된다 할지라도 이와 같은 관행에 도전하는 것은 매우 중요하다. 이와 같은 유형의 차별을 다루는 가장 좋은 방법 중 하나는 이를 사업체 매니저에게 알리는 것이다. 최대한 가능한 방법을 동원하여 이러한 직원을 논의에 부치도록 하는 것이 매우 중요하다.[8)]

Barker는 다음과 같이 정의했다.

> 억압은 일부 집단 혹은 제도에 심각한 제한을 부여하는 사회적 행동이다. 대표적으로 정부 혹은 권력을 지닌 정치조직은 특정 집단들을 착취하고 여타 사회집단들과 경쟁하지 못하도록 하기 위해, 억압 집단들에게 이와 같은 제한을 공식적 혹은 은연한 형태로 부여한다.[9)]

억압은 권한 혹은 권력의 정당치 못한 행사라 할 수 있다. 미국 사회의 소수집단 구성원들은 백인 권력구조에 의해 종종 억압에 희생되고 있다. 억압과 차별은 매우 밀접하게 연관되어 있으며 모든 억압적 행동은 또한 차별적인 행동이기도 하다.

》 인종 및 민족에 대한 고정관념

Barker는 다음과 같이 정의한다.

> 고정관념(stereotype)이란 개인, 집단 혹은 사회적 지위에 대한 고정된 선입견이다. 이와 같은 인식들은 대체로 피상적 특성들에 기초하거나 일부 집단 구성원에게서 발견되는 기질에 대한 과일반화(overgeneralization)에 근거한다.[10)]

인종 및 민족에 대한 고정관념은 일부 인종 혹은 민족 집단에 대한 정확치 않은, 비우호적인 고정적 인식과도 관련된다. 고정관념은 우리의 사고방식에 긴밀하게 관련되어 있으면서 범주들에 의거하여 사물을 인식하고 이해하게 한다. 물론, 유사한 사물을 이해하고 이를 전달하기 위해서는 사물을 집단화하는 범주들이 필요하기도 하다. 우리는 많은 범주들, 일례로 어머니, 아버지, 10대, 공산주의자, 공화주의자, 학교 선생, 농부, 건설노동자, 광부, 정치인, 몰몬교도, 이탈리아인 등에 대한 전형적인 관념을 지니고 있다. 이와 같은 전형들은 해당 범주의 개별 구성원에 대해 일부분 유용하고도 정확한 정보를 보유할 수도 있다. 그렇지만 해당 범주의 개별 구성원은 전형에 포괄되지 않는 특성을 보유하거나 혹은 전형과는 상충되는 일부 특성을 보유할 수도 있다.

인종적 고정관념은 피부색 혹은 여타 신체적 특성에 의거하여 사람들을 구분 짓는 것과 관련된다. 그 예로, 미국 원주민에 관해서는 잘못된 고정관념이 역사적으로 존재하는데, 원주민들은 술을 섭취하면 쉽게 취하고 흥분한다는 것이다. 이와 같은 인식은 원주민들에게 술의 구매 및 소비를 금지하도록 하는 법률로 옮겨지게 되었다. 보다 최근의 고정관념으로는 미국계 흑인들은 야구 및 특정 스포츠 종목들에 타고난 능력을 보유하고 있다는 것이다. 이러한 고정관념은 흑인들에 대한 찬사로 보일 수도 있지만, 이는 광범위한 부정적 함의를 지닌다. 즉 이와 같은 고정관념을 신뢰하게 될 경우, 여타 능력 및 잠재 능력(지능, 도덕성, 노동생산성과 같은)이 인종에 의해 결정되는 것으로 받아들이는 위험이 존재한다. 달리 말하면, 긍정적 고정관념은 역으로 부정적 고정관념을 믿을 수 있는 가능성을 또한 증대시킨다는 것이다.

인종적 및 민족적 차별 (racial and ethnic discrimination)

Gunnar Myrdal은 소수집단의 문제는 실질적으로는 다수집단의 문제임을 지적한다.[11] 미국 사회에서는 백인들이 비백인 및 여타 민족들의 주거지를 결정하고 있는 상황이다. 또한 백인들은 다양한 집단에 대해 상이한 고정관념을 적용하여서 소수집단들 간 지위 차이를 발생시키고 있다. 일례로, 흑인은 일본계 미국인과는 다르게 인식되고 처우된다. Elmer Johnson은 "소수집단의 예속이 사회적으로 바람직하지 않고 다수집단에 이득이 되지 않는다고 다수집단의 구성원들이 동의할 때, 소수집단과의 관계는 다수집단에게 사회문제로 인식된다"고 평가한다.[12] 소수집단들에게서 동등한 기회와 권리에 대한 요구에의 열망이 증대됨에 따라, 차별과 격리(segregation)의 사안에 대한 국가적 관심이 증대되고 있는 상황이다.

미국 사회는 인간 평등의 원칙에 기초하고 있다. 미국의 독립선언서와 헌법은 모든 사람들에 대한 평등과 정의, 자유를 선언하고 있다. 그렇지만 실제로 미국 사회는 소수집단을 항상 차별하여 왔다.

역사적으로, 미국 사회는 특정 소수집단들을 선별하여 불평등하게 처우하여 왔다. Barker는 소수집단을 다음과 같이 정의한다.

> 소수집단(minority)이란 "인종적, 종교적, 민족적 정체성에서" 혹은 "사회의 지배 집단에 비해 영향력이 미약한 정치적 정체성의 측면에서" 명확하게 구별되는 사람들의 집단이다.[13]

미국 사회에서 불평등하게 처우되는 사람들의 범주는 시대에 따라 변화하여 왔다. 1800년대 후반 및 1900년대 초반에는 아일랜드계, 이탈리아계, 폴란드계 사람들이 차별되었으나 이들에 대한 차별은 이후 상당 수준 감소되었다. 19세기에는 중국계 미국인이 심각하게 차별을 받았으나 몇십 년이 경과하면서 이들에 대한 차별 또한 감소되고 있다.

한편, 시간이 경과함에 따라 새로운 소수집단들이 차별의 희생양이 되고 있기도 하다. 일례로 여성, 장애인, 게이와 레즈비언 등은 지난 50여 년간 차별받고 있음이 국가적으로 광범위하게 인식됨에도 불구하고, 여전히 계속 차별받고 있는 실정이다.

사회적 개념으로서의 인종

Ashley Montague는 '인종'을 미국 사회에서 가장 위험하고 비극적인 망상 중 하나로 평가한다.[14] 인종은 사람들을 생물학적으로 분류하는 기준으로 잘못 이해되는 실정이다. 그렇지만 어떤 인종도 명확하게 구분되는 특성이 존재하지는 않으며, 어떤 인종 집단도 독특하게 구분될 만한 유전인자를 보유하고 있지도 않다. 역사적 전개과정을 통해 여러 사회집단 및 인종의 유전인자가 섞여왔던 것이다. 또한 인종 집단들의 생물학적 차이는 사회문화적 요인들, 곧 배우자에 대해 선호되는 특성의 변화, 생식하는 사람들에 대한 다양한 식습관의 영향, 생존자를 선별하는 진쟁 및 질병 등과 같은 요인 등에 의해 희석되어 왔다.[15]

그러나 개념 정의상 문제에도 불구하고, 인종은 중요한 사회적 의미를 지니기에 사회과학에서 인종 개념 범주의 활용은 필수적인 부분이 되고 있다. 많은 사회과학자들은 인종 구분의 근거로 생물학적 정의보다는 사회적 정의를 활용한다. 인종을 사회적으로 정의하는 것은 해당 사회구성원들이 서로를 신체적 특성을 기준으로 구분하는 방식에 근거한다. 일례로, 흑인계 미국인에 대해 주로 활용되는 사회적 규정은 "흑인의 신체적 특성들이 나타나는지", "흑인 선조의 후예인지" 등에 의거한다.[16] 이러한 인종에 대한 사회학적 구분은 인종의 개념 정의가 사회에 따라 상이할 수 있음을 제기하여 준다. 즉 미국에서는 "흑인 조상을 지니거나 순수한 백인이 아닌 사람"은 흑인으로 간주되는 반면, 브라질에서는 "순수한 흑인이 아닌 사람"을 백인으로 구분한다.[17]

Ashley Montague에 따르면, 신체적 특성이 정신적 특성 및 문화적 성취와 관련된 것으로 가정할 경우 인종은 위험한 망상물이 된다고 지적한다.[18] 일부에서는 과학자들이 잘못된 추정으로 사회를 동요시키고 있음을 지적하기도 한다. 일례로, Herrnstein과 Murray는 IQ 검사에서 백인의 평균 점수가 흑인에 비해 10~15점 높게 나타난 점에 의거하여, 백인이 평균적으로 지능이 더 높다고 주장한다.[19] Herrnstein과 Murray의 연구결과는 "IQ가 대부분 유전적으로 결정되는 것"이라는 잘못된 가정에 기초하고 있음에 대해 여타 학자들에 의해 날카롭게 비판되고 있다.[20] 대부분의 학자들은 IQ가 환경적 요소에 의해 상당 수준 영향을 받으며, 흑인에게도 자신의 잠재능력을 실현할 기회가 주어진다면 평균 성취도는 백인과 유사할 것이라고 주장한다. 또한 IQ 검사가 인종적으로 경도되어 있음도 비판하고 있다. 즉 이들 검사는 백인에게 보다 친숙한 질문들을 활용하여 백인이 정확하게 대답하는 경향이 높게 나타난다는 것이다.

Elmer Johnson은 상이한 인종 집단들의 성취 능력에 대한 공정한 객관적 인식의 필요성을 다음과 같이 요약, 제시한다.

> 인종적으로 편협한 사람들은 인종에 따른 문명(문화) 성취들에 명료한 차이가 있으며, 이는 성취와 관련한 유전적 능력의 차이가 분명히 존재함을 뒷받침한다고 주장한다. 그렇지만 능력을 발휘할 기회에서 평등이 존재하지 않는 한, 그 누구도 인구집단 혹은 인종에 따른 문화적 능력 차이를 규명한 것으로 간주할 수는 없다.[21]

현재 대부분의 과학자들이 모든 의미 있는 방식으로 검증한 결과, 생물학적 유전에서 모든 인종은 유사성을 띠는 것으로 파악한다. 고립된 소규모 원시부족들을 예외로 하면, 모든 인종 집단은 모든 유형의 능력이 고르게 분포하는 양상을 보여준다. 이에 따르면, 인종 간 인성과 행동, 성취 등에서의 주요한 차이는 대체로 환경적 요인에서 기인된 것으로 보인다.

한편, 많은 미국인들은 다양한 인종의 부모가 있는 관계로 스스로를 "혼혈인종(mixed race)" "다민족(multiracial)"으로 분류한다. 일례로, 유명한 골프선수인 Tiger Woods도 백인 혈통뿐 아니라 흑인, 아메리카 원주민, 아시안 혈통 등의 다양한 인종적 배경을 지니고 있다.

》 제도화된 인종차별주의와 제도적 차별

지난 30여 년 동안 제도화된 인종차별주의는 주요한 문제 중 하나로 인식되고 있다. 제도화된 인종차별주의는 사회의 주요 체계, 법률, 정치, 경제, 교육 시스템 등에 널리 퍼져있는 특정 인종 집단에 대한 차별적인 법률 및 시책, 정책들을 지칭하는 것이다. 차별적인 법률 및 정책의 일부는 불법적인 부분도 있지만, 여기에는 불법적이지 않은 경우도 있다. Barker는 제도적 인종차별을 다음과 같이 정의한다.

> 제도적 인종차별이란 체계적으로 유색인종에 대한 불평등으로 귀결시키는 관료제 구조에 배태되어 있는 정책 및 실행 양상 혹은 절차이다.[22]

한편, 제도적 인종차별과 대비되는 개념인 개인적 인종차별에 대해 Barker는 다음과 같이 정의한다.

> 특정 인종 혹은 민족집단의 구성원들에 대한 개인의 부정적 태도로, 이는 종종 욕설, 사회적 배제, 폭력 등의 공공연한 행동으로 초래되기도 한다.[23]

Carmichael과 Hamilton은 개인적 인종차별과 제도적 인종차별을 다음과 같이 구분한다.

> 백인 테러분자들이 흑인 교회를 폭파시켜 5명의 흑인 아동들이 사망하였을 경우, 이는 사회의 제반 집단들이 널리 개탄스러워 하는 개인적인 인종차별주의 행동이다. 그러나 같은 도시에서 매년 500명의 흑인 아이들이 적절한 음식과 주거, 의료시설이 결여되어 죽어가고, 흑인 사회의 빈곤과 차별로 인해 수천 명 이상이 신체적, 정신적, 지적으로 훼손되는 실정인데, 이는 제도적 인종차별주의의 소산이다.[24]

제도적 차별은 공공 시책에 내재된 편향된 공급으로, 공공연한 행태 및 은밀한 행태들을 모두 포괄한다.[25]

차별은 부지불식간 사회 구조 및 형식으로 흔히 자리잡게 되는데, 제도적 인종차별의 예를 들면 다음과 같다.

- 가족상담 기관에서 소수집단 거주지역의 지부에는 덜 숙련된 상담사를 배치하여 보다 낮은 질의 서비스를 제공하게 한다.
- 대인 서비스 기관에서 백인 신청자에게는 특정 욕구를 해결하기 위해 지원금을 요청하도록 권유하거나 특정 서비스(예: 주간보호 및 방문가사 서비스)의 활용을 권

유하는 반면, 비백인 클라이언트에게는 이와 같은 서비스를 알려주지 않는다(혹은 정보제공에 열의를 보이지 않는다).

- 대인 서비스 기관에서 지원금 및 서비스 요청에 대한 처리 과정을 오래 끈다.
- 경찰서에서 업무 할당 및 고용, 승진, 보수 인상 등에서 비백인 직원을 차별한다.
- 부동산 중개 기관에서 백인 주택 구매자들에게는 백인 거주지역의 주택을 보여주는 반면, 흑인 주택 구매자들에게는 흑인들이 주로 거주하거나 혼재된 지역의 주택만을 알선한다.
- 은행 및 보험회사에서 소수집단들이 대규모로 거주하는 지역에는 대출을 거부하거나 보험 발급을 거절하는 모습을 보인다.
- 보호관찰 및 가석방 업무를 담당하는 기관에서 백인들의 사소한 규정 위반은 무시하면서 비백인 보호관찰 대상자에게는 유사한 위반에 대해 재수감시키려는 경향을 보인다.
- 정신건강 기관에서 비백인 클라이언트들은 정신병자로 꼬리표를 붙이는 반면, 백인 클라이언트들은 상대적으로 덜 심각한 문제로 진단한다.
- 가족상담 센터의 백인 직원이 이사진과 좋은 관계를 지닌 클라이언트에게는 강도 높은 서비스를 제공하도록 권유하는 반면, 비백인 클라이언트들은 "잘 조화되지 않는다"는 이유로 주목을 적게 기울여 결과적으로 이들에게는 더욱 적은 서비스를 제공한다.

그렇다면 제도화된 인종차별은 어떤 결과를 초래하는가? 비백인의 실업률은 항상 백인 실업률의 두 배 이상을 상회하는 실정이다. 비백인의 영아 사망률은 백인의 경우에 비해 거의 두 배 이상 높은 편이다. 비백인의 기대수명은 백인에 비해 수년 낮다. 비백인 평균 교육년수는 백인에 비해 매우 낮은 편이다.[26)]

한편, 학교 교육 시스템에도 제도주의적 인종차별의 많은 예들이 존재한다. 대체로 백인 거주지역의 학교는 소수인종이 거주하는 지역의 학교와 비교하여 보다 나은 시설과 더욱 고도로 숙련된 교사들을 보유하고 있는 실정이다. (즉 재산세를 상대적으로 높게 부담하는 거주 지역들에는 최상의 학교가 위치하고 우수한 교육 지원—교구재, 교복, 학급 수학여행, 통학 서비스 등—이 이루어지는 것이다.) 반면, 소수 인종 가족들은 의무 무상교육 이면에 소요되는 부수비용을 부담할 능력이 상대적으로 미흡하며, 따라서 소수 인종 아동들은 교육과정에 미흡하게 관여하게 된다. 또한 교과서에는 대체로 백인을 영광스럽게 묘사하는 반면, 소수 인종에는 거의 주의를 기울이지 않고 있다.

한편, 인종 및 민족 간 통합을 시도하는 학군 내에서도 제도적 차별이 발생하기도 한다. 제도적 차별을 야기하는 방식 중 하나는 트랙(track) 시스템의 활용이다. 대부분의 백인 아동들은 주로 우수반에 있으면서 교사들로부터 더 많은 교육적 관심을 받게 되지만, 비백인 아동들은 열등반에 배정되어 상대적으로 적은 교육적 관심만이 기울여진다.

형사사법 제도에서도 제도적 인종차별적 요소들이 존재한다. 사법 시스템은 공정하고, 차별적이지 않아야 할 것으로 기대되고 있다. 즉 사법정의라는 시스템 명칭은 공정하고 평등하여야 함을 시사한다. 그렇지만, 실제로는 인종차별의 모습이 존재한다. 흑인은 전체 인구의 12%를 구성함에도 불구하고 수감 인원의 44%는 흑인인 실정이다. (이와 같은 양상이 인종차별에서 기인된 것인지, 인종 간 범죄율 차이를 반영한 것인지는 상당한 논란이 있다.) 한편, 살인과 납치에 대한 평균 형량 기간에 있어서도 백인보다 흑인이 더욱 길며, 사형을 언도받은 죄수의 절반 가까이는 흑인이다.[27)] 치안 담당 부서와 지역 검찰청은 중산층 및 상위층 백인보다는 저소득층 및 소수인종의 범죄에 대해 더욱 강력한 법 집행의 성향을 보이고 있다. 또한 (비백인들 상당수가 빈곤층이어서) 이들 가난한 사람들은 거의 보석을 신청할 만한 여력을 지니지 못하고 있다. 그 결과, 그들은 소송에 이르기까지 수개월 내지 1년 이상을 거의 구치소에서 살아야 하는 상황이다. 그리고 훌륭한 변론에 드는 비용(우수한 사법 변호팀을 활용 시 요구되는 가격 등)을 감당하기 어렵기에 유죄 판결을 받는 경향 또한 높은 실정이다.

》 이민자의 지위

미국의 거시적 사회시스템은 이민자(immigrant) 및 난민자(refugee)를 빈번하게 차별하고 있는 실정이다.

NASW는 이를 다음과 같이 지적한다.

> 역사적으로 이민자 및 난민자에 대한 정책들은 인도주의적 대응, 인권, 안전보장, 경제 등의 가치 경쟁에 의해 주요하게

영향을 받아왔다. 즉 상이한 시점에서 주도적인 가치에 따라 이민자들의 삶에 영향을 미치는 이민법의 변화가 출현한 것이다. 많은 클라이언트들이 이와 같은 이민 정책 및 실행에 따라 직접적 혹은 간접적으로 상당한 영향을 받기에, 사회복지 전문가들은 이민자 및 난민자 정책에 상당한 관심을 기울이고 있다. 이는 또한 이민자 및 난민자 정책은 사회 정의와 인권의 이슈와 밀접히 관련될 뿐 아니라 이와 같은 이슈들은 사회복지 전문직의 진수이기 때문이다.[28)]

미국 사회는 스스로를 이민자들의 국가로 바라보고 있지만, 이민 개방의 수준은 역사적 시점에 따라 상당한 편차를 보인다. 일례로, 불법 이민자들의 유입을 감소시키기 위한 대책으로 미국과 멕시코 간 장벽을 더욱 늘릴 것인지는 현재도 여전히 논란이 되고 있다.

역사적으로 미국의 이민 정책은 이민의 경제적 효과에 대한 시각들에 의해 규정되어 왔다. 한편에서는 이민자들은 노동력 공급이 부족한 산업부문들(예를 들면, 농업 노동)에서 저임금 직무들을 담당하고 세금 납부를 통해 경제를 신장시키고 있다는 점에서, 이민자들을 유익한 것으로 바라본다. 반면, 반대 입장에서는 이민자들은 미국 시민들로부터 일자리를 빼앗아가는 미국 경제의 흡착물 혹은 공공급여(public benefits)의 이용자로 규정한다. 특히 2001년 9월 미국에 대한 공격과 전 세계적인 테러와의 전쟁 전개 이후, 외국에서 온 사람들은 테러리스트 활동을 수행하기 위해 미국에 들어오려는 것이라는 불안감이 존재하는 상황이다.

NASW는 이를 다음과 같이 언급한다.

> 사회복지사는 이민자 및 난민자 정책의 영향을 매일 실천활동에서 목도하게 된다. 이들을 돕고 '훌륭하게 사회복지활동'을 수행하는 그들의 능력은 가족 비자 및 가족 재결합을 제한하는 이민정책에 의해 심각하게 제약되고 있는 실정이다.[29)]

한편, NASW는 이민자 및 난민자와 관련하여 다음과 같은 정책적 지향을 지지함을 표명하고 있다.

> NASW는 국가안전을 보장하면서도 평등과 인권을 지지·고양시키는 이민자 및 난민자 정책을 지지한다. 상반된 주장들에 의한 도전이 만만치 않겠지만, 이민 정책은 반드시 사회적 정의를 제고하여야 하고 인종차별과 인종, 종교, 출신국가, 성별 등에 기초한 여타 차별 및 프로파일링을 지양하여야 할 것이다.

NASW가 지지하는 정책 중에는 다음과 같은 부분들이 있다.

- 불법이민자의 자녀들에게도 고등교육에 대한 접근권이 보장되어야 하고, 부모의 행동으로 인해 자녀에게 부과된 처벌을 제거하기 위한 제반 노력이 제공되는 시책
- 국외 추방에 해당되는 범법 행위의 범주에 가족 폭력, 아동 학대와 방임, 아동 유기 등을 삭제하는 한편, 아동에 대한 보호 및 장기적인 가족 유지의 권리를 보호하는 시책
- 국가의 공식적 언어로 영어만을 설정하는 데에 반대하는 시책
- 국제적 인적 교류를 촉진시킬 수 있는 적절한 비자 규제 및 비자 처리 절차를 제공하는 시책(학생 비자 및 일시 비자, 통과 사증 등에 대한 규제 및 처리 등에서)[30)]

한편, 이민자 문제에 대한 Obama 대통령의 공약은 다음과 같은 사항들을 담고 있다.

- 경비 인력들의 추가적 고용을 통해 국경을 온전히 보존하고, 불법 이민자를 막기 위한 인프라와 기술력을 개선하는 것
- 불법 이민자를 고용하는 사업주를 엄중 단속하여 불법적으로 미국에 들어오는 인센티브를 제거하는 것
- 멕시코의 경제 개발을 증진시킴으로써 불법 이민을 감소시키는 것
- 기업의 일자리 인력 수요를 충족시키면서 가족과 함께 생활하는 합법 이민자 수를 증대시키는 것
- 자산상태가 좋은 불법 이민자들이 벌금과 세금을 납부하고 영어를 배우도록 하여 미국 시민이 되는 기회를 부여하는 시스템 마련을 지원하는 것. 이와 더불어, 불법 이민자들이 영어를 배울 수 있는 기회 및 시민으로서의 책임과 권리들을 파악하는 데 도움을 주는 시민 교육 과정에 참여할 수 있는 기회를 확충하는 것

백인들의 특권

미국에서의 인종차별 중에서 제대로 알려진 부분은 백인들(특히 백인 남성들)은 여타 유형의 미국인이 지니지 못한 특권(privilege)들을 보유하고 있다는 점이다. 이와 같은 특권 항목들을 나열하면 다음과 같다.

- 백인은 추적되거나 해코지를 당하지 않는다는 점이 확신되기에, 혼자 쇼핑을 갈 수도 있고 예쁘게 차려입을 수 있다.
- 백인은 자신이 살고 싶어 하는 지역에서 구매(혹은 임대)하고자 하는 집을 찾는 데에 아무런 문제가 없다.
- 백인은 자신의 아이들이 학교에서 교과목 자료들을 당연히 제공받을 것을 확신할 수 있다.
- 백인은 어떤 슈퍼마켓에서도 자신들의 문화적 전통에 맞는 주요 식료품을 찾을 수 있다.
- 백인은 체크카드, 신용카드 혹은 현금을 사용할 때 재정 신용도가 의문시되지 않는다.
- 백인은 모든 백인을 대변하도록 결코 요청받지 않는다.
- 백인은 미용실(이용실)에 가서도 그들의 미용(이용)을 담당할 누군가를 찾을 수 있다.
- 백인은 그들의 이웃이 괜찮은 사람들이고 그들에게 중립적이거나 혹은 정중한 예의바른 사람이라고 확신할 수 있다.
- 백인은 경찰이 보호와 지원을 적극 제공할 것으로 상정할 수 있다.
- 백인은 법적 혹은 의료적 도움을 필요로 할 경우 그들의 인종이 불리하게 작용하지 않을 것임을 확신할 수 있다.[31)]

인종적 차별과 억압의 원인들

인종차별과 억압이 왜 발생되는지, 이에 대해 온전한 전체적 그림을 제공하는 개별 이론은 아직까지는 없다. 차별의 원인은 편견을 갖는 사람의 내부적 및 외부적 측면에 존재한다. 여기에서는 차별을 야기하는 원인에 대한 설명들을 살펴본다.

투사

투사(projection)는 자기 내부에 존재하는 인정하기 꺼려하는 특성을 다른 사람의 것으로 간주하고자 하는 일종의 심리적 방어기제이다. 대다수 사람들은 자신이 싫어하는 개인적 특성들을 지니고 있다. 그들은 이와 같은 특성을 제거하고자 열망하지만 이는 항상 가능한 일이 아니다. 이럴 경우에 사람들은 이들 특성을 다른 사람(혹은 사회 내의 여타 집단)에게 투사하여, 스스로에게 집중된 부정적 감정을 치환한다. 그리고 이러한 과정에서 자신의 특성이 투사된 사람들에 대해 거부감을 갖거나 비난하게 된다.

예를 들어, 일부 소수집단에 대해 편견을 지닌 사람들은 그 집단 구성원을 공포 혹은 성욕을 투사하는 대상으로 본다. 흑인을 게으르고 섹스에만 사로잡혀 있는 사람으로 바라보는 사람들은 부지런함과 성적 환상에 대한 자신의 내적 관심사를 다른 집단에 투사하는 것일 수 있다. 일부 백인들은 흑인을 난잡하고 성(性)에 대해 무분별하며 비도덕적인 사람으로 바라보는데, 역사적으로 흑인 여성(노예)을 성적 대상으로 착취한 사람은 대체로 백인 남성들이었다. 이러한 백인 남성들은 성적 욕망 및 이의 감행에 대해 죄의식을 느꼈고, 그들의 욕망과 성적 행동을 흑인 남성들에게 투사함으로써 이와 같은 죄의식을 다루려 하였던 것일 수 있다.

좌절감과 공격성

차별을 통해 충족시키고자 하는 또 하나의 정신적 욕구는 긴장감과 좌절감(frustration)을 방출하는 것이다. 우리는 열망하는 무엇인가를 획득하지 못할 때 좌절하게 된다. 우리는 좌절의 원천에 반격하고자 하지만 직접적인 복수가 가능하지 않은 경우가 대부분이다. 예를 들어, 우리는 불공평한 대우를 받는다고 느끼지만 반향이 두려워 이를 고용주에게 말하는 것을 꺼릴 수 있다.

좌절한 사람 중 일부는 그들의 분노와 공격성(aggression)을 희생양에게 풀기도 한다. 희생양은 특정 사람으로만 국한되지를 않고 일부 소수집단이 포함되기도 한다. 직무상 좌절감을 배우자 혹은 애완동물에게 풀어내는 사람들과 마찬가지로 편견을 지닌 일부 사람들은 그들의 좌절감을 소수집단에 부여함으로써 정신적으로 환기하는 것이다.

불안감과 열등감

차별을 통해 충족시키고자 하는 또 하나의 정신적 욕구는 불안감(insecurity) 혹은 열등감(inferiority)에 맞서고자 하는 열망이다. 불안감을 지닌 사람들 일부는 다른 사람을 깎아내림으로써 스스로를 보다 나은 존재로 느낄 수 있으며, 자신이 '그 사람들보다' 나은 존재라고 스스로에게 말할 수 있게 되는 것이다.

독재주의(authoritarianism)

편견의 원인에 관한 고전적인 연구결과 중 하나는 T. W. Adorno 등에 의한 <독재주의적 인성>이라는 연구이다.[32] 이들은 2차 세계대전 직후 유럽에서 파시즘이 발전하게 된 심리적 원인을 연구하였는데, 편견 혹은 편협함과 관련된 특정한 성격 유형들이 있다고 결론 짓고 있다. 독재주의적 인성은 융통성이 없고 경직적이며 불확실성을 참지 못한다. 또한, 막강한 실력자들에게는 큰 존경을 표하면서 재빨리 그들의 뜻에 복종한다. 그리고 다른 사람들의 비전통적 행동에 대해서는 위협감을 느끼며 전통적 행동에 대해 높은 가치를 부여한다. 이들은 이러한 위협감을 줄이고자 비전통적인 사람들을 '미성숙'하거나 '열등한' 혹은 '퇴폐적인' 사람으로 딱지 붙이고, 자신들의 신념 및 가치에 대해 의문을 제기하는 것을 회피한다.

역사

편견의 원인은 역사적 측면에서 설명되기도 하다. C. F. Marden과 G. Meyer는 2등 신분계층으로 여겨지는 인종 집단들은 백인들로부터 과거 식민 지배를 받거나 노예가 되었거나 혹은 예속을 전제로 미국 사회 편입이 허용된 집단들로 평가한다.[33] 일례로, 흑인들은 식민지 시대 동안 노예로 수입되어 인격을 빼앗겼으며 아메리카 원주민들은 정복되어 그들의 문화는 열등한 것으로 여겨졌던 역사를 지니고 있다.

경쟁과 착취

우리 사회는 매우 경쟁적이고 물질적이다. 개인 및 집단은 이용 가능한 재화를 보다 많이 획득하기 위해 매일 경쟁한다. 경제적 재화를 확하려는 이러한 노력들은 대체로 권력 투쟁으로 귀결하게 된다. 우리 사회에서 백인들은 역사적으로 흑인들에 대한 착취를 추구해 왔다. 백인들은 비백인들을 정복하고, 노예화하거나 예속을 전제로 미국 사회에 편입을 허용하여 왔다. 백인들은 비백인들을 값싼 노동력—임금착취 공장 노동자, 농장 이민자 일꾼, 하녀, 집사, 시종(벨보이)—으로 착취(exploitation)하는 데에 그들의 권력을 이용하여 왔다.

지배 집단의 구성원들은 예속된 집단을 저열한 것으로 불평등하게 다루어 왔으며, 이와 같은 차별을 정당화하기 위해 자신이 소속한 집단이 우월하며, 자신들이 보다 많은 권리와 재화 등을 갖는 것은 정당하고 적절하다는 이데올로기를 개발하였다. 이들은 종종 신이 자신들의 집단을 지배하도록 선택한 것이라고 강변하기도 한다. 더 나아가, (신이) 열등한 속성(게으름, 부도덕함, 더러움, 멍청함)을 예속 집단에게 배정한 것이라고 설명하고 소수집단들은 생물학적으로 열등하기에 더 낮게 처우될 필요가 있다고 결론 내린다.

사회화의 패턴

편견은 학습되며 사회화 과정을 통해 세대에 걸쳐 전달된다. 미국 문화는 여러 인종 집단들에 대한 고정관념(stereotype)을 지니고 있으며, 여타 인종집단들과의 관계에서 어떻게 행동해야만 하는지에 대한 고정관념 또한 존재한다. 이와 같은 고정관념은 아동들에게 사람, 사물, 생각 등을 부정적으로 판단, 학습하게 하는 규범이 된다. 물론, 편견은 종교적, 애국적으로 되어가는 과정, 예술을 감상하거나 즐기는 것을 배우는 과정, 스스로의 가치 체계를 발전시키는 과정 등에서 일부분 생겨날 수도 있다. 이런 맥락에서 인종적 편견은 미국 문화가 지닌 혹은 최소한 미국 사회의 특정 부분이 보유한 규범 체계의 단면이라 할 수 있다.

> **비판적 사고를 위한 질문 ?**
>
> 사회복지사가 자신의 종교를 유일한 것으로 생각할 경우, 이런 사회복지사가 여타 종교를 믿는 클라이언트를 온전히 수용(accept)할 수 있을까?

'유일하고 진실한 종교'에 대한 믿음

일부 사람들은 자신의 종교가 유일하게 진실한 종교이며, 이를 믿는 사람들은 천국에 가는 반면, 다른 종교를 믿는 사람들은 영원한 지옥으로 갈 이교도라고 믿도록 양육된다. 이러한 신념 체계를 보유한 사람들은 자신은 '하느님이 선택한 몇 안 되는 사람' 중 하나라는 결론에 도달하게 되고, 이교도들에 비해 스스로를 '우월한 것'으로 평가하기에 이른다. 선민의식은 종종 이교도들을 평가 절하하고 이들을 열등한 방식으로 대하도록 하게 한다. 유일 종교의 영향은 자신들의 종교가 '우월하다'고 여기는 사회들 간 수많은 전쟁으로 귀결되었다. 이들 사회는 어떤 방식—전쟁을 야기하는 물리적 힘을 포함한—을 사용해서라도 자신들이 선택한 종교를 널리 전파하는 것이 정당하다고 생각한다.

유일교에 대한 신념은 인종 편견의 태도가 개발됨에 있어 가장 결정적 요인의 하나이기도 하다. (이 장의 뒷부분과 3장에서 설명한 것처럼, 종교가 많은 사람들에게 여러 유익한 측면을 지니고 있음은 주지되어야 할 부분일 것이다.)

보는 사람의 눈

어떠한 이론도 편견의 원인을 온전히 설명하지 못한다. 각 이론들에서 편견의 기원을 총괄적으로 고려하면 편견의 원인을 파악할 수도 있다. 이들 이론에서는 편견의 원인 요소들을 "편견을 지닌 사람들의 개인 인성의 측면 및 경험에 존재하는 것"으로 평가하며, "편견을 받는 집단의 특성에는 존재하지 않는 것"으로 평가한다.

이와 관련하여 "편견은 접촉하는 사람들로부터 기인되지는 않는다"는 Eugene Hartley의 유명한 실험 보고가 있다. 그는 실험 참가자들에게 유대인과 흑인, 그리고 존재하지 않는 세 집단(Wallonians, Pireneans, Danireans)을 대상으로 편견에 입각한 반응 리스트를 작성하도록 했다. 편견 반응에는 "여기 살고 있는 모든 Wallonian 사람을 쫓아내야 한다"는 것과 같은 설문항목들로 구성되었다. 응답자는 편견을 지닌 주장에 대해 동의 여부를 말하도록 요구되었다. 실험 결과에서는 유대인과 흑인에 대해 편견을 지닌 사람들 대부분은 그들이 전혀 듣지도 보지도 못했던 사람들에 대해서도 편견을 지니고 있음을 보여주어 흥미롭다.[34)]

4. 차별과 억압의 영향 및 비용

경쟁적인 사회에서 인종차별은 풍요롭고 편안한 삶에 필요한 자원들을 획득함에 있어 장애가 된다. 차별의 희생양이 되는 것은 극복되어야만 하는 문제 중 하나이다. 인종을 이유로 한 차별로 적절한 주거, 금융 자원, 좋은 질의 교육, 고용, 적절한 건강관리 및 기타 서비스, 평등한 시민권 등의 획득과 형사사법 처리 등이 어려운 실정이다.

차별은 정신적 측면에서 비용을 발생시킨다. 우리 모두는 "우리가 누구이며, 복잡하고 빠르게 변화되는 세계에 우리가 어떻게 조응되어야 하는지" 등에 대한 정체감을 개발하여야만 한다. 이상적으로 보면, 긍정적 자아 개념을 형성하고 가치 있는 목표들을 향해 노력하는 것은 중요한 부분이다. 그렇지만, 앞서 언급하였던 바와 같이 Cooley의 '거울속의 자아 개념(looking glass self)'에 따른 "우리가 누구인지, 무엇인지"에 대한 생각은 대체로 타인들이 우리와 관계 맺는 방식에 의해 상당부분 결정된다.[35)] 다수집단에 의해 자신이 열등한 존재 또는 2등 시민으로 대해질 경우, 소수집단 구성원들이 긍정적 정체감을 개발하는 것은 매우 어려울 수밖에 없다. 따라서, 차별의 대상이 되는 사람들은 인간 존재로서 지닌 잠재력을 온전히 개발함에 있어 상당한 장애들에 직결할 수밖에 없다.

차별의 희생양이 된 집단의 아동들은 대체로 아동기 초기부터 낮은 자존감을 형성하는 경향을 보인다. 차별을 받아온 흑인 아동들은 백인 인형을 좋아하고 백인 짝꿍을 선호하는 경향을 보인다.[36)]

Pinderhughes는 흑인들에 대한 억압과 노예의 역사가 인종차별주의 및 배제와 결합되어 '희생자 체계(victim system)'를 산출하기에 이른 것으로 평가한다.

> 희생자 체계란 모든 시스템들이 공통적으로 보유한 안정성, 예측성, 정체성 등과 같은 속성들이 표출되는 순환적 피드백 과정이라 할 수 있다. 특정 시스템은 자존감을 위협하고 개인, 가족, 지역사회에서의 문제시되는 반응을 강화할 수 있다. 피드백은 다음과 같이 작동하게 된다. 교육 기회에서의 장벽은 성취 기회와 고용 및 기술 습득을 제한하고, 이와 같은 제한은 관계에서의 스트레스 및 관계 결핍으로 귀결되며, 이는 가족 내 역할을 적절히 수행하지 못하도록 하는 것으로 결과된다. 이러한 가족 역할의 제한은 개인적 성장과 발달에 많은 문제를 초래하며, 욕구 충족의 기회 및 지역사회 개선을 위한 조직화의 기회를 제한시킨다. 직업, 교육, 주거 등의 주요 자원이 제약된 지역사회는 가족들을 적절히 지원할 수 없고, 오히려 해체적 영향을(범죄와 각종 병리현상들을 키우는 또한 더욱 큰 무기력의 근원이 되는 지역사회) 미치게 된다.[37)]

한편, 차별은 다수집단에도 높은 비용을 야기한다. 즉 차별은 집단 간 협업과 의사소통을 손상시킨다. 차별은 소수집단들의 사회적 문제(높은 범죄율, 정서상 문제들과 알코올중독, 약물중독 등)을 발생시키고, 이에 대응한 사회 프로그램들에 수천만 달러의 비용을 소요케 한다. Albert Szymanski는 "차별은 백인과 비백인의 집합적 행동(예: 노조 조직)에 장애가 되며, 이로 인해 저임금 일자리와 빈곤을 영속화함에 기여하는 요인"이라 주장한다.[38] 물론, 집합적 행동으로부터 이득을 얻지 못하는 가난한 백인들도 상처를 입게 되는 것이다.

차별의 부정적 영향은 기대수명에 반영되기도 한다. 미국에서 비백인의 기대수명은 백인에 비해 수년 짧은 실정이다.[39] 이는 상대적으로 열악한 의료보호 및 음식, 주거지원 등으로 비백인들이 백인들에 비해 일찍 사망하는 경향이 있음을 의미한다.

끝으로, 차별은 국가의 정치적 목표 달성을 저해하기도 한다. 우리가 인권과 평등을 주장할 때, 많은 국가들에서는 미국 사회를 위선적인 국가로 바라본다. 세계적 차원에서 인권에 대한 효과적 주장을 펼치기 위해서는 미국 사회 내부의 인종 및 민족적 차별을 우선 먼저 청산하여야만 한다. 인종차별이 미국의 국제적 명성을 얼마나 저해하는지에 대해 실감하는 미국인은 거의 없는 실정이다. 그러나 미국에 있는 비백인계 외교관들은 미국 내 소수집단 구성원으로 오해되어 차별의 희생양이 되기도 한다는 불만을 종종 제기한다. 미국의 인종차별 관행들은 전 세계의 비백인계 국가 대부분에서 미국의 지위 및 영향력을 심각하게 손상시키고 있는 실정이다.

5. 고정관념과 다문화주의(Multiculturalism)에 대한 관점

미국 사회복지사협회의 윤리강령은 다음과 같이 언급한다.

> 사회복지사는 종교, 인종, 국적, 피부색, 성별, 성적 취향, 연령, 혼인상태, 정치적 신념, 종교, 신체적·정신적 손상 등에 기초하여 어떠한 형태의 차별적 실천활동도 수행하여서는 안 되며, 이를 묵과하거나 편의를 꾀하거나 혹은 이에 협력하여서도 안 된다.[40]

많은 사회복지 문헌들과 유사하게 윤리강령 또한 소수집단에 대한 구체적인 서술 정보를 제시하고 있다. 이와 같은 정보를 제시함으로써 문화적으로 적절히 대응할 수 있는 사회복지사의 역량을 제고할 것으로 생각되기 때문이다.

그렇지만, 일부 사회복지 학자들은 이와 같은 정보 제공이 오히려 이들 집단에 대해 편견과 고정관념을 야기할 수 있다는 의문을 제기하고 있음은 주지될 필요가 있다.[41] 예를 들어 "여성이 남성보다 더 감성적인 반면, 남성이 여성보다 더 이성적이다"라고 기술할 때, 이러한 인식과 범주화는 종종 해당 집단 및 개인에 대한 기대감을 유발하게 된다. 그러나 이러한 인식 및 범주화는 특정 개인 및 해당 집단에 적용할 때 정확하지 않은 경우들이 존재하기도 한다.

예를 들면 다음과 같다. 미국에서 아시아계 미국인들(Asian Americans)은 '성공적인 소수자 모델(model minority)'이라는 인식이 존재하며, 이들은 '별다른 문제없고, 성공적인, 기대 이상의 성취를 보인' 민족집단(ethnic group)으로 여겨지고 있다.[42] 그렇지만, 아시아계 미국인들을 매우 성공적인 집단으로 인식할 경우에도 '아시아계 미국인'이라는 꼬리표에는 부정적 영향을 미치는 많은 의문들이 부수된다. 그 일부로는 "이러한 인식이 아시아계 미국인 아이들에게 성공에 대한 과중한 압박감을 갖도록 하지는 않을까?" "이러한 인식은 성공하지 못한 아시아계 미국인들로 하여금 스스로를 실패자로 바라보도록 하지는 않을까?" "아시아계 미국인이 성공한 집단으로 인식됨으로써 사회서비스기관 및 정책가들이 이들에 대한 서비스 프로그램 개발을 등한시하지는 않을까?" "아시아계 미국인이 부유한 사람들로 인식됨으로써 서비스 제공자(예: 치과의사, 자동차 판매업자, 배관공, 전기기술자 등)로 하여금 많은 요금을 부과토록 하지는 않을까?" 등이 있다.

아시아계 미국인이 큰 성공을 거두었다는 고정관념은 이들 집단 내부의 현저한 차이들을 얼버무림으로써 24개국 이상의 출신들로 구성된 아시아계 미국인의 다양한 이력을 왜곡시킬 수 있음은 주지되어야 한다. 이들은 상이한 언어와 문화들을 지니고 있다. 이와 관련하여, Ziauddin Sardar는 다음과 같이 언급한다.

> 백인들은 나를 쳐다보면서 "넌 아시아인이 확실해"라고 소리친다. 그렇지만, 아시아인으로서 공통의 무엇인가는 존재하지 않는다. 아시아는 동일한 인종도 아니고 동일한 정체성을 지니지도 않는다. 그것은 하나의 대륙일 뿐이다. 세계 인구의 절반 이상이 살고 있는 아시아 내에서 그 누구도 스스로를 '아시아인'이라 부르지 않는다. 미국에서 '아시아인'이라는 꼬리표는 한국인, 필리핀인, 중국인에게 붙여지고 있다. 영국에서는 터키인, 이란인, 인도네시아인 공동체를 표현할 때 이들의 나라가 아시아 대륙에 있음에도 '아시아인'이라는 용어를 활용하지 않는다.[43]

특정 집단에 대한 정보 제시는 부정적 고정관념 및 공공연한 차별을 야기할 수 있는 위험성을 지닌다. 미국에서 흑인의 빈곤율, 노숙자(homeless) 비율, 혼외출산율, 학교 중퇴율, 범죄 및 범죄인 비율이 매우 높다는 정보가 예시가 될 수 있다.[44] 이와 같은 정보는 비흑인 미국인들에게 모든 흑인들이 이들 정보에 '일치'하지 않을까 하는 예상을 유도할 수 있다. 예를 들어, 백인의 빈곤율은 10%인 데 비해 흑인의 빈곤율은 25%에 이른다는 정보가 있다.[45] 이와 같은 정보는 비흑인들에게 그들이 마주치는 흑인 개개인이 '빈곤'할 수 있다는 예상을 초래하지 않을까? 이러한 과정에서 75%에 이르는 흑인들이 빈곤하지 않게 살고 있음은 비흑인 미국인들에게 간과된다.

이 교재에서는 다음과 같은 두 가지 이유로 향후에도 EPAS에서 확인된 다양한 인종 및 민족들에 대한 정보를 지속적으로 활용할 것이다.[46] 첫째로는 사회복지 커리큘럼에도 이와 같은 정보들이 많이 제시되어야 한다는 생각에서 EPSA가 기술한 것으로 사회복지 교육자들에게 여겨지고 있기 때문이다. 둘째로는 차별의 희생물이 되는 다양한 집단에 대한 지식정보의 개발에도 불구하고 아직까지도 다양성의 개념에 도달하지 못하고 있기 때문이다. 물론, 저자는 이 장에서 거론하는 다양한 집단들에 대한 서술 정보들이 고정관념 발생의 위험을 야기할 수 있다는 점에 대해서도 적극 주지하여야 함을 환기하고자 한다.

한편, 다양성에 대해 부가적으로 주지될 부분은 모든 사람들이 다문화적 다양성(multicultural diversity)을 지니고 있다는 점이다. 우리는 연령, 경제적 지위, 학력, 가족 형태, 성별, 성격 유형, 인종, 종교, 출신 지역, 성적 취향, 의사소통 방식, 복장, 언어, 정치적 견해, 신체 능력, 생활 방식 등이 서로 다르다. 따라서, 우리는 일본계 미국인을 만날 때에 그들의 출신 민족 특성 이상의 개인적 측면들이 더 많이 존재한다는 점을 인식하는 것은 매우 중요하다.

6. 사회적 및 경제적 정의를 증진시키기 위한 방안들

사회 정의의 이상적인 조건은 모든 사회구성원이 기본권과 보호, 기회, 의무, 사회적 지원 등에서 동등한 권리를 지니는 것이다.[47] 경제적 정의의 이상적인 조건은 또한 모든 사회구성원이 물질적 재화, 소득, 부의 획득에서 동등한 기회를 갖는 것이라 할 수 있다. 그간 인종 및 민족에 따른 차별과 억압을 해소하고 사회적 및 경제적 정의를 제고하기 위해 광범위한 방안들이 개발되었다. 여기에는 대중매체를 통한 호소, 인종 간 상호접촉의 증대, 시민권 보장의 법률, 차별해소 운동, 통학버스 운행, 소수집단 우대정책 프로그램, 인종차별적 언행에 맞서기, 소수자 경영 사업체 육성, 풀뿌리 조직화 운동 등이 주요 방안들로 포괄되고 있다.

》 대중매체를 통한 호소

신문, 잡지, 라디오, TV에서는 편견의 부정적 영향을 설명하고 사회구성원들의 조화를 증진시키기 위해 관련 정보를 제공한다. 대중매체는 대규모의 사람들에게 동시에 접근할 수 있는 능력을 지닌다. 대중매체는 차별 및 그 영향에 대한 대중의 인식을 제고함으로써 인종차별 극단주의자들의 부정적 영향에 대응할 수 있다. 그렇지만, 대중매체는 편견적 태도 및 행동을 변화시키는 데에 한계가 있다. 대중매체는 주로 정보 제공에 그치기 때문에 이와 같은 방송 선전("우리 모두는 형제자매입니다", "차별은 미국적인 모습이 아닙니다")만으로 깊이 자리잡은 편견을 변화시키는 데 지속적으로 영향을 미치기 어렵다. 특히 심한 편견에 사로잡힌 사람들은 자신이 편견을 지니고 있다는 사실조차 의식하지 못한다. 또한, 이를 인지한다 할지라도 이들은 대중매체의 호소를 자신과 관련 없는 것 혹은 선전에 불과한 것으로 묵살한다. 그렇지만 대중매체는 광고 및 뉴스, TV 출연진 등에서 백인과 비백인이 조화롭게 교류하는 모습을 보여줌으로써 차별 해소에 상당히 긍정적 영향을 미치고 있는 상황이다.

》 인종 간 상호접촉의 증대

인종 간 접촉을 증대하는 것, 그 자체가 인종에 대한 편견을 줄이는 데에 충분하지 않을 수도 있다. 사실, 일부 경우에는 접촉의 증대가 오히려 인종 간 차이를 집중 조명하게 되고, 의혹과 두려움을 증대시키기도 한다. George Simpson과 J. Milton Yinger는 많은 연구들을 검토하면서, 긴장이 부수된 접촉 혹은 비자발적인 접촉은 오히려 편견을 높이는 것으로 결론 내리고 있다.[48] 그렇지만 인종과는 무관한 사안들을 함께 수행하는 상황(공동 작업의 동료, 학급 급우, 동료 병사)에서는 편견은 대체로 감소하는 경향이 있는 것으로 평가한다. 특히, 상하 우열의 접촉보다는 대등한 지위상 접촉이 편견을 감소시키는 것으로 보고되고 있다.[49)]

》 시민권 보장의 법률

지난 50여 년에 걸쳐 고용, 선거, 주거, 교육, 공공 편의시설 등에서 동등한 권리를 보장하기 위한 입법들이 이루어져 왔다. 그렇지만 이들 법률이 인종에 대한 편견을 감소시키고 차별을 완화함에 있어 얼마나 효과적이었는지는 매우 의문시되고 있다.

시민권 보장에 관한 법 제정의 찬성론자들은 다음과 같은 점을 가정한다. 첫째, 새로운 법률은 차별적 행위 패턴을 줄이게 될 것이다. 이들 법률에서는 과거에 정상적 행동이었지만 지금은 일탈된 행동이 무엇인지를 규정하고, 이로 인해 시간이 지남에 따라 사회구성원의 태도는 변화되며 비차별적 행동 패턴에 점차 부합될 것으로 기대할 수 있다는 것이다.

두 번째는 이들 법률의 실효성이 적극 제고되어야 할 것임을 지적한다. 시민권 운동(Civil War) 이후 제정된 시민권 입법들은 실질적으로 거의 유효하지 않았고, 점점 더 약화되어 왔다. 또한 일부 관료들은 차별적인 관행들의 실제적 변화 없이, 극단적 혹은 표면적 차별 상징물만을 제거하는 것으로 입법 내용을 회피하기도 하였다. 따라서, 효력 있는 법 실행은 편견적인 태도와 관행을 변화시키는 과정의 첫 단계일 뿐이다. Martin Luther King은 이를 다음과 같이 언급한다. "이들 법률은 그 사람이 나를 사랑하게 만들 수는 없지만 내게 폭력을 가하지 못하도록 억제시킬 수는 있다. 나는 그것도 매우 중요하다고 생각한다."

》 차별 해소를 위한 현장 활동

차별 해소를 위한 현장 활동(activism)은 차별과 배제의 정책들에 대해 직접 부딪힘으로써 인종 간 차별적 관계의 구조를 변화시키고자 하는 전략이다. 현장 활동은 세 가지 유형의 정치적 방법(창의적 시위, 소요, 배출 등)을 활용한다.[50)]

창의적인 시위에 입각한 정치적 방법(*politics of creative disorder*)은 주류 사회시스템의 주변에서 실행되는 방안으로, 여기에는 수업 거부(school boycotts), 임대료 지불 거부 운동(rent strikes), (차별하는) 직장 및 사업체의 봉쇄(blockades) 및 농성(sit-ins), 가두 행진, 상품 보이콧 등이 포함된다. 이와 같은 현장 활동은 비폭력 저항의 개념에 기반을 둔 것이다. 이러한 비폭력 저항의 단적인 예시로는 시민권 운동을 촉발시킨 Rosa Park의 사례를 들 수 있다. 그녀의 행동으로 촉발된 몽고메리(Montgomery) 시에서의 버스 보이콧(bus boycott)은 심리적·정신적으로 매우 중요한 영향을 끼쳤다. 즉, 유색인종도 백인과 동등한 권리를 지닌다는 점과 함께 단결된 비폭력 저항은 차별 법률을 철폐시킬 수 있다는 점을 보여주었다.[51)]

소요의 정치적 방법(*politics of disorder*)은 기존 정치시스템에 대한 환멸 및 주류 지배 문화로부터의 소외가 반영된 것이다. 차별받는 사람들은 군중 봉기, 폭동, 여타 폭력적인 방식 등에 의존할 수밖에 없다.

1969년 폭력 원인 및 예방을 위한 국가위원회(National Commission on Causes and Prevention of Violence)에서는 지난 5년간 여러 도시들에서 200여 차례 소요가 발생하였음을 보고하였다.[52)] 1980년대 초반에는 마이애미와 여타 도시들에서 소요가 있었다. 1992년에는 흑인 Rodney King을 체포하는 과정에서 과도하게 무력을 사용한(유혈이 낭자하게 체포한) 4명의 백인 경찰관들에게 무죄가 선고되면서, LA에서 엄청난 폭동이 발생하기도 하였다. 2001년에는 신시내티 시에서 백인 경찰관에 의해 흑인이 사살되는 사건 발생으로 소요가 발생되기도 하였다. 이들 대부분의 소요에는 백인 소유 재산물에 대한 소수집단의 공격적 침해들이 부수되었다.

배출의 정치적 방법(*politics of escape*)은 소수집단이 얼마나 희생양이 되고 있는지에 대한 격정적인 수사적 표현으로 특징지어진다. 여기에서는 해결책에 도달하는 것은 핵심 초점이 아니기에, 수사적 표현들은 감정적 해소를 제공하는 것 이외에는 생산적이지 않다.

사회적 항의의 현장 활동에서 중요하게 간주되어야 할 부분은 특정 문제에 대해 대중 인식을 자극하는 것이다. 1960년대 미국의 시민권 운동은 모든 미국인들로 하여금 비백인들이 경험하는 차별을 인식토록 하여 주었다. 그 결과로 최소한 일부 차별은 사라지게 되었고, 인종 간 관계는 개선되었다. 그렇지만 일정 수준 이상의 시위 및 항의는

부가적 효과를 거의 유발하지 못한다는 점은 유의할 필요가 있다.[53)]

》 통학버스 운행

많은 대도시의 도심 주거패턴은 사실상 인종 간 격리 양상을 보이는 상황이다. 백인들은 흑인 및 여타 소수 인종들과는 별도의 지역에 거주하는 실정이다. 이와 같은 주거지 격리는 소수 인종들의 교육 기회에 심각한 영향을 미친다. 왜냐하면, 비백인 거주 지역은 재정적 자원이 미흡하고, 그 결과로 교육의 질이 백인 거주지역에 비해 심각하게 낮기 때문이다. 이를 고려하여 40여 년 전부터 상당수 대도시의 지방 법원은 일정 비율의 비백인이 백인 지역에, 또한 일정 비율의 백인이 비백인지역에 통학할 수 있도록 통학버스 운영을 명령하였던 것이다. 이와 같은 시책은 평등한 교육 기회를 제공하는 것과 함께 상호접촉을 통해 인종적 편견을 감소시키는 것, 이 두 가지를 목표로 한 것이었다. 일부 지역에서 통학버스 운영은 적극 수용되었고 공표된 목표를 충족시키는 결과를 보여주었다. 그렇지만 다른 일부 지역에서는 이와 같은 시책에 대해 논란이 야기되었고, 이로 인해 인종 간 긴장이 심화되기도 하였다. 통학버스의 운영은 (a) 비용이 매우 많이 들고, (b) 학교가 지역사회의 교육적 및 사회적, 여가활동의 중심 역할을 해야 한다는 '지역사회 학교'의 이념을 훼손하며, (c) 교육의 질을 저하시키는 결과를 초래한다는 것이다. 이에 따라, 이들 지역의 상당수 부모들은 통학버스 시책을 우려해 자신의 아이들을 사립학교에 보내려는 생각을 적극 갖기도 한다. 일부에서는 통학버스 운영이 해당 지역에서 백인 주민들의 이탈을 증대시킬 수 있다고 주장하기도 한다. 이와 같은 논란으로 인해, "흑인 학생을 백인 학교에 다니도록 하자"고 추진되었던 통학버스 프로그램이 일부 지역에서는 흑인 지역의 흑인 학생을 (흑인 학생이 수적 우위를 점하는) 다른 지역의 학교로 통학시키는 형태로 퇴색되어 운영되고 있기도 한다.[54)]

아이들을 먼 거리로 통학시키는 것은 비용이 많이 소요되며, 교육의 질을 개선하는 데 투자되어야 할 자금이 여기에 활용되는 양상을 초래한다. 또한 통학 버스 시책은 학교에 대한 지역사회의 관심과 통제력을 감소시키며, 접근성 감소로 학부모들이 학교 일에 실질적으로 덜 개입하도록 하는 결과를 초래하기도 한다.

관련 조사들은 (상당수의 흑인을 포함한) 과반수 이상의 미국인이 인종 통합을 목적으로 한 통학버스 운영에 대해 반대하고 있음을 밝히고 있다.[55)] 통학버스 정책을 반대하는 주된 이유는 이들 시책이 유색인종 학생의 교육 성취도를 증대시키지 못할 수 있다는 점이 지적된다.[56)] 이를 감안하면, 추후에도 인종 간 통합을 목표로 하는 통학버스 운영 확대에 대한 정치적 지지는 재점화되지 못할 것으로 평가된다.

인종 간 통합 성취를 위한 통학버스 운영은 1970년대 사법부에서 활발하게 추구되었던 방안이다. 그러나 1981년에 Reagan 행정부는 통합을 성취하기 위한 방안으로서 통학버스 운영을 지지하지 않을 것임을 천명하였으며, 이후 정부들(George H. W. Bush, Bill Clinton, George W. Bush)에서도 통학버스 정책 확대에 매우 소극적인 모습들을 보여왔다. 이로 인해, 지난 10여 년 동안 많은 지역에서 인종 통합을 위한 통학버스 운영에 대한 관심이 미약해졌다. 1991년에 미국 대법원에서는 통합 실현을 목표로 하는 통학버스 운영이 지속될 필요가 없음을 판결하였다. 흑인들에 대한 차별을 해소하기 위한 합당한 모든 노력을 기울인 것을 조건으로, 법정 통학버스 운영을 지역사회가 종결시킬 수도 있음을 허용하는 판결이었다. 인종 통합을 위한 통학버스 시책에 대해서는 10장에서 상세하게 검토하였으니 참조하라.

비판적 사고를 위한 질문 ?

당신은 인종 간 통합을 제고하기 위해 통학버스를 운영하는 것을 지지하는가? 아니면 반대하는가? 그 이유는 무엇인가?

》 소수집단 우대정책 프로그램

소수집단 우대정책 프로그램에서는 소수집단 지원자들에게 우선적인 고용 및 입학 조건(예: 의과대학에 대한 입학)을 제공하도록 하고 있다. 이들 프로그램은 여성을 포함한 모든 소수집단에 대해 적용된다. 이들 프로그램은 (a) 고용주에게 자격을 갖춘 소수집단 지원자들을 채용, 배치함에 적극적인 노력을 기울일 것을 요구한다. 또한 (b) 특정한 상황에서는 일정 할당량, 즉 빈 일자리에 특정 수를 소수집단 구성원으로 채용하여야 하는 할당량을 준수하도록 요구한다. (예를 들어, 교수진 구성에서 백인 남성의 비율이 높은 대학에서는 향후 채용 인원의 절반은 여성 및 여타 인종 집단의 구성원으로 채용할 것이 요구된다.) 소수집단 우대정책 프로그램에서 고용주들은 체크 리스트 수치를 기준으로 차별하지 않고 있음을 입증할 것이 요구된다.

이와 같은 소수집단 우대정책 프로그램의 가장 큰 딜레마는 채용 시 우선권을 주거나 할당량을 배정하는 것이 오히려 역차별(reverse discrimination), 즉 다수집단 구성원이 자격을 갖추고 있음에도 때로는 임의적으로 배제되는 경우가 발생된다는 점이다. 역차별과 관련하여 승소한 일부 경우도 있는데, 1973년에 캘리포니아 주립대학(Davis) 의대에 입학하지 못하여 소송을 제기한 Alan Bakke의 경우가 대표적 사례이다. 그는 대학에서의 소수집단 할당 정책으로 인해, 소수집단 지원자에 비해 더 높은 학점 및 더 높은 입학시험 점수를 받았음에도 그가 탈락한 것은 역차별이라 주장했다. 1978년에 그의 주장은 대법원 판례 결정에 의해 지지되기에 이른다.[57] 법정에서는 "과도한 인종적 할당은 위헌"이라고 판결하였다. 그러나 법정에서는 또한 "입학 결정의 다양한 기준의 하나로 인종을 활용하는 것이 헌법에 반하는 것은 아니다"라고 판결하였다.

Henderson, Kim, Vargus는 소수집단 우대정책에 대한 백인과 소수집단에서의 일부 견해를 다음과 같이 요약, 제시한다.

> 백인 사업체에 근무하는 소수집단 근로자는 종종 "왜 내가 고용된 것일까"를 스스로 자문하곤 한다. 그는 '소수집단 우대정책'으로 취업한 사람이 아닐까 생각하는 백인 동료들의 저항감에 직면하기도 한다. 백인 동료들은 그에게 "중요할 만한 유능한 능력이 있는지"를 물어보기도 한다. 흑인들은 이런 언급이 자신들이 유능하지 않다고 말하는 것임을 눈치 채고 있다. 그렇지만 백인들이 직업을 얻는 많은 방식을 감안하면 유능한 능력이라는 것이 왜 흑인들의 고용에 있어서 유일한 기준으로 상정되는지에 대해 의문스러워 한다. 과거의 배제(exclusions)와 불평등(injustices)을 보상하기 위한 소수집단 우대정책을 거의 모든 백인 전문가들은 혐오하고 있기에, 관련 조직들에서 소수자를 고용하도록 강제하는 것은 비극이라고 느끼는 흑인 전문가들이 또한 존재할 수밖에 없는 실정이다.[58]

소수집단 우대정책 프로그램의 지지자들은 과거에 백인들은 희생자보다는 수혜자였기에 대다수 백인들은 차별에 대해 거의 관심을 갖고 있지 않음을 지적한다. 이들은 소수자에 대한 과거의 차별을 신속하게 보상하여 줄 방안이 없다는 점을 언급하기도 한다. 소수집단의 대다수는 자격 검사에서 약간 낮은 점수를 보일 뿐이며, 이는 이들이 다수집단이 지닌 기회 및 교육 훈련의 질을 갖지 못하였기 때문에 비롯한 것으로 주장한다.

그렇지만 소수집단 우대정책 프로그램이 소수집단에 대한 우선적인 고용 및 입학 정책을 통해 평등을 달성할 수 있을지에 대해서는 미묘하면서도 복잡한 의문이 제기되고 있다. 그러나 아직까지 고용 및 입학 등에서 발생되는 차별을 종결시킬 방안을 발견하지 못하고 있는 실정이다.

교육 프로그램에 입학 허가를 받는 것, 좋은 보수의 직장을 보장받는 것은 통합 추구에 있어 매우 중요한 부분이다. 이를 이미 성취한 이민자 집단(예: 아일랜드인, 일본인, 이탈리아인)의 역사는, 평등은 소수집단의 구성원들이 중간 및 상위의 계층적 지위를 획득할 때에만 비로소 성취될 수 있음을 이들의 경제적, 정치적 측면이 무시될 수 없는 부분이라는 점을 시사한다.[59] 지배 집단들은 그들의 규범, 가치와 전형을 수정하도록 압력을 가하게 된다. 상당수 학자들은 경제적 측면에서 차별 해소 평등 및 조화로운 인종 간 관계를 달성함에 있어 선결 조건임을 언급한다. 낮은 교육성취는 낮은 직업지위, 저임금, 낮은 생활수준, 인종 간 불평등의 세대 간 이전 및 영속화를 유발하기에 인종 간 교육적 평등을 달성하는 것 또한 매우 중요한 부분이다.

1990년대 중반에 소수집단 우대정책은 국가적 차원의 뜨거운 논쟁 이슈가 되기도 하였다. 1996년 대통령 선거에서 일부 공화당 후보자들은 소수집단 우대정책 프로그램이 종결되어야 한다고 설득하기도 하였다. 월스트리트 저널 및 NBC 뉴스의 조사에서는 1/3에 이르는 미국인들이 소수집단 우대정책을 반대하는 것으로 밝히고 있다.[60]

소수집단 우대정책에 대한 공격들은 저성장 경제, 중산층 소득의 정체, 기업의 축소조정(downsizing) 등을 근거로 강력하게 제기된다. 이와 같은 상황들은 누가 고용되고 해고되는지의 사안을 고정적이지 않은 문제로 만든다. 동료 근로자들에게 소수집단 우대정책에 의해 고용된 것으로 여겨지는 소수집단의 근로자는 불신을 받게 되고, 이는 직장 내에서 유해한 긴장과 갈등을 종종 야기하게 된다.

비판론자들은 이와 같은 긴장과 갈등은 우리가 소망하는 인종에서 자유로운 인종맹목(race-blind)의 사회를 가져오기보다는 오히려 인종-의식적(race-conscious) 사회를 가져올 뿐이라고 주장한다. 비판론자들은 현재의 소수집단 우대정책은 매우 정치적이며, 도움을 주려는 많은 사람들에게 낙인을 부여하는 고통스러운 처방책이라고 주장한다. 또한 소수집단 우대정책은 자격 없는 사람들을 우대하는 시스템으로 많은 사람들에게 인식될 뿐이라고 평가한다. 비판론자들은 이러한 시책은 과거 차별의 역사에서 비롯된 고용 및 취학 등의 사회적 장벽에 대응하여 소수집단들이 평등한 처우를 받기 위한 차원에서 40여 년 전에는 필요하였지만, 오늘날에는 더 이상 필요하지 않다고 주장한다. 즉, 과거 조상들이 자행한 정의롭지 못한 행동을 보상하는 것을 유일한 이유로 백인 남성들을 지금 차별하는 것은 옳지 않다고 주장한다. 이들은 고용상 우선권이 알코올중독 노숙자의 아들로 태어난 백인보다 부유한 흑인 가정에서 태어난 딸에게 부여되는 것은 잘못된 것이라고 평가한다.

반면, 소수집단 우대정책 지지자들은 "이들 시책을 포기할 경우 우리는 과거의 네트워크로 회귀하게 되는 것"이라고 주장한다. 이들은 소수집단 우대정책은 여성 및 유색인종이 좋은 교육과 좋은 보수의 직업을 갖는 데에 도움을 주고 있으며 빈곤에서 이들을 구제하고 있다고 평가한다. 지지자들은 인종차별 및 성차별적 태도가 자리한 사회에서 여성 및 유색인종에게 좋은 질의 교육과 좋은 보수의 직업을 획득할 수 있는 공정한 기회를 제공하기 위해서는 소수집단 우대정책을 취하는 것이 불가피하다고 주장한다.

그렇지만 1996년에 캘리포니아 주의 유권자들은 취업지원 및 정부 수주계약 신청, 대학 입학 지원 등에서 여성 및 소수 인종을 특별하게 고려하여야 한다는 이념을 명백하게 거부하는 법안(Proposition 209)을 통과시켰다. 이에 따라, 1997년 8월 소수집단 우대정책 금지가 캘리포니아에서 입법되었다. 게다가 역차별을 반대하는 상당수 법률 소송들이 제기되었다. 제기된 소송들에 대해 우호적 판결이 이루어진다면 소수집단 우대정책의 영향력은 급격하게 감소될 것이다. 한편, 1997년 11월 연방 대법원이 여성 및 유색인종에 대한 우선권을 폐지하려는 캘리포니아의 입법 시도를 기각하였다. 연방 대법원이 소수집단 우대정책을 금지하려는 여타 주 및 도시들의 접근을 막으려는 것이었다.

소수집단 우대정책의 미래에 중도적인 길은 존재하는 것일까? 이에 대해 Zuckerman은 다음과 같이 평한다.

> 대다수 미국인들은 소수 인종에게 평등한 조치가 확실하게 취해지도록 공세적 손길을 제공하는 소수집단 우대정책의 본 취지를 부활시키는 것을 적극 수용할 것이다. 대다수 미국인들은 인종 간 정의는 동점을 부여하거나 혹은 약간 더 가산점을 부여해 주는 것과 관련되어 있음을 수용하며, 이러한 조치가 사회적으로 이득이 될 것으로 바라볼 것이다. 추구하여야 할 목표는 집단 간보다는 개인 간 공명정대함에 기초한 정책으로 귀결하여야 하는 것이다. 이러한 경우가 되어야, 고용주는 지원자의 법적 적합성에 따라 행동하기보다는 그 직업에 적합한 지원자인지 여부에 주목할 것이다. 그리고 모든 피고용자들은 그들이 공정하게 처리되었다고 수긍할 수 있을 것이다.[61)]

비판적 사고를 위한 질문 ?

당신은 현재의 소수집단 우대정책 프로그램들에 대해 지지하는가? 아니면 반대하는가? 당신이 지지 혹은 반대하는 이유는 무엇인가?

》 인종 및 민족 차별적 언행에 맞서기

인종과 관련한 농담 및 조롱적인 언사는 인종차별의 고정관념 및 편견을 형성시키거나 영속화하는 데에 밀접히 관련된다. 이러한 언사들이 적절치 못하다는 점을 백인뿐 아니라 비백인들이 단호하게 제기하는 것은 매우 중요하다. 사람들에게 인종차별적 행동의 부적절함을 강력히 지적하는 것 또한 매우 중요하다. 이와 같은 맞서기 행동은 인종차별적 언사 및 행동도 차별이며 유해하다는 인식을 명확히 함으로써 의식 제고의 효과(consciousness-raising effect)를 산출한다. 맞서기 행동은 인종적 편견과 차별적 행동을 감소시키는 데에 유용하게 작용할 것이다.

저명한 강연자 및 저자이자 차별 철폐주의자인 Frederick Douglas는 다음과 같이 언급한다.

> 요구가 없다면 권력은 어떤 것도 양보하지 않는다. 과거에도 그랬고 앞으로도 그럴 것이다. 대중을 복종시키는 존재를 발견하라. 당신은 이들에게 부여된 상당한 부정의(injustices)와 오류를 발견할 수 있을 것이다. 그들은 말과 폭력으로 저항하며 이를 지속하려 할 것이다. 그렇지만 폭군들의 한계는 이들이 억압하는 사람들의 인내심에 의해 규정되는 것이다.[62)]

비판적 사고를 위한 질문

왜 사람들은 인종차별적인 농담과 발언을 하는 것일까? 누가 이들을 재미있는 사람으로 생각하는 것일까? 어떤 이유로 그렇다고 생각하는 것일까?

》 소수집단들의 경영 사업체 육성

대다수 사람들은 자신의 사업을 경영하기를 열망한다. 자신의 사업을 경영하는 것은 소수집단 구성원들에게 특히 매력적으로 여겨진다. 이는 자신의 소득과 부를 증대시킬 수 있는 기회가 될 뿐 아니라 작업장에서의 '보이지 않는 장벽(glass ceiling)'과 같은 차별을 피할 수 있는 방법이기 때문이다.

1970년대 이후 연방 정부, 주 정부, 지방 정부에서는 소수집단의 기업 경영을 육성, 지원하기 위해 다양한 시책들을 동원하고 있다. 이들 프로그램에서는 소수집단의 기업들에 저리의 대출을 제공하여 준다. 보호할당(set-aside) 프로그램에서는 정부 외주 계약의 최소 비율(10~30%)은 소수집단 기업들에 배정되어야 한다고 규정하고 있다. 일부 대규모 도시들에서는 면세 혜택을 활용하여 기업 투자와 함께 고용이 촉진되도록 기업 유치 지구(enterprise zones)를 신설하고 있기도 하다. 이에 따라 소수집단의 기업 수는 완만하지만 증가 추세를 보이고 있다. 그렇지만 아직까지도 소수집단의 구성원으로 분류되는 전체 대상자의 매우 적은 수만이 정부 지원의 혜택을 받고 있을 따름이다.[63]

》 거주지역의 낙후성 개선을 위한 풀뿌리적 접근

미국에서 대도시 내부의 낙후 지역들은 국가적으로 수치스러운 부분이 되고 있다. 미국은 전 세계에서 가장 부유하고 강력한 국가이지만, 낙후 지역의 생활 여건조차 개선하지 못하고 있는 실정이기도 하다.

미국에서는 도심 내 낙후 지역들의 생활 여건을 개선하기 위해 다양한 시책들을 동원하고 있다. 직업훈련, 직업알선, 공공부조 및 저리 생업융자 등의 경제적 지원, Head Start(보육지원), 약물 및 알코올문제 대응, 범죄 예방, 주거, 재활, 주간보호 서비스, 건강보호 서비스, 공공보건 서비스 등의 각종 프로그램 및 서비스를 제공하고 있다.

한편, 도심 내 낙후 지역을 지원하는 가장 포괄적인 사업 프로젝트 중 하나는 모델 도시 프로그램(Model Cities Program)이다. 이는 1960년대 빈곤전쟁(War on Poverty) 사업의 하나이기도 한데, 대도심 내부의 낙후 지역들이 개입 대상이다. 이 프로그램에서는 노후 주택을 철거하고, 보다 안락한 숙소들을 건설하였다. 유지할 수 있는 건물들은 새롭게 개조하였다. 이와 함께 직업훈련과 직업알선, 건강보호 서비스, 사회서비스, 취학기회 등을 제공하는 프로그램들을 도입하기도 하였다. 그렇지만 프로젝트 결과는 상당히 실망스러웠다. 사업 대상이 된 해당 지역들은 다시금 슬럼화되었고, 해당 지역의 생활 여건도 사업 수행의 시작 시점과 별다른 변화 없이 열악하거나 오히려 더욱 열악한 모습을 보였던 것이다.[64]

현재까지, 도심 내 낙후 지역을 개선하고자 한 프로그램들 대다수는 단기적 성과만을 산출한 것으로 평가되고 있다. 따라서, 이렇다 할만한 결론은 도출되지 못하고 있다. 도심 낙후 지역들에는 여전히 최악의 생활상태가 지속되고 있다. 오히려 1980년대, 1990년대, 2000년대 초반에 이르기까지 도심 내 낙후 지역의 개선을 위한 정부 프로그램들은 오히려 폐기되거나 예산이 급격히 삭감되어, 연방정부는 이들 지역을 개선하려는 시도를 거의 포기한 것으로 보인다.

좋든 싫든, 우리 사회는 물질주의적 사회이다. 우리 사회에서 물질적 재화를 획득하는 주요한 합법적 통로는 '좋은 교육을 받는 것'과 '고임금 직업을 갖는 것'이다. 그렇지만 낙후지역에 거주하는 주민 대다수는 좋은 교육을 받을 수 있는 혹은 높은 임금의 직업을 가질 수 있는 전망이 거의 미약함을 깨닫고 있다. 왜냐하면, 이들의 거주 지역에는 열악한 수준의 학교들만이 존재할 뿐이고 이들 대부분은 시장경쟁력이 있는 직업기술을 보유하고 있지 않기 때문이다. 그 결과, 이들 대다수는 물질적 재화를 취득하는 데 불법적 방법(좀도둑질, 마약 밀매, 강도, 신용사기)에 의존한다. 또한 이들 중 상당수는 성적 및 약물 환각 등에 의지하기도 한다. 혹은 정부의 복지 지원에 의존하는 저속한 생활방식에 대한 가치인식이 고양되어 있기도 하다.

한편, 도심 내 낙후 지역을 개선하는 데 유망한 접근 방식 중 하나는 풀뿌리 주민 조직화(grassroots organizations) 사업이다. (지속적인 변화는 지역사회 개선에 대해 지역주민들이 고취되어 있는 지역에서만 가능할 수 있을 뿐이다.) 이러한 조직들은 도심 내 다양한 세팅들에서 긍정적인 변화들을 장기간 발생시킴에 효과를 발휘할 수 있다. 여기에서 풀뿌리 조직이란 거주지역의 환경을 개선하고자 활동하는 주민들로 구성된 지역사회 집단(community groups)이다. 여기서 미주리(Missouri) 주의 세인트루이스(St. Louis) 시, 코크란 가든(Cochran Gardens)에서의 성공적인 풀뿌리 조직의 시도를 예시하고자 한다.[65]

코크란 가든은 저소득층 주거 단지로, 대도시 지역에 소재된 낙후된 주거지역 단지의 전형이었다. 이곳 주택단지는 쓰레기와 낙서, 깨진 유리창들이 산재하고, 주민들은 잦은 총격과 범죄, 마약밀매 등에 시달리고 있었다.

Bertha Gilkey는 이곳 주택 단지에서 자라났다. 아마도 그녀가 없었다면 이 동네는 여전히 낙후되어 있을 것이다. Gilkey는 어린 소녀일 때부터 동네 주민들이 협력한다면 이 동네는 개선될 것으로 믿었다. 10대 때에 그녀는 동네 교회의 세입자 주민 모임에 참석하였다. 20세에는 세입자 모임의 대표로 선출되었으며, 이후 동네는 점차적으로 극적인 긍정적 변화를 경험하게 된다.

Gilkey와 그녀의 동료들은 작은 사업들부터 시작하였다. 그들은 임대 주민들에게 현실적으로 성취 가능한 원하는 일이 무엇인지를 물었고, 여기에서 빨래방이 필요하다는 합의를 도출하였다. 사실, 이 주택단지의 기존 빨래방은 모두 파손된 상태였고, 유일하게 운영되는 빨래방은 자물쇠 장치가 없어 사실상 출입문이 없었다. 그녀와 동료들은 시 주택과에 출입문 설치를 요구하였고, 이를 허락받게 된다. 이후 이들은 자물쇠 설치를 위한 기금모금 활동을 성공적으로 전개하였다. 그리고 페인트칠을 위한 기금모금도 성공적으로 수행하여 빨래방에 페인트칠을 하게 된다. 동네 주민들은 새롭게 마련된 멋진 빨래방에 흡족하였고 이로 인해 세입자 모임에 대한 참여 및 지지의 관심이 제고되었다. 이후, 거주 단지의 통로 벽과 바닥을 페인트칠하기 위한 결사체들이 조직되게 된다. 사람들이 자신이 사는 층 통로의 바닥을 페인트칠할 것을 책임지기로 한 것이다. Gilkey는 다음과 같이 언급한다.

> 페인트칠이 되어 있지 않은 층에 사는 아이들은 페인트칠이 된 층과 통로에 와서 보고 집에 돌아가 부모들을 졸랐다. 페인트칠을 하기 힘든 노인들은 식사를 대접하면서 자신들도 일부분을 담당하였음을 느낄 수 있었다.[66]

주민 조직은 이후에도 계속해서 동네를 정돈하기 위한 새로운 사업들을 전개하였고, 이를 성공적으로 마무리하였다. 성공적인 사업 수행은 주민들에게 동네에 대한 자부심을 갖게 하였고 거주 동네의 개선 사업을 진행하도록 고취하기에 이른다. 한편, 주택 단지의 외형이 개선되면서 Gilkey와 세입자 조직은 '주택단지 행동 규칙'을 마련하기에 이른다. 위원회에서는 행동 규칙을 공식화하고, 각 층마다 감독자를 선출하였다. 행동 규칙에는 소란 금지, 창밖으로 쓰레기 투척 금지, 주민 간 싸움 금지 등이 포함되었다. 주민들은 작은 한걸음을 통해 교훈을 얻게 되었고 생활여건은 점차 개선되기에 이르렀다.

이후 주택 단지 건물은 Martin Luther King, Jr. 빌딩이라는 이름으로 재명명되었다. 주민 조직은 개별 사업들이 성공적으로 완료될 때마다 파티와 기념식을 가졌다.

한편, Gilkey의 또 다른 관심의 초점은 아동 및 청소년들에게 관심을 기울이는 것이었다. 특히 이들에게서 긍정적 측면을 부각시키려 하였다. 이들 청소년은 학교에서 "나는 이 동네에 사는 것이 좋다"라는 주제로 작문을 하였고, 미술 수업에서 빌딩, 거리, 놀이터가 포함된 거주지역 주택단지를 마분지로 입체 형상화하기도 하였다. 이러한 시도들은 청소년들에게 자존감을 높이고 그들의 거주지역에 대한 자부심을 심어주고자 기획된 것이었다.

오늘날 코크란 가든은 꽃으로 장식된 통로와 나무, 잔디를 보유한 공공임대주택 단지이다. 동네에 대한 자부심을 지닌 신뢰할 만한 이웃들로 구성된 아름답고 깨끗한 동네가 되었다. 높게 치솟은 빌딩들은 완전히 개조되었고, 지역사회복지관과 테니스 코트, 놀이터, 아파트 단지를 두어 복합단지의 조밀함을 감소시켰다. 코크란 가든은 세입자들에 의해 관리되고 있다. 현재 세입자관리위원회(Tenant Management Council)에서는 특정 사업체들—외식 서비스, 주간탁아센터, 보건 진료소, 직업훈련 프로그램—을 보유, 경영하고자 시도하고 있다.

코크란 가든의 성공은 자조(self-help)와 역량강화(empowerment), 책임성(responsibility), 존엄(dignity)의 원칙들에 기초한 것이다. Gilkey는 다음과 같이 언급한다.

> 이게 정상적일 수 있는지에 대해 의문이 있을 수 있다. 빈곤한 사람은 관리되어야만 하는 것으로 알고 있기 때문이다. 지금까지 우리가 하였던 일은 (이와 같은) 허튼소리들을 막고, 그

> 게 전부가 아니라고 말하는 것이었다. 학위와 자격증을 갖춘 사람들은 우리를 엉망으로 이끌었을 뿐이다. 이들은 기초적인 기술능력 일부분만을 취하였을 뿐이다. … 우리가 공공주택에서 할 수 있다면 이는 어느 곳에서나 가능할 것이다.[67]

이러한 성공 사례들은 연방, 주, 시 정부가 풀뿌리 조직들의 시도를 독려 및 지원하는 방식을 통해 도심 내 낙후 지역의 상황을 개선하도록 하는 것이 바람직하다는 점을 시사한다. 사회복지사는 풀뿌리 조직 형성의 촉매자가 되어 거시적 실천기술(macropractice skills)을 잘 활용할 수 있어야 한다. 일단 이들 조직이 형성되면, 사회복지사는 이들 조직이 지역사회의 욕구를 파악하고 계획을 수립하며, 개입 실행에 도움을 주는 방식으로 역할하여야 할 것이다.

7. 민족-민감성의 사회복지실천

전통적으로 전문직 사회복지 실천에서는 서비스 전달과 관련하여 의료적 모델을 활용하여 왔다. 그렇지만 이 모델은 개인 내적 측면에서 문제를 진단하는 데에만 초점을 두고 있다는 점에서 결함을 지닌다. 의료적 모델에서는 상황 속에 존재하는 사람(person-in-situation)에게 영향을 미치는 환경적 측면을 대체로 간과한다. 특히 이 모델의 가장 큰 한계는 무엇보다 대상자가 지닌 강점과 자원을 무시한다는 것이다. (대상자의 결함만이 강조될 경우 그 사람의 자존감은 심각하게 부정적 영향을 받게 된다. 대상자는 단점을 기준으로 자신을 규정하게 될 뿐 아니라 이러한 과정에서 자신의 장점과 자원을 간과하게 된다.)

민족-민감성(ethnic-sensitive)의 사회복지실천은 다양한 민족적, 문화적 소수집단에 대한 이해를 사회복지 실천 이론 및 원칙에 접목시키려 한다.[68] 이는 사회복지 실천은 클라이언트의 배경이 되는 민족 및 사회적 지위 등과 관련한 가치 및 성향에 조응되어야 한다는 관점에 근거한 것이다. 이에 따라 민족-민감성 실천에서는 사회복지사에게 인종 혹은 민족이 지닌 억압적 측면에 대한 심층적 이해를 요구한다.

또 하나의 중요한 개념적 틀은 '이중적 관점(dual perspective)'이다.[69] 이는 모든 사람들은 두 가지 체계(systems)의 일부로 존재한다는 관점에 토대한다: (a) 지배 시스템(dominant system; 권력과 경제적 자원의 원천이 되는 현재의 사회 시스템), (b) 보살핌의 시스템(nurturing system; 가족 및 지역사회의 물리적 및 사회적 환경으로 구성된 사회 시스템). 이중적 관점에서는 억압적인 사회가 유색인종들의 자아상에 야기한 부정적 결과들은 '보살핌의 시스템'에 의해 상쇄될 수 있음을 강조한다.

민족-민감성의 사회복지실천에서는 사회복지사가 소수민족들의 억압 경험을 인식하고서 이 억압을 개선하도록 하는 역할을 요구한다. 여기에서 개별 민족 및 그 구성원들에게 현재의 문제 인식을 배태한 데에는 일련의 역사가 존재한다는 점을 주요하게 주목하여야 한다. 일례로, 아프리카계 미국인의 집단적 및 개인적 역사는 그들이 곤란을 겪는 시점에서 가족 자원들을 적극 활용할 수 있을 것이라는 점을 예상케 하여 준다.[70]

그렇지만 민족-민감성의 사회복지실천에서는 현재 또한 매우 중요한 것으로 여긴다. 예를 들어, 현재의 멕시코계 및 푸에르토리코계 미국인 여성들은 전통적인 성 역할로부터 벗어나 학생 혹은 유급 근로자 등과 같은 사회 주류의 역할을 수행할 때 대체로 갈등을 느끼고 있는 실정이다.[71]

한편, 민족-민감성의 사회복지 실천은 새로운 실천 원리 혹은 접근 방법을 도입하는 것은 아니다. 민족들의 상황 및 특성을 고려하여 기존 치료 기법과 실천 원리 및 실천 기술을 조응시키는 것이다. 그렇지만 어떠한 실천 접근 방법들이 활용되더라도, 민족-민감성의 사회복지 실천에서는 다음 세 가지의 개념 및 관점, 즉 임파워먼트(empowerment), 강점 관점(strength perspective), 문화적으로 적합한 실천(culturally competent practice)이 강조되어야 한다.

》 임파워먼트

임파워먼트의 개념은 "개인, 가족, 집단, 지역사회가 그들의 상황을 개선할 수 있도록, 개인 내적, 대인 관계적, 사회경제적, 그리고 정치적 측면의 강점 및 영향력을 증진시키도록 도움을 주는 과정"으로 정의된다.[72] 소수민족(인종) 등을 대상으로 할 경우, 임파워먼트에서는 오랜 차별의 역사를 통해 형성된 이들 집단에 대한 부정적 이미지나 고정관념을 긍정적 가치와 형상으로 대체하도록 하고, 이들의 상황에 영향을 미칠 수 있는 능력을 강조하여 대응하도록 한다. 임파워먼트는 개인에 대한 긍정적 관점에 기초하여 개인들이 지닌 문제해결 능력을 강조함으로써 무망감과 무력감에 대응하도록 한다. 또한, 임파워먼트에서는 소수민족 구성원들의 기본 생활에서 결정 및 실행 능력을 제고할 수 있도록 지원하여 억압과 빈곤에 대응토록 하고자 한다.

》 강점 관점

강점 관점은 임파워먼트와 매우 밀접한 관련성을 지닌다. 대상자의 결함에 초점을 두는 의료적 모델과 달리 강점 관점에서는 대상자들이 보유한 능력 및 강점을 확인·활용하도록 하고, 이를 형성, 강화하는 것에 중점을 둔다. 강점 관점에서는 대상자들의 능력, 관심, 열망, 자원, 신념, 성취 등을 강조한다.

일례로, 아프리카계 미국인이 지닌 강점으로는 이들이 주축이 되는 100개가 넘는 대학, 공제조직 및 여성단체 조직, 사회단체, 정치단체, 전문가 조직 등을 보유하고 있다는 점이다. 아프리카계 미국인이 주축인 학교, 기업, 교회 및 각종 조직들에서는 가족지원 서비스, 멘토링 프로그램, 음식/주거보호/교통 서비스, 교육 프로그램, 장학 지원 등과 같은 다양한 사회서비스 프로그램들을 개발하여 왔다. 이와 같은 개인적 및 조직적 차원의 노력들에 의거하여 아프리카계 미국인들에게는 자조주의 및 상호부조 전통이 여전히 존속되고 있다. 이들은 강렬한 종교적 태도와 적극적인 근로 및 성취 지향, 평등적 역할 공유 등의 태도성향을 지닌 것으로 평가된다.[73)]

》 문화적으로 적합한 사회복지실천

예측 조사에 따르면, 21세기 중반에 이르러 미국 인구의 거의 절반은 유색인종이 차지할 것으로 보고되고 있다.[74)] 이에 따라 사회복지사는 보다 다양하고, 보다 정치적으로 활동적이며, 자신의 권리에 대해 인식이 보다 높아져 있는 대상자들을 상대할 것으로 전망된다. 사회복지사는 보다 문화적 역량을 증대시켜야만 할 것으로 평가된다. 문화적 유능감을 제고하기 위해 사회복지사는 (a) 문화 및 문화의 영향력을 적극 인식하여야 하고, (b) 자신들의 문화에 대해 학습하여야 하며, (c) 자민족 중심주의의 존재를 인정하고, (d) 여타 문화들에 대해서도 이해하도록 하며, (e) 클라이언트의 관련 문화에 대한 지식을 습득하고, (f) 사회복지실천 기술 및 개입방법들을 적절하게 적용함이 요구된다.[75)]

2001년 미국 사회복지사협회(NASW)에서는 문화적으로 적합한 사회복지실천을 위한 10가지 기준을 공인, 제시하였는데 이는 다음과 같다.

1. **윤리와 가치(ethics and values)**: 사회복지사는 자신의 개인적 및 직업적 가치관이 다양한 클라이언트들의 욕구와 상충될 수 있음을 인식하면서, 전문직의 가치, 윤리, 기준에 부합되도록 기능을 수행하여야 한다.
2. **자아 인식(self-awareness)**: 사회복지사는 클라이언트들의 삶에 있어 다문화적 정체성의 중요성을 이해하는 방식의 하나로, 본인의 개인적 및 문화적 가치, 신념들에 대해서도 이해해야 한다.
3. **다문화적 지식(cross-cultural knowledge)**: 사회복지사는 주요 클라이언트 집단의 역사와 전통, 가치, 가족 시스템, 예술적 표현 등에 대한 이해와 더불어 심층 지식을 지녀야 한다.
4. **다문화적 실천 기술(cross-cultural skills)**: 사회복지사는 원조 과정에서 클라이언트의 문화에 대한 이해에 기초하여 적절한 실천방법적 접근, 실천 기술 및 기법들을 활용하도록 하여야 한다.
5. **서비스 전달(service delivery)**: 사회복지사는 지역사회 및 보다 넓은 사회로부터 활용 가능한 서비스에 관한 지식 및 이용법을 갖추어야 하며, 문화적 다양성에 맞게 클라이언트를 적합하게 의뢰할 수 있어야 한다.
6. **임파워먼트 및 옹호(empowerment and advocacy)**: 사회복지사는 다양한 민족, 인종의 클라이언트 집단에 대한 정책 및 프로그램 양상을 파악하여야 하고, 필요한 경우에는 클라이언트의 편에 서서 이들을 옹호하여 주어야 한다.
7. **다양성 있는 인력 구성(diverse workforce)**: 사회복지사는 사회복지 프로그램 및 사회복지기관들에서 전문가 구성의 다양성이 확보되도록 하는 모집, 고용 조치들을 옹호하고 지지하여야 한다.
8. **전문가 교육(professional education)**: 사회복지사는 전문가들의 문화적 역량을 증진시키는 교육 및 훈련 프로그램을 지지하고, 이에 적극 참여하여야 한다.
9. **언어 다양성(language diversity)**: 사회복지사는 클라이언트에게 적합한 언어로(여기에는 통역사 활용

도 포함됨) 정보 및 서비스, 의뢰 등을 제공하도록 하여야 하고, 이를 적극 옹호하여야 한다.

10. **다문화적 리더십(cross-cultural leadership):** 사회복지사는 다양한 인종 및 민족의 클라이언트 집단에 대한 정보들을 여타 전문가들과 소통, 교류할 수 있어야 한다.*

사회복지사가 상이한 문화적 배경을 지닌 클라이언트 집단을 상대하는 것을 극복하기 어려운 문제라고 결론내리는 것은 큰 잘못이다. 실제로 사회복지사와 클라이언트 간에는 상이함보다는 오히려 유사성이 압도적으로 많기 때문이다.

주요 사회복지 전문가 조직들에서는 과거의 상당 기간에 걸쳐 인종차별과 억압 해소에 대해 강력한 입장을 취하여 왔다. 일례로, 미국 사회복지협회(NASW)에서는 시민권 법률 제정을 위해 로비 활동을 취하기도 하였다.

비판적 사고를 위한 질문

현재 당신은 인종 및 민족 차별의 해소와 사회적 및 경제적 정의의 진전을 위해 헌신적 노력을 기울이고 있는가?

한편, 미국 사회사업교육위원회(CSWE)의 교육 방침 및 인가 규정(EPAS)은 사회복지전공의 학사 및 석사과정에 인종차별, 문화적 다양성, 인권, 사회경제적 정의에 관한 내용을 포함토록 규정하고 있다.[76] 전문직 사회복지사 교육과정에는 사회복지 전공자가 문화적 및 사회적 다양성을 충분하게 이해 및 인식하도록 함에 상당한 노력을 기울일 것이 요구되고 있다. 학생들은 사회적 억압의 역동적 변화와 결과를 이해할 수 있도록 교육을 받고, 사회 불평등(injustice)과 억압에 대응하는 개입 방안들에 대해 학습토록 하고 있다. 흑인사회복지사협회(Association of Black Social Workers) 또한 인종적 편견과 차별에 대응하여 적극적인 활동을 전개하고 있다.

사회복지사는 인종 및 민족 차별의 해소와 사회적 정의의 증진을 위해 열정적으로 노력하여야 할 의무를 지닌다. 전문 사회복지사는 문화적으로 다양한 환경에 자리한 사회복지 실천의 현실을 인식하여야 한다. 그러나 현재 사회복지사는 사회 전반에 대해 많은 편견과 왜곡된 인식을 지니고 있는 실정이며, 이와 같은 편견과 고정관념은 바람직한 사회복지사에게 심각한 위험이 되고 있다. 일례로, 원주민 인디언을 클라이언트로 상대하는 사회복지사는 이들의 과묵함을 비협조적 태도 혹은 전적인 동의의 신호로 간주하기도 한다. 그렇지만 이와 같은 사회복지사의 두 가지 가정이 모두 틀릴 수도 있다. 미국 원주민 인디언들은 대체로 사회복지사가 주제에서 벗어날지라도 그것을 반박하거나 시정하려 하지 않는다. 왜냐하면, 이러한 행동은 원주민 문화에서의 기본 가치인 '불간섭(non-interference)의 관습'을 위반하는 것이기 때문이다. 곧, 원치 않는 간섭에 대해서는 정서적, 신체적 반응의 철회(자제)로 대응하여야 한다는 것이다.[77]

백인계 사회복지사가 미국 원주민과의 역효과를 유발하는 또 다른 반응 패턴 중 하나는 직접적인 눈 맞춤(direct eye contact)을 유지하려 하는 것이다. 미국 원주민들에게 얼굴을 대면한 직접적 눈 맞춤은 무례하거나 위협으로 여겨지고 있기 때문이다.[78]

한편, 멕시코계 미국인의 거주 지역(Chicano community)에서 2개국어를 활용하는 사회복지사도 그들 언어의 모든 측면을 이해할 수는 없다. 바리오(스페인어 사용자 거주지)에서 주로 쓰이는 언어들은 정통 스페인어와는 상이한 다양한 함축을 지닌다.[79] 따라서, 스페인어를 구사하는 사회복지사도 각 단어들이 바리오 지역 클라이언트에게는 다른 의미가 될 수 있는 가능성에 대해 매우 주의를 기울여야 한다.

8. 미국 사회 인종 및 민족 관계의 전망

미국 사회에서 소수집단은 지난 수십 년간 소수자 권리(minority rights)에 대한 반발로부터 과거에 이룬 성취를 지키고자 고군분투하였다. 큰 정부(big government)를 지양하고 기업의 성장 및 생산활동에 인센티브를 부여함으로써 경제를 강화하고자 하였던 Reagan 정부(1980~1988)에서는, 소수집단의 권리를 보장하는 프로그램을 입안하거나 강화하였던 과거 연방정부의 전통적 역할이 대부분 폐기되었다. George Bush 정부(1988~1992) 또한 유사한

* 미국사회복지사협회(National Association of Social Workers) (2001), NASW Standards for Cultural Competence in Social Work Practice, Washington, D.C. 에서 재인용.

iStockphoto/african american college students in library/Thinkstock

민족-민감성의 실천에서는 개인 및 집단이 지닌 긍정적 자원과 능력에 초점을 두는 임파워먼트 및 강점관점의 관점을 포괄한다. 이와 관련한 예시로는 전체 학생회, 남학생회, 여학생회 등의 단체 활동이 개별 인종 집단에 학업성취에 대한 혼연일체된 관심을 강화토록 함에 기여됨을 들 수 있다.

전략을 취하였다. Reagan과 Bush 행정부에서 연방정부는 빈곤과 차별의 문제를 시정하는 가장 좋은 방안은 민간기업(private businesses)이라고 강조하였다. (그렇지만 민간기업은 대체로 임금을 낮춤으로써 많은 이윤을 취득하기에 1980년대 및 1990년대 초반 대부분의 기업들은 소수집단의 생활여건 및 경제상황 개선에 적극적이지 않았다.) 이와 같은 연방정부의 정책 변화로 소수집단의 정책 활동은 1960~1970년대와 비교하여 1980~1990년대에는 약화되었다. 1980년대 및 1990년대 들어 소수집단은 소수집단 우대정책과 고용기회평등 프로그램(Equal Employment Opportunity programs)을 통해 지난 20여 년간 성취하였던 성과를 유지함에 상당한 어려움을 겪었다. 1992년에 당선된 Clinton 대통령은 모든 인종과 민족집단의 사회적 및 경제적 정의를 증진시키기 위한 연방정부차원의 적극적 역할을 공약으로 내걸었다.

Clinton 대통령은 사회문제 해결에 대해 중도(제3의 길) 및 진보적 견해를 표명하였다. 모든 미국인을 대상으로 한 의료보험 도입, 복지수급자의 자립을 지원하기 위한 교육훈련 프로그램의 확대 등과 같은 진보적 정책 제안은 위기에 처한 사람에게 혜택을 줄 수 있는 것들이었다.

그렇지만 1990년대 초반의 진보적 자유주의를 향한 움직임은 오래가지를 못하였다. 1994년 총선에서 공화당이 상하원 모두에서 승리하였는데(하원에서 공화당이 승리한 것은 40년 만에 처음이었다), 공화당 의원 대부분은 범죄 예방보다는 교도소 건립으로의 예산 변경, 소수집단 우대정책 프로그램의 폐지, 사회복지 프로그램의 예산 삭감, 고소득층에 대한 감세 등의 보수적 정치 의제들을 개진하였던 것이다. 물론, 이러한 정책 제안들은 Clinton 정부하에서 법제화되지는 않았다.

한편, 2000년도에 근소한 차이로 당선된 George W. Bush 대통령은 주로 보수주의 노선을 취하였다. 그의 최고 관심사는 세금을 줄이는 것이었으며, 2001년 의회에서 감세를 통과시켰다. (이러한 감세 조치들은 미국에서 부자와 빈자의 소득 격차를 더욱 크게 벌려놓았다). 반면, Bush 대통령은 유색인종에게 혜택을 주는 정책방안은 거의 제시하지를 않았다. 단지, 유수 흑인 대학들에 대한 지원금 증액에 대한 지지, 아프리카계 및 라틴계 미국인들의 일부 고위직 임명이 고작이었다.

2008년 아프리카계 미국인인 Obama 대통령의 당선은, 유색인종에 대한 백인들의 존중적 태도에 상당한 진전을 가져오는 것이었다. Obama 대통령의 당선이 미국 내 소수 인종 및 민족에 대한 편견과 차별의 감소를 더욱 촉진할 것인가는 이후 시간이 지나면 확인될 수 있을 것이다. 그렇지만 Obama는 모든 미국인들의 시민권 향상을 위해 다음 사항들을 제안하고 있다.

- 임금 차별에 대한 소수 인종과 여성의 문제제기 자격을 축소시킨 대법원 판결의 파기
- 증오 범죄에 대한 연방 법률(federal hate crime legislation)의 강화 및 사법 집행 활성화
- 선거 부정 관련자에 대한 강력한 처벌 및 선거인들에게 정확한 정보를 제공하여 각자 신념에 따라 투표가 이루어지도록 하는 법률안의 옹호 및 지지(아직도 미국에서는 소수자 선거인을 협박, 호도하고 투표를 못하도록 하는 조직적 움직임이 있는 실정임)
- 사법기관의 인종 프로파일링(racial profiling)을 금지하고, 인종 프로파일링을 법령으로 금지한 주 및 지방 경찰청에 대한 인센티브 제공(미국에서는 아프리카계 미국인과 히스패닉계 미국인은 백인에 비해 두 배 이상 수색, 체포, 강제제압 되는 실정임)
- 전과자의 성공적 사회 통합을 위해 직업훈련뿐 아니라 약물(마약) 중독 및 정신건강 카운셀링의 제공. 전과자들의 취업 및 근속률 향상을 위해 수감자 취업 지원 프로그램(prison-to-work incentive program)을 새롭게 마련하도록 함.[80)]

한편, 미국에서 인종 간 관계가 앞으로 어떻게 변화할 것인가의 문제에 대해 Milton Gordon은 앵글로색슨계로의 동화(Anglo-conformity), 융합(melting pot), 문화적 다원주의(cultural pluralism) 등 세 가지 유형을 제시한다.

앵글로색슨계로의 동화(Anglo-conformity)란 미국식으로 수정된 영국의 제도, 언어, 문화를 미국 생활의 주요 표준으로 유지하는 것이 바람직하다는 입장이다. 지금까지 미국에서 '동화(assimilation)'란 실제로는 앵글로색슨계로의 동화를 의미하여 왔고, 가장 순조롭게 동화된 집단은 앵글로색슨 집단과 문화적·민족적으로 가장 가까운 집단들이었다.

융합(melting pot)에서는 미래의 미국 사회는 단순히 수정된 영국의 모습이 아니라 미국에 거주하는 다양한 집단들이 새로운 형태로 혼합되어야 할 것으로 바라본다. 이러한 융합의 관점은 미국의 경험에만 유효한 제한성을 지닌다.

문화적 다원주의(cultural pluralism)는 각 집단들이 각자 전통과 문화를 보존하면서 미국에 대한 애국심을 지니면서 함께 공존하는 것을 의미한다. 독일계 등의 일부 이민 집단들에서는 문화적 고유성에 대한 중요도가 감소되고 있지만, 이탈리아인 등의 여타 많은 집단들은 민족적 정체성을 강력하게 보유하면서 동화(앵글로색슨계로의 동화) 및 융합을 거부하는 상황이다.[81)]

일부 유럽계 민족집단(영국인, 프랑스인, 독일인)의 구성원들은 미국 문화에 동화, 통합되었고, 또 다른 유럽계 민족집단(아일랜드인, 이탈리아인, 폴란드인, 헝가리인)은 거의 온전히 동화되고 통합된 상황이다.

현재 미국 내 인종과 민족 간의 관계가 취하고 있는 형태는 '문화적 다원주의(cultural pluralism)'로 보인다. "Kiss Me, I'm Italian", "Irish Power", "Polish and Proud" 등의 슬로건에서 보이듯 많은 유럽계 민족집단들은 그들의 관습, 종교, 언어, 문화적 전통에 대한 자부심을 표현하는 데에 새롭게 관심을 보이는 상황이다. 한편, 아프리카계 미국인, 미국 원주민, 라틴계 미국인, 아시아계 미국인들은 동화보다는 주류 사회의 진입을 요구하는 실정이다. 그들 또한 각자의 전통과 문화를 유지하면서 다원주의 사회에 공존하기를 원하고 있다. 그들의 자부심은 "Black Is Beautiful", "Red Power" 등의 슬로건에서 찾아볼 수 있다. 이들 집단 또한 그들의 고유한 문화적 배경 및 역사에서 정체성과 자부심을 찾고 있는 상황이다.

미국에서는 1954년 대법원에서의 공립학교 인종분리 차별정책 금지 판결(Supreme Court Decision on Brown v. Board of Education) 이후 차별 해소에 상당한 진전이 있는 실정이다. 그렇지만 모든 시민들을 위한 평등한 기회는 1963년 Martin Luther King, Jr.의 유명한 연설처럼 여전히 꿈에 불과하다.

만, 저는 오늘 다음과 같이 여러분에게 말하고자 합니다. 나에게는 꿈이 있다는 것을. 이 꿈은 아메리칸 드림에 깊이 뿌리박고 있습니다. 나에게는 언젠가 이 나라가 다음과 같은 신조의 참뜻이 되살아나 부활할 것이라는 꿈이 있습니다. "모든 인간이 평등하게 창조되었다는 것을 우리는 자명한 진리로 간직한다"는 신조 말입니다.

나에게는 언젠가 조지아 주의 붉은 언덕에서 노예의 후손과 노예주인의 후손이 형제애로 식탁에 함께 손을 맞잡고 나란히 앉는 꿈이 있습니다. 나에게는 불의와 압제의 열기로 뜨거운 미시시피 주가 언젠가는 자유와 정의의 오아시스로 변화될 것이라는 꿈이 있습니다. 나에게는 나의 네 명의 아이들이 피부색을 기준으로 평가되지 않고 각자의 인격의 내용을 기준으로 평가되는 나라에서 살게 되는 꿈이 있습니다.

모든 주들과 도시들에 자유가 메아리칠 때 하느님의 모든 자녀들인 흑인과 백인, 유대인과 비유대인, 가톨릭 신도와 신교도가 함께 손을 잡고서 "마침내 자유, 마침내 자유, 신이시여 우리는 마침내 자유"라는 노래(오래된 흑인 영가)를 부르는 그 날에 더욱 빨리 도달하게 될 것입니다.[82)]

요약

다음은 이 장의 서두에서 제시한 학습목표와 관련된 내용을 요약한 것이다.

A. 민족, 민족우월주의, 인종, 인종차별주의, 편견, 차별, 억압, 제도적 차별의 개념을 정의, 기술

- 민족은 공통의 언어, 관습, 역사, 문화, 인종, 종교 및 기원 등을 보유한 특정 집단이다.
- 자민족 중심주의란 자신들이 보유한 문화, 민족 혹은 인종, 국가 등이 월등하다고 믿는 일련의 신념체계 혹은 관점이다.
- 인종은 사회적 개념으로, 해당 사회에서 사회구성원들이 신체적 특성들을 기준으로 각자를 구분하는 방식으로 규정된다.
- 인종차별주의는 인종을 기반으로 사람들을 (대체로 부정적인) 고정관념화, 일반화하는 것이다. 이는 대체로 소수 인종에 대한 차별의 토대가 된다.
- 편견은 체계적인 근거나 증거 없이 개인, 집단, 현상에 대해 형성된 견해이다.
- 차별은 인종, 성, 종교, 민족 등과 같은 정체성과 관련한 특성을 기초로 사람들에 대해 갖는 선입견 및 부정적인 처우로 정의된다.
- 억압은 특정 집단 및 기관에 대해 심각한 제한을 부과하는 사회적 행동이다.
- 제도적 차별은 공공 시책을 실행하는 조직들에서 행해지는 편파적인 처우로, 공공연한 행동뿐 아니라 권력자들에 의해 공인된 은밀한 행동 등을 통해 이루어진다.

B. 편견 및 차별의 원인들에 대한 개괄

관련 이론들에서는 투사, 좌절감과 공격성, 불안감과 열등감, 독재주의, 역사적 배경, 경쟁과 착취, 사회화 과정, 유일하고 진실한 종교에 대한 신념 등이 차별과 억압의 원인으로 평가되고 있다. 한편, 미국 사회에는 제도화된 인종차별이 널리 퍼져 있으며 사법제도, 정치, 고용 관행, 보건의료 및 교육 제도 등 각종 사회 제도들에서 차별이 나타나고 있다.

C. 차별과 억압의 영향 및 비용 정리

지금까지 미국 사회는 인종차별적이고 자민족 중심적이었다. 그렇지만 지난 50여 년간 편견과 차별을 완화함에 상당한 진전이 있었다. 그러나 아직까지도 그 성과는 제한적이다. 차별로 인해 그 희생자들에게 비참한 결과가 발생하는 상황이 여전히 지속되고 있다. 차별의 대상이 되는 사람들은 고용, 교육, 여가활동의 기회, 특정 지역에의 거주, 종교 및 사회조직 등의 참여, 정치활동, 일부 지역사회서비스 등으로부터 배제되고 있는 실정이다. 차별은 스스로에 대한 긍정적 자아개념을 발전시키는 데에 심각한 장애가 될 뿐 아니라 상당한 정신적, 재정적 비용을 부수한다. 또한, 인종차별과 자민족 중심주의는 국제적으로도 인권 증진을 위한 미국의 활동에 대해 심각한 신뢰의 훼손을 초래하고 있기도 하다.

D. 사회적, 경제적 정의를 제고하기 위한 방안 개괄

사회적, 경제적 정의를 제고하기 위한 방안으로는 대중매체를 통한 호소, 인종 간 접촉의 증대, 시민권 보장 입법, 항의 및 현장활동, 통학버스 운영, 소수집단 우대정책 프로그램, 소수집단의 경영 사업체 육성, 인종 및 민족 차별적 언행에 맞서기, 도심 내 문제들에 맞서기, 풀뿌리 조직화 사업 등이다.

E. 인종차별과 억압을 해소하기 위한 사회복지적 차원의 노력 기술

전문직으로서 사회복지 분야는 인종 및 민족의 차별 및 억압을 해소하고 사회적 및 경제적 정의를 제고할 수 있도록 열렬하게 활동해야 할 의무를 지닌다. 사회복지사는 민족-민감성을 지닌 실천활동을 실행하여야 할 의무를 지닌다. 다양한 인종(민족)의 클라이언트들을 상대할 경우, 다음과 같은 세 가지 원리, 임파워먼트, 강점 관점, 문화적으로 적합한 실천활동 실행은 매우 중요한 부분이다.

F. 미국에서 인종 및 민족 간 관계의 향후 양상 예측

미래의 인종 및 민족간 관계는 동화, 융화, 문화 다원주의 등의 세 가지 유형으로 전망되고 있다. 문화 다원주의는 현재 뿐 아니라 미래에서도 적극 취해져야 할 인종 및 민족간 관계의 형태로 평가된다.

인터넷 참고자료

CENGAGE**NOW**™ 각 장과 관련된 참고자료는 출판사 홈페이지(www.cengage.com/social_work/zastrow)를 참조하라.

주

1. Robert Barker, ed., The Social Work Dictionary, 5th ed. (Washington, DC: NASW, 2003), p. 148.
2. Ibid., p. 148.
3. Ibid., p. 357.
4. Ibid., p. 336.
5. Ibid., p. 123.
6. Ibid.
7. Robert Merton, "Discrimination and the American Creed," in *Discrimination and National Welfare*, Robert M. MacIver, ed. (New York: Harper, 1949).
8. Marlene Cummings, "How to Handle Incidents of Racial Discrimination," in *The Personal Problem Solver*, Charles Zastrow and Dae H. Chang, eds. (Englewood Cliffs, NJ: Prentice Hall, 1977), p. 200.
9. Barker, *The Social Work Dictionary*, pp. 306–307.
10. Ibid., p. 417.
11. Gunnar Myrdal, *An American Dilemma* (New York: Harper, 1962), p. 144.
12. Elmer H. Johnson, *Social Problems of Urban Man* (Homewood, IL: Dorsey Press, 1973), p. 344.
13. Barker, *The Social Work Dictionary*, p. 274.
14. Ashley Montague, *Man's Most Dangerous Myth: The Fallacy of Race, 4th ed.* (Cleveland, OH: World, 1964).
15. Johnson, *Social Problems of Urban Man*, p. 350.
16. Richard T. Schaefer, *Racial and Ethnic Groups*, 9th ed. (Upper Saddle River, NJ: Prentice Hall, 2004), p. 8.
17. Paul Ehrlich and Richard Holm, "A Biological View of Race," in *The Concept of Race*, Ashley Montague, ed. (New York: Free Press, 1964), p. 82.
18. Montague, *Man's Most Dangerous Myth.*
19. R. J. Herrnstein and C. Murray, The Bell Curve: The Reshaping of American Life by Differences in Intelligence (New York: Free Press, 1994).
20. G. R. LeFrancois, *The Lifespan*, 5th ed. (Belmont, CA:Wadsworth, 1996).
21. Johnson, *Social Problems of Urban Man*, p. 50.

22. Barker, *The Social Work Dictionary*, p. 220.
23. Ibid., p. 215.
24. S. Carmichael and C. V. Hamilton, *Black Power: The Politics of Liberation in America* (New York: Vintage Books, 1967).
25. Barker, *The Social Work Dictionary*, p. 219.
26. William Kornblum and Joseph Julian, *Social Problems*, 12th ed. (Upper Saddle River, NJ: Pearson, 2007), pp. 223–229.
27. Kornblum and Julian, *Social Problems*, pp. 223–229.
28. NASW, *Social Work Speaks: National Association of SocialWorkers Policy Statements*, 2006–2009, 7th ed. (Washington, DC: Author, 2006), p. 223.
29. Ibid., p. 226.
30. Ibid., p. 227.
31. Peggy McIntosh, *white Privilege: Unpacking the Invisible knapsack* (Wellesley, MA: Wellesley College Center for Research on Women, 1998).
32. T. W. Adorno, E. Frenkel-Brunswik, D. J. Devinson, and R. N. Sanford, *The Authoritarian Personality* (New York: Harper & Row, 1950).
33. Charles F. Marden and Gladys Meyer, Minorities *in American Society* (New York: American Book, 1962).
34. Eugene Hartley, *Problems in Prejudice* (New York: King's Crown Press, 1946).
35. C. H. Cooley, *Human Nature and the Social Order* (New York: Scribner's, 1902).
36. J. W. Coleman and D. R. Cressey, *Social Problems*, 5th ed. (New York: HarperCollins, 1993).
37. E. Pinderhughes, "Afro-American Families and the Victim System," in *Ethnicity and Family Therapy*, M. McGoldrick, J. K. Pearce, and J. Giordana, eds. (New York: Guilford Press, 1982).
38. Albert Szymanski, "Racial Discrimination and White Gain," *American Sociological Review*, 41 (Jun. 1976), pp. 403–414.
39. Kornblum and Julian, *Social Problems*, pp. 223–225.
40. NASW, *The National Association of Social Workers Code of Ethics* (amended) (Washington, DC: NASW, 1999).
41. M. E. Mor Barak, *Managing Diversity: Toward a Globally Inclusive Workplace*, (Thousand Oaks, CA: Sage Publications, 2005).
42. Chicago Tribune, "Model Minority Doesn't Tell?" Jan. 3, 1998, p. 18.
43. Ziauddin Sarder, "More Hackney Than Bollywood," New Statesman, Jul. 30, 2001, pp. 14–16.
44. Kornblum and Julian, Social Problems.
45. Ibid., p. 187.
46. Council on Social Work Education, *Educational Policy and Accreditation Standards* (EPAS) (Washington, DC: CSWE, 2008).
47. Barker, *The Social Work Dictionary*, pp. 404– 405.
48. George E. Simpson and J. Milton Yinger, *Racial and Cultural Minorities*, 3rd ed. (New York: Harper & Row, 1965), p. 510.
49. Thomas Sullivan, Kenrick Thompson, Richard Wright, George Gross, and Dale Spady, *Social Problems* (New York: Wiley, 1980), p. 437.
50. Johnson, *Social Problems of Urban Man*, pp. 374–379.
51. Cummings, "How to Handle Incidents," p. 197.
52. Sullivan et al., *Social Problems*, p. 438.
53. Ibid., p. 439.
54. Jerelyn Eddings, "Second Thoughts about Integration," *U.S. News & World Report*, Jul. 28, 1997, p. 32.
55. Ibid.
56. Ibid.
57. Allan P. Sindler, *Bakke, DeFunis, and Minority Admissions: The Quest for Equal Opportunity* (New York: Longman, Green, 1978).
58. Henderson, Kim, and Vargus, "Racism," p. 403.
59. Kornblum and Julian, *Social Problems.*
60. S. V. Roberts, "Affirmative Action on the Edge," *U.S. News & World Report*, Feb. 13, 1995, pp. 32–39.
61. M. B. Zuckerman, "Fixing Affirmative Action," *U.S. News & World Report*, Mar. 20, 1995, p. 112.

62. Quoted in Cummings, "How to Handle Incidents," p. 201.
63. Schaefer, *Racial and Ethnic Groups.*
64. Ibid.
65. Harry C. Boyte, "People Power Transforms a St. Louis Housing Project," *Occasional Papers* (Chicago: Community Renewable Society, Jan. 1989), pp. 1–5; J. Deparle, "Cultivating Their Own Gardens," *New York Times*, September 30, 2007.
66. Quoted in Harry C. Boyte, "People Power Transforms a St. Louis Housing Project," *Occasional Papers* (Chicago: Community Renewable Society, Jan. 1989), p. 5.
67. Ibid.
68. W. Devore and E. G. Schlesinger, *Ethnic- Sensitive Social Work Practice,* 4th ed. (Needham Heights, MA: Allyn & Bacon, 1996).
69. D. G. Norton, "Diversity, Early Socialization, and Temporal Development: The Dual Perspective Revisited," *Social Work*, 38, no. 1 (Jan. 1993), pp. 82–90.
70. Devore and Schlesinger, *Ethnic-Sensitive Social Work Practice.*
71. Ibid
72. Barker, *The Social Work Dictionary,* p. 142.
73. A. Billingsley, *Climbing Jacob's Ladder: The Enduring Legacy of African-American Families* (New York: Simon & Schuster, 1993).
74. Surjit S. Dhopper and Sharon E. Moore, *Social Work Practice with Culturally Diverse People* (Thousand Oaks, CA: Sage, 2001).
75. Ibid.
76. Council on Social Work Education, *Educational Policy and Accreditation Standards* (EPAS) (Washington, DC: CSWE, 2008).
77. Jimm G. Good Tracks, "Native American Noninterference," *Social Work*, 18 (Nov. 1973), pp. 30–34.
78. Ronald G. Lewis and Man Keung Ho, "Social Work with Native Americans," *Social Work*, 20 (Sept. 1975), pp. 378–382.
79. Dolores G. Norton, "Incorporating Content on Minority Groups into Social Work Practice Courses," in *The Dual Perspective* (New York: Council on Social Work Education, 1978).
80. *BluePrint for Change: Obama and Biden's Plan for America,* http://www.barackobama.com/pdf/ obamaBlueprintForChange.pdf.
81. Milton Gordon, "Assimilation in America: Theory and Reality," *Daedalus*, 90 (Spring 1961), pp. 363–365.
82. Jim Bishop, *The Days of Martin Luther King*, Jr. (New York: Putnam, 1971), pp. 327–328.

13 CHAPTER

성차별과 평등추구전략

Sexism and Efforts for Achieving Equality

이 장의 개요

- 성역할과 성차별의 역사
- 성희롱
- 전통적인 성역할기대
- 성차별주의에는 생물학적 토대가 있는가?
- 성역할 사회화
- 성차별의 결과
- 모성의 벽
- 최근의 발전과 미래전망
- Obama 대통령의 여성 지위 향상을 위한 제안
- 성차별주의와 사회복지
- 미래의 여성운동 방향

학습목표

전일제로 일하는 여성은 전일제남성에 비해 3/4의 소득을 번다.[1] 여성이 주로 일하는 직업인 간호사, 초등학교 교사 등은 같은 직급에서 일하는 남성에 비해 평균 20% 정도 낮은 월급을 받는다.[2] 평균적으로 대졸여성은 고등학교를 졸업한 남자와 비슷한 수준의 소득을 번다. 평균적으로 백인 근로여성은 아프리카계 미국 남성보다 낮은 임금을 받으며, 평균적인 아프리카계 미국근로 여성은 이중차별로 인하여 가장 낮은 임금을 받는다. 여성이 세대주인 한부모 가족의 1/3 이상이 빈곤선 이하의 소득수준에 속한다.[3] 이 장은 다음과 같은 내용으로 구성된다.

A. 성역할, 성차별, 성희롱의 역사 설명
B. 전통적인 성역할기대 기술
C. 성차별주의에 생물학적 기반이 있는지 검토
D. 전통적인 성역할 사회화의 실제 기술
E. 성차별주의가 남성과 여성에게 어떤 결과를 가져오는지 제시
F. 우리사회의 성역할 혁명 기술
G. 양성평등을 성취하기 위한 전략 제시
H. 성차별주의에 대처하기 위한 사회복지의 헌신적인 노력 요약

1. 성역할과 성차별의 역사

대부분의 사회에서 여성은 남성보다 낮은 위치를 차지한다.[4] 여성은 사회적 제약을 받고 지속적으로 자신이 하는 일에 대해 남성의 일보다 낮은 평가를 받아 왔다. 여성은 생물학적 기준뿐 아니라 정서적, 지적, 심리학적으로도 남성과 다르다고 간주되어 왔다. 이러한 이중 기준은 데이트할 때, 결혼 시, 사회적 행동이나 성적 행위에서도 존재한다.

유대교, 기독교, 힌두교, 이슬람의 대부분의 종교 교리에서는 여성을 열등한 지위를 갖는 존재로 기술하고 있다. 이러한 전통은 여성이 종교적 활동에 더 많이 참여하고 더 확고한 믿음을 갖고 있으며 더욱 자주 기도하고 종교 활동에 더 적극적으로 참여함에도 불구하고 대부분의 나라에서 그대로 존재한다.[5] 많은 사회에서는 이런 사실에 대해 여성은 남성에 비해 2차적이고 보조적인 역할을 하도록 종교적으로 결정되었다는 결론을 내리곤 한다. 로마 가톨릭 같은 기독교 종교에서 여성은 신부나 사제가 될 수 없다. 어떤 정통 유대교의 남자들은 자신이 여자가 아닌 남자로 태어난 것에 대해 매일 신께 감사기도를 드린다고 한다. 거의 모든 종교에서 신은 '남성형(He)'으로 칭해진다.

여성이 낮은 지위를 갖는 과정에 대해 이해하기 위해서는 수렵채취사회를 이해하는 것이 우리에게 많은 통찰력을 제공한다. 수렵채취사회에서는 여럿의 부부와 아이들로 구성된 작은 집단을 이루며 여기서 남자들은 대개 사냥꾼이고 여자들은 호두 등 음식물을 수집한다. 이러한 역할분화에 대해서는 다양한 설명을 할 수 있다. 남자는 아마 체력적으로 강하고 빨리 달리기 때문에 사냥에 더욱 적합하다고 볼 수 있다. 이러한 무리에서 영아 사망률은 매우 높아서 여성이 양육기에 있는 동안 무리의 규모를 유지하기 위해서 여성은 임신을 하거나 아이를 돌보는 것이 필요하다. 남성이 사냥하는 동안에 여성이 채집하는 분량이 훨씬 더 많을지라도 남성의 사냥능력이 더 중요한 것으로 인정되었다.

여성은 성인기 대부분을 임신, 영아 돌봄, 아이양육으로 보냈다. 여성은 집 주변에 머물러 있도록 요구되었기 때문에 요리, 음식준비, 청소 등 '가정적인 일'에 할당되었다. 이런 성역할이 전통이 되자 역할구분은 실제적인 것뿐만 아니라 '자연스러운'일로 간주되었다.

점차로 행동유형이 성역할 구분에 추가되었다. 남자의 역할은 사냥하는 것으로 훈련받았기 때문에 무리가 다른 집단에 의해 공격당할 때 수호자로 인식되었다. 아이양육 패턴은 소년이 공격성을 갖고 지도자가 되는 것에 가치를 두도록 가르쳤다. 반면에 소녀는 수동적이고 남자에 의해 정서적 지지를 받도록 가르침을 받았다. 산업혁명 이전까

보기 13.1 불교에 의한 이상적 부인

대부분의 전통종교에서 여성은 남성에게 순종적이고 지지적인 역할을 해야만 한다. 예를 들어 불교에서의 이상적인 부인상은 다음과 같다.

… 부인은 하녀 같아야 한다. 부인은 남편의 시중을 들어야 하고 충성심을 가져야 한다. 부인은 남편을 존경하고 남편의 명령에 복종하며 자신의 욕망이나 나쁜 감정, 분노를 가져서는 안 되며 늘 남편을 행복하게 해주려고 노력해야 한다.[a]

[a] *The Teaching of Buddha* (Tokyo: Kosaido, 1966), p. 448.

지 대부분의 사회에서는 남성과 여성에게 다른 성역할을 부여했다.

여성은 일반적으로 가사일, 자녀양육을 맡은 반면 남자는 생산적*이라고 인정되는(사냥, 경제적 보장 등) 일과 가족을 보호하는 기능을 맡았다. 산업사회 이전 사회에서 여성은 음식물 생산, 옷감 생산, 농산물 생산 및 농장노동 등 경제적 역할에도 참여했다. 그러나 여성의 특정한 책임은 기술을 특별히 요하지 않는 열등한 것으로 인정되었다.

19세기 산업혁명은 성역할에 극적인 변화를 가져왔다. 소규모 농장에서 작업하는 대신에 남자들은 경제적 부양을 제공하는 공장이나 다른 장소에서 일하기 위해 집을 떠났다. 여성들은 더 이상 경제적이고 생산적인 일을 수행하지 않는다고 여겨졌기 때문에 여성의 경제적 역할은 점점 줄어들었다. 여성의 역할은 점차적으로 아이양육이나 가사일 같은 것으로 정의되었다. 그러나 이러한 기능을 수행하는 데 요구되는 시간은 가정에서 점차 아이를 적게 낳는 등 여러 가지 이유로 인해 점차 줄어들었다. 의무교육으로 인해 아이들은 학교에 갔다. 그리고 가사노동시간을 줄여주는 기계의 도입으로 여성은 빵 굽기, 접시 닦기 등의 가사 일에 드는 시간을 점점 줄일 수 있었다. 여성의 전통적인 역할이 점차 변화함에 따라 여성들은 가정 밖의 고용처럼 과거에는 남자에게만 주어졌던 일을 추구하기 시작했다. 이런 변화와 함께 성역할도 변화하기 시작했다.

미국에서 여성의 권리를 찾기 위한 투쟁은 거의 2세기 동안 지속되었다. 19세기 초기에 노예제 폐지를 위해 싸웠던 여성들은 여성에게 참정권이 부인되었다는 사실에 대해 문제제기를 했다. (1840년 반노예제, 즉 노예제를 종식해야 한다는 도덕적 의무에 대해서 열정적인 웅변을 했던 남성 의회론자들도 여성이 의회에 동석하는 것에 대해서는 반대했다.)

1848년 Susan B. Anthony와 Elizabeth Stanton이라는 두 여성운동가가 뉴욕 주에서 개최된 전국여성참정권협회를 창립했다.[6)] 이들 초기 여성지도자들은 여성의 투표권과 같은 참정권을 요구했고 여성에게 차별적인 법률의 개정을 요구했다. 이는 1920년에 여성에게 투표권을 주는 제19차 헌법 개정안이 통과될 때까지 거의 70년이 걸렸다. 참정권 운동은 급진적인 여권 운동가들을 투옥하는 사건 등으로 특징지어졌다. 많은 여성주의자들은 여성의 참정권 획득과 성평등 획득을 동일시했다. 그 결과 1920년 참정권 획득 이후 40여 년 동안 여성운동은 거의 활동을 중지했다.

20세기 초기에 현대적인 출산통제전략이 현실적 전략으로 가능해졌다. 이러한 진전은 아이양육과 가사일 등 전통적인 여성역할로부터 여성을 좀 더 자유롭게 했다.

2차 세계대전 동안 처음으로 대규모의 여성들이 전쟁터에 나간 남성의 일자리를 채우기 위해 고용되었다. 그때 16세 이상의 여성 중 거의 38%의 여성들이 경제활동에 참여함으로써 전통적인 성역할 구분이 더욱 흐려졌다.[7)]

1960년대에 성역할 평등에 관한 새로운 관심이 다시 제기된 것은 여러 가지 이유에서이다. 시민권운동은 불평등에 대해 더욱 더 관심을 갖게 하는 의식고양효과를 가졌다. 시민권운동은 인종차별에 재갈을 물림으로써, 관심을 갖는 여성들에게 성차별 또한 사회운동을 통해 완화될 수 있다고 하는 것을 제시해주는 사회운동의 모델이 되었다. 점점 더 많은 여성이 대학에 가 게 되면서 불평등에 대한 정보와 지식을 갖게 되었다. 여성들이 점점 더 직업적 위치에 오르게 되면서 차별적 실제에 대해 인식하게 되었다. 성역할의 차이가 자연적으로 결정된 것이 아니라 여성에게 차별적인 사회화의 결과라는 것을 제시하는 조사연구들이 폭주하였다.

* 생산적이라는 말은 남성에게 할당된 더 높은 지위를 지칭하는 용어로 사용되었다. 실제로 여성의 역할은 생존에 본질적으로 필요한 일을 수행한다는 면에서 더욱 더 생산적이라고 할 수 있다.

보기 13.2 여성할례: 성차별의 극단적인 사례

여성할례(female genital mutilation, FGM)는 아프리카와 중동지방에서 흔히 발생한다. FGM의 상세한 부분은 문화와 문화 사이에 그리고 종교 간에 다양성을 보이지만 기본은 같다.

미국의 여성주의조직들은 FGM을 반드시 종식시켜야 할 여성억압으로 간주한다.

Shannon Brown과 Jennifer Seter는 여성 할례에 대해 다음과 같이 설명하고 있다:

> 유아기와 성인기 사이의 어느 시점에서 소녀들의 외성기(external genitalia)는 마취도 하지 않은 상태에서 칼이나 면도날로 잘려내어진다. 대부분의 경우, 클리토리스(clitoris)와 소음순(labia minora)이 제거된다. 그리고 가장 극단적인 경우에는 소변이나 월경혈이 나올 수 있는 작은 구멍만 남기고, 외성기를 절제한 다음 실이나 긴 가시(thorn)로 봉합하여 음부가 봉쇄되는 경우도 있다. 그런데 이 구멍은 여성이 결혼하는 첫날 밤 넓혀져야만 한다.
>
> 고통은 이러한 시술보다 훨씬 더 오래 지속된다. 여성 할례를 당한 8,500만~1억 1,000만 명의 여성들 중 상당수가 성감(sexual sensation)이 줄어들거나 상실되기도 하고, 또 감염, 지속적인 고통, 성교통(painful intercourse), 불임, 출산 시의 위험 등과 같은 여러 가지 부작용에 노출되기도 한다. 여성 할례의 목적은 단순히 여성의 순결과 결혼 적령(marriageability)을 유지하기 위해 성욕을 줄이는 것이다.[a]

인류학자들은 음핵 절제술(clitoridectomy)이 정조대(chastity belt)와 같이 남편들에게 자신들의 아이가 순수한 자신의 아이라는 것을 보증해 주는 수단이었다고 믿고 있다. 즉 여성 할례로 여성들의 성에 대한 흥미가 줄어들고 이에 따라 혼외정사가 줄어든다는 것이다. 오늘날 이러한 절차를 겪지 않은 많은 아프리카의 젊은 여성들의 경우 성경험이 많고, 결혼하기에 적합하지 않으며, 불결하다고 간주되어 사람들이 멀리하고 있다. 현재 여성 할례는 일반적으로 자신들의 사회에서 존경받고 있는 나이 든 여성들을 상대로 행해지고 있다.

미국의 여성단체들은 여성 할례를 성학대(gender oppression)로 간주하여 이를 없애야 한다고 주장하고 있다. 그러나 대부분의 국제 인권단체들은 다른 국가의 문화적 관습에 간섭하는 것이 적절하지 않다고 주장하며, 이 같은 관습에 대해 비난하는 것을 주저하고 있다.

[a] Shannon Brownlee and Jennifer Seter, "In the Name of Ritual," *U.S. News & World Report*, Feb. 7, 1994, pp. 56-58.

그러한 연구들 중 하나는 John Money, J. G. Hampson 등에 의한 자웅동체(hermaphrodite)에 대한 연구이다.[8] 자웅동체는 남성과 여성의 성적특징을 함께 갖고 태어나지만 출생 시에 남성 혹은 여성으로 결정되어 출생증명서에 있는 성적 존재로서 사회적 관계를 맺게 된다. 이러한 연구조사들은 신체적 특징과 자웅동체의 성적 정체성에 관한 개인적 감정 간에는 의미 있는 상관관계가 없다는 것을 보여준다. 그들은 관찰 가능한 해부학적 특징이 정반대의 성(性)인 경우일지라도 그들에게 주어진 성역할기대를 수행한다.

다른 연구들은 남성과 여성 사이에 존재하는 사회화유형의 극단적인 차이를 보여준다. 소년에게는 운동기구나 건축도구 등과 같은 과제지향적인 장난감들이 주어지는데 반해 소녀에게는 결혼이나 부모 됨과 관련된 인형 등의 장난감이 주어진다.[9] 생후 몇 달 되지 않아 여아에게는 바라보고 미소 짓는 것 같은 정서적인 자극이 주어지는 반면, 남아는 흔들기 같은 자극을 받는다.[10] 아버지들은 딸보다는 아들과 더 공격적으로 놀아주는 경향이 있다.[11]

1963년 Betty Friedan이 쓴 〈여성의 신비(The Feminine Mystique)〉라는 책은 여성운동의 새로운 분기점을 마련하는 이데올로기적 토대를 제공했다.[12] 여성의 신비란 여성들 사이에 존재하는 부정적 자아 개념, 방향성의 결여, 낮은 자존감을 의미한다. 이 책은 Friedan과 다른 여성들로 하여금 1966년 여성을 위한 전국조직(National Organization for Woman, NOW)을 낳게 하는 시발점이 되었다. NOW는 현재 미국에서 가장 크고 정치적으로 영향력 있는 여권운동 단체로, 여성운동의 이념적 토대를 제공했다.

1964년의 미국 인권법(Civil Right Act)은 원래 인종 차별과 성 차별을 금지하기 위해 제정된 법이다.

1972년의 남녀평등법 수정안(Equal Right Amendment, ERA)은 의회의 승인을 받았지만, 27번째 미국 헌법의 수정안이 되기 위해서는 전체 주의 4분의 3(38개 주)의 비준을 받아야 했다. ERA에서는 다음과 같이 설명하고 있다: "법에 따른 권리의 평등이 성(sex)을 이유로 미국에서 거부되거나 약화되어서는 안 된다". 시간이 흘러 1982년, 10여 년 동안의 많은 정치적 논쟁을 거친 후에도 ERA는 인준에 필

연방 및 주선거에서 여성의 동등한 참정권을 획득하려는 목표는 80년이 지나서야 현실화되었다. 그러나 1970년대와 1980년대의 적극적 조치와 다른 주요 프로그램에도 불구하고 남녀 간의 완전한 정치적 · 경제적 평등은 이루어지지 않았다.

요한 충분한 지지를 각 주로부터 얻지 못하였다.

ERA의 비준을 놓고 찬반 양쪽의 감정이 격해졌다. ERA에 찬성하는 쪽에서는 ERA야말로 진정한 여성의 성 평등을 위한 중요한 법률적 수단이 될 것이라고 주장하였다.[13] 그러나 이에 반대하는 쪽에서는 ERA가 통과되면 여성들도 징병 대상이 되어야 하고, 이혼 소송에서 특혜 대우를 받을 수 없으며, 이혼 수당, 자녀 양육, 배우자 지원 등에 대해서도 남성과 똑같은 책임을 져야 한다고 주장하였다. 또 이들은 직장에서 여성이 들 수 있는 무게의 제한과 같은 노동법에서의 여성에 대한 특혜 조항도 개정되어야 한다고 주장하였다. 그리고 새로 출산한 아이와 함께 집에 머물기를 원하는 남편들에게도 '출산 휴가(maternity leave)'가 주어져야 한다고 주장하였다.[14] 이와 같이 많은 여성들은 ERA가 여성들에게 이익보다는 손해를 가져다 준다고 생각하여 이 법의 통과를 반대하였다.

성 차별을 금지하기 위해 많은 법안들이 통과되었다. 1963년의 연방 동일임금법(Equal Pay Act) 및 이와 유사한 많은 법률에서는 동일한 노동에 대해 동일한 임금을 지불하도록 요구하고 있다. 앞에서 언급하였듯이, 1964년의 인권법에서는 인종, 피부색, 성, 종교 등을 이유로 한 차별을 금지하고 있다. 1967년 10월 13일의 행정 명령(Executive Order) 11375에 의해 수정된 행정 명령 11246은 연방 조달업체(supplier)들과 계약자들에 의한 성 차별을 금지하고, 이의 시행을 위한 절차에 대해 규정하고 있다. 또한 많은 법원에서 고용, 승진, 임금 등에서의 성 차별이 불법이라는 판결을 하며 판례를 만들기도 하였다.[15] 일부 획기적인 판결에서는 과거 여성들에 대한 임금 차별에 대해 고용주가 여성 피고용인에게 수백만 달러를 지불하도록 명령하기도 하였다. 예를 들면, 1988년 California에 소재한 State Farm Insurance Company는 과거 13년 동안 보험 대리인(insurance agent)으로서의 취업을 거부당했던 수천 명의 여성들에게 이들이 취업을 했을 때 얻을 수 있는 이익과 임금에 대한 손해와 체불 임금(back wage)을 지불하는 데 합의(수백만 달러에 합의함)하였다. 이들 여성에 따르면, 남성 보험 대리인의 경우 대학교 학위가 없어도 고용이 되었지만, 여성의 경우에는 취업 시 학위가 요구되었다.

비판적 사고를 위한 질문

대가족으로 구성된 당신의 가정에서 남자와 여자 중 어느 쪽이 주된 의사 결정자인가? 혹은 의사 결정 시 양성 간에 평등한가? 당신의 가정에서 남자들이 지위가 더 높은, 그리고 보수가 더 많은 직업을 가지려고 하는가?

1974년의 평등신용법(Equal Credit Act)은 신용 거래 시 결혼 여부나 성을 이유로 한 차별을 금지하고 있다. 또 많은 주(州)에서는 임신한 여성을 고용, 교육, 승진 등에서 차별하는 것을 금지하는 법을 통과시켰다. 그러나 이러한 법률과 절차에도 불구하고 실제로는 여전히 불법적인 성 차별이 일어나고 있어, 여성들이 사안별로 이러한 불평등에 맞서 싸우고 있다. 예를 들면, 일부 고등학교에서는 결혼하지 않은 아버지와 결혼한 소년들의 입학이 허용됨에도 불구하고, 임신하거나 결혼한 여성들의 입학은 허용되지 않고 있다.

현재 소수집단 우대정책(affirmative action) 프로그램이 특정한 소수민족뿐만 아니라 여성에게도 적용되고 있다. 오랫동안 차별을 받아 왔고 또 평등한 기회를 거부당해 왔기 때문에, 여성들은 소수집단으로 고려되고 있다.

법에 따라 다음의 고용주들은 소수민족 우대정책 프로그램을 이행해야 한다: 정부 계약자 및 조달업체, 정부 기금 수혜자, 주(州) 간 상거래를 하는 기업들. 소수집단 우대정책은 기본적으로 직원 채용 시에도 적용된다. 고용주들은 소수집단 지원자(여성 포함)를 찾아내어 채용하기 위해 적극적인 노력을 했다는 것과 자질을 갖춘 지원자들의 인재 풀(pool) (예: 소수집단을 위한 특별한 교육 프로그램)을 확대하기 위해 적극적인 노력을 했다는 것을 입증해야 하고, 소수집단 지원자들에게 채용 시 특혜를 제공해야 하며, 어떤 경우에는 빈자리를 채우기 위해 채용해야 하는 소수집단 지원자의 수를 구체적으로 규정하는 쿼터를 마련해야 한다. 고용주들이 이와 같은 프로그램들을 효과적으로 이행하지 않을 경우, 소수집단 우대정책 프로그램의 영향으로 정부 기금에 손실이 발생할 수 있다.

12장에서 설명하였듯이, 소수집단 우대정책에 대해 많은 반대가 있기 때문에 이 정책의 효과가 줄어들 수도 있다. 일례로, 1996년 California 주는 주민 투표를 통해 주립대학을 포함한 정부 프로그램에서 성과 여성에 대한 특혜를 없앴으며, Washington 주에서도 1998년 이와 유사한 주민 투표를 하였다. 1999년 Florida 주지사는 Florida 주의 소수집단 우대정책 프로그램을 없애는 행정 명령에 서명하였다. 그러나 아직도 소수집단 우대정책이 시행되고 있는 곳이 많다. 예를 들면, 2003년에는 대학들이 다양한 학생들의 입학을 허용하는 데 적극적인 관심을 가져야 한다는 판결이 내려지기도 하였다. 이에 따라 대학들이 입학 허가를 결정할 때 소수집단을 우대할 수 있게 되었다.[16]

비판적 사고를 위한 질문

당신은 적극적 조치 프로그램(affirmative action program)의 존속에 대해 의심하거나 반대하는가? 예를 들어 당신은 대학들이 소수인종이나 소수민족 구성원들에 대해 더 낮은 수준의 입학 기준을 적용해야 한다고 믿는가? 이를 믿는 경우 혹은 믿지 않는 경우, 그 이유는 무엇인가?

2. 성희롱

Barker는 성희롱(sexual harassment)을 다음과 같이 정의한다.

> 학대와 비호의적 대우 혹은 개인의 성에 따른 성 차별이다. 보통 이러한 대우에는 외설적 몸짓과 제안, 신체 접촉을 원하지 않는 사람에 대한 신체 접촉, 고용을 빌미로 한 성적 호의(sexual favor) 요구 등이 있다. 성희롱은 미국 및 다른 많은 국가에서 불법으로 규정되어 있으며, 고용주는 성희롱이 없는 직장 분위기를 조성해야 한다.[17]

성희롱은 성 차별의 한 형태로 인식되어 왔다. 대부분의

보기 13.3 성희롱의 종류

성희롱(sexual harassment)은 언어적인, 비언어적인, 신체적인 성희롱 등 세 가지로 나뉜다. 일방적이고 상대가 원하지 않을 경우, 다음의 예는 성희롱에 해당된다.

언어적인 성희롱(Verbal Sexual Harassment)

- 성적 농담("당신은 포장(packaging)이 전문인가요? 난 당신의 포장(package: 작고 예쁜 여자)을 좋아해요")
- 외설적인 표현("그 청바지가 잘 어울리네요.")
- 다른 사람의 옷, 신체, 성적 활동에 대한 성적인 표현("당신은 살이 빠진 것 같아요. 그런데 멋진 가슴을 잃지는 않아서 좋군요.")
- 다른 사람에게 하는 상투적이고 경멸적인 그리고 성 차별적인 모욕이나 농담("여자들은 맨발이어야 하고, 임신을 해야 하고, 마을을 벗어나면 안 돼.")
- 다른 사람의 성적이나 직업과 관련된 암시적인 혹은 언어적인 위협("아주 간단해, 당신이 이 과정을 통과하고 싶으면, 나에게 잘 해야 돼. 그런데 섹스가 아마 가장 좋은 방법일 거야.")
- 성적 제안, 초청, 기타 섹스 압력("근무 시간이 너무 짧은 것 같아. 오늘 밤 우리 집에 오는 것은 어때? 그럼 우린 좀 더 은밀하게 서로에 대해 알 수 있는 시간을 갖게 될 거야.")
- 지위를 이용한 데이트나 섹스 요구

비언어적인 성희롱(Nonverbal Sexual Harassment)

- 시각적인 성적 표현 혹은 원하지 않는데도 음란한 사진, 포스터, 만화 등을 보여주는 행위
- 보디랭귀지(다른 사람들의 신체를 곁눈질하거나 다른 사람에게 너무 붙어 서 있음)
- 외설적으로(suggestively) 휘파람을 부는 행위
- 신체의 특정 부위를 드러내 보이거나 과시하는 행위
- 외설적인 몸짓
- 성(gender)과 관련된 편애 혹은 차별 대우

신체적인 성희롱(Physical Sexual Harassment)

- 쓰다듬기, 꼬집기, 기타 부적절한 접촉
- 브래지어 잡아채기
- 몸에다 문지르기
- 잡거나 더듬기
- 키스나 애무 혹은 이의 시도
- 강압적인 성교
- 성폭행 혹은 성폭행의 시도

피해자들은 여성이며, 남성들이 원치 않는 성적인 접근 대상이 되는 경우는 많지 않다.

Horton, Leslie, Larson 등은 성희롱 피해자에 대해 다음과 같이 말하고 있다:

> 성희롱은 오래된 관습이다. 예쁘게 생긴 여자 노예들은 보통 성적 노리개로 구매되었으며, 집안의 하녀들도 성적으로 착취를 당하였다. Victoria 시대의 하녀들은 자신의 침대에 호색한 주인이 들어오는 것을 거부할 경우 쫓겨났으며, 이를 거부하지 않으면 임신하게 되어 더러운 여자라는 낙인과 함께 부인에 의해 쫓겨났다. 어느 경우든 그녀들은 쫓겨나게 되어 있었다.
>
> 성희롱은 어느 곳에서든 일어날 수 있다. 그러나 남성들이 여성들에 대해 감독관이나 문지기와 같은 권한을 행사하는 경우에만 문제가 될 수 있다. "배역 책임자 사무실의 소파(casting couch)—할리우드에서 배역을 따려고 감독이나 프로듀서에게 성을 상납하는 행위를 일컫는 말(역주)"라는 말은 연예계의 단면을 잘 나타내는 말이다. 여성들이 직장 내에서의 원치 않는 주목으로부터 벗어나는 유일한 방법은 직장을 그만두는 것이다. 혹은 자신을 희생하는 것이다. 캠퍼스 내에서의 성희롱도 문제가 되고 있는데, 성적, 학위, 추천 등을 미끼로 지도 교수들이 성적 요구를 하는 경우가 많다고 주장하는 여자 대학원생들이 많이 있다.[18]

어떤 것이 성희롱이고 또 어떤 것이 성희롱이 아닌지는 분명하지 않다. 그러나 반복적이고 원치 않는 접촉은 분명한 성희롱이다. 1986년의 미국 대법원 판결은 성희롱에 대한 정의의 범위를 확대시켰다. 현재 지속적이고 원치 않는 희롱, 외설적인 표현, 음란한 농담 등으로 여성들이 괴롭힘이나 모욕을 당하는 부당한 근무 환경은 충분히 법률 소송의 대상이 될 수 있다.[19] 또 최근 많은 수의 대학생들은 성희롱에 교직원과 성인 학생 사이에서 일어나는 동의된 성적 관계(sexual relationship)도 포함되어야 한다고 생각하고 있다. 이에 대한 근거는 학생들이 낮은 지위에 있고, 이로 인해 자신들이 거부할 경우 자신들에게 나쁜 결과가 생길 수 있기 때문이라는 것이다.

성희롱(보기 13.3 참조)은 희롱, 감언이설, 데이트 요청 외에 직장이나 교실에서 흔히 일어나는, 받아들일 수 있는 다른 행동 등에서도 분명히 일어날 수 있다. 또 성적 행동과 관련되지 않은 다른 형태의 희롱을 통해서도 일어날 수

있다. 성희롱은 피해자의 경제적 혹은 학교에서의 지위와 관련된 성적 강요로, 꼭 물리적 힘이 개입되는 것은 아니다. 미국 법률에 따르면, 성희롱은 1964년의 인권법 VII장에서 금지하고 있는 고용과 교육에서의 성차별이다. 여기에서 성희롱은 다음과 같이 정의되고 있다:

> 원치 않는 성적 접근, 성적 호의 요청, 기타 성적 특성을 지닌 언어적인 혹은 신체적인 행위는 다음의 경우 성희롱으로 간주된다: 1) 이러한 시도에 대한 순종이 명시적으로 혹은 묵시적으로 개인의 고용에 대한 조건이 되는 경우, 2) 이러한 행위에 대한 개인의 순종이나 거부가 이 개인에게 영향을 미치는 고용 결정의 기초가 될 때, 3) 이러한 행위로 개인의 근무 성과가 부당하게 간섭받거나 근무환경이 위협적으로 되거나, 적대적으로 되거나, 불쾌해지는 경우.[20]

성희롱은 대부분 불평등한 권력과 강제를 내포한다. 내면적으로 피해자가 성적으로 협조하면 보상을 약속하거나 그렇지 않은 경우 처벌할 것이라고 위협한다. 과도하고 부적절하게 사생활을 간섭하거나 지나치게 친밀감을 공유하려고 하거나 개인의 사생활을 파고들려는 것도 역시 이에 포함된다. 대부분의 피해자가 여성이지만 성희롱은 남녀 모두에게 가능하다. 이 점에서 성희롱은 인권의 문제로 볼 수 있다. 남성이든 여성이든 괴롭힘, 성적인 성질의 공격적 행동의 피해자가 될 수 있다.

Moony, Knox, Schack은 성희롱을 다음과 같이 두 가지 다른 형태로 보고 있다.

> (1) 고용주가 승진, 봉급 인상 혹은 피고용인에 대한 다른 혜택 등을 제공하는 대가로 요구하는 성적 호의, (2) 피고용인에 대한 노골적인 성적 표현이나 모욕 등과 같이 직무 수행에 부당하게 간섭하는 적대적인 환경의 존재. 성희롱의 일반적인 예로는 원하지 않는 신체 접촉, 개인 공간(personal space)의 침범, 개인의 신체나 복장에 대한 성적 표현, 성적 농담 등이 있다.[21]

성희롱은 성적으로 노골적인 이메일을 직장 동료나 다른 사람에게 보내거나 웹사이트에 성적으로 노골적인 개인의 이미지를 게시하는 경우와 같이 인터넷상에서도 발생할 수 있다. 일반적으로 성인 여성들이 성희롱 피해자이고 성인 남성들이 성희롱 가해자인 경우가 많지만, 성희롱 피해자나 가해자는 남성일 수도 있고 여성일 수도 있다.

성희롱으로 유죄를 선고받은 사람은 직장에서 징계, 해고, 좌천 외에 다른 처벌 등을 받게 된다. 그러나 불행히도, 성희롱에 대해 문제를 제기하더라도 피해자가 또 다른 피해를 당하는 경우도 있다. 즉 성희롱에 대한 불만을 제기하는 과정에서 불쾌감을 감수해야 하는 경우도 있고, 오히려 이러한 성적 접근을 유도했다고 다른 사람들로부터 오해를 받는 경우도 있다. 이와 같이 이전 직장에서 느끼는 불편함으로 인해 새로운 직장을 찾는 여성들도 있다.

최근, 미국 경제계(corporate America)는 성희롱과 관련하여 여러 번의 경고(wake-up call)를 받았다. 예를 들면, 1994년 San Francisco 배심원은 한 법률 비서(legal secretary)의 고용주가 직장에서 어느 변호사가 그녀를 희롱하는 것을 중단시키지 못했다는 이유로 고용주로 하여금 그녀에게 710만 달러의 징벌적 손해배상(punitive damage)을 하도록 판결하였다.

1998년 Boston의 Astra AB는 회사 대표와 임원들이 섹스를 하도록 강요하기 위해 나이 든 여성들을 대신하여 젊고 예쁜 여성들을 채용한 것에 대해 제기된 소송의 해결을 위해 70명 이상의 여성들에게 약 1,000만 달러에 달하는 금액을 지불하기로 합의하였다. 또 1998년 Mitsubishi Motors는 조립 라인에 근무하는 여성들의 몸을 더듬는 사람들을 중간 관리자들이 제지하지 않았다는 주장과 함께 제기된 소송의 해결을 위해 350명의 여성들에게 기록적인 금액인 3,400만 달러를 지불하기로 합의하였다.

1998년 6월, 미국 대법원은 피고용인의 업무가 피해를 입지 않았다 하더라도 상관이 근로자를 성적으로 희롱하는 경우 고용주가 책임을 져야 한다는 판결을 내렸다. (그러나 회사가 이러한 희롱을 방지하고 이에 대한 교육을 하기 위한 강력한 프로그램을 시행하고 있는 경우, 이 회사는 성희롱 관련 소송에서 스스로를 보호할 수 있는 수단을 갖춘 것이라고 대법원은 간주하였다.)

비판적 사고를 위한 질문 ?

당신은 성희롱을 당해본 경험이 있는가? (남성이나 여성 모두 피해자가 될 수 있다.) 성희롱 경험이 있다면 성희롱에 효과적으로 직면했었는가? 아니면 성희롱에 효과적으로 직면하기 위해 어떤 일을 할 수 있었을까?

보기 13.4 남성사업가와 여성사업가에 대한 전통적 고정관념

- 그는 공격적이다./그녀는 주제넘게 나선다(pushy).
- 그는 세부적인 면에도 꼼꼼하다./그녀는 지나치게 조심스럽다(picky).
- 그는 자신의 일이기 때문에 화를 냈다./그녀는 불평불만쟁이다.
- 그가 우울할 때 사람들은 조심한다./그녀가 우울하다면 '생리 중'인 것이 틀림없다.
- 그는 끝까지 밀고 나간다./그녀는 그만둘 때를 도무지 모른다.
- 그는 확신에 차있다./그녀는 자만심이 있다.
- 그는 확고하다./그녀는 완고하다.
- 그는 판단력이 있다./그녀는 편견이 있다.
- 그는 일류다(세계적이다)./그녀는 '경험이 많다(been around).'
- 그는 과도한 스트레스 때문에 음주한다./그녀는 방탕하다.
- 그는 생각한 대로 말하는 것을 겁내지 않는다./그녀는 말이 많다.
- 그는 성실하게 권위를 구사한다./그녀는 권력에 미쳤다.
- 그는 입이 무겁다./그녀는 비밀스럽다.
- 그는 엄격한 상관이야./그녀는 같이 일하기 힘든 사람이야.
- 그는 성공을 위해 사다리를 올라갔어./그녀는 정상에 오르기 위해 섹스도 마다하지 않았어.

출처: 작자 미상

3. 전통적인 성역할기대

성역할(*sex role*)은 어떤 사회의 생물학적 성에게 기대되는 행동으로서 학습된 일련의 행동유형이다. 남성은 어떻게 행동하고 여성은 어떻게 행동해야 한다는 것과 또 남성과 여성이 다른 성으로부터 어떤 취급받아야 하는지와 같은 성역할에 대한 기대는 대부분 고정관념에 기초하고 있다. **고정관념**은 완고하고 일반적으로 모호하며 호의적이지 않은 성질을 사람들의 특성으로 돌리는 것이다. 이러한 고정관념은 차별(불평등한 대우)이 쉽게 발생하도록 만든다.

비판적 사고를 위한 질문

당신은 전통적인 성역할기대를 가지고 있는가? 성역할기대에 변화를 가짐으로써 당신의 삶을 개선할 수 있다고 보는가?

전통적으로 미국 여성들은 상냥하고, 순종하며, 순응하고, 예민하며, 직관적이고, 의존적이며 아주 천진난만해야 되는 것으로 간주되어 왔다. 이들은 기본적으로 집안일에 관심이 많고, 베푸는 것과 아이들을 돌보는 것을 좋아하며, 자신들의 외모에 신경을 많이 쓰고, 가족을 위해 희생해야 된다고 여겨지고 있다. 여성들은 남자보다 야심적이거나, 공격적이거나, 경쟁적이거나, 지적이어서는 안 된다. 여성은 스포츠, 경제, 정치 등에 관해 무관심해야 하고 흥미가 없어야 한다. 또 여성들은 남성들과의 관계를 형성해서는 안 되지만, 이러한 관계를 형성할 때는 부드럽고, 여성스러우며, 정서적이면서도 감사하는 마음을 가져야 되는 것으로 기대되고 있다.

우리 사회에는 전통적인 남성들의 성역할에 대해 많은 기대가 있다. 남성은 강인하고, 용감하며, 논리적이고, 자기 의존적이며, 독립적이고, 공격적인 것으로 간주되고 있다. 또 남성들은 그 날의 주요 문제에 대해 분명한 의견을 갖고 있어야 하고, 직장과 가정에서 권위 있는 결정을 내려야 하며, 견고한 오크(oak) 나무처럼 강해야 하고, 결코 의기소침하거나 연약하거나, 불안한 모습을 보여서는 안 된다. 그리고 울거나 감정을 밖으로 드러내는 것과 같은 여린 모습을 보여서도 안 된다. 남성들은 가족의 부양자가 되고 생계를 책임지는 사람이 되어야 한다. 또한 남성들은 모든 상황에서 유능하고, 신체적으로 강인하며, 체격이 좋고, 자신만만하며, 대담하고 용감하며, 힘이 있어야 한다. 즉 남성들은 "Clint Eastwood"처럼 모든 상황을 지배할 수 있는 위치에 있어야 한다.[22] 남성들은 여성들과의 관계를 형성하고 이들과의 관계에서 지배적이어야 한다. 부인의 부양을 받거나 부인보다 적은 소득을 버는 남자들은 부끄럽거나 무능하다는 느낌을 받을 수 있다.

심지어 어린 소년들조차도 남성다워야 하는 것으로 기대되고 있다. 여자 아이가 "말괄량이"인 것보다 남자 아이가 "여자 아이" 같은 것에 대해 부모와 친척들은 더 걱정을 한다. 말괄량이는 "남자다움"이 단순히 지나치게 드러난 것으로 생각되지만, "여자 아이 같은 것"은 경쟁 사회에서 잘 적응하지 못하고 심지어 게이가 될 수도 있다고 걱정하게 만드는 것이다. (미국에서 남자 아이가 머리를 길게 기를 수 있는 권리는 많은 법률 소송에서 승소해야 되는 것으로 간주되었지만, 여자 아이가 머리를 짧게 자를 수 있는 권리에 대해 관심을 가지는 사람은 별로 없다.)

4. 성차별주의에는 생물학적 토대가 있는가?

남성과 여성 간의 차이가 생물학의 결과라고 가정하는 성차별주의 이데올로기에 대해 알아보기로 한다. 이러한 가정은 해부학적 차이 때문에 남성은 적극적이고 지배적인 역할을 하고 여성은 수동적이고 2차적인 역할을 한다고 본다.

남성과 여성 간에는 생물학적 차이가 확실히 존재한다. 확실히 해부학적이고 성적이며 재생산능력에도 차이가 있다. 또한 호르몬의 차이도 있다. 인간에게는 누구나 남성호르몬과 여성호르몬이 같이 존재하지만 여성은 여성호르몬이 남성에게는 남성호르몬이 더 많다.[23] 그러나 과학자들은 이러한 호르몬의 차이가 인간에 있어 미미하게 작용할 뿐이라는 것을 여러 연구에서 제시한다. 즉 인간보다 열등한 동물에서는 행동유형이 호르몬의 차이에 의해 영향을 받는 데 반해 인간의 행동유형은 거의 전적으로 학습에 의해 이루어지기 때문이다.[24]

평균적으로 볼 때, 남성은 여성보다 크고 무거우며, 신체적으로도 더 강하다. 반면, 여성은 남성보다 고통을 더 잘 참고 신체적인 지구력(physical endurance)이 더 좋다(단기적으로 힘이 필요한 행동은 예외).[25] 대부분의 경우, 여성은 남성보다 신체적으로 건강하다.[26] 여성은 남성보다 대부분의 질병에 덜 감염되고, 평균 수명도 더 길다. 또 남성의 태아 사망률과 유아 사망률은 여성보다 더 높고, 태아의 경우에도 남성이 여성보다 성과 관련된 질병(sex-linked weakness)을 더 많이 물려받는다. 즉, 그동안 혈우병, 특정 유형의 색맹, 발가락 막양(webbing of the toes) 등을 포함하여 30가지 이상의 질병이 남자 태아에서 발견되었다.

태어났을 때 여자 아이는 남자 아이보다 좀 더 크지만 신체적으로는 덜 활발하다.[27] 그런데 성장해 가면서 남자와 여자 사이에는 여러 가지 다른 차이가 생긴다. 그러나 이러한 차이가 선천적인 요인에 의한 것인지 후천적인 요인에 의한 것인지에 대해서는 아직 확실하지 않다. 여자 아이들은 남자 아이들보다 좀 더 빨리 말하고 읽는 것을 배우고, 더 유순하고 의존적이며, 지적으로 더 성숙하다(보충 수업 시간에 참석하는 아이들 대부분은 남자 아이들임). 남자 아이들은 초등학교에서 여자 아이들보다 공간적, 물리적, 분석적인 능력이 요구되는 학업에서 뛰어나다. 반면, 여자 아이들은 구두 및 연산 능력이 뛰어나다.[28] 그러나 이러한 차이에 대한 근거는 분명하지 않다. 예를 들면, 여자 아이들의 말하고 읽는 능력이 남자 아이들보다 뛰어난 이유가 여자 아이들에게는 어른들과 더 많은 시간을 보내고, 활동적인 스포츠나 이와 비슷한 활동보다는 독서에 더 많은 시간을 보내도록 어른들이 장려하였기 때문일 수도 있다.

Peter Dazeley/Photographer's Choice RF/Getty Images

성역할은 생물학적 기질에 의해 결정되는가? 인간행동유형의 대부분은 전적으로 학습되고, 그러므로 융통성을 갖는가?

성역할의 차이가 주로 사회화의 패턴(socialization pattern)에 기인한다는 학설을 뒷받침해 주는 연구 결과가 많다. John Money와 그의 동료들은 부모가 여자 아이를 너무 원해 남자 아이를 여자 아이처럼 키운 사례나 이의 반대 사례에 대해 분석하였다.[29] 그 결과, 아이들은 전통적

보기 13.5 성역할 기대는 문화적으로 결정된다

Margaret Mead는 그녀의 고전적인 연구 〈*Sex and Temperament in Three Primitive Societies*(섹스와 세 개의 원시 사회의 기질)〉에서 성역할 기대가 생물학적으로 결정된다는 개념을 반박하였다. 연구는 1930년대 초 뉴기니의 세 부족 사이에서 실시되었다. Mead는 미국인들이 일반적으로 여성 또는 남성으로 분류하는 많은 특성들이 위의 세 부족에서는 다르게 정의된다는 것을 보여주었다.

Arapesh 족의 남성과 여성은 모두 우리에게 여성적으로 보일 것이다. 남성과 여성 모두 부드럽고, 자애로우며 유순하다. 이 사회에서 남성과 여성의 성격은 크게 구별되지 않는다. 소녀와 소년 둘 다 비공격적이고 협조적이며 및 다른 사람들의 필요와 욕구에 반응하도록 배운다. 남편과 아내 사이의 관계는 전통적으로 우리 사회에서 어머니와 자녀의 관계와 유사하다. Arapesh 족의 남편은 종종 자신의 역할이 한참 어린 그의 아내에게 교육을 제공하는 것이라고 보기도 한다.

반면에 Mundugamor 족의 남자와 여자는 모두 우리에게 남성적으로 보일 것이다. 남녀 모두 사람 사냥꾼들이며 식인종이고 자애롭지 않으며 공격적이고, 성행위에 있어 적극적으로 주도한다.

우리의 전통적인 성역할 기대와 고정관념에 실질적으로 정반대라는 점에서 연구 중 가장 흥미로운 사회는 Tcharmbuli 족이었다. 남자는 몸단장을 하고 자기 자신을 꾸미며 그림 그리기, 조각하고 무용 연습을 하는 데 여성보다 훨씬 더 많은 시간을 보냈다. 반면, 여성은 유능하고 냉담하며 꾸민 곳 없이 간소하고 경영적이며 활발하다. 그들은 거래자이며 경제력의 대부분을 가지고 있다.

Mead는 다음과 같이 결론을 내린다.

> 우리는 더 이상 행동의 이러한 측면들에 관련하여 성별이 관련된다는 어떤 근거도 가지고 있지 않다. 표준화된 양성 간의 성격 차이들은 문화적으로 만들어진 것이며 각 세대와 남성, 여성들이 순응하도록 교육된 것이다.

출처: Margaret Mead, *Sex and Temperament in Three Primitive Societies* (New York: Morrow, 1935).

인 성역할에 대한 기대에서 예상할 수 있는 성역할보다는 사회화되는 과정에서 습득하는 역할을 더 많이 하는 것으로 나타났다. Money는 아이들은 "출생 시 성심리학적으로(psychosexually) 중성"이며, 성역할은 생리적인 성(physiological sex)과는 무관하다는 결론을 내렸다.

여러 가지 문화 사이에서 성역할에 대한 기대에 많은 차이가 있다는 사실은 성역할이 생물학적으로 결정되기보다는 학습에 의한 것이라는 것을 암시해 주고 있다. (만일 모든 문화에서 성역할에 대한 기대가 비슷하다면, 이는 성역할의 차이가 생물학적인 원인으로 인해 생긴다는 것을 의미하는 것이 될 것이다.) 몇 가지 예를 들어 보자. 대부분의 문화에서는 여성이 무거운 물건을 나르는 것으로 되어 있다. 반면, 미국과 유럽의 대부분의 국가들에서는 무거운 물건을 들고 나르는 일은 남성이 하는 것으로 되어 있다. 미국과 달리 다른 일부 사회의 경우, 남성들이 대부분 요리를 한다. 얼마 전까지 유럽의 남성들은 스타킹과 실크 옷을 입고 향수를 뿌렸다. 또 스코틀랜드의 남성들은 아직도 킬트(kilt, 치마)를 입으며, 마오리(Maori)족과 트로브리안드(Trobriander)족들 사이에서는 여성들이 성적 활동(sexual activity)을 주도해야 하는 것으로 생각되고 있다.

Margaret Mead는 자신의 고전적인 연구에서 뉴기니에 있는 세 부족의 성역할 기대를 검토했다. 그녀는 한 부족이 남성과 여성 모두에게 우리가 "남성적"이라고 정의하는 행동을 하기를 기대하는 것을 알아냈다. 두 번째 부족은 양성 모두에게 "여성스러운" 방식으로 행동하기를 요구했다. 세 번째는 여성들이 "남성적인" 행동을 하고 남성들이 "여성스러운" 행동을 했다. Mead는 이러한 성별 역할 기대가 주로 문화적인 학습 경험에 의해 결정된다고 결론지었다(보기 13.5 참조).

5. 성역할 사회화

미국 사회에서 성역할 사회화는 태어나는 순간부터 시작된다. 갓난아기는 태어나자마자 남아와 여아로 분류되어 달리 취급된다. 부모는 여아를 분홍색 담요에 싸고 남아는 파란색 담요에 싼다. 그리고 남자아이에게는 남성다운 이름이, 여자아이에게는 여성다운 이름이 부여된다.

사회적 성은 생물학적으로 결정되는 것이 아니라 그가 어떤 성적 환경 속에서 어떻게 길러지는가에 달려있다고 볼 수 있다.

신생아일 때 남아와 여아는 거의 신체적, 행동적 차이가 없지만 부모들은 아들이냐 딸이냐에 따라 다른 인상을 가진다. 이를테면, 만 하루도 지나지 않은 갓난아이에 대해 물으면 부모는 대개 딸에 대해서는 귀엽고, 깜찍하고 순하고 예쁘다 등으로 묘사하고, 아들은 튼튼하고 힘차고 똘똘하다 등으로 묘사하는 경향이 있다. 이러한 묘사는 갓 태어난 아이가 태어나면서부터 그러한 구별되는 모습과 성격을 가졌다기보다는 부모가 이미 성에 대한 고정관념적인 태도를 반영하고 있다고 볼 수 있다. 어린이에 대한 부모의 초기의 고정관념적인 인식은 아들과 딸을 어릴 때부터 달리 취급하는 출발점이 된다. 부모는 아들과 딸에 대한 애정에는 별 차이가 없는 듯하지만 상호작용방식은 대체로 상이하다. 일반적으로 딸에게는 정서적 접촉을, 아들에게는 육체적 접촉을 많이 한다. 아버지는 아들과는 씨름을 하며 함께 뒹구는 상호 동등한 위치에서 힘겨루기를 하지만, 딸에게는 응석을 받아주며 정서적으로 의존적 상호작용을 한다. 이를테면, 말괄량이 딸은 걱정하지만 장난꾸러기 아들은 자랑스럽게 생각한다.

많은 부모들은 성역할기대에 따라 아이들을 사회화한다. 남자아이들에게는 총, 트럭 같은 '남성적인' 장난감을, 여아들에게는 바비인형 같은 '여성적'인 장난감이 주어진다. 여자 어린이의 방은 아기인형과 그에 관련된 옷, 장신구, 화장도구, 액세서리 등 모성애를 유도하는 환경으로 조성된다. 그리고 여자 어린이에게는 가사 내지 부엌살림과 관련된 소꿉놀이 도구들이 주어져 집에 머물러 가정을 꾸리는 데 적합하도록 미리 길들이는 환경으로 꾸며진다.

유아들의 중요한 환경을 구성하는 것은 부모가 가정에서 만들어주는 놀이공간이다. 대부분 장난감으로 채워지는 놀이공간도 역시 성별에 따라 대조를 이룬다. 남자아이의 방에는 만화 영화에 등장하는 초능력의 동물인형이나 힘센 공룡의 인형, 자동차나 전쟁놀이에 필요한 무기류의 장난감 그리고 운동구 등이 선물로 주어진다. 이러한 장남감은 어린이에게 즐거운 놀이도구일 뿐만 아니라 놀이를 통해 장차 어른이 되었을 때 수행해야 할 다양한 역할을 미리 탐색해 볼 기회를 제공한다. 연구조사에서 어떤 여성들은 성공과 성취를 두려워하고 남성적으로 보일까봐 우둔한 척하도록 가르쳐진다는 결과가 있다.

성 고정관념은 아동기, 청소년기, 성인기 내내 지속된다. 성별에 따라 고정관념화되면서 인간은 자신이 어떻게 행동해야 하는지 배운다. 여성에 대한 고정관념은 양육적이고, 지지적이고, 직관적이고, 정서적이고, 도움이 필요하고, 의존적이고, 부드럽고, 수줍고, 약하고, 어린아이 같고, 수동적이고, 복종적이고 (그리고) … 순종적인 것으로 대표된다. 이와는 뚜렷하게 대조 적으로 남성에 대한 고정관념은 강하고 창조적이고, 튼튼하고, 용감하고, 도전적이고. 책임 있고, 힘세고, 권위적이고, (그리고) … 성공적이길 기대한다.

남자 아이들은 여자 아이들보다 좀 더 경쟁적인 게임을 좋아하고, 외향적이며 호전적인 반면, 여자 아이들은 좀 더 수동적이고 수줍음이 많다.[30] 어린 아이들은 감수성이 풍부하다. 이와 같은 성역할에 대한 고정관념이 때로는 자기 충족적인 예언(self-fulfilling prophecy)이 된다. Charles Cooley의 '경상 자아 개념(looking glass self-concept)'에 따르면, 사람들은 다른 사람이 자신을 보는 것처럼 스스로를 바라본다.[31]

연구 결과에 따르면, 여성들은 실제로 성공과 성취를 두려워하고 '남성의 자아(male ego)'를 북돋우기 위해 벙어리 시늉을 하라고 배운다.[32] 여성다워지기 위해 여자 아이들은 부드러움, 무력감, 친절함, 이해심 등을 보여주어야 하고, 일반적으로 자기주장이 강하지 않아야 한다. 따라서 사춘기 여성과 성인 여성들은 **여자다움**(*femininity*)/**성취 부적합성**(*achievement incompatibility*)으로 인해 이중 속박(double bind) 상태에 있는 것이다.[33] 전통적으로 우리 사회에는 여성은 여자다움과 성취 지향성을 모두 갖출 수 없다는 생각이 많다. (물론, 이러한 전통적 견해는 선구적인 여성들이 순종적인 역할을 하도록 하기 위해 적용되는 자의적인 견해이다. 여자다움과 성취 사이에 본질적으로 상충되는 것은 아무 것도 없다).

사회화의 의미있는 부분은 학교교육에서 이루어진다. 남학생들에게 목공예, 그림그리기, 기계 등 교과목이 개설된 반면 여학생들에게는 바느질, 타이핑, 요리강습이 개설된다. 대부분의 초등학교, 중학교 교사들이 여성인 반면의 교장의 대부분은 남성이다.[34] 그래서 아동들은 남성은 의사결정의 높은 자리에 위치에 있으며 여성은 종속적인 위치에 있다고 인식한다.

미국대학여성협회가 100편 이상의 연구를 검토한 결과는 다음과 같다:

- 여자아이들과 남자아이들은 초등학교 때는 과학과 수학 교과목에서 비슷한 점수와 자신감을 보이지만 결국 고등학교 때는 남학생의 점수가 더 높다.
- 교사들은 여자아이보다 남자아이에게 보다 많은 주의를 기울이는 경향이 있다.
- 여학생에 대한 성희롱 보고가 증가한다.
- 교과서는 여성과 여학생을 무시하거나 고정관념을 갖고 보며, 성 학대와 같은 문제를 가지고 토론할 기회가 없다.
- 어떤 시험은 여성에 대해 편견을 갖고 있으며 따라서 여학생이 장학금을 받을 기회가 없다.
- 아프리카계 미국인 여학생은 특별히 무시된다.[35)]

남자 아이들은 독립적이고 자기주장이 강해야 한다는 말을 많이 듣기 때문에, 이들은 버릇이 없고 문제에 처하게 되는 경우가 생길 수도 있다.[36)] 아마 이런 이유로 인해, 남자 아이들이 여자 아이들보다 교사의 주목을 더 많이 받는다는 교사-학생 간 관계에 관한 연구 결과가 나온 것 같다.[37)] Myra Sadker와 동료들은 이에 대해 "남자 아이들은 중심인물이다 … 그리고 여자 아이들은 간접적으로 참여한다"고 설명하고 있다.[38)] 부분적으로는 학교에서의 이와 같은 사회적 관습으로 인해, 남성들은 대학에 들어갈 때 졸업 후 더 많은 돈을 벌 수 있는 직업과 직접적으로 관련된 과학, 수학, 엔지니어링 등을 더 많이 전공하는 것 같다.

유치원, 초등학교, 중학교, 고등학교 교과서에서는 여성을 남성보다 좀 더 수동적이고 의존적이며, 덜 창의적인 것으로 묘사하고 있다.[39)]

일부 진로 상담자들은 학생들에게 학생들의 능력보다는 전통적인 성역할에 대한 기대에 기초하여 진로를 결정해야 한다고 설득하기도 한다. 예를 들어, 수학을 잘하는 여학생에게는 교사가 되라고 장려하면서, 똑같이 수학을 잘하는 남학생에게는 엔지니어가 되라고 장려하기도 한다. Janet Chafetz는 이와 같은 상담 관행에 대해 다음과 같이 설명한다:

> 상담자들은 결혼, 아이 양육, 많은 분야에서의 여성에 대한 취업 기회 부족, 많은 소득으로 가족을 부양해야 하는 필요성, 남성들이 얻을 수 있는 가능한 지위 등과 같이 청소년들이 미래에 '현실적으로' 직면하게 될 것으로 기대되는 것을 근거로 이러한 관행을 옹호하고 있다. 그러나 '현실주의(realism)'라는 말은 항상 현상을 유지하기 위한 변명으로 사용되어 왔으며, 성역할에 대한 고정관념과 다를 바가 없다. 예를 들어, 만일 여성들이 이전에 남성들이 주를 이루던 분야에 진출하려 하지 않는다면, 이러한 분야는 계속 남성들이 지배하게 되고, 이에 따라 다른 세대의 상담자들이 여학생들에게 여성들은 남성들과 함께 일을 할 수 없다는 확신을 심어주게 될 것이다. 또한 상담자들이 말하는 '현실'이라는 개념이 실제의 현실을 잘 반영하는 것인지도 의문시된다. 한편으로는 기회의 확대와 성역할에 대한 개념의 변화 사이에 그리고 또 다른 한편으로는 기회의 확대와 이들 현상에 대한 상담자들의 인식 사이에 분명한 시간 차이가 존재하는 것 같다.[40)]

심지어 현대 심리학 이론에서조차도 여성을 더 수동적이고 감성적이고, 추상적인 흥미가 부족하며, 본질적으로 아이들에게 더 섬세한 존재로 묘사하고 있다.[41)] 남성다움과 여성다움이 대부분 학습으로 습득한 역할이지만, 현대 심리학 이론에서는 성역할에서의 차이가 유전적으로 결정된다는 (그릇된) 견해를 암시하고 있다. Sigmund Freud의 여성의 성격(personality) 개발 이론은 아마 가장 성 차별적이고 모욕적일 것이다. Freud에 따르면, 어린 소녀들은 자신의 성기가 남자 아이들의 성기와 다르다는 것을 알게 되고 이로 이해 남근 선망(penis envy)을 갖게 된다. 또 그는 "이러한 차이로 인해, 여자 아이들은 생물학적으로 여성이 남성보다 열등하고, 이에 따라 우월하다고 생각되는 남성들과의 관계에 맞추기 위한 수단으로서 소극적이고, 순종적인 성격을 갖게 된다"고 주장한다.[42)]

영어에도 성 차별적인 표현이 많이 있다. 그리고 우리가 선택하는 언어가 우리가 현실을 해석하는 방식에 많은 영향을 미치고 있다. 또 성 차별적인 언어의 사용으로 우리 사회에서 남성을 지배적인 존재로 정의하고, 여성을 남성을 지원하거나 남성에 순종하는 존재로 인정하는 경우가 많다. 다음의 단어와 표현은 남성을 지배적인 존재로 표현하는 것들이다: 인류(*mankind*), 유인의(*manned*), 인력(*man power*), 의장(*chairman*), 의원(*congressman*), 사업가(*businessman*), 우편 집배원(*mailman*), 판매원(*salesman*), 노동 현장의 십장(*foreman*), 경찰(*policeman*), 최고의 직장인(*the best man for the job*), 부부(*man and wife*). 또 이외에도 성 차별주의가 영어에 내포되었는지 보여주는 다른 예들이 많이 있다. 과거에 출간된 책에서는 성(gender)이 구체적으로 구별되지 않을 경우 사람이라는 일반적인 의미를 표현할 때 대명사 he를 사용하는 경우가 많았다

(최근에는 많이 개선되고 있다). 성인이 되고 나면, 남자들은 죽을 때까지 "Mr."라고 불린다. 이는 남자의 개인적 지위와 관계없이 사용되는 정중한 표현이다. 반면, 여자는 "Miss"로 시작하여 결혼 후에는 "Mrs."가 된다. 이는 결혼에 따른 지위를 분명하게 구별해 주는 표현들이다. [최근 사용하는 "Ms."라는 표현은 바람직한 비(非) 성차별적인 표현이다.] 또한 전통적인 관습에 따르면 여성은 결혼 후 자신의 성(姓) 대신 남편의 성을 당연히 사용해야 하는 것으로 간주되고 있다.

대중매체, 특히 광고도 성 차별적인 사회화 현상에서 중요한 역할을 한다. 여성들은 광고에서 종종 부인, 어머니, 성적 대상, 혹은 데이트 상대를 구하려는 존재 등으로 묘사되고 있다. 또 여성들은 남성들보다 덜 지적이고 더 의존적인 것으로 묘사되고, 최고경영자로서의 지위를 갖지 못한다. 일부 TV 광고에서는 여성이 바닥에 왁스칠을 하거나 가족들이 입는 흰 옷을 하얗게 만들기 위해 새로운 세제를 찾게 되면서 즐거워하는 모습을 보여주는 것과 같이 성역할에 따른 전통적인 고정관념을 갖고 여성들을 묘사하고 있다. 그러나 다행스럽게도 대중매체에서도 우리 사회의 변화를 반영하며 여성에 대한 묘사가 바뀌고 있다. 대중매체는 중요한 사회화 수단이기 때문에, 이들은 미래의 '적절한' 성역할에 관한 인식을 바꾸는 데 큰 힘이 될 수 있다.

비판적 사고를 위한 질문 ?

당신의 경력에 대한 열망은 무엇인가? 그것은 전통적인 성역할기대에 의해 부분적으로 영향을 받는가?

6. 성차별의 결과

성차별은 여성에 대한 차별이고 편견이다. 우리 사회에서 여성은 수적으로는 대다수를 차지하지만 여러 분야에서 차별의 희생자이고 가치 있는 자원에 대해 남성과 동등한 접근을 하지 못한다는 점에서 약소집단이다.

》 직업과 소득에 대한 성차별의 효과

여성은 상대적으로 낮은 임금을 받는 직종에 몰려 있다. 예를 들어 여성이 집중되는 직종은 비서, 아동보육 관련직, 접수직, 타이피스트, 간호사, 미용사, 은행출납원, 사무직 등이다. 반면에 남성은 변호사, 판사, 기술직, 대학교수, 물리학자, 치과의사 등의 높은 급료를 받는 직종에 종사하는 경향이 있다(표 13.1 참조).

앞서 언급한 바와 같이 전일제 근로 여성은 전일제 남성 근로자의 3/4의 소득을 번다.[43] 성차별금지법이 통과되었음에도 불구하고 직업상의 성차별이 계속 이루어진다는 연구 결과들이 있다.[44]

여성은 국가선출직 공무원의 20% 미만이다.[45] 미국에서 여성 대통령이나 부통령이 선출된 적은 없었다. 국회에서 상원과 하원의 대다수는 남성이다. 여성이 주지사로 선출되는 경우는 아주 드물다. 남성은 아직도 입후보자를 지명하거나 선거의 캠페인 등에서 정치결정과정을 통제한다. 그러나 여성은 국가의 투표인구의 다수를 형성하고 있기 때문에 잠재적인 정치력은 매우 크다고 할 수 있다.

미국에서 여성은 기업의 최고 경영자의 2%를 점하고 있으며, 대기업 이사직의 6%를 차지하고 있다.[46] 심지어 성공적인 여성관리자조차도 그들을 권력의 주요 위치로 접근하는 것을 금하고 있는 것 같은 눈에는 보이지 않는 '유리천장'에 대해 불평하곤 한다. 미국의 3대 대기업의 남녀 이사 10명을 인터뷰한 결과에 기초한 연구에서 여성은 남성경쟁자에 비해 월등하게 우수할 경우에만 승진할 수 있다는 이중 기준이 있다는 결론에 도달했다.[47]

미국의 일하는 여성의 약 2/3는 소위 '여성 게토'라고 지칭되는 가정부, 비서직, 접수직, 전화교환원, 은행 출납원 등의 하위직에 고용되어 있다.[48] 전반적으로 여성은 모든 직업영역에서 남성보다 실제적으로 소득이 적다.[49] 직업영역에서 남성과 여성의 소득차이는 부분적으로 연공서열(즉 남성은 여성보다 오래 일했으므로 소득이 많음)에 기인하지만, 연공서열을 언급하는 연구들에 따르면 같은 일을 하는 여성은 남성보다 소득이 적다는 것이다.[50]

남성과 여성 간의 직종과 소득차이에 대해서는 여러 가지 이유가 있다. 여자어린이에게는 적은 수입과 경력을 제공하는 직업을 구하도록 사회화된다. 즉 남자 어린이는 변호사나 의사가 되기를 격려하는 데 비해 여자어린이는 교사나 비서가 될 것을 격려한다. 남성과 여성은 '성별로 직종 분리된(sex-typed)' 직업을 갖는다. 즉 취업을 희망하는 남성은 상대적으로 높은 지위에 응시할 것을 권유받는 데 비해 여

표 13.1 여성의 고용위치

직종	여성비율(%)
치과위생사	98.6
비서	96.9
치과의 조수	95.4
아동보육관련직	94.2
미용사	93.4
보조교사	92.3
간호사	91.3
회계담당자	90.3
도서관사서	84.2
사회복지사	82.6
초·중등학교교사	82.2
문서정리원	79.2
현금출납원	74.8
웨이터와 웨이트리스	71.5
심리학자	67.7
작가	58.5
약사	48.9
변호사, 판사	32.6
의사	32.2
컴퓨터 프로그래머	25.3
관리자	23.4
치과의사	22.6
건축기사	22.2
성직자	12.8
경찰관	12.8
전문기술자	11.9
소방관	3.5
목수	2.4
비행기조종사	2.2
전기기사	1.9

출처: U.S. Census Bureau, Statistical Abstract of the United States: 2008 (127th Edition) Washington, DC. 2007.

성은 상대적으로 낮은 지위에 응시하도록 권유받는다.[51] 우리 사회는 접수인, 비서, 타이피스트와 같이 여성이 집중되는 직종에 더 낮은 임금을 할당하는 경향이 있다. 그런데 남성과 같은 일을 하는 여성에게 낮은 임금을 지불하는 것은 여성이 고용된 이후라 하더라도 차별적인 관행이 있다는 것을 나타낸다.

Horton, Leslie, 그리고 Larson은 남성과 여성의 직업과 소득 격차에 대한 성별 역할 사회화에 따른 추가적인 이유를 제공한다.

경력 발전을 위한 동기 부여는 측정하기 어렵고, 성급한 일반화는 위험하다. 그러나 경력에 대한 강렬한 야망은 남성들에 비해 여성들에게 흔하지 않은 일이었다는 것을 추측할 만한 이유가 있다. 초기 사회화부터 대부분의 소녀들은 다른 사람들을 기쁘게 하고 매력을 드러내도록 교육되었다. 소녀들은 순응하고 따르도록 배우는 한편 소년들은 지배하고 이끌도록 교육되었다. 소년들은 다른 사람들에게 요구하도록 배웠고 소녀들은 다른 사람들의 요구에 부응하는 것을 배웠다. 소녀들은 그들의 미모와 예의바름에 대해 칭찬받는 동안 소년들은 힘에 대해 칭찬받았다. 성인들의 경우, 우리 사회에서 여성은 주로 인간관계에서 자신의 능력("그녀는 잘 생긴 남편과 세 명의 사랑스러운 아이가 있어")을 평가받는 반면, 남성은 주로 자신의 경력 성공("의사인 내 아들을 만나")에 따라 평가된다. 경력 발전을 추구하기 위해 의도적으로 자신의 가족을 무시하는 남편들은 그들의 야망을 칭찬받는다. 반면에 자신들의 직업이 가족의 생활을 방해하도록 내버려 둔 아내들은 비난받고 경멸받는다. 한 여성의 화려한 성공은 남성과 소원하게 할 수 있으며 이러한 많은 경우가 여성들의 성공에 대한 회피 증후군에 대해 상당수 기록되어 있다. 이는 모두 여성들의 남성들에 비해 낮은 수준의 직업 기대에 기여했다.[52]

인간의 상호작용에 미치는 영향

인간의 상호작용에 대한 차별의 영향은 엄청나다. 이에 관한 몇 가지 예가 있다.

부모는 십대 아들보다는 십대 딸에 대해 사회적 제한을 더 부여한다. 딸들은 늦게까지 밖에 있을 수 없고 그들의 친구들은 더 면밀하게 감시받으며 그들은 외출할 때 가족들이 쓰는 차를 받게 될 가능성도 더 적다. 그리고 그들이 운동에 참여하도록 권장하지도 않는다.

여성들은 잘 발달된 가슴과 균형 잡힌 몸매, 그리고 매력적인 용모를 갖춘 "미스 아메리카"가 되도록 압박받는다. 현재 미국의 고정관념에 따라 덜 매력적이라고 판단된 여성들은 남성들로부터 더 적은 관심을 받고 데이트 상대를 찾기 더 어려우며 더 높은 지위의 일자리를 갖기에 덜 성공적일 수도 있다. 심리적 비용은 여성이 중년에 다다를 때 특히 심각하다. 그녀의 주요한 기능은 아이를 양육하는 것이고 그녀의 주요한 자산은 그녀의 신체적인 매력이라고 믿도록 사회화되어 그녀는 종종 자신의 자식들과 그녀를 떠나가는 젊음 모두를 절망 가득한 시선으로 바라보게 된다.

남성과 여성의 사회적 상호작용에 대한 많은 이중 잣대

가 있다. 만약 십대 소년이 성적으로 활발하다면 그들은 '멋진 남자'로 비추어지는 반면, 성적으로 활발한 십대 소녀는 경멸적인 이름으로 불릴 수 있다. 더 큰 범위로, 남성들은 공격적이고 저속한 언어를 사용하는 것이 허용된다. 나이트클럽 및 유흥업소에 출입하는 것으로부터 여성들을 단념시키는 것과 같은 사회적 제약들이 있다. 바람을 피우는 기혼 여성들은 보통 바람을 피우는 기혼 남성들에 비해 더 많이 비난의 대상이 된다.

남성과 여성의 상호작용에서 남성은 지배하도록 추구하고 여성은 평등적인 관계를 추구하거나 복종하도록 조종되는 경향이 있다. 예를 들어, 데이트를 할 때 남성은 주로 여성에게 데이트를 신청하고 그들이 무엇을 할지 결정하도록 기대된다. 또한 남성들은 종종 '마초스럽도록' 노력한다. 어떤 여성들은 그것을 긍정적인 강화와 사회적인 수용으로 받아들여서 그들은 반드시 복종적으로, 수동적으로, 또는 '여성스럽게' 행동하여 장단을 맞추어야 한다고 인식한다. 만약 남편과 아내 모두 일하고 있다면 아내 쪽이 보통 직장을 떠나 전근한 그녀의 남편을 따라 새로운 지역으로 떠난다.[53]

성역할 기대에 관해 남성들과 여성들 사이의 권력 투쟁은 흔히 있다. 결혼 상담가들은 이제 남편들은 그들의 아내들이 집에 머물면서 자식들을 기르고 집안일을 하는 전통적인 역할을 수행하기를 기대한다고 본다.

만약 아내가 일을 한다면 그 남편은 종종 그 일이 집안일에 방해되지 않을 것을 요구한다. 또한 그는 그녀의 일을 '직업'으로 보는 대신 '두 번째 수입'으로 인식한다. 평등한 관계를 원하고 성역할 고정관념화의 부정적인 영향을 급격히 알게 되는 아내들은 전통적인 아내 역할에 충실하기를 바라는 남편들과의 충돌을 경험할 수 있다.

여성들은 결혼 생활에 있어 남성들보다 더 많은 우울과 더 큰 불만족을 경험한다.[54] 여성들은 결혼을 온전하게 유지시키기 위한 대부분의 조치들을 수행할 것으로 기대된다. 중년의 여성들은 엄마로서 주부로서 그들의 많은 역할들이 단계적으로 정지할 때 빈번하게 심각한 우울을 경험한다. 특히 그들이 일자리를 갖고 있지 않다면 말이다.[55] 연구는 전업주부들보다 고용된 아내들이 더 행복하다고 증명한다.[56] 남편들에게 지속적으로 학대받은 여성들은 수년 동안 그들의 상황에서 삶을 지속시키기는 하지만 슬프게도 일부 여성들이 그들의 의존과 복종을 영속시키는 사회적 합의들에 사로잡힌 기분을 느끼는 정도라고 기록한다.

Matina Horner는 많은 여성들은 그들이 더 야심적이고 성공할수록 남성들과의 관계에서 덜 여성적으로 비춰질 것을 두려워하는 것이 성공을 기피하는 것의 계기가 되었다는 것을 밝혀냈다.[57]

성 역할 고정관념들은 또한 여성들이 일부 남성들에 의해 성적 대상으로 취급받는 것과 일자리에서 학교에서 그리고 다른 상황에서 성적으로 학대받는 것의 원인이 된다.

물론 이것은 단지 인간 상호작용에서 어려움들을 야기하는 여성 고정관념들에만 관한 것이 아니다. 남성들도 물론 "Clint Eastwood" 이미지(이전에 설명한)에 맞춰 살아가며 문제들을 경험한다. 이것은 거의 어떤 남성이라도 충족하는 것이 불가능한 기대이다. 그런데도 남성들에게 노력해보라는, 결과에 고통을 받도록 가해지는 상당한 압력들이 있다. 1968년 민주당 대통령 예비 선거 캠페인에서 Edmund Muskie 상원의원의 예를 들어볼 수 있다. Muskie 상원의원은 당선이 유력한 후보였다. 영국의 한 신문이 그의 아내에 대한 경멸스러운 비난들을 쏟아내자 Muskie는 공공연히 무너지고 눈물을 터뜨렸다. 그러자 미국 대중들은 Muskie가 대통령이 되기에는 감정적으로 안정되지 않았다고 결론 내렸다. 그리고 그의 인기는 투표에서 급락했다. Deborah David와 Robert Brannon은 다른 예를 설명한다.

> 한 친구가 저에게 그가 파산했으며 어떤 개인적인 비극들과 좌절들 이후에 직장 사무실의 동료 앞에서 울었다고 설명했다. 그는 말하기를, "내가 울었다는 소식은 한 시간 안에 직장에 파다하게 소문이 났어. 처음에는 아무도 어떤 말을 건네지 않았지. 그들은 그냥 방관했어. 그들은 대화를 통해서는 그 상황을 감당할 수 없었어. 이 일 이전에는 오직 여자들만 울었거든. 남자 한 명이 농담하기를, '너랑 Sally가 최근에 울었다지, 에?' 난 그게 내 남성성에 대한 비웃음이라고 생각했어. 하지만 다른 사람들의 '알면서 모르는 척하는 침묵(knowing silence)'은 같은 의심을 하는 거였지. 날 정말 상처 입혔던 일은 2년 후에, 내가 일을 굉장히 잘 해내고 승진 대상으로 고려되던 때, 이 일은 다시 거론되었지. 내 매니저는 내 평가기록들을 살피고 문단을 혼잣말하듯이 읽으며 말했어. '그 울었던 사건에 대해 어떻게 생각하나?' 그게 내가 울음을 참지 못 했던 마지막 순간이었다고 자신할 수 있어."[58]

Ruth Hartley는 소년의 성별 역할 사회화는 이후의 인생

보기 13.6 성차별 관련 전통의 결과: 인도에서의 부인에 대한 성폭행 및 살인

15세의 Baskar는 1997년 7월 보수적인 이슬람교도(Muslim)인 그녀의 가족들이 선택한 낯선 사람과 결혼하였다. 인도의 전통에 따라 Baskar의 가족은 신랑 가족에게 지참금(냉장고, 가구, 기타 가정용품)을 보냈다. 그러나 Baskar의 가족은 형편이 안 되어 신랑이 요구하는 품목인 오토바이를 보낼 수가 없었다. 결혼 첫날 밤, 술에 취한 신랑과 신랑의 친구 세 명은 번갈아 가며 그녀를 때리고 성폭행하였으며, 그녀로 하여금 웅크리고 앉아 오토바이 흉내를 내도록 하였다.

이보다 몇 년 전에는 가져온 지참금에 불만을 품은 시댁 식구들에 의해 나이 어린 신부가 불에 타 죽게 된 경우도 있었다. 인도에는 신부가 가져온 지참금이 부족하다는 이유로 해마다 5,000명 이상의 여성들이 시댁 식구들에 의해 살해된다. 그러나 전통이라는 이유로 인해, 지금까지 지참금을 이유로 한 성폭행과 살인에 대해 처벌을 받은 경우는 별로 없었다. 지참금 분쟁과 성폭행 피해자를 위해 일을 하는 여권 운동가 Reena Bannerjee는 "여성의 지위가 매우 낮아 남성들은 여성을 자신이 신는 신발보다도 못한 존재로 간주하고 있다"고 말한다.

신부 화장(bride burning)은 인도에서 아주 흔한 일로, 신부에게 등유를 붓고 불을 붙이는 것이다. 인도에서 신부는 보통 중매결혼 후 남편의 집에 들어가 남편의 가족들과 함께 산다. 신부 화장은 요리 중에 일어나는 사고라고 남편의 가족들이 주장할 수 있기 때문에 흔하게 발생한다.

출처: Hema Shukla, "Women Seek Justice in a Land Where Their Voices Are Stifled," *Wisconsin State Journal*, Aug. 2, 1997, p. 10A. Celia W. Dugger, "Kerosene, Weapon of choice for Attacks on Wives in India," *New York Times*, Dec. 26, 2000.

에서 필연적으로 개인적인 갈등이 발생할 것을 지적한다:

> 소년은 성인기를 위해 충분히 사회화되지 않았다.
>
> 소년은 여성스러운 기미가 있는 그 어떤 것이든 거부하는 방식으로 그 자신의 자아상을 정의하며 모두 남성적인 사회에서 살도록 길들여져 왔다. 성인기에 그는 어쩌면 열등하다고 경멸하도록 교육받아온 종족인 여성으로부터 명령을 받아야 할지도 모르는 이성 간의 직업 세계에 적응해야 한다. 결국 감정들을 억제하는 것의 중요성, 극기의 높은 가치는 소년이 이제 점점 더 연인과 배우자에게 기대되는 감정적인 친밀함과 개인적으로 친밀한 상호 작용으로부터 완전히 준비되지 않은 상태가 되게 한다.[59]

비판적 사고를 위한 질문

당신이 남성이라면 남성과 여성의 상호작용에서 지배적이 되려고 노력한 적이 있는가? 만약 당신이 여성이라면 여성적으로 보이려고 일부러 덜 성공적으로 보이려고 노력한 적이 있는가?

남성들은 자신의 일을 우선시해야 한다고 생각하며, 남편과 아버지로서의 관계나 이를 통해 얻게 되는 만족을 스스로 제한하는 경향이 있다. 이와 대조적으로, 여성들은 전통적으로 부인과 어머니로서의 역할을 우선시하고 다른 분야에서의 발전과 능력 그리고 이를 통해 얻게 되는 만족을 제한한다. 미국 남성들은 일부 분야에서 법적으로 불이익을 받고 있다. 일부 사법 관할권의 경우 남편은 가족들을 경제적으로 부양해야 하며, 이러한 부양을 제대로 하지 못할 경우 부인이 이혼을 청구할 수 있는 사유가 된다. 결혼이 파탄 날 경우, 보통 법원은 부인에게 자녀 양육권을 준다. 자녀 양육권 소송에서, 아버지들은 자신이 어머니보다 더 적합하다는 것을 입증해야 하는 무거운 책임을 지며, 어머니가 자녀 양육에 적합하지 않다는 것이 입증될 경우에만 아버지의 자녀 양육 청구가 받아들여진다. 또 이혼 위자료는 대부분 여성에게 주어진다. 심지어 부인과 남편 모두 스스로를 부양할 수 있음에도 부인에게 위자료가 주어지는 경우도 많다. 이에 따라 이러한 법률 분야에서의 남성의 평등 대우를 주장하기 위해 여러 지역에서 남성 이익 옹호 단체가 결성되기도 하였다.

성역할에 대한 고정관념은 다음 통계에서도 주요 역할을 한다.[60] 남성들의 자살 확률은 여성들보다 4배가량 높고, 폭력적이 될 가능성도 더 많고, 더 많은 범죄를 저지른다. 그리고 대부분의 알코올 중독자와 마약 중독자들은 남성이다. 또 남성들은 심장병, 위궤양, 고혈압 등과 같은 스트레스 관련 질병에 더 많이 걸린다. 우리 사회에서 남성들의 기대 수명은 여성들보다 몇 년 적다. 이와 같이 짧은 기대 수명의 부분적인 원인으로는 경제적으로 성공해야 한다는 압박감과 사회생활 중 자신의 감정을 발산할 수 없는 환경 등을 들 수 있다. 그 결과, 남성들은 심리적으로 더 많은 스트레스를 경험하고, 이에 따라 스트레스 관련 질병에 더 많이 노출되어 수명이 짧아지게 된다.

남성에 대한 고정관념으로 인해, 많은 남성들은 가족들의 경제적 요구를 충족시켜주지 못할 때 자신을 실패자로 간주한다. 또 일부 남성은 '진정한 남자'가 되기 위해 불리한 싸움에서 도망가지 않고 얻어맞기도 한다. 많은 여자들은 정직하지 않고 자신의 감정을 드러내지 않는 남성들과의 관계에 대해 실망을 한다. 이상적인 인간이 될 수 없다는 생각으로 남성들은 불행하고, 우울하고, 무엇인가 성취하지 못한 감정을 갖게 된다. 분명히 말해, 성역할에 대한 고정관념은 여성들뿐 아니라 남성들에게도 큰 비용(경제적, 사회적, 개인적 비용)을 발생시킨다.

7. 모성의 벽

'모성의 벽(maternal wall)'이라는 용어는 여성들이 피고용인으로서의 역할과 엄마 혹은 돌봄자(caregiver)로서의 역할을 동시에 해나가면서 처하게 되는 문제를 의미한다. 여성들은 어린 아이나 친척들을 건강하게 돌봐야 하는 중요한 역할을 하는 경우가 많다. 이들을 돌봐야 하는 직장 여성들은 일과 돌봄자로서의 역할을 모두 수행하는 과정에서 커다란 스트레스에 시달리고 있다. 대학을 나온 여성들 중 일부는 승진이 빠른 직업이나 직장을 포기하고 큰 노력이 필요하지 않은 직업을 선택하거나 몇 년 동안 휴직을 하기도 한다. 이러한 선택은 미래의 소득에 부정적인 영향을 미친다. 따라서 아이들을 양육하고 돌보는 일을 누군가 대신 해야 한다. (여성들이 이와 같이 중요한 일을 하는 대가로 경력을 잃거나 직업적으로 소외되거나 빈곤에 대한 노출 위험이 증가하게 된다는 것은 슬픈 일이다.)

8. 최근의 발전과 미래전망

우리 사회에서는 그동안 성역할에 있어 혁명적인 변화가 이루어졌다. 남성, 여성 모두 성별에 대한 고정관념이 지닌 부정적인 효과를 인식하게 되었다. 점차적으로 우리는 이러한 성역할 고정관념에 대한 주제 및 강좌가 고등학교, 대학교 등에서 개설되고 다루어지는 것을 보게 되었다. 성별에 대한 고정관념이 갖는 주요한 문제는, 각 개인이 취할 수 있는 대안을 제한한다는 점이다.

전통적인 성역할 사회화와 고정관념과 관련하여 여성에게는 다음의 불이익이 존재한다. 첫째, 교육체계에서 여성은 남성과는 차이가 있고 덜 긍정적으로 대우받는 편이다. 또 궁극적으로는 여성은 남성보다 훨씬 적은 수입을 얻는 전공을 택하는 경향이 있다. 둘째, 부정적인 자아개념을 가질 가능성이 높다는 점이다. 낮은 자존감을 갖는 사람은 직업에서 성취감을 얻고 발전하는 데 필요한 자신감이 부족하다. 세 번째 불이익은 집 밖에서 일하는 경우조차도 여전히 대부분의 가사와 육아를 돌보도록 기대된다는 것이다.

1983년 Sandra Day O'Connor는 미국 대법원의 최초의 여성 대법관이 되었다. 1984년 Geraldine Ferraro는 주요 정당에서 여성부통령 후보로 선출되었다.

여성들은 이제 과거에 거의 남성들의 전유물이었던 전문직과 경력을 추구하고 있다. 즉 군인, 기술자, 변호사, 판사, 소방관, 치과의사, 회계사, 행정관리, 경찰관, 관리직 등이 그것이다. 예를 들면, Carl Glassman은 여성 경찰관들은 시민들로부터 더 많은 주목을 받으며, 남성 파트너들이 여성 경찰관을 못 미더워 한다고 밝히고 있다.[61] (일부 남성 경찰관들은 여성 경찰관들이 힘에 쉽게 굴복하고, 저항하는 범죄자를 제압하여 수갑을 채울 수 없고, 남성 범죄자나 다른 폭력적인 상황을 통제하지 못할 수도 있다고 우려하고 있다.)

사람들 간의 상호작용도 변화하고 있는데 여성들은 남성과의 관계에서 더 적극적이고 동등한 관계를 추구하고 있다. 남성들도 다소 늦지만 성역할 고정관념이 정서적 표현, 상호관계, 직업, 가사일 등의 부분에서 자신의 선택기회를 제한해왔다는 것을 인식하게 되었다.

9. Obama 대통령의 여성 지위 향상을 위한 제안

Obama 대통령은 여성들의 지위 향상을 위해 여러 가지 제안을 하였는데, 여기에는 다음과 같은 것들이 있다.

- 임금 차별에 대해 이의를 제기할 수 있는 여성들의 권리를 제한하는 최근의 대법원 판결을 뒤집음. 법원의 이러한 판결은 Ledbetter 대 Goodyear Tire & Rubber Company 소송에서 내려졌음
- Roe 대 Wade 소송에 따른 여성들의 선택권을 보존시킴
- 고용주들이 피고용인들에게 연간 7일간의 유급 병가를 제공하도록 함
- 기업들에 유연 근무제(flexible work schedule)의 장점에 대해 홍보하고, 기업들의 유연 근무제 도입을 지원하고, 연방정부가 유연 근무제를 시범적으로 시행하는 고용주가 되도록 하는 프로그램을 개발함
- 방과후 학교 프로그램을 위한 주요 연방정부 지원 프로그램의 재원을 두 배로 확충함
- 자녀부양가족 세액공제(Child and Dependent Care Tax Credit)를 환불받을 수 있도록 하고, 저소득층 가구들이 자녀 양육비용 중 최대 50%까지 돌려받을 수 있도록 자녀부양가족 세액공제 제도를 개혁함
- 성(性)과 관련된 건강 불평등(health disparity)을 분석하는 연구에 대해 투자함
- 가정 폭력과 성 폭력 피해자들에게 직업의 안정성을 제공해 주는 법률을 통과시킴
- 법원에서 명령한 자녀 양육비를 지불하지 않는 아버지들을 단속함[62)]

10. 성차별주의와 사회복지

여성들은 대학원장으로, 학부의 사회복지 프로그램의 장으로, 기관들의 관리자로 그리고 국가, 주, 그리고 지역 사회복지 조직들의 감독으로 근무하는 다수의 사회복지의 리더십 지위들을 보유해 왔고 현재에도 보유하고 있다. 지금까지 방대한 수의 사회복지 저서를 쓴 여성 작가들과 전문적인 정기 간행물들이 있었다. 그러나 전반적으로 남성들이 사회복지의 리더십 지위에서 우위를 차지한다.

3분의 2가 넘는 사회복지사들이 여성이기 때문에 사회복지는 여성이 지배적인 직업이라는 인식이 있다.[63)] 일부 다른 통계들은 그렇지 않다고 주장한다. Gibelman과 Schervish는 NASW의 회원들을 인구통계학적으로 분석하여 남성 사회복지사들이 불균형하게 관리직들을 보유하고 있다는 것을 알아냈다. 이러한 지위들은 그들의 경력에 시기상조이며 그들의 여성 동료들에 비해 더 많은 연봉을 받는다고 추측했다.[64)] 여성 사회복지사들은 남성 복지사들이 1달러를 벌 때마다 80센트 정도를 번다.[65)] O'Neill은 2001년에 여성 사회복지사들의 평균 소득은 남성 사회복지사들에 비해 1만 달러 이상 적다고 기록했다.[66)]

》 여성이슈에 대한 사회복지의 대응

직업은 여성의 문제에 대한 응답이 되고 있다는 증거가 있다. 1973년에 NASW의 대의원 의회는 빈곤에 성차별을 포함시키며 인종차별을 직업을 위한 근본적인 관심사이자 우선순위로 두었다. 사회복지교육(CSWE)의 의회에서 커리큘럼에 포함된 여성의 문제들에 대한 내용이 담긴 학사 학위와 석사 학위 프로그램들의 인증 기준들을 요구했다. CSWE는 또한 사회 복지 교육 프로그램에 있어서도 성 차별을 금지하는 인증 기준을 설정했다. 그리고 사회 복지 교육 프로그램의 여성 행정가, 교수, 학생, 그리고 직원에게 적극적인 조치 프로그램을 요구했다.

NASW 법률적 방어 기금은 성차별 사례에 대한 재정적인 지원을 제공했다. 덧붙여, NASW는 평등권 수정 조항을 지지하고 이는 성차별과 관련된 다른 이슈에 대해서도 마찬가지로 적용된다. 실천 현장에 있어 대다수의 사회복지 클라이언트가 여성이기 때문에 사회복지가 여성에게 서비스를 제공하는 데 강조점을 둔다는 것은 어느 정도 사실이다. 공적 부조와 복지 급여를 받는 대상의 거의 4분의 3이 여성이다.[67)] 여성은 아직도 기본적으로 아동 양육을 전담하기 때문에 아동 복지 서비스의 주요 이용자은 여성이다. 여성들이 더 많이 상담을 요청하고 더 많이 상담을 받으며 노인 복지의 주요 이용자이기도 하다. 덧붙여 여성은 가족 계획, 임신 상담, 임신 중절, 강간 위기 서비스, 아동 학대 피해자를 위한 쉼터, 가사 지원 서비스의 주요 이용자이다.

여성들이 남성보다 더 많이 사회복지 클라이언트가 되는 이유는 다음의 몇 가지에 기인한다. 첫째, 여성은 미국에서 남성보다 더 많다. 하지만 Julia B. Raush는 다른 이유를 제시한다. "미국에서 대부분의 여성들은 남성보다 약점과 의존성을 받아들이도록 사회화되었다. 클라이언트의

보기 13.7 성평등을 추구하기 위한 전략

즉 이제는 여성도 결혼 여부와 관계없이 일하는 것이 보편적인 현상으로 자리 잡았다. 여성의 사회적 활동성평등을 성취하기 위해 우리는 여러 영역에서 다음과 같은 행동을 강구해야 한다.

- 여성은 어머니로서 가장 잘 수행할 수 있다는 모성의 신화를 종식해야 한다.
- 아버지는 가사와 아동양육의 역할을 공유해야 한다. 이는 남성이 정확하게 가사부담의 절반을 완수해야 한다는 의미가 아니고, 부부가 가족책임을 할당하는 데 있어 최선의 방법을 찾기 위해 의사소통해야 한다는 의미이다. 여성이 전통적인 아동양육과 가사책임 모두를 책임져야 한다는 가정하에서 여성들은 직장에서 남성과 동등하게 경쟁할 수 없다.
- 맞벌이 부부와 한부모 가족을 위한 부가적인 탁아서비스가 제공되어야 한다. 질적인 탁아서비스가 없다면 취업을 희망하는 어머니들은 취업할 수 없다.
- 성차별을 금지하는 법률이 제정되어야 하며 아직도 법적 차별이 남아 있다면 이는 개정되어야 한다. 성차별금지법은 위자료 및 아동양육 등과 같은 문제에 있어 남성을 보호하기 위해서도 필요하다.
- 역기능적인 성역할 사회화는 종식되어야 한다. 부모는 어린이와 남성 또는 여성으로서가 아닌 한 개인으로서 관계를 맺도록 배워야 한다.
- 자기주장훈련 프로그램이 남녀 모두 효과적으로 자신을 표현하도록 실시되어야 한다.
- 남녀 모두에게 보다 의식고양 집단이 접근 가능하도록 확대되어야 한다. 현재 의식고양 집단은 여성이 전통적인 성역할 고정관념을 인식하고, 더 나은 자아개념을 수립할 수 있도록 활용되고 있다.
- 구타당한 여성을 위한 쉼터, 강간위기센터, 인공중절상담, 가족계획서비스, 결혼 관련 상담 등 지속적인 시설 및 서비스의 개발이 필요하다.
- 학교상담가나 교사는 학생들이 성별이 아닌 능력에 의해 경력을 추구하는 결정을 내릴 수 있도록 지원해야 한다.
- 청소년은 성별에 대한 고려가 아니라 자신의 욕구에 따라 취업강좌를 택하도록 지원되어야 한다.
- 출판업자들은 전통적인 성역할을 지양하고 남성이 가사 역할을 하고 여성은 파일럿이나 물리학자와 같은 다양한 역할을 추구하는 출판물을 출판해야 한다.
- 정부와 민간기업이 파트너십을 갖고 이러한 공존의 원칙을 준수하도록 하는 법률이 제정되어야 한다. 즉 여성은 전통적으로 남성이 수행하던 영역에서 동일한 노동에 대한 동일한 임금을 받을 권리가 있다.

출처: National Association of Social Workers, *Social work speaks*, 7th ed. (Washington, DC: NASW, 2006), pp. 390-391.

역할이라고 하는 것은 여성에게 기대되는 행동과는 부합하지만 남성들에게 기대되는 역할과는 부합하지 않는다.[68] 빈곤이 여성에게 불균형적으로 영향을 미치는 문제이며 전일제 여성은 전일제 남성보다 실제적으로 낮은 보수를 받기 때문에 여성은 더 많은 서비스를 필요로 한다. 여성은 남성보다 실업률이 높고 한부모 가정의 세대주가 될 가능성은 더 높다.

Raush는 왜 여성이 사회복지 클라이언트가 되기 쉬운지에 대해서 다음과 같이 부가적 요인을 요약하고 있다.

> 십대 임신과 원하지 않는 임신, 산후우울증, 그리고 성 기능 장애; 부모 역할 기능이 여성에게 전담되기 때문에 나타나는 필요성, 아동방임 및 학대하는 여성에 대한 교육, 정서적 혼란, 학습 장애, 지적 장애, 시각 장애 등 기타 장애 아동을 둔 어머니를 위한 서비스; 아내 학대 및 강간에 대한 여성의 취약성; 여성과 어머니 역할의 제한성, 그리고 빈둥지 증후군, 별거나 이혼한 여성의 실제적이고 정서적인 스트레스, 혼자서 아이를 양육하는 어려움; 자기보다 연상의 남성과 결혼하는 규범과 여성의 평균 수명이 남성보다 높은 것이 결합되어 여성이 사별의 스트레스를 받게 되는 것; 아내의 역할을 상실하는 것, 고독감 등이다.[69]

사회복지사가 우리 사회의 클라이언트들이 직면하고 있는 문제를 설명해주는 전통적인 사회화 과정과 성역할 고정관념의 의미를 이해하게 된 것은 매우 중요한 점이다. 사회복지사는 클라이언트를 원조하기 위한 목적으로 자신을 활용하기 위해서도, 자신의 엄격한 성역할 고정관념을 극복하기 위해서도 훈련을 받아야만 한다. 이미 앞서도 지적한 바와 같이 남녀 간 상호작용의 많은 부분은 우리사회가 성역할에 대해 갖고 있는 고정관념의 결과이다. 남녀 모두에게 자신을 더욱 효과적으로 표현하며 성역할 고정관념에 대응해서 많은 기법을 얻을 수 있도록 도와주는 치료적 기법은 자기주장훈련으로(이 장의 뒤에 제시되어 있음) 폭넓게 활용되고 있다. 주로 여성들을 위한 의식고양 집단은 이제 클라이언트가 보다 성역할 고정관념을 인식하고, 자아개념을 가지며, 성차별주의를 종식시키기 위해 도움을 줄 수 있는 타인과의 관계를 유지하기 위해 활용될 수 있다.

성차별주의와 여성문제에 대한 인식이 높아짐에 따라 그동안 간과되어 왔던 집단에 대한관심과 서비스 제공이 증가하였다. 즉 강간이나 가정폭력, 성 학대, 한 부모 가족 등이 사회사업의 관심영역으로 확대되었다.[70]

현재 우리 사회에서는 남성 운동(Men's movement)이 서서히 가시화되고 있다. 여성들이 남성들보다 배우자를 고를 때 더 많은 임금을 받는 직업이 필수적이라고 더 믿기 때문에 여성들이 남성들을 '성공의 수단'으로 보려는 경향이 있다는 것에 대해 염려하는 남성들도 있다.[71] 또한 남성들은 일반적으로 이혼 시 법원에서 어머니 쪽을 더 나은 부모로 간주한다는 것에 대해서도 염려하고 있다. 그 결과, 어머니에게 아이들의 양육권이 주어지고, 아버지는 이들을 경제적으로 지원하고 이들을 제한적으로 방문할 수 있는 권리만 주어지는 경우가 많다. 남성 운동에서는 일부 여성주의자들이 남성 비하 경향을 보이고 있으며, 이들 여성주의자들이 남성들에 대한 부정적인 고정관념을 영구화시키고, 인간이나 그룹의 통제를 벗어나 발생한 역사적 요인에 기인하는 문제들에 대해서도 남성들에게 책임을 돌린다고 주장하고 있다.

우리 사회는 성의 역할에 대한 고정관념으로 인해 많은 비용을 지불하여 왔다. 이러한 고정관념으로 많은 사람들이 좀 더 생산적인 역할을 하지 못하게 되고, 또 이러한 고정관념으로 인해 발생하는 정서적 혹은 물리적 문제들에 많은 자원이 소비되었다.

현재 남성들은 새로운 역할을 맡고 새로운 경험을 쌓고 있다. 남성들이 집안일과 자녀 양육에 대해 여성들과 동등한 책임을 지는 것도 점차 일반화되어가고 있다. 또 현재 남성들이 간호사, 비서, 보모, 보육원 교사, 비행기 승무원 등과 같은 직업을 선택하는 경우도 계속 증가하고 있다.[72]

지난 40년 동안, 많은 미국인들은 성별에 따른 역할에 대해 '당연시'하던 관점에서 벗어나기 시작했다. 이제는 여성들이 평생 열등감을 가지고 살면서 잠재력을 제대로 발휘하지 못하도록 위협하고, 또한 남성들의 역할이 경쟁적이고, 공격적이며 정서적으로 무감각한 것이 되도록 제한하는 전통적인 차별이 불합리한 것으로 인식되고 있다.

우리 사회는 이제 점차 성평등을 향해 나아가고 있지만 아직도 실재적인 성불평등은 잔존하고 있다.

여성운동가와 과학자들은 남녀 모두가 전통적인 의미의 여성적, 남성적 방식과 달리 인간으로서 자신을 표현하고 역할을 수행하는 데 있어 더 융통성을 갖고 사회화되어야 한다고 주장한다.[73] 이러한 개념은 소위 '양성성(androgyny)'으로서 남성(andro; male)과 여성(gyne; female)의 합성어이다. 이러한 양성적인 인물이란 남녀 어느 한쪽 성의 형을 만드는 작용을 받지 않는 사람, 남성 역할과 여성 역할의 어느 쪽 역할도 상황에 따라 자유롭게 선택할 수 있는 사람을 뜻하고 있다.

》 치료에 있어서의 여성주의 관점

여성사회복지 연구자들은 치료에 있어 여성주의 관점이 발달하는 데 많은 기여를 했다. 이러한 관점은 Van Den Bergh와 L. Cooper를 포함한 일련의 저자들에 의해서 이루어졌다.[74]

여성주의란 정의하기 어려운 매우 다중적인 개념이다. Barker는 여성주의를 "여성의 법적·사회경제적 평등을 옹호하는 사회운동이며, 교리"라고 정의했다.[75] 또한 Barker는 '여성주의 사회복지'란 "사회복지의 가치, 기술, 지식을 개인과 사회가 성차별을 야기하는 정서적, 사회적 문제를 극복하도록 돕기 위한 여성주의적 지향과 통합한 것"으로 정의했다.[76]

여성주의 개입의 공통점은 9개의 원칙으로 다음과 같이 제시되고 있다.[77]

1. 클라이언트의 문제들을 사회정치적 틀 내에서 해석한다. 여성주의 개입은 성별, 인종, 계급, 연령과 무관하게 '권력관계'에 있는 남녀 간의 권력관계에 관심을 갖는다. 관계는 지배와 억압을 가져온다. 여성주의자는 '가진 자'와 '못 가진 자' 간의 관계에 토대를 둔 모든 사회, 경제, 정치구조를 변화시키고자 한다. 이런 원칙은 '개인적인 것은 정치적인 것이다'라는 표현으로 달리 말할 수 있다.

   여성주의 치료의 가장 큰 특징은 클라이언트가 자

신의 문제를 성차별적이고 인종적인 사회에서 여성이 경험하는 구조적인 문제들과 관련지어서 해석할 수 있도록 돕는다는 것이다.

2. 전통적인 성역할을 순종하는 것에 의문을 제기한다. 전통적으로 여성은 '학습된 무기력' 역할을 수행하도록 사회화되었다. Van Den Bergh는 고정관념화된 여성의 성역할이 여성을 의존적이고 수동적으로 되도록 한다고 기술한다.

   여성주의 치료에서 클라이언트는 전통적인 성역할에 의해 제약되었던 자신의 과제와 열망을 추구하고 생활방식에 대해 자유로운 선택을 추구하도록 지지받는다.

3. 개입은 클라이언트의 임파워먼트에 초점이 두어져야 한다. Van Den Bergh는 임파워먼트를 다음과 같이 기술한다.

   > 여성을 도와 자신이 힘있는 존재라는 의식을 갖도록 하고 자신의 삶에 영향을 가져올 수 있는 능력을 획득하도록 돕는 것이 여성주의 치료의 핵심이다. 임파워먼트는 자신의 삶과 타인 및 환경을 통제하는 능력을 고양시키는 자식, 기술, 자원을 획득하는 것을 의미한다. 전통적으로 여성은 자신이 원하는 얻기 위해 무기력 , 의존성, 얌전함 등 간접적이고 위장된 기술을 사용하곤 했다.[78)]

   임파워먼트는 다양한 방식으로 고양될 수 있다. (a) 클라이언트가 자신의 욕구를 정의하고 개인적인 목적을 명료화함으로써 유목적성에 도달할 수 있도록 도와 줌, (b) 클라이언트에게 교육과 자원에 대한 접근을 제공함, (c) 클라이언트가 자기 자신을 변화할 수 있는 잠재력이 있음을 믿을 수 있도록 도와줌, (d) 클라이언트의 병리를 강조하기보다 강점을 고양시키는 데 초점을 둠. 임파워먼트된 여성은 자신이 원하는 것을 얻을 수 있도록 환경을 통제하는 능력을 학습한 여성이다.

4. 클라이언트의 자아존중감을 고양시키는 데 초점을 둔다. 자아존중감과 자기 확신은 임파워먼트에 본질적인 요소이다. 치료자는 클라이언트가 자신의 독특한 점과 강점을 인식할 수 있도록 돕고 격려해야 한다. 자아존중감이 낮은 클라이언트는 일이 잘못되면 자신을 비난하는 경향이 있다. 예를 들어 구타당하는 여성은 전형적으로 구타당하는 것을 자신의 탓으로 돌린다. 그러한 클라이언트는 지금까지 자신을 비난하고 죄의식을 느꼈던 영역을 더 현실적으로 직면함으로써 역기능적인 상호작용을 종식시키고 다른 사람의 책임감에 대해 인식할 수 있게 된다.

5. 클라이언트는 자신의 장점, 속성, 관심, 성취에 근거하여 자신의 자아정체감을 발달시키도록 격려한다. 여성들은 대개 자신을 남편이나 남자친구, 자녀, 친구, 친척의 관점에서 정의하는 잘못을 범하기 쉽다. 여성은 다른 사람에게 귀속되지 않는 독립적인 자아정체감을 고양시켜야 한다.

6. 다른 여성들과의 관계를 재평가하고 사회적 지원체계를 발달시켜야 한다. 여성을 평가절하하는 사회에서 여성은 또 다른 여성에 대해 무의미하게 인식하는 경향이 있다. 사회적 지원체계를 가진 여성은 자신의 관심사를 분출하고 유사한 문제에 대해 경험과 해결책을 공유할 수 있게 된다. 사회적 지원체계는 자원을 인식하도록 돕는 중재자의 역할을 하며, 서로에게 정서적 지지를 제공할 수 있다.

7. 일과 대인관계 간의 균형을 발달시키는 데 초점을 둔다. 여성주의 개입은 남녀 모두에게 삶에서 경제적 측면과 정서적 측면을 공유하도록 격려한다.

8. 가능하다면 치료자와 클라이언트 간의 관계는 평등해야 한다. 클라이언트 치료자는 자신들을 클라이언트 문제에 대한 전문가로 보는 것이 아니라 클라이언트에게 힘을 부여하는 촉매자로 간주한다. 이렇게 치료관계를 재개념화하는 것은 치료자와 클라이언트 간의 지배와 종속 관계를 제거하는 과정이다.

9. 클라이언트는 적극적으로 자기주장을 할 수 있도록 지원받아야 한다(보기 13.8 참조). 전술한 바와 같이 여성은 수동적이고 자기주장을 하지 않도록 사회화되었다. 개인 및 집단상담을 통해 클라이언트는 점점 자기주장을 하게 되며 이는 클라이언트에게 자기확신감과 자아존중감을 느끼게 해준다. 클라이언트는 자신의 사고, 감정, 의견을 개진할 수 있게 된다. 또한 자신을 표현할 수 있다는 것은 임파워먼트에 중요한 요소이다.

이상에서 살펴본 클라이언트 치료나 상담원리의 공통적인 핵심은 클라이언트 문제의 사회적인 조건을 중시하는 것이고 클라이언트가 전통적인 성역할에 고착되는 것을 경계하며 여성의 독립심과 능력을 개발시켜주려는 데서 찾을 수 있다. 클라이언트 치료는 여성의 문제가 성차별적인 가정에서 비롯된다는 인식하에 현상유지에 도전하는 데 관심이 있으며 사회구조와 인간의 행동이 밀접한 연관이 있다는 이데올로기에 입각해 있다. 이러한 여성주의 치료의 원리는 대부분 여성주의 사회복지의 원리로 적용되고 있다.

11. 미래의 여성운동 방향

Coleman과 Kerbo에 의하면 , 다른 사회운동과 마찬가지로 모든 여성주의자들이 목표를 추구하는 최선의 방식에 대해 합의하는 것은 아니다.

> 현대의 여권 운동은 커다란 성공을 거두고 있다. 현재 여성 해방과 성 평등이 폭넓게 논의되고 있으며, 점점 더 많은 여성들이 과거에는 접근할 수 없었던 직업을 선택하고 있다. 법원의 판결과 입법 활동을 통해 여성주의자들은 여성들을 차별하는 고용과 승진 문제에 대해 성공적으로 공격하고 있다. 또한 고용주들은 정부 지원 프로그램을 통해 여성과 소수 그룹을 더 많이 고용하도록 권장받고 있으며, 남녀 간의 임금 격차도 크게 줄어들었다. 여성주의자들은 영어에 내재된 성적 편견에도 대항하고 있다. 여성들은 이제 스스로 자신을 '미스(Miss)'나 '미세스(Mrs.)'보다는 '미즈(Ms.)'라고 하는 경우가 많으며, 체어퍼슨(chairperson)과 휴먼카인드(humankind) 같은 성적으로 중립적인 새로운 단어들이 전통적으로 남성적인 단어들을 대체하고 있다. 그러나 이 장에서 보듯이 우리는 완전한 평등과는 아직도 멀리 떨어져 있다. 과거의 승리는 가장 명백하고 직접적인 형태의 차별에 대해서만 쟁취된 것으로, 이제 여성주의자들은 좀 더 교묘한 형태의 편견에 대항해야 할 것이다.[79)]

여성을 위한 전국조직(National Organization for Women, NOW)은 여성의 임신중절을 금지하려는 노력들과 투쟁하기 위해 조직되었다. 현재 여성운동은 여성의 인공중절권이란 여성 자신이 자신의 몸에 대한 결정권을 갖기 위한 토대로 간주한다.

원하지 않는 임신이라는 짐을 짊어진 여성들은 종종 배우자나 공공부조에 의존해야 하며 노동시장에서 남성과 경쟁하는 것은 거의 불가능한 일이다.

여성운동 내에는 과거 여성의 고유 역할로 여겨졌던 일에 대한 평가절하에 대한 논쟁이 일고 있다. 현대적인 역할을 주장하는 입장은 양성평등과 경력추구를 강조하지만 NOW의 한편에서는 전업주부의 역할이 동등한 가치로 인정받아야 한다는 것이다.

> **비판적 사고를 위한 질문 ?**
>
> 대부분의 사람들은 자기주장을 한다면 더 효과적일 상황에서 자기주장을 하지 못한다. 지금보다 더 자기주장을 해야 할 상황이나 상호작용은 어떤 경우인가? 자기주장을 하고 싶다면 보기 13.8을 읽어보아라. 당신에게 도움이 될 것 같은가?

여성운동이 취하고 있는 방식은 첫째, 저임금의 여성세대주 가구주인 한부모 가족을 지원하는 것이다. 전 세계적으로 빈곤인구의 대다수가 여성이며 이러한 '빈곤의 여성화' 현상이 점점 심각해지고 있다. 그러나 보육서비스는 이용하기에 비싸고 전일제로 일하는 남성 근로자에 비해 낮은 임금을 받는 현실에서 여성 가장이 노동시장에서 남성과 '경제적으로 동등하게' 된다는 것은 불가능한 일이다. 여성운동은 연방정부가 보육서비스에 대한 재정지원을 하도록 계속 주장할 것이다.

여성운동이 취하는 또 다른 방식은 연방정부, 주정부 등에서 여성 정치인이 효과적으로 활동할 수 있도록 지원함으로써 여성의 정치력을 강화하는 것이다. 여성운동은 정치적 평등을 통해 사회적 평등을 달성할 수 있다는 사실을 인식하고 있기 때문이다.

저명한 사회복지교육자인 Diane Kravetz는 다음과 같이 주장한다.

> 여성의 복지를 위해 사회복지사는 다음과 같은 사회정책의 변화를 추구하기 위해 적극적으로 활동해야 한다. (1) 기회의 평등과 임금의 공정성을 보장하는 연방정책의 통과를 위해, (2) 고용주가 지원하는 보육 프로그램을 포함한 다양한 보육서비스의 확대를 위해, (3) 일과 가정을 양립하기 위한 탄력근로시간, 일자리 나누기, 부모휴가제 등의 가족친화적 노동정책의 확대를 위해, (4) 아동양육비 지원 강화, (5) 인공중절권 보장, 가족계획 서비스 옹호 등을 포함한 여성건강지원, 그리고 더 이상 에이즈가 여성과 어린이에게 확산되는 것을 예방하기 위한 정책 등이다.
>
> 그러나 가장 중요한 것은 사회복지사가 여성클라이언트와 사회복지사 자신에게 영향을 미치는 전문직 내의 성차별주의

보기 13.8 자기주장 훈련

당신은 억압된 감정을 잘 다스리는가? 당신은 당신의 감정이나 의견을 다른 사람들 앞에서 공개적으로 솔직하게 표현하는 것을 싫어하는가? 당신은 권위를 가진 사람들과의 관계에서 자주 위축되는가? 당신은 비판에 대해 적극적으로 반응을 하는가? 당신은 뭔가 일이 잘 안 풀릴 때 화가 폭발하는가 혹은 침착해질 수 있는가? 사람들과 대화할 때 눈을 맞추기가 어려운가? 누군가 당신 옆에서 담배를 피워 불쾌해질 경우, 당신의 감정을 표현하는가? 데이트 신청을 하거나 사회적인 행사를 할 때 소심해지는가? 다행스럽게도 이러한 상황에서 문제가 있는 사람들을 위해, 사람들과의 관계를 좀 더 효율적으로 맺을 수 있도록 만들어 줄 수 있는 자기주장 훈련이라는 유용한 기술이 있다.

자기주장 문제의 형태에는 심한 부끄러움, 내성적 성격, 움츠림부터 다른 사람을 멀리하는 것까지 다양하다. 자기주장을 잘 하지 못하는 사람들은 종종 무슨 일에서든 잠자코 동의하는, 두려움이 많은, 자신의 실제의 혹은 자발적인 감정 표현을 두려워 하는 사람들이다. 분노와 불안감으로 인해, 종종 이들에게는 불쾌감, 낮은 자존감, 긴장성 두통, 피로와 화, 분노, 공격적 성향의 폭발 등이 초래될 수 있다. 어떤 사람들은 다른 사람들과의 거의 모든 관계에서 지나치게 수줍거나 소심해 진다. 그러나 우리들 대부분은 좀 더 자기 주장이 강하고 적극적인 것이 이익이 되는 문제에서 가끔씩만 문제를 보인다. 예를 들어, 어떤 미혼 남성이 점포의 매니저로서는 아주 적극적이고 유능하지만, 데이트를 신청할 때에는 서툴고 소심할 수 있다.

다른 사람들과의 관계에는 다음과 같이 세 가지 주요 유형이 있다: 자기주장을 하지 않는 유형, 공격적인 유형, 자기주장을 적극적으로 하는 유형. Robert Alberti와 Michael Emmons는 이들 유형의 특징에 대해 다음과 같이 설명하고 있다:

> 자기주장을 하지 않는 유형의 경우, 망설이고, 부드럽게 말하고, 눈길을 돌리고, 문제를 회피하고, 자신의 감정과 관계없이 동의하고, 자신의 의견을 표현하지 않고, 자신이 다른 사람들보다 '아래'에 있다고 생각하고, 다른 사람들에게 피해를 주지 않기 위해 자신이 피해를 보는 사람이다.
>
> 공격적인 유형의 경우, 다른 사람의 말이 끝나기 전에 대답을 하고, 크고 입버릇 사납게 말하고, 다른 사람을 빤히 쳐다보고, 지난 문제에 대해 말하고(비난, 힐난, 흉을 봄), 자신의 견해와 감정에 대해 격렬하게 설명하고, 자신이 다른 사람들보나 '위'에 있다고 생각하고, 자신이 피해당하는 것을 피하기 위해 다른 사람에게 피해를 입히는 사람이다.
>
> 자기주장을 적극적으로 하는 유형의 경우, 자발적으로 대답하고, 대화하는 것처럼 적당한 어투로 말하고, 다른 사람을 바라보고, 문제에 대해 얘기하고, 자신의 개인감정이나 의견(분노, 사랑, 반대, 슬픔 등)을 공개적으로 표현하고, 자신을 다른 사람과 동등하게 보고, 자신도 피해를 안 보고 다른 사람에게도 피해를 안 입히는 사람이다.[a]

행동의 예

당신은 다른 도시에서 열리는 회의에 참석하기 위해 운전을 하며 지인과 함께 가고 있다. 이때 지인이 담배 파이프에 불을 붙였으며, 당신은 지인의 담배 파이프에서 나오는 연기와 냄새로 인해 불쾌하고 답답한 느낌이 든다고 하자. 이때 당신은 어떤 선택을 하겠는가?

1. 자기주장을 하지 않는 반응: 연기에 대한 얘기를 전혀 하지 않고 3~4 시간 동안 '즐거운' 대화를 한다.
2. 공격적인 반응: 점점 짜증이 나서 나중에 폭발한다. "담배 파이프의 불을 끄세요. 아니면 내가 끌게요. 냄새 때문에 견디기가 어려워요."
3. 자기주장을 적극적으로 하는 반응: 지인을 바라보고, 분명한 어조로 "당신의 담배 파이프에서 나는 연기 때문에 내가 견디기 어려워요. 그걸 좀 꺼주면 안 될까요?"

친구들과의 파티에서, 당신의 남편이 "여자들은 말이 너무 많다"고 말하면서 당신을 비하하였다면, 당신은 어떻게 하겠는가?

1. 자기주장을 하지 않는 반응: 아무 소리도 하지 않지만, 상처를 받고 침묵을 지킨다.
2. 공격적인 반응: 남편을 노려보며 화난 목소리로 묻는다. "왜 당신은 항상 나를 비하해?"
3. 자기주장을 적극적으로 하는 반응: 평소대로 파티를 마치고 집에 돌아온 후, 침착하게 남편을 바라보며 묻는다: "오늘 밤 파티에서 당신이 여자들은 말이 너무 많다고 말했잖아. 당신이 이 말을 할 때 나는 무시당하는 기분이 들었어. 그 말이 무슨 뜻이야?"

자기주장을 적극적으로 하기

간단히 말해, 자기주장을 적극적으로 하는 행동은 다른 사람에 피해 주거나 상처를 주지 않고 자신을 표현하는 것이다. 자기주장 훈련은 우리가 우리 자신이 되고 우리의 감정을 자유로이 표현할 수 있는 권리를 갖고 있다는 생각을 현실화하고, 느끼고, 실제 행동에 옮기는 것이다. 자기주장을 적극적으로 하는 반응은 일반적으로 공격적인 반응과 다르다. 이들 두 가지 반응 사이에서의 차이는 매우 중요하다. 예를 들어, 지나치게 트집을 잡는 시어머니가 있는 부인의 경우, 부인이 보일 수 있는 공격적인 반응에는 시어머니 조롱하기, 의도적으로 시어

(계속)

보기 13.8 (계속)

머니의 화를 돋구는 방식으로 일을 하기(방문하지 않기, 시어머니가 싫어하는 종류의 음식을 제공하기, 청소하지 않기 등), 시어머니에게 조용히 해달라고 대신 말해 주도록 남편에게 조르기, 시어머니와 큰 소리로 언쟁하기 등이 있다. 반면, 효과적으로 자기주장을 적극적으로 하는 반응은 트집에 대해 다음과 같이 반응하는 것이다: "어머니, 어머니가 저를 비판하는 것 때문에 전 큰 상처를 받아요. 어머니가 저에게 충고를 하며 저에게 도움을 주려 한다는 것을 알아요. 그러나 어머니께서 그런 식으로 말씀하시면 저는 어머니가 저를 비판하는 것 같이 느껴져요. 그리고 제가 실수하는 것을 어머니가 원치 않는다는 것을 잘 알아요. 그러나 제가 발전하기 위해서는 제가 실수하는 것도 필요하고, 또 이를 통해 배우는 점도 많을 거예요. 어머니가 저를 정말로 도와주고 싶으시다면, 제 스스로 처리하여 제가 책임질 수 있도록 해주세요. 제가 원하는 어머니와의 관계는 아주 친밀한 관계에요. 그리고 엄마와 아이의 관계가 아니라, 성인들 간의 관계에요."

좀 더 적극적으로 자기주장을 하는 방법을 배우기 위한 단계로는 다음과 같은 것들이 있다:[b]

1. 당신의 상황에 대해 검토한다. 자기주장을 갖고 좀 더 적극적으로 대처해야 할 상황인가? 당신이 당신의 의견이나 감정을 표현하고 싶지만, 이를 표현하면 어떤 일이 생길까 하는 두려움을 갖는가? 당신은 때때로 다른 사람을 공격하는가? 이 경우, 일주일 이상 일기를 쓰게 되면 당신의 관계에 대해 더 쉽게 분석을 할 수 있을 것이다. 그리고 당신이 소심하게 행동한 상황, 공격적이 된 상황, 적극적으로 당신 주장을 한 상황 등을 기록하는 것이 좋다.
2. 좀 더 적극적으로 자기주장을 하는 것이 당신에게 유리한 상황을 고른다. 여기에는 당신이 너무 공손하거나 지나치게 사과를 많이 하는 상황도 포함될 수 있다. 혹은 당신은 소심해서 다른 사람이 당신을 이용하도록 하면서 동시에 당신의 마음 속에 분개, 화, 당혹감, 다른 사람에 대한 두려움, 당신의 의견을 표현할 용기가 없는 것에 대한 자기 비판 등의 감정을 품을 수도 있다. 당신이 화를 내거나 다른 사람을 함부로 대하는, 지나치게 공격적인 상황은 고쳐야 할 필요가 있다. 다음 단계에서 볼 수 있듯이, 자기주장을 하지 않는 상황, 공격적인 상황, 자기주장을 적극적으로 하는 상황 각각의 경우, 좀 더 적극적이 될 수 있다.
3. 당신이 자기주장을 하지 않거나 공격적이었던 과거의 특정한 상황에 집중한다. 수 분 동안 눈을 감고 자세한 상황을 머리 속에 그린다. 즉, 당신과 다른 사람이 말한 것과 당시 혹은 이후에 당신이 느꼈던 것에 대해 생각한다.
4. 당신의 반응을 적은 뒤 검토한다. 그리고 다음 질문을 스스로에게 하여 당신 스스로를 어떻게 표현하였는지를 확인한다:
   a. 눈맞춤: 당신은 다른 사람을 편안하고 안정적으로 바라보았는가? 눈을 내려 깔거나 다른 곳을 바라보는 것은 자신감 부족이다. 그리고 빤히 바라보는 것은 공격적인 반응이다.
   b. 몸짓: 당신의 몸짓이 적절하고, 자연스럽고, 편안하였는가? 다른 사람들이 당신의 메시지에 효과적으로 집중하였는가? 어설프고 경직된 몸짓은 긴장하고 있다는 것을 의미한다. 그리고 주먹을 불끈 쥐는 것과 같은 행동은 공격적인 반응을 보이는 것이다.
   c. 자세(body posture): 당신은 다른 사람과 직접 대면하며, 다른 사람을 향해 상체를 구부리거나, 당신의 고개를 똑바로 들거나, 혹은 다른 사람 가까이 앉거나 서서 당신의 메시지가 중요하다는 것을 알렸는가?
   d. 얼굴 표정: 당신의 얼굴 표정이 적극적으로 자기주장을 하는 반응에 맞게 단호하고 강경한 표정이었는가?
   e. 말투와 목소리 크기: 당신의 반응이 확고하고도 대화하는 식의 말투였는가? 소리치는 것은 화가 나있다는 것을 의미한다. 부드럽게 말하는 것은 수줍음을 의미하고, 갈라진 목소리는 긴장했다는 것을 의미한다. 당신의 목소리를 녹음하여 들어 본다. 그러면, 목소리를 높이거나 낮추는 연습을 할 수 있을 것이다.
   f. 유창한 언변: 당신은 말할 때 부드럽고, 분명하고, 천천히 말하는가? 빨리 말하거나 주저하며 말하는 것은 긴장한다는 것을 의미한다. 당신이 시험해 보기를 원하는 문제가 되는 상황에서 적극적으로 자기주장을 하는 상황을 녹음하는 것은 언변을 좋게 만드는 좋은 방법이 된다.
   g. 타이밍: 문제 상황에 대한 당신의 구두 반응(verbal reaction)이 가장 적절한 시간에 당신과 다른 사람에게 표현되었는가? 일반적으로 즉각적인 표현이 가장 좋다. 그러나 어떤 상황에서는 조금 후에 표현하는 것이 더 좋은 경우도 있다(예를 들어, 상사의 잘못된 발표에 대해 상사가 프레젠테이션을 하는 중간에 문제를 제기하기 보다는 나중에 개인적으로 만날 때 하는 것이 좋다).
   h. 메시지 내용: 문제 상황에서, 당신의 반응은 자기주장이 없는 반응인가, 공격적인 반응인가, 혹은 적극적으로 자기주장을 하는 반응인가? 당신의 메시지 내

(계속)

보기 13.8 (계속)

용을 분석하고, 왜 당신이 자기주장을 하지 않는 방식으로 혹은 공격적인 방식으로 반응을 보였는지에 대해 생각해 본다.

5. 하나 이상의 효과적인 사례를 관찰한다. 당신에게 문제가 되는 유형의 상황을 적극적으로 처리하는 데 사용되는 언어적 혹은 비언어적인 접근 방식에 대해 살펴본다. 그리고 이들 효과적인 접근방식의 결과와 당신의 접근 방식 결과를 비교한다. 가능하다면, 이 접근 방식과 이 접근방식을 사용하는 사람들의 감정에 대해 논의한다.
6. 좀 더 적극적으로 자기주장을 하는 상황에 대해 다양한 대안적 접근 방식의 목록을 만든다.
7. 눈을 감고, 당신이 이들 대안적 접근 방식을 사용하는 것을 상상한다. 각 접근 방식에 대해 그 상황이 어떤지 또 그 결과가 어떤지에 대해 생각해 본다. 그리고 당신이 사용하기에 가장 효과적이라고 생각이 되는 하나의 접근 방식 혹은 여러 가지 접근 방식의 혼합 형태를 선택한다. 상상을 통해, 당신에게 편안하다고 느껴질 때까지 이 접근 방식을 연습한다.
8. 친구 혹은 상담자와 같은 다른 사람과 접근 방식에 대한 역할극을 한다. 당신이 선택한 접근 방식의 특정 부분이 어색하거나 불편하거나, 혹은 서투르거나 소심해 보이거나 공격적으로 보일 경우, 이 접근 방식이 편안해 질 때까지 수정하여 연습한다. 당신이 선택한 접근 방식의 장점과 단점에 대해 다른 사람들로부터 의견을 듣는다. 그리고 당신의 상황을 4단계에서 설명한 적극적으로 자기주장을 하는 행동을 위한 언어/비언어적인 가이드라인과 비교한다. 아마 하나 이상의 자기주장을 하는 전략에 대한 역할극이 다른 사람들에게 많은 도움이 될 것이다. 그리고 당신도 역할을 바꿈으로써 이러한 전략을 사용할 수 있을 것이다.
9. 당신에게 가장 적합하고 또 당신이 가장 편안하다고 생각되는, 적극적으로 자기주장을 하는 접근 방식을 개발할 때까지 7단계와 8단계를 반복한다.
10. 당신의 접근 방식을 실제의 생활에서 사용한다. 이전의 단계들은 실제 상황에 대비하기 위한 것이다. 적극적으로 자기주장을 하기 위해 노력할 때 처음에는 다소 불안해 질 것이다. 만일 적극적으로 자기주장을 하려고 할 때 너무 걱정이 되면, 5단계와 8단계를 반복한다. 다른 사람과의 관계에서 자신을 효과적으로 표현하는 것은 개인의 행복에 매우 중요한 일이기 때문에, 적극적으로 자기주장을 하기 위해 필요한 자신감을 갖는 데 실패하는 사람들은 전문 상담을 받아 보는 것이 좋다.
11. 당신이 행한 노력의 효과에 대해 생각해 본다. 당신은 아직도 침착한가? 때때로 화가 나는 것은 자연스런 인간의 행복이며, 이를 표현할 필요가 있다. 그러나 화는 건설적이고 자기주장이 강한 방식으로 표현되어야 한다. 파괴적이고 남을 공격하는 방식으로 표현될 경우에는 다른 사람의 권리를 침해하는 것이 된다. 4단계에 설명한 적극적으로 자기주장을 하는 행동을 위한 언어/비언어적인 가이드라인을 고려할 때, 당신의 반응 중 어떤 부분이 적극적으로 자기주장을 하는, 공격적인, 자기주장을 하지 않은 편인가? 당신이 행한 노력의 결과는 무엇인가? 이와 같은 새로운 행동을 시도했을 때 어떤 것을 느꼈나? 가능할 경우, 이러한 문제와 관련된 당신의 행동에 대해 이를 지켜 본 당신의 친구와 논의해 보는 것이 좋다.
12. 어느 정도 성공을 기대할 수는 있다. 그러나 처음 시도한 노력으로 개인적으로 완전한 만족감을 얻기는 어렵다. 개인적으로 성장하고 다른 사람들과 효과적으로 교류하는 것은 계속적으로 필요한 학습 과정이다. 그리고 당신이 습득한 접근 방식의 장점에 대해 당신 스스로에게 칭찬해 주는 것도 아주 좋은 방법이다. 그러나 당신에게 필요한 개선 사항이 무엇인지 확인해 보아야 하며, 자기주장이 강한 노력을 더욱 개선시키기 위해 앞의 단계들을 사용해야 한다.

이 단계들은 체계적이라는 면에서 의미가 있다. 그러나 너무 엄격하게 적용되어서는 안 된다. 즉 각 개인은 자신에게 가장 적합한 과정을 개발해야 한다.

이러한 기술의 구조는 아주 단순하여 이해하기 쉽다. 그러나 실생활에서 이러한 상황이 발생할 경우 어떤 것이 적극적으로 자기주장을 가장 잘 표현해주는 지를 결정하기 위해서는 상당한 기술(상식과 창의력)이 필요하다. 자기 자신을 적극적으로 표현함으로써 얻게 되는 기쁨과 자신감은 진정으로 생활의 질을 높여 준다.

출처: From "How to Become More Assertive," by Charles Zastrow, pp. 236-240, in Charles Zastrow and Dae H. Chang (eds.), *The Personal Problem* Solver. Copyright © 1977 by Prentice Hall, Englewood Cliffs, New Jersey.

[a]Robert E. Alberti and Michael L. Emmons, *Stand Up, Speak Out, Talk Back!* (New York: Pocket Books, 1975), p. 24.
[b]These self-training steps are a modification of assertiveness training programs developed by Robert E. Alberti and Michael L. Emmons, *Your Perfect Right*, 8th ed. (San Luis Obispo, CA: Impact, 2001), and by Herbert Fensterheim and Jean Baer, *Don't Say Yes When You Want to Say No* (New York: Dell, 1975).

를 종식해야 한다는 것이다. 서비스와 프로그램의 효과성은 인종주의, 계급차이, 이성애주의와 마찬가지로 성차별주의를 얼마나 효과적으로 제거했는지로 평가되어야 한다.[80)]

여성운동은 지난 40년 동안 우리 사회에서 여성의 지위를 향상하기 위한 많은 업적을 남겼다. 그러나 양성평등을 향한 우리의 노력을 계속 되어야 할 것이다.

요약

다음은 이 장의 서두에서 제시한 학습목표와 관련된 내용을 요약한 것이다.

A. 성역할, 성차별, 성희롱의 역사 설명

거의 대부분의 사회에서 여성은 남성보다 낮은 지위를 점해왔다. 여성에게는 전통적으로 가사, 아동양육을 하도록 역할이 주어졌고, 수동적이고 여성적이 되도록 사회화되었다. 사회화과정과 성역할 고정관념은 여러 가지 문제점을 야기한다. 고용분야에서의 성차별이 그것인데, 같은 정규직 남자근로자는 같은 정규직 여성근로자보다 실제적으로 보수를 더 많이 받는다. 남성은 여성과의 상호작용에서 지배적이 되도록 사회화되는 데 반해 여성은 더욱 평등한 관계를 추구하는 경향이 있기 때문에 남녀 간의 권력투쟁이 존재한다. 성역할 고정관념과 전통적인 여성역할 때문에 여성들은 결혼에 대해 더 불행하게 느끼고 남성보다 더 우울해한다.

B. 전통적인 성역할기대 기술

전통적으로 미국 여성들은 상냥하고, 순종적이며, 순응적이고, 예민하며, 직관적이고, 의존적이며, 아주 천진난만해야 되는 것으로 기대되어 왔다. 또한 여성들은 기본적으로 집안일에 관심이 많고, 베푸는 것과 아이들을 돌보는 것을 좋아하며, 자신들의 외모에 신경을 많이 쓰고, 가족을 위해 희생해야 한다고 여겨지고 있다. 여성들은 남성들보다 야심적이거나, 공격적이거나, 경쟁적이거나, 지적이어서는 안 된다. 여성은 스포츠, 경제, 정치 등에 관해 무관심해야 하고 흥미가 없어야 한다. 또 여성들은 남성들과의 교제 시에 관계를 주도해서는 안 되고, 부드럽고, 여성스럽고, 정서적이면서 감사하는 마음을 가져야 하는 것으로 기대되고 있다.

우리 사회에는 또한 남성들에 대한 전통적인 성역할 기대가 많이 있다. 남성은 강인하고, 용감하며, 논리적이고, 자립적이며, 독립적이고, 공격적인 것으로 기대되고 있다. 또 남성들은 현재의 주요 문제에 대해 분명한 의견을 갖고 있어야 하고, 직장과 가정에서 권위 있는 결정을 내려야 하며, 견고한 오크(oak) 나무처럼 강하고, 결코 의기소침하거나 연약하거나, 불안한 모습을 보여서는 안 된다. 그리고 울거나 감정을 밖으로 드러내는 것과 같은 여린 모습을 보여서도 안 된다. 남성들은 가족 부양자가 되고 생계를 책임지는 사람이 되어야 한다. 또한 남성들은 모든 상황에서 유능하고, 신체적으로 강인하며, 운동선수답고, 자신만만하며, 대담하고 용감하며, 힘이 있어야 한다. 즉 남성들은 모든 상황을 지배할 수 있는 위치에 있어야 한다. 남성들은 여성들과의 교제 시에 관계를 주도해야 한다.

C. 성차별주의에 생물학적 기반이 있는지 검토

성역할에 대한 기대는 기본적으로 문화적인 학습 경험에 의해 형성된다.

D. 전통적인 성역할 사회화의 실제 기술

성역할 고정관념은 우리 사회의 전 영역에 널리 퍼져 있다. 즉 아이양육행동, 교육체계, 종교, 현대 심리이론, 언어, 대중매체, 경제 분야, 결혼과 가족 유형, 정치제도 등에서 찾아볼 수 있다.

E. 성차별주의가 남성과 여성에게 어떤 결과를 가져오는지 제시

여성들은 직업, 소득, 가정 내에서의 책임, 대인관계, 모성의 벽 등 다양한 부문에서 희생당하고 있다. 또한 남성들도 희생당하고 있다. 예를 들어 남성들은 자신의 직업을 우선시해야 한다. 이에 따라 남성들은 남편과 아버지로서 누려야 할 가족과의 상호 작용이나 만족감을 크게 제한받고 있다.

미국 일부 지역의 남성들은 법적으로 불리한 입장에 있

다. 어떤 지역의 경우, 남편들이 가족을 경제적으로 부양하도록 법에서 요구하고 있으며, 이를 지키지 않을 경우에는 남편이 부인으로부터 이혼을 당할 수 있다. 그리고 결혼이 파탄 날 경우, 보통 법원은 부인에게 아이들 양육권을 준다. 양육권 분쟁에서 아버지들은 아이들을 양육하는 데 있어 자신이 어머니보다 더 적합하다는 것을 입증해야 하는 더 무거운 책임을 갖고 있으며, 어머니가 아이들 양육에 소홀하다고 입증되는 경우에만 아버지의 주장이 진지하게 고려된다. 그리고 배우자 양쪽 모두 자신을 돌볼 수 있는 상황이라 하더라도 부인에게 이혼 수당이 지급되도록 하는 경우가 훨씬 많다.

F. 우리 사회의 성역할 혁명 기술

1960년대에 다시 부흥한 여성운동은 성역할 고정관념을 없애고 사회화과정을 혁명적으로 변화시키려고 노력해 왔다. 성차별을 금지하는 일련의 법들이 제정되었다.

남성뿐만 아니라 여성들은 이제 새로운 경력을 추구하고 전통적인 성역할과는 전혀 다른 역할과 과업 등을 갖는다. 양성성이란 개념이 설득력을 얻고 있다. 양성적인 인간은 다양한 성역할 가능성을 탐색하고 성역할 고정관념에 대한 고려 없이 감정을 표현하고 행동한다.

여성운동이 남성들에게서도 많은 지지를 얻는다는 것은 매우 흥미로운 일이다. 남성들은 전형적으로 이상적인 남성의 역할을 수행하는 데 있어 많은 어려움을 경험하고 있다. 이상적인 남성성이란 언제나 권위적이고 불안이나 우울을 표시해서는 안 되고 감정을 숨기고, 독립적이고 공격적이어야 하며, 절대 울어서도 안 된다. 남성들은 이러한 고정관념화된 남성역할을 추구하는 것이 인간관계, 직업, 정서표현, 가사일 등에서 자신의 기회를 제한시킨다는 것을 점차 인식하고 있다. 성역할 고정관념은 여성, 남성 그리고 우리 사회에 심각한 비용을 요구한다. 진정으로 양성이 평등하다는 것은 사람들이 자기 자신에게 자유롭다는 것을 의미한다.

G. 양성평등을 성취하기 위한 전략 제시

진정한 성 평등은 사람들이 스스로 자유로워지는 것이다. 성 평등 달성을 위해서는 여러 분야에서 여러 가지 조치가 취해져야 한다. 이를 위한 전략에 대해서는 이 장에 간략하게 요약되어 있다.

H. 성차별주의에 대처하기 위한 사회복지의 헌신적인 노력 요약

사회복지전문직은 자체의 직종에서나 더 넓은 사회에서의 성차별을 없애는 데 기여해 왔다. 사회복지사의 3분의 2 이상이 여성임에도 불구하고 관리직에는 남성들이 집중되어 있다. 또 대부분의 클라이언트는 여성이다. 사회복지사는 클라이언트의 자아실현을 돕는 데 필요한 기술을 가져야 할 것이며 또한 성역할 고정관념에 의해 부정적인 영향을 받지 않도록 하는 데에도 노력을 기울여야 한다.

인터넷 참고자료

CENGAGE**NOW**™ 각 장과 관련된 참고자료는 출판사 홈페이지(www.cengage.com/social_work/zastrow)를 참조하라.

주

1. William Kornblum and Joseph Julian, *Social Problems*, 12th ed. (Upper Saddle River, NJ: Pearson, 2007), p. 259.
2. Ibid.
3. Ibid., p. 187.
4. Jean Stockard and Miriam M. Johnson, *Sex Roles* (Englewood Cliffs, NJ: Prentice Hall, 1980), pp. 19–42.
5. Kornblum and Julian, *Social Problems,* p. 280.

6. Thomas Sullivan, Kenrick Thompson, Richard Wright, George Gross, and Dale Spady, *Social Problems: Divergent Perspectives* (New York: Wiley, 1980), p. 452.
7. Francine D. Blair, "Women in the Labor Force: An Overview," in *Women: A Feminist Perspective*, Jo Freeman, ed. (Palo Alto, CA: Mayfield, 1979), p. 272.
8. John Money, J. G. Hampson, and J. L. Hampson, "An Examination of Some Basic Sexual Concepts: The Evidence of Human Hermaphroditism," *Bulletin of the Johns Hopkins Hospital*, 1955, pp. 301–309.
9. H. L. Rheingold and K. V. Cook, "The Contents of Boys' and Girls' Rooms as an Index of Parents' Behavior," *Child Development*, 46 (June 1975), p. 461.
10. Eleanor Maccoby and Carol Jacklin, *The Psychology of Sex Differences* (Stanford, CA: Stanford University Press, 1974).
11. Ibid.
12. Betty Friedan, *The Feminine Mystique* (New York: Dell, 1963).
13. Paul R. Horton, Gerald R. Leslie, and Richard F. Larson, *The Sociology of Social Problems*, 9th ed. (Englewood Cliffs,NJ: PrenticeHall, 1988), p. 252.
14. Sullivan et al., *Social Problems: Divergent Perspectives*, pp. 475–476.
15. Kornblum and Julian, *Social Problems*, pp. 270–272.
16. Linda A. Mooney, David Knox, and Caroline Schacht, *Understanding Social Problems*, 6th ed. (Belmont, CA: Wadsworth cengage Learning, 2009), p. 424.
17. Robert L. Barker, *Social Work Dictionary*, 5th ed. (Washington, DC: NASW Press, 2003), p. 394.
18. Horton, Leslie, and Larson, *The Sociology of Social Problems*, p. 261.
19. Mooney, Knox and Schacht, Understanding Social Problems, p. 422.
20. Amy Saltzman, "Hands Off at the Office," *U.S. News & World Report*, Aug. 1, 1988, pp. 56–58.
21. Mooney, Knox, and Schacht, *Understanding Social Problems*, p. 422.
22. Deborah S. David and Robert Brannon, eds., *The Forty-Nine Percent Majority*: The Male Sex Role (Reading, MA: Addison-Wesley, 1976).
23. Stockard and Johnson, *Sex Roles*, pp. 133–147.
24. Richard C. Friedman, Ralph M. Richart, and Raymond L. Vande Wiehe, eds., *Sex Differences in Behavior* (New York: Wiley, 1974).
25. See Shirly Weitz, *Sex Roles: Biological, Psychological, and Social Foundations* (New York: Oxford University Press, 1977); Betty Yorburg, *Sexual Identity: Sex Roles and Social Change* (New York: Wiley, 1974); Michael Teitelbaum, ed., *Sex Roles: Social and Biological Perspectives* (New York: Doubleday/Anchor, 1976).
26. Ibid.
27. Maccoby and Jacklin, *The Psychology of Sex Differences*.
28. Ibid.
29. John Money, Joan Hampson, and John Hampson, "Imprinting and the Establishment of Gender Role," *Archives of Neurology and Psychiatry*, 77 (Mar. 1967), pp. 333–336; see also John Money and Anke A. Ehrhardt, Man and Woman, Boy and Girl (New York: New American Library, 1974); Richard Green, *Sexual Identity Conflict in Children and Adults* (Baltimore: Penguin, 1975).
30. Sullivan et al., *Social Problems*, pp. 460–465.
31. Charles H. Cooley, *Social Organization* (New York: Scribner's, 1909).
32. Matina Horner, "Fail: Bright Women," *Psychology Today*, Nov. 1969, pp. 36–38; Vivian Gornick, "Why Women Fear Success," Ms., Spring 1972, pp. 50–53.
33. Janet S. Hyde, *Understanding Human Sexuality*, 5th ed. (New York: McGraw-Hill, 1994), pp. 385– 394.
34. Kornblum and Julian, *Social Problems*, p. 271.
35. American Association of University Women, *How Schools Shortchange Women*: The A.A.U.W. Report (Washington, DC: A.A.U.W. Educational Founda-

tion, 1992).

36. James W. Coleman and Harold R. Kerbo, *Social Problems*, 10th ed. (Upper Saddle River, NJ: Vango, 2008), p. 250.
37. Ibid.
38. Myra Sadker, David Sadker, and Susan S. Klein, "Abolishing Misconceptions about Sex Equity in Education," *Theory into Practice* 25 (Autumn 1986), p. 220.
39. Kornblum and Julian, *Social Problems*, p. 406.
40. Janet S. Chafetz, Masculine, *Feminine or Human? An Overview of the Sociology of Sex Roles* (Itasca, IL: F. E. Peacock, 1974).
41. Kornblum and Julian, *Social Problems*, pp. 409– 410.
42. Sigmund Freud, *A General Introduction to Psychoanalysis* (New York: Boni & Liveright, 1924).
43. Kornblum and Julian, *Social Problems*, p. 259.
44. Ibid., pp. 270–272.
45. Mooney, Knox, and Schacht, *Understanding Social Problems*, p. 401.
46. James W. Coleman and Harold R. Kerbo, *Social Problems*, 10th ed. (Upper Saddle River, NJ: Vango, 2008), pp. 255–256.
47. Ann M. Morrison, "Up Against a Glass Ceiling," *Los Angeles Times*, Aug. 23, 1987, sec. 1, p. 3.
48. Kornblum and Julian, *Social Problems*, p. 271.
49. Ibid.
50. Ibid.
51. Ibid., pp. 270–272.
52. Horton, Leslie, and Larson, *The Sociology of Social Problems*, p. 258.
53. Ibid.
54. Kornblum and Julian, *Social Problems*, p. 268–270.
55. Ibid.
56. Ibid.
57. Matina S. Horner, "Femininity and Successful Achievement: A Basic Inconsistency," in *Feminine Personality and Conflict*, Judith M. Bardwich, ed. (Pacific Grove, CA: Brooks/Cole, 1970).
58. David and Brannon, *The Forty-Nine Percent Majority*, pp. 53–54.
59. Hartley, "American Core Culture," p. 142.
60. Kornblum and Julian, *Social Problems*, pp. 288–289.
61. Carl Glassman, "How Lady Cops Are Doing," *Parade*, Jul. 27, 1980, pp. 4–5.
62. *Blueprint for Change: Obama and Biden's Plan for America*, http://www.barackobama.com/pdf/obama BlueprintForChange.pdf.
63. John O'Neill, "Network Reports Membership Data," *NASW News*, Jan. 2001, pp. 1, 8.
64. M. Gibelman and P. H. Schervish, "The Glass Ceiling in Social Work: Is It Shatterproof ?" *AFFILIA*, 8, no. 4 (1993), p. 443.
65. O'Neill, "Network Reports Membership Data," p. 8.
66. Ibid.
67. Diane Kravetz, "Social Work Practice with Women," in *Social Work: A Profession of Many 446 Chapter 13 Faces*, 9th ed., Armando Morales and Bradford W. Sheafor, eds. (Needham Heights, MA: Allyn & Bacon, 2001), pp. 241–265.
68. Julia B. Rauch, "Gender as a Factor in Practice," in *SocialWork: A Profession of Many Faces*, 5th. ed., Armando Morales and Bradford W. Sheafor, eds. (Boston: Allyn & Bacon, 1989), p. 342.
69. Ibid., pp. 343–344.
70. Kravetz, "Social Work Practice with Women," pp. 241–265.
71. Mooney, Knox, and Schacht, *Understanding Social Problems*, pp. 420–421.
72. Ibid., pp. 420–421.
73. Ibid., pp. 419–420.
74. Nan Van Den Bergh and L. B. Cooper, "Feminist Social Work," *in The Encyclopedia of Social Work* (Washington, DC: NASW, 1987), pp. 610–618.
75. Barker, *The Social Work Dictionary*, p. 161.
76. Ibid.

77. Van Den Bergh and Cooper, "Feminist Social Work," pp. 610–618; Nan Van Den Bergh, "Feminist Treatment for People with Depression," in *Structuring Change*, K. Corcoran, ed. (Chicago: Lyceum, 1992), pp. 95–110; K. K. Kirst-Ashman and G. H. Hull, Jr., *Understanding Generalist Practice* (Chicago: Nelson-Hall, 1993), pp. 422–463.
78. Van Den Bergh, "Feminist Treatment for People with Depression," p. 104.
79. Coleman and Kerbo, *Social Problems*, p. 260.
80. Kravetz, "Social Work Practice with Women," p. 260.

CHAPTER 14

노화와 노인복지 서비스

Aging and Gerontological Services

이 장의 개요

- 개요
- '최근에 발견된' 소수집단
- 후기 성인기의 정의
- 노인들이 직면하는 문제들
- 현재 제공되고 있는 서비스들
- 노인과 사회사업
- 강력한 정치적 세력으로 등장한 노인세대
- 노인을 위한 사회적 역할 개발
- 후기 성인기를 위한 준비

학습목표

현대 사회에서는 오랫동안 간과되어 왔던 노인들의 문제와 욕구가 가장 중요한 문제로 인식되고 있다.

노인들은 신체적 질병과 정서적 불안정, 빈곤, 영양결핍, 대중교통 수단 이용의 불편함, 낮은 지위, 사회 내에서의 의미 있는 역할 부족, 부적절한 주거환경과 같이 개인적, 사회적인 어려움에 직면하고 있다. 또한 노인은 '최근에 대두된' 소수집단이기도 하다. 그들은 구직에서의 차별, 주류사회에서의 배제 및 수많은 고정관념과 편견에 노출되어 있다.

이 장은 다음과 같은 내용으로 구성된다.

A. 노인들이 직면하는 특정한 문제들 묘사
B. 이런 문제들과 만나는 현재 서비스들과 문제점들에 대해 논의. 또한 현재 서비스 간의 차이 적어보기
C. 노인들에게 서비스를 제공하는 사회복지의 역할 서술
D. 노인들의 신분을 개선하는 데 필요한 사회적이고 정책적인 변화 논의

1. 개요

어떤 부족사회에서는 힘없는 노인들을 내다버리기도 했다. 크로우, 크릭, 호피 인디안 등은 그들의 부족에서 멀리 떨어진 곳에 노인들이 죽을 수 있는 특별한 집을 만들기도 했다. 에스키모인들은 노인들을 눈더미 속에 놔두거나, 혹은 카약(에스키모인들의 카누)을 타고 부족을 떠나도록 종용하기도 했다. 볼리비아 우림지대의 시리오노 부족은 식량을 찾아 이동할 때 노인들을 놔두고 떠났다.[1] 오늘날에도 우간다의 이크 부족은 노인들과 장애인들을 방치해 굶겨 죽인다.[2] (일반적으로 부족사회에서 이런 행동을 하는 것은, 노인들을 유기하는 것을 신성한 행동이라 믿었기 때문이다.)

이런 전통을 충격적이고 야만적이라고 볼 수 있으나, 우리 사회도 그들과 같이 노인을 유기하고 있지 않은지 생각해볼 필요가 있다. 우리는 아무리 생산성이 있더라도 노인이 되면 은퇴하도록 강요한다. 대다수가 은퇴 후에는 지위나 권력, 자존감이 떨어진다. 또한 지역사회 내의 시설들은 어떠한가? 공원이나 지하철, 도서관 등은 어린이들과 젊은이들을 위해 열려 있을 뿐이다. 노인들이 스스로 보호하지 못할 경우, 사회로부터 떨어진 요양원으로 가게 된다. 더군다나 우리는 약간의 재정적인 부담에서 완화된다. 10명 중 한 명은 가난하다.[3] 약 4명 중 한 명은 아프리카계 미국인이고, 5명 중 한 명이 히스패닉계로 65세 이상이며 빈곤선 이하에 놓여있다.[4]

2. '최근에 발견된' 소수집단

노인을 대하는 사회적 시각이나 대책이 사회문제로 대두된 것은 최근의 일이다. 그리고 그 결과 노인들은 소수집단으로 인식되고 있으며, 다른 소수집단처럼 그들도 취업상의 차별을 받는다. 연령차별을 가장 극단적으로 보여주는 예로 일정 나이가 되면 강제로 은퇴해야 하는 것을 들 수 있다.

미국의 법적 은퇴 연령은 65세이다. 1978년 미국의 의회에서는 은퇴시기를 70세로 높이는 법률을 주장했으나, 1986년 의회는 이 법안을 무효화했다.

노인들은 다른 여러 방면에서도 차별을 받는다. 노인들은 생산성이 적다고 여겨지며, 따라서 50대, 60대의 취업희망자는 새로운 일을 찾기가 무척 어렵고, 또 젊은 사람들에 비해 무직으로 있는 시간이 길다. 그들은 사회에서 더 이상 의미 있는 역할을 하지 못하는 것이다.

우리 사회는 젊음을 강조하며, 신체적 아름다움과 매력을 중시하게 되었고 이는 노인에 대한 가치를 더욱 떨어뜨렸다. 또한 노인들은 '무슨 일이 일어나는지 전혀 모르는 사람들'로 치부되어 그들의 지식과 생각은 낡고 고리타분한 것으로 평가된다. 또한 나이가 들면서 지적 능력이 감소한다는 잘못된 믿음이 있는데, 실제로 이와 관련된 연구결과는 어떤 신체적 질병이 없을 경우, 지적인 능력은 나이가 들어도 오랫동안 유지된다고 발표되고 있다.[5]

노인은 보수적이고, 변화에 둔감하며, 융통성이 없고 적

사례 14.1 인생 최고의 시간—은퇴

Tom Townsend는 42년간 제철소에서 근무하였다. 그는 16년 전 공장 감독관으로 승진하면서 그의 꿈을 이루었으며, 제철소에서 계속 일하는 것과 그가 맡고 있던 팀을 관리하는 것은 그가 매우 원하는 삶이었다. 그는 아내 Laura와 37년 동안 결혼생활을 해 왔다. 결혼 초에는 힘든 시간도 있었지만 수년이 지나면서 서로에게 익숙해지고 편안해졌다. 이 부부는 사회에서 여성의 역할에 대한 전통적인 시각을 가지고 있다. 아내의 역할은 언제나 집안일을 하는 것이었다. 이들에게는 장성한 두 자녀가 있고 모두 부모를 떠나 현재 각자의 집에 살고 있다.

Tom에게는 공장에서의 삶이 전부였다. 그는 다른 취미나 관심거리를 만들 시간도 없었고 본인도 야유회나 사교모임에 관심이 없었다. 근무를 쉬는 날이면 집에 있는 물건을 고치거나 다시 일에 돌아가기 위해 재정비를 했다. Tom의 집에는 대화 대신 텔레비전이 자리하고 있었으며, Tom은 주말에는 보통 온갖 스포츠 프로그램을 시청했다.

5월 18일 Tom은 70세가 되었다. 회사에서는 그날 은퇴 저녁식사를 대접했고 많은 사람이 참석했다. Tom과 Laura 그리고 그들의 두 자녀와 그 가족들도 참석했으며, Tom이 담당한 팀의 팀원들과 그 부인들 그리고 회사 경영자와 그 부인들도 참석했다. 이날 참석한 사람들은 평소에 서로 이러한 친교적인 만남을 잘 갖지 않았던 사람들이었기 때문에 처음에는 모두들 조금 불편해했다. 하지만 그날 저녁식사는 상당히 좋은 분위기로 지나갔다. Tom은 모두에게 축하를 받았고, 금시계도 받았으며, 그가 회사와 함께 했던 시간에 대해 발언을 하는 시간도 가졌다. 칵테일 몇 잔을 마신 후 모두 집으로 돌아갔다. Tom은 조금 감상적인 느낌이 들었지만 모든 사람들이 자신의 공헌을 인정해 주었기 때문에 상당한 자부심을 느꼈다.

Tom은 다음날 아침 7시에 일어났다. 이 시간은 항상 그가 일하러 준비하고 나가기 위해 일어나는 시간이다. 그때 그는 불현듯 자신은 이제 은퇴를 했고, 갈 곳도 없으며, 일어날 이유도 없다는 것을 깨닫게 되었다. 공장에서의 그의 삶은 이제 끝난 것이었다. 이제 그는 무엇을 해야 할지 알 수 없었다.

Tom은 그 다음주 내내 집에서 Laura를 따라다니며 짜증나게 했다. 때로는 그는 자신이 쓸모없게 느껴진다며 불평했다. 자신이 죽었으면 좋겠다고 두 번 이야기했다. Tom은 자신의 팀원을 보러 공장에 갔지만 그와 대화하기에는 모두 너무 바빴다. 게다가 감독관으로 승진한 Bill은 신이 나서 Tom에게 자기 부서의 생산성이 얼마나 높아졌는지 자랑하고, 또 그 생산성을 더 높이기 위한 자신의 계획들을 이야기하며 Tom을 지루하게 했다.

긴 산책도 별로 도움이 되지 않았다. 그는 산책을 하는 동안 자신의 역경에 대해 생각하고 더욱 우울해졌다. 그는 이제 무엇을 할 것인가? 자기 시간을 의미 있게 보내기 위해 무엇을 찾아 해야 하는가? Tom은 거울을 바라보며 자신의 머리가 점점 벗겨지는 것과 얼굴의 수많은 주름을 보았다. Tom은 점점 더 갖가지 고통과 아픔을 느끼기 시작했다. 그는 스스로 '나는 쓸모없는 노인일 뿐이야'라고 생각했다. 그는 자신의 미래가 어떻게 될지 생각해 보았다. 회사연금이 계속 오르는 청구서의 속도를 맞출 수 있을까? 결국에 그는 양로원에 보내질까? 그의 남은 삶 동안 무엇을 할 것인가? 그는 도무지 알 수 없었다.

응력이 떨어지며, 젊은이들에게 짐이 된다고 잘못 인식되고 있다. 사실 노인들을 가까이에서 만나보면 꼭 그렇지는 않다는 것을 알 수 있을 것이다.

노인들은 인종차별을 겪었던 소수민족들처럼 그들이 받는 편견을 타파하고자 노력하고 있다. 그들은 그들의 사회적, 문화적 지위를 찾고자 민감하고 주의 깊은 노력을 하고 있다.[6] (Cooley의 거울속의 자아는 타자와의 상호관계에서 비추어진 자아의 상을 말하며, 자주 다른 사람들로부터 부정적인 반응을 받을 때 그들은 결국 그들 스스로를 부정적으로 보게 된다는 것이다.)

3. 후기 성인기의 정의

Kornblum과 Julian은 노인에 대한 일반적인 고정관념을 다음과 같이 말했다.

> 많은 문화에서 노인은, 노쇠하고 개성이 없으며 조용하고 비생산적이며 보수적이고 변화에 저항적이라고 규정짓는다. 이런 믿음은 이와 반대되는 수많은 증거에도 불구하고 지속되고 있다.[7]

반면에 언론에서는 은퇴한 노인들을 여행이나 다니고 골프를 치며 겨울에는 따뜻한 곳에서 햇볕을 즐기는 건강하고 돈 걱정 없는 이로 보여준다. 이는 젊은 노년층, 특히 수입이 높은 상위계층에서나 있을 법한 모습으로, 대다수의 노인들에게는 어울리지 않는다.

최근 노인의 사회적·신체적 욕구가 알려지고 있다. 예전에는 인간의 수명이 짧아 노인에 대한 사회적·신체적 욕구를 미처 파악하지 못했다. 미국의 경우 20세기로 들어서면서 인간의 수명이 급격히 늘어났다. 1900년에 49세였던 수명이 현재는 78세이다.[8] 또한 미국과 비교해 대다수의 다른 사회에서는 노인들에게 의미 있는 역할을 부여한다. 가령 조언가, 중재자, 소유자, 지도자, 부족의 지혜를 담고 있는 자, 그들의 능력 내에서 어떤 일을 성취할 수 있는 사람으로 노인의 역할을 규정짓는다.

미국에 있어서 연대기 순의 나이는 매우 중요하다. 인생의 항로는 우리의 나이에 의해 부분적으로 영향을 받는다. 연대기적 나이는 학교에 다니기 적합한 나이가 언제인지, 혹은 결혼, 투표권 행사가 가능한 나이가 언제인지를 알려주기 때문이다. 또한 일반적으로 우리 사회에서는 65세 이상이 노인기의 시작이라 본다.

문맹국에서는 그들의 나이가 정확히 몇인지 알지 못한다. 노인은 신체적·정신적 상태에 의해 결정되며, 연대기적 순서로 결정되지는 않는다. 그리고 그들의 노인에 대한 정의는 우리보다 더 정확하다. 사실 65세에 모든 사람들이 똑같이 정신적·신체적 상황이 되지는 않는다. 노화는 개별적인 과정으로 사람들에게 모두 다른 속도로 나타날 수 있고, 또 사회심리적인 요소가 신체적 변화를 느리게 혹은 몹시 빠르게 만들 수도 있다.

노화의 과정을 노쇠라 부른다. 노쇠는 사람들에게 모두 다른 속도로 일어난다. 또한 다양한 신체적인 변화가 사람들에 따라 다르게 나타난다. 시각적으로 알 수 있는 주름, 하얀 머리카락, 디스크 등으로 인한 구부러진 자세 등이 그것이다.

사람은 나이가 들면서 혈관, 근육, 피부, 연결 조직 등이 탄력을 잃고, 혈관의 경직, 관절의 경화가 일어난다. 뼈는 얇고 밀도가 낮아진다. 호르몬의 활동과 반사기능도 늦어진다. 노인들이 직면하는 대다수의 건강 문제는 순환계의 전반적인 기능저하에서 비롯된다. 혈액 공급의 저하로 정신적인 명민함이 감소되고, 균형을 방해하며, 근육과 신체 장기의 효율성을 낮추며, 뇌졸중이나 심장마비의 가능성을 증가시킨다.

인간은 나이가 들면서 근육의 힘을 잃고 협응 기능과 끈기가 더욱 저하된다. 장기기능의 감소도 나타나는데, 예를 들면 허파와 신장의 기능저하, 더 나아가 뇌의 기능저하도 올 수 있다. 노쇠가 진행되면 청각과 시각기능이 저하되고, 전보다 식욕이 감퇴되며, 촉각이나 기억력 저하가 올 수 있다. 다행히도 신체기능의 저하는 개인의 생활방식에 영향을 받는다. 젊을 때 정신적·신체적으로 활동적이었던 사람은 늙어서도 더 영민하고 활동적일 수 있다.

노쇠에 대해 이야기할 때 꼭 알아두어야 할 것은, 노쇠는 65세 생일날 갑자기 일어나지 않는다는 것이다. 우리는 천천히 나이를 먹으며 노쇠하고 있다. 우리가 언제 늙는가는 다양한 요소에 의해 좌우된다. 노인의 대다수는 신체적·심리적으로 건강하다. 불행히도, 당신은 노화의 증상에 대해 읽으면서 노인들의 신체적·정신적 기능이 최소로 떨어진다고 느꼈을지 모른다. 하지만 이것은 드문 경우다. 기능이 어느 정도 저하되는 것은 사실이지만, 대다수의 노인들은 신체적·심리적으로 기민한 만큼 높은 기능을 유지한다.

노화가 되돌릴 수 없거나 불가항력적이지 않다는 증거가 속출하고 있다. 오히려 노화로 인해 생긴다는 각종 문제는 사실 활동성이 떨어지면서 나타난다. 스트레스를 줄이는 것을 배우면서 꾸준한 운동과 적절한 영양을 섭취한다면, 노화로 인해 나타나는 효과들을 줄일 수 있다. 한 연구 결과, 70세의 활동성이 떨어지는 집단에게 매일 운동 프로그램을 실시하게 했더니, 곧 40대의 신체적 건강 수준을 되찾게 되었다고 한다.[9]

'노인 시기'를 규정함에 있어, 연방정부에서는 65세를 그 시발점으로 규정하고 있으나, 65세에 특별한 과학적인 변화가 있는 것은 아니다. 1883년 독일은 전 세계에서 처음으로 사회보장 시스템에 65세를 노인 시기의 기준으로 도입했다.[10] 사회보장 법률이 1935년 통과되었을 때, 미국 역시 독일 모델에 근거해 65세를 연금 수혜 연령으로 규정했다.

노인은 매우 다양한 집단이다. 20세와 50세 간에 큰 차이가 있듯이, 65세와 100세 사이에도 큰 차이가 있다. 이런 큰 범위는 그 자체만으로도 큰 다양성을 낳는다.

》 증가하는 노인 인구

20세기에 비해 현재는 노인 인구가 10배가량 많아졌다(표 14.1 참조). 노인 인구 증가 현상에는 다양한 요인이 관련

보기 14.1 위대한 업적을 이루는 데 나이는 장벽이 아니다

- Ronal Reagan은 77세에 미국 대통령이었다.
- George Burns는 80세에 그가 <*The Sunshine Boys*>에서 맡았던 역할로 생애 첫 아카데미상을 수상했다.
- Benjamin Franklin은 81세에 훗날 미국 헌법에 채택된 타협안을 중재했다.
- Winston Churchill은 82세에 <영어사용 국민의 역사> 4권의 저서를 집필하였다.
- Konrad Adenauer는 88세에 독일 수상이었다.
- Michelangelo는 88세에 Santa Maria degli Angeli 교회를 디자인했다.
- Arthur Rubinstein은 89세에 뉴욕 시 카네기홀에서 연주회를 가졌고 극찬을 받았다.
- Albert Schweitzer는 89세에 아프리카에서 병원을 운영하였다.
- Pablo Picasso는 90세에 판화를 제작하고 그림을 그렸다.
- Eamon de Valera는 91세에 아일랜드 대통령이었다.
- George Bernard Shaw는 93세에 유명한 우화를 썼다.
- Moses 할머니는 100세에도 여전히 그림을 그렸다.

출처: *U.S. News & World Report*, Sept.1, 1980, pp.52-53.

되어 있다. 산모와 아이의 건강을 보다 전문적으로 관리함으로써 유아사망률이 감소하였고, 또 백신의 개발로 아동들의 생명을 위협했던 질병에서 벗어날 수 있게 되었으며, 이로 인해 많은 아이들이 성인으로 성장할 수 있게 되었다. 신약개발 및 공중위생의 증진, 여타의 약품 개발은 인간의 수명을 연장시켰다.

노인 인구 증가의 또 다른 원인은 출산율 저하이다. 아이는 더 적게 태어나고, 성인들은 꾸준히 노인이 된다. 2차 세계대전 이후 1947~1960년까지 베이비붐 시대가 열렸다. 이 시기에 태어난 어린이들은 1950~1960년대에 학교를 다녔고, 그 이후 노동시장에 편입되었다. 1960년 이후, 출산율은 현저히 감소했다. 여성 1인당 자녀 수가 1957년 3.8명에서 현재 2.0명으로 감소했다.[11]

베이비붐 시대에서 자녀 감소 추세로 돌아서면서 미국의 노인층은 급격히 증가될 것이다. 이는 곧 미국이 문화적, 사회적, 경제적으로 수많은 변화를 겪을 것임을 의미한다.

후기노인—가장 빨리 늘어나고 있는 연령 집단

의학발달로 심장병, 암, 뇌졸중 등을 예방하게 됨으로써, 노인들은 80세, 90세 혹은 그 이상 살게 되었다. 85세와 그 이상의 인구는 미국 내에서 가장 빠르게 증가하고 있는 집단이기도 하다.[12]

1999년 65~74세 미만(18.2만 명)은 1900년에 비해 8배나 증가했고, 반면 75~84세 집단은(12.1만 명) 16배, 85세 이상(4.2만 명)은 34배 증가했다. 즉 우리는 미국의 회색화 혹은 고령사회를 목격하게 되었다. 이런 변화는 조용히 일어나고 있다.

85세 이상의 인구는 사회의 여러 문제와 어려운 결정을 하게 한다. Allen Offen은 다음과 같이 말했다.

> 후기노인(old-old) 중 정신적·신체적으로 기능이 많이 떨어지고 외로움, 우울함까지 지닌 이들은 앞으로 우리 사회에 가장 중요한 문제가 될 것이다. 그들은 개인적인 보호뿐만 아니라 경제적인 면까지 가족들에게 의존하게 되어 가족 내의 스트레스를 유발할 것이다. 가정봉사원 서비스, 특별한 주거지 등 지역사회의 도움을 필요로 할 것이며, 특수 병원과 요양원의 증가로 정부의 예산 증가에도 부담을 줄 것이다. 그들은 건강상의 이유로 여러 가지 보호를 받아야 하며, 때문에 '우리가 과연 그렇게 나이 든 사람들을 부양할 수 있는가?' 하는 논쟁이 의사를 비롯한 다양한 전문가들에 의해 종종 일어나고 있다.[13]

표 14.1 미국인 중 65세 이상 인구수와 퍼센트(1900~2010년) (추정)

	연도						
	1900	1950	1970	1980	1990	2000	2010
노인 인구수(단위: 백만 명)	3	12	20	25	31	35	40
전체인구 중 비율	4	8	9.5	11	12	13	14

출처: United States Bureau of the Census, *Statistical Abstract of the United States, 2007-2008* (Washington, DC: U.S. Government Printing Office, 2008).

후기노인은 다양한 만성질환을 복합적으로 가지고 있다. 공통적인 의학적 문제로는 천식, 심장병, 고혈압, 골다공증, 치매, 시청각 둔화, 우울증 등이 있다.

노인은 나이가 들면 들수록 요양원에 거주할 확률이 증가한다. 비록 현재는 5%의 노인들이 요양원에 거주하고 있지만, 85세 이상 중에서는 5명 중 1명꼴로 요양원에 거주한다.[14] 이런 사회적 비용은 매우 높아 미국에서는 1년에 1인당 40,000달러가 소요된다.[15]

비록 노인들을 요양원에 보내는 가구가 늘었더라도, 배우자, 자녀 혹은 친척들이 주된 부양자가 되어 시설 외의 지역사회 내에서 지내고 있다. 중년의 성인들은 자녀를 대학에 보내고 나이 든 부모를 요양원에서 부양해야 하는 두 가지 역할을 해내고 있는 **샌드위치 세대**(*sandwich generation*)가 되었다.

대부분의 노인들은 65세 혹은 70세에 은퇴하여 85세, 90세까지 사는데, 은퇴 전의 노력은 은퇴 후의 삶에 지대한 영향을 준다. 가령 은퇴 전의 삶과 은퇴 후의 삶의 수준이 비슷하려면, 일을 하면서 막대한 투자를 해야 하는 것이다.

건강유지를 위한 비용과 장수는 후기노인에 대한 다양한 논쟁을 불러일으킨다. 예를 들어 75세 이상의 노인에게 간 이식이나 신장 투석을 제공하지 않아야 하는가? 안락사에 대한 논쟁과 마찬가지로, 이러한 논쟁은 앞으로도 계속하여 제기될 것이다.

4. 노인들이 직면하는 문제들

우리는 사회복지사로서 노인의 생활환경과 지위를 높여주어야 하는 사명을 가지고 있다. 노인들이 현재 지니고 있는 문제를 직면하고 해결하지 않는다면 미래에는 이를 해결하기가 더욱 어려워질 것이다. 노인들이 겪는 문제들에 대해 살펴보자.

낮은 지위

현대에는 노인들을 중요한 인물로 보지 않는 경향이 있다. 문명이 발전하지 않았던 과거 사회에서, 노인들은 현자로서 존경받고 사회에서 중요한 사람이었다. 산업화와 현대 사회의 도래는 이러한 노인의 높은 지위를 앗아가 버렸다. 산업화 전 노인들은 재산을 가진 자로서, 그 당시 땅은 재력의 가장 중요한 원천이었고, 노인들은 경제적이고 정치적인 권력을 누릴 수 있었다. 하지만 다양한 직업이 도래하면서, 노인들은 아주 적은 땅을 가지고 있으며 돈을 벌 수 없는 노동력으로 취급받는다.

또한, 이전 사회에서는 노인들의 지혜를 높이 샀다. 그들의 경험은 작농과 추수에 큰 영향을 미쳤고, 그들의 사냥법, 집짓기, 도구제작 방법은 지식으로 전수되어 왔다. 그들은 또한 문화의 전승에 있어서 중추적인 역할을 했다. 하지만 과학과 기술의 급속한 발전으로 노인들의 지식은 아주 미미한 것으로 치부되었고, 책이나 다른 '기억 저장' 장치는 노인들을 문화전수나 기록에 큰 가치가 없는 것으로 보이게 했다.

이 외에도 노인들의 가치가 떨어진 다양한 이유가 있다. 아이들은 더 이상 자신의 직업이나 기술을 부모로부터 배우지 않으며, 대신 학교 시스템 안에서 이것들을 배운다. 더불어 아이들은 부모에게 더 이상 의존적이지 않다. 아이들은 자신의 직업과 경제적 독립을 꾀한다. 따라서 노인들은 사회에서 더 이상 꼭 필요한 존재가 아니게 된 것이다. 종종 노인들의 기술은 은퇴하기도 전에 이미 한물간 것으로 치부된다.

> **비판적 사고를 위한 질문 ?**
>
> 당신은 노인이 젊은 사람보다 삶의 경험이 더 많기 때문에 노인의 지식을 가치 있게 생각하는가?

노인들의 낮은 지위는 **연령차별**(*ageism*), 즉 나이가 들었다는 것만으로 사람을 평가하고 편견을 갖는 것과 밀접한 연관이 있다. 오늘날 많은 사람들은 노인들에 대해 부정적으로 반응한다. 연령차별은 사회의 한 계층을 비합리적이고 불합리하게 취급하므로, 성차별 혹은 인종차별과도 같은 것이다.

연령차별은 우리의 일상 언어에서도 명백히 드러나는데, '멍청한 노인(*old buzzard*)', '완고한, 시대에 뒤진 사람(*old fogey*)', '말 많은 노파(*old biddy*)', '고리타분한 사람(*old fart*)'과 같은 말이 그것이다. 이성적으로볼 때, 연령차별은 상식적으로 받아들일 수 없으며, 연령에 따라 타인을 차별하는 사람들 역시 언젠가는 나이가 들어 노인이 될 것임을 깨달아야 한다.

사례 14.2 후기 성년기는 보상의 시기

다음의 사례는 젊은 시절을 어떻게 보내는지에 따라 훗날 인생에 얼마나 큰 영향을 주는지 나타내고 있다.

Allen은 체격이 좋은 사교적인 십대였다. 그는 학급의 다른 친구들보다 체격이 컸고 고등학교 때는 농구, 야구, 미식축구선수로 인기가 많았다. 최고학년 때 그는 미식축구 라인배커(all-state linebacker)로 뽑혔다. 그는 16세에 매일 최소 맥주 6팩을 마시기 시작했고 17세에는 담배를 피우기 시작했다. Allen은 운동선수였기 때문에 몰래 담배를 피우고 술을 마셔야 했다. 하지만 그는 남을 속이기를 잘했고 운동을 하면서 담배를 피우고 술을 마시고 파티를 즐기는 것이 꽤 할 만하다고 여기게 되었다. 이로 인해 공부할 시간이 거의 없었지만 그는 별로 개의치 않았다. 그에게는 다른 것이 우선순위에 있었기 때문이다. 그는 미식축구 장학금을 받고 대학에 진학했다. 그는 미식축구를 잘했지만 파티를 즐기는 것도 매우 좋아했다. 그는 학점이 낮았고 미식축구 대회에 참가할 수 없게 되자 자퇴했다. 그리고 얼마 지나지 않아 그는 대학 2학년생인 Rachel Rudow와 결혼했다. 그녀는 곧 임신했고 자퇴했다.

Allen은 대학을 떠난 이후로 충격에 빠졌다. 그는 10년간 운동만 해왔고 친구들의 부러움의 대상이었다. 이제 그는 어떤 직업도 찾을 수 없었다. 여러 가지 임시직을 거친 끝에 도로 건설 인부로 취업했다. 그는 야외작업을 좋아했고 거친 건설 인부들과 담배를 피우고 술을 마시고 파티를 즐기는 것을 좋아했다.

Allen은 Rachel과의 사이에서 세 아이를 두었지만 좋은 남편은 되지 못했다. 그는 좀처럼 집에 있지 않았고 집에 있을 때는 종종 술에 취해 있었다. 7년간의 힘겨운 결혼 생활 끝에(수차례의 신체적, 언어적 폭력을 포함하여), Rachel은 집을 나갔고 그와 이혼했다. Rachel은 Allen이 그녀와 아이들을 더 이상 괴롭히지 못하도록 그녀의 부모님과 세 아이들을 데리고 플로리다로 이사 갔다. 이후 Allen은 술과 담배를 더 많이 했다. 그는 하루에 두 갑 이상을 피웠고 어떤 때는 담배와 함께 위스키를 약 1리터나 마시기도 했다.

몇 년 후 Allen은 혼외로 자녀를 갖게 되어 양육비를 지불해야 했다. 그는 39세에 20살밖에 되지 않은 Jane과 결혼했다. 이 부부는 자녀 둘을 낳았고 6년간 결혼생활을 했다. Jane은 결국 집을 나갔는데, Allen이 술에 취하면 그녀를 구타했고, 이에 신물이 났기 때문이었다. 이제 Allen은 양육 책임이 있는 6명의 아이를 두게 됐지만 그들을 거의 만나지 않았다. 그는 계속 술을 마셨고 폭식했다. 그는 285파운드(약 130 kg)까지 살이 쪘고 48세에는 더 이상 다른 도로 건설 인부들만큼 일할 수 없게 되자 회사에서 해고당했다.

그 후 몇 년간 Allen은 목수 같은 임시직으로 일했다. 그는 돈을 별로 벌지 못했고 그나마 번 돈은 대부분 술을 사는 데 썼다. Allen은 양육비를 지불하지 않아 주기적으로 법정에 소환되었다. 또 그는 더 이상 그와 술을 마실 친구가 없었기 때문에 낭패감을 느꼈다. Allen이 61세 때 의사가 간경화증을 진단했고 계속해서 술을 마시면 오래 살지 못할 것이라고 말해주었지만, 그의 삶에서는 술이 매우 중요했기 때문에 계속 술을 마셨다. Allen은 힘이 별로 없었고 종종 숨쉬기가 힘들었다. 이에 대해 의사는 담배로 인해 폐가 손상되었고 아마 이제는 폐기종이 생긴 것 같다고 했다. 의사는 Allen에게 담배를 끊도록 조언을 했지만 그는 이러한 의사의 말에도 여전히 주의를 기울이지 않았다. 건강은 더 악화되었고 57파운드(약 26 kg)가 빠졌다. 그는 64세 때 술에 취한 채 뒤로 넘어져 두개골이 골절되었다. 이로 인해 그는 3개월 반 동안 병원에 입원했다. 이때의 부상으로 인해 그는 지속적으로 걷고 말하는 데 어려움을 겪었다. 이제 그는 서비스의 질이 낮은 양로원에서 지낸다. 더 이상 술을 마시거나 담배를 피울 수 없다. 그는 자주 화를 내고 인내심을 잃고 좌절감을 느꼈다. 그는 친구도 없었다. 그의 차림새는 형편없었고 종종 큰소리로 외설스러운 말을 했기 때문에 직원들도 그와 함께 일하기를 싫어했다. Allen은 자신의 비참함에서 벗어나기 위해 자주 죽고 싶다고 말했다.

Allen의 형제인 David는 상당히 다른 삶을 살았다. David는 야위고 볼품없는 체격이었고 운동에도 뛰어나지 못했다. 부모님은 Allen을 최고로 여겼고 학교와 동네 여자아이들은 Allen을 좋아했다. David는 고등학교 시절 데이트도 해보지 못했고 모두 그를 내숭떠는 아이로 생각했다. 그는 수학과 자연과학을 잘했다. 대부분의 시간을 공부하고 책을 읽는 데 보냈다. 그리고 David는 라디오와 가전제품을 분해하는 것을 좋아했다. 처음에는 분해한 것을 재조립하지 못했기 때문에 곤란에 빠지곤 했다. 하지만 곧 그는 라디오와 가전제품을 수리할 수 있는 사람으로 동네에 알려지게 되었다.

David는 대학에 들어가 전자공학을 전공했다. 사회생활은 하지 못했지만 전공에서는 좋은 성적으로 졸업을 하게 되었다. 그는 대학원에 들어가 전자공학 석사학위를 취득했다. 졸업 후 그는 시카고에 있는 모토로라에 엔지니어로 채용되었다. 그는 그곳에서 좋은 성과를 내었고, 4년 만에 한 부서의 관리자가 되었다. 3년 후 David는 매우 좋은 조건의 연봉으로 RCA에 스카우트되었다. RCA에서 그는 함께 일한 엔지니어와 함께 텔레비전 기술에 있어서 상당한 발전을 이루어 냈다.

RCA에서 David는 비서인 Jenny McCann과 만나기 시작했고 그가 36세 때 결혼했다. 그 후 David의 삶은 더 순탄하

(계속)

사례 14.2 (계속)

게 흘러갔다. 그는 높은 연봉을 받았고 하와이, 파리, 바하마와 같은 곳에서 매해 Jenny와 함께 휴가를 보냈다. David와 Jenny는 아이를 갖고 싶었지만 가질 수 없었다. David가 40대 초반일 때 이들은 한국에서 두 아이를 입양했다. 이 부부는 교외에 집을 하나 사고 요트도 하나 구입했다. David와 Jenny는 가끔 부부간의 다툼이 있었지만 보통 잘 지나갔다. 부부가 중년이 되었을 즈음 입양한 아들 중 한명인 Kim이 어느 음주운전자의 차에 치여 사망했다. 아들의 죽음은 가족 전체에게 큰 충격이었고 받아들이기 매우 어려운 일이었다. 하지만 극심한 슬픔은 서서히 줄어들었고 몇 년 후 David와 Jenny의 삶은 원래대로 돌아갈 수 있었다.

이제 67세가 된 David는 RCA에서 일을 하며 이를 매우 즐거워한다. 그는 몇 년 안에 은퇴하고 하와이 섬인 마우이 섬으로 이사 가려고 계획 중이다. David와 Jenny는 이미 그곳에 아파트 한 채를 구입해 두었다. 이들의 살아남은 아들인 Dae는 대학을 졸업하고 생명보험회사에서 일한다. David는 은퇴 후 마우이로 이사를 가서 자신의 취미인 사진과 모형철도(model railroads)에 더 많은 시간을 보낼 수 있기를 기대하고 있다. 그는 건강하며 긍정적인 인생관을 갖고 있다. 그는 간혹 그의 형제 Allen 생각을 하고 크리스마스와 생일에 카드를 보낸다. 하지만 David는 Allen과 공통점이 거의 없었기 때문에 그를 방문하는 일은 거의 없다.

출처: *Understanding Human Behavior and the Social Environment*, 5th edition (Pacific Grove, CA: Brooks/Cole, 2001), pp.554-555, by Charles Zastrow and Karen Kirst-Ashman. Copyright © 2001 Brooks/Cole. Reprinted by permission

비판적 사고를 위한 질문

당신은 늙어가는 것에 대한 부정적인 고정관념을 갖고 있는가? 늙는 것이 두려운가? 연령차별에 대한 책임을 느끼는가?

조기은퇴

높은 취업률은 미국에서 중요한 목표이다. 대부분, 노동력은 수요보다 공급이 더 많다. 취업률을 높이는 하나의 방법으로, 사회에서는 종종 나이 든 사람들의 조기 퇴직을 권고한다. 조기 퇴직을 강요할 경우, 준비할 사이 없이 갑자기 퇴직이 이루어져 당사자에게 경제적·심리적인 짐을 지워주게 된다.

미국의 사회보장 프로그램은 빠르면 62세를 기준으로 조기은퇴를 지원하고 있다. 몇몇 회사에서는 55세부터 정년퇴직을 할 수 있도록 좋은 연금 계획을 조건으로 제시하기도 한다. 아마도 가장 극단적인 경우는 군대일 텐데, 군인들은 20년 동안 복무한 뒤 빠른 경우에는 38세부터 완전연금을 지급받을 수 있다.

조기 퇴직한 상당수의 사람들은 다른 직업을 찾음으로써 연금 외의 경제적 보안책을 찾으며, 그 직업은 이전의 직업보다 지위가 낮은 경우가 대다수다. 미국의 65세 혹은 그 이상의 사람 중 86%가 은퇴했으며, 이들 중 상당수는 신체적으로나 지적으로나 계속해서 일을 할 수 있는 수준이다.[16]

조기은퇴는 사회에 몇 가지 이득을 가져다준다. 가령, 구직자들에게는 취직의 기회를 제공하며 젊은 사람들에게는 승진의 기회를 주는 것이다. 하지만 이에 못지않은 심각한 불이익도 있다. 은퇴 후 연금액은 나라 전체적으로 봤을 때 이미 무척 높으며, 또한 앞으로 계속 늘어날 전망이다. 퇴직자의 입장에서는, 퇴직에 대한 많은 준비와 도움 없이 새로운 인생, 새로운 지위를 경험해야 하는 것이다. 우리 사회는 젊은이들이 직업의 세계에서 살아남을 수 있도록 많은 지원을 해주고 있지만, 노인들의 퇴직 준비를 위한 프로그램은 거의 개발하지 못하였다. 일 중심적인 사회에서 직업 없이 사는 것은 사실 노인들에게 현실적으로 큰 충격이 아닐 수 없다.

우리 사회는 여전히 한 개인의 가치를 그 사람이 가진 직업이나 일에서 찾는다. 사람들은 자신의 이미지를 그들의 직업 속에서 찾는다—"나는 선생님", "나는 의사"라는 식으로 말이다. 노인이 되어 여생 동안 어떤 새로운 역할이나 직업을 대체할 만한 다른 역할을 부여받지 못할 경우, "나는…", 혹은 "나는 과거에…"와 같이 자랑스럽지 못한 소개를 하게 된다. 특히 한 개인의 인생이 직장생활에 더 많이 치우쳐 있었다면 은퇴 이후의 삶은 더욱 어렵게 다가올 것이다.

은퇴는 주류사회에서 만나 왔던 사람들과의 관계를 단절시킨다. 은퇴는 사람들의 사회활동과 지위를 감소시키며, 역할이 없는 역할로 대신하게 된다. 과거 세일즈맨이었거나, 회계사였거나, 비서였던 사람들이 은퇴 후에는 역할 없는 사람으로 사회에 남게 되는 것이다.

노인에 대한 잘못된 믿음이 여전히 고용주와 사회에 서 통용되고 있다. 노인은 건강하지 않으며 까탈스럽고, 장기 결근의 가능성이 높으며 실수투성이에, 느리며, 잘 잊어버린다고 여겨진다.[17] 하지만 여러 연구결과, 이런 믿음은 잘못된 것임을 증명하고 있다. 노인들은 일을 그만두는 비율이 낮으며, 보다 성실하고, 실수가 적으며, 결근율이 낮고, 자신의 일에 대해 보다 긍정적인 태도를 지니며, 작업 중 다치는 비율이 낮았다.[18] 물론 노인 고용자가 아플 경우, 젊은이들에 비해 회복 기간이 긴 점은 있었다.[19]

은퇴에 대한 적응은 사람마다 다르다. 돈에 대한 걱정이 없거나 건강한 노인은 돈이 충분치 않아 여가시간을 행복하게 즐기지 못할 것 같은 사람들보다는 은퇴 후가 더 행복할 것이다. 하지만 사실, 여가시간도 처음에는 어린 시절 이후 처음 맛보는 해방감으로 인해 즐겁지만, 시간이 지나면 지루하고 따분하며 무기력하게 느껴진다. Schick은 은퇴 후의 삶을 가장 행복하게 사는 사람들은, 그들의 전문기술을 바탕으로 자원봉사나 유급 직장에서 일하는 사람임을 연구결과를 통해 알아냈다.[20]

은퇴는 신체적 건강에는 큰 영향을 미치지 않으나, 정신건강에는 종종 큰 영향을 준다. Bosse와 그 동료들은 한 연구에서, 직업을 가진 사람보다 은퇴한 사람의 경우 우울증, 강박행동, 신체노화증상을 더 많이 겪고 있음을 발표하였다.[21] 특히 자신이 원하지 않았는데 조기에 은퇴를 경험한 경우, 분노와 슬픔을 느끼고 본인이 젊은이들에 의해 강제로 추방되었다고 느낀다. 또한 그들은 은퇴시기를 연장할 수 있다면 최대한 연장하고 싶어 하는데, 퇴직을 강요당하거나 직장을 잃게 되면 엄청난 박탈감을 느낀다.

반면에, 생활에 대한 만족 정도가 은퇴 전이나 은퇴 후에도 일정하게 안정된 수준으로 나타나는 사람들도 있다. 즉 은퇴는 사람에 따라 긍정적으로 혹은 부정적으로 영향을 주는 것이다.

은퇴 후의 적응과 관련된 가장 중요한 두 가지 문제는, 수익감소와 이전 직업에 대한 향수이다. 직업을 인생 최고의 가치이자 자신의 이미지와 행복의 가장 중요한 근원으로 생각한 사람들은 은퇴 후 가장 큰 어려움에 부딪힌다. 반면 은퇴 후에 행복하게 지내는 부류는, 자기계발과 개인적인 인간관계, 여가활동에 중요한 가치를 부여하고 사는 사람들이다.

은퇴 후 '황금시간'이 따라올 것이라는 믿음은 잘못된 것이다. Lawton은 은퇴 후의 삶이 마치 TV에서 보이는 것처럼 정원 가꾸기, 스포츠활동, 클럽활동과 같은 전통적인 여가시간을 보내게 된다고 하였다.[22] 노인세대는 교육을 많이 받지 못했으며, 따라서 자기계발과 배움을 위해 독서를 즐기거나 활동하는 것이 드물다. 수입이 급감하고 교통수단이 부족하고, 운동성이 저하되는 것 또한 노인들의 박제된 생활을 강화한다.

생산성이 있는 사람은 비록 시간제 근무라고 할지라도 최대한 은퇴시기를 늦추는 것이 갑자기 은퇴를 당해 집안에 머물거나, 혹은 낮은 지위의 다른 일을 구하는 것보다 더 좋은 방편으로 보인다.

젊음을 강조하는 사회

우리 사회는 노화를 두려워하는 경향이 있다. 우리가 흰머리나 주름이 생기고 머리가 빠지는 것을 두려워하고, 실제 나이보다 젊게 봐주는 것을 즐거워하는 것은 우리 사회가 얼마나 젊음을 강조하고 있는지를 보여준다. 우리는 변화와 새로운 것에 큰 가치를 부여한다. 반대로 유럽에서는 전통문화와 전통적인 생활방식을 고수하는 데 보다 높은 가치를 부여한다. 반면 우리 사회는 역동적이고 행동하며 에너지가 넘치는 것을 강조한다. 우리는 우리가 무언가를 하는 사람들이라고 생각하기를 좋아한다.

그렇다면 도대체 왜 우리는 젊음을 강조하는 걸까? 그 답은 명확하지 않다. 다만 몇 가지로 추측되는데, 산업화로 인해 에너지가 넘치고 부지런하며 끈기와 힘을 가진 노동력이 필요하게 되었다. 기술과 과학의 급속한 발전 또한 과거의 지식과 특별한 노동력(예를 들면, 대장장이)을 낡고 필요 없는 것으로 만들기도 했다. 또한 다윈의 '강한 자만이 살아남는다'는 진화론의 영향으로 경쟁은 우리 사회에서 무척이나 중요한 것이 되었다. 매스미디어에서는 젊음과 아름다운 외모를 우리 사회의 높은 가치로 비추어 왔고, 다이어트 프로그램과 보조식품, 다양한 화장품, 운동기구 등을 광고하고 이를 통해 사람들의 어리고 건강한 모습을 더욱 강조하고 있다.

보기 14.2 중국, 일본 그리고 다른 나라들에서의 노인의 높은 지위

수 세대에 걸쳐 일본과 중국의 노인은 미국의 노인보다 더 높은 지위를 경험했다. 일본과 중국에서는 미국보다 노인이 그 가족에 잘 융합되었다. 일본 노인의 75%가 자녀와 함께 생활하는 데 반해 미국 노인은 대부분 자녀와 따로 살고 있다.[a]

일본의 노인은 다양한 면에서 존경을 받는다. 예를 들어 집에서 가장 좋은 자리는 노인을 위한 자리가 되는 경향이 있고, 음식의 맛도 노인의 입맛에 맞게 조절되며, 사람들은 노인에게 허리를 숙여 인사한다.

하지만 일본과 중국에서의 노인에 대해 미국인은 이상화된 이미지를 가지고 있다. 비록 미국에서보다는 존경을 받지만 미국인이 갖는 고정관념보다는 덜 존경받고 덜 이상적이다. 일본은 점점 더 도시화되고 서구화되고 있다. 그 결과로 자녀와 함께 사는 노인의 비율이 줄고 있으며 노인들의 많은 경우가 지위가 낮은 일자리에 채용된다.

한 문화에서 노인이 높은 지위를 부여받는 것에는 다음의 다섯 가지 요소가 영향을 준다.

1. 노인이 가치 있는 지식을 갖고 있다고 여긴다.
2. 노인이 가족의 지역사회의 중요한 자원을 통제한다.
3. 문화가 개인주의적이기보다 더 공동체적이다.
4. 그 문화에서는 일반적인 가족 구성이 확대가족이며, 노인은 확대가족에 융합된다.
5. 노인은 가능한 한 유용하고 가치 있는 일들에 관여하도록 허용되고 권장된다.

출처: John W. Santrock, *Life-Span Development*, 10th ed. (New York: McGraw-Hill, 2006).

》 건강상의 문제와 건강관리 비용

노인이 사회문제가 되는 이유 중 하나가 바로 건강 유지를 위한 돈이 많이 들기 때문이다. 대부분의 노인들은 적어도 하나의 만성질병을 가지고 있으며, 이외에도 여러 가지 질병을 함께 가지고 있는 경우가 많다. 가장 흔한 질병으로는 관절염, 고혈압, 청각 및 시각의 저하, 심장병, 당뇨, 기력저하, 부비강염, 백내장, 이명(귀울림) 등이 있다.[23)] 나이가 든 노인일수록 병원에 더욱 자주 가고, 소득의 대부분을 약을 사거나 병원에 가는 데 쓰며, 젊은 사람들에 비해 병원에 입원해 있는 시간이 길다. 또한 후기노인(85세 이상)은 60대의 젊은 노인에 비해 훨씬 심각하다.

노인의 의료비용은 젊은이들에 비해 4배 가까이 더 지출된다.[24)] 이는 노인들이 심장병, 당뇨병, 녹내 장 등 만성질환을 많이 앓고 있기 때문이다.[25)]

물론 노화의 신체적 증상 역시 건강 문제를 일으킨다. 하지만 최근의 연구들을 보면, 사회적이고 개인적인 스트레스 역시 질병을 일으키는 요인으로 나타나고 있다. 노인들은 다양한 스트레스 상황에 직면하는데, 예를 들어 고독감이나, 가족/친구의 죽음, 은퇴, 생활환경의 변화, 사회적 지위의 하락, 소득감소, 신체적 힘과 능력의 감소 등이 될 수 있다. 의학적 문제는 불충분한 영양과 부족한 운동, 흡연 및 과음으로 야기될 수 있다.

비판적 사고를 위한 질문

자주 대화하는 노인(친척, 이웃)이 있는가? 없다면 그 이유는 무엇인가?

》 경제적 문제

많은 노인들이 빈곤으로 인해 고생한다. 많은 노인들이 먹을 것이 충분치 않거나, 꼭 필요한 옷가지, 약 등이 부족할 수도 있고, 심지어는 전화도 없을지 모른다. 노인 10명 중 1명은 빈곤선에 가깝거나 혹은 그 이하의 소득을 가진다.[26)] 오직 소수의 노인들만이 투자물이나 예금/적금을 가지고 있다.

노인들에게 경제적 문제는 건강을 보호하는 비용의 증가로 인해 더욱 심해진다. 다른 요인은 인플레이션인데, 노인들처럼 수입이 고정적인 경우에 불리하다. 대부분의 사적 연금은 은퇴 이후에 금액이 증가하지 않는다. 예를 들어 연간 생활비가 3.5%로 증가한다 하여도, 연금은 20년간 고정적으로 지급될 것이다. 따라서 20년 후에는 그 개인이 퇴직할 당시에 비해 반 정도 수준의 돈밖에 안 된다.[27)] 다행히도, 미국의 경우 1974년 의회에서 '자동 증가' 비용을 계산해주는 사회 보장 연금제를 도입했다.

보기 14.3 탈참여이론: 노령화에 대한 개인과 사회의 대응

1961년 Elaine Cumming과 William E. Henry는 **탈참여**(*disengagement*)라는 용어를 만들었는데, 이는 사람들이 중년 시절에 가졌던 많은 역할과 사회적인 관계들로부터 점차적으로 떠남으로써 늙어가는 것에 대응하는 과정을 의미한다.[a] 이러한 탈참여는 개인에게 실용적(functional)인데 그 이유는 젊었을 때 가졌던 모든 역할과 사회적 관계를 유지하기 위한 힘과 활력을 점점 잃어간다고 여겨지기 때문이다.

사회 탈참여(*society disengagement*)라는 용어는 늙어가는 사람들로부터 사회가 떠나가는 과정을 의미한다.[b] 효율성과 경쟁, 개별성과에 가치를 두는 우리 사회가 가장 힘이 없고 가장 사망률이 높은 노인들로부터 떠나는 것은 실용적이다. 사회 탈참여는 여러 방면으로 일어난다. 노인들은 기관의 지도자 위치에 채용되지 않을 수 있으며, 고용주들은 노인들에게 은퇴를 종용하기도 하며, 가족의 중요한 결정에 자녀들이 노인을 제외시키고 싶어 하고, 정부는 더 젊은 사람들의 요구에 더 잘 반응한다. (사실, 사회에서 사회적 탈참여는 종종 의도하지 않게, 인식하지 못한 채 일어난다.) 많은 노인들은 강제적으로 역할을 잃은 것에 대해 잘 적응하지 못한다. 일부는 술과 마약에 빠지거나 자살을 하기도 한다.

방금 설명한 두 용어를 보면 **탈참여이론**(*disengagement theory*)은 개인과 사회 상호간의 탈참여와 떠남을 가정하고 있다. 탈참여이론은 굉장한 관심과 연구를 불러 일으켰다. 탈참여가 노인과 우리 사회에 실용적인지에 대한 많은 논쟁이 있다. 일부 사람들은 나이가 들어감에 따라 반드시 자발적으로 탈참여하게 된다는 연구 결과가 있다. 하지만 탈참여는 노령화에 대한 보편적이거나 필연적인 반응은 아니다. 탈참여이론과는 반대로 대부분의 노인들은 친구들과 넓은 인간관계를 유지한다. 또한 많은 노인들은 교회모임, 공제조직, 조합과 같은 단체에서 활발한 활동을 계속한다. 어떤 노인들은 은퇴 후에 새로운 취미생활을 개발하여 다양한 친구들을 사귀고 자원봉사도 하며 각종 모임에도 참여한다. 또 다른 노인들은 사회의 고정관념에 반하여 그들이 사회에 줄 것이 없다는 취급을 받기를 거절한다. 이러한 노인들은 정치적 자원을 동원해서 그들의 필요와 능력(skill)에 사회가 적응하도록 강요한다.

사회적 탈참여이론이 받는 극심한 비난 중 하나는 이 이론이 노인이 의미 있는 역할을 갖도록 돕는 것을 사회가 실패한 것과 연령차별을 정당화하는 데 이용될 수 있다는 것이다. 탈참여이론은 연령차별과 싸우면서 우리가 직면해야 할 문제들을 기술한 것에 불과할 수도 있다.

노령화에 대한 탈참여이론과 상반되는 것이 활동이론(activity theory)이다. 이 이론에 따르면 신체적·정신적으로 활동적인 노인이 더 성공적으로 늙는다고 한다. 신체적·정신적으로 활동적인 것이 노인들의 생리적이고 심리적인 기능을 유지시켜준다는 많은 증거가 있다. 탈참여이론은 노인들이 삶의 속도를 줄이기를 기대하는 반면, 활동이론은 노인들이 신체적, 정신적으로 활동적으로 있기를 권유한다.

[a] Elaine Cumming and W.E.Wenry, *Growing Old: The Process of Disengagement* (New York: Basic Books, 1961), p.6.
[b] Robert C. Atchley, *Aging: Continuity and Change* (Belmont, CA: Wadsworth, 1983), p.97.

비판적 사고를 위한 질문

사회보장제도가 지불능력을 갖기 위해서는 어떠한 변화가 필요하다고 생각하는가?

가족과 친구의 죽음

노인들 중 결혼한 사람들보다 혼자 사는 사람들이 덜 건강하다. 여성의 높은 수명으로 인해 65세 이상의 여성 중 60%가 배우자 없이 살고 있다.[28] Gordon Moss와 Walter Moss는 노인들의 결혼생활이 갖는 가치에 대해 다음과 같이 말했다.

> 노인 부부들은 함께 보내는 시간이 증가했고, 또 서로 의지하는 정도도 늘어났다. 하지만 모든 결혼생활이 부부가 함께 하는 시간을 증가시켜 주진 않는다. 좋은 결혼생활 혹은 좋은 재혼생활을 위해서 노인들에게 동반자 의식과 정서적 지지, 섹스, 상대가 아플 때 보호해줄 것이라는 믿음, 일상 활동의 공유가 동반되어야 하며, 특히 상당부분 경제적 독립이 요구된다. 성역할은 모호해지며, 남편의 가사일은 가정의 평화에 기여한다.[29]

노인은 친한 친구나 배우자, 친척이 죽으면 더욱 고립되며, 실제로 노년기는 대다수의 친구들이 사망하는 시기이기도 하다.

노인이 된 부모의 욕구로 인해 자녀들은 고통스러운 딜레마에 빠지기도 하며, 특히 부모가 가난하고 건강이 좋지 못할 경우에 더욱 심하다. 자녀들은 이미 자신의 가족이 있기 때문에 노부모를 돌보는 데 많은 시간과 경제적 책

보기 14.4 알츠하이머 병

Tony Wilkins는 68세이다. 그는 2년 전부터 기억력이 떨어지기 시작했다. 날이 갈수록 그는 자신이 부인 Rose와 결혼했던 날이 어떠했는지조차 잊어버리곤 했다. 손자들이 방문한 사실도 2, 3일이면 그의 기억에서 사라졌다.

가장 익숙했던 주변 환경이 그에게 생소한 것이 되었다. 친구의 집조차도 그가 한 번도 가보지 못한 곳으로 느껴졌으며, 동네를 걷다가 종종 길을 잃기도 했다.

Tony는 지금 매우 혼란스럽다. 그는 말하는 것이 어렵고 수표장의 잔액을 맞추는 것과 같은 기본적인 일도 더 이상 할 수 없다. 때때로 그를 돌봐주고 있는 Rose가 자신이 아는 사람인지도 분명하지 않을 때가 있다. 이 모든 것은 Tony를 매우 당황스럽게 만든다. 그는 3년 전 은퇴하기 전만 해도 회계사였으며 사실과 세밀한 사항을 기억하는 데 탁월했었다.

Tony는 알츠하이머병을 앓고 있다. 이 질병은 가끔 중년의 나이에 발병하기도 하지만 주로 65세 이상에 발병한다. 미국인의 약 4백만 명이 알츠하이머 환자이며, 이 중 65세 이상 노인의 5~10%가 포함되어 있다. 미국인 85세 이상의 47%가 알츠하이머병을 앓고 있다.[a] 이러한 통계를 통해 나이가 적은 노인보다는 나이가 더 많은 노인이 이 질병에 더 영향을 받는다는 것을 알 수 있다.

알츠하이머병은 퇴행적 뇌장애로, 이 병에 걸린 사람은 점진적으로 지능, 기억력, 인식력, 신체 동작을 통제하는 능력이 저하된다. 알츠하이머병은 결국에는 점진적 마비와 호흡곤란을 야기한다. 호흡곤란은 종종 폐렴으로 발전되는데, 폐렴은 알츠하이머병 환자들의 주요 사망원인이다. 다른 증상으로는 과민, 불안, 흥분, 판단장애가 있다.

이 질병은 짧게는 5년, 길게는 20년 동안 뇌세포를 파괴한다. 알츠하이머병으로 고통스러워하는 사람들이 보여주는 행동의 변화들은 다양하다. Brownlee는 다음과 같이 말했다.

> 한 환자는 목욕하는 것과 옷 갈아입기를 거부하고, 다른 환자는 도구를 사용하지 않고 달걀프라이를 먹으며, 세 번째 환자는 나체로 길을 다니고, 네 번째 환자는 가족들이 사랑하는 고양이를 안락사시켰으며, 또 다른 환자는 페인트를 주스로 잘못 알고 마셨다. 알츠하이머병 환자들이 하는 괴상한 행동들은 이 병을 앓고 있는 사람의 수만큼 다양한 양상을 보인다. 하지만 모든 경우에서 기이한 행동이 그 환자가 인식력을 잃고 있다는 신호가 되며 두 번째로는 어린아이 같은 행동이 그 신호가 된다.[b]

알츠하이머병의 초기증상 중 가장 많은 것은 기억력 상실이며, 특히 최근 일에 대한 기억력 상실이 나타난다. 종종 간과되는 다른 초기증상으로는 카드 게임을 잘 못하는 것, 운동 실력이 떨어지는 것, 갑자기 사치하는 것이 있다. 증상이 더 발전되면 과민, 흥분, 혼란, 불안, 집중장애, 언어장애, 방향장애가 생긴다. 질병이 심해지면 증상은 더 환자를 무능하게 만든다. 결국 환자는 24시간 돌봄이 필요하게 되고 이는 환자를 돌보는 사람에게는 매우 큰 부담이 된다. 이 질병이 마지막 단계에 이르면 종종 요양원 시설 생활이 필요하게 된다. 거의 끝에 다다르면 환자는 가족을 알아보지 못하며, 언어를 사용하거나 이해하지 못하고 도움 없이는 먹지 못한다.

Brownlee는 알츠하이머병 환자들의 가족이나 환자를 돌보는 사람들이 겪은 정신적, 신체적 고통을 다음과 같이 표현하였다.

> 이들은 비밀스러운 지옥에 산다. 이 지옥에 대한 자세한 내용은 이웃이나 친구들에게 이야기할 수 없다. 너무 황폐한 모습이기 때문이다. 이들은 엄마가 거실을 아무것도 입지 않은 채 샤워 캡과 벨트만 하고 지나다니거나, 할아버지가 아기인 손녀딸에게 주먹을 휘두르려 하는 등의 행동을 통해 사랑하는 사람들이 자신들을 비현실의 소용돌이에 빠지게 할 때 매우 슬퍼한다.[c]

이에 더하여, 환자가 애정과 보호에 보답하는 능력을 잃어버리는 것은 관계의 친밀함도 떨어뜨린다.

알츠하이머병을 진단하는 것은 매우 어려운데, 그 이유는 이 질병은 다른 종류의 치매와 거의 동일한 증상을 갖고 있기 때문이다. 현재 가장 정확한 진단은 뇌 속의 깊이 있는 조직을 관찰하는 것인데, 이는 환자가 사망한 후 부검을 통해서만 할 수 있다. 의사들이 살아있는 사람에게 이 진단을 내릴 때는 주로 그 증상으로 설명할 수 있는 다른 조건들을 제외시키는 방법을 사용한다.[d]

최근 몇 년간 연구자들은 알츠하이머병의 원인을 규명하는 데 매우 커다란 성과를 이룩했다. 1997년에는 세 개의 다른 유전자의 연결이 이 병을 야기하는 것으로 밝혀졌고, 이와 관련된 다른 유전자도 있을 것으로 추정했다. 하지만 이런 유전자를 하나 또는 그 이상 갖는다고 해서 항상 알츠하이머병을 앓는 것은 아니었다. 따라서 연구자들은 바이러스감염, 생화학적 결함, 높은 스트레스, 유독물질 오염, 방사선 노출, 영양 부족과 같이 아직 발견하지 못한 촉발요인이 반드시 있을 것이라고 믿는다. 이제 과학자들은 유전적 경향이 그 요인이라고 여기는데 그 이유는 알츠하이머 환자의 친척은 훗날 그 질병에 걸릴 확률이 높은 것으로 나타났기 때문이다.[e]

과학자들은 알츠하이머병을 일으키는 요인에 대한 다른 가설들도 연구하고 있다. 한 가지 흥미로운 발견은 30대에 생존한 다운증후군(염색체 결함으로 인한 심각한 정신지체) 환자

보기 14.4 (계속)

들에게서 알츠하이머병 증상과 구분할 수 없는 증상이 발견되었다는 것이다. 최근의 또 다른 실마리는 이 질병으로 사망한 사람의 뇌에서 나온 아밀로이드(amyloid) 조각에 대한 발견이다. 아밀로이드는 매우 단단한 단백질로 신체 전체의 세포가 성장하는 데 적정량 필요하다. 어떤 연구자들은 뇌 속의 아밀로이드 단백질 중 비정상적인 조각이 뇌세포를 점진적으로 파괴하는 연쇄반응을 일으킨다는 가설을 세웠다. 이 비정상적인 아밀로이드 단백질은 아밀로이드 전구 단백질 또는 APP라고 부르는 더 큰 복합체에서 만들어진 비정상적인 물질이다.

연구자들은 이제 알츠하이머병을 조기에 발견하기 위한 방법을 개발하고 있다. 만약 이 연구가 성공한다면, 사람들은 자신이 정신을 통제할 수 있는 시기에 향후 자신을 돌보는 것에 대한 계획을 보다 잘 세울 수 있고 자신의 가족을 위한 준비를 할 수 있게 될 것이다. 게다가 만일 알츠하이머병의 원인이 아밀로이드 단백질의 축적이라면, 그리고 만일 이 단백질의 축적을 조기에 발견할 수 있다면, 뇌 속의 아밀로이드 형성을 막는 약을 개발하여 이 질병을 치료할 수도 있다.[f]

이미 조기 진단과 치료만으로도 질병의 진행을 늦출 수 있고 삶의 질을 향상시킬 수 있다. 아리셉트(Aricept)와 같은 콜린에스테라아제 억제제는 알츠하이머 환자 1/3~1/2의 증상을 6개월~1년간 안정시키거나 늦출 수 있다.[g] 행동요법은 의사소통능력을 향상시킬 수 있고, 여러 능력이 약화되는 것을 늦출 수 있고 분열성 행동을 줄일 수 있다. 특정 약물은 우울한 증상을 가볍게 해주고 불안한 마음을 진정시켜주며 환자가 잠을 자는 데 도움이 된다. 적절한 음식, 적당한 운동, 물리치료, 사회적 교류는 이 질병의 진행을 늦출 수 있다. 초기 단계에 기억력 훈련과 memory aids를 하면 인지 기능을 향상시키는 데 도움이 될 수 있다. 또한 알츠하이머병에 대항하거나 그 진행을 늦추는 데 효과적인지 확인하기 위해 은행잎 추출물 약초 치료, 비타민, 항염제, 노화방지제(예를 들면 selenium) 식이 섭취법을 시험해 보고 있다. 2004년 위스콘신대학의 과학자들은 쥐가 트렌스티레틴(transthyretin)이라는 단백질을 자연적으로 점점 많은 양을 생산하며 알츠하이머병에 걸리지 않는다는 것을 발견해냈다. 이 연구는 현재 알츠하이머병의 원인으로 여겨지는 베타 아밀로이드(beta-amyloid)가 신경에 해를 끼치는 것에 대항하기 위하여 인간의 뇌 속의 트렌스티레틴 생성을 증가시키는 약물을 개발하는 데 사용되고 있다.[h] 특히 환자와 그 가족에게 도움이 되는 것은 속한 공동체의 정서적 사회적 지지와 전문적인 상담이다.

[a]Seth Borenstein, "Alzheimer's Struggle Is Gaining Ground," *Wisconsin State Journal*, Jul. 8, 2004, p 2A
[b]S. Brownlee, "Alzheimer's: Is There Hope?" *U.S. New & World Report*, Aug.12, 1991, pp. 40-49
[c]Brownlee, "Alzheimer's: Is There Hope?" p. 48
[d]L.L. Heston and J. A White, *Dementia* (NewYork: W.H. Freeman, 1983)
[e]Diane E. Papalia, Sally W. Olds, and Ruth D. Feldman, *Human Development*, 10th ed. (New York: McGraw-Hill, 2007) pp. 649-653.
[f]S. S. Sisodia, E. H. Kop, K. Beyreuthe, A. Unterbeck and D. L. Price, "Evidence That B-Amyloid Protein in Alzheimer's Disease is Not Derived by Normal Processing," Science, 248 (Apr. 27, 1990). pp. 492-495.
[g]Papalia, Olds, and Feldman, *Human Development*, p. 652.
[h]A. Conklin, "Discovery May Halt Progression of Alzheimer's," *News at UW Madison, Madison*, WI, Sept. 2, 2004.

임을 떠맡을 수 없게 된다. 가정경제가 넉넉하지 않은 경우, 노부모와 자신의 자녀, 그리고 자신들이 써야 하는 돈을 분할하며, 엄청난 스트레스를 받을 수 있다. 때로는 부모를 자신이 모실 것인지 혹은 홀로 살게 할 것인지 아니면 시설로 보낼 것인지에 대해 고민하게 된다.

수준 이하의 주거환경

노인 인구의 95%는 요양원이나 기타 시설에 주거하지 않는다.[30] 80%의 남성 노인은 배우자와 함께 살고 있으며,[31] 여성의 경우 긴 수명으로 인해 65세 이상 여성 노인의 40%는 혼자 살고 있다.[32] 80%에 가까운 노인 부부들은 둘이서 아파트나 콘도, 혹은 기타 주거지에서 생활한다.[33] 자신의 집에서 살지 않는 경우는 대부분 친척, 특히 자녀의 집에서 살고 있다.

노인 중 시골에 거주하는 경우가 도시에 거주하는 경우보다 더 높은 지위를 가지고 있다. 논이나 밭을 가진 사람들은 일을 차츰차츰 그만두기 때문이다. 또한 땅을 일궈 돈을 버는 사람들은 직장에서 돈을 버는 사람보다 나이가 많이 들어서도 존경받고 중요성을 인정받는다.

하지만 인구 중 3/4이 도시에 거주함을 감안하면, 상당수의 노인들은 낮은 수준의 주거 환경에 노출되어 있는 것이다.[34] 노인의 적어도 30%는 수준 이하의, 매우 낡은 집에서 기거한다.[35] 종종 도시의 노인들은 도시 내의 호텔이나 생활수준이 낮은 아파트에 살고 있다. 그리고 좋지 않

사설요양원의 거주자들이 키스하고 있다. 성적 능력이 나이에 따라 감퇴한다는 증거는 적다.

은 주변 환경으로 말미암아 불량한 이웃에게 범죄의 대상이 되기도 한다.

다행히도, 최근에는 은퇴자 마을이나, 노인들의 욕구에 부합하는 아파트촌 또는 복합건물들이 지어지고 있다. 그런 집들은 안전이나 보호를 책임지는 센터와, 식사와 집안 청소를 도와주는 사람이 있기도 하다.

》 교통수단

부유하고 신체적으로 건강한 노인들만이 자신의 개인 자가용을 소유한다. 편리하고 저렴한 교통수단의 부재는 노인들이 직면한 문제이다.

》 범죄의 희생자

노인들은 힘과 근력이 부족하기 때문에 때로는 각종 범죄, 즉 도난이나 강도, 사기, 협박 등에 노출된다. 실제로는 노인들이 젊은이들에 비해 범죄에 노출되는 비율이 낮음에도 불구하고, 많은 노인들은 이런 범죄에 희생될까봐 지속적으로 공포를 느낀다. 물론 실질적으로 범죄에 희생되는 비율은 공식적으로 보고되는 비율보다 훨씬 더 높을 수 있는데, 그 이유는 법적으로 여러 가지 문제에 관여하고 싶지 않을 수 있기 때문이다.

때로 노인들은 자신이 집을 비운 사이 강도가 들까봐 장거리 여행을 주저하기도 한다.

》 노인기의 성

노인이 되면 성적인 욕구가 줄어든다는 잘못된 상식이 있다. 노인이 성적인 호감이나 흥미를 드러내면 그는 '더러운 노인'으로 낙인찍히기도 한다. 만일 두 남녀 노인이 젊은 세대들과 똑같이 애정표현을 하면 "저분들 너무 귀엽지 않아?"라고 이야기할 수도 있다. 하지만 노인은 여전히 강한 성적 욕망을 가지며 만족스런 성생활을 갈망한다.[36] 성적인 능력은, 특히 여성들의 경우 나이가 든다고 크게 줄어들지 않으며, 남녀 노인의 많은 수가 성적인 관계를 가질 수 있다고 보고된다.[37]

저명한 섹스 연구가들인 Masters와 Johnson은, 노인들이라고 성적인 활동을 즐기지 못할 이유가 없다고 했다.[38] 만약 성적인 행동이 감소한다면 이는 신체적인 이유보다는 사회에서 보이는 여러 반응들 때문이다. Masters와 Johnson에 따르면, 노인이 되어 성적인 활동을 활발히 하지 못하는 이유가 파트너의 부재, 술 또는 음식에 대한 지나친 탐닉, 배우자에 대한 지겨움, 섹스에 대한 태도(가령, 노인들은 섹스하면 안 된다는 사회적 시각), 신체적·정신적으로 약한 상태, 폐경기, 성행동에 대한 자신감 결핍 등에 있다고 한다.[39]

> **비판적 사고를 위한 질문 ?**
>
> 만일 조부모 중 한 분이 돌아가시게 된다면, 당신은 남은 분이 다른 사람과 낭만적인 삶을 함께 하도록 권장할 것인가?

》 영양결핍

노인은 가장 영양이 부족한 집단 중 하나이다. 장기적인 영양결핍에는 다양한 이유가 있는데, 가게가 멀거나 가게에 갈 교통수단이 마땅치 않아서, 적합한 영양섭취에 대한 지식이 부족하거나, 좋은 음식을 살 경제적 여유가 없거나, 치아가 없거나 부실하거나, 혹은 식욕이 없거나, 혼자 사는 노인의 경우 음식을 제대로 만들어 먹기가 쉽지 않기 때문이다.

우울증과 기타 정서적 문제

노인들은 대체로 외롭다. 70세 이상은 대부분 배우자와 사별하거나, 이혼했거나 미혼이어서 혼자 사는 경우가 많다. 오랜 기간 동안 결혼생활을 해오다 배우자가 죽을 경우, 외로움이 심해 견디기 어려워지기도 한다. 앞으로의 살날이 무척 공허하게 느껴지고, 뒤이어 우울감이 찾아온다. 우울증은 노인들에게 가장 흔한 정서적 문제이며, 그 증상으로 쓸모없다는 기분이 들고, 누군가에게 짐이 되거나 불필요한 존재라고 느끼며, 외로움과 희망이 없는 기분을 지속적으로 느낀다. 신체적으로는 체중과 식욕이 줄거나, 쉽게 피곤해지고, 불면증, 변비 등이 나타난다. 때로는 이런 신체적 증상이 우울증 때문인지 혹은 기타 체내의 장기에 문제가 있어서인지 구별하기 쉽지 않다.

우울증은 노인의 성격에까지 영향을 준다. 우울한 사람들은 무관심하거나 위축되고 행동이 느려지기도 한다. 노인들이 질문에 느리게 응답하는 것 또한 노화의 한 증상이기보다는 우울증에 기인한 것이 많다.[40)]

젊은 시절의 정서적 문제를 해결하지 못한 경우 그 문제가 노인이 되어서 나타날 수 있다. 이는 노인이 되어 겪는 스트레스로 인해 더욱 심해지기도 한다.

노년기의 정신건강에 부정적인 영향을 주는 주된 두 가지 요소는, 친구의 죽음과 같은 사회심리적인 박탈감에서 헤어 나오지 못하는 것과 의미 있는 삶의 목표를 찾지 못하는 것에 있다. 노년기에는 급변하는 것이 많으며 이는 노인들의 정서에 부정적인 영향을 줄 수 있다. 가령 배우자의 죽음, 친구와 친척의 죽음, 건강의 약화, 지속적인 수입의 감소, 자녀나 손주와의 관계 변화 등으로 인해 영향을 받을 수 있다.

하지만 노화와 정신건강에 대한 잘못된 믿음이 존재하는 것이 사실이다. 오히려 노인들에게 집단상담이나 개별상담을 제공했을 때 그 효과가 무척 큰 것으로 나타났다.[41)] 또한 90세 이상 노인들의 상당수가 정신건강에 문제가 없었으며, 따라서 단순히 노인이 된다고 해서 정신건강에 문제가 오는 것은 아니다.

미국 내에서 남성 노인들은 자살률이 가장 높은 집단이다.[42)] 그 이유는 매우 다양하지만, 건강악화, 지위 하락, 수입 감소, 가족 및 친구와의 관계 단절 등이 한 예가 될 수 있다. 더불어 우리 사회에서 여성에 비해 남성들에게 사회적인 역할이나 일에 있어서 강한 책임감을 부여하기 때문에, 은퇴 후에 남성 노인들이 더 이상 살아가야 할 이유를 찾지 못하는 것도 큰 이유이다.

죽음

나이가 들면 죽음에 대해 끊임없이 생각하게 된다. 특히 친구나 가족의 죽음을 목격하거나, 그들이 죽기 전에 질병으로 고통받거나 힘들어하는 모습을 보기 때문에 죽음에 대한 생각을 떨칠 수가 없다. 대다수는 고귀한 죽음을 원한다. 자신의 집에서 고통이 적고, 정신적으로는 멀쩡하며, 가족과 친척들 곁에서 죽고 싶어 한다. 또한 노인들은 자신이 최종적으로 앓은 병으로 인해 비용이 많이 들어서 의미 있는 장례식을 하지 못할까 염려하기도 한다.

우리 사회는 조용한 가운데 죽기를 원한다. 병원에서 의사들은 환자들이 죽음에 가까워지고 있음을 본인이 느끼지 못하도록 다양한 노력을 한다. 가족들 역시 죽음이 가까워오는 환자를 조금 다르게 대하기도 한다. (물론 이런 행동으로 환자가 자신의 죽음이 임박했음을 느끼기도 한다.)

사회의 많은 기관에서는 죽음을 보다 열린 관점으로 보기를 주장해 왔다.[43)] 죽음에 대한 열린 태도는 자신의 죽음을 보다 잘 준비할 수 있게 하는데, 자신의 삶을 돌아볼 여유를 갖고, 자신의 죽음을 받아들이고 유언을 작성하는 등의 행위도 미리 할 수 있도록 한다. 또한 가족들에게도 죽음을 받아들일 수 있는 충분한 시간을 주며, 친구나 친척과의 관계를 돌아볼 기회를 주기도 한다. 우리 모두는 자신의 죽음을 결국엔 직면하고 받아들여야만 한다. 대학에서 죽음과 관련된 수업들이 인기 있는 것을 보면 죽음에 대해 정신적으로 보다 편안하게 받아들일 수 있는 준비가 필요함을 알 수 있다.

문화 이전의 사회에서는 일반적으로 지금보다 죽음을 더 잘 준비했다. Margaret Mead에 의하면, 그들이 어디서 태어나고 어디로 가는지 조부모들이 가르쳤다. 여자아이들은 어떻게 신부가 되고, 엄마가 되는지, 어떻게 할머니가 되고 늙어가는지를 배운다. 그들은 죽음의 마지막을 준비

보기 14.5 세 가지 위험: 여성, 아프리카계 미국인, 노인

여성 노인의 빈곤율은 남성 노인의 두 배이다.[a] 아프리카계 여성들은 아프리카계 미국인 가정과 아프리카계 미국인 문화에서 긍정적인 지위(positive status)를 가지지만, 70세 이상의 아프리카계 미국인 여성은 미국에서 가장 가난한 집단 중 하나이다.[b] 아프리카계 미국인 여성의 3/5은 혼자 살고 대부분이 미망인이다.[c] 이 연령대 집단의 빈곤율은 연령차별, 성차별, 인종차별과 관련이 있다. 과거에 이 여성들은 매우 낮은 임금을 주는 직업을 가졌고, 일부는 사회보장제도의 보호아래 있지 못하거나 가사 일을 하는 경우 고용주들이 법적으로 보고하게 되어 있는데도 보고하지 않았다.

비록 이 여성들은 재정적으로, 사회적으로, 신체적으로 힘들었지만 Edmonds는 이들이 뛰어난 적응력, 회복력, 대처하는 능력, 책임감을 보여주었다고 기록했다.[d] 가족네트워크의 확장으로 이들은 최소한의 생활에 필요한 것을 가지고 생활할 수 있었고, 사랑받는다는 느낌을 가졌다. 아프리카계 미국인 교회들은 사람들에게 의미 있는 사회 참여와 사회복지 서비스를 받는 길을 열어 주었고, 살아갈 힘을 느끼게 했으며, 내적 만족감을 갖게 했다. 또한 이 여성들은 소수민족 공동체에서 함께 사는 경향이 있으며 이를 통해 소속감을 느꼈다. 그리고 이 여성들은 미국인의 직업의식을 고수하며 그들의 종교를 힘과 지지의 근원으로 여겼다. 그럼에도 불구하고, (소수민족뿐 아니라) 아프리카계 미국인 노인 여성의 수입과 건강문제는 고령화되어가는 우리 사회의 중요한 근심거리다.

[a]William Kornblum and Joseph Julian, *Social Problems*, 12th ed. (Upper Saddle River, NJ: Pearson, 2007), pp.310-312.
[b]Ibid.
[c]Ibid.
[d]M.Edmonds, "The Health of the Black Aged Female,"in *Black Age*, Z.Harel, E.A.McKinney, and M.Williams, eds. (Newbury Park, CA: Sage Publications, 1990).

하고 있다.[44)] (불행히도 우리 사회는 우리의 죽음을 부정한다. 우리 모두 탄생으로부터 터미널로 거쳐간다.)

현대 미국사회에서 대부분의 사람들은 요양원 또는 병원에서 의료진들 사이에서 위엄 없이 죽음을 맞이한다.[45)]

비판적 사고를 위한 질문

말기환자가 치료를 거부하고 죽을 권리가 있다고 생각하는가? 조력자살(assisted suicide)이 합법화되어야 한다고 생각하는가? 만일 말기환자인 가까운 친척이 극심한 통증을 느끼며 치사량의 약물을 구하는 것을 도와달라고 하면 어떻게 반응할 것인가? 도와줄 것인가? 아니면 거절할 것인가?

다행히도 호스피스 운동은 위엄을 갖고 죽을 수 있다는 것을 허락했다. 그들의 마지막 죽음을 그들이 원하는 방식으로 행하게 한다. 호스피스는 다양한 세팅에서 다양하게 이루어지고 있다. 호스피스는 중세기 유럽 종교집단에서 시작되었다. 아프고 지치고 병든 여행자들에게 휴식처를 제공하는 것으로 시작했다.[46)] 오늘날 호스피스는 병원 건물과 독립적으로 분리된 공간에서 죽어가는 환자의 집에서 메디컬 서비스를 사회적 서비스를 제공한다.

그리고 광범위한 노력들은 터미널 케어로 그들의 남은 나날들을 그들이 선택할 수 있도록 도와준다. 호스피스는 때때로 교육적이고 오락적인 프로그램의 요소를 갖추고 있다. 고통제거는 광범위하게 사용된다. 그래서 환자들이 그들의 마지막 남은 생애를 상대적으로 편안하게 보낼 수 있도록 도와준다. 관련 강좌는 환자들을 돕고 시간을 활용하여 가능한 한 오랫동안 사람들과 함께 그들의 남은 나날들을 가족, 자원봉사들과 시간을 보내도록 한다.

》 부모 학대—자녀에 의한 학대

부모 학대는 자식에 의해 노인 부모가 학대받는 것을 의미한다. 이는 부모가 자녀와 함께 거주하거나 부모가 자녀에 의존할 때 가장 자주 일어난다. 이에 대한 내용은 6장에서 더 자세히 다룬다.

5. 현재 제공되고 있는 서비스들

노인들이 겪는 다양한 문제가 일반인들의 관심을 받기 시작했다. 정부기관에서도 노인관련 부서가 생겼으며, 지역사회 내에서도 노인에 대한 기관이나 집단을 조직하고 있다. 대학에서는 노년학, 노인에 대한 간호, 약학, 사회학, 사회복지, 건축학 등이 강의되고 있다. 각종 리서치에도 정부가 투자하고 있으며, 노인과 관련된 다양한 책과 팸플릿이

보기 14.6 윤리적 쟁점: 안락사가 합법화되어야 하는가?

생명유지장치의 기술은 사람을 거의 무기한 생존하도록 할 수 있다. 인공호흡기, 인공 영양공급, intravenous hydration, 그리고 기적의 약이라고 불리는 약은 생명을 유지시켜줄 뿐 아니라 많은 말기환자들을 정신적, 신체적으로 불명예스러운 상태로 가두어 두게 된다. 이러한 기술은 여러 윤리적 질문을 불러일으켰다. 말기환자와 극심한 고통 속에 있는 환자에게 치료를 거부하고 죽을 권리가 있는가? 점점 많은 환자들이 '생전유서(living wills)'를 통해 그들의 소망을 표현하고 치료를 거부한다. 하지만 장기간 동안 혼수상태에 있는 사람은 생전유서도 작성하지 않았는데 죽을 권리가 있는가? 우리 사회는 언제 생명유지노력을 계속하고, 언제 중단할지 어떻게 결정해야 하는가? 현재 법원과 주 입법부에서는 죽음과 안락사에 대한 법적 복잡성을 다루고 있다.

조력사망(assisted death) 또는 조력자살이 합법화되어야 하는가? 2003년에는 네덜란드만이 자격을 갖춘 말기환자에게 의사가 치사량의 약물을 줄 수 있도록 허가했다. 미국에서는 안락사에 대한 많은 논쟁이 있다. Hemlock Society 설립자인 Derek Humphry는 자기 스스로 하는 자살 매뉴얼(do-it-yourself suicide manual)을 작성해 베스트셀러가 되었다. (Hemlock Society는 계획적인 안락사를 권장한다.) 미시간 의사인 Jack Kevorkian은 말기환자가 스스로 삶을 마감할 수 있도록 돕는 장치를 만들고 수많은 사람들이 그 장치를 사용하도록 도운 것으로 국가적인 뉴스거리가 되었다.

1998년 9월 17일 Kevorkian은 죽어가고 있던 Thomas Youk에 치명적인 약물을 주사함으로써 그의 죽음을 도왔다. Youk는 52세로, 루게릭병을 앓고 있었다. 루게릭병은 결국에는 환자가 모든 근육을 통제하지 못하게 되는 병이다. Kevorkian은 그의 죽음을 비디오테이프에 담았고 CBS 방송의 〈60분〉이라는 프로그램에서 보여주었다. Kevorkian은 2급살인과 규제약물 유출 죄로 미시간 법원으로부터 유죄선고를 받았다. 그는 10~25년 형을 선고받았다.

네덜란드에서는 비공식적이지만 25년보다 전부터 검찰과 이루어진 사실상의 협의를 통해 특정 안전장치가 있다면 의사가 환자를 죽도록 돕는 것을 허락하고 있다. 예를 들어 환자는 말기환자여야 하고 극심한 고통 속에 있어야 하며 정신적으로 역량이 있어야 한다. 또한 환자가 반드시 죽고자 하는 소망을 지속적으로 표현해야 한다.

오리건 주에서는 1994년 존엄사법(Death with Dignity Act)이 유권자들에 의해 통과되었다. 이 법에 의하면 의사는 6개월 미만의 삶이 남은 말기환자들이 원하면 목숨에 치명적인 약물을 처방할 수 있다. 의사는 치사량을 처방할 수만 있고 투약할 수는 없다.

안락사를 선호하는 사람들은 불필요한 장기간의 투병은 장점이 없으며 그 고통을 견딜 필요가 없다고 주장한다. 이들은 사람은 존엄하게 죽을 권리가 있다고 주장한다. 이는 심한 정서적, 신체적 고통이나 극심한 정신적, 신체적, 영적 하락(degradation)이 없는 죽음을 의미한다. 이들은 안락사가 자율성 원칙에 부합한다고 여긴다. 자신이 죽는 과정을 결정할 수 있는 권리를 인정한다는 것이다. 말기환자에게 자살을 선택할 수 있게 허락하는 것은 이를 궁극적으로 자기결정권으로 여긴다는 것이다.

반대하는 사람들은 자살은 비윤리적이며 고인이 용서를 받을 수 없는 대죄라고 주장한다. 이들은 안락사를 살인(assisted murder)으로 본다. 이들은 현대 의료기술은 거의 모든 사람들에게 평화롭고 고통이 없는, 편안한, 존엄하게 죽을 수 있는 삶을 제공할 수 있다고 주장한다. 그리고 반대자들은 대부분의 말기환자들은 죽는 것이 무서워서가 아니라 죽어가는 것이 무서워서 자살을 생각한다고 믿는다. 죽어가는 것은 고통, 버려짐, 통제를 잃음을 의미하는데 이러한 것은 호스피스 시설에서 완화시켜줄 수 있다는 것이다. 이들은 극심한 고통에 대한 무서운 이야기들은 대부분 의술의 실수로 인한 비극적인 결과물이라고 생각한다. 게다가 안락사 관련법은 말기환자가 그들의 가족과 사회에 경제적, 정서적 부담을 주지 말아야 할 의무가 있다는 생각으로 쉽게 귀결될 수 있다. 건강보험 시스템의 비용을 절감하려는 의도는 의도하지 않았더라도 환자에게 죽기를 권장하는 것으로 보일 수 있다. 비싼 의료시술을 받고 있는 말기환자의 친척들은 가족의 재정이 잠식되지 않도록 환자에게 안락사(physician-assisted suicide)를 선택하도록 강압할 수도 있다. 여기서 염려가 되는 것이 만일 역량이 되는 사람들이 죽음을 선택하도록 허락한다면, 죽음으로 치료하는 것(treatment-by-death)을 혼수상태에 있거나 정신적으로 역량이 없는 사람들(예를 들면, 정신병자나 극심한 인지장애가 있는 사람들)에게도 사용해야 한다는 압력이 생겨난다는 것이다. 결론적으로, 많은 사람이 우려하는 바는 우리 사회에서 '죽을 권리'가 기본 권리로 인식되면, 노인과 병자, 가난한 사람, 사회에서 인정받지 못하는 사람들에게는 '죽을 의무'가 있다는 생각으로 쉽게 발전될 수 있다는 것이다.

어떤 당국(authorities)에서는 적극적인 안락사와 수동적인 안락사(치료를 보류 또는 중단)로 구분하기도 한다. 많은 주에서 환자가 생명유지치료를 받고 싶어 하지 않으면 의사와 법원이 이를 존중해 주도록 합법화하고 있다.

Nancy Cruzan은 수동적 안락사의 경우이다. 1983년 1월 11일 미주리 주에 살던 25세의 이 여성이 탄 차가 전복되었다.

(계속)

보기 14.6 (계속)

Nancy의 뇌는 사고 후 14분 동안 산소공급을 받지 못했고 그 후 몇 년 동안 회복에 대한 희망 없이 '지속적으로 식물인간 상태'로 지냈다. 사고 한 달 후에 Nancy의 부모인 Joyce와 Joe Cruzan은 영양을 공급하는 튜브를 삽입하는 것을 허락했다. 하지만 그 후 몇 달 동안 이 부부는 Nancy를 이런 희망이 없는 상태에서 생명만 무기한 연장시키는 것은 의미가 없다고 점차 확신하게 되었다.

1986년 이 부부는 미주리 주 판사로부터 영양공급 튜브를 제거한 데 대한 살인죄로 고소당할 수 있다는 것을 전달받고 충격을 받았다. 부부는 선고에 항소하여 미 연방 대법원에까지 항소하게 되었다. 희망이 없는 환자에게 음식과 물을 제거하는 것을 금지한 미주리법을 뒤엎어줄 것을 요청했다. 1990년 7월 연방 대법원은 딸의 튜브를 제거하게 해달라는 부부의 요청은 거절했지만, 환자가 원했을 거라는 '분명하고 확신 있는 증거'가 있다면 주는 그 제거를 허락해야 한다고 판결했다. Cruzan 가족은 그 후 Nancy가 이러한 상태로 살아있길 원하지 않았을 거라는 증인들의 증언을 확보했다.

미주리 주 판사는 그 증언이 대법원의 기준에 부합한다고 결정했다. 1990년 12월 튜브를 제거했고 Nancy Cruzan은 며칠 뒤인 12월 26일 사망했다.

현재 10,000명의 미국인들이 식물인간 비슷한 상태에 있다. 이들 중 많은 수는 사실상 회복의 기미는 없다. 죽을 권리에 대한 의문들은 이 경우들에도 틀림없이 생겨날 것이다.

1997년 6월 미 연방 대법원은 말기환자는 안락사(physician-assisted suicide)를 할 헌법상 권리가 없다고 판결했다. 대법원은 살고 싶어 하지 않는 정신적 역량이 있는 말기환자에게 삶을 끝낼 수 있는 약물을 준 의사에게 유죄선고를 한 뉴욕과 워싱턴 주의 법을 지지한 것이다. 판사들은 그 판결문에서 이 결정이 조력자살 문제에 대한 영구적인 접근은 아님을 분명히 했으며 이 부분에 대한 논쟁을 계속하도록 장려했다.

그 후 2001년 John Ashcroft 법무장관이 안락사에 사용된 약물이 '합법적 의료 목적'으로 사용된 것이 아니므로 오리건 주의 존엄사법은 Federal Controlled Substances Act를 위반한다며 강령을 발표했다. 오리건 주는 그 강령이 실행되는 것을 막기 위해 고소했다.

2006년 1월 미 연방법원은 Bush 행정부가 오리건 주 의사들이 치사량을 처방하지 못하도록 한 시도는 적절하지 못했다고 판결했다. 이 판결로 인한 즉각적으로 있을 법적 영향은 분명하다. 오리건 주의 의사들은 연방정부의 처벌을 두려워할 것 없이 치사량의 약물을 계속 처방해 줄 것이다.

제작되어 일반인들에게 제공되고 있다.

현재 제공되는 서비스와 프로그램은 근본적으로 노인의 현 상태를 '유지'하는 것에 불과하다. 즉 노인들의 기본적인 신체적 욕구를 채우고자 설계되는 것들이다. 그럼에도 불구하고, 다양한 프로그램이 개발되고 있다.

Older Americans Act of 1965

미국의 'Older Americans Act of 1965'는 건강·교육·복지부에 직속 기구를 두게 했다. 이 법은 노인을 위한 기초적인 경제 보조를 주정부뿐 아니라 연방정부와 지역사회가 합동하여 해줄 것을 권고한다. 이 법은 다음과 같은 사항들을 명시한다.

1. 충분한 수입
2. 최상의 신체적·정신적 건강 유지
3. 적절한 주거지
4. 시설 보호가 필요한 이들을 위한 서비스
5. 취업의 기회
6. 건강하고 명예로우며 자존감을 살릴 수 있는 은퇴
7. 의미 있는 활동 추구
8. 효율적인 지역사회서비스
9. 건강과 행복감 증진
10. 개인의 삶 유지에 있어 자유, 독립, 주도권 보장[47)]

요양원

요양원은 값이 비싼 병원의 대안으로서 미국의 경우 연방정부의 메디케이드(Medicaid)와 메디케어(Medicare)의 지원을 통해 생겨났다. 약 150만 명의 노인들이 요양원에서 기거하며, 10억 달러 규모의 시장 산업으로 발돋움하고 있다.[48)] 현재 요양원의 침상 수는 병원의 침상 수보다 많은 추세이다.[49)]

요양원은 제공하는 서비스에 따라 분류된다. 집과 방을 빌려주는 데 주된 목적이 있는 경우는 노인 거주 시설로 분류되며, 24시간 내내 간호사와 의사의 보호를 받는 곳은 요양보호센터로 분류된다. 그리고 양질의 서비스를 제공

보기 14.7 노인을 위한 서비스

- **메디케어**(*Medicare*): 노인들의 의료비와 병원비 지불에 도움을 준다(15장 참조).
- **양로보험, 생존보험, 상해보험, 건강보험**: 은퇴한 사람 중 자격이 있는 사람들에게 매달 지불된다(4장 참조).
- **보족적 소득보장**(*Supplemental Security Income*): 가난한 노인에게 최저소득을 제공한다(4장 참조).
- **메디케이드**(*Medicaid*): 저소득층의 의료비 대부분을 지불한다(15장 참조).
- **식료품 할인 구매권**(*food stamps*): 일정 자격을 갖춘 저소득층의 식비 일부를 상쇄하여 준다(4장 참조).
- *Nursing Home Ombudsman Program:* 요양원 거주자가 느끼는 불편한 점을 조사하고 이에 대한 개선(acts)을 한다.
- **식사배달 서비스**(*Meal on Wheels*): 바깥출입을 못하는 노인 중 스스로 식사를 준비하거나 얻지는 못하나 스스로 먹을 수는 있는 노인에게 식사를 제공한다.
- **은퇴노인 자원봉사 프로그램**(*Retire Senior Volunteer Program, RSVP*): 일자리와 서비스를 찾는 노인 지원자들에게 일과 서비스를 찾아 주는 프로그램이다.
- **보호자 프로그램**(*Foster Grandparent Program*): 노인이 개인을 돌보거나, 아프고 도움이 필요한 아이들과 청소년(youth)들을 돌보아 주는 시간제 근무를 하고 그에 대한 급여를 지급한다.
- *Service Corps of Retired Executives (SCORE)*: 소규모 회사에 컨설팅 서비스를 제공한다. 이 프로그램은 은퇴한 임원들이 우리 사회에 의미 있는 역할을 지속하도록 돕는다.
- **노인복지센터**(*Senior citizens' center*), **노인사교클럽**(*golden-age club*), *similar groups*: 노인들을 위한 여가시간과 오락 활동을 제공한다.
- *Special bus rates:* 노인들의 버스 및 대중교통 비용을 줄여준다
- *Congregate housing facilities:* 노인들의 독립적인 삶의 욕구를 충족시키기 위해 사립·공립 임대아파트와 리모델링한 호텔을 제공한다. 그리고 노인을 위해 디자인된 mobile home parks를 제공한다. 여기서는 식사와 하우스키핑, 교통편, 사회활동, 오락 활동이 제공되며 때로는 건강관리도 실시한다.
- **그룹홈**(*group home*): 일부 노인에게 집을 제공한다. 그룹홈은 주로 사회기관(social agency)에서 소유하거나 임대한 집이다. 쇼핑, 요리, 힘든 청소, 운전, 상담을 하기 위해 사람이 고용된다. 거주자들은 자신의 개인적 필요에 집중할 수 있고 그날의 과제에 대한 책임을 갖게 된다.
- *Assisted-living facilities:* 노인에게 반 독립적 삶을 허용한다. 이런 기관의 노인들은 자신의 방이나 아파트에 거주한다. 거주자는 개인생활에 돌봄을 받고(목욕, 옷 입기, 몸단장), 식사, 하우스키핑, 교통편, 사회 활동, 오락활동이 제공된다.
- *Foster-care homes:* 주로 단독 가구 거주지에서 집 주인은 모르는 노인과 함께 살며, 거주, 식사, 하우스키핑, 돌봄에 대한 보상을 받는다.
- *Continued-care retirement communities*: 장기 주거시설(long-term housing facility)로, 부유한 노인들의 필요에 따라 가능한 모든 시설과 서비스를 제공한다. 거주자는 처음에는 시설 밖의 독립적인 아파트에서 생활할 수 있고 그 후에는 청소, 빨래, 식사와 같은 서비스를 제공하는 반공동주택(congregate housing)에 들어오며, 그 후에는 노인원호생활시설(assisted living facility)로 들어오며, 마지막에는 인접한 요양원으로 간다.
- **재산세 감면**(*property tax relief*): 미국 여러 주의 노인들에게 가능한 서비스이다.
- **특별 연방정부 소득세 공제**(*special federal income-tax deduction*): 65세가 넘은 사람들을 위한 서비스이다.
- **노인을 위한 주거 프로젝트**(*housing projects for older adults*): 미국 주택·도시개발청(Department of Housing and Urban Development)이 재정적 지원을 하여 만들어졌다
- **영화관이나 다른 오락물에 대한 요금 감면**: 소유주 개인이 자발적으로 종종 제공한다.
- **가정 건강 서비스**(*home health service*): 방문 간호사 서비스, 물리치료, 약물, laboratory service, 병실 장비를 제공한다.
- **영양 프로그램**(*nutrition programs*): 'Eating sites'라는 그룹의 노인들에게 식사를 제공한다. (식사는 주로 주당 4~5회 제공되며 거의 점심식사이다. 이 프로그램은 노인들의 영양상태를 개선하고 사회화의 기회를 준다.)
- **가정봉사원서비스**(*homemaker services*): 일부 지역사회(community)에 제공되며 노인 스스로 할 수 없게 된 집안일을 해준다
- **노인주간보호센터**(*day-care centers for older adults*): 해당 그룹의 필요에 따라 결정된 활동을 제공한다. [이 서비스는 가족이 24시간 돌봐야 하는 부담을 덜어준다. 가정건강서비스, 가정봉사원서비스, 주간보호센터와 같은 프로그램들은 시설화(institutionalization)를 예방하거나 지연시킨다.]
- *Telephone reassurance:* 자원하는 사람에 의해 제공되며 많은 경우 자원자가 노인이고, 혼자 사는 노인에게 전화한다.

(계속)

보기 14.7 (계속)

(이런 통화는 양자 간에 의미 있는 사회적 접촉이 되며 긴급한 관심이 필요한 사고나 다른 심각한 문제가 있는지 확인할 수 있다.)

- 요양원(nursing homes): 자신을 돌볼 수 없는 노인이나 가족이 더 이상 돌볼 수 없는 노인에게 residential care와 skilled nursing care를 제공한다.
- 2003년 George W. Bush 대통령은 Medicare Prescription Drug, improvement and modernization Act of 2003 법안에 서명하였다. 이 프로그램은 노인들(특히 저소득층 노인)이 처방 약품을 낮은 가격으로 구입할 수 있게 돕도록 되어 있다. (이 법안의 자세한 내용은 복잡하다. 자세한 정보는 미국 각 지역 사회보장국 사무실에서 알아 볼 수 있다.)

하는 만큼 이용료는 올라간다.

Donald Robinson은 전국적인 요양원 조사를 실시하고는 다음과 같은 결과를 보고했다. "대다수의 요양원은 안전하며, 양질의 보호를 제공하고 있는 좋은 기관들이었다. 어떤 곳은 아주 훌륭했다."[50) Robinson은 또한 어떤 시설에서는 노인들이 공포와 학대를 경험하기도 하며, 그 학대에는 환자들의 동의 없이 승인받지 않은 새로운 약을 주거나, 너무 많은 양의 안정제를 투여해 오랜 시간 무기력하게 하거나, 환자의 돈을 빼돌리거나 메디케어에 잘못된 보고를 하여 돈을 빼돌리는 것 등이 포함되었다. 또한 어떤 곳에서는 요양원 직원들이 노인들에게 성적인 학대를 가하기도 했다.[51)]

현재는, 모든 연령대의 사람들이 요양원에 대해서 부정적인 편견을 가지고 있다. Frank Moss는 요양원에 대한 노인들의 시각을 조사하였는데, 일반적인 노인들은 요양원을 감옥과 같이 사람을 수용하는 곳으로 보며, 무덤과 사회의 중간쯤 되는 곳이라고 인식하였다.[52)] 사실, 그 말에는 어느 정도 일리도 있는 것이, 대다수의 노인들이 요양원에서 기거하다가 죽음을 맞이하기 때문이다.

6. 노인과 사회사업

사회사업 교육은 노인들의 문제를 알아내고 커리큘럼을 통해서 노인복지 전문가를 키워내는 역할을 하고 있다. 사회복지사는 노인을 돌보는 기관의 직원으로 일하고 있으며, 노인복지시설에서는 사회복지사를 채용해야 한다.

사회복지사가 노인들을 위해 제공하는 전문적인 역할은 다음과 같다.

- **중개 서비스.** 지역사회 내에는 다양한 자원과 서비스가 있는데, 일반인들은 이에 대한 정보나 서비스를 받을 수 있는 자격 등에 대한 지식이 없다. 특히 노인들은 그들에게 꼭 필요한 자원, 예를 들어 거동 보조나 대화상대 등 욕구에 걸맞은 지역사회 자원을 찾을 수 있도록 사회복지사의 중개 역할이 꼭 필요하다.
- **사례관리 혹은 사례관리 서비스.** 사회복지사는 클라이언트나 클라이언트 가족의 욕구를 평가하는 전문적인 훈련을 받는다. 필요할 경우, 사회복지사는 노인들의 복잡한 욕구에 부응할 수 있는 다양한 서비스를 하나의 패키지로 배치, 조정, 관리, 평가하는 역할을 한다. 노인을 위한 사례관리 서비스의 공통적인 역할은, 사례 발굴, 사전 검사, 접수, 사정, 목표설정, 보호계획수립, 보호계획 진행, 재 사정, 종결 등이 있다.
- **옹호.** 노인들을 위한 서비스가 일시적인 것이 많기 때문에 사회복지사는 노인들을 위한 서비스를 옹호하는 역할을 해야 한다.
- **개별 및 가족 상담.** 상담을 통한 개입은 노인의 욕구와 강점, 가족의 욕구와 강점을 찾고, 발견된 욕구에 부합할 수 있는 자원을 연결하는 데 있다.
- **사별 상담(*grief counseling*).** 노인들은 역할 상실(은퇴나 자가충족의 상실)이나 중요한 타자의 죽음(배우자, 자녀, 혹은 형제자매), 그리고 만성 질병이나 정신건강상의 문제로 야기되는 각종 상실 에 대해 다양한 상담이 필요하다.
- **성인 주간보호서비스.** 사회복지사는 개별상담과 가족상담, 아웃리치, 브로커 서비스, 지지서비스, 집단 프로그램 운영, 보호 계획 서비스 등을 주간보호 내에서 줄 수 있다.

보기 14.8 공동체 선택 서비스: 요양원의 대안

공동체 선택 서비스(Community Options Program, COP)는 위스콘신 주에서 혁신적으로 시행한 프로그램으로 요양원에 대한 대안으로 제공되었다. COP는 주와 연방정부에서 자금지원을 받고 군(county; state 밑의 행정구획)의 사회서비스 부서에서 관리한다.

이 프로그램을 위한 자격은 장기 또는 되돌릴 수 없는 질병이나 장애가 있어야 하며 요양원 또는 발달장애가 있는 사람들을 위한 시설에 잠재적으로 또는 현재 거주해야 한다. 또한 수입과 자산이 빈곤선(최저생활 유지를 위해 필요한 소득수준) 이하여야 한다. 지원자가 이러한 자격기준에 부합한다면, 사회복지사와 간호사가 지원자의 사회적 신체적 능력과 장애를 평가하여 필요한 서비스의 종류를 결정한다.

만일 요양원의 대안이 가능하고 재정적으로도 실행 가능하며 (가장 중요한) 지원자가 원한다면 서비스를 위한 계획이 세워지고 in-home 또는 in-community 서비스의 시작 날짜가 결정된다.

요양원에 가는 것의 대안으로는 매우 광범위한 서비스가 제공될 수 있다. 전형적인 서비스들은 가정봉사원서비스(home-maker service), 방문간호사서비스(visiting-nurse service), 식사배달(home-delivered meals), 성인가정위탁보호서비스(adult foster care), 그룹홈(group home care), assisted living care, 사례관리가 있다. COP는 협력프로그램으로 여러 기관으로부터 여러 자원을 받아 사용한다. 위스콘신 주는 이 프로그램이 비용이 많이 드는 요양원보호에 비해 비용효율이 높을 뿐 아니라 서비스를 받는 사람들이 요양원보호보다 더 선호하는 것을 알게 되었다. (여러 다른 주들도 COP를 제공하거나 비슷한 프로그램을 제공하고 있다.)

- **위기개입 서비스.** 위기개입 서비스에서는, 위기상황에 대해 안정시키고, 노인이나 그 가족에게 지지 체계를 강화하는 서비스를 제공한다.
- **성인가정위탁보호서비스.** 성인가정보호서비스와 그룹홈은 노인들을 지역사회 내에 남을 수 있도록 도와준다. 사회복지사는 노인을 돌볼 수 있는 가족을 찾고 연계하며 평가하는 역할을 한다.
- **성인 학대예방서비스** 사회복지사는 노인이 곤경에 처하거나 타인의 행위로 인해 신변의 위협이 있는지 사정하여 보호서비스를 실시한다. 위험한 환경으로는 신체적 학대와 재정적 착취, 정신적 학대, 방임, 유기 등이 될 수 있다. 방임이나 학대가 발생했다고 판단될 경우, 보호서비스를 담당하는 사회복지사가 그러한 잘못된 행위를 그만둘 수 있도록 계획을 세우고 대안을 개발하고 실행하며 평가한다.
- **지지 및 치료 집단.** 어떤 환경에서는, 사회복지사는 지지집단 형성을 촉진하며, 노인과 그 가족에게 지지와 치료를 제공한다. 지지와 치료 집단은 은퇴후 적응, 알츠하이머병과 같은 질병에 대처하는 방법, 알코올이나 약물문제, 우울증이나 정서적 어려움 등을 함께 다루는 데 적합하다.
- **단기보호.** 사회복지사는 임시 간호를 위탁할 사람을 모집, 훈련시키며, 이 서비스를 필요로 하는 가족을 발굴한다. 노인이 가정 내에서 24시간 내내 보호를 받아야 할 상황이라면, 부양자(배우자나 가족)는 부양의 의무에서 잠시 벗어나는 시간을 필요로 하는데, 이는 오랜 부양으로 인한 스트레스를 감소시킨다.
- **대중교통 및 주거도움.** 사회복지사는 지역사회 내의 노인들에게 적절한 집을 찾아주고, 안전한 대중교통 수단을 연결해 주는 브로커 역할을 한다.
- **병원과 요양원에서의 사회서비스.** 병원이나 요양원에 있는 사회복지사는 사회적 욕구의 사정, 노인과 그 가족을 위한 건강 교육 제공, 직접 서비스(상담 등) 제공, 옹호, 계획 수립 및 진행, 지역사회 연결, 시설 내 치료적 환경 조성 및 노인의 잠재적 독립성을 최대화할 수 있는 프로그램 개발과 참여 등에 개입한다.

여러분들은 위에 적힌 내용을 읽으면서 사회복지사의 역할 중 상당 부분이 중첩되고 있음을 느꼈을 것이다. 하지만 앞으로 급속히 늘어날 노인 인구를 감안했을 때, 노인에게 제공하는 사회복지서비스는 양적, 질적으로 크게 늘어날 전망이다.

보기 14.9 생산적인 활동을 하는 많은 노인 중 한 명 John Glenn

John Glenn은 1921년 7월 18일 오하이오 주 케임브리지에서 태어났다. 1942년에 Naval Aviation Cadet Program에 들어갔고 이 프로그램을 졸업하였다. 1943년 그는 해병대에 들어갔다. 2차 세계대전 때 그는 59개의 전투에서 임무를 수행했다. 한국전에서는 63개의 임무를 수행했다. 한국에서 마지막 9일 동안 Glenn은 3개의 미그기들을 전투에서 격추시켰다. 그는 2차 세계대전과 한국전에서의 여섯 가지 임무로 공전수훈십자훈장을 수여받았다.

1959년 Glenn은 머큐리계획(Project Mercury)의 우주비행사로 선발되어 미국인 최초로 지구 궤도 비행을 실시했다. 그는 국가적인 영웅이 되었다. 그는 1965년 1월 1일 해병대에서 재대하여 한 회사의 임원이 되었다. 1974년 11월 Glenn은 미국 상원에 선출되었다. 그는 상원에서 공훈을 세우고 1999년 1월 상원에서 은퇴했다.

John Glenn의 삶은 이것이 끝이 아니었다. 그는 우주왕복선 디스커버리호를 9일 동안 타는 임무에 실험대상으로 지원했는데, 이 임무를 통해 과학자들은 노인에게 우주여행이 끼치는 영향을 연구할 수 있었다. 우주여행 후보자들은 어떤 나이든지 모두 강력한 신체적, 정신적 검사를 통과해야 한다. Glenn의 신체 상태는 최고였다. 그는 우수한 성적으로 시험에 합격했고 거의 500시간 동안 훈련을 했다.

디스커버리호는 1998년 10월 29일 플로리다 케이프 커내버럴에 있는 케네디 우주센터에서 발사되었다. John Glenn은 77세에 두 번째 우주 개척자이자 국가의 영웅이 된 것이다. 9일 후인 11월 7일 디스커버리호는 지구로 귀환했다. 조금 약하고 흔들거리긴 했지만 Glenn은 우주왕복선에서 자신의 두 발로 걸어 나왔다. 4일 안에 그는 다시 균형을 완전히 찾았고 평상시의 상태로 돌아왔다. 여러 다른 업적 중 그때의 비행은 노화에 일반적인 부정적 고정관념에 강력한 도전이 되었다.

7. 강력한 정치적 세력으로 등장한 노인세대

노인을 위한 다양한 서비스와 프로그램들도, 노인이 느끼는 근본적인 욕구나 어려움을 직접적으로 해결해주는 것은 아니다. 노인 인구 중 대다수가 의미 있는 삶을 찾지 못하고 있으며, 존경받는 위치나 넉넉한 수입, 건강한 영양이나 충분한 건강상의 보호를 받지 못하고 있는 실정이다.

우리 사회는 노인에 대한 편견을 없애려고 많은 노력을 기울였지만, 편견은 여전히 존재한다. Gordon과 Walter Moss는 "우리는 검은색도 아름다울 수 있다고 배웠다. 그래서 우리는 회색도 아름다울 수 있다는 것을 배워야 한다. 우리는 우리 자신의 나이듦을 밝게 전망하고 있다."고 했다.[53)]

과거에는 편견을 없애는 가장 좋은 방편으로 편견을 받는 집단과 편견을 없애려는 사람들이 함께 모여 정치적 행동을 하곤 했다. 현재에도, 노인들에 대한 편견과 불합리한 인식을 없애기 위해 일부 정치적 행동을 필요로 한다.

사실, 노인들 중 정치적 활동에 참여하는 숫자가 지속적으로 늘어나고 있으며, 심지어 어떤 집단은 극단적으로 활동한다. 미국의 경우, 양대 기구가 있는데, 미국 은퇴자협회(American Association of Retired Persons and its affiliated group)와 전국 은퇴교사협회(National Retired Teachers Association)이다. 이들은 지역사회, 정부 및 연방정부 등 다각도에서 노인의 권익옹호를 위해 로비 활동을 벌인다.

또한 미국에서 유명한 '행동' 집중 집단으로 '회색 곰(Gray Panthers)'이 있다. 이들은 우리 사회의 근본적인 문제로 물질주의와 상품과 서비스를 강조하기 때문에 모든 시민의 삶의 질을 높이는 데는 관심이 없어진 것이라 지적하고, 노인에 대한 편견 타파, 인간의 자유, 존엄, 자기계발 등을 주창하는 데 힘쓰고 있다. 이 조직은 사회행동, 테크닉 등을 노인들과 함께 옹호하고 있다. 창설자 Maggie Kuhn(1905~1995)은 "우리는 부드럽고 달콤한 노인들이 아니다. 우리는 효과를 가져와야만 한다. 변화해야 한다. 우리는 잃을 것이 없다."라고 주장했다.[54)]

미국에서는 이미 노인들의 정치적 영향력이 커지고 있음을 시사하는 것들을 찾을 수 있다. 노인들은 가장 정치적으로 뭉쳐 있고 또 영향력 있는 집단이며, 지난 50년 동안 노인들의 권익향상을 위한 중요한 일들이 있어 왔다. 예를 들어 사회보장비용의 증가, 메디케어와 메디케이드 프로그램 법률안 제정, 호스피스의 도입, 그리고 다양한 프로그램의 증가 등이 그것이다. 앞으로는 다양한 노인집단의 정치적 세력화로 말미암아 우리 사회에서 노인에 대한 인식과 권익향상이 가속화될 전망이다.

2005년 4월 미국 슈프림 법정(Supreme Court)에서 직장에서의 연령평등 그리고 인종, 성별에 따라 불이익을 당하지 않는 Age Discrimination in Employment Act (ADEA)를 창설하여, 연령차별은 심각한 문제라는 메시지를 전한다. 의도적이든 비의도적이든 연령차별에 의해 공격을 받는다.[55)]

8. 노인을 위한 사회적 역할 개발

노인들이 사회 안에서 의미 있고 생산적인 역할을 찾는 것은 무척 중요하다. 많은 기업에서의 조기 퇴직 프로그램과 사회의 편견으로 인해 노인들은 비생산적이며 무기력하고, 의존적이며 능력이 없는 것으로 간주된다. 하지만 노인들에게 생산적인 역할을 부여하기 위한 몇 가지 방법이 있다.

노인들 중 지속적으로 일을 하고 싶어 하거나, 여전히 일을 잘 하는 사람들에게는 65세, 70세까지도 일할 수 있도록 격려해주어야 하며, 그것이 비록 반나절이나 시간제로 일하는 것이어도 그들을 위해 배려하는 것이 필요하다. 노인 두 명이 반나절씩 일한다면 정규적인 직업 하나가 되는 것이다. 더불어, 노인들이 가지고 있는 지식이나 전문성을 살리는 새로운 직업을 개발하는 것도 필요하다. 은퇴한 사람의 경우, 그들의 관심사와 취미생활을 수입사업으로 개발할 수 있도록 교육 및 훈련 프로그램을 제공해야 한다.

9. 후기 성인기를 위한 준비

나이를 먹는 것은 전 생애에 걸친 과정이다. 65세를 넘는다고 해서 그 사람의 과거, 현재, 미래의 연속성이 갑자기 중단되는 것은 아니다. 적절하게 잘 준비하는 사람에게 후기 성인기는 화려한 것은 아닐지라도 상당히 편안하고 즐거운 시기가 될 수 있다.

비판적 사고를 위한 질문 ?

당신의 생활방식을 점검해 보라. 당신은 훗날 당신의 노년을 꿈과 같이 만들어 줄 삶을 살고 있는가? 아니면 악몽으로 만들어 줄 삶을 살고 있는가?

사람의 삶은 목적과 그 목적을 달성하고자 하는 동기에 달려 있다. 은퇴 이전에 어떻게 사느냐가 후기 성인기의 삶이 악몽이 되느냐, 꿈이 되느냐를 결정한다. 사람들이 젊은 시절에 지켜야 할 영역들은 다음과 같다.

- **건강**: 만성질병을 예방하기 위하여 규칙적인 운동과 정기적인 건강검진이 필수적이다. 특히 심리적 스트레스를 줄이기 위한 기술을 배워서 사용하는 것이 중요하다(15장 참조).
- **재정**: 노년을 위한 저축은 중요하고, 또한 재정을 잘 관리하는 법을 학습해야 한다.
- **취미와 흥미**: 은퇴 후에 가장 심하게 심리적으로 충격을 받는 사람들은 대체로 일에 흥미를 가지고 일을 중심으로 자신의 이미지를 가지고 있던 사람이다. 자신에게 의미 있는 흥미나 취미를 가진 사람들은 그들이 즐기는 활동을 시간을 더 많이 가질 수 있기 때문에 은퇴를 기다리게 된다.
- **자아정체성**: 자신이 누구이고 인생에서 무엇을 추구할 것인가에 대해서 현실적이고 편안한 사람들 은 노년을 더 잘 준비하게 되고, 스트레스나 위기에 더 잘 대처하게 된다.
- **미래에 대한 관점**: 과거에 의존해서 사는 사람들은 장차 우울증에 걸리기 쉽다. 반면 미래를 준비하는 사람들은 노년에 새로운 만족과 도전을 느끼게 된다. 미래를 대비한다는 것은 어디서 무엇을 하 며 지낼 것인가를 미리 준비하는 것이다.
- **효과적인 문제해결**: 젊은 시절의 위기를 잘 극복하는 방법을 배운 사람들은 노년에도 대처기술을 유지한다. 효과적인 대처기술은 문제를 현실적이고 건설적으로 다루는 방법을 포함한다.

요약

다음은 이 장의 서두에서 제시한 학습목표와 관련된 내용을 요약한 것이다.

A. 노인들이 직면하는 특정한 문제들 묘사

노화는 사람들마다 서로 다른 비율로 발생하는 개인적 과정이다. 연령이 육체적·지적 노화를 정확하게 측정하는 지표는 아니다.

미국에서 65세 이상의 노인인구는 10% 이상이다. 노인들이 직면하는 문제들로는 낮은 사회적 지위, 의미 있는 역할의 상실, 건강 문제, 재정 문제, 가족과 친구의 상실, 부적절한 주거, 교통 문제, 성적 표현에 대한 제한적인 태도, 영양결핍, 범죄의 희생자, 정서적 문제 등이 있다. 많은 노인들이 사회보장에 의존하고 있지만, 사회보장시스템도 재정적으로 불안정한 상태에 있다.

B. 이런 문제들과 만나는 현재 서비스들과 문제점들에 대해 논의. 또한 현재 서비스 간의 차이 적어보기

노인들에게 많은 사회서비스가 제공되고 있지만, 그 수준은 겨우 최저 생계 수준을 약간 넘는 정도이다. 요양원의 서비스는 매우 부적절하고 보호 수준에 대해서도 비판이 많다.

요양원은 스스로 돌볼 수 없거나 가족이 돌볼 수 없는 노인들에게 필요하다. 그러나 95% 이상의 노인들은 요양원이 아닌 곳에서 독립적으로 혹은 가족이나 친족들과 함께 생활한다.

C. 노인들에게 서비스를 제공하는 사회복지사의 역할 서술

노인들은 여러 가지 방식으로 연령차별의 피해자가 된다. 사회복지사는 노인들에게 더 잘 봉사하는 체제로 변화시키기 위해 옹호자의 역할 등 여러 가지 역할을 수행한다. 노인들은 점점 정치적으로 활발하게 움직이며, 그들의 지위를 향상시키기 위해 조직을 구성한다. 앞으로는 정치, 경제, 사회면에서 많은 변화가 일어나서 노인들의 사회적 지위가 개선될 것이다.

D. 노인들의 신분을 개선하는 데 필요한 사회적이고 정책적인 변화 논의

노인들에게 사회적으로 의미 있고 생산적인 역할을 제공하기 위하여 노인들이 일할 것을 장려하고 있다. 노인들에게 권한을 부여하여 생산성을 높임으로써 자신의 생계비를 얻도록 하고, 더불어 사회 전체에 이익이 된다.

인터넷 참고자료

CENGAGE**NOW**™ 각 장과 관련된 참고자료는 출판사 홈페이지(www.cengage.com/social_work/zastrow)를 참조하라.

주

1. Gordon Moss and Walter Moss, *Growing Old* (New York: Pocket Books, 1975), p. 18.
2. Colin M. Turnbull, *The Mountain People* (New York: Simon & Schuster, 1972).
3. Linda A. Mooney, David Knox, and Caroline Schacht, *Understanding Social Problems*, 6th ed. (Belmont, CA: Wadsworth/Cengage Learning, 2009), p. 219.
4. William Kornblum and Joseph Julian, *Social Problems*, 12 ed. (Upper Saddle River, NJ: Pearson, 2007), p. 295.
5. Diane E. Papalia, Sally W. Olds, and Ruth D. Feldman, *Human Development*, 10th ed. (New York: McGraw-Hill, 2007), pp. 653–658. Aging and Gerontological Services 475

6. Milton L. Barron, "The Aged as a Quasi-Minority Group," in *The Other Minorities*, Edward Sagarin , ed. (Lexington,MA: Ginn, 1971), p. 149.
7. Kornblum and Julian, *Social Problems*, p. 308.
8. Papalia, Olds, and Feldman, *Human Development*, p. 482.
9. Joan Arehart-Triechel, "It's Never Too Late to Start Living Longer," *New York*, Apr. 11, 1977, p. 38.
10. Thomas Sullivan, Kenrick Thompson, Richard Wright, George Gross, and Dale Spady, *Social Problems: Divergent Perspectives* (New York: Wiley, 1980), pp. 335–370.
11. U.S. Bureau of the Census, *Statistical Abstract of the United States*, 2008 (Washington, DC: U.S. Government Printing Office, 2008).
12. Ibid.
13. Alan S. Otten, "Ever More Americans Live into 80s and 90s, Causing Big Problems," *Wall Street Journal*, Jul. 30, 1984, p. 1.
14. Papalia, Olds, and Feldman, *Human Development*.
15. Ibid.
16. Papalia, Olds, and Feldman, *Human Development*, p. 685.
17. Kornblum and Julian, *Social Problems*, pp. 310–311.
18. Ibid.
19. Ibid.
20. F. L. Schick, ed., *Statistical Handbook on Aging Americans* (Phoenix, AZ: Oryz, 1986).
21. R. Bossé, C. M. Aldwin, M. R. Levenson, and D. J. Ekerdt, "Mental Health Differences among Retirees and Workers: Findings from the Normative Aging Study," *Psychology and Aging*, 2 (1987), pp. 383–389.
22. M. P. Lawton, "Leisure Activities for the Aged," *Annals of the American Academy of Political and Social Science*, 438 (1978), pp. 71–79.
23. Papalia, Olds, and Feldman, *Human Development*, pp. 645–647.
24. Ibid.
25. Ibid.
26. Mooney, Knox, and Schacht, *Understanding Social Problems*, p. 219.
27. Ibid.
28. Kornblumand Julian, *Social Problems*, pp. 312–313.
29. Moss and Moss, *Growing* Old, p. 47.
30. Kornblum and Julian, *Social Problems*, p. 316.
31. Ibid.
32. Ibid.
33. Ibid.
34. Ibid.
35 Ibid.
36. Janet S. Hyde and John D. Delamater, *Understanding Human Sexuality*, 9th ed. (Boston: McGraw- Hill, 2006), pp. 308–309.
37. Ibid.
38. William H. Masters and Virginia E. Johnson, "The Human Sexual Response: The Aging Female and the Aging Male," in *Middle Age and Aging*, L. Neugarten, ed. (Chicago: University of Chicago Press, 1968).
39. Ibid., p. 269.
40. Papalia, Olds, and Feldman, *Human Development*.
41. B. M. Newman and P. R. Newman, *Development through Life: A Psychosocial Approach* (Pacific Grove, CA: Brooks/Cole, 1995).
42. Kornblum and Julian, *Social Problems*, p. 305.
43. Papalia, Olds, and Feldman, *Human Development*, pp. 715–719.
44. Margaret Mead, "Dealing with the Aged: A New Style of Aging," *Current*, no. 136 (Jan. 1972), p. 44.
45. Papalia, Olds, and Feldman, *Human Development*.
46. Sullivan et al., *Social Problems*, p. 363.
47. *Older Americans Act of 1965, As Amended, Text and History* (Washington, DC: U.S. Department of Health, Education and Welfare, November 1970).
48. Papalia, Olds, and Feldman, *Human Development*, pp. 690–691.
49. Ibid.

50. Donald Robinson, "The Crisis in Our Nursing Homes," *Parade*, Aug. 16, 1987, p. 13.
51. Ibid.
52. Frank Moss, "It's Hell to Be Old In the U.S.A.," *Parade*, Jul. 17, 1977, p. 9.
53. Moss and Moss, *Growing Old*, p. 79.
54. Quoted in Robert N. Butler, *Why Survive? Being Old in America* (New York: Harper & Row, 1975), p. 341.
55. David Newman, "Breakthrough," *AARP Bulletin* (Washington, DC: AARP, May 2005), pp. 10–12.

CHAPTER 15

건강 문제와 의료사회사업

Health Problems and Medical Social Services

이 장의 개요

- 육체적 질병과 건강보호체계
- 건강보호의 문제점
- 의료보호 재정
- 현 건강보호체계의 개선
- 의료사회사업
- 임종환자 상담

학습목표

건강과 행복은 누구나 가장 원하는 것이다. 만성질환에 걸린 부자들은 기회가 주어진다면 부를 건강으로 전환하겠다고 말하곤 한다. 오늘날, 대부분의 미국인은 적절한 건강보호를 받을 기본적인 권리는 개인이 지불하지 못할 때 사회의 몫이라고 생각하나, 건강보호를 특권이 아닌 기본권으로 인식하는 관점은 비교적 최근에 생겼다. 1967년까지만 해도 미국의학협회장이 건강보호는 재력 있는 사람들이 활용할 수 있는 것이라고 주장할 정도였다.[1] 건강보호가 기본적 권리로서 주장된 것은 1971년 Nixon 대통령의 다음과 같은 메시지에 의해서이다.

> 정부가 교육, 고용, 투표에서 동등한 기회를 제공하는 것처럼 모든 국민들이 일정수준의 건강보호를 제공받을 기회가 확대되어야 한다. 모든 국민이 인종, 경제, 사회, 지역의 구분 없이 적절한 건강보호를 받을 수 있도록 최선을 다해야 한다. 건강이 주어지지 않으면 다른 기회는 활용할 수 없다.[2]

슬프게도 미국의 건강보호체계는 두 가지 체계에 의존하고 있는데 비용을 지불할 능력이 있는 사람들에게는 양질의 서비스가 제공되고, 지불능력이 없는 사람들에게는 부적절한 서비스가 제공된다.

A. 미국의 건강보호체계 약술
B. 건강보호의 문제점을 요약: 영리지향, 예방의학에 대한 관심 소홀, 건강서비스에 대한 불평등한 접근, 노인에 대한 건강보호, 에이즈, 생명유지장치의 사용, 높은 의료비용
C. 건강보호 문제점 해결방안 및 제안된 정책과 프로그램 개괄
D. 의료사회사업에 대한 기술

1. 육체적 질병과 건강보호체계

의료적 상황은 작은 상처에서 말기 질환까지 다양하며, 원인 또한 사고, 감염, 출산장애, 바이러스, 박테리아, 노화과정, 스트레스, 영양불량 등으로 다양하다.

미국의 의료서비스는 개원의, 집단외래세팅, 병원세팅, 공공보건서비스의 네 가지 영역에서 이루어진다.

개원의 또는 단독개원은 도시보다는 농촌지역에서 흔히 발견되는데, 이들은 일반적인 질환 치료에 훈련된 일반의들로 이들에 대한 지도감독은 최소로 이루어지거나 전무하다. 협의진료(consultation) 의뢰와 간헐적으로 이루어지는 검사실과 병원 활용을 제외하면 이들은 동료들과의 교류도 활발하지 않다.

집단외래세팅은 다양한 형태를 보이는데, 일반의가 집단으로 대기실, 진료실, 검사실 등의 시설을 공유하는 형태, 각기 다른 세부 전공을 갖는 전문의들이 모여 다른 전문영역의 기술을 보완하는 형태, 제3자(대학, 노동조합, 사업체 또는 공장)가 집단으로 의사를 고용하여 구성원들에게 의료서비스를 제공하는 형태, 똑같은 전공(예를 들면 신경외과)의 전문의들이 같은 시설에서 의료 서비스를 제공하는 형태가 있다.

병원에는 건강보호의 세 번째 하위 체계가 있는데, 다양한 종류의 검사실과 특수치료 장비, 입원시설, 고도의 기술을 갖춘 의료 인력이 있다. 병원은 일반적으로 다양한 직종의 여러 인력을 고용하여 지역사회 건강보호체계의 중심 역할을 수행한다. 치료비용의 문제와 병상부족 때문에 입원환자 수준의 주의는 아니지만 넓은 범주의 의료보호가 필요한 사람들에게 요양원(nursing home)과 보양소(保養所, convalescent)를 활용하는 지역도 있다.

공공보건서비스는 지방(시 또는 군), 지역, 주, 국가, 국제적인 다섯 가지 차원에서 이루어지는데 공공보건서비스의 대부분은 지방의 건강보호 프로그램을 통하여 제공된다. 그동안 공공보건서비스에 의해 실질적으로 결핵, 소아마비, 천연두와 같은 질환이 감소되었다.

공공보건서비스의 초점은 본질적으로 예방에 있다. 제공되는 공공보건서비스로는 (a) 가족계획, 임신과 출산관리, 성장과 발달, 영양, 건강보호에 관한 가족의 건강상담, (b) 숙련된 간호서비스와 급성, 만성질환의 치료, (c) 뇌졸중, 관절염과 같은 질병을 앓고 있는 환자의 재활, (d) 학교의 건강 서비스와 가정, 학교, 지역사회와의 연계, (e) 질병

의 예방과 통제, (f) 면역성 강화 서비스, (g) 지역사회자원을 최대한 활용하도록 개인과 가족의 의뢰, (h) 건강에 영향을 미치는 환경수준을 유지하거나 증진시키는 것을 목적으로 한 법, 규칙, 규정의 적용과 개발을 포함하는 환경위생(이러한 활동에는 물과 공기의 오염, 음식물 보호, 쓰레기처리, 휴양 시설의 공중위생 등과 같은 광범위한 내용이 포함됨), (i) 출산, 사망, 결혼, 질병 등의 통계, (j) 건강문제의 인식을 돕는 건강교육과 정보제공서비스가 있다. 미국의 건강보호서비스는 공공부문(정부에 의해 관리되는)보다는 대부분 사적인 영역에서 이루어지고 있다.

2. 건강보호의 문제점

미국의 건강보호체계는 영리추구, 예방의학에 대한 관심 소홀, 건강서비스에 대한 불평등한 접근, 저질의 노인 건강보호, 에이즈, 불필요하고 유해한 의료서비스, 생명유지 장치의 사용, 높은 의료비용 등 많은 문제점에 직면해 있다.

서비스지향과 영리지향

대부분의 미국인은 건강관리는 단지 질병과 손상을 예방하여 건강을 유지하는 것과, 질병에 걸렸을 때 가능한 한 빨리 건강을 회복하는 것이라고 믿고 있다. 만일 이것이 유일한 객관적 기준이라면 미국의 건강보호체계는 높은 수준이 아니다.[3] 기대수명(life expectancy)은 한 사회의 건강보호수준과 밀접한 관계가 있다. 즉 더 좋은 의료복지와 생활수준으로 국민들의 건강보호수준이 좋아지면 국민들의 평균수명도 올라간다는 뜻이다. 예를 들어 미국은 개발도상국의 2배(미국 78, 스와질란드 30)가 넘는 기대수명을 가졌다.[4] 하지만 미국보다 높은 기대수명을 가진 국가도 있는데, 82로 가장 높은 기대수명을 가지고 있는 일본이다.[5]

건강보호의 다른 지표로 영아사망률(infant mortality rate)을 예로 들 수 있다. 34개국이 미국보다 낮은 영아 사망률을 보이고 있는데,[6] 신생아 생존율이 높은 것은 신생아와 산모에게 지급되는 건강보호의 질과 직접적인 관련이 있다. 미국의 영아사망률 6은 시에라리온의 180보다는 낮지만[7] 많은 나라의 영아사망률이 미국보다 낮다. 영아사망률은 연간 출생아 1,000명 중 1년 내에 사망자수를 말한다.

미국의 건강보호제공자들의 목표는 건강의 회복과 유지뿐 아니라 영리추구를 목표로 하고 있다. 미국의 병원은 7,000개 이상으로 세계에서 가장 많으며, 의사들의 평균 연간 수입은 20만 달러로 다른 어떤 직종의 수입보다 많다.[8] 하루 입원료가 1970년 74달러에서 2001년에는 900달러로 증가하였다.[9] 미국에서 가장 수익성 있는 소기업 중 하나가 개원하는 것이 되었다. 중간규모의 사업 중 가장 수익성이 좋은 분야가 요양원이며, 제약회사와 공장, 약국도 수지맞는 직종 중 하나로 인식되고 있다.

미국의 의료비는 국민총생산의 14%를 차지하고 있으며 이는 절대적인 면이나 비율 면에서도 세계에서 가장 높은 수준이다.[10]

미국에서 신속하고 저렴한 건강보호를 찾는 소비자들은 고비용과 지연(遲延)에 좌절하고 분노한다. 의료기관들은 부유한 도시와 도시주변 지역에 위치하기 때문에 도시의 저소득층과 소규모 농촌지역의 주민들은 접근하기 어렵다. 이러한 현상에 대해 Kennedy는 "저질의 의료서비스에 고비용을 제공"하는 "국가의 실패"로 묘사했다.[11]

다른 산업국가가 의료를 사회복지로 간주하여 질병상태에 따라 의료서비스를 받는 철학에 기초하고 있는 반면, 미국에서 의료서비스를 받으려면 질병뿐만 아니라 기꺼이 지출할 수 있는 돈이 있어야 한다.

예방보다 치료의 강조

미국의 주요사망원인은 표 15.1과 같이 심장질환, 암, 뇌졸중과 같은 뇌혈관 질환, 폐쇄성 폐질환과 만성질환이다. 만성질환은 오랜 기간 동안 진행되고 지속되며 초기에는 아무 증상이 없고 초기증상을 무시하는 경향 때문에 이를 감지할 때까지는 오랜 시간이 걸린다. 이러한 만성질환에는 사회적, 심리적, 환경적 요인이 중요하게 영향을 미친다. 예를 들어 심장질환의 경우 높은 동물성 포화지방(소고기, 버터, 치즈 등과 같은)의 섭취, 지속적인 운동부족, 과도한 흡연, 스트레스 등이 관련되는 것으로 알려져 있다.

현대의학의 가장 큰 문제는 아프고 난 후에야 치료를 받는 위기의학(crisis medicine) 지향적인 데 있다. 이러한 위기접근은 손상, 독감, 폐렴과 같은 급성문제에 대처하는 데는 효과적이지만, 만성질환의 경우에는 증상이 나타나

표 15.1 미국의 10대 사망원인

순위	%
1. 심장질환	27.2
2. 암	23.1
3. 뇌졸중	6.3
4. 만성폐쇄성폐질환	5.1
5. 각종 사고	4.7
6. 당뇨	3.0
7. 치매	2.8
8. 폐렴과 독감	2.5
9. 신장질환	1.8
10. 패혈증	1.4

출처: U.S. Census Bureau, *Statistical Abstract of the United States*: 2008(127th Edition) Washington, DC, 2007; <http://www.census.gov/statab/www/>.

면 이미 상당한 손상이 진행된 상태이고 완전한 회복을 위해서는 많은 시간이 필요하게 된다. 따라서 만성질환을 억제하기 위해서는 손상이 일어나기 전에 예방을 강조할 필요가 있다. 오늘날 예방의학은 위기의학에 비해 연구비, 의료 인력의 배치, 의료시설의 건립 등에 있어 우선순위가 낮은데, 그 이유는 치료프로그램이 예방프로그램보다 수익이 많기 때문이다. 이러한 식의 치료 프로그램 강조는 "1 온스(ounce)의 예방이 1파운드(pound)의 치료보다 낫다"는 상식을 침해하고 있다.

건강문제의 상당 부분은 생활 습관에서 기인한다. 수많은 미국인이 흡연, 음주, 과도한 식사를 하고 있는 것으로 나타났다. 흡연은 건강에 심각한 폐해를 끼치며, 심장질환, 궤양, 폐암, 폐기종 등에 영향을 미친다. 하루에 두 갑 이상의 담배를 피우는 애연가들의 기대수명은 비흡연자보다 수년이나 낮다.[12] 니코틴은 헤로인이나 코카인보다 더 중독적인 것으로 알려져 있으며,[13] 간접흡연도 위험한 발암물질로 간주된다.

알코올중독 환자의 위험은 8장에서 언급하였는데 그들의 기대수명은 비음주자에 비해 10~12년이나 낮다.[14]

식품 또한 건강과 기대수명에 지대한 영향을 미친다. 미국인들은 붉은 고기와 같은 지방이 많은 음식을 과도하게 섭취하며, 과일, 야채 등의 섭취가 부족하다. 미국인은 설탕 섭취량을 줄여야 하며, 섬유질의 섭취는 증가시켜야 한다.[15] 고칼로리 음식과 과식은 비만의 원인이 되며, 비만은 고혈압, 고지혈증, 심장질환, 당뇨병 등과 관련되는 것으로 밝혀졌다.[16] 미국인의 2/3가 과체중인 것으로 평가되었다.[17]

규칙적인 운동은 건강유지에 필수이다. 운동은 미국의 사망원인 1위인 심장질환의 위험을 감소시키며,[18] 규칙적인 운동은 장수의 가장 좋은 지표이지만 미국인 대부분은 규칙적인 운동을 하지 않는 것으로 나타났다.[19] 1주일에 3~4회 하루에 30분씩 운동하는 것이 최소한의 권장사항이다.

환경적 요인 또한 건강에 위협을 줄 수 있다. 공기와 물은 자동차와 공장에서 방사하는 독성화학물질로 오염되어 암, 폐기종 같이 건강에 위해를 가하고 있다. 자동차 사고로 인한 사망률은 급격하게 증가하고 있으며 많은 교통사고가 음주로 인하여 발생한다.

비판적 사고를 위한 질문

현재 당신의 생활양식은 건강한가? 혹은 더 좋은 건강을 위해 무언가를 변화시켜야 할 필요가 있는가?

의사들은 만성질환의 원인을 규명하기보다는 증상치료를 강조하는 경향이 있다. 긴장 또는 염려하는 환자에게는 병의 원인이 되는 심리·사회적 스트레스를 경감하는 치료보다는 진정제를 처방한다. 또한 우울증 환자에게도 우울증의 원인에 대한 상담보다는 항우울제를 처방한다. 궤양, 편두통, 불면증, 설사, 소화장애, 고혈압과 같은 스트레스성 질환자들에게도 심리·사회적 스트레스 경감을 위한 생활양식의 변화 치료보다는 약물처방을 한다.

최근에 예방성격의 총체적(holistic)인 프로그램이 산업체, 병원, 학교, 진료소 등에서 시행되고 있다. 총체적인 의학은 통합된 단위로서 육체와 사고과정이 함께 한다는 것을 인식하게 하였으며 신체적 기능과 심리적 기능 모두에 초점을 두는 프로그램이다. 대부분 질환의결정요인은 운동, 식이, 수면, 스트레스 반응을 포함한 생활양식이라고 인식한다. 따라서 총체적인 의학프로그램에서는 건강 유지와 만성질환으로의 이환 억제를 위해 적절한 운동과 식이요법, 심리·사회적 스트레스 감소기법을 가르친다.

Thomas McKeown은 모든 사람이 비록 그것을 인지하지 못할지라도 좋은 건강을 유지할 책임이 있다고 강조했다.

질병과 조기사망의 예방에 있어 사회적 투자가 주요 결정요인이긴 하지만 질병과 조기사망의 예방을 위한 개인적인 역할도 이차적으로 중요한 요인이다. 아프고 건강한 것보다는 건강과

보기 15.1 건강실천과 장수

다음의 10가지 건강실천이 건강과 장수에 긍정적으로 관계되는 것으로 밝혀졌다.

1. 아침식사
2. 규칙적인 식사와 간식 금지
3. 정상체중 유지를 위한 적당량의 식사
4. 적절한 운동
5. 금연
6. 적당한 음주 또는 금주
7. 규칙적인 7~8시간의 야간수면
8. 불법 약물사용 금지
9. 스트레스 대처법 습득
10. 건강한 성생활 유지

출처: Diane E. Papalia and Sally W. Olds, and Ruth D. Feldman, *Human Development*, 10th ed. (Boston: McGraw-Hill, 2007), pp. 647-648

질병상태는 만든다는 것이 사실에 가깝다고 말할 수 있다. 자신의 건강에 대한 주 책임이 자신이라고 생각하는 사람은 소수이다.

대중들은 건강은 주로 의사의 개입에 달려 있고, 건강의 가장 필수적인 조건은 병의 조기 발견에 달려 있다고 믿는다. 하지만 이러한 개념은 질병이 때로는 효과적으로 치료될 수 없고 건강은 개인의 생활방식의 선택에 따라 결정된다는 사실 때문에 대체되어야 한다. 건강에 지대한 영향을 끼치는 것들 중에는 흡연, 알코올의 오남용, 과도하거나 불균형적인 식사, 운동부족 등이 있다. 여러 연구에서 이렇게 행동에 의미있게 영향을 미치는 목록의 증가가 계속 나타나고 있다.[20]

비판적 사고를 위한 질문

여러 검사를 통해 자신의 의료적 상황에 대하여 알고 있는 사람이 있는 반면, 여러 이유로 의사를 만나지 못하는 사람이 있다. 의료적인 검사에 대하여 관심이 있는가? 관심이 있다면 왜 의사와 접촉을 미루는가?

건강서비스에 대한 불평등한 접근

의료의 이용과 활용은 사회경제적 계층과 인종에 직접적으로 관련되어 있다. 예를 들어 백인남자의 평균 기대수명은 흑인남자보다 약 6년 길며, 백인여성의 경우는 흑인여성보다 4년 길다.[21] 또한 흑인의 유아사망률은 백인의 두 배에 이른다.[22] 거의 모든 질환에서 흑인이 백인보다 유병률이 높은데,[23] 이러한 차이는 흑인이 의료체계에 접근하기 어렵고 다양한 차별상황에 노출되며, 저질의 건강보호를 받기 때문인 것으로 나타났다.

또한 저소득계층의 질병이환율도 높은 것으로 나타났다. 빈곤계층이 심각한 질병에 더 잘 걸리며 오랜 기간 동안 질병에 시달린다. 그들은 질환의 미치료율도 높으며, 거의 모든 질환에서 사망률이 높다. 최고경영자나 관리자가 심장질환의 이환율이 높을 것이라는 일반적인 생각과는 달리 심장질환 이환율도 저소득 계층에서 높게 나타나고 있다.[24] (스트레스 수준도 경제적인 위기로 인한 지속적인 심리적 스트레스를 받는 저소득층이 높은데 이러한 이환율의 차이는 식이, 운동, 생활양식에 기인한다.)

저소득층의 높은 질병 이환율은 사적으로 양질의 의료서비스에 대한 여력이 없는 데서 기인한다. 건강보호서비스는 부유한 도시와 도시 인근지역에 위치하기 때문에 농촌지역 또는 가난한 도시지역의 빈민은 의료서비스에 접근하는 데 많은 어려움이 있으며, 이러한 현상은 교통이 원활치 않은 경우 더 심각하다. 미국의 의료서비스는 행위별 수가제(*fee-for-service*)를 채택하고 있어 양질의 의료서비스를 받는 상층과 열악한 보호를 받는 빈곤층의 하층구조로 이루어져 있다.

빈곤층은 대개 심각한 질환이 될 때까지 방치한다. 그들은 치료할 곳을 찾을 때 개원의 나 가정의를 찾는 대신 클리닉(clinic)을 찾는 경향이 있다. 클리닉에서 개인적인 치료를 받기 위해서는 혼잡한 대기실에서 기다려야 하며, 의사와 좀처럼 신뢰관계를 맺기 어렵다. 일반적으로 의사들은 중산층 이상의 사람들이기 때문에 저소득층 및 흑인과 친밀한 관계를 수립하는 데 어려움이 발생한다. Seham은 다음과 같이 주장했다.

> 일반적으로 건강 전문가들은 빈자의 생활스타일에 대한 이해도가 낮다. 예를 들면 의사가 단백질에 대해 모르는 빈자에게 단백질 섭취를 증가하도록 충고하는 것은 무의미하다. 유사하게 매주 치료해야 하는 일하는 엄마에게 노동시간과 같은 시

보기 15.2 스트레스의 이해와 감소법

Seaward는 합리적이고 긍정적인 생각이 건강을 유지하고 증진하는 주요 요인이라면 비합리적, 부정적 생각은 스트레스 관련 질환의 결정요인임을 밝히고 있다. (객관적 현실의 불일치, 생명보호의 방해, 장단기 목적의 방해, 타인과의 심각한 갈등의 원인, 원하지 않는 감정의 유도와 같은 증상이 한 가지 또는 그 이상 나타날 때 사고는 비합리적으로 이루어진다.) 스트레스 관련 육체적·심리적 질환은 건강문제의 중요한 하나가 되었다.[a]

스트레스 관련 질환이 발생되는 과정을 약술하면 다음과 같다.

스트레서
- 사건 또는 경험
- ↓
- 자기 말(예를 들면 "이것은 매우 위험한 상황이다")

↓

스트레스
- 감정
- (긴장, 걱정, 염려, 경보)
- ↓

스트레스
- 신체적 반응
- 경보단계에서 신체적 변화는 맥박을 빠르게 하고, 호흡이 가빠지며, 손바닥에 땀이 나고, 목과 등이 경직되며, 적혈구가 증가하고, 신진대사가 증진된다.[b] 대중 연설 이전에 대부분의 학생들이 경험하는 신체적 반응이 이 경고단계에 해당한다.

↓

스트레스 관련 질환

(정서적 반응과 신체적 반응이 오랜 기간 지속되면, 궤양, 편두통, 설사, 심장질환, 소화장애, 암, 고혈압, 기관지 천식, 관절염, 야뇨증, 피부 병변, 변비 등의 스트레스 관련 질환이 나타난다.)

스트레스의 원인이 되는 요인인 스트레서로 사건과, 사건에 관한 자기 말이 있는데, 스트레스는 스트레서에 대한 정서적, 신체적 반응이다. 자기 말은 스트레스 생성에 중요한 역할을 수행하는데 그 예는 다음과 같다.

긍정적인 사건

승진 통보

↓

자기 말

"내가 감당할 수 있을(혹은 없을) 정도의 책임을 부가받았군."

"새로운 책임을 수행하지 못하면 해고당하고, 실패할 거야. 경력을 쌓겠다는 계획은 결코 실현되지 못할 거야."

"승진으로 인해 사무실의 다른 사람들이 질투할 거야."

"큰 혼란에 빠졌네."

↓

감정

염려, 긴장, 걱정

↓

신체적 반응

경보단계의 스트레스 반응

↓

스트레스 관련 질환

자기 말로 염려하는 기간이 지속되면 후에 궤양, 고혈압과 같은 스트레스 관련 질환이 발생한다.

스트레스를 감소하는 방법은 세 가지가 있는데, 첫째는 비합리적이고 부정적인 자기 말을 규명하여 합리적인 자기 말로 바꾸도록 하는 것이며(5장 참조), 둘째는 골프, 취미 활동, 여가, 조깅, 바이오피드백, 근육이완훈련, 명상 등의 즐길 수 있는 활동에 참여함으로써 비합리적인 생각을 중단하고 사건에 대해 더 긍정적으로 생각하도록 하는 데 초점을 맞추는 것이며,[c] 셋째, 스트레스가 덜한 직장을 갖는 것처럼 스트레스를 야기하는 사건을 변화시키는 것이다.

[a] Brian L. Seaward, Managing *stress*, 4th ed. (Sudbury, MA : Jones and Bartlett Publishers, 2004).

[b] Hans *The Stress of life*(New York : Mcgraw-Hill, 1965).

[c] These stress-reducing techniques are described in Seaward, *Managing stress*.

간대에 진료소로 오라고 하는 경우 전혀 치료를 제공하지 않겠다는 것과 같다.[25]

빈곤하게 되면 건강상태도 나빠진다. 빈곤층은 필요한 음식을 먹을 수 있는 경제적 여유가 없으며, 불량한 식이는 질병에 걸릴 가능성을 높인다. 빈자들은 오염된 지역에 살기 때문에 암, 폐기종, 호흡기 질환에 훨씬 민감하다. 빈자들은 적합한 주거환경을 가질 수 없기에 겨울을 난방 없이 나며, 쥐나 쓰레기가 옮기는 질환에 더 많이 노출된다. 빈자들은 훨씬 더 많은 스트레스를 갖고 있으며, 특히 경제적인 측면에서 그러하다. 건강에 대한 예방적 접근법과

보기 15.3 생각이 생리적 기능에 미치는 영향: 치유적 생각 대 질병촉진 생각

질병과 의료적 상황은 우리가 먹는 음식, 세균·바이러스·박테리아에 의한 노출, 유전학, 과도하거나 너무 적은 양의 햇빛, 운동부족, 수면부족, 생각 등의 다양한 요인에 기인한다. 다음의 예시는 우리의 생각이 생리적 기능에 어떻게 영향을 미치는지 보여준다.

1. "통증을 느끼지 않아"라는 최면. → 마취 없는 무통 수술
2. "팔을 뜨거운 무엇이 태우고 있어"라는 최면 → 물집
3. 깊은 숨을 쉬며 "차분하다" → 마취 없는 무통 치과치료
4. "더 이상 살고 싶지 않아" → 몇 년 후 죽음
5. "아직 죽고 싶지 않아" → 암을 극복하여 삶을 살아감
6. 감기에 걸렸을 때 "해야 할 일들을 해야 해" → 감기가 몇 주간 계속됨
   "쉬고 안정을 취해야겠어" → 얼마 지나 감기가 나음
7. 숙취 중일 때 "고통이 날 죽이는군" → 고통이 강화됨
   "좀 쉬고 고통을 견뎌야지" → 고통이 사라짐(두통일 때와 똑같음)
8. "이런 저런 게 걱정이다" 혹은 "내일 해야 할 일들이 많아" → 무기력해지고 잠들어버림
9. "만약 이 수술을 한다면 합병증에 시달릴 거야" → 합병증의 더 큰 가능성 있음
10. "이 비행기는 곧 충돌할 거야" → 불안·패닉상태에 빠짐(패닉상태가 빈번해지면 고혈압, 심장질환과 같은 다양한 질병에 걸림)
11. 임신하지 않았지만 임신했다고 생각하는 경우 → 입덧과 식욕증진
12. 편안한 생각을 할 때 → 면역체계가 잘 움직이며, 질병과 싸우고, 치료를 도움
13. 공포스러운 생각을 할 때 → 높은 수준의 스트레스 발생 → 심장병, 대장염, 위장병, 발진, 궤양, 가려움, 두통, 암, 감기, 독감 등등의 다양한 질병 발생(면역체계는 높은 수준의 스트레스를 받으면 억압됨)
14. "이 운동을 집중해서 잘 하겠어" → 테니스, 골프, 볼링, 야구 등등에 능숙해짐
15. "난 너무 뚱뚱해. 먹는 양을 조절함으로써 삶의 일부분을 통제할 수 있어" → 식욕감퇴와 다양한 건강문제 발생
16. "식후 구토를 통해 체중조절과 맛 감상을 둘 다 할 수 있다" → 과식증과 다양한 건강문제 발생
17. "하루를 보내고 고통을 잊기 위해 술이 필요하다" → 알코올중독
18. "음식이 너무 좋아서 어떤 일이 일어나도 상관하지 않는다" → 강박적 과식, 비만, 당뇨, 다양한 건강문제 발생
19. 다발성 경화증, 류머티스성 관절염, 류머티스성 근섬유조직염과 같은 자기면역질환에 관련된 어떤 사고 과정이 있는가?
20. "다음 10년을 위해서 짧은 시간에 해야 할 많은 일들이 있다" → A타입의 성격으로 고혈압, 심장질환, 뇌졸중 발생
21. "그가 무엇을 해도 심지어는 생의 마지막 한 일까지도 용서하지 않을 거야" → 적개심, 심장질환, 뇌졸중 발생
22. "섹스는 역겹다" 혹은 "파트너가 냄새 난다" 혹은 "파트너는 사랑스럽지 않다." → 성(性)적 자극 부족, 성적 기능장애 발생

참고: 이러한 예를 통해 긍정적이고 낙천적인 생각이 스트레스를 줄여주고, 우리의 면역체계가 최적의 활동을 할 수 있게 돕는 반면에 부정적인 생각은 스트레스를 높여주고 면역활동을 저하시키며 다른 질병들을 심화시킨다는 것을 보여준다.

그 활용에 대하여 지식이 적으며, 초기 치료를 등한시 하고 의사나 의료진이 적대감을 갖고 경멸한다고 생각하여 의료적 도움을 회피하는 경향이 있다.

》 노인에 대한 저질의 건강보호

14장에서 보았듯이 노인인구는 급격하게 증가하고 있다. 특히 85세 이상의 노인이 빠르게 증가하고 있으며, 다양한 이유로 지병을 갖고 있는 노인이 더 많아졌다.

1960년대 미국에서 의료비를 충당하기 위해 메디케어(Medicare)와 메디케이드(Medicaid) 프로그램이 만들어졌다. 그러나 1980년대 Reagan과 Bush 행정부는 의료비 전체를 지원하지 않았고 수급자격 심사에 의해 진료비를 삭감하는 등 다양한 의료절차로 제한을 가하였다.[26)]

의사는 기본적으로 젊은 사람을 치료하도록 훈련되었고, 노인에 대한 관심이 적었기 때문에 노인은 아플 때 질적인 보호를 받지 못하였다.

의사들이 노인의 독특한 의료적 상황에 대해 훈련되어 있지 않아서 종종 노인의 의료적 상황이 잘못 진단되는 경

우도 발생하였다. 심각한 질환을 갖고 있는 많은 노인들이 의료적 주목을 받지 못하는 상황이 된 것이다. 이렇게 노인치료에 대한 의료진의 관심이 적은 이유 중 하나는 메디케어 프로그램이 다양한 절차로 진료비 지불에 제한을 가했기 때문이다. 젊은 환자에게 적용되는, 행위별 수가제가 훨씬 더 이득이었으며, 메디케어 프로그램하에 병원비 지불에 제한이 가해졌다.

지역사회에 거주하는 노인들의 경우 의료시설까지 교통이 불편한 경우가 있으며, 요양원에서 부적절한 서비스를 받는 경우도 있다. 노인에 대한 의료서비스는 국가적 고민거리가 되었다.

》 후천성면역결핍증

후천성면역결핍증(AIDS)은 인간의 면역체계가 파괴되는 질환으로, 현재로서는 치유할 수 없는 전염성 질환이다. 에이즈는 사람간의 성적 접촉 또는 주사바늘과 주사기 공유를 통한 인간의 면역결함바이러스(HIV)에 의해 생긴다.

바이러스는 건강한 세포에 침입하여 정상적인 유전세포를 변형시키는 단백질 막으로 또 다른 바이러스를 복제한다. HIV 바이러스는 레트로바이러스라고 불리는 특별한 종류의 바이러스로 일반적인 복제과정에 반하여 진행된다. HIV에 감염된 세포는 질병으로부터 자신을 보호하려는 정상적인 과정을 포함하기 때문에 이것이 더 많은 바이러스를 생성하게 된다. HIV는 신체의 질병 침범과 맞서 싸우는 백혈구를 붕괴시키기 때문에 신체가 방어력을 잃게 되고 다른 병에 감염된다. 그 결과 HIV 바이러스는 면역체계를 황폐화시켜 다른 질환을 발생시키고 궁극적으로 사망에 이르게 한다. 면역체계의 상실은 박테리아, 균, 악성종양, 암, 폐렴, 뇌막염과 같은 심각한 질환을 일으키는 다른 바이러스에 취약하게 만든다.

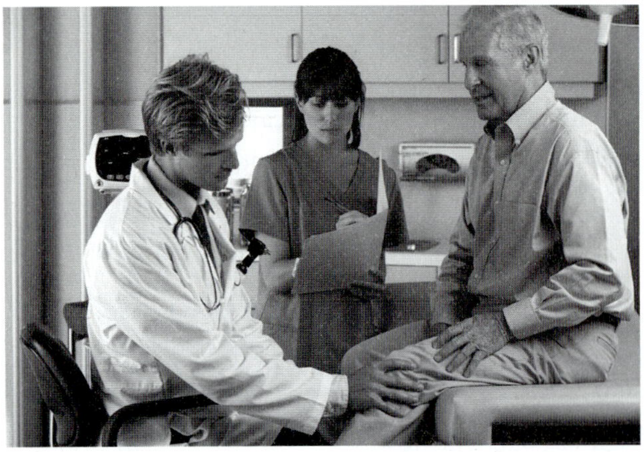

iStockphoto/Doctor Examining Male Patient With Knee Pain/Thinkstock

오늘날 대부분의 의사는 젊은 연령층 사람들의 치료에 특화되어 있다. 노인병 치료에 훈련된 의사의 부족은 노인건강보호에 위기를 가져왔다.

최근에 에이즈로 발전하는 데 한 가지 이상의 바이러스가 연관되어 있는 것이 명확히 밝혀졌다. 첫 번째 바이러스는 HIV-1 바이러스라고 명명된 바이러스인데, 가장 많은 에이즈 감염사례와 연관되어 있다. 이 바이러스는 에이즈 바이러스 중 가장 유해한 것으로 나타났다. HIV는 지속적으로 변화하거나 변이하는 무서운 적으로 다발성 균주의 형태를 띤다.

HIV는 작고 미세한 유전자 조각으로 매우 제한된 환경 내에서만 생존한다. HIV는 인간 혈액에 있는 T원조세포라는 한 가지 타입의 세포를 선호하며, 혈액이나 몸 안의 유형물질 외에서는 살지 못한다.

에이즈는 HIV 보균자와 성관계, 감염자가 사용한 주사바늘의 사용, 감염된 피의 수혈 또는 감염된 혈액제제의 사용을 통하여 이루어진다. 감염된 산모로부터 출산하는 경우나 모유 수유를 통하여 유아도 에이즈에 감염될 수 있다. HIV는 정액, 혈액, 자궁분비물, 타액, 모유, 소변에서 검출되며, 많은 전문가들은 눈물과 타액에는 감염시킬 만한 바이러스가 충분히 들어있지 않다고 본다. 즉 일정 정도의 혈액, 정액, 자궁 분비물, 모유만이 에이즈바이러스를 옮길 수 있다. 일상적인 키스나 같은 물에서 수영하는 것만으로는 감염되지 않으며 항문, 구강, 생식기의 성교만이 감염될 뿐이다. 앞에서도 말했듯이 HIV 바이러스는 매우 약하기 때문에 적합한 환경이 아닌 곳에서는 오래 생존하지 못하며 피부에 침투하지 못한다. 문의 손잡이, 화장실, 전화기와 같은 우연한 신체적 접촉으로 감염되지 않으며 모기나 진드기에 의한 감염은 일어나지 않는다.

여성 동성애자 중에도 에이즈 감염자가 있는데, 고위험 환자군과 안전하지 않은 성 접촉이나 주사기를 공유하지 않는 한 그 위험성은 적다. 그러나 자궁의 분비물 또는 혈액을 통하여 여성 간의 전염은 가능하다.

또한 인공수정을 하기 위해 감염자 정자를 기부받은 여성들 역시 고위험군이다. 에이즈를 예방하기 위해서 정자은행에서 기증자에 대한 철저한 검열이 필요할 것이다.

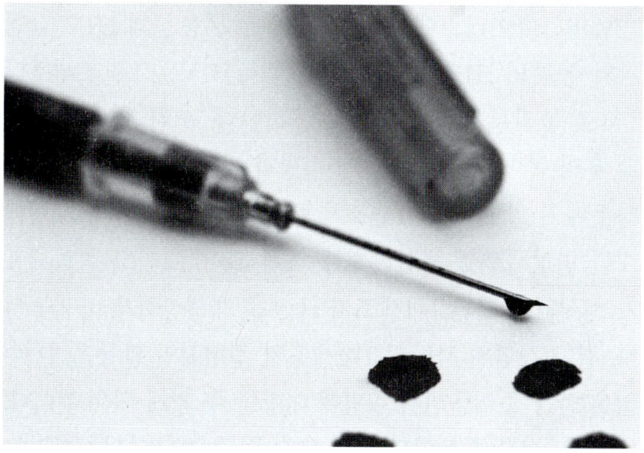

iStockphoto/Needle Series/Thinkstock

HIV는 감염된 주사바늘이나 주사기의 재사용으로 전염될 수 있다.

개인이 바이러스에 노출된 후에도 일반적으로 바이러스는 비활동적이며, 체내에 들어갔을 때만 활동 필요성을 느끼게 된다. 다른 특정 바이러스에 감염되는 것처럼 전반적인 건강상태가 좋지 않고, 약물남용(부틸 아질산염과 같은), 영양결핍, 유전적 결함상태에서 활동한다. 이렇게 해서 에이즈가 진행되며, 사망률은 매우 높다.

1980년대 초반 에이즈 바이러스는 수혈을 통해 전염되기도 하였다. 오늘날 수혈을 하기 위해 피를 사용하려면 에이즈 바이러스에 대한 항체검사를 해야 한다. 바이러스에 노출되어도 항체가 즉각적으로 생성되지 않기 때문에 새롭게 감염된 사람은 감염된 이후에도 항체가 양성으로 나오지 않아 그것을 모른 채 헌혈할 수 있다.

HIV에 감염된 대부분의 사람이 에이즈로 발전한다. 처음 HIV에 감염되고 에이즈 증상이 나타나기까지의 시기를 잠복기라 부르는데, 그 잠복기는 7~11년인 것으로 알려져 있으나,[27] 엄마로부터 수직 감염된 아동의 경우 수개월에서 20년 이상 걸리는 경우도 있다.

아지도티미딘(AZT)은 일부 사람들에게 질병의 진행속도를 더디게 하는 약으로 발명되었다. 처음 합성은 1964년 암환자를 위한 약물로 개발되었으며, AZT는 생명을 연장하고 사람들에게 희망을 제공했다. AZT가 에이즈를 근본적으로 치료하진 못했으며 심각한 약물 부작용을 갖고 있었다. AZT 혹은 리트로비아(Retrovir; 상품이름)는 반드시 밤낮으로 4시간마다 복용해야 하는데 사람들은 종종 구역질, 두통, 빈혈, 백혈구의 감소, 간기능 저하 등의 매우 심각한 부작용에 시달렸다. 이러한 부작용들은 약을 섭취하는 기간이 길면 길수록 더욱 더 극심하게 나타났다. 또한 그 약은 17가지 화학공정과 6가지의 유통과정을 거쳐야 하는 매우 까다로운 제조과정을 갖고 있기 때문에 희소성과 고비용의 문제를 지니고 있다. 그럼에도 불구하고 이 약의 존재는 최소한 중대한 질병의 진행을 더디게 해주고 에이즈에 대한 비관적인 암흑의 장막을 걷어낼 수 있게 희망을 주었다.

비판적 사고를 위한 질문

당신은 '안전한 성생활'을 하는가? 혹은 성병의 위험에 자신을 방치하는가?

에이즈 바이러스에 대항할 수 있는 다른 약들도 개발 중이다. 그 예로 1991년에 미국 식품의약국(Food and Drug Administration)은 디다노신(didanosine, DDI)을 AZT의 약성을 견딜 수 없거나 도움을 받을 수 없는 성인 혹은 어린 에이즈환자들에게 치료제로 사용할 수 있도록 허가해주었다.[28] 또 1995년과 1996년에는 식품의약국에서 HIV가 사람혈액에 퍼지기 전에 효소를 잘라내어 대항하는 단백질분해억제효소라고 불리는 몇몇의 약도 승인해주었다. AZT와 다른 단백질분해억제효소를 섞으면 대체로 HIV에 감염된 환자들의 에이즈 진행속도를 늦추게 해준다.

최근에는 전사효소억제에 반하는 뉴클레시오드(NN-RTIs)라고 불리는 다른 종류의 약을 HIV 약품창고에 추가시켰다. 환자들은 이제 이러한 약들을 복합적으로 섞거나 맞춰서 자신에게 꼭 맞는 약을 조제할 수 있게 되었다. 이러한 혼합약들은 개별 환자당 연간 10,000~12,000달러 정도로 싼 편은 아니다.[29]

가장 큰 문제는 HIV 보균자이면서 에이즈 증상이 없는 사람들이다. 모든 개인에게 에이즈 검사를 시행하는 것은 아니기 때문에 심각한 증상이 없는 동안 다른 사람을 감염시킬 수 있다. 에이즈 감염의 고위험 요인은 다음과 같다.

- 콘돔과 같은 안전한 성기구의 사용 없이 여러 사람과의 성교. 성적 파트너가 증가함에 따라 감염의 위험이 증가하고 있다. 에이즈 감염 위험이 증가함에 따라 "새로운 파트너와 섹스를 할 때는 단지 그 사람만이 아닌 이전에 그 사람과 섹스 파트너였던 모든 사람과 잠자리를 함께 하는 것"이라는 경고에 주의해야 한다.

- 주사기의 공유. HIV는 오염된 주사기와 바늘의 재사용에 의해 전해진다.
- 감염된 사람과의 항문성교
- 매춘부와의 성교. 매춘부들은 다수의 섹스 파트너를 갖고 있고 약물남용자인 경우가 있어 위험하다.

이성애자인 사춘기와 젊은 성인에서도 점차 HIV에 감염되는 고위험집단이 증가하고 있다. 이러한 연령대의 사람들은 여러 파트너와 성행위를 하는 경향이 있다. 남성에서 여성으로의 매개 위험성이 여성에서 남성으로 매개하는 것보다 더 높다. 이미 지적했듯이 여성 간의 매개는 낮은 것으로 나타났다. 비록 다양한 성교를 통한 HIV의 감염 노출이 매개의 필수는 아니지만 다양한 성적 파트너의 증가는 감염의 가능성을 증가시킨다.

> Lloyd는 섹스로 인한 HIV의 감염을 예방하거나 줄이는 방법으로 섹스를 자제하거나, 믿을 수 있는 안전한 파트너와 섹스를 하는 것밖에 없다고 하였다. 섹스를 통한 감염의 위험을 줄이기 위해, 파트너의 HIV 감염상태가 의심되면 모든 삽입행위(질, 구강, 항문)에 언제든지 콘돔을 사용하는 일명 '안전한 성관계'를 해야 한다.[30)]

일부 사람들은 HIV 감염자들과의 모든 접촉이 병을 유발하고 죽음에 이르게까지 한다고 믿는다. 하지만 이러한 두려움은 정당화될 수 없다. 혈액, 정액, 소변, 질분비액 같은 체액이 반드시 혈류에 들어가야만 감염이 된다. 게이들이 에이즈에 걸리는 많은 이유는 항문성교, 즉 직장내부를 통해 정액이 혈류로 들어가기 때문이다. 또한 정맥 약물 주사바늘을 공유하는 것 역시 혈액을 통한 교류, 즉 전 사용자의 소량의 피가 다음 사용자의 혈관에 직접 들어가는 것이기 때문에 위험하다.

현재까지, 가벼운 구강 대 구강의 키스를 통한 바어리스의 감염은 증명된 바가 없으나 이론상으로 활발한 점액상태 또는 진한 혀 키스는 수혈을 통해 감염되는 것처럼 HIV의 감염 위험이 있다. 사람에게 바이러스가 노출되었을 때를 밝히기 위한 몇 가지 실험이 시도되었다. 그 실험은 바이러스를 직접적으로 밝히기보다는 인간의 면역체계가 바이러스에 맞서 싸우도록 하는 항체를 발견하는 것이었다.

에이즈의 기원은 불분명하지만 다양한 추측이 있다. (지금은 에이즈가 전 세계적으로 퍼져 있기 때문에 기원을 확인하는 것은 절대 불가능하다.)

에이즈바이러스에 걸린 사람들은 무통증의 HIV 감염자와 통증의 HIV 감염자로 나뉜다. HIV는 T원조세포나 T-4로 불리는 백혈구집단을 공격한다. 그런데 이 세포들은 우리 몸이 감염되었을 때 질병과 싸우는 일을 수행하기 때문에 만일 HIV가 T원조세포나 T-4를 공격한다면 병에 대한 면역세포를 생산하지 못하게 된다. 그리고 면역세포가 생성되는 대신 T-4세포가 HIV를 재생산하게 바꿔놓는다. 결국 감염된 사람의 T-4세포가 정상적인 활동을 할 수 없을 만큼 줄어들면서 질병에 대항할 수 없게 되는 것이다.

일단 HIV에 감염되면 에이즈 증상이 나타나기까지는 수년이 걸리는데, 초기증상으로 마른기침, 복부 불편감, 두통, 아구창, 식욕감퇴, 고열, 식은땀, 체중감소, 설사, 피부병변, 피로, 림프절 비대, 저항력 감소 등이 나타난다. (많은 다른 질병들이 유사한 증상을 보이기 때문에 이러한 증상이 나타났다고 해서 에이즈가 심화되고 있다고 스스로 판단하기에는 무리가 있다.) 에이즈가 진행됨에 따라, 면역체계가 질병에 대한 저항력이 약해져 다양한 암과 신경계 침범이 일어나고 다른 바이러스, 박테리아, 기생충, 균에 의한 감염이 일어난다.

대개 잠복기를 갖고 있는 질병들은 건강한 면역체계를 가진 사람들뿐만 아니라, 면역반응이 제대로 일어나지 않는 에이즈환자들에게도 치명적이다. 카포시육종(Kaposi's sarcoma; 희귀한 형태의 암으로 수많은 에이즈환자들의 사망원인)을 포함하여 카리니폐렴(폐질환으로 에이즈환자들의 주된 사망원인), 헤르페스와 같은 일반적 감염, 뇌염, 뇌막염의 원인이 되는 균류 감염, 목과 식도를 감염시키는 효모감염, 폐와 장, 신경계의 감염 등이 일어난다. 그 예로 한때 미국에서 박멸되었던 결핵의 발병은 최근 들어 HIV에 감염된 에이즈환자들 때문에 다시 급증하고 있다.

초기에는 HIV 감염이 카포시육종 또는 류머티스성 폐렴과 같이 면역체계가 심각하게 손상되어 감염된 개인이 한 가지 또는 그 이상의 질환으로 악화될 때만 에이즈로 진단하였다. 그러나 1992년 4월 1일 미국 암질환통제국(Centers for Disease Control)이 에이즈의 정의를 넓혔다. 다른 증상을 갖고 있건 갖고 있지 않건 간에 HIV에 감염되고, 원조 T세포가 혈액 세제곱밀리미터당 200 미만일 때 에이즈에 감염되었다고 하였다. (보통 T세포는 HIV에 걸리지 않은 건강한 사람들에게선 세제곱밀리미터당

보기 15.4 두 번째 의견이 그녀의 생명을 구했다

Ruthann Robson은 복부 리포섬유종이라는 희귀질환으로 진단되어 종양전문의에게 의뢰되었다. 2번의 항암치료가 권고되었다. 4개월 이상을 걸려 1차 항암치료가 시도되었고, 2차 항암치료는 악성종양이 발생하여 다른 치료법을 강구할 수밖에 없게 되었다. 종양전문의는 종양이 너무 커서 제거하기 힘들 뿐 아니라 이미 간에 전이되었으므로 평온하게 하는 것만을 반복하여 강조하였으며, 죽음의 문제에 도움을 받도록 정신과 의사에게 의뢰하였다.

Robson 부인이 다른 의사의 의견을 듣기 위해 의뢰를 요청하였을 때도 종양전문의는 의미 없는 일이며, 이 암 센터는 세계에서 가장 유명한 곳이라고 하였다.

절망하여 며칠 밤을 불면으로 지새운 Robson 부인은 그 종양전문의를 떠나 다른 병원의 종양전문의와 만나볼 수 있도록 이름을 알려달라고 하는 것이 가장 합리적인 대안이라고 결론 내렸다. 약간의 반대가 있었으나 첫 번째 종양전문의는 다른 병원의 또 다른 종양전문의의 이름을 알려주었다.

두 번째 종양전문의와 그 병원의 다른 의료진은 그녀의 생명을 구하였다. 두 번째 종양전문의는 종양이 수술로 말끔히 제거될 수 있을 것이라고 결론 내렸다. 종양은 제거되었으며, 암은 전이되어 있지 않았다. 그녀의 간은 완벽하게 건강하였다. 수술 후 Robson 부인은 암으로부터 자유로웠으며, 첫 번째 의사의 치명적인 진단에 의문을 품고 다른 의사의 의견을 청취한 것이 그녀 자신의 생명을 구했다고 믿고 있다.

출처: Ruthann Robson, "Leaving My Doctor Saved My Life," *Self*, May 2001, pp. 152-153.

800~900개가 발견된다.)

에이즈는 한 가지 특정질환으로 나타나지 않는 증후군이다. 그것은 단순히 감염된 바이러스가 지속적으로 증가함으로써 어떠한 질병도 취약하게 만드는 것이다. 에이즈의 과정은 연속적으로 영향을 주기 때문에 점점 더 중병에 취약하게 만든다.

어떤 환자에게 에이즈는 신경계에 피해를 주어 뇌손상을 불러일으킨다. 이런 경우 에이즈치매증후군(AIDS-dementia complex)이라고 불리며, 단기간을 넘어서 점차 진행된다(어떤 경우는 몇 년에 걸쳐 일어난다). 특수한 지적 능력의 손상이 에이즈의 결과로 나타날 수 있다. 이러한 피해는 집중력의 부족, 망각, 빠르고 효과적인 사고의 불가, 어느 장소에서 다른 장소로 이동하거나 복잡하고 동시에 일어나는 일을 처리하는 데 어려움 발생, 운전능력 저하 등의 공간시각능력 문제가 발생하기도 한다. 한 가지 흥미로운 점은 일반적으로 치매에 걸린 사람들은 언어적 장애기능을 보였으나 에이즈로 치매에 걸린 환자들은 언어 영역에서 장애를 보이지 않았다.

대부분의 사람들의 믿음과는 반대로 HIV에 걸린 사람들은 에이즈 치료 없이도 애매하지만 오래 살 수 있다. 현재도 에이즈를 이해하고 예방하고 대항하기 위해 광범위한 연구가 진행 중이다.

예방법으로 두 가지 방법을 강구할 수 있다. 첫째는 질환에 걸리게 하는 위험한 행위와 활동을 자제하는 것이며, 두 번째는 소아마비와 홍역을 예방하는 백신을 개발한 것처럼 과학자들이 에이즈 예방 백신을 만드는 것이다. HIV 감염에 대한 확신이 들기 전까지는 새로운 파트너와 성교를 할 때 콘돔의 사용을 권장한다.

1998년 6월 미국 대법원은 HIV에 감염된 사람(에이즈 포함)을 1990년부터 미국 장애인법에 포함되도록 규정했는데, 이 법에서는 직장, 주거, 대중 숙박에 대한 불리를 보호하도록 했다.

에이즈는 세계 전역에 나타나고 있으며, 지역별로 각각 다르게 전파되고 있다. 북아메리카 지역에서 새로운 HIV 사례는 서서히 감소하고 있으나, 아프리카 지역에서는 급증하고 있다.

HIV/AIDS로 2,000만 명 이상이 죽었고, 전 세계적으로 4,000만 명 이상의 사람들이 HIV에 감염된 채 살아간다.31 그렇지만 HIV 감염자의 약 1/4이 감염된 것을 모른다.32 HIV/AIDS는 아프리카(특히 사하라사막 이남지대)에 가장 널리 퍼져 있고 아프리카의 60%가 HIV에 감염되어 있다.33 HIV에 감염된 아프리카 성인 12명 중 1명은 그들의 감염사실 조차도 모른다.[34)] 게다가 인도, 중국, 지중해지역, 서부유럽, 라틴아메리카, 동유럽 국가들, 카리브해 지역, 중앙아시아에 걸쳐서 100만 명 이상 HIV에 감염되어 있다. Mooney, Knox, Schacht는 다음과 같이 말했다.

HIV 감염률은 개발도상국일수록 높은데, 특히 사하라사막 이남지대에 있는 아프리카 지역이 놀라울 정도이며, 사회를 황폐화시키고 있다. HIV/AIDS로 인해 사하라사막 이남지대의 기대수명이 1980년대 49세에서 2005년에는 46세로 줄었다.

HIV/AIDS의 전염성은 빈곤국의 한정된 건강보호자원에 거대한 부담을 안겨주었다. 경제적 발전은 HIV의 전염에 의해 위협받았고, 건강에 관련된 욕구를 충족하는 데 필요한 국가적 기초는 전용되었으며, 국가의 노동력 크기는 감소되었다. 에이즈에 의한 죽음으로 전 세계적으로 수많은 고아가 발생하였는데, 2010년에만 2,500만 명의 고아가 발생하였다.

일부 학자들은 에이즈에 영향을 받는 국가들이 수많은 고아들의 가난을 심화시키고, 많은 젊은 성인들이 범죄와 폭동에 참여함으로써 발생하는 정치적 불안감을 염려한다.[35]

HIV 감염을 치료하기 위해 사용되는 약은 매우 비싸서 빈곤국가에서 HIV/AIDS는 더욱 복잡한 문제를 포함하게 되었다. Konblum과 Julian은 다음과 같이 말했다.

> 빈곤국에서 에이즈의 전염에 대처할 가능성은 발전된 치료에 많은 돈이 들기 때문에 특히 더 암울하다. 미국에서는 에이즈의 증상을 효과적으로 억제하거나 늦추는 복합약물치료가 한 달에 평균적으로 750달러가 든다. 이것은 약 8%의 인구가 HIV에 감염되어 있고 1인당 평균연봉이 6,000달러인 남아프리카와 같은 빈곤국 환자들에게 심각한 상황이다.[36]

》 생명유지장치의 과도한 사용에 대한 논란

오늘날 의료기술은 괄목할 만한 성장을 하였으며 과거에는 사망했을 사람들이 수개월 혹은 수년간 생명연장이 가능해졌다. 심지어 뇌의 기능이 정지된 경우에도 의료기술은 호흡을 유지하고, 심장, 간 등 다른 신체기관의 기능을 유지하게 하였다. 말기환자들은 이러한 기술로 생존기간은 연장되지만, 엄청난 통증을 경험하며 매우 열악한 신체조건에 직면하게 되었다. 생명연장기술에 관한 많은 논쟁거리가 있다. 어떻게 죽음을 정의하며, 뇌사상태의 경우 신체 기능을 어떻게 유지할 것인가? 일부 소송의 경우는 기증자가 사망하기도 전에 이미 장기를 제거하여 제기된 경우도 있었다. 말기환자의 생명은 언제까지 연장되어야 하는가? 심각한 유전적 결함이 태아에게서 발견되는 경우 낙태는 허용되는가? 생명연장을 위한 노력이 이루어질 때 환자에게 죽음이 허용되는 때는 언제인가? 심각한 고통 때문에 말기환자가 자살하고자 하는 경우 그것은 법적으로 허용되며 의사나 친척들이 자살을 방조하는 것이 법적으로 허용되는가?

회복가능성이 없음에도 무한정 생명을 유지해야 하는 역설적 현상 때문에 생전에 유언에 서명하는 사람의 수가 증가하고 있다. 살아 있을 때 문서로 서명한 사람의 경우, 심각한 질환으로 인해 육체적, 정신적으로 장애를 입고 회복을 기대할 수 없는 경우에 죽음이 허용되며 기계장치에 의해 생명을 유지할 필요가 없다. 유언 자체가 구속력을 갖지는 않지만 환자의 의지가 친척과 의사에게 전달되면 생명유지장치의 사용에 대하여 결정해야 한다. 생전의 유언제도를 보완하기 위해 여러 주에서 권위 있는 다른 사람들의 참여를 규정으로 강제하기도 한다.

비판적 사고를 위한 질문 ?

당신은 사망 유언서에 서명하였는가? 서명하지 않았다면 그 이유는 무엇인가?

의학과 생의학 및 행동의 윤리적 문제를 연구하는 대통령위원회에서는 1981년 죽음을 다음과 같은 사항이 일어났을 때라고 권고하였다. (a) 순환기와 호흡기 기능이 비가역적으로 정지되었을 때(이것은 과거에 사용했던 기준), 또는 (b) 뇌간을 포함한 전뇌의 모든 기능이 비가역적으로 정지되었을 때(이것은 새로운 기준)이다. 전뇌의 개념을 적용할 때 위원회는 높은 뇌기능(의식과 생각, 감정을 지배하는)을 잃었지만 뇌간의 기능이 만성적인 자율상태를 유지하는 경우 죽음으로 간주하는 것을 거부함으로써 더 많은 논쟁거리를 야기하였다. 죽음과 관련한 여러 상황이 죽음에 대한 이러한 정의와 부합하지 않았다.

》 고비용

의료비(health care cost)는 지난 40년간 큰 폭으로 증가하였다. 1980년 국민총생산의 9% 수준이던 비용이 14% 수준으로 증가하였다.[37] 연간 지출되는 의료비용은 1조 달러가 넘으며, 개인당 평균 5,241달러 정도의 의료비를 지출하고 있다.[38] 한편 영국과 캐나다는 미국의 절반 정도만 의료비로 쓰고 있다.[39] 미국의 개인당 의료비 지출은 다른 나라보다 높기 때문에 이러한 고비용은 국가적 관심사로 인식되었다. 의료비가 다른 물가에 비해 급격하게 증가하고 높게 지출되는 이유는 다음과 같다.

첫째, 건강보호체계가 영리추구를 목적으로 하기 때문이다. 의료비를 낮추려는 시도가 거의 없었으며 질병상태의 소비자들은 비록 시장경제하이지만 치료를 선택할 위치에 있지 않았다. 병이 났을 때 그들의 우선순위는 빨리 좋아지는 것이기 때문에 의사가 어떤 비용을 청구하더라고 지불할 수밖에 없는 형편이다. 대부분의 환자들은 치료를 받기 전에 비용과 관련된 아무런 정보도 제공받지 않으며, 의사의 서비스에 대한 요금은 광고할 수 없기 때문에 경쟁을 할 수 없는 체계이다. 의사들은 대부분의 환자가 불평 없이 대기실에서 한 시간 기다리고, 치료를 받기 전에 비용에 대한 편지 않은 질문을 받아도 의사들을 존경하게 하는 대중적인 이미지를 형성하였다.

고비용의 두 번째 요인은 생명유지치료에 필요한 기술의 향상에 있다. 새로운 장비는 작동에 고급기술이 필요하기 때문에 그 운영비는 비쌀 수밖에 없다. 40년 전만 하더라도 코발트 기계, 심장박동조율기, 자기공명영상장치(MRI), 인공심장밸브, 미세수술 장비는 없었다. Coleman과 Kerbo는 새로운 의료장비와 신약의 개발로 막대한 이윤이 발생한 결과 예방의학의 덜 비싸거나 덜 효율적인 기술들에 대한 관심이 사라졌다고 하였다.[40] Klein과 Castleman은 값비싼 치료를 위한 의학 연구가 회사의 수익이 보장되지 않는 예방적 방법의 관심을 멀어지게 했다고 하였다.[41]

의료비 증가의 또 다른 이유 중 하나는 미국인들의 수명이 연장되었기 때문이다. 이제는 인구의 상당부문을 노년층이 차지하며 노인은 젊은 사람보다 더 많은 건강보호를 필요로 한다. 간호사나 물리치료사와 같이 기술적, 전문적으로 훈련된 집단의 훈련과 책임성에 상응한 고액의 급여가 의료비용에 포함되었기 때문에 비용이 증가하였다.

다른 요인 중 하나로 제3자 지불방식이 의료비 증가를 가져오게 하였다. 역사적으로 보면 의료비는 기본적으로 소비자가 지불해야 하는데 오늘날 대부분의 비용은 사보험, 메디케어, 메디케이드를 포함하여 제3자가 지불하고 있다. 때문에 의사는 값비싼 진단과 치료절차를 추천하고 필요치 않은 수술을 하기도 한다.

또한 의료과오도 의료비 증가의 한 요인이다. 의료과오가 발생했을 때 많은 경우 배심원의 평결이 이루어졌다. 의사는 연간 5,000~90,000달러 이상의 의료과오보험을 들어야 하는데(신경외과나 마취과는 고위험군으로 간주되었기에 신경외과 마취과 의사의 보험료율이 높았다), 이러한 막대한 비용이 소비자에게 전가되는 것이다.[42]

의사들의 세부전공분야가 증가하기 때문에 의료비가 증가한다. 90%의 의사가 세부전공을 갖고 있는데,[43] 의학적 지식의 성장이 세부전공을 촉진하고 있다. 한 의사가 의료의 전 영역에서 전문가가 되는 것은 불가능하다. 전문의의 비용청구는 일반의보다 높게 마련인데 이러한 요인이 의료비용을 증가시키는 요인이 되고 있다. (세별화로 인해 추가적으로 발생하는 심각한 문제는 환자가 의사를 신뢰하지 못하고 장기적인 관계를 갖지 못하기 때문에 의료가 비인간화, 비인격화, 분절화된다는 것이다.)

병원에서의 치료비가 매우 비싼 것도 한 요인이다. 병원은 고가의 장비를 제공함으로써 다른 병원과 경쟁하는데, 기계가 중복되거나 좀처럼 사용하지 않는 경우도 있다. 병원도 의사와 마찬가지로 수요와 공급에 기초하여 소비자가 지불하는 비용에 종속되지 않는다. 환자는 점차 자신의 필요에 따라 병원을 찾아다니는 것이 불가능해졌다.

병원, 의사, 요양원 운영자, 제약회사는 정치적으로 강하다. 미국의학협회, 미국제약사협회, 미국병원협회, 미국의과대학연합 등이 건강보호 공급자를 대표한다. 이러한 건강보호 제공자들에게 예방을 강제하여 그들의 수익을 제한할 필요가 있다.

3. 의료보호 재정

의료비용은 사보험과 정부의 프로그램, 개인이 의료제공자에게 직접 지불하는 형태로 이루어진다. 대부분의 연방정부의 건강보호비용은 메디케이드와 주정부 아동건강 프로그램(SCHIP), 메디케어를 통해 지불된다. (정부 역시 연방정부고용인건강보험에 참여하며, 군인가족에게 의료 프로그램을 제공하며, 퇴역군인병원을 지원한다.)

》 메디케이드

이 프로그램은 1965년 개정 사회보장법에 의해 확립되었으며, 1차적으로 공공부조의 수혜자에게 제공되었다. 메디

보기 15.5 어떻게 재정자원을 할당할 것인가?

재정상 보수적인 논쟁은 미국 사회가 장래에 사람구실을 하지 못할 사람의 생명을 유지하는 데 보급되어 있는 의료기술을 사용할 만큼 여유가 없다는 것이다. Geri D.의 경우처럼 어떤 시설에서는 이미 너무 많은 비용을 지출한 것이 입증된 사례도 있다.

Geri D.는 생후 5개월에 중증발달장애아동을 위한 주거시설에 입소했는데, 그곳에서의 연간 비용은 10만 달러가 넘는다. Geri는 심장혈관의 장애를 포함하여 복합적인 질환을 갖고 태어난 미숙아이다. 생명유지장치에 의해 그의 생명은 연명되었지만, 몸을 일으키지도 못하였으며, 심각한 인지장애를 갖고 있었다. 이미 25만 달러 이상이 Geri에게 지출되었으며, 10대 후반이 되기까지 생명유지에 2백만 달러 이상이 필요할 것으로 예상된다.

의료의 발전으로 경제적인 자원을 어디에 활용할 것인지에 관한 어려운 문제가 증가할 것이다.

케이드에 의해 주정부가 병원, 의사, 의사단체, 공공부조 서비스를 제공하는 보험기관에 직접 비용을 지불하는 것이 가능하게 되었으며, 비용은 연방정부와 주정부가 기본적으로 55% 대 45%의 비율로 분담하였다. 의사와 치과의사들이 진단과 치료를 위하여 시행한 비용과 요양원의 서비스, 의료소모품, 투약, 검사비용 등이 적용되었다.

메디케이드의 급여는 주마다 다르다. 원래 규정은 지방정부가 한계소득으로 인해 의료비를 지불할 수 없는 사람들의 자립을 지원하는 전 범위를 감당하도록 되어 있지만 이의 적용은 강제적이지 않았으며 주정부의 규정에 의해 적용범위가 결정되었다.

비록 메디케이드가 빈자에게 적절한 의료서비스 제공을 목적으로 하였지만 정부가 비용절감을 위해 수급자격을 제한했기 때문에 실제적으로 빈곤 가족의 절반 이하만이 메디케이드의 혜택을 받을 수 있었다.[44] 과거의 병원은 환자에게 비용을 지불하게 하는 비보험에 의해 운영되었으나 비용 상승으로 인하여 정부와 사보험 업계에서는 비용을 지불할 병원의 서비스 범주를 제한함으로써 비용전가에 대항하였다. 이로 인해 많은 병원이 메디케이드 환자의 치료비를 지원받지 못하게 되었고 환자들이 병원으로부터 외면당하게 되었다. 이러한 두 가지 피곤한 체계가 비용지불의 기초가 되었다.[45]

》 주정부 아동건강 프로그램(SCHIP)

SCHIP는 1997년 연방정부주도하에 개발된 프로그램으로 아동이 있는 가족들에게 건강보험을 제공하기 위해 만들어졌다. 이 프로그램은 보험에 들지 않은 가정의 아이들을 보호하려고 만들어졌으나 메디케이드보다 질이 높았다. 메디케이드와 SCHIP은 연방정부와 주정부가 협력해서 이루어지는데, 개개의 주는 연방정부의 의료보호국(Centers for Medicare and Medicaid Services)의 요구에 따랐다.

연방정부의 지침아래, 주정부는 SCHIP의 적격 기준과 정책을 계획하는 데 융통성을 발휘할 수 있다. 일부 주에서는 SCHIP 기금을 사용하려고 법적 할당의 포기를 통해 권한을 부여받았는데, 이는 아동의 부모가 SCHIP, 메디케이드에서 급여를 받도록 하기 위함이며, 임신부 및 성인 모두에게 급여를 제공하기 위함이다.

》 메디케어

노인들은 질병에 가장 취약한 집단인데, 미국 전체인구의 13%가 65세 이상 노인으로 그 비율은 매년 증가하고 있다.[46]

1965년 개정된 사회보장법에 의해 메디케어 제도가 시행되었는데, 이는 노인들의 고액 의료비를 지원하기 위해 시행되었다. 메디케어는 병원보험(파트 A)과 의료보험(파트 B)의 두 부분으로 나뉜다. 65세 이상의 모든 노인은 매월 노령, 유족, 장애 급여를 받으며 보험료 납부 없이 자동적으로 파트 A의 적용을 받았다. 또한 65세 이상의 노인들은 파트 B의 수급자격이 있는데, 파트 B의 적용은 강제가 아닌 자발적인 부분으로 파트 B의 수급자는 월 보험료를 납부해야 한다. 또한 연속적으로 24개월 이상 사회보장 급여를 받는 65세 이하의 장애인은 25개월부터 파트 A와 파트 B의 수급자격이 있다.

파트 A(병원보험)는 병원과 요양원에서의 시간제한적인 치료비용과 가정방문간호서비스 비용을 지불한다. 병원에서는 150일까지, 요양원에서는 100일까지의 진료비를 지원한다. 병원이나 요양원 밖에서 연속적으로 60일을 지내는 경우 다시 수급자격이 생기는데, 병원과 요양원에서 제공하는 음식비, 병실료, 간호서비스, 약품 비용과 의료장비 및 기구에 관련된 비용이 포함된다. 또한 파트 A에서는 재가서비스 비용도 지불하는데, 수급자가 가정에 기거하면서 방문간호, 물리치료, 언어치료 등을 받는 경우와 의사의 주기적인 체크비용도 지불한다. 또한 말기환자를 위한 호스피스치료비용은 210일까지 지원된다.

파트 B(추가적인 의료서비스)는 의사의 진찰료, 응급실 비용, 외래 물리치료와 언어치료 비용, X선과 같은 의사의 처방에 의한 진단비용, 앰뷸런스 서비스 등에 도움을 받을 수 있다. 각각의 메디케어 수혜 대상자는 건강 플랜인 "alphabet soup"로부터 보상범위를 선택할 수 있다. 이러한 다양성은 우선공급자조직, 서비스 제공자 조직, 서비스당 점수(point-of-service) 계획, 사적 행위별수가계획, 의료비절감 계정 등을 포함한다.

》 사보험

건강보험비용을 포함하여 총 의료비는 급속하게 증가하고 있다. 직장에서 단체로 보험에 가입되지 않은 사람은 실제로 개인 건강보험에 가입하기 어렵다. 4,500만 명 이상의 미국인이 건강보험에 가입되어 있지 않다.[47] Kornblum과 Julian은 다음과 같이 말했다.

> 많은 미국사람들이 믿는 것과는 반대로 전일제 근무자와 파트타임 근무자, 그리고 그의 자녀들 대부분이 비보험이다. 노동시장에서 밀려난 가난한 사람은 메디케이드에 적용되며, 노인은 메디케어 수급자격을 갖는다. 빈번하게 실직상태인 젊은 사람들과 소규모 직장에 근무하면서 건강급여를 받지 못하는 사람은 비보험상태에 있는 것과 유사하다.[48]

4. 현 건강보호체계의 개선

증가하는 의료비용이 가정의 재정상황을 악화시키고 더 나아가 사회의 경제적 안정을 위협한다는 데 모든 사람이 동의하고 있다. 그러나 비용절감과 의료문제 해결의 방법과 관련해서는 공감대 형성이 이루어지지 못하고 있다. 다음으로 몇 가지 유용한 제안에 대해서 살펴보기로 하겠다.

》 비용절감

의료비용절감을 위한 제안으로 다음과 같은 것이 있다.

- 더 많은 의사를 양성하기 위해 의과대 입학정원을 증원한다. 의사의 수가 많아지면 의료에 대한 접근 어려움이 해소되고, 환자를 유치하기 위해 의사들 간의 경쟁이 일어남으로써 의료비용의 절감을 가져올 수 있다.
- 주간뿐 아니라 야간이나 주말에 활용할 수 있는 응급보호시설 같은 외래의 확장이 필요하다. 질환을 조기에 발견, 치료할 수 있게 함으로써 심각한 질환이나 비용이 막대하게 드는 질환으로의 진행을 막을 수 있게 된다.
- 의사들의 서비스와 비용에 대한 광고를 허용한다. 이러한 경쟁이 비용을 절감한다.
- 의과대학생들이 전문의보다는 일반의가 되도록 장학금 등을 지급하여 격려한다.
- 입원하지 않고 질병이 치유되도록 외래 치료시설을 확충한다.
- 감기와 같은 일반적인 질환을 치유하고 예방적인 서비스의 제공, 무의촌에서의 치료가 가능하도록 의사를 보조하는 인력과 준의료인력을 훈련시킨다.
- 불필요한 수술을 줄이기 위해 수술 동의 전 다른 의사의 의견을 들어보도록 환자를 격려한다.
- 일반의약품(generic drug)의 활용을 확대하고 조장한다. 일반의약품들은 특허받은 약품들과 같은 화학적 조합을 가진 비특허 약들이다. 일반의약품과 특허약품의 가장 큰 차이점은 특허약품은 상당한 비용과 거래품목에 들어 있다는 것이다.

》 예방의학과 관리된 보호

예방의학은 장기적으로 비용을 절감한다. 몇몇의 구체적인 제안은 예방의학의 의도를 확장시켜 주었다.

학교에서 교육 프로그램이 확대되어야 하며, 일반 대중들에게 식이, 스트레스 관리, 운동습관, 수면, 위생습관과 같은 생활방식이 질병의 원인이 되고 질병을 악화시키는 요인이라는 정보를 제공해야 한다. 교육프로그램은 예방뿐 아니라 병에 걸렸을 때에도 치료과정 참여의 중요성과 환자의 태도, 정서, 식이 위생습관이 회복에 영향을 줄 수 있다는 것을 인식하도록 하는 데 필요하다. 대부분의 미국인은 불행하게도 의사가 마력을 갖고 있다고 믿고 있으며, 의사의 치유에만 의존한다.

연방정부에서는 다른 사보험의 대안으로 건강보호조직(HMO)의 활용을 권고하고 있다. 현재의 건강보호체계는 1차적으로 예방보다는 질병과 손상의 치유에 초점을 맞추고 있다. 대부분의 사보험에서는 아프거나 손상된 경우에 한해 치료비를 지원하며 정기적인 검사는 지원하지 않고 있다.

이에 반해 HMO는 예방을 강조하는 선불 건강보험 방식의 계획이다. 가입자는 연간 고정된 금액에 대하여 할부로 비용을 납부하며, 그 반대급부로 포괄적인 보호를 받는다. HMO는 크기나 구조가 다양한데, 일반적으로 진단, 치료, 병원과 가정에서 다양한 서비스를 제공하는 의사(일반의와 전문의 모두)가 포함된다. HMO 프로그램의 운영은 보험 프로그램과 흡사하다. 가입자는 회비를 납부하며(때로는 가입자가 소속한 회사가 지불하는 경우도 있음), HMO는 발생하는 모든 비용을 지불한다. HMO의 수익은 고정되어 있기 때문에 가입자가 아프지 않고 건강한 것이 이익이다. HMO의 전체 비용구조는 질병의 예방과 실패, 최소한의 비용으로 빠른 회복을 도모하는 것과 맞물려 있다. 행위별 수가제를 따르는 사보험에 비해 HMO는 고비용을 최소화하고 불필요한 과정을 제한하는 장점이 있다.

HMO가 그러하듯 건강보호시스템이 예방과 비용절감에 초점을 맞춤으로써 인센티브가 발생하는가는 중요하다. 많은 공적·사적인 고용주들은 그들의 사원들을 위해 HMO를 선택했다. HMO는 부분적으로 예방을 강조했기 때문에 환자당 총 건강보호의 비용을 줄이는 데 성공하였다. 비록 HMO가 행위별 건강보험 계획보다는 싸다고는 하지만, Kornblum과 Julian은 HMO에 대한 몇 가지 점을 규명하였다.

> 관리된 보호의 증가는 환자들이 자유롭게 의사를 선택할 수 있는 권리를 제한하는 경향이 있는데, 특히 HMO에서는 관리된 보호계획 네트워크에 참여한 의사들을 선택했을 때에만 모든 서비스를 보상해주기 때문이다. 어떤 관리된 보호계획에서는 1차 진료의사가 전문의에게 환자를 의뢰하는 것을 금하고 있다. 의사의 임상적 결정은 외적인 보험계획에 의해 검증받게 되었고, 비록 미국의사협회가 국가의 건강보험이 의사들의 임상적 자율성을 위협하는 것을 반대했음에도 불구하고 산업화된 세계의 어느 곳에서 일어나는 것보다 미국의 의사들은 임상적인 활동에 대해 많은 침해를 경험하는 아이러니한 결과를 초래하였다.[49)]

HMO, 메디케어, 메디케이드는 미국의 관리된 보호체계를 구성한다. 1970년대에는 관리된 보호프로그램이 30개에 불과하였지만, 지금은 1,500개 이상이다.50 건강보험에 가입된 미국인의 대부분이 관리된 보호프로그램의 적용을 받는다.[51)] 구체계하에서 환자가 아플 때 의사의 도움을 구하고 의사는 치료의 대가로 비용을 받았다면, 관리된 보호 프로그램과 HMO에서 그 관계는 역전되어 의사가 각 환자의 요구대로 얼마나 많은 치료를 했든 상관없이 등록된 인원에 따라 고정된 비용을 받았다. 그 결과 만성질환자는 HMO와 의사들에게 부담이 되었다.[52)]

HMO와 관련해서 다음과 같은 비판이 있다.

- 임신부가 병원에 체류할 수 있는 시간을 24시간으로 제한하였다.
- 재갈조항이 의사가 활용 가능한 치료방법에 대하여 자유롭게 이야기하는 것을 금지하고 있다.
- 대형회사의 보너스가 HMO의 집행에 사용된다.
- 환자가 치료를 거부당하는 경우가 있다(예를 들어 캘리포니아에서 HMO가 전문의에게 젊은 엄마의 의뢰를 승인하지 않아 사망한 경우가 있었다).
- 환자가 공인된 보호를 받기 위해 고생해야 한다. (예를 들어 플로리다의 한 노인의 경우, 뇌출혈이 있는 아내를 공인된 응급실에 데려가지 않았다는 이유로 HMO로부터 3만 달러의 고지서를 받았다. 결국 그의 아내는 이 출혈로 사망하였다.)
- 환자가 의사와 병원을 선택할 기회가 더 적어진다.
- 의사에게 싼 약을 처방하도록 요청된다.
- 환자들은 필요로 하는 치료를 받기 위해 HMO의 관료들과 전쟁을 하는데, HMO에서는 환자의 의무기록을 검토하여 이용적절성을 검토하고 그들이 감당할 치료를 결정한다.
- 의사들은 자신이 최적의 치료방법이라고 믿고 있는 것과는 달리 의료이용도 조사위원회에서 다른 치료프로그램을 강제하기 때문에 의기소침해진다.[53)]

관리된 보호는 미국에서 확대되고 있으며, 이 시스템의 장점과 단점에 대한 논쟁을 증가시킬 것이다.

》 추가적인 건강보호 제안

현 건강보호의 문제점을 해결하기 위한 다음과 같은 제안이 있다.

- 농촌이나 도시빈민지역에서 개원하는 의사들에게 인센티브를 제공할 필요가 있다. 의대학생들에게 의료진의 서비스가 미치지 않는 지역에서 활동하는 경우 그 대가로 수당을 지급하는 방법도 하나의 방법이 될 것이다.
- 더 많은 유색인종을 의과대학에 입학시켜 그들이 졸업한 후 유색인종지역에 근무하게 할 필요가 있다.
- 더 많은 여성을 의과대학과 치과대학에 입학시켜 남성 지배적인 건강보호체계에 대응하게 할 필요가 있다.
- 생명유지를 해야 할 때와 생명유지장치를 떼어내야 할 상황에 대한 추가적인 기준이 마련될 필요가 있다. 안락사에 대한 국가적 관심의 필요와 자살의 조력과 같은 주제들도 해결되어야 한다.
- 노인의 의료보호에 대한 새로운 프로그램을 개발할 필요가 있으며, 의사와 간호사, 사회복지사, 물리치료사 등이 노인의 의료를 진단하고 치료하는 훈련을 받아야 하며, 이러한 노인의 의료문제에 관여하는 전문가에게 인센티브를 제공할 필요가 있다.
- 성교육과 에이즈예방 교육 프로그램이 실시되어야 하며, 콘돔 사용과 같은 안전한 성관계에 대한 정보제공이 필요하다.
- 직장단위로 에이즈에 대한 교육프로그램이 시행되어야 하며, HIV 양성인 근로자와 에이즈에 걸린 근로자가 만성질환에 걸린 다른 근로자처럼 차별대우를 받아서는 안 된다.

》 국가적 차원의 건강보험프로그램의 확립

영국, 캐나다 그 밖의 국가들이 세금을 사용하여 의료비용을 충당하고 있지만 미국의 경우에는 국가적 차원의 건강보험이 없다(보기 15.6 참조). 지난 40년간 몇 명의 국회의원이 공공 건강보험프로그램을 주장한 바 있으나, 대부분의 미국인은 기본적으로 근로자와 그 가족이 활용할 수 있는 사보험에 가입되어 있다. 한계고용 혹은 실업자는 일반적으로 의료보험의 보장을 받을 수 없다.

병원과 의사들은 제공된 서비스에 대한 보장 소득을 제공하지 않으면 경쟁에서 살아남을 수 없게 되었다. 놀랍게도 4,500만 명 이상의 미국인이 사보험 또는 정부지원 건강보험의 적용을 받지 못하고 있다.[54)]

국가적 차원의 건강보험체계가 필요한 이유가 있다. 급증하는 건강보험 비용은 빈자, 한계소득자, 심지어 중류층 가정조차도 비용 충당의 어려움 때문에 종종 초기치료를 받지 못하여 심각한 상황까지 초래되는 경우가 있다. 메디케어는 노인들의 단기치료는 커버하지만 장기비용은 감당하지 않는다. 확대된 치료로 인하여 가족이 빚을 지게 되는 상황도 발생하며, 이로 인해 삶과 생활방식의 급격한 변화가 초래되기도 한다.

Roosevelt에서 시작하여 Reagan, George Bush, George W. Bush 등 모든 역대 대통령이 예외 없이 국가적 차원의 건강보험 프로그램을 제안하였지만 통과되지는 않았다. 그 결과 미국은 산업화된 국가 중에서 유일하게 국가적 차원의 포괄적 의료보험체계가 없는 국가가 되었다.[55)] 지난 수년간 민주당과 공화당 국회의원, 행정부, 노동조합, 사보험 회사 대표, 미국의학협회 등에 의해 다양한 프로그램이 발전되었다. 1991년 1월 전미사회복지사협회(NASW)에서 영국의 건강보험 프로그램과 유사한 국가 차원의 건강보호계획을 제안하기도 하였다.[56)]

Clinton 대통령이 1993년 모든 미국인에게 적용 가능한 국민건강보험 프로그램을 제안하고, 높은 정책 우선순위를 두고 진행하였으나 1994년 국회에서의 첨예한 대립 끝에 비용이 많이 든다는 이유로 반대에 봉착하여 실현되지 못하였다. 이때 제안된 국민건강보험은 세 가지 형태로 구성되었는데, ① 공적 접근으로 정부기관이 기금을 모으고 지불하는 형태, ② 공적부문과 사적부문이 혼합된 접근으로 연방정부가 기금을 모으고 지출은 사보험 회사가 담당하는 형태, ③ 개인이 사보험에 가입하는 사적 접근방법이었다. 국민건강보험에 대한 반대 이유로는 고액의 세금과 새 프로그램이 비싸서 경제에 영향을 미칠 것이라는 것이다. 그러나 국가적 차원의 건강보험프로그램은 메디케어와 메디케이드의 경우와 마찬가지로 서서히 확대하면 될 것이다.

》 Obama 대통령의 건강보호 증진안

Obama 대통령은 건강보호 증진안을 내놓았다. 대부분의 미국인들에게 건강보호는 매우 비싼데, 오바마 대통령의 건강보호 계획(안)은 다음과 같다.

- 모든 미국인들에게 건강보호 선택권을 위한 접근성과 편리성 제공
- 오류를 줄이고 생명과 비용을 절감하는 전자건강정보 기술체계에 500억 달러 선불투자약속
- 심장병이나 당뇨, 고혈압과 같은 만성질환자 보호 비용을 절감하기 위한 통합 예방프로그램과 질병관리프로그램
- 행정비용보다는 실제적으로 환자보호 증진에 투여되는 상여금의 비율을 건강계획에서 밝힘
- 환자의 권리를 존중하도록 의료사고보험을 개혁하며, 의료사고보험에서 의사들의 과도한 부담을 예방하는 독점금지법 강화
- 어떤 미국인도 질병 또는 기존의 상황 때문에 보험계획이 외면당하지 않도록 보증
- 건강보호계획에 참여한 사람들 모두 건강보상범위에 변동이나 축소 없이 직장의 이동이 가능하도록 함57
- 처방된 약값을 낮춰서, 같은 약이 훨씬 싼 다른 선진국처럼 미국인들이 싸고 안전하게 약을 처방받도록 함
- 모든 연방정부의 건강보호계획에 예방이 포함되도록 하며, 모든 미국인들이 예방보호에 접근하도록 각종 학교체계, 고용주, 가족, 지역사회의 집단과 연방정부가 함께 일할 것임. 예방적 보호는 건강 습관, 삶의 방식, 환경을 증진시키기 때문임
- 고용주들에게 피고용인들의 보험을 들게 하거나, 직장보험에서 제공되지 않는 공공계획에 급료총액의 일부분을 기여하도록 하기
- SCHIP나 메디케이드에서 보장하지 못하는 아이들까지, 모든 아이들이 보험에 보호받도록 하기

5. 의료사회사업

공공복지국, 입양기관, 가족서비스기관, 지역센터, 집행유예국과 같은 사회복지기관은 사회사업의 1차 세팅으로 인식되어 왔는데, 이 기관은 사회복지사가 운영하고 사회사업은 1차 서비스이기 때문에 1차 세팅이라 한다. 이에 비해 병원, 진료소, 학교 등은 그들의 1차 서비스가 사회사업이 아니기 때문에 2차 세팅이라 한다. 그러나 건강보호와 교육이 국가자원을 실질적으로 조화롭게 확대하고 생생한 기능을 유지하기 때문에 이러한 2차 세팅의 초점이 사회사업의 중요성을 감소시키는 것은 아니다. 사회복지사가 2차 세팅을 행정적으로 책임지지 않기 때문에 때로 지위와 영향에 관한 문제들이 발생한다. 2차 세팅에서 사회복지사는 이러한 통제하에서 일하는 것을 배우는 것이 중요하다. 미국의 의사들은 고액연봉의 전문가 집단으로 그들은 그들의 연봉에 맞는 지위를 기대한다. 의사들과 함께 일하는 일부 직종의 건강전문가는 의사들이 '신과 같은' 존경을 받기를 기대한다고 진술한다.

병원에서 의료사회사업은 1905년 매사추세츠병원(MGS)의 Cabot 박사가 처음 소개하면서 시작되었다. 지금은 모든 병원에 사회사업부서가 있으며, 각 병원의 사회사업부서는 병원승인의 조건으로 미국병원협회에서 요구하고 있다.[58] 병원의 사회복지사는 환자와 가족을 위한 직접적인 개별사회사업을 시행할 뿐 아니라, 특정 환자에 대한 집단사회사업, 협의진료의뢰, 다른 전문직의 훈련에 참여한다. 그들은 병원과 다양한 의료기관의 정책 기획과 개발에 참여하며, 의과대학생들에게 질병의 심리·사회적 요소와 치료과정에 관련된 사회사업의 전문지식을 가르친다.

비판적 사고를 위한 질문 ?

미국이 국가적 건강보험 프로그램을 확립할 것으로 믿는가?

스트레스와 관련된 질병, 알코올중독, 우울, 약물중독, 심장병, 고혈압 등의 원인적 요소로서 심리·사회적 과정에 대한 인식이 점증하고 있다. 환자가 갖는 회복에 대한 정서와 동기는 치료과정에 막대한 영향을 미친다. 에이즈를 포함한 성병, 간경화 등은 그 질병에 대한 낙인 때문에 부끄러움과 죄의식을 가져오게 한다. 심장병이 있는 환자는 휴식을 취하는 방법을 배울 필요가 있으며, 스트레스 상황을 피하고, 처방된 식이를 따를 필요가 있다. 유산은 다양한 정서적 반응을 가져오게 하는데 이를 다룰 필요가 있으며, 만성적 또는 영속적인 장애의 적응은 부정적, 심리적 반응을 가져오게 한다. 의료팀은 사회복지사에게 질병 또는 합병증의 원인이 되는 사회적·심리적 요인에 관여해 주길 기대한다.

의사는 사회사업을 의료와 관련된 분야로 인식하며, 의사, 간호사, 치료사, 사회복지사가 환자의 조사, 진단, 치료계획 과정에 함께 참여한다. 의료사회복지사는 주거조건,

보기 15.6 영국의 건강보호체계

60년 전 사회의학(social medicine)으로 묘사되는 영국의 건강보호체계가 만들어졌는데, 영리를 추구하는 미국의 시장체계와는 다른 형태를 취하고 있다.

영국의 건강보호체계는 공공서비스로 제공되는데 대부분의 의사들은 영국정부에 고용되어 있으며, 개인은 의사를 선택하여 등록할 수 있다.

의사들의 대부분은 일반의로 의사들은 매월 정부로부터 기본적인 급여를 받으며, 등록된 환자 수에 따라 추가적으로 약간의 연급(年給)을 받는다. 이러한 급여는 의사가 환자를 몇 번 진료했는지 상관없이 똑같으며, 치료의 제공 여부와 상관없이 등록된 인원에 따라 의사의 소득이 결정된다. 이러한 영국 일반의의 평균 수입은 미국의사의 절반 이하이다.

환자를 의뢰하거나 자문을 하기 위한 전문의는 약간만 있을 뿐이다. 의사는 환자 개인에게 비용을 받는 개원을 할 수 있는데 소수의 의사만이 개원할 뿐이며, 일반적으로 부자들이 개원의를 활용하나 신속한 예약, 쾌적한 환경을 제외하곤 공공서비스와 별 차이가 없다.

영국의 건강보호체계에서는 모든 비용이 무료이며, 방문비, 수술비, 병실료, 식비, 앰뷸런스 사용비용, 검사비, 안경과 휠체어를 비롯한 의료장비와 관련된 모든 비용을 국가가 지불한다. 실제 비용이 몇 배 들었다 하더라도 실비의 투약비와 약간의 치과 진료비는 본인이 부담하나 이것도 65세 이상 노인과 16세 미만 아동은 면제되며, 순전히 미용서비스와 관련된 사항만 개인이 진료비를 부담한다.

이러한 건강보호체계는 세금에 의해 충당되며 영국 국민의 80% 정도가 국민건강보험(NHS) 프로그램에 동의하는 것으로 나타났다. 건강보호는 영국 정부의 서비스 중 가장 큰 비중을 차지하고 있다. 비용 면에서 영국의 체계는 미국보다 효율적인데 개인당 건강보호비용이 미국보다 낮음에도 영국인이 미국인보다 장수하고, 영아사망률도 낮으며, 입원기간도 짧은 것으로 나타났다.

영국인들의 의료에 대한 불만은 응급이 아닌 사소한 질환의 경우에는 오랜 기간 기다려야 한다는 것인데, 어떤 경우에는 수일에서 심지어 여러 달 기다려야 하는 경우도 발생한다. 심장마비나 팔 골절과 같은 긴급한 문제는 즉각적인 치료를 받아야 한다.

영국의 건강보호전통은 미국과 다르다. 미국은 서비스와 영리지향적인 반면, 영국 건강보호의 기본 초점은 서비스이다. 영국의 체계가 미국에서도 통용될지는 확실치 않다. 미국의 의료진은 고수익을 유지하는 데 상당한 관심을 갖도록 권한을 주었으며, 이것이 미국 내에서 영국과 비슷한 체계의 확립을 방해하는 요인이 되었을 것이다.

출처: Judith Randa, "Health Service Is 30 and British Still Love It," *New York Daily News*, Jul.5, 1878, p.36; James W. Coleman and Donald R. Cressey, *Social Problems*, 6th ed.(New York: HarperCollins, 1996), p.251; David Asman, "There's No Place Like Home" *Wall Street Journal, June* 8, 2005, pp.11~12

환경, 습관, 성격, 환자의 수입과 같은 중요한 정보를 얻는다. 의사가 환자에 정통하지 않기 때문에 그와 같은 정보는 진단과 치료계획을 세우는 데 유용하게 사용된다. 환자와 가족의 면담을 통하여 사회복지사는 질병의 사회적, 심리적 요소에 대한 관점을 얻으며, 이러한 요소가 치료에 어떻게 영향을 미치는지 이해하게 된다.

의료사회사업은 다양한 문제와 상황에 직면하는데, 의료사회복지사는 다음의 활동에 관여한다.

- 임종환자와 가족의 적응 원조
- 유방절제술 환자의 상담
- 남편이 심장질환이 있어 먼 지역에서 온 저소득층 아내의 숙박 지원
- 자살에 대한 생각으로 우울한 사람의 상담
- 양육계획을 세워야 하는 편모 지원
- 인지장애를 갖고 태어난 젊은 부부의 유전 상담
- 대기업이 심장질환 예방 계획을 세우도록 원조
- 유산 또는 사산에 따른 정서적 반응에 대한 상담
- 에이즈로 입원한 환자에 대한 대인 원조와 친구, 친척 원조
- 더 이상 입원할 필요가 없는 환자의 조정
- 알코올, 약물남용의 상담과 적절한 시설로의 의뢰
- 수술을 걱정하는 환자에 대한 상담
- 영구장애가 있는 뇌졸중 환자의 적응과 미래 계획 수립 원조
- 환자의 의료적 상황을 이해하는 데 도움이 되는 친구와 친척 면담
- 폐기종 환자의 금연방법에 대한 상담
- 강간당한 여성의 심리적 상황에 대한 상담
- 교통사고를 당한 사람의 의료적 상황에 대하여 가족과 친지들에게 정보 제공

Peggy Fox/Jupiterimages

의료사회복지사는 환자와 가족에게 집단사회사업뿐 아니라 직접적인 개별사회사업을 제공하고 자문, 다른 전문직의 훈련을 제공한다.

이와 같은 문제와 상황을 처리하는 동안 사회복지사는 의사에 의해 주도되는 의료팀의 일원이 된다.

의료사회복지사의 직무는 지속적으로 연구할 필요가 있는 역동적인 일이다. 장기이식, 신약처방, 신 수술기술과 치료법이 계속해서 개발되므로 사회복지사는 이러한 신기술에 대한 정보를 제공받아야 한다.

병원에서 환자의 회전율이 빨라야 하기 때문에 병원의 사회복지사는 단기적이고 위기지향적 접근을 한다. 사회복지사는 퇴원계획에 종종 관여하는데, 입원기간을 단축하려는 노력이 시도되면서 퇴원계획의 중요성이 증가하고 있다. 병원의 사회복지사는 환자의 권익을 옹호하는 활동을 해야 한다. 의료사회복지사는 1차적으로 환자와 가족에게 직접적인 서비스를 제공하지만 호스피스 프로그램과 같은 프로그램의 기획과 행정활동에 참여한다.

유전 상담, 낙태서비스, 가족계획, 에이즈 또는 HIV 양성자에 대한 서비스, 강간서비스, 임종환자에 대한 서비스, 알코올과 약물중독, 거식장애에 대한 치료 프로그램의 발달은 의료사회복지사에게 새로운 기회를 제공하였다. 이러한 프로그램은 병원이 아닌 사무실에서 진행되기도 하였으며, 요양원에서도 사회복지사의 채용이 증가하고 있다. 사회사업의 새로운 실천분야로 나타난 것 중 하나가 에이즈이다. 사회복지사는 에이즈와 HIV 양성자들의 차별을 감소하는 프로그램에 참여하여 그들을 옹호해야 하며, 에이즈환자를 위한 사례관리자의 역할을 수행해야 한다.

또한 집단개원, 단독개원, 가족치료센터, 헬스센터 등에서 환자의 진단과 치료를 담당하는 팀의 구성원으로서 사회복지사를 고용하기 시작하였다. 이와 같은 상황에서 사회복지사들은 점차 미혼모, 약물남용자, 알코올중독자, 장기이식자, 심각한 우울증 환자 또는 걱정이 많은 사람, 스트레스를 받는 사람, 자살 또는 절단시도자, 거식장애를 갖고 있는 사람 등 고위험 집단과 일을 하기 시작했고, 치료적인 역할뿐 아니라 예방적인 역할을 수행하고 있다.

사례 15.1 의료사회사업의 실례

Janet Ely는 22세의 매력적인 미혼 여성으로 자궁암 때문에 자궁적축술을 시행하기 위해 병원에 입원하였다.

간호사는 수술 전 그녀가 염려하고 걱정하며 우울해하고 있다고 지적하였다. 수술과정이 진행됨에 따라 그녀는 더욱 더 동요되었고, 위축되었다. 의사는 자궁적출술에 대하여 반복하여 충분히 설명하였지만 Ely는 미래에 대하여 혼란스러운 모습을 보였다. 의사는 그녀의 관심사에 대해 병원의 사회복지사 Vicki Vogel을 만나도록 하였다.

Vogel은 Ely가 병원에 있는 7일 동안 5번 만났는데, 그녀는 미래 계획을 세우는 것을 비롯하여 많은 문제점을 갖고 있었다. Ely는 17세부터 모든 친지들과 연락하지 않고 독립된 생활을 하였으며, 대학교 4학년 때 학교를 그만두고 20세의 남자친구와 동거를 하기 시작하였다. 동거를 시작한 지 1년 반 후 다른 남자와 살기를 원하면서 전보다 알코올과 약물에 탐닉하게 되었고, 결국 1년 전 Ely는 그 남자 곁을 떠나 이 지역으로 오게 되었으며 현재는 이혼남과 동거하고 있다.

Ely는 성 생활이 변화되는지? 암이 재발하는지? 자궁적출술이 여성의 미래에 어떤 영향을 미치는지? 자궁적출술 후에도 오르가즘을 느낄 수 있는지? 등 자궁적출술과 관련된 질문을 계속하였다. Vogel은 질문에 대답하면서 3년 반 전에 자궁적출술을 시행한 Debra Nass라는 32세의 여성을 연결하여 Ely와 대화하도록 하였다. 암의 재발 가능성과 같은 불확실성이 남아 있긴 하였으나 Ely는 Nass와 자궁적출술의 경험을 이야기하면서 심리적으로 편안해졌다.

이러한 문제는 해결되었지만 Ely에게는 자신을 어떻게 보아야 할지에 관한 문제들이 남아 있었다. 그녀는 두 사람과 동거했는데, 그때마다 다른 사람과 성관계를 지속하였다. 그녀는 미래에도 그것이 허용될지 궁금해 하였으며, 어떤 삶을 살아야 할지 혼란스러워 했고, 알코올 중독으로부터 벗어날 수 있을지 혼란스러워 하였다.

이러한 문제들은 Vogel과 토의되었다. 그러나 병원에서의 사회복지서비스 초점은 단기의 위기상담으로 제한되었다. 이러한 복잡한 문제는 장기적인 상담이 필요했기 때문에 Vogel은 같은 지역에 있는 정신보건센터에 의뢰를 제안하였고 Ely도 동의하여 의뢰가 이루어졌다.

수개월 후 Vogel은 Ely의 친구로부터 그녀가 다른 남자와 서부해안에 살고 있다는 소식을 전해 들었다. 이로써 자궁적출술에 따른 심리사회적 위기상황이 해결되었으나 여전히 다른 사람과의 관계 문제는 남아 있는 상태이다.

6. 임종환자 상담

의사, 간호사, 사회복지사 등 의료인이 가장 다루기 어려운 일 중 하나는 임종환자를 돕는 일이다. 죽음은 위협적인 사건으로, 죽음의 공포는 어느 문화에서나 보편적으로 발생한다.

미국 사회에서 임종은 대개 병원에서 이루어지는데 병원세팅은 죽음의 문제를 다룸에 있어 경직되어 있다. 의료인은 주로 치료나 회복에 관련되어 있어 말기질환이 발견되는 경우 상실감을 경험하며, 어떤 경우에는 말기질환에 대한 실수 또는 더 이상 그들을 위해 할 수 있는 것이 없다는 것에 대해 죄책감을 느끼기도 한다. 많은 의료인들이 말기질환에 대한 상담을 편안하게 생각지 않는다. 불안함을 느끼며, 어떻게 말하고 무엇을 해야 할지 알지 못하는 경우가 있으며, 종종 자신의 죽음과 통합적인 삶의 일부분으로서 죽음에 대해 인식하지 못하는 경우도 있다. 의료인이 죽음을 두려워하거나, 공포, 금기주제로만 생각한다면 그들은 임종환자에게 결코 편안하게 도움을 줄 수 없다.

Kubler-Ross는 임종환자들이 다섯 가지 단계(부정 → 분노 → 협상 → 우울 → 수용)를 거친다고 하였는데,[59](보기 15.7 참조) 이 단계는 절대적이지 않으며 모든 사람이 모든 단계를 거치는 것도 아니다. 어떤 사람은 반드시 1단계와 2단계를 거치는가 하면, 어떤 사람은 단계가 나타나지 않는 경우도 있다.

비판적 사고를 위한 질문

연인의 죽음 또는 누군가와의 이별과 같은 심각한 상실의 경험을 생각해 보라. Kubler-Ross가 밝힌 정서적 반응을 경험하였는가?

이러한 다섯 가지 단계에서 계속 추구되는 것은 '기적적인' 치유에 대한 희망이다. 임종환자들에게는 조그만 희망밖에 없지만, 희망이 그들을 지탱하게 하고 자양분이 된다. 희망을 존중함으로써 상담의 방향이 회복가능성이 낮은

보기 15.7 임종환자의 죽음의 5단계

Kubler-Ross는 말기 환자의 행동을 이해하는 유용한 패러다임을 다음과 같이 규명하였다.

1단계: 부정. "그럴 리 없어.", "아니야, 난 아니야.", "무언가 잘못된 거야." 이러한 반응은 말기질환자라는 것을 알게 되었을 때 일반적으로 처음 보이는 반응이다. Ross는 그와 같은 반응은 죽음이 불가피하다는 영향을 완충하기 때문에 기능적이라고 하였다.

2단계: 격정과 분노. "왜 하필 나에게", "내겐 아직 가족을 위해 해야 할 일이 남아 있는데.", "이것은 온당하지 않아." 환자는 자신은 곧 죽지만 다른 사람이 건강하게 살아있다는 것에 분노한다. 신은 이 단계에 죽음이라는 문장을 불공평하게 부과하는 존재로서 분노의 특별한 대상이 된다. Ross는 그와 같은 분노는 불가피한 것으로 여겼으며, 환자에게는 그러한 분노를 표현하는 것이 허용되어야 한다고 했다.

이 기간 동안 가족과 병원의 치료진은 분노가 여러 방향으로 전치됨으로써 환자의 분노를 다루는 것이 어렵다는 것을 경험한다. 환자는 의사가 무능하다고 생각하며, 병원환경은 비인간적이고, 간호사는 환자에게 관심이 없다고 생각하는 등 많은 잡음이 있다. 이 시기에는 환자의 분노를 야기하는 원인을 상기할 필요가 있다. 화가 난 환자에게 빗대거나 화로 반응하는 경우 적대적인 행동을 가져올 뿐이다. 이 시기에는 그가 존경받을 수 있는 가치를 지닌 중요한 사람임을 전달해야 하며, 이해는 분노의 욕구를 감소시킬 것이다.

3단계: 협상. "죽음이 불가피한 것은 알지만 내게 6개월만 시간이 더 주어진다면…." 이 단계에서 환자는 말기질환을 수용하면서 일반적으로 신에게 더 많은 시간을 달라고 협상을 시도한다. 환자들은 가치 있는 어떤 것을 약속하거나 다른 달 또는 다른 해에 생명과 교환할 좋은 것을 약속한다. Ross는 이 시기에는 불가지론자나 무신론자도 신과의 협상을 시도한다고 하였다.

4단계: 우울. "좋아, 곧 좋아질 거야.", "그것은 정말 슬프지만 현실이야." 이 단계의 첫 번째 국면은 불편이 없어지고, 과거가 상실되며, 잘못된 일이 일어난다. 이러한 종류의 우울은 종종 죄의식을 증가시키거나 소극적인 죄 또는 적극적인 죄의 행동에 대한 부끄러움을 증가시킨다. 이 시기의 상담은 환자의 죄의식과 부끄러움을 해결하는 데 초점을 둔다. 어떤 경우에는 가족 구성원들이 그들의 미래에 대한 현실적인 계획을 세우도록 돕고, 보호가 이루어지는 끝나지 않은 상황에 대한 재보증을 주기도 한다.

이 단계의 두 번째 국면은 임박한 상실에 대한 준비를 해야 하는 '예비된 슬픔'에 환자가 진입할 때이다. 이 단계에서는 환자를 즐겁게 하는 것이 격려되지 않는다. 이것이 환자에게 임박한 죽음을 심사숙고할 필요성을 방해하기 때문이다. 이 단계에서 환자는 일반적으로 조용하게 지내며 방문자를 원치 않는다. 환자는 그가 사랑한 모든 것과 사람을 잃어가게 된다. 환자에게 이러한 슬픔의 표현이 허용된다면 마지막 죽음의 수용은 훨씬 수월할 것이다. 더불어 환자는 슬픔을 표현하지 않은 채 곁에서 조용히 앉아 있는 사람들에게 고마움을 표현할 것이다. Ross에 따르면 환자가 죽어갈 때는 그의 상황에 대하여 누구와도 토론하기를 바라지 않으며, 그것은 끝나지 않은 용건이 마무리되어간다는 신호이며 환자는 마지막 단계에 다다르게 된다.

5단계: 수용. "곧 지나갈 거야. 그리고 그것은 모두 옳았어." Ross는 이 마지막 단계를 "행복이 없지만 불행도 없는 단계, 감정이 결여되어 있지만 체념은 아닌 모두가 진정 승리하는 단계"로 묘사하였다. 이 단계에서 종종 방문객은 환자가 더 이상 말을 할 수 없기 때문에 필요 없다. 상담자와의 대화도 언어보다는 비언어적으로 이루어지며, 환자는 상담자의 손을 잡는 것 정도를 원할 뿐이다.

Ross는 어떤 환자는 마지막 단계인 수용에 다다르지 않은 채 슬픔을 지속하는 경우도 있다고 했다. 또한 모든 사람이 제시된 단계의 과정을 다 거치는 것은 아니라고 하였다. 예를 들면 부정에서 우울로, 부정에서 격노와 분노로, 다시 부정으로 돌아가고 그 후 협상과 우울로 돌아가는 경우가 있다.

참고: 이러한 말기질환자의 정서적인 반응은 한계가 없다. 심각한 상실을 경험한 사람에게는 이러한 반응이 쉽게 일어날 수 있다. 누군가에 의해 쇠약하게 되거나, 원하는 것 또는 고속티켓을 얻지 못한 것과 같은 상실을 경험할 때 비슷한 반응이 나타날 수 있는가?

출처: Elisabeth Kubler-Ross, *On Death and Dying* (New York: Macmillan, 1969); Elisabeth Kubler-Ross, ed., Death: *The Final Stage of Growth* (Englewood Cliffs, NJ: Prentice Hall, 1975).

사람에게 가져올 수 있는 결과에 대해 솔직해지게 한다.

임종환자와 함께 일하려면 경험을 통해 얻는 성숙함이 필요하다. 가장 중요한 의사소통 기술은 상담자가 기꺼이 공포나 염려 없이 임종환자에 대하여 언어적, 비언어적인 상담을 하는 개방형 의사소통이다. 이러한 상담의 선행조건으로 상담자는 자신의 죽음에 대하여 편안하게 느껴야 한다.

보기 15.8 어떻게 슬픔에 대처할 것인가?

연애관계의 종결, 친구나 부모와의 분리, 애완동물의 죽음, 원하는 것의 미달성 또는 누군가의 죽음이든 인간은 상실 시 슬픔에 대한 경험을 갖고 있다. 이러한 슬픔을 경험한 많은 사람들은 Ross가 규명한 부정, 분노, 협상, 우울, 수용의 동일한 정서적 반응을 보인다. 비애에 빠졌을 때는 다음의 제안을 따르는 것이 유용할 것이다.

- 슬픔을 가치 있게 표현하고 수용할 정도로 울어라.
- 상실을 논하고 현재와 미래의 계획을 이야기하는 것이 건설적일 것이다. 슬픔을 친구, 가족, 성직자, 혹은 충고할 수 있는 전문 상담가와 공유하라. 유사한 경험을 가진 지지집단에 참여할 수도 있을 것이다. 고독을 경감하도록 이야기하고 감정의 배출구를 허용하며, 상실을 수용하고 현재와 미래에 대한 건설적인 계획 수립이 도움이 될 것이다. 안정감을 제공하는 친한 친구와 이야기하고 사랑하는 다른 사람과 더 친근해져라. 유사한 상실을 경험한 사람과의 대화가 문제를 내려놓게 할 것이다. 당신만이 유일하게 그 문제를 갖고 있지 않다는 것을 알게 될 것이며 다른 사람을 도울 때 자기 자신에 대하여 좋은 감정을 갖게 될 것이다.
- 무기력은 종종 삶의 신념 또는 가치를 검증하거나 질문하게 한다. 신념에 대한 질문이 시작되는 것을 염려할 필요는 없다. 그것에 대하여 이야기하라. 종교적인 신념이 상실을 수용하는 데 도움을 주는 경우가 많다.
- 슬픔에 대한 합리적인 자기분석 기술은 슬픔의 원인에 대한 비합리적인 생각을 밝혀내는 데 도움이 될 것이다. 비합리적인 생각이 규명되면 합리적인 도전을 통해 슬픔을 경감할 수 있다.
- 어떻게 하면 불행해질지에 대해 골똘히 생각하지 마라. 삶에 관여하고 활동을 증가시켜라. 자기연민에 시간과 에너지를 쓰지 마라.
- 자동차 사고가 났던 날과 같이 슬픔이 깊어지는 날에는 지지해줄 친구와 가족과 함께 지내라.
- 살아야 할 필요가 없다거나 자살의 충동을 느낄 수 있다. 여러 사람들이 이러한 심각한 상실을 경험한다는 것을 이해하라. 목적감과 의미가 회복된다는 사실에 확신을 갖도록 해라.
- 심각한 슬픔은 높은 스트레스 상태가 되며, 이러한 스트레스로 인해 두통, 대장염, 궤양, 감기, 홍조와 같은 질환을 야기한다. 이러한 질병이 나타나면 의사를 찾아라. 이러한 질환이 슬픔에 관련된 것이라는 것을 이야기하는 것이 도움이 될 것이다.
- 과도한 슬픔은 불면증, 성적인 어려움, 식욕부진 또는 과식을 야기할 수 있다. 에너지가 적거나 집중하지 못할 수 있다. 이러한 반응은 정상적이다. 점차로 목적감과 의미가 회복될 수 있다는 것에 초점을 맞추어라. 심각한 상실을 경험한 사람 중에 일부는 회복될 것이다.
- 적절한 식이, 충분한 휴식, 적절한 운동을 해라. 각 개인의 슬픔은 독특하다. 악몽과 같은 비정상적인 신체적 반응을 경험하면 지나치게 놀랄 필요는 없다.
- 투약은 엄격하게 의사의 지시하에 이루어져야 한다. 슬픔을 경감하기 위한 알코올 또는 약물은 피해야 한다. 많은 약들은 탐닉하게 하여 필요로 하는 비애의 과정을 중단 또는 연기하게 한다.
- 죄, 현실, 상상을 인식하는 것은 비애의 자연스러운 과정이다. 장애를 가진 아동의 부모는 그들이 한 것 또는 해야 할 것에 대한 죄의식을 느낄 수 있다. 심각한 죄의식을 경험하면 친구 또는 전문 상담가와 공유하라. 합리적인 자기분석이 도움이 될 것이다. 스스로를 용서하는 것을 배워야 한다. 실수가 없다면 인간이 아니다.
- 당신을 피하는 친구와 친척이 있을 수 있다. 이러한 일은 그들이 무엇을 이야기하고 해야 할지 몰라 불편하기 때문에 발생한다. 그들과 당신의 상실에 대해 이야기하라. 이렇게 이야기하고 나면 그들은 당신을 지지할 것이다.
- 가능하면 구직, 이사 등과 같은 중요한 결정은 정서가 안정될 때까지 미루어라. 감정이 격앙될 때 현명하지 못한 결정을 할 수 있다.

Imara는 죽음을 성장의 최종단계로 보고, 죽는 것과 관련된 몇 가지 제안을 하고 있다.[60] 그는 정체성을 잘 개발하는 것이 중요하다고 하였다. 정체성이 개발되려면 현실적인 삶의 목적을 달성해야 한다. 삶의 청사진이 없다면 삶은 분절되거나 목적이 없게 된다.

Imara는 수용단계에서 임종환자가 자신을 건강한 정체성과 일치시킨다고 하였다. 말기질환을 수용함으로써 그 자신을 심사숙고하는 상황에 도달한다. 죽음은 환자가 최종적으로 자아를 통합하고 임박한 죽음을 수용하는 성장의 마지막 단계이다. (이상적으로 사람들은 마지막 위기가 도래하기 전에 건강한 정체성을 발전시키기 때문에 위기 발생 이전에 적절히 준비할 수 있다.)

Imara에 따르면, 사람이 가정을 떠나 유치원에 가고, 고등학교를 떠나 직업을 구하거나 대학에 입학하며, 직장이나 친구를 떠나 더 좋은 일자리를 위해 다른 지역으로 이동하는 것처럼, 개인은 성장에 따른 이별과 고통을 경험한다. 변화 없는 삶은 의미가 없으며 전혀 성장이 없는 삶이다.[61] 변화에는 공포와 염려가 따르게 마련이다. 이러한 변화가 개인의 성장을 가져온다면 새로운 기회와 변화에 잘 준비하여야 한다. 현재의 도전으로부터 야기된 공포와 염려를 극복하는 것은 죽음이 임박함을 알게 될 때 야기되는 공포와 염려에 대비할 수 있도록 도움을 준다.

요약

다음은 이 장의 서두에서 제시한 학습목표와 관련된 내용을 요약한 것이다.

A. 미국의 건강보호체계 약술

미국의 건강보호체계에는 많은 문제점이 있다. 건강보호를 서비스 지향적으로 인식하고 있는 다른 산업국가와 비교할 때, 미국의 건강보호체계는 서비스 제공과 영리추구라는 이중의 목적을 갖고 있어 이것이 때로 충돌하기도 한다. 미국은 다른 산업국가에 비해 1인당 훨씬 많은 건강보호비용을 부담함에도 다른 나라보다 영아사망률이 더 높으며, 기대수명도 낮다. 이러한 통계치는 다른 나라가 미국보다 더 좋거나 더 저렴한 건강보호체계를 제공함을 암시한다.

B. 건강보호의 문제점 요약: 영리지향, 예방의학에 대한 관심 소홀, 건강서비스에 대한 불평등한 접근, 노인에 대한 건강보호, 에이즈, 생명유지장치의 사용, 높은 의료비용

미국의 건강보호체계는 질병이 발생했을 때 사람을 치유하는 것에 초점을 맞추며, 질병의 예방에는 관심이 덜하다. 운동, 식이, 수면습관, 스트레스에 대한 반응을 포함한 생활방식이 질병 발생 혹은 회복과정에 광범위하게 영향을 미친다는 인식이 증대하고 있는데, 자신의 건강에 대한 1차적인 책임은 의사가 아닌 자기 자신이라는 것을 깨달아야 한다.

빈자와 소수인종의 질병 이환율이 높고 기대수명이 짧은 데는 여러 가지 이유가 있다. 영리동기 때문에, 도시와 농촌의 빈곤지역에는 의료서비스가 제공되지 못하는 경우도 있다.

성인에 대한 건강보호체계는 국가적 망신거리가 되었으며, 많은 노인들이 적절한 치료를 받지 못하고 있는 것으로 나타났다. 노인의 건강에 대한 오진과 부적절한 치료가 종종 일어나곤 하였다.

에이즈의 출현은 가장 큰 의료문제이다. 에이즈는 성적 접촉과 주사바늘의 공유를 통하여 이루어지며, 에이즈와 관련하여 존재하는 편견은 에이즈환자를 피하고 차별하는 근거가 되었다.

생명유지장치와 관련하여 많은 의문이 제기되고 있다. 상당한 통증에 시달리며 결국 죽을 환자의 생명유지를 위해 그러한 장치를 사용해야 하는가? 죽음을 어떻게 정의해야 하는가? 사회에서는 비용이 많이 드는 생명유지 장치의 사용을 계속 허용할 것인가? 의사는 자살을 원하는 임종환자를 도울 수 있는가?

높은 의료비용은 국가적 과제가 되었다. 질병은 가정의 재정을 심각하게 위협하며, 고비용은 국가의 경제적 안정에 위협이 되었다. 의료비용이 비싼 이유로는 영리추구, 기술진보에 따른 고비용, 개인의 기대수준 증가, 제3자 지불방식, 부적절한 건강보호계획, 의료과오에 따른 소송증가, 전문의의 증가에 기인한다.

C. 건강보호 문제점 해결방안 및 제안된 정책과 프로그램 개괄

이러한 문제들을 해결하기 위한 제안들이 이루어졌는데, 그 내용에는 더 많은 의사의 훈련을 위한 의과대 입학생의 증원, 의사의 서비스와 비용에 대한 홍보 허용, 더 많은 의료보조 인력의 훈련, 일반의약품 사용의 확대, 수술 동의 전 다른 의사의 의견 청취, 예방프로그램의 개발, 건강보호조직(HMO)의 활용 확대, 국가적 건강보험 프로그램의 개발 등이 있다. 건강보호증진을 위한 Obama 대통령의 제안도 요약되었다.

D. 의료사회사업에 대한 기술

건강보호분야는 사회사업의 2차 세팅으로, 이 과정에서 사회복지사는 팀의 구성원으로서 역할하며, 사회복지사는 이러한 책임을 배워야 할 필요가 있다. 치료팀에서는 질병의 원인이되거나 회복을 촉진하는 과정에 나타나는 부작용에 영향을 미치는 사회·심리적 요인에 고나여하는 사회복지사에 대한 의존이 점차 증가하고 있다.

의료사회복지사에게는 다양한 의료적 상황에 직면해 있는 사람의 상담에 관한 지식과 기술이 필요하며, 임종환자에 대한 상담에는 높은 수준의 정서적 성숙성, 자신의 정체성에 대한 숙고, 높은 수준의 상담 역량이 필요하다.

인터넷 참고자료

CENGAGE**NOW**™ 각 장과 관련된 참고자료는 출판사 홈페이지(www.cengage.com/social_work/zastrow)를 참조하라.

주

1. Joseph Julian, *Social Problems*, 3rd ed. (Englewood Cliffs, NJ: Prentice Hall, 1980), p. 25.
2. Richard Nixon, "Special Message to Congress Proposing a National Health Strategy," Feb. 18, 1971, White House, p. 8.
3. Linda A. Mooney, David Knox, and Caroline Schacht, *Understanding Social Problems*, 6th ed. (Belmont, CA: Wadsworth/Cengage Learning, 2009), p. 31.
4. Ibid.
5. Ibid.
6. Ibid.
7. Ibid.
8. William Kornblum and Joseph Julian, *Social Problems*, 12th ed. (Upper Saddle River, NJ: Pearson, 2007), pp. 34–35.
9. Ibid.
10. Ibid., p. 34.
11. Quoted in John A. Denton, *Medical Sociology* (Boston: Houghton Mifflin, 1978), p. 65.
12. J. John Palen, *Social Problems for the Twenty-First Century* (Boston: McGraw-Hill, 2001), p. 399.
13. James W. Coleman and Harold R. Kerbo, *Social Problems*, 10th ed. (Upper Saddle River, NJ: Vango Books, 2008), pp. 300–301.
14. Kornblum and Julian, *Social Problems*, p. 111.
15. Coleman and Kerbo, *Social Problems*, p. 135.
16. Ibid.
17. Ibid.
18. Ibid.
19. Ibid.
20. Thomas McKeown, "Determinants of Health," *Human Nature*, 1 (Apr. 1978), p. 66.
21. Kornblum and Julian, *Social Problems*, p. 31.
22. Ibid.
23. Ibid.
24. Ibid., pp. 30–33.
25. Max Seham, *Blacks and American Medical Care* (Minneapolis, MN: University of Minnesota Press, 1973), pp. 22–23.
26. "Growing Old in America," ABC News Program Transcript (New York: Journal Graphics, Dec. 28, 1985).
27. G. A. Lloyd, "HIV/AIDS Overview," in *Encyclopedia of Social Work*, 19th ed. (Washington, DC: NASW, 1995).
28. C. Scanlan, "New AIDS Drug Wins OK by FDA," *Wis-*

consin State Journal, Oct. 10, 1991, p. 3A.

29. Susan Brink, "Improved AIDS Treatments Bring Life and Hope—at a Cost," *U.S. News & World Report*, Jan. 29, 2001, pp. 44–45.
30. G. A. Lloyd, "AIDS and HIV: The Syndrome and the Virus," *Encyclopedia of Social Work: 1990 Supplement* (Silver Spring, MD: NASW, 1990), p. 25.
31. Mooney, Knox, and Schacht, *Understanding Social Problems*, p. 41.
32. Ibid.
33. Ibid.
34. Ibid.
35. Ibid.
36. Kornblum and Julian, *Social Problems*, p. 52.
37. Ibid., p. 27.
38. Ibid., p. 34.
39. Ibid.
40. Coleman and Kerbo, *Social Problems*, pp. 152–153.
41. Jeffrey Klein and Michael Castleman, "The Profit Motive in Breast Cancer," *Los Angeles Times*, Apr. 4, 1994, p. B7.
42. Coleman and Kerbo, *Social Problems*, pp. 152–153.
43. Kornblum and Julian, *Social Problems*, p. 36.
44. Mooney, Knox, and Schacht, *Understanding Social Problems*, p. 56.
45. Ibid., pp. 55–57.
46. Kornblum and Julian, *Social Problems*, p. 296.
47. Ibid., p. 41.
48. Ibid.
49. Ibid., p. 61.
50. Ibid., pp. 60–61.
51. Ibid
52. Ibid.
53. Susan Brink and Nancy Shute, "Are HMOs the Right Prescription?" *U.S. News & World Report*, Oct. 13, 1997, pp. 60–64.
54. Kornblum and Julian, *Social Problems*, p. 41.
55. Mooney, Knox, and Schacht, *Understanding Social Problems*, p. 72.
56. "National Health Care and NASW Plan," *The Wisconsin Social Worker*, 17, no. 2 (Mar–Apr. 1991), p. 1.
57. *Blueprint for Change: Obama and Biden's Plan for America*, http://www.barackobama.com/pdf/ obamaBlueprintForChange.pdf.
58. Donald Brieland, Lela B. Costin, and Charles R. Atherton, *Contemporary Social Work* (New York: McGraw-Hill, 1975), p. 123.
59. Elisabeth Kübler-Ross, *On Death and Dying* (New York: Macmillan, 1969).
60. Mwalimu Imara, "Dying as the Last Stage of Growth," in *Death: The Final Stage of Growth*, Elisabeth Kübler-Ross, ed. (Englewood Cliffs, NJ: Prentice Hall, 1975), pp. 147–163.
61. Ibid., p. 148.

CHAPTER 16

신체적·정신적 장애와 재활

Physical and Mental Disabilities and Rehabilitation

이 장의 개요

- 재활사업의 역사
- 발달장애
- 장애에 대한 사회의 반응
- 현재의 서비스
- 사회복지사의 역할
- 장애인에 대한 임파워먼트 접근

학습목표

미국의 장애인구는 약 5명 중 1명꼴인 6천만 명이 넘는 것으로 추정된다.[1] 장애인의 범주는 다음과 같다.

일시적 상해(심한 화상, 등 혹은 척수 손상, 사지절단)
만성적 신체장애(지팡이, 목발, 보조기, 버팀대, 휠체어를 사용하는 사람, 이동성 손상의 노인, 심한 심혈관장애, 뇌성마비, 만성 관절염, AIDS 포함)
청각장애
시각장애
정신장애(정서장애, 인지장애*, 혹은 심한 학습장애)[2]

A. 재활사업의 간략한 역사와 장애에 대한 다양한 문화 제시
B. 발달장애의 정의와 설명
C. 인지장애의 상이한 수준 설명과 원인 요약
D. 장애에 대한 우리 사회의 반응 논의
E. 장애인에 대한 현재의 서비스 확인
F. 장애인 및 그 가족과 일하는 사회복지사의 역할 요약

1. 재활사업의 역사

일반적으로 장애인을 돕고자 하는 사회의 의지는 장애의 원인에 대한 이해, 의학적 지식 유무, 일반적인 경제적 상황에 의해 결정된다. 고대와 현대의 종교적 신념(기독교를 포함하여)은 장애인을 '인간'으로서 바라보는 데 도움이 되기도 하였고 때로는 악영향을 미치기도 하였다. 장애에 대한 태도는 귀신들린 것으로 인지하는 것에서부터 지역사회가 보호책임이 있는 신성한 것으로 보는 것에 이르기까지 다양하게 분류된다.

초기 그리스 사람들은 영혼과 육체의 일치를 강조하며, 하나의 결점을 다른 결점으로까지 의미를 부여했다.[3] 이러한 철학은 장애인에 대한 부정적 태도를 유발하였다. 이러한 교리(doctrine)는 스파르타에서 비롯되었다. 스파르타에서 미성숙한 사람, 약한 사람, 위험한 사람은 의도적인 제거 대상이었다.[4] 수 세기 후에, 로마인 역시 장애를 가진 사람들을 비생산적이라는 이유로 살해하였다.[5] 고대 역사에서 인지장애인들의 욕구를 충족시키고자 하는 조직화된 노력은 거의 없었다고 해도 과언이 아니다. 초기 그리스와 로마 제국에서 정신병은 몸 안에 들어온 귀신에서 기인하는 것으로 간주되었고, 따라서 굿(exorcism) 등이 주 치료방법이었다.[6]

중세에 장애는 귀신에 사로잡히거나 신의 처벌의 결과로 생각되었다.[7] 일반적으로 이 시기에 자선과 인도주의라는 현대의 유대-기독교의 치료에 대한 가치는 일반적으로 없었고, 단지 장애는 빈곤한 경제적 상황의 결과로서 간주되었다. 장애인에게 봉건 군주가 허용하는 단 하나의 직업은 어릿광대였고, 그것은 인지 혹은 신체장애를 가진 사람들에게 적합한 것으로 생각되었다.[8] 정신병은 귀신에 사로잡힌 것으로 간주되어, 귀신을 몰아내고 처벌하기 위해 잔혹한 행위가 사용되었다.

1601년의 엘리자베스 구빈법은 비자발적인 실업자(장애인을 포함하여)를 위한 재정 원조를 실시하였다. 이 구빈법은 장애인과 빈민에 대한 최초의 주요한 사회의 (비종교적인) 구제 노력이었다.[9]

초기 식민지 아메리카는 재활프로그램이 발달할 수 있는 여건이 아직 마련되지 않았다. 식민지 개척자들은 생계를 유지하는 데 급급했으며, 장애는 신의 처벌의 결과로 보았다.[10]

19세기에 미국은 점차 장애인의 욕구를 인정하기 시작하였다. 장애인을 돕는 첫 번째 프로그램이 이 즈음에 발

* 이 책은 정신지체라는 용어가 부정적 의미를 함축하고 있다고 보고 인지장애(*cognitive disability*)라는 용어를 사용하였다. (역주: 그러나 최근 우리나라에서는 지적장애(intellectual disability)라는 용어를 사용하고 있다.)

달하였다.

Thomas Gallaudet는 1817년에 최초로 코네티컷 주의 Hartford에 청각장애인을 교육하기 위한 학교를 만들었다.[11] Gallaudet는 청각장애인이 읽고 말하기를 배울 수 있으며, 그들을 위한 학교들이 만들어져야 함을 주장하였다. 시각장애인을 위한 최초의 학교는 1832년에 매사추세츠 주에 세워졌다.[12] 또한 시각장애인의 고용을 위한 최초의 보호형태 작업 환경도 1850년 매사추세츠 주에 세워졌다.[13]

19세기 이전과 초에 인지장애는 유전되는 것으로 생각하여 불치의 병으로 인식되었다.[14] 1800년대 중반에 대부분의 인지장애를 가진 사람들은 '정신병자를 위한 수용소, 빈곤자 시설, 사설구빈원, 혹은 지방 감옥'으로 추방당하였다.[15] 인지장애를 가진 사람들에 대한 서비스 제공에의 관심은 프랑스에서 시작되었다. 특히 의사인 Jean Itard가 12세의 '늑대 소년'을 숲에서 발견하여 교육하면서 1800년대 초 거의 5년여 동안 상당한 진보가 있었다. 그 소년은 심각한 인지장애를 가진 것으로 진단되었다. 발견 당시, 그는 반사회적이었고, 손과 발을 모두 사용하여 기는 형태로 움직였다.[16] 인지장애를 가진 사람들에게 서비스를 제공해야 한다는 철학은 점차 이 나라에 확산되었다. 1848년에 최초로 인지장애를 가진 사람들을 위한 숙박설비가 있는 학교가 매사추세츠의 Barge에 설립되었다.[17]

불행하게도, 19세기 후반에 인지장애를 가진 사람들에 대한 인식은 교육과 훈련이 가능한 사람에서, 보호해야 할 사람으로 전환되었다. 이러한 변화의 주된 이유는 사회적 다윈주의(Social Darwinism)의 유행 때문이었다. 사회적 다윈주의는 빈곤자와 약자들이 더 증가하거나 유지되도록 하기보다는 사라지도록 정부지원프로그램이 운영되어야 함을 주장하였다.[18] 인지장애를 가진 사람들은 유전적 결함을 가진 자로 간주되었으며, 그 결과 19세기 말에 불임시술이 광범위하게 실시되었다.[19]

정신병자를 위한 최초의 병원은 1850년대와 1860년대에 미국에 최초로 세워졌다.[20] 이 시기 전에, Dorothea Dix가 기록하고 있는 것처럼, 정신병자들은 가족들로부터 멀리 떨어진 곳에 보내거나 사설 구빈원과 지방 교도소에 감금되었다.[21] 사설 구빈원과 정신병원의 생활환경은 비참하였다.

19세기 후반까지 신체장애를 가진 사람들은 가족이 돌보거나 사설 구빈원에 거주하였다. 19세기 말, 이들은 의학 발전의 혜택을 받기 시작하였다. 즉 무균 수술 및 정형외과 수술, 열 치료, 물 치료, 운동 프로그램 등이 그것이다.[22] 이 즈음에 공공기금들이 장애아동을 위한 교육과 훈련에 활용되기 시작하였다.[23]

19세기 후반에 자선조직운동은 미래의 사회복지실천뿐 아니라 직업재활사업(직업재활 케이스워크)을 위한 틀을 마련하였다.[24] 초기에 이들 조직들은 유지보다는 오히려 재활에 초점이 있었다. 또한 자선조직운동은 각 사례에 대한 광범위한 투자와 클라이언트의 욕구에 의해 도출된 개별화 치료의 활용을 주창하였다. 불행하게도, 자선조직을 위해 서비스를 제공했던 자원봉사자들은 빈곤과 장애의 원인이 도덕적 뿌리를 가지고 있다는 전제를 가지고 일하였다. 그리하여 첫 번째 원조방법은 장애인들이 열성적인 교인이 되도록 설득하는 것이었다(일단 교회에 다니게 한 다음에 몇몇 사회적 서비스를 제공하였다).[25]

19세기 후반과 20세기 초에는 노동자의 안전을 보장하기 위한 고용주의 예방 노력이 거의 없었다. 그 결과, 많은 사람들이 열악한 노동 환경과 산업재해로 장애를 갖게 되었다. 산업혁명의 희생자를 위한 최초의 노동자 보상법은 1910년 뉴욕에서 통과되었다.[26]

20세기 초에, 많은 비숙련된 지방 청년들이 일자리를 찾기 위해 도시로 유입되기 시작하였다. 또한 재훈련이 필요한 해고된 근로자들의 수가 증가하였다. 따라서 연방정부는 1917년에 스미스 휴스 법(Smith-Hughes Act)을 통과시켰고, 이 법은 직업교육프로그램을 위해 이용 가능한 연방 재원을 만들었으며, 직업교육연방국(Federal Board of Vocational Education)을 창설하였다.[27] 1918년에 군인재활법(Soldier's Rehabilitation Act)이 통과되었고, 이는 장애를 가진 퇴역군인을 재활시키기 위해 고안된 하나의 프로그램이었다.[28]

1935년의 연방 사회보장법(The Federal Social Security Act)은 재활프로그램의 영속성을 확립하였고, 시각장애인과 장애인을 위한 공공부조 프로그램을 제정하였다. 1943년의 바덴-라폴레트 법(The Barden-LaFollette Act)은 정신장애와 인지장애에까지 재활서비스를 확대하였다.[29]

2차 세계대전 동안에 심각한 노동자 부족 현상이 나타났고, 그것은 장애인들에게 일할 기회를 제공하였다. 장애인들은 만약 적합한 일자리만 주어진다면, 일을 잘 해낼 수 있음을 수많은 고용주들에게 증명할 수 있었다. 이러한 현실에 대한 이해는 1945년 대통령 직속인 장애인고용위원회(President's Committee on Employment of the Handicapped)를 설립하도록 이끌었다.[30] 2차 세계대전 후, 수많은 연방 프로그램들이 달라진 사회적 신념을 반영하고 있었다. 즉 장애인들은 생산적인 노동자가 될 수 있으며, 이들의 노동 능력을 증명할 수 있는 기회와 훈련이 제공되어야만 한다는 것이다.[31]

1950년대와 1960년대에 시민권 운동에 대한 박차와 함께, 새로운 소수집단들이 1960년대 후반과 1970년대에 부상하기 시작하였다. 신체장애를 가진 사람들은 목소리를 내고, 앞으로 나아가며 동등한 권리들을 요구하기 시작하였다. 그들은 고용 차별, 제한된 교육 기회, 건축 장벽, 사회적 차별을 없애기 위해 (법률제정운동 또는 소송을 포함하여) 노력하였다. 1973년 국회는 직업재활법(Vocational Rehabilitation Act)을 통과시켰고, 이것은 연방기금을 받는 모든 프로그램과 조직에 장애인에 대한 차별을 금지하는 부분을 포함하고 있었다. 이 법률에는 적극적 차별철폐정책이 포함되어 있는데, 이 정책은 연방기금을 받는 고용주들이 장애인을 고용하기 위해 노력해야 할 의무를 규정하고 있다.

iStockphoto/ Man in a Wheelchair Holding American Flag During Protest/Thinkstock

ADAPT(American Disabled for Attendant Programs Today)의 회원들이 기금 사용 변화를 요구하는 캠페인을 전개하고 있다. 그들은 공공기금이 시설 보호, 특히 너싱홈케어로부터 지역사회 혹은 재가중심의 보호에 대한 지불로 전환되어야 한다고 믿고 있다.

1990년에 미국 국회는 장애인법(Americans with Disability Act)을 통과시켰고, Bush 대통령은 이 법에 서명하였다. 이 법은 고용 혹은 공공시설(레스토랑, 상점, 박물관, 극장 등) 접근에서 장애인에 대한 차별을 금하고 있다. 이 법은 장애인이 접근할 수 있도록 새로운 공공건물이 건축되어야 하며, 기존의 공공건물의 장벽들을 제거해야 함을 요구한다. 이에 대해 법 주창자들은 인종 차별을 금하는 1964년 법 제정 이래로 가장 중요한 시민권이 입법화되었다고 주장하고 있다.[32]

지난 100여 년 동안 장애인을 돕기 위한 수많은 프로그램과 기술의 진보가 있었다. 그러나 아직도 장애인에 대한 사회의 태도를 변화시키고, 장애인이 생산적이고 만족스러운 삶을 영위하도록 돕는 것 등 해야 할 일들이 많이 남아 있다. 점차적으로, 장애인들이 자신의 능력을 발달시킬 수 있는 서비스가 증가하고 있다.

비판적 사고를 위한 질문 ?

당신은 장애를 가지고 있는가? 혹은 가족 중에 장애인이 있는가? 그렇다면, 이 사람이 장애 때문에 차별의 피해자가 되고 있는가? 그와 같은 차별에 대해 당신은 어떻게 느끼고 있는가?

2. 발달장애

발달장애는 상대적으로 최근의 용어이다. 많은 사람들은 발달장애를 인지장애와 같은 것으로 잘못 알고 있다. 그러나 발달장애는 인지장애뿐 아니라 22세 전에 발병하고 발달이 지연되는 등 다양한 다른 조건들을 포함하는 보다 광범위한 용어이다. 이러한 조건들에는 간질, 유아기 자폐, 뇌성마비, 난독증(dyslexia, 학습장애) 등이 포함된다.

1978년에 제정된 재활·포괄적서비스·발달장애법(The Rehabilitation, Comprehensive Services, and Developmental Disabilities Act; PL 95-602)은 발달장애를 다음과 같이 정의한다.

> 발달장애는 정신적이나 신체적 손상, 혹은 정신 및 신체적 손상의 중복에 기인하는 심각하고 만성적인 장애를 의미하며
>
> - 22세 전에 나타나야 하고
> - 영구히 지속될 가능성이 있으며
> - 주요한 일상 활동의 다음과 같은 영역에서 3항목 혹은 그 이상의 지속적인 기능적 제한을 유발해야 한다.
>
>   자기보호
>   수용적이고 표현이 풍부한 언어
>   학습
>   이동
>   자기관리
>   자립생활능력
>   경제적 자립
>
> - 특별하고, 다학문적 혹은 일반적 보호 혹은 치료, 혹은 평생이나 장기간 그리고 개별적으로 계획되고 조정된 다른 서비스들의 지속적인 제공이 필요하다.[33]

자폐

아마도 가장 어려운 발달장애는 유아기 자폐이다. 아직까지도 이 장애의 원인은 알려져 있지 않다. David Rosenhan과 Martin Seligman은 다음과 같이 설명한다.

> 자폐의 기본적 특징은 다른 사람들에게 반응하는 아동의 능력이 첫 번째 생후 30개월 이내에 발달하지 않는 것이다. 자폐아동들은 환경에 대한 이상한 반응과 함께 어린 연령에서조차 의사소통기술의 심각한 손상이 두드러진다. 그들은 사람에 대한 관심과 반응이 부족하며, 정상적인 애착관계 형성을 하지 못한다. 유아기에, 이러한 특성들은 껴안지 못하는 것, 눈맞춤의 부족, 혹은 신체적 접촉과 애정에 대한 노골적인 반감으로 나타난다. 이러한 아동들은 전반적으로 언어발달이 어려울 수 있으며, 언어가 발달하더라도, 종종 **반향언어(echolalia)**—아동이 이제 방금 들은 것을 잠시 후에 바로 혹은 즉시 반복하거나 흉내 내는 경향—혹은 **대명사 역전(pronominal reversals)**—'너'가 의미를 갖는 곳에 '나'라고 역전하여 사용하는 경향—의 특징을 갖는다. 자폐아동들은 일상생활 혹은 환경의 변화에 대해 매우 낯선 반응을 보인다.[34]

자폐증상은 3세 이전의 생애 초기에 나타난다. 자폐는 약 10,000명당 5명꼴로 발생한다.[35] 이 중 약 80%는 남아이다.[36] 자폐증을 가진 개인의 약 90%는 성인기에 심한 장애를 갖고 자립생활을 할 수가 없다.[37] 자폐청소년과 초기 성인 중 다수는 거주시설과 그룹홈에 산다.[38]

자폐에는 몇 가지 유형이 있다. 가장 공통적 유형은 아스퍼거 장애(Asperger's disorder)이다. 아스퍼거 장애를 가진 아이들은 일반적으로 정상적이거나 혹은 높은 언어지능을 가지고 있고, 학업수행을 잘하며, 호기심이 있으나, 제한되고 고정된 관심을 가지고 있다. 즉 반복적인 언어와 행동, 사회적이고 정서적인 신호(단서)를 이해하기 어려워한다.

자폐에 대한 접근 중 하나는 행동치료이다. Comer는 이 접근을 다음과 같이 설명한다.

> 행동접근법은 30년보다 훨씬 더 전부터 오랫동안 자폐사례들에 사용되어 왔다. 즉 언어, 사회적 기술, 학급 기술, 자조기술을 포함한 새로운 혹은 적절한 행동을 가르치는 한편, 부정적이고 비기능적인 행동을 감소시키는 것이다. 종종 치료사들은 모델링과 조건화된 조작을 사용한다. 모델링에서, 치료사들은 바람직한 행동을 보여주고, 이를 모방하도록 지도한다. 조건화된 조작에서, 치료사들은 그와 같은 행동을 강화하고, 모방이 필요한 행동을 단계별로 나누어 학습하도록 하며, 각 단계에 따라 명확하고 지속적인 보상을 준다. 주의 깊은 계획과 적용을 통해, 이러한 절차들은 종종 새롭고 더 기능적인 행동들을 형성하기도 한다.[39]

아직까지 자폐의 원인은 밝혀지지 않고 있다. 자폐는 집안 내력이며, 강한 유전적 근거를 갖는 것 같다.[40] 그러나 어떤 바이러스 혹은 화학약품에의 노출과 같은 환경적 요인들이 자폐를 향한 유전적 경향성을 유발할 수도 있다.[41] 그러나 자폐가 특히 mumps-meals-rubella vaccine의 투여에 기인한 것이라는 주장은 입증되지 않고 있다.[42]

인지장애

발달장애의 가장 큰 하위범주는 인지장애이다. 100명 중 3명꼴로 발생하며, 그들 중 2/3가 남아이다.[43] 이 장애는 명확히 정의내리거나 정확히 진단하기가 다소 어렵다. 왜냐하면 지능(인지장애의 핵심인)의 개념을 정의하는 것이 확실하기 않기 때문이다. 미국지적장애협회(American Association on Mental Deficiency)는 다음과 같이 정의하고 있다.

> 인지장애는 유의미하게 평균 이하인 인지 기능, 즉 다음 적용가능한 적응기술 영역 중 2개 혹은 그 이상과 관련하여 어려움이 있어야 한다. 예를 들어 의사소통, 자기-보호, 가정생활,

지역사회 이용, 자기결정, 건강과 안전, 기능적 학습능력, 여가, 노동 등이다. 정신지체는 18세 이전에 나타난다.[44)]

인지장애의 수준

인지장애의 다양한 수준과 발생률은 표 16.1과 같다. 이 표에서 지능점수는 웩슬러 지능검사에 기초한 것이다. 다음에서는 이러한 다양한 수준에 따른 장애인의 기능을 살펴보고자 한다.

표 16.1 인지장애의 수준

수준	인지장애 발생률	웩슬러 지능 점수
경한(mild)	85	50~70
보통의(moderate)	10	35~49
심한(severe)	4	20~34
매우 심한(profound)	1	20 이하

출처: Ronald J. Comer, *Fundamentals of Abnormal Psychology*, 4th ed. (New York: Worth Publishers, 2005), pp. 440-441.

경한 인지장애 이 수준의 사람들은 다른 사람들과 비슷하게 의사소통 및 사회기술들이 발달한다. 이들의 인지장애는 심각한 학습의 어려움들이 나타나기 시작하는 3~4학년까지는 종종 알 수가 없다. 적절한 원조가 주어진다면, 이들은 6학년을 넘어서는 학습기술을 획득할 수 있다. 지적 기능 이외에 다른 욕구와 능력은 다른 사람들과 구별하기 어렵다. 학교의 특수교육 프로그램들은 종종 이러한 아동들이 비숙련직과 반숙련직 작업을 수행하기 위해 필요한 직업기술을 획득하도록 할 수 있다. 성인이 되어감에 따라, 다수는 직업을 갖고 다소 독립적으로 살 수 있다.

보통의 인지장애 이 수준의 아동들은 취학 전에 말하고 의사소통하는 것을 학습한다. 그러나 일반 아동들과 달리, 사회적 관습을 학습하는 데 어려움이 있다. 이들은 학문적으로는 2학년 수준 이상을 수행하기 어렵다. 소수는 운동 협응력이 빈약하다. 성인이 되면서, 이들은 보호세팅에서 반숙련직 혹은 비숙련직에서 일하도록 학습될 수 있다. 다수가 그룹홈에서 거주한다.

심한 인지장애 이 수준의 사람들은 의사소통을 하는 언어능력에 주요 어려움이 있다. 그리고 5세 이전에 상당한 수준의 운동 협응 문제가 나타난다. 특수학교에서, 이들은 말하기를 학습할 수 있고, 초보적인 위생처리를 훈련받을 수 있다. 성인이 되면서, 보호세팅에서 지도감독하에 단순 및 비숙련 작업을 할 수 있다. 대부분은 그룹 홈 혹은 생활시설에서 거주한다.

매우 심한 인지장애 이 수준의 사람들은 적응행동에 심한 장애가 나타난다. 취학 전 동안에, 이들은 단지 가장 단순한 운동 과업을 습득할 수 있다. 이후 몇몇 운동기술의 발달이 가능하고 약간의 초보적인 자기보호기술을 학습할 수 있다. 이 수준의 인지장애는 종종 심한 신체적 결함, 중추신경계 손상과 관련이 있다. 건강과 질병에 대한 저항력이 종종 약하다. 실제로 이들의 기대수명은 단축되는 경향이 있다. 이러한 수준의 아동과 성인은 일반적으로 시설보호가 필요하다.

인지장애의 원인

수많은 인지장애의 원인들이 확인되었다. 이 장에서는 이러한 원인들 중 주요한 몇 가지를 중심으로 요약할 것이다. 그러나 이러한 요인들 중 몇몇에 노출된 모든 사람들이 자동적으로 인지장애를 갖는 것은 아니라는 것에 주의해야 한다. 예를 들어 임신중에 어머니가 술을 많이 마셨다고 할지라도, 다수의 아동들은 인지장애를 갖지 않는다.

문화적/가족적 인지장애 모든 인지장애 중 약 2/3 정도가 유전 및 환경적 영향에 기인한다.[45)] 이러한 범주의 다수는 경한 혹은 보통 수준의 인지장애이다. 이들 중 상당수는 인지장애를 가지고 있는 부모나 형제자매가 있다. 이는 장애인 중 극소수는 유전을 통해 발생함을 보여준다.

이러한 인지장애의 두 번째 요인은 이 범주의 개인들이 사는 제한된 환경이다. 빈곤한 상태로 양육되는 사람들은 인지장애를 경험할 가능성이 훨씬 높다. Rosenhan과 Seligman은 다음과 같이 제시하고 있다.

> 저소득층 어머니들은 저체중을 가진 미숙아를 출산할 가능성이 더 높다. 저체중은 발달 지체의 위험요인 중 하나이다. 빈곤아동은 인지발달에 부정적인 많은 환경적 도전에 직면한다. 이러한 아동들 중 몇몇은 그들이 살고 있는 오래된 건물의 벽에서 벗겨진 페인트에서 나온 파편들을 먹음으로써 유독한

> 것을 섭취한다. 다시 말해, 이러한 유해한 물질에의 노출은 인지발달 지체와 관련될 수 있다. 덧붙여 저소득층 가정의 아동들은 상류층 아이들에 비해 영양이 부족하고, 빈약한 건강보호를 받으며, 아동기 동안 다양한 질병으로부터 더 고통받는 경향이 있다. 그와 같은 환경들은 아동이 가지고 있는 인지적 기능이 충분하게 발달하는 것을 방해한다.[46]

환경적 영향은 빈약한 태아기 보호, 빈번한 사고들, 감염들, 나쁜 건강관련 습관들, 영양실조, 자극의 부족 등을 포함한다. 문화적/가족적 인지장애 측면에서, 인지장애 중 어느 정도가 유전적 혹은 환경적 변인에 기인하는지 등은 알 수가 없다.

임신 시 이상 조산으로 태어난 영아(37주 이전에 태어난)는 인지장애를 가질 위험이 증가한다. 많은 대도시의 센터들은 조산의 위험이 높은 임신 여성을 위한 전문 클리닉을 가지고 있다. 그리고 대부분의 병원들은 조산으로 태어난 영아들을 위한 신생아 집중 보호 시설을 가지고 있다. 이러한 시설들은 임신 시 문제로 인한 신경학적 손상의 위험을 감소시킨다.

임신중독증 임신기간 동안 혈액 안의 독성물질은 임신 여성과 태아 모두에게 위험을 야기한다. 그와 같은 물질들은 처방 약들, 코카인, 다른 불법적인 마약(약품들), 니코틴(담배로부터), 알코올 등을 포함한다.

상당히 널리 알려진 중독성 장애로는 태아알코올증후군(fetal alcohol syndrome, FAS)이 있다. 이는 임신 중 대량의 음주(일반적으로 5잔 혹은 6잔을 마시는 것)와 관련되어 있다. 임신 중인 여성은 때때로 한 잔 혹은 두 잔을 마셔도 태아가 FAS의 위험에 빠질 수 있다. FAS는 안면 및 두개골 이상, 심장 결손 가능성, 신체 및 지적 발달지체, 관절 및 사지 이상, 태아의 저체중, 사산의 위험 증가 등의 특징이 있다.[47]

임신중독증의 위험은 임신 중인 여성이 조기에 규칙적이고 전문적 보호를 받는다면 대체로 감소될 수 있다. 임신한 여성은 임신 중 의사 처방을 따라야 한다.

임신 중 감염 임신한 여성이 걸리는 어떤 감염들은 태아가 인지장애를 가질 위험을 가지고 있다. 이러한 감염 중 하나인, 루벨라(홍역이라고 불리는)는 임신 중 첫 번째 3개월 동안에 어머니의 바이러스 노출에 기인한다. 감염된 태아는 선천적 이상, 즉 청각장애, 시각장애, 심장 이상, 소두(小頭)를 가지고 태어날 위험이 높다. 현재 다수의 면역 프로그램들이 산모를 루벨라로부터 보호하고 있다. 혈액 검사를 통해 바이러스에 대한 감염 여부를 알 수 있다.

태아에게 치명적인 것으로 증명된 임산부의 다른 감염은 매독이다. 루벨라와 같이 매독은 태아에게 태반을 통해 전달된다. 매독의 영향을 받은 태아는 인지장애뿐 아니라 많은 신체적 이상을 가지고 태어난다.

많은 아이들에게 점차 영향을 주는 바이러스로는 AIDS가 있다. 영아는 임신 중, 태어날 때, HIV 보유 어머니로부터 수유하면서 감염될 수 있다. AIDS에 걸린 영아는 기대수명이 짧은 경향이 있다.

후천적 대뇌 감염 뇌염과 뇌막염 같은, 다양한 바이러스성 및 세균성 질병들이 심각하고 회복할 수 없는 뇌 손상의 원인이 될 수 있다. 특히 감염 초기 단계에 치료하지 않는다면 더욱 그렇다. 또한 AIDS 바이러스는 아동과 성인에게 뇌 손상을 유발할 수 있다.

염색체 이상 이 범주에서 가장 잘 알려진 그리고 가장 일반적인 장애는 다운증후군이다. 다운증후군은 염색체가 일반적으로 46개여야 하는데, 47번 염색체가 존재하기 때문에 발생하는 것이다. 이러한 염색체 이상의 원인이 현재 알려져 있지는 않지만, 유전되는 것은 아니다. 다운증후군은 모든 연령의 임산부로부터 발생하지만, 어머니가 35세 이상인 경우에 태어난 아동에게 더 높은 빈도를 보인다. 장애의 위험은 20대 산모로부터 태어난 아동의 경우 약 1,500명 중 1명꼴이다. 반면, 아동이 태어날 때 산모가 40세 이상인 경우에는 40명 중 1명꼴로 증가한다.[48]

다운증후군 아동들과 성인들은 일반적으로 인지장애가 보통 혹은 심한 정도 수준이다. 눈은 아몬드 형태로 길쭉하고, 둥근 얼굴을 가지는 경향이 있다. 이들 중 많은 사람들은 또한 심장 장애, 위장 장애 등을 수반하는 신체적 이상을 가지고 있다. 발생 가능한 다양한 다른 염색체 이상이 있다. 1991년에 과학자들은 취약 X 증후군의 원인이 되는 유전자를 발견하였다.[49] 이 유전자는 X 염색체에 위치해 있다. 취약 X 증후군은 인지장애의 가장 일반적인 유전형태이다. (다운증후군이 더 일반적이지만, 유전되지는 않는다.) 취약 X 증후군의 증상은 심각한 행동문제와 함께 경한 학습장애로부터 심한 인지장애의 수준까지 분류될 수 있다. 몇몇 보균자는 완전히 정상이지만, 이후 세대에 취약 X 증후군을 만드는 유전자로 변형될 수 있다. 취약 X 증후군은 불치병이다. 이 증후군은 남성 1,000명당 1명, 여성 600명당 1명꼴로 나타난다.[50)]

태아의 성별, 염색체 이상을 위한 검사 중 하나인 양수검사를 통하여, 다운증후군, 다른 염색체 이상, 몇몇 대사장애의 태내발견이 가능하다. 유산의 위험이 있긴 하지만, 양수검사는 상당히 단순한 절차이다. 복부를 통해 자궁 안으로 주사바늘을 삽입하고, 양막의 액을 염색체 혹은 화학 검사를 위해 추출한다. 이 절차는 만약 어머니가 염색체이상 혹은 대사장애 아동을 가질 위험을 알고 있다면 임신 3개월 이내에 수행되어야만 한다. 이 검사를 통해 임신한 여성이 의료적 혹은 임신 시 이상이 있는지를 권고할 수 있다.

태아의 이상성을 확인하는 데 도움을 주는, CVS(chorionic villi sampling)와 같은 다른 검사가 최근 개발되었다. 이 검사는 (양수검사가 처음 시행될 수 있는 것보다 몇 주 더 빠른) 임신 5주와 같은 조기에 의사의 진료실에서 수행될 수 있다. CVS는 상대적으로 검사가 단순해서 현실적인 대안이 될 수 있다.

대사장애 페닐케톤뇨증(PKU)은 가장 잘 알려진 대사질환이다. 감염된 영아는 음식 중 단백질의 기본요소인 페닐알라닌(필수아미노산의 일종)을 대사 작용할 수 없다. 그 결과, 페닐알라닌과 그것의 파생물인 페닐피루브산(생물의 기본적인 대사에 관계되는 물질)이 몸 안에 쌓이고 중추신경계를 빠르게 망가뜨려, 회복할 수 없는 뇌 손상을 유발한다. 이 질병에 걸린 아동의 약 1/3이 걸을 수 없고, 약 2/3가 결코 말을 배울 수 없으며, 반 이상이 매우 심각한 수준의 인지장애를 갖는다.[51)] PKU는 부모 각각으로부터 유전된 열성 유전자에 기인한다. 현재 부모의 열성유전자를 확인할 수 있는 검사방법은 존재하지 않는다. 그러나 감염된 아기들은 태어난 지 약 3주 정도에 소변검사를 통해 확인할 수 있다. 일단 확인되면, 영아는 뇌가 거의 완전히 발달하고 정상적 지능과 건강으로 생존할 가능성이 있는 시점인 6세까지 자신의 시스템 내에서 페닐알라닌의 수준을 통제하는 식이요법을 할 수 있다.

지질저장장애(lipid storage disorders)는 Tay-Sachs 병과 Hunter 증후군, Hurler 증후군을 포함한다. 이들 장애는 세포 안에 지방성 물질의 축적으로 인한 진행성의 퇴행과정을 수반한다. 결과적으로 감염된 개인은 죽게 된다. 이러한 건강상태는 유전되지만, 아직 효과적인 치료는 개발되지 않았다. 그러나 발병률은 유전 상담 프로그램과 태아기 진단을 통해 현저하게 감소하고 있다.

알려지지 않은 태아기 영향으로 인한 장애 이 범주의 수많은 장애 중에서 가장 잘 알려진 두 가지는 뇌수종과 소두증(microcephalus)이다. 뇌수종은 두개골 안 뇌척수액의 양이 점점 증가하는 상태를 수반한다. 만약 치료되지 않는다면, 두개골이 커지는 원인이 된다. 현재 신경외과는 이를 유발하는 압력을 감소시킴으로써 뇌 손상을 예방하는 기술을 활용하고 있다.

소두증은 선천적으로 머리 크기가 평균보다 작은 상태를 말한다. 어떤 면에서, 이것은 유전된 장애일 수도 있고, 다른 측면에서는 태아기 혹은 신생아기의 뇌 손상에 기인할 수도 있다.

뇌의 외상 뇌 손상은 태아기, 분만 전후, 출생 후의 어느 때라도 발생할 수 있다. 태아기 동안, 하나의 손상원인은 임신한 여성의 X선 조사이다. 만약 태아의 뇌가 X선에 노출된다면, 심각한 수준의 인지장애가 발생할 수 있다.

태아기와 분만 전후의 시기 동안에, 뇌 손상은 뇌 세포조직의 기능을 유지하기 위해 부족한 산소(저산소증; hypoxia) 혹은 산소 결핍(무산소증; anoxia)에 기인할 수 있다. 그와 같은 상태는 뇌세포를 파괴하고 인지장애로 귀결될 수 있다. 산소의 부족은 다양한 이유에서 발생할 수 있다. 즉 탯줄의 엉킴, 미성숙한 태반 분리, 골반위 자세(breech position)로 인한 어려운 출산 등을 포함한다.

비판적 사고를 위한 질문

당신은 아름다운 몸을 갖는 데 높은 가치를 두는가? 그렇다면 당신은 덜 매력적이거나 장애를 가진 사람을 평가 절하하는가?

출생 후의 손상은 거의 셀 수 없이 많은 원인으로 발생할 수 있다. 뇌 손상은 복싱, 싸움, 자전거 및 오토바이 사고, 축구 부상, 말에서 떨어짐, 부모의 구타 등으로 인한 머리의 타격 혹은 여타의 머리 손상으로부터 발생할 수 있다.

비판적 사고를 위한 질문

당신은 장애를 가진 사람들에 대해 듣거나 말하거나 농담을 한 적이 있는가? 당신이 장애를 가졌다고 가정해보자. 만약 잔인한 농담이 당신의 장애와 관련해 말해진다면, 당신은 어떻게 느낄 것인가?

이러한 다양한 인지장애의 원인은 나약한 인간의 삶의 단면을 보여준다. 심각한 인지장애의 경험을 떠나서 우리 모두는 하나의 사고 혹은 감염 경험이 있다. 인지장애를 가진 아이를 가질 수 있는 다수의 원인을 살펴보는 데 있어서, 어머니 혹은 아버지가 되는 것에 대한 긍정적 태도를 갖는 것은 중요하다.

인지장애 아동을 가질 수 있는 모든 가능성을 생각하면, 어떤 사람이 정상적이고 건강한 아이를 가질 수 있다고 믿는 것, 그리고 전체 발달기간을 통하여 발달이 지속될 것으로 믿는 것은 불가능하다. 그러나 실제로 인지장애 아동을 가질 위험은 낮다. 따라서 모든 예비 부모들은 부모가 되는 것에 대해 낙관적으로 생각해야 한다. 비록 예방책이 인지장애의 가능성을 감소시킬 수 있다고 할지라도 매일 부모의 조기 보호가 최대로 이루어지고, 어머니가 유해한 것으로 의심되거나 알려진 모든 동인을 피하며, 임신기 동안 어떠한 병도 발병하지 않고 순산을 한 아이가, 성장하면서 가족 안에서 장애가 생길 수도 있으며, 실제로 그러한 경우가 발생하기도 한다.

3. 장애에 대한 사회의 반응

우리 문화는 아름다운 몸에 높은 가치를 둔다. 헬스클럽에 가고, 수입 중 높은 비율을 옷, 미용, 헤어스타일, 더 매력적으로 보이기 위한 특별한 다이어트에 소비한다. 아름다움(美)은 악의 추함과 선함으로부터 잘못 형상화된 것이다. 영화, 텔레비전, 책들에서 영웅과 주인공은 신체적으로 매력적으로 묘사하고 악한은 추하게 묘사한다. 예를 들어 백설공주는 사랑스러운 반면, 마녀는 잔혹하고 무서운 모습이다. 아이들은 신체적으로 매력적이 되는 것은 좋은 삶으로 이끌어주고, 반면 매력적이지 않은 모습은 열등하게 되는 것의 신호인 양 잘못 학습한다. Richardson은 어린 아이들이 비장애인보다 장애인을 '덜 바람직한(less desirable)' 사람으로 간주함을 발견하였다.[52]

불행하게도, 이러한 아름다운 신체에 대한 강조는 장애인을 비참한 농담의 대상이 되게 하며, 때때로 장애인을 피해야 할 대상 혹은 열등한 존재로 대우하게 한다. Cooley는 사회가 장애인을 마치 열등하고 이등 시민인 것처럼 간주한다면, 장애인 스스로 부정적인 자아개념을 갖게 되고 열등한 존재로 바라보게 될 것이라고 말한다.[53] 우리 사회는 완벽한 체격(physique)의 가치를 재사정할 필요가 있다. 다른 특성들을 더 중요시해야 한다. 예컨대 정직, 성실, 유쾌한 인성, 책임감, 친절 등이 그것이다.

Wright에 의하면, 아름다움에 대한 강조는 또한 사회가 장애인이 더 열등하다고 느끼도록 강요한다.[54] 그녀는 사회의 이러한 기대를 설명하기 위해 **애도의 선결요건**(*requirement of mourning*)이라는 용어를 만들어냈다. 많은 시간, 돈, 노력을 신체적으로 매력적이 되는 것에 소비한 사람은 심리적으로 장애인이 장애에 대해 애통해하길 원한다. 왜냐하면 '아름다운 몸'을 가진 사람은 매력적인 체격을 갖기 위해 노력한 것이 가치 있고 중요한 것이라는 피드백을 받고자 하기 때문이다.

이러한 잘못된 강조의 다른 결과는 장애인이 때때로 운이 나쁘고 동정을 받아야 하는 대상으로 불쌍히 여김을 당하게 한다. 장애를 가진 많은 사람들은 동정과 후원의 대상으로 가치 절하된다. 그러나 장애인은 동등한 사람으로 인식되기를 바란다.

Asch와 Mudrick은 장애인이 종종 낙인찍히며, '조금 부족한 사람' 혹은 '정상적이지 않은' 사람으로 간주된다고 주장한다.[55] 대부분의 사람들이 갖고 있는 장애에 대한 공포와 반감은 종종 장애인을 거부하고 두려워하도록 만든다.[56] (사회복지사는 장애인에 대한 편견과 싸우는 효과적인 변화매개자가 되기 위해서 손상에 관한 자신의 이해를 점검하고 도전해야만 한다.)

또한 우리 사회에는 하나의 장애를 가진 사람을 다른

종류들의 장애 역시 가진 사람으로 결론짓는 경향이 있다. Nancy Weinberg는 사람들은 시각장애인 앞에서는 더 크게 말하는 경향이 있다고 했다. 이는 볼 수 없는 사람은 또한 듣는 문제도 갖고 있을 것이라는 잘못된 가정에서 비롯된 것이다.[57] 지체장애를 가진 개인들은 또한 때때로 인지장애를 가진 것으로 잘못 가정된다. 휠체어를 탄 22세의 한 대학생은 이러한 경향에 대한 사례를 다음과 같이 제시하고 있다.

> 나는 아버지와 함께 교회에 있다. 아버지는 내 옆에 서 계시고, 나는 휠체어를 타고 있다. 나는 상대적으로 지적인 사람(intelligent)이지만, 장애인이다. 나는 다른 사람들처럼 그곳에 앉아 있다. 그리고 누군가 아버지에게 다가온다. 그들은 아버지보다 나를 더 멀게 느끼나 보다. 그들은 아버지에게 말한다. "아드님은 잘 지내나요?" "아드님이 좋아 보이네요." 그들은 내가 옆에 없는 것처럼 말한다. 나는 그들을 차버리고 싶은 마음이 솟구친다.[58]

지체장애인에 대한 이러한 반응은 사회통합이 얼마나 어려운지를 다시 확인하게 해준다.

많은 사람들이 장애인과 상호작용을 할 때 짧게 하려 한다고 보고된다.[59] 그들은 장애인과 가까이 있을 때 불편해 한다. 왜냐하면, 그들은 어떻게 말하는 것이 적절한지 혹은 부적절한지 불확실하며, 그 사람을 화나게 하지 않을까 두려워하기 때문이다. 일반적으로 그들은 장애에 관해 직접적으로 말하는 것을 원하지 않는다. 사람들은 다양한 방법으로 그들의 불편함을 나타낸다. 무뚝뚝하고 표면적인 대화, 장애인과 눈을 마주치는 것을 피함, 강박적인 수다, 가식적인 심각함 등이 그것이다. 장애를 가진 개인들은 그와 같은 위선적인 상호작용에 예민하다. Fred David는 상호작용 시 긴장을 야기하는 몇몇 상황을 다음과 같이 묘사하고 있다.

> 나는 누군가 "(당황스럽고 망설이는 말투로) 음, 음, 내가 밀어줄게. 강당으로 내려가자" 따위의 말을 할 때 매우 의심스럽다. 정말 의심스럽다. 왜냐하면, 그것은 휠체어가 여기 있음을 분명하게, 정말로 인식하고 있는 것을 의미하며 그들에게 가장 먼저 휠체어가 떠오른다는 것을 보여주기 때문이다. … 당신이 휠체어에 앉아 있는 것을 전혀 신경 쓰지 않는다는 것을 당신에게 보여주기 위해서 노력하는 많은 사람들은 미친 짓을 하는 것이다. 내가 아는 어떤 사람은 내 휠체어를 계속 발로 찬다. 마치 "나는 네가 휠체어를 타고 있는 것에 관심이 없어. 나는 그것이 거기에 있는지조차 알 수가 없다"고 말하는 듯하다. 그러나 그것이 바로 그가 휠체어가 있다는 것을 정말로 알고 있다는 표시이다.[60]

장애인들은 단지 장애로 인해 사회적으로 '다르게' 대우받는 것을 몹시 싫어한다. 우리 모두는 다양한 이유로 장애를 가진 사람을 존중해야 하며, 장애를 가진 사람이 존중받는 사회를 만드는 것에 큰 관심을 가져야만 한다. 나이가 들어감에 따라, 우리는 확실히 하나 혹은 그 이상의 장애를 결과적으로 갖게 될 것이다. 아마도 듣는 것, 보는 것, 이동하는 것에서 장애를 갖거나 만성적인 병을 갖게 될 수도 있다. 당신은 지금은 단지 운이 좋은 것뿐이다.

정신적·신체적 장애를 가진 사람들에 대한 부정적 태도들은 의심할 것 없이 장애를 가진 개인들이 그들의 완전한 잠재력을 실현하는 데 있어 하나의 방해요소임이 분명하다. 임파워먼트 접근은 장애를 가진 개인들의 잠재력 개발의 중요성을 강조한다. 보기 16.1은 신체적 혹은 정신적 장애가 그들의 탁월함을 드러내는 것을 막지는 못한다는 것을 보여주고 있다.

4. 현재의 서비스

많은 프로그램들은 장애인에게 기금과 서비스를 제공한다. 이 중 몇몇은 연방정부 자금이 주어지고, 주 혹은 지방 수준에서 관리된다.

》 재활센터

정신 혹은 신체장애를 가진 사람들이 이용하는 재활센터는 다양한 서비스를 제공한다. 일반적으로 이러한 서비스에는 직업평가, 보호고용, 직업적응훈련, 상담서비스, 배치서비스(placement service) 등이 있다. (이러한 유형의 재활센터는 보호작업장으로 불리기도 한다.)

직업평가

클라이언트들의 작업행동, 신체적 능력, 사회적 상호작용, 심리적 기능, 직업목표와 관심에 대해 기본적으로 사정한다. 직업평가에서 중요한 점은 클라이언트의 직업적 강점과 단점을 확인하는 것이다. (최근 몇몇 재활센터에서 정

보기 16.1 유명한 장애인

- Julius Caesar: 로마황제. 간질
- George Patton: 장관, 2차 세계대전 영웅. 난독증
- George Washington: 대통령. 학습장애, 철자에 큰 어려움
- Goya: 스페인 화가(1746~1828), 46세에 청각장애인이 되었으나, 19세기 가장 유명한 스페인예술을 창조함
- John Miltion: 영국의 작가/시인(1608~1674), 43세에 시각장애인이 되었으나, 그의 가장 유명한 서사시 <*Paradise Lost*>를 만듦
- Beethoven: 유명한 음악가이자 작곡자. 심한 청각장애
- Helen Keller: 시각장애, 청각장애, 음성장애(mute). 그녀는 30년보다 더 긴 세월 동안 성인으로서 독립생활을 했고 장애인들의 옹호자였음
- Franklin D. Roosevelt: 어렸을 때 소아마비로, 심한 운동장애가 있음. 그러나 뉴욕 주의 시장이 되었고, 4번이나 미국 대통령으로 선출됨
- Winston Churchill: 영국의 초대 수상. 학습장애
- Thomas Edison: 발명가. 학습장애
- Albert Einstein: 수학자/물리학자. 학습장애
- Alexander Graham Bell: 발명가. 학습장애
- Woodrow Wilson: 대통령. 심한 난독증
- Ray Charles: 가수, 음악가. 시각장애
- Stevie Wonder: 가수, 음악가. 시각장애
- Cole Porter: 작곡가. 낙마사고로 한쪽 다리를 잃었으나, 수많은 대중가요를 작곡함
- Tony Melendez: 니카라과의 기타 연주자, 가수, 작사가. 팔 없이 태어남
- Stephen Hopkins: 뇌성마비 경증을 가지고 태어남. 독립선언서의 서명자 중 하나로, 이후 영국군에 대항하여 미국 민병대를 이끎
- Chris Burke: 다운증후군을 가지고 태어났으나, 미국 ABS 방송국의 히트 시트콤인 <*Life Goes On*>(1989~1993)으로 TV 스타가 되었음
- Jim Abbott: 메이저리그 투수. 오른손이 없이 태어남
- Marlee Matlin: 여배우. 청각장애

이러한 사람들은 정신적 혹은 신체적 장애가 사회에 중요한 공헌을 하는 것을 방해할 수 없음을 보여준다.

책변화가 있었다. 현재 클라이언트는 '근로자' 혹은 '고용인'으로 생각된다. 이러한 변화는 더 효율적인 작업지향 환경을 구축하며 고용인이 그들의 능력을 생산적인 작업으로 극대화하도록 돕는다.)

보호고용

이러한 프로그램들은 지역사회 내에서 안전한 혹은 지속적인 직업을 갖는 것이 불가능한 개인에게 작업 환경을 제공한다. 클라이언트들은 종종 최저생계비보다 낮은 임금을 지급받는다. 작업 과제들은 지역사회 내 사업체의 다양한 도급계약에서 비롯된다. 직업 및 개인적 발달을 최대화하고 재활목표를 달성하기 위해 클라이언트의 진전 상태를 정기적으로 평가한다.

직업적응훈련

직업훈련경험은 초기 직업평가 시 경쟁고용이 아직 준비되지 않은 클라이언트에게 제공된다. 프로그램은 기업체에서 지역사회에 이르기까지 안전하게 도급된 다양한 작업형태를 활용하여 작업장에서 실시된다. 바람직한 작업기술과 적절한 행동을 개인이 발달시킬 수 있도록 훈련 프로그램이 계획된다. 상담가들은 문제들을 논의하고, 새로운 과업을 학습하도록 돕고, 더 나은 작업 습관을 가르칠 수 있다.

상담서비스

상담서비스는 개별, 집단, 부모, 직업 안내 등을 포함한다. 개별상담은 상호 문제영역을 결정하기 위해 적용하는 작업 및 개입 목적을 강조한다. 집단상담은 동료 간 상호작용과 사회적 기술의 발달에 초점을 둔다. 부모상담은 재활목표를 부모들에게 숙지시켜서 종합재활프로그램을 위한 가족의 지지가 제공될 수 있도록 한다. 직업세계 노출, 구직기술 개발, 현실적인 목적 구체화는 직업상담의 주요 강조점이다.

배치서비스

이 프로그램은 안정적 경쟁고용에서 클라이언트를 돕는 것이다. 첫째, 클라이언트의 작업 습관과 기술들이 사정된다. 이후 클라이언트는 직업을 찾도록 훈련받고, 직장에 취업하여 유지하도록 관리된다. 상담가들은 클라이언트와

Hemera/Wheelchair Champions - 1st, 2nd, 3rd Place/Thinkstock

장애인 올림픽은 발달장애를 가진 아동과 성인에게 자긍심과 자기 가치를 확인하도록 해준다.

함께, 지역 고용주들과 클라이언트를 배치하고자 한다. 배치 후에, 계약은 일어날지도 모르는 적응문제를 다루기 위해 일정기간 동안 유지된다. 지역사회의 수많은 구인사이트에서, 상담가들은 작업교사로서 (종종 몇 주 동안) 고용된 직장에서 직접 클라이언트가 과업을 배우고 수행하도록 돕기 위해서 일한다.

레스파이트 케어

레스파이트 케어 프로그램은 장애인의 부모 및 다른 보호자에게 보호서비스를 제공하는 것으로, 일차적인 보호자에게 그들의 책임으로부터 벗어나 쉴 수 있는 기회를 주는 것이다. 또한 보호자가 급성 건강문제와 같은 위기 상황에 처했을 때도 지원해준다.

보호자를 위한 지지집단

지지집단은 유사한 상황에 있는 다른 보호자들과 함께 이야기, 관심사, 성취들을 공유하도록 하는 것이다. 지지집단은 또한 장애를 가진 사람들을 위한 장기 계획을 돕는다. 나이가 든 보호자들의 공통 관심은 그들이 더 이상 보호를 제공할 수 없을 때 장애인들에게 일어나는 일에 관한 것이다.

여가활동

여가활동에의 참여는 인간의 정서적, 신체적, 영적, 지적 안녕을 활성화하는 한 요소이다. 적극적일수록, 삶의 질은 더욱 더 나아진다. 장애인을 위한 다양한 여가활동들이 있는데, 즉 스페셜올림픽, 여름캠프, 직업기술 프로젝트 등이 그것이다. 또한 특수교육을 하지 않고, 일반학급이나 사회에서 활동하는 장애인들을 위한 다양한 여가활동들이 있다. 예를 들어 보이스카우트, 걸스카우트, 청소년클럽, 4-H 클럽 등이다.

》 교육 프로그램

역사적으로, 많은 공립학교들이 중증장애 아동들의 입학을 거부하거나, 특별프로그램을 통해 분리하였다. 1975년에 미국 국회는 모든 장애아동을 위한 교육법(Education for All Handicapped Children Act)을 제정하였다. 이러한 법령은 모든 학교가 장애인을 포함한 모든 아동에게 완전하고 적절한 교육기회의 제공을 의무화한 것이다. 각 아동의 독특한 욕구를 충족시키기 위해 고안된 개별화된 교육 프로그램이 가능한 한 최소한의 제한된 환경 내에서 이루어져야만 한다. 그 의도는 장애를 가진 아동들이 규칙적인 교육프로그램에 가능한 한 많이 참여할 수 있도록 '주류화(mainstream)'하는 것이다. 지금 대부분의 학교에는 인지장애, 정서적으로 혼란스러운 아동, 학습장애 아동, 신체장애 아동의 교육적 욕구를 충족시켜주기 위해 고안된 '특수교육 프로그램'들이 있다. 많은 주들은 청각장애와 시각장애 아동을 위한 학교를 가지고 있다. 종종 이러한 특수학교들은 어린 아동들을 위해 주 전체에 걸쳐서 상담과 조언을 제공한다.

》 주거 프로그램

그룹홈, 중도시설, 요양원

다양한 이유로 가족과 살 수 없는 장애를 가진 아동과 성인을 위한 거주 시설들이 많이 있다.

주거치료센터

주거 보호와 치료를 제공하는 센터들은 정신병원, 정서적으로 어려움을 겪는 사람을 위한 주거치료센터, 발달장애인을 위한 센터들을 포함한다. 평균 거주기간은 시설마다 다양하며, 수일부터 평생보호까지 있다. 이러한 거주시설 중 몇몇은 종종 클라이언트에게 퇴원에 대한 서비스를 제공하며, 진단, 평가, 계획 서비스를 제공한다.

데이케어센터

이러한 센터들은 인지장애 아동, 정서장애 아동, 지체장애 아동들에게 데이케어서비스를 제공한다. 이러한 센터들은 부모들에게 약간의 휴식시간을 제공함과 동시에 자조훈련, 사회화, 홈메이킹, 의사소통, 여가활동 등을 제공한다.

병원 서비스

병원은 의료서비스, 물리치료, 언어치료 등과 같은 장애인을 위한 다양한 재활서비스를 제공한다. 심하게 부상당한 혹은 심각한 만성질병을 가진 개인에게 병원은 재활시스템을 시작할 수 있도록 해준다.

홈서비스

식사배달 서비스

이 프로그램은 스스로 음식을 준비하거나 마련할 수는 없지만, 먹을 수는 있는 재가장애인들에게 음식을 제공한다.

가정 건강 서비스

이 프로그램은 방문간호서비스, 약, 물리치료, 임상 서비스, 병실 장비를 제공한다.

가정 봉사원 서비스

홈메이커 서비스는 장애인들이 스스로 할 수 없는 가사일들을 해준다.

연방/주정부 보조 프로그램

직업재활기금

재활을 위한 연방기금프로그램들이 점차 발달하고 있다. 이를 위한 핵심법령은 2개로, 1973년의 직업재활법(Vocational Rehabilitation Act Amendments)과 1975년의 재활법(Rehabilitation Act)이 그것이다.[61] 현재 기본재활프로그램들은 연방정부 80%, 주정부 20%의 비율로 이루어져 있다. 고용 가능성을 지속적으로 방해하는 신체적 혹은 정신적 장애를 가지고 있는 클라이언트, 서비스를 제공해주면 고용될 수 있다는 합리적인 기대감이 있는 클라이언트는 직업재활서비스를 이용할 자격이 있다. 잠재적 클라이언트는 무료로 장애정도를 사정하고 전반적인 건강을 점검하는 의료 검사를 받는다. 재활상담가는 이러한 결과를 점검하는 주에서 고용한다. 자격이 있는 신청자는 주와 연방정부의 비용으로 다음과 같은 서비스를 받을 수 있다.

- 보청기, 안내견, 휠체어, 지팡이, 보장구와 같은 특수장비
- 언어, 직업 훈련, 읽기, 사회적응 등의 영역에 대한 특수훈련. 이 훈련은 재활센터, 직업학교, 공립 혹은 사립대학, 작업장에서 가능
- 훈련기간 동안 이동 및 주거비용
- 클라이언트의 손상정도를 완화할 수 있는 의료적, 외과적 및 다른 서비스들
- 개별상담 및 안내
- 적절한 직장에 대한 혹은 소규모 사업을 위한 기초 장비, 자격증, 도구들을 위한 기금 보조
- 클라이언트의 고용진입을 원활하게 하는 사후지도

이러한 프로그램에서, 주들은 재정자원이 제한적일 때 서비스할 수 있는 자격이 있는 클라이언트의 우선권을 정할 수 있다. 예를 들어 주에서는 심리 상담이 필요한 경우보다 의료적 회복이 필요한 클라이언트에게 더 높은 우선권을 할당할 수 있다. 또한 각 주는 신청자가 어떤 서비스 자격을 부여하는지를 판단하기 위해 경제적 자산조사여부 결정을 선택할 수 있다.

1992년 재활법의 개정은 중증장애인에 대한 서비스 개정을 요구하고 있다. 이 법은 직업 상담, 재훈련, 보장구, 보조 장치들과 같은 전통적인 재활영역을 위한 기금을 제공할 뿐 아니라 '지원고용(supported employment)'을 위한 기금을 합법화하고 있다.

메디케이드

이 프로그램(13장 참조)은 저소득층의 의료비용을 충당한다.

노령·유족·장애·건강보험

이것은 4장에서 설명한 사회보험프로그램이다.

보충적 보장 소득

보충적 보장 소득(Supplemental Security Income, SSI)은 4장에서 설명한 신체적, 정신적 장애를 가진 저소득층 사람들을 위한 공적 부조 프로그램이다.

식료품 할인 구매권

이 프로그램은 4장에서 설명한 것으로, 자격이 있는 저소득층의 음식비용 중 일부를 지원하기 위한 것이다.

근로자 보상프로그램

직장에서 부상을 당했거나 혹은 장애를 갖게 된 근로자들과 부상으로 사망한 근로자의 유가족들은 임금보상과 의료적 혹은 재활보호에 필요한 재정적 원조를 받는다.

산업재해로 인해 영구적 장애를 갖게 된 사람들은 매달 지급되는 근로자 보상연금 혹은 일시금을 받을 수 있다. 근로자 보상은 연방 프로그램이 아니다. 텍사스를 제외한 미국 모든 주의 법들은 고용주에게 재해를 당한 근로자들의 요구에 대응할 수 있는 근로자 보상보험을 가입하도록 하고 있다.

5. 사회복지사의 역할

사회복지사는 일반적으로 두 가지 방법으로 장애인을 만난다.

첫째, 사회복지사는 재활보다는 다른 것에 일차적 서비스의 초점을 두는 세팅에서 장애인을 만난다. 예를 들어 가족상담기관의 사회복지사는 일상적으로 부부 사이와 대인관계의 문제가 있는 가족을 만난다. 이러한 가족구성원 중 하나 혹은 그 이상이 장애를 가지고 있을 수 있다. 장애는 가족문제들과 관련이 없을 수도 있고 때로는 중요한 요인이 될 수도 있다. 후자 사례에서 사회복지사의 역할은 가족들이 장애의 본질과 영향을 사정하고 이해하도록 돕는 것이다. 이후 장애와 관련된 어려움들을 다루는 효율적인 전략들을 개발해야 한다.

둘째, 사회복지사는 재활기관, 너싱홈, 일반병원, 장애인 데이케어센터, 재활병원, 특수학교와 같은 장애인에 대한 1차 서비스 기관에 고용될 수도 있다.

신체적 혹은 정신적 장애를 가진 사람들을 위한 재활은 가능한 한 신체적, 정신적, 사회적, 직업적, 경제적 잠재력을 최대로 회복시키는 것으로 정의될 수 있다.[62] 프로그램들은 직업훈련, 직업상담, 심리 적응, 의료적 및 신체적 회복, 직무 배치에 초점을 둔다. 물론 클라이언트들은 필요에 따라 서비스가 달라진다. 몇몇 클라이언트들은 이러한 모든 영역의 서비스를 요구한다.

광범위한 전문가들이 재활서비스를 제공한다. 즉 의사, 간호사, 임상 심리사, 물리치료사, 정신의학자, 작업치료사, 언어치료사, 청음치료사, 산업미술교사, 사회복지사, 특수교사, 보장구 기사 등이다. 이들 치료사의 대부분은 클라이언트의 신체적 기능에 초점을 두는 반면, 사회복지사는 우선적으로 사회적 기능 회복에 초점을 둔다. 대부분의 재활세팅에서 팀 접근이 활용된다.

재활세팅에서 사회복지사의 주요역할은 다음과 같다.

》 클라이언트 상담

상담은 클라이언트가 자신의 장애와 기관의 재활 프로그램에 적응하도록 돕는 것을 말한다. 개인적, 대인관계적, 가족, 재정적, 직업적응, 교육, 적응 등 광범위한 문제들이 다루어진다.

》 가족상담

몇몇 재활세팅에서 사회복지사는 클라이언트가 아니라 1차적으로 가족들과 일하는데, 특히 클라이언트가 어릴 경우에 그렇다. 가족상담은 가족들이 장애의 본질과 예후에 대해 이해하고, 클라이언트를 돕기 위한 기본적 자세를 갖고, 장애와 관련된 개인적, 대인관계적 관심사를 다루게 된다. 이와 같은 역할에서, 사회복지사는 정보, 편안함, 이해, 특정 관심사에 대한 상담 등을 제공하고 간혹 의뢰 서비스 등을 제공한다.

》 사회력 조사

사회력은 클라이언트의 가족배경과 현재의 지위에 관한 정보를 담고 있다. 이러한 정보에는 기관에 오기 전에 클라이언트의 가족은 어떠했는지, 현재는 어떠한지, 그리고 미래에는 어떠할지를 포함한다. 사회력은 장애력, 장애인에 대한 가족들의 긍정적 및 부정적 반응, 중요한 가족관계, 장애에 대처하는 가족 내의 강점 및 약점, 클라이언트의 사회적 기술에 관한 정보, 학교와 직장에서 클라이언트 기능과 관련된 내력, 과거에 제공받았던 서비스의 역사, 장애와 관련된 문제의 요약과 가족 구성원의 관심이 포함된다(사례 16.1 참조). 사회력에 대한 정보는 클라이언트, 가족 구성원들, 클라이언트가 이용했던 사회적 및 의료적 기관의 사례기록들로부터 수집된다.

》 사례관리자

사례관리자로서 사회복지사는 클라이언트와 관련된 수많은 기관들, 조직들, 시설들에 의해 제공되는 필요한 서비스를 조정한다. 장애를 가진 사람은 건강보호체계, 정신건강, 재활 교육, 주거, 고용 그리고 다른 관련 체계를 포함하여, 광범위한 서비스와 자원을 요청할 수 있다. 장애를 가진 클라이언트의 광범위한 욕구 때문에 서비스 제공자 중 하나(보통 사회복지사)는 사례관리자로 기능하는 것이 필수적이다. 사례관리자로서, 사회복지사는 클라이언트에게 다양한 역할로 서비스를 제공할 수 있다. 예를 들어 중개자, 옹호자, 상담가, 교사, 지역사회 조직가, 조정자, 계획자 등이다. 사례관리자는 클라이언트의 포괄적인 욕구를 사정하고, 그들에게 적절한 서비스를 연결하며, 그러한 서비스들이 효과적으로 제공되도록 해준다.

》 가족과 기관의 연계자

인간서비스 기관에서 의사소통 창구를 개방적으로 유지하는 것은 매우 중요하다. 재활세팅에서 사회복지사는 일반적으로 기관과 가족의 가교역할을 할 책임이 있다. 때때로 사회복지사는 클라이언트의 장애, 재활에 영향을 주는 요인들, 향후 계획과 서비스를 논의하기 위해서 가족과 전문가가 함께하는 회의를 개최한다. 병원세팅에서 클라이언트의 특수한 의료적 상태를 설명하는 것은 의사의 책임이지만, 사회복지사는 종종 클라이언트, 가족과 함께 의료적 상태의 의미를 논의한다. 효과적인 연계를 위해서 재활세팅에서 사회복지사는 다양한 의료적 상태, 의료적 용어에 대한 기본 지식뿐 아니라 정서적, 신체적, 사회적 기능을 위한 의료적 상태의 의미에 대한 인식 등의 기본적 지식이 필요하다.

》 중개자

종종 사회복지사들은 다른 지역사회 자원과 가족들을 연계시키는 기능을 한다. 효율적인 중개자가 되기 위해서, 사회복지사는 제공된 프로그램, 자격 요구조건, 입원 절차를 포함하여 다른 지역사회서비스에 대한 지식이 필요하다. 클라이언트들은 재정원조, 휠체어, 보장구 서비스, 특별한 직업 훈련, 주간보호서비스, 방문간호서비스, 이동 등과 같은 다른 지역사회 기관으로부터의 다양한 서비스들을 필요로 한다.

》 퇴원계획

병원과 같은 몇몇 재활세팅에서, 사회복지사는 퇴원계획에 대한 주요한 책임을 갖는다. 만약 클라이언트가 집으로 돌아갈 수 없다면, 너싱홈이나 그룹홈 같은 몇몇 다른 세팅으로 배치하도록 조정하는 것을 고려해야만 한다. 사회복지사는 종종 클라이언트와 가족들이 집 혹은 다른 시설로 돌아갈 수 있는 준비를 하도록 돕는다. 이 경우, 사회복지사는 재정적 원조, 가정건강보호, 주간보호, 물리치료, 직업 훈련 등과 같은 구체적인 보호를 조정한다.

6. 장애인에 대한 임파워먼트 접근

신체적·정신적 장애를 가진 사람들은 그들이 필요한 지원을 받았을 때, 생산적이고, 효과적이며, 행복한 삶을 살 수 있다. 장애를 가진 사람들과 일할 때, 장애의 심각성 및 정도를 측정하는 것뿐 아니라 그 사람의 강점들과 특별한 재능을 사정하는 것은 중요하다.

Stevie Wonder는 지난 40여 년에 걸쳐 가장 영향력 있는 흑인 예술가이다.[63] 그는 작곡·작사가이자 프로듀서이고, 가수이자 음악가이다. 그는 1989에 로큰롤 명예의 전당에 입성했다. 그는 1950년 5월 13일 Steveland Judkins에서 태어났다. 미숙아로 태어난 그는 미숙아망막병증(retinopathy of prematurity)으로 고통받았고, 결과적으로 망막분리의 원인이 되어, 시각장애인이 되었다. 그는 부모의 지원과 격려로, 7세에 피아노를 배우기 시작했고, 9세에는 드럼과 하모니카 연주를 마스터했다. 1954년 가족이 Detroit로 이사한 후에, 교회 합창단에 가입했고, 노래에 대한 잠재력을 개발하기 시작했다. 1961년, 11세 되던 해, Motown Records에서 오디션을 진행하던 그룹 The Miracles의 Ronnie White에 의하여 발탁되었다. 그는 바로 Motown Records의 Berry Gordy와 계약했고, Clarence Paul은 그에게 Stevie Wonder라는 예명을 지어줬는데, 그

사례 16.1 재활센터 직업검사 부문에서의 클라이언트의 사회력

Hillside 직업훈련센터
오하이오 주 콜롬버스

성명: Jim Frey	결혼상태: 미혼
생년월일: 1990.6.30.	키: 177cm
주소: 550 S. Adams, Columbus	몸무게 81kg
전화: 478-2346	
종교: 루터교	
직업: 실업	
인종: 흑인	

검사 이유. 2007년 4월 30일에 Jim Frey는 그의 형인 Bob과 자동차 사고를 냈다. Bob은 사고로 죽었고, Jim의 척추는 심각했다. Jim은 3달 동안 입원했고, 5달이 넘는 기간을 너싱홈에서 건강이 회복될 때까지 살았으며, 그 이후로는 부모와 함께 살고 있다. Jim은 허리아래가 마비되었다. 그 사고 이후로 그는 심하게 우울해졌다. Jim은 부모와 함께 상담을 받은 Lakeland 상담센터에서 이 기관으로 의뢰되었다. Jim의 우울은 점차 호전되어, 현재는 직업기회를 탐색하기 위한 검사와 직업상담을 하고 있다.

가족배경과 초기력. Jim의 아버지, Donald Frey는 지난 27년 동안 보험판매사로 일해 왔다. 어머니인 Joan Frey는 지난 14년 동안 부동산 중개업자였다. 부모는 아들의 미래에 관심이 있었고, 그들이 도울 수 있는 것이라면 무엇이든 기꺼이 하겠다고 말하였다. Frey 부부는 중산층 지역에 살고 있었고, 깨끗하고 잘 정돈된 집을 가지고 있었다. 그리고 서로 존중해주는 모습이었고, 좋은 관계인 것 같았다.

이 부부에게는 두 아들, Jim과 두 살 위인 Bob이 있었다. Frey 씨는 아이들 모두 공부를 잘했고, 많은 친구가 있었다고 했다. 아이들은 모두 교내 스포츠에서 활동적이었고, Bob은 중고등학교의 농구팀에서 2군 선수였다. 두 아이에게 가장 심각한 사건은 Bob이 5년 전 7월 4일에 폭죽을 터트려 체포된 일이었다.

자동차사고는 Jim과 Bob이 어느 날, 파티에서 알코올성 음료를 마신 후 늦은 저녁에 일어났다. 그들은 차는 다리 아치대를 박았다. Bob은 즉사했다. 이 사건 이후 부모는 극도로 힘들어했고, 마치 전 세계가 박살나버린 것 같은 느낌이었다. 그들은 친한 친구가 거의 없는 것처럼 보였고, 사고 이전 시간의 대부분을 직장이나 아이들과 보낸 것 같았다. 이 부부는 Lakeland 상담센터로부터 18개월 동안 우울과 비탄에 관한 상담을 받았다. 그러나 담당자의 이직으로 상담을 계속 받지는 못하였다.

거의 지난 2년여 동안, Frey 씨 부부는 Jim을 집에서 보호해왔다. Frey 부인은 아들을 보살피기 위해서 부동산중개업을 그만두었다. 그들은 Jim을 보살피는 것이 '부담이 큰' 것을 인정했다. jim은 아주 우울해했고, 상당한 물리적 주의를 요했다. 최근까지도 도움 없이 휠체어에 앉거나 일어서지 못했다. 부모들은 여전히 Bob을 잃은 것에 절망했지만, 한편으로는 Jim의 우울이 감소하고, 물리적 근력이 향상되었으며, 직업을 위한 훈련을 받을 동기가 생기는 등의 변화를 보면서 점차 긍정적이 되어갔다.

학업수행. Jim은 Franklin 초등학교, Stevens 중학교, Randal 고등학교를 다녔다. 사고 시점에, 그는 고등학생 고학년이었다. 그는 졸업과 가까웠지만, 아직 과정을 마치지는 못했다. 학교 기록에 따르면 Jim은 일반석으로 A등급과 B등급 그리고 약간의 C등급을 받은 것으로 나타났다. Jim은 2학년 때 지능검사에서 122점을 받았다. 사고 전에, Jim은 대학에 갈 계획이었다. 그는 많은 친구들이 있었던 것으로 보고됐고, 사고 후 첫 몇 개월은 친구들 대부분이 계속 방문했다. 그러나 시간이 지나감에 따라 Jim의 우울은 계속되었고, 친구들은 점차 오지 않았다. 현재 그는 가까운 친구가 없다.

일반적 건강. 사고가 나기 전까지, 그의 건강은 일반적으로 좋은 편이었다. 그는 10세에 탈장 수술을 한 번 했고, 12세에 쇄골이 부러졌었다. 사고 이후 Jim은 심각한 척추부상으로 고통스러워했고, 현재는 부분적으로 마비상태이다. 사고 이후로, 그는 때때로 자동차 소리가 부르릉 부르릉 나는 것 같은 환청을 경험했고, 감기에 걸리기 쉬운 경향이 있다고 했다. 의료적 보고는 Jim이 병원과 너싱홈에서 집중적인 물리치료를 받았다고 했다. 집으로 돌아온 후, 부모들은 다양한 운동을 시키려고 노력하고 있었다.

연애 경험. Jim은 사고 전에는 많은 젊은 여성들과 데이트를 한 것으로 나타났다. 사고 당시에 그는 누군가와 계속(거의 1년여 동안) 사귀었었다. 처음에 이 사람은 Jim과 그의 환경에 상당한 관심을 보였으나, 몇 개월 후 다른 사람과 만나기 시작했고, Jim과의 관계에 대한 그녀의 관심은 급속도로 사라지기 시작했다.

근무 경력. Jim은 몇 년 동안 신문배달원이었다. 사고 전에는 한 레스토랑에서 웨이터의 조수로 일했고, 사고 이후로 일을 하지 않고 있다.

사회기관들과의 이전 접촉. Jim은 2007년에 St. Mary's 병원에 3개월 동안 입원했다. 그는 광범위한 물리치료와 사회복

(계속)

사례 16.1 (계속)

지사 스태프에게 우울에 대한 상담을 받았다고 기록되어 있다. 이후, 그는 그룹홈으로 이전되었고, 그곳에서 계속 물리치료와 상담을 받았다. Jim은 형이 죽은 그 운명의 밤에 잠들어 있었다. 이후, 그는 몇 달 동안 우울해했고, 죄책감을 느꼈다. 왜냐하면, 만약 그가 깨어 있었다면 형도 깨어 있었을 거라고 생각했기 때문이다. (경찰은 Bob이 졸음운전을 해 사고가 났다고 결론지었다.) Jim은 또한 여자친구와의 결별, 다른 친구들의 상실, 그리고 특히 산산이 조각난 희망들과 기대에 대해서 우울해했다. Jim이 집으로 돌아온 후, 부모들은 의뢰기관(Lakeland 상담센터)에 Jim이 우울 및 미래에 초점을 둔 상담을 받도록 조정했다. Lakeland 상담센터에서 받은 보고는 Jim이 지난 몇 년 동안 맥주와 다른 알코올성 음료를 과도하게 마신 것에 관심을 표현하고 있다고 제시하고 있다.

일반적 인상. Jim은 3년 전 자동차 사고 이래로 점차 이전의 그의 생활로 돌아가기 위한 진전을 보이고 있다. 때때로 그는 여전히 우울하지만, 지금은 과거를 곰곰이 생각하는 것을 멈추려고 노력하고 있고, 자신의 상황을 향상시키고자 한다. Jim은 직업훈련을 받기 원하기 때문에 센터에서 검사결과를 기다리고 있다. 그가 어떤 직업을 가질 수 있을지, 어떠한 직업 혹은 전문직에 자질이 있는지는 불확실하다. Jim은 말을 잘하고, 잘생기고, 높은 지적능력을 가진 것으로 보인다. 그는 고등학교를 졸업하는 데에 강한 관심을 표하고 있고, 자신이 대학을 가기 위한 재정적 자원과 능력을 가지고 있는지를 궁금해 하고 있다. Jim의 부모는 고등교육에 대한 그의 욕구에 지지적인 것으로 보이고, 기꺼이 재정적 원조를 제공할 수 있다고 말했다.

Jim은 또한 운전을 배우는 것에 관심이 있고, 그가 운전할 수 있도록 하는 보조장치가 달린 차와 운전면허증을 얻을 수 있다는 희망을 가지고 있다.

Jim의 음주는 그와 함께 논의되었다. 그는 때때로 과도하게 술을 마실지도 모르나, 이는 지루하거나 우울하거나, 혹은 할 일이 아무것도 없을 때 일이라고 얘기했다. Jim의 음주는 점검되어야 하는 잠재적인 어려움인 것으로 보인다.

Jim은 부모의 지지와 격려를 받고 있다. 그의 미래에 대한 낙관주의는 참으로 긍정적인 신호이다. 그러나 검사는 단지 첫 단계에 불과하다는 것으로 인식하는 것이 중요하다. Jim은 필요한 훈련, 고용, 부모로부터 독립적으로 사는 재정적인 자원을 지원받기를 희망하고 있다. 비록 부모들이 지지적이긴 하지만, 때때로 Jim과 부모 사이에는 음주와 같은 것에 대한 갈등이 있다. Jim은 때때로 그가 세운 목표에 도달하는 데 대한 장애물을 만날 때 좌절할 수 있다. 그가 장기적인 우울로 되돌아가는 것을 예방하기 위해 지속적인 상담이 필요하다.

사회복지사 Frank Lia

이유는 그를 계속 '세계 8번째 불가사의'라고 부를 수 없기 때문이라고 했다. Clarence Paul은 Stevie Wonder의 초기 레코딩을 지도 감독했고, 가수와 다양한 악기 연주자로서의 재능을 개발하였다. 왜 Stevie Wonder가 미국의 가장 위대한 연예인 중 한 명이 되었을까? 그는 분명히 엄청난 음악적 잠재력을 가지고 태어났다. 그러나 그에겐 또한 그를 지지해주는 부모와 많은 멘토, 그리고 그의 잠재력을 개발하도록 돕는 조언자들이 있었다.

비판적 사고를 위한 질문

당신은 장애인에게 서비스를 제공하는 전문적 직업에 관심을 가지고 있는가?

Stevie Wonder의 간략한 전기는 장애인이 강점과 특성 또한 가지고 있음을 보여준다. 분명히 장애를 가진 모든 사람들이 Stevie Wonder가 되는 잠재력을 가지고 있다고 결론을 내릴 수는 없다. 그러나 우리 모두는 개발될 수 있는 잠재력을 가진 특별한 재능과 특성들을 가지고 있다.

사회복지사가 어떤 인구집단(학령기 아동, 노숙자 등)과 일할 때 가장 중요한 것은 각 사람의 잠재적 재능과 특성을 확인하고 지원하는 것에 초점을 두는 것이다. 임파워먼트 접근을 조장하는 몇 가지 원칙들을 소개한다.

클라이언트라기보다는 소비자로서 서비스 수혜자를 바라보라. **소비자**라는 용어는 **클라이언트**라는 용어보다 더 큰 힘과 선택을 함축하고 있다. 소비자로서, 서비스 수혜자는 누군가로부터 선택당하기보다 경쟁시장에서 구입 혹은 자원제공자로서 선택할 수 있어야만 한다.

정상화(*normalization*)는 모든 소비자, 즉 가장 심각한 장애를 가진 사람조차도 가능한 한 '정상적인' 것과 가까운 생활 및 교육환경에서 생활해야만 한다는 것이다. 유감스럽게도, 60여 년 전, 발달장애인들은 눈에 보이지 않는 곳에 위치한 시설에서 모든 사람들의 관심 밖에 존재해

왔다. 1970년대와 1980년대에, 지역사회는 정신 및 발달장애인들이 가능한 한 정상적으로 살 권리를 갖는 대상으로 바라보기 시작했다. 정상화와 유사한(parallel) 개념이 탈시설화(deinstitutionalization)이다. 이것은 거주시설에서 보호를 받던 사람들이 지역사회로 이동하는 것을 말한다. 이후 지역사회시설들은 그룹홈, 가정, 아파트 지원을 포함한 보호를 제공해준다. 정상화는 발달장애를 가진 사람들이 지역사회에 동화될수록, 주류사회에 있을수록, 그들의 삶의 질이 더 나아지는 것으로 가정한다.

장애인을 임파워하는 초점은 가능한 한 '최소한의 제한된 환경'에서 자기결정과 자립을 극대화하는 것이다. 최소한의 제한된 환경의 개념은 서비스 소비자들이 가능한 한 최대한의 자유를 누리고, 그들이 할 수 있는 한 스스로 많은 결정을 하도록 하는 데 초점이 있다. 가능한 한 최대로, 소비자들은 그들이 원하는 서비스와 지원을 받는 결정과 선택을 하도록 격려된다. 근이영양증을 가진 19세 Aaron의 경우를 보자. 그는 대학에 가서 사회복지사가 되기를 원했다. 그의 직업재활상담가, 사회복지사와 가족들은 그가 장애인을 위한 특별서비스와 승인된 사회복지프로그램이 있는 학교에 가도록 장려했다. Aaron은 지원했고, 합격했다. 학교의 장애학생센터는 그의 욕구에 따른 적절한 주거환경, 매일 3~4시간의 활동보조인 및 수업과 다른 일에 사용할 수 있는 휠체어 장착이 가능한 이동수단인 밴을 제공했다.

비판적 사고를 위한 질문 ?

우리 모두는 장애인을 알고, 상호작용하고 있다. 당신이 아는 장애인을 위해서, 그들을 임파워하도록 돕기 위해 무엇을 할 수 있는가?

임파워먼트 접근은 또한 새로운 아이디어를 확인하고 개발하고 적용하는 것에 관여하는 **혁신**(*innovation*)에 초점을 둔다. 혁신적 서비스 제공은 한 개인이 성취하고자 원하는 것과 관련이 있는 기존의 서비스들을 창조적으로 결합하는 것을 포함한다. 또한 소비자의 특별한 욕구에 따라 새로운 서비스들을 개발하는 것을 포함한다. 예를 들어 컴퓨터기술지원시스템은 난독증을 가진 사람과 시각적으로 손상을 가진 사람들을 위해, 인쇄된 매체를 컴퓨터로 스캔한 후 이를 이용자에게 읽어주는 것이다. 그와 같은 프로그램 중 하나가 Jaws라고 불리는 윈도우 프로그램이다. Jaws는 윈도우 95, 98 혹은 NT에서 모니터에 나타난 정보를 말해주도록 되어 있다.

임파워먼트는 옹호(advocacy)와 관련되어 있다. Hepworth, Rooney, Rooney, Storm-Gottfried는 옹호를 다음과 같이 정의한다.

> 옹호는 변화를 시작하거나 영향을 주는 과정이다. 이 과정은 클라이언트를 위하여 혹은 함께 일하는 것을 포함한다. (1) 제공되지 않을 수 있는 자원 혹은 서비스를 얻기 위해서, (2) 역으로 집단이나 지역사회에 영향을 주는 실천, 절차, 정책에 영향을 주거나 수정하기 위해서, (3) 선결되는 자원이나 서비스의 제공으로 귀결되는 정책 혹은 합법화를 증진하기 위해서.[64)]

소비자가 그들의 욕구를 충족하지 못했을 때, 사회복지실천가는 그들의 편에서 옹호할 의무가 있다. 학교사회복지사인 Carlos Lopez의 경우를 성공적인 옹호사례로 들 수 있는데, 그는 관할구역 학교의 난독증과 시각손상 학생들을 위해 중학교와 고등학교에서 Jaws 소프트웨어를 구입하도록 했다. 그는 관할 지역의 학생서비스 담당자, 교장, 행정가, 학교 이사회 등에게 이 구입을 주창하였다.

가족지지(*family support*)를 강화하고 활성화하는 것은 장애인을 위한 또 다른 임파워먼트의 구성요소이다. 장애인들이 가족지지를 받으면 받을수록, 그들의 역량과 재능을 발휘할 수 있는 기회가 더욱 많아진다. 종종 가족구성원들은 장애인을 위한 최초의 보호자이다. 사회복지사들은 보호자가 장애인에게 필요한 서비스를 얻도록 돕고, 또한 보호자 자신을 위해서도 원조를 제공한다. 그와 같은 서비스는 여가프로그램, 교육프로그램, 레스파이트 케어, 갈등해결자원, 스트레스 관리 프로그램, 재정원조프로그램, 품질 건강 관리 등이다.

요약

다음은 이 장의 서두에서 제시한 학습목표와 관련된 내용을 요약한 것이다.

A. 재활사업의 간략한 역사와 장애에 대한 다양한 문화 제시

역사적으로 장애인의 욕구를 보호하려는 사회는 항상 장애에 대한 인지된 원인, 의학 지식의 유무, 일반적 경제적 여건들에 의해 대체로 결정되어 왔다. 과거에 장애는 종종 신의 처벌 혹은 악마에 사로잡힌 것으로 간주되어 왔다.

장애인은 일시적 상해, 만성적 신체장애, 청각 혹은 시각장애, 정서 및 인지장애, 학습장애, 퇴행성 질병, 만성적 건강장애를 가진 사람을 포함한다.

B. 발달장애의 정의와 설명

발달장애는 질병, 유전적 장애 혹은 성인기 이전에 확인된 손상된 성장패턴이 영구적으로 지속되는 상태로, 평생 구체적이고 확대된 보호가 요구될 것으로 보이는 상태이다.

발달장애는 인지장애, 유아기 자폐, 뇌성마비, 성인기 이전에 발병하는 다양한 다른 상황들을 포함한다

C. 인지장애의 상이한 수준 설명과 원인 요약

인지장애의 수준은 다음과 같다: 경증, 중도 심함, 매우 심함. 수많은 인지장애의 원인들이 확인되었고, 이 장은 주요한 원인 중 몇몇을 요약하고 있다.

D. 장애에 대한 우리 사회의 반응 논의

지난 100년 동안, 우리 사회는 장애인의 욕구에 대한 더 나은 이해와 이러한 욕구 충족을 위한 서비스를 계획하는 데 진보가 있었다. 그러나 아직도 장애에 대한 수용이 일반적으로 부족하다. 그것은 종종 우리 사회의 '아름다운 몸'에 대한 강조와 관련되어 있다. 장애인들은 여전히 자주 불쌍히 여겨지고, 세상과 접촉을 피하며, 농담의 대상이기도 하다. 우리 사회는 장애인이 동료로서 간주되기를 원하는 사람이라는 것을 학습해야 한다. (우리 모두는 단지 지금 당장 장애를 갖는 것에서 제외된 운 좋은 사람에 불과하다.) 장애인에게 법적, 사회적으로 기회가 주어지고, 동료로서 간주될 때만이 비로소 사회적 서비스는 부분적으로 효과적이라고 할 수 있다. 바람직하게는, 장애인은 장애로 인한 신체적 혹은 정신적 제한점에 의해서만 제한받아야만 한다. 슬프게도, 이러한 사람들이 직면한 심리적, 사회적 장벽들은 종종 그들의 실제적인 신체적 혹은 정신적 제한보다 더 크다. 우리 사회는 아직 장애를 가지고 있는 사람이 그저 한 인간—장애가 우연히 발생한—이라는 사실을 학습해야만 한다.

E. 장애인에 대한 현재의 서비스 확인

장애인을 위한 서비스에는 다음과 같은 것들이 있다: 재활센터, 직업평가, 보호고용, 직업적응훈련, 상담서비스, 배치서비스, 레스파이트 케어, 보호자를 위한 지지집단, 교육프로그램, 그룹홈, 중간집, 너싱홈, 거주시설 치료센터, 데이케어센터, 병원서비스, 음식, 홈헬스서비스, 홈메이커서비스, 직업 재활 등이다.

F. 장애인 및 그 가족과 일하는 사회복지사의 역할 요약

사회복지사는 장애인에게 서비스를 제공하는 많은 전문가 집단 중 하나이다. 재활서비스를 제공하는 데 있어 사회복지사의 역할은 장애인 상담, 가족 구성원 상담, 사회력을 통한 정보 수집, 사례관리자 역할, 가족과 기관 사이의 연계서비스, 중개자, 퇴원계획을 포함한다.

사회복지사의 마지막 핵심 역할은 서비스 소비자를 임파워링하는 것이다. 장애를 가진 개인들을 임파워하는 요소들은 정상화, 탈시설화, 최소한의 제한된 환경, 혁신, 옹호, 가족지지를 포함한다.

인터넷 참고자료

CENGAGE**NOW**™ 각 장과 관련된 참고자료는 출판사 홈페이지(www.cengage.com/social_work/zastrow)를 참조하라.

주

1. William Kornblum and Joseph Julian, *Social Problems*, 12th ed. (Upper Saddle River, NJ: Pearson, 2007), pp. 47–48.
2. Ibid.
3. G. L. Dickinson, *Greek View of Life* (New York: Collier Books, 1961), p. 95.
4. S. Nichtern, *Helping the Retarded Child* (New York: Grosset & Dunlap, 1974), p. 14.
5. J. F. Garrett, "Historical Background," in *Vocational Rehabilitation of the Disabled*, D. Malikin and H. Rusalem, eds. (New York: New York University Press, 1969), pp. 29–38.
6. J. C. Coleman, *Abnormal Psychology and Modern Life*, 3rd ed. (Glenview, IL: Scott, Foresman, 1964).
7. C. E. Obermann, *A History of Vocational Rehabilitation in America* (Minneapolis, MN: Dennison, 1964).
8. L. Kanner, *A History of the Care and Study of the Mentally Retarded* (Springfield, IL: Charles C. Thomas, 1964), p. 6.
9. M. Judge, "A Brief History of Social Services, Part I," *Social and Rehabilitation Record*, 3, no. 5 (Sept. 1976), pp. 2–8.
10. Stanford Rubin and Richard Roessler, *Foundations of the Vocational Rehabilitation Process* (Baltimore: University Park Press, 1978), p. 4.
11. A. F. Tyler, *Freedom's Ferment* (New York: Harper & Row, 1962), pp. 294–296.
12. J. Lenihan, "Disabled Americans: A History," *Performance* (a publication of The President's Committee on Employment of the Handicapped), 27 (1977), Bicentennial issue.
13. Obermann, *A History of Vocational Rehabilitation in America*, p. 333.
14. L. M. Dunn, "A Historical Review of the Retarded," in *Mental Retardation*, J. Rothstein, ed. (New York: Holt, Rinehart & Winston, 1961), pp. 13–17.
15. Obermann, *A History of Vocational Rehabilitation in America*, p. 80.
16. Kanner, *A History of the Care and Study of the Mentally Retarded*, pp. 36–38.
17. Ibid., p. 39.
18. Rubin and Roessler, *Foundations of the Vocational Rehabilitation Process*, pp. 12–13.
19. Ibid., pp. 13–14.
20. Lenihan, "Disabled Americans: A History," pp. 28–37.
21. *Tyler, Freedom's Ferment*, p. 306.
22. Rubin and Roessler, *Foundations of the Vocational Rehabilitation Process*, pp. 8–9.
23. Ibid., pp. 10–11.
24. R. Lubove, *The Professional Altruist* (Cambridge, MA: Harvard University Press, 1965).
25. Ibid.
26. Obermann, *A History of Vocational Rehabilitation in America*, p. 121.
27. Rubin and Roessler, *Foundations of the Vocational Rehabilitation Process*, pp. 22–23.
28. Obermann, *A History of Vocational Rehabilitation in America*, pp. 155–157. 528 Chapter 16
29. R. Thomas, "The Expanding Scope of Service," *Journal of Rehabilitation*, 36, no. 5 (1978), pp. 37–40.
30. Rubin and Roessler, *Foundations of the Vocational Rehabilitation* Process, pp. 30–32.
31. Ibid., pp. 32–45.
32. Gregory Spears, "Bush Inks Disabled Rights Bill," *Wisconsin State Journal*, Jul. 27, 1990, p. 5A.
33. William E. Kiernan and Jack A. Stark, eds., *Pathways to Employment for Adults with Developmental Disabilities* (Baltimore: Brooks, 1986), pp. 12–15.
34. David L. Rosenhan and Martin E. P. Seligman, *Abnormal Psychology*, 3rd ed. (New York: Norton, 1995), p. 633.

35. Ronald J. Comer, *Fundamentals of Abnormal Psychology*, 4th ed. (New York: Worth Publishers, 2005), p. 433.
36. Ibid.
37. Ibid.
38. Ibid.
39. Ibid., p. 437.
40. Diane E. Papalia, Sally W. Olds, and Ruth D. Feldman, *Human Development*, 10th ed., (Boston: McGraw-Hill, 2007), p. 84.
41. Ibid.
42. Ibid.
43. Comer, *Fundamentals of Abnormal Psychology*, pp. 440–441.
44. Rosenhan and Seligman, *Abnormal Psychology*, p. 633.
45. Ibid., 630.
46. Ibid., pp 630–631.
47. Papalia, Olds, and Feldman, pp. 93–94.
48. Rosenhan and Seligman, *Abnormal Psychology*, p. 628.
49. Daniel Q. Haney, "Retardation Gene Discovered," *Wisconsin State Journal*,May 30, 1991, p. 1A.
50. Ibid.
51. Rosenhan and Seligman, *Abnormal Psychology*, p. 629.
52. S. Richardson et al., "Cultural Uniformity in Reaction to Physical Disabilities," *American Sociological Review*, 26 (Apr. 1961), pp. 241–247.
53. C. H. Cooley, *Human Nature and the Social Order* (New York: Scribner's, 1902).
54. Beatrice A. Wright, *Physical Disability: A Psychological Approach* (New York: Harper & Row, 1960), p. 259.
55. Adrienne Asch and Nancy R. Mudrick, "Disability," in *Encyclopedia of Social Work*, 19th ed. (Washington, DC: NASW, 1995), p. 753.
56. Ibid.
57. NancyWeinberg, "Rehabilitation," in *Contemporary SocialWork*, 2nd ed., Donald Brieland, Lela Costin, and Charles Atherton, eds. (New York: McGraw-Hill, 1980), p. 310.
58. Ibid.
59. R. Kleck, H. Ono, and A. H. Hastorf, "The Effects of Physical Deviance upon Face-to-Face Interaction," *Human Relations*, 19 (1966), pp. 425–436.
60. Fred David, "Deviance Disavowal: The Management of Strained Interaction by the Visibly Handicapped," in *The Other Side*: *Perspectives on Deviance*, Howard S. Becker, ed. (New York: Free Press, 1964), p. 123.
61. Rubin and Roessler, *Foundations of the Vocational Rehabilitation Process*, pp. 32–44.
62. Ibid.
63. "Stevie Wonder Page," available at www. soulwalking.co.uk/StevieWonder.html (Accessed Jan 10, 2009).
64. Dean H. Hepworth, Ronald H. Rooney, Glenda D. Rooney, Kimberly Storm-Gottfried, Jo Ann Larsen, *Direct Social Work Practice*, 7th ed. (Belmont, CA: Thomson, 2006), p. 428.

17 CHAPTER

인구과잉, 환경오용, 그리고 가족계획

Overpopulation, Misuse of the Environment, and Family Planning

이 장의 개요

- 인구위기
- 환경문제
- 무엇을 할 것인가?
- 사회사업과 가족계획

학습목표

인구과잉 및 환경훼손과 연관된 문제들은 전 세계를 통틀어 인간의 생명의 질을 떨어뜨렸다. 이러한 문제의 심각성은 몇몇 국가들에서 강제적인 불임법(斷種法)을 고려하는 데서도 잘 나타나고 있다. 이 장에서는 다음과 같은 학습목표를 제시한다.

A. 전 세계에 걸쳐 일어나고 있는 급격한 인구성장과 관련된 문제를 묘사하고, 공해와 환경오용에 대해 설명한다.
B. 세계 인구 증가를 감소시키고 환경을 보호하기 위한 최근의 노력을 정리 요약한다. 더불어 미래의 환경을 보호하고 인구를 통제하기 위한 계획을 검토한다.
C. 지구를 보호하기 위한 우리들의 노력의 일환을 제시한다.
D. 가족계획에 있어서 사회사업의 역할에 대해 설명한다.

1. 인구위기

지구상에는 현재 약 70억 인구가 살고 있다[1](예시 17.1 참조). 1930년에는 20억의 인구가 살고 있었다. 세계 인구는 1년에 1.2%씩 증가하는데, 이는 1년에 8천만 명씩 증가하는 셈이다(표 17.1 참조).[2] 이러한 세계 인구의 급속한 증가는 세계 인구가 10억 명씩 증가하는 데 걸리는 햇수를 역사적으로 살펴보더라도 알 수 있다. 우선 세계 인구가 처음으로 10억 명에 달한 것이 1850년이었으니 이는 세계 인구가 10억 명에 이르기까지 걸린 시간이 1850년인 셈이고, 여기에 또다시 10억 명이 더해지는 데 걸린 시간은 80년(1850~1930년), 그다음은 30년(1930~1960년)이 걸렸으며, 이어서 불과 15년(1960~1975년) 만에 다시 10억 명이 더해졌고, 마침내 1975년 이후 현재까지는 30억 명이나 증가하였다.[3]

이러한 인구 증가가 지속된다면 2065년에는 120억 명에 달할 것이며, 향후 900년 동안 지속된다면 세계 인구는 600억 명에 다다를 것으로 전망된다. 이러한 급속한 인구 증가가 의미하는 바를 달리 설명해 보면 육지와 바다를 모두 포함한 지구표면 1제곱야드(0.914제곱미터)당 100명이 살고 있는 셈이다.[4]

》 인구 배가시간*과 인구성장

한 국가 혹은 세계 인구의 인구 증가 비율은 헤아릴 수 없이

표 17.1 세계 인구의 배가시간

연도	세계 인구 추정치	인구 배가 필요시간
8000 B.C.	5백만 명	
1650 A.D.	5억 명	1,500년
1850	10억 명	200년
1930	20억 명	80년
1975	40억 명	45년
2000	60억 명	65년

출처: William Kornblum and Joseph Julian, *Social Problems*, 12th ed. (Upper Saddle River, NJ: Pearson: 2007), p.448.

많은 의미를 갖는다. 인구 배가 시간은 출생률이 사망률을 초과하는 정도에 기초하며 이는 복합적인 효과를 갖는다. 마치 돈이 더 많은 돈을 벌어들이듯이 사람이 더 많은 사람을 낳는다. 표 17.2는 연간 인구성장률과 인구 배가시간과의 관계를 보여주는 것이다. 따라서 최근 세계 인구성장률이 1.2%로 낮아지고,[5] 45년에서 65년으로 인구 배가시간이 늘어난 것은 상당히 중요한 의미를 갖는다고 할 수 있다.[6]

》 인구 배가시간과 개발도상국

인구 배가시간의 문제를 가장 심각하게 경험하고 있는 국가는 이제 막 산업화가 시작되고 있는 제3세계라고 불리는 '개발도상국가'들이다. 안타깝게도 이들 국가 가운데는 자국의 경제 상태를 개선시키기 위해 많은 자원이 필요한 국가일수록 인구성장 속도도 가장 빠르게 진행되고 있다. 이들 개발도상국들은 전 세계 인구의 2/3 이상을 차지하고 있으며 인구 배가시간도 대개 20~35년 사이이다.[7] 이들 국가 대부분은 비효율적인 일차 농경사회이며, 국민총

* 인구 배가시간(doubling)은 인구의 수가 두 배가 되기까지 걸리는 시간을 의미한다.

표 17.2 인구성장률과 인구 배가시간

연간 증가비율	인구 배가시간(년)
1.0	70
2.0	35
3.0	24
4.0	17

출처: Paul Ehrlich, *The Population Bomb* (New york: Ballantine, 1971). p.10.

생산도 낮고, 문맹률은 높은 편에 속한다. 이들 국가의 국민들은 대부분의 시간을 아주 기본적인 욕구충족을 위해 보내며 많은 사람들이 굶주리고 있기도 한다.

개발도상국들은 대개 높은 출생률과 감소하는 사망률을 특징으로 한다. 한 국가가 산업화되기 시작하면 사망률은 떨어지는 반면에 출생률은 일정기간 동안 높은 상태로 남아 있기 때문에 그 결과로 급격한 인구성장이 이루어지는 것이다. 불행하게도 사람들의 삶의 조건이 대부분 욕구상승인 개발도상국들은 모두 빠르게 인구가 성장하는 국가이면서 동시에 한 세대 전에 비해 그렇게 나아지지는 못한 국가들이다. 세계 인구 10명 가운데 9명은 가난하거나 개발도상국에서 태어나며,[8] 제3세계 국가들이 산업화된 국가들에 비해 인구 폭발의 가능성이 훨씬 높다.

오늘날 세계 인구의 위기는 가족이 과거에 비해서 보다 많은 자녀를 갖게 되었기 때문이 아니다. 실제로 가족의 크기는 증가하지 않았다. 문제는 오히려 보다 많은 사람들이 가임연령 이상 산다는 데 있다. 실제로 많은 아이들이 자신들의 아이를 낳을 때까지 성장하고 있다. 이러한 변화의 근본적인 원인은 의약, 위생, 그리고 공중보건의 발전과 더불어 기근, 홍수, 가뭄, 그리고 기타 자연 재앙을 감소시키는 능력이 향상되었다는 데서 기인한다.

Lee Rainwater는 "가난한 사람들이 아이를 더 많이 낳는다"고 했다.[9] 급격한 인구성장과 빈곤 간에는 바람직하지 못한 순환이 이루어지고 있다. 급격한 인구성장은 그러한 인구들을 먹이고 입히는 데 필요한 국가의 능력에 점진적인 부담을 주고, 이는 곧 국가를 빈곤에 이르게 한다. 따라서 다시 빈곤은 높은 출생률을 가져오고 이는 더 많은 인구성장을 초래하게 되는 것이다. 전 세계은행 총재였던 Robert S. McNamara는 "핵전쟁보다는 급격한 인구성장이 앞으로 수십 년 동안 전 세계에 닥치게 될 매우 심각한 이슈"[10]라고 경고하고 있다.

선진국 혹은 산업화된 국가들의 인구 배가시간은 대개 50~60년 정도의 범위에 있다.[11] 최근 미국의 경우, 출생률은 완만하게 감소하였고, 인구성장률은 이제 거의 0(가구당 평균 2인 자녀)에 가까워지고 있다. 선진국에서의 인구 배가시간이 길어지는 근본적인 이유는 사람들이 재정적 혹은 기타 다른 이유로 말미암아 자녀들을 적게 갖고자 하는 데 있다. 실제로 가구당 소득이 연 38,000~64,000달러 정도인 기혼부부가 한 명의 아이를 18세까지 키우는 데 드는 예상비용은 267,000달러 정도이다.[12] 결국 선진국은 저출산, 저사망률로 대표된다고 할 수 있다.

비판적 사고를 위한 질문 ?

당신이 만약 결혼 후 두 아이를 갖기로 하였다면, 당신과 당신의 배우자는 아이 양육을 위해 50만 달러 이상의 돈을 투자해야 한다는 사실을 알고 있는가? 또한 당신의 부모가 당신을 키우는 데 20만 달러 이상을 투자하고 있다는 점을 알고 감사해 하고 있는가?

선진국의 인구 배가시간이 짧다고 해서 문제가 없다고 할 수는 없다. 자원 소비 비율을 보더라도 이들 국가들이 주요 원인을 제공하고 있음을 알 수 있다. 이들 산업화된 국가에 살고 있는 사람들이 지구상에 존재하는 원자재의 대부분을 소비하고 있는 것이다.[13]

많은 개발도상국의 가족들은 평균 7~8명의 자녀들을 갖고 있다.[14] 그 결과로 이들 국가에서는 젊은 세대들의 인구가 증가하고 있다. 그림 17.1은 개발도상국들에서의 젊은층 인구가 늘어남으로써 선진국들에 비해 인구 폭발 가능성이 매우 높음을 보여준다.

》 최적 인구크기

이제 우리는 "과연 지구상에 살고 있는 사람들을 돌볼 수 있는 지구의 용량은 어느 정도일까?"라는 하나의 공통된 의문을 가질 수 있다. 다시 말해서 너무 많지도 너무 적지도 않은 최적의 인구는 얼마나 될지 의문이 생기는데, 이상적이고 보다 정확한 지구상의 적절한 인구 숫자는 존재하지 않는다.

왜냐하면 최적의 인구 규모를 상정하는 데는 많은 변수와 가치가 고려되어야 하기 때문이다. 예를 들어 사람들의

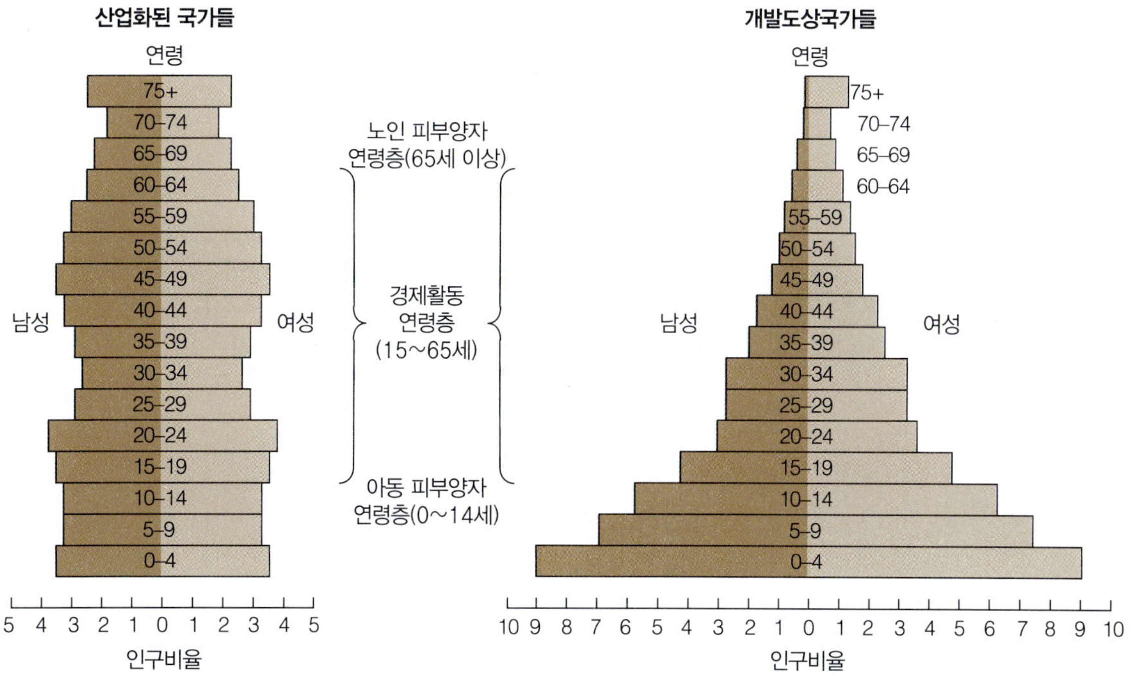

*산업화된 국가*에서는 한 명의 아이를 돌보는 데 경제활동 연령층 인구 3~4명이 필요하다. 따라서 이들 국가에서는 아이의 성장과 재생산에 따른 인구구조 변화는 거의 없는 편이다.

*개발도상국가들*에서는 한 명의 아이를 돌보는 데 경제활동을 하는 어른이 한 명 또는 그 이하에 불과하다(그만큼 아이들의 인구수가 성인에 비해 훨씬 많다는 의미임). 따라서 이들 국가에서는 아이의 성장과 재생산에 따라 인구폭발이 발생할 것이다.

그림 17.1 연령/성별 인구 피라미드: 산업화된 국가와 개발도상국가 모델

삶의 질이나 기준, 생산이 불가능한 원자재의 소비 비율, 새로운 에너지와 식량 자원을 찾는 데 필요한 미래의 기술 수준, 공기와 물의 청정수준 유지 정도, 인구통제에 관한 정부의 역할에 대한 일반인의 수용정도 등에 따라서 인구의 적정 규모가 달라질 수 있기 때문이다. 높은 소비 지출 경제를 갖는 산업화된 국가일수록 지구상의 원자재들에 대한 소비 및 공해 배출이 개발도상국에 비해 높을 것이다. 따라서 소비비율 하나만 기준으로 보더라도 산업화된 국가에서의 인구 1백만 명 증가는 개발도상국에서의 인구 3천만 명 증가와 맞먹는 결과를 나타낸다.[15)]

세계 인구가 이미 인구과잉상태인지 아닌지는 Paul Ehrlich과 Anne Ehrlich의 다음과 같은 주장을 통해서도 잘 알 수 있다.

> 인구과잉상태를 이해하기 위한 핵심요소는 인구밀도로 알기보다는 일상 활동에 필요한 자원과 적절한 환경을 갖춘 특정 지역 내에 얼마나 많은 사람들이 살고 있는가를 알아야 한다. 그렇다면 언제쯤 우리가 사는 세계가 인구과잉상태가 될까? 다시 말해서 재생 불가능한 자원의 고갈이 급격히 진행되고 있고 사람들을 뒷받침할 수 없는 환경이 지속되는 우리 세계가 언제쯤 더 이상 인구 수를 유지할 수 없게 될 것인가?
>
> 이러한 기준에서 본다면 지구 전체 그리고 거의 모든 국가들은 이미 인구과잉상태라고 할 수 있다.[16)]

》 인구과잉의 문제

다양한 문제가 인구과잉과 관련되어 있다. 이러한 문제로는 식량 부족, 물 부족, 경제적 문제, 국제 테러 문제, 인구집중 문제, 이민자 문제, 에너지 부족 문제, 기타 재생 불가능한 자원 문제 등이 있다.

식량 부족 문제

어림잡아 10억 명 가운데 3/4가량이 영양결핍상태, 즉 점진적으로 기아상태가 되어 가고 있다.[17)] 아동기 때의 영양결핍상태는 매우 심각한 결과를 초래할 수 있다. 아동기 영양의 결핍은 신체적 성장 지연이나, 두뇌발달 훼손, 그리고 지능감소를 초래하고 왜소발육증(dwarfism)을 낳기도 한다. 영양이 결핍된 성인의 경우 게으르거나 매사에 무관

에티오피아 아이들이 구호캠프에서 식사를 위해 줄을 선 모습. 전 세계적으로 개발도상국에서는 한 해에만 2천만 명 이상의 어린이들이 굶주림으로 죽어가고 있다.

심하는 등 일반인에 비해 열정적으로 일을 하지 못하는 경향이 있다. 또한 각기병, 꼽추, 소모증 등의 질병은 충분한 영분 섭취가 결여된 결과로 나타나는 질병이다. 불충분한 영양 공급은 또한 병에 대한 저항력을 약화시키고, 따라서 이러한 사람들은 다른 건강관련 문제를 갖기가 쉽다. 질병의 위험은 항상 영양이 결핍된 사람들이 많이 사는 인구과잉 지역에서 높게 나타난다. 게다가 영양결핍의 폐해는 세대를 통해 이전되기도 하는데 영양결핍상태인 엄마로부터 태어난 아기는 그렇지 않은 엄마로부터 태어난 아기보다 빈약한 건강상태를 보인다.[18]

심지어 선진국이라 할 수 있는 미국의 경우에도 많은 사람들이 영양결핍상태에 있으며 그 가운데 일부는 굶어 죽어 가고 있다.[19] 이 책을 읽고 있는 지금 이 시간에도 대략 4명 정도가 영양결핍상태로 죽어 가고 있으며, 이 가운데 3명이 아동이다.[20] 보통 사람은 태어나서 3세가 될 때까지 어른이 되었을 때의 뇌 크기의 80%만큼 성장한다. 그런데 만약 이 기간 동안 단백질이 충분히 공급되지 못하게 되면 뇌는 성장을 멈추게 되고, 따라서 그 피해는 돌이킬 수 없다. 이러한 아이들은 영구적인 인지장애로 인해 고생하게 된다.[21]

지금으로부터 200여 년 전인 1798년, Thomas Malthus는 인구성장에 유의하지 못하면 인구 증가가 식량공급을 초과할 것이라고 주장했었다.[22] 이러한 사실에 대해 Malthus는 인구 증가가 잘 통제되지 못할 경우 우리의 인구는 1, 2, 4, 8, 16, 32, 64…와 같이 두 배씩 기하급수적으로 증가하는 반면에, 식량은 그와 같이 증가하지 못하고, 1, 2, 3, 4, 5, 6, 7… 등 단순히 산술급수적으로 증가한다고 이론화하였다. Malthus는 따라서 인구 증가가 식량공급을 초과하는 사태를 피할 수 없게 된다고 보았다. 따라서 인구수가 사회에 의해 통제되지 못할 경우 기근, 굶주림, 그리고 빈곤은 전 세계가 피할 수 없게 될 것이라고 보았다. 오늘날 많은 국가들에서 발견되는 기근과 가난은 Malthus의 이러한 이론을 잘 뒷받침하는 증거가 되고 있다.

기술(테크놀로지)이 전 세계 식량공급을 괄목할 만큼 증가시킬 것인가를 둘러싼 과학자들 간의 논란은 현재 진행 중이다. 어떤 과학자들은 우리는 이미 한계에 도달했으며, 앞으로도 세계 인구가 보다 느리게 증가한다 하더라도 이에 필요한 식량공급 문제를 해결하지는 못할 것이라고 주장하는 반면, 다른 과학자들은 미래의 기술이 세계 인구가 현재보다 10배 정도 증가하더라도 이를 해결할 수 있는 식량을 제공할 수 있을 것이라고 주장하고 있다.[23]

과연 어느 쪽 주장이 맞을까? 아직 판정은 나지 않았다. 불과 수십 년 전 기술의 발전으로 1에이커당 밀과 쌀의 생산에 있어서 엄청난 향상을 가져왔다. 그러나 이러한 소위 '녹색혁명'은 비료와 물의 사용 증가를 필요로 하였다. 비료는 점점 희소하게 되고 값이 비싸졌으며, 많은 개발도상국들은 용수 시스템을 구축하는 데 필요한 비용을 더 이상 충당하기 어렵게 되었다. Lester Brown은 "1950년부터 1990년까지 세계 곡류 생산을 거의 3배 이상이나 증가시켰던 비료의 사용은 더 이상 잘 작동되지도 않고, 더 이상 새로운 방법도 없다"[24] 고 했다.

식량공급을 증가시키기 위한 연구들은 이제 다른 방법을 시도하고 있다. 그 가운데 하나가 열대우림지역인 아프리카, 남미, 그리고 인도네시아 등지에서의 경작 가능성을 연구하는 것이다. 이들 지역은 많은 일조량과 물을 갖고 있으나 토질이 좋지 못하고 심각한 해충 피해가 예상되는 지역이다. 또 다른 노력은 물고기 등 해양생물을 기르는 새로운 방법을 모색하는 것이다. 바다는 비록 아직까지는 별로 맛은 없으나 엄청난 양의 식량을 보유하고 있다. 보다 많은 식량 생산도 중요하지만 더불어서 중요한 것은 식량의 분배 시스템이 반드시 향상될 필요가 있다는 점이다. 미국의 경우에도 농부들이 생산하는 식량의 총량이 소비하는 양에 비해 더 많지만 아직도 3천만 명의 인구가 충분히 먹고 살지 못한다는 사실은 매우 아이러니한 일이 아닐 수 없다.[25]

물 부족 문제

놀랍게도 전 세계적으로 물의 공급도 부족한 실정이다. 이 지구상의 물 가운데 97%가 염분이 있는 물이고 단지 3%만이 담수에 해당한다.[26] 보다 발전된 국가일수록 개발도상국들에 비해 1인당 물 소비량이 훨씬 많다. 전 세계적으로 10억 명 이상의 인구가 담수 부족에 처해 있는 실정이다.[27]

경제적 문제

산업화된 국가에서의 급격한 인구 성장은 국민 1인당 평균 소득을 감소시켜 전체 국민의 삶의 질과 일상생활의 기준(standard)이 낮아진다.[28] 왜냐하면 소득수준이 낮은 집단에서 출생률이 꾸준히 높게 나타남으로써 사회 경제적으로 많은 문제가 추가적으로 발생하기 때문이다. 따라서 어떤 이들은 빈곤계층에서의 높은 출생률로 말미암아 평균 교육 성취도가 감소되고 결국에는 중산층이나 상위층이 지지하는 가치가 위협된다는 것을 공개적으로 경고하기도 한다. 인구의 급격한 성장은 다른 문제들을 야기하기도 하는데, 이를 테면 대량 실업, 대기와 수질 오염, 교통체증, 주택문제 등이 여기에 해당한다.

경제적인 문제는 개발도상국들에서 보다 더 심각하게 나타난다. 우선 인구 증가로 인해 경제적 향상이 드러나 보이지 않게 된다. 가난한 국가에 있어 산업화는 거주민들로 하여금 공장, 트랙터, 그리고 다른 산업재료 등 자본재에 대한 투자(공공 또는 민간 펀드를 통한)를 요구하게 된다. 그러나 많은 개발도상국들은 그들 국가의 국민들에게 적절한 식량을 공급할 수 있는 재원을 갖고 있지 못하다. 따라서 자본재에 투자할 능력이 없다는 것은 이들 국가의 국민들의 삶의 질 수준을 향상시키는 것이 불가능할 수밖에 없다는 것이다.

이러한 재원의 부족은 또한 교육 및 정치적 측면에서의 문제를 야기한다. 개발도상국들은 상당히 많은 취학대상 아동들을 갖고 있으나 이에 충분한 학교를 세울 자원을 갖고 있지 못하다. 예를 들어 Benson Morah 박사는 나이지리아의 이러한 상황을 다음과 같이 설명하고 있다. "한 교실에 학생은 70명이나 되고 이들 가운데는 교실 창틀에 앉아 있는 아이들도 있으며, 의자는 각자가 갖고 와야 한다."[29] 결과적으로 많은 개발도상국에서는 아이들 대다수가 학교에 다니지 않고 있으며, 이로 인한 문맹과 교육 훈련의 부족은 거주민들을 빈곤에 묶어 두는 결과를 초래한다는 것이다.

덧붙여서, 매우 처참한 수준의 의식주 상태에 있는 국민들은 정부가 자신들을 부유해지지 못하게 할 뿐만 아니라 가난한 사람들이 되도록 강제하는 것으로 간주하기도 한다. 이러한 경우 아프리카, 아시아, 남미 등에서 볼 수 있는 이른바 정치적 불안, 혁명, 그리고 시민전쟁 등을 야기하기도 한다.

한편, 산업화된 국가와 개발도상국 간 생활수준의 차이는 보다 커져만 가고 있다. 예를 들어 2008년 기준으로 미국은 1인당 연평균 소득이 26,000달러였던 반면에 일부 개발도상국들에서는 500달러도 채 되지 못했다.[30)]

국제 테러 문제

급격한 인구 성장은 시민들의 불안, 폭력, 그리고 국제적 분쟁에 기여하는 요인 가운데 하나다. 인구과잉은 보다 높은 실업률, 급격한 도시화, 쇠퇴하는 공중보건, 환경오염, 경제적 지체, 그리고 대규모의 젊은 인구층 등을 초래한다. 제3세계 국가들의 젊은 세대들은 빈곤하며, 미래에 대한 희망도 없다. 그러나 이와 동시에 그들은 산업화된 국가의 사람들이 보다 더 풍족하다는 사실을 알고 있다. 이러한 상황은 '열망의 폭탄(aspiration bomb)'을 만들어 내기도 한다. 따라서 이들 젊은 세대들은 폭력이나 테러를 보다 나은 삶을 달성하기 위한 유일한 길로 생각한다는 것이다.

미국 안보국(U.S. National Security Council)의 인구관련 보고서에서는 다음과 같이 적고 있다.

> 최근 이란과 다른 국가들에서의 경험은 자주 실직 상태이거나 도시 슬럼지역에 거주하고 있는 젊은 연령집단이 극단주의, 테러, 그리고 폭력을 분노의 출구로 생각하고 있다는 것을 잘 보여주고 있다. 따라서 모든 것을 감안할 때, 이러한 요인들도 사회적 불안이나 정치적 불안정성, 대규모 이주 그리고 국토와 자원을 통제하는 데 있어서 가능한 갈등요소와 더불어 다뤄질 필요가 있다는 것이다."[31)]

또한 Werner Fornos는 '열망의 폭탄'의 위험성에 대해 다음과 같이 말했다.

> 제3세계 국가 인구의 60%가 20세 이하이며, 그 가운데 절반이 15세 이하이다. 이러한 인구 압박은 정치 경제적 혼돈과 합쳐질 경우 거대한 잠재적 테러리스트 집단을 형성하여 젊은 세대들에게 폭발하기 쉬운 열망을 만들어 낸다. 이러한 열망의 폭탄은 미국의 안전에 있어서 원자폭탄보다 더 위협적인 것이 될 수 있다. 왜냐하면 상호전쟁 방지나 핵무기의 사용 금지라는 일반 상식적 가능성에는 희망이라도 있지만, 폭력과 분노가 내재되어 있는 '열망의 폭탄'에는 이에 대항할 것이 아무것도 없기 때문이다."[32)]

비판적 사고를 위한 질문 ?

미국은 전 세계적인 테러리즘을 없애기 위해 어떤 전략들을 사용해야 하는가? 당신은 미국의 이라크 침공을 지지하는가?

2001년 9월 11일 테러리스트들은 4대의 항공기를 공중납치했고, 이 가운데 두 대는 뉴욕 시의 세계무역센터 쌍둥이 빌딩으로 날아들어 110층 전부가 무너졌으며, 세 번째 비행기는 수도 워싱턴의 미 국방부 건물에 떨어져 많은 피해를 입혔고, 네 번째 비행기는 펜실베이니아 지역에 추락하였다. 이 일로 약 3,500명이 사망하였고, 미국과 많은 국가들은 테러와의 전쟁을 선포하기에 이르렀다. 아프가니스탄은 미국과 동맹국들에 의해 공격당했으며 마침내 테러리즘을 도운 탈레반 정부가 축출되었다. 몇 개월 후 미국과 동맹국들은 다시 이라크를 침공하여 역시 테러리즘을 도운 사담 후세인을 제거했다. 그러나 이 교재의 재판본이 나온 2009년 현재 아직도 반정부 집단들이 활동하고 있으며 미국과 동맹국들은 이들과 심각한 갈등상태에 있다.

인구과밀

인구과밀(crowding)은 인간이 충분하지 못한 공간을 갖고 있다는 것에 대한 개인의 주관적 판단으로 설명되어 왔다. 몇 편의 연구들이 동물의 과밀효과에 대해 연구해 왔는데, John Calhoun은 생쥐 우리에 생쥐를 가둬놓고 보통 자연환경 상태보다 개체수가 더 많아질 때까지 기르는 실험을 한 후 몇 가지 행동에 있어서 변화가 있었음을 발견하였다. 우선 많은 암컷 생쥐들이 불임이 되기 시작했고, 다른 것들은 유산을 하거나 새끼를 낳더라도 적절히 돌보지 않음을 발견하였다.[33)]

또 다른 연구에서는 과밀 상태의 동물들은 자극에 과민반응을 보이거나 지나치게 공격적이고, 신경질적이며, 훈련 시에 부주의하고, 성가셔 하며 심지어는 상호 포식 의존까지 나타나고 있음을 발견하였다. 많은 경우에 있어서 이러한 부정적인 행동들은 정상적인 환경으로 돌아올 때까지 지속되고 있었음을 발견하였다.[34)]

동물들의 과밀에 대한 연구 결과를 인간에게까지 적용시킬 필요는 없다. 인간에 있어서의 과밀현상의 결과에 대한 연구가 아직 충분히 이루어진 것은 아니다. 그러나 사람들은 범죄, 정서적 문제, 근친상간, 아동학대, 자살, 폭력, 더러워진 거리, 그리고 오염된 대기 등을 일으키는 요인 가운데 하나로 인구과밀을 주장하고 있다. 또 다른 이들은 이와 같은 인간의 문제 행동들의 원인을 인구과밀보다는 빈곤이나 전통적 가치의 훼손으로부터 찾기도 한다.

그럼에도 불구하고 잊지 말아야 할 것은 때론 미세한 균형이 인구와 환경 사이에 존재하고 있으며 이러한 균형은 약간의 인구 증가에 의해 급격히 변할 수 있다는 사실이다. 이는 마치 꽉 들어찬 수족관에 물고기 한두 마리를 추가함으로써 산소 결핍으로 모든 물고기가 떼죽음을 당할 수도 있다는 것과 같다고 할 수 있다.[35)]

이민 관련 쟁점

인구과잉은 또한 이민 관련 쟁점을 증폭시킨다. '이민'이란 모국이 아닌 나라에 영구히 거주하기 위해 입국하는 것을 말한다. 전 세계를 통틀어 보더라도 가난한 국가에서 살고 있는 사람들은 부유한 국가로 이사하는 꿈을 꾼다. 미국으로의 이민의 경우 금세기 초반부터 이미 불균형 상태에 이르렀다. 다른 부유한 국가들에서도 가난한 나라들로부터의 인구 유입을 경험하고 있다.

미국은 종종 이민의 나라로 불린다. 초기 유럽으로부터의 이민이 이루어지기 시작한 이후로 북아메리카는 전 세계 사람들에게 선망의 대상이었다. 물론 그 가운데는 아프리카의 흑인노예들처럼 자신들의 의지와는 상관없이 이민이 이루어지는 경우도 있었지만 대부분은 압박으로부터의 자유와 경제적 기회를 찾아 이주해 왔다. 지난 2세기 동안 다른 종교, 인종, 문화 그리고 정치적 견해를 가진 수백만의 이민자들이 미국에 왔다. 이러한 다양성은 미국 문화의 특성이며 또한 강점이 되었다. 오늘날 엄청나게 다양한 미국의 의복이나 음식, 그리고 음악 등은 많은 다양한 문화와 국가로부터의 이민이 이뤄낸 기여라고 볼 수 있다.

이민은 또한 미국 사회를 성가시게 하는 일련의 사회 문제에 기여하기도 한다. 이민은 민족과 인종 갈등, 불법 이민의 폭증, 상이한 민족집단 간 갈등, 새로운 이민자에 대한 교육과 보호에 관련된 스트레스와 비용 부담 등의 문제를 초래하였다.

오늘날 미국에 있어서 불법이민은 가장 복잡한 사회 쟁점 가운데 하나가 되었다. 미국의 불법 이민자 수에 대해서는 정확히 알려진 바는 없으나 가장 큰 비율을 차지하는 불법 이민자는 멕시코와 중앙아메리카 이민자들이다.

미국 내 불법체류자가 경제에 미치는 영향은 지난 십 수년 동안 뜨거운 토론 주제였다. 어떤 학자들은 불법체류자들이 미국 시민권자들의 일자리를 빼앗아 갔다고 주장하는 반면, 다른 사람들은 미국 사람들이 일하기 꺼려하는 분야—예를 들어 농장에서의 막노동—에 나름의 기여를 하고 있다고 주장한다. 또한 이들은 낮은 급여와 열악한 작업환경을 감수하면서까지 미국의 산업 유지에 기여하였으며 이들이 기여한 산업들이 연관된 다른 형태의 산업 발전에도 기여함으로써 또 다른 일자리를 창출할 수 있었다는 것이다. 경제 후퇴기에도 불법체류자들은 시민권자들보다 먼저 해고됨으로써 시민권자들의 경제적 불확실성을 완화시키는 완충 역할을 담당하였다는 것이다.

한편 불법 이민자들에 대한 노동력 착취도 중요한 이슈가 되고 있다. 이는 주로 불법체류자가 자신의 어려움을 정부 당국에 이의 제기할 수 없다는 사실을 잘 아는 잔인한 업자들에 의해 이루어지고 있다. 왜냐하면 만약 불법체류자가 관련 기관에 가면 그들의 신분이 노출되고 이내 추방되기 때문이다. 미국의 경우 많은 불법 이민자들이 일을 하고 있지만 그들은 불법으로 일을 하고 있는 셈이다. 미국의 경우 1986년에 미 의회가 이민 개혁 및 통제에 관한 법(Immigration Reform and Control Act)을 통과시킨 이후, 불법 이민자들을 고용한 경우 250~10,000달러의 벌금을 물도록 되어 있다.

미국의 경우 대부분의 이민자들이 사는 지역은 뉴욕, 로스앤젤레스, 마이애미, 그리고 시카고 같은 몇몇 대도시 지역에 국한되어 있다. 소위 '연쇄 이주(chain migration)' 현상은 도시 지역 집중의 일차적인 원인이 되기도 한다. 이 용어는 이민자들이 그들의 친척이나 모국의 국민들이 이미 살고 있는 지역으로 이사와 사는 것을 말한다. 이들 친척이나 모국 국민들이 이민자들의 문화나 언어 등을 공유하며 또한 새로운 환경에 적응하는 것을 돕기도 한다. 따라서 대도시에서의 이민자들 거주 지역에는 교육, 건강보호, 일자리 훈련, 공공주택, 그리고 영어 교육을 위한 각종 서비스를 제공하는 데 필요한 추가 비용이 들어가게 되는 것이다.

과거에도 그랬던 것처럼 현재에도 이민에 대한 반대 정서는 인종과 민족적 편견에 기초한다. 왜냐하면 최근 미국에로의 이민은 주로 유색인종이거나 비유럽인들이 대부분을 차지하고 있기 때문이다. 그러나 이민자들이 제한적인 일자리 시장에서 경쟁을 높임으로써 실업률을 높이고 있는 것 아니냐는 질문도 합법적으로 제기되고 있다.

또한 갑작스런 정치적 망명자나 합법적 이민자의 유입

은 다른 특별한 문제를 일으키기도 한다. 예를 들어 1980년 쿠바의 Castro가 죄수들과 정신병원의 환자들을 대거 석방했고, 이 가운데 많은 사람들이 플로리다 남부, 특히 마이애미 지역으로 유입되었으며, 이는 정부 서비스 부담을 늘렸을 뿐만 아니라 1980년대 플로리다 남부지역의 인종폭력을 일으키기도 하였다. 그러나 1997년 미국의 National Academy of Sciences/National Research Council이 발표한 보고서인 *The New Americans: Economic, Demographic, and Fiscal Effects of Immigration*에 따르면, 미국의 경제에 이민이 미친 영향은 매우 미미했다는 결론이다.[36] 이 보고서에 따르면 매우 미숙련된 노동자를 제외하면 이민자들이 대부분의 미 국민들의 임금에 미친 부정적 효과는 없었다는 것이다. 다만 이민자들이 많이 살고 있는 캘리포니아, 플로리다, 그리고 텍사스와 그 밖의 몇몇 주에서는 새로운 이민자를 위한 정부 서비스에 대한 납세자의 부담이 좀 더 있었으나 이민자들도 거주기간이 점점 경과하면서 이들의 세금부담도 증가하였음을 밝히고 있다.[37]

미국 사회복지사협회(National Association of Social Workers, NASW)에서는 이민 쟁점과 관련하여 다음과 같은 정책을 실현할 것을 제시하고 있다.

> NASW는 국가의 안전을 보호하면서 인간의 평등과 권리를 지지하는 이민과 망명에 관한 정책을 지지한다. 비록 경쟁적 가치관에 의한 도전이 만만치 않다 하더라도 이민 정책은 사회정의를 진작시켜야 하며, 인종주의, 차별, 그리고 인종, 종교, 출신국가, 성별, 또는 다른 배경에 의한 평가를 멀리해야 한다. 정당한 법적 절차는 이민자나 시민권자 모두에게 고려되어야 한다. NASW는 이민정책이 가족이나 아이들에게 갖는 영향력에 대해 관심을 갖고 있으며, 아이들의 경우 그들 부모의 이민자 신분 상태에 의해 불이익을 받으며 성장하지 않도록 보장하는 정책을 지지한다. 이러한 원칙이 유지되기 위해서는 이민자 가족은 매우 극단적인 경우를 제외하고는 가족과 관련된 스트레스나 폭력으로 인해 강제 국외 추방되지 않아야 한다.[38]

에너지 부족 문제

원유, 석탄과 천연가스 등 모든 에너지의 80%는 화석연료에 의해 제공된다. 천연가스 자원은 급격하게 고갈되고 있다. 미국의 경우 국내에서 생산되는 원유 공급은 수요를 충족하기에 불가능하므로 외국 자원에 의지할 수밖에 없는 실정이다. 전 세계의 산업화된 국가의 인구는 세계 인구의 25%에 불과하지만 이들이 사용하는 에너지 소모량은 85~90%에 해당한다.[39]

전 세계에 매장되어 있는 석유와 천연가스는 1세기 안에 고갈될 것으로 예측되고 있다.[40] 2008년 전 세계적으로 원유의 수요가 이미 생산 가능한 양을 초과했다는 인식이 증가하기 시작했다. 그 결과로 가솔린의 가격이 드라마틱하게 인상되기도 했다. 따라서 화석 연료 자원과 더불어 새로운 에너지 자원의 개발이 반드시 이루어져야 할 것이다.

기타 재생 불가능한 자원 부족 문제

전 세계의 광물 자원들 또한 산업생산에서 반드시 필요한 요소를 보유하고 있다. 이러한 필요요소들은 구리, 흑연, 아연, 주석, 니켈, 텅스텐, 수은, 크롬, 망간, 코발트, 몰리브덴, 알루미늄, 백금, 철, 그리고 헬륨 등이다. 이들 광물 자원의 소비는 매우 빠르게 진행되고 있으며, 따라서 이들 자원도 고갈되어갈 것이다. 값비싼 낮은 수준의 원석 채굴보다는 이를 대체할 수 있는 방법들이 개발되어야 할 것이다. 특히 개발도상국들이 계속적으로 산업화 과정을 이어 갈 경우 이들 재생 불가능한 지하자원들에 대한 수요는 공급을 훨씬 초과할 것이라는 점을 유의해야 한다.

» 인구변동 이론

이미 앞서 지적했듯이 인구성장 비율은 개발도상국에서 가장 높다. 대부분의 학자들은 인구성장률이 감소하기 시작하면서 산업화 수준이 상당히 높이 올라갈 때 비로소 인구성장이 안정적으로 유지된다고 밝히고 있다. 이러한 연구 결과를 토대로 인구성장에 대한 일반적 수준에서 적용할 수 있는 소위 '인구학적 변화에 대한 3단계 이론'을 다음과 같이 주장한다.

1. **전산업 농업사회 단계**: 이 단계에서는 꽤 안정적인 인구 규모를 갖는다. 사회는 높은 출생률과 높은 사망률을 동시에 보인다.
2. **산업화가 시작되는 개발도상사회 단계**: 이러한 사회에서는 출생률은 높은 상태로 남아 있는 반면에 사망률은 떨어지고, 따라서 인구의 급격한 성장이 시작된다. 사망률이 떨어지는 이유는 의학기술의 발전 때문이며, 이로 인해 사람들의 평균 수명도 늘어난다.

3. **발전된 산업사회 단계**: 이 단계에 속한 사회에서는 낮은 출생률과 사망률을 동시에 보인다. 그 결과로 인구증가는 비교적 안정적이다. 낮은 출생률은 사람들이 자발적으로 아이를 적게 갖고자 하는 데서 비롯된 것이며, 부모들은 아이를 적게 가짐으로써 자신들의 삶의 질과 이미 태어난 아이의 삶의 질을 보다 높이고자 하는 것이다.

이상의 인구변화 관련 이론에 따르면 개발도상국들도 결국에는 사업화가 이루어지고 나면 인구 증가가 결과적으로 감소할 것이며 종국적으로는 안정적 상태에 이를 것이라는 희망을 갖게 한다. 그러나 이러한 이론은 말 그대로 이론적 모델일 뿐이다. 왜냐하면 이 이론은 미국이나 기타 서구 선진국들이 경험해 온 사실에 근거한 것이라 할 수 있다. 그러나 문제는 이러한 전이 단계가 언제나 같은 패턴으로 다른 개발 국가들에서도 동일하게 일어나리라는 보장은 없다는 점이다.

매우 다양한 요인들, 예를 들어 종교나 문화적 가치 등이 인구성장에 영향을 미칠 수 있다. 일본의 경우를 예를 들어 보더라도 2차 세계대전 이후 높은 출생률과 함께 개발도상국에 속해 있었다. 그러나 일본의 경우 인구통제가 필요하다는 일반적 합의가 존재했다는 점과 낙태가 비도덕적이지는 않다는 인식 때문에 2단계를 짧게 지나 바로 3단계로 진입하는 데 성공할 수 있었다는 것이다. 그 결과로 1947년부터 1957년 사이, 일본의 출생률은 인구 1,000명당 34명에서 14명으로 급감하는 기록을 세울 수 있었다. 이 기간 동안 모든 임신의 절반가량이 낙태된 셈이다.[41]이러한 급속한 변화가 과연 확대 가족을 미덕으로 삼는 문화적 가치를 지닌 다른 국가라면 가능한 일일까?

안정적인 인구성장과 관련하여 Ian Robertson은 다음과 같이 설명하고 있다.

> 문제는 인구성장이 안정적으로 될 것인가가 아니다. 인구성장은 결국 반드시 안정적으로 진행될 것이다. 만약 세계 인구가 그 수용 한계를 넘어설 것 같으면 사망률은 올라갈 것이며, 따라서 인구성장은 멈출 것이다. 문제는 인구성장이 안정적 상태에 도달할 때까지 얼마나 오랜 시간이 걸릴 것인지, 혹은 얼마나 많은 사람들이 2단계에 머물러 있을 것인지가 관심사라는 것이다. 따라서 인구 변화와 관련한 이론을 통해 우리는 개발도상국들이 안정적인 인구성장에 필요한 조건을 잘 갖춘다면, 다른 어떤 끔찍한 대안보다도 출생률 감소를 통해 안정적인 상태에 이를 수 있다는 희망을 가질 수 있다.[42]

그러나 비극적이게도 대부분의 개발도상국들은 높은 출생률과 낮은 사망률이라는 2번째 단계에 머물러 있다.[43] 이들 국가들이 이 단계에 오랫동안 머물러 있을수록 인구는 증가하게 될 것이고 산업화는 어려워질 것이며, 따라서 3단계인 산업화된 안정적 인구변화 단계에 이르는 것은 어렵게 될 것이다.

인구과잉에 대한 태도와 가치가 갖는 문제

로마 가톨릭 교회는 아직도 주기조절을 통한 자연스런 방법을 제외한 모든 피임방법 사용을 반대하고 있다. 더불어 많은 국가들에서도 부모들에게 많은 가족을 갖는 것이 바람직하다고 권장하고 있는 것도 사실이다. 우리 사회에서 낙태를 둘러싼 논쟁은 아직도 진행되고 있다. 더불어 미국 사람들에게 인구성장이라는 쟁점은 주의를 요하는 그리 중요한 일은 아닌 듯하다.[44] 이러한 태도와 가치들로 인해 우리 사회에서 인구과잉은 그다지 중요한 문제로 인식되지 않을 수 있다.

피임에 대한 이러한 태도와 관련하여 Ehrlich과 Ehrlich는 다음과 같이 적고 있다.

> 우리는 우리의 상황을 착각해서는 안 된다. 인구폭발은 머지않아 우리에게 닥칠 것이다. 남아 있는 질문은 출생을 조절하는 인간적인 방법에 의존해서 멈추게 할 것인가 아니면 초과부분을 자연스럽게 없애버릴 것인가를 결정하는 것이다. 출산 통제에 대한 종교와 문화적 반대는 전 세계 어디나 존재하고 있다. 그러나 그러한 반대가 어떤 결과를 낳을 것인지에 대해서는 이해하지 못하고 있다. 이러한 출산 통제를 반대하는 사람들은 어쩌면 (아이를 태어나게 하고 나서) 오히려 유아사망을 크게 증가시킴으로써 인구 규모를 조절하는 방안을 찬성하는 사람임에 틀림없다.[45]

비판적 사고를 위한 질문

당신은 인구성장이 즉각적인 주의를 요하는 중요한 이슈라고 생각하는가? 만약 그렇다면 정부가 사용하고 있는 이른바 피임정책들이 원하지 않는 임신을 방지하고 나아가 세계인구의 배가속도를 완화시키는 데 도움이 될 것이라고 믿는가?

인구과잉 문제를 가진 두 나라

인도와 중국은 인구과잉과 관련하여 매우 심각한 문제를 갖고 있는 대표적인 국가이다. 만약 세계가 인구증가에 있어서 변화하지 않는다면 대부분의 국가들에서도 같은 문제에 봉착하게 될 것이다.

인도

인도는 미국 전체 면적의 1/3에 해당하면서도 미국의 3배가 넘는 약 10억 명의 인구수를 가지고 있는 나라다.[46] 인도에서는 해마다 2천5백만 명의 아기가 태어난다.[47]

또한 인도는 세계에서 가장 가난한 국가 가운데 하나로, 일인당 평균소득이 980달러에 불과하다.[48] 인도의 많은 국민들은 영양결핍상태에 있으며 굶주리고 있다. 인도인의 하루 음식 섭취량은 약 2,000칼로리에 불과하다. (최소 건강유지를 위해서는 2,300~2,500칼로리가 필요하다.) 인도의 어떤 주에서는 아직도 1천 명의 어린아이 가운데 100명 이상의 아이들이 부적절한 산전 보호와 출산 시스템, 낮은 수준의 예방접종, 그리고 높은 출산 위험 등의 이유로 죽어가고 있다.[49]

인도는 1952년 처음 국가적 차원에서의 출산율 억제 정책을 실시하였다. 초기에는 관련예산이 턱없이 부족하여 주로 자연주기에 의존하는 피임을 권장하였으며, 1960년대에 이르러서는 정관절제술이나 자궁내 장치, 피임약 사용 등을 통해 피임하는 기술을 적용하기 시작하였다.

그럼에도 불구하고 출산율은 크게 감소하지 않았는데, 그 이유는 대부분의 국민들이 이러한 피임법을 대규모 가족을 이룬 이후에나 사용했기 때문이었다.[50]

1976년 인도 정부는 보다 공격적인 인구 억제 정책 전략을 실시하였는데, 공공교육의 강화라든가, 3명 이상의 자녀를 갖는 공공기관 근로자들에 대한 해고 조치 실시 등, 보다 강력한 억제책이 그것이다. 또한 인도의 Maharashtra 주 같은 곳에서는 강제적인 불임수술법 등을 통과시켜 강제 불임을 시행하기도 하였다.

> **비판적 사고를 위한 질문 ?**
>
> 당신은 미래에 일부 국가들에서 강제적인 불임법을 입법화함으로써 인구성장을 억제하는 방안을 모색할 것이라고 믿는가?

그러나 이러한 강력한 정책은 국민들의 반대에 부딪히고 1977년 Gandhi 여사가 선거에 패하면서 오래 가지 못하였다.

인도의 인구 수가 2050년쯤에는 중국을 초과할 것이라는 예측이 있다.[51] 인도 국민의 80% 이상이 힌두교도들이다. 힌두교에서는 적어도 아들 2명 이상을 낳을 때까지 남편이 아내의 피임을 용납하지 않는 경우가 많다.[52] 게다가 11%의 인도 국민은 이슬람교도인데 이들은 종교법을 따르는 차원에서 거의 모든 종류의 피임 관련법을 반대하고 있다. 자신의 몸에 손을 댄다는 것은 이슬람의 율법을 어기는 것으로 간주된다는 것이다.[53] 또한 아들에 대한 인도인의 강박관념 때문에 벌어질 수도 있는 낙태에 대해 인도는 태아에 대한 성별 감별을 법으로 금지하고 있다.[54]

과연 인도는 굶주림과 기아를 향해 계속 나아가기만 할 것인가? 아니면 인구성장을 억제할 수 있는, 정치적으로도 수용 가능한 방안을 찾아 낼 수 있을 것인가? 이러한 질문은 비단 인도뿐만 아니라 다른 개발도상국들에게도 공통된 질문이 될 것이다. 최근 인도는 디지털시대를 맞아 교육받은 젊은 세대들이 많이 늘어나고 있고 경제적 성장률도 매우 높은 국가가 되어 가고 있다.

중국

단순히 숫자로 비교한다면, 중국의 인구는 인도보다 많다. 중국은 이미 13억 인구를 갖고 있으며, 이는 전 세계 인구의 1/5에 해당한다.[55]

중국의 인구성장에 대한 태도는 다양했다. 한동안 중국 정부는 막대한 인구를 가지는 것이 구소련이나 미국에 대항하는 데 있어서 군사적으로 매우 중요한 자원이라고 생각한 적도 있었다. 게다가 이런 사실은 다른 개발도상국들도 같은 시각을 갖게 했다. 많은 개발도상국들과 마찬가지로 중국의 생활수준은 낮고, 대부분 농업과 수공업 중심이었다.

따라서 빈곤한 농업과 이로 인한 식량부족이 중국 정부로 하여금 인구조절에 관심을 갖게 한 것이다. 이제 중국의 관료들은 가족규모의 제한이 자국민의 건강과 삶의 질을 향상시킬 수 있을 것으로 보고 있으며, 전통적으로 제한적인 활동만을 담당했던 여성에게도 보다 자유로워질 수 있는 계기가 된 것으로 믿고 있다. 보다 작은 규모의 가족일수록 좋은 일자리와 교육을 성취할 수 있다는 광고가

Goodshoot/Busy street in Shanghai, China/Thinkstock

붐비는 중국의 상하이거리. 중국 인구는 13억 명으로 전 세계 인구의 5분의 1에 해당한다.

등장하기 시작한 것이다.

이와 같은 가족 규모에 대한 현재의 정책이 실시되기 전 중국 여성은 평균 3명의 자녀가 있는 셈이었다.[56] 1980년 중국정부는 가족당 1명의 아이만 갖는 정책을 실시하였다. 이에 따라 법정 최소 결혼 연령도 2년을 올려 남성은 22세, 여성은 20세로 조정하였다. 경우에 따라서 인구밀도가 높은 지역인 베이징에서는 남성은 28세, 여성은 25세까지 올렸다.[57] (실제로 결혼 연령을 높이면 가족의 규모는 작아지는 상관관계가 있다.[58] 중국에서는 이제 많은 가족을 구성하는 것이 당과 국가를 위해 별로 바람직하지 않은 일이 되어버린 것이다.

중국의 여성은 첫아이를 낳고 난 후 다시 임신을 할 경우 낙태의 압박을 느끼고 있다. 왜냐하면 중국정부로부터 받을 수 있는 각종 혜택—보너스, 도시주택, 건강보호, 높은 연금, 도시거주자들에게 주는 채소밭 등—을 2인 이상 자녀를 두고 있는 경우 받지 못하기 때문이다. 2인 이상 자녀를 둔 경우 실제로 급여 삭감이나 각종 복지프로그램 지원을 받지 못한다.

이러한 정책들의 시행으로 말미암아 중국의 인구 증가는 서서히 감소하게 되었다. 현재 중국의 인구 성장률은 1.1%로 개발도상국들 가운데서는 매우 낮은 비율을 보이고 있다.[59] 이제 중국 정부는 현재의 안정적인 인구 규모를 유지하기 위해 모든 노력을 경주하고 있다. 이는 중국뿐만 아니라 전 세계를 위해서도 매우 좋은 일임에 틀림없다.

그럼에도 불구하고 현재 중국은 버릇없고 자기중심적인 외동자녀 아이들 세대가 갖는 또 다른 새로운 문제에 봉착해 있다. 더불어 중국의 한 자녀 갖기 정책이 계속 지속될 경우 중국사회는 형제자매, 삼촌, 이모 등이 없는 사회가 되어 버릴 것이다.[60] 더구나 중국의 경우 전통적으로 아들과 더불어 확대가족의 형태로 사는 것이 최고의 미덕으로 간주되어 왔으며, 딸은 남편을 따라서 시댁에서 거주하고, 아들을 낳는 것이 그 집안의 이름과 유산을 지속시키는 매우 중요한 것으로 간주되었다. 이러한 이유로 한 자녀 정책에 따라 딸을 낳을 경우 놀랍게도 유아 살인 증가로 이어질 가능성이 높아졌다. 그렇게 함으로써 정부의 법을 위반하지 않으면서 아들을 낳을 가능성이 있기 때문이다. 중국에서의 임신가능기간(pace of childbearing)이 다른 개발도상국들에 비해 빠르게 감소하고 있는 점은 바로 이 같은 사실을 잘 뒷받침하는 것이기도 하다.[61]

비판적 사고를 위한 질문

당신은 형제자매나 삼촌 또는 이모(고모)들이 전혀 없는 사회에서 살고 싶은가?

여자 아이에 대한 유아 살인이 가져오는 또 다른 문제는 바로 남녀 성비가 맞지 않아서 생기는 문제점이다. 현재 중국의 성비는 여성 2명당 남성 3명이다.[62] 이는 결국 결혼하지 못하는 남성의 증가를 초래할 수 있다는 것이다.

최근 중국은 서구사회에 문호를 개방하고 관광객과 서구 기술 및 자본을 유치하기 시작했다. 이는 말할 것도 없이 적지 않은 정치적 문제를 일으킬 소지가 있다. (예를 들어 1970년대 이란의 국왕은 산업화 촉진을 위해 크루드 원유를 팔아 마련한 돈으로 필요한 정부정책과 프로그램을 입안하였다. 이러한 급격한 변화는 정치적인 저항과 시민전쟁을 불러일으켰고, 급기야는 왕이 쫓겨나게 되었다.) 따라서 중국의 미래는 다른 나라에 시사하는 바가 적지 않을 것으로 예측된다.

최근 들어 이루어지고 있는 중국의 경제적 성공은 기본적으로 값싼 노동력과 상대적으로 높은 생산성, 정부의 경제 우호적 정책, 그리고 훌륭한 인프라와 중간 정도의 기술을 가진 두터운 인구 층이 조합해낸 결과다. 또한 지난 2008년 베이징 올림픽을 성공적으로 개최한 후 중국은 세계로부터 많은 관심을 불러일으키고 있다.

인도와 중국에서처럼 강력한 인구조절 정책이 미국을 비롯한 다른 나라들에게도 필요할까? 이에 대해 Ehrlich과 Ehrlich는 다음과 같이 말한다.

> 우리는 우리 정부가 그러한 강제적인 인구 억제 정책이 유일한 해결책이 될 때까지 기다리지는 않을 것으로 기대한다. 무엇보다도 우리가 명심해야 할 것은 출산의 자유의 대가가 우리 아이들, 더 나아가서 우리 손자들이 살아가야 할 지구를 파괴하는 일이 될 수도 있다는 점이다. 자녀를 과연 몇이나 둬야 하는가는 이제 모든 국가 내에서 매우 중요한 사회적 이슈가 되었고, 따라서 사회 전체 차원에서의 본격적인 관심이 필요하다.[63)]

2. 환경문제

한 지역에 인구가 집중되는 것은 항상 환경문제를 일으킨다. 이와 관련하여 이 절에서는 토지 오염, 쓰레기 처리문제, 대기오염, 핵 발전 시설로부터 발생하는 방사능 누출, 핵전쟁, 수질오염, 산성비, 그리고 기타 오염물질에 대해 다룬다.

》 토지 오염

우리가 살고 있는 대지의 아름다움은 석탄 채광, 원유 채굴, 나무와 삼림 벌목, 고속도로 건설, 파이프라인 건설, 소와 양의 방목, 쓰레기 투기, 고속도로 광고판 설치 등 인간의 단기적이고 다양한 노력에 의해 훼손된다. 기름진 토양은 수분과 비옥함을 유지하기 위해 나무와 풀을 필요로 한다. 초식동물들은 생존을 위해 풀을 필요로 하며, 육식동물들은 초식동물을 필요로 한다. 어떤 새들은 생존을 위해 씨앗과 곤충을 필요로 하고, 또 다른 새들은 작은 동물이나 죽은 동물을 필요로 한다. 그리고 이렇게 땅 위에 존재하는 모든 살아 있는 것들은 각각의 생존을 위해 물을 필요로 한다. 이렇게 우리의 자연은 매우 정교하게도 그 구성요소 간 균형을 유지한다. 문제는 이러한 균형이 무너져 버리고 파멸에 이르는 것이다. 한때 지구를 지배했던 공룡은 아직까지 밝혀지지 않은 지구상의 환경 변화로 모두 전멸하고 말았다. 사하라 사막의 경우 불과 2만여 년 전까지만 해도 울창한 숲이었다. 양과 염소의 방목과 숲의 개간이 이 지역을 파괴한 주요 요인이었다.[64)]

삼림 남벌은 목재와 연료를 확보하기 위한 인간의 벌목에 의해 이루어졌으며, 숲에 대한 파괴역시 농장건설과 인구 증가에 따른 도시건설의 필요성으로 인해 인간들에 의해 진행되었던 것이다. 해마다 지구상에서 미국의 위스콘신 주 정도 크기의 열대 숲이 사라지고 있다.[65)] 이러한 추세라면, 아마도 30~40년 이내에 열대 숲은 모두 자취를 감추고 말 것이다.[66)] 만약 열대 우림이 파괴된다면 수백만 종의 동물과 식물들이 그들과 함께 사라질 것이다.[67)]

Paul과 Anne Ehrlich는 숲이 사라질 경우 발생할 결과를 다음과 같이 얘기하고 있다.

> 먹을 것과 잘 곳을 나무에 의지하고 있는 수많은 동물들이 사라진다. 나무 그늘에 의지해 온 많은 작은 숲속 식물들, 그리고 이에 의지하고 있는 많은 동물들도 역시 사리진다. 나무와 식물들이 사리지면서 토양은 외부에 바로 노출되고, 그 침식은 빠른 속도로 진행될 것이다. 지면의 상층표토*가 유실되면 해당지역의 물 저장 능력이 감소되고, 신선한 물의 공급은 떨어지면서 둑이 무너지고, 홍수가 일어나고, 삼림남벌 등으로 나무가 사라지면서, 소위 '증산작용'을 통한 대기 중 수분 공급이 어려워지게 된다. 이러한 현상은 바람의 순환을 방해하면서 기온의 급격한 상승을 가져온다.[68)]

지구상의 어떤 곳은 물과 바람의 침식에 지표면이 잘 관리되지 못하여 해마다 많은 양(수십 센티미터)의 상층표토를 잃어가고 있다. 이러한 사실은 보통 정상적인 상태에서 1인치의 상층표토 부분을 생성해 내는 데 보통 300~1,000년의 시간이 필요하다[69)]는 사실을 고려하면 매

* 역주: 상층표토(topsoil)는 토양층의 단면 중 유기물이 상당히 많고 대개 검은빛을 띠는 상층토이다. 뿌리가 내리는 주요 부위인 만큼 작물이 자랄 수 있는 자양분을 다량 가지고 있고, 작물 생육에 필요한 수분의 대부분을 공급하고 있다고 할 수 있다.

우 심각하다는 것을 알 수 있다. 해마다 약 250억 톤의 상층표토가 파괴되어 바다로 쓸려가고 있다.[70]

사실상 숲, 물, 그리고 토양은 '환경수용용량(carrying capacities; 자연의 복원력을 잃지 않는 범위 내에서의 최대 수용용량)'을 갖는 재생이 가능한 자원 시스템이다. 우리는 숲이 재생 가능한 범위에서 해마다 일정량만큼의 나무를 벌목하여 사용할 수 있다. 그러나 문제는 세계의 많은 곳에서 인구가 매우 빠르게 증가하고 있기 때문에 이 '환경수용용량'을 초과하기 시작했다는 데에 있다.[71]

때때로 환경은 인간의 사고에 의해 오염될 때도 있다. 가장 비용이 많이 들어간 최악의 기름유출 사고는 1989년 3월 미국 알래스카의 프린스 윌리엄 사운드에서 발생했다. 엑손사의 유조선 Valdez가 바위와 부딪히면서 배에 큰 구멍이 뚫리는 사고가 난 것이다. 당시 약 1,100만 갤런의 원유가 바다로 흘러 나왔고, 엑손사는 20억 달러를 원유 제거작업에 쏟아 부었으나, 흘러나간 원유의 5~9%밖에 제거하지 못했다. 이 사고로 수백만의 새와 동물, 물고기 그리고 식물이 죽었고, 해당 지역의 수산업과 이와 관련된 여타 산업들에도 막대한 피해를 입혔다.[72]

더불어 환경은 가끔 인간에 의해 의도적으로 훼손되기도 한다. 1991년 걸프전 당시 이라크의 사담 후세인은 쿠웨이트의 유전 중 600개에 불을 질렀으며, 이로 인해 수억 달러의 원유 저장고가 파괴되었고 하늘은 무려 한 달 이상까만 연기로 뒤덮였으며, 해당 지역의 인간과 동물들에게 심각한 피해를 입혔다.

》 폐기물 처리 문제

아직까지 우리 사회는 방사능 폐기물이나 일반 고형폐기물에 대한 안전한 처리방법을 갖고 있지 않다.

방사능 폐기물 처리

미국은 현재 무려 100개 이상의 원자력 발전소를 갖고 있으며, 앞으로도 더 많은 발전 시설을 가질 계획을 갖고 있다.[73] 위험한 점은 원자력 발전소로부터 발생하는 방사능 폐기물이며 이를 처리하는 데 많은 복잡한 문제를 갖고 있다는 점이다. 이러한 폐기물에서 발생하는 많은 양의 방사능은 사망원인이 되며, 적은 양이라 하더라도 암이나 기형아 출생의 원인이 된다. 이러한 방사능 폐기물은 그 잔존 기간이 300,000년이나 된다는 점에서 특히 위험하다. 미국 핵규제위원회(Nuclear Regulatory Commission)는 로켓을 통해 우주공간에 내버리는 방법, 바다에 묻어 버리는 방법, 견고한 바윗덩어리 안에 묻는 방법, 또는 오래된 깊은 폐광산 안에 묻는 방법 등 여러 가지 계획들을 고려하고 있으나, 궁극적인 해결 방법은 아직까지 찾지 못하고 있다. 현재까지는 이들 방사능 폐기물은 단단한 콘크리트 탱크 안에 저장하거나 묻어 놓는 방법을 일반적으로 사용하고 있다. 심각한 문제는 이러한 콘크리트 탱크도 기껏해야 수백 년에 불과할 뿐 몇천 년도 가지 못한다는 것이다.

방사능 폐기물은 수년간 끓고 있는 상태로 남아 있다. 이 가운데 일부가 누출되는 사고가 발생한 적도 있었다. 1974년에는 51일 동안이나 누출되었으며, 이때 방사능이 사실상 최소 수용치 이상으로 확인되기도 했다.[74] 심각한 문제는 현재 우리가 이용하고 있는 방사능 폐기물 처리 방법이 미래에는 더 치명적인 문제를 만들고 있는 것은 아닌가라는 점이다.

고형폐기물 처리

일반 대중의 관심이 방사능 폐기물 처리에 가 있는 동안 우리가 간과하기 쉬운 폐기물 처리 문제 가운데 하나가 전통적인 의미의 폐기물인 고형 폐기물이다. 미국의 경우 음식물, 유리, 종이, 플라스틱, 깡통, 페인트, 죽은 동물의 시체, 폐차, 낡은 기계 등 해마다 수십억 톤의 쓰레기를 버리고 있다. 우리가 흔히 현대 사회를 소비사회라고 부르는데 이는 좀 더 정확히 말하자면 쓰레기 버리는 사회라고 해야 할 것이다.

고형 폐기물은 보기 흉하고, 불쾌할 뿐만 아니라 악취를 내뿜는다. 이러한 쓰레기들은 물을 오염시켜 쥐나 온갖 유해한 동물들을 번식시키기도 한다.

이러한 고형 폐기물을 처리하는 방법은 땅에 묻어 버리거나 아니면 소각하는 방법이 있다. 특히 미국 중소도시의 경우 쓰레기 매립지는 연방정부의 위생처리 기준에도 맞지 않게 운영되고 있는 실정이다.[75] 더구나 시에서 운영하고 있는 소각시설의 경우에도 도시의 대기오염의 주요 원인이 되고 있어 이에 대한 대책도 시급한 실정이다.

유독성 폐기물 처리

유독성 폐기물이나 그 찌꺼기들도 중요한 문제를 갖고 있다. 유독성 폐기물은 주로 농약이나 플라스틱, 페인트 등의 생산으로부터 만들어지는 것이다. 이러한 폐기물들은 주로 땅을 파서 묻거나 하천의 도랑에 버려지고 있다. 1970년대 미국 뉴욕 주의 나이아가라 폭포 인근 Love 운하 지역에서 발생했던 Hooker 화학회사의 유독성 폐기물 찌꺼기(다이옥신) 무단 방류 사건은 이러한 폐기물 처리의 중요성을 일깨워 주는 사건이었다. 당시 20,000톤에 이르는 폐기물이 인근 지역에 버려졌으며, 이에 의해 인근 땅과 물이 심각하게 오염되어 높은 유아사망률, 암 발생 비율 증가, 염색체 이상, 신장 손상과 사망 등 많은 피해를 입었다.

지구온난화

지구온난화란 전 세계적으로 대기 평균온도가 점차적으로 상승하는 것을 말한다. 지표면의 평균온도는 지난 1세기 동안 약 0.74°C 상승했다.[76] 이러한 온도 상승이 비록 미미하다고 볼 수 있을는지 모르나 지난 빙하기 때의 온도가 지금보다 5°C 정도 낮았던 점을 유의할 필요가 있다.[77]

통상적인 과학적 견해에 의하면 온실가스, 즉 이산화탄소, 이산화질소와 메탄가스 등이 지표면에 누적되어 마치 온실의 유리와 같은 역할을 함으로써 지구온난화가 진행된다는 것이다. 이산화탄소의 전 세계적 증가는 기본적으로 가솔린이나 기름 그리고 천연가스 등의 연소에 의해 발생한다. 숲이 불타 없어지고 나무들은 점점 줄어감으로써 이산화탄소를 흡수할 수 있는 여지가 갈수록 줄어들고 있는 것이다. 메탄가스와 이산화질소의 생성은 주로 농업생산의 결과물로 나타나는 것이다.

Mooney, Knox, 그리고 Schacht 등은 이러한 지구 온난화의 결과를 다음과 같이 예측하고 있다.

> 지구 온난화로 인해 빙하와 영구 동토층(2년 이상을 얼어 있는 상태로 있는 토양)이 녹으면서, 바다의 높이는 지속적으로 상승할 것이다. 바다의 높이가 상승하면 일부 섬과 반도 등이 사라지고 저지대 해안가는 폭풍이나 해일로부터 보다 쉽게 위험에 처해질 것이다. 이러한 온난화로 인해 미국의 경우 해안가로부터 20마일 내에 거주하고 있는 약 2,120만 명의 생명이 위협받게 될 것이다.[78]

지구 온난화와 관련하여 다음과 같은 또 다른 결과를 예측한 것도 있다.

> 지구 온난화와 기후의 변화는 다음과 같은 결과를 초래할 수도 있을 것이다. 지난 1973년부터 2002년까지 30년 동안 지구 온난화로 지구상의 대기 습도가 2.2% 정도밖에 증가하지 않았다. 그러나 일단 기온이 오르게 되면 어떤 지역은 보다 많은 폭우를 경험하게 될 것이며, 또 다른 지역은 매우 건조한 날씨를 경험하게 될 것이다. 어떤 지역은 물의 공급이 보다 잘 이루어져 농업생산량이 증가하겠지만, 다른 지역, 특히 열대나 아열대 지역의 경우 물의 공급이 줄어들게 되어 생산량이 감소될 것이다. 더불어 온난화는 식물과 동물의 생태계 변화에도 영향을 미치게 되어 일부 다른 종은 전멸할 가능성도 있다. 온난화로 인해 많은 비가 내리는 지역에서는 전에 볼 수 없었던 종류의 질병과 곤충들에 의한 전염병이 발생할 가능성도 높아질 것이다.[79]

대기오염

대기오염은 산업시설이 밀집되어 있는 대도시 지역에서 가장 심각하다. 일부 대도시, 예를 들어 미국의 로스앤젤레스 같은 곳에서는 심지어 맑은 날에도 짙은 안개가 끼는 날이 적지 않으며 도시 전체가 안개에 싸이는 날도 적지 않다. 대도시의 대기뿐만 아니라 지구 전체 표면이 어느 정도는 오염되어 있다.

대기오염이 건강에 미치는 영향

대기오염은 자동차 유리창의 와이퍼나 나일론 스타킹을 부식시키며, 의복과 하늘을 검게 만들고, 곡식에 피해를 입히며, 페인트나 철을 부식시키고, 또한 사람을 죽게도 한다. 스모그가 발생하는 지역이라면 언제 어디서든지 특히 호흡기가 약한 노약자들을 중심으로 높은 사망률을 기록하고 있다. 이러한 공해는 인간에게 폐렴과 폐기종, 폐암 및 기관지염 등의 발생을 높이는 데 기여한다. 1952년 영국 런던에서 발생한 4,000여 명의 사망 사건 역시 스모그와 직접적으로 연관이 있었다.[80] 이러한 재앙은 오늘날 심각하게 오염된 대기 중에 노출되어 일상생활을 살아가고 있는 대도시에서는 그리 멀지만은 않은 얘기가 된다. 또한 이러한 스모그에 의해 발생하기도 하는 낮은 시야 상태는 항공기나 자동차 사고의 원인으로 밝혀지고 있다.

미국의 경우 해마다 대기 중에 수 톤씩의 일산화탄소, 탄화수소, 질소산화물, 황산화물, 유연(기름산화연기), 그리고 먼지 등이 배출되고 있다. 자동차 배기가스에도 이러한 오염물질이 있고, 공장지대에서도 배출되고 있으며, 쓰

레기 소각과 주택과 사무실에서의 기름 연료 등의 연소로 많은 종류의 공해가스가 배출되고 있다.[81]

대기오염은 또한 해마다 최소한 50,000명의 미국인의 사망에 기여하는 것으로 나타났다.[82] 계곡지역은 산간이나 구릉 지역에 비해 대기오염이 더 심하다. 계곡지역은 따뜻한 공기가 찬 공기 위로 불어 올 경우 지표상의 오염된 대기를 외부로 내보내는 것을 막기 때문에 특히 더 심하다고 할 수 있다. 이러한 현상을 흔히 '기온역전(temperature inversion)' 현상이라고도 한다.

비판적 사고를 위한 질문

당신은 깨끗한 공기환경 속에서 살고 있다고 생각하는가? 만약 그렇지 않다면 당신의 건강을 보호하고 기대 수명을 높이기 위해 취해야 할 단계는 무엇이라고 보는가?

대기오염과 환경변화

대기오염은 지구를 보호하는 오존층의 파괴를 초래하기도 한다. 오존층은 해수 표면으로부터 약 8~30마일 정도 높은 고도를 둘러싸고 있으며, 태양으로부터 오는 우리 몸에 해로운 광선들을 차단하는 역할을 한다. 몇몇 연구들은 냉장고의 냉매나 스프레이에 사용되는 소위 프레온 가스가 바로 오존층을 파괴하는 역할을 한다고 주장하고 있다.[83] 만약 이 오존층이 파괴되면 피부암 발생률이 급격히 증가할 것이며, 또한 급격한 곡물 생산 감소와 세계기후 변화를 경험할 것이라고 한다. 이러한 사실이 일반인들에게 알려지기 시작하면서 프레온 가스를 이용한 스프레이의 사용이 급감되고, 이를 생산했던 회사들이 다른 대체물을 생산하기도 하였으나, 아직도 냉장고나 에어컨의 냉매, 플라스틱 용매나 발포제, 세정제 등으로 프레온 가스가 사용되고 있으며, 결국 이 상태가 지속되면 이들 오염원이 성층권까지 올라가 화학 반응을 일으켜 오존층이 파괴되는 현상이 급속하게 이루어지기 때문에 이에 대한 주의가 요구된다고 하겠다.

방사능 누출과 원자력 발전소

앞에서 이미 핵에너지와 관련하여 발생하는 문제점으로 방사능 폐기물에 대해 논의한 적이 있다. 또 다른 형태의 잠정적인 핵에너지 문제가 바로 대기 중에 방사능이 누출되는 경우 발생하는 문제라 할 수 있다. 미국의 경우 그리 많은 양은 아니라 할 수 있으나 원자력 발전소에서 발생하는 많은 문제로 소량의 방사능이 배출되고 있는 실정이다.[84] 1979년도에는 펜실베이니아 주의 Three Mile Island라는 지역에서 방사능 누출 사고가 일어나 무려 200,000명이나 되는 지역주민이 떠났다. 또한 핵 발전 시설에서 새어 나온 방사능으로 인한 폭발 가능성에 대한 사람들의 공포 또한 무시할 수 없다. 1986년 발생한 우크라이나의 체르노빌 원자력 발전소의 폭발 사고는 이를 잘 증명하고도 남는다.

핵전쟁

1945년 8월 6일 아침 히로시마의 사람들은 일하러 갈 준비를 하고 있었다. 바로 그때, 상공에 나타난 미군 폭격기가 원자폭탄을 투하하였으며, 이는 히로시마 시 상공 2,000피트 지역에서 폭발하였다. 이 폭발로 도시는 거의 황폐화되었다. 폭발의 강력한 힘과 열기로 수만 명의 사람들이 거의 동시에 죽었다. 또 이 폭발로 인해 발생한 방사능 낙진으로 말미암아 10만 명 이상의 사람들이 죽었다.[85] 이제 그 이후로 만들어진 많은 핵폭탄은 히로시마에 떨어졌던 것보다 1,600배 이상 강력해졌다.[86]

문명사회에서의 생존을 위해 가장 위험한 것 가운데 하나가 바로 핵전쟁에서의 생존이다. 핵전쟁은 환경에 치명적인 해를 입힐 뿐만 아니라 전문가들에 의하면 인류문명을 종식시킬 수도 있다. 그동안 미국과 구소련은 서로를 파괴할 수 있을 정도의 핵능력을 보유해 왔다. 또 다른 나라들도 핵폭탄을 갖게 되었거나 핵탄두를 개발하고 혹은 다른 나라에서 구입하기 시작했다.[87]

만약 핵전쟁이 일어난다면 전쟁이 일어난 곳의 모든 생명체는 바로 사라지게 되고, 비록 살아남는다 하더라도 방사능 등 다른 다양한 요인들에 의해 결국에는 죽음에 이르게 된다. 일부 과학자들은 핵전쟁으로 말미암아 생존자들은 핵폭발로 생기는 먼지구름에 의해 태양이 가려지는 핵겨울(nuclear winter)을 맞게 되고, 기온은 이내 영하로 내려가며 대부분의 식량 성장을 방해할 것으로 예측하고 있다. 또 다른 우려는 오존층이 파괴될 수 있다는 점이다. 오존층이 파괴되면 태양광선은 인간과 동물의 피부에 직접 침투하게 되어 피부암이나 기타 다른 질병을 일으킬 가능성이 있다는 것이다. 또 다른 위험한 상황은 방사능 낙진에 의해 곡식이 감염되어 식량으로서의 기능을 상실할 가능성이 높다는 것이다. 이렇게 되면 사회의 모든 인프라도 결국은 제 기능을 상실하게 될 것이며, 생존자들은 슬픔이나 공포, 절망 등 여러 심리적 스트레스까지 받게 될 것이다.[88] 따라서 비록 핵전쟁에서 살아났다고 하더라도 이와 같은 상황에서 살아날 수 있는 인간의 거의 없을 것이다.

그렇다면 어떻게 핵전쟁을 피할 수 있을 것인가? 이 질문이야말로 문명사회가 봉착한 가장 중요한 질문 가운데 하나다. 다행히도 최근 들어 미국과 구소련의 관계가 호전되면서 전면적인 핵전쟁의 위협은 줄어들었다. 1990년대 이전만 하더라도 이들 두 초강대국의 핵감축 계획은 성사되지 못했었다. 그 결과로 두 나라는 서로를 몇 번이나 파괴하고도 남을 만한 핵무기를 개발하고 비축하기 시작했던 것이다.

이후 1990년을 즈음하여 러시아가 공산주의를 거부하고 민주주의 형태의 정부를 지향하면서 두 초강대국은 핵탄두를 감축할 만한 신뢰를 쌓기 시작했다. 1993년 러시아와 미국은 전략무기제한협정(Strategic Arms Reduction Treaty, START)을 맺고 장거리 핵미사일 비축을 대대적으로 줄여나가기 시작했다.[89] 이런 변화가 이루어진 데에는 상호 적대적 이데올로기가 완화된 데서 기인한다. 즉 러시아가 민주주의로 나아가고 더불어 연방통제의 경제로부터 벗어나기 시작하면서 미국과의 이데올로기적 차이도 완화되었던 것이다. 그리고 미국 역시 러시아의 이런 변화로 인해 더 이상 적대국가로 인식하지 않게 되었던 것이다.

그러나 미국과 소련의 냉전에 의한 핵전쟁의 위험요인은 크게 줄었다고 할 수 있으나 중동 등 비교적 불안정한 상태에 있는 지역에서는 아직도 핵무기의 위험이 상존하고 있다. 게다가 테러리스트 집단이 방사능 물질을 훔치거나 구입하여 비록 낮은 수준이지만 핵무기로 전환할 가능성은 남아 있다. 1994년 독일 경찰이 체포한 러시아 밀수꾼은 당시 300그램이 넘는 플루토늄을 갖고 있었는데 이는 2억 5천만 달러에 팔려고 한 4킬로그램의 플루토늄 샘플이었다는 사실이 밝혀졌다.[90] 이를 통해서도 알 수 있듯이 핵전쟁의 위험으로부터 안전하다고 자축하기에는 이르다는 점을 명심해야 할 것이다. 현재까지 핵무기를 갖고 있거나 혹은 갖고 있을 것으로 여겨지는 국가는 미국, 러시아, 영국, 프랑스, 중국, 인도, 파키스탄, 그리고 이스라엘 등이 있다.

》 수질오염

지구 표면의 2/3 이상은 물로 덮여 있다. 물은 지표면으로부터 증발했다가 구름을 형성하고 다시 비로 바뀌어 지표로 내려오는 순환을 거치면서 깨끗해진다. 문제는 불행하게도 사람들이 물 자체가 자연 순환을 통해 깨끗해지는 것보다 더 빨리 오염을 시키고 있다는 것이다. 특정 지역에 인구 및 산업시설이 증가하면서 세제, 황산, 납, 불산, 암모니아 등 온갖 종류의 오염물질을 배출하고 있다. 또한 농업 생산물이 증가하면서 각종 살충제, 제초제 그리고 비료에서 나오는 질산염 등에 의해 물이 오염되고 있다. 이러한 결과로 인해 시내, 하천, 호수, 그리고 해안가를 따라, 더 심각하게는 정화조차 불가능한 지하수까지 오염이 확산되고 있다. 수질오염은 간염이나 이질, 설사뿐만 아니라 이종 화학 성분에 의한 중독 등의 질병을 유발할 수 있다. 이미 일부 강이나 호수 등에서는 지나친 오염으로 인해 상대적으로 깨끗하고 산소가 풍부해야 살 수 있는 물고기나 수중 생물들이 살고 있지 못하고 있으며, 따라서 '죽은' 강이나 호수로 불리고 있다.

미국은 화재의 위험이 높은 강을 갖고 있는 유일한 국가가 되는 영예를 얻었다. 일례로 미국 오하이오 주 Cuyahoga 강에는 산업체에서 흘러나온 화학물질과 기름, 그리고 타기 쉬운 오염물질들이 넘쳐서 두 번이나 강에 불이 난 적도 있다.[91]

인간이 버리는 쓰레기도 물을 오염시키는 주요 원인 가운데 하나다. 미국의 뉴욕 시는 한 해 동안 500만 입방 야드의 쓰레기를 바다에 버리고 있으며, 그 양은 현재 해저의 15제곱 마일을 뒤덮고 있는 셈이다.[92] 보다 더 큰 물 오염원은 정유회사나 식품회사, 동물농장, 제지공장 및 기타 사업체로부터 나오는 오염물질이다.

》 산성비

자동차나 공장의 배기가스에 의해 만들어지는 산성비에 대한 관심은 최근 들어 증가하고 있으며, 특히 캐나다 동부 지역이나 미국의 북동부 지역에서는 매우 심각한 문제가 되고 있다.[93] 배기가스에서 나오는 황산화물과 질산화물이 공기 중에서 수분과 합쳐지면 질산과 황산으로 변하면서 비로 내리게 된다. 이러한 산성비는 호수와 개울의 물고기를 죽이며, 땅에 있는 식물 영양분을 없애 쓸모없는 토양으로 만든다. 또한 산성비는 나무 목재에도 피해를 입힐 뿐만 아니라 이 비를 맞게 되면 오래된 건축물이나 조각물들의 조직구조에도 영향을 미치게 된다. 과학자들은 미국과 캐나다에 있는 50,000여 개의 호수가 산성비로 인해 오염되었으며 이로 인해 많은 물고기가 심각한 피해를 입었거나 혹은 죽게 되었다고 보고하고 있다.[94)]

》 일반 오염물질

염소화 탄화수소(DDT 등), 납, 수은, 불소 등의 물질도 다양한 경로를 통해서 일반적인 오염물질로 우리들에게 알려져 있다. 특히 염소화 탄화수소 중 합성 살충제인 DDT는 지금은 사용이 금지되었으나 가장 오래된 오염물질로, 화학적으로 서서히 토양을 파괴하면서 수십 년간 잔존한다. DDT는 생태계 순환과정의 먹이사슬을 통해 인간을 포함한 육식동물에 집중된다. 2차 세계대전 이후로 DDT는 동물의 생식작용에 영향을 미치고, 두뇌 기능 변화의 원인이 되며, 암 발생률을 증가시킨다는 연구 결과가 나오기까지 살충제로서 널리 사용되어 왔다.[95)]

다른 일반 오염물질과 마찬가지로 DDT의 장기적 영향에 대해서는 아직 잘 알려져 있지 않다. 다만 그 물질은 독성이 있고 미세하게 신체적 변화를 가져오는 것으로 알려져 있다. 보다 중요한 문제는 현재 사용하고 있는 수천 가지의 화학물질들이 가져올 유독성의 부수효과에 대해서는 많이 알려져 있지 않다는 점이다. 미국의 경우만 하더라도 62,000종 이상의 화학물질들이 상업용으로 사용되고 있으며, 해마다 1,500여 개의 새로운 화학물질들이 소개되고 있으나 이 가운데서 인가의 건강이나 환경에 미치는 효과에 대해서 알려진 것은 단 7%에 불과하다.[96)]

방사능 폐기물이나 DDT와 같은 것들이 가진 또 다른 심각한 문제점 중 하나는 생물학적 확장(biological magnification) 문제이다. 생물학적 확장은 먹이 소비를 통하여 먹이사슬의 위 단계로 올라갈수록 생물체 내에 중금속이나 유기오염물질의 농도가 증가하는 것을 말한다. 예를 들어 Richard Curtis와 Elizabeth Hogan은 미국 서부의 컬럼비아 강에 대한 방사능 조사에서 물의 방사능 수치가 처음에는 위험한 수준이 아니었으나 강에 사는 생명체에서는 상당히 높게 나타났으며 잠재적 위험을 내포하고 있는 것을 발견하였다.

> … 방사능 수치가 강의 플랑크톤에서는 2,000배 높았으며, 이 플랑크톤을 먹고 사는 물고기와 오리에게서는 15,000~40,000배 높았고, 강에서 사는 곤충을 잡아먹고 살아가는 어린 제비에게서는 500,000배나 높게 나타났으며, 물에 사는 물새들의 알 노른자에서는 무려 1백만 배 이상의 방사능 수치가 나타났다.[97)]

이러한 방사능은 워싱턴 주의 Hanford에 있는 원자력 발전소에서 배출된 것으로 여겨졌다.

DDT나 다른 살충제 그리고 방사능 물질은 누적되는 독약이라고 할 수 있다. 다시 말해서 이러한 물질들은 체내에서 소비되어 외부환경으로 배출되는 것이 아니라 유기체의 세포 내에 남아 있게 된다는 것이다. 따라서 이러한 유독물질에 한 번 노출되고 난 이후 노출이 계속될수록 잠재적 위험 가능성은 계속 커지게 된다.

미국 농부들의 살충제 사용의 부정적 결과에 대해서 <뉴스위크>지는 다음과 같은 설명을 싣고 있다.

> 미국 농부들은 한 해에 약 30억 달러 규모의 살충제를 사용한다. 이 대가로 사용하지 않았을 경우 잡초나 곤충 때문에 거두지 못할 수도 있었을 농산물을 약 120억 달러어치나 더 얻게 되는 것이다. 아마 이런 농약이 없었더라면 사람들은 식량난에 봉착했었을 수도 있었을 것이다. 그러나 다른 한편에서 보면 사용된 농약 가운데 1% 미만 정도만이 곤충 등을 없애는 데 쓰일 뿐 나머지는 물에 남아 있거나 농부들 혹은 생산물에 남아 있게 된다. 전 세계적으로 볼 때, 이러한 화학물질은 한 해 평균 10,000명 정도의 사람을 중독으로 죽게 하고, 400,000명 이상에게 해를 입히고 있는 실정이다. 그 밖에도 셀 수 없을 정도의 많은 사람들에게 암이나 생식 기능상의 문제, 혹은 선천성 결함을 갖게 할 수도 있다. 이러한 화학물질이 식량생산을 위해 우선은 필요한 것 같으나 이 같은 치명적인 결과를 생각하면 어떻게 이해해야 할 것인가?[98)]

Mooney, Knox, 그리고 Schacht 등은 낮은 수준의 화학물질에도 민감하게 반응하는 사람들이 있고, 특히 이들은 소위 '화학물질 과민증(multiple chemical sensitivity: MCS)'으로도 발전할 가능성이 있다고 했다.

> **화학물질 과민증**은 우리가 일상생활 속에서 흔히 접하게 되는 물질들, 예를 들어 자동차 배기가스, 페인트, 청소세제, 향수, 인공건축자재 등 석유 화학물질로 만들어진 것들에 들어 있는 낮은 수준의 화학성분에도 역효과를 나타내는 증상을

말한다. MCS의 증상은 두통, 눈물, 호흡곤란, 소화장애, 구토, 집중력 약화, 현기증 등이 있다.[99)]

만성 납중독 역시 심각한 문제를 갖고 있다. 납중독은 식욕부진, 체력약화, 무감각 등을 일으킨다. 또한 납중독은 신경근육 시스템, 순환기 시스템 및 소화기 시스템 그리고 뇌에 손상을 일으킨다. 납에 대한 노출은 살충제, 납관, 납 중독된 음식 섭취, 그리고 물 등 다양한 경로를 통해 이루어진다. 가장 심각한 문제는 아이들이 납이 함유된 페인트를 먹게 될 때 발생한다. 다행히 최근 들어서는 납이 들어간 페인트가 없으나 오래된 건물이나 가구 등에는 납 성분이 있는 페인트를 사용한 경우가 적지 않다.

수은에 노출될 경우에도 시력 및 청력상실, 운동실조증(loss of coordination), 심각한 정신질환 등을 앓게 되며 심한 경우에는 사망의 가능성까지도 있다. 농업용 살균제의 원료로 많이 사용되는 수은은 대개 염소를 생산하는 공장에서 물로 흘러 들어가거나 제지공장에서 펄프를 생산할 때 발생한다. 또한 화석 연료의 연소 때도 발생한다.

3. 무엇을 할 것인가?

지금까지 우리는 국내 혹은 국제적 차원에서 발생되고 있는 다양한 문제들, 즉 인구과잉 문제, 식량과 물의 부족, 경제적 문제, 국제 테러 문제, 인구과밀, 에너지 부족, 재생 불가능한 자원의 부족, 토지오염, 방사능 폐기물과 고형 폐기물, 유독 폐기물, 대기오염, 원자력 발전소로부터의 방사능 유출, 핵전쟁, 수질오염, 산성비, 그리고 일반적인 오염물질 등에 대해 살펴보았다. 이 절에서는 이러한 인구과잉 문제와 환경 문제에 대해 어떠한 대처 방안이 가능할 것인가를 살펴 볼 것이다.

》 인구과잉에 대한 대처

이 장에서 논의한 바 있는 모든 문제에 대한 가장 긍정적인 효과를 얻을 수 있는 대처방안은 인구의 증가를 제한하는 것이다. 만약 세계 인구가 성장률 '0'에 가까이 가거나 아니면 심지어 마이너스 성장률을 기록한다면 이는 여타의 문제들을 해결할 수 있는 실마리를 찾는 데 필요한 시간을 확보할 수 있게 될 것이다. 결국 인구성장을 제한하는 것이야말로 현재 우리의 삶의 질을 유지할 수 있는 핵심적인 요인이라고 할 수 있다.

그럼 어떻게 인구의 수를 제한할 수 있을까? Paul Ehrlich 박사는 첫째, 우선 국가적 차원에서의 가장 안정적인 최적의 인구 규모를 책정하고 이를 하루 빨리 달성해내기 위한 의지를 천명해야 하며, 둘째, 자녀에 대한 정부의 현재의 보상 시스템을 바꾸어야 할 필요가 있다고 주장한다. 이를 달성하는 데 필요한 구체적인 방안은 다음과 같다:

- 자녀에 대한 소득세 감면제도의 폐지
- 신생아 용품, 기저귀, 유아용 침대, 값비싼 장난감, 기저귀 대여업종 등에 대한 특별 소비세 부과
- 가족 숫자가 적은 가정에 대한 보상(예: 정관수술자에 대한 보상)
- 입양 보조금 지급 및 입양과정 단순화
- 여성의 낙태 권리 보장
- 학교에서의 성교육 의무 법제화
- 안전하고 간편한 새로운 피임방법의 개발[100)]

또한 Bernard Berelson은 다음과 같은 형태의 인구조절 방법을 제안하고 있다.

- 정부가 이상적인 인구 규모를 달성하기 위해 일시적으로 불임제(해독제도 함께)를 물이나 음식에 추가(이런 불임제는 아직까지 존재하지 않지만)
- 3명 이상의 자녀를 가진 남성에게 강제적 불임 조처
- 결혼 최소 연령의 인상
- 일정기간 동안 아이를 갖지 않는 부부에게 금전, 상품, 서비스 등의 혜택 부여
- 외국에 대한 원조 시 효율적인 인구 조절정책 시행 요구[101)]

이와 같은 인구조절 정책은 우리가 받아들이기에 다소 급진적인 측면을 갖고 있는 것도 사실이고 많은 사람들의 도덕적, 윤리적 기준에 어긋나는 부분도 있다. 그러나 인구 증가의 위기가 이내 곧 닥칠 것이라 예상된다면 이와 같은 방법도 필요할 듯하다. 많은 개발도상국들도 이제 성교육이나 가족계획 등의 프로그램들을 시행하기에 이르렀고 우선 일시적으로나마 인구 증가를 낮추는 효과를 거두고 있는 것으로 보인다. 이상적으로 보면, Berelson이 제안한

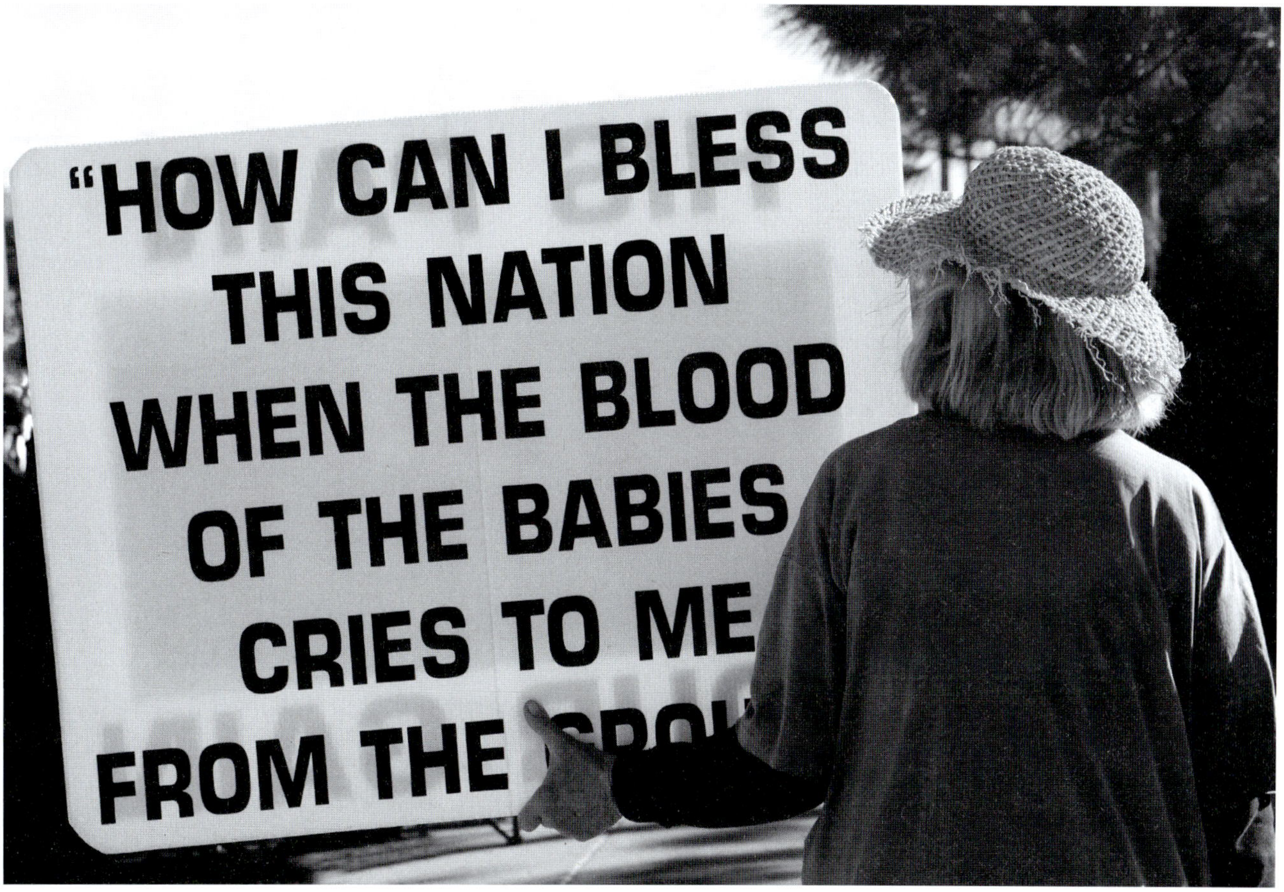

iStockphoto/Pro Life Activist/Thinkstock

낙태 반대 아니면 낙태 찬성? 낙태논쟁은 오늘날 사회 분열을 초래하는 가장 중요한 공공이슈 가운데 하나가 되고 있다.

방법이 아니어도 충분할 것으로 보인다.

개발도상국들 가운데 인구증가율을 감소시킨 성공적인 나라로 인도네시아를 들 수 있다. 인도네시아에서는 1960년대 국립 가족계획 프로그램을 실시하였다. 인도네시아 정부는 보수적인 종교지도자들을 포함한 국민들을 대상으로 인구과잉이 초래하는 문제와 보다 적은 규모의 가족이 갖는 장점들을 알리는 것부터 시작했다. 그다음에는 필요한 사람이면 누구나 쉽게 피임기구를 가질 수 있도록 조치했다. 이러한 일련의 주의 깊은 노력은 보수적인 성적 태도를 갖고 있는 인도네시아 국민들에 잘 전달되었다. 최근 인도네시아 정부는 피임기구를 오랫동안 사용하는 사람에게는 공무원 임용혜택, 질 좋은 농산품 제공, 이슬람 메카 여행권 제공 등의 혜택을 제공하고 있다. 이러한 노력의 결과로 인도네시아는 지난 20년 동안 무려 45%의 출생률 감소를 경험했고,[102] 현재 인도네시아의 연 인구성장률은 약 1.6%로 다른 개발도상국들의 인구성장률보다 현저히 낮다.[103]

》 낙태 논쟁

세계 인구가 현재와 같거나 혹은 거의 비슷한 증가추세를 유지한다면 자발적 낙태에 대한 논란들은 열어질 가능성이 높고 아마도 강제적 인구 조절 통제 방법에 대한 논란이 더 많아질 것이다.

미국에서의 낙태에 대한 논쟁은 1973년 미국의 대법원이 미국의 개별 주(state)가 갖고 있는 낙태 관련법—임신 후 3개월 이내에만 낙태할 수 있다는 법—을 무효화하는 판결을 내린 이후 지난 50여 년 동안 계속되어 왔으며, 특히 미국의 대통령이 누가 되는가에 따라서 부침을 거듭해 왔다. 주로 공화당이 대통령이 될 경우(Reagan이나 Bush 정부)에는 낙태를 금지하는 쪽(pro-life position)으로, 그리고 민주당이 대통령이 될 경우(Clinton 정부)에는 낙태를 찬성하는 방향(pro-choice position)으로 정책이나 법 등이 변화되어 왔다. 그럼에도 불구하고 미국의 경우에는 대체적으로 낙태를 반대하는 경향이 짙다.

특히 1977년 Carter 정부 때에 통과된 소위 'Hyde 수정법안' 때문에 1973~1977년 사이의 합법적 낙태 여성의 1/3 이상이 저소득층 여성들이 낙태 시 주로 받았던 의료보호(Medicaid) 혜택[104]을 받지 못하게 금지되었고, 이후 1980년 미 연방 대법원이 이를 확정함으로써 계층 간 낙태 권리를 차등하는 등의 보수적인 정책을 유지해 왔다. 오늘날 미국의 경우 한 해 평균 백만 명 이상의 여성이 낙태를 경험하고 있고,[105] 여성 3명 가운데 1명 정도가 45세까지 낙태를 하고 있다.[106]

낙태를 반대하는 주요 이유는 주로 도덕적 원칙에 근거하고 있다. 최근 가톨릭에서는 낙태를 가장 중요한 도덕적 쟁점으로 간주하고 있다. 가톨릭과 생명권 운동집단(right-to-life group; 임신 중절 반대를 주장하는 집단)에서는 낙태를 살인으로 간주하고 비난한다. 그들은 수정과 동시에 생명이 시작되며, 따라서 임신 이후 태아로 발전되기까지에는 질적으로 아무런 차이가 없다고 주장한다. 가톨릭에서의 낙태는 오직 산모의 신체적 생명을 구하기 위한 경우에만 예외적으로 인정하고 있다. 이러한 유형의 낙태는 소위 '이중효과(double effect)' 원리에 의해 설명되기도 하는데, 이는 자기방어를 위한 살인을 용납하는 경우와 마찬가지 입장에서 인정을 하는 경우라고 볼 수 있다.

그럼에도 불구하고 만약 낙태가 금지될 경우 여성들은 과거에 그랬던 것처럼 불법적인 방법을 찾게 될 것이다. 병원 등에서 이루어지는 낙태 시술은 비교적 안전한 시술방법이 될 수 있으나 병원 등이 아닌 비위생적인 혹은 전문적인 지식이 없는 사람으로부터 이루어지는 낙태는 사망 등 심각한 피해를 가져올 수 있다.

낙태를 반대하는 사람들은 '생명권'이라는 것이 인간의 기본권에 해당한다고 본다. 따라서 이를 누구든 함부로 제한할 수 없다는 것이다. 반면에 낙태를 찬성하는 사람들은 생명권보다 더 근본적인 권리, 이를테면 태어난 사람의 삶의 질을 보다 잘 보존하는 권리(임신중절을 반대하는 것보다 더 중요한)가 있을 것이라고 주장한다. 어떤 정부 관계자들은 이미 일어나고 있는 인구과잉의 문제 및 이를 해결하기 위한 효과적 대안으로서의 낙태는 이미 인간 삶의 질을 보존하는 데 필수 불가결한 방법이라고 주장하고 있다.

》 가족계획 서비스의 제공

가족계획 서비스는 원하지 않은 임신을 방지하는 데 명백하게 필수 불가결한 프로그램이라 할 수 있다. 이러한 서비스에는 출산조절에 관한 정보와 피임, 임신 테스트, HIV 테스트, 상담, 기타 성관계를 통해 감염되는 질병에 대한 테스트 및 상담, 성교육, 낙태 상담, 낙태, 자녀들 간 차이 상담(몇 살 차이로 아이를 가질 것인가?),불임 시술 및 관련 정보 제공, 불임상담 및 부모가 되기 위한 준비 등이 있다.

정부 차원 프로그램

국가적(중앙정부) 차원에서의 가족계획 프로그램이란 출산율을 낮추기 위한 정부 차원 예산지원을 통해 출산 조정을 위한 정보제공과 서비스를 지원하는 것을 말한다. 이러한 가족계획 프로그램을 통해 일반 가족들은 자발적으로 몇 명의 아이를 가질 것인가를 결정하게 된다. 대부분의 개발도상국뿐만 아니라 선진국에서도 이러한 가족계획 프로그램을 공식적으로 갖고 있다. 이는 개발도상국의 경우 불과 60여 년 전만 하더라도 가족계획 프로그램을 갖고 있지 않던 것과 비교해 보면 괄목할 만한 변화라고 할 수 있다. 세계 인구의 증가에 대한 관심은 명백히 최근의 현상임에 틀림없다.

비판적 사고를 위한 질문 ?

전미사회복지사협회(National Association of Social Workers of USA)는 여성들이 적절하게 갖추어진 환경에서 의료적으로 안전한 낙태를 할 수 있는 권리를 가질 수 있도록 지원하는 정책에 찬성하는 입장을 취하고 있다. 당신은 이러한 사회복지사협회의 정책적 입장을 지지하는가 아니면 반대하는가?

이러한 발전에도 불구하고 불과 몇몇 국가만이 인구 조절 정책을 갖고 있다. (인구 조절은 사회에 의해 인구의 규모를 정하여 시행하는 것인 데 반해, 가족계획은 개인 가족에 의한 출산 조절이라고 할 수 있다.) 앞에서 살펴보았듯이 인도의 경우에도 비록 정권교체와 더불어 중간에 중지되긴 했지만 불임 정책을 포함한 인구 조절 프로그램을 실시한 바 있다. 인도가 앞으로 이러한 정책을 계속해서 실시할 수 있을 것인가는 앞으로 닥치게 될 인도 인구의 성장 정도에 달려 있을 것이다.

미국의 경우도 1965년 Johnson 대통령의 연초 국회연설에서 이 문제를 언급하기 전까지 가족계획 프로그램은 고려되지 못했다. 이 연설에서 Johnson 대통령은 가족계획에 5달러를 투자하는 것은 세계 경제 발전에 100달러의 가치가 있다는 점을 역설했다. 이후 1966년에 미국에서는 처음으로 연방정부의 예산이 가족계획 프로그램, 그것도 사회복지서비스 수혜 대상자들에게만 자발적으로 시행하는데 쓰이기 시작했다. 그나마 당시에는 프로그램의 목적도 가족계획 프로그램 본래의 의미로 정해졌다기보다는 세대 간 빈곤 대물림을 감소시키기 위해 문맹률을 낮추는 목적으로 사용되었던 것이다.

이후 1970년에 가족계획 서비스 및 인구조사를 위한 법이 제정되면서 국립가족계획서비스센터가 문을 열게 되었고 이후 본래적 의미의 가족계획서비스가 시작되었다.

1972년 미의회는 사회복지 혜택을 받고 있는 모든 사람들이 원하는 경우 가족계획서비스를 받도록 입법화했다. 그 당시에는 혼인 상태의 제한이나 출산조절 정보나 도구를 수령할 수 있는 연령을 높이거나 하는 등의 피임관련 정책의 변화도 있었다.

민간 차원 프로그램

과거 미국의 가족 계획서비스 대부분은 주로 민간 기관에 의해서 제공되어 왔다. 가장 크고 잘 알려진 기관이 바로 '미국가족계획연맹(Planned Parenthood)'이다. 1916년 Margaret Sanger에 의해 뉴욕의 Brooklyn에서 출산 조절 클리닉으로 첫 문을 연 이 기관은 현재는 전국 각지에 클리닉을 두고 있다. 이 연맹에서 제공하는 서비스로는 (a) 의료서비스—건강검진, 자궁암 검진, 소변 및 혈액 검사, 성병 검사, 의학적으로 검증된 피임, 임신검사, (b) 상담서비스, (c) 교육서비스 등이 있다.

현재 가족계획서비스는 미국 전역에서 보건소, 병원, 개인병원, 지역사회 복지기관 등 다양한 공공 및 민간 기관을 통해 받을 수 있다.

미래전망

낙태 및 가족계획과 관련한 낙태 반대론자들의 폭력이 최근 들어 점차 증가하고 있다. 이들은 해당 병원이나 기관 앞에서 피켓시위를 하기도 하고, 심지어는 해당 기관이나 병원의 의사, 직원 그리고 이용자들에 대한 협박, 공갈, 심지어는 살해 위협까지도 불사하고 있다. 아이러니한 사실은 이들이 주장하는 낙태 반대의 근거가 생명권 존중 사상이라는 점인데, 과연 이것이 타당한가 하는 것이다.

현재 미국 내에서는 학교에서의 성교육 실시, 청소년들에게 출산 조절 정보와 도구 제공, HIV를 예방하기 위한 접근 및 기타 성병 전염, 그리고 낙태 등 가족계획과 관련한 보다 효과적인 정책수행에 있어서 해결해야 할 몇 가지 쟁점이 존재한다. 만약 인구과잉과 관련된 문제가 계속 증폭된다면 인구 조절과 관련한 국가 차원의 정책 개발이 반드시 필요할 것이다. 정부 관료들 가운데 일부는 다양한 과학기술의 발전에 따라 인구 조절도 가능할 것이라고 보고 있으며, 다른 사람들은 인구조절을 위한 정책 개발이야말로 지금 당장 필요한 정책이라고 주장하고 있다. 만일 전자가 현실을 잘못 보고 있다면 문제는 보다 더 심각해질 수밖에 없으며 어쩌면 그동안 비윤리적이고 비인간적이라고 등한시했던 인구 조절 방법을 조만간 강구해야 할는지도 모른다.

Werner Fornos도 강조했듯이 미국은 개발도상국들의 인구 성장을 완화시킬 수 있는 국제적 프로그램에도 예산을 투자할 필요가 있다. 왜냐하면 범세계적 차원에서 모든 국가들은 서로 연관되어 있기 때문이다.

> 만약 미국시민이 최근 에티오피아에서 일어나고 있는 인간의 고통과 죽음에 대해 부담스러워 한다면, 거기에 덧붙여 앞으로 거의 모든 지구상의 제3세계 국가들에서 인간들이 빈곤 및 고통으로 더욱 괴로워하게 된다는 것을 상상해 보라 …
>
> 만약 미국 시민이 제3세계에서 벌어지고 있는 체제불안, 혁명, 독재 등의 유령에 의해 애를 먹게 된다면, 거기에 덧붙여서 악화되어가는 고통이나 제기능을 못하는 경제, 그리고 죽어가는 환경으로 이루어진 이들 사회에서 깨지기 쉬운 민주주의의 씨앗은 쉽게 생존할 수 없기에 만약 이들 국가들이 대책조차 갖고 있지 못할 경우의 결과들을 상상해 보라.
>
> 미국 의회는 연방정부에 대한 예산 편성에 있어서 인구조절 프로그램에 들어가는 비용에 대한 관심뿐만 아니라 만약 그 비용을 조달하지 않았을 경우에 치러야 할 비용에 대해서도 관심을 가져야 할 것이다.[107)]

환경문제에 대한 대처

비록 현재 환경문제가 심각하다고 해서 심각한 큰 재앙을 불러일으킬 만한 상황으로 가고 있는 것은 아니다. 1960년대 후반 들어서야 일반 대중들은 환경문제의 심각성을 깨닫기 시작했다. 그 이후로 여러 환경운동조직들이 만들어져 활동하기 시작했으며, 그 가운데 일부는 국제적인 조직으로, 이들은 야생동물 보호부터 시작해서 알루미늄 캔의 재활용과 새로운 에너지의 개발에 이르기까지 많은 활동을 해 오고 있다.

1960년대 이후 다양한 분야에서 발전이 있어 왔다. 대기의 질은 향상되었으며, 물에 투기되는 쓰레기의 양은 줄었고, 대부분의 자동차에는 배기가스를 조절하는 장치가 부착되었으며, 이렇게 환경상태가 좋아짐으로 인한 간접적 효과로 미국인의 기대수명은 증가하고 있다. 미국과 러시아의 관계는 향상되었고, 그 결과로 핵전쟁의 위협은 감소했다. 그럼에도 불구하고 아직도 해야 할 일은 많다.

에너지 개발과 환경의 보호 그리고 경제발전은 상호의존적인 문제라고 할 수 있다. 한쪽에서의 발전은 다른 쪽을 악화시킬 수 있다. 예를 들어 원자력 발전소의 개발은 체르노빌 폭발 사고를 통해 수천 명의 생명을 빼앗아 갔다. 청정 자동차 배기가스의 개발은 대기오염을 감소 시켰지만 비용이 증가하면서 경제성이 떨어졌고, 더불어 유류보관량의 급속한 감소를 유발했다. 결국 보다 효과적인 미래의 환경 프로그램은 우리들의 이러한 경쟁적인 목적 간의 균형을 이뤄내는 것이라고 할 수 있다.

그동안 환경론자들은 정치적으로 그리고 교육적으로 치열한 캠페인을 펼쳐 왔으며, 그 결과로 환경에 대한 대중의 관심을 증대시켰을 뿐만 아니라 공기와 땅, 그리고 물을 보호하기 위한 괄목할 만한 법 제정을 촉구했다. 그 결과로 1970년 미국에서는 '청정대기법(Clean Air Act)'을 제정하였고 이에 따라 미국 환경보호국(Environmental Protection Agency)이 설치되었으며, 이를 통해 환경의 질 기준 등이 마련된 것이다. 그러나 안타깝게도 1980년대 이후 이러한 환경에의 관심이 정치적 반대에 부딪히게 되었다. 예를 들어 세계를 무대로 하는 몇몇 거대기업에서 유전 및 광산 개발을 목적으로 수백만 달러를 정부를 설득할 로비자금에 투자하게 되면서 이러한 변화가 일어나게 되었다.[108] 따라서 이제 중요한 것은 재정적 형편이 그다지 좋지 못한 환경론자들이 우리와 더불어 얼마나 설득력 있게 정부 관계자들을 설득해 낼 수 있는가이다.

현재 우리가 갖고 있는 환경문제가 스스로 사라지지는 않을 것이다. 사실상 가만히 두면 현존하는 문제는 오히려 더 증가할 것이며 더불어 새로운 문제가 추가로 발생할 수 있다. 그렇다면 무엇을 해야 할까? 무엇보다도 소비량을 줄이고 새로운 에너지 자원의 개발로 이어지는 가치의 변화가 중요할 것이다.

가치변화

우리는 큰 것, 혹은 많은 것이 항상 좋은 것은 아니라는 사실을 깨달아야 한다. 우리는 자원을 소비하는 것보다 그것을 보호하고 아끼는 것에 초점을 맞출 필요가 있다. George Ritzer는 다음과 같이 얘기하고 있다.

> 우리는 미국의 문화에 대한 방향전환이 필요하다. 그리고 이 방향전환은 이미 진행되고 있는지도 모른다. 기본적으로 우리는 변함없이 크고 좋은 것만을 선호하는 가치를 지향하는 것으로부터 벗어날 필요가 있다. 우리는 더 이상 우리 주위에 존재하는 모든 것들을 아우를 수는 없다. 그러기보다는 우리가 처한 환경과 더불어 조화를 이루는 방법을 배워야 한다. 우리의 환경을 개발, 약탈, 훼손하기보다는 그것들을 보호하고 가치 있게 만드는 일에 대해 배워야 한다. 더 중요한 것은 환경이 우리들에게 더 이상 해줄 수 없는 한계가 있다는 사실을 받아들여야 한다. 이제 우리는 석탄이나 원유 등 곧 없어지고 말 재생이 불가능한 자원에 대해 관심을 갖기보다는 재생 가능한 자원 개발에 초점을 맞추고 투자해야 한다.[109]

자원을 보호하는 움직임은 매우 다양한 방법으로 시작해 볼 수 있다. 쓰레기는 재생 종이를 생산하는 공장을 돌리는 연료로 사용할 수 있다. 지역사회에서 사용하는 물은 강이나 호수 그리고 바다에 버리지 말고 반복적으로 정화해서 사용할 수 있다. 주택은 보온을 위해 연료를 사용하기보다 단열기능을 보완하는 쪽으로 할 수 있다. 소형 자동차들도 보다 에너지 효율적인 속도로 주행할 수 있다. 사람들은 자동차 대신에 기차나 버스 등 대중교통 수단을 이용할 수 있다. 신문지, 알루미늄 캔, 통조림 깡통, 널빤지, 잡지, 플라스틱, 종이 그리고 유리 등은 고형쓰레기의 양을 줄이기 위해서라도 재활용될 수 있다. 1미터 높이의 신문 더미를 재활용하면 약 10미터 높이의 소나무를 살릴 수 있게 된다.[110] 알루미늄을 재활용하면 새로운 캔을 만드는 데 필요한 원재료의 95%를 절약할 수 있다.[111] 재활용 유리를 사용하여 새 유리를 만들면 이산화규소로 유리를 생산해낼 때 발생하는 물과 공기의 오염을 50~60%까지 줄일 수 있다.[112] 우리는 사용 가능한 다양한 자원 보호 방법을 사용해야 하며, 우리 모두가 이 지구상의 환경문제와 더불어 각각 싸워 나가야 할 필요가 있다는 것이다. 환경보존의 책임이 우리 모두에게 있음을 알기 시작한 것은 다행한 일이다.

미국의 경우 지난 1970년 4월 22일 '지구의 날(Earth Day)'을 제정한 이후로 지속적인 관심을 가져왔다. 살충제 DDT의 사용이 금지되었고,[113] 이산화황의 배출이 급감하였으며,[114] 자동차 공해방지 장치인 촉매변환 장치의 사용으로 대기 중에 배출되는 탄화수소, 일산화탄소, 그리고 산화질소의 양이 줄어 자동차 배기가스도 많이 깨끗해졌다.[115] 자동차 원료의 납 성분도 제거되어 미국인의 경우 혈액 내 평균 납 함유 수준도 1976년에 비해 1/3로 줄었다.[116]

비판적 사고를 위한 질문

당신은 환경보호를 위해 얼마나 열심히 활동하고 있는가? 지구를 보호하기 위해 당신은 무엇을 하고 있는가?

1980년대 후반 이후 동유럽 국가들은 그들이 갖고 있었던 경제 및 정치적 측면에서의 가치변화를 경험했다. 이러한 변화의 근저에는 구소련 대통령이었던 Gorbachev의 글라스노스트와 페레스트로이카가 자리하고 있다. 글라스노스트란 동구권 국가의 국민들에게 개방과 자유를 허용하는 것이며, 페레스트로이카는 이들 국가들에 있어서 사회, 경제, 정치 전반에 걸친 개혁을 의미한다. 이에 기초하여 이들 동구권 국가들은 공산주의를 거부하고 민주주의를 건설하는 데 주력하기 시작했던 것이다. 이러한 재구조화 작업으로 말미암아 서구와 동구권 국가들 간에 관계가 향상되기 시작했으며, 이후 지구상의 살아있는 생명체를 위협하는 문제를 극복하기 위한 상호간 협력이 증대되었던 것이다.

새로운 에너지 자원의 모색

대기오염이나 인구, 그리고 에너지 소비 등이 감소한다고 해서 현재 우리가 사용하고 있는 에너지가 재생 불가능한 원유 자원으로부터 나오는 것이 바뀌지는 않을 것이다. 조만간 우리는 새로운 자원의 에너지를 찾아야 할 것이다. 이와 동시에 모든 국가들은 지구상에 존재하는 재생 불가능한 자원을 보호하는 것도 매우 중요하게 고려해야 한다. 가능한 새로운 에너지 자원에는 핵에너지, 합성연료, 그리고 태양 에너지 등이 있다.

핵에너지 에너지 부족을 극복할 수 있는 잠재적 해결 방안 가운데 하나가 바로 핵에너지이다. 그러나 핵발전소가 갖고 있는 안전상의 문제에 대해서는 발전소를 세우는 것보다 뒤쳐져 왔다. 앞에서 언급한 것처럼 1979년 미국 펜실베이니아 Three Mile Island의 핵발전소에서 발생한 방사능 수증기 유출사고나 1986년 우크라이나 체르노빌에서 발생한 폭발사고 등은 수많은 생명을 앗아갔고 방사능에 노출된 사람의 생명을 단축시키는 결과를 가져왔다. 이러한 사고는 핵발전 시설의 안전성이 담보되기 어렵다는 점을 보여주는 예라고 볼 수 있다. 핵에너지로 말미암은 사고는 매우 심각한 위험을 내포하고 있으며, 따라서 미래의 핵에너지 개발이 과연 안전할 수 있는가에 대한 진지한 고민이 필요할 것이다.

합성연료 1980년 미국의 연방정부는 합성연료 생산을 위한 지원 예산 관련 법안을 통과시켰다. 합성연료의 원재료는 오일셸층(유혈암), 석탄층, 타르모래층(gooey-tar sands)에 존재한다. 합성연료는 본래 부적절한 용어가 될 수 있다. 왜냐하면 합성연료의 구성이 원유와 동일한 탄소를 기본으로 하고 있기 때문이다. 예를 들어 석탄은 가루로 분쇄된 다음 산소와 섞여 고온에서 가열되면 가스로 변한다. 셰일은 흑갈색의 촉감이 부드러운 바위로 탄소를 함유하고 있다. 문제는 셰일의 경우 1배럴의 원유를 생산하기 위해서는 1.7톤의 셰일암석이 필요하며, 1톤의 석탄으로는 2배럴의 원유를 생산할 수 있다.[117] 따라서 합성연료가 과연 비용 효과적인가에 대해서는 의문의 여지가 있다. 미국의 경우 다행히도 앞으로 600년 동안 합성연료를 공급할 수 있는 원재료가 있다고 한다.[118]

태양에너지 태양에너지는 세계의 에너지 위기를 해결할 또 다른 하나의 잠재적 해결 방안 가운데 하나라고 할 수 있다. 미국에서는 전부 혹은 부분적으로 냉난방을 태양으로부터 해결하는 주택 및 사무실이 수천 개에 달하고 있다.[119] 심지어는 미 백악관에도 태양열을 이용한 온수기 시스템을 지붕에 갖춰놓고 있다. 태양을 이용한 또 다른 잠재성은 바로 태양전지를 이용한 전기 생산에 있다. 그러나 아쉽게도 현재 이 과정은 널리 사용하기에 비용이 많이 드는 단점이 있다. 사실상 모든 에너지는 태양으로부터 나오기 때문에 태양에너지야말로 자연을 제대로 모방한 에너지라 할 수 있다.

풍력 최근 많은 국가들이 바람 에너지를 전기로 바꿔주는 풍력터빈을 사용하고 있다. 풍력 터빈의 유일한 단점이라면 새들이 터빈 안으로 날아 들어가 죽을 수 있다는 점이다. 이러한 조류 사망을 방지하기 위해 최근에는 터빈에 색칠을 하거나 회전 속도를 줄이는 방법들이 강구되고 있다.

바이오 연료 바이오 연료는 농작물로 만들어진다. 예를 들어 바이오 연료 가운데 하나인 에탄올은 알코올 기초 연료라 할 수 있는데, 이는 옥수수나 사탕수수의 발효나 증류 과정을 통해 만들어지는 것이다. 그리고 이 에탄올을 휘발유에 섞으면 운전 시 휘발유의 소비량을 줄일 수 있다. 그런데 에탄올 연료가 갖는 한 가지 문제점은 많은 양의 옥수수가 계속적으로 필요하다는 것이다. 그 결과로 옥수수의 가격이 급격히 올랐다. 이에 따라 옥수수를 필요로 하는 식료품이나 동물 사료용 옥수수 가격까지 더불어 오르게 되었다.

하이브리드 자동차와 수소동력 자동차 석유 매장량은 점차 고갈되어 가고 있기 때문에 자동차를 위한 다른 종류의 연료가 반드시 개발될 필요가 있다. 이런 차원에서 자동차 생산업체들이 노력해 온 것이 바로 하이브리드(휘발유와 전기 병용) 자동차와 수소 자동차의 개발이다.

특히 2005년 이후 휘발유 가격이 급등하면서 하이브리드 자동차에 대한 인기가 높아지고 있다. 현재 일본이 하이브리드 자동차 개발의 선두주자 역할을 하고 있고, 특히 일본의 토요타 자동차 회사는 이러한 하이브리드 자동차를 통해 전 세계 자동차 시장을 선도하는 위치에 오르기 위한 전략으로 삼고 있을 정도이다.[120]

하이브리드 자동차는 전통적인 휘발유 엔진에 전기 모터와 재충전 배터리를 장착함으로써 연비를 40%나 높였다.[121] 하이브리드 차는 또한 휘발유를 절약하기 위해 멈추거나 관성에 의해 움직일 경우에는 엔진을 멈추고, 운전자가 가속 페달을 밟자마자 바로 시동이 켜진다. 하이브리드 차는 저속상태일 경우 전기모터에 의해서 작동하고 고속 주행 시에는 휘발유에 의해 작동된다.

하이브리드 자동차에는 충전용 배터리가 반드시 필요한데, 이를 통해 전기모터가 돌아가며 자동으로 충전된다. 그리고 이 배터리의 수명은 최소한 16만 킬로미터 정도는 되기 때문에 경제적이고, 하이브리드 자동차의 제동 시스템도 소위 '회생제동(regenerative braking; 전기 제동장치의 일종)'에 의해 작동되고 있다. 문제는 이 배터리가 차지하는 부피가 비상용 타이어 정도로 크다는 데 있다.

수소 자동차 개발도 이미 전 세계 주요 자동차 생산업체들 사이에서 경쟁이 시작되었다. 수소 자동차는 하이브리드 자동차에 비해 무려 90% 이상 줄어든 부속들로 구성된다.[122] 수소 자동차는 연료전지가 화학반응에 의해 에너지를 생산해 내기 때문에 캠축이나, 피스톤 등 많은 기계 부품들을 필요로 하지 않는다. 더불어 수소연료전지는 자동차의 어디에나 설치 가능하기 때문에 자동차를 보다 안전하게 재구성하거나 사용자 편의에 맞게 만들 수 있다는 장점이 있다. 또 다른 장점 가운데 하나는 연료전지로부터는 아무런 공해물질이 생성되지 않고 단지 물거품만 좀 발생한다는 점이다. 더구나 수소는 화석연료가 아닌 물질에서 얻을 수 있고 심지어는 물로도 생산될 수 있기 때문에 앞으로 자동차 산업이 당면하고 있는 석유시장 경쟁에서 벗어날 수도 있다는 장점이 있다.

그러나 수소 자동차를 대량생산해내기 위해서는 반드시 해결해야 할 문제점이 몇 가지 있다. 그 첫 번째는 무엇보다도 안전성 문제다. 수소는 매우 불안정한 휘발성에 높은 가연성의 성질을 갖고 있어 로켓 엔진 추진이나 엄청난 충격을 줄 수 있는 폭탄 제조에 사용되어 왔다. 두 번째는 수소연료전지를 생산해내는 데 들어가는 비용이 적지 않다는 점이다. 이 밖에도 수소연료건전지의 무게가 내연기관 엔진보다 무겁고, 현재는 대부분의 상업용 수소를 천연가스 생산 과정에서 얻고 있기 때문에 생산비용이 일반 휘발유보다 20% 정도 비싼 점이 해결해야 할 문제로 남아 있다. 더불어 수소 자동차를 보급하기 위해서는 수소를 보급할 수 있는 주유시설이 새로이 필요할 텐데, 이를 설치하는 데만도 10억 원 이상의 비용이 필요할 것으로 보여 이에 대한 대책도 필요한 실정이다.[123)]

4. 사회사업과 가족계획

사회복지사들은 인구과잉으로 인해 현재 발생하고 있는 문제들뿐만 아니라 인구과잉이 좀 더 심각해질 경우 미래에 생길 문제들에 대해 관심을 가져왔다. 거의 모든 사회복지 서비스 제공기관에 근무하고 있는 사회복지사들은 가족계획관련 정보들에 관해 알고 싶어 하는, 또는 관련정보를 필요로 하는 클라이언트들을 만나고 있다. 사회복지사는 또한 논란이 되는 이슈들, 예를 들어 낙태에 관한 정보제공 및 의뢰, 심각한 선천성 장애인에 대한 비자발적 불임을 옹호하는 사람들, 청소년들이 피임에 대한 정보나 도구들에 보다 쉽게 접근할 수 있도록 학교에 가족계획 클리닉을 설치하기 등의 쟁점에 대해 대응해야 한다.

최근 가족계획 등 일차적인 서비스를 제공하는 기관에 사회복지사가 취업하는 경우가 많아지고 있다. 이들 기관에서 사회복지사가 하는 주요 업무는 다음과 같다: 혼전 상담, 임신 상담, 다양한 피임 방법 및 효과에 대한 정보제공, 성교육 서비스, 성병 상담, 에이즈 교육 및 상담, 낙태 상담, 불임 상담, 가족계획 서비스의 합법성에 대한 지역사회 인식 제고 등.

앞으로 우리 사회의 가족계획과 관련한 서비스 제공분야에 있어서 사회복지사에게 보다 많은 취업의 기회가 확대될 가능성이 있다. 인구과잉에 대한 일반인의 관심은 날로 증대되어 가고 있다. 이와 더불어 우리 사회에서 피임을 받아들이는 인식 또한 증가하고 있다. 에이즈의 망령은 우리로 하여금 에이즈 교육과 더불어 성교육 또한 널리 필요하다는 인식을 갖게 했다.

사회복지사는 특화된 가족계획 관련 기관에서도 일하게 될 것이다. 이러한 기관으로는 가족계획협회, 모자녀 건강센터, 낙태나 낙태 상담 기관 등이 있다. 학교사회복지사들도 청소년들을 위한 성교육이나 상담 등 가족계획 관련 서비스 제공에 필요하게 될 것이다. 공공분야에서 일하는 사회복지사의 경우에도 한부모 클라이언트에게 가족관련 서비스를 제공할 기회가 많아질 수 있다. 그 외에도 병원의 소아과나 산부인과에서도 가족계획 관련 서비스를 제공하는 사회복지사를 필요로 할 것이며, 아동복지기관, 청소년 쉼터 등의 서비스 제공기관에서도 이러한 서비스를 제공하는 사회복지사를 필요로 할 것이다. 따라서 사회복지사를 양성하는 교육기관인 대학에서는 이러한 가족계획과 관련한 교과목들을 학부 또는 대학원과정에도 개발하여 교육해야 할 필요가 있다.

요약

다음은 이 장의 서두에서 제시한 학습목표와 관련된 내용을 요약한 것이다.

A. 전 세계에 걸쳐 일어나고 있는 급격한 인구성장과 관련된 문제를 묘사하고, 공해와 환경오용에 대해 설명한다.

인구과잉과 잘못된 환경이용은 매우 심각하며 삶의 질에 매우 심각한 영향을 미칠 수 있다. 1930년 이후 세계 인구는 3배 이상 증가하였으며, 현재의 증가속도로는 앞으로 65년 후면 두 배로 증가할 것이다. 이로 인해 우리는 이미 자원의 위기를 경험하고 있는 중이다. 인구과잉과 잘못된 자원의 이용으로 발생되는 문제점들은 다음과 같다.

- 식량 부족 문제: 세계의 많은 사람들이 영양결핍과 기아 상태에 있음
- 물 부족 문제: 물 공급이 매우 부족한 실정임
- 경제적 문제: 인구과잉은 1인당 평균 소득을 떨어뜨리고 삶의 기준을 낮추며 때로는 정치적 소요를 일으키기도 함
- 국제 테러 문제: 급격한 인구 증가는 시민의 저항, 폭력, 국제적 갈등의 원인이 되기도 함
- 인구 집중 문제: 특정 지역에의 인구 집중 현상 발생으로 범죄, 심리적 동요, 자살, 폭력, 아동 학대 등의 사회 문제 발생 가능성이 높아질 수 있음
- 이민 관련 쟁점: 인구과잉은 이민으로 인한 인종 간, 민

족 간 갈등, 불법 이민, 새로운 이민자들을 위한 교육 및 정착비용 증대를 필요로 함

- 에너지 부족 문제: 인구과잉은 에너지 위기를 초래할 수 있음. 세계 에너지의 90%를 차지하는 화석연료의 매장량이 급격히 고갈되어 가고 있음
- 광물 자원의 고갈: 아연, 마그네슘, 철 등 광물 자원들도 급격히 감소하고 있음
- 토질오염 문제: 석탄광산 개발, 원유개발, 숲 훼손, 지나친 가축 사육 등으로 인한 환경훼손이 심각함
- 방사능 폐기물 문제: 핵폐기물에 대한 안전한 처리방법을 발견해 내지 못하고 있음
- 일반 쓰레기 폐기 문제: 쓰레기 처리를 통해 대기오염 등 많은 문제가 발생하고 있음
- 지구 온난화 문제: 평균 기온의 상승으로 인한 곡물 생산, 기후변화, 홍수 등의 문제 발생
- 대기오염 문제: 거대 산업지대를 중심으로 한 대기오염으로 인한 인간의 건강악화 가능성이 높아지고 있으며, 오존층의 파과 가능성도 높아짐
- 수질오염 문제: 수질오염으로 인한 수중 생물 및 인간의 건강에 악영향을 미치고 있음
- 산성비: 산성비로 인한 삼림피해가 증가하고 있고 수중 생물에도 위험함
- 핵발전소로부터의 방사능 유출 등으로 인한 사망 발생
- 핵전쟁의 위험이 높아질 수 있음
- 납, 수은 등 일반 공해 물질의 증가로 인한 영향 가능성이 높아지고 있음

B. 세계 인구 증가를 감소시키고 환경을 보호하기 위한 최근의 노력을 정리 요약한다. 더불어 미래의 환경을 보호하고 인구를 통제하기 위한 계획을 검토한다.

세계 인구의 규모가 적절히 통제되지 않으면 문제는 더 확대될 것이다. 그동안 세계 인구를 줄여 나가기 위한 많은 대안들이 제시되어 왔으며, 그 가운데 어떤 방법들은 우리의 생활방식을 상당히 급격하게 바꾸어 놓을 수도 있다. 이러한 대안들로는 다음과 같은 것들이 제시되었다: 입양 보조, 학교에서의 성교육 강화, 안전한 피임방법 개발, 셋 이상 자녀를 둔 성인에게 강제적 불임 조치, 최소 결혼연령의 상향조정, 자녀에 대한 세제감면 혜택 박탈, 출산조절 정보나 도구에 대한 접근 강화, 낙태시술에 대한 용이한 접근 보장. 더불어 만약 가족계획 등에 의한 자발적 인구 조절이 불가능한 국가에서는 강제적 인구 조절 프로그램을 실시해야 할지도 모른다.

뿐만 아니라 우리에게 닥친 환경문제도 시급히 해결해야 할 문제다. 환경문제와 관련하여 중요한 두 가지는 바로 우리가 갖고 있는 가치관의 변화와 새로운 에너지 자원의 개발이라고 할 수 있다..

C. 지구를 보호하기 위한 노력의 일환을 제시한다.

우리는 우리가 살고 있는 지구를 구하기 위해 각자 나름의 노력을 기울일 수 있다. 이 장에서는 이와 관련하여 재활용 가능한 물건 구매하기 등의 방법을 제시한 바 있다. 지구에서 발생하는 모든 일은 우리에게 영향을 미치게 된다. 따라서 인간의 생존 상황을 개선하기 위해서는 우리 모두가 노력해야 할 것이다.

D. 가족계획에 있어서 사회사업의 역할에 대해 설명한다.

가족계획 서비스는 인구 조절에 있어서 매우 중요한 요소라고 할 수 있다. 사회복지사도 앞으로는 이러한 가족계획 서비스와 관련된 분야에서 일할 가능성이 매우 높아지고 있다. 혼전 상담, 임신 상담, 다양한 피임 방법 및 효과에 대한 정보 제공, 성교육 서비스, 성병상담, 에이즈 교육 및 상담, 낙태 상담, 불임 상담, 가족계획 서비스의 합법성에 대한 지역사회 인식 제고 노력 시도 등이 바로 이들 기관에서 사회복지사가 하는 주요 업무가 될 것이다.

인터넷 참고자료

CENGAGE**NOW**™ 각 장과 관련된 참고자료는 출판사 홈페이지(www.cengage.com/social_work/zastrow)를 참조하라.

주

1. Linda A. Mooney, David Knox, and Caroline Schacht, *Understanding Social Problems*, 6th ed. (Belmont, CA: Wadsworth/Cengage Learning, 2009), p. 523.
2. William Kornblum and Joseph Julian, *Social Problems*, 12th ed. (Upper Saddle River, NJ: Pearson, 2007), p. 44.
3. Mooney, Knox, and Schacht, *Understanding Social Problems*, p. 523.
4. Paul R. Ehrlich, *The Population Bomb* (New York: Ballantine, 1971), p. 4.
5. Mooney, Knox, and Schacht, *Understanding Social Problems*, pp. 523–525.
6. Ibid.
7. Werner Fornos, *Gaining People, Losing Ground* (Washington, DC: Population Institute, 1987), p. 57.
8. Mooney, Knox, and Schacht, *Understanding Social Problems*, pp. 522–525.
9. Lee Rainwater, *And the Poor Get Children* (Chicago: Quadrangle Books, 1960).
10. Quoted in Donald C. Bacon, "Poor vs. Rich: A Global Struggle," *U.S. News & World Report*, Jul. 31, 1978, p. 57.
11. Fornos, *Gaining People, Losing Ground*, pp. 38–61.
12. "Cost of Raising Your Child," *Baby Center* (San Francisco, CA: Baby Center, 2008).
13. Kornblum and Julian, *Social Problems*, pp. 500–502.
14. Ibid., pp. 447–450.
15. Paul Ehrlich and Anne Ehrlich, *The Population Explosion* (New York: Simon & Schuster, 1990).
16. Ibid., pp. 38–39.
17. Kornblum and Julian, *Social Problems*, p. 454.
18. Ibid.
19. Ibid.
20. Ehrlich and Ehrlich, *The Population Explosion*.
21. Ian Robertson, *Social Problems*, 2nd ed. (New York: Random House, 1980), p. 41.
22. Thomas R. Malthus, *On Population*, Gertrude Himmelfarb, ed. (New York: Modern Library, 1960), pp. 13–14. (Original edition published 1798.)
23. J. John Palen, *Social Problems for the Twenty- First Century* (Boston: McGraw-Hill, 2001), pp. 158–163.
24. Quoted in Paola Scommengna, "UN Food Summit Tries to Focus World Attention on Hunger," *Population Today*, November 1996, p. 2.
25. Kornblum and Julian, *Social Problems*, pp. 454– 456.
26. Paul R. Ehrlich and Anne H. Ehrlich, *Population, Resources, Environment* (San Francisco: W. H. Freeman, 1970), p. 65.
27. Mooney, Knox, and Schacht, *Understanding Social Problems*, p. 574.
28. Fornos, *Gaining People, Losing Ground*, pp. 7–23.
29. Quoted in Fornos, Gaining People, Losing Ground, p. 10.
30. U.S. Bureau of the Census, *Statistical Abstract of the United States*, 2008 (Washington, DC: U.S. Government Printing Office, 2008).
31. Quoted in Fornos, *Gaining People, Losing Ground*, pp. 20–21.
32. Fornos, *Gaining People, Losing Ground*, p. 21.
33. John B. Calhoun, "Population Density and Social Pathology," *Scientific American*, 206 (Feb. 1962), pp. 139–148.
34. Joseph Julian, *Social Problems*, 3rd ed. (Englewood Cliffs, NJ: Prentice Hall, 1980), p. 502.
35. Ibid.
36. Paul Glastris, "The Alien Payoff," *U.S. News & World Report*, May 26, 1997, p. 20.
37. Ibid., p. 21.
38. National Association of SocialWorkers, *SocialWork Speaks:* 2006–2009 (Washington, DC: NASW, 2006), p. 227.
39. Mooney, Knox, and Schacht, *Understanding Social Problems*, pp. 563–564.

40. Ibid.
41. Irene B. Taeuber, "Japan's Demographic Transition Reexamined," *Population Studies*, 14 (Jul. 1960), p. 39.
42. Robertson, *Social Problems*, p. 43.
43. Fornos, *Gaining People, Losing Ground*, p. 5.
44. Kornblum and Julian, *Social Problems*, pp. 456–458.
45. Ehrlich and Ehrlich, *The Population Explosion*, p. 17.
46. www.indianchild.com/population_of_india.htm
47. Ibid.
48. Ibid.
49. Ibid.
50. Ibid.
51. Ibid.
52. Ibid.
53. Ibid.
54. Ibid.
55. Kornblum and Julian, *Social Problems*, pp. 457–458.
56. Ibid.
57. Ibid.
58. Ibid.
59. Ibid.
60. Ibid.
61. Ibid.
62. Ibid.
63. Ehrlich and Ehrlich, *The Population Explosion*, p. 207.
64. Ibid.
65. James W. Coleman and Harold R. Kerbo, *Social Problems*, 10th ed. (Upper Saddle River, NJ: Vango Books, 2008), p. 404.
66. Ibid.
67. Ibid.
68. Ehrlich and Ehrlich, *The Population Explosion*, pp. 205–209.
69. Fornos, *Gaining People, Losing Ground*, pp. 45–46.
70. Ibid.
71. Ibid., p. 13.
72. David Foster, "Hidden Oil Soils Alaska's Coast," *Wisconsin State Journal*, Mar. 22, 1990, p. 2A.
73. Kornblum and Julian, *Social Problems*, p. 498.
74. Robertson, *Social Problems*, p. 71.
75. Kornblum and Julian, *Social Problems*, pp. 494– 495.
76. Mooney, Konx, and Schacht, *Understanding Social Problems*, pp. 567–568.
77. Ibid., p. 568.
78. Ibid., p. 569.
79. Ibid., p. 568.
80. Julian, *Social Problems*, p. 528.
81. Coleman and Kerbo, *Social Problems*, pp. 399–403.
82. Ibid.
83. Ibid.
84. Ibid., pp. 406–407.
85. Kornblum and Julian, *Social Problems*, p. 521.
86. Ibid.
87. Ibid., pp. 523–526.
88. Orr Kelly, "Nuclear War's Horrors: Reality vs. Fiction," *U.S. News & World Report*, Nov. 28, 1983, pp. 85–86.
89. Barry Schwied, "U.S., Russia Seal Missile Deal," *Wisconsin State Journal*, Jan. 4, 1993, p. 1A.
90. Coleman and Kerbo, *Social Problems*, pp. 453–454.
91. Stacie Thomas, "The Cuyahoga Revisited" *in The Freeman*: Ideas on Liberty, May 2000.
92. Coleman and Kerbo, *Social Problems*, pp. 403– 404.
93. Ehrlich and Ehrlich, *The Population Explosion*, pp. 123–124.
94. Ibid.
95. Ehrlich, *The Population Bomb*, pp. 31–35.
96. Mooney, Knox, and Schacht, Understanding Social Problems, p. 575.
97. Richard Curtis and Elizabeth Hogan, *Perils of the Peaceful Atom* (New York: Ballantine, 1969), p. 194.
98. "Silent Spring Revisited," *Newsweek*, *Jul.* 14, 1986, p. 72.
99. Mooney, Knox, and Schacht, *Understanding Social Problems*, pp. 578–579.

100. Ehrlich, *The Population Bomb*, pp. 127–145.

101. Bernard Berelson, "The Present State of Family Planning Programs," *Studies in Family Planning*, 57 (Sept. 1970), p. 2.

102. Coleman and Kerbo, *Social Problems*, pp. 506–508.

103. Ibid.

104. "Abortion Foes Gain Victory," *Wisconsin State Journal*, Jul. 1, 1980, sec. 1, p. 1.

105. "Abortion in the United States: Statistics and Trends," available from the website of the National Right to Life Committee, www.nrlc.org/ abortion/ facts/abortionstats.html.

106. The Boston Women's Health Book Collective, *Our Bodies, Ourselves* (New York: A Touchstone Book, 2005), p. 389.

107. Fornos, *Gaining People, Losing Ground*, p. 42.

108. Kornblum and Julian, *Social Problems*, pp. 503– 505.

109. George Ritzer, *Social Problems*, 2nd ed. (New York: Random House, 1986), p. 556.

110. "Don't Throw a Good Thing Away," *Policyholder News*, 23, no. 1 (Spring 1990), p. 3.

111. Ibid.

112. Ibid.

113. Steven Thomma, "Some Problems Solved Since Earth Day in '70, But Now We Face New Troubles," *Wisconsin State Journal*, Apr. 22, 1994, p. 1D.

114. Kornblum and Julian, *Social Problems*, pp. 498–505.

115. Ibid.

116. Ibid.

117. "Fuels for America's Future," *U.S. News & World Report*, Aug. 13, 1979, p. 33.

118. Ibid.

119. Ibid.

120. Richard J. Newman, "Invasion of the Green Machines," *U.S. News & World Report*, May 9, 2005, pp. 49–54.

121. Ibid.

122. Ibid.

123. Ibid., p. 52.

찾아보기

한글

영어